# Zum Verhältnis von Theorie und Praxis im Marketing aus historischer Perspektive

Herbert Fechtner

# Zum Verhältnis von Theorie und Praxis im Marketing aus historischer Perspektive

Eine theoretisch-empirische Untersuchung am Beispiel der Dortmunder Brauindustrie im Zeitraum von 1950 bis 1990

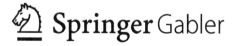 Springer Gabler

Herbert Fechtner
Altenberge, Deutschland

ISBN 978-3-658-41032-2      ISBN 978-3-658-41033-9   (eBook)
https://doi.org/10.1007/978-3-658-41033-9

Die Deutsche Nationalbibliothek verzeichnet diese Publikation in der Deutschen Nationalbibliografie; detaillierte bibliografische Daten sind im Internet über http://dnb.d-nb.de abrufbar.

Planung/Lektorat: Marija Kojic
Springer Gabler ist ein Imprint der eingetragenen Gesellschaft Springer Fachmedien Wiesbaden GmbH und ist ein Teil von Springer Nature.
Die Anschrift der Gesellschaft ist: Abraham-Lincoln-Str. 46, 65189 Wiesbaden, Germany

Nichts ist so praktisch, wie eine gute
Theorie.

(Kurt Lewin)

Nur wer die Vergangenheit versteht,
interpretiert die Gegenwart richtig und
gewinnt dadurch ein besseres Verständnis
für die Zukunft.

(Hermann Simon)

Bier brauen können sie alle. Bier
verkaufen längst nicht jeder. Erfolg
haben all die, die sich aus dem Meer der
Biere hervorheben.

(WELT-Report Bier 10/1984)

# Vorwort und Danksagung

Die vorliegende Arbeit wurde im Juli 2022 von der Westfälischen Wilhelms-Universität Münster als Dissertation im Fach Wirtschaftspolitik innerhalb der Fachbereiche Geschichte/Philosophie und Philologie angenommen.

Ich habe sechs Jahre lang sehr gerne an dieser Dissertation gearbeitet. Nach meiner aktiven Zeit als Leiter der Marktforschung in einem großen Finanzdienstleistungsunternehmen hatte ich mich im Ruhestand zunächst auf das „Studium im Alter" gefreut und sehr gerne verschiedene Veranstaltungen an der Westfälischen Wilhelms-Universität (WWU) besucht. Dabei hatte ich auch Gelegenheit, an Vorlesungen und Seminaren aus dem regulären Lehrangebot teilzunehmen, die auch den Senioren offenstanden.

Eine dieser Veranstaltungen war die „Geschichte des Konsums und der Konsumgesellschaft", die Herr PD Dr. Ulf Christian Ewert als Lehrstuhlvertreter von Herrn Prof. Dr. Ulrich Pfister, Lehrstuhl für Sozial- und Wirtschaftsgeschichte an der WWU, im Sommersemester 2016 durchführte. Es ergab sich immer wieder die Gelegenheit zur intensiven Diskussion, so dass ich mich gerne an mein wirtschaftswissenschaftliches Studium zu Beginn der 1970er Jahre erinnert fühlte. Der Hinweis von Herrn Dr. Ewert, dass eine bestimmte Fragestellung ein interessantes Thema für eine Dissertation sei, führte schließlich zu meiner Nachfrage in der folgenden Veranstaltung, ob dies auch für so einen „alten Kerl" wie mich gelten würde.

Vorher hatte ich meine Frau Annette gefragt. Sie hatte mich dazu ermutigt, und so wollte ich dieses „Abenteuer" in Angriff nehmen. Ich konnte dann mit Herrn Dr. Ewert erste Ideen zu einem Thema entwickeln, mit der Literaturrecherche beginnen und mir Gedanken zu einer empirischen Untersuchung machen. Herr Dr. Ewert hat meinen Start sehr gut unterstützt, und ich bin ihm dankbar, dass wir den Kontakt über die Zeit gehalten haben und er bereit war, das Zweitgutachten zu meiner Dissertation zu übernehmen.

Der sich anschließende Kontakt zu Herrn Prof. Dr. Ulrich Pfister erwies sich ebenfalls als sehr bereichernd. In regelmäßigen Abstimmungsgesprächen haben wir die Themenstellung weiter konkretisiert und die inhaltliche und methodische Spezifizierung vorgenommen. Durch sein kritisches Nachfragen wurde ich immer wieder dazu angehalten, Dinge zu reflektieren und zu präzisieren. Hinsichtlich des empirischen Teils verdanke ich Herrn Prof. Pfister auch den Hinweis auf das Westfälische Wirtschaftsarchiv (WWA) in Dortmund mit seinem umfangreichen Brauereiarchiv. Ich habe mich in diesen Jahren sehr gut von Herrn Prof. Pfister unterstützt gefühlt und jeweils großen Nutzen aus unseren Gesprächen ziehen können. So hat er mir einerseits wertvolle Anregungen zum Aufbau und zu den Inhalten der Arbeit gegeben, mir aber andererseits auch die Freiheit gelassen, die Entscheidungen im Konkreten selber zu treffen. Herzlichen Dank für diese engagierte Betreuung.

Dank sagen möchte ich auch Herrn Dr. Karl-Peter Ellerbrock, dem Direktor des Westfälischen Wirtschaftsarchivs, und seinen Mitarbeitern für die Möglichkeit der Recherche im WWA. Insbesondere Herr Klaus Pradler hat mich in rd. zwei Jahren intensiv bei der Materialbeschaffung unterstützt.

Auch meinen Kindern und Schwiegerkindern gebührt ein herzlicher Dank für ihre Unterstützung. So haben Martin und Florian mit großem Interesse wesentliche Teile des Manuskripts gelesen, kritische Fragen gestellt und mich durch ergänzende Anmerkungen und wertvolle inhaltliche Anregungen weitergebracht. Matthias hat mir bei PC- bzw. programmspezifischen Fragen sehr geholfen; auch auf seine Unterstützung konnte ich mich immer verlassen. Julia, Jörg und Nagisa haben sich ebenfalls stets für meine Arbeit interessiert und waren immer aufmerksame Gesprächspartner.

Den allergrößten Dank möchte ich aber meiner Frau Annette aussprechen. Sie hat mich von Anfang an zu dieser Arbeit motiviert und auch Verständnis dafür gehabt, dass ich viel Zeit für diese Arbeit aufwenden musste. Sie hat dies auch deshalb mittragen können, weil sie selber engagiert ist und viele Interessen hat. Annette hat in bald 50 Jahren Ehe in jeglichen Situationen zu mir gehalten und mich unterstützt. Sie war und ist meine wichtigste Ratgeberin.

Ich widme diese Arbeit meiner geliebten Frau Annette.

Altenberge                                              Herbert Fechtner
im Januar 2023

# Zusammenfassung

Die Marketingdisziplin hat seit jeher den Anspruch, eine „anwendungsorientierte" Wissenschaft zu sein. Die vorliegende Studie stellt den ersten Beitrag dar, der die wissenschaftlichen Ansätze der deutschsprachigen Marketingtheorie danach untersucht, inwieweit sie praxisrelevantes Wissen enthalten. Sie hat darüber hinaus in einem zweiten Schritt erstmalig die praktische Anwendung dieses Wissens am Beispiel der Dortmunder Brauindustrie in der Zeit zwischen 1950 und 1990 überprüft.

Als Ergebnis ist festzuhalten, dass die Marketingtheorie bzw. die vorausgehende absatzwirtschaftliche Forschung sich von einer „verstehenden" zu einer „operationalen" Theorie sowie zu einer praktisch-normativen Managementlehre entwickelt hat. Ihre handlungsorientierten Aussagen können das Management in den Unternehmen bei seinen marketingpolitischen Entscheidungen ganz wesentlich unterstützen.

In der empirisch ausgerichteten Untersuchung konnte belegt werden, dass eine ganze Reihe handlungsrelevanter Erkenntnisse der Marketingdisziplin in der Dortmunder Brauindustrie angewendet worden ist bis hin zu strategischen Konzeptionen. Unternehmensberater, Werbeagenturen und Marktforschungsinstitute waren dabei wichtige „Transformatoren". Zudem konnte am Beispiel zweier Privatbrauereien in fünf Fallstudien das unterschiedliche Ausmaß dieser Adaption herausgearbeitet werden. Darüber hinaus zeigte sich aber auch, dass der unternehmerische Erfolg auch von weiteren Faktoren, wie z.B. einer gesunden Finanzierungsstruktur des Unternehmens und einem fähigen Management abhängt.

**Schlüsselwörter** Marketing · Marketingtheorie · Marketinglehre · Marketingwissenschaft · Marketingdisziplin · Marketingforschung · Marketingpolitik · Strategisches Marketing · Geschichte des Marketings · Marketingpraxis · Fallstudien Marketingpraxis · Biermarkt · Brauindustrie · Dortmunder Brauereien

# Inhaltsverzeichnis

1 **Einleitung** ................................................... 1
1.1 Problemstellung und aktueller Forschungsstand .............. 1
1.2 Zielsetzung, Forschungsleitfragen, Analysekonzept sowie Auswahl des Praxisbeispiels ................................... 13
1.3 Aufbau und Gang der Untersuchung ....................... 17

2 **Die Entwicklung der deutschen Marketingwissenschaft und -praxis von 1950 bis 1990** ................................... 21
2.1 Grundlagen: Begriffsbildung und wissenschaftstheoretische Ausrichtung der Arbeit ................................... 21
2.2 Entwicklungsphasen des Marketings in Deutschland .......... 27
    2.2.1 Literaturüberblick zu den verschiedenen Phaseneinteilungen ......................................... 28
    2.2.2 Ableitung einer eigenen Phaseneinteilung und Konkretisierung der inhaltlichen Untersuchung .............. 34
2.3 Die „Langen 50er Jahre": Der Weg in die „Wohlstandsgesellschaft" – Von der Produktivitätsorientierung zur Marktorientierung in Theorie und Praxis ..................................... 38
    2.3.1 Makroökonomische und gesellschaftliche Einflussfaktoren ................................... 38
    2.3.2 Die Ausrichtung der Unternehmen auf den Absatzmarkt ... 47
        2.3.2.1 Die allmähliche Ausbreitung des Marketinggedankens sowie die Nutzung von Werbung, Marktforschung und Unternehmensberatungsleistungen ............................... 47

2.3.2.2    Beispiele für die Übernahme US-ameri-
           kanischer Marketingmethoden sowie ihre
           Implementierung in bundesdeutschen Unter-
           nehmen .................................    59
           2.3.2.2.1  Der Marketing-Pionier: Henkel,
                      Düsseldorf .....................    60
           2.3.2.2.2  Adaptionen aufgrund persönlicher
                      Berufserfahrungen in den USA
                      durch einzelne deutsche Führungs-
                      kräfte .........................    62
           2.3.2.2.3  Sekundäres Lernen amerikanischer
                      Marketingmethoden: Das Beispiel
                      Chemische Werke Hüls, Marl .....    66
           2.3.2.2.4  Zögerliche Adaption durch einen
                      selbstbewussten deutschen Groß-
                      konzern: Das Beispiel Daimler–
                      Benz, Stuttgart .................    67
           2.3.2.2.5  Vorübergehende Implementie-
                      rung einer strategischen Marktfor-
                      schung: Das Beispiel BMW AG,
                      München ........................    69
   2.3.2.3 Erkenntnisse aus den Beispielen zur Imple-
           mentierung von Marketing bzw. Marktfor-
           schung in bundesdeutschen Unternehmen ....    72
2.3.3  Die Entwicklung der Absatz- bzw. Marketingdisziplin im
       Zeitraum von 1900 bis 1965 .........................    75
   2.3.3.1 Erste konzeptionelle Ansätze zur Absatzfor-
           schung in Deutschland ....................    76
   2.3.3.2 Die Übernahme der „approaches" aus der
           US-amerikanischen wissenschaftlichen Dis-
           kussion ...................................    81
   2.3.3.3 Der „qualitative" Ansatz von Erich Schäfer
           sowie seine Nachfolgearbeiten im Marktfor-
           schungsbereich ...........................    86
   2.3.3.4 Der „quantitative" oder „modelltheoretische"
           Ansatz von Erich Gutenberg ...............    91
2.3.4  Anwendungsmöglichkeiten in der betrieblichen Praxis
       im Zeitraum von 1900 bis 1965: Erkenntnisse, die sich
       prinzipiell für Vermarktungsprozesse nutzen lassen .......    95

2.3.4.1   Ausrichtung des gesamten Unternehmens auf
          den Markt ............................  96
2.3.4.2   Innerbetriebliche  Grundlagen  der
          Absatzpolitik .........................  97
2.3.4.3   Marktforschung ........................  99
2.3.4.4   Absatzplanung .........................  104
2.3.4.5   Werbung bzw. Reklame ..................  105
2.3.4.6   Produktgestaltung .....................  114
2.3.4.7   Markenartikel .........................  116
2.3.4.8   Preispolitik ..........................  121
2.3.4.9   Vertriebsarbeit und Absatzmethode .....  125
2.3.4.10  Tabellarische Übersicht zu den wichtigsten
          anwendungsorientierten Erkenntnissen ...  131
2.3.5   Zusammenfassende Bewertung des frühen Wissenschafts-
        programms zur Absatzforschung in Deutschland .........  131
2.4   Die späten 1960er und 1970er Jahre: Strukturbrüche und
      Wertewandel einerseits – Das „Aufblühen" des Marketings
      andererseits ............................................  137
2.4.1   Makroökonomische  und  gesellschaftliche
        Einflussfaktoren ...................................  137
2.4.2   Die verstärkte Ausrichtung der Unternehmenspraxis auf
        das Marketing ......................................  140
2.4.2.1   Der Druck der Märkte sowie der ökonomi-
          schen Bedingungen auf die Unternehmen ....  140
2.4.2.2   „Marketing als Krisenstrategie" – Die Marke-
          tingaktivitäten in der deutschen Automobilin-
          dustrie ................................  143
2.4.3   Die Bildung von Marketing-Clubs als Initiative aus der
        Praxis und „Mittler zwischen Forschung und Praxis" sowie
        die Notwendigkeit eines Wissenstransfers ..............  147
2.4.4   Die Gründung des „Universitätsseminar der Wirtschaft"
        als Initiative von Unternehmensführern und Professoren
        und „Brücke zwischen Wissenschaft und Praxis" .......  150
2.4.5   Die Entwicklung der Marketingdisziplin ab Mitte der
        1960er Jahre bis Ende der 1970er Jahre ..............  154
2.4.5.1   Die unternehmerische Praxis zwischen dem
          Zwang zur Anpassung und dem wach-
          senden Verlangen nach wissenschaftlicher
          Unterstützung ..........................  154

2.4.5.2   Die Marketinglehre als wissenschaftliche
          Antwort auf das Interesse der betrieblichen
          Praxis ................................... 155
          2.4.5.2.1  Überblick: Die Entwicklung des
                     Marketings als „Revolution" oder
                     „Evolution"? sowie: Was ist am
                     Begriff „Marketing" neu? .......... 156
          2.4.5.2.2  Wissenschaftsprogrammatische
                     Ansätze der deutschen Marke-
                     tingforschung: Die entscheidungs-,
                     verhaltens- und systemtheoreti-
                     schen Orientierungen sowie der
                     situative Ansatz ................ 161
          2.4.5.2.3  Handels- und vertikales
                     Marketing ..................... 170
          2.4.5.2.4  Marketing als Führungsfunktion
                     und erste Schritte zu einem Mar-
                     keting-Management-Konzept mit
                     strategischer Ausrichtung ........ 171
2.4.6  Anwendungsmöglichkeiten in der Marketingpraxis im
       Zeitraum ab Mitte der 1960er Jahre bis Ende der
       1970er Jahre: Erkenntnisse, die sich prinzipiell für
       Vermarktungsprozesse nutzen lassen ................. 177
       2.4.6.1   Der Unterschied zwischen „altem" und
                 „modernem" Marketingkonzept ............. 178
       2.4.6.2   Marketing als Maxime, Mittel und Methode .... 180
       2.4.6.3   Der Prozess des Marketing-Managements:
                 Planung, Organisation, Durchführung,
                 Kontrolle ............................. 181
       2.4.6.4   Organisationsformen des Marketings ........ 183
       2.4.6.5   Informationsgrundlagen von Marketingent-
                 scheidungen ........................... 186
       2.4.6.6   Der Zielbildungsprozess im Marketing ....... 194
       2.4.6.7   Die Entwicklung von Marketingstrategien .... 197
       2.4.6.8   Die Instrumente des Marketing-Mix inkl.
                 verhaltenstheoretischer Erkenntnisse für den
                 Einsatz der Instrumente ................... 205
                 2.4.6.8.1  Produktpolitik ................... 206
                 2.4.6.8.2  Preispolitik .................... 213

|  |  | 2.4.6.8.3 | Distributionspolitik .............. | 219 |
|  |  | 2.4.6.8.4 | Absatzwerbung ................. | 224 |
|  | 2.4.6.9 | Die optimale Kombination der Marketing-Instrumente zu einem Marketing-Mix ........ | | 235 |
|  | 2.4.6.10 | Die Marketing-Kontrolle ................. | | 238 |
|  | 2.4.6.11 | Tabellarische Übersicht zu den wichtigsten anwendungsorientierten Erkenntnissen ........ | | 240 |
|  | 2.4.7 | Zusammenfassende Bewertung des Wissenschaftsprogramms der Marketingforschung ab Mitte der 1960er Jahre bis Ende der 1970er Jahre in Deutschland ........ | | 244 |
| 2.5 | Die neuen Herausforderungen der 1980er Jahre: Der Siegeszug der Beratungsbranche in der Praxis sowie der Ausbau des strategischen Marketings in der Theorie .................... | | | 246 |
|  | 2.5.1 | Makroökonomische und gesellschaftliche Einflussfaktoren ................................. | | 246 |
|  | 2.5.2 | Der Weg der Unternehmenspraxis zu strategischen Marketing-Entscheidungen: Das Beispiel NIVEA – Marketing für Pflege- und Kosmetikprodukte ... | | 247 |
|  | 2.5.3 | Das Aufblühen der Beratungsbranche ................ | | 251 |
|  |  | 2.5.3.1 | Die zahlenmäßige Entwicklung und Struktur der Branche ........................... | 251 |
|  |  | 2.5.3.2 | Die Entwicklung der Angebotspalette der Branche ................................. | 253 |
|  |  | 2.5.3.3 | Berater als wichtige Strategieentwickler und „Transformatoren" des Wissens zwischen dem universitären Bereich und der unternehmerischen Praxis ................. | 254 |
|  |  | 2.5.3.4 | Die Attraktivität von Beratungsleistungen aus Sicht der unternehmerischen Praxis ......... | 256 |
|  | 2.5.4 | Die Entwicklung der Marketingdisziplin in den 1980er Jahren: Die weitere Spezialisierung ................. | | 260 |
|  | 2.5.5 | Anwendungsmöglichkeiten in der Marketingpraxis in den 1980er Jahren: Erkenntnisse, die sich prinzipiell für Vermarktungsprozesse nutzen lassen .............. | | 265 |
|  |  | 2.5.5.1 | Fortentwickelte Strategiekonzepte: Methoden der Situationsanalyse sowie die Portfolio-Matrix der Boston Consulting Group ................................. | 267 |

2.5.5.2    Weiterentwicklungen im Anschluss an die
           Produkt-Markt-Matrix von Ansoff . . . . . . . . . . .   277
2.5.5.3    Porters wettbewerbsstrategischer Ansatz . . . . . .   285
2.5.5.4    Handelsorientierte Strategieansätze . . . . . . . . .   292
2.5.5.5    Die Marketing-Kontrolle als neuer Schwer-
           punkt innerhalb der grundlegenden Manage-
           mentfunktionen . . . . . . . . . . . . . . . . . . . . . . . . . .   297
2.5.5.6    Tabellarische Übersicht zu den wichtigsten
           anwendungsorientierten Erkenntnissen . . . . . . .   299
2.5.6   Zusammenfassende Bewertung des Wissenschaftspro-
        gramms der Marketingforschung in den 1980er Jahren
        in Deutschland . . . . . . . . . . . . . . . . . . . . . . . . . . . . . . . . .   299

3   Die Anwendung von Erkenntnissen der absatzwirtschaftlichen
    bzw. Marketingtheorie in der Dortmunder Brauindustrie von
    1950 bis 1990 . . . . . . . . . . . . . . . . . . . . . . . . . . . . . . . . . . . . . . .   305
3.1   Die Dortmunder Brauindustrie als Praxisbeispiel: Empirische
      Grundlagen . . . . . . . . . . . . . . . . . . . . . . . . . . . . . . . . . . . . . . . .   305
      3.1.1   Auswahl, Repräsentativität und Quellenmaterial . . . . . . . .   305
      3.1.2   Aktueller Forschungsstand zum Marketing in Brauereien
              allgemein sowie zur Dortmunder Brauindustrie . . . . . . . . .   309
      3.1.3   Anlage der weiteren Untersuchung . . . . . . . . . . . . . . . . . . .   312
3.2   Die Entwicklung der Dortmunder Brauindustrie im Rahmen der
      wirtschaftlichen Entwicklung Westfalens seit ihren Anfängen
      bis ins Jahr 1990 im Überblick . . . . . . . . . . . . . . . . . . . . . . . . .   313
      3.2.1   Vom handwerklichen Braubetrieb über die Entstehung von
              Großunternehmen und „Hektoliter-Millionären" bis hin
              zur fast vollständigen Zerstörung im Zweiten Weltkrieg . . .   313
      3.2.2   Wiederaufstieg und Niedergang der Dortmunder Brau-
              industrie nach dem Zweiten Weltkrieg: Zeitliche
              Abgrenzung dreier Marktphasen und Vergleich mit den
              Entwicklungsphasen der Marketingtheorie . . . . . . . . . . . . .   316
      3.2.3   Die „Expansionsphase": Der Wiederaufstieg der Dort-
              munder Brauindustrie mit dem „Wirtschaftswunder",
              die erste „Kohlekrise" 1958/59 sowie Änderungen im
              Verbraucherverhalten . . . . . . . . . . . . . . . . . . . . . . . . . . . . .   320

3.2.4 Die „Ausreifungsphase": Das zunächst zögerliche Anerkennen des abrupten Endes der „Goldenen Zeiten"
ab der Mitte der 1960er Jahre, die Einleitung erster absatzwirtschaftlicher Initiativen sowie gravierende
Marktanteilsverluste ............................... 326
3.2.5 Die „Stagnationsphase" mit besonderen wettbewerb-
lichen und ökonomischen Herausforderungen sowie
fortgesetzten starken Marktanteilsverlusten in den
1970er und 1980er Jahren ......................... 333
3.3 Vorstellung und Charakterisierung der Dortmunder Brauereien
sowie wesentliche Bestimmungsfaktoren der Geschäftspolitik
und Marketingaktivitäten .................................. 339
3.3.1 Kurzinformationen: Geschichte, Gesellschaftsform und
Besitzverhältnisse, Unternehmensleitungen und deren
formale Qualifikation, Markterfolge, Stellung in den
Jahren ab 1990 ..................................... 340
3.3.2 Unterschiedliche Größenverhältnisse, finanzielle Potenz
und Ertragssituation: Ergebnisse einer kurzen Bilanzanalyse für die Jahre 1972/73 sowie die weitere
finanzwirtschaftliche Entwicklung ................... 348
3.3.3 Der unterschiedliche Erfahrungshintergrund in Marketingfragen ......................................... 358
3.3.4 Die unterschiedliche operative und strategische Ausrichtung ............................................... 361
3.4 Die absatzwirtschaftliche Ausrichtung der Dortmunder Brauindustrie in der „Expansionsphase" (1950 bis 1964) ........... 370
3.4.1 Die Absatzpolitik der Dortmunder Brauereien
insgesamt ......................................... 370
3.4.1.1 Die Maßnahmen, die Denkhaltung und die
Erfolge im Überblick ..................... 370
3.4.1.2 Die Gemeinschaftswerbung ................ 371
3.4.1.3 Die Individualwerbung .................... 375
3.4.1.4 Die Produktpolitik ....................... 377
3.4.1.5 Die Absatzwege- und Vertriebspolitik ........ 379
3.4.1.6 Die Preispolitik ......................... 383
3.4.2 Fallstudie 1: Die absatzwirtschaftlichen Aktivitäten der
Dortmunder Thier-Brauerei in der „Expansionsphase" ... 388
3.4.2.1 Die Geschäftsentwicklung im Überblick ...... 388

3.4.2.2  Das Fassbiergeschäft als Geschäftsschwer-
punkt: Gaststättenwerbung als Individualwerbung ................................... 390

3.4.2.3  Die geschäftspolitische Bedeutung des Fla-
schenbiergeschäftes in seinen preis- und
produktpolitischen Ausgestaltungen .......... 393

3.4.2.4  Die Absatzgebiete, Absatzwege und die
Vertriebspolitik .......................... 395

3.4.3  Bilanz der Absatzpolitik der Dortmunder Brauereien
insgesamt sowie der Dortmunder Thier-Brauerei zur
Mitte der 1960er Jahre ............................ 398

3.4.4  Vergleich der absatzwirtschaftlichen Maßnahmen der
Dortmunder Brauindustrie mit den anwendungsorien-
tierten Erkenntnissen und Handlungsempfehlungen der
Theorie .......................................... 401

3.5  Das Marketing der Dortmunder Brauindustrie in der
„Ausreifungsphase" (1965–1973) ......................... 409

3.5.1  Die Absatzpolitik der Dortmunder Brauindustrie
insgesamt ........................................ 409

3.5.1.1  Die Maßnahmen, die strategischen Ansätze
und die Teilerfolge im Überblick ............ 409

3.5.1.2  Die Verbraucherwerbung und begleitende
Marktforschung .......................... 410

3.5.1.3  Die Produktpolitik ........................ 423

3.5.1.4  Die Preispolitik .......................... 429

3.5.1.5  Die Absatzwege- und Vertriebspolitik ........ 441

3.5.2  Fallstudie 2: Die Marketingaktivitäten der Dortmunder
Thier-Brauerei in der „Ausreifungsphase" ............. 453

3.5.2.1  Die Geschäftsentwicklung im Überblick und
der Beginn eines Wissenstransfers durch Werbeagenturen und Marktforschungsinstitute ..... 453

3.5.2.2  Grundlagen einer neuen Vermarktungspolitik ... 456

3.5.2.3  Die Marktforschungsaktivitäten ............. 457

3.5.2.4  Die Werbung und die Verkaufsförderung ..... 462

3.5.2.5  Die Produktpolitik ........................ 472

3.5.2.6  Die Preispolitik .......................... 478

3.5.2.7  Die Absatzwege- und Vertriebspolitik ........ 479

3.5.2.8    Die Entwicklung eines modernen Unterneh-
           mensplanungskonzeptes mit Prinzipien für die
           Unternehmensführung und Leitlinien für die
           Marketingpolitik .........................    482
3.5.2.9    Die betriebs- und finanzwirtschaftliche Situa-
           tion der Brauerei .........................   484
3.5.2.10   Die Unternehmensführung und organisatori-
           sche Einbindung von Marketingfunktionen ...   485
3.5.2.11   Bilanz der Marktorientierung der Thier-Braue-
           rei in der „Ausreifungsphase" sowie ein erster
           Vergleich mit den Erkenntnissen der im Aufbau
           begriffenen Marketingtheorie ...............   486
3.5.3   Fallstudie 3: Die Marketingaktivitäten der Dortmunder
        Kronen-Brauerei in der „Ausreifungsphase" ...........   491
3.5.3.1    Geschäftsentwicklung sowie strategische
           Überlegungen im Überblick ................   491
3.5.3.2    Die Produktpolitik und Markenbildung .......   494
3.5.3.3    Die Marktforschung .......................   505
3.5.3.4    Die Werbung und Verkaufsförderung ........   508
3.5.3.5    Die Preispolitik .........................   511
3.5.3.6    Die Absatzwege- und Vertriebspolitik ........   513
3.5.3.7    Die betriebs- und finanzwirtschaftliche Situa-
           tion der Brauerei .........................   520
3.5.3.8    Die Unternehmensführung, Organisation und
           Stellung des Marketings ...................   521
3.5.3.9    Bilanz der Marktorientierung der
           Kronen-Brauerei in der „Ausreifungsphase" ...   524
3.5.4   Vergleich der Marketingmaßnahmen der Dortmunder
        Brauindustrie, insbesondere der Brauereien Thier und
        Kronen, mit den anwendungsorientierten Erkenntnissen
        und Handlungsempfehlungen der Marketingtheorie .....   528
3.6   Das Marketing der Dortmunder Brauindustrie in der
      „Stagnationsphase" (1974–1990) ..........................   542
3.6.1   Die Absatzpolitik der Dortmunder Brauindustrie
        insgesamt ........................................   542
3.6.1.1    Die Ausgangslage, die Maßnahmen, die Denk-
           haltung und die Teilerfolge im Überblick .......   542

3.6.1.2    Vorübergehende Ausstoßsteigerungen auf-
           grund fortgesetzter hoher Werbeausgaben der
           Dortmunder Brauindustrie oder „externer"
           Effekte? .................................   544
3.6.1.3    Nur noch eine einzige Produktinnovation sowie
           wenige produktpolitische Anpassungen ........   547
3.6.1.4    Die Stellung der Dortmunder Biere im Ver-
           braucherbewusstsein Ende der 1970er Jahre
           sowie die Folgerungen für das Marketing der
           Brauereien ..............................   550
3.6.1.5    Der unverminderte Kampf auf den Absatzwe-
           gen insbesondere im Lebensmittelhandel .....   554
3.6.1.6    Die sich weiter verengenden Preisspielräume
           der Dortmunder Brauereien .................   558
3.6.2   Fallstudie 4: Die Marketingaktivitäten der Dortmunder
        Thier-Brauerei in der „Stagnationsphase" ..............   563
3.6.2.1    Die Geschäftsentwicklung im langjährigen
           Überblick, Absatzstruktur und Erlössituation
           in der Schwächephase Ende der 1970er Jahre,
           erste Verkaufsüberlegungen sowie die mittel-
           fristige Unternehmensplanung bis zur Mitte
           der 1980er Jahre ........................   563
3.6.2.2    Die Kommunikations- und Verkaufsförde-
           rungspolitik nach einer detaillierten Wettbe-
           werbsanalyse ...........................   567
3.6.2.3    Das Image der Brauerei Thier im Wettbe-
           werbsvergleich ..........................   581
3.6.2.4    Die Produktpolitik mit innovativer
           Gestaltung .............................   584
3.6.2.5    Die Vertriebspolitik mit grundlegend neuer
           Ausrichtung zur Mitte der 1970er Jahre ........   586
3.6.2.6    Demokratisierung von Entscheidungsprozes-
           sen sowie gemeinschaftliche Marketingarbeit
           in einer interdisziplinär besetzten „Planungs-
           gruppe Marketing" ab Mitte der 1970er
           Jahre ..................................   593

3.6.2.7   Die weitere Marketingarbeit sowie die
          unklare Stellung des Marketings im Organisa-
          tionsgefüge der Thier-Brauerei in den 1980er
          Jahren ................................... 596
3.6.2.8   Strategiediskussionen ohne erkennbare Kon-
          sequenzen für das Marketing der Brauerei zur
          Mitte der 1980er Jahre .................... 599
3.6.2.9   Die betriebs- und finanzwirtschaftliche Situa-
          tion der Brauerei ........................ 602
3.6.2.10  Bilanz   der   Marktorientierung   der
          Thier-Brauerei  in  der  „Stagnations-
          phase" sowie ein erster Vergleich mit
          den Erkenntnissen der fortgeschrittenen
          Marketingtheorie ......................... 606
3.6.3 *Fallstudie 5:* Die Marketingaktivitäten der *Dortmunder*
      *Kronen-Brauerei* in der „Stagnationsphase" ............ 609
3.6.3.1   Die Entwicklung von Absatz und Werbeauf-
          wand im langjährigen Überblick sowie der
          personelle Umbruch in kurzzeitiger Abfolge im
          Geschäftsbereich II: Marketing und Vertrieb ... 609
3.6.3.2   Marktforschungs-Erkenntnisse   zur
          Sortimentsstruktur und den Einzelmar-
          ken der Kronen-Brauerei sowie vereinzelte
          produktpolitische Umsetzungsversuche ....... 614
3.6.3.3   Entscheidungen des Unternehmens-Beirates
          sowie erste Aufarbeitung des Absatzeinbruchs
          im Jahre 1979 ........................... 619
3.6.3.3.1 Die Stärken-/Schwächen-Analyse ... 620
3.6.3.3.2 Konsequenzen: Formulierung stra-
          tegischer Ziele, Prüfung von
          Kosteneinsparungsmöglichkeiten
          sowie Ausweitung des Mar-
          ketingbudgets im Rahmen der
          Planungsrechnung 1978 – 1983 ... 627
3.6.3.4   Strategie-Entwicklung für die Jahre 1980 bis
          1985 mit Hilfe der Unternehmensberatung
          Roland Berger & Partner .................. 630

3.6.3.4.1   Unternehmerische Zielsetzung
            sowie betriebswirtschaftliche
            Situation der Brauerei ............   630
3.6.3.4.2   Die Beurteilung des Biermarktes
            bis 1985 .......................   635
3.6.3.4.3   Die Ist-Situation der Kronen-Braue-
            rei im Biermarkt: Portfolio-Analyse .   637
3.6.3.4.4   Schlussfolgerungen aus den
            Erkenntnissen des Gutach-
            tens für die Absatzpolitik der
            Kronen-Brauerei im Biermarkt .....   641
3.6.3.4.5   Entscheidungen und Planungen
            zur künftigen Unternehmens-
            strategie im Anschluss an das
            Gutachten von Roland Berger &
            Partner .......................   646
3.6.3.5     Aufbau eines Vertriebs-Informations- und
            Steuerungsinstruments ....................   651
3.6.3.6     Das neue Marketingkonzept und Planungen
            für 1984 bis 1986 im Anschluss an den
            Führungswechsel im Geschäftsbereich II:
            Marketing und Vertrieb – Der Beirat zieht
            die Zügel an ............................   655
3.6.3.7     Ergebnisse einer werbepsychologischen
            Erfolgskontrolle sowie die fehlende Umset-
            zung in den Werbekonzeptionen ............   662
3.6.3.8     Wettbewerbsstrategische Überlegungen, die
            realisierte Rückkehr zum Dachmarken-Konzept
            und Ableitung eines neuen Strategiekonzeptes
            für die Werbung ..........................   666
3.6.3.9     Vorschläge einer Werbe-Agentur zur Entwick-
            lung eines neuen Dachmarken-Konzeptes .....   671
3.6.3.10    Vorlage eines neuen Strategiekonzeptes für
            die Marktbearbeitung und innerorganisatori-
            sche Steuerung ..........................   673
3.6.3.11    Überprüfung der Konzeption für die Marke
            „Classic" sowie Alternativ-Vorschlag zur
            Profilierung einer Premium-Marke mit markt-
            forscherischer Absicherung ................   676

3.6.3.12 Kernpunkte der neuen Fünfjahres-Planung für 1989 bis 1993 .......................... 682

3.6.3.13 Die betriebs- und finanzwirtschaftliche Situation der Brauerei ........................ 686

3.6.3.14 Aufbauorganisation sowie Stellung des Geschäftsbereiches II: Marketing und Vertrieb ............................... 688

3.6.3.15 Bilanz der Marktorientierung der Kronen-Brauerei in der „Stagnationsphase" sowie ein erster Vergleich mit den Erkenntnissen der fortgeschrittenen Marketingtheorie ........................ 693

3.6.4 Vergleich der Marketingmaßnahmen der Dortmunder Brauindustrie, insbesondere der Brauereien Thier und Kronen, mit den anwendungsorientierten Erkenntnissen und Handlungsempfehlungen der Marketingtheorie ..... 699

**4 Resümee** ................................. 705

4.1 Zentrale Forschungsfragen, Vorgehen sowie erstes grundlegendes Ergebnis ........................................ 705

4.2 Ergebnisse der Analyse der absatzwirtschaftlichen bzw. Marketingliteratur unter Berücksichtigung der ökonomischen Bedingungen und Entwicklungen in der unternehmerischen Praxis ..... 708

4.3 Ergebnisse der Analyse zur Anwendung der Erkenntnisse der Marketingtheorie in der Dortmunder Brauindustrie ........... 717

4.4 Grenzen der Aussagefähigkeit der Untersuchung sowie Ausblick auf weitere mögliche Forschungsarbeiten .............. 745

**Quellenverzeichnis** ............................. 747

**Literaturverzeichnis** ............................ 751

# Abkürzungsverzeichnis

| | |
|---|---|
| a.a.O. | am angegebenen Ort |
| Anm. d. Verf. | Anmerkung des Verfassers |
| Aufl. | Auflage |
| BCG | Boston Consulting Group |
| Bd. | Band |
| BWL | Betriebswirtschaftslehre |
| BLV | Bierlieferungsvertrag |
| bspw. | beispielsweise |
| ca. | circa |
| DAB | Dortmunder Action-Brauerei AG |
| DBB | Deutscher Brauerei-Bund |
| DUB | Dortmund Union Brauerei AG |
| d. h. | das heißt |
| e. V. | eingetragener Verein |
| et al. | et alii, et aliae, et alia |
| etc. | et cetera |
| f. | folgende |
| ff. | fortfolgende |
| FAZ | Frankfurter Allgemeine Zeitung |
| FH | Fachhochschul |
| GFGH | Getränkefachgroßhandel |
| GfK | Gesellschaft für Konsumforschung |
| ggf. | gegebenenfalls |
| ggü. | gegenüber |
| Herv. d. Verf. | Hervorhebung durch Verfasser |
| Herv. im Orig. | Hervorhebung im Original |

| | |
|---|---|
| Hg. | Herausgeber |
| Hl | Hektoliter |
| i. d. R. | in der Regel |
| i. V. | im Vergleich |
| Jg. | Jahrgang |
| L | Liter |
| LEH | Lebensmitteleinzelhandel |
| Mafo | Marktforschung |
| Mio. | Million/en |
| Mrd. | Milliarde/n |
| Nr. | Nummer |
| NRW | Nordrhein-Westfalen |
| o. g. | oben genannt |
| o. Jg. | ohne Jahrgang |
| o. O. | ohne Ort |
| o. V. | ohne Verfasser |
| p.a. | per anno |
| Pfg. | Pfennig |
| rd. | rund |
| S. | Seite |
| sog. | sogenannte/r |
| Tab. | Tabelle |
| u. | und |
| u. a. | unter anderem / und andere |
| usw. | und so weiter |
| vgl. | vergleiche |
| VDB | Verband Dortmunder Bierbrauer |
| VKF | Verkaufsförderung |
| Vol. | Volume |
| VRWB | Verband Rheinisch-Westfälischer Brauereien |
| vs. | versus |
| VW | Volkswagen AG |
| WWA | Westfälisches Wirtschaftsarchiv |
| z. B. | zum Beispiel |
| ZfB | Zeitschrift für Betriebswirtschaft |

| ZfbF | Zeitschrift für betriebswirtschaftliche Forschung |
| ZfhF | Zeitschrift für handelswissenschaftliche Forschung |
| ZFP | Zeitschrift für Forschung und Praxis |
| ZfH | Zeitschrift für handelswirtschaftliche Forschung |
| zit. | zitiert |
| z. T. | zum Teil |
| z. Zt. | zur Zeit |

# Abbildungsverzeichnis

Abbildung 2.1     Das Verhältnis zwischen Umwelt,
Marketingtheorie und Marketingpraxis
sowie weiterer Einflussfaktoren ................... 36

Abbildung 2.2     Entwicklung des BIP (preisbereinigt) und der
Arbeitslosenquote 1951–1990 .................... 42

Abbildung 2.3     Doppelt geknickte Preis-Absatz-Kurve nach
Gutenberg (Nachfrager-Reaktionen) ............... 123

Abbildung 2.4     Doppelt geknickte Preis-Absatz-Kurve nach
Gutenberg (Konkurrenz-Reaktionen) .............. 124

Abbildung 2.5     Altes und modernes Marketingkonzept nach
Bidlingmaier ................................... 180

Abbildung 2.6     Prozess des Marketing-Managements nach Hill.
(Eigene Kürzung/Modifikation) ................... 182

Abbildung 2.7     Funktionsorientierte Marketingorganisation im
Liniensystem nach Bidlingmaier .................. 183

Abbildung 2.8     Funktionsorientierte Marketingorganisation nach
Meffert (Marketing auf der Geschäftsleitungsebene) .... 184

Abbildung 2.9     Modell des Produkt-Lebenszyklus in fünf
verschiedenen Phasen nach Hill .................. 191

Abbildung 2.10     Produkt-Markt-Matrix nach Ansoff .............. 200

Abbildung 2.11     Stärken-Schwächen-Profil einer strategischen
Geschäftseinheit nach Meffert ................... 270

Abbildung 2.12     Theoretische Grundlagen der Portfolio-Matrix der
Boston-Consulting Group (BCG) ................. 273

Abbildung 2.13     Beispiel für Portfolio-Matrix der
Boston-Consulting Group (BCG) ................. 274

Abbildung 2.14    Ansoff-Matrix: alphabetische und analphabetische
                  Strategiepfade nach Becker ...................... 279

Abbildung 2.15    Strategieprofil des eigenen Unternehmens im
                  Vergleich zu einem wichtigen Wettbewerber nach
                  Becker ........................................ 283

Abbildung 2.16    Alternative Konzeptionierungsmuster für
                  Marketing (Reihenfolgealternativen) nach Becker .... 284

Abbildung 2.17    Die Triebkräfte des Branchenwettbewerbs nach Porter ... 286

Abbildung 2.18    Wettbewerbsstrategische Grundpositionen nach
                  Porter/Meffert ................................ 287

Abbildung 2.19    Stuck in the Middle – Der Zusammenhang
                  zwischen Marktanteil und Rentabilität nach Porter .... 290

Abbildung 2.20    Einfacher Regelkreis der Marketing-Kontrolle
                  nach Böcker ................................... 298

Abbildung 3.1     Ausstoßvergleich zwischen der Dortmunder
                  Brauindustrie insgesamt, der Thier-Brauerei, der
                  Kronen-Brauerei sowie dem Gesamtmarkt in NRW
                  und in der Bundesrepublik (Index 1952/53 = 100) ..... 317

Abbildung 3.2     Vergleich der Entwicklungsphasen zwischen
                  Marketingtheorie und Dortmunder Brauwirtschaft .... 319

Abbildung 3.3     Motive einer Gemeinschaftswerbung der
                  Dortmunder Brauereien 1967 .................... 372

Abbildung 3.4     Werbeslogan der Bitburger Brauerei seit 1951 und
                  Werbelogo zu Beginn der 1980er Jahre ............ 376

Abbildung 3.5     Werbeanzeige für Dortmunder Kronen Bier, Mitte
                  der 1960er Jahre .............................. 414

Abbildung 3.6     Neues Markenbild der Hansa-Brauerei 1969/70 ...... 418

Abbildung 3.7     Werbeanzeige der Ritter-Brauerei für Ritter-Pils
                  1970/71 ...................................... 419

Abbildung 3.8     DUB-Marketing-Information über Werbung für
                  „UNION Siegel-Pils" Anfang der 1970er Jahre ...... 426

Abbildung 3.9     DAB-Werbung für „dab Meister-Pils" Anfang der
                  1970er Jahre ................................. 428

Abbildung 3.10    Neue Etikettierung des Angebotsprogramms der
                  Hansa-Brauerei 1969/70 ....................... 430

Abbildung 3.11    Vergleich der Entwicklung der Umsätze in DM
                  je hl zwischen den Brauereien Thier, Dortmund
                  insges., NRW und BRD zwischen 1960 und 1978 .... 431

Abbildung 3.12  Vergleich der Entwicklung der Umsätze als
                relative Änderung zum Basisjahr 1960 = 100
                % zwischen den Brauereien Thier, Dortmund
                insges., NRW und BRD zwischen 1960 und 1978 ....   436
Abbildung 3.13  Thier-Brauerei: Werbeanzeige aus der
                Werbekampagne 1967/68 ........................   465
Abbildung 3.14  Thier-Brauerei: Neue Etikettengestaltung 1970 .......   474
Abbildung 3.15  Thier-Brauerei: Neue Etikettengestaltung mit dem
                drei-henkligen Bierhumpen ......................   476
Abbildung 3.16  Thier-Brauerei: Neueinführung der Ausstattung
                „Thier Privat Pils" mit dem Slogan „Thier braut
                ihr Privatvergnügen" ...........................   477
Abbildung 3.17  Thier-Brauerei: Absatzgebiet nach regionalen
                Verbrauchsintensitäten für Thier-Bier in der
                zweiten Hälfte der 1960er Jahre (Ausschnitt) ........   481
Abbildung 3.18  Kronen-Brauerei: Vergleich der Logos vor und
                nach der Umbenennung der Brauerei ..............   498
Abbildung 3.19  Kronen-Brauerei: Werbung für die Marke „Pilskrone" ...   510
Abbildung 3.20  Kronen-Brauerei: Organigramm von 1972 ..........   523
Abbildung 3.21  DUB-Brauerei: Werbeanzeige zur Neueinführung
                von „Brinkhoff's No. 1" 1977 ..................   548
Abbildung 3.22  Thier-Brauerei: Zeitungsanzeige als Testimonial
                unter Beteiligung Prominenter (Hugo Strasser) .......   570
Abbildung 3.23  Thier-Brauerei: Werbeanzeigen in den Varianten
                „Das Pils" und „Die Party" ......................   575
Abbildung 3.24  Thier-Brauerei: Werbe-Entwurf 1980 ..............   579
Abbildung 3.25  Thier-Brauerei: Image-Vergleich mit DAB,
                Kronen und Ritter (I) ...........................   582
Abbildung 3.26  Thier-Brauerei: Image-Vergleich mit DAB,
                Kronen und Ritter (II) ..........................   583
Abbildung 3.27  Thier-Brauerei: Image-Positionierung im
                Verhältnis zu DAB, Ritter und Kronen ............   583
Abbildung 3.28  Thier-Brauerei: Werbeplakat der Thier-Brauerei
                für die neue „Thier-SplitBox" ...................   585
Abbildung 3.29  Thier-Brauerei: Organigramm der
                Vertriebsabteilung 1975 ........................   588
Abbildung 3.30  Thier-Brauerei: Muster-Marketing-Konzeption
                von 1976 ...................................   594

Abbildung 3.31   Kronen-Brauerei: Position im Exportbier-Geschäft
                 für Flaschenbier im Lebensmittelhandel . . . . . . . . . . .   624
Abbildung 3.32   Kronen-Brauerei:Position im Pilsbier-Geschäft für
                 Flaschenbier im Lebensmittelhandel . . . . . . . . . . . . . . .   625
Abbildung 3.33   Kronen-Brauerei: Positionierung der
                 verschiedenen Sortimentsmarken . . . . . . . . . . . . . . . . .   626
Abbildung 3.34   Kronen-Brauerei: Portfolio-Analyse . . . . . . . . . . . . . . .   638
Abbildung 3.35   Kronen-Brauerei: Marktanteile (farbliche
                 Klassifizierungen) sowie Absatzanteile am
                 Kronen-Absatz (Zahlenangaben) für den
                 *Gesamtabsatz* . . . . . . . . . . . . . . . . . . . . . . . . . . . . . . .   652
Abbildung 3.36   Kronen-Brauerei: Marktanteile (farbliche
                 Klassifizierungen) sowie Absatzanteile am
                 Kronen-Absatz (Zahlenangaben) für den
                 *Exportbier-Absatz* . . . . . . . . . . . . . . . . . . . . . . . . . .   653
Abbildung 3.37   Warsteiner-Brauerei: Marktanteile für Warsteiner
                 Pilsener in Regionen (im Unterschied zu den
                 beiden vorherigen Abbildungen zeigen diese
                 Zahlenangaben Marktanteile an) . . . . . . . . . . . . . . . . .   654
Abbildung 3.38   Kronen-Brauerei: Konkurrenzumfeld . . . . . . . . . . . . . .   667
Abbildung 3.39   Kronen-Brauerei: Institutionelle Marke . . . . . . . . . . . .   669
Abbildung 3.40   Kronen-Brauerei: Dachmarke . . . . . . . . . . . . . . . . . . .   670
Abbildung 3.41   Kronen-Brauerei: Werbemotiv zur
                 Dachmarken-Kampagne . . . . . . . . . . . . . . . . . . . . . . .   672
Abbildung 3.42   Kronen-Brauerei: Absatzentwicklung
                 „Classic"/Inland 1972 bis 1986 . . . . . . . . . . . . . . . . . .   677
Abbildung 3.43   Kronen-Brauerei: Endverbraucherpreise im
                 Wettbewerbsvergleich 1988 . . . . . . . . . . . . . . . . . . . .   683
Abbildung 3.44   Kronen-Brauerei: Organisationstruktur 1982 . . . . . . . . .   689
Abbildung 3.45   Kronen-Brauerei: Organigramm von Juli 1987 . . . . . . .   691

# Tabellenverzeichnis

Tabelle 2.1   Bevölkerungsentwicklung 1946–1970 ............... 40
Tabelle 2.2   Werbeumsätze als Streukosten für Print- und
              Rundfunkmedien in Deutschland von 1952–1964
              absolut, als Index und in Relation zum BIP ........... 53
Tabelle 2.3   Anwendungsorientierte Erkenntnisse und
              Handlungsempfehlungen der absatzwirtschaftlichen
              Theorie bis zur Mitte der 1960er Jahre .............. 132
Tabelle 2.4   Zuordnung von Informationen zu spezifischen
              Marketinginstrumenten nach Hill .................... 189
Tabelle 2.5   Situationsanalyse im Marketing nach Meffert .......... 190
Tabelle 2.6   Segmentierung des Marktes und Zielgruppenauswahl
              nach Haley (Beispiel US-Zahnpasta-Markt) ........... 202
Tabelle 2.7   Anwendungsorientierte Erkenntnisse und
              Handlungsempfehlungen der Marketingtheorie in den
              späten 1960er und 1970er Jahren ................... 241
Tabelle 2.8   Merkmale der Präferenz- und der
              Preis-Mengen-Strategie nach Becker ................ 281
Tabelle 2.9   Handelsorientierte Strategieansätze nach Meffert ........ 292
Tabelle 2.10  Rollenveränderungen zwischen Industrie und Handel
              nach Becker ..................................... 293
Tabelle 2.11  Wichtige Zieldivergenzen zwischen Hersteller und
              Handel nach Becker .............................. 294
Tabelle 2.12  Anwendungsorientierte Erkenntnisse und
              Handlungsempfehlungen der Marketingtheorie in den
              1980er Jahren ................................... 300

Tabelle 3.1    Entwicklung von Ausstoß und Marktanteil der
               Dortmunder Brauindustrie im Vergleich zum
               NRW-Markt und dem bundesdeutschen Biermarkt im
               Zeitraum von 1965 bis 1973 ........................  332
Tabelle 3.2    Entwicklung von Umsatz und Marktanteil der
               Dortmunder Brauindustrie im Vergleich zum
               NRW-Markt und dem bundesdeutschen Biermarkt im
               Zeitraum von 1965 bis 1973 ........................  333
Tabelle 3.3    Entwicklung von Ausstoß und Marktanteil der
               Dortmunder Brauindustrie im Vergleich zum
               NRW-Markt und dem bundesdeutschen Biermarkt im
               Zeitraum von 1974 bis 1989 ........................  337
Tabelle 3.4    Vergleich der Dortmunder Brauereien bezüglich
               wesentlicher Positionen der Bilanz und Gewinn- und
               Verlustrechnung für das Geschäftsjahr 1972/73 bzw.
               1973 sowie deren Analyse ..........................  349
Tabelle 3.5    Thier-Brauerei: Werbearten und Werbeausgaben von
               1960/61 bis 1963/64 in DM und %-Anteilen ..........  392
Tabelle 3.6    Vergleich der absatzwirtschaftlichen Maßnahmen
               der Dortmunder Brauindustrie mit den
               anwendungsorientierten Erkenntnissen und
               Handlungsempfehlungen der Theorie für die Zeit der
               „Expansionsphase" (1950 bis 1965) .................  403
Tabelle 3.7    Entwicklung und Struktur des Ausstoßes im Verband
               Dortmunder Bierbrauer (VDB) im Zeitraum von
               1965 bis 1978 .....................................  411
Tabelle 3.8    Marketinginvestitionen in Form von
               Konsumentenwerbung der Dortmunder
               Brauereien im Zeitraum von 1962 – 1968 in 1.000
               DM (Angaben von Schmidt & Pohlmann) .............  412
Tabelle 3.9    Konkurrenzvergleich: Werbung und
               Verkaufsförderung – Etats, Medien, Zielgruppen,
               Werbeaussagen, Verkaufsförderung und
               Charakterisierung der Maßnahmen ..................  415
Tabelle 3.10   Werbeaufwendungen Dortmunder und ausgesuchter
               nordrhein-westfälischer Brauereien in 1972/73
               (klassische Verbraucherwerbung; *ohne*
               Plakatanschläge/Zeitungsbeilagen, Zahlen von
               Schmidt + Pohlmann) ..............................  420

Tabelle 3.11   Preiskategorien von Biermarken und ihre Anteile am
               Gesamtmarkt ..................................... 437
Tabelle 3.12   Preiskategorien der DAB-Biermarken und ihre
               Anteile am Gesamtmarkt ........................... 438
Tabelle 3.13   Entwicklung des verfügbaren Einkommens je
               Einwohner und der Einkommenselastizität der
               Biernachfrage 1950–1975 ......................... 440
Tabelle 3.14   Anteile verschiedener Abnehmergruppen am
               Bierabsatz der bundesdeutschen Brauereien ........... 442
Tabelle 3.15   Anteile verschiedener Bezugsquellen bei den
               Verbrauchergruppen: Heimkonsum, Gastronomie,
               Großverbraucher sowie Export und deren Anteile am
               Bierausstoß deutscher Brauereien ................... 444
Tabelle 3.16   Anteil des Lebensmitteleinzelhandels am
               Flaschen-/Dosenbierausstoß bundesdeutscher
               Brauereien nach Bundesländern ..................... 444
Tabelle 3.17   Flaschenbier-Absatz aus Direktbelieferungen der
               Brauereien: Bedeutung der Absatzmittler insbes.
               aus dem Lebensmittelhandelsbereich insgesamt
               und bei den einzelnen Biermarken in NRW sowie
               Einzelhandelspreise in DM/l (ohne Lieferungen des
               GFGH an die verschiedenen Absatzmittler) ........... 448
Tabelle 3.18   Vergleich der Marketingmaßnahmen der Dortmunder
               Brauindustrie, insbesondere der Brauereien Thier
               und Kronen mit den anwendungsorientierten
               Erkenntnissen und Handlungsempfehlungen der
               Marketingtheorie für die Zeit der „Ausreifungsphase"
               (1965–1973) ..................................... 530
Tabelle 3.19   Werbeaufwendungen der Dortmunder Brauereien 1979 ... 545
Tabelle 3.20   Vertriebswege von Flaschenbier und Dosen
               in Westdeutschland 1974 bis 1990 (Mengenanteile
               in Prozent) ..................................... 556
Tabelle 3.21   Geschäftstypen beim nationalen Bierabsatz im
               Lebensmittelhandel und Abholmarkt 1984 bis 1990
               (Mengenanteile in Prozent) ....................... 556
Tabelle 3.22   Mengen- und Wertanteile der verschiedenen
               Einkaufsquellen am Bierabsatz in der Bundesrepublik
               Deutschland im Jahre 1977 (in Prozent) ............. 560

Tabelle 3.23   Werbeausgaben insgesamt sowie für den
               NRW-Markt im Vergleich der Dortmunder
               Brauereien untereinander sowie mit überregionalen
               Pilsbrauereien für das Geschäftsjahr 1974/75 ........... 572

Tabelle 3.24   Thier-Brauerei: Werbe-Konzeptionen von 1965/66
               bis 1980/81 ...................................... 577

Tabelle 3.25   Kronen-Brauerei: Werbeaufwand 1973 bis 1980
               (in 1.000 DM) .................................... 611

Tabelle 3.26   Kronen-Brauerei: Media-Streukosten 1971 bis 1980
               nach Marken ...................................... 613

Tabelle 3.27   Kronen-Brauerei: Kurzvergleich der Alternativen im
               Strategiemodell nach Porter ....................... 668

Tabelle 3.28   Vergleich der Marketingmaßnahmen der Dortmunder
               Brauindustrie, insbesondere der Brauereien Thier
               und Kronen mit den anwendungsorientierten
               Erkenntnissen und Handlungsempfehlungen der
               Marketingtheorie für die Zeit der „Stagnationsphase"
               (1974–1990) ...................................... 701

# Einleitung

1

## 1.1 Problemstellung und aktueller Forschungsstand

Die Marketingdisziplin hat seit jeher den Anspruch, eine „anwendungsorientierte" Wissenschaft zu sein. So formuliert Heribert Meffert, Inhaber des ersten
deutschen Lehrstuhls für Marketing, am Beispiel der von ihm mitgegründe-
ten „Wissenschaftlichen Gesellschaft für Marketing und Unternehmensführung
e. V." rückblickend die Zielsetzung: „Die Erkenntnisse der Forschung sollten für
Lösungen der praktischen Probleme im Marketing und der Unternehmensführung dienstbar gemacht werden."[1] Diese Zielsetzung drückt sich auch im Begriff
der „marktorientierten Unternehmensführung"[2] aus. Gleichzeitig resultiert daraus
die Aufforderung an die Unternehmen, diesen Entwurf in die unternehmerische
Praxis umzusetzen: Unter dem Stichwort „Marketingimplementierung" geht es

---

[1] Meffert, Heribert: 50 Jahre Marketingdisziplin. Von den Anfängen bis heute – Ein persönlicher Rückblick, in: Sepehr, Philipp: Die Entwicklung der Marketingdisziplin. Wandel der
marktorientierten Unternehmensführung in Wissenschaft und Praxis, Wiesbaden 2014, zugl.
Dissertation Westfälische Wilhelms-Universität Münster, 2013, S. XII.

[2] Vgl. etwa die Literatur, die diesen Anspruch bereits im Buchtitel oder Untertitel trägt,
z. B. die Festschriften zum 60., 70. bzw. 80. Geburtstag von Heribert Meffert; im Einzelnen: Bruhn, Manfred/Steffenhagen, Hartwig (Hg.): Marktorientierte Unternehmensführung.
Reflexionen – Denkanstöße – Perspektiven, Wiesbaden 1997; Bruhn, Manfred/Kirchgeorg,
Manfred/Meier, Johannes (Hg.): Marktorientierte Führung im wirtschaftlichen und gesellschaftlichen Wandel, Wiesbaden 2007; Bruhn, Manfred/Kirchgeorg, Manfred (Hg.): Marketing Weiterdenken. Zukunftspfade für eine marktorientierte Unternehmensführung, Wiesbaden 2018; außerdem z. B. Meffert, Heribert/Burmann, Christoph/Kirchgeorg, Man-
fred/Eisenbeiß, Maik: Marketing. Grundlagen marktorientierter Unternehmensführung. Konzepte – Instrumente – Praxisbeispiele, 13. Aufl., Wiesbaden 2019.

H. Fechtner, *Zum Verhältnis von Theorie und Praxis im Marketing aus historischer
Perspektive*, https://doi.org/10.1007/978-3-658-41033-9_1

darum, „die Grundsätze marktorientierter Unternehmensführung in allen betrieblichen Tätigkeitsbereichen zu verankern und zur tatsächlichen Anwendung zu
bringen."[3]

Dieser moderne Marketingansatz rekurriert zum einen auf Grundlagen, die
bereits in der deutschen Vorgängerdisziplin „Absatzwirtschaft" gelegt wurden;
zum anderen ist er nach dem Zweiten Weltkrieg durch amerikanische Marketing-
und Managementkonzepte sehr stark beeinflusst worden. Beispielhaft sei auf
Erich Schäfer hingewiesen, der in seiner Dissertation bereits 1928 vom Unternehmer gefordert hat, dass seine „Produktions- und Absatzdispositionen [...]
also ständig am Markte orientiert sein [müssen]."[4] Robert Nieschlag spricht
1963 von der notwendigen „Steuerung des Betriebes vom Markte her"[5]; für ihn
reicht dies bereits über eine reine funktionale Tätigkeit hinaus in Richtung eines
Führungsanspruchs des Marketings im Unternehmen.[6] Für die amerikanische
Marketingliteratur sei auf die grundlegenden Arbeiten von D. Maynard Phelps
und später Philip Kotler hingewiesen. Phelps veröffentlichte 1953 eine erste
umfassende Darstellung eines Theoriekonzeptes zum Marketing-Management.[7]
Im Jahre 1967 erschien Kotlers Standardwerk „Marketing Management"[8], in dem
er bereits Grundlagen für das Konzept der marktorientierten Unternehmensführung gelegt hat. Diese Veröffentlichung gehörte sehr bald zu den wichtigsten
Lehrbüchern auch für deutsche Studierende in den 1960er/70er Jahren.[9]

Doch hat die Wissenschaft die unternehmerische Praxis auch erreicht? Ist
Marketing in den Unternehmen im Laufe der Zeit tatsächlich als funktions-
übergreifendes praktisch-normatives Führungskonzept verstanden und praktiziert

---

[3] Köhler, Richard: Marketingimplementierung – Was hat die deutschsprachige Marketing-
forschung an Erkenntniszugewinn erbracht?, in: Backhaus, Klaus (Hg.): Deutschsprachige
Marketingforschung. Bestandsaufnahme und Perspektiven, Stuttgart, 2000, S. 253–277, hier:
S. 254.

[4] Schäfer, Erich: Grundlagen der Marktbeobachtung: mit einer Darstellung der Beobachtungspraxis in der deutschen Porzellanindustrie, Nürnberg 1928, S. 9.

[5] Nieschlag, Robert: Was bedeutet die Marketing-Konzeption für die Lehre von der Absatzwirtschaft?, in: Zeitschrift für handelswissenschaftliche Forschung, 15. Jg., Nr. 11/12, 1963,
S. 549–559, hier: S. 552.

[6] Vgl. ebenda.

[7] Vgl. Phelps, D. Maynard: Sales Management. Policies and Procedures, Homewood/Ill.
1953, zit. nach Bubik, Roland: Geschichte der Marketing-Theorie. Historische Einführung
in die Marketing-Lehre, Frankfurt 1996, S. 139.

[8] Vgl. Kotler, Philip: Marketing-Management: Analysis, Planning, and Control, Englewood
Cliffs 1967.

[9] Vgl. Meffert, Heribert: 50 Jahre Marketingdisziplin, a.a.O., S. VII f.

worden? Oder gibt es Anzeichen dafür, dass dieser Anspruch und die betriebliche Wirklichkeit auseinander klaffen, indem Marketing allenfalls als operativ ausgerichtetes, verkaufsunterstützendes Instrumentarium betrachtet wird? Ist die Bedeutung des Marketings in Wissenschaft und Praxis etwa zeitabhängig zu beurteilen: Mit einer Hochphase in den 1970er/80er Jahren, zwischendurch mit einem rückläufigen Einfluss und sinkendem Stellenwert in den Unternehmen und in jüngerer Zeit mit ganz neuen Möglichkeiten im Zusammenhang mit einem individualisierten „Relationship-Marketing" und einem interaktiven Dialog- und Online-Marketing?

Zweifellos hat in den Unternehmen der Konsumgüter-, Investitionsgüter- und Dienstleistungsindustrie in den letzten Jahrzehnten der Marketinggedanke eine immer stärkere Bedeutung erhalten, und Marketing ist tatsächlich auch immer intensiver betrieben worden. Aber war das eher ein „hemdsärmeliges Machen" nach dem Trial- and Error-Prinzip, die bloße Anwendung verschiedener Methoden, Instrumente und Techniken, oder war dies eine stärker theoriegeleitete Vorgehensweise mit Reflexionen über die Erfolge bzw. Misserfolge? Und welchen Stellenwert hatte bzw. hat das Marketing in den Unternehmen? Inwieweit waren Marketing-Manager an den grundlegenden betrieblichen Entscheidungen beteiligt, federführend oder davon ausgeschlossen?

Hat das Marketing nach Aussage Mefferts tatsächlich „in den letzten 50 Jahren einen beachtlichen Aufstieg in Wissenschaft und Praxis erfahren"[10]? Oder ist eher dem früheren Marketingprofessor und langjährigen Unternehmensberater Hermann Simon zu folgen, wenn er bereits Mitte der 80er Jahre konstatiert, dass „der Einfluss der entscheidungsorientierten Marketingwissenschaft auf die Praxis [...] vergleichsweise beschränkt geblieben [ist]"[11]? Auch in jüngeren Veröffentlichungen wird das Theorie-Praxis-Verhältnis kritisch gesehen: So weist z. B. Klaus Backhaus darauf hin, dass das Marketingverständnis der Praxis häufig lediglich „proklamierte Marketingorientierung bei fehlender Handlungskomponente"[12] ist und die „interne Verpflichtung zur Marktorientierung, also das Verhalten im Unternehmen, oftmals eine größere Hürde darstellt als die externe Orientierung."[13] Und bei Hennig-Thurau heißt es gleich zu Beginn seines Aufsatzes mit dem Titel „Die Krise des Marketings": „Das Marketing ist heute in

---

[10] Ebenda, S. XVIII.

[11] Simon, Hermann: Herausforderungen an die Marketingwissenschaft, in: Marketing ZFP, Heft 3, August 1986, S. 205–213, hier: S. 212.

[12] Backhaus, Klaus: Hindernislauf Marketing: Erleuchtung – Ernüchterung – Durchbruch, Wiesbaden 2013, S. 5; vgl. außerdem ders.: Das Märchen vom Marketing, „ ... aber wir sind doch alle marktorientiert", Stuttgart 1990.

[13] Ebenda, S. 6. (Herv. im Original).

vielen Unternehmen keine treibende Kraft."[14] Häufig sei das Marketing zu einer
Unterabteilung degradiert worden. Außerdem beklagt der Autor auf der Wissen-
schaftsseite die „Zerfaserung des Wissens" und fordert die Rückkehr zu einer
„ganzheitlichen Choreografie".[15]

Konsequenterweise stellen sich damit aber auch auf der Theorieseite einige
Fragen: Was konnte die Marketingwissenschaft bisher tatsächlich leisten? Was
sind die bedeutendsten Erkenntnisse, die in Form von Theorien, Modellen,
Methoden, Planungsschritten, praxisnahen Aussagen und Handlungsempfehlungen den Entscheidungsträgern in den Unternehmen an die Hand gegeben werden
konnten? Welche Entwicklungsphasen und theoretischen Ansätze durchlief die
deutsche Marketinglehre im Laufe der Zeit, und wie sind diese zu bewerten?

Diese Fragen sind bereits Mitte der 1980er Jahre Gegenstand der wissenschaftlichen Diskussion im Marketing gewesen. Die erwähnte Einschätzung von
Hermann Simon war Teil eines in der Zeitschrift „Marketing ZFP" geführten Disputes zwischen mehreren Marketing-Professoren. Simon begründete seine
Bewertung zum Einfluss der Marketingtheorie auf die Praxis damit, dass viele der
in der Praxis drückenden und wichtigen Probleme in der wissenschaftlichen Literatur kaum behandelt würden und umgekehrt zahlreiche Techniken, die sich in der
betrieblichen Praxis als nützlich erwiesen hätten, nicht aus der wissenschaftlichen
Marketingforschung stammen würden.

Simon knüpft hier an eine kritische Analyse von Werner Engelhardt an,
in der dieser Marketingwissenschaftler ebenfalls die mangelnde Praxisorientierung beklagt: „Von wenigen Ausnahmen abgesehen wurden von seiten der
Wissenschaft keine Beiträge geliefert, die als praktische Hilfen bei der Zukunftssicherung der Unternehmungen angesehen werden könnten. Hierin ist ein
schwerwiegendes Versäumnis einer sich als praxisorientiert verstehenden angewandten Wissenschaft zu sehen."[16] Engelhardt macht diese Kritik insbesondere
an der vom Beratungsunternehmen Boston Consulting Group (BCG) entwickelten Portfolio-Technik fest, deren „Entwicklung [...] sich weitgehend ohne
Beteiligung der Wissenschaft [vollzog]."[17] Nach Engelhardts Einschätzung hat
sich das Interesse der Wissenschaft „zwar in zunehmendem Maße den strategischen Problemen geöffnet, setzt aber kaum an der inhaltlichen, sondern an der

---

[14] Hennig-Thurau, Thorsten: Die Krise des Marketings, in: Harvard Business Manager, Juni
2013, S. 93–97, hier: S. 93.

[15] Ebenda, S. 96.

[16] Engelhardt, Werner H.: Versäumnisse der Marketing-Wissenschaft in der Strategiediskussion, in: Marketing ZFP, Heft 3, August 1985, S. 211–212, hier S. 211.

[17] Ebenda.

methodischen Seite an."[18] Sein Fazit lautet: „Es ist zu befürchten, daß sich die
Marketing-Wissenschaft damit erneut ein Versäumnis gegenüber der Praxis auf-
lädt, indem sie ihr Potential in eine Richtung lenkt, die an den Kernproblemen
vorbeigeht."[19]

Klaus Brockhoff[20] sowie Richard Köhler[21] haben mit Stellungnahmen in
derselben Ausgabe der Zeitschrift „Marketing ZFP" diesem harten Urteil z. T.
widersprochen und dies mit einer Reihe von Beispielen für strategische Ansätze –
u. a. mit der Produkt/Markt-Matrix von Ansoff – oder zumindest strategische
Überlegungen für spezielle Problemstellungen belegt. Köhler unterbreitet darüber
hinaus einige Vorschläge zur Weiterentwicklung der strategischen Ansätze. Insbesondere betreffen diese die Suche nach künftigen Produkt/Markt-Kombinationen,
die Bewertung und Auswahl von Geschäftsfeldern sowie die synergetische Sicht
auf mehrere Geschäftsfelder sowie Elemente der langfristigen Planung und Kontrolle. Aber auch Köhler gesteht zu: „Es fehlt noch die Entwicklung eines
umfassenden Informations-, Planungs- und Organisationssystems für Zwecke des
Strategischen Marketing."[22]

Die in den Beiträgen von Engelhardt und Simon zum Ausdruck kommende
kritische Sicht auf den Wert und die Diffusion wissenschaftlicher Erkenntnisse in die Praxis hängt wohl auch damit zusammen, dass beide Professoren
nacheinander für jeweils drei Jahre als Wissenschaftliche Direktoren des USW
Universitätsseminars der Wirtschaft auf Schloss Gracht in Erftstadt und darüber
hinaus als dortige Seminarleiter in diesen Jahren einen engeren Kontakt zu Führungskräften der Wirtschaft hatten und die Problemlagen der Praxis viel intensiver
kennenlernen konnten.[23] Hier scheint ein Meinungsaustausch zwischen Wissenschaft und unternehmerischer Praxis in einem sehr positiven Sinne die Diskussion
befruchtet zu haben.

Zu Beginn der 1990er Jahre hat sich auch Bruno Tietz zum Theorie/Praxis-
Verhältnis kritisch geäußert: Auch er merkt an: „Die Anerkennung der Marketingwissenschaft durch die Praxis hält sich wegen des nicht unerheblichen

---

[18] Ebenda.

[19] Ebenda.

[20] Vgl. Brockhoff, Klaus: Beiträge der Marketing-Wissenschaft zur Strategiediskussion, in:
Marketing ZFP, Heft 3, August 1985, S. 212–213.

[21] Vgl. Köhler, Richard: Strategisches Marketing: Auf die Entwicklung eines umfassenden
Informations-, Planungs- und Organisationssystems kommt es an, in: Marketing ZFP, Heft
3, August 1985, S. 213–216.

[22] Ebenda, S. 214.

[23] Zum USW Universitätseminar der Wirtschaft s. das Abschnitt 2.4.4.

Auseinanderklaffens von Erwartungshaltung und Leistung in Grenzen."[24] Darüber hinaus weist er auf den Unterschied zwischen „Realität und Modell" hin
sowie auf die Problematik von Paradigmata wie z. B. der Portfolio-Technik
der Boston Consulting Group (Fehlentscheidungen von General Electric beim
Verzicht auf den Einstieg ins Computergeschäft). In etwas „überspitzter" Formulierung hängt für Tietz die Wahrnehmung und Nutzung von Erkenntnissen
der Marketingwissenschaft in der Praxis auch davon ab, dass es „möglichst
unmittelbar operational und implementierbar"[25] ist. Umgekehrt braucht nach dem
Selbstverständnis der Wissenschaft der Forschungsgegenstand „mit der Praxis
nichts zu tun zu haben".[26] Der Autor beklagt außerdem die „beachtliche[n] Kontaktschwächen" zwischen Wissenschaft und Praxis. „Die Wahrnehmung ist anders
und die Sprache ist nicht die gleiche."[27] Daraus leitet Tietz die Forderung ab:
Wissenschaftler sollten die Praxis kennen gelernt haben.

Zusammenfassend äußert Tietz: „Der Forschungstransfer leidet primär unter
den Schwierigkeiten, die Ergebnisse der Forschung für die Praxis mundgerecht
und damit nutzbar aufzubereiten, und der fehlenden Bereitschaft der Praxis,
sich ernsthaft mit den Forschungsergebnissen auseinanderzusetzen." Andererseits
fehle „das Herantragen von forschungsrelevanten Themen aus der Praxis an die
Wissenschaft."[28]

Simon, Engelhardt und Tietz beschreiben hier bereits relativ frühzeitig wesentliche Transferbarrieren, wie sie später durch empirische Untersuchungen insbesondere von Matthias Koch sowie Philipp Sepehr bestätigt worden sind und wie
die weiteren Ausführungen in diesem Einleitungskapitel noch zeigen werden.

Andere kontrovers diskutierte Kritikpunkte am Marketing bezogen sich auf
ein mutmaßliches Theoriedefizit der Forschung und stellten die Leistungsfähigkeit des Marketings als selbstständige wissenschaftliche Disziplin generell in
Frage.[29] Aus verbraucherpolitischer Perspektive wurde in den 1970er Jahren

---

[24] Hierzu und zum Folgenden vgl. Tietz, Bruno: Die bisherige und künftige Paradigmatik des
Marketing in Theorie und Praxis, in: Marketing ZFP, Heft 3, 1993, S. 149–163, hier S. 151
bzw. 151 ff.

[25] Ebenda, S. 158.

[26] Ebenda, S. 160.

[27] Ebenda, S. 162.

[28] Ebenda.

[29] Vgl. z. B. Schneider, Dieter: Marketing als Wirtschaftswissenschaft oder Geburt einer
Marketingwissenschaft aus dem Geiste des Unternehmerversagens?, in: ZfbF, 35. Jg. (1983),
Heft 3, S. 197–223. Aus einer gesellschaftskritischen und wissenschaftstheoretischen Sicht
auch: Fischer-Winkelmann, Wolf F.: Marketing. Ideologie oder operable Wissenschaft?,

außerdem die Zielsetzung verfolgt, mit Erkenntnissen über das Verbraucherverhalten ein Gegengewicht zum unternehmerischen Marketing zu bilden.[30] Daraus entwickelte sich auch die Idee des „Marketing für Non-Profit-Organisationen", des „Social-Marketing" sowie weiterer gesellschaftsbezogener Konzepte.[31] Diese hier angesprochenen Themenbereiche sind in der Zwischenzeit weitgehend aus der wissenschaftlichen und öffentlichen Diskussion verschwunden.

Bezüglich der vorliegenden Forschungsergebnisse zur historischen Entwicklung des Marketings in Deutschland kann auf eine relativ überschaubare Zahl an Monografien[32] und Beiträge in Sammelwerken zur Geschichte des Marketings in einzelnen Unternehmen oder Branchen[33] zurückgegriffen werden. Darüber hinaus finden sich Einzelbeiträge in weiteren wirtschaftswissenschaftlichen Sammelwerken und Zeitschriftentiteln, schwerpunktmäßig zum Konsumgüter-Marketing[34],

München 1972, außerdem: Böttger, Christian: Marketing im Spannungsfeld zwischen wissenschaftlichem Erkenntnisinteresse und praktischer Nutzbarkeit, Fuchsstadt 1993, zugl. Dissertation am Fachbereich Wirtschaft der FU Berlin 1993.

[30] Vgl. dazu z. B. die Diskussionsbeiträge in Fischer-Winkelmann, Wolf F./Rock, Reinhard (Hg.): Marketing und Gesellschaft, 1977.

[31] Vgl. zu einem Überblick zu diesen Forschungszweigen: Hansen, Ursula/Bode, Matthias: Marketing & Konsum, Theorie und Praxis von der Industrialisierung bis ins 21. Jahrhundert, München 1999, S. 133 ff sowie: Bubik, Roland: Geschichte der Marketing-Theorie. Historische Einführung in die Marketing-Lehre, Frankfurt 1996, S. 172 ff.

[32] Vgl. Leitherer, Eugen: Geschichte der handels- und absatzwirtschaftlichen Literatur, Köln/Opladen 1961; Bubik, Roland: a.a.O.; Hansen, Ursula/Bode, Matthias: Marketing & Konsum, a.a.O.; Sepehr, Philipp: Die Entwicklung der Marketingdisziplin, a.a.O.

[33] Zu den Sammelwerken vgl. Pohl, Hans/Treue, Wilhelm (Hg.): Absatzstrategien deutscher Unternehmen. Gestern – Heute – Morgen, Zeitschrift für Unternehmensgeschichte, Beiheft 23, Wiesbaden 1982; Kleinschmidt, Christian/Triebel, Florian (Hg.): Marketing. Historische Aspekte der Wettbewerbs- und Absatzpolitik, Essen 2004; Berghoff, Harmut (Hg.): Marketinggeschichte. Die Genese einer modernen Sozialtechnik, Frankfurt/New York 2007.

[34] Vgl. insbesondere: Meffert, Heribert: Artikel „Marketing (Grundlagen)", „Marketing-Geschichte" und „Marketing-Theorie" in: Diller, Hermann (Hg.): Vahlens Großes Marketinglexikon, München 1992, S. 648–653, S. 662–665 und 698–702; Meffert, Heribert: Marktorientierte Unternehmensführung im Umbruch – Entwicklungsperspektiven des Marketing in Wissenschaft und Praxis, in: Bruhn, Manfred/Meffert, Heribert/Wehrle, Friedrich (Hg.): Marktorientierte Unternehmensführung im Umbruch. Effizienz und Flexibilität als Herausforderungen des Marketing, Stuttgart 1994, S. 3–39; Tietz, Bruno: Die bisherige und künftige Paradigmatik des Marketing in Theorie und Praxis, in: Marketing ZFP, Heft 3, 1993, S. 149–163 sowie Heft 4, 1993, S. 221 – 236; Sabel, Hermann: Geschichte des Marketing in Deutschland, in: Lingenfelder, Michael (Hg.): 100 Jahre Betriebswirtschaftslehre in Deutschland (1898–1998), München 1999, S. 169–180; Köhler, Richard: Marketing – Von der Reklame zur Konzeption einer marktorientierten Unternehmensführung, in: Gaugler,

als Ausnahme zum Investitionsgüter-Marketing[35]. Hartmut Berghoff weist darauf hin, dass die Marketinggeschichte bisher in erster Linie eine Unternehmens-
oder Wissenschaftsgeschichte sei; im Vergleich zur angelsächsischen Literatur
„klaffen in Deutschland nach wie vor große Lücken."[36] Nach Ansicht Berghoffs
„fehlt eine umfassende Geschichte des Marketings, sowohl seiner Theorie als
auch seiner Praxis."[37] Auch Ursula Hansen/Matthias Bode beklagen in diesem
Zusammenhang die „Geschichtsvergessenheit der Marketingwissenschaft"[38] und
fordern die „Arbeit am fehlenden Gedächtnis des Marketing".[39]

Die bisherigen Veröffentlichungen mit historischem Bezug befassen sich
zudem schwerpunktmäßig mit der Marketingtheorie – kaum gleichzeitig mit
der Praxis in den Unternehmen. Bezüglich der Theorie ist zusätzlich zu
konstatieren, dass hier schwerpunktmäßig nur die *Entwicklungslinien* der Marketingwissenschaft dargestellt und interpretiert werden. Es gibt bisher jedoch
keine systematische Aufarbeitung und Analyse der *Ergebnisse* der Marketingwissenschaft bzw. ihrer theoretischen Ansätze danach, welche Theorieelemente,
Aussagen und Handlungsempfehlungen tatsächlich konkret für das Marketing in
den Unternehmen relevant sein könnten.

Was die Praxisdarstellungen betrifft, so bilden die Veröffentlichungen in den
Sammelbänden von Pohl, von Kleinschmidt/Triebel sowie von Berghoff ergänzt
um einige wenige Aufsätze aus der zitierten weiteren Literatur eher die Ausnahme. Hier wird anhand unternehmerischer Einzelfälle die Praxis mehr oder
weniger umfänglich beschrieben. Hervorzuheben sind dabei jedoch die Veröffentlichungen zweier Autoren, die erfolgreiches Marketing zum einen am

---

Eduard/Köhler, Richard (Hg.): Entwicklungen der Betriebswirtschaftslehre. 100 Jahre Fachdisziplin – zugleich eine Verlagsgeschichte, Stuttgart 2002, S. 355–384.

[35] Vgl. Backhaus, Klaus: Entwicklungspfade im Investitionsgütermarketing, in: Backhaus,
Klaus/Günter, Bernd/Kleinaltenkamp, Michael/Plinke, Wulff/Raffée, Hans (Hg.): Marktleistung und Wettbewerb. Strategische und operative Perspektiven der marktorientierten Leistungsgestaltung. Festschrift zum 65. Geburtstag von Werner H. Engelhardt, Wiesbaden 1997,
S. 33–62.

[36] Berghoff, Harmut: Marketing im 20. Jahrhundert, in: ders. (Hg.): Marketinggeschichte,
a.a.O., S 11–58, hier S. 13 f.

[37] Vgl. Berghoff, Hartmut: Moderne Unternehmensgeschichte, 2. Aufl., Berlin/Boston 2016,
S. 328.

[38] Hansen, Ursula/Bode, Matthias: Entwicklungsphasen der deutschen Marketingwissenschaft seit dem Zweiten Weltkrieg, in: Berghoff, Hartmut (Hg.): Marketinggeschichte, a.a.O.,
S. 179–204, hier: S. 179 sowie dies.: Blinde Flecken der Marketingwissenschaft: Das Problemfeld der 4 Gs, in: Bruhn, Manfred/Steffenhagen, Hartwig (Hg.): Marktorientierte Unternehmensführung, a.a.O., S. 57–83, hier: S. 61.

[39] Hansen, Ursula/Bode, Matthias: Marketing & Konsum, a.a.O., S. 5.

Beispiel der Automobilindustrie[40], zum anderen am Beispiel der Marke NIVEA[41] beschreiben.

Darüber hinaus sind zwei Habilitationsschriften zu nennen, die unternehmerische Praxis aus historischem Blickwinkel umschreiben und analysieren: In einer in erster Linie praxisorientierten Darstellung hat Christian Kleinschmidt im Rahmen von Aktenanalysen die Übernahme amerikanischer und japanischer Management- und Produktionsmethoden nach dem Zweiten Weltkrieg einschließlich von Werbe- und Marketingaktivitäten durch deutsche Unternehmen, u. a. von Glanzstoff, Hüls, Henkel, REWE und Volkswagen analysiert.[42] Susanne Hilger hat eine entsprechende Untersuchung für die Unternehmen Henkel, Siemens und Daimler-Benz durchgeführt.[43] In beiden Arbeiten werden die Hinwendungen der Unternehmen zum Marketing jedoch eher in groben Linien und in ihrer grundsätzlichen Ausrichtung beschrieben, nur vereinzelt in der konkreten Ausgestaltung von Strategien, Maßnahmen und Erfolgsnachweisen.

Insgesamt scheint sich daher die Aussage Berghoffs zu bestätigen und weiterhin gültig zu sein: „Nach wie vor gibt es leider zu wenige empirische Untersuchungen."[44] Und vor allem: Wo die absatzwirtschaftliche Praxis beschrieben wird, fehlt eine Bezugnahme auf die Marketingtheorie. Es wird in keinem Falle die etwaige Anbindung an theoretische Ansätze, Methoden, Modelle oder Handlungsempfehlungen der Marketingwissenschaft geprüft oder gar die Aktivitäten an der Theorie gemessen und bewertet. Der außerdem denkbare umgekehrte

---

[40] Vgl. Köhler, Ingo: Marketing als Krisenstrategie. Die deutsche Automobilindustrie und die Herausforderungen der 1970er Jahre, in: Berghoff, Hartmut (Hg.): Marketinggeschichte, a.a.O., S. 259–295.

[41] Vgl. Schröter, Harm G.: Erfolgsfaktor Marketing: Der Strukturwandel von der Reklame zur Unternehmenssteuerung, in: Feldenkirchen, Wilfried/Schönert-Röhlk, Frauke/Schulz, Günther (Hg.): Wirtschaft, Gesellschaft, Unternehmen, 2. Teilband: Gesellschaft, Unternehmen, Stuttgart 1995, S. 1099–1127; ders.: Marketing als angewandte Sozialtechnik und Veränderungen im Konsumverhalten. Nivea als internationale Dachmarke 1960–1994, in: Siegrist, Hannes/Kaelble, Hartmut/Kocka, Jürgen (Hg.): Europäische Konsumgeschichte. Zur Gesellschafts- und Kulturgeschichte des Konsums (18. Bis 20. Jahrhundert), Frankfurt/New York 1997, S. 615–647.

[42] Vgl. Kleinschmidt, Christian: Der produktive Blick. Wahrnehmung amerikanischer und japanischer Management- und Produktionsmethoden durch deutsche Unternehmen 1950–1985, Berlin 2002.

[43] Vgl. Hilger, Susanne: „Amerikanisierung" deutscher Unternehmen. Wettbewerbsstrategien und Unternehmenspolitik bei Henkel, Siemens und Daimler-Benz (1945/49–1975), Wiesbaden 2004.

[44] Berghoff, Hartmut: Marketing im 20. Jahrhundert, in ders. (Hg.): Marketinggeschichte, a.a.O., S. 19.

Bezug, nämlich das mögliche Lernen der Theorie aus erfolgreicher Praxis, ist bisher ebenfalls noch nicht geleistet worden. Ebenso fehlt regelmäßig die Einbettung von Entwicklungen in Theorie und Praxis in einen gesamtwirtschaftlichen und gesellschaftlichen Kontext.[45]

Zum angesprochenen Verhältnis zwischen Theorie und Praxis hat Matthias Koch in seiner Dissertation bei Klaus Backhaus die Praxisrelevanz von wissenschaftlicher Marketingforschung analysiert.[46] Auf der Grundlage theoretischer Überlegungen, die insbesondere auch Transferbarrieren zwischen Forschung und Praxis einschließen, wird in zwei empirischen Studien zum einen ein positiver Zusammenhang zwischen Praxisrelevanz und wissenschaftlicher Relevanz bestätigt, zum anderen die Determinanten von Praxisrelevanz multidimensional modelliert: In Je-Desto-Aussagen werden z. B. die Determinanten: Inhalte der Erkenntnis, ihre Vertrauenswürdigkeit, ihre Handlungs- und Zielorientierung sowie ihre Neuartigkeit als wesentliche Einflussfaktoren auf die Praxisrelevanz bejaht.[47] Dabei kommt insbesondere der inhaltlichen Dimension sowie der Handlungsorientierung einer wissenschaftlichen Erkenntnis eine besondere Bedeutung zu.[48] Der Autor gibt selbst Hinweise auf evtl. Einschränkungen bei der Validität und Reliabilität der Untersuchung und spricht sich auch unter inhaltlichen Aspekten sowie unter Einbeziehung neuester Forschungsergebnisse für weitere Untersuchungen zu diesem Themenfeld aus.[49]

Die jüngste Publikation zu diesem Themenbereich ist die Dissertation von Philipp Sepehr.[50] Sepehr erarbeitet darin einerseits „ein umfassendes Gesamtbild und tiefergehendes Verständnis zum Wandel der deutschsprachigen Marketingdisziplin"[51]. Daran anschließend stellt er die Ergebnisse einer Befragung von Marketingwissenschaftlern und Marketingpraktikern zu ihren (subjektiven) Einstellungen und Einschätzungen zum Marketing (aber *nicht* etwa zu ihren

---

[45] Ausnahmen bezüglich des gesamtwirtschaftlichen bzw. -gesellschaftlichen Kontextes vorzugsweise für den Theoriebereich bilden hier die Veröffentlichungen von Bubik sowie von Hansen/Bode. Vgl. Bubik, Roland: a.a.O.; Hansen, Ursula/Bode, Matthias: Marketing & Konsum, a.a.O.; dies.: Entwicklungsphasen der deutschen Marketingwissenschaft seit dem Zweiten Weltkrieg, in: Berghoff, Hartmut (Hg.): Marketinggeschichte, a.a.O., S. 179–204.
[46] Vgl. Koch, Matthias: Praxisrelevanz von Marketingforschung. Eine empirische Analyse der Einflussfaktoren und des Zusammenhangs mit wissenschaftlicher Relevanz, Hamburg 2010, zugl. Dissertation Westfälische Wilhelms-Universität Münster 2010.
[47] Vgl. Koch, Matthias: a.a.O., Tabelle 6.1., S. 195.
[48] Vgl. ebenda, S. 197 f.
[49] Vgl. ebenda, S. 208 ff.
[50] Vgl. Sepehr, Philipp: Die Entwicklung der Marketingdisziplin, a.a.O.
[51] Meffert, Heribert: 50 Jahre Marketingdisziplin, a.a.O., S XIX.

durchgeführten Handlungen) im *Status quo* dar und analysiert diese. Insgesamt fehlt allerdings auch hier die Herausarbeitung und Benennung handlungsrelevanter Theoriebereiche bzw. Aussagen der Marketingwissenschaft. Außerdem findet auch keine durchgängige Analyse von konkret geplanten und realisierten Marketingaktivitäten und -strategien einer Branche oder eines Teilmarktes über einen längeren Zeitraum statt, z. B. anhand der systematischen Aufarbeitung des in den Unternehmen vorhandenen (Archiv-) Materials. Von daher kann dann auch die Anbindung an die vorher erarbeiteten theoretischen Ausführungen im Sinne eines Theorie-Praxis-Vergleichs nicht vollständig gelingen.

Allerdings liefert Sepehr aus seiner Befragung von Marketing-Praktikern eine wichtige Erkenntnis für die in dieser Arbeit im Fokus stehende Beziehung zwischen Theorie und Praxis, etwa der Wahrnehmung und Nutzung aktueller Forschungsergebnisse der Theorie in der Praxis. So „wird deutlich, dass lediglich 8 % der Praxisvertreter die derzeitige Nutzung aktueller Erkenntnisse der Marketingforschung in den Unternehmen als intensiv beurteilen."[52] Sepehr zieht daraus den Schluss: „Damit wird die geringe Anwendung bzw. Diffusion der Forschungsergebnisse in der Praxis grundsätzlich bestätigt."[53] Sepehr fährt fort: „Aufgrund der Beobachtung, dass 72 % der Befragten eine intensive Nutzung für zweckmäßig erachten, ist die **Anwendungslücke** nicht nur im Hinblick auf den Anspruch der Marketingforschung, sondern auch aus Sicht der Unternehmenspraxis als problematisch anzusehen."[54]

Koch sowie Sepehr haben sich beide mit „Transferbarrieren" als Ursachen für diese Anwendungslücke befasst. Sepehr hat diese, auch unter Bezugnahme auf Koch, wie folgt zusammengestellt[55]:

- In der wissenschaftlichen Forschung wird häufig die *wissenschaftliche Rigorosität*[56] zu Lasten der inhaltlichen Relevanz überbetont.
- Forschungsarbeiten können zwar aktuelle Problemstellungen thematisieren und damit inhaltlich relevant sein, ihre Anwendung setzt jedoch voraus, dass sie über ein *Problemlösungspotenzial* verfügen.

---

[52] Sepehr, Philipp: Die Entwicklung der Marketingdisziplin, a.a.O., S. 144.

[53] Ebenda.

[54] Ebenda. (Herv. im Original).

[55] Vgl. ebenda, S. 145 f.

[56] Gemeint sind damit insbesondere die Gütekriterien methodischen Vorgehens wie Objektivität, Reliabilität und Validität sowie weitere Kriterien wie z. B. Widerspruchsfreiheit und Präzision der Aussagen.

- Die für den Forschungsprozess und die anschließende Publikation sinnvoll erscheinende *Wissenschaftssprache* ist für die Aufnahme in die betriebliche Praxis z. T. schwer verständlich.
- Die Publikation von Forschungsergebnissen in möglichst *gerankten*[57] *Fachzeitschriften* schränkt die Bekanntheit und Zugänglichkeit in den Unternehmen ein.
- Die wissenschaftlichen Erkenntnisse lassen nicht immer eine *praktische Umsetzung* in den Unternehmen zu.

Sepehr hat in seiner Befragung von Marketingwissenschaftlern und -praktikern auch die aktuelle Sicht zu diesen Barrieren erhoben. Als Ergebnis lässt sich festhalten, „dass beide Gruppen den generellen Nutzen und damit die **Praxisrelevanz** der aktuellen Marketingforschung gleichermaßen als **nur mittelmäßig** bewerten."[58] Sepehr hat außerdem die relative Bedeutung der verschiedenen Barrierefaktoren ermittelt: Danach kommt der inhaltlichen Relevanz mit einem Anteil von 40 % an der Varianz der Gesamtbeurteilung der Praxisrelevanz die größte Bedeutung zu, gefolgt von dem Problemlösungspotenzial und der praktischen Umsetzbarkeit mit einem Anteil von jeweils 22 % sowie der sprachlichen Verständlichkeit mit 16 %.[59]

Dieses Forschungsergebnis unterstreicht nochmals die Bedeutung einer weitergehenden Analyse des Theorie-Praxis-Verhältnisses im Marketing. Diese sollte aber über eine Momentaufnahme hinausgehen und stattdessen in einen längeren historischen Kontext gesetzt werden.

Auf der Grundlage der vorstehenden Ausführungen lässt sich zusammenfassend konstatieren:

- Der Anspruch der Marketingdisziplin, eine „anwendungsorientierte" Wissenschaft zu sein, ist im Hinblick auf die Realisierung in der Unternehmenspraxis bisher zu wenig geprüft worden.
- Es besteht ein Defizit in der Forschung zur historischen Entwicklung des Marketings, und zwar sowohl was die Theorie betrifft als auch – und zwar noch stärker – was die Praxis angeht. Außerdem bedarf es dabei einer Einbettung in einen gesamtwirtschaftlichen und gesellschaftlichen Kontext.

---

[57] Es lässt sich für den Marketingbereich ergänzen: und i. d. R. *internationalen* Fachzeitschriften.

[58] Sepehr, Philipp: Die Entwicklung der Marketingdisziplin, a.a.O., S. 146. (Herv. im Original).

[59] Vgl. Sepehr, Philipp: Die Entwicklung der Marketingdisziplin, a.a.O., S. 147.

- Nachholbedarf besteht auch noch bei der systematischen Analyse der Marketingwissenschaft bzw. ihrer theoretischen Ansätze danach, welche Theorieelemente, Methoden, Modelle und Aussagen einschließlich möglicher Handlungsempfehlungen konkret für die unternehmerische Praxis relevant sein könnten.
- Es gibt starke Hinweise darauf, dass bezüglich der Nutzung der jeweiligen aktuellen Forschungserkenntnisse aus der Theorie im Hinblick auf die Übernahme und Praktizierung in den Unternehmen eine Anwendungslücke besteht. Die Frage ist auch: Wie lange schon?
- Insgesamt mangelt es an einer Analyse des Theorie-Praxis-Verhältnisses im Marketing über einen längeren Zeitraum und am konkreten Beispiel anhand von nachvollziehbaren Fakten sowie unter Berücksichtigung des jeweiligen situativen Kontextes.

## 1.2  Zielsetzung, Forschungsleitfragen, Analysekonzept sowie Auswahl des Praxisbeispiels

Auf der Basis der unter 1.1. beschriebenen Lücken und Defizite beim aktuellen Forschungsstand besteht das Ziel der vorliegenden Arbeit darin zu untersuchen, ob bzw. inwieweit die Erkenntnisse der Marketingwissenschaft Eingang in die unternehmerische Praxis gefunden haben und dort mit welchem Effekt umgesetzt worden sind. Dies kann nur im Rahmen eines Beispiels geschehen.

Dementsprechend lauten die Forschungsleitfragen:

- Was konnte die Marketingwissenschaft für die Praxis leisten (= Inputs der Wissenschaft)? Welche Erkenntnisse in Form von Theorien, Modellen und Methoden, Analyse- und Strategiekonzepten sowie Handlungsempfehlungen hat sie den Entscheidungsträgern in den Unternehmen zur Verfügung gestellt?
- Sind die Leistungsangebote von der Praxis aufgegriffen und angewendet worden? Wenn ja, in welcher Weise und – falls möglich – mit welchem Erfolg? Wurde Marketing dabei als Führungskonzept oder als operatives Instrument verstanden? War die Vorgehensweise theoriegeleitet, oder dominierte die rein instrumentale und technische Anwendung von möglichst „praktisch" ausgerichtetem Handbuchwissen?
- Welche Bedeutung haben externe Dienstleister – wie etwa Unternehmensberatungen, Werbeagenturen und Marktforschungsinstitute – als „Transformatoren" der Erkenntnisse der Theorie einerseits und der Anforderungen der Praxis

an die Theorie andererseits gehabt? Wie wurden Analysen und Empfehlungen
dieser externen Dienstleister im internen Entscheidungsprozess verarbeitet?
Haben sie neue Entscheidungen herbeigeführt oder dienten sie eher der
Legitimation der eigenen vorgefassten Haltung der Führungskräfte im Unter-
nehmen? Oder wurden auch falsche Entscheidungen mit „wissenschaftlichen"
Ergebnissen „belegt"?

• Hat die Praxis auch Wege beschritten jenseits der Theorieempfehlungen? Ggf.
  mit welchem Erfolg?

Konkret geht es um die soeben beschriebene Analyse des **Theorie-Praxis-
Verhältnisses** im Marketing **über einen längeren Zeitraum** und **am konkreten
Beispiel** anhand von **nachvollziehbaren Fakten** sowie unter Berücksichtigung
des jeweiligen **situativen Kontextes.**

Zur Beantwortung der gestellten Forschungsleitfragen sowie der Durchführung
des Analysekonzeptes bedarf es

• einer detaillierten Aufarbeitung der wissenschaftlichen Ansätze in der deutschsprachigen Absatzwirtschaft bzw. der Marketingtheorie aus historischer Sicht,
  d. h. über einen längeren Zeitraum hinweg anhand einiger als grundlegend
  ausgewählter Veröffentlichungen,
• einer Ableitung im Sinne eines „Herausfilterns" von Theorien im Marketing,
  inhaltlichen Konzepten, Strategien und Maßnahmenvorschlägen, Methoden
  und Modellen sowie von Handlungsempfehlungen und formalen Hinweisen
  zur Planung, Organisation und Durchführung von erfolgreichen Marketingaktivitäten auf der Basis der detaillierten Aufarbeitung der Theorieansätze,
• außerdem – soweit in der Literatur vorhanden – der Darstellung von Berichten
  über die Einführung und Anwendung des Marketings in der unternehmerischen
  Praxis
• sowie der Überprüfung der praktischen Anwendung dieses Wissens möglichst
  am Beispiel einer Branche oder wenigstens eines Teilmarktes bzw. einiger
  im Wettbewerb zueinander stehender Unternehmen; dies ebenfalls „über die
  Zeit".

Nach Kenntnis des Autors fehlen zu dieser Konzeption bisher Untersuchungen
am konkreten Fall. Dies soll mit dieser Arbeit erstmalig unternommen werden.

Für diese Analysearbeit im Sinne eines „Herausfilterns" von praxisrelevan-
tem Marketingwissen der Marketingforschung in der jeweiligen Zeit ist eine
Unterscheidung nach der Art wissenschaftlicher Aussagen hilfreich. Zum einen
soll das Marketingwissen danach untersucht werden, inwieweit es über die

Begriffsbildung hinaus auch die Strukturierung von Problemen, empirische Generalisierungen, strategische Grundsätze sowie Empfehlungen für die Forschung beinhaltet. Zum anderen sollen die wissenschaftlichen Aussagen ergänzend danach unterschieden werden, ob es sich dabei lediglich um deskriptive oder aber darüber hinausgehend um erklärende, prognostische oder vorzugsweise sogar technologische Aussagen handelt. Die grundlegende Prämisse ist dabei, dass die absatzwirtschaftliche bzw. Marketingforschung in den vergangenen Jahrzehnten grundsätzlich praxisrelevantes Wissen erarbeitet hat.[60] Allerdings gilt insbesondere für die „frühe" absatzwirtschaftliche als auch für Teile der Marketing-Literatur, dass die darin erarbeiteten Erkenntnisse nicht immer erkennbar auf den Ergebnissen theoriegeleiteter empirischer Prüfungen im Rahmen eines wissenschaftlichen Prozesses gründen.

Bei der Suche nach einem geeigneten Praxisbeispiel für die empirische Analyse nach diesem Konzept ist darauf zu achten, dass Marketingaktivitäten eine möglichst hohe Relevanz in diesem Markt haben bzw. gehabt haben, damit hier entsprechende Aktivitäten nachweisbar sind und darüber hinaus sich evtl. auch hinsichtlich ihres Erfolges bewerten lassen. Nach der Aufstellung eines Kriterienkatalogs und dazu durchgeführter Literaturrecherchen sowie ergänzender Informationssuche wurde die Dortmunder Bierindustrie als ein geeignetes Untersuchungsobjekt ausgewählt.[61]

Was die Literaturrecherchen betrifft, so hat nach einer international angelegten empirischen Studie beim Vergleich von 20 Produktkategorien der Markenwert und damit das Marketing für den Absatz von *Bier* eine sehr hohe Bedeutung: in den USA die größte, in Großbritannien und Spanien die jeweils zweitgrößte Bedeutung.[62] Deutschland wurde leider nicht in diese Untersuchung einbezogen. Es kann aber davon ausgegangen werden, dass hier der Markenwert für den Markterfolg ebenfalls eine vergleichbar hohe Bedeutung hat.

Als per se chemisch-physikalisch weitgehend homogenes Gut hängt die erfolgreiche Vermarktung von Bier entscheidend davon ab, inwieweit es gelingt, sich über die Markenbildung vom Bier-Angebot des Wettbewerbs zu differenzieren. Der bundesdeutsche Biermarkt erreichte bereits in der ersten Hälfte der 1970er Jahre die Sättigungsgrenze. Umso heftiger entwickelte sich fortan der

---

[60] Das bestreitet nicht einmal ein ansonsten scharfer Kritiker des wissenschaftlichen Marketingansatzes, wenn er schreibt, „dass kaum zu bestreiten ist, daß das Marketing Wissen erzeugt, das für Praktiker nützlich und relevant ist." Böttger, Christian, a.a.O., S. 165.

[61] Zur näheren Beschreibung und Begründung der Auswahl vgl. Abschnitt 3.1.

[62] Vgl. Fischer, Marc/Völckner, Franziska/Sattler, Henrik: How Important Are Brands? A Cross-Category, Cross-Country Study, in: Journal of Marketing Research, Vol. 47, No. 5 (Oct. 2010), S. 823–839, hier S. 832.

Wettbewerb zwischen den Anbietern, wobei ein Teil der Brauereien eine präferenzorientierte Wettbewerbsstrategie verfolgte, andere Bierproduzenten über einen
niedrigen Preis den Markterfolg suchten. Wieder andere Brauereien insbesondere
als Anbieter von Konsumbieren versuchten sich aus der Situation des „Stuck in
the middle" zu befreien. Die parallel dazu sich vollziehende Veränderung des
Verbraucherverhaltens und der Ansprüche an das Produkt Bier beförderten die
Verdrängung der bisherigen gängigen Sorten wie „Helles" oder „Export" durch
das „Pils". In Dortmund als „Bierhauptstadt" oder „Bierstadt Nr. 1" in Deutschland und Europa mit vier „Hektoliter-Millionären" unter den acht Brauereien
und einem Marktanteil von ehemals genau 40 % in NRW und 10,7 % in der
gesamten Bundesrepublik traf diese Entwicklung die einheimische Bierindustrie
und ihr Spitzenprodukt „Dortmunder Export" spätestens seit Anfang der 1970er
Jahre besonders stark. Mit dem einsetzenden Verdrängungswettbewerb stellten
die Dortmunder Betriebe ihre bis dahin weitgehend produktionsorientierte Sichtweise zuerst allmählich, später vehementer auf eine zunehmend marktorientierte
Handlungsweise um. Das begann mit erheblichen – teilweise deutlich über dem
bundesdeutschen Durchschnitt – liegenden Werbeinvestitionen und verstärkte sich
mit weiteren Marketinganstrengungen im Laufe der 1970er und 1980er Jahre.

Der Kontakt zum Westfälischen Wirtschaftsarchiv in Dortmund führte im
Anschluss an diese Suchphase dazu, dass dem Autor die Möglichkeit eröffnet
wurde, das dortige umfangreiche Brauereiarchiv für eine ausgiebige und detaillierte Quellensichtung und -analyse zu nutzen. Wegen der bei der Aufarbeitung
historischen Materials in öffentlichen Archiven zu beachtenden Sperrfrist von 30
Jahren konzentriert sich der Betrachtungszeitraum dieser Untersuchung insgesamt
auf die Zeit zwischen 1950 und 1990.

Evtl. kann diese Arbeit mit den darin enthaltenen *empirischen* Belegen
auch einen ersten kleinen Beitrag zur Erklärung von Unternehmerverhalten leisten. So beklagt z. B. Lothar Müller-Hagedorn: „Im Marketing wird vor allem
Konsumentenverhalten erklärt. Erklärungen von Unternehmerverhalten sind viel
seltener und stammen häufig aus der Volkswirtschaftslehre."[63] Die für „eine
*theoriegestützte* Geschichte von Unternehmen und Unternehmern"[64] notwendige

---

[63] Müller-Hagedorn, Lothar: Theorie und Praxis im Marketing, in: Backhaus, Klaus (Hg.):
Deutschsprachige Marketingforschung. Bestandsaufnahme und Perspektiven, Stuttgart 2000,
S. 21–39, hier: S. 38.

[64] Pfister, Ulrich/Plumpe, Werner: Einleitung: Plädoyer für eine theoriegestützte Geschichte
von Unternehmen und Unternehmern, in: Unternehmen und Unternehmer. Markt – Organisation – Gesellschaft, in: Westfälische Forschungen. Zeitschrift des Westfälischen Instituts für
Regionalgeschichte des Landschaftsverbandes Westfalen-Lippe, 50/2000, S. 1–21. (Herv. d.
Verf., H.F.)

konzeptionelle Erweiterung ließe sich möglicherweise bezüglich der Marktbearbeitung eines Unternehmens in einer separaten wissenschaftlichen Arbeit aus
dem hier behandelten theoretischen „Rüstzeug" der Marketingtheorie, außerdem
der Organisationstheorie sowie weiterer wirtschafts- und sozialwissenschaftlicher
Theoriebereiche entwickeln.

Zum grundlegenden Verständnis dieser Arbeit gehört auch, dass sich das
Marketing in Wissenschaft und unternehmerischer Praxis nicht unabhängig von-
einander sowie von „Drittfaktoren" entwickelt hat. Vielmehr bildeten sich beide
Bereiche in einem historisch spezifischen und zeitabhängigen wirtschaftlichen
und gesellschaftlichen Kontext (im Folgenden der Kürze wegen häufig mit
„Umwelt" bezeichnet) aus, den es in dieser Arbeit zu berücksichtigen gilt.

Wichtig sind außerdem Betrachtungen zu Akteuren, die das Verhältnis
zwischen Theorie und Praxis entscheidend mitgestaltet haben. Gemeint sind
hier einerseits Unternehmensberatungsgesellschaften, andererseits Werbeagenturen sowie Marktforschungsinstitute, aber auch Marketing-Clubs sowie gemeinschaftliche Initiativen von Wissenschaftlern und Managern zum Wissenstransfer,
wie etwa das „Universitätsseminar der Wirtschaft" (USW) bzw. seine Nachfolge-
organisation. Diese Institutionen könnten jede für sich als „Transformator" des
Marketingwissens oder auch als „Innovator" einen spürbaren Einfluss gehabt
haben. Idealerweise könnten sie bezogen auf ihre jeweiligen Aufgabenfelder
auch aktuell die von Koch und Sepehr beschriebene Anwendungslücke zwischen
Wissenschaft und Praxis zu verkleinern oder gar zu schließen helfen.

Die Eigenarten bestimmter Phasen der historisch-genetischen Entwicklung
werden besonders deutlich, wenn man eine Periodisierung vornimmt, die sich
an bestimmten „Wendepunkten" bzw. Paradigmenwechseln festmachen lässt, die
sich in der Marketingforschung bzw. in der unternehmerischen Praxis gezeigt
haben. Innerhalb der jeweiligen Phase sollen die inhaltlichen Darstellungen
bezüglich der Marketingtheorie sowie der Marketingpraxis weiter entwickelt
werden.

## 1.3    Aufbau und Gang der Untersuchung

Das Kapitel 2 befasst sich mit der Entwicklung der deutschen Marketingwissenschaft und Marketingpraxis in der Zeit von etwa 1950 bis 1990. Dabei dient das
Abschnitt 2.1 der Begriffsbildung und der wissenschaftstheoretischen Ausrichtung dieser Arbeit. Im anschließenden Abschnitt 2.2 wird ein Literaturüberblick
zu den bisher entworfenen Entwicklungsphasen des Marketings (mit dem Schwerpunkt Marketingtheorie) in Deutschland gegeben und darauf aufbauend die eigene

Periodisierung entwickelt. In den Abschnitten 2.3 bis 2.5 sollen dann – jeweils
für die erarbeiteten Phasen – die Entwicklung des Marketings in Theorie und
Praxis als interdependenter Prozess aufgezeigt werden. Dabei sollen auf Theorieseite für die jeweilige Periode die wichtigsten theoretischen Ansätze sowie
die zentralen Aussagen und Erkenntnisse der Marketingforschung in separaten
Unterkapiteln dargestellt und analysiert werden. Die Beschreibung der unternehmerischen Praxis wird auf der Basis der vorhandenen Literatur vorgenommen,
und zwar überblickartig und anhand einiger Beispiele.

Wichtiger Bestandteil der Abschnitt 2.3 bis 2.5 ist darüber hinaus jeweils
ein separates Unterkapitel zu den Anwendungsmöglichkeiten der Erkenntnisse
der Marketingtheorie in der Marketingpraxis. Gegenstand ist hier die Identifizierung von Wissen, das sich prinzipiell für die Vermarktung von Produkten
und Dienstleistungen nutzen lässt und das später die Grundlage bildet für den
Vergleich mit den tatsächlich von den Dortmunder Brauereien durchgeführten
absatzwirtschaftlichen bzw. Marketingmaßnahmen im Kapitel 3.

Das Kapitel 3 widmet sich der eigenen empirischen Untersuchung zur
praktischen Anwendung des Marketingwissens am Beispiel der Dortmunder
Brauindustrie im vorgenannten Betrachtungszeitraum. Auf der Basis von Auswertungen schriftlicher Dokumente, konkret der Aktenanalyse aus dem Bestand
des Brauereiarchivs im Westfälischen Wirtschaftsarchiv (WWA) Dortmund, soll
sich zeigen, ob bzw. inwieweit die Leistungsangebote der Marketingdisziplin
von den Brauereien aufgegriffen und angewendet worden sind. Vorweg soll im
Abschnitt 3.1 die Auswahl des Praxisbeispiels begründet, zur Repräsentativität
dieser Auswahl Stellung genommen sowie eine Beschreibung der Inhalte und
Qualität des Quellenmaterials vorgenommen werden. Außerdem wird der aktuelle
Forschungsstand zum Marketing in Brauereien allgemein sowie in der Dortmunder Brauindustrie skizziert. Im Abschnitt 3.2 wird zunächst eine Ableitung
von drei Entwicklungsphasen des Dortmunder Biermarktes erarbeitet und mit
den jeweiligen Entwicklungsständen der Marketingtheorie in Deutschland verglichen. Anschließend wird die Entwicklung der Dortmunder Brauindustrie in
diesen drei Entwicklungsphasen jeweils im Überblick aufgezeigt einschließlich
von Darstellungen zur Entwicklung von Bierausstoß und Marktanteilen.

Das Abschnitt 3.3 dient der Vorstellung und Charakterisierung der acht Dortmunder Brauereien und behandelt einige wesentliche Bestimmungsfaktoren für
die Geschäftspolitik und die Marketingaktivitäten. Dazu gehören die Unterschiede
bei den Größenverhältnissen, der finanziellen Potenz und der Ertragssituation, dargestellt in einer kurzen Bilanzanalyse mit Zahlen zur Gewinn- und
Verlustrechnung für das Geschäftsjahr 1972/73 bzw. 1973 – zu Beginn der
wesentlichen Umbruchphase des Marktes. Dazu gehören ferner Unterschiede

beim Erfahrungshintergrund in Marketingfragen und den Vorteilen, die für die
Dortmunder Konzernbrauereien aus der Anbindung an ihre jeweiligen Muttergesellschaften aus dem Markenartikelbereich erwuchsen – im Gegensatz zu den
Privatbrauereien. Und schließlich wichen die Brauereien auch in ihrer operativen und strategischen Ausrichtung und der spezifischen Charakteristik in der
Unternehmensführung voneinander ab.

Der Schwerpunkt dieses Hauptkapitels 3 liegt in den Abschnitten 3.4 bis 3.6.
Nach jeweils einer Gesamtübersicht zu den Marketingaktivitäten der Dortmunder
Brauindustrie in Gänze sollen in insgesamt fünf Fallstudien die absatzwirtschaftlichen Maßnahmen und Strategien der Dortmunder Thier Brauerei sowie
der Dortmunder Kronen Brauerei vertiefend in den unterschiedlichen Marktphasen detailliert dargestellt werden. Am Ende einer jeweiligen Fallstudie soll
die Absatzpolitik der Brauereien Thier bzw. Kronen jeweils bilanziert werden
einschließlich einer Abschätzung der Wirkungen bzw. Erfolge/Misserfolge der
durchgeführten Handlungen. Daran anschließen soll sich jeweils ein Vergleich
der von den beiden ausgewählten Brauereien – bzw. soweit möglich der von
der Dortmunder Brauindustrie insgesamt – durchgeführten Marketingmaßnahmen mit den anwendungsorientierten Erkenntnissen und Handlungsempfehlungen
der Marketingtheorie. Im Ergebnis sagen diese Vergleiche auch etwas über die
Praxisrelevanz der wissenschaftlichen Marketingkonzepte und -aussagen aus.

Im Schlusskapitel 4 soll dann ein Resümee gezogen werden, indem die
zentralen Ergebnisse dieser Untersuchung zusammengefasst und bewertet werden.

# Die Entwicklung der deutschen Marketingwissenschaft und -praxis von 1950 bis 1990

2

## 2.1 Grundlagen: Begriffsbildung und wissenschaftstheoretische Ausrichtung der Arbeit

Zunächst gilt es, die Kernbegriffe dieser Arbeit näher zu bestimmen. Dabei ist allerdings zu beachten, dass verschiedene Begriffe sich im Laufe des 40-jährigen Untersuchungszeitraums weiterentwickelt haben. Darauf wird im weiteren Verlauf der Arbeit einzugehen sein und zwar sowohl im Bereich der Marketingtheorie als auch ganz besonders im empirischen Teil bei der Analyse der Absatz- bzw. Marketingaktivitäten der Dortmunder Brauindustrie.

Diese historische Dimension zu berücksichtigen, betrifft insbesondere den **Marketingbegriff.** Schlagwortartig lassen sich vier Interpretationen des Marketings, die chronologisch aufeinanderfolgten, nennen:[1]

1. „ein instrumentell verkürztes Marketingverständnis" (Gleichsetzung von Marketing mit Werbung, Verkauf bzw. Distribution),
2. „ein klassisches, ökonomisches (enges) Marketingverständnis" (Marketing als Führungsfunktion und „Dach" für Marktforschung, Werbung, Verkauf usw.; Planung, Koordination und Kontrolle aller marktbezogenen Unternehmensaktivitäten),
3. „ein modernes und erweitertes Marketingverständnis" (inkl. des nichtkommerziellen Marketings und des Social-Marketings),
4. „Ein generisches Marketingverständnis" (Sozialtechnik für alle Austauschprozesse zwischen Individuen und Gruppen).

---

[1] Meffert, Heribert/Burmann, Christoph/Kirchgeorg; Manfred/Eisenbeiß, Maik: Marketing. Grundlagen marktorientierter Unternehmensführung. Konzepte – Instrumente – Praxisbeispiele, 13. Aufl., Wiesbaden 2019, S. 9 f.

© Der/die Autor(en), exklusiv lizenziert an Springer Fachmedien Wiesbaden Gmbh, ein Teil von Springer Nature 2023
H. Fechtner, *Zum Verhältnis von Theorie und Praxis im Marketing aus historischer Perspektive*, https://doi.org/10.1007/978-3-658-41033-9_2

Wegen des besonderen Zeitbezugs sind für diese Arbeit schwerpunktmäßig die beiden ersten Stufen bedeutsam. Innerhalb dieser vier Interpretationsstufen gibt es allerdings einige Zwischenstufen.[2]

Historisch gewachsen dürften auch das **Marketingwissen** sowie seine definitorischen Ausformungen sein. Rossiter begreift dabei Marketingwissen sehr praxisnah, indem seine Definition auf die Anwendung von Wissen in Unternehmen ausgerichtet ist. „Marketingwissen ist das, was Marketingwissenschaftler und -berater lehren bzw. vermitteln und worauf sich Marketingmanager stützen bei der Entwicklung von Marketingplänen."[3] Er identifiziert und erläutert fünf Arten von Marketingwissen[4]:

- Marketing-Fachbegriffe,
- Strukturierungen von Marketing-Problemen,
- Empirische Generalisierungen,
- Strategische Grundsätze,
- Empfehlungen für die Forschung.

Dabei sind Fachbegriffe die Basis des Marketingwissens. Begriffe wie Marktsegmentierung, Testmarkt oder Verkaufsförderung dienen dem einheitlichen Verständnis der Fachleute. Sie stellen alleine aber noch keine Hilfe bei der Lösung wissenschaftlicher und praktischer Fragestellungen dar.

Dagegen bieten „Strukturierungen von Marketing-Problemen" für die Praxis bereits konkrete Anwendungsmöglichkeiten. Beispiele dafür sind Checklisten, die „4 Ps" für das Marketing-Mix (Product, Price, Place, Promotion) sowie das zur Darstellung strategischer Geschäftsfelder häufig genutzte Portfolio der Boston Consulting Group (BCG).

„Empirische Generalisierungen" beinhalten die Zusammenfassung von mehreren Untersuchungen, ggf. unter verschiedenen Bedingungen, soweit die Ergebnisse konsistent erscheinen. So liegt i. d. R. eine Kausal-Beziehung, auch als „Wenn-Dann-Beziehung" beschrieben, vor, z. B.: Preisaktionen führen zu verstärkten Verkäufen.

Bei „Strategischen Grundsätzen" ist der Nutzen für die unternehmerische Praxis noch höher. Hier können klare Handlungsempfehlungen gegeben werden

---

[2] Siehe dazu das Abschnitt 2.2.

[3] Rossiter, J.: What is marketing knowledge?, in: Marketing Theory, Vol. 1, 2001, S. 9–26, hier S. 9; zit. nach: Kuß, Alfred: Marketing-Theorie. Eine Einführung, 3. Aufl., Wiesbaden 2013, S. 11.

[4] Vgl. Kuß, Alfred: Marketing-Theorie. Eine Einführung, 3. Aufl., Wiesbaden 2013, S. 11 ff.

entsprechend der Struktur von Aussagen: „Wenn Situation X gegeben ist, dann verfolge Strategie Y". So lässt sich aus Darstellungen nach dem zitierten Portfolio der BCG die Empfehlung ableiten, in bestimmte Geschäftsbereiche zu investieren oder andere Geschäftsbereiche aufzugeben.

Letztlich haben „Empfehlungen für die Forschung" ebenfalls ein „Wenn-Dann-Format". Beispiele hierfür sind Vorschläge wie die Anwendung der Conjoint-Analyse als Standardmethode für die Messung der Bedeutung verschiedener Produkteigenschaften oder das Experiment als klassische Methode zur Untersuchung von Kausalzusammenhängen.

Entstanden ist dieses Marketingwissen zum einen in der akademisch ausgerichteten Forschung, nämlich der Marketingwissenschaft, zum anderen in der kommerziellen Marktforschung sowie in den Beratungsunternehmen, wie z. B. der Boston Consulting Group (BCG). Nutznießer und Anwender dieser Erkenntnisse sind auch wieder die akademischen Forscher, zum anderen Manager in den Unternehmen, Berater von Unternehmen sowie Marktforscher.[5]

Dabei hat sich insbesondere die **Marketingwissenschaft**[6] die Aufgabe gestellt, solche Erkenntnisse zu gewinnen und aus beobachteten Regelmäßigkeiten Gesetzmäßigkeiten abzuleiten und Theorien zu entwickeln. Raffée unterscheidet drei inhaltlich unterschiedliche Bedeutungen des Wissenschaftsbegriffs[7]: Erstens kann Wissenschaft prozessorientiert als *Tätigkeit* betrachtet werden zur systematischen Gewinnung von Erkenntnissen, zweitens als *Institution* oder *Organisation* (z. B. Lehrstühle bzw. Professuren an Universitäten) und drittens als *Ergebnis* der vorgenommenen Tätigkeit in diesen Institutionen; das sind z. B. die wissenschaftlichen Aussagen oder Handlungsempfehlungen. In diesem Sinne hat auch der Begriff der Marketingwissenschaft diese dreifache Bedeutung. Schwerpunktmäßig wird in dieser Arbeit der *ergebnisorientierte* Begriff verwendet. Etwaige Aussagen zu der Tätigkeit an sich oder der Institution Marketingwissenschaft werden als solche gekennzeichnet.

---

[5] Vgl. ebenda, S. 14 f.

[6] Der Autor dieser Arbeit folgt mit dieser Begriffsbildung der in der Fachliteratur üblichen Verwendung des Terminus „Marketingwissenschaft", wohl wissend, dass „[...] es nicht unproblematisch [ist], von einer (so wie es klingt scheinbar eigenständigen) ‚Marketingwissenschaft' zu sprechen." Es gilt auch für den Autor dieser Arbeit: Die Marketingdisziplin ist ein Teilgebiet der Betriebswirtschaftslehre. Köhler, Richard: Marketing – Von der Reklame zur Konzeption einer marktorientierten Unternehmensführung, a.a.O., Fußnote 138 auf S. 376 mit Bezugnahme auf Raffée, Hans: Grundfragen der Marketingwissenschaft, in: Wirtschaftswissenschaftliches Studium, 9. Jg, 1980, S. 317–324, hier S. 317 ff.

[7] Vgl. Raffée, Hans: Grundprobleme der Betriebswirtschaftslehre, Göttingen 1974, S. 13 f.

Insofern werden in dieser Arbeit auch die Ausdrücke „Marketingwissenschaft", „Marketingforschung", „Marketinglehre", „Marketingdisziplin", „Marketingtheorie" sowie „Theorie" synonym verwendet, und zwar i. d. R. jeweils in Bezug auf die wissenschaftlichen Ergebnisse in der jeweiligen Zeit. Diese Wörter bilden in dieser Arbeit einen einheitlichen Begriff[8].

Als Pendant zu dieser weitgefassten Begriffsbildung von „Theorie" wird in dieser Arbeit der Begriff „Praxis" verwendet. Die Wörter **„Praxis"** oder **„Marketingpraxis"** bezeichnen dementsprechend zum einen die Marketing betreibenden Unternehmen oder deren Marketingabteilungen bzw. Manager, zum anderen deren Marketinghandlungen (z. B. Zielformulierungen, Strategien, Maßnahmen). Die Differenzierung sollte sich im weiteren Text aus dem Zusammenhang ergeben.

Entsprechend der im Einleitungskapitel formulierten Zielsetzung und Grundausrichtung verfolgt diese Arbeit ein *pragmatisches* **Wissenschaftsziel**.[9] D. h. im Zentrum des Erkenntnisinteresses steht letztendlich die Frage, welche wissenschaftlichen Theorien, Aussagen, Handlungsempfehlungen und ggf. Problemlösungsvorschläge der Marketingwissenschaft in der betrieblichen Praxis angewendet bzw. umgesetzt werden können bzw. konnten.

Dabei kann es sich sowohl um Theorien handeln, deren Aussagen durch Deduktion gebildet worden sind als auch von Theorien, die nach der Alternativmethode der Induktion vorgegangen sind. Nach Karl Popper und des von ihm begründeten *Kritischen Rationalismus*[10] werden nach dem *deduktiven Verfahren* aus dem theoretischen System bzw. aus einzelnen Hypothesen „auf logisch-deduktivem Weg Folgerungen abgeleitet"[11], die sich dann an der Realität messen lassen müssen. Popper schließt eine induktionslogische Vorgehensweise aus.[12] Die *Induktion* beschreitet den umgekehrten Weg zur Deduktion, indem sie in der

---

[8] Chmielewicz beschreibt den „Begriff" folgendermaßen: „Abstrahiert man von allen sprachlichen Besonderheiten, so bleibt der Begriff als sprachindifferentes Konzentrat übrig." Chmielewicz, Klaus: Forschungskonzeptionen der Wirtschaftswissenschaft, 2. Aufl., Stuttgart 1979, S. 48.

[9] Zu den verschiedenen Zielen, die eine wissenschaftliche Tätigkeit haben kann, vgl. z. B. Chmielewicz, Klaus: a.a.O., S. 8 ff.

[10] Im deutschsprachigen Raum vor allem vertreten durch Hans Albert; vgl. z. B. Albert, Hans: Plädoyer für kritischen Rationalismus, München 1971; ders.: Traktat über rationale Praxis, Tübingen 1978.

[11] Popper, Karl: Logik der Forschung, 11. Aufl., Tübingen 2005, S. 8.

[12] Vgl. ebenda, S. 3., S. 9.

Realität beobachtete Einzelfälle generalisiert.[13] Sie versucht damit die Freilegung des Allgemeinen im Besonderen.

Das heute in den empirischen Wissenschaften praktizierte gängige Forschungsschema besteht allerdings aus einem „Mix" aus **deduktiven und induktiven Schlüssen.** Streng genommen entzieht sich die Induktion einer wissenschaftstheoretischen Rechtfertigung; die „pragmatische" Rechtfertigung besteht aber darin, dass sie bei der Entdeckung wissenschaftlicher Hypothesen wichtig sein kann.[14] Somit ergibt sich häufig ein Wechselspiel zwischen Induktion und Deduktion, indem etwa spezifische Beobachtungen Hilfestellung bei der Hypothesenbildung und Theoriekonstruktion leisten, denen dann deduktiv abgeleitete Aussagen für das besondere Untersuchungsobjekt folgen. Diese werden schließlich im empirischen Test an der Realität überprüft. Auf diese Weise kann sich ein iterativer Erkenntnisprozess mit modifizierter Hypothesenbildung und erneutem Test ergeben.

Gerade das hier vertretene pragmatische Wissenschaftsverständnis rechtfertigt nach Auffassung des Verfassers die Anwendung des gesamten Spektrums von Methoden und Vorgehensweisen, soweit sie theoretisch begründet sind und/oder sich in der wissenschaftlichen oder unternehmenspraktischen Anwendung bewährt haben. Das sind wichtige Voraussetzungen für eine „gute Theorie", die allgemeine Erkenntnisse liefert, aus denen sich Regeln für den konkreten und speziellen Einzelfall ableiten lassen. In den Worten von Kurt Lewin heißt dies: **„Nichts ist so praktisch, wie eine gute Theorie".**[15]

Dabei wird darauf zu achten sein, welcher Art die wissenschaftlichen Aussagen der Marketingdisziplin sind. Zu unterscheiden sind *deskriptive Aussagen* (Antworten auf die Fragen „was", „wie", „wo", „wann", „womit"), *erklärende Aussagen* (Antwort auf die Frage „warum") entweder in kausaler Form (Ursache-Wirkungs-Beziehung) oder als finale Erklärung (Angabe des Handlungszwecks), *Vorhersagen* (i. d. R. als Prognose) sowie *technologische Aussagen* (handlungsrelevante Anweisungen).[16] Dem pragmatischen Erkenntnisziel dieser Arbeit

---

[13] Vgl. Kuß, Alfred: Marketing-Theorie, a.a.O., S. 59.

[14] Die Wirtschaftswissenschaft hat lange Zeit die Induktion als Ausgangspunkte und Begründungsmethode für die Theoriebildung „als nicht logisch schlüssig und begründbar" abgelehnt; als Entdeckungsverfahren erkennt Chmielewicz den Induktionsschluss allerdings an. Vgl. etwa Chmielewicz, Klaus: a.a.O., S. 88 sowie S. 89.

[15] Lewin, Kurt: The Research Center for Group Dynamics at Massachusetts Institute of Technology, in: Sociometry, Vol. 8, 1945, S. 126–135.

[16] Vgl. Helfrich, Hede: Wissenschaftstheorie für Betriebswirtschaftler, Wiesbaden 2016, S. 37 ff.

entsprechend wird daher ein besonderer **Fokus auf technologische Aussagen in Form handlungsrelevanter Anweisungen** gelegt[17]

Außerdem soll hier der Hinweis im Einleitungskapitel noch einmal wiederholt werden: Sowohl für die Arbeit an der Theorie als auch für den Praxis-Teil ist es wichtig, die *historischen* Bezüge herzustellen. Der Rückblick auf die Erfahrungen der eigenen Geschichte kann ein wichtiges Hilfsmittel sein für die Gestaltung der Zukunft. **„Nur wer die Vergangenheit versteht, interpretiert die Gegenwart richtig und gewinnt dadurch ein besseres Verständnis für die Zukunft."**[18]

Beim Versuch, die Theorie auf die Praxis zu übertragen, kann es sich jedoch herausstellen, dass sich einzelne theoretische Aussagen der Marketingdisziplin nicht in praktische Handlungsanweisungen umsetzen lassen. Zudem kann eine Übertragung der Theorie auf die Praxis auch dadurch erschwert werden, dass im Einzelfall zusätzliche Randbedingungen vorliegen, die in der Theorie nicht berücksichtigt wurden bzw. werden konnten. Umgekehrt lassen sich manche in den Unternehmen erfolgreich praktizierte Techniken, Strategien und Maßnahmen nicht durch die Theorie begründen. Hier kann auch die Intuition der handelnden Personen zu erfolgreichen Maßnahmen führen, ohne dass hierfür theoretisch begründete „Gesetzmäßigkeiten" vorliegen müssen.[19]

Es ist also zumindest fraglich, ob es immer „einen direkten Weg von der Theorie zur Anwendung gibt. Eher gleicht in der Betriebswirtschaftslehre das Verhältnis zwischen Theorie und Anwendung einem Wechselspiel, dessen Richtung und Verlauf nicht eindeutig vorgegeben sind."[20] Umso wichtiger erscheint deshalb ein intensiver Austausch und ein erfolgreicher „Brückenschlag" zwischen Theorie und Praxis im Marketing zu sein. Beispiele dafür, wo dies in der Vergangenheit in beide Richtungen gelungen ist, kann die vorliegende Arbeit aufzeigen.

---

[17] Für Peter Ulrich und Wilhelm Hill hat dieses Forschungsziel ebenfalls eine vergleichsweise höhere Wertigkeit: „Das Ziel des KR (Kritischer Rationalismus, Anm. d. Verf., H.F.), Erklärungsmodelle zu begründen bzw. zu falsifizieren, wird gegenüber dem Ziel, praxisrelevante Entscheidungsmodelle zu entwickeln, sekundär. Von daher muß der praktisch-normativen BWL auch ein **handlungstheoretisches** oder **operationsanalytisches** Forschungskonzept zugrunde gelegt werden." (Herv. im Original), Ulrich, Peter/Hill, Wilhelm: Wissenschaftstheoretische Aspekte ausgewählter betriebswirtschaftlicher Konzeptionen, in: Raffée, Hans/Abel, Bodo (Hg.): Wissenschaftstheoretische Grundfragen der Wirtschaftswissenschaften, München 1979, S. 161–190, hier: S. 179.

[18] Simon, Hermann: Think! Strategische Unternehmensführung statt Kurzfrist-Denke, Frankfurt 2004, S. 15.

[19] Vgl. Helfrich, Hede: a.a.O., S. 3.

[20] Ebenda.

Wichtig ist abschließend auf Folgendes hinzuweisen: Bei aller in der Entwicklung der Marketingdisziplin erreichten Wissenschaftlichkeit und aller Professionalität der unternehmerischen Praxis ist aber vor zu hohen Erwartungen
an Zielgenauigkeit, Wirksamkeit und Erfolgsträchtigkeit der Ergebnisse zu war-
nen. Vielmehr muss man sich grundsätzlich über die Grenzen der Erkenntnis
im Klaren sein: „Das bedeutet, dass menschliches Problemlösungsverhalten auf
*Entscheidungen unter Ungewißheit* angewiesen ist und alle Modelle, die mit kal-
kulierbarem Risiko oder gar mit Gewißheit arbeiten, bestenfalls als approximative
Lösungen für besondere Situationen brauchbar sind."[21].

## 2.2 Entwicklungsphasen des Marketings in Deutschland

Für die Herausarbeitung der charakteristischen und bestimmenden Merkmale der
Konzepte der Marketingtheorie einerseits und der Facetten praktischer Anwendung in den Unternehmen andererseits erscheint es als sinnvoll, bestimmte
Perioden zu definieren und eine Phaseneinteilung vorzunehmen. Dabei muss
man sich jedoch darüber im Klaren sein, dass Phaseneinteilungen theoretische
Fiktionen[22] und subjektiv sind, je nachdem, welche Forschungsfragen oder inhaltliche Schwerpunkte in den Mittelpunkt der Betrachtung gestellt werden.[23] Nach
einem Literaturüberblick zu den verschiedenen Phaseneinteilungen sollen daher
die Überlegungen zu einer eigenen Phaseneinteilung erläutert und begründet
werden, um damit die weitere Analyse und Diskussion der verschiedenen wissenschaftlichen Ansätzen und des in den Unternehmen praktizierten Marketings
zu strukturieren.

---

[21] Albert, Hans: Traktat über rationale Praxis, a.a.O., S. 25. (Herv. im Original).

[22] Vgl. Rüsen, Jörn: Rekonstruktion der Vergangenheit. Grundzüge einer Historik II:
Die Prinzipien der historischen Forschung, Göttingen 1986, S. 74, zitiert nach: Hansen,
Ursula/Bode, Matthias: Entwicklungsphasen der deutschen Marketingwissenschaft seit dem
zweiten Weltkrieg, a.a.O., S. 179.

[23] Vgl. Hansen, Ursula/Bode, Matthias: Marketing & Konsum, a.a.O., S. 15 f.; Sepehr, Philipp: Die Entwicklung der Marketingdisziplin, a.a.O., S. 21.

## 2.2.1  Literaturüberblick zu den verschiedenen Phaseneinteilungen

In der deutschen Marketingliteratur mit historischem Bezug sind einige Phasenschemata zur Entwicklung der Marketingdisziplin aufgestellt worden, insbesondere von Meffert[24], Tietz[25], Bubik[26], Sabel[27], Hansen/Bode[28], Köhler[29] sowie Sepehr[30]. Anhand dieser – schon vom Umfang her (Buch vs. Aufsatz vs. Stichwortbeitrag im Sammelwerk) – recht unterschiedlichen Veröffentlichungen wird die Bandbreite des Erkenntnisinteresses, des wissenschaftlichen Ansatzes, der Unterschiede bezüglich ihrer inhaltlichen Schwerpunkte und zeitlichen Gliederungen sowie ihrer Begründungen deutlich. Gleichwohl stellen diese Veröffentlichungen insgesamt wichtige Basiswerke für die weitere Beschreibung und Analyse in diesem Kapitel dar.[31]

An dieser Stelle sollen die einzelnen Periodisierungsvorschläge der Wissenschaftler kurz vorgestellt und anhand einiger Kriterien analysiert werden. Die Ergebnisse sind dann Ausgangpunkte für eine eigene Phasenabgrenzung und inhaltliche Orientierung.

**Der Ansatz von Meffert**
Meffert hat in seinen kurzen Artikeln zu verschiedenen Stichworten in „Vahlens Großes Marketinglexikon" zuerst 1992 einen Überblick zur Geschichte des Marketings in Deutschland gegeben und dieses Thema in seinem Aufsatz von 1994

---

[24] Vgl. Meffert, Heribert: Artikel „Marketing-Geschichte", „Marketing (Grundlagen)" sowie „Marketing-Theorie", in: Diller, Hermann: Vahlens Großes Marketinglexikon, München 1992; ders.: Marktorientierte Unternehmensführung im Umbruch – Entwicklungsperspektiven des Marketing in Wissenschaft und Praxis, a.a.O., S. 3–39.

[25] Vgl. Tietz, Bruno: Die bisherige und künftige Paradigmatik des Marketing in Theorie und Praxis. Erster Teil: Zur bisherigen Entwicklung und derzeitigen Situation des Marketing a.a.O., S. 149–163.

[26] Vgl. Bubik, Roland: a.a.O.

[27] Vgl. Sabel, Hermann: Geschichte des Marketing in Deutschland, a.a.O., S. 169–180.

[28] Vgl. Hansen, Ursula/Bode, Mathias: Marketing & Konsum, a.a.O. sowie dies.: Entwicklungsphasen der deutschen Marketingwissenschaft seit dem Zweiten Weltkrieg, a.a.O.

[29] Vgl. Köhler, Richard: Marketing – Von der Reklame zur Konzeption einer marktorientierten Unternehmensführung, a.a.O.

[30] Vgl. Sepehr, Philipp: Die Entwicklung der Marketingdisziplin, a.a.O.

[31] Diese Darstellungen beziehen sich schwerpunktmäßig auf den Konsumgüterbereich, zu dem auch die Dortmunder Brauindustrie als Untersuchungsobjekt im empirischen Teil dieser Arbeit gehört. Deshalb wird der Ansatz von Backhaus zum Investitionsgütermarkt nicht dargestellt. Vgl. Backhaus, Klaus: Entwicklungspfade im Investitionsgütermarketing, a.a.O.

vertieft. Er hat in diesen Veröffentlichungen die Entwicklungen aus unterschiedlichen Perspektiven beschrieben und sie in jeweils verschiedenen Phasenschemata grafisch dargestellt – ausdrücklich als starke Vereinfachung,[32] insbesondere was die Einteilung in 10-Jahresschritten angeht. Der Berichtszeitraum beginnt mit den 1950er Jahren und reicht aktuell bis in die Gegenwart.

Der Autor hat seither in seinen Veröffentlichungen das mehrdimensionale Phasenschema immer wieder abgedruckt und inhaltlich entwickelt. Die aktuelle Darstellung[33] zeigt einerseits auf der Ordinate den jeweiligen inhaltlichen Fokus (nämlich die Entwicklung von der Distributions- über die Verbraucher-, Handels- Wettbewerbs-, Umwelt- und Netzorientierung bis hin zur Digitalen Wertschöpfungsorientierung), andererseits auf der Abszisse das sich parallel dazu im Zeitablauf wandelnde Anspruchsspektrum des Marketings (von der Distributions- über die Führungsfunktion, das Strategische Marketing und das Marktorientierte Führungskonzept der 1990er Jahre bis hin zum Digitalen Marketing im letzten Jahrzehnt). Außerdem sind die jeweils im Mittelpunkt stehenden Untersuchungsobjekte (Unternehmung, Verbraucher, Handel usw.) dargestellt.

In einer anderen – auch immer wieder aktualisierten – Darstellung[34] entwirft Meffert ein Gerüst der geschichtlichen Entwicklung nach den Kriterien: inhaltlicher Fokus (Orientierungsphasen, siehe oben) einerseits sowie vorherrschende Theorieansätze andererseits in der jeweiligen Zeit. Insbesondere die häufig mit einem Paradigmenwechsel[35] verbundenen verschiedenen klassischen und modernen Ansätze der Marketingtheorie können für die weitere Analysearbeit in dieser Studie wichtige „Stützpfeiler" sein. Zu ersteren gehören der institutionen-, der waren- und der funktionenorientierte Ansatz, zu der zweiten Gruppe der entscheidungsorientierte, der verhaltenswissenschaftliche, der systemorientierte sowie der situative Ansatz.

---

[32] Vgl. Meffert, Heribert: Artikel „Marketing-Geschichte", a.a.O., S. 662 sowie ders.: Marktorientierte Unternehmensführung im Umbruch – Entwicklungslinien des Marketing in Wissenschaft und Praxis, a.a.O., S. 5.

[33] Vgl. z. B. Meffert, Heribert/Burmann, Christoph/Kirchgeorg, Manfred/Eisenbeiß, Maik: Marketing. Grundlagen marktorientierter Unternehmensführung. Konzepte – Instrumente – Praxisbeispiele, 13. Aufl., Wiesbaden 2019, S. 8.

[34] Vgl. ebenda, S. 31.

[35] „Unter einem **Paradigma** versteht man grundlegende Leitideen und wissenschaftliche Problemlösungsmuster, die von Vertretern eines wissenschaftlichen Fachgebietes weitgehend geteilt werden." Meffert, Heribert: Marktorientierte Unternehmensführung im Umbruch – Entwicklungsperspektiven des Marketing in Wissenschaft und Praxis, a.a.O., S. 11. (Herv. im Original).

Meffert hat mit diesen Systematiken und den darüber hinausgehenden inhaltlichen Schwerpunktsetzungen seiner Veröffentlichungen wichtige Orientierungshilfen für diese Arbeit gegeben.

**Der Ansatz von Tietz**
In seinem zweiteiligen Aufsatz zur bisherigen sowie zur künftigen Entwicklung
des Marketings von 1993 betrachtet Tietz sowohl die Marketingtheorie als auch
ausdrücklich die Marketingpraxis. Seiner Meinung nach werden die Phasen des
Marketings „durch die in Theorie und Praxis wahrgenommenen Strategiedefizite
und damit durch die Zielbeiträge der Marketingwissenschaft zur Beseitigungen
von Engpässen bestimmt."[36] So nennt er einerseits einleitend die in zeitlicher
Folge im Mittelpunkt stehenden Aspekte: Produktorientierung, Verkaufsorientie-
rung, Kundenorientierung sowie die ökologische Orientierung, gliedert aber den
Aufsatz im Weiteren nach vier Dekaden, beginnend mit „Die fünfziger Jahre"
bis hin zu „Die achtziger Jahre". In den jeweiligen Unterkapiteln beschreibt
Tietz dann unter den Überschriften „Das Marketing in Unternehmen" sowie
„Schwerpunkte der Marketingwissenschaft" kurz und eher stichwortartig die her-
ausragenden oder typischen Ereignisse und Entwicklungen in der jeweiligen
Periode. Dabei bezieht er die gesellschaftlichen, wirtschaftlichen und technischen
Rahmenbedingungen mit ein.

Darüber hinaus widmet sich Tietz der Evaluation und Akzeptanz von wissenschaftlichen Ergebnissen durch die Marketingwissenschaft und die Praxis.
Er formuliert hier einige grundlegende Gedanken und stellt einen beispielhaften Kriterienkatalog für die Akzeptanz von wissenschaftlichen Erkenntnissen
durch die Wissenschaft sowie durch die Praxis auf. Außerdem beschreibt er
Gefahren und Fehlentwicklungen im Zusammenhang mit der Akzeptanz von
Forschungsergebnissen.

**Der Ansatz von Bubik**
Bubik hat in seinem 1996 veröffentlichten Buch eine umfassende sowie detaillierte Analyse und Bewertung der Entwicklung der Marketingwissenschaft geleistet. Die Darstellung beginnt mit der Theorie-Entwicklung zu Beginn des 20.
Jahrhunderts besonders in den USA und der zunächst eher handelswirtschaft-
lich geprägten Absatzlehre in Deutschland und geht bis zu den Strategien und
Ansätzen in der Nachkriegszeit einschließlich der 1. Hälfte der 1990er Jahre im

---

[36] Tietz, Bruno: Die bisherige und künftige Paradigmatik des Marketing in Theorie und
Praxis, Erster Teil, a.a.O., S. 151.

deutschsprachigen Raum. Der Autor berücksichtigt dabei auch den wirtschafts-
und geistesgeschichtlichen sowie gesellschaftspolitischen Kontext.

In einer inhaltlich orientierten Gliederung unterscheidet Bubik neun – sich
z. T. zeitlich überlappende – Entwicklungsphasen. Sie reichen von der „Vor-
geschichte" über „Neubeginn und Kontinuität nach dem 2. Weltkrieg" bis hin
zur „Theoretisierung, Broadening, Deepening" sowie dem „Strategieansatz" in
den 70er, 80er und 90er Jahren. Dabei diskutiert er auch die klassischen und
modernen theoretischen Ansätze der Marketingwissenschaft und zieht Verbindungen zu Nachbardisziplinen (z. B. Psychologie und Verhaltenswissenschaft) oder
Speziallehren (z. B. Werbelehre, Marktforschung).

Darüber hinaus bewertet er die Literatur nach dem Charakter ihrer Aussagensysteme (deskriptiv, erklärend, praktisch-normativ) und setzt einen Schwerpunkt
auch bei der Übertragung des Marketings als Funktionslehre in ein unternehmerisches Führungskonzept.

Insgesamt stellt die Veröffentlichung von Bubik einen bedeutenden Beitrag zur
Geschichte der Marketingtheorie dar. Die Schrift ist damit eine gute Grundlage
für die weitere Arbeit in diesem Kapitel.

**Der Ansatz von Hansen/Bode**

Das umfassendste Werk zur Marketinggeschichte haben Hansen/Bode vorgelegt,
zunächst in einer Monografie[37], später zusätzlich in einem Beitrag zu einem
Sammelwerk[38]. Ebenso wie bei Bubik ist die Periodisierung nicht nach Dekaden vorgenommen worden, sondern ergibt sich aus der Kapitalbildung nach
inhaltlichen Gesichtspunkten und orientiert sich dabei zum einen an „wissen-
schaftsinternen Wendepunkten", zum anderen an der Verknüpfung mit „relevanten
Umweltentwicklungen"[39]. Danach lassen sich drei Phasen unterscheiden vom
„Ursprung und Beginn des Marketing" über die „Erweiterung des Marketing
und Einbeziehung der gesellschaftlichen Perspektive" bis hin zur „Fragmentierung und Konsolidierung des Marketing". Berichtszeitraum ist das gesamte 20.
Jahrhundert.

Noch stärker als Bubik beziehen Hansen/Bode den jeweiligen demografischen,
sozio-ökonomischen und sozio-kulturellen sowie – z. T. auch technologischen

---

[37] Vgl. Hansen, Ursula/Bode, Christian: Marketing & Konsum, a.a.O.

[38] Vgl. Hansen, Ursula/Bode, Christian: Entwicklungsphasen der deutschen Marketingwissenschaft seit dem Zweiten Weltkrieg, a.a.O.

[39] Hansen, Ursula/Bode, Christian: Entwicklungsphasen der deutschen Marketingwissenschaft seit dem Zweiten Weltkrieg, a.a.O., S. 183.

sowie politisch-rechtlichen – Kontext in die Betrachtung ein und zeigen die Konsequenzen für die „Marketingtheorie und ihre Anwendung" auf. Der Schwerpunkt der Betrachtung liegt allerdings auch hier auf der Beschreibung und Analyse der Marketing*theorie*. Aussagen zur Marketingpraxis beziehen sich in erster Linie auf Beispiele aus der Werbung und den anderen absatzwirtschaftlichen Instrumenten.

Der Wert insbesondere der Buchveröffentlichung auch für diese Arbeit liegt in der Breite und Tiefe der historischen Betrachtung zur Marketinggenese. Ganz explizit bezieht sie auch die gesellschaftliche Perspektive sowie den gesamtwirtschaftlichen Bezug in die Analyse ein.

**Der Ansatz von Sabel**

Hermann Sabel hat in einem Beitrag zu einem Aufsatzband einen zusammenfassenden Überblick über die Geschichte des Marketings in Deutschland während des 20. Jahrhunderts gegeben.[40] In vier Hauptkapiteln beschreibt er jeweils kurz die grundlegenden Strömungen, geht eingangs auf die klassischen theoretischen Ansätze ein und vertieft die Darstellung durch Beschreibungen der Entwicklung der Marketinginstrumente, der Einbeziehung von Nachbardisziplinen und der Nutzung mathematischer Verfahren. Darüber hinaus nimmt er in einer Synopse einen Vergleich zwischen dem mikroökomischen Ansatz und dem Marketingansatz nach verschiedenen inhaltlichen und formalen Kriterien vor. Eine explizite Phaseneinteilung enthält die Darstellung von Sabel in dieser Veröffentlichung nicht.

Sabel hat außerdem in einer früheren Veröffentlichung eine zusammenfassende Übersicht zu den Absatz- bzw. Marketingstrategien während dreier Phasen aus Sicht der unternehmerischen Praxis sowie der Wissenschaft gegeben.[41] Die Zeit von 1945–1967 ist die Phase der „Absatzstrategie". Im Verkäufermarkt geht es für die Praxis darum, Kapazitäten in Produktion und Vertrieb aufzubauen; gebraucht werden Verkäufer und Techniker. Die Wissenschaft befasst sich mit dem Thema „Absatz". In der sich anschließenden Phase der „Marketingstrategie" (1968–1975) in der Situation des Käufermarktes heißen die Stichworte für die Marketingpraxis nun: Kunden, Lebenszyklus, Segmente, Nischen, Marketing-Mix

[40] Vgl. Sabel, Hermann: Geschichte des Marketing in Deutschland, in: Lingenfelder, Michael (Hg.): 100 Jahre Betriebswirtschaftslehre in Deutschland (1898–1998), a.a.O., S. 169–180.
[41] Vgl. Sabel, Hermann: Absatzstrategien deutscher Unternehmen seit 1945, in: Pohl, Hans (Hg.): Absatzstrategien deutscher Unternehmen. Gestern – Heute – Morgen. Referate und Diskussionsbeiträge der 6. öffentlichen Vortragsveranstaltung der Gesellschaft für Unternehmensgeschichte e. V. am 13. Mai 1981 in Fürth, Wiesbaden 1982 S. 47–66, hier Tabelle auf S. 66.

und Diversifikation; gebraucht werden jetzt Produktmanager. Im wissenschaftlichen Bereich lautet das Thema nun „Marketing". Schließlich beschreibt Sabel die Zeit ab 1976 als Phase der „Portfoliostrategie" mit Stichworten wie: Konkurrenten, Erfahrungskurve, Portfolio, Marktführerschaft und Innovation. Gesucht werden nun Strategen. Im wissenschaftlichen Bereich ist die Strategische Planung ein Forschungsschwerpunkt.

Die Stichworte und Inhalte dieser Veröffentlichungen werden im weiteren Verlauf dieser Arbeit wieder aufgegriffen.

**Der Ansatz von Köhler**

Richard Köhler hat in dem bereits zitierten Aufsatz aus dem Jahr 2002 eine umfassende Darstellung der verschiedenen Entwicklungslinien der Marketingwissenschaft vorgelegt.[42] Er beschreibt die Genese des Marketings vom Beginn bis zum Ende des 20. Jahrhundert und geht auf verschiedene – für die jeweilige Zeit typische – theoretische Ansätze und Forschungsgebiete ein. Dabei zeigt er immer wieder, dass eine Reihe von Erkenntnissen und Empfehlungen, die regelmäßig mit der US-amerikanischen Marketingentwicklung in Zusammenhang gebracht werden, bereits in ähnlicher Weise in der „frühen" deutschsprachigen Betriebswirtschaftslehre erarbeitet worden sind. Die in den jeweiligen Kapiteln angesprochenen Themen und Stichworte orientieren sich stark an den typischen Aufgaben und Problemstellungen des Marketing-Managements in den Unternehmen.

Der Autor verzichtet dabei auf eine explizite Periodisierung, jedoch wird in den einzelnen Kapiteln aus den Darstellungen sowie anhand der Literaturhinweise die chronologische Struktur deutlich. So reichen die Kapitel inhaltlich von „Die Ausrichtung des Unternehmens auf den Absatzmarkt als betriebswirtschaftliche Aufgabe" über „Marktforschung als Informationsbasis", „Verhaltenswissenschaftliche Beiträge zur Untersuchung von Käuferentscheidungen" und „Die instrumentale Sichtweise" bis hin zu „Marketing als Management-Konzeption" sowie zur Diskussion der „theoretischen Verankerung der Marketing-Forschung in der Betriebswirtschaftslehre".

Wertvoll für diese Arbeit sind außerdem die zahlreichen Bewertungen und weiterführenden Literaturhinweise, insbesondere auf die deutschsprachigen „frühen" Veröffentlichungen.

---

[42] Köhler, Richard: Marketing – Von der Reklame zur Konzeption einer marktorientierten Unternehmensführung, in: Gaugler, Eduard/Köhler, Richard (Hg.): Entwicklungen der Betriebswirtschaftslehre, a.a.O., S. 355–384.

**Der Ansatz von Sepehr**

Die jüngste Arbeit zu diesem Thema stammt von Sepehr aus dem Jahre 2014. Er hat in seiner Dissertation eine Tabelle erarbeitet, die vier Entwicklungsphasen zeigt.[43]

Diese Phasen reichen von der „Absatzlehre als Vorläuferin" (ca. 1925 bis Mitte der 1950er Jahre) sowie der „Übernahme der Marketingkonzeption (Mitte der 1960er Jahre bis Anfang der 1970er) und der „Etablierung" (ca. 1970 bis 1980) bis hin zur Phase der „Ausdifferenzierung" (seit ca. 1980). Obwohl in dieser Synopse stichwortartig auch das „Marktumfeld" (in Form der jeweiligen gesamtwirtschaftlichen Entwicklung) sowie die „Situation in der Praxis" (mit zunehmender Kundenorientierung und stärker werdender Marktbearbeitung und Wettbewerbsorientierung) angesprochen werden, liegt der Schwerpunkt im vorausgegangenen Text des Buches wie auch in der Tabelle bei der Entwicklung in der Marketingwissenschaft.

Die im Anschluss daran im Einzelnen dargestellten Ergebnisse einer Befragung von Marketingwissenschaftlern und Marketingpraktikern beziehen sich schwerpunktmäßig auf Einstellungen und Einschätzungen. Bei den Praktikern sind dies Beurteilungen zum Stellenwert des Marketings in ihrem Unternehmen, zum Verhältnis zur Marketingwissenschaft sowie zu den Anforderungen an einen Marketingmanager und einer Einschätzung des künftigen Stellenwerts des Marketings in verschiedenen Industriezweigen/Branchen. Für die Marketingwissenschaftler heißen die Bereiche: Entwicklung der Marketingdisziplin, Forschung, Lehre sowie Perspektiven. Diese Einstellungs- und Einschätzungsfragen haben für den *Status quo* interessante Ergebnisse erbracht.[44] Dagegen steht eine Untersuchung sowohl der Praxistauglichkeit der theoretischen Erkenntnisse der Wissenschaft als auch eine Überprüfung, welche Strategien, Maßnahmen oder Entscheidungen in der unternehmerischen Praxis konkret durchgeführt wurden, und zwar „über die Zeit", noch aus.

### 2.2.2 Ableitung einer eigenen Phaseneinteilung und Konkretisierung der inhaltlichen Untersuchung

Diese Arbeit geht von dem grundlegenden Verständnis aus, dass die historisch-genetische Entwicklung im Bereich des Marketings sich im Kern in einem

---

[43] Vgl. Sepehr, Philipp: Die Entwicklung der Marketingdisziplin, Wiesbaden 2014, S. 77.
[44] Siehe die Ausführungen zu den Themen: Anwendungslücke sowie Transferbarrieren im Abschnitt 1.1.

interdependenten Prozess vollzogen hat im Dreieck zwischen einerseits der *Umwelt* in Gestalt der makroökonomischen und gesellschaftlichen Gegebenheiten (= Kontextvariablen)[45], andererseits der *Marketingtheorie* sowie drittens der *Marketingpraxis*. Dabei hat jeder der drei Bereiche jeweils Einflüsse auf die beiden anderen ausgeübt, so wie auch jeder Bereich in gewisser Weise durch die beiden anderen Bereiche dominiert worden ist.

Dabei dürften sich bezüglich der Einflussrichtung und -stärke zwischen den drei Bereichen über die Zeit durchaus Veränderungen ergeben haben: Vereinfacht ausgedrückt haben beispielsweise die „Wirtschaftswunder"-Jahre und die damit verbundenen steigenden Einkommen sowie die nachfolgende Differenzierung bei den Kundenwünschen den Übergang vom „Verkäufermarkt" zum „Käufermarkt"[46] beschleunigt. Das hatte zur Folge, dass in Westdeutschland die unternehmerische Praxis sich künftig stärker um Vermarktungsprobleme kümmern musste und im Zuge dieser Entwicklung bei den Wirtschaftsfakultäten der Universitäten die Einrichtung von Marketing-Lehrstühlen forderte. Dieser Prozess ist auch unter dem Eindruck der Entwicklungen in den USA mit initiiert und beschleunigt worden. Später ist der Austausch mit nationalen und internationalen Beratungsunternehmen als Vermittler oder „Transformatoren" des Marketingwissens, z. T. auch als Innovatoren, dazu gekommen.[47] Außerdem haben Werbeagenturen und Marktforschungsinstitute theoretisches und praktisch erprobtes Wissen vermittelt.

In der grundlegenden Form sieht dieses – um die letztgenannten Komponenten erweiterte – Beziehungsschema, in dem sich die Marketing-Genese im wechselseitigen Beeinflussungsprozess vollzogen hat (Ausnahme: primär *einseitiger* USA-Einfluss), wie in Abbildung 2.1 dargestellt aus.

An dem obengenannten Beispiel kann auch gezeigt werden, dass für diese Arbeit bei der Periodisierung eine Orientierung an solchen „Wendepunkten"

---

[45] Insofern wird hier der Vorgehensweise von Tietz, Bubik sowie Hansen/Bode gefolgt, die ebenfalls die wirtschaftliche und gesellschaftliche Kontextabhängigkeit der Marketingwissenschaft betonen. Auch Meffert fordert In seinem Aufsatz aus 1994 in der Schlussbetrachtung, in Zukunft „die Wechselwirkung zwischen Unternehmung, Markt und Umwelt in vernetzter Form miteinander zu verbinden." Meffert, Heribert: Marktorientierte Unternehmensführung im Umbruch – Entwicklungsperspektiven des Marketing in Wissenschaft und Praxis, a.a.O., S. 34.

[46] Die schlagwortartige Beschreibung der Entwicklung vom „Verkäufermarkt" zum „Käufermarkt" folgt dem allgemeinen Verständnis zum Geschehen in dieser Zeit, wohl wissend, dass es auch in der ersten Hälfte des Jahrhunderts zu bestimmten Zeiten auf bestimmten Märkten schon „Käufermarkt"-Situationen gegeben hat und die Kreierung des Markenartikels auch ein Reflex auf diese Entwicklungen gewesen ist.

[47] Siehe zur Entwicklung der Beratungsbranche insbesondere das Abschnitt 2.5.3.

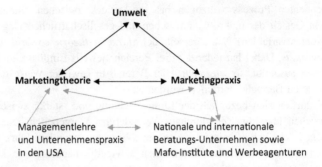

**Abbildung 2.1**  Das Verhältnis zwischen Umwelt, Marketingtheorie und Marketingpraxis sowie weiterer Einflussfaktoren[48]

sinnvoll ist, aber auch an Paradigmenwechseln, die sich im Bereich der Marketingtheorie sowie der Marketingpraxis zeigen. Diese müssen zeitlich nicht immer parallel verlaufen, sondern es kann – wie das gerade erwähnte Beispiel zeigt – „Vorläufe" auf bestimmten Seiten des „Dreiecks" bzw. des gesamten Beziehungsgefüges geben. Solche Paradigmenwechsel zeigen sich insbesondere bei den jeweils vorherrschenden theoretischen Ansätzen der Marketinglehre. Zum Teil lassen sie sich zeitlich nur grob voneinander trennen, da sie temporär überlappend im Fokus standen. Für die Bildung einer eigenen Periodisierung bedeutet dies, dass diese nicht zu feingliedrig sein darf.

Diese inhaltlich basierte Vorgehensweise bedingt außerdem, dass die Phaseneinteilung nicht deduktiv nach Dekaden vorgenommen wird, sondern induktiv nach der „Substanz", die für eine bestimmte Zeit wesentlich oder typisch war.[49]

Unabhängig von der Art der Periodisierung (deduktiv vs. induktiv) sind die hier referierten Veröffentlichungen sämtlich eine gute Basis für die nachfolgende Analysearbeit, indem sie die fundamentalen Entwicklungslinien beschreiben. Ergänzt wird diese Literatur durch die bereits im Einleitungskapitel vorgestellten Veröffentlichungen sowie durch weitere Quellen.

Diese positive Beurteilung der Marketingliteratur gilt aber fast ausschließlich für die Beschreibung der Entwicklungslinien in der Marketing*theorie*, kaum für den Bereich der Marketing*praxis*. Und auch in der Marketingtheorie bleiben die Deskriptionen durchweg im Stadium eines umfassenden Überblicks.

---

[48] Quelle: eigene Darstellung.

[49] Hier wird der Vorgehensweise gefolgt, wie sie explizit bei Bubik, Hansen/Bode sowie Sepehr formuliert wird bzw. implizit von Sabel und Köhler gewählt wird.

Die meisten Autoren erarbeiten und analysieren jedoch nicht die verschiedenen theoretischen Ansätze und Theorieelemente danach, welche Aussagen, Handlungsempfehlungen oder auch nur „Faustformeln" für die Unternehmen bei ihren Marketingaktivitäten möglicherweise nutzbar gemacht werden können. Einzig bei Bubik findet eine tiefergehende Diskussion der klassischen und modernen theoretischen Ansätze der Marketingtheorie statt. Außerdem formuliert aber auch Tietz überblickartig beispielhaft Akzeptanzkriterien von Marketingerkenntnissen in Wissenschaft und Praxis.

Die Marketing*praxis* wird in den referierten Veröffentlichungen – abgesehen von den überblickartigen Hinweisen bei Tietz und bei Hansen/Bode sowie der Befragung von Sepehr – nahezu vollständig ausgeblendet. Hier stellt sich für diese Arbeit zum einen die Aufgabe, mit Hilfe der im Einleitungskapitel erwähnten Literatur (insbesondere von Kleinschmidt, Hilger) ganz allgemein die jeweilige Situation in der Praxis – zumindest in den 1950er und 1960er Jahren – wenigstens im Groben nachzubilden. Zum anderen kann hier auf das Kapitel 3 verwiesen werden, in dem am Beispiel der Dortmunder Brauindustrie die Marketingpraxis in einigen Unternehmen untersucht werden soll. Der Schwerpunkt soll hier auf der Prüfung der Anwendung der Erkenntnisse der Marketingwissenschaft und damit indirekt auch ihrer „Praxistauglichkeit" liegen.

Für die Phaseneinteilung in dieser Arbeit soll die oben beschriebene methodische Vorgehensweise berücksichtigt werden, nämlich zum einen die Einbeziehung der Umwelt (=Kontextvariablen) sowie der Einflüsse aus den USA und von den Beratungsunternehmen. Zum anderen sollte beachtet werden, dass die „Wendepunkte" bzw. Paradigmenwechsel nicht zu feingliedrig gebildet werden. Darüber hinaus erscheint die induktive Art der Periodisierung angemessen, so dass unter Kenntnis der vorhandenen Literatur für diese Arbeit folgende Phaseneinteilung als sinnvoll erscheint:

• Die „Langen 50er Jahre": Der Weg in die „Wohlstandsgesellschaft" – Von der Produktivitätsorientierung zur Marktorientierung in Theorie und Praxis
• Die späten 60er und 70er Jahre: Strukturbrüche und Wertewandel einerseits – das „Aufblühen" des Marketings andererseits
• Die neuen Herausforderungen der 80er und 90er Jahre: Der Siegeszug der Beratungsbranche in der Praxis sowie die Spezialisierung und Fragmentierung in der Theorie.

## 2.3   Die „Langen 50er Jahre"[50]: Der Weg in die „Wohlstandsgesellschaft" – Von der Produktivitätsorientierung zur Marktorientierung in Theorie und Praxis

### 2.3.1   Makroökonomische und gesellschaftliche Einflussfaktoren

„Die Geschichte der Bundesrepublik Deutschland ist vor allem ihre Wirtschaftsgeschichte. Nichts hat den westdeutschen Staat stärker geprägt als seine wirtschaftliche Entwicklung."[51] Diese Aussage Abelshausers beschreibt sehr klar die dominante Rolle des wirtschaftlichen Aufbaus Westdeutschlands nach dem Zusammenbruch in der Folge des Zweiten Weltkriegs und der gravierenden sozio-ökonomischen Krise. Der relativ schnelle ökonomische Erfolg war Grundlage für die gesamte politische, soziale und gesellschaftliche Stabilisierung und Entwicklung der jungen Republik.[52]

Am stärksten wird diese Entwicklung im Nachhinein assoziiert mit dem „Wirtschaftswunder" der 1950er und frühen 1960er Jahre. Insofern beschreiben die „Langen 50er Jahre" den Zeitraum von 1948 bis etwa 1966/67. Initiiert und beschleunigt wurde dieser Aufbau ganz wesentlich durch die Umsetzung der alliierten politischen Ziele und Hilfsmaßnahmen nach Kriegsende, nämlich: die Einführung der Demokratie, die Währungsreform, den Marshallplan und die Westbindung. Darüber hinaus waren dafür die politische Entscheidung für die Soziale Marktwirtschaft, der Aufbau des Wohlfahrtsstaates und die Wiederanbindung an den Weltmarkt entscheidende Einflussgrößen.[53]

---

[50] In Anlehnung an den Titel des Buches von Abelshauser, Werner: Die Langen Fünfziger Jahre. Wirtschaft und Gesellschaft der Bundesrepublik Deutschland 1949–1966, Düsseldorf 1987.

[51] Abelshauser, Werner: Wirtschaftsgeschichte der Bundesrepublik Deutschland 1945–1980, Frankf. 1983, S. 8.

[52] Der Politikwissenschaftler Herfried Münkler sieht in dieser Entwicklung, dass so ein „wirtschaftlicher Gründungsmythos" entstand. „Der gründungsmythische Kern der alten Bundesrepublik war nicht die politische Verfassung, sondern die wirtschaftliche Ordnung." Münkler, Herfried: Die Deutschen und ihre Mythen, Berlin 2009, S. 457 f. (Herv. im Original).

[53] Mitte der 80er Jahre wurde eine wissenschaftliche Kontroverse bezüglich der Ursachen für das Phänomen „Wirtschaftswunder" geführt, insbesondere zwischen Werner Abelshauser („Rekonstruktionsthese") einerseits und Rainer Klump sowie weiteren Autoren („Strukturbruchthese") andererseits. Zu den Positionen vgl. z. B.: Abelshauser, Werner: Wirtschaft in Westdeutschland 1945–1948, Stuttgart 1975 sowie Klump, Rainer: Wirtschaftsgeschichte

Im unmittelbaren Vorfeld der Gründung der Bundesrepublik Deutschland 1949 waren es insbesondere die von den Amerikanern vorbereitete und umgesetzte Währungsreform von 1948 sowie der im selben Jahr wirksam werdende Marshallplan des US-Außenministers, von denen entscheidende realwirtschaftliche und politische Wirkungen ausgingen.[54]

Von Anfang an überstieg nach der Währungsreform die kaufkräftige Nachfrage das kurzfristig aktivierbare Produktionspotenzial, was bei den Unternehmen neben weiteren Anstrengungen zur Ausweitung der Erzeugung auch kräftige Preiserhöhungen zur Folge hatte. Diese nachfrageinduzierte Inflation war jedoch auf den Sektor der freigegebenen Preise beschränkt und erhielt von der Kostenseite keinen zusätzlichen Auftrieb. Denn die amtlichen Preisfestsetzungen für Energie und für heimische Grundstoffe und Produktionsgüter hielten die Materialkosten für die verarbeitende Industrie auf niedrigem Niveau. Außerdem verhinderte der beibehaltene Lohnstopp steigende Arbeitskosten, so dass insgesamt die Kosten- hinter der Preisentwicklung deutlich zurückblieb. Für die Unternehmen bedeutete dies attraktive Gewinnspannen. Zudem führten die bald erreichten Kapazitätsgrenzen zu zusätzlichen Investitionen, wodurch die Produktion ausgedehnt und ein Aufschwung initiiert werden konnte. Schließlich wurde die Inflation durch die restriktive Geldpolitik der Bank deutscher Länder eingedämmt, ohne dass die wirtschaftliche Aufwärtsentwicklung darunter litt.[55]

Nach einer zwischenzeitlichen deutlichen Abschwächung des Wachstums erwies sich der im Juni 1950 beginnende Koreakrieg als „zweiter Zündfunke"[56], der einen erneuten Nachfrageschub nach Industrieprodukten auslöste und damit die Wirtschaft auf einen stetigen Wachstumspfad führte.[57] Außerdem trug der

---

der Bundesrepublik Deutschland, Wiesbaden 1985. Inzwischen wird die Meinung vertreten, dass „die Ursachen des ‚westdeutschen Wirtschaftswunders' in einem günstigen Zusammenwirken verschiedener Faktoren zu sehen" sind, die die meisten Argumente der geführten Diskussion mit einschließen. Vgl. von Prollius, Michael: Deutsche Wirtschaftsgeschichte nach 1945. Göttingen 2006, S. 93 f.

[54] Vgl. Spoerer, Mark/Streb, Jochen: Neue deutsche Wirtschaftsgeschichte des 20. Jahrhunderts, München 2013, S. 217 sowie Klump, Rainer: a.a.O., S. 51.

[55] Vgl. Hentschel, Volker: Das westdeutsche Wirtschaftswunder 1948–1955. Kann man aus der Wirtschaftsgeschichte lernen?, in: Feldenkirchen, Wilfried/Schönert-Röhlk, Frauke/Schulz, Günther (Hg.): Wirtschaft – Gesellschaft – Unternehmen. 1. Teilband, Stuttgart 1995, S. 120–134, hier: S. 123.

[56] Ebenda. S. 124.

[57] Vgl. ebenda.

„Koreaboom" als exportgeleitetes Wachstum auch ganz erheblich zur erneuten Anbindung Westdeutschlands an den Weltmarkt bei.[58]

Ab der Mitte der 1950er Jahre entwickelte sich die Bundesrepublik zu einer „reife[n] Industrienation"[59]. Es war die Zeit des Aufbruchs, der Euphorie und des Glaubens an die permanente Steigerung des Wohlstandes.

Begleitet wurde dieser Prozess durch eine Reihe weiterer dynamischer Einflussfaktoren, insbesondere demografischer, sozio-ökonomischer und sozio-kultureller Art.

**Demografische Faktoren**

Die Tabelle 2.1 vermittelt einen – wenn auch unvollständigen – Eindruck von dem enormen Bevölkerungswachstum Westdeutschlands in den ersten zweieinhalb Jahrzehnten seit Kriegsende.

**Tabelle 2.1**  Bevölkerungsentwicklung 1946–1970[60]

| Bevölkerungsentwicklung | Westdeutschland | Ostdeutschland |
|---|---|---|
| 1946 | 46,2 Mio. | 18,5 Mio. |
| 1950 | 51,0 Mio. | 18,4 Mio. |
| 1960 | 56,0 Mio. | 17,2 Mio. |
| 1970 | 61,0 Mio. | 17,1 Mio. |

Die Bevölkerungszahl stieg demnach in 5 Mio.-Schritten zunächst sehr schnell in nur 4 Jahren, seit 1950 jeweils im Verlauf eines Jahrzehnts. Mit 61 Mio. Menschen in der alten Bundesrepublik erreichte die Einwohnerzahl 1970 ihren Höhepunkt; das waren fast 15 Mio. oder rd. 32 % mehr als 1946.

Den größten Anteil am Bevölkerungswachstum hatte der enorme – *bereits 1944/45 einsetzende* – Zustrom von Flüchtlingen und Vertriebenen aus Ostdeutschland sowie der Flüchtlinge aus der Sowjetischen Besatzungszone (SBZ) und nachfolgend der DDR in das Gebiet der (späteren) Bundesrepublik. Nach

---

[58] Vgl. Wellhöner, Volker: „Wirtschaftswunder" – Weltmarkt – westdeutscher Fordismus, Münster 1996, S. 39.

[59] Abelshauser, Werner: Die Langen Fünfziger Jahre, a.a.O., S. 74.

[60] Eigene Darstellung: Quelle: Statistisches Jahrbuch 2011: Lange Reihen, S. 34 f. https://www.destatis.de/DE/Publikationen/StatistischesJahrbuch/StatistischesJahrbuch2011.pdf?_blob=publicationFile (abgerufen am 15.1.2019).

dem Ergebnis der Volkszählung von 1950 waren das rd. 7,9 Mio. Heimatvertriebene und knapp 1,6 Mio. Flüchtlinge aus der SBZ, insgesamt also rd. 9,5 Mio. Menschen.[61]

Der Zuwachs an Flüchtlingen und Aussiedlern hielt abgeschwächt auch in den Jahren nach 1950 an, bis ins Jahr 1961 auch ganz wesentlich geprägt durch insgesamt rd. 3,1 Mio. DDR-Flüchtlinge.[62] Parallel dazu gab es bereits eine Ausländerzuwanderung. Zuerst ab Mitte der 50er Jahre, verstärkt ab Anfang der 60er Jahre waren es die sogenannten „Gastarbeiter", die wegen des inzwischen eingetretenen Arbeitskräftemangels angeworben wurden. Bis 1974 stieg die Zahl der Ausländer auf 4,1 Mio. an.[63] Gleichzeitig kam es unter dem Eindruck der wirtschaftlichen Prosperität, einem entsprechenden Familienleitbild sowie einer konfessionellen Sexualmoral zu einem Babyboom[64], der in der ersten Hälfte der 1960er Jahre mit jährlich mehr als 1,3 Mio. Neugeborenen seinen Höhepunkt erreichte und die Sterbeziffer jährlich um mehr als 400.000 bis fast 500.000 übertraf.[65]

---

[61] Vgl. Schulz, Günther: Wiederaufbau in Deutschland. Die Wohnungsbaupolitik in den Westzonen und der Bundesrepublik von 1945 bis 1957, Düsseldorf 1994; zitiert nach: Spoerer, Mark/Streb, Jochen: a.a.O., S. 212. Insofern ist davon auszugehen, dass ein (in der öffentlichen Statistik nicht verfügbares) Basisjahr 1943 einen rd. 3 bis 4 Mio. niedrigeren Bevölkerungsstand zeigen und deshalb der Gesamtzuwachs – über alle Wachstumsgründe – bis 1970 höher ausfallen und schätzungsweise etwa 18 bis 19 Mio. Menschen betragen würde. Gestützt wird diese Einschätzung zur Bevölkerungszahl im Jahre 1943 auch durch eine für das Gebiet der späteren Bundesrepublik berechnete Zahl für das Jahr 1939. Danach lebten damals in diesem Gebiet 43,1 Mio. Menschen. Vgl. Köllmann, Wolfgang: Die Bevölkerungsentwicklung der Bundesrepublik. In: Conze, Werner/Lepsius, M. Rainer (Hg.): Sozialgeschichte der Bundesrepublik Deutschland. Beiträge zum Kontinuitätsproblem, 2. Aufl., 1985, Tab. 1, S. 67; Quelle dafür: Statistisches Bundesamt: Bevölkerung und Wirtschaft 1872–1972.

[62] Vgl. Köllmann, Wolfgang: a.a.O., Tab. 3, S. 71 sowie S. 72; Quelle dafür: Berechnungen von Siegfried Bethlehem: Heimatvertreibung, DDR-Flucht, Gastarbeiterzuwanderung, Stuttgart 1982, S. 26. Köllmann weist ergänzend darauf hin, dass unter den 3,1 Mio. DDR-Flüchtlingen auch schätzungsweise bis zu 30 % „weiterwandernde Vertriebene" enthalten waren.

[63] Vgl. ebenda, Tab. 7, S. 82 sowie S. 78 ff; Quelle dafür: Statistisches Bundesamt: Bevölkerung und Wirtschaft 1872–1972, S. 316.

[64] Vgl. Hansen, Ursula/Bode, Matthias: Marketing & Konsum, a.a.O., S. 72.

[65] https://www.destatis.de/DE/ZahlenFakten/Indikatoren/LangeReihen/Bevoelkerung/lrbev04.html (abgerufen am 15.1.2019).

**Sozio-ökonomische Faktoren**

Ausgehend von einem niedrigen Produktionsniveau in den ersten Nachkriegsjahren zeigten sich in der Folge der Währungsreform bereits zu Beginn der
50er Jahre die wirtschaftlichen Erfolge der Aufbauanstrengungen, wie die
Abbildung 2.2 verdeutlicht.

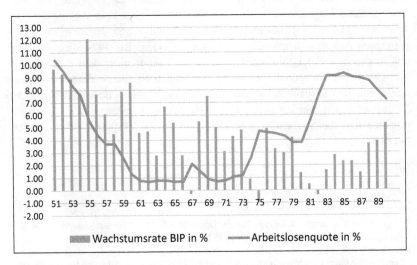

**Abbildung 2.2**  Entwicklung des BIP (preisbereinigt) und der Arbeitslosenquote 1951–
1990[66]

Das reale Wachstum des Bruttoinlandprodukts der 50er Jahre lag bei durchschnittlich 8,2 % p.a. Es entwickelte sich eine anhaltende Hochkonjunktur bis
zur ersten Konjunkturkrise 1966/67. In dieser Periode wurden Jahreszuwächse
erzielt, die danach jeweils nur noch für kurze Zeit erreicht werden konnten. Die
Arbeitslosenquote stieg Anfang der 70er Jahre stark an und verblieb seither auf
hohem Niveau.

Konsequenz und gleichzeitig Voraussetzung für diesen Wachstumsprozess in
der Zeit des „Wirtschaftswunders" war, dass immer mehr Menschen in ein
Arbeitsverhältnis kamen. Damit erwies sich der enorme Zustrom von Menschen

---

[66] Eigene Darstellung, Quelle: Statistisches Jahrbuch, Lange Reihen:
https://www.destatis.de/DE/Themen/Wirtschaft/Volkswirtschaftliche-Gesamtrechnu
ngen-Inlandsprodukt/Tabellen/inlandsprodukt-volkseinkommen1925-pdf.pdf?__blob=pub
licationFile sowie https://www.destatis.de/DE/Themen/Wirtschaft/Konjunkturindikatoren/
Lange-Reihen/Arbeitsmarkt/lrarb003ga.html (abgerufen am 6.11.2021).

als Arbeitskräfte bzw. Familienangehörige sich nicht nur als beherrschbar, sondern sogar als Vorteil. Mithin fiel die Arbeitslosenquote von 11 % in 1950 kontinuierlich auf weniger als 1 % in der ersten Hälfte der 60er Jahre. Es herrschte Vollbeschäftigung.

Mit dem wirtschaftlichen Erfolg einher ging auch ein sehr stark steigendes Lohn- und Einkommensvolumen. Als Folge verbesserte sich auch für große Teile der Arbeitnehmer-Haushalte die Einkommenssituation erheblich. So kam es in der Phase zwischen 1950 und 1965 z. B. für Industriearbeiter zu starken *Real*lohnzuwächsen von insgesamt 137 %, indem die Bruttolöhne nominal wesentlich stärker stiegen als die Inflationsrate.[67]

Allerdings gab es keineswegs eine gleichmäßige Beteiligung aller Bevölkerungsschichten am Einkommenszuwachs und so auch keine Nivellierung bei der Einkommenshöhe. So zeigten sich Mitte der 50er Jahre noch große Unterschiede beim Haushalts-Nettoeinkommen zwischen den verschiedenen sozialen Schichten.[68] Entsprechend unterschiedlich gestaltete sich die Kaufkraft dieser Haushaltstypen. Eine Waschmaschine sowie ein Kühlschrank standen zwar ganz oben auf der Wunschliste der Menschen, jedoch besaßen 1955 lediglich 12 % aller Haushalte eine Waschmaschine und nur 7 % einen Kühlschrank.[69] Erst einige Jahre später im Jahr 1960 erreichte der Versorgungsgrad bei Kühlschränken 52 %, bei Waschmaschinen lag er aber nur bei 25 %.[70]

Anhand dieser Beispiele zeigt sich, dass der „Einstieg in die Massenkonsumgesellschaft"[71] für Haushalte mit mittleren und höheren Einkommen auch erst in den späten 50er Jahren begann. Arbeiterhaushalte und geringverdienende Haushalte erreichten ein vergleichbares Konsumniveau aber erst mit einer Verzögerung von 10 bis 15 Jahren und damit erst Ende der 60er bzw. Anfang der 70er Jahre.[72]

---

[67] Abelshauser, Werner: Die Langen Fünfziger Jahre, a.a.O., Tab. 3, S. 79; Quelle dafür: Statistisches Jahrbuch für die Bundesrepublik Deutschland, versch. Jahrgänge, passim. „Dies gelang, ohne den durch die Produktivitätsentwicklung gezogenen Rahmen völlig zu sprengen und damit die Verteilungsrelationen nachhaltig zu verändern". Ebenda, S. 52.

[68] Zu den Zahlen für einzelne soziale Schichten vgl. Haustein, Sabine: Vom Mangel zum Massenkonsum. Deutschland, Frankreich und Großbritannien im Vergleich 1945–1970, Frankfurt 2007, Tab. 2, S. 46. Quelle dafür: Janonitz, Morris: Soziale Schichtung und Mobilität in Westdeutschland, in: Kölner Zeitschrift für Soziologie und Sozialpsychologie, Heft 10, 1958, S. 1–38.

[69] Vgl. Kleinschmidt, Christian: Konsumgesellschaft, Göttingen 2008, S. 138.

[70] Vgl. ebenda, S. 139. Die letztgenannten Zahlen finden sich für das Jahr 1962 auch bei Abelshauser, Werner: Die Langen Fünfziger Jahre, a.a.O., Tab. 15, S. 85; Quelle dafür: Statistisches Jahrbuch für die Bundesrepublik Deutschland, 1964, S. 530.

[71] Kleinschmidt, Christian: Konsumgesellschaft, a.a.O., S. 140.

[72] Vgl. ebenda.

Das „Wirtschaftswunder" hat also die unterschiedlichen Bevölkerungsgruppen weder gleichmäßig noch gleichzeitig erreicht. Gleichwohl spiegelt der Begriff das vorherrschende Lebensgefühl der Menschen in dieser Periode wider. Mit der ersten Nachkriegsrezession endete allerdings spätestens 1966/67 die Zeit des „Wirtschaftswunders" sowie der „Langen 50er Jahre".

### Sozio-kulturelle Veränderungen

Während der „Wirtschaftswunder"-Zeit als auch in den folgenden Jahren bildete sich – trotz aller Einkommensunterschiede – weitgehend über alle Schichten der Bevölkerung ein Denken aus, das den Konsum als Leitmotiv der Gesellschaft sah. „Hast Du was – bist Du was" war zwar nur die Aussage in einer Werbeanzeige[73], kann aber auch als Motto der damaligen Zeit verstanden werden. „Das Leben macht erst Spaß [sic] wenn man es zu Besitz und deshalb zu Ansehen gebracht hat."[74]

Schichtenübergreifend gab es zum Ende der 50er und mehr noch in den 60er Jahren eine Annäherung bei den Verbrauchsgewohnheiten, allerdings auf unterschiedlichen finanziellen Niveaus.[75] Zunehmend bestand der Unterschied für viele Haushalte nicht mehr primär im Besitz oder Nicht-Besitz eines Konsumgutes, sondern in unterschiedlichen Produktqualitäten, im Markenbewusstsein sowie im demonstrativen Konsum. Hier bildeten sich differenzierte Lebens- und Konsumstile aus.[76]

Politisch wurde früh versucht, der gesellschaftlichen Differenzierung entgegenzuwirken und über die Befreiung von wirtschaftlicher Not und der Schaffung sozialer Sicherheit hinaus ein neues Lebensgefühl zu wecken.[77] Begriffe wie „Wohlstand für Alle"[78] oder die „nivellierte Mittelstandsgesellschaft"[79] prägten

---

[73] Werbeanzeige für Pfandbriefe und Kommunalobligationen mit der Karikatur eines Herrn, der mit stolzgeschwellter Brust und erhobenen Hauptes daher schreitet und dabei die Öffentlichkeitswirkung (fotografierende Journalisten) genießt. Vgl. Der Spiegel, 1958, zitiert nach: Hansen, Ursula/Bode, Matthias: Marketing & Konsum, a.a.O., S. 73.

[74] Hansen, Ursula/Bode, Matthias: Marketing & Konsum, a.a.O., S. 73.

[75] Vgl. ebenda, S. 74.

[76] Vgl. Kleinschmidt, Christian: Konsumgesellschaft, a.a.O., S. 143.

[77] Vgl. Erhard, Ludwig: Wohlstand für alle! Rede vor dem 7. Bundesparteitag der CDU am 14.5.1957 in Hamburg; in: Deutsche Wirtschaftspolitik. Der Weg zur sozialen Marktwirtschaft, Düsseldorf/Wien 1962, S. 337–353, hier S. 341; zitiert nach: Hansen, Ursula/Bode, Matthias: Marketing & Konsum, a.a.O., S. 79/82.

[78] Erhard, Ludwig: ebenda.

[79] Schelsky, Helmut: Wandlungen der deutschen Familie in der Gegenwart. Darstellung und Deutung einer empirisch-soziologischen Tatbestandsaufnahme, Dortmund 1953, S. 218.

das öffentliche Bild in der Gesellschaft und waren zugleich politisches Ziel. Diese Argumentation knüpfte im Wesentlichen an zwei Vorstellungen an: Zum einen an dem zeitgenössischen Stereotyp der gleichen Ausgangsbedingungen und der gleichen Startchancen, die jeder Bundesbürger mit dem „Kopfgeld“ von 40 DM am 20. Juni 1948, dem Tag der Währungsreform, gehabt hätte, zum anderen an der Verbesserung der Versorgung mit Konsumgütern bis hin zum Übergang in den „Massenkonsum“.[80] Nach Abelshauser „verfehlte eine bisher unbekannte Gleichheit im Konsum und eine Tendenz zur Vereinheitlichung des Lebensstils ihren Eindruck auf Politiker und Wähler nicht.“[81]

Mit der auch bei Arbeiter- und einkommensschwächeren Haushalten steigenden Teilhabe an diesem „Massenkonsum“ ging auch eine „Entproletarisierung“ im Bewusstsein der Arbeiterschaft einher. Das lag zum einen daran, dass viele Arbeitsprozesse sich zu nicht-manuellen Tätigkeiten wandelten, zum anderen aber auch daran, dass „die Statusfrage durch sozialpolitische (z. B. Lohnfortzahlung im Krankheitsfall für Arbeiter), betriebliche (z. B. monatliche Zahlung auf Lohnkonto) und atmosphärische („Mitarbeiter“ statt Arbeiter/Angestellte) Innovationen weitgehend entschärft wurde.“[82]

So bildeten sich immer mehr „mittelständische“ Denk- und Verhaltensweise aus. Über den Bewusstseinsprozess hinaus vollzog sich auch ein kontinuierlicher Wandel in der realen Struktur der Beschäftigungsverhältnisse: Parallel zu den starken strukturellen Veränderungen zwischen den Wirtschaftssektoren Landwirtschaft, produzierendes Gewerbe sowie Dienstleistungen kam es innerhalb dieser Sektoren auch zu einer Umgewichtung bei der sozialen Stellung von Erwerbstätigen als „Arbeiter“ bzw. „Beamter/Angestellter“. Während der Anteil der „Arbeiter“ von 51,0 % (1950) auf 47,8 % (1965) sank, wurden neue Arbeitsplätze insbesondere im Bereich des „Angestelltenverhältnisses“ geschaffen, wodurch die

---

[80] Vgl. Abelshauser, Werner: Die Langen Fünfziger Jahre, a.a.O., S. 51. Abelshauser weist an dieser Stelle auch darauf hin, dass die Währungsreform von 1948 „die bestehende Ungleichheit in der Verteilung des Produktivvermögens nicht angetastet hatte“. Die Ungleichverteilung gelte darüber hinaus auch für die Entwicklung der Einkommen und Vermögen: „Weder die funktionelle Verteilung des Volkseinkommens zwischen den Produktionsfaktoren Arbeit (Lohnquote) und Kapital (Gewinnquote), noch die personelle Verteilung des Gesamteinkommens nach Einkommensklassen, noch die Verteilung des Vermögens und schon gar nicht die Verteilung des Produktivvermögens lassen einen Trend zur Nivellierung erkennen.“

[81] Ebenda.

[82] Ebenda, S. 66.

Gruppe „Beamte/Angestellte" in ihrem Anteil von 20,6 % (1950) auf 32,5 % (1965) stieg.[83]

Gleichzeitig wandelten sich in der zweiten Hälfte der 50er Jahre Konsumstandards zu Moralstandards. So gab es z. B. eine „klassengebundene Normierung des Konsums, wie sie früher ‚normal' war"[84]. Das betraf z. B. die Kleidung oder auch die Automarke[85].

Tatsächlich galt aber immer mehr, dass die Lebensqualität in den Möglichkeiten des Konsums gesehen wurde und „der Besitz verschiedener *Güter als Eintrittskarte in die moderne Industriegesellschaft*"[86] wahrgenommen wurde. Eine Leitbildfunktion wurde dabei der amerikanischen Gesellschaft zuerkannt. Das Schlagwort von der „Amerikanisierung" ist stark mit der Konsumorientierung verbunden und verkörperte die moderne, zukunftsgerichtete Gesellschaft. Jeans, Coca Cola und Rock ‚n' Roll sind prominente Produkt- bzw. Kulturbeispiele für diese Amerikanisierung.[87]

Wo es lange Zeit einen Überhang der Nachfrage gegenüber einem eingeschränkten Angebot gab, bildete sich allmählich ein Wandel der Verhältnisse heraus. Diese Veränderungen waren grundlegend und hatten gravierende Konsequenzen sowohl für die Geschäftspolitik der Unternehmen als auch für die Lehre und Forschung im wirtschaftswissenschaftlichen Bereich.

---

[83] Vgl. ebenda, Tab. 19, S. 88; Quelle dafür: Statistisches Jahrbuch für die Bundesrepublik Deutschland, Jahrgänge 1952 ff., passim.

[84] Hansen, Ursula/Bode, Matthias: Marketing & Konsum, a.a.O., S. 75.

[85] Der Autor dieser Arbeit erinnert sich, dass in bestimmten Unternehmen das private Fahren eines Mercedes nur den Mitgliedern der Geschäftsleitung vorbehalten war, nicht aber z. B. einem Prokuristen. VW hat dann Anfang der 80er Jahre mit der als „Prokuristen-Mercedes" umworbenen Neueinführung der Marke „Santana" allerdings in Deutschland einen Flop gelandet, war jedoch damit auf den Exportmärkten erfolgreich.

[86] Hansen, Ursula/Bode, Matthias: Marketing & Konsum, a.a.O., S. 77. (Herv. im Original).

[87] Vgl. ebenda.

## 2.3.2 Die Ausrichtung der Unternehmen auf den Absatzmarkt

### 2.3.2.1 Die allmähliche Ausbreitung des Marketinggedankens sowie die Nutzung von Werbung, Marktforschung und Unternehmensberatungsleistungen

Die Arbeit in den Unternehmen war in den 1950er Jahren typischerweise durch folgende Denkweise geprägt: Die expansive Arbeitskräfte- und Einkommensentwicklung sowie die Hinwendung zum Massenkonsum breiter Bevölkerungsschichten ließen auch weiterhin fortgesetztes Wirtschaftswachstum erwarten. Entsprechend hatte in den Unternehmen nach wie vor das bereits jahrzehntelang im Vordergrund stehende technologisch-produktionsorientierte Denken Vorrang. Daneben hatten Kostenaspekte sowie die Wahrnehmung von Rationalisierungsmöglichkeiten große Bedeutung. Die Marktkonstellation war zunächst von einem starken Nachholbedarf und einem dann lange Zeit fortbestehenden Nachfrageüberhang auf schnell expandierenden Konsumgütermärkten sowie im Verhältnis der Anbieter zueinander einer geringen Wettbewerbsintensität gekennzeichnet, so dass die Hersteller eine starke Position hatten. „Was man brauchte, waren neben Produktionskapazitäten Vertriebskapazitäten, man mußte in seinen Märkten einfach präsent sein."[88] Hatte man in beiden Bereichen die richtigen Kapazitäten, „war man erfolgreich, weil die Märkte wuchsen und wuchsen."[89]

Das galt durchweg für alle Branchen und Industriezweige. Sabel beschreibt die damalige Situation sehr anschaulich: Z. B. hatten in der Automobilindustrie Daimler-Benz den Mercedes und VW den Käfer, in der Elektroindustrie boten Siemens, AEG und Bosch die erste weiße und braune Ware an. Daneben boomte die Nahrungs- und Genussmittelindustrie, und Henkel hatte Persil und Sunil. Neben dem Konsumgüterbereich galt dies auch für den Bergbau sowie für die Grundstoff- und Produktionsgüterindustrie, insbesondere für die stark wachsende Stahlindustrie. Gleichzeitig bauten international ausgerichtete Unternehmen ihre Kapazitäten im Ausland wieder auf, so vor allem die Chemieindustrie, aber auch Siemens, AEG und Bosch, VW und viele andere. Mit der damit gleichzeitig gestiegenen Finanzierungsnachfrage und der Notwendigkeit zur Risikoabdeckung wuchs auch das Geschäft der Kreditinstitute und Versicherungsunternehmen. Im Exportgeschäft begründeten die Unternehmen mit der Qualität ihrer Produkte und der Lieferzuverlässigkeit den guten Ruf des „Made in Germany" erneut.[90] Was

---

[88] Sabel, Hermann: Absatzstrategien deutscher Unternehmen seit 1945, a.a.O., S. 50.

[89] Ebenda, S. 51.

[90] Vgl. ebenda, S. 51 f.

die Absatzstrategien anging, so glaubte man, den bekannten Markt weiterhin in traditioneller Form bearbeiten zu können, dabei allenfalls gewisse Anpassungen vornehmen zu müssen. Das erwies sich im Verlauf der späten 50er bzw. frühen 60er Jahre in immer mehr Branchen und Industriezweigen aber als eine Fehleinschätzung. Die Aufnahmefähigkeit der Märkte stieß an ihre Grenzen. Es wurde immer deutlicher, dass nicht das Produktangebot den Markt bestimmt, sondern die Nachfrage der Konsumenten. Das Angebot war – auch aufgrund des technischen Fortschritts – schneller gewachsen als die Nachfrage. Außerdem wurden die Bedürfnisse der Bevölkerung zunehmend differenzierter, und die Ansprüche an die Qualität der Produkte hatten zugenommen. Nicht mehr Produktionskapazitäten, sondern der Absatz wurde zum Engpassfaktor in den Unternehmen. Es zeichnete sich auf immer mehr Märkten ein Wandel ab, der in der Literatur als Übergang vom „Verkäufermarkt" und „Käufermarkt" beschrieben wird.[91] Dieser Wandel vollzog sich zwar nicht auf allen Märkten gleichzeitig und war auch nicht in jeder Branche gleich stark ausgeprägt, aber dennoch insgesamt unaufhaltsam. Dies machte ein Umdenken in den Unternehmen notwendig und wurde auch eingeleitet.

Ähnlich äußerte sich Konrad Mellerowicz in einem Vorwort zu einer Dissertation im Jahr 1963: Mit Blick auf die unternehmerische Praxis wies auch er auf die Notwendigkeit hin, sich den neuen Entwicklungen auf den Märkten anzupassen und künftige Investitionen systematisch am Markt zu orientieren.[92]

Die von Mellerowicz betreute Dissertation gehört zu den ersten Buchveröffentlichungen, die sich mit dem Absatzproblem explizit unter dem Begriff „Marketing" im deutschsprachigen wissenschaftlichen Bereich befasste. Scheinbar selbstkritisch ergänzte Mellerowicz: „Wie so häufig nimmt sich auch hier die Wissenschaft eines Problems erst an, nachdem es in der Praxis bereits deutlich geworden ist."[93] Hammel erarbeitet in dieser Veröffentlichung wichtige theoretische Grundlagen für die Marketingarbeit in den Unternehmen, ohne jedoch die Entwicklungen in der Praxis konkret mit einzubeziehen. Wie später noch zu zeigen sein wird, beginnt die betriebswirtschaftliche Theorie Ende der 60er

---

[91] Vgl. z. B. Hansen, Ursula/Bode, Matthias: Marketing & Konsum, a.a.O., S. 82.

[92] Vgl. Mellerowicz, Konrad: Vorwort in: Hammel, Werner: Das System des Marketing – dargestellt am Beispiel der Konsumgüterindustrie, Freiburg 1963.

[93] Ebenda. Dabei negiert Mellerowicz, dass zu diesem Zeitpunkt bereits eine Reihe von Veröffentlichungen zu absatzwirtschaftlichen Problemstellungen vorlagen, u. a. von Erich Gutenberg: Grundlagen der Betriebswirtschaftslehre, Zweiter Band: Der Absatz, Berlin u. a. 1955. Einige Jahre zuvor hatte es im Anschluss an die Publikation des Gutenberg'schen ersten Bandes: Die Produktion, Berlin u. a. 1951 eine wissenschaftliche Auseinandersetzung – den sogen. „Methodenstreit" – zwischen Mellerowicz und Gutenberg gegeben.

Jahre, sich auf theoretischer Basis verstärkt mit dem Phänomen Absatz unter der neuen Begriffsbildung „Marketing" auseinanderzusetzen. Insgesamt lässt sich feststellen, dass zu diesem Zeitpunkt ein zeitlicher Vorlauf im Verhältnis von unternehmerischer Praxis zur Wissenschaft wahrgenommen wurde: Die Praxis eilte der Theorie im „Streben nach Marketing" voraus. Soweit der „Mainstream" der Entwicklung.

Allerdings gibt es Belege dafür, dass bereits Jahrzehnte davor in Deutschland bzw. im deutschsprachigen Raum – sowohl auf wissenschaftlicher Seite[94] als auch in den Unternehmen – Absatz- bzw. Marketingprobleme theoretisch aufgearbeitet bzw. praktisch umgesetzt wurden. So lassen sich auf Praxisseite eine ganze Reihe von Beispielen für eine „ausgeprägte, durchdachte und überaus komplexe Marketingorientierung"[95] für die Nahrungsmittel- und Konsumgüterindustrie bereits um 1900 belegen.[96] So haben Dr. Oetker, Maggi sowie das Schweizer Unternehmen Nestlé den erfolgreichen Aufbau von Markenartikeln durch Marketingmaßnahmen schon vor Jahrzehnten geleistet.[97] Als weitere Beispiele lassen sich Henkel, Beiersdorf (Nivea) sowie Suchard nennen.

Ein anderes Praxisbeispiel ist der Musikinstrumentenhersteller Hohner. Mit seiner bereits um 1900 betriebenen „konsistente[n] Strategie der Marktsegmentierung und Produktdifferenzierung", „[entstanden] in einem rein pragmatischen Lernprozess [...], der im Wesentlichen auf den Rückmeldungen von Vertretern und Kunden basierte"[98], war das Unternehmen auf dem nationalen wie den internationalen Märkten sehr erfolgreich. „Ohne die späteren Begriffe der Marketingwissenschaft entwickelte man auf autodidaktischer, rein empirischer, zuweilen auf ‚tacit knowledge' gegründeten Basis ein glasklares Verständnis von der Funktionsweise einer Marke."[99]

Ein weiteres Beispiel für frühes Marketingdenken ist der Chemiekonzern Bayer. Schon vor 1900 war Bayer „perhaps the most marketing-driven organization in the entire dye industry."[100]

---

[94] Siehe dazu Abschnitt 2.3.3.

[95] Berghoff, Hartmut, Marketing im 20. Jahrhundert, a.a.O., S. 19.

[96] Vgl. ebenda.

[97] Vgl. Berghoff, Hartmut: Moderne Unternehmensgeschichte, a.a.O., S. 331 f.

[98] Berghoff, Hartmut, Marketing im 20. Jahrhundert, a.a.O., S. 21 und 23.

[99] Ebenda, S. 24.

[100] Murmann, Johann Peter: Knowledge and Competitive Advantage. The Co-evolution of Firms, Technology, and National Institutions, Cambridge 2003, S. 147, zitiert nach: Berghoff, Hartmut: Marketing im 20. Jahrhundert, a.a.O., S. 20.

Hat es also Marketingaktivitäten in einem umfassenden Sinne in großen Teilen der deutschen Wirtschaft schon weit vor den 50er bzw. 60er Jahren gegeben? Es ist sicherlich Berghoff zuzustimmen, wenn er meint, dass diese Beispiele zwar zahlreiche Elemente einer modernen Marketingorientierung beinhalten, dass aber dennoch nicht von einem frühen Durchbruch des modernen Marketings gesprochen werden könne.[101] Leider lassen sich in der Literatur keine Hinweise darauf finden, inwieweit es Nachahmungsversuche von Wettbewerbern oder auch branchenfremden Unternehmen gegeben hat und ggf. mit welchem Erfolg. Dies hätte der Beginn eines Diffusionsprozesses sein können, insbesondere, da – worauf Bubik aufmerksam macht[102] – in der Zeit kurz vor dem Ersten Weltkrieg sowie in der zweiten Hälfte der zwanziger Jahre in Deutschland „Käufermarkt"-Verhältnisse spürbar waren.[103] Evtl. waren die Märkte aber damals weitaus weniger konkurrenzintensiv als in der fortgeschrittenen Nachkriegszeit.

Bezogen auf die in diesem Kapitel im Fokus der Untersuchung stehenden „Langen 50er Jahre" gilt sicherlich, dass die weitaus überwiegende Mehrheit der deutschen Unternehmen noch stark durch die eingangs beschriebene Produktionsorientierung geprägt war. Die Unternehmen entdeckten erst unter dem Eindruck der neuen Entwicklungen auf den Absatzmärkten, dass sie mit Marktverhältnissen konfrontiert wurden, mit denen sich die Anbieter in den Vereinigten Staaten schon lange beschäftigt hatten. Die westdeutschen Unternehmen reagierten zunächst mit verbreiterten Angeboten; es gab zunehmend Produktvarianten. Außerdem führten technische Entwicklungen sowie Modetrends dazu, dass die Produktlebenszyklen sich verkürzten.[104]

Was aber weitere absatzpolitische Maßnahmen angeht, auch sogar Werbemaßnahmen, so galt in weiten Teilen der Wirtschaft immer noch die Ansicht, dass sich ein gutes Produkt aufgrund seiner Qualität selbst verkaufe, und dass nur derjenige Werbung betreibe, der nicht erfolgreich sei.[105] Im Nachhinein bestätigte diese Denkweise auch der Hemdenfabrikant Walter Seidensticker auf einem Kongress für Vertrieb und Marketing im Jahre 1964: „Wir alle waren in unserem Denken zu sehr mit der Produktion und dem Aufbau von Fabriken verhaftet,

---

[101] Vgl. Berghoff, Hartmut, Marketing im 20. Jahrhundert, a.a.O., S. 29.

[102] Vgl. Bubik, a.a.O., S. 134.

[103] Bubik geht sogar so weit, dass er – bezogen auf die Käufermarkt-Situation der 50er/60er Jahre – argumentiert: "Wenn daher die Situation des Käufermarktes für die Entwicklung des ‚modernen' Marketing *ursächlich* verantwortlich gemacht wird, so ist dies ein zwar plausibles, jedoch trotzdem falsches Argument." Ebenda. (Herv. im Original).

[104] Vgl. Hansen, Ursula/Bode, Matthias: Marketing & Konsum, a.a.O., S. 83.

[105] Vgl. Schröter, Harm G.: Die Amerikanisierung der Werbung in der Bundesrepublik Deutschland, in: Jahrbuch für Wirtschaftsgeschichte, 1997/1, S. 93–115, hier S. 96.

als daß wir sehr frühzeitig die sich bietende Chance genutzt hätten", moderne Vertriebsmethoden einzuführen.[106]

Mittelfristig knüpften aber immer mehr Unternehmen Kontakte in die Vereinigten Staaten und unternahmen Reisen dorthin, um sich kundig zu machen und für die eigene Marktbearbeitung zu lernen.[107] Das galt vorwiegend für größere Unternehmen, dabei nicht nur für Anbieter, die bisher schwerpunktmäßig produktionsorientiert, allenfalls verkaufsorientiert waren, sondern genauso für Markenartikler, die bereits sehr erfolgreich am Markt agierten, wie beispielsweise Henkel. In der Literatur taucht in diesem Zusammenhang häufiger der Begriff der „Amerikanisierung" [108] auf. Dieser sich in den 60er Jahren vollziehende Mentalitäts- und Aktivitätswandel wird im Nachhinein mit den – vielleicht etwas zu spektakulären – Schlagworten „Stille Umwälzung", „Durchbruch", „Meilenstein" oder sogar als „Marketing-Revolution" gekennzeichnet.[109]

In den USA konkurrierten die Hersteller schon seit vielen Jahren auf kaufkräftigen Märkten, und zwar nicht nur die Anbieter gleicher Produkte, sondern auch Produzenten von Produktinnovationen bzw. neuartiger Problemlösungen. Es gab wechselseitig positive Impulse zwischen innovativen Angeboten und dem steigenden Lebensstandard der Bevölkerung. In dieser Situation sah sich der Verbraucher „in der Rolle als Richter über Erfolg oder Mißerfolg der unternehmerischen Anstrengungen."[110] Sowohl die US-amerikanische Wissenschaft als auch die Praxis hatten sich schon lange darauf eingestellt. Hier gab es

---

[106] Seidensticker, Walter sen.: Globales Disponieren im wachsenden Markt, in: Morgen verkaufen – was und wie. Bericht über den 2. Kongreß für Vertrieb und Marketing, Düsseldorf 1964, S. 112–127, S. 114; zitiert nach: Schröter, Harm G.: Die Amerikanisierung der Werbung in der Bundesrepublik Deutschland, a.a.O., S. 103.

[107] Exemplarisch dazu s. das folgende Unterkapitel 2.3.2.2.

[108] Z. B. bei: Schröter, Harm G.: Die Amerikanisierung der Werbung in der Bundesrepublik Deutschland, a.a.O.; ders.: Erfolgsfaktor Marketing, a.a.O., S. 1119; Erker, Paul: Amerikanisierung der westdeutschen Wirtschaft, in: Jarausch, Konrad/Siegrist, Hannes (Hg.): Amerikanisierung und Sowjetisierung in Deutschland, Frankfurt/New York 1997, S. 137–145 sowie: Hilger, Susanne: „Amerikanisierung" deutscher Unternehmen, a.a.O. Der Begriff wird in der Literatur z. T. unterschiedlich weit gefasst. Hilger zitiert hier u. a. Wellhöner, für den sich „die Amerikanisierung [...] nicht als schlichte Kopie des amerikanischen Modells vollzog, sondern als kreative Synthese aus amerikanischen Einflüssen und deutschen Traditionen." Hilger, Susanne, „Amerikanisierung deutscher Unternehmen, a.a.O., S. 19 sowie: Wellhöner, Volker, a.a.O., S. 59. Die Ausführungen im folgenden Unterkapitel zeigen an verschiedenen Stellen, dass bundesdeutsche Unternehmen nicht vorbehaltlos die US-amerikanischen Praktiken übernommen, sondern insbesondere bei der Werbung, Marktforschung und Preispolitik die deutschen Marktverhältnisse und Usancen mit berücksichtigt haben.

[109] Vgl. Kleinschmidt, Christian: Der produktive Blick, a.a.O., S. 221.

[110] Bubik, Roland, a.a.O., S. 133.

„Käufermarkt"-Situationen schon in den 1920er Jahren, erst recht nach dem Zweiten Weltkrieg.[111]

In der Bundesrepublik haben Marketingfachleute und Werbeberater mit US-amerikanischen Berufserfahrungen aus der Zwischenkriegszeit bereits frühzeitig Werbeagenturen gegründet und deutschen Unternehmen ihre Dienste angeboten.[112]

Werbemaßnahmen erschienen besonders prädestiniert dafür, die Nachfrage zu stärken und sie quantitativ an das Angebot der Unternehmen anzupassen.[113] Die Höhe und Entwicklung der Gesamtheit der Ausgaben bundesdeutscher Unternehmen für Werbemaßnahmen lässt sich wegen der Schwierigkeiten bei der begrifflichen Abgrenzung, häufig fehlender exakter Aufzeichnungen sowie des Aussparens von Personalaufwendungen im Werbebereich nur ganz grob abschätzen.[114] Seyffert referiert Befragungsergebnisse insbesondere des Instituts für Handelsforschung an der Universität Köln. Danach liegt der Anteil der Werbekosten am Umsatz über die 50er und 60er Jahre hinweg bei etwa 0,9 %. Dabei gibt es zwischen den Branchen eine gewisse Streuung: z. B. erreicht der Biergroßhandel einen Anteil von 1,4 %.[115]

Zahlen zu den industriell gefertigten Konsumwaren zeigen für das Jahr 1956, dass bei folgenden Artikelgruppen der Anteil der Werbekosten am Umsatz sogar im zweistelligen Bereich lag: Danach erreichte der Werbeanteil bei Arzneimitteln 18,0 %, bei Körperpflegemitteln waren es 17,4 %, bei Seifen/Waschmitteln 13,7 % und bei Zeitschriften 12,4 %.[116] Eine weitere Aufgliederung zeigt, dass es große Unterschiede gab zwischen Anbietern von Markenartikeln und Nichtmarkenartikeln: Erneut bezogen auf das Jahr 1956 wendeten z. B. Markenartikler im Industriezweig Seifen/Waschmittel 14,3 % ihres Umsatzes für Werbung auf, Nicht-Markenartikler dagegen lediglich 0,3 %. Beim Schaumwein betrug die Relation 10,3 % zu 1,4 %. Teilweise kompensiert wurden die Unterschiede im Werbeeinsatz offensichtlich durch den vergleichsweise stärkeren Einsatz anderer Vertriebsmaßnahmen: Danach erreichten die gesamten Vertriebskosten (einschließlich Werbung) im Bereich Seifen/Waschmittel bei den

---

[111] Vgl. ebenda, S. 134.

[112] Vgl. Kleinschmidt, Christian: Der produktive Blick, a.a.O., S. 224 f.

[113] Vgl. Hansen, Ursula/Bode, Matthias: Marketing & Konsum, a.a.O., S. 85.

[114] Vgl. Seyffert, Rudolf: Werbelehre: Theorie und Praxis der Werbung, Bd.2, Stuttgart 1966, S. 1.518.

[115] Vgl. ebenda, S. 1.518 f.

[116] Vgl. ebenda, S. 1.521.

Markenartiklern 34,1 %, bei den Nicht-Markenartiklern immerhin 21,9 %. Bei den Anbietern von Schaumwein betrug das Verhältnis 38,1 % zu 27,9 %.[117] In der Tabelle 2.2 werden die Werbeumsätze, soweit es sich um die verfügbaren Streukosten für die unterschiedlichen Print- und Rundfunkmedien handelt, im Zeitablauf dargestellt. Zur Bewertung der Dynamik werden diese Beträge auch an der Entwicklung des Bruttoinlandsproduktes (BIP) gemessen.

**Tabelle 2.2**  Werbeumsätze als Streukosten für Print- und Rundfunkmedien in Deutschland von 1952–1964 absolut, als Index und in Relation zum BIP[118]

| Werbeumsätze als Streukosten für Print- und Rundfunkmedien | 1952 | 1954 | 1956 | 1958 | 1960 | 1962 | 1964 |
|---|---|---|---|---|---|---|---|
| **in Mio. DM gesamt**, davon: | 565 | 841 | 1.173 | 1.670 | 2.195 | 2.948 | 3.702 |
| - Inserate: Zeitung./Zeitschr. | 507 | 762 | 1.079 | 1.548 | 1.932 | 2.506 | 3.092 |
| - Hörfunkwerbung | 21 | 28 | 32 | 42 | 49 | 56 | 84 |
| - Fernsehwerbung | - | - | 0,2 | 12 | 132 | 282 | 374 |
| - Plakatanschlag | 37 | 51 | 62 | 68 | 82 | 105 | 152 |
| **Index f. Werbeumsätze** ges. | 100 | 149 | 208 | 296 | 389 | 522 | 655 |
| - Inserate: Zeitung./Zeitschr. | 100 | 150 | 213 | 305 | 381 | 494 | 610 |
| - Hörfunkwerbung | 100 | 133 | 152 | 200 | 233 | 267 | 400 |
| - Rundfunk ges.: Hörf. + TV | 100 | 133 | 153 | 257 | 862 | 1.616 | 2.181 |
| - Plakatanschlag | 100 | 138 | 168 | 184 | 222 | 284 | 411 |
| **Bruttoinlandsprodukt (BIP) in Mrd. DM** (in jeweiligen Preisen): | | | | | | | |
| - für früheres Bundesgebiet (ohne Berlin-West u. Saarl.) | 136,4 | 157,3 | 198,7 | 232,6 | 285,6 | | |
| - für früheres Bundesgebiet (mit Berlin-West u. Saarl.) | | | | | 302,7 | 360,8 | 420,2 |
| **Index für BIP:** | 100 | 115 | 146 | 171 | 209 | | |
| | | | | | 222 | 265 | 308 |
| **in Mio.DM/1 Mrd. DM BIP:** | | | | | | | |
| - für früheres Bundesgebiet (ohne Berlin-West u. Saarl.) | 4,14 | 5,35 | 5,90 | 7,18 | 7,69 | | |
| - für früheres Bundesgebiet (mit Berlin-West u. Saarl.) | | | | | 7,25 | 8,17 | 8,81 |

Die Zahlen zeigen eine kontinuierliche Steigerung der Werbeausgaben in den 12 Jahren von 1952 bis 1964. Während sich die Streukosten in der absoluten

---

[117] Vgl. Klein-Blenkers, Fritz: Die Ökonomisierung der Distribution, Köln/Opladen 1964, zit. nach Seyffert, Rudolf: Werbelehre: Theorie und Praxis der Werbung, Bd.2, Stuttgart 1966, S. 1.521 f.

[118] Eigene Darstellung: Quelle für Werbeumsätze sowie deren Indexwerte: Seyffert, Rudolf: Werbelehre: Theorie und Praxis der Werbung, Bd.2, Stuttgart 1966, S. 1.526. (Zahlen auf volle Mio. DM gerundet; daher weicht für das Jahr 1962 die Gesamtsumme geringfügig

Größenordnung mehr als versechsfacht haben von 565 Mio. DM auf 3,7 Mrd. DM, hat sich das Bruttoinlandsprodukt nur etwas mehr als verdreifacht. Entsprechend haben sich die Werbeausgaben pro 1 Mrd. DM BIP mehr als verdoppelt von 4,14 Mio. DM auf 8,81 Mio. DM. Dies zeigt, dass die Werbeaktivitäten sich weitaus dynamischer entwickelten als das Bruttoinlandsprodukt insgesamt; dementsprechend erreichten die Werbeausgaben 1964 einen Anteil am BIP von rd. 0,9 % gegenüber 0,4 % in 1952.

Interessant sind darüber hinaus die Verschiebungen in der Struktur der eingesetzten Medien im Zeitverlauf. Begünstigt wurde dieser Strukturwandel auch durch die Fortschritte bei den Kommunikationstechnologien: Neben die traditionellen Werbemedien (Zeitungen/Zeitschriften/Plakate) traten in zunehmendem Maße der Hörfunk sowie insbesondere das Fernsehen. Das Fernsehen wurde ab den 60er Jahren zu einem immer stärker eingesetzten Medium für nationale Markenkampagnen. Ein großer Vorteil war das mögliche Zusammenspiel der Elemente: Bild, Sprache sowie Musik.[119]

Wo zunächst Werbung noch als isolierte Absatzmaßnahme oder gar inhaltlich mit Marketing gleichgesetzt wurde, nahm der Einfluss US-amerikanischer Vorbilder im Verlauf der 60er Jahre immer mehr zu. Dies zeigt sich z. B. darin, dass auf Seiten der Unternehmen immer stärker der *umfassende* Service von Werbeagenturen amerikanischer Prägung in Anspruch genommen wurde, also die Universalleistung bestehend z. B. aus Marktforschung, der Konzeption und Ausgestaltung der Werbemaßnahmen bis hin zur Realisierung und häufig

---

von der Addition der gerundeten Einzelwerte ab.) Seyffert bezieht sich dabei auf eine Veröffentlichung von Schmidt, Jens H.: Die Werbung des Herstellers rückt weiter vor, in: Handelsblatt, 3.6.1957 und ergänzt: „Die Zahlen der Jahre 1957 sind späteren Veröffentlichungen entnommen." Seyffert, Rudolf: Werbelehre: Theorie und Praxis der Werbung, Bd.2, Stuttgart 1966, S. 1.525. Quelle für BIP: https://www.destatis.de/DE/ZahlenFakten/Gesamt wirtschaftUmwelt/VGR/Inlandsprodukt/Tabellen/Volkseinkommen 1925_pdf.pdf?__blob = publicationFile. Eigene Berechnung der Relation: in Mio. DM/1 Mrd. DM BIP (in jeweiligen Preisen); Umrechnungskurs für BIP: 1€ = 1,95583 DM. Da das BIP für die Zeit bis 1959 statistisch nur für „Früheres Bundesgebiet *(ohne Berlin-West und Saarland)* vorliegt, jedoch ab 1960 einschl. dieser beiden Gebiete, dürften die Beträge „in Mio. DM/1 Mrd. DM BIP" von 1954 bis 1958 etwas zu *hoch* ausgewiesen sein. Für das Jahr 1960 liegen die BIP-Werte für beide Gebietsabgrenzungen vor; der Wert für das „gesamte" Bundesgebiet liegt um knapp 6 % niedriger.

[119] Vgl. Hansen, Ursula/Bode, Matthias: Marketing & Konsum, a.a.O., S. 86. Hansen/Bode bestätigen hier unter Bezugnahme auf Daten des ZAW von 1970 in einer Abbildung die Ergebnisse Seyfferts in der vorherigen Tabelle, indem sie diese Entwicklungen in grafischer Form darstellen und dabei auch die wesentlichen Zahlen nennen.

auch der Bewertung der Ergebnisse.[120] Auf Agenturseite bedeutete dies den Versuch, möglichst langfristige Geschäftsbeziehungen zu den beauftragenden Unternehmen aufzubauen.[121] In diesem Prozess wurde die Werbung außerdem zunehmend als ein *Teil*bereich des Marketings betrachtet. Mehr und mehr wurde eine Integration der bisher selbstständig agierenden absatzwirtschaftlichen Funktionsbereiche unter einem einheitlichen „Marketing-Dach" propagiert: „Nicht mehr das Nebeneinander von Vertrieb, Werbung und Verkauf sollte die zukünftige Unternehmensstrategie bestimmen, sondern ein einheitliches Vorgehen auf der Basis von Marktforschung und -analyse."[122]

Die Folge war auch, dass in dieser Zeit in immer mehr Unternehmen des Konsumgüterbereichs Marktforschungsstellen bzw. -abteilungen eingerichtet wurden. Die Marktforschung wurde zunächst im Rahmen von Bestrebungen zur Verbesserung und Neuentwicklung von Produkten eingesetzt. Es wurde aber immer mehr erkannt, dass die Marktanalyse die Basis für die Ermittlung der Bedürfnisse der Verbraucher, des nachfragewirksamen Bedarfs und der erfolgversprechenden Vermarktungsaktivitäten sowie – im günstigsten Falle – weiterer Beschlüsse bis hin zu den Investitions- und Produktionsentscheidungen eines Unternehmens sein kann.

Im Hinblick auf bevölkerungsrepräsentative Befragungen arbeiteten die betrieblichen Marktforscher in der Regel mit externen Marktforschungsinstituten zusammen, wie etwa der bereits im Jahr 1935 von Hochschullehrern (Wilhelm Vershofen, Erich Schäfer, Ludwig Erhard) gegründeten Gesellschaft für Konsumforschung (GfK) in Nürnberg,[123] die bereits Mitte der 50er Jahre ein Haushaltspanel aufgebaut hatte.[124] Weitere Institute wurden Ende der 40er Jahre gegründet, wie etwa Infratest, EMNID, Nielsen und das Institut für Demoskopie Allensbach. Bis Anfang der 60er Jahre wuchs die Anzahl der Institute auf nahezu 40 an.[125] Schwerpunkte der praktischen Marktforschung waren zunächst quantitative Erhebungen. Später kamen dann qualitative Erhebungstechniken (vor

---

[120] Vgl. Schröter, Harm G.: Die Amerikanisierung der Werbung in der Bundesrepublik Deutschland, a.a.O., S. 98.

[121] Vgl. ebenda, S. 99.

[122] Kleinschmidt, Christian: Der produktive Blick, a.a.O., S. 224 mit Bezugnahme auf: Kropff, Hanns F. J. u. a.: Marketing. Eine deutsche Zwischenbilanz, in: Der Volkswirt 16, 1962, Beilage zu Nr. 41, S. 5–8, hier: S. 8.

[123] Vgl. Feldenkirchen, Wilfried/Fuchs, Daniela: Die Stimme des Verbrauchers zum Klingen bringen, München/Zürich 2009, S. 33 ff.

[124] Vgl. ebenda, S. 114.

[125] Vgl. Bongard, Willi: Männer machen Märkte, Frankfurt/Berlin 1966, S. 82, zitiert nach: Hansen, Ursula/Bode, Matthias: Marketing & Konsum, a.a.O., S. 84.

allem Gruppendiskussionen, Einzelexplorationen) hinzu, z. B. um Kaufmotive und Bedingungen für bestimmte Verhaltensweisen der Verbraucher zu ergründen, oder sie waren der erste Schritt, um in einem offenen Prozess grundlegendes Wissen zu erlangen, das anschließend quantitativ abgesichert wurde.

Derartige Untersuchungen und Studien unterstützten auch die Entwicklung von Werbemaßnahmen, indem etwa „psychologisch fundierte Konzepte des Konsumenten und seines Verhaltens"[126] in Werbestrategien und die Ausgestaltung von Werbemaßnahmen eingingen. Fortan standen nicht Produkte bzw. ihre Eigenschaften im Fokus der werblichen Präsentation, sondern der potentielle Konsument selber. Es wurde eine Personalisierung des Produkts angestrebt und häufig der Nutzen im zwischenmenschlichen Bereich betont (z. B. in Form einer glücklichen Familie oder eines verliebten Paares).[127]

Begünstigt wurde der sich verstärkende Trend zum Angebot und zur Inanspruchnahme von Marktforschungsleistungen auch hier durch Erfahrungen aus den Vereinigten Staaten. So beschreibt z. B. Elisabeth Noelle-Neumann[128] die Eindrücke von und Prägungen durch ihre Studienaufenthalte in den USA während bzw. nach Ende des Zweiten Weltkriegs, die sie anschließend beim Aufbau und der Arbeit des Instituts für Demoskopie Allensbach nutzbar gemacht hat. Schröter spricht hier – wie schon bezüglich der Werbung – ebenfalls von einer „Amerikanisierung" in diesem Falle der Marktforschung[129]. Allerdings waren deutsche Marktforschungsexponenten bereits in den 50er Jahren bemüht, darauf hinzuweisen, dass „die deutsche Marktforschung [...] ‚kein amerikanischer Abklatsch' [sei]"[130]. Begründet wurde dies mit dem Hinweis auf Veröffentlichungen zum Thema Marktforschung aus dem Jahr 1910 sowie den 1920er Jahren (Erich Schäfer) und außerdem mit dem Hinweis auf die Gründung der GfK Mitte der 1930er Jahre als dem ältesten Marktforschungsinstitut Europas.

---

[126] Hansen, Ursula/Bode, Matthias: Marketing & Konsum, a.a.O., S. 87.

[127] Vgl. ebenda., S. 87.

[128] Vgl. Noelle-Neumann, Elisabeth: Die Erinnerungen, München 2006.

[129] Vgl. Schröter, Harm G.: Zur Geschichte der Marktforschung in Europa im 20. Jahrhundert, in: Walter, Rolf (Hg.): Geschichte des Konsums. Erträge der 20. Arbeitstagung für Sozial- und Wirtschaftsgeschichte, 23.-26. April 2003 in Greifswald, Stuttgart 2004, S. 319–336, hier S. 320.

[130] Vershofen, Wilhelm: Marktforschung in Deutschland heute, in: FAZ, 30.1.1954; zit. nach Schröter, Harm G.: Zur Geschichte der Marktforschung in Europa im 20. Jahrhundert, a.a.O., S. 321.

Für Schröter resultiert der amerikanische Vorsprung zumindest bis Ende der 50er Jahre zum einen aus „wissenschaftlichen, methodologischen und instrumentellen Vorzügen"[131], zum anderen aus der Gründung von europäischen Tochtergesellschaften und Kooperationen mit einheimischen Instituten.[132] Dies zeigte sich in einem „Transfer von Methoden, Technik, Ideen, Organisationsmustern, Kapital und Personal aus den USA."[133] Dabei spielten mathematisch-statistische Verfahren (z. B. Operations Research), neue Befragungsmethoden (z. B. Gruppendiskussionen, Tiefeninterviews sowie Paneluntersuchungen) und außerdem die Auswertungstechnik (Einsatz der EDV) eine gewichtige Rolle.

Bis etwa Ende der 50er Jahre konnte diese Entwicklungslücke der deutschen und europäischen Marktforschungsinstitute gegenüber den USA weitgehend geschlossen werden. Im Laufe der 60er und 70er Jahre emanzipierte sich die inländische Marktforschung auch mit eigenständigen Entwicklungen und Schwerpunktsetzungen, so z. B. der Entwicklung von Erlebnistypen oder der Methode der Konjunkturvorhersage. „Die europäischen Marktforschungsunternehmen waren größer, leistungsfähiger und kapitalstärker geworden und begannen den US-Firmen nicht nur in Europa, sondern auch auf den Weltmärkten Konkurrenz zu machen."[134]

In Deutschland wies der Markt für Marktforschungsleistungen in seiner Entwicklung nach dem Zweiten Weltkrieg vermutlich Parallelen zum Werbemarkt auf.[135] Nach einer Recherche von Ingo Köhler haben sich die Marktforschungsausgaben in Deutschland in 40 Jahren von rd. 110 Mio. US-\$ im Jahr 1960 auf 1.290 Mio. \$ im Jahr 2000 nahezu verzwölffacht. Sie weisen damit eine in etwa gleichförmige Entwicklung zu den US-amerikanischen bzw. weltweiten Ergebnissen auf (USA: 430 Mio./5.922 Mio. US-\$; weltweit: 1.325/15.232 Mio. US-\$).[136]

---

[131] Schröter, Harm G.: Zur Geschichte der Marktforschung in Europa im 20. Jahrhundert, a.a.O., S. 325.

[132] Vgl. ebenda, S. 326.

[133] Ebenda, S. 334.

[134] Ebenda, S. 336.

[135] Es ist dem Autor dieser Arbeit nicht gelungen, Verbandszahlen zu den Marktforschungsleistungen zu erhalten.

[136] Vgl. Köhler, Ingo: Experten der Prognose. Marktforschung als Management- und Sozialtechnik seit den 1960er Jahren, Referat im Rahmen eines Kolloquiums zur Sozial-, Wirtschafts- und Technikgeschichte der Lehrstühle für Wirtschafts- und Unternehmensgeschichte (Prof. Dr. Dieter Ziegler) sowie für Technik- und Umweltgeschichte (Prof. Dr. Helmut Maier) an der Ruhr-Universität Bochum am 29.10.2019. Das Zahlengerüst basiert auf einer umfangreichen Recherche, die die verfügbaren amerikanischen und deutschen Verbandszahlen und Zeitschriften umfasst.

Diese Zahlen unterstreichen die große Bedeutung, die Marktforschungsleistungen im Rahmen des Marketings und der Unternehmenssteuerung zunehmend gehabt haben und auch künftig haben werden.

Auch angestoßen durch Marktforschungsergebnisse erkannten die bundesdeutschen Unternehmen zunehmend, dass es „den Markt" nicht (mehr) gab, sondern dass ähnliche Käufer zu Marktsegmenten zusammenzufassen oder durch Marketingmaßnahmen zu bilden waren. Die Aufgabe bestand fortan darin, mit einem jeweils unterschiedlichen Marketing-Mix der Instrumente Produkt-, Preis-, Distributions- und Kommunikationspolitik die Marktsegmente erfolgreich zu bearbeiten. Wenn es auf diese Weise gelang, gegenüber der Konkurrenz eine gewisse Alleinstellung auf dem Markt einzunehmen, konnte man sich auch besser dem reinen Preiswettbewerb (unter austauschbaren Produkten) entziehen.[137] Es war der Beginn einer Zeit, „wo Manager, insbesondere der Konsumgüterindustrie, behaupteten: ‚Marketing macht Märkte'".[138] Anknüpfungspunkte und Vorbilder dafür waren häufig eigene oder fremde Erfahrungen aus dem Marketing- und Managementbereich der USA.

Je anspruchsvoller die neuen Vermarktungsaufgaben in den Unternehmen wurden, desto mehr stieg die Bereitschaft, neben Werbeagenturen und Marktforschungsinstituten zusätzlich auch Unternehmensberater zu beauftragen.[139] Zunächst rückten die Probleme des Absatzes und des Marketings in den Fokus der Beratung. Später wendete sich die Beratung stärker den Problemen des Top-Managements und damit einer methodischen Unternehmensstrategie zu. Dies erforderte immer mehr Berater mit wirtschaftswissenschaftlicher Ausbildung und beruflicher Erfahrung im Marketing und der Unternehmensführung sowie in den Berufszweigen Steuerberatung und Wirtschaftsprüfung.

In dieser Zeit waren große Betriebe (mehr als 1.000 Beschäftigte) die wichtigsten Auftraggeber. Es entstand eine größere Aufgeschlossenheit der Unternehmensführungen gegenüber externen Beratern, auch angesichts der Einflüsse aus der EWG und des Weltmarktes. Daraus entwickelte sich das Bestreben, die deutsche Wirtschaft noch stärker und konkurrenzfähiger zu machen für den kontinuierlich zunehmenden internationalen Wettbewerb. Die Kosten für die Arbeitswoche eines Beraters betrugen Mitte der 60er Jahre durchschnittlich 2.500 DM; eine Kurzberatung für einen Arbeitstag wurde mit 500 DM berechnet.

---

[137] Vgl. Sabel, Hermann: Absatzstrategien deutscher Unternehmen seit 1945, in: Pohl, Hans/Treue, Wilhelm, a.a.O., S. 54.

[138] Ebenda, S. 56 als Zitat von: Bossle, Rudolf: Marketing macht Märkte, Wiesbaden 1968.

[139] Vgl. zum Folgenden: BDU: http://www.zeitstrahl.bdu.de/ (abgerufen am 28.2.2019).

Die steigende Attraktivität des bundesdeutschen Beratermarktes führte auch dazu, dass ab 1964 US-amerikanische Unternehmensberatungen sich hierzulande niederließen. Zunächst eröffneten McKinsey (gegr. 1926), A.T. Kearney (gegr. 1926) und Booz, Allein & Hamilton (gegr. 1914) Niederlassungen in Düsseldorf; später kamen Boston Consulting Group (BCG, gegr. 1963), Arthur D. Little (gegr. 1886) sowie Bain (gegr. 1973) hinzu.

Mit den Jahren nahm die Bedeutung von Leistungen der Beratungsbranche im weitesten Sinne kontinuierlich zu: 1962 betrug der Umsatz der Wirtschaftsberatenden Berufe insgesamt (Wirtschaftsprüfer, Steuerberater, Helfer in Steuersachen und sonstige Wirtschaftsberater) rd. 1,7 Mrd. DM. Nach einer Studie des BDU aus dem Jahr 1973 wuchs der Markt für Unternehmensberatung in der Bundesrepublik zwischen 1963 und 1972 um 10 bis 15 % pro Jahr.[140]

Separate Zahlen zu den Beratungsleistungen im Absatzbereich liegen nicht vor. Es kann jedoch angenommen werden, dass im Zeitablauf der Anteil der Beratungen zu Marketingproblemen an den vorgenannte gesamten Wachstumsraten der Branche ständig größer geworden sein dürfte, so dass allein für diesen Bereich jährliche Wachstumsraten oberhalb von 15 % wahrscheinlich sind.

## 2.3.2.2 Beispiele für die Übernahme US-amerikanischer Marketingmethoden sowie ihre Implementierung in bundesdeutschen Unternehmen

Insbesondere Kleinschmidt[141] und Hilger[142] haben in ihren jeweiligen Habilitationsschriften auf der Basis von Archivmaterial aus einer Reihe von Unternehmen exemplarisch beschrieben, wie deutsche Führungskräfte vornehmlich durch Reisen in die USA und einen zum Teil jahrelangen Erfahrungsaustausch mit den dortigen Managern im Einzelfall mehr oder weniger umfassend sich über Strategien, Maßnahmen, Erfolgsrezepte und Managementmethoden informiert haben und diese Erkenntnisse in deutsche Unternehmen getragen haben. Von diesen Reisen gingen wichtige Impulse für die jeweiligen Unternehmen und nach und nach – auch durch Lernen von diesen aktiven Unternehmen und Nachahmen – für die gesamte westdeutsche Wirtschaft aus. Kleinschmidt hat in seiner Untersuchung auf der Basis von Archivmaterial die Frage in den Mittelpunkt gestellt, „wie diese neuen Managementmethoden von Unternehmern bzw. in den Unternehmen aufgenommen und umgesetzt wurden."[143]

---

[140] Vgl. BDU: http://www.zeitstrahl.bdu.de/ (abgerufen am 28.2.2019).

[141] Vgl. Kleinschmidt, Christian: Der produktive Blick, a.a.O.

[142] Vgl. Hilger, Susanne: a.a.O.

[143] Kleinschmidt, Christian: Der produktive Blick, a.a.O., S. 225.

Im Folgenden sollen die Kerngedanken aus den Berichten von Kleinschmidt und Hilger zu einigen Unternehmen, vorwiegend aus dem Konsumgüterbereich oder ihm nahestehende Bereiche, zusammenfassend referiert werden, soweit sie Absatz- bzw. Marketingaktivitäten betreffen. Wohl wissend, dass es sich dabei um Einzelbeispiele handelt, soll bei der überblickartigen Aufarbeitung versucht werden, wenigstens ansatzweise eine Systematisierung nach „Entwicklungs-Mustern" vorzunehmen.

### 2.3.2.2.1 Der Marketing-Pionier: Henkel, Düsseldorf

An diesem Beispiel kann gezeigt werden, wie jahrzehntelange Marktorientierung und frühzeitiges Lernen aus Kontakten in die USA zu einer erfolgreichen Geschäftspolitik und zur Widerstandsfähigkeit auch gegenüber US-Wettbewerbern geführt haben.

Das heutige Unternehmen Henkel AG & Co. KGaA in Düsseldorf wurde 1876 gegründet und ist ein Hersteller von Konsumgütern mit weltweit vertretenen Marken und Techniken in den drei Geschäftsfeldern: Wasch-/Reinigungsmittel, Schönheitspflege und Klebstoffe.[144] Am Beispiel von Henkel lässt sich besonders gut zeigen, wie US-Unternehmen zunächst „Lehrmeister" gewesen sind, später jedoch z. T. Wettbewerber auf dem bundesdeutschen Markt. Henkel ist es in der Wettbewerbsphase gelungen, sich der amerikanischen (Procter & Gamble) und niederländisch-britische (Unilever) Konkurrenz zu erwehren unter Einsatz von Strategien und Methoden, die man vorher durch die US-Kontakte erlernt, weiterentwickelt und erprobt hatte.

Henkel verfügte schon vor dem zweiten Weltkrieg mit „Persil", „Imi" und „Ata" über Traditionsmarken mit anerkannt hochwertiger Qualität. Darüber hinaus bestanden damals schon gute Kontakte zu US-amerikanischen Waschmittelherstellern. Zu den Unternehmen DuPont und Procter & Gamble wurden diese Verbindungen bereits Ende der 40er Jahre wieder aufgebaut mit dem Ziel, sich sowohl über die Produkteigenschaften (amerikanische Waschmittel waren damals schon anwendungsfreundlicher, aber parfümiert), über neue Produkte (z. B. Cremes, Lotions, Deodorants und Sprays) sowie auch über Absatzmethoden (z. B. gab es dort bereits eine Abteilung „Market Research", die Befragungen und Tests bei Verbrauchern durchführte), auszutauschen.[145]

---

[144] Vgl.      https://www.henkel.de/resource/blob/264388/9dbe482808d2ba085f8383706ac
e145b/data/chronik-140-jahre-henkel.pdf      sowie      https://www.henkel.de/unternehmen
(abgerufen am 30.3.2020).

[145] Vgl. Kleinschmidt, Christian: Der produktive Blick, a.a.O., S. 236 f.

Das führte dazu, dass sich Henkel in den folgenden Jahren hinsichtlich seiner Produktpolitik, der Werbung und Marktforschungsaktivitäten sowie des gesamten Marketingansatzes an den amerikanischen Vorbildern orientierte. Konsequenz war dann die Bildung eines eigenständigen Marketing-Ressorts im Jahre 1957 sowie die Schaffung von Marketing-Produktgruppen. Es gab eine klare Kompetenzaufteilung der Ressorts mit der Verpflichtung, sich im „Team" abzustimmen.[146]

Als dann Ende der 50er Jahre der Eintritt von Procter & Gamble in den westdeutschen Markt drohte, war Henkel einigermaßen gerüstet für eine erfolgreiche Behauptung seiner Spitzenstellung auf dem einheimischen Waschmittelmarkt. Henkel startete Anfang der 1960er Jahre eine Produkt- und Marketingoffensive, um sich den Produktinnovationen der Amerikaner (z. B. „Dash") gegenüber den eigenen etablierten Produktmarken „Persil" und „Dixan" zu erwehren. Neue Produkte wie „Fakt" („biologisch-aktives Waschmittel") und „Dato" (mit Apfelblütenduft und „Hautfreundlichkeit") kamen auf den Markt, Mitte der 60er Jahre das neue „Persil 65" sowie der „Weiße Riese".[147]

Diese neue Marketing- und Produktoffensive war erfolgreich: Der Marktanteil von Henkel stieg zwischen 1964 und 1969 von 40 % auf 54 %, während Procter & Gamble zwischen 1966 und 1969 eine Halbierung des Marktanteils von 24 % auf 12 % hinnehmen musste. „Am Ende des Jahrzehnts war Henkel wieder unangefochtener Marktführer in Deutschland."[148]

Als Fazit konnte Konrad Henkel zufrieden feststellen: „Der Wettbewerb mit den Amerikanern hat unserem Unternehmen, einer rein deutschen Familiengesellschaft, jedenfalls nicht geschadet, im Gegenteil. Wir kannten die Philosophie der amerikanischen Manager, die Methoden ihrer Unternehmensführung; wir hatten sie studiert und uns rechtzeitig darauf eingestellt – mit Erfolg, wie unsere feste Position auf dem Markt beweist."[149]

Dabei hat Henkel keineswegs alle US-Marketing-Methoden unreflektiert übernommen, sich in vielen Fällen aber später angepasst: Bei der Produktpolitik und Sortimentsgestaltung achtete Henkel darauf, die in den USA üblichen kurzfristig wirkenden Maßnahmen der Produkt- und Verpackungsgestaltung *nicht* zu übernehmen, sondern mit solchen Aktionen auch tatsächlich einen neuen Produktnutzen zu vermitteln. Tatsächlich waren aber auch bei Henkel „Relaunches"

---

[146] Vgl. ebenda, S. 237 f.

[147] Vgl. ebenda, S. 238 ff.

[148] Ebenda, S. 240.

[149] Ebenda, S. 241 als Zitat aus „Splendid Isolation im alten Glanz?", in: Die Absatzwirtschaft 11, 1968, Heft 15–16, S. 19–25, hier: S. 25.

(Wiedereinführungs-Maßnahmen) wichtige Marketinginstrumente, mit denen sich stabile Umsätze garantieren ließen. Ein prominentes Beispiel für solche „Verjüngungskuren" ist „Persil", das entweder mit einer Jahreszahl (z. B. „Persil 59", „Persil 65", „Persil 70") bzw. mit der Aussage: „das neue Persil" immer wieder „neu" auf den Markt gebracht wurde. Beim „Persil 70" hieß das zusätzliche Argument: „biologisch aktiv".[150]

### 2.3.2.2.2 Adaptionen aufgrund persönlicher Berufserfahrungen in den USA durch einzelne deutsche Führungskräfte

Es kann an zwei Beispielen gezeigt werden, wie prägend einzelne Führungspersönlichkeiten für die Entwicklung des Marketinggedankens in ihrem Unternehmen waren, indem sie ihre in den USA erworbenen Erfahrungen und Kenntnisse einbrachten.

### 2.3.2.2.2.1 Das Beispiel VW AG, Wolfsburg

Das 1937 gegründete Unternehmen erfuhr nach dem Zweiten Weltkriegs, begünstigt von den guten Startbedingungen durch die britische Militärregierung (Zivilproduktion zunächst für den Bedarf der Besatzungsmächte, ab 1946 ziviler Verkauf von PKWs), sehr schnell eine positive Entwicklung mit einem stetigen Produktions- und Umsatzwachstum (1955: Fertigstellung des einmillionsten VWs).[151] VW steht in besonderem Maße für die wirtschaftliche Erfolgsgeschichte Westdeutschlands. Jenseits dieses Startvorteils war vorhandene Amerika-Affinität aufgrund in der Vorkriegszeit in den USA erworbenen persönlichen Berufserfahrung der Ausgangspunkt für die Bereitschaft, Methoden zu übernehmen, die sich dort als erfolgreich erwiesen hatten. Volkswagen hat in den 50er und 60er Jahren vom persönlichen Einsatz des Vorstandsvorsitzenden (Heinrich Nordhoff) und seines Assistenten und späteren Nachfolgers (Carl H. Hahn) für einen starken Kundenservice und eine profilierte Verkaufspolitik nach amerikanischem Muster sowie – mit zeitlicher Verzögerung – durch den Einsatz von US-Werbestrategien profitiert. Das führte dazu, dass sowohl der bundesdeutsche als auch der US-amerikanische Markt erfolgreich erobert werden konnten: In der

---

[150] Vgl. Hilger, Susanne: a.a.O., S. 194.

[151] Vgl. https://www.volkswagen-newsroom.com/de/geschichte-3693 sowie https://www.welt.de/geschichte/article160307916/Bewegte-Geschichte-einer-Autostadt.html (abgerufen am 30.3.2020).

Spitze hatte VW im Jahre 1965 einen Marktanteil von 32,5 % an den Inlands-
zulassungen. In den USA wurden 1963 sogar mehr „Käfer" verkauft als im
Inland.[152]

Bereits Ende der 40er Jahre hatte VW mit dem Ausbau eines umfassenden
Verkäufer- und Kundendienstnetzes begonnen. Bis Mitte der 60er Jahre wurde
kontinuierlich ein Netz von mehr als 2.000 Vertragswerkstätten aufgebaut. Dabei
beschwor Nordhoff den „Korpsgeist" und das geschlossene Auftreten des Ver-
käufernetzes. Es heißt, er habe eine „fast religiöse Einstellung gegenüber dem
Kundendienst"[153] entwickelt.[154]

VW verzeichnete im Anschluss an die Währungsreform 1948 in den 1950er
Jahren Absatzsteigerungen von jährlich knapp 25 %. Eine Umfrage des Marktforschungsinstituts Emnid hatte bereits 1949 ergeben, dass VW in der Bevölkerung
ein hohes Ansehen genoss und der VW-Käfer das populärste deutsche Auto
war. Allerdings hatte die Kundendienstabteilung bereits 1946/47 mit der Erstellung von Marktanalysen begonnen, die insbesondere die Konkurrenz zu Opel ins
Blickfeld nahmen.[155]

Dagegen spielte die Werbung bei VW bis Ende der 50er Jahre nur eine geringe
Rolle. Vorher galt Nordhoffs Wort: „Zufriedene Kunden sind die beste Werbung".
In den USA begann man allerdings 1958 mit Werbekampagnen, als Carl H. Hahn
die US-Tochtergesellschaft VWoA leitete. Dort beschäftigte er sich auch mit Marketing. Hinzu kam der Druck der amerikanischen Großhändler, verstärkt Werbung
für VW zu betreiben.[156]

Fortan kam es in den USA zu einer langjährigen fruchtbaren Zusammenarbeit
mit der Werbeagentur Doyle Dane Bernbach (DDB) mit „pfiffigen" Werbeideen,
wie z. B. „... und läuft, und läuft, und läuft ...".[157] „Das Beispiel VW und
DDB zeigt einmal mehr, daß auch auf dem Gebiet der Werbung der amerikanische Einfluß auf deutsche Unternehmen sehr groß war, daß neue Ideen, eine
andere Sprache (Umgangssprache), neue Stilelemente und Witz in der deutschen
Werbung Einzug hielten, die sich in der bis dahin biederen deutschen Werbung
noch nicht durchgesetzt hatten. Carl H. Hahn geht davon aus, daß Volkswagen
Werbung und Marketing erst in den USA ‚lernte'."[158]

---

[152] Vgl. Kleinschmidt, Christian: Der produktive Blick, a.a.O., S. 250 ff.

[153] Ebenda, S. 252 als Zitat der Quelle im Unternehmensarchiv.

[154] Vgl. ebenda, S. 251 f.

[155] Vgl. ebenda, S. 251.

[156] Vgl. ebenda, S. 253.

[157] Vgl. ebenda, S. 254 f.

[158] Ebenda, S. 255, Interview mit Carl H. Hahn am 20.2.1998.

Allmählich verbanden sich auch bei VW Werbung, Verkaufsförderung und Kundendienst zu einer integrierten Strategie. Es dauerte allerdings bis zum Jahr 1966, bis erstmals im Volkswagen-Jahresbericht der Begriff „Marketing" verwendet wurde. Aber ab 1968 stellten die Vertriebsbereiche und Tochtergesellschaften des VW-Konzerns „einheitliche Marketingpläne auf, die auf der Basis detaillierter Analysen der internen und externen Marktfaktoren die notwendigen Maßnahmen zur Erreichung der gesetzten Verkaufsziele festlegten. Darüber hinaus wurde die Werbung weltweit vereinheitlicht und ein globales ‚Corporate Image' erarbeitet, welches ein ‚modernes und neues Auftreten des [...] VW-Konzerns und seiner Organisationen in der ganzen Welt' darstellen sollte."[159]

### 2.3.2.2.2.2 Das Beispiel Vereinigte Glanzstoff-Fabriken AG, Wuppertal

Das 1899 gegründete Unternehmen hatte sich auf die Herstellung von Kunstfasern spezialisiert.[160] Der Weg zu einer Neuorientierung in der Geschäftspolitik und zur Implementierung einer Marketingorganisation ist auch hier eng verbunden mit einer einzelnen Person (Schlange-Schöningen), die – nach beruflicher Auslandserfahrung – neu ins Unternehmen kommend in den 50er Jahren „eine marktorientierte Verkaufspolitik nach amerikanischem Vorbild"[161] forcierte zu einer Zeit, da im Unternehmen Marketing und Werbung keine Bedeutung hatten. Durch persönlichen Einsatz und Überzeugungskraft gelang es ihm, im Hinblick auf die Unternehmensplanung eine enge Anlehnung an US-amerikanische Praktiken einzuleiten, indem z. B. „für zahlreiche Glanzstoff-Produkte [...] die amerikanischen Verhältnisse rechnerisch einfach auf die deutsche Situation übertragen [wurden]."[162] Somit bildete der US-Markt indirekt die Basis für die Planung der Investitionen im Unternehmen Glanzstoff.

Die damit angestrebte erhöhte Produktion erforderte verstärkte Anstrengungen bei der Absatzpolitik. In der Anwendung amerikanischer Marketing-Methoden sah man ein zieladäquates Erfolgsrezept.[163] Die im weiteren Verlauf durchgeführten Aktivitäten lassen sich wie folgt beschreiben:

Im Anschluss an innerbetriebliche Diskussionen wurde fortan eine strikt marktorientierte Absatzpolitik nach US-amerikanischem Muster betrieben. Vorbild waren die Marketing- und Werbemethoden des US-Unternehmens DuPont,

---

[159] Ebenda, S. 255 f. mit Zitat der Quelle im Unternehmensarchiv.

[160] Vgl.http://www.rheinischeindustriekultur.com/seiten/objekte/orte/wuppertal/objekte/textil_vereinigte_glanzstoff-fabriken_hauptverwaltung.html (abgerufen am 30.3.2020).

[161] Kleinschmidt, Christian: Der produktive Blick, a.a.O., S. 228.

[162] Ebenda.

[163] Vgl. ebenda, S. 229.

vor allem für das Ziel „bis zu den Endverbrauchern vorzudringen."[164] So wurde z. B. bei der Aufnahme der Nylon-Produktion die Vorgehensweise von DuPont nachgeahmt. Bei DuPont wurde „über die Reifenindustrie hinweggegangen"[165] und die Werbeaktivitäten direkt auf den Endverbraucher ausgerichtet mit dem Hinweis auf Sicherheit und lange Haltbarkeit der Reifen. Der Lerneffekt daraus für Glanzstoff war: Bereits bei der Investitionsplanung die Beeinflussung des Marktes mit zu planen und „Kontakte zum Endverbraucher herzustellen."[166]

Vermutlich gab es jedoch bei Glanzstoff noch keine Integration der verschiedenen Funktionsbereiche unter einem einheitlichen Marketingdach: Zwar erhielten Verkauf, Werbung, Marktforschung und Marketing innerhalb weniger Jahre einen neuen Stellenwert, aber nach Aussage des 1960 zum Vorstandsmitglied berufenen Schlange-Schöningen galt: „Entscheidend ist folgendes: Diese Abteilungen sollten in regelmäßigen Abständen zusammenkommen [...] ein Team bilden, das berühmte Team, und dieses Team berichtet an den Vorstand einheitlich [...]"[167] Immerhin bedeutete dies aber eine neue Art der Zusammenarbeit verschiedener Abteilungen bei klarer Kompetenzabgrenzung und (möglichst) hinreichender Informationsversorgung der beteiligten Abteilungen.

Sehr frühzeitig fand diese kooperative Arbeitsweise auch im Werbebereich statt: Die Werbeabteilung war 1954 aus der Verkaufsabteilung herausgelöst worden und direkt dem Vorstand unterstellt worden. Parallel dazu wurde eine Werbekommission gebildet, deren Aufgabe die Bestimmung des Werbestils von Glanzstoff war. Gegenstand der Arbeit war hier auch, dass amerikanische Werbemethoden vor Ort studiert, dort ansässige Unternehmen und Institutionen besucht und US-Zeitschriften und andere Publikationen durchgesehen und ausgewertet wurden.[168]

Zudem knüpfte Glanzstoff Kontakte zu einigen führenden deutschen Werbefachleuten bzw. Werbeagenturen (Hans Domizlaff sowie Hanns W. Brose). Diese berieten das Unternehmen u. a. im PR-Bereich sowie bei der Markenartikel-Werbung für das Produkt „Perlon". Daran schloss sich Ende der 50er/Anfang der 60er Jahre eine umfangreiche „Diolen"-Werbung an als die bis dahin größte

---

[164] Ebenda, S. 229 als Zitat der Quelle im Unternehmensarchiv.
[165] Ebenda, S. 230 als Zitat der Quelle im Unternehmensarchiv.
[166] Ebenda.
[167] Ebenda, als Zitat der Quelle im Unternehmensarchiv.
[168] Vgl. ebenda.

Werbeaktion der deutschen Textilbranche. Dies war zugleich der Beginn eines „aktiven Chemiefaser-Marketing".[169]

### 2.3.2.2.3 Sekundäres Lernen amerikanischer Marketingmethoden: Das Beispiel Chemische Werke Hüls, Marl

In einer Reihe von Unternehmen dürfte der Marketinggedanke auch Eingang gefunden und sich nach und nach etabliert haben durch die Übernahme von Praktiken anderer (Konkurrenz-)Unternehmen und durch aktives Lernen aus den Erfolgen bzw. Misserfolgen von Maßnahmen und Strategien dieser Unternehmen.

Die Chemischen Werke Hüls wurden 1938 gegründet mit der Zielsetzung, den für die Reifenproduktion grundlegenden Rohstoff selber herzustellen, nämlich den synthetischen Kautschuk „Buna".[170] Hüls ist ein Beispiel für ein Unternehmen, dass im Absatzbereich nicht durch eigene Reisen in die USA einen Informationsaustausch mit dortigen Anbietern gesucht hat und etwa auf diese Weise das „Marketing-Handwerk" gelernt hätte. Kleinschmidt weist darauf hin, dass „im Unterschied zum Produktionsbereich, auf dem Gebiet der Absatzwirtschaft und der Werbung Persönlichkeiten fehlten, die ein entsprechendes Marketingkonzept bei Hüls verfolgten."[171] Vielmehr hat sich hier gezeigt, „dass sich auch ohne eine auf der Basis direkter oder persönlicher Marketing-Kontakte in die USA gestaltete Absatzpolitik und ohne die Übernahme sprachlicher Amerikanismen Managementmethoden durchsetzten, deren Nähe zu amerikanischen Marketingmethoden unverkennbar waren."[172]

Die Entwicklung im Einzelnen lässt sich folgendermaßen zusammenfassen: Hüls baute nach 1945 zunächst ein Vertriebsnetz im In- und Ausland auf, bei dem auch einem Fachverkäufersystem und dem Kundendienst eine wichtige Rolle zukam. Dies geschah zunächst „in traditionellen Bahnen ohne eine starke Marktorientierung."[173]

„Erst im Jahr 1957 kann schließlich von einer kompletten Verkaufsabteilung unter Berücksichtigung der Arbeitsgebiete Verkaufsorganisation, Werbung, Marktforschung, Information und Preisbildung bei Hüls gesprochen werden, ohne

---

[169] Ebenda, S. 231 als Zitat aus einen Artikel „Verkauf und Marketing" in der Werkszeitschrift: „Wir vom Glanzstoff", Heft 7, 1971, S. 6.

[170] Vgl. https://history.evonik.com/sites/geschichte/de/gesellschaften/huels/ (abgerufen am 30.3.2020).

[171] Kleinschmidt, Christian: Der produktive Blick, a.a.O., S. 234.

[172] Ebenda, S. 235.

[173] Ebenda, S. 234.

daß in diesem Zusammenhang explizit von Marketing die Rede war. Dies sollte erst in den 70er Jahren der Fall sein. "[174]

Ende der 50er Jahre wurden dann Bestrebungen unternommen, die Kontakte zu den Verbrauchern zu intensivieren. Diese Neuorientierung geschah im Rahmen von Bemühungen, in den Markt für Synthetikfasern einzutreten, konkret mit der Einführung der Polyesterfaser „VESTAN" Anfang der 60er Jahre. „VESTAN" war ein neues Konkurrenzprodukt zu „Dralon" (Bayer), „Trevira" (Hoechst) und „Diolen" (Glanzstoff). Für „VESTAN" wurde eine stärkere Endverbraucherwerbung durchgeführt, eingebettet in eine umfangreiche Marketingkampagne. Hier zeigten sich deutliche Parallelen zur „Diolen"-Kampagne von Glanzstoff, indem ebenfalls Schaltungen in Film, Funk und Fernsehen stattfanden, zudem umfangreiche Anzeigen in Illustrierten und Fachzeitschriften sowie Repräsentativbefragungen unter Verbrauchern durchgeführt wurden. Außerdem war man ebenfalls auf der Düsseldorfer Modemesse „IGEDO" präsent.[175] Die Intensivierung der Absatzbemühungen führte dann zunächst zu einer Integration der Funktionsbereiche: technische Beratung, Werbung, Verkaufsförderung und Publik Relations, allerdings ohne den Begriff „Marketing" dafür zu verwenden.[176]

### 2.3.2.2.4 Zögerliche Adaption durch einen selbstbewussten deutschen Großkonzern: Das Beispiel Daimler-Benz, Stuttgart

Schließlich gibt es eine Reihe von Unternehmen, die im Vertrauen auf ihre traditionell starke Marktposition dem Marketinggedanken zunächst eher skeptisch gegenüberstanden und die erst allmählich den Zugang zu Marketingmethoden angloamerikanischer Prägung fanden.

Die Anfänge des Automobil-Unternehmens reichen bis ins Jahr 1879 zurück. 1926 entstand aus einer Fusion zweier Firmen die Daimler-Benz AG. Seit 2007 firmiert das Unternehmen unter dem Namen Daimler AG, nachdem es vorübergehend DaimlerChrysler hieß.[177] Der Automobilhersteller hatte zwar bereits vor dem Zweiten Weltkrieg Werbeaktivitäten durchgeführt, jedoch erschien bei den ersten Recherchen in den USA die Art und Weise des Marketings in den USA neu. Folgendes erscheint zur Charakterisierung der Amerikakontakte von Daimler wesentlich:

---

[174] Ebenda.

[175] Ebenda, S. 235.

[176] Vgl. ebenda.

[177] Vgl. https://www.daimler.com/konzern/tradition/geschichte/ (abgerufen am 30.3.2020).

Nach einer zunächst kritischen Haltung gegenüber Meinungsumfragen erkannte Daimler Anfang der 60er Jahre unter dem Einfluss des Werbefachmanns David Ogilvy die Nützlichkeit von Verbraucherbefragungen an. So wurde 1963 eine schriftliche Befragung von Daimler-Kunden durchgeführt sowie eine Käuferschicht-Analyse vor der Einführung eines neuen Modells. Der Anspruch war fortan, „die Erwartungen von Mercedes-Benz-Fahrern kennen zu lernen, ihre Erfahrungen auszuwerten und derartige Erkenntnisse möglicherweise in die Entwicklungsarbeit einfließen zu lassen."[178] Gleichzeitig erkannte man bei Daimler, dass die Modellpolitik und die Ausstattungsalternativen bei General Motors (GM) und seiner deutschen Tochtergesellschaft Opel um Einiges vielfältiger war. Wo es beispielsweise bei Mercedes-Benz 6 Serienfarben und 3 verschiedene Ausstattungen in Textil gab, bot Opel seinen Kunden 14 Serienfarben mit jeweils 4 verschiedenen Ausstattungen entweder in Textil oder alternativ in Kunstleder.[179]

Außerdem richtete sich bei GM die Laufzeit eines Modells nach der „Marktnachfrage"; sie konnte damit schnelllebig ausfallen. Das galt auch für Ford. In Europa wurde dies Anfang der 60er Jahre noch abgelehnt und als „Wegwerf-Politik" bezeichnet, auch angesichts hoher Entwicklungskosten und dem Bestreben, die für die Modellentwicklung aufgebrachten Investitionen möglichst lange und optimal ausnützen zu können. „Dementsprechend hatte die Konzernleitung bereits 1963 für das Mercedes-Benz-Produktionsprogramm festgelegt, dass Modellablösungen im Pkw-Segment nicht vor Ende 1969 erfolgen sollten."[180] Stattdessen setzte man aber seit Ende der 50er Jahre aus Vertriebsgründen auf „eine klare optische Differenzierung",[181] indem eine leicht veränderte Karosserie vorgenommen wurde, die Motorisierung sowie die Fahrgestell-Aggregate aber weitgehend unverändert blieben.[182]

Bezüglich der Werbeaktivitäten hatte sich Daimler seit der zweiten Hälfte der 50er Jahre zunehmend international ausgerichtet. So wurden z. B. 1959/60 insgesamt 18 Anzeigensujets in den Magazinen „Time" und „Life" geschaltet mit dem Ziel, das Firmenbild zu profilieren. Der Mercedes-Stern wurde dabei „als ‚dominierendes Gestaltungsmittel' im Zusammenhang mit einem jeweils eng begrenzten Thema wie etwa Vertrauen, Qualität, Forschung, Sicherheit und Wirtschaftlichkeit ‚in Wort und Bild behandelt'".[183] Der gesamten Werbeaufwand von

---

[178] Hilger, Susanne, a.a.O., S. 188.

[179] Vgl. ebenda, S. 192.

[180] Ebenda, S. 193 mit Zitat der Quelle im Unternehmensarchiv.

[181] Ebenda mit Zitat der Quelle im Unternehmensarchiv.

[182] Vgl. ebenda.

[183] Ebenda, S. 206 mit Zitat der Quelle im Unternehmensarchiv.

Daimler lag 1959 im Vergleich mit den internationalen Wettbewerbern erheblich niedriger: 14,6 Mio. DM für Werbung machten 0,6 % am gesamten Umsatzvolumen von 2,47 Mrd. DM aus. Die entsprechenden Quoten der Konkurrenten lagen wesentlich höher mit 0,9 % (General Motors), 1,2 % (Ford), 1,6 % (American Motors) 1,9 % (Chrysler) sowie in der Spitze 2,4 % (Studebaker-Packard).

Insgesamt gilt für Daimler und seine absatzwirtschaftliche Orientierung im Wesentlichen das, was Hilger für die von ihr untersuchten Unternehmen insgesamt formuliert: Es wird „damit deutlich, dass amerikanische Marketingstrategien einen nachhaltigen Einfluss auf die absatzpolitischen Konzepte deutscher Unternehmen ausübten, obgleich sie im Einzelnen zunächst mit traditionellen Überzeugungen häufig unvereinbar erschienen. Obwohl bei deutschen Anbietern traditionelle Vorbehalte gegenüber US-Geschäftspraktiken bestanden, wurden Instrumente und Know-how US-amerikanischer Unternehmen etwa in der Produktpolitik und in der Werbung adaptiert, wobei der Rezeptionsgrad jedoch offenbar von der Härte des Wettbewerbs abhing."[184]

### 2.3.2.2.5 Vorübergehende Implementierung einer strategischen Marktforschung: Das Beispiel BMW AG, München

BMW ist ein Beispiel dafür, dass eine zukunftsgerichtete Idee, in diesem Falle die strategische Marktforschung, institutionalisiert wurde, später aber wieder in ihrer Bedeutung und ihrem Wirkungskreis eingeschränkt wurde.

Die Ursprünge der Produktion von BMW reichen bis in das Jahr 1917 zurück.[185] Florian Triebel hat die Institutionalisierung der Marktforschung, die Ausgestaltung einer systematischen Marktbeobachtung und die Einbeziehung ihrer Ergebnisse in den Planungsprozess bei BMW in einem Sammelbandbeitrag[186] auf der Basis von Dokumenten aus dem „BMW Historisches Archiv" beschrieben. Das Beispiel könnte zwar für sich in Anspruch nehmen, allein aus Erkenntnissen der deutschsprachigen Marktforschungs- bzw. absatzwirtschaftlichen Literatur der damaligen Zeit hervorgegangen zu sein, passt aber wegen der grundsätzlichen strategischen Ausrichtung von Marktaktivitäten „amerikanischer Prägung" in diesen Zusammenhang.

Ähnlich wie bei Glanzstoff und VW war auch hier eine einzelne Person Initiator und Fordernder marktbezogenen Denkens im Unternehmen. Als sich

---

[184] Hilger, Susanne, a.a.O., S. 209 f.

[185] Vgl.   https://www.bmw.com/de/automotive-life/name-bmw-herkunft-und-geschichte.html (abgerufen am 30.3.2020).

[186] Vgl. zum Folgenden: Triebel, Florian: Marktforschung bei BMW 1957–1961, in: Kleinschmidt, Christian/Triebel, Florian (Hg.): Marketing, a.a.O., S. 67–83.

1957 als Folge einer fehlerhaften Programmpolitik (Primat der Technik und Produktion) und dem Auslassen von Chancen eine Krisensituation abzeichnete, berief der Aufsichtsrat einen neuen Vorstandsvorsitzenden (Heinrich Richter-Brohm). Eine der wichtigsten Entscheidungen im Rahmen einer Reorganisation und der Erstellung eines „Zukunftsprogramms" war die Bildung einer Marktforschungsabteilung. Der neue Vorstandsvorsitzende „sah in der mangelnden Marktorientierung der bisherigen Programm- und Unternehmensplanungen einen der maßgeblichen Management-Fehler bei BMW."[187] In einem Bericht an den BMW-Aufsichtsrat zu den fehlgeleiteten Programmentscheidungen der Vergangenheit führt er aus: „Eine Marktforschung hätte allerdings damals bereits die gefährliche Begrenztheit des Marktes für diesen komfortablen und teuren Wagen offenkundig machen müssen."[188]

Fortan sollten deshalb Marktforschungsergebnisse standardmäßig in den unternehmerischen Planungsprozess einfließen. Die grundsätzliche Aufgabe der Marktforschung sei, „die Marktsituation und den Stand am Automobilmarkt festzustellen und zu ermitteln, mit welchem Fahrzeugtyp BMW, unter besonderer Berücksichtigung der Konkurrenzsituation im In- und Ausland, das Programm am zweckmäßigsten ergänzen könnte."[189] Die Marktforschungsergebnisse sollten dabei Basis und Ausgangspunkt des unternehmerischen Planungsprozesses sein. „Die gesamte Planung einer Automobilfabrik fängt mit einer zuverlässigen Planung über die absetzbaren Stückzahlen an."[190]

Um diesen Prozess erfolgreich zu gestalten, leitete der Vorstandsvorsitzende ergänzend „Schritte zur ressortübergreifenden Planung" ein, „um Entwicklung und Verkauf besser aufeinander abzustimmen."[191] In einer dazu anberaumten Sitzung von Vorstand und Bereichsverantwortlichen des Vertriebs und der Entwicklung führte er aus, dass „nur von der Marktseite her die Aufgabenstellung für die Entwicklung erfolgen dürfe". Er schloss die Sitzung mit dem Grundsatz: „Es darf nur das entwickelt werden, was sich auch gut verkaufen lässt."[192]

Die Marktforschungsabteilung wurde bei ihrer Errichtung formalorganisatorisch im Ressort des Verkaufsvorstands angesiedelt, faktisch bildete

---

[187] Ebenda, S. 72.

[188] Ebenda, S. 71. Bericht des Vorstandsvorsitzenden an den BMW-Aufsichtsrat vom Juli 1957, BMW UA 147/1.

[189] Ebenda, S. 73 f. Bericht des Vorstandsvorsitzenden an den BMW-Aufsichtsrat.

[190] Ebenda, S. 73. Aussage des Vorstandsvorsitzenden; vgl. Protokoll der Vorstandssitzung 11/57 vom 29. Juli 1957, BWM UA 107/1.

[191] Ebenda.

[192] Ebenda, S. 73. Aussage des Vorstandsvorsitzenden; vgl. Protokoll der Entwicklungsbesprechung vom 21. Okt. 1957, BWM UA 438/1.

sie jedoch eine Stabsfunktion für den Vorstandsvorsitzenden. Vom ihm erhielt sie die meisten Aufträge. Marktforschungsaufgaben erreichten dadurch einerseits „schnell eine erstaunliche inhaltlich-methodische Breite",[193] andererseits war sie „nur in geringem Maße in die Prozesse des Verkaufsressorts eingebunden gewesen."[194]

Inhaltlich befasste sich die Marktforschung in dieser ersten Phase mit der Analyse des nationalen Automobilmarktes sowie einzelner Marktsegmente, darüber hinaus mit den Modellen der Wettbewerber mit der Zielsetzung, mögliche Absatzpotentiale zu erkennen und zu ergründen. Außerdem wurden Kundenbefragungen durchgeführt zur Analyse von Kaufabsichten und -motiven, der Wirkung von BMW-Werbemaßnahmen sowie zum BWM-Image. Bestehende Kunden wurden nach ihrer Zufriedenheit mit ihrem Fahrzeug befragt, um Stärken und Schwächen des bestehenden Angebots zu eruieren und für die Weiterentwicklung des Produktionsprogramms zu nutzen. Die Marktforschung konnte sich in diesen vier Jahren immer mehr zu einem wichtigen Impulsgeber für die unternehmerische Planung entwickeln, insbesondere im Rahmen der Neuentwicklung von Angeboten (BMW 600 Lieferwagen und dem BMW 700 Roadster).[195] „Aus den Produktanalysen der Marktforschung erhielt die Unternehmensführung erstmalig systematisch erhobene Anhaltspunkte über die Erwartungen an technische und optische Merkmale von BMW Produkten sowie die am Markt erzielbaren Preisspannen und absetzbaren Volumina für die untersuchten Produkte."[196]

Allerdings wurde der Einfluss der Marktforschung in den Folgejahren geschmälert. Als der Vorstandsvorsitzende Anfang 1960 das Unternehmen BMW verließ, arbeitete die Marktforschung fortan hauptsächlich für die Verkaufsleitung ohne länger an den Gesamtvorstand zu berichten. Die Folge war auch, dass die Intensität und die Anzahl der Marktforschungsberichte deutlich abnahmen: Waren in den zurückliegenden 3 Jahren insgesamt 27 Berichte erstellt worden, so reduzierte sich die Anzahl in den beiden folgenden Jahren auf acht. Auch die Arbeitsschwerpunkte verschoben sich: Künftig ging es verstärkt um operative Aufgaben und die laufende Beobachtung des Konkurrenzumfeldes. Es wurden Marktdaten und Brancheninformationen zusammengestellt und

---

[193] Ebenda, S. 74.
[194] Ebenda, S. 82.
[195] Vgl. ebenda, S. 74 ff.
[196] Ebenda, S. 83.

in den „MF-Mitteilungen" veröffentlicht.[197] Offenbar verlor damit die Marktforschung in der Folgezeit die ihr ursprünglich zugewiesene Funktion als wichtiges
Steuerungsinstrument für die Programm- und Unternehmenspolitik.

### 2.3.2.3 Erkenntnisse aus den Beispielen zur Implementierung von Marketing bzw. Marktforschung in bundesdeutschen Unternehmen

Kleinschmidt, Hilger und Triebel haben mit ihren Veröffentlichungen jeweils
wesentliche Beiträge geleistet zur Erklärung und zum Verständnis der Diffusion des Marketingdenkens in bundesdeutschen Unternehmen der Nachkriegszeit.
Anhand von Beispielfällen gelang es den Autoren, die häufig von Einzelper-
sönlichkeiten initiierten Pionierarbeiten (VW, Glanzstoff, BMW) zur Implementierung und Etablierung des Marketingdenkens, seiner aufgabenmäßigen
Ausgestaltung bis hin zum Aufbau einer Marketing- bzw. Marktforschungsor-
ganisation zu beschreiben. Die Vereinigten Staaten hatten dabei häufig eine
Vorbildfunktion, z. T. dienten sie als „Lehrmeister" bzw. Sparringspartner oder
entwickelten sich sogar zum späteren größten Wettbewerber auf dem inländischen Markt (Henkel/Procter & Gamble). Die Beschreibungen sind zum großen
Teil sehr anschaulich, vermitteln aber den Prozess zur Marktorientierung eher in
ihrer grundsätzlichen Ausrichtung sowie in groben Linien. Nur vereinzelt gibt es
Hinweise auf eine konkrete Ausgestaltung von Strategien, Maßnahmen oder gar
Erfolgsnachweisen.[198] Eine weitergehende Beschreibung und Systematisierung
nach diesen Kriterien fehlt i. d. R.

Immerhin lassen sich aber Hinweise darauf finden, dass der Prozess hin
zur Marktorientierung und Implementierung des Marketings in bundesdeutschen
Unternehmungen sich auf ganz unterschiedliche Weise vollzogen haben wird: Die
Bandbreite reicht hier von Unternehmen,

- die in der Vergangenheit sowieso bereits marktorientiert waren und Kontakte in die USA pflegten, und diese Kontakte nach dem Kriege sehr
schnell wieder reaktivierten, um von den dortigen Erfahrungen zu lernen und

---

[197] Ebenda, S. 81.

[198] Dies mag auch an der breiten Ausrichtung der Untersuchungen von Kleinschmidt und
Hilger begründet sein, die inhaltlich nicht nur den Absatz- bzw. Marketingbereich, sondern
*alle* Funktionsbereiche eines Unternehmens umfassten. Paul Erker urteilt in einer Rezension
zu Hilger: „Auch dieses breite Raster lässt, zumal im Vergleich von drei Unternehmen, leider
nur **kursorische** Schilderungen zu." Vgl. https://www.hsozkult.de/publicationreview/id/reb-
6129 (abgerufen am 29.1.2019) (Herv. im Original).

diese in erfolgreiche Marketingstrategien umzusetzen (Beispiel: Henkel) über Unternehmen,

- bei denen Einzelpersonen in der Unternehmensführung aufgrund beruflicher Erfahrungen in den USA aus der Vorkriegszeit durch persönlichen Einsatz und Überzeugungskraft eine Initialzündung für die Übernahme US-amerikanischer Absatz- und Marketingpraktiken gaben (Beispiele: VW sowie Glanzstoff) über Unternehmen,
- die aus den amerikanisch geprägten Marketingaktivitäten ihrer Wettbewerber gelernt haben, indem sie bei der Einführung neuer Produkte einfach deren Maßnahmen und strategische Schritte nachgeahmt haben (Beispiel: Hüls) über Unternehmen,
- die aufgrund ihres Selbstverständnisses als Spitzenunternehmen ihrer Branche eher zögerlich und zunächst skeptisch US-amerikanische Marketingpraktiken adaptiert haben und erst durch einen zunehmenden Wettbewerbsdruck sowie externe Berater auf den „Marketing-Pfad" gebracht wurden (Beispiel: Daimler) bis hin zu Unternehmen,
- die auch von der Einsicht einer Einzelperson – vermutlich ohne US-amerikanischen Erfahrungshintergrund – profitierten, dass der Markt und damit der potenzielle Käufer die Produktion eines Unternehmens ganz wesentlich lenkt, so dass eine strategische Marktforschung der Ausgangspunkt sein sollte für eine erfolgreiche Unternehmensplanung (Beispiel: BMW).

Allerdings handelt es sich um Einzelbeispiele aus verschiedenen Branchen bzw. Industriezweigen. Branchenbezogene Untersuchungen oder auch Analysen zu einem Teilbereich des Marktes liegen bisher nicht vor. Auch mangelt es an vergleichenden Längsschnittanalysen über einen längeren Zeitraum. Im Sinne eines Benchmarking wären zudem Berichte zu best-practice-Konzepten wünschenswert. Und schließlich sind es gänzlich Beschreibungen im Zusammenhang mit der *erfolgreichen* Übernahme der Praxis in den US-amerikanischen Unternehmen.

Dabei fällt auf, dass – abgesehen vom Beispiel BMW sowie vereinzelt durchgeführter Marktanalysen und Kundenbefragungen bei den anderen Beispielunternehmen – Marketing durchweg praktiziert wurde im Sinne des Entwickelns von kurz- und mittelfristigen Werbe- und Verkaufsstrategien. Es wird bei den untersuchten Unternehmen nicht klar, inwieweit diesen Aktivitäten zielgerichtete strategische Untersuchungen von Markt- und Konsumveränderungen zugrunde lagen, die ggf. eine Anpassung der eigenen Produkte bzw. Vermarktungsstrategien an geänderte Marktbedingungen bis hin zu Diversifikationsstrategien beinhaltet hätten. Hier war BMW mit seiner Marktphilosophie: „Es darf nur das entwickelt werden, was sich auch gut verkaufen lässt" (wenigstens für einige Jahre) auf einem sehr guten Wege. Derartige Untersuchungen dürften zunehmend wichtiger geworden sein, je schwieriger sich die Marktverhältnisse entwickelt haben.

Außerdem lässt sich aus den Untersuchungen von Kleinschmidt und Hilger nicht entnehmen, inwieweit es in dieser Zeit eine Anbindung der beschriebenen Praxis an Konzepte aus dem Marketingtheoriebereich – auch nicht aus der amerikanischen Marketingwissenschaft – gegeben hat. In Deutschland war in diesen Jahren die Praxis sowieso der Theorie beim Thema Marketing voraus, wie weiter oben bereits angerissen wurde und im nächsten Kapitel vertieft werden soll. Es waren insbesondere deutsche Markenartikelanbieter, die in der zweiten Hälfte der 1960er Jahre sich dafür einsetzten, dass an der Universität Münster der erste Marketing-Lehrstuhl eingerichtet wurde.[199]

Eine weitere wesentliche Erkenntnis lässt sich im Anschluss an die Analysen von Kleinschmidt, Hilger und Triebel zusätzlich ableiten: Auch nach erfolgreicher Implementierung des Marketings und jahrelanger erfolgreicher Praktizierung bis hin sogar dem Erreichen der Weltmarktführer-Position kann es externe Faktoren geben, die ein Unternehmen in die Krise zwingen können.

Am Beispiel Glanzstoff zeigt sich, dass *erfolgreiches* Marketing zwar eine notwendige, aber keine hinreichende Bedingung für das Überleben eines Unternehmens ist. Wenn – wie im Fall von Glanzstoff – sich die Marktstrukturen derartig ändern (erste Ölpreiskrise; Billigkonkurrenz aus Asien mit der Konsequenz, dass die eigenen Produkte nicht mehr kostendeckend angeboten werden können) nutzt auch Marketing alleine nichts. Das Beispiel zeigt die Begrenztheit von Marketingstrategien, was deren Bedeutung, Reichweite und Erfolgsträchtigkeit angeht.[200]

---

[199] Vgl. Meffert, Heribert: 50 Jahre Marketingdisziplin, a.a.O., S. VI.

[200] Wenn man sich heute (etwa als ehemaliger studentischer Mitarbeiter in den Semesterferien) dafür interessiert, was aus dem Unternehmen Glanzstoff „geworden" ist, so findet man den – als Quelle für eine wissenschaftliche Arbeit zwar nicht ganz adäquaten Wikipedia-Eintrag, als Nebenbemerkung jedoch vielleicht akzeptierbaren – Hinweis: „Die Glanzstoffwerke waren bis in die 1970er Jahre hinein Weltmarktführer bei der Herstellung von Kunstfasern und deren Ausgangsprodukten. 1965 erwirtschaftete das Unternehmen einen Umsatz von 1,347 Milliarden DM und beschäftigt 29.000 Mitarbeiter. [...] Mitte der 1970er Jahre geriet das Unternehmen, wie andere Faserhersteller auch, in die sogenannte *Chemiefaserkrise*, die vor allem durch die als Folge der ersten Ölkrise rasant steigenden Rohstoff- und Energiepreise zu massiven Einbrüchen führte und massive Kosteneinsparungen notwendig machte. Zunehmender Wettbewerb nach Auslaufen der Patente zur Herstellung von Chemiefasern, vor allem aus asiatischen Ländern, machten langfristig die Umstellung der Produktionsbetriebe auf hochwertige Spezialprodukte notwendig, da im Ausland gefertigte Massenware zu deutlich günstigeren Preisen als in Deutschland möglich auf den Markt drängten.

### 2.3.3  Die Entwicklung der Absatz- bzw. Marketingdisziplin im Zeitraum von 1900 bis 1965

Wie zuvor beschrieben, zeigte sich in den 1950er und 1960er Jahren in immer mehr Branchen und Unternehmen, dass das Wachstum auf den verschiedenen Märkten an seine Grenzen gestoßen war und dass künftig nicht mehr die Produktion, sondern die Nachfrage den Engpassfaktor darstellen würde. Die Unternehmen erkannten zusehends, dass fortan ihr Erfolg und ihr Fortbestehen sehr stark von ihren Absatzerfolgen auf dem jeweiligen Markt abhängen würden. So vollzog sich in den verschiedenen Industriezweigen unterschiedlich schnell und stark eine Schwerpunktverlagerung von der produktionsorientierten zur absatzorientierten Sichtweise. Die Übernahme US-amerikanischer Marketingmethoden wurde dabei ergänzt durch Leistungen von Werbeagenturen, Marktforschungsinstituten und Unternehmensberatern. Mitte der 1960er Jahre wurden die Forderungen aus der unternehmerischen Praxis immer lauter, an den Universitäten Marketing-Lehrstühle einzurichten.

Bis dahin war die Betriebswirtschaftslehre (BWL)[201] im Bundesgebiet sehr stark produktions-, finanz- und kostenorientiert. Das entsprach genau den Problemen der betrieblichen Praxis der vergangenen Jahrzehnte. An diesen Aufgabenstellungen hatte sich die deutsche Betriebswirtschaftslehre lange Zeit fast ausschließlich ausgerichtet.

Dabei hatte es bereits zu Beginn des 20. Jahrhunderts, etwas stärker dann in den 1920er und 1930er Jahren eine Reihe – noch eher singulärer – Veröffentlichungen verschiedener Autoren zu handels- bzw. absatzwirtschaftlichen

---

Bereits in den 1970er Jahren wurde ‚Glanzstoff' stärker in das niederländische Chemieunternehmen Akzo, später Akzo Nobel eingegliedert. 1998 übernahm Akzo Nobel den britischen Faser- bzw. Farben- und Lackhersteller Courtaulds Ltd., schloss die Faseraktivitäten von Courtaulds mit den eigenen zusammen und verkaufte diese als neues Unternehmen mit Namen Acordis. Nach ursprünglich geplantem Börsengang entschied man sich seitens der Eigentümer dazu, Acordis in einzelne Unternehmen zu zerlegen." https://de.wikipedia.org/ wiki/Vereinigte_Glanzstoff-Fabriken (abgerufen am 29.1.2019) (Herv. im Original).

[201] Die fachliche Bezeichnung „Betriebswirtschaftslehre" verbreitete sich in Deutschland allmählich erst nach dem 1. Weltkrieg und etablierte sich schließlich Mitte der 1920er Jahre. Davor waren die Begriffe „Handelswissenschaft", „Handelsbetriebslehre", „Einzelwirtschaftslehre" sowie „Privatwirtschaftslehre" gebräuchlich. Vgl. Bubik, Roland: a.a.O., S. 69, Fußnote 265 mit Bezugnahme auf Isaac, Alfred: Die Entwicklung der wissenschaftlichen Betriebswirtschaftslehre in Deutschland seit 1898, Betriebs- und finanzwirtschaftliche Forschungen, 2. Serie, Heft 8, Berlin 1923 sowie Seyffert, Rudolf: Über Begriff und Aufgaben der Betriebswirtschaftslehre, Stuttgart 1925.

Fragen gegeben.[202] Diese Publikationen bewegten sich allerdings insgesamt noch „an der Peripherie der BWL".[203] Immerhin bezog sich ihr Untersuchungsgegenstand jedoch bereits auf wesentliche Teilbereiche der Absatzfunktion einer Unternehmung; außerdem wurde damit die Abhängigkeit des Produzenten vom Markt betont. Für diese Phase lassen sich verschiedene Forschungsrichtungen unterscheiden, die sich teils unabhängig voneinander, teils miteinander in Verbindung stehend gebildet hatten. Richard Köhler betont in diesem Zusammenhang, dass diese frühen deutschsprachigen Entwicklungen fast zeitgleich zu den US-amerikanischen Studien stattfanden und „dem damaligen amerikanischen Wissensstand nicht nachstehen."[204] Dies erscheint für die grundsätzlichen Entwicklungsströme zu gelten, wie sie nachfolgend in den ersten drei Forschungsrichtungen beschrieben werden. Die vierte – Einzelveröffentlichung – hat allerdings einen sehr starken US-amerikanischen Bezug, und sie hat die deutsche Marketinglehre ebenfalls stark geprägt.

### 2.3.3.1 Erste konzeptionelle Ansätze zur Absatzforschung in Deutschland

Folgende Grundlinien der wissenschaftlichen Arbeiten lassen sich für die ersten Jahrzehnte des letzten Jahrhunderts erkennen:[205]

Wegweisend für die weitere Entwicklung zu einer Absatzlehre war die **empirische Markt- und Verbrauchsforschung.** Federführend dabei war die „Nürnberger Schule" um Wilhelm Vershofen, Erich Schäfer und Ludwig Erhard, die sich seit dem Ende der 1920er Jahre mit diesem Themenkreis beschäftigte. Diese Wissenschaftler waren es auch, die – wie bereits in Abschnitt 2.3.2.1 erwähnt – 1935 die Gesellschaft für Konsumforschung (GfK) in Nürnberg gründeten. Aus dem

---

[202] Zu den verschiedenen handelswissenschaftlichen bzw. absatzwirtschaftlichen Veröffentlichungen vgl. Bubik, Roland, a.a.O., S. 73 ff.

[203] Ebenda, S. 74.

[204] Köhler, Richard: Marketing – Von der Reklame zur Konzeption einer marktorientierten Unternehmensführung, a.a.O., S. 362. Köhler bezieht sich dabei auf eine häufig zitierte Veröffentlichung von Bartels, in der der Beginn systematischer Untersuchungen zur Marktorientierung betrieblicher Tätigkeit in den USA auf das Jahr 1910 datiert wird, und der „die Entstehung einer methodengestützten wissenschaftlich angelegten Marktforschung in den Zwanzigerjahren sieht." Vgl. dazu: Bartels, Rüdiger: The History of Marketing Thought. 3, ed., Columbus/Oh. 1988.

[205] Vgl. dazu und zum Folgenden: Schäfer, Erich: Grundlagen der Marktbeobachtung mit einer Darstellung der Beobachtungspraxis in der deutschen Porzellanindustrie, Nürnberg 1928; Bubik, Roland: a.a.O., S. 90 ff.; Hansen, Ursula/Bode, Matthias: Marketing & Konsum, a.a.O., S. 61 f.; Köhler, Richard: Marketing – Von der Reklame zur Konzeption einer marktorientierten Unternehmensführung, a.a.O., S. 362 ff.; Sepehr, Philipp: a.a.O., S. 31 f.;

Gedanken Vershofens heraus, „dass alle rationelle Betriebsführung nichts nützen kann, wenn der Markt für die Erzeugnisse fehlt oder sich als zu klein erweist"[206], und der Forderung Schäfers an den Unternehmer, dass seine „Produktions- und Absatzdispositionen [...] also ständig am Markte orientiert sein [müssen]"[207] betrieben diese Wissenschaftler eine systematische Grundlagen- und Methodenforschung als Informationsbasis für die Unternehmensführung. Das Ziel war, damit „ein Mittel der Marktpolitik der Unternehmung" und damit eine „Stütze [...] bei allen Unternehmertätigkeiten, die der Durchführung dieser Politik dienen", zur Verfügung stellen zu können.[208] Es wurde also schon sehr früh eine enge Verbindung zwischen akademischer Marktforschungslehre, praktischer Institutsarbeit und der Verwertung in der unternehmerischen Praxis hergestellt.

In den 1950er Jahren hat außerdem Georg Bergler – ebenfalls Angehöriger der „Nürnberger Schule" – in einigen Veröffentlichungen die Absatz- und Verbrauchsforschung thematisiert.[209] Rückblickend auf die Leistungen der „Nürnberger Schule" formuliert Bergler als erste große Aufgabenbereiche der Verbrauchsforschung, Antworten auf folgende Fragestellungen zu geben:

1. „Wie ist der Mensch im Markt beschaffen nach Sehnsucht, Wunsch, Bedarf, Kritik? Wie sind seine äußeren und inneren Lebensumstände beschaffen? Denn er ist eine Ganzheit und handelt auch im wirtschaftlichen Bereich aus seiner ganzen Wesenheit heraus.
2. Wie müssen die Waren oder Dienstleistungen beschaffen sein, die von diesem Menschen gekauft werden sollen?
3. Wie muß die Werbung gestaltet sein, mit der die zukünftigen Käufer gewonnen werden sollen."[210]

Bergler bescheinigt dabei der Wirtschaft, insbesondere der Markenartikelindustrie, ein großes Verständnis für diese Fragen und ihre Umsetzung in der

---

[206] Schäfer, Erich: Grundlagen der Marktbeobachtung mit einer Darstellung der Beobachtungspraxis in der deutschen Porzellanindustrie, a.a.O., S. 9, Fußnote 1

[207] Ebenda, S. 9.

[208] Ebenda, S. 10.

[209] Vgl. z. B. Bergler, Georg: Beiträge zur Absatz- und Verbrauchsforschung, Nürnberg 1957; Bergler, Georg: Die Entwicklung der Verbrauchsforschung in Deutschland und die Gesellschaft für Konsumforschung bis zum Jahre 1945, Kallmünz 1959.

[210] Bergler, Georg: Die Entwicklung der Verbrauchsforschung in Deutschland und die Gesellschaft für Konsumforschung bis zum Jahre 1945, a.a.O., S. 7.

praktischen Marktbearbeitung. „Nicht die Wissenschaft, sondern die Wirtschaft ist dabei vorzüglich zu nennen."[211]

Die zweite elementare Forschungsrichtung betraf zwei wichtige Teilgebiete, die nach und nach in die Absatzlehre integriert wurden und von vornherein in einem engen Zusammenhang zur Markt- und Verbrauchsforschung standen, nämlich die spezifische **Werbelehre** und Markenartikelforschung. Ein frühes Werk von grundlegender Bedeutung ist „Die Reklame" von Viktor Mataja[212], zuerst erschienen im Jahre 1910, mit dem der Autor – bereits unter Berücksichtigung US-amerikanischer Literatur und Erfahrungen – über Durchführungstechniken der Werbung, vertriebliche Aspekte und erste psychologische Bezüge hinaus einen weiten Blick in das Themenfeld unternommen hat bis hin zur Forderung nach einer „umfassenden Werbelehre"[213]

In den 1920er Jahren wurden innerhalb der Werbelehre insbesondere die werbepsychologischen Ansätze weiterentwickelt. Im Mittelpunkt stand hier die „Würzburger Schule" um Karl Marbe[214] sowie der Kölner Wirtschafts- wissenschaftler Rudolf Seyffert.[215] Bei Seyffert werden noch stärker Fragen der Werbewirkung thematisiert, so z. B. ihr psychologischer Verlauf, Mög- lichkeiten der Erfolgskontrolle sowie der Effizienzmessung. In seinem 1966 erschienenen zweibändigen Werk „Werbelehre" hat Seyffert eine Verbindung mit verhaltens-, insbesondere motivationstheoretischen Erkenntnissen vorgelegt und hier außerdem die Werbeplanung und -kontrolle unter betriebswirtschaftlichen Gesichtspunkten behandelt.[216]

Diese Analysen standen in enger Verbindung zu der **Markenartikelfor- schung**, die es bereits seit der Jahrhundertwende gab.[217] Ab den 1920er Jahren wurde der Markenartikel nicht mehr nur als besondere Warenart, sondern zuse- hends als absatzpolitisches Instrument verstanden. Das Erkenntnisziel war, die Wirkung alternativer Gestaltungmöglichkeiten auf den Absatzerfolg einer Marke

---

[211] Ebenda, S. 6.

[212] Vgl. Mataja, Viktor: Die Reklame, München/Leipzig 1910; vorliegend: 3. Auflage, Mün- chen/Leipzig 1920.

[213] Mataja, Viktor: a.a.O., S. 364. (Das Wort „Werbelehre" ist im Original in Sperrschrift gedruckt).

[214] Vgl. dazu: Marbe, Karl: Psychologie der Werbung, Stuttgart 1927.

[215] Vgl. dazu: Seyffert, Rudolf: Allgemeine Werbelehre, Stuttgart 1929.

[216] Vgl. Seyffert, Rudolf: Werbelehre: Theorie und Praxis der Werbung, Bd. 1 und 2, Stutt- gart 1966.

[217] Zur Anwendung in der Markenartikelindustrie siehe auch die in Abschnitt 2.3.2.1 genannten Praxisbeispiele.

zu ergründen. Franz Findeisen[218] sowie Georg Bergler[219] waren die Hauptvertreter dieser Richtung. Außerdem hat sich Erich Schäfer ebenfalls mit dem Markenwesen und ihren Formen beschäftigt.[220]

Ein dritter ganz wesentlicher Strang dieser Forschungen betraf die Marktbearbeitung über den **praktischen Vertrieb.** Im Mittelpunkt standen dabei die Veröffentlichungen von Vertriebsingenieuren, die ab 1928 als Fachgruppe im „Verein Deutscher Ingenieure (VDI)" eine große Anzahl anwendungsbezogener Schriften zu Absatzfragen veröffentlichten, so insbesondere zu den Themen Vertriebsorganisation, Rationalisierung und Marktforschung, „ohne allerdings einen besonderen theoretischen Anspruch zu erheben. Vielmehr gaben diese Werke Erfahrungsregeln ihres jeweiligen Autors, z. B. zur Schulung von Verkaufspersonal wieder".[221]

Zu diesen Veröffentlichungen gehörte auch das 1931 erschienene Vertriebshandbuch des VDI für industrielle Betriebe,[222] das eine Reihe praxisorientierter Beiträge lieferte und nach der Einschätzung von Hansen/Bode großen Einfluss auf die Entwicklung der betrieblichen Vertriebsarbeit gewann. Der Anspruch war, die wissenschaftliche Betriebsführung auf die Vertriebsarbeit zu übertragen.[223]

Einen sehr wichtigen Beitrag zur Integration der Absatzlehre in die Betriebswirtschaftslehre leistete auch Otto Schnutenhaus mit seiner 1927 erschienenen Arbeit **„Die Absatztechnik der amerikanischen industriellen Unternehmung."**[224] Der Autor war vor seiner Lehrtätigkeit an der Handelshochschule Berlin als Sales-Manager in den USA tätig gewesen und wollte mit dieser Veröffentlichung, „den dortigen Stand von Wissenschaft und Praxis dem deutschen Publikum vermitteln. Der intendierte Erfahrungsbericht ging allerdings über seine

---

[218] Vgl. Findeisen, Franz: Die Markenartikel im Rahmen der Absatzökonomik der Betriebe, Berlin 1924.

[219] Vgl. Bergler, Georg: Der chemisch-pharmazeutische Markenartikel. Darstellung des Wesens, der Absatzformen und des Kampfes um den Markt, Stuttgart 1933; ders.: Der Markenartikel im Rahmen der industriellen Absatzwirtschaft, in: Bergler, Georg/Erhard, Ludwig (Hg.): Marktwirtschaft und Wirtschaftswissenschaft, Eine Festgabe aus dem Kreise der Nürnberger Schule zum 60. Geburtstag von Wilhelm Vershofen, Berlin 1939.

[220] Vgl. Schäfer, Erich: Zur Analyse des Markenwesens, in: ders.: Die Aufgabe der Absatzwirtschaft, 2. Aufl., Köln/Opladen 1950, S. 128–147.

[221] Bubik, Roland: a.a.O., S. 103. (Herv. im Original).

[222] Vgl. Bader, J.A./Zeidler, F.: Vertriebshandbuch für industrielle Betriebe, hrsg. von der Fachgruppe ‚Vertriebsingenieure' beim Verein Deutscher Ingenieure, Berlin 1931.

[223] Vgl. Hansen, Ursula/Bode, Matthias: Marketing & Konsum, a.a.O., S. 61.

[224] Schnutenhaus, Otto: Die Absatztechnik der amerikanischen industriellen Unternehmung, Berlin 1927.

eigene Zielsetzung hinaus und bot eine systematisch angelegte Studie zur Absatzpolitik."[225] Schnutenhaus betonte darin, dass bei der „Vorbereitung einer jeden
industriellen Absatzpolitik [...] stets der Markt zuerst gegeben und jedes Produkt von ihm abhängig"[226] sei. Er verknüpfte diese Aussage mit der Forderung,
dass „auch in einem Industriebetrieb der Verkaufsabteilung eine prädominierende
Stellung einzuräumen"[227] sei.

Richtungsweisend sind dabei die Prämissen, die Methodik sowie die praxisnahen Beschreibungen und Empfehlungen für die empfohlene Adaption durch
deutsche Unternehmen in diesem Werk: Für Schnutenhaus „[heißt] Verkaufen
[...] die Bedürfnisse finden".[228] Er schildert im Kapitel I den Aufbau und die
Aufgaben der Verkaufsabteilung, die Stellung und die notwendige Qualifikation
des Verkaufsleiters als „Erfolgsvoraussetzungen der Absatztechnik". Die struk-
turierte Darstellung der „Grundlagen und Durchführung der Absatztechnik" im
Kapitel II beginnt mit der Marktanalyse als Basis für die Gestaltung der im
Anschluss daran beschriebenen verschiedenen Instrumente der Marktbearbeitung:
Analyse der Absatzkanäle, Analyse des Produktes, persönliche und unpersönliche
Kundenwerbung, Absatzkosten sowie Preispolitik.[229] Nach Ansicht von Bubik ist
die „wissenschaftsgeschichtliche Bedeutung [dieses Werkes, H.F.] bislang noch
nicht genügend gewürdigt worden."[230] Immerhin hat aber auch Karl Klinger diese
Arbeit einen „Markstein für die Entwicklung der industriellen Absatzlehre"[231]
genannt.

Hansen/Bode fassen diese unterschiedlichen Forschungsbeiträge und wissenschaftlichen Ansätze in folgendem Urteil zusammen: „So entstand eine
Absatzlehre, die sich aus verschiedenen Teilgebieten und Einflüssen zusammen-
setzte, aber in dieser Situation kein geschlossenes Ganzes repräsentierte. Zu

---

[225] Bubik, Roland: a.a.O., S. 101 f.

[226] Schnutenhaus, Otto: a.a.O., S. 2 sowie 3.

[227] Schnutenhaus, Otto: a.a.O., S. 5.

[228] Schnutenhaus, Otto: a.a.O., S. 17.

[229] Schnutenhaus, Otto: a.a.O., Gliederung.

[230] Ebenda. Nach Ansicht von Bubik hat dieses Werk ein Fundament für andere Autoren
dargestellt, auch wenn diese Schnutenhaus in ihren Veröffentlichungen nicht zitiert haben.

[231] Klinger, Karl: Zur industriellen Absatz- und Branchenforschung, in: Der Praktische
Betriebswirt, 11. Jg. (1931), S. 522–532; zitiert nach: Bubik, Roland: a.a.O., S. 103.

sehr wurden die Absatzfragen als Spezialgebiete behandelt, die ohne begrifflich-
systematischen Zusammenhang mit dem Kern der Betriebswirtschaftslehre standen."[232]

Allerdings sind unter dem Blickwinkel des Anwendungsbezugs für die
betriebliche Praxis die besprochenen Forschungsleistungen sehr viel positiver
zu bewerten. Auf der Grundlage der in den Unternehmen vorhandenen bzw.
„erspürten" Problemlagen im absatzwirtschaftlichen Bereich wurden hier durchweg praxisnahe Darstellungen unterbreitet und Hilfestellungen gegeben bis hin
zu Handlungsempfehlungen für die Funktionsbereiche Marktforschung, Werbung, Vertrieb und Markenartikelführung. Das erscheint nochmals vermehrt für
die Veröffentlichungen von Mataya, Seyffert, Schnutenhaus sowie des VDI zu
gelten. Ob die Vorschläge und Anregungen allerdings in allen Fällen einer empirischen Prüfung ihrer Erfolgswirksamkeit Stand gehalten hätten oder haben,
ist eine andere – wegen der nicht vorhandenen Quellen dazu hier nicht zu
lösende – Frage.

### 2.3.3.2 Die Übernahme der „approaches" aus der US-amerikanischen wissenschaftlichen Diskussion

Weitere „Bausteine für theoretische Aussagensysteme",[233] die in der Literatur aber auch als „Theorieansätze",[234] „Materielle Forschungsansätze"[235]
bzw. „Fachspezifische (‚materielle') Ansätze"[236] bezeichnet werden, wurden zu
Beginn des 20. Jahrhunderts in den USA entwickelt und hatten ihren Ursprung
primär in der Handelsforschung. Hansen/Bode qualifizieren die Entwicklung dieser materiellen Methoden als „eine bedeutsame Leistung in dieser Zeit [...],
mit denen die Art und Weise der theoretischen Analyse von Marktphänomenen
bezeichnet wird".[237] Eugen Leitherer hatte bereits 1961 in einer grundlegenden Arbeit zur Geschichte der handels- und absatzwirtschaftlichen Literatur[238]

---

[232] Hansen, Ursula/Bode, Matthias: Marketing & Konsum, a.a.O., S. 62 mit Bezug auf: Schäfer, Erich: Absatzwirtschaft: Gesamtwirtschaftliche Aufgabe – Unternehmerische Gestaltung, 3. Aufl., Stuttgart 1981, S. 9.

[233] Köhler, Richard: Marketing – Von der Reklame zur Konzeption einer marktorientierten
Unternehmens-führung, a.a.O., S. 359.

[234] Z. B. bei Sepehr, Philipp, a.a.O., S. 32.

[235] Z. B. bei Hansen, Ursula/Bode, Matthias: Marketing & Konsum, a.a.O., S. 62 ff.

[236] Z. B. bei Lippold, Dirk: Theoretische Ansätze der Marketingwissenschaft, Wiesbaden
2015, S. 3.

[237] Vgl. Hansen, Ursula/Bode, Matthias: Marketing & Konsum, a.a.O., S. 62.

[238] Vgl. Leitherer, Eugen: Geschichte der handels- und absatzwirtschaftlichen Literatur, Köln
und Opladen 1961.

diese Phänomene beschrieben und ihre Bedeutung in der Weise gewürdigt, dass sie einerseits „eine große Geschlossenheit in das theoretische Gebäude zu bringen" vermochten und andererseits durch sie „die schnellere Entfaltung und das ausgeprägtere wissenschaftliche ‚Selbstbewußtsein' der amerikanischen Absatzlehre gegenüber der deutschen ermöglicht" wurde.[239] Diese Ansätze beeinflussten die deutsche Absatzlehre nachhaltig.[240] Es lassen sich drei Aussagensysteme bzw. Ansätze unterscheiden: Warenorientierter, institutionenorientierter sowie funktionsorientierter Ansatz. Im Einzelnen lassen sich diese Theorieelemente folgendermaßen charakterisieren:[241]

Beim **warenorientierten Ansatz** (commodity approach) wird ausgehend von unterschiedlichen Produkteigenschaften eine Typologie von Produkten erarbeitet, die eine Basis darstellt für die Ableitung von warenspezifischen Absatzstrategien von Anbietern. Die Annahme dabei ist, dass sich aus diesen Klassifizierungen unterschiedliche Kaufentscheidungstypen ableiten lassen, die bei der Gestaltung von Marketingmaßnahmen berücksichtigt werden sollten. Ein Beispiel für solche güterspezifischen Differenzierungen in Deutschland ist die in den 1970er Jahren vorgenommene Unterteilung von Marketing für Konsumgüter, Investitionsgüter und Dienstleistungen. Für den Konsumgüterbereich lässt sich eine weitere Kategorisierung vornehmen nach Convenience-, Shopping- und Speciality-Goods.[242] Beim Marketing für Investitionsgüter sollten die „empirisch belegbare[n] Unterschiede in den Vermarktungsprozessen" berücksichtigt werden für das Produkt-,

---

[239] Ebenda, S. 111; ders.: Absatzlehre, 2. Aufl., Stuttgart 1969, S. 13 ff.

[240] Vgl. Köhler, Richard: Marketing – Von der Reklame zur Konzeption einer marktorientierten Unternehmensführung, a.a.O., S. 359.

[241] Vgl. zum Folgenden: Leitherer, Eugen: Geschichte der handels- und absatzwirtschaftlichen Literatur, a.a.O., S. 111 ff.; Meffert, Heribert: Marktorientierte Unternehmensführung im Umbruch – Entwicklungsperspektiven des Marketing in Wissenschaft und Praxis, a.a.O., S. 11 ff.; Meffert, Heribert: Marketing-Theorie, a.a.O., S. 698 ff. Bubik, Roland: a.a.O., S. 56 ff.; Hansen, Ursula/Bode, Matthias: Marketing & Konsum, a.a.O., S. 62 ff.; Köhler, Richard: Marketing – Von der Reklame zur Konzeption einer marktorientierten Unternehmensführung, a.a.O., S. 359; Sepehr, Philipp, a.a.O., S. 32 ff.; Lippold, Dirk: Theoretische Ansätze der Marketingwissenschaft, Wiesbaden 2015, S. 13 ff.

[242] Diese Unterscheidung geht auf Melvin T. Copeland zurück. Vgl. Copeland, Melvin T.: The Relation of Consumers' Buying Habits to Marketing Methods, in: HBR, Vol. 1(1923), No. 3, S. 282–289; zitiert nach: Hansen, Ursula/Bode, Matthias: Marketing & Konsum, a.a.O., S. 62 ff.; vgl. auch: Meffert, Heribert: Meffert, Heribert: Marktorientierte Unternehmensführung im Umbruch – Entwicklungsperspektiven des Marketing in Wissenschaft und Praxis, a.a.O., S. 11 f.; Leitherer zitiert aus der US-amerikanischen Literatur darüber hinaus die Einteilung in: Fashion goods, Service goods, Standardized goods, Low-priced articles, Perishable goods, Impulse goods, Emergency goods und Bulk goods. Vgl. Leitherer, Eugen: Geschichte der handels- und absatzwirtschaftlichen Literatur, a.a.O., S. 113.

das System- sowie das Anlagengeschäft.[243] Im deutschsprachigen Raum haben sich insbesondere Hans Knoblich[244] sowie Udo Koppelmann[245] mit warenorientierten Systematisierungen im Rahmen der Produktpolitik beschäftigt.

Meffert weist in einer Bewertung des warenorientierten Ansatzes darauf hin, dass man im Laufe der Zeit „in der Marketingtheorie von einer vordergründigen Erfassung der Produktcharakteristiken mehr und mehr zu den käuferverhaltenstheoretischen Begründungen für ein differenziertes Kaufverhalten übergeht."[246] Allerdings gewinnt dieser Ansatz in der Form einer Geschäftstypenklassifikation in den letzten Jahren eine zunehmende Bedeutung im dynamisch wachsenden B2B-Marketing, indem er sich als sehr geeignet für die Ableitung eines typenspezifischen Marketings im Investitionsgütermarkt erweist.[247] Backhaus/Voeth haben die o.g. Klassifizierung in diesem Sinne weiterentwickelt.[248]

Der **institutionenorientierte Ansatz** (institutional approach) befasst sich mit der Beschreibung und Klassifikation der absatzwirtschaftlichen Institutionen.[249] Einen Schwerpunkt bildet dabei die Diskussion um verschiedene Betriebsformen des Handels. Es geht dabei im Rahmen einer Strukturanalyse vor allem um die Definition und statistische Deskription der einzelnen Handelsorgane, vor allem der Institutionen des selbständigen Groß- und Einzelhandels, der Vertriebsorgane der Produzenten sowie der Einkaufsgenossenschaften der Verbraucher. Auf deutscher Seite haben sich insbesondere Erich Schäfer[250] sowie Rudolf Seyffert[251]

---

[243] Vgl. Backhaus, Klaus: Investitionsgütermarketing, 3. Aufl., München 1992, S. 233.

[244] Vgl. Knoblich, Hans: Betriebswirtschaftliche Warentypologie,. Grundlagen und Anwendungen, Köln/Opladen 1969; ders.: Produkttypologie, in: Vahlens Großes Marketing Lexikon, hrsg. von Hermann Diller, München 1992, S. 964–967.

[245] Vgl. Koppelmann, Udo: Beiträge zum Produktmarketing, Herne/Berlin, 1973.

[246] Meffert, Heribert: Meffert, Heribert: Marktorientierte Unternehmensführung im Umbruch – Entwicklungsperspektiven des Marketing in Wissenschaft und Praxis, a.a.O., S. 13.

[247] Vgl. Lippold, Dirk: Theoretische Ansätze der Marketingwissenschaft, a.a.O., S. 17.

[248] Vgl. Backhaus, Klaus/Voeth, Markus: Industriegütermarketing, 9. Aufl., München 2010, S. 185 ff.

[249] Ein Beispiel für eine derartige Klassifikation findet sich bei: Pillips, C.F.: Marketing, Boston 1938;; zitiert nach: Leitherer, Eugen: Geschichte der handels- und absatzwirtschaftlichen Literatur, a.a.O., S. 115 f..

[250] Vgl. Schäfer, Erich: Die Aufgabe der Absatzwirtschaft, Köln/Opladen 1943, insbesondere Kapitel II: Die Organe der Absatzwirtschaft, S. 39 ff.

[251] Vgl. Seyffert, Rudolf: Die Wirtschaftslehre des Handels, 2. Aufl., Köln/Opladen 1955; zitiert nach: Meffert, Heribert: Marktorientierte Unternehmensführung im Umbruch – Entwicklungsperspektiven des Marketing in Wissenschaft und Praxis, a.a.O., S. 11 ff.

mit dieser Forschungsrichtung befasst. Leitherer beklagt, dass „[...] die Institutionenlehre mit ihrer Beschreibung stets hinter der Entwicklung ihres Gegenstandes her [hinkt].[252] Allerdings hat Robert Nieschlag[253] bereits 1954 Erklärungsansätze für den institutionellen Wandel im Handelsbereich entwickelt. Insgesamt gilt: „Der empirische Nutzen des institutionenorientierten Ansatzes liegt in dessen Eignung zur Ableitung eines typenspezifischen Handelsmarketings."[254]

Gegenstand des **funktionsorientierten Ansatzes** (functional approach) ist die Beschreibung der einzelnen absatzwirtschaftlichen Funktionen, insbesondere im Verhältnis zwischen Hersteller und Handel. Die amerikanische Literatur hat dazu eine ganze Reihe von Funktionslehren hervorgebracht.[255] In Deutschland hat sich insbesondere Oberparleitner bereits 1918 sehr mit diesem Thema befasst.[256] Strukturierungen der Absatzfunktionen werden nach objektbezogenen, inhaltlichen, zeitlichen sowie räumlichen Kriterien vorgenommen. In den 1970er Jahren wurde angesichts der zunehmenden Bedeutung der Handelsunternehmen als „Gatekeeper" im Vertriebssystem die Funktionsaufteilung zwischen Herstellern und Handelsunternehmen ins Zentrum der Untersuchung gestellt.

Hansen/Bode weisen besonders darauf hin, „daß durch das Aufzeigen der von der Produktion funktionell zu trennenden Absatzaufgaben der Absatz als vollwertiger Prozeß neben der materiellen Produktion anerkannt wurde."[257] Außerdem konnte mit der Funktionslehre auch die Produktivität des Handels als Vermittler des Warenaustausches wissenschaftlich belegt werden.[258] Bei Bruno Tietz bilden die Themen Handel und Handelsmarketing Schwerpunkte seiner Veröffentlichungen.[259]

Die Frage ist, welche Bedeutung diesen drei wissenschaftlichen Ansätzen beizumessen ist im Hinblick auf ihre mögliche Handlungsrelevanz für die unternehmerische Praxis? Welchen Charakter haben diese Publikationen? Bubik spricht

---

[252] Leitherer, Eugen: Absatzlehre, a.a.O., S. 13.

[253] Vgl. Nieschlag, Robert: Die Dynamik der Betriebsformen im Handel, Essen 1954; zitiert nach: Meffert, Heribert: Marktorientierte Unternehmensführung im Umbruch – Entwicklungsperspektiven des Marketing in Wissenschaft und Praxis, a.a.O., S. 11 ff.

[254] Lippold, Dirk:: Theoretische Ansätze der Marketingwissenschaft, a.a.O., S. 14.

[255] Leitherer weist darauf hin, dass P.T. Cherington 1920 die „[...] erste geschlossenen Analyse der Absatzwirtschaft auf funktionaler Basis [veröffentlich hat]". Leitherer, Eugen: Geschichte der handels- und absatzwirtschaftlichen Literatur, a.a.O., S 114.

[256] Vgl. Oberparleitner, Karl: Die Funktionen des Handels, Wien 1918.

[257] Hansen, Ursula/Bode, Matthias: Marketing & Konsum, a.a.O., S. 64.

[258] Vgl. ebenda.

[259] Vgl. z. B. Tietz, Bruno: Der Handelsbetrieb, 2. Aufl., München 1993; ders.: Binnenhandelspolitik, 2. Aufl., München 1993.

im Zusammenhang mit diesen Ansätzen von „*deskriptiver Literatur*"[260] Leitherer kommt in seiner Veröffentlichung aus dem Jahre 1969 zu dem Schluss, dass sie als „Versuche einer *Strukturerhellung* des absatzwirtschaftlichen Bereichs"[261] zu werten sind, und er hinterfragt, ob dies „das eigentliche Ziel der Absatzlehre sein kann" und welche Handlungsmöglichkeiten sich für den Unternehmer ergeben. „Der Unternehmer [...] betrachtet die ökonomische Struktur unter dem Gesichtswinkel, wie er sich ihr gegenüber verhalten und wie er sie beeinflussen kann. Eine reine Wesenserkenntnis dieser Struktur kann dazu nur als ein erster Schritt angesehen werden."[262]

Unter dem Blickwinkel des pragmatischen Wissenschaftsziels dieser Arbeit, nämlich den Anwendungs- und Handlungsbezug der absatzwirtschaftlichen bzw. Marketingliteratur zu untersuchen, erscheint diese Kritik einsichtig. Die drei klassischen Ansätze enthalten vorwiegend beschreibende, allenfalls erklärende Aussagen. Sie enthalten dagegen keine vorhersagenden und keine technologischen Aussagen im Sinne handlungsrelevanter Anweisungen. Insofern ist ihre Bedeutung für die unternehmerische Praxis begrenzt.

Andererseits lässt sich jedoch auch anerkennen, dass von diesen Ansätzen eine beachtliche Wirkung auf den Wissenschaftsbetrieb in den USA und mit zeitlicher Verzögerung auch in Deutschlands ausgegangen ist. Ebenso wie die empirische Markt- und Verbrauchsforschung, die Werbelehre und die Markenartikelforschung sowie die eher vertriebstechnischen Veröffentlichungen gaben warenorientierter, institutionenorientierter sowie funktionsorientierter Ansatz als Teilbereiche jeweils mehr oder weniger starke Impulse für die Entwicklung einer Absatz- und Handelslehre.

Schrittweise gelang es so, die Absatzwirtschaft stärker ins Zentrum betriebswirtschaftlichen Erkenntnisinteresses zu rücken und erste Ansätze zu einer Etablierung als eigenständiger Kerndisziplin innerhalb der Betriebswirtschaftslehre zu entwickeln. Dabei ragen zwei Wissenschaftler heraus, die bis in die 1960er und 1970er Jahre hinein das absatzwirtschaftliche Wissen an den deutschen Universitäten prägten: **Erich Schäfer** mit seinem „**qualitativen**" Ansatz und **Erich Gutenberg** mit seinem „**quantitativen Ansatz**". Der Unterschied zwischen beiden Ansätzen besteht darin, dass sich Schäfer ausschließlich einer verbalen Darstellung bedient im Unterschied zu Gutenberg, dessen Werk in Teilen – besonders bei der Preispolitik – mathematisch orientierte Darstellungen aus der Mikroökonomie enthält.

---

[260] Bubik, Roland: a.a.O., S. 56. (Herv. im Original).
[261] Leitherer, Eugen: Absatzlehre, a.a.O., S. 14.(Herv. im Original).
[262] Ebenda, S. 15.

### 2.3.3.3 Der „qualitative" Ansatz von Erich Schäfer sowie seine Nachfolgearbeiten im Marktforschungsbereich

Wie bereits weiter oben ausgeführt, hat **Erich Schäfer** als Mitglied der „Nürnberger Schule" einen ganz wesentlichen Beitrag zum Aufbau der empirischen Markt- und Verbrauchsforschung geleistet. In seinen Veröffentlichungen hat er Schwerpunkte insbesondere bei der betrieblichen Marktforschung[263] sowie den absatzwirtschaftlichen Institutionen und der Durchführung der absatzwirtschaftlichen Aufgaben[264] im Unternehmen gesetzt.

Schäfer legte mit seiner Dissertation „Grundlagen der Marktbeobachtung" 1928 „eine erste Monografie über die systematische und kontinuierliche Untersuchung von Märkten für privatwirtschaftliche Zwecke vor"[265], das in seinen späteren Auflagen zum Standardwerk der Marktforschungsliteratur wurde.[266] In Schäfers Marktforschungskonzepten stehen die Methoden der Datenerhebung und -auswertung im Mittelpunkt, außerdem die organisatorische Einbindung der Marktforschung sowie die Anwendungsmöglichkeiten der Forschungsergebnisse im Unternehmen. Er orientiert sich dabei auch an US-amerikanischer Literatur. Schäfer hat ganz wesentliche neue Erkenntnisse und Konzepte eingebracht: Für ihn ist die Marktforschung ein Teilgebiet der *angewandten* Wirtschaftswissenschaft sowie von der Zielsetzung her ein „*Instrument der Unternehmensführung*".[267] Außerdem geht auf ihn auch die Unterscheidung in Markt*untersuchung* im Sinne der Analyse von Strukturen sowie Markt*beobachtung* im Sinne der Betrachtung im zeitlichen Ablauf zurück. Diese Unterteilung wendet er dann auf die Marktfaktoren „Bedarf", „Konkurrenz" sowie „Absatzwege" an.[268] Schäfer

---

[263] Grundlegend war die bereits zitierte Dissertation Schäfers von 1928 mit dem Titel: Grundlagen der Marktbeobachtung mit einer Darstellung der Beobachtungspraxis in der deutschen Porzellanindustrie, a.a.O.; außerdem: ders.: Die Wirtschaftsbeobachtung, Bamberg 1925; ders.: Einführung in die praktische Marktforschung, in: Wagenführ, Horst u. a. (Hg.): Marktanalyse und Marktbeobachtung, Quellenhandbuch für Handel und Industrie, Stuttgart 1933, S. 5–14; ders.: Grundlagen der Marktforschung. Marktuntersuchung und Marktbeobachtung, 3. Aufl., Köln/Opladen 1953/1966; ders.: Betriebswirtschaftliche Marktforschung, Essen 1955.

[264] Vgl. Schäfer, Erich: Die Aufgabe der Absatzwirtschaft, a.a.O.; ders: Über die künftige Gestalt der Absatzlehre, in: Bergler, Georg/Schäfer, Erich: Um die Zukunft der deutschen Absatzwirtschaft, Berlin 1936, S. 30–54.

[265] Köhler, Richard: Marketing – Von der Reklame zur Konzeption einer marktorientierten Unternehmensführung, a.a.O., S. 362.

[266] Vgl. Schäfer, Erich: Grundlagen der Marktforschung, a.a.O.

[267] Ebenda, S. 6. (Herv. im Original).

[268] Vgl. etwa die Matrixdarstellung in: Schäfer, Erich: Grundlagen der Marktforschung, a.a.O., S. 15.

hat damit auch explizit der Konkurrenzanalyse und -beobachtung einen wichtigen Platz eingeräumt. Dabei stellt er unter dem Begriff „Absatzverwandtschaft"
(im Unterschied zur „Produktionsverwandtschaft") die Fähigkeit unterschiedlicher Produkte heraus, das *gleiche* Bedürfnis zu befriedigen.[269] Allein dies sei
maßgebend für die Definition von Wettbewerbsverhältnissen.

In einer Bewertung des wissenschaftlichen Beitrags Schäfers zum Thema
Marktforschung kommt Bubik zu dem Schluss, dass Erich Schäfer damit „der
Absatztheorie neue Horizonte erschlossen"[270] hat. Insbesondere die postulierte
Ausrichtung der Unternehmensführung auf den Markt ermöglicht unternehmerische Handlungsoptionen: Auf der Grundlage systematisch erhobener Informationen über den Bedarf, die Märkte und Wettbewerber können Ziele formuliert
werden und die absatzpolitischen Instrumente eingesetzt werden.[271]

Was die absatzwirtschaftlichen Arbeiten als zweiten Schwerpunkt betrifft, so
hat Schäfer zuerst 1936 in einer programmatischen Synopse die Teilfunktionen
des Absatzes einschließlich der absatzwirtschaftlichen Instrumente angesprochen.
Er benennt die Teilfunktionen: Absatz-Vorbereitung, Absatz-Anbahnung, Absatz-
Durchführung, Finanzielle Durchführung, Vorratshaltung für den Verkauf sowie
Erhaltung der Absatzbeziehungen und untergliedert diese jeweils weiter, z. B. die
Absatz-Vorbereitung in: a) Markterkundung (Marktforschung), b) Auswertung der
bisherigen Erfahrungen an Hand der eigenen Absatzstatistik, c) Absatzplanung, d)
Werbung (=generelles Angebot).[272] Schäfer hat damit einen wesentlichen Beitrag
zur inhaltlichen Fundierung einer *funktionalen* Absatzlehre geleistet.

In seinem nachfolgenden Werk „Die Aufgabe der Absatzwirtschaft", zuerst
erschienen 1943, hat Schäfer diese Gedanken vertieft. Schäfer greift hier die
bereits in seinen Werken zur Marktforschung immer wieder geäußerte Überzeugung auf, dass das Absatzziel, ein bestimmtes Produkt zu verkaufen, nur das
„vorletzte oder vorvorletzte Ziel" sein kann, sondern dass das eigentliche Ziel
nur in einer bestimmten „Nutzenbewirkung" liegen könne. Es geht also darum,
sich darüber im Klaren zu werden, dass der Verbraucher in „Bedarfskonfiguratio-
nen, so etwa: ‚Körperpflege', ‚Abendeinladung' ‚Urlaubsreise'[…]"[273] denkt und
dass der Unternehmer sich in seinem Angebot daran ausrichten müsse. Und dies

---

[269] Vgl.: Schäfer, Erich: Grundlagen der Marktforschung, a.a.O., S. 155.

[270] Bubik, Roland: a.a.O., S. 97.

[271] Vgl. ebenda.

[272] Vgl. Schäfer, Erich: Über die künftige Gestalt der Absatzlehre, a.a.O., S. 41. Im Weiteren entwirft Schäfer eine detaillierte Gliederung für eine absatzwirtschaftliche Vorlesung
und „als Arbeitshilfe für die wissenschaftliche Bearbeitung absatzwirtschaftlicher Fragen",
S. 47 ff.

[273] Schäfer, Erich: Die Aufgabe der Absatzwirtschaft, a.a.O. S. 116.

nicht nur einmalig, sondern immer wieder erneut. Wichtig ist Schäfer auch der Hinweis, dass die Orientierung an den Bedürfnissen der Verbraucher als Leitbild für „die gesamten unternehmerischen Maßnahmen und Einrichtungen"[274] gelten müsse. Das kann man als eine schon sehr frühzeitig formulierte Forderung nach einer marktorientierten Unternehmensführung verstehen, bei der an erster Stelle die Ermittlung der Bedürfnisse der Verbraucher steht, bevor ein Produkt durch Marketingstrategien und operative Maßnahmen am Markt angeboten werden sollte.

Für Bubik gilt Schäfers Lehre von der Absatzwirtschaft „als Kernbestand des deutschen Functional Approach",[275] weil es zu einer unternehmerischen Entscheidungslehre erweitert wird. Auch Ulli Arnold hat in einer Rezension im Jahre 1985 Erich Schäfers Buch „Die Aufgabe der Absatzwirtschaft" gewürdigt, insbesondere in der Form der dritten Auflage von 1981.[276] Arnold bewertet die funktionale Betrachtungsweise Schäfers ebenfalls als „ausgesprochen fruchtbar und anregend",[277] stellt dabei aber auch heraus, dass es Schäfer „nicht um die Beschreibung von Gestaltungsmöglichkeiten und Bewertungstechniken für einzelne Produkte" geht, „sondern um die Möglichkeiten der ‚Einbindung des Leistungsgefüges in das Bedarfsgefüge der Abnehmer'".[278] Abschließend nimmt Arnold – wohl angesichts der mittlerweile doch ganz erheblich fortgeschrittenen wissenschaftlichen Diskussion gerade auch unter dem Blickwinkel des Anwendungsbezugs der Marketingwissenschaft – eine kritische Bestandsaufnahme zur Bedeutung von Schäfers Lehre von der Absatzwirtschaft vor. Als mögliche Einwände führt er auf:

a) „das Buch ist zu wenig an Detailproblemen orientiert; dies betrifft insbesondere den Bereich der Marketinginstrumente;
b) es spart die Methoden, Techniken, Verfahrensweisen des sog. Marketing-Management völlig aus;
c) der Verfasser bedient sich ausschließlich einer verbalen Darstellung;

[274] Vgl. ebenda, S. 115.
[275] Bubik, Roland: a.a.O., S. 106.
[276] Vgl. Arnold, Uli: Erich Schäfers Lehre von der Absatzwirtschaft, Rezension zum Buch von Erich Schäfer: Absatzwirtschaft. Gesamtwirtschaftliche Aufgabe – Unternehmerische Gestaltung, 3. Aufl., Stuttgart 1981. Quelle: https://elib.uni-stuttgart.de/bitstream/11682/8349/1/arn25.pdf, S. 303–311. (abgerufen am 22.2.2020).
[277] Arnold, Uli: a.a.O., S. 304.
[278] Arnold, Uli, a.a.O., S. 307 mit Zitation aus: Erich Schäfer: Absatzwirtschaft. Gesamtwirtschaftliche Aufgabe – Unternehmerische Gestaltung, 3. Aufl., Stuttgart 1981, S. 158.

d) einschlägige verhaltenswissenschaftliche Untersuchungen, Theorieentwürfe und Hypothesen bleiben nahezu unberücksichtigt;

e) empirisches Wissen wird vorzugsweise zu Einzelfallillustrationen herangezogen;

f) die verwendeten Fachbegriffe sind ‚veraltet', nicht mehr ‚in' (z. B. Leistungsfeld, Absatzgesicht);

g) die ausgewertete Literatur ist sehr schmal und genügt den aktuellen Anforderungen nicht mehr."[279]

Zu einer zusammenfassenden Bewertung der bisher referierten Literatur zu den verschiedenen absatzwirtschaftlichen Teilgebieten gehört auch, dass diese „mitunter eher illustrativen Erzählungen über Erscheinungen der Absatzwirtschaft glichen, als wissenschaftlichen Abhandlungen."[280] Dies erschwert das in dieser Arbeit beabsichtigte „Herausfiltern" anwendungsorientierter Erkenntnisse für die unternehmerische Praxis. Trotzdem haben diese Veröffentlichungen eine Reihe von Einsichten hervorgebracht, die sich für die praktische Anwendung in einem Unternehmen eigneten.

Allerdings trafen diese Veröffentlichungen grundsätzlich den Zeitgeist in den Unternehmen. Gefragt waren anwendungsorientierte und eingängige Konzepte zur Lösung praktischer Probleme.[281] Für den Marktforschungsbereich lässt sich feststellen, dass diese Forderungen offenbar bald auf „fruchtbaren Boden" fielen. Auf der Grundlage der Arbeiten Erich Schäfers, Georg Berglers sowie weiterer Autoren der „Nürnberger Schule", die mit ihren Publikationen den Forschungsbereich ganz wesentlich geprägt hatten, gab es in der ersten Hälfte der 1960er Jahre zur Marktforschung einige weitere Arbeiten, die einerseits eine erheblich erweiterte methodische Ausrichtung, zum anderen auch einen stärkeren Anwendungsbezug hatten. Zu nennen ist hier insbesondere die „Demoskopische Marktforschung" von Karl Christian Behrens.[282] Außerdem veröffentlichte Manfred Hüttner 1965 seine erste Auflage der „Grundzüge der Marktforschung".[283]

---

[279] Arnold, Uli, a.a.O., S. 308.

[280] Bubik, Roland: a.a.O., S. 131.

[281] Vgl. ebenda, S. 132.

[282] Vgl. Behrens, Karl Christian: Demoskopische Marktforschung, 1. u. 2. Aufl., Wiesbaden 1961/66. In den 1970er Jahren folgte unter der Herausgeberschaft von Behrens das Handbuch der Marktforschung, Bd. 1 und 2, Wiesbaden 1974/77.

[283] Vgl. Hüttner, Manfred: Grundzüge der Marktforschung, 1., 2. u. 3. Aufl., Wiesbaden 1965/74/76.

Behrens führt in seinem Werk eine Unterscheidung ein zwischen der demoskopischen Marktforschung als subjektbezogener Marktforschung und Teilbereich
der Sozialforschung sowie der ökoskopischen Marktforschung als objektbezoge-
ner Marktforschung und Teilbereich der Wirtschaftsforschung. Für die betriebliche Marktforschungsarbeit sind dabei beide Forschungszweige relevant. Bei der
demoskopischen Marktforschung handelt es sich um repräsentative Bevölkerungs-
oder Kundenbefragungen beispielsweise zu der Anzahl von Verbrauchern eines
bestimmten Produktes, ihrem Pro-Kopf-Verbrauch, ihren Einstellungen oder
ihrem Kaufverhalten. Zumindest bei Bevölkerungsbefragungen geschieht dies
i. d. R. mit Hilfe von Marktforschungsinstituten. Im Rahmen der ökoskopischen Marktforschung geht es darum, Informationen z. B. zum Marktvolumen
oder zu der Anzahl und Struktur der Wettbewerber zu erhalten. Behrens konzentriert sich in seinem Werk auf die demoskopische Marktforschung und setzt
einen für die praktische Marktforschungsarbeit wichtigen Schwerpunkt bei den
Erhebungsmethoden und der praktischen Durchführung derartiger Erhebungen.

Hüttners eigener Aussage zufolge dient sein Lehrbuch ebenfalls „praxisbe-
tonten Zwecken"[284]. Außerdem verfolgt er das Ziel, „eine Orientierung über
die Gesamtheit der inzwischen schon recht weit differenzierten einzelnen Sachgebiete bzw. Methoden der Marktforschung"[285] zu geben. Darüber hinaus hat
er auch den Anspruch, einen Beitrag zu leisten zur „Entwicklung einer wissenschaftlichen Systematik […] und damit zur Herausbildung dieses Gebietes
als eigene wissenschaftliche Disziplin".[286] Auch bei Hüttner bilden Erhebungs-
sowie Auswertungsmethoden, und zwar sowohl für die demoskopische wie für
die ökoskopische Marktforschung, die Schwerpunkte.

Was die Aufgaben der betrieblichen Marktforschung betrifft, so gehen beide
Autoren unter den Überschriften „Einsatz der demoskopischen Marktforschung
im Betrieb" (Behrens) sowie „Sachgebiete der betrieblichen Marktforschung"
(Hüttner) darauf ein. Für Behrens „[setzt] [j]ede marktbezogene unternehmerische
Entscheidung […] Informationen über Marktdaten voraus."[287] Der Autor fährt
fort: „Erste und grundlegende Aufgabe der Marktforschung ist es, dem Unternehmer einen auf Grund wissenschaftlicher Verfahren gewonnenen und daher

---

[284] Hüttner, Manfred: Grundzüge der Marktforschung, Vorwort zur 1. Aufl. (Herv. d. Verf.,
H.F.)
[285] Ebenda.
[286] Ebenda.
[287] Behrens, Karl Christian: Demoskopische Marktforschung, a.a.O., S. 135. (im Original
hervorgehoben).

lückenlosen und präzisen Überblick über diese Daten zu vermitteln, die unternehmerische Entscheidungsbildung also auf einen hinreichend genauen Informationsgrad zu stützen."[288] Die zweite – und schwierigere – Aufgabe besteht für Behrens darin, die künftigen Marktsituationen zu antizipieren, also Prognosen über Marktentwicklungen aufzustellen und damit den Grad an Ungewissheit und damit auch das Risiko zu begrenzen.[289] Konkret geht es dabei – wie bereits von Schäfer gefordert – sowohl um „sachbezogene Analysen" (= ökoskopische Daten) als auch um demografische Untersuchungen.[290]

### 2.3.3.4 Der „quantitative" oder „modelltheoretische" Ansatz von Erich Gutenberg

Mit seinem häufig als „modelltheoretischer Ansatz"[291] bezeichneten dreibändigen Werk „Grundlagen der Betriebswirtschaftslehre"[292] befand sich Gutenberg zunächst „nicht im wissenschaftsklimatischen Trend der späten fünfziger Jahre."[293] Stärker als die Anwendungsorientierung steht bei ihm die theoretische Fundierung und Logik der Argumentation im Vordergrund des wissenschaftlichen Interesses.[294] Methodisch bevorzugt Gutenberg ein naturwissenschaftlich-mathematisches Vorgehen und geht über weite Strecken von streng rational zu treffenden Entscheidungen aus. Dies gilt grundsätzlich auch für den zweiten Band der Veröffentlichungsreihe: „Der Absatz".[295] Allerdings bedient sich Gutenberg hier sowohl mathematischer wie auch verbaler Vorgehensweisen bei der Beschreibung und Erklärung der Phänomene.[296]

---

[288] Ebenda.

[289] Vgl. ebenda.

[290] Vgl. ebenda, S. 136 f.

[291] Vgl. z. B. Meffert, Heribert: Marketing-Theorie, a.a.O., S. 1.021.

[292] Vgl. Gutenberg, Erich: Grundlagen der Betriebswirtschaftslehre, Bd. 1: Die Produktion, Berlin u. a. 1951, Bd. 2: Der Absatz, Berlin u. a. 1955 sowie Bd. 3: Die Finanzen, Berlin u. a. 1969.

[293] Bubik, a.a.O., S. 132.

[294] Vgl. ebenda.

[295] Vgl. Gutenberg, Erich: Grundlagen der Betriebswirtschaftslehre, Bd. 2: Der Absatz, Berlin u. a. 1955.

[296] Gutenberg schreibt selber im Vorwort: „Die Form der Darstellung paßt sich jeweils der Eigenart des untersuchten Gegenstandes an. Da, wo es mir notwendig erschien, die Probleme an anschaulichem Material zu erörtern, habe ich eine möglichst anschauliche Form der Darstellung bevorzugt. Da jedoch, wo die zu behandelnden Fragen einen hohen Abstraktionsgrad verlangen, habe ich eine entsprechend abstrakte Form der Darstellung gewählt."

Dieser methodische Ansatz Gutenbergs hat bereits kurz nach der Veröffentlichung des ersten Bandes Anfang der 1950er Jahre zu einem Methodenstreit zwischen dem Autor sowie Konrad Mellerowicz geführt.[297] Hauptangriffspunkt war der modelltheoretische Ansatz sowie die fehlende Bezugnahme auf verhaltenswissenschaftliche Erkenntnisse aus Psychologie und Soziologie. Ein anderer später formulierter Vorwurf lautet, dass sich aus der Reihenfolge der drei Veröffentlichungen schon ableiten ließe, dass Gutenberg die Produktion als Leistungserstellung sehe, der der Absatz als Leistungsverwertung sachlich nachgeordnet sei im Sinne eines bloßen Instrumentalbereichs.[298] Nach Durchsicht dieser Veröffentlichung lässt sich der letztgenannte Einwand nach Einschätzung des Autors dieser Arbeit nicht bestätigen.[299] Vielmehr scheint folgendes Urteil gerechtfertigt: Bei Gutenberg stellt der Absatz keineswegs nur ein „Anhängsel" der Produktion dar, sondern er bildet eine selbstständige betriebliche Hauptfunktion, die gleichberechtigt neben der Leistungserstellung (Produktion) sowie der Finanzierung steht.[300]

Es lässt sich allerdings anerkennen, dass Erich Schäfer – wie aufgezeigt – im Unterschied zu Gutenberg bereits seit den 1940er Jahren und damit viel früher und entschiedener auf die große Bedeutung des Absatzbereichs aufmerksam gemacht hat. Ferner geht Schäfer auch insofern über Gutenberg hinaus, als er – nicht nur eine Gleichberechtigung des Absatzes neben den anderen großen betrieblichen Funktionsbereichen beschrieben, sondern – eine Orientierung des Unternehmens und seiner Produktion an den Bedürfnissen des Verbrauchers eingefordert hat. Schäfer steht damit sehr frühzeitig für eine marktorientierte Unternehmensführung, wie sie dem modernen Marketingverständnis sehr nahe kommt. Gutenberg argumentiert dagegen hauptsächlich instrumentell, indem er – im Anschluss an die Darstellung der „innerbetrieblichen Grundlagen" wie

Gutenberg, Erich: Grundlagen der Betriebswirtschaftslehre, Bd. 2: Der Absatz, Berlin u. a. 1955, Vorwort.

[297] Vgl. Mellerowicz, Konrad: Eine neue Richtung der Betriebswirtschaftslehre? Eine Betrachtung zu dem Buch von E. Gutenberg: „Grundlagen der Betriebswirtschaftslehre" – 1. Band: Die Produktion, in: ZfB, 22. Jg. (1952), Heft 3, S. 145–161 sowie Gutenberg, Erich: Zum „Methodenstreit", in: ZfhF, NF, 5. Jg. (1953), S. 327–355, zitiert nach: Hansen, Ursula/Bode, Matthias: Marketing & Konsum, a.a.O., S. 95.

[298] Vgl. Hansen, Ursula/Bode, Matthias: Marketing & Konsument, a.a.0, S. 93: dies.: Entwicklungsphasen der deutschen Marketingwissenschaft seit dem Zweiten Weltkrieg, a.a.O., S. 188.

[299] Siehe dazu auch die Ausführungen im Abschnitt 2.3.4.

[300] So auch Bubik, Roland: a.a.O., S. 127.

Aufgaben der Geschäftsleitung, innerbetriebliche Absatzorganisation, Absatzvorbereitung und Absatzkosten – schwerpunktmäßig und detailliert die Instrumente
der Absatzpolitik beschreibt und analysiert, nämlich: die Absatzmethode, die
Preispolitik (als besonderer Schwerpunkt), die Produktgestaltung sowie die Werbung. Insbesondere im Kapitel über die Absatzvorbereitung wird dabei auch die
Bedeutung von Marktforschung für den unternehmerischen Planungsprozess im
Verhältnis von Produktion, Absatz und Finanzen deutlich.

Das Verdienst Gutenbergs besteht darin, diese absatzpolitischen Instrumente
frühzeitig systematisch beschrieben und ihre optimale Kombination thematisiert
zu haben. Dies geschah im Vergleich zu Schäfer wesentlich umfassender und im
Vergleich zu der in späteren Jahren als Quelle für die „4 Ps" (Product, Price,
Promotion, Place) und den Begriff des Marketing-Mix häufig zitierten Arbeit von
Jerome McCarthy[301] aus dem Jahre 1960 um einige Jahre früher. Horst Albach
hat sicherlich recht, wenn er konstatiert: „Gutenbergs Analyse des absatzpolitischen Instrumentariums hat die praktischen Überlegungen über den effizienten
Marketing-Mix nachhaltig beeinflusst."[302]

Gutenbergs Werk enthält starke Bezüge insbesondere zur mikroökonomi-
schen Theorie. Eine zentrale Bedeutung in der nachfolgenden wissenschaftlichen
Diskussion hat insbesondere die von ihm im Rahmen der oligopolistischen
Preispolitik auf unvollkommenen Märkten behandelte „doppelt geknickte Preis-
absatzfunktion" erlangt, bei der ein monopolistischer Preisspielraum durch den
Einsatz anderer absatzpolitischer Instrumente erreicht werden kann. Mit anderen Worten: Innerhalb dieses Preisintervalls führt eine Preiserhöhung nicht zu
einer wesentlichen Veränderung der Absatzmenge und kaum zu Kundenverlusten.
Diese modellartige Darstellung „hat sich als ein derart offenes und anregendes
Theorem gezeigt, daß man von einer fast mystischen Weiterentwicklung durch
die Epigonen sprechen kann."[303] Bei der Analyse des Dortmunder Biermarktes
kann der empirische Bezug sowie die praktische Bedeutung dieses Theorems in
dieser Arbeit nachgewiesen werden.

Neben diesen primär doch modelltheoretischen Überlegungen und Quantifizie-
rungen zur Preispolitik enthält Gutenbergs Werk aber auch eine ganz Reihe von
Beschreibungen und Erklärungen jenseits des Prinzips des homo oeconomicus.
Insbesondere bei den Instrumentalbereichen außerhalb der Preispolitik werden

---

[301] Vgl. McCarthy: Basic Marketing: A Managerial Approach, Homewood 1960.

[302] https://www.erich-gutenberg-gesellschaft.de/erich-gutenberg/gutenbergs-werk.html
(abgerufen am 24.4.2020).

[303] Tietz, Bruno: Die bisherige und künftige Paradigmatik des Marketing in Theorie und
Praxis. Erster Teil: a.a.O., S. 152.

hier auf der Basis einer breiten – auch US-amerikanische Veröffentlichungen einschließenden – Literaturkenntnis, eines großen Praxisverständnisses und einer systematischen Vorgehensweise wertvolle qualitative Aussagen vorgenommen. Zum Teil sind diese Aussagen eher als „erhellend" denn als „anwendungsorientiert" im Sinne konkreter Handlungsempfehlungen zu charakterisieren, zum anderen Teil sind sie aber durchaus handlungsanweisend, oder es lassen sich aus den Beschreibungen technologische Aussagen zumindest ableiten. Die Anwendungsorientierung war auch nicht Gutenbergs primäres Ziel. Gutenberg verstand die BWL als reine Grundlagenwissenschaft und nicht als anwendungsorientierte Technologie. Sein wissenschaftliches Interesse galt – wie eingangs erwähnt – der theoretischen Fundierung und Logik der Argumentation. Im Vergleich dazu sind insbesondere die Publikationen von Mataja, Seyffert und Schnutenhaus sowie von Schäfer, Behrens und Hüttner in weiten Teilen in dem vorgenannten Sinne insgesamt praxisorientierter.

Ein anderer Punkt wird in der Sekundärliteratur ebenfalls kaum erwähnt: Gutenberg argumentiert an verschiedenen Stellen auch makroökonomisch und gesellschaftskritisch. So diskutiert er z. B. „gesamtwirtschaftliche Aspekte" der Werbung und erkennt hier auch problematische Entwicklungen im Zuge eines „übersteigerten Werbe-Konkurrenzkampfes".[304] Ferner erwähnt er, dass die „Konkurrenzwerbung nicht frei ist von Exzessen, die aus wirtschaftlichen, gesellschaftlichen und ästhetischen Gründen abzulehnen sind".[305]

Die theoretische Stringenz und mathematische Überprüfbarkeit der modelltheoretischen Aussagen hat allerdings andererseits die Konsequenz einer „axiomatischen Strenge sowie Abstraktheit seiner Modelle, die häufig nicht empirisch getestet und für die Anwendung fruchtbar gemacht werden können."[306] Diese Kritik knüpft an die eingangs erwähnte Kritik an Gutenbergs Werk – anwendungsfernes Modelldenken, fehlender verhaltenswissenschaftlicher Bezug – an.

Darüber hinaus wurde angemerkt, dass Gutenberg mit seiner Arbeit das Aufgabenspektrum des Managements noch nicht vollständig erfasst hat. Insbesondere sind bereits im Vorfeld des Instrumenteneinsatzes strategische Entscheidungen zu treffen, z. B. hinsichtlich der Marktwahl und der Zielgruppenbestimmung sowie der Differenzierungsmöglichkeiten gegenüber Aktivitäten des Wettbewerbs. Es müssen außerdem z. B. Überlegungen angestellt werden im Hinblick auf eine

---

[304] Gutenberg, Erich: Grundlagen der Betriebswirtschaftslehre, Bd. 2: Der Absatz, a.a.O., S. 352.

[305] Ebenda, S. 353.

[306] Kaas, Klaus-Peter: Alternative Konzepte der Theorieverankerung, in: Backhaus, Klaus (Hg.): Deutschsprachige Marketingforschung. Bestandsaufnahme und Perspektiven, Stuttgart 2000, S. 55–78, hier: S. 61.

dauerhafte Kundenbeziehung. Ferner gilt es, die Kunden- und Marktorientierung im eigenen Unternehmen zu implementieren.[307] Diese Kritik trifft aber ebenso viele Nachfolgeveröffentlichungen neueren Datums.

Insgesamt kann sich der Autor dieser Arbeit jedoch einem Urteil anschließen, nachdem der Gutenberg'sche Ansatz einen „der markantesten Schritte in der Geschichte der BWL"[308] darstellt. Wie von verschiedenen Autoren hervorgehoben wird, unterscheidet sich dieses Werk von den vorangegangenen Veröffentlichungen zur Absatzwirtschaft vor allem auch dadurch, dass es nicht nur deskriptiv orientiert ist, sondern mit ihm „[...] auch die quantitative Analyse, das Denken in formalen Modellen, in die Betriebswirtschaftslehre und in die Absatztheorie hineingetragen [wurde]. Im Grunde hat *Gutenberg* mit seiner ‚optimalen Kombination des absatzpolitischen Instrumentariums' auch schon das Programm der später so genannten entscheidungsorientierten Absatztheorie formuliert."[309]

### 2.3.4   Anwendungsmöglichkeiten in der betrieblichen Praxis im Zeitraum von 1900 bis 1965: Erkenntnisse, die sich prinzipiell für Vermarktungsprozesse nutzen lassen

Im Folgenden sollen die Erkenntnisse der absatzwirtschaftlichen Literatur in dieser Phase anhand der im Abschnitt 2.1 formulierten inhaltlichen und wissenschaftstheoretischen Kriterien analysiert werden, wonach einerseits das Marketingwissen in „Fachbegriffe", „Strukturierung von Marketing-Problemen", „empirische Generalisierungen", „strategische Grundsätze" sowie „Empfehlungen für die Forschung" eingeteilt und ergänzend die Art der Aussagen in deskriptive, erklärende, prognostische sowie technologische Aussagen unterschieden werden kann. In erster Linie sollen dabei solche Erkenntnisse identifiziert werden, die technologische, d. h. anwendungsorientierte Aussagen bis hin zu Handlungsanweisungen enthalten oder ersatzweise Beschreibungen, aus denen sich technologische Aussagen ableiten lassen. Diese Aussagen sollen sich auf den Konsumgüterbereich beziehen und sich – soweit wie möglich – auch auf die

---

[307] Vgl. Köhler, Richard: Marketing – Von der Reklame zur Konzeption einer Marktorientierten Unternehmensführung, a.a.O., S. 371.

[308] Bubik, Roland: a.a.O., S. 126.

[309] Kaas, Klaus-Peter: Alternative Konzepte der Theorieverankerung, a.a.O., S. 61. (Herv. im Original).

Vermarktung von Bier anwenden lassen. Wo Themenbereiche parallel von verschiedenen Autoren behandelt worden sind, werden die Aussagen mit der erkennbar größten Praxisorientierung bzw. mit einer augenfälligen Innovationsrelevanz besonders berücksichtigt.

Generell kann einleitend darauf hingewiesen werden, dass die Literatur in dieser Phase sich sehr heterogen darstellt und die darin enthaltenen Aussagen sich nach den beschriebenen Kriterien nicht immer ganz eindeutig bewerten lassen. Es kann aber vorab gesagt werden, dass es sich bei den Aussagen weitaus überwiegend um Beschreibungen handelt, z. T. mit ergänzenden Erklärungen sowie um Strukturierungen. Allerdings lassen sich an vielen Stellen aus den Deskriptionen, Kategorisierungen und Typologiebildungen z. T. technologische Aussagen ableiten. Durchgängig fehlt allerdings die Bezugnahme auf empirische Prüfungen bzw. die Bewährung in der betrieblichen Praxis.

Bei einigen Sachgebieten ergibt sich die Anwendungsorientierung auch bereits aus dem Publikationsgegenstand selbst: So ist z. B. bei der Literatur zu den Methoden der Marktforschung unmittelbar erkennbar, dass sie mit dem Ziel beschrieben worden sind, einen Anwendungsbezug herzustellen.[310] In diesem Sinne soll die Anwendungsorientierung zunächst für jede der Einzeldisziplinen bzw. Themenbereiche skizziert werden, indem zentrale Grundsätze bzw. Sachgebiete benannt und aus dem Literaturstudium heraus möglichst weiter spezifiziert werden. Anschließend sollen diese in einer Tabelle überblickartig in Stichworten zusammengefasst werden. Diese Tabelle ist dann Basis für den im Kapitel 3 vorgenommen Vergleich mit den tatsächlich von der Dortmunder Brauindustrie durchgeführten absatzwirtschaftlichen Maßnahmen.

### 2.3.4.1 Ausrichtung des gesamten Unternehmens auf den Markt

Dazu lassen sich folgende grundlegende Erkenntnisse aus der diskutieren Literatur extrahieren:

- Leitbild für alle Entscheidungen und Maßnahmen eines Unternehmens ist die **Orientierung am Markt** (= Schäfers früh formulierte Forderung nach einer marktorientierten Unternehmensführung.)[311]

---

[310] Bei Behrens heißt das dritte Kapitel: „*Praktische Durchführung* der demoskopischen Marktforschung; das vierte Kapitel trägt den Titel: „Betriebliche *Anwendung* der demoskopischen Marktforschung. (Herv. d. Verf., H.F.). Bei Hüttner sind verschiedene Unterkapitel überschrieben mit z. B. „Technische *Durchführung* der Umfrage" oder „*Vorbereitung* der Befragung" oder „*Aufbereitung*" bzw. „*Analyse* des Materials". (Herv. d. Verf., H.F.)

[311] Vgl. Schäfer, Erich: Die Aufgabe der Absatzwirtschaft, a.a.O. S. 115.

- Die **Bedürfnisse der Verbraucher** sind Grundlage für die Produktentwicklung sowie darauf aufbauende Absatzstrategien und operative Maßnahmen.[312]
- Auch für Schnutenhaus muss als Vorbereitung der industriellen Absatzpolitik stets der **Markt zuerst gegeben sein**, da jedes Produkt von ihm abhängig ist.[313]
- Dabei muss die **Absatzplanung eingebunden sein in eine Gesamtplanung** des Unternehmens und bedarf einer Abstimmung mit den Teilbereichen Beschaffung, Produktion und Finanzwesen.[314]

In diesen Aussagen ist bereits ein grundlegendes Verständnis darüber erkennbar, dass die Bedürfnisse des Verbrauchers Ausgangspunkt sein müssen für alle absatzwirtschaftlichen Überlegungen und Maßnahmen. Diese klar formulierte Forderung lässt sich auch bereits als „strategischer Grundsatz" interpretieren.

### 2.3.4.2 Innerbetriebliche Grundlagen der Absatzpolitik

Insbesondere Gutenberg hat die innerbetrieblichen Voraussetzungen für eine erfolgreiche Absatzpolitik beschrieben. Jenseits des Rationalprinzips diskutiert er die Aufgaben einer Geschäftsleitung unter unvollständigen Informationen und bei Unsicherheit der zu treffenden Entscheidungen. „Aus einer solchen Situation heraus müssen die für die Geschicke der Unternehmen Verantwortlichen in marktwirtschaftlichen Systemen ihre Entscheidungen treffen. […] Im übrigen wird auch das **Geheimnis richtiger Entscheidungen niemals rational völlig faßbar sein**. Wir stoßen hier auf die irrationalen Wurzeln unternehmenspolitischer Entscheidungen".[315]

Zu den Aufgaben einer für den Absatzbereich verantwortlichen Geschäftsleitung gehören im Kern:

- der **Aufbau eines gut eingespielten organisatorischen Apparates:**[316] „Ihn zu schaffen, ist eine der großen innerbetrieblichen Aufgaben, die die Geschäftsleitung im Verkaufsbereich der Unternehmen zu lösen hat."[317] Neben der Bildung von Abteilungen, Unterabteilungen und ggf. Stabsstellen bedeutet dies

---

[312] Vgl. ebenda.
[313] Vgl. Schnutenhaus, Otto: a.a.O., S. 2 f.
[314] Vgl. Gutenberg, Erich: Grundlagen der Betriebswirtschaftslehre, Bd. 2: Der Absatz, a.a.O., S. 53 ff.
[315] Ebenda, S. 9. (Herv. d. Verf., H.F.)
[316] Vgl. ebenda, S. 18 ff.
[317] Ebenda, S. 15 f.

auch Tätigkeiten zuweisen, Befugnisse erteilen und Entscheidungsspielräume festlegen sowie Beziehungen zwischen den Funktionsbereichen bestimmen. Personen in der Funktion von Vertriebsleitern bzw. – im Falle mehrerer Geschäftsbereiche – als für den Vertrieb verantwortliche Geschäftsführer haben neben ihrer Leitungsfunktion auch die Aufgabe, „den Absatzbereich mit dem Fertigungsbereich und dem finanziellen Bereich der Unternehmen in ständiger Koordinierung zu halten."[318] Ob dies gelingt, hängt im Einzelfall auch von der persönlichen Eignung der Führungskräfte ab, insbesondere von ihrem Sinn für Zusammenarbeit und Koordinierung sowie von individuellen Eigenarten, Sympathien und Antipathien.[319]

- Die Marktforschung sowie die Absatzplanung sollten Stabsabteilungen sein und keine Anordnungsbefugnis haben.[320] Die Werbung sollte entweder der Unternehmensleitung unmittelbar oder der Vertriebsabteilung unterstellt sein; ggf. auch gleichrangig zur Vertriebsabteilung sein (ist abhängig von der Bedeutung der Werbung für die Marktbearbeitung).[321]
- der Einsatz und vor allem die richtige **Kombination des absatzpolitischen Instrumentariums: Absatzmethode, Produktgestaltung, Werbung sowie Preispolitik.**[322] Dabei ist Folgendes zu beachten: „**Es ist nicht so sehr die richtige Verwendung eines Instrumentes als vielmehr die richtige Kombination aller vier Instrumente**, welches die Absatzpolitik der Unternehmen zu einer so großen und schwer erlernbaren Kunst macht. Der Einsatz des absatzpolitischen Instrumentariums aber bleibt die große und zentrale Aufgabe der für den Verkauf verantwortlichen Persönlichkeiten."[323]

Zur Vorbereitung dieses Einsatzes bedarf es

- der **Marktforschung,**[324] da sie „eine unentbehrliche Grundlage für absatzpolitische Maßnahmen bildet."[325] Es „steht doch außer Zweifel, daß ein

---

[318] Ebenda, S. 20.
[319] Vgl. ebenda, S. 20 f.
[320] Vgl. ebenda, S. 22 f.
[321] Vgl. ebenda, S. 26.
[322] Vgl. ebenda, S. 13 ff. sowie 89 ff.
[323] Ebenda, S. 15. (Herv. d. Verf., H.F.)
[324] Vgl. ebenda, S. 16 sowie 34 ff.
[325] Ebenda, S. 43.

Unternehmen, dessen Markterkundung unzureichend ist, seine absatzpolitischen Entscheidungen mit erheblich höherem Risiko trifft als ein Unternehmen, dessen Dispositionen auf sorgfältig durchgeführten Markterkundungen
beruhen."[326]

- der mit den anderen Unternehmensbereichen gut vernetzten und gut koordinierten **Absatzplanung**.[327] Die Gesamtplanung sei aus der obersten Aufgabe
der Geschäftsleitung abgeleitet. Außerdem diene die Planung „dem Ausgleich der Spannungen [...], die zwischen den betrieblichen Teilbereichen
entstehen können. [...] Die Planung aber stellt den Gesamtzusammenhang in
den Vordergrund, um in ihn alle betrieblichen Vorgänge und Erfordernisse
einzuordnen."[328]

Insgesamt erinnern diese z. T. vehement vorgetragenen Ausführungen zum Aufbau einer funktionierenden Organisation sowie die Empfehlungen zur organisatorischen Einbindung und den Befugnissen von Marktforschung, Absatzplanung
und Werbung an „empirische Generalisierungen", auch wenn die Aussagen
nicht erkennbar aus empirisch angelegten wissenschaftlichen Untersuchungen
hergeleitet sind, wohl aber auf die Vorschläge eines Arbeitskreises Bezug
nehmen.[329]

### 2.3.4.3 Marktforschung

Der Marktforschungspraxis in den Unternehmen wie in den Instituten hat bereits
seit den 1930er Jahren ein grundlegendes Wissen und „Handwerkszeug" zur
Marktforschung zur Verfügung gestanden, das in der ersten Hälfte der 1960er
Jahre im Hinblick auf die Methodik und die Anwendungsorientierung nochmals
„verfeinert" worden ist. Überblickartig lassen sich diese Erkenntnisse wie folgt
zusammenstellen:

Noch etwas pointierter als Gutenberg sieht Schäfer die Marktforschung als
ein Teilgebiet der *angewandten* Wirtschaftswissenschaft und als solches als ein

---

[326] Ebenda, S. 43 f.
[327] Vgl. ebenda, S. 16 sowie 53 ff.
[328] Ebenda, S. 53 f.
[329] Vgl. Arbeitskreis Dr. Krähe: Aufgaben- und Abteilungsgliederungen in der industriellen
Unternehmung, Köln-Opladen 1950, zit. nach Gutenberg, Erich: Grundlagen der Betriebswirtschaftslehre, Bd. 2: Der Absatz, a.a.O., S. 23.

**Instrument der Unternehmensführung** an.[330] Behrens betont, dass jede markt-bezogene unternehmerische Entscheidung Marktforschung voraussetzt.[331] Hier wird Marktforschung im Sinne eines „strategischen Grundsatzes" interpretiert, bevor die Aufgaben beschrieben werden und die instrumentelle Anwendung thematisiert wird.

Gegenstände der Absatzmarktforschung sind nach Schäfer die Erforschung des **Bedarfs (Nachfrage)**, der **Konkurrenz (Angebot)** sowie der **Absatzwege.**[332] Die Aufgaben der Marktforschung erstrecken sich über die Gesamtheit des **absatzpolitischen Instrumentariums.**[333]

Eine Spezifizierung der **Marktforschungsaufgaben** stellt sich folgenderma-ßen dar:[334]

- Abgrenzung und Beschreibung des **relevanten Marktes** sowie der **eigenen Kundschaft**, und zwar:
  - quantitativ: aktuelles Volumen und Potenzial, z. B.: Anzahl und sozio-demografische Struktur der Verbraucher eines bestimmten Produktes, Verbrauchsintensität, Kaufkraft, regionale Verteilung, Absatzzahlen, Markt-anteile, ...
  - qualitativ: Informations- und Kaufverhalten, Gebrauchs- bzw. Verbrauchs-gewohnheiten, Geschmacks- und Verbrauchstrends, Einstellungen, Image verschiedener Angebote/ Wettbewerber, Bereitschaft zum Angebotswech-sel, Zufriedenheit der Konsumenten, ...
- **Konkurrenzanalysen/-beobachtung:** Anzahl, Bedeutung (Marktfüh-rerschaft?, Marktanteile), Programme, Preise, Werbung, Absatzwege, absatzpolitische Strategien und Maßnahmen
- **Prognosen über die Markt- und eigene Absatzentwicklung:** z. B. zu den quantitativen und qualitativen Marktfaktoren und den Absatzzahlen des eigenen Unternehmens als Grundlage für die Neugeschäftsplanung

[330] Vgl. Schäfer: Grundlagen der Marktforschung. Marktuntersuchung und Marktbeobach-tung, 3. Aufl., a.a.O., S. 6.

[331] Vgl. Behrens, Karl Christian: Demoskopische Marktforschung, a.a.O., S. 135.

[332] Vgl. Schäfer: Grundlagen der Marktforschung. Marktuntersuchung und Marktbeobach-tung, 3. Aufl., a.a.O., S. 11 ff.; ders. Marktforschung und Absatzführung, in: ders.: Die Aufgabe der Absatzwirtschaft, 2. Aufl., Köln/Opladen 1950, S. 124–127, hier: S. 126 f.

[333] Vgl. Schäfer, Erich: Grundlagen der Marktforschung. Marktuntersuchung und Marktbe-obachtung, 3. Aufl., a.a.O., S. 18 ff.

[334] Aufbauend auf den Arbeiten Schäfers vgl. zum Folgenden insbesondere: Behrens, Karl Christian: Demoskopische Marktforschung, a.a.O., S. 135 ff.; Hüttner, Manfred: Grundzüge der Marktforschung, a.a.O., S. 207 ff.

- **Auffinden neuer Trends am Markt** bis hin zum Aufbau eines Frühwarnsystems
- **Vorbereitung und Fundierung des Einsatzes der eigenen absatzwirtschaftlichen Instrumente:**
  - **Produktgestaltung:** Test der technischen/ästhetischen Eigenschaften, der Verpackung/ Flaschengestaltung oder von Namensalternativen als Einzel- oder als Vergleichstest
  - **Preispolitik:** Ermittlung von Preis(ober)grenzen
  - **Werbung:** Werbeträgerforschung bei den verschiedenen Medien, z. B. Leser pro Ausgabe; Werbemittelforschung zur Ergründung der psychologischen Werbewirkung: z. B. Aufmerksamkeitswirkung, Überzeugungskraft; Werbeerfolgskontrolle: z. B. Recognition-Test, Recall-Test, Glaubwürdigkeit, Aktivierung; alles als Pre- und Posttests
  - **Absatzmethode:** z. B. Informationen zu Distributionswegen und -kosten, zum Charakter und der räumlichen Verteilung von Handelsketten sowie ihrer Marktmacht
- Tests bei **Produktneueinführungen:** Prüfung des Vorhandenseins eines Marktes/Marktpotenzials, Zielgruppenbestimmung, erfolgversprechende Marktstrategien

Es lassen sich verschiedene **Arten von Marktforschung** unterscheiden:[335]

- **demoskopische Marktforschung** als *subjektbezogene* Marktforschung: z. B. als repräsentative Bevölkerungs- oder Kundenbefragungen beispielsweise zu den sozio-demografischen Merkmalen der Verbraucher, zu ihren Einstellungen oder zum Kaufverhalten, ...
- **ökoskopische Marktforschung** als *objektbezogene* Marktforschung: z. B. zu wirtschaftlichen Fakten wie Marktvolumen und -potenzial, Umsätzen und Preisen, zur Zahl und Struktur von Wettbewerbern und ihren Marktanteilen, zu den Handelsformen und -organisationen, ...

In der Literatur wird außerdem die Einteilung vorgenommen in:

- **primäre Marktforschung** in Form *neu* erhobener Daten, z. B. zu Einstellungen, und

---

[335] Aufbauend auf den Arbeiten Schäfers vgl. zum Folgenden insbesondere: Behrens, Karl Christian: Demoskopische Marktforschung, a.a.O., S. 13 ff.; Hüttner, Manfred: Grundzüge der Marktforschung, a.a.O., S. 22 ff.

- **sekundäre Marktforschung** als Rückgriff auf vorhandene Materialien, z. B. Statistiken zu Marktanteilen.

Außerdem lässt sich differenzieren nach:

- **betrieblicher Marktforschung**
  Zur Organisation der betrieblichen Marktforschung reicht die Bandbreite von der direkten Anbindung an die Geschäftsleitung über die Bildung einer Stabsabteilung auf Geschäftsleitungsebene bis hin zur Integration in einer Vertriebs- bzw. Marketingabteilung.

- **Instituts-Marktforschung**
  Marktforschung-Institute werden vor allem mit der Durchführung bevölkerungsrepräsentativer demoskopischer Befragungen sowie sogenannter „qualitativer Studien" beauftragt; letztere vor allem in Form des Einzelinterviews oder als Gruppendiskussion z. B. zur inhaltlichen Vorbereitung einer Repräsentativbefragung oder als Vorstudie bei einer beabsichtigten Produkt*neu*einführung.

Die gängigen **Erhebungsmethoden**

- der demoskopischen Marktforschung sind **Befragung, Beobachtung** und **Experiment** im Rahmen von Primärforschung. Dabei ist die **Verbraucherbefragung** die am häufigsten angewendete Methode, insbesondere als – für die befragte Person einmalige – persönliche oder telefonische Befragung, ferner im Rahmen der **Panel-Forschung** als – wiederkehrende – meist schriftliche Befragung z. B. derselben Einzelpersonen.[336] Ein Beispiel für eine (teilnehmende) **Beobachtung** ist die Durchführung von Testkäufen z. B. im Einzelhandel. Eine **experimentelle Versuchsanordnung** ist z. B. Gegenstand eines Produkttests, der als Qualitätstest, Verpackungstest oder Namenstest angelegt sein kann. Beim Qualitätstest kann z. B. die Beurteilung mehrerer Produkte nach verschiedenen Kriterien/Ausprägungen z. B. im Paarvergleichsverfahren vorgenommen werden.
- der ökoskopischen Marktforschung sind vor allem **Verfahren der Sammlung und Auswertung von Material**, z. B. Verbandsstatistiken zu den

---

[336] Vgl. Schäfer: Grundlagen der Marktforschung. Marktuntersuchung und Marktbeobachtung, 3. Aufl., a.a.O., S. 210 ff.; Behrens, Karl Christian: Demoskopische Marktforschung, a.a.O., S. 35 ff.; Hüttner, Manfred: Grundzüge der Marktforschung, a.a.O., S. 35 ff.

Marktanteilen, als Sekundärforschung.[337] Beispiele für die Anwendung der **Befragungstechnik** sind das Einzelhandels-Panel zur Ermittlung von Umsätzen oder das Experteninterview zum Markvolumen. Die **Beobachtung** kann angewandt werden z. B. zur Ermittlung von Preisen der Wettbewerber im Handel durch den eigenen Außendienst.

Der **technischer Ablauf,** z. B. einer Befragung, sah typischerweise so aus:[338]

- **Definition der Aufgabenstellung**: Klare Beschreibung des Erkenntnisziels der Untersuchung. Damit steht und fällt der Erfolg der Erhebung und damit der absatzpolitischen Umsetzung.
- **Erstellung eines Gesamtkonzeptes**: Formulierung der interessierenden „Programmfragen"; Erstellung von: Arbeitsplan, Zeitplan, Kostenplan.
- **Fragebogenentwicklung**: Übersetzung der „Programmfragen" in operationale (d. h. verständliche, eindeutige, nicht suggestive) „Fragebogenfragen".
- **Größe der Stichprobe und Auswahlverfahren für Befragungen**: Bei einer Teilerhebung muss eine hinreichend große – repräsentative – Stichprobe gezogen werden. Diese lässt sich mit Hilfe mathematischer Formeln in Abhängigkeit vom Sicherheitsgrad (Signifikanzniveau) sowie von der Fehlerspanne (Konfidenzniveau) berechnen. Für die Auswahl der Befragten stehen verschiedene Verfahren (hauptsächlich Randomisierung und Quotenverfahren) zur Verfügung.
- **Interviewer-Einsatz und Durchführung der Befragung**: Aus dem vorhandenen Interviewerstamm müssen geeignete Personen ausgewählt, instruiert und eingeteilt werden. Außerdem müssen spezielle Interviewer-Anweisungen erarbeitet und die Durchführung der Interviews kontinuierlich überwacht werden.
- **Erfassung, Aufbereitung und Analyse der Daten**: aktueller Standard sind maschinell- bzw. computergestützte Auswertungen.

---

[337] Vgl. Schäfer: Grundlagen der Marktforschung. Marktuntersuchung und Marktbeobachtung, 3. Aufl., a.a.O., S. 233 ff.; Hüttner, Manfred: Grundzüge der Marktforschung, a.a.O., S. 137 ff.

[338] Vgl. Schäfer: Grundlagen der Marktforschung. Marktuntersuchung und Marktbeobachtung, 3. Aufl., a.a.O., S. 193 ff. sowie S. 237 ff.; Behrens, Karl Christian: Demoskopische Marktforschung, a.a.O., S. 79 ff.; Hüttner, Manfred: Grundzüge der Marktforschung, a.a.O., S. 83 ff., S. 129 ff. sowie S. 149 ff.

- **Berichterstattung sowie Empfehlungen für absatzpolitische Entscheidungen:** Dies ist eine Kernaufgabe des Marktforschungsprozesses.[339] Eine auf das Wesentliche konzentrierte, grafisch unterstützte Berichterstattung – möglicherweise durch eine persönliche Präsentation ergänzt – befördert die Wahrnehmung der Ergebnisse. Je nach Stellung der Marktforschung können sich Empfehlungen für absatzpolitische Entscheidungen anschließen.

Wie einleitend erwähnt, ergibt sich beim Thema Marktforschung die Anwendungsorientierung grundsätzlich bereits unmittelbar aus dem Publikationsgegenstand. Entsprechend ist die Marktforschungs-Literatur sehr stark vom Ansatz der „Strukturierung" geprägt und trägt damit erheblich zur Systematik und Klarheit der Wissensvermittlung bei.

Auch die vorwiegend beschreibenden Ausführungen sind zu einem hohen Grade darauf ausgerichtet, technologisch verwendet zu werden. So werden entweder klare Handlungsanweisungen formuliert, oder es lassen sich aus bestimmten Hinweisen technologische Aussagen ableiten. Ein Beispiel für die erste Art sind die erwähnten Anweisungen zur Frageformulierung (verständlich, eindeutig, nicht suggestiv). Die zweite Art lässt sich z. B. anhand der Aussage veranschaulichen, dass das Telefon-Interview die schnellste Form der Erhebung darstellt, woraus sich eine entsprechende Empfehlung für die Praxis ableiten lässt, wenn die Ergebnisse kurzfristig vorliegen sollen.

### 2.3.4.4 Absatzplanung

Die Absatzplanung ist als eigenständiges Kapitel allein von Gutenberg bearbeitet worden.[340] Danach ist die **Absatzplanung ein Teil der betrieblichen Gesamtplanung über alle wichtigen Funktionsbereiche**. Die Absatzplanung basiert wie jegliche Planung auf „ungewissen Erwartungen" und löst deshalb **Anpassungsvorgänge** aus. Grund für Letzteres können z. B. Maßnahmen der Konkurrenz oder unterschiedliche, nicht vorhergesehene Wirkungen der eigenen absatzpolitischen Instrumente sein.

Im Hinblick auf die betriebliche Aufgabe der **Absatz*mengen*-Planung** diskutiert Gutenberg verschiedene Erwartungsstrukturen. Basis dafür sind Informationen über den Absatzmarkt (Größe, Struktur, räumliche Verteilung, ...), Wünsche

---

[339] „Zur Abfassung des Untersuchungsberichts sind die besten Sachkenner, die zugleich gute Stilisten sein müssen, heranzuziehen, da u. a. seine Gestaltung darüber entscheidet, in welchem Umfange der Auftraggeber aus dem Gutachten Nutzen ziehen kann." Behrens, Karl Christian: Demoskopische Marktforschung, a.a.O., S. 129.

[340] Vgl. zum Folgenden Gutenberg, Erich: Grundlagen der Betriebswirtschaftslehre, Bd. 2: Der Absatz, a.a.O., S. 53 ff.

der Verbraucher, Konkurrenzaktivitäten (Sortiment, Preis- und Werbemaßnahmen). Insbesondere sind zum Verbraucherverhalten sowie zur Absatzpolitik der Wettbewerber Annahmen zu treffen. Das gleiche gilt für die Wirkungen des Einsatzes des eigenen absatzwirtschaftlichen Instrumentariums. Je undurchsichtiger die künftige Entwicklung erscheint, desto stärker sollten Umstellungsmöglichkeiten eingebaut und ggf. Plankorrekturen vorgenommen werden. Man wird Mindest- und Maximalmengen planen, die sich dann auch auf die anderen Teilpläne auswirken.

Auch bei diesem Thema werden in der Literatur problemorientierte „Strukturierungen" vorgenommen und Handlungsempfehlungen formuliert. Diese sollen der unternehmerischen Praxis helfen, die Interdependenzen des betrieblichen Planungsprozesses zu erkennen und eine möglichst reibungslose Abstimmung zwischen den verschiedenen Funktionsbereichen herzustellen. Außerdem klingt hier erstmalig auch die Notwendigkeit von Anpassungsentscheidungen an, die allerdings – hier unausgesprochen – einen vorausgehenden Soll-/Ist-Vergleich erfordern.

### 2.3.4.5 Werbung bzw. Reklame

Die wissenschaftliche Werbe- bzw. Reklameliteratur war von ihren ersten Veröffentlichungen zu Beginn des 20. Jahrhunderts an auf die praktischen Aufgaben in den Unternehmen ausgerichtet: So hat das Werk Matajas insgesamt einen ausgeprägten Praxisbezug mit vielen Beispielen insbesondere aus dem Reklamegewerbe der USA. Auch Marbe formuliert bereits im Vorwort den Anspruch, dass bei der Abfassung des Werks über die Verknüpfung mit der wissenschaftlichen Psychologie hinaus „doch der praktische Gesichtspunkt beherrschend"[341] war.

Noch sehr viel stärker gilt die Ausrichtung auf die betriebliche Praxis für Seyffert. Aufbauend auf einer ersten Monografie zum Themenbereich Werbung aus dem Jahre 1914[342] sowie der 1929 erschienenen „Allgemeinen Werbelehre"[343] veröffentlichte der Autor 1966 ein zweibändige Werk, in dem es bereits im Buchtitel heißt: „Werbelehre. Theorie und *Praxis* der Werbung"[344] und im Weiteren: „[…] die Werbelehre [ist …] eine praktisch ausgerichtete

---

[341] Marbe, Karl: a.a.O., Vorwort. Weiter heißt es hier: „Es will dem Reklamefachmann und überhaupt dem Geschäftsmann ein Führer bei den psychologischen Problemen seiner Werbearbeit sein und es nimmt daher enge Fühlung zur Praxis."

[342] Vgl. Seyffert, Rudolf: Die Reklame des Kaufmanns, Leipzig 1914.

[343] Vgl. Seyffert, Rudolf: Allgemeine Werbelehre, Stuttgart 1929.

[344] Vgl. Seyffert, Rudolf: Werbelehre: Theorie und Praxis der Werbung, Bd. 1 und 2, a.a.O. (Herv. d. Verf., H.F.)

Disziplin."[345] Seyfferts Werk ist das umfassendste und umschließt – insbesondere in den Doppelbänden – im Wesentlichen die vorangegangene Literatur. Wie bereits weiter vorne erwähnt, werden in diesem Werk auch schon verhaltenstheoretische Erkenntnisse berücksichtigt und Fragen der Werbeplanung und Erfolgskontrolle eingehend thematisiert. Seyffert hat in diesem Hauptwerk im Anschluss an eine tiefergehende – z. T. eigenwillige – Begriffsbildung außerdem sehr detaillierte Beschreibungen zu Werbemitteln, -hilfen, -trägern und sonstigen Werbespezifika vorgenommen. Die Veröffentlichung ist eine „Fundgrube" für praktische Hinweise und technische Anleitungen.[346] Die nachfolgende Zusammenstellung basiert daher sehr stark auf Seyfferts Werk, berücksichtigt aber auch die Erkenntnisse der anderen Veröffentlichungen:

Die Forderung nach einer **Kombination der Werbung mit anderen absatzwirtschaftlichen Instrumenten** ist sehr früh von verschiedenen Autoren erhoben worden: Danach wird die **Werbung** als **integraler Bestandteil der Vertriebsarbeit** gesehen.[347] „Die Werbung ist also in erster Linie eine Verkaufshilfe".[348] Oder: „Die Reklame bildet [...] zunächst ein Glied der Vertriebsarbeit".[349]

Die **Werbetätigkeit** eines Unternehmens lässt sich als schrittweisen **Prozess** verstehen:

- **Werbeanalyse** als Werbevorbereitung: Bei der Werbeanalyse soll mit Methoden der Marktforschung zu den Themenfeldern: Markt, Zielgruppen, Konkurrenz, Werbeträger und -mittel die Basis gelegt werden für die anschließende

---

[345] Ebenda, Band 1, S. 22.

[346] Aus der Fülle an Beispielen sei eine Tabellen zu den Farbwirkungen und Helligkeitsgraden von Oberflächen in Prozenten des zurückgeworfenen Lichtes z. B. bei einer Schaufensterwerbung (S. 316) sowie die Ergebnisse einer empirisch ermittelten Inseratencharakterisierung in Tabellenform erwähnt. Aus letzterer lässt sich beispielsweise erkennen, dass 1957 für Getränkeanzeigen schwerpunktmäßig ein Werbeformat zwischen ¼ und ½ Seite gewählt wurde und inhaltlich am stärksten „gefühlsbetone Appelle und Argumente" verwandt und die Abbildungen als Schwarzweißzeichnungen gestaltet wurden. (S. 846 ff.)

[347] Vgl. z. B. Schnutenhaus, Otto: Die Absatztechnik der amerikanischen industriellen Unternehmung, a.a.O., S. 90 ff.; vgl. Benedict, W.: Industrielle Werbung, in: in Bader, J.A./Zeidler, F.: Vertriebshandbuch für industrielle Betriebe, hrsg. von der Fachgruppe ‚Vertriebsingenieure' beim Verein Deutscher Ingenieure, Berlin 1931, S. 83–133.

[348] Benedict, W.: Industrielle Werbung, in: in Bader, J.A./Zeidler, F.: Vertriebshandbuch für industrielle Betriebe, a.a.O., S. 83. (Das Wort „Verkaufshilfe" ist im Original in Sperrschrift gedruckt).

[349] Mataja, Viktor: a.a.O., S. 68.

Planung und Durchführung von Werbemaßnahmen. Die praktischen Vorschläge Seyfferts hierzu gehen bis zur Zusammenstellung von Forschungsleitfragen für einzelne Problemstellungen sowie exemplarischen Fragebögen.[350]
Diese Analyseergebnisse sind wesentliche Teile eines Werbebriefings.

- **Werbeplanung:**
  - **Werbeziele:** Es lassen sich folgende absatzpolitische Ziele der Werbung
    nennen:[351]

    - o Erhaltungswerbung = Erinnerungswerbung
    - o Stabilisierungswerbung
    - o Ausweitungs-/Expansionswerbung
    - o Einführungswerbung für neue Produkte

  - **Konkretisierung:** „Die Grundlage rationeller Werbung ist Planmäßig-
    keit".[352] Die Werbeplanung umfasst ausgehend von der Formulierung einer
    konkreten Zielsetzung sowie einer genau zu umschreibenden beabsichtigten
    Werbewirkung folgende Fragen:

    - o „1. Für welche Erzeugnisse soll geworben werden?
    - o 2. Welche Märkte sollen bearbeitet werden?
    - o 3. Welcher Zeitabschnitt steht zur Verfügung?
    - o 4. Welche Werbemittel kommen in Frage?
    - o 5. Welche Geldmittel können eingesetzt werden und wie werden sie
      aufgeteilt (Werbeetat)?"[353]

  - **Planungsschritte:** Die Werbeplanung vollzieht sich in einem dreigliedri-
    gen Prozess: In einem *Generalwerbeplan*[354] wird das Endziel der Werbung
    formuliert nach Koordination mit den Zielen der Absatzpolitik sowie eine

---

[350] Vgl. Seyffert, Rudolf: Werbelehre: Theorie und Praxis der Werbung, Bd. 2, a.a.O.,
S. 1.027 ff.

[351] Vgl. Gutenberg, Erich: Grundlagen der Betriebswirtschaftslehre, Bd. 2: Der Absatz,
a.a.O., S. 376 ff.

[352] Benedict, W.: Industrielle Werbung, in: in Bader, J.A./Zeidler, F.: Vertriebshandbuch für
industrielle Betriebe, a.a.O., S. 126.

[353] Ebenda.

[354] Im Detail mit verschiedenen Praxisbeispielen vgl. Seyffert, Rudolf: Werbelehre: Theorie
und Praxis der Werbung, Bd. 2, a.a.O., S. 1.108 ff.

Einteilung nach Etappen vorgenommen. Im *Periodenwerbeplan*[355], der den Werbeetat umfasst, werden zum einen die Werbeziele periodengerecht konkretisiert, zum anderen die Werbemittel sowie ihr zeitlicher Einsatz einschließlich der Kosten geplant. Schließlich enthalten die *Streupläne*[356] die Einzelheiten der Werbemaßnahmen, z. B. zur zeitlichen Streuung in verschiedenen Medien an welchem Platz und in welcher Größe sowie mit welchem Bild und Text.[357]

- **Werbedurchführung:**
  - **Erkenntnisse zur werblichen Durchführung:**

    - **Bedürfnisorientierung in der werblichen Argumentation:** „Man bietet nicht einen Kran an, sondern bessere Transport- und Verlademöglichkeiten, nicht eine Glühlampe, sondern hellere Arbeitsräume, größere Arbeitsleistungen, geringere Unfallziffern usw."[358]
    - **Einheitlichkeit der werblichen Argumentation:** Der Verkaufsgedanke sollte über alle Werbemittel einheitlich zum Ausdruck gebracht werden. Dies gilt auch für deren äußere Gestaltung: Stilart, Ausstattung, Schrifttypen, Warenzeichen und Farbwirkung.[359]
    - **Textgestaltung:** Es werden Anforderungen formuliert hinsichtlich: Verständlichkeit, Aufmerksamkeitswirkung, Eingehen auf Denkweise des Umworbenen, ...[360]
    - **Bildgestaltung und Druckverfahren:** Es werden technische Möglichkeiten aufgezeigt wie Retuschieren sowie die künstlerische Gestaltung und grafische Aspekte wie Schriftarten und -größen angesprochen, außerdem die verschiedenen Druckverfahren und typometrischen Systeme sowie die Farbenausstattung zur höheren Aufmerksamkeitswirkung.[361]

---

[355] Im Detail mit verschiedenen Praxisbeispielen vgl. Seyffert, Rudolf: Werbelehre: Theorie und Praxis der Werbung, Bd. 2, a.a.O., S. 1.119 ff.

[356] Im Detail mit verschiedenen Praxisbeispielen vgl. Seyffert, Rudolf: Werbelehre: Theorie und Praxis der Werbung, Bd. 2, a.a.O., S. 1.149 ff.

[357] Vgl. Seyffert, Rudolf: Werbelehre: Theorie und Praxis der Werbung, Bd. 2, a.a.O., S. 1.102 f.

[358] Benedict, W.: Industrielle Werbung, in: in Bader, J.A./Zeidler, F.: Vertriebshandbuch für industrielle Betriebe, a.a.O., S. 90.

[359] Vgl. ebenda.

[360] Vgl. ebenda, S. 91 f.

[361] Vgl. ebenda, S. 92 ff.

○ **Auswahl der Werbemittel und Werbeträger:** Die verschiedenen Werbemittel sollten nicht zusammenhanglos nebeneinander, sondern in organischer Verbindung sowie in einer Wechselwirkung zueinander stehen.[362]

– **Umsetzungsschritte:** Die Werbedurchführung umfasst das Entwerfen und die Herstellung des Werbematerials sowie ihre Streuung.[363] Für die beiden erstgenannten Bereiche werden – je nach konkreter Aufgabenstellung – Werbefachleute aus den betrieblichen Werbeabteilungen oder externen Werbeagenturen wie Werbegraphiker, Werbephotographen, Werbetexter sowie Werbefilmfachleute einbezogen. Hier geht es um die „Fähigkeit, werbliche Ideen zu produzieren und die Fertigkeit, sie bis zum ausführungsreifen Entwurfe umzusetzen".[364]

– Seyffert bespricht hiernach weitere Schritte der Umsetzungsarbeit wie etwa die Entwurfsarbeit des Layouters sowie die Aufgabenfelder des Werbephotographen. Außerdem werden die Text- und Schriftbildgestaltung, sprachlich-musikalische und weitere graphische Werbemittel sowie graphische Druck- und Reproduktionsverfahren behandelt.[365] Bei der Streuung von Werbung sind Entscheidungen zu treffen etwa hinsichtlich der Verbreitung nach Regionen, Zielgruppen, Werbeträgern und -mitteln, Streuzeit, -dauer und -intensität.[366] Als Entscheidungshilfe für die Auswahl von Zeitungen und Zeitschriften werden Beispiele für Seitenpreise pro 1.000 verkaufter Auflage bzw. pro 1.000 Leser aufgeführt.[367]

• **Werbeerfolgskontrolle:** Sie schließt an die **psychologischen** Wirkungsfaktoren wie die Sinnes-, Aufmerksamkeits- bis hin zur Willenswirkung an und setzt sich in **ökonomischen** Wirkungen fort wie etwa Kauf-, Umsatz- und Gewinnwirkungen.[368] Um ggf. rechtzeitig möglichen Misserfolgen begegnen zu können, schlägt Seyffert ergänzend eine vorausgehende oder zumindest

---

[362] Vgl. ebenda, S. 133.

[363] Im Detail mit verschiedenen Praxisbeispielen vgl. Seyffert, Rudolf: Werbelehre: Theorie und Praxis der Werbung, Bd. 2, a.a.O., S. 1.161 ff. sowie S. 1226 ff.

[364] Seyffert, Rudolf: Werbelehre: Theorie und Praxis der Werbung, Bd. 2, a.a.O., S. 1.162.

[365] Vgl. ebenda, S. 1.161 ff.

[366] Vgl. die Übersicht ebenda, S. 1.231 f.

[367] Vgl. ebenda, S. 1.272 ff.

[368] Vgl. ebenda, S. 1.351 f.

begleitende **Werbewirkungsprognose** vor. Für beide Bereiche beschreibt der Autor vier Methoden der Werbewirkungsprüfung:[369]
- Subjektive Beurteilungsverfahren, z. B. Urteile einzelner Gutachter oder Prüfungsgruppen
- Werbeanalytische Methoden als marktforscherisch unterstützte (Repräsentativ)-Befragungen von Verbrauchern, z. B. Recognition-Test oder Recall-Test, also Wiedererkennungsverfahren oder Gedächtnis-Test)
- Psychotechnische Methoden, z. B. explorative psychologische Intensivinterviews
- Werbewirkungsstatistik, z. B. Absatz- und Umsatzzahlen

Die Forschungsergebnisse zur **Werbewirkung** lassen sich folgendermaßen zusammenfassen:

- **Werbetechnische Grundsätze:**
  - **Zielklarheit der Werbung:** Sie drückt sich „in der Einheitlichkeit und Stetigkeit der Werbung aus. *Einheitlichkeit* bewirkt, daß alle Einzelmaßnahmen der Werbung vom Umworbenen als Teile einer zusammengehörigen Handlung empfunden werden. Sie steigern sich gegenseitig in ihrer Wirkung, indem jede neue Werbemaßnahme Erinnerungen an die schon durgeführten wachruft. Die Einheitlichkeit kommt aber erst zur vollen Wirkung, wenn durch häufige, regelmäßige und gleichförmige Wiederholung *Stetigkeit* erzielt wird."[370]
  - **Eigenwilligkeit und Originalität:** Die hierdurch ausgelöste Kontrastwirkung drückt sich in einer starken Unterscheidungskraft gegenüber der Konkurrenz aus und ist deshalb besonders erfolgversprechend. Außerdem gilt es als Plus, wenn eine Maßnahme die *Erstmaligkeit* für sich in Anspruch nehmen kann. Damit eng verknüpft ist die *Aktualität* oder *Gegenwartsentsprechung*. D. h. die Werbung trifft hier das augenblickliche Interesse, die Zeitstimmung.[371]
  - **Bezogen auf die Werbezielgruppe:** Orientierung an **Leitbildern**, dem Grad der **Aufnahmefähigkeit** für ein bestimmtes Thema sowie der **grundsätzlichen Einstellung** zur Werbung.[372]

---

[369] Vgl. ebenda, S. 1.356 ff.
[370] Seyffert, Rudolf: Werbelehre: Theorie und Praxis der Werbung, Bd. 1, S. 67 (Herv. im Original).
[371] Vgl. ebenda, S. 67 (Herv. im Original).
[372] Vgl. ebenda, S. 106 ff.

- **Allgemeine Erkenntnisse zur Werbewirkung:**
  - Die Werbewirkung verlangt eine gewisse **Kontinuität werblicher Maß-nahmen**: „im allgemeinen ist der Erfolg der Reklame kein sehr dauernder, die Flamme muß stets genährt werden, wenn sie nicht erlöschen soll".[373]
  - Zum **richtigen Maß an Werbung** („Größe der Reklamewidmung"): Es ist ein Mittelweg zu finden zwischen „zu viel" und „zu wenig" Reklame. Beides bedeutet eine „zwecklose Geldausgabe". So könnte eine zu große Zurückhaltung frühere Erfolge wegen der fehlenden Kontinuität verpuffen lassen.[374]
  - Allerdings steigt die Werbewirkung nicht automatisch mit der Dauer und Zahl der Werbeakte. Zwar muss beim Einsetzen der Werbung eine gewisse Reizschwelle überschritten werden, und eine kumulative Werbehäufung führt zu einer höheren Wirkung, andererseits schwächt sich der positive Effekt mit der Zeit ab (**Gesetz des abnehmenden Ertrags**).[375] Nach dem Abschöpfen der großen Masse der Kauflustigen bleiben die „Vergeßlichen, die Unentschiedenen, die Widerhaarigen, die ganz Zähen"[376] übrig.
  - Bei **Produktneueinführungen** bedarf es jedoch stärkerer Wiederholungen der Werbebotschaften über einen längeren Zeitraum.[377]
  - **Zeitliche Verteilung der Werbebotschaften:** Eine Kumulierung der Reklamemittel innerhalb kurzer Zeit ist weniger erfolgreich als eine Streckung auf einen größeren Zeitraum.[378]
  - **Saisonschwankungen der Nachfrage und Werbeaktivitäten:** Möglich sind pro- und antizyklische Werbung. Im Konsumgüterbereich hat sich die Anpassung der Werbeaktivitäten an die Saisonbewegung bewährt.[379]
  - **Werbung als „Kunst":** „Gut und erfolgreich Reklame betreiben ist eine Kunst. Sie beruht auf Kenntnis der Menschen und Dinge, auf Eigenart und Erfindungsgabe, auf Erfahrung und Gewandtheit."[380]

---

[373] Mataja, Viktor: a.a.O., S. 99.

[374] Vgl. ebenda, S. 100.

[375] Vgl. ebenda, S. 339 ff.

[376] Vgl. ebenda, S. 343.

[377] Vgl. ebenda, S. 344.

[378] Vgl. Marbe, Karl: a.a.O., S. 44.

[379] Vgl. Gutenberg, Erich: Grundlagen der Betriebswirtschaftslehre, Bd. 2: Der Absatz, a.a.O., S. 387.

[380] Mataja, Viktor: a.a.O., S. 187.

- **Werbewirkungsstufen:** Die Werbewirkung ist das Ergebnis eines Zusammenspiels der verschiedenen Elemente und mehr als die Summe der Einzelteile („Ein Klang ist mehr als die Summe seiner Einzeltöne"[381]). Diese einzelnen Komponenten sind von Lysinski und Seyffert erstmalig 1919 und damit ähnlich früh wie die vielzitierte US-amerikanische AIDA-Formel[382] beschrieben worden.[383] In der Veröffentlichung von 1966 erläutert Seyffert die Komponenten ausführlich als:
  - Wahrnehmung (Sinneswirkung)[384] und Wirkung auf das Unbewusste[385]
  - Aufmerksamkeitswirkung[386]
  - Gedächtniswirkung[387]
  - Wirkung von Vorstellungen (einschließlich eines geschlossenen Vorstellungsbildes = Image), Assoziationen und Gefühlen[388]
  - Willenswirkung[389]

Das Ziel ist, die gesamte Werbung so anzulegen, dass die inhaltliche und formale Gestaltung der Werbebotschaft zum Kauf führt.[390]

Zum Thema **Werbemittel und ihrer Wirkung** werden in der Werbeliteratur die Charakteristika der verschiedenen Werbemittel beschrieben sowie eine Reihe von Anforderungen für ihre Auswahl, Gestaltung und ihren Einsatz formuliert sowie gegeneinander abzuwägende Vor- und Nachteile diskutiert. Als Hauptwerbemittel lassen sich nennen:[391]

---

[381] Vgl. Seyffert, Rudolf: Werbelehre: Theorie und Praxis der Werbung, Bd. 1, a.a.O., S. 112 ff..

[382] AIDA-Formel mit den Komponenten: Attention, Interest, Desire, Action.

[383] Erstmalig vgl. Lysinski, Edmund/Seyffert, Rudolf: Organisation der Werbeforschung und des Werbeunterrichts III: Die Untersuchungsstelle für Werbewirkung; in: Zeitschrift für Handelswissenschaft und Handelspraxis, Stuttgart 1919, S. 94; zit. nach: Seyffert, Rudolf: Werbelehre: Theorie und Praxis der Werbung, Bd. 1, a.a.O., S. 116 f.

[384] Vgl. Seyffert, Rudolf: Werbelehre: Theorie und Praxis der Werbung, Bd. 1, a.a.O., S. 119 ff.

[385] Vgl. ebenda, S. 131 ff.

[386] Vgl. ebenda, S. 138 ff.

[387] Vgl. ebenda, S. 141 ff.

[388] Vgl. ebenda, S. 146 ff.

[389] Vgl. ebenda, S. 153 ff.

[390] Vgl. ebenda, S. 153. Marbe und Gutenberg haben ähnliche Werbewirkungsstufen formuliert. Vgl. hierzu: Marbe, Karl: a.a.O., S. 30 ff. sowie Gutenberg, Erich: Grundlagen der Betriebswirtschaftslehre, Bd. 2: Der Absatz, a.a.O., S. 357 ff.

[391] Die Aufzählung folgt hier der übersichtlichen und komprimierenden Darstellung Gutenbergs, der sich aber ausdrücklich auf die Arbeiten insbesondere von Seyffert sowie auch

- Plakatwerbung
- Anzeigen/Inserate
- Leuchtwerbung
- Filme
- Rundfunk
- Werbebriefe
- Handzettel/Werbedrucksachen
- Schaufenster

Beispiele für Aussagen zu den Werbemitteln lauten etwa: „Die Plakatwerbung kann nur dann zur vollen Entfaltung ihrer Möglichkeiten gelangen, wenn sie von allen störenden Einzelheiten, allem technischen und kaufmännischen Detail des Warenangebotes frei ist. Denn das Plakat muß, wenn es wirken soll, mit Stilisierungen, Kontrasten, Pointierungen arbeiten."[392] Zur Wirkung bei einer geeigneten Platzierung, z. B. in den Verkehrszentren, heißt es: „Es gibt kaum ein Werbemittel, das mit einer solchen Intensität in das Bewußtsein breiter Bevölkerungsschichten einzudringen vermag wie das Plakat."[393]

Auf die Wirkung von Anzeigen bezogen heißt es: „Betrachtet man [...] Anzeigen (Inserate, Annoncen) als Mittel der Werbung, dann zeigt sich, daß Inserate mehr als Plakate mit der ursprünglichen Bekanntmachungsfunktion der Werbung verbunden sind. Denn viele Anzeigen enthalten eingehende fachliche Angaben über technische und qualitative Eigenschaften der angebotenen Gegenstände, über Preise, auch über Lieferungs- und Zahlungsbedingungen."[394] Dabei kommt es zum einen auf die Wahl der richtigen Publikumsorgane, z. B. Tageszeitungen, Fachzeitschriften, Illustrierte, an, zum anderen aber auch auf die Platzierung der Anzeige innerhalb dieser Werbeträger (oben rechts besser als unten links).[395]
Ergänzend lassen sich für diese Arbeit folgende Erkenntnisse heranziehen:

- **Zum Verhältnis von Reklame und Preisunterbietung:** „Konkurrenz durch Preisbeschneiderei ist ein verzweifelter Zweikampf um ein in seinem Umfang beschränktes Geschäft. Konkurrenz durch Reklame ist eine scharfe Nebenbuhlerschaft ausfindig zu machen, wer das meiste neue Geschäft hervorrufen

---

anderer Autoren bezieht. Vgl. zum Folgenden Gutenberg, Erich: Grundlagen der Betriebswirtschaftslehre, Bd. 2: Der Absatz, a.a.O., S. 360 ff.

[392] Gutenberg, Erich: Grundlagen der Betriebswirtschaftslehre, Bd. 2: Der Absatz, a.a.O., S. 360.

[393] Ebenda, S. 383 f.

[394] Ebenda, S. 363 f.

[395] Vgl. ebenda, S. 384 f.

kann, und ist überhaupt nicht Konkurrenz, sondern eine Art des Zusammen-
wirkens.“[396] „Der Mitbewerb durch Preisunterbietung [...] ist aber wohl für
die Beteiligten viel mörderischer.“[397]

- **Zur Gemeinschaftswerbung** als Sonderform: Sie wird von einer Gruppe von
Konkurrenten oder deren Verband durchgeführt. Anlässe: verstärkter Wettbewerb anderer verwandter Erzeugergruppen (z. B. Verdrängung der Steinkohle
durch Braunkohle). Ausprägungen: geringere Aggressivität in der Argumentation, aber mögliche Abstimmungsprobleme (unterschiedliche Auffassungen,
Eifersucht, ...). Die Einzelwerbung wird dadurch nicht ausgeschlossen.[398]

Die Werbelehre war von Anfang an nach ihrem Selbstverständnis eine praktisch
ausgerichtet Disziplin. So findet sich insbesondere in den Veröffentlichungen von
Seyffert und Mataja eine Fülle von Hinweise und Anregungen für die erfolgreiche
Werbepraxis.

Die Darstellungen in der Literatur sind sehr stark geprägt von der Zielsetzung der „Strukturierung“ der Werbeaufgaben. Das zeigt sich insbesondere
darin, dass die Werbetätigkeit in ihren Einzelschritten von der Werbeplanung
bis zur Werbeerfolgskontrolle sehr detailliert und praxisnah beschrieben wird.
Über die Beschreibungen hinaus können zu vielen einzelnen Themen auch
Handlungsanweisungen gegeben werden, oder sie lassen sich aus den Deskriptionen ableiten. Dies betrifft insbesondere die Vorschläge zur Durchführung
von Werbung, etwa die Anforderungen hinsichtlich der Bedürfnisorientierung
der werblichen Argumentation, der Text- und Bildgestaltung sowie der Abstimmung zwischen Werbemitteln und Werbeträgern. Z.T. klingen einzelnen Aussagen
bereits nach „empirischen Generalisierungen“, so insbesondere in den werbetech-
nischen Grundsätzen, etwa der Einheitlichkeit der verschiedenen Einzelmaßnahmen und der Stetigkeit der Durchführung oder der Originalität und Aktualität des
Werbeauftritts.

### 2.3.4.6 Produktgestaltung

Hierzu gibt es in der Literatur bis in die frühen 1960er Jahre kaum oder sehr
„schmale“ Ausführungen.[399] Allerdings wurden zu einer besonderen Ausformung

---

[396] Printers‘ Ink (New York), 21. Sept. 1904, zit. nach: Mataja, Viktor: a.a.O., S. 130.

[397] Mataja, Viktor: a.a.O., S. 130.

[398] Vgl. Benedict, W.: Industrielle Werbung, in: in Bader, J.A./Zeidler, F.: Vertriebshandbuch
für industrielle Betriebe, a.a.O., S. 125 f.

[399] Bei Schnutenhaus sind dies 10 von insgesamt 156 Seiten, bei Gutenberg 28 von 430
Seiten.

des Produktangebots, nämlich zum Markenartikel, tiefergehende Betrachtungen angestellt (s. dazu Abschnitt 2.3.4.7).

Die Gedanken von Schnutenhaus zur **Analyse des Produktes** beinhalten folgendes:

- In den USA gelte das Prinzip, „**das Produkt nach dem Markt zu gestalten**".[400] „Das Produkt muß oder sollte vielmehr in jedem Falle das Resultat von reinen Verkaufsüberlegungen sein".[401] Dabei sollte der Wunsch des Käufers für die Qualitätsausrichtung des Produktes maßgebend sein und nicht die des Ingenieurs oder Fabrikleiters.[402]
- Unter **verkaufspsychologischen Aspekten** ist es wichtig, dass das Aussehen des Produktes sowie seine Verpackung suggestiv auf den Käufer wirkt, um die Kaufbereitschaft zu beeinflussen.[403]
- Der **Name des Produktes** sollte als „Bindemittel zwischen Produkt und Käufer" bei der Wahrnehmung von Reklame eine „Ideenassoziation" zwischen Produkt und Firma initiieren.[404]

Auch Gutenberg sieht die **Produktgestaltung** nicht als technische, sondern als eine **absatzpolitische Aufgabenstellung**.[405] Die Produktgestaltung umfasst zum einen Änderungen von technischen bzw. ästhetischen Eigenschaften von Produkten, zum anderen das Angebot mehrerer Varianten sowie drittens die Erweiterung oder Eingrenzung des Verkaufsprogramms eines Unternehmens. Orientierungspunkte dabei sind u. a. das Bestreben der Konsumenten nach „**Individualität**" vs. nach „**Konformität**". Typisch für den ersten Fall ist: „Der Mensch verlangt nach neuen Eindrücken, neuen Reizen und neuen Ausdrucksformen seiner persönlichen Existenz".[406] Dies schließt aber das entgegengesetzte Bestreben zur Gleichförmigkeit nicht aus, wie z. B. die Anpassung an die jeweilige Mode.

Gleiches gilt im Prinzip für die Wirkungen des technischen Fortschritts. Durch ihn werden Produktinnovationen und -differenzierungen initiiert. So lösen

---

[400] Schnutenhaus, Otto: Die Absatztechnik der amerikanischen industriellen Unternehmung, a.a.O., S. 54.

[401] Ebenda.

[402] Vgl. ebenda, S. 55.

[403] Vgl. ebenda.

[404] Vgl. ebenda, S. 59.

[405] Vgl. zum Folgenden Gutenberg, Erich: Grundlagen der Betriebswirtschaftslehre, Bd. 2: Der Absatz, a.a.O., S. 314 ff.

[406] Ebenda, S. 15.

Erfindungen, Verbesserungen von Sachgütern und Herstellungsverfahren, die Schaffung neuartiger bzw. Verbesserung bereits bekannter Dienstleistungen starke Antriebe im Bereich der Produkt- und Sortimentsgestaltung aus. Die Gestaltung der Produktverpackung ist ebenfalls eine produktpolitische Aufgabe. Die akquisitorische Wirkung von Verpackungen hängt z. B. von ihrer Größe bzw. der darin enthaltenen Stückzahl bzw. dem Gewicht ab; außerdem von dem Empfinden der Konsumenten nach ihrer Praktikabilität, der gewählten Form und Farbe, der grafischen Ausgestaltung der Packung, der Marke sowie dem Slogan.

Die knappen Darstellungen zur Produktpolitik sind – abgesehen von der grundlegenden Erkenntnis, dass die Produktgestaltung den Konsumentenbedürfnissen folgen muss – von eher allgemeiner Natur. Darüber hinausgehende anwendungsorientierte Erkenntnisse ergeben sich daraus kaum.

### 2.3.4.7 Markenartikel

Die wissenschaftlichen Ergebnisse zum Markenartikel lassen sich wie folgt zusammenfassen:

Der **Markenartikel** wird in der Literatur unterschiedlich definiert.[407] Bestimmende Merkmale des Markenartikels sind: **Kennzeichnung** (Herkunftsbezeichnung), **Personifizierung** (Namen, Warenzeichen), **gleichbleibende Verpackung**, **Qualitätsgarantie** (gleichbleibend hohe Qualität), **Vertrauensdimension** (Fortbestehen dieser Eigenschaften) und **konstante Preise und Vertriebswege**.[408]

Eine andere Betrachtungsweise schlägt eine Gliederung in sieben **Markenformen nach ihrer absatzwirtschaftlichen Bedeutung** vor, wobei für diese Arbeit die ersten vier Formen wesentlich erscheinen:

---

[407] Bei Findeisen findet sich folgende Definition: „Man versteht also unter Markenartikel Waren von gleicher Beschaffenheit, in bestimmter gleichbleibender Verkaufstechnik, die von einem bestimmten Hersteller unter einem gewissen Merkmal, das meist gesetzlich geschützt ist, in den Verkehr gebracht werden.", Findeisen, Franz: Die Markenartikel im Rahmen der Absatzökonomik der Betriebe, a.a.O., S. 32. Bergler definiert: „Als klassische Markenartikel (im Original in Sperrschrift geschrieben) können wohl alle jene Artikel bezeichnet werden, welche in einem möglichst großen Wirtschaftsgebiet überall zum gleichen Preis, in einheitlicher Qualität und Aufmachung wie Verpackung, in standardisierten, über alle gleichen Verkaufseinheiten unter einem bestimmten Markenzeichen erhältlich sind." Bergler, Georg: Der Markenartikel im Rahmen der industriellen Absatzwirtschaft, a.a.O., S. 235 sowie S. 236 f.

[408] Vgl. hauptsächlich Bergler, Georg: Beiträge zur Absatz- und Verbrauchsforschung, a.a.O., S. 17 ff.

- „I. (Klassische) Markenartikel (= Markenartikel).

  ○ Gleichbleibende Qualität, gebundener Preis, weiter Absatzraum.
  ○ Beispiel: Odol, Kupferberg-Gold, Persil.

- II. Markenware ohne Preisbindung (= Markenware)

  ○ Örtliche    Preisverschiedenheit    möglich,    meist    zeitlich    stabile
  Fabrikverkaufs- und Ladenpreise, sonst wie I.

- III. Markenware mit beschränktem Absatzkreis (= gezielte Markenware)

  ○ Absatz nur in bestimmten lokalen Gebieten oder an einen abgrenzbaren
  Teil der Verbraucher, sonst wie II.
  ○ Beispiel: Dresdner Christstollen

- IV. Hausmarken der Händler (= Händlermarken)

  ○ Gütegewähr von seiten des Händlers, sonst ähnlich wie III bzw. II oder I.
  ○ Beispiel: Dedro, Zentra."[409]

Bezüglich des **Anbieters** einer Ware nimmt Schäfer folgende Differenzierung der
Marken vor:[410]

- **Fabrik- oder Herstellermarke**: trägt eine Hersteller- oder Herkunftsbe-
  zeichnung. Beispiele: Soennecken-Büroartikel, Rosenthal-Porzellan, Triumpf-
  Fahrräder.
- **Waren- oder Erzeugnis(gruppen)marken** eines Herstellers: entspricht am
  ehesten der Bezeichnung „Markenartikel". Beispiele: „Rotbart"-Rasierklinge,
  „Overstolz"-Zigarette für Einzelerzeugnisse und „Kaloderma"-Seife für
  Erzeugnisgruppen.
- **Markengeschäft im Handel:** Ein Beispiel dafür ist „Kempinski" als Qualitäts-
  garantie für die Delikatessenauswahl von Waren verschiedener Hersteller.

---

[409] Vgl. Fischer, Hans: Produzent und Markenwesen. Eine absatzwirtschaftliche Betrachtung
des Markenwesens, Berlin 1939, zit. nach Bergler, Georg: Der Markenartikel im Rahmen der
industriellen Absatzwirtschaft, a.a.O., S. 248.
[410] Vgl. zum Folgenden: Schäfer, Erich: Zur Analyse des Markenwesens, in: ders.: Die
Aufgabe der Absatzwirtschaft, 2. Aufl., Köln/Opladen 1950, S. 128–147, hier: S. 129 ff.

- **Handelsmarke**: hier versieht der Hersteller i. d. R. bereits die Ware mit der Händlermarke. Beispiele dafür gibt es im Kolonialwarenhandel, bei Margarine, Kaffee, und Seife.

Der **Markenartikel** ist nicht nur als eine besondere Warenart und nicht nur als ein Instrument der Produktpolitik zu verstehen, sondern ist **selbst ein absatzpolitisches Instrument**. Insbesondere Findeisen hat sehr früh den Einfluss der Marke auf die Gestaltung der Absatzorganisation und das Verhältnis zu den Handelsorganisationen, den Einsatz der Werbung, die Preis- und Verpackungsgestaltung sowie auf die innerbetriebliche Warenherstellung und die äußere Ausstattung der Waren beschrieben.[411] Auch Bergler spricht von der Einführung eines „Absatzsystems Markenartikel".[412] Im Einzelnen lassen sich dazu folgende grundlegende Erkenntnisse festhalten:

- Insbesondere die **Werbung** ist unter zweierlei Aspekten ein besonders wichtiges Instrument in diesem Absatzsystem: Zunächst dient sie der **Bekanntmachung** des Markenartikels[413]. „Mit der erfolgreichen Reklame steht oder fällt der neu einzuführende Markenartikel, denn nur sie kann die Bekanntheit und Beliebtheit der Marke herbeiführen oder erhöhen. Die Reklame erlangt so einen fast ausschlaggebenden Einfluß auf den Erfolg eines neuen Markenartikels."[414] Außerdem dient die Werbung dem Ziel, ein emotionales Verhältnis zwischen Marke und Verbraucher herzustellen.[415] So soll über Werbung ein **Markenbewusstsein** und eine **Markentreue** geschaffen werden,[416] Trotzdem ist es wichtig, die Markenwerbung auch für eingeführte Produkte fortzusetzen,

---

[411] Vgl. Findeisen, Franz: Die Markenartikel im Rahmen der Absatzökonomik der Betriebe, a.a.O., S. 45 ff. bzw. 43 ff.

[412] Bergler, Georg: Der Markenartikel im Rahmen der industriellen Absatzwirtschaft, a.a.O., S. 235 sowie S. 236 f. ( Das Wort „Absatzsystem" wurde im Original in Sperrschrift gedruckt).

[413] Vgl. Bergler, Georg: Beiträge zur Absatz- und Verbrauchsforschung, a.a.O., S. 20.

[414] Findeisen, Franz: Die Markenartikel im Rahmen der Absatzökonomik der Betriebe, a.a.O., S. 78.

[415] „Die Markenware spekuliert quasi auf das seelische Verhältnis zwischen Ware und Subjekt. [...] Das wichtigste Mittel hierzu ist die Reklame." Findeisen, Franz: Die Markenartikel im Rahmen der Absatzökonomik der Betriebe, a.a.O., S. 38.

[416] Vgl. Bergler, Georg: Beiträge zur Absatz- und Verbrauchsforschung, a.a.O., S. 31 ff.

und zwar einmal, um den guten Ruf zu konservieren, zum anderen um sich
Wettbewerbsaktivitäten zu erwehren.[417]

- Umgekehrt schafft aber auch der **Markenartikel** als solcher die **Voraussetzung für eine erfolgreiche Werbung**, indem er über die Wort- oder
Schutzmarke die Unverwechselbarkeit des Produktes herausstellt.[418] Danach
stehen Markenkäufe sowie Werbung in einem engen wechselseitigen Unter-
stützungsverhältnis.[419]

- Je bekannter der Markenartikel ist, desto mehr wächst für den Markenartikelanbieter der **Zwang zur Einhaltung der hohen Qualität**. Dabei können sich
die Qualitätswünsche der Verbraucher durchaus wandeln, z. B. durch steigende
Ansprüche oder Verbrauchstrends.[420]

- Die – immer gleiche – **Verpackung** des Markenartikels hat ebenfalls eine
große Bedeutung, dient sie doch dazu, ihn von ähnlichen Waren anderer
Anbieter zu unterscheiden. Auf der Verpackung steht das Warenkennzeichen
des Anbieters.[421]

- Der Einfluss des Markenartikels auf die **Absatzorganisation** zeigt sich in einer
geringeren Abhängigkeit des Herstellers vom Handel als Mittler zwischen
Angebot und Nachfrage. Mit Hilfe der **Werbung** gelingt es, den Verbraucher
unmittelbar anzusprechen und so eine Sogwirkung auf den Handel auszuüben. „Sie [die Hersteller, H.F.] konnten sich ein Absatz-System organisieren,
das ihnen dienstbar wurde."[422] Das galt sicherlich so lange, wie die Handelsorganisationen nicht an Einfluss und Macht hinzugewannen und eigene
Handels-Marken kreierten.

- Eine ähnliche Durchsetzungsfähigkeit kann sich bei der **Preisgestaltung** zeigen: Einerseits erhält der Hersteller durch den Markenartikel die Möglichkeit,

---

[417] Vgl. Findeisen, Franz: Die Markenartikel im Rahmen der Absatzökonomik der Betriebe,
a.a.O.,, S. 80.

[418] „Für einen Werbefeldzug scheint somit die Schaffung von Marken eine unerläßliche Vor-
bedingung. […] Die Reklame kann also auch die Ursache zur Entstehung oder Umwandlung
eines Betriebes zur Markenartikelfabrik gewesen sein." Findeisen, Franz: Die Markenartikel
im Rahmen der Absatzökonomik der Betriebe, a.a.O., S. 42.

[419] Vgl. Mataja, Viktor: a.a.O., S. 452.

[420] Vgl. Bergler, Georg: Beiträge zur Absatz- und Verbrauchsforschung, a.a.O., S. 21 f.; vgl.
Findeisen, Franz: Die Markenartikel im Rahmen der Absatzökonomik der Betriebe, a.a.O.,
S. 43 f.

[421] Vgl. Findeisen, Franz: Die Markenartikel im Rahmen der Absatzökonomik der Betriebe,
a.a.O., S. 44 f.

[422] Findeisen, Franz: Die Markenartikel im Rahmen der Absatzökonomik der Betriebe,
a.a.O., S. 45.

einheitliche Preise – mit höheren Margen – durchzusetzen.[423] Andererseits ist aber schon längstens wichtig: Die Preisgestaltung sollte beim Markenartikel nicht als kurzfristig wirkendes Absatzinstrument begriffen werden: „Preispolitik als Wettbewerb ist also unmöglich. Wer es trotzdem versucht, wird zwangsläufig aus dem Bereich dieser organischen Marktordnung ausgeschieden. [...] Der Wettbewerb muß daher auf einer anderen Ebene ausgetragen werden."[424] Ergänzend ist noch zu erwähnen, dass die vertikale Preisbindung („Preisbindung der zweiten Hand") – von wenigen Ausnahmen abgesehen – seit dem 1.1.1974 in Deutschland aufgehoben ist.[425]

Für die konkrete gestalterische Arbeit am Markenartikel lassen sich verschiedene Grundsätze der **Markentechnik** formulieren:

- „Die gewählte Handelsmarke kann für den Erfolg eines Markenartikels von ausschlaggebender Bedeutung sein."[426] Das gilt für die Wahl der Wortmarke wie der Zeichenmarke. Die Wortmarke sollte kurz und vokalreich sein, die Zeichenmarke möglichst einfach sowie prägnant. Anzustreben ist dabei die Vereinigung von Wort und Bild.[427]
- Bei der Gestaltung der Markenwerbung ist darauf zu achten, dass hier die psychologischen „Gesetze" beachtet werden. So muss sie Aufmerksamkeit erregen, das Interesse auf die Marke lenken, Präferenzen erzeugen und eine Verbindung zwischen Waren- und Markenbegriff herstellen.[428] Schließlich muss sie zum Kauf des Markenartikels anregen.
- Außerdem sollte die Markenwerbung sowohl die Verbraucher als auch die Handelsbetriebe, letztere z. B. über die Fachpresse, ansprechen.[429]

Benedict weist bereits 1931 darauf hin, dass eine Marke einen Kapitalwert hat.[430]

---

[423] Vgl. ebenda, S. 45 f.

[424] Bergler, Georg: Der Markenartikel im Rahmen der industriellen Absatzwirtschaft, a.a.O., S. 278.

[425] Vgl. http://www.wirtschaftslexikon24.com/d/vertikale-preisbindung/vertikale-preisbindung.htm (abgerufen am 14.3.2020).

[426] Findeisen, Franz: Die Markenartikel im Rahmen der Absatzökonomik der Betriebe, a.a.O., S. 81.

[427] Vgl. ebenda.

[428] Vgl. ebenda, S. 84.

[429] Vgl. ebenda.

[430] Vgl. Benedict, W.: Industrielle Werbung, in: in Bader, J.A./Zeidler, F.: Vertriebshandbuch für industrielle Betriebe, a.a.O., S. 103.

Der Aufbau eines Markenartikels erfordert vom Anbieter eine **große Finanz-kraft**, insbesondere um die intensive und lang anhaltende Werbung zu finan-zieren.[431] Ein **Markenartikel als** *einziges* **Erzeugnis** eines Herstellers schafft die Möglichkeit, sich mit allen unternehmerischen Aktivitäten und Betriebs-funktionen einschließlich der finanziellen Mittel auf diesen Markenartikel zu konzentrieren.[432]

Die wichtigste Erkenntnis zum Markenartikel ist, dass der Markenartikel selbst als absatzpolitisches Instrument zu verstehen ist. Darüber hinaus geben die ver-schiedenen begrifflichen Abstufungen und Differenzierungen zum Markenartikel wichtige Hinweise auf gestalterische Möglichkeiten für die unternehmerische Praxis. Im Hinblick auf die unternehmerische Absatzpolitik werden die Inter-dependenzen zwischen dem Markenartikel einerseits und einzelnen absatzwirt-schaftlichen Instrumenten andererseits aufgezeigt. Insgesamt enthält die Literatur an dieser Stelle eine Reihe von technologisch verwertbaren Aussagen.

Einige Ausführungen lassen sich auch als „empirische Generalisierungen" auf-fassen, etwa die Erkenntnis, dass **beim Markenartikel die Preisgestaltung** *nicht* **als kurzfristig wirkendes Absatzinstrument begriffen werden sollte** mit dem streng formulierten Hinweis, dass ein Abweichen davon zwangsläufig zum Aus-scheiden aus dem Bereich der „organisierten Marktordnung" führt. Eine ähnliche Handlungsrelevanz haben die Grundsätze der Markentechnik, wie etwa die Vor-gabe, dass die Wortmarke kurz und vokalreich sein sollte und die Zeichenmarke einfach und prägnant.

### 2.3.4.8 Preispolitik

Die preispolitischen Überlegungen der Nachkriegszeit basieren im Wesentlichen auf Gutenbergs modelltheoretischen Ansätzen.[433] Dabei sieht Gutenberg durch-aus die realistischen Verhältnisse auf den Märkten: Es gibt **Preisdifferenzierun-gen aufgrund von objektiv vorhandenen Produktunterschieden** (Eigenschaften, Qualitäten) **als auch von subjektiv wahrgenommenen Verschiedenheiten auf-grund persönlicher Ansprache, der Werbewirkungen sowie vorhandener Präferenzen**. „Von einheitlicher Preisbildung, von Einheitspreisen identischer Güter auf identischen Märkten, kann also unter solchen Umständen nicht die

---

[431] Vgl. Bergler, Georg: Beiträge zur Absatz- und Verbrauchsforschung, a.a.O., S. 39.

[432] Vgl. ebenda, S. 22.

[433] Vgl. zum Folgenden Gutenberg, Erich: Grundlagen der Betriebswirtschaftslehre, Bd. 2: Der Absatz, a.a.O., S. 145 ff.

Rede sein."[434] Außerdem führt unzureichende Markttransparenz (fehlende Kenntnis der Angebotes- und Nachfragekonstellationen) zu unterschiedlichen Preisen auch für relativ „homogene" Güter.

Zum Zwecke der Modellbildung nimmt der Autor „größeren Abstand von der Wirklichkeit als Preis für einen höheren Grad von Exaktheit und damit für eine klarere Erkenntnis der Zusammenhänge."[435] Dazu werden folgende Annahmen des „vollkommenen Marktes" formuliert: Prinzip der Nutzenmaximierung, unendliche Reaktionsgeschwindigkeit, vollkommene Markttransparenz und Homogenität des Angebotes bzw. fehlende Präferenzen auf Angebots- wie auf Nachfrageseite. In der Modellvariante des „unvollkommenen" Marktes wird die Homogenitätsbedingung aufgegeben und durch die Heterogenitätsbedingung ersetzt. Diese beiden Modellvarianten werden für die Marktformen der monopolistischen, atomistischen (polypolistischen) sowie oligopolistischen Konkurrenz untersucht.[436]

Im Hinblick auf den Untersuchungsgegenstand: Dortmunder Biermarkt ist die Variante: **Oligopol auf unvollkommenen Märkten** interessant. Grundlegend ist dabei die Beobachtung, dass **Unternehmen versuchen, den Absatzmarkt zu individualisieren und für sich einen „Firmenmarkt" zu schaffen.**[437] Über verschiedene Maßnahmen (Präferenzen bilden, Ansehen des Unternehmens erhöhen, Stammkundschaft heranziehen) wird versucht, bei den *Nachfragern* **ein „akquisitorisches Potential"** für ein Unternehmen zu schaffen.[438] Die besondere Erkenntnis ist nun, dass im Falle der polypolistischen wie der oligopolistischen Konkurrenz die Unternehmung „[...] in einem kleinen Preisintervall über die Möglichkeit [verfügt], seine Verkaufspreise zu erhöhen oder zu senken, ohne daß sie spürbar Käufer an ihre Konkurrenzunternehmen abgeben müßte oder von ihnen abzieht."[439] Gutenberg bezeichnet dieses Preisintervall als „den monopolistischen Abschnitt der polypolistischen Absatzkurve."[440]

Dieser Preisspielraum gilt genauso für die oligopolistische Marktsituation.[441]

---

[434] Ebenda, S. 150.

[435] Ebenda.

[436] Vgl. ebenda, S. 150 ff.

[437] Vgl. ebenda, S. 199.

[438] Vgl. ebenda, S. 199 f.

[439] Ebenda, S. 202.

[440] Ebenda.

[441] „Wie im Falle der polypolistischen Konkurrenz wird auch im Falle oligopolistischer Marktstruktur jedes einzelne Unternehmen durch sein akquisitorisches Potential charakterisiert." Gutenberg, Erich: Grundlagen der Betriebswirtschaftslehre, Bd. 2: Der Absatz, Berlin u. a. 1955, S. 244.

Grafisch lässt sich dies durch die **doppelt geknickte Preis-Absatz-Kurve** mit einem oberen und einem unteren Grenzpreis darstellen (s. Abbildung 2.3)[442]:

**Abbildung 2.3** Doppelt geknickte Preis-Absatz-Kurve nach Gutenberg (Nachfrager-Reaktionen)[443]

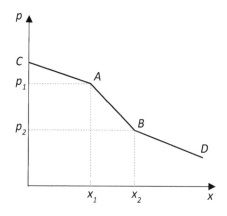

Gutenberg untersucht darüber hinaus die Verhaltensweisen der *Konkurrenten* bei Preisänderungen. Für die oligopolistische Marktsituation – wenige Anbieter mit relativ großen Marktanteilen – gilt ebenfalls, dass es – bezogen auf mögliche *Konkurrenzreaktionen* – einen **„autonomen Bereich"** auf der Preis-Absatz-Kurve gibt. „In diesem Falle verfügen die Unternehmen über die Möglichkeit, innerhalb eines bestimmten Preisintervalls autonome Preispolitik zu betreiben, und zwar deshalb, weil die Konkurrenzunternehmen preispolitisch nicht reagieren. Sie

---

[442] Gutenberg hat in der 8. Auflage von 1965 die Kurve gegenüber den früheren Auflagen seines Buches im *oberen* und *unteren* Kurvenverlauf vergleichsweise steiler angelegt. In der nachfolgenden Sekundärliteratur ist diese Grafik die Vorlage für grafische Darstellungen, die ihrerseits häufig den *„monopolistischen Bereich"* zwischen den Punkten „A" und „B" noch steiler darstellen und damit die Wirkung des „akquisitorischen Potenzials" noch stärker betonen; so z. B. Meffert, Heribert u. a.: Marketing. Grundlagen marktorientierter Unternehmensführung. Konzepte – Instrumente – Praxisbeispiele, 13. Aufl., Wiesbaden 2019, S. 547 oder Lippold, Dirk: Theoretische Ansätze der Marketingwissenschaft. A.a.O., S. 11. Dies kann im Einzelfall durchaus realistisch sein, je nachdem, wie stark es einem Unternehmen gelungen ist, durch absatzpolitische Maßnahmen außerhalb der Preispolitik eine Präferenzbildung bei den Abnehmern zu erzielen.
[443] Quelle: Gutenberg, Erich: Grundlagen der Betriebswirtschaftslehre, Zweiter Band: Der Absatz, 8. Aufl. 1965, S. 242.

werden erst reagieren, wenn die Preisveränderung eine gewisse Größe überschreitet."[444] In diesem autonomen Bereich sind also keine Konkurrenzreaktionen zu erwarten (s. Abbildung 2.4).[445]

**Abbildung 2.4** Doppelt geknickte Preis-Absatz-Kurve nach Gutenberg (Konkurrenz-Reaktionen)[446]

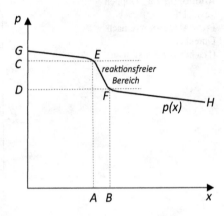

Grundsätzlich besteht allerdings schon die Gefahr, dass in einer oligopolistischen Marktstruktur eine Preisanhebung oder -senkung durch ein Unternehmen Reaktionen der Wettbewerber hervorrufen. „Jeder oligopolistische Anbieter muß sich also bei der Durchführung einer preispolitischen Maßnahme bestimmte Vorstellungen darüber machen, wie die anderen voraussichtlich reagieren werden. [...] Die Tatsache, daß in oligopolistischen Marktsituationen keine Preispolitik ohne bestimmte Erwartungen über die voraussichtlichen Reaktionen der Konkurrenz möglich ist, läßt sich auf die Weise zum Ausdruck bringen, daß man sagt, der Oligopolist kontrolliere nicht alle Bestimmungsgrößen (Variablen) seiner preispolitischen Planung."[447]

Der Wettbewerb zwischen den Oligopolisten kann dabei auf unterschiedliche Arten ausgetragen werden:[448]

---

[444] Ebenda, S. 245.

[445] Gutenberg hat in der 8. Auflage von 1965 die Kurve gegenüber den früheren Auflagen seines Buches im *oberen* und *unteren* Kurvenverlauf vergleichsweise etwas steiler angelegt.

[446] Quelle: Gutenberg, Erich: Grundlagen der Betriebswirtschaftslehre, Zweiter Band: Der Absatz, 8. Aufl. 1965, S. 284.

[447] Gutenberg, Erich: Grundlagen der Betriebswirtschaftslehre, Bd. 2: Der Absatz, Berlin u. a. 1955, S. 225.

[448] Ebenda, S. 228.

- **„Kampfsituation"**: Versuch, die Wettbewerber mit allen Mitteln aus dem Markt zu verdrängen, auch unter Aufgabe des Gewinnmaximierungsprinzips,
- **Gemeinsames Vorgehen**: Bewusstsein einer gewissen Interessenverbundenheit, das sich in einem entsprechenden preispolitischen Verhalten ausdrückt.

Gutenbergs Überlegungen zur oligopolistischen Preispolitik beinhalten – bei allem modelltheoretischen Charakter des Ansatzes – die Erkenntnis, dass es innerhalb gewisser Grenzen einen reaktionsfreien Raum gibt, innerhalb dessen die Preisänderungen eines Anbieters weder zu größeren Abwanderungen von Kunden noch zu wesentlichen preislichen Gegenreaktionen der oligopolistischen Konkurrenz führen. Die doppelt geknickte Preis-Absatz-Kurve weist dabei im Verhältnis zu den Nachfragern auf ein akquisitorisches Potential hin, das durch besondere absatzwirtschaftliche Maßnahmen zur Präferenzbildung erreicht werden kann. Die Markenbildung spielt dabei eine wesentliche Rolle. Insofern weist Gutenberg hier indirekt auf realitätsnahe Optionen hin, die als handlungsrelevante Anweisungen interpretiert werden können. Zugleich kann das Überschreiten der Grenzen des autonomen Bereichs auch als Warnung vor einer Intensivierung des Preiswettbewerbs verstanden werden, zumal wenn dies fortgesetzt geschieht und wesentlicher Aktionsparameter im Wettbewerbsverhalten ist.

### 2.3.4.9 Vertriebsarbeit und Absatzmethode

Seit Ende der 1920er Jahre gab es einzelne Veröffentlichungen, in denen – wie bei Schnutenhaus – auf der Grundlage persönlicher Erfahrungen des Autors und gleichwohl unter Berücksichtigung hauptsächlich der US-amerikanischen Absatzlehre methodisches wie praktisches Rüstzeug für die unternehmerische Vertriebsarbeit zur Verfügung gestellt wurde. In ihren Grundzügen lassen sich die Erkenntnisse, Empfehlungen und Handlungsanweisungen von Schnutenhaus und weiterer deutscher Autoren[449] folgendermaßen beschreiben:

---

[449] Vgl. etwa die Buchbeiträge verschiedener Autoren in Bader, J.A./Zeidler, F.: Vertriebshandbuch für industrielle Betriebe, hrsg. von der Fachgruppe ‚Vertriebsingenieure' beim Verein deutscher Ingenieure, Berlin 1931. Diese Buchbeiträge sind zum Teil eher arbeitstechnisch-detailliert angelegt, zum anderen Teil eher kursorisch und wenig systematisch.

**„Verkaufen heißt die Bedürfnisse finden".**[450] Bei der Vorbereitung einer industriellen Absatzpolitik muss Sicherheit darüber bestehen, dass **für ein Produkt ein Markt vorhanden ist.**[451] Insofern gilt auch: **„Die Fertigung ist eine Funktion des Vertriebes."**[452]

**Aufbau und Aufgaben der Verkaufsabteilung** sind wichtige Erfolgsfaktoren: Schnutenhaus verstärkt hier den eingangs nach Gutenberg beschriebenen Anspruch nach dem Aufbau eines gut eingespielten organisatorischen Apparates mit folgenden Forderungen:

- Da unter allen betrieblichen Funktionen „die Verkaufsaufgabe als die schwierigere kaufmännische Teilaufgabe" angesehen wird, ist „der **Verkaufsabteilung eine prädominierende Stellung** einzuräumen."[453]
- Diese „überragende Stellung"[454] der Verkaufsabteilung zeigt sich auch darin, dass hier einerseits eine, vergleichsweise **schärfere Aufgabengliederung** vorgenommen wird, andererseits **Funktionsteilbereiche aus anderen Abteilungen integriert** werden. Das gilt beispielsweise für die Verkaufsstatistik sowie für die „Reklameabteilung […], die ganz von der Verkaufsabteilung abhängig ist".[455]
- Es werden **Beschreibungen** vorgenommen **zu den Aufgabenbereichen** von „Außenmanagern" (z. B. Außendienstmitarbeitern)[456], Kriterien aufgestellt für den organisatorischen Aufbau von Innen- und Außenorganisationen[457] sowie Ursachen für Erfolge bzw. Misserfolge bei der Personalauswahl und -führung angeführt.[458]

---

[450] Schnutenhaus, Otto: Die Absatztechnik der amerikanischen industriellen Unternehmung, a.a.O., S. 17. (Herv. d. Verf., H.F.)

[451] Vgl. ebenda, S. 2 und 3.

[452] Vgl. Bader, J.A.: Vertriebsforschung, in: Bader, J.A./Zeidler, F.: Vertriebshandbuch für industrielle Betriebe, a.a.O., S. 4. (Herv. d. Verf., H.F.)

[453] Schnutenhaus, Otto: Die Absatztechnik der amerikanischen industriellen Unternehmung, a.a.O., S. 5.

[454] Ebenda.

[455] Ebenda, S. 6. Hier zeigt sich bereits ein Verständnis für eine Marktbearbeitung, die dem späteren Marketinggedanken entsprechend verschiedene Instrumente unter einem einheitlichen „Dach" integriert.

[456] Vgl. ebenda, S. 7 f.

[457] Vgl. ebenda, S. 8 ff.

[458] Vgl. ebenda, S. 11 ff.

**Stellung und notwendige Qualifikation des Verkaufsleiters** sind weitere wichtige Erfolgsfaktoren:

- In den USA ist der **Verkaufsdirektor der „überragende Leiter** des industriellen Betriebes geworden."[459]
- Er muss **über ein umfangreiches Wissen verfügen** über die wichtigsten inner- und außerbetrieblichen Gegebenheiten und Einflussfaktoren, optimistischer Natur und analytisch stark sein, sich auf Gesprächspartner einstellen können, eine systematische Kenntnis haben über sein Verkaufsgebiet, die Waren, die Verkaufskanäle sowie die Verkaufsmittel wie persönliche Ansprache und Kundenwerbung einschließlich der Reklame(psychologie), ferner Kenntnis der Verkaufskosten sowie der damit zusammenhängenden Preispolitik.[460] Darüber hinaus „sollte der Verkaufsleiter wie ein Feldherr ständig einen Orientierungsplan in Form und Ausführung besonders auffallender Karten vor seinem Auge haben."[461] Gemeint sind damit umfangreiche Statistiken und Übersichten zu den wichtigsten Marktfaktoren, Kunden und Leistungen seines Außendienstes.[462]

Sowohl Schäfer als auch Gutenberg haben zu den **absatzwirtschaftlichen Organen**[463] bzw. zur **Absatzmethode**[464] Ausführungen gemacht. Dabei wurden Vertriebssysteme, Absatzformen sowie Absatzmittler bzw. Absatzwege sehr detailliert beschrieben. Größere Bedeutung für diese Arbeit haben die Überlegungen zu den Absatzwegen und -organen, insbesondere zu den Funktionen von Einzel- sowie Großhandel für den Vertrieb von Produkten aus der Herstellerperspektive.

- Einzelhandelsbetriebe erbringen im Interesse des Herstellers die räumliche Ausgleichsfunktion, die bedarfsgerechte Sortimentsfunktion, die Quantitätsfunktion (Umformung vieler kleiner in wenige große Aufträge), Reduzierung der Lagerhaltung, (in begrenztem Umfang) werbliche Aufgaben.[465]

---

[459] Ebenda, S. 13. (Herv. d. Verf., H.F.)

[460] Vgl. ebenda, S. 13 ff.

[461] Ebenda, S. 15.

[462] Vgl. ebenda.

[463] Vgl. Schäfer, Erich: Die Aufgabe der Absatzwirtschaft, a.a.O. S. 42 ff.

[464] Vgl. Gutenberg, Erich: Grundlagen der Betriebswirtschaftslehre, Bd. 2: Der Absatz, a.a.O., S. 89 ff.

[465] Vgl. ebenda, S. 125 ff.

- Großhandelsbetriebe erbringen die Sortimentsfunktion, (in Grenzen) die Lagerhaltungsfunktion, eine Transformierungsaufgabe in dem Sinne, dass sie i. d. R. über einen großen Kundenstamm verfügen, mit dem sie langfristig verbunden sind. Der Großhandel erleichtert damit die fertigungstechnischen Maßnahmen sowie die Lagerdispositionen von Herstellern erheblich; Produzenten können deshalb langfristig planen.[466]

Die **Steuerung der Außendienstmitarbeiter** („Vertreter") durch die Verkaufsleitung bedeutet im Einzelnen:

- **Systematisches und methodisches Vorgehen bei der Einstellung neuer Verkäufer**: Erstellung von Checklisten für ein Bewerbergespräch sowie die anschließende Beurteilung[467] Die frühzeitige Trennung von Mitarbeitern sollte auch unter betriebswirtschaftlichen sowie „good will"-Gesichtspunkten gesehen werden.[468]
- Gleiches gilt für die **Verkäuferschulung**: Auflistung von Lehrgegenständen und -themen.[469]
- Zur **Vorbereitung eines erfolgreichen Verkaufs** insbesondere anspruchsvoller Güter gehören Informationen über den potenziellen Käufer: Namen, Position, Vorlieben, ...[470]
- Für die persönliche Verkaufstechnik wird „die **Stufenleiter des Reklamegesetzes**" vorgeschlagen: „1. Erweckung des Interesses, 2. Sicherung des Interesses, 3. Herbeiführung des Wunsches, 4. Erweckung von Vertrauen, Einsicht und Überzeugung, 5. Herbeiführung der Entscheidung."[471]

---

[466] Vgl. ebenda, S. 128 ff.

[467] Vgl. Schnutenhaus, Otto: Die Absatztechnik der amerikanischen industriellen Unternehmung, a.a.O., S. 61 f.; außerdem: ders. Vertriebsorganisation, in: Bader, J.A./Zeidler, F.: Vertriebshandbuch für industrielle Betriebe, a.a.O., S. 75 ff.

[468] Vgl. Schnutenhaus, Otto: Die Absatztechnik der amerikanischen industriellen Unternehmung, a.a.O., S. 64.

[469] Vgl. ebenda, S. 66.; außerdem: vgl. Benedict, W.: Industrielle Werbung, in: in Bader, J.A./Zeidler, F.: Vertriebshandbuch für industrielle Betriebe, a.a.O., S. 86 f.

[470] Vgl. Schnutenhaus, Otto: Die Absatztechnik der amerikanischen industriellen Unternehmung, a.a.O., S. 68.

[471] Ebenda, S. 69. Eine ähnliche Stufenleiter formuliert Benedict: „1. Erregung der Aufmerksamkeit, 2. Gewinnung von Vertrauen und Interesse, 3. Überzeugung, 4. Erweckung des Besitzwunsches, 5. Herbeiführung der Entscheidung, 6. Abwicklung der Verkaufshandlung." Benedict, W.: Industrielle Werbung, in: in Bader, J.A./Zeidler, F.: Vertriebshandbuch für industrielle Betriebe, a.a.O., S. 88 f.

- Ein „**Verkäuferhandbuch**" soll die Außendienstler in die Lage versetzen, umfassend informiert zu sein über die wichtigsten Unternehmensdaten sowie geschäftspolitischen und verkaufstaktischen Argumente, Erfolgsfaktoren sowie die Ausrüstung (Muster, Proben, …)[472]
- Zur **Motivation** und Aufrechterhaltung des Interesses der Außendienstmitarbeiter bedarf es besonderer Maßnahmen. Als Stimulationsinstrumente wird eine Reihe von finanziellen und sozialen Anreizen vorgeschlagen, angefangen von Gehalts- und Provisionszahlungen „auf richtiger Grundlage" über Beförderungen, „Anerkennungsbriefe von höchsten Leitern", die Wahl in Ehrenklubs der Firma bis hin zu besonderen Vergnügungsreisen auf Kosten des Unternehmens[473] sowie die Durchführung von Verkaufswettbewerben.[474]
- Zur Außendienststeuerung dient auch die Erstellung detaillierter Beschreibungen der Außendienstbezirke mit Hilfe einer ganzen **Palette von Kennzahlen:** u. a. Dichte der Bevölkerung, Gesamt- und Pro-Kopf-Verbrauch, Anzahl sowie sozio-demografische Merkmale und Klassifizierungen der Kunden, Quantifizierungen der Verkaufserfolge.[475]
- Zur **Kontrolle der Leistung der Außendienstmitarbeiter** wird ebenfalls ein umfangreicher Kriterienkatalog erarbeitet. Für die Bereiche: Routinemäßige Pflichten, Kundenbedienungspflichten, Exekutive Pflichten und Schaffung von „good will" werden jeweils Detailaufgaben genannt. Die Kontrolle obliegt besonders geschulten und erfahrenen Senior-Verkäufern.[476]

Zum Themenbereich **Absatzkosten** gibt es folgende Ausführungen bzw. Empfehlungen:

- Die Vertriebskosten haben in vielen Branchen einen ganz wesentlichen Anteil am Angebotspreis. Bereits in den 1920er Jahren wurden hierfür Quoten von beispielsweise 30 % (Holzverarbeitungs-Maschinen), 35 % (Kraftwagen) oder 45 % (Werkzeuge) ermittelt.[477]

---

[472] Vgl. Schnutenhaus, Otto: Die Absatztechnik der amerikanischen industriellen Unternehmung, a.a.O., S. 73; außerdem: vgl. Benedict, W.: Industrielle Werbung, in: in Bader, J.A./Zeidler, F.: Vertriebshandbuch für industrielle Betriebe, a.a.O., S. 87.

[473] Vgl. Schnutenhaus, Otto: Die Absatztechnik der amerikanischen industriellen Unternehmung, a.a.O., S. 75.

[474] Vgl. ebenda, S. 83.

[475] Vgl. ebenda, S. 78 ff.

[476] Vgl. ebenda, S. 84 ff.

[477] Vgl. Zeidler, F. Vertriebskosten, in: Bader, J.A./Zeidler, F.: Vertriebshandbuch für industrielle Betriebe, a.a.O., S. 221.

- „Die Niedrighaltung der Verkaufspreise zur Aufrechterhaltung der Konkurrenzfähigkeit zwingt dazu, den Aufbau der Verkaufsorganisationen und deren Wirtschaftlichkeit einer ständigen Kontrolle zu unterziehen. Nur durch die **rationelle Verteilung der Verkaufsspesen** ist letzten Endes eine Ökonomik der gesamten Verkaufsorganisation zu erzielen."[478]
- Für die **Zurechnung der verschiedenen Vertriebskostenarten** auf die verschiedenen Kostenstellen wurden praxisnahe Tabellenvorschläge erarbeitet.[479]
- Zur **Reduzierung der Absatzkosten** bedarf es intensiver Analysen des Marktes, des Produktes, der Verkaufskanäle, der Tätigkeit des Verkaufsleiters und der Verkäufer.[480]
- Es wird eine **Klassifizierung der Verkaufsdaten** wie Umsatz, Gesamtkosten oder Kosten pro Wareneinheit nach einer Reihe von Kriterien vorgeschlagen: u. a. nach Waren, Verkaufsdistrikten, Vertriebswegen („Käuferklassen").[481]

Aufgaben und Bedeutung der **Verkaufsforschungsabteilung** lassen sich folgendermaßen beschreiben:

- Ausgangspunkt war, die **Gründe** zu erfahren **für Absatzeinbußen** bei bestehenden Kunden oder der Abwanderung von Kunden. Dies geschah durch Aufsuchen des betreffenden Kunden durch reisende Revisionsbeamte.[482]
- Spätere Maßnahmen: 1. Anfragen an den Distriktmanager bzw. Verkäufer zur Begründung; 2. **Briefe der Verkaufsleitung** direkt **an den Kunden** mit dem Ziel der Wiederwerbung. Ausrichtung dieser Briefe auf die Persönlichkeit des Kunden („Du"-Standpunkt anstatt „Ich"-Standpunkt).[483]
- Die daraus sich entwickelnde Verkaufsforschung („sales research department") lieferte wichtige **Erkenntnisse für eine vorbereitenden Verkaufspolitik**, indem sie versuchte, aus ihren Erkenntnissen Gesetzmäßigkeiten für die praktische Verkaufspolitik abzuleiten.[484]

---

[478] Schnutenhaus, Otto: Die Absatztechnik der amerikanischen industriellen Unternehmung, a.a.O., S. 2. Herv. d. Verf., H.F.)

[479] Vgl. Zeidler, F. Vertriebskosten, in: Bader, J.A./Zeidler, F.: Vertriebshandbuch für industrielle Betriebe, a.a.O., S. 221 ff.

[480] Vgl. Schnutenhaus, Otto: Die Absatztechnik der amerikanischen industriellen Unternehmung, a.a.O., S. 117.

[481] Vgl. ebenda, S. 118.

[482] Vgl. ebenda, S. 133 f.

[483] Vgl. ebenda, S. 134.

[484] Vgl. ebenda, S. 135 f.

Insbesondere Schnutenhaus hat sehr konkrete Anforderungen an die Vertriebsarbeit eines Unternehmens formuliert und sehr detaillierte praktische Handlungsanweisungen gegeben, die z. T. wie „empirische Generalisierungen" oder
„strategische Grundsätze" klingen. So fordert er eine „prädominierende Stellung" der Verkaufsabteilung, nimmt Beschreibungen zu den Aufgabenbereichen
und Qualifikationen von Verkaufsmanagern vor und gibt Anleitungen für die
Steuerung von Außendienstmitarbeitern. Völlig neu erscheint die Forderung nach
der Einrichtung einer Verkaufs*forschungs*abteilung zur Analyse der Gründe für
Absatzrückgänge sowie zur Erarbeitung und Durchführung von Maßnahmen zur
Kundenrückgewinnung. Dies lässt sich als ein erster Schritt zu einer Marketing-
Kontrolle verstehen einschließlich von Überlegungen zur Planung und Steuerung
des gesamten Marketing-Prozesses. Die Ausführungen des Autors sind sehr konkret und enthalten an vielen Stellen über deskriptive und erklärende Aussagen
hinaus auch unmittelbar verwertbare Handlungsanweisungen.

### 2.3.4.10 Tabellarische Übersicht zu den wichtigsten anwendungsorientierten Erkenntnissen

Die Ergebnisse der in den vorangegangenen Kapiteln vorgenommenen Analysen
lassen sich wie in Tabelle 2.3 gezeigt zusammenfassen.

## 2.3.5 Zusammenfassende Bewertung des frühen Wissenschaftsprogramms zur Absatzforschung in Deutschland

Die in den vorausgegangenen Kapiteln vorgenommene Analyse hat gezeigt, dass
bereits in der unmittelbaren Nachkriegszeit eine Reihe von Publikationen zu den
absatzwirtschaftlichen Problemstellungen vorgelegen hat, auf die die unternehmerische Praxis hätte bzw. hat prinzipiell zurückgreifen können. Inwieweit dies auch
tatsächlich geschehen ist, lässt sich schwerlich beurteilen. Nach Kenntnis des
Autors liegen dazu bisher keine Untersuchungsergebnisse vor. Zusammenfassend
lässt sich das bis dato vorhandene Wissenschaftsprogramm zur Absatzwirtschaft
wie folgt bewerten:

Analysiert man diese Literatur nach wissenschaftstheoretische Kriterien, speziell nach ihren Aussageformen, so muss man feststellen, dass es z. T. erhebliche
Unterschiede gibt. Die Bandbreite reicht hier von Werken, die zumindest in Teilen in Form illustrativer Erzählungen abgefasst wurden bis hin zu Lehrbüchern,
die formale Strukturen erkennen lassen und systematisch an theoretisches Wissen
anknüpfen. Häufig werden zentrale Begriffe nicht oder nicht hinreichend definiert.

**Tabelle 2.3**  Anwendungsorientierte Erkenntnisse und Handlungsempfehlungen der absatzwirtschaftlichen Theorie bis zur Mitte der 1960er Jahre[485]

| Themenbereich | Anwendungsorientiere Erkenntnisse/Handlungsanweisungen |
|---|---|
| Marktorientierung | • Bedürfnisse der Verbraucher sind Basis für Produktentwicklung sowie Absatzstrategien<br>• Absatzplanung muss eingebunden sein in Gesamtplanung |
| Geschäftsleitungsaufgabe: Organisatorische Grundlagen legen | • Aufbau einer funktionierenden Absatzorganisation (innen/außen)<br>• Vernetzung mit anderen Organisations-Bereichen<br>• Optimale Kombination des absatzpolitischen Instrumentariums<br>• Installierung der Marktforschung als „unentbehrlicher Grundlage" sowie der koordinierten Absatzplanung |
| Marktforschung (Mafo) | • ist Instrument der Unternehmensführung<br>• Aufgaben: Markt- u. Kundenanalyse (quantitativ/qualitativ), Konkurrenzanalyse, Markt- u. Absatzprognose, Trendforschung, Fundierung des Einsatzes des absatzpol. Instrumentariums<br>• Mafo-Arten: demoskopisch – ökoskopisch; primär – sekundär; betrieblich – per Institut<br>• Erhebungsmethoden: Befragung, Beobachtung, Experiment<br>• technischer Ablauf: Aufgabenstellung, Gesamtkonzept, Fragebogen, Stichprobe/Auswahlverfahren, Interviewer-Einsatz, Daten-Erfassung/Aufbereitung/Analyse, Bericht/Empfehlungen |
| Absatzplanung | • ist eingebettet in gesamte Unternehmensplanung<br>• basiert auf „ungewissen Erwartungen" und macht Anpassungen notwendig<br>• Grundlagen: Infos über Absatzmarkt, Verbraucherwünsche, Konkurrenzverhalten, Wirkung eigener/fremder absatzpolitischer Aktivitäten<br>• Erstellung von Absatzplänen (Mengen/Umsatz) unter Abstimmung mit den anderen betrieblichen Teilplänen |
| Verbraucherwerbung | • Werbung ist integraler Bestandteil des absatzpolitischen Instrumentariums<br>• Prozess der Werbetätigkeit: Werbeanalyse, Werbeplanung (Ziele; Produkte/Märkte/Werbemittel/Budget; General-/Perioden-/Streuplan), Durchführung (psycholog. Erkenntnisse/technische Möglichkeiten; Umsetzungsschritte), Werbeerfolgskontrolle (psychologische und ökonomische Wirkungen)<br>• Erkenntnisse zur Werbewirkung: Kontinuität, richtiges Maß, zeitliche Verteilung, pro- vs. antizyklische Werbung, Werbewirkungsstufen (Wahrnehmung, Aufmerksamkeit, ... Handlung)<br>• Werbemittel und ihre Wirkung<br>• speziell: Verhältnis Werbung vs. Preisunterbietung; Gemeinschaftswerbung |
| Produktpolitik | • „Das Produkt ist nach dem Markt zu gestalten".<br>• Produktgestaltung ist keine technische, sondern absatzpol. Aufgabe<br>• Aussehen, Gestalt u. Form des Produktes sowie der Verpackung sollten suggestiv wirken; Streben nach „Individualität" vs. „Konformität"<br>• Der Name des Produktes sollte als „Bindemittel zwischen Produkt und Käufer" wirken |

(Fortsetzung)

---

[485] Quelle: eigene Darstellung.

**Tabelle 2.3**  (Fortsetzung)

| Markenartikel | • Merkmale (max.): Kennzeichnung (Herkunftsbezeichnung), Personifizierung (Name/Warenzeichen), gleichbleibende Verpackung, Qualitätsgarantie, Vertrauensdimension, konstante Preise und Vertriebswege; dabei Abstufungen von „Klassischer" Markenartikel, Markenware ohne Preisbindung, Markenware mit beschränktem Absatzkreis, Händlermarken … |
|---|---|
| | • weitere Differenzierungen u.a. in: Hersteller-, Erzeugnisgruppen- und Einzelmarken<br>• Der Markenartikel ist nicht nur eine besondere Warenart, sondern selbst ein absatzpolitisches Instrument: Einfluss auf Werbung, Preis- und Verpackungspolitik, Absatzorganisation und Handelspolitik<br>• Wichtige Erkenntnis für Markenartikelpolitik: Als kurzfristig wirkendes Absatzinstrument „[ist] Preispolitik als Wettbewerb […] unmöglich. Wer es trotzdem versucht, wird zwangsläufig […] ausscheiden"<br>• Markentechnik: Die Wortmarke sollte kurz u. vokalreich sein, die Zeichenmarke möglichst einfach und prägnant. Fusion in Wort+Bild |
| Preispolitik | • Basis: modelltheoretische Überlegungen von Gutenberg<br>• Die „doppelt geknickte Preis-Absatz-Kurve" beschreibt das „akquisitorische Potential" bzw. den „autonomen Bereich", innerhalb eines kleinen Preisintervalls, bei dem Preisveränderungen a) nicht zu spürbaren Nachfrageänderungen und b) nicht zu Konkurrenzreaktionen führen. (Modellvarianten: Polypol/Oligopol auf unvollkommenen Märkten). Gründe sind präferenz- und imagebildende Maßnahmen des Anbieters<br>• Grundsätzlich gilt jedoch: Gefahr der „Kampfsituation", alternativ: einheitliches preispolitisches Verhalten |
| Vertriebsarbeit und Absatzmethode | • „Verkaufen heißt Bedürfnisse finden." Für ein Produkt muss ein Markt vorhanden sein. „Die Fertigung ist eine Funktion des Vertriebes"<br>• Aufbau u. Aufgabe der Verkaufsabt.: Aufstellung von Kriterien für Innen- u. Außenorganisation; Ursachen für Erfolge/Misserfolge bei Personalauswahl und -führung<br>• Qualifikation des Verkaufsleiters: umfangreiches Wissen, analytisch stark, optimistisch, soziale Kompetenz, Kenntnisse über: Verkaufsgebiet, Waren, Vertriebskanäle, Werbung, Kosten, Preise, u. Analyse der Absatzkanäle: Einzelhandel erbringt: räumliche Ausgleichsfunktion, Sortimentsfunktion, Quantitätsfunktion, Lagerhaltungsfunktion; Großhandel erbringt: Sortimentsfunktion, Lagerhaltungsfunktion, verfügt über großen Kundenstamm<br>• Außendienststeuerung: Empfehlungen zum systematischen und methodischen Vorgehen bei der Einstellung, Schulung, Motivation, Kontrolle und Unterstützung durch Info-Material<br>• Steuerung und Kontrolle der Absatzkosten<br>• Aufbau einer Verkaufsforschungsabteilung zur Analyse der Absatzergebnisse sowie zur Durchführung von Maßnahmen zur Kundenrückgewinnung |

Die Ausführungen sind ganz überwiegend beschreibend, wobei sich mitunter Aussagen mit einem möglichen allgemeingültigen Anspruch mit persönlichen Erfahrungen und Einschätzungen mischen. Die Mehrzahl der Veröffentlichungen hat entweder annäherungsweise oder tatsächlich ein theoretisches Gerüst. Das gilt insbesondere für jene Publikationen, die nach dem Zweiten Weltkrieg erschienen sind. Andere Veröffentlichungen präsentieren eine Vielzahl von praktischen Vorschlägen, die auf eigener Erfahrung und Kenntnis z. B. der US-amerikanischen Literatur gründen.

Auch deshalb gibt es bei den allermeisten Ausführungen kaum Hinweise auf empirische Prüfungen etwa im Rahmen eines wissenschaftlichen Prozesses. Man könnte etwa fragen: Soll man nun dem wissenschaftlich vorgetragenen Rat folgen, nach dem z. B. eine Kumulierung der Werbemittel innerhalb kurzer Zeit weniger erfolgreich ist als eine Streckung über einen größeren Zeitraum?

Trotzdem weisen die verschiedenen Themenbereiche in den Veröffentlichungen überwiegend eine relativ geschlossene innere Struktur auf. So zeigt sich am Beispiel der Marktforschung, dass die Gliederungen der Bücher sich weitgehend an dem in der betrieblichen Praxis zu beobachtenden Marktforschungsprozess orientieren, was zur Klarheit der Schilderung beiträgt. Zwar findet auch hier die Darstellung durchweg in deskriptiven Sätzen statt, allerdings lassen sich daraus – wie aufgezeigt – technologische bzw. handlungsleitende Aussagen ableiten.[486]

Insgesamt kann unter dem vom Autor dieser Arbeit verfolgten *pragmatischen* Wissenschaftsziel[487] konstatiert werden, dass die analysierte absatzwirtschaftliche Literatur dieses Zeitraums eine ganze Reihe von praktisch verwertbaren Deskriptionen, Kategorisierungen und Empfehlungen sowie Handlungsanweisungen bzw. Beschreibungen, aus denen sich solche ableiten lassen, enthält. Der Praktiker im Unternehmen erhält damit also gedankliche Leitlinien als Entscheidungshilfen. Ob sich diese Erkenntnisse tatsächlich bewähren, muss sich dann i. d. R. in der praktischen Anwendung zeigen.

Wie bereits im Abschnitt 2.1 angesprochen, lässt sich zum einen nicht jede theoretische Aussage in praktische Handlungsanweisungen umsetzen, zum anderen kann die praktische Anwendung von theoretischen Erkenntnissen auch die Anpassung an betriebsinterne Bedingungen erfordern. Und schließlich kann

---

[486] Auf die beiden letztgenannten Punkte weist auch Böttger im Rahmen der Diskussion des Kapitels zur Marktforschung in Mefferts Lehrbuch hin. Vgl. Böttger, Christian: Marketing im Spannungsfeld zwischen wissenschaftlichem Erkenntnisinteresse und praktischer Nutzbarkeit, Fuchsstadt 1993, S. 140 f.

[487] Siehe dazu die Ausführungen im Abschnitt 2.1.

auch umgekehrt manche im Unternehmen erfolgreiche Praktik – ob faktenori-
entiert oder intuitiv vorgenommen – jenseits einer wissenschaftlichen Anbindung
entwickelt worden sein.

Die Studien zu den Themenfeldern Marktbeobachtung/Marktforschung und
Reklame/Werbung sowie Markenartikel und Vertrieb waren bereits in den 1920er
Jahre „Fragmente des *Absatzprozessdenkens*."[488] Auch wenn diese Arbeiten z. T.
nicht in Gänze den wissenschaftstheoretischen Ansprüchen genügen, so stellen
sie doch in ihrer Gesamtheit überaus wichtige Analysen dar zur Erklärung des
unternehmerischen Absatzerfolges. Hier drückt sich bereits die Markt- und Kundenorientierung deutlich aus sowie das Bestreben, den Markt und den eigenen
Erfolg zu gestalten.[489] Dies zeigt sich insbesondere im Werk von Erich Schäfer.
Ein Durchbruch gelang damit allerdings noch nicht.

Diese Forschungsarbeiten hatten z. T. bereits früh eine sozialwissenschaftliche
Fundierung (besonders bei den Themenfeldern Werbung und Marktforschung),
später auch eine mathematische Ausrichtung (Gutenberg) bekommen.[490] Insbesondere Gutenberg hat mit seiner Analyse des absatzpolitischen Instrumentariums
sowie ihrer Wirkungen einen wichtigen Beitrag zur weiteren Integration des
Themenbereichs Absatz in die deutsche Betriebswirtschaftslehre geleistet, so
dass sich Mitte der 1950er Jahre ein schrittweiser Erfolg beim Wandel von der
Produktionsorientierung zur Absatzorientierung in der Theoriebildung andeutete.

Lange Zeit war die absatzwirtschaftliche Literatur durch eine „beschrei-
bende, typologische Ausrichtung gekennzeichnet".[491] Allerdings hat zumindest
Gutenberg den Versuch unternommen, über begriffliche Einordnungen und
Beschreibung der unternehmerischen Absatzaktivitäten hinaus ein „konsistentes
*Erklärungsmodell*"[492] zu liefern, wenigstens soweit es die modelltheoretischen
Teile betrifft. Dies könnte als ein erster Schritt zu einer Managementlehre
verstanden werden.

So entstand im Laufe der Zeit eine Reihe von Forschungsarbeiten mit wissenschaftlichem Anspruch, die aber noch keine miteinander eng verbundenen
Elemente eines in sich geschlossenen Theoriesystems darstellten. Jedoch haben

---

[488] Bubik, Roland, a.a.O., S. 83. (Herv. im Original).

[489] Vgl. ebenda.

[490] Vgl. ebenda, S. 68.

[491] Meffert, Heribert: Von der Absatzlehre zur Marketingwissenschaft – Was hat die Marktorientierung gebracht? Abschiedsvorlesung von Prof. Dr. Dr. h.c. mult. Heribert Meffert
am 12. Juli 2002, in: Backhaus, Klaus/Becker, Jochen (Hg.): Arbeitspapier 159 der Wissenschaftlichen Gesellschaft für Marketing und Unternehmensführung e. V. Münster 2002,
S. 2.

[492] Bubik, Roland: a.a.O., S. 130. (Herv. im Original).

sie den Weg zu einer ganzheitlichen Absatzlehre und schließlich Marketingtheorie in Deutschland entscheidend vorbereitet und beeinflusst. Die vorliegende Analyse belegt, dass sich absatzwirtschaftliches Denken in der betriebswirtschaftlichen Theorie in seinen Grundstrukturen, Instrumenten und Handlungsempfehlungen bereits *vor* der Adaption US-amerikanischen Marketingwissens seit Ende der 1960er Jahre entwickelt hat.

Warum die in der Vor- als auch der unmittelbaren Nachkriegszeit vorgelegte durchaus praxisorientierte Literatur zur Absatzwirtschaft nicht eine größere Resonanz im wissenschaftlichen sowie im betrieblichen Bereich fand und sich die Absatzwirtschaft nicht bereits früher als wesentlicher und eigenständiger Teilbereich innerhalb der Betriebswirtschaftslehre etablieren konnte, ist schwerlich nachzuvollziehen. Dies dürfte neben den erläuterten Unzulänglichkeiten auch daran gelegen haben, dass es sich bei der Absatzliteratur um relativ wenige Werke handelt, deren Veröffentlichung noch dazu über mehrere Jahrzehnte streute.[493] Gegen die bestehende Dominanz der Produktions- und Kostenorientierung der BWL konnte sich diese Literatur offensichtlich kein Gehör verschaffen. Zum anderen lag dies wohl auch daran, dass in der „Wirtschaftswunder"-Phase die Anforderungen der Praxis an die Theorie in vielen Industriebereichen tatsächlich noch überwiegend auf produktionstechnischem Gebiet lag und der Absatz erst im Anschluss daran stärker zum Engpassfaktor wurde. Letztlich dürften auch Rivalitäten verschiedener Wirtschaftswissenschaftler[494] untereinander die Diffusion dieses Wissens behindert haben. Dennoch hat der Gutenberg'sche Ansatz das betriebs- wie auch absatzwirtschaftliche Programm nachhaltig geprägt.

Zur Tendenz, die spezielle Kritik an einem Teil des Gutenberg'schen Ansatzes (z. B. theorielastiges Modelldenken, Unvollständigkeit des Aufgabenspektrums) auf die Gesamtheit der absatzwirtschaftlichen Literatur zu verallgemeinern, lässt sich erwidern, dass diese nicht die bis dahin veröffentlichte absatzwirtschaftliche Literatur insgesamt betrifft: So haben z. B. Schäfer und andere Mitglieder der „Nürnberger Schule" sowie auch Schnutenhaus, frühzeitig darauf hingewiesen, dass die Verbraucherbedürfnisse Ausgangspunkt für die Produktion sowie die Vermarktungsbemühungen sein sollten und dass dabei sozialwissenschaftliche Erkenntnisse berücksichtigt werden sollten.

Richtig ist aber, dass diese beispielhaft genannten Anforderungen an die Absatzlehre bzw. Marketingtheorie erst in der darauf folgenden Periode seit Ende

---

[493] Auf den zweiten Punkt weisen auch Bubik und Sepehr hin. Vgl. Bubik, Roland: a.a.O., S. 114 sowie Sepehr, Philipp: a.a.O., S. 35.

[494] Siehe auch die Anmerkung zu der als „Methodenstreit" bekanntgewordenen Kontroverse zwischen Mellerowicz und Gutenberg im Abschnitt 2.3.2.1.

der 60er/Anfang der 70er Jahre stärker in den Fokus der wissenschaftlichen Betrachtung gerückt und systematischer thematisiert worden sind. Hier fanden insbesondere verhaltens- sowie entscheidungstheoretische Ansätze Eingang in die Diskussion.

Insgesamt lässt sich aber konstatieren, dass die beschriebenen Publikationen sowohl zum Thema Unternehmensführung als auch insbesondere zu den Einzeldisziplinen Marktforschung, Werbung, Markenartikelpflege, Vertriebsarbeit sowie zuletzt zum Einsatz des absatzwirtschaftlichen Instrumentariums in Gänze wertvolle Anregungen und Empfehlungen für die unternehmerische Praxis gegeben haben. Damit hat der bundesdeutschen betriebswirtschaftlichen Theorie wie der Praxis grundsätzlich auch schon in den ersten eineinhalb Jahrzehnten nach Kriegsende eine Reihe von fundierten – wohl aber noch nicht hinreichend aufeinander abgestimmten und zu einem Theoriegebäude entwickelten – Erkenntnissen zur Verfügung gestanden, die im Hinblick auf eine marktorientierte Unternehmenspolitik hilfreich gewesen sein konnten.

## 2.4  Die späten 1960er und 1970er Jahre: Strukturbrüche und Wertewandel einerseits – Das „Aufblühen" des Marketings andererseits

### 2.4.1  Makroökonomische und gesellschaftliche Einflussfaktoren

Die Zeit des „Wirtschaftswunders" endete mit der ersten Konjunkturkrise der Nachkriegszeit in den Jahren 1966/67. Das reale Bruttoinlandsprodukt (BIP) brach ein und war 1967 erstmals leicht rückläufig (–0,3 %). Gleichzeitig erhöhte sich die Arbeitslosenquote von 0,7 % auf 2,1 %.[495] Diese Entwicklung löste in Politik und Wirtschaft einen Schock aus: Man sprach von „Rezession" und „Nullwachstum" und stellte sich auf ein dauerhaftes Abflachen der Wachstumskurve ein. Die Politik reagierte 1967 mit den im „Stabilitäts- und Wachstumsgesetz" verankerten Instrumenten der quantitativen Globalsteuerung auf der Grundlage der keynesianischen Beschäftigungstheorie. Die Maßnahmen zeigten relativ schnell ihre Wirkung. So stieg die Arbeitslosenquote zwar zunächst weiter auf

---

[495] Vgl. Abb. 2.2 im Abschnitt 2.3.1.

3,2 % (Januar 1968), ging dann aber auf 1,6 % (Mai 1968) zurück. Im September 1968 sprach man wieder von Vollbeschäftigung.[496]

Auch die Wirtschaftsleistung stieg in den Jahren 1968 und 1969 wieder an. Die realen Zuwachsraten erreichten annähernd das vorher gewohnte Niveau (rd. 5,5 % bzw. 7,5 %). Allerdings war dies nicht von Dauer. Es folgte ein inflatorischer Boom, der 1974/75 in eine schwere Depression führte, verstärkt durch die erste Ölpreiskrise 1973/74 und den weitgehenden Gleichklang der weltwirtschaftlichen rezessiven Konjunkturentwicklung. Das BIP lag 1975 um – 0,9 % unter dem schon schwachen Vorjahresergebnis, und die Arbeitslosigkeit stieg auf 4,7 % an. Von „Stagflation" war die Rede. Die Wirtschaft erholte sich danach auch diesmal relativ schnell; die BIP-Wachstumsraten der Folgejahre lagen zwischen 3 % und 5 % p.a. Jedoch führte die weitere Entwicklung zu Beginn des neuen Jahrzehnts – auch wieder forciert durch den neuerlichen Ölpreisschock 1979/80 – in eine erneute schwere Krise.[497]

Die Instrumente der Globalsteuerung konnten in dieser Zeit die Erwartungen nicht mehr erfüllen. In der Folge hat dies „das soziale und politische Klima in der Bundesrepublik entscheidend geprägt. Die Arbeitslosigkeit wuchs sich zu einem Massenphänomen mit erheblichem politischen Gewicht aus, das Netz der sozialen Sicherung erschien nicht mehr finanzierbar, strukturelle Anpassungen [...] wurden zunehmend schwieriger".[498] Insgesamt beendeten die wirtschaftlichen Umbrüche die Hochstimmung der Wirtschaftswunderzeit sowie die Zuversicht auf eine fortgesetzte Wohlstandssteigerung.[499]

Parallel dazu zeigten sich auch die Strukturbrüche bei der industriellen Erzeugung immer stärker. Die Industriebereiche Kohle, Stahl, Textil sowie Werften befanden sich bereits seit längerem in einer Dauerkrise.[500] In den 70er Jahren setzte sich der Bedeutungsverlust der Schwerindustrie fort, während die Elektro- und Autoindustrie, der Handel sowie Banken und Versicherungen Expansionen erlebten. So gab es Wachstums- und Schrumpfungsregionen mit der Konsequenz, dass sich das bekannte Nord-Süd-Gefälle umkehrte.[501] „Während Regionen mit den durch die Strukturkrise in Bedrängnis geratenen Branchen Stahl- und Schiffbau das Nachsehen hatten, konnten technologieintensive Branchen wie Luft-

[496] Vgl. https://www.zeitklicks.de/top-menu/zeitstrahl/navigation/topnav/jahr/1967/konzertierte-aktion-und-stabilitaets-und-wachstumsgesetz/ (abgerufen am 26.5.2020).
[497] Vgl. Abb. 2.2 in Abschnitt 2.3.1.
[498] Klump, Rainer: Wirtschaftsgeschichte der Bundesrepublik Deutschland, a.a.O., S. 15.
[499] Vgl. Hansen, Ursula/Bode, Matthias: Marketing & Konsum, a.a.O., S. 119.
[500] Vgl. Prollius, Michael von: Deutsche Wirtschaftsgeschichte nach 1945, a.a.O., S. 189.
[501] Vgl. ebenda, S. 197.

und Raumfahrttechnik glänzen."[502] Was diese Strukturbrüche für Nordrhein-Westfalen und die Dortmunder Brauindustrie bedeuteten, soll in den Abschnitten 3.2.4 und 3.2.5 näher beschrieben werden.

Diese unterschiedlichen Entwicklungen verstärkten die sowieso bestehenden Unsicherheiten in der Gesellschaft. Denn bereits einige Jahre zuvor war in Westdeutschland eine neue – gesellschaftskritische – Haltung in Erscheinung getreten. Mit dem später als „68er-Bewegung" betitelten aus der Studentenschaft sich entwickelnden Aufbruch wurde am „soziale[n] Konsens der Nachkriegsjahre"[503] gerüttelt. Verschiedene Gruppen hinterfragten die gültigen Werte dieser Gesellschaft sowie ihre Positionen darin. Daraus erwuchs auch eine kritische Haltung gegenüber unternehmerischen Vermarktungsprozessen. „Während in den 50er und frühen 60er Jahren die durch wachsenden Konsum symbolisierte moderne Gesellschaft das positive Leitbild prägte, tauchte in den 70er Jahren verstärkt der Begriff vom ‚Konsumterror' auf, und die Marketingaktivitäten wurden als ein ‚exponierter Teil der Bewußtseinsindustrie' kritisiert."[504] Diese Entwicklung verlor allerdings an Einfluss und Kraft in dem Maße, wie die ökonomischen Probleme in den 70er Jahren immer drängender wurden und ökonomisches Krisenmanagement gefragt war. Aber auch hier zeigte sich: „Die Grenzen des Staates in der Steuerung der gesellschaftlichen und ökonomischen Prozesse wurden bewußt nach einer Phase, in der die Machbarkeit überschätzt wurde."[505]

Allerdings hat sich aus der kritischen Auseinandersetzung mit den gängigen Formen des Konsums und der Vermarktung von Produkten in den 70er Jahren der rechtliche Verbraucherschutz sowie die Verbraucherpolitik entwickelt. Zwar gab es bereits seit den frühen 50er Jahren die „Arbeitsgemeinschaft der Verbraucherverbände e. V. (AgV) als „Verband von Verbänden" sowie für jedes Bundesland eine „Verbraucherzentrale" als Mitglieder der AgV und außerdem ab 1964 die „Stiftung Warentest". Diese Verbände sahen ihre Aufgabenstellung in der Stärkung des Wettbewerbs unter den Anbietern, in der Information und Aufklärung der Verbraucher bzw. in vergleichenden Warentests. In der Folge der gesellschaftspolitischen Diskussion ab Ende der 60er Jahre entwickelten sich – auch unter dem Einfluss US-amerikanischer Verbraucherinitiativen, einer daraus erwachsenden Gesetzgebung sowie begleitender Literatur – in verschiedenen

---

[502] Ebenda.

[503] Hansen, Ursula/Bode, Matthias: Marketing & Konsum, a.a.O., S. 117.

[504] Ebenda, S. 118 (Herv. im Original).

[505] Ebenda, S. 119.

westdeutschen Universitäten Forschungsschwerpunkte zum Thema Verbraucherpolitik sowie Selbstorganisation von Verbraucherinteressen.[506] Im politischen
Bereich entfalteten sich die Themen: Verbraucherschutz und Verbraucherpolitik
in den 70er Jahren zu einem Teilbereich der Wirtschaftspolitik.[507]

## 2.4.2  Die verstärkte Ausrichtung der Unternehmenspraxis auf das Marketing

### 2.4.2.1  Der Druck der Märkte sowie der ökonomischen Bedingungen auf die Unternehmen

Die Unternehmen standen in den späten 60er und 70er Jahren vor mehreren
Problemen. Das waren hauptsächlich:

* der Wandel in den Konsumstrukturen nach dem Übergang vom Verkäufer-
  zum Käufermarkt,
* die unstete und z. T. stark rezessive Konjunkturentwicklung mit sowohl hohen
  Inflationsraten als auch hoher – und vor allem fortgesetzter – Massenarbeits-
  losigkeit und Kaufkrafteinbußen,
* die Wirkungen bzw. Folgewirkungen des immer deutlicher werdenden Strukturwandels in der Montan- sowie Textilindustrie – mit Schwerpunkt in
  NRW,
* die im Zuge der 68er-Bewegung entstandene gesellschaftspolitische Kritik,
  auch an der Marketingpraxis der Unternehmen. Hinzu kam außerdem
* die Herausbildung einer stärkeren Macht der verschiedenen Handelsorganisationen.

Diese Zusammenballung von Problemen verlangte von den Unternehmen Anpassungsprozesse, angefangen von operativen bis hin zu neuen strategischen Überlegungen, z. T. mit einer gänzlichen Neuausrichtung der Unternehmenspolitik.
Es zeigte sich, dass „[...) viele Unternehmen dazu nicht in der Lage [waren],

---

[506] Die Selbstorganisation von Verbraucherinteressen war ab der Mitte der 1970er Jahre beispielsweise ein Forschungsschwerpunkt der Arbeitsgruppe für Verbraucherforschung und
Verbraucherpolitik – AGVP – an der Gesamthochschule Wuppertal. Vgl. AGVP: Verbrauchervereine als Form der Selbstorganisation von Verbrauchern in der Bundesrepublik
Deutschland. Untersuchung im Auftrag des Ministers für Wirtschaft, Mittelstand und Verkehr des Landes Nordrhein-Westfalen, Düsseldorf 1979.

[507] Darauf weist auch Kleinschmidt hin. Vgl. Kleinschmidt, Christian: Konsumgesellschaft,
a.a.O., S. 158 ff.

überlebten geschwächt oder schieden sogar aus dem Markt aus, und neue Unternehmen begannen sich zu etablieren."[508] Ein Blick in die Insolvenzstatistik macht das Ausmaß deutlich: So stiegen die jährlichen Unternehmensinsolvenzen zwischen 1966 und 1980 um das Zweieinhalbfache von 2.530 auf 6.315 p.a.; einen besonders starken Anstieg gab es in den Krisenjahren 1973/74, als die Insolvenzen von 4.000 auf 5.976 hochschnellten und im Folgejahr einen vorläufigen Spitzenwert von 6.953 erreichten.[509]

Der Wandel vom Verkäufer- zum Käufermarkt verstärkte sich in den folgenden Jahren. Nicht mehr die Produktion bestimmte den Markt, sondern die Nachfrage der Verbraucher. Und diese Verbrauchernachfrage zeigte sich nicht mehr durch einheitliche Verbrauchsgewohnheiten, sondern durch eine zunehmende Differenziertheit. So wuchsen die Ansprüche der Konsumenten an die Qualität und die Vielfalt des Angebots. Verstärkt wurde dieser Wandel durch die sog. „Generationslücke"- die Tatsache, dass für die nach dem Kriege geborene Generation ein gewisser Wohlstand zur Normalität wurde und Jugendlichkeit sich sogar zu einem eigenen Lebens- und Konsumstil entwickelte.[510]

Die Unternehmen wurden immer stärker gezwungen, in ihrem Marktverhalten darauf einzugehen. Ein vielversprechender Entwurf bestand in der Marktsegmentierung „als neues und fast revolutionäres Konzept".[511] Versuchten die Unternehmen bisher, den Gesamtmarkt mit einem Produkt zu durchdringen, so empfahl das Konzept der Marktsegmentierung, eine Aufspaltung des Marktes in möglichst homogene Teilmärkte vorzunehmen und diese Teilmärkte differenziert zu bearbeiten.[512]

Parallel dazu waren die anbietenden Unternehmen mit der im Zusammenhang mit der 68er-Bewegung auftretenden Kritik an der Marketingpraxis konfrontiert. Die Vorwürfe reichten von Vorbehalten gegenüber einzelnen Marketinginstrumenten, wie etwa der Werbung, bis hin zur grundsätzlichen Kritik an der gesamten Marketingpraxis. Hauptangriffspunkte waren:[513]

---

[508] Hansen, Ursula/Bode, Matthias: Marketing & Konsum, a.a.O., S. 126.

[509] Vgl.   https://www.destatis.de/DE/Themen/Branchen-Unternehmen/Unternehmen/Gewerbemeldungen-Insolvenzen/Tabellen/lrins01.html (abgerufen am 31.5.2020).

[510] Vgl. Hansen, Ursula/Bode, Matthias: Marketing & Konsum, a.a.O., S. 128 f.

[511] Ebenda, S. 129.

[512] Ebenda.

[513] Vgl. zum Folgenden: Fischer-Winkelmann, Wolf F./Rock, Reinhard: Konsumerismus, Verbraucherinteressen und Marketinglehre. Zum Stand der deutschen absatzwirtschaftlichen Konsumerismusdiskussion, in: ZfB, 47. Jg. (1977), Heft 3, S. 129–152, hier S. 131.

- Die Werbung versucht künstliche Unterschiede bei an sich austauschbaren Produkten zu erzeugen.
- Produkte werden so hergestellt, dass sie frühzeitig funktionsuntüchtig werden (= physische Veralterung), oder Produkte werden zu häufig neu gestaltet (= psychische Veralterung).
- Es findet eine Kaufkraftabschöpfung durch überhöhte Preise statt, gerade bei Angeboten, bei denen die Preishöhe als Prestigemerkmal gelten kann.
- Es findet eine Ressourcenverschwendung und Umweltverschmutzung statt durch bestimmte Konsummuster (Wegwerfverhalten) und unnötige Verpackungen.

Eine weitere Herausforderung für die anbietenden Unternehmen stellte die wachsende Marktmacht der Handelsorganisationen dar. Während in den 50er und zu Beginn der 60er Jahre der Handel noch weitgehend eine Verteilerfunktion hatte und damit als Erfüllungsgehilfe der Hersteller fungierte, entfalteten verschiedene Handelsorganisationen ab Ende der 60er Jahre zunächst langsam, im Verlaufe der 70er Jahre beschleunigt ihre Marktmacht. Dies geschah zum einen durch Kooperationen, zum anderen durch internes Wachstum. Es entstanden Kooperationsformen mittelständischer Handelsunternehmen in freiwilligen Ketten (z. B. Spar) und Einkaufsgenossenschaften (z. B. EDEKA). Später kamen neue Betriebsformen, etwa Verbrauchermärkte, SB-Warenhäuser sowie Discounter mit Filialsystemen (z. B. Aldi oder Lidl) hinzu.[514]

Daraus erwuchs eine Dynamik, die zu einem wachsenden Konzentrations- und Kooperationsprozess führte. So konnten sich die Einzelhandelsumsätze zwar innerhalb von nur 8 Jahren von 149 Mrd. DM (1968) auf 316 Mrd. DM (1976) mehr als verdoppeln. Offensichtlich profitierten aber von diesem Wachstum vor allem die großen Handelsunternehmen: Einerseits sank die Anzahl der Händler in dieser Zeit um rd. 14 % von 414.000 (1968) auf nur noch 357.000 (1976). Andererseits gab es eine Verlagerung der Umsatzanteile von kleinen und mittleren Händlern hin zu größeren und großen Handelsunternehmen: Während in 1968 das Verhältnis zwischen Einzelhändlern mit einem Jahresumsatz von mehr als 1 Mill. DM und denen mit weniger als 1 Mill. noch 53,4 % zu 46,6 % betrug, verschob sich bis 1976 der Anteil zugunsten der Großbetriebe auf eine Relation von 71,9 % auf 28,1 %. Auch unter Berücksichtigung der zu Beginn der 1970er Jahre sich stark entwickelnden Inflationsraten – in der Spitze von 7,1 %

---

[514] Vgl. Hansen, Ursula/Bode, Matthias: Marketing & Konsum, a.a.O., S. 130 ff.

in 1973 – vermitteln diese Zahlen einen Eindruck vom intensiv geführten horizontalen Wettbewerb zwischen den Handelsunternehmen mit der Wirkung, dass
Klein- und Mittelbetriebe von den Großbetrieben verdrängt wurden.[515]
Eine wesentliche Entwicklung in dieser Phase zeigte sich auch im vertikalen Wettbewerbsverhältnis in einem Machtkampf zwischen Herstellern und
Handelsunternehmen. Es ging um die Führerschaft in den Vertriebswegen. Traditionell verfügten große Markenartikelhersteller mit erfolgreichen Markenartikeln
über Marktpotenziale, mit denen sie die Verteilerwege steuern konnten. Mit
der wachsenden Handelsmacht wurde diese Führungsposition der Hersteller
immer mehr eingeengt. Die Aufhebung der Preisbindung der 2. Hand 1974
unterstützte die Bestrebungen des Handels, eine eigene Preispolitik durchzusetzen und damit die Durchschlagskraft der Markenartikler zu schwächen. Im
Laufe der Zeit wurde auf vielen Märkten der Handel zum Engpassfaktor für
die Hersteller. Als Folge mussten die Hersteller neben dem verbraucherorientierten „Pull-Marketing" zunehmend ergänzend auch ein handelsorientiertes
„Push-Marketing" aufbauen.[516] Das führte dazu, dass „die Hersteller auf Han-
delsebene untereinander in Wettbewerb um die Gunst des erstarkten Handels
gerieten."[517]
Dieses Gemisch aus der Notwendigkeit zu Neuorientierungen auf den Märkten, gesellschaftlichen Akzeptanzproblemen unternehmerischen Marketings sowie
den Verschiebungen bei den Machtverhältnissen im Vermarktungsprozess von
Produkten trafen die Unternehmen in einer Phase ökonomischer Instabilitäten.
Entsprechend schwierig gestaltete sich unternehmerisches Handeln. Wie dies im
Einzelfall ausgesehen hat, und welche zusätzlichen Probleme auf den spezifischen Märkten hinzukamen, soll im folgenden Kapitel anhand eines Beispiels
zusammenfassend aufgezeigt werden.

### 2.4.2.2 „Marketing als Krisenstrategie"[518] – Die Marketingaktivitäten in der deutschen Automobilindustrie

Im Abschnitt 2.3.2.2.2.1 wurde am Beispiel der VW AG, Wolfsburg bereits die
frühe Adaption US-amerikanischer Marketingpraktiken beschrieben. Auch als

---

[515] Vgl. ebenda, S. 131 f.

[516] Vgl. ebenda, S. 131 f.

[517] Ebenda, S. 132.

[518] Dieser Teil der Überschrift ist entnommen dem Aufsatz von Köhler, Ingo: Marketing
als Krisenstrategie. Die deutsche Automobilindustrie und die Herausforderungen der 1970er
Jahre, in: Berghoff, Hartmut (Hg.): Marketinggeschichte. Die Genese einer modernen
Sozialtechnik, Frankfurt/New York 2007, S. 259–295.

Ergebnis dieses Handelns schien der Käfer sich dauerhaft auf der Erfolgspur zu befinden. Marketing machte es anscheinend möglich. Gleiches schien für die gesamte inländische Automobilindustrie zu gelten.

Allerdings wurde die deutsche Automobilindustrie Anfang der 70er Jahre durch die zuvor beschriebenen ökonomischen Krisen und Strukturbrüche empfindlich getroffen.[519] Wie kaum bei einem anderen Industriesektor schlugen hier die beiden Ölpreiskrisen, der Wandel in den Nachfragestrukturen sowie der öffentlich geführte Diskurs über die Auswüchse der Marketingpraktiken und die gesellschaftliche Verantwortung der Unternehmen voll durch. Die Automobilindustrie stand nun vor zahlreichen Herausforderungen, die zum großen Teil auch branchenspezifischer Natur waren und voll auf die Absatzmöglichkeiten durchschlugen: Die inländischen Neuzulassungen stürzten von jeweils rd. 2,2 Mio. in den Jahren 1972 und 1973 abrupt auf 1,25 Mio. in 1974 ab. Für das ebenfalls starke Exportgeschäft gab es eine ähnlich gravierende Entwicklung. Der Gesamtverlust betrug rd. 1,45 Mio. Verkäufe = rd. 33 % innerhalb eines Jahres![520]

Für die Branche bedeutete dies in dieser Situation. sich auf ein ganzheitliches, konsumentenorientiertes Marketing-Management auszurichten.[521] Dabei galt es auch, „die falsche Produktpolitik, die Vernachlässigung von Marktforschung, die Produktion von Überkapazitäten für den anonymen Markt und fatale Preisanhebungen"[522] künftig zu korrigieren.

Ganz wesentlich für die marktorientierte Neuausrichtung der Automobilbranche war die Erweiterung und Ausdifferenzierung der Produktpalette. Diese Anforderung stellte die Automobilkonzerne vor eine Herkulesaufgabe, und ganz besonders VW: Nachdem in den vergangenen drei Jahrzehnten mit dem „Käfer" im Wesentlichen eine „Ein-Produkt-Strategie" verfolgt worden war,[523] wurden

[519] Vgl. zum Folgenden im Wesentlichen: Köhler, Ingo: Marketing als Krisenstrategie, a.a.O.; ergänzende Quellen sind: Meffert, Heribert: Marketing. Einführung in die Absatzpolitik, 4. Aufl., Wiesbaden 1979, Fallstudie, S. 595–654 sowie Volkswagen Chronik. Der Weg zum Global Player, Wolfsburg 2008; https://vwpress.files.wordpress.com/2012/01/volkswagen-chronik1.pdf (abgerufen am 10.6.2020).

[520] Vgl. Grafik: Fahrzeugabsatz der deutschen Automobilindustrie 1960–1977 (Neuzulassungen Inland und Export). Quelle: VDA (Hg.): Tatsachen und Zahlen aus der Kraftverkehrswirtschaft, 38. Aufl., Frankfurt 1974, S. 26 f. sowie 42. Aufl., Frankfurt 1978, S. 28 f.; zit. nach Köhler, Ingo: Marketing als Krisenstrategie, a.a.O., S. 268.

[521] Vgl. Köhler, Ingo: Marketing als Krisenstrategie, a.a.O., S. 260.

[522] Ebenda, S. 277.

[523] Bis 1968 brachte VW lediglich sechs PKW-Modelle auf den Markt. Neben dem „Karmann Ghia" (als Coupe und Cabriolet) des Osnabrücker Partnerunternehmens waren dies die

ab 1973 „in einem ungewöhnlichen Kraftakt"[524] elf neue Modelle entwickelt und auf den Markt gebracht; zusätzlich erweiterten die Audi-NSU-Werke ihr Angebot um fünf Modelle. Dazu „bedurfte es innovativer technischer und organisatorischer Fertigungssysteme. Hierfür legte das Unternehmen ein Investitionsprogramm von 2,5 Milliarden DM auf, mit dem zwischen 1972 und 1975 die produktionstechnische Basis für die neue Produktpalette geschaffen wurde."[525] In ähnlicher Weise bauten auch die anderen deutschen Automobilbauer in dieser Zeit ihr Produktprogramm stark aus.

Die Anbieter vollzogen dabei den Übergang von der standardisierten Massenproduktion zur Vollsortimentspolitik, die verschiedene Marktsegmente definierte und den Kunden ein Überwechseln auf nächsthöhere bzw. -niedrigere Fahrzeugklassen ermöglichte. Die Ziele waren: größere Markentreue ihrer Kundschaft, Errichtung von Wettbewerbsbarrieren durch die Besetzung von Produktnischen sowie Schaffung eines Risikoausgleichs zwischen den einzelnen Marksegmenten.[526]

Außerdem unternahm die Branche auch Anstrengungen, den Kundendienst zu verbessern. So kam es zu einem deutlich erhöhten Serviceniveau, z. B. in den Bereichen Wartung, Pflege sowie Reparaturen. Außerdem wurden verschiedene technische Innovationen (z. B. Scheibenbremsen, Bremskraftverstärker) nicht mehr als Sonderausstattung behandelt, sondern in die Grundausstattung der Wagen integriert. Öffentlichen Debatten um die Sicherheit sowie den Umweltschutz führten dazu, dass z. B. Gurte und automatische Haltesysteme zur selbstverständlichen Serienausstattung gehörten.

Auch der Werbedruck wurde im Laufe der Zeit deutlich erhöht. Bezüglich der eingesetzten Werbemittel erhielt die Fernsehwerbung eine immer größer werdende Bedeutung. Die Orientierung an veränderten Kaufpräferenzen führte zu zielgruppengerechten Werbekampagnen sowie einem Wandel in der werblichen Argumentation: Anstatt Lifestyle, Sportlichkeit und Jugendlichkeit waren jetzt Qualität, Ausstattung, Sicherheit, Wirtschaftlichkeit sowie Umweltverträglichkeit die inhaltlichen Schwerpunkte der Werbebotschaft. Begleitend dienten gezielte

weitegehend auf der Käfer-Technologie basierenden Weiterentwicklungen „VW 1500" (als Limousine und Variant) sowie „VW 411".

[524] So der damalige VW-Vorstandsvorsitzende Toni Schmücker; von Köhler, S. 280, zit. nach Kasiske, Rolf: Krisen sind vorprogrammiert, in: Doleschal, Reinhard/Dombois, Rainer (Hg.): Wohin läuft VW? Die Automobilproduktion in der Wirtschaftskrise, Reinbek 1982, S. 105,

[525] Volkswagen Chronik. Der Weg zum Global Player, S. 94. https://vwpress.files.wordpress. com/2012/01/volkswagen-chronik1.pdf (abgerufen am 10.6.2020).

[526] Vgl. Köhler, Ingo: Marketing als Krisenstrategie, a.a.O., S. 280 f.

PR-Kampagnen dazu, das Image eines Autoherstellers aufzubessern, indem die neuen Umweltschutz- und Mitbestimmungsdebatten dieser Zeit aufgegriffen wurden. „Ziel war es hier, soziale Verantwortung, Umweltbewusstsein und hohe Transparenz zu demonstrieren, um das angeschlagene Image aufzubessern."[527]

Im Bereich der Absatzorganisation wurden von den Automobilkonzernen ebenfalls erhebliche Anstrengungen unternommen, um sich an die veränderten Marktbedingungen anzupassen. So entschloss sich z. B. VW, mit der Einführung des „Golf" zu einer Straffung der Vertriebsorganisation auf der Einzelhandelsstufe sowie zur Neuordnung auf der VW-Audi-Großhandelsstufe.[528]

Außerdem hat VW versucht, eine Marketing-Konzeption weltweit und möglichst lückenlos bei der großen Anzahl selbständiger Vertragspartner durchzusetzen. Dazu wurden z. B. einheitliche Standards in Form von Vertriebsrichtlinien geschaffen sowie Zielprojektionen formuliert, beispielsweise für die Felder: Neuwagenverkauf, Gebrauchtwagenverkauf, Kunden- und Teiledienst. Ergänzt wurden sie um betriebswirtschaftliche Kriterien. Zudem wurden zum Abschluss einer Periode Gespräche über die Zielerreichung und ggf. Korrektur von Missständen angesetzt.

Die gewachsene Bedeutung des Marketings zeigte sich bei VW auch in einer Neuplatzierung in der Unternehmensorganisation. Die neue Marketingabteilung erhielt stark erweiterte Zuständigkeiten innerhalb einer neuen Stab-Linien-Organisation, die direkt dem Vorstandsbereich Vertrieb unterstellt wurde. Diese Stabshauptabteilung erarbeitete die Marketingstrategie des Konzerns und bereitete in enger Zusammenarbeit mit den technischen Abteilungen die programm- und distributionspolitischen Entscheidungen vor.[529]

---

[527] Ebenda,, S. 291.
[528] Vgl. Meffert, Heribert: Marketing. Einführung in die Absatzpolitik, 4. Aufl., Wiesbaden 1979, Fallstudie, S. 629 f.
[529] Vgl. ebenda, Fallstudie, S. 652 und 654.

### 2.4.3 Die Bildung von Marketing-Clubs als Initiative aus der Praxis und „Mittler zwischen Forschung und Praxis"[530] sowie die Notwendigkeit eines Wissenstransfers

Bereits Mitte der 1950er Jahre gab es in verschiedenen westdeutschen Städten und Regionen persönliche Initiativen von Verkaufs- und Werbeleitern zu einem regelmäßigen Erfahrungsaustausch z. B. im Monatsrhythmus.[531] Bei diesen Treffen wurden Themen aus den Bereichen Absatzwirtschaft, insbesondere Verkauf, Werbung und Marktforschung behandelt. Die Teilnehmer verstanden sich zunächst als „Selbsthilfegruppe" oder „Diskussionsrunden für Verkaufsleiter", organisierten sich später in „Verkaufsleiterclubs", bevor dann Anfang der 60er Jahre die ersten Umbenennungen in „Marketing- und Verkaufsleiter Club" bzw. „Marketing-Club" vollzogen wurden. Auf Verbandsebene wurde 1960 die „Arbeitsgemeinschaft der deutschen Verkaufsleiter-Clubs" in „Vereinigung Deutscher Marketing- und Verkaufsleiter-Clubs e. V." umbenannt; wenig später erfolgt dann die Umbenennung in „Deutsche Marketing-Vereinigung e. V. (DMV)" sowie 1964 die Mitgliedschaft dieses Verbandes im neu gegründeten „EMC – European Marketing Council".

1970 gab es bereits 22 Marketing-Clubs mit rd. 2.900 Mitgliedern. Ab 1971 veröffentlichten die einzelnen Marketing-Clubs ihre eigenen Club-Reports, wie z. B. in Berlin den „Marketing-Report". Mitte der 1970er Jahre sind verschiedene Marketing-Clubs zu festen Institutionen geworden. So fanden 1975 im Hamburger Club 12 Clubabende, 14 Seminare und 2 Sonderveranstaltungen und „weitere gesellige Veranstaltungen" statt. Der Hamburger Marketing-Club wurde 1978 zum zweitgrößten deutschen Club, so dass die Clubführung eine Wachstumsbegrenzung beschloss. 1980 stieg die Anzahl der Clubs auf 31 mit einer Mitgliederzahl von rd. 4.000. Die „Deutsche Marketing-Vereinigung" wuchs im

---

[530] „Mittler zwischen Forschung und Praxis" ist der Titel des ersten Gliederungspunktes des Aufsatzes: Backhaus, Klaus: Betriebswirtschaftliche Vereinigungen. Ihre Bedeutung für die Verbreitung ökonomischen Gedankenguts, in: Lingenfelder, Michael (Hg.): 100 Jahre Betriebswirtschaftslehre in Deutschland, München 1999, S. 213–229, hier S. 213. Die folgenden Ausführungen basieren weitestgehend auf dieser Veröffentlichung.

[531] Vgl. hierzu und zum Folgenden: o.V.: 35 Jahre Marketing-Clubs Berlin, Bielefeld, Hamburg, Koeln/Bonn, in: absatzwirtschaft, Nr. 10 vom 1. Oktober 1991, S. 132. http://printarchiv.absatzwirtschaft.de/Content/_p=1004040,an=109101068,109101068;printpage (abgerufen am 24.10.2020).

Jahr 1991 auf 50 Clubs, in denen über 8.500 Mitglieder organisiert waren; darunter befanden sich bereits 9 Clubs in den neuen Bundesländern, „in wenigen Monaten durch den Einsatz der DMV mit Hilfe von 24 Patenclubs gegründet."[532] Knapp 10 Jahre später kurz vor der Jahrtausendwende gehörten dem DMV bereits 57 regionale Marketing-Clubs mit rd. 9.500 Einzelmitgliedern an.[533] Das Ziel der DMV als Dachorganisation der Clubs besteht in der Interessenvertretung ihrer Mitglieder. Dies geschieht durch engagierte Öffentlichkeitsarbeit. Als durch die Marketing-Praxis geprägte Organisation versucht sie, über Aufgaben und Funktionen des Marketings zu informieren und zu aktuellen wirtschaftlichen Fragen Stellung zu nehmen. Darüber hinaus will sie die persönliche und berufliche Entwicklung ihrer Mitglieder fördern sowie die Weiterentwicklung und Verbreitung des Marketinggedankens voranzutreiben, und zwar sowohl im theoretischen wie im praktischen Bereich.

Neben dem ehrenamtlichen Präsidium der DMV gibt es die Geschäftsstelle in Düsseldorf sowie verschiedene Fachausschüsse und Arbeitskreise. Wichtig aus dem Blickwinkel dieser Arbeit ist der Ausschuss „Wissenschaft und Praxis". Dieser Ausschuss arbeitet mit der Kommission „Marketing im Verband der Hochschullehrer für Betriebswirtschaft e. V." zusammen. Mitglieder sind jeweils acht bis neun Hochschullehrer und Praktiker. „Zentrale Aufgabe des Ausschusses ist es, den permanenten Erfahrungsaustausch zwischen Wissenschaft und Praxis zu fördern. Es sollen Formen gefunden werden, wie man wissenschaftliche Erkenntnisse in die Praxis übertragen kann und umgekehrt."[534] In diese Richtung zielt auch die Verleihung des jährlichen Wissenschaftspreises der DMV im Rahmen einer Veranstaltung zum „Deutscher Marketing-Tag", an dem jeweils rd. 1.000 Mitglieder teilnehmen. Zentrales Publikationsorgan der DMV ist die praxisorientierte „absatzwirtschaft", die gemeinsam mit der „Absatzwirtschaftliche Gesellschaft Nürnberg e. V." herausgegeben wird. Die Zeitschrift „will konkrete Orientierungshilfen liefern und zeigt ihre Praxisnähe vor allem durch die Darstellung von Analysen und konkreten Fallbeispielen."[535]

---

[532] Ebenda.

[533] Vgl. hierzu und zum Folgenden: Backhaus, Klaus: Betriebswirtschaftliche Vereinigungen. Ihre Bedeutung für die Verbreitung ökonomischen Gedankenguts, in: Lingenfelder, Michael (Hg.): 100 Jahre Betriebswirtschaftslehre in Deutschland, München 1999, S. 213–229, hier. S. 221.

[534] Ebenda, S. 222.

[535] Ebenda, S. 227.

Backhaus beschreibt in seiner Veröffentlichung eine Auswahl weiterer betriebswirtschaftlicher Vereinigungen[536] als „Mittler zwischen Forschung und Praxis", die seit jeher „eine Plattform für einen **Dialog** zwischen Forschung und Praxis bilden sollten."[537] Angesichts der Tatsache, „daß sich die Probleme betriebswirtschaftlicher Forschung in den letzten Jahren radikal verändert haben"[538], hat die Zahl der Vereinigungen erkennbar zugenommen.

Der Grund dafür besteht in den veränderten Wettbewerbsbedingungen auf den nationalen und internationalen Märkten, die dazu führen, dass der „Produktionsfaktor Information" eine zentrale Einflussgröße für den Erfolg einer ganzen Volkswirtschaft geworden ist und damit Lösungsvorschläge für neue betriebswirtschaftliche Probleme immer dringlicher erfordern. Dieses ökonomische Wissen muss auch in die unternehmerische Praxis getragen werden. „Die **Diffusion ökonomischen Gedankenguts** stellt damit einen eigenständigen Problembereich des Wissenstransfers dar."[539] Nach Backhaus muss dieser Wissenstransfer zweiseitig gestaltet werden: einmal von den Universitäten aus in Richtung unternehmerischer Praxis und zum zweiten umgekehrt aus der Praxis heraus zu den Hochschulen. Dies geschieht bei den Vereinigungen in unterschiedlicher Weise, z. B. in Jahrestagungen, Arbeitstagungen, Arbeitskreisen, Erfahrungsaustauschen, Konferenzen, Seminaren, Fachtagungen und Kongressen, Workshops und bei allen im Beitrag ausgewählten Vereinigungen durch ein zentrales Publikationsorgan.

Insgesamt konstatiert Backhaus, „daß die diskutierten wissenschaftlichen Gesellschaften erhebliche Anstrengungen unternehmen, einen Beitrag zur **Diffusion ökonomischen Gedankenguts** zu leisten."[540]

---

[536] Zum einen ist dies die fachübergreifende Vereinigung „Verein für Socialpolitik – Gesellschaft für Wirtschafts- und Sozialwissenschaften (VfSP)", zum anderen Fachvereinigungen wie die „Schmalenbach-Gesellschaft für Betriebswirtschaft e. V. (SG)" (als Rechnungswesen-, Finanz- und Controlling-orientierte Vereinigung), die „Deutsche Gesellschaft für Personalführung e. V. (DGFP)" sowie die „Bundesvereinigung Logistik e. V. (BVL)".

[537] Ebenda, S. 213. (Herv. im Original).

[538] Ebenda.

[539] Ebenda, S. 214. (Herv. im Original).

[540] Ebenda, S. 228. (Herv. im Original) Ergänzend sieht Backhaus aus der Perspektive des Jahres 1999, dass durch eine stärkere Einbeziehung der neuen Medien dieser Wissenstransfer noch verstärkt werden könnte.

### 2.4.4 Die Gründung des „Universitätsseminar der Wirtschaft" als Initiative von Unternehmensführern und Professoren und „Brücke zwischen Wissenschaft und Praxis"[541]

Es hat in den späten 60er und 70er Jahren vielversprechende Versuche und tatsächliche Erfolge bei der Zielsetzung gegeben, die im Nachhinein bis in die jüngste Vergangenheit viel beklagten Transferbarrieren zwischen Theorie und Praxis zu überwinden. Eine herausragende Rolle hat dabei während einer Periode von mehr als 25 Jahren das „Universitätsseminar der Wirtschaft (USW)" auf Schloss Gracht in Erftstadt-Liblar gespielt. Auf Initiative einer Reihe namhafter Unternehmerpersönlichkeiten und Universitätsprofessoren wurde Ende der 60er Jahre – in etwa zeitgleich mit der Einrichtung des ersten deutschen Marketinglehrstuhls an der Universität Münster – diese Weiterbildungsinstitution für Führungskräfte aus der Wirtschaft ins Leben gerufen. Die Weiterbildungsziele gingen dabei inhaltlich weit über den Marketingbereich hinaus. „Philosophie des USW ist es, *Brücke zwischen Wissenschaft und Praxis* zu sein. Es will die Auseinandersetzung von Führungskräften mit neuesten wissenschaftlichen Methoden fördern und praxisorientierte Konzepte der Führungskräfteweiterbildung anbieten."[542]

Träger des USW war ein gemeinnütziger Verein mit mehr als hundert Mitgliedsfirmen. Zum 25-jährigen Jubiläum konnte die Institution für sich in Anspruch nehmen, als Management-Institut über die Grenzen Deutschlands hinaus bekannt und anerkannt zu sein. Die Leistungsbreite sah damals so aus:

- „Rund 2.000 Führungskräfte durchlaufen jährlich die USW-Seminare.
- Über 25 Themenkreise aus allen Bereichen der Unternehmensführung werden in offenen und firmenspezifischen Seminaren behandelt.
- Die Anzahl der jährlichen Seminarwochen – also der Leistung des USW – beläuft sich inzwischen auf etwa 150.
- Mit dem neuen berufsbegleitenden ‚Postgradualen Studium Management' konnte das USW seine Kompetenz auch im Vergleich zu den internationalen Business Schools ausbauen.

---

[541] „Brücke zwischen Wissenschaft und Praxis'" ist der Untertitel des Buches: Universitätsseminar der Wirtschaft (Hg.): 25 Jahre Universitätsseminar der Wirtschaft 1968 – 1993. Brücke zwischen Wissenschaft und Praxis, Stuttgart 1993. Die folgenden Ausführungen basieren weitestgehend auf dieser Veröffentlichung.
[542] Ebenda, S. 71. (Herv. d. Verf., H.F.)

– Wirtschaftlich ist das USW stabil. Hier wird Unternehmensführung nicht nur gelehrt, sondern auch praktiziert."[543]

Die Gründung des USW war ein Reflex auf den als nicht hinreichend empfundenen Transfer zwischen Wissenschaft und Praxis. „Die wissenschaftliche Lehre der Unternehmensführung hatte seit Beginn der fünfziger Jahre bereits in Wahl und Inhalt ihrer Forschungsschwerpunkte auf diese Entwicklung [„Führung von Unternehmen in einem sich wandelnden Umfeld mit neuen Aufgaben"] reagiert und rasche Fortschritte erzielt. Der Transfer dieser Erkenntnisse in die Praxis gestaltete sich jedoch schwierig – ebenso wie der Gewinn von Impulsen für eine problem- und praxisorientierte Forschung und Lehre an den Hochschulen".[544]

Die Ausgestaltung der Seminare lässt sich beispielhaft anhand des ersten von den Professoren Albach und Busse von Colbe 1969 konzipierten allgemeinen Management-Seminars mit einer Dauer von zehn Wochen beschreiben: „48 anerkannte Referenten aus der Praxis, 29 Hochschullehrer und 19 Instruktoren konnten in kurzer Zeit gewonnen werden, um 48 Teilnehmern aus unterschiedlichen Branchen aktuelles Wissen aus allen Bereichen der Unternehmensführung, aber auch fundierte Einblicke in Themen aus dem unternehmerischen Umfeld zu ermöglichen."[545]

„Diese Angebote zählen zu den erfolgreichen Programmen des USW: das *Marketing*-Seminar startete 1970, wenig später das Planungsseminar, Führung von Mitarbeitern, das Betriebswirtschaftliche Seminar für technische und naturwissenschaftliche Führungskräfte und das Umfeld-Seminar."[546] Ab 1971 wurden als zweites Standbein unternehmensspezifische Seminare durchgeführt. Es kamen das „Deutsche Unternehmensplanspiel" (mit erstmalig 486 zugelassenen Teams) sowie weitere Seminarangebote im Laufe der Zeit hinzu.

Offenbar war damals die Zeit reif für derartige Seminarangebote: „Die Zeit vom Ende der 70er bis Anfang der 90er Jahre ist sicher gekennzeichnet durch

[543] Wolff von Amerongen, Otto (als Vorsitzender des Kuratoriums): Begrüßung zur Jubiläumsveranstaltung im Jahre 1993, in: Universitätsseminar der Wirtschaft (Hg.): 25 Jahre Universitätsseminar der Wirtschaft 1968 – 1993, a.a.O., S. 1–6, hier S.: 1 f.
[544] Busse von Colbe, Walther (als ehemaliger Wissenschaftlicher Direktor des USW): Führungskräfte-Weiterbildung am USW. Gestern – Heute – Morgen. 25 Jahre USW. Gründung und Aufbauphase, in: Universitätsseminar der Wirtschaft (Hg.): 25 Jahre Universitätsseminar der Wirtschaft 1968 – 1993, a.a.O., S. 7–17, hier: S. 7.
[545] Ebenda, S. 11.
[546] Ebenda, S. 13 [Herv. d. Verf., H.F.]

einen geradezu unerhörten Boom an Weiterbildungsaktivitäten in der gesamten deutschen wie auch der weltweiten Wirtschaft."[547]

In diesem Zeitraum standen folgen Problemkreise im Mittelpunkt von Seminaren: die Verkürzung von Lebenszyklen von Produkten und Dienstleistungen, die Zunahme der Wissensproduktion und das überproportionale Wachstum der Budgets für Forschung und Entwicklung, die Internationalisierung des Wettbewerbs und Erfahrungen aus den Auslandsaktivitäten, der Anstieg des Service- und Software-Anteils an der Wertschöpfung, die Notwendigkeit zum lebenslangen Lernen.[548]

In der Jubiläumsveranstaltung 1993 gingen drei weitere Referenten auf die Notwendigkeit zur Neuausrichtung des USW angesichts sich wandelnder Verhältnisse auf den nationalen wie internationalen Märkten ein. Neben der Weiterentwicklung aller Seminarkonzepte und Lehrmethoden und maßgeschneiderter Konzepte für einzelne Unternehmen sowie einem lebendigen Erfahrungsaustausch[549] wurden Forderungen nach einer gewissen Neuausrichtung der Unternehmerschaft wie des USW erhoben. Angesichts des heftigen Strukturwandels forderte ein Referent eine Rückbesinnung auf Schumpeters „Prozeß der schöpferischen Zerstörung" bzw. in aktueller Sprache auf den „Prozeß der ständigen Veränderung". „Wir brauchen Pionierunternehmen, um die Strukturen, die sich im Laufe der Jahre gebildet haben und dann erstarrt sind, aufzubrechen und zu bereinigen."[550]

Der letzte Referent forderte ganz explizit zur „Erhaltung und Stärkung der Marktstellung unserer Unternehmen im weltweiten, sich verschärfenden Wettbewerb unter sich schneller als früher verändernden Rahmenbedingungen", dass auch die Management-Institute „durch geeignete Qualifizierungsmaßnahmen dazu

---

[547] Coenenberg, Adolf G. (als erster Inhaber des 1977 gestifteten USW-Lehrstuhls und ehemaliger Wissenschaftlicher Direktor des USW): Führungskräfte-Weiterbildung am USW. Gestern – Heute – Morgen. 25 Jahre USW. Das aktuelle Profil, in: Universitätsseminar der Wirtschaft (Hg.): 25 Jahre Universitätsseminar der Wirtschaft 1968 – 1993, a.a.O., S. 19–29, hier: S. 19.

[548] Vgl. ebenda, S. 20 f.

[549] Vgl. Franz, Klaus-Peter (als damals amtierender Wissenschaftlicher Direktor des USW): Führungskräfte-Weiterbildung am USW. Gestern – Heute – Morgen. 25 Jahre USW. Ausblick, in: Universitätsseminar der Wirtschaft (Hg.): 25 Jahre Universitätsseminar der Wirtschaft 1968 – 1993, a.a.O., S. 31–42, hier S. 31 f.

[550] Bierich, Marcus (als damaliger Vorsitzender der Geschäftsführung des Elektronikkonzerns Bosch): Die Aufgaben des Unternehmers in einem geänderten Umfeld. Wandel eines Profils, in: Universitätsseminar der Wirtschaft (Hg.): 25 Jahre Universitätsseminar der Wirtschaft 1968 – 1993, a.a.O., S. 43–61, hier: S. 59.

beitragen, daß unsere Führungskräfte die schwieriger werdenden Aufgaben meistern können."[551] Weiter formulierte er: „Die Fragestellung darf nicht vorrangig lauten: ‚Für welche Zielgruppen passen unsere Seminare, und wie vermarkten wir sie am besten?‘ Gefragt werden muß stattdessen zunächst:

– ‚Welche *Veränderungen* zeichnen sich im gesellschaftlichen, politischen und wirtschaftlichen *Umfeld* ab – und zwar weltweit?‘

Hieraus leiten sich die weiteren Fragen ab: [...]

– ‚Welche *Auswirkungen* haben die Veränderungen im Umfeld *für die Unternehmen?*‘ [...]
– ‚Welche *Anforderungen* kommen damit auf die *Führungskräfte* zu?‘ [...]
– ‚Welche *Konsequenzen* sind hieraus für die *Weiterbildung* unserer Führungskräfte zu ziehen?‘"[552]

Dies sind anscheinend in dieser Zeit die richtigen und ganz wesentlichen Fragestellungen für die Zukunft eines Management-Instituts wie das USW gewesen. Das USW wurde Anfang der 2000er Jahre zunächst Teil der „European School of Management and Technology (ESMT)" mit Hauptsitz in Berlin, aber mit fortgesetztem Seminarangebot für „die offenen Seminare in deutscher Sprache" mit „führenden deutschen BWL-Professoren [...] als Seminarleiter und Dozenten und Vertretern aus der Praxis"[553] auf Schloss Gracht. Im Jahre 2018 ist das USW vollständig im ESMT mit dem Standort Berlin aufgegangen.[554]

[551] Funk, Joachim (als damaliger Vorsitzender des Vorstandes des USW): Schlußwort, in: Universitätsseminar der Wirtschaft (Hg.): 25 Jahre Universitätsseminar der Wirtschaft 1968 – 1993, a.a.O., S. 63–69, hier: S. 65.

[552] Ebenda, S. 65 f.

[553] Gloger, Axel: 30 Jahre Mangerbildung in Schloss Gracht, in: DIE WELT vom 16.9.2006. https://www.welt.de/print-welt/article152800/30-Jahre-Managerbildung-in-Schloss-Gracht.html (abgerufen am 23.10.2020).

[554] Vgl. Schwarzberg, Ulrike: ESMT Berlin verkauft Schloss Gracht und treibt internationale Expansion voran: Pressemeldung des ESMT vom 3.5.2018. https://esmt.berlin/de/presse/esmt-berlin-verkauft-schloss-gracht-und-treibt-internationale-expansion-voran (abgerufen am 23.10.2020). In der Pressemeldung heißt es weiter: „Die ESMT verkauft Schloss Gracht daher zum 30.11.2018 und konzentriert sich in Deutschland auf den Standort Berlin."

Aus diesem Anlass gab es im Mai 2018 eine Pressemeldung, in der berichtet wurde, dass die „enge Verzahnung der deutsch- und englischsprachigen Weiterbildungsangebote erfolgreich abgeschlossen"[555] worden sei und die deutschsprachigen Aktivitäten am Standort Schloss Gracht vollständig in die ESMT Berlin integriert worden seien. Die ESMT stellt sich aktuell folgendermaßen vor: „Die ESMT Berlin ist die höchstplatzierte Business School in Deutschland und die erste und einzige deutsche Wirtschaftsuniversität in den europäischen Top 10."[556]

## 2.4.5    Die Entwicklung der Marketingdisziplin ab Mitte der 1960er Jahre bis Ende der 1970er Jahre

### 2.4.5.1 Die unternehmerische Praxis zwischen dem Zwang zur Anpassung und dem wachsenden Verlangen nach wissenschaftlicher Unterstützung

Die aufgezeigten rasanten Veränderungen in den ökonomischen und gesellschaftlichen Bedingungen der späten 60er und gesamten 70er Jahre verstärkten den Druck auf die Unternehmen, sich auf veränderte Marktverhältnisse einzustellen.

Am Beispiel von VW und der gesamten Autobranche konnte gezeigt werden, dass die Unternehmen diese Phase als tiefgreifende Krise begriffen. In dieser Situation traten die eigenen Versäumnisse und Fehler der Vergangenheit in der Marktbearbeitung besonders offen zu Tage und verstärkten damit die externen Krisenfaktoren in ihrer Wirkung. Mit Blick auf die Bewältigung der daraus resultierenden Anforderungen erkannten die Automobil-Manager das Marketing als Krisenstrategie.

Jedoch dürften zahlreiche Industriezweige und Branchen sich in einer ähnlichen Situation gesehen haben. Die im Abschnitt 2.4.2.1 zitierten steigenden Zahlen der Insolvenzstatistik für diese Jahre belegen die damaligen Schwierigkeiten der Wirtschaft sowie die Dringlichkeit strategischer Neuorientierungen. Es ist deshalb davon auszugehen, dass diese besondere ökonomische und gesellschaftliche Konstellation das Interesse an und die Anwendung von Marketingmaßnahmen und -strategien sowie die Etablierung von Marketingabteilungen in den Unternehmen ganz wesentlich befördert hat, und zwar zusätzlich zu den sowieso seit einigen Jahren sich immer stärker zeigenden Wünschen der Verbraucher nach Differenzierung und Individualisierung. Das Verlangen nach wissenschaftlicher Hilfestellung sowie die Adaption von Erkenntnissen der betriebswirtschaftlichen

---

[555] Ebenda.
[556] https://esmt.berlin/de/ueber-uns (abgerufen am 23.20.2020).

Marketingtheorie ist durch dieses Faktorenbündel entwickelt und im weiteren Zeitverlauf ganz erheblich gesteigert worden.

Insofern lief auch in dieser Phase die Praxis der Wissenschaft voraus. Tietz beschreibt dies rückblickend so: „Das Marketingdenken wurde aus der Praxis in die Wissenschaft getragen."[557]

Auch Mefferts Analyse weist in diese Richtung. Meffert hat in der bereits zitierten Abhandlung: „50 Jahre Marketingdisziplin" die damalige Situation im Vorfeld seiner Berufung auf die erste Professur für Marketing an der Universität Münster folgendermaßen beschrieben: „Vor allem im Markenartikelsektor der Konsumgüterindustrie entstanden unter wachsendem Wettbewerbsdruck ausländischer Anbieter mit dem Marketing- und Produktmanagement neue Tätigkeitsfelder, auf die die Ausbildung der deutschen Hochschullandschaft nicht ausgerichtet war. An den meisten Universitäten und Fachhochschulen herrschte eine vorwiegend deskriptive Binnen- und Außenhandelsbetriebslehre vor. Die Praxis suchte sich mit der Gründung von Marketing-Clubs zu behelfen und in den Medien wurden zunehmend Forderungen nach einer Verankerung marktorientierter Führungsaufgaben in der Forschung und Lehre deutscher Hochschulen laut. Die Zeit für einen Wandel war also reif."[558] Und weiter schreibt Meffert: „Das Echo auf meine Berufung auf den ‚ersten deutschen Marketinglehrstuhl' war in den einschlägigen Medien, der Wirtschaftspraxis und bei den BWL-Kollegen an anderen Hochschulen groß, wenn auch nicht ungeteilt. [...] Vor allem aus den Führungsetagen der Markenartikelindustrie kamen viele positive Reaktionen. Besonders erfreulich war die vom Geschäftsführer der Handelsblattgruppe, Wilhelm Zundler, vermittelte Zusammenarbeit mit den deutschen Marketing-Clubs. Seine Devise lautete: ‚Sie müssen sich und Ihr Programm jetzt in der Marketingpraxis bekannt machen, also klotzen und nicht kleckern!' [...] Differenzierter war hingegen das Echo bei den Kollegen im Hochschulbereich. Es reichte von Kommentaren wie ‚alter Wein in neuen Schläuchen' (Eugen Leitherer) bis hin zu ‚ein bewundernswerter, mutiger Schritt zur Neuausrichtung (Curt Sandig).'"[559]

## 2.4.5.2 Die Marketinglehre als wissenschaftliche Antwort auf das Interesse der betrieblichen Praxis

Im Abschnitt 2.3.3 wurden die unterschiedlichen Ansätze des frühen Wissenschaftsprogramms zur Absatzforschung, die der unternehmerischen Praxis

---

[557] Tietz, Bruno: Die bisherige und künftige Paradigmatik des Marketing in Theorie und Praxis, a.a.O., S. 152.
[558] Meffert, Heribert: 50 Jahre Marketingdisziplin, a.a.O., S. VI.
[559] Ebenda.

grundsätzlich bereits nach Kriegsende bzw. im Verlauf der 50er und 60er Jahre zur Verfügung standen, im Einzelnen beschrieben, diskutiert und auf ihre Anwendbarkeit für den betrieblichen Vermarktungsprozess in der Brauwirtschaft überprüft.

Es konnte dabei gezeigt werden, dass diese absatzwirtschaftliche Literatur viele verwertbare Beschreibungen, Kategorisierungen und Typenbildungen sowie Empfehlungen bis hin zu Handlungsanweisungen als Entscheidungshilfe enthält. In vielen dieser Arbeiten drückt sich bereits die Markt- und Kundenorientierung deutlich aus sowie das Streben danach, Wege zur erfolgreichen Bearbeitung des Marktes aufzuzeigen. Allerdings standen empirische Prüfungen dieser Erkenntnisse auf wissenschaftlicher Basis weitgehend aus. Immerhin sind diese Veröffentlichungen mindestens als „Fragmente des Absatzprozessdenkens" zu werten. Dabei hat insbesondere Gutenberg Mitte der 50er Jahre mit seiner Analyse des absatzpolitischen Instrumentariums zur Integration des Themenbereichs Absatz in die deutsche Betriebswirtschaftslehre wesentlich beigetragen. Diese Arbeit kann man als ersten Schritt zu einer normativen Managementlehre begreifen.

In seinen Grundstrukturen, Instrumenten und Handlungsempfehlungen zeigte sich also absatzwirtschaftliches Denken in der wissenschaftlichen Literatur bereits *vor* der Übernahme und verstärkten Zuwendung zur US-amerikanischen Marketinglehre. Allerdings fehlte der Literatur bis weit in die 60er Jahre die Breitenwirkung, und zwar sowohl im Wissenschaftsbereich als auch in der betrieblichen Praxis. Jedenfalls ist es unklar, inwieweit die unternehmerische Praxis dieses Wissen tatsächlich bewusst angewendet hat und mit welchem Erfolg. Aus dem Beispielfall Automobilindustrie sowie den kursorischen Schilderungen der „Früh-Adoptionen" US-amerikanischen Marketingwissens in den „Langen 50er Jahren" im Abschnitt 2.3.2.2 lässt sich dies nicht herauslesen. Insbesondere bei der letzteren Gruppe hat den Berichten nach vor allem der unmittelbare transatlantische Erfahrungsaustausch eine große Rolle gespielt.

### 2.4.5.2.1 Überblick: Die Entwicklung des Marketings als „Revolution" oder „Evolution"? sowie: Was ist am Begriff „Marketing" neu?

Was die weitere Theoriebildung in dieser wichtigen Phase betrifft, so ist zu fragen: Hat es Ende der 60er bzw. in den 70er Jahren einen „fließenden" Übergang von der *absatzwirtschaftlichen* Literatur zur *Marketingliteratur* gegeben? Oder hat Kleinschmidt recht, wenn er im Zusammenhang mit dem „Übergang von der traditionellen deutschen ‚Absatzwirtschaft' zum modernen ‚Marketing'" von „einem damit verbundenen Mentalitätswandel" spricht, „der entweder als ‚Stille

Umwälzung', ,Durchbruch', ,Meilenstein' bzw. ,Marketing-Revolution' gekennzeichnet wird."[560]? Für Kleinschmidts These spricht zweierlei: Zum einen setzten
einflussreiche Unternehmen insbesondere der Markenartikelindustrie mit dem Ruf
Mefferts auf den ersten deutschen Marketinglehrstuhl große Hoffnungen in die
Entwicklung einer hiesigen Marketingwissenschaft. Erwartet wurde, dass dabei
insbesondere Erkenntnisse aus den Vereinigten Staaten einbezogen würden. Zum
anderen ist die sich entwickelnde Marketinglehre tatsächlich von Beginn an mit
einem „höheren" Anspruch aufgetreten. Das gilt z. B. für eine erweiterte – wenn
auch nicht immer einheitliche – Begriffsbildung, eine gewandelte oder zumindest stärker pointierte unternehmensphilosophische Denkhaltung, die Forderung
nach einer stärkeren Integration und Abstimmung beim Einsatz der absatzpolitischen Instrumente unter einer einheitlichen Führung bis hin zur strategischen
Ausrichtung sowie zur späteren Ausformulierung eines anwendungsorientierten
Marketing-Management-Prozesses. Die Marketinglehre löste sich von der „alten" Literatur und strebte bewusst eine Neuausrichtung an. Basis dafür war
die US-amerikanische Marketing-Literatur und methodisch die Berücksichtigung
verhaltens-sowie entscheidungstheoretischer Erkenntnisse.

Allerdings ist Ingo Köhler zuzustimmen, wenn er darauf hinweist, dass es
„[...] *nicht* der Durchbruch der Marktorientierung [als reinem Erkenntnisprozess,
Anm. des Verf., H.F.] [war], der revolutionäre Züge trug. Vielmehr wurden die
Umwälzungen der modernen Konsumgesellschaft, der Wandel vom Verkäufer-
zum Käufermarkt und die Internationalisierung des Wettbewerbs als eine revolutionäre Umgestaltung der wirtschaftlichen, gesellschaftlichen und politischen
Strukturen verstanden, aus denen sich die Marktorientierung der Unternehmen
gewissermaßen als logische Konsequenz ergab."[561] Die beschriebene Entwicklung in der Automobilindustrie unter Berücksichtigung gesamtwirtschaftlicher
und gesellschaftspolitischer Aspekte stützt diese Meinung.

Ein äußerer Indikator für die wachsende Aufmerksamkeit und Bedeutung
sowie die damit zunehmende Breitenwirkung des Themenfeldes „Marketing" war
auch „eine Flut von Büchern und Aufsätzen, die zu Beginn der siebziger Jahre
einsetzte und in sich selbst die Idee des Marketing widerspiegelte. Es gab einerseits Bücher, die nur Marketing hießen, aber entweder nur Theorie oder nur Praxis
oder beides brachten, und andererseits solche über Konsumgütermarketing oder
solche über Industriegütermarketing, Lehrbücher und Reader und Enzyklopädien

---

[560] Kleinschmidt, Christian: Der produktive Blick, a.a.O., S. 221. Beim Begriff „Meilenstein" bezieht sich Kleinschmidt auf: Meissner, Hans Günther: Geschichte des Marketing,
in: Tietz, Bruno/Köhler, Richard/Zentes, Joachim (Hg.): Handwörterbuch des Marketing,
Stuttgart 1995, S. 785–798, hier S. 786.
[561] Köhler, Ingo: Marketing als Krisenstrategie, a.a.O., S. 265. (Herv. d. Verf., H.F.)

und Handbücher und ‚Kochbücher' und Fallstudien und Repetitorien."[562] Sabel gibt damit auch einen Hinweis auf die Divergenz in der Qualität der damaligen Veröffentlichungen, was man auch als in Teilen „leere Versprechungen" im Hinblick auf den „höheren" Anspruch verstehen kann.

Hansen/Bode weisen im Zusammenhang mit der Verbreitung des Begriffs „Marketing" auf eine „dynamische und konflikthafte Entwicklung"[563] hin und meinen damit insbesondere den wissenschaftlichen Bereich. Kritik kam vor allem von den traditionellen Absatzwissenschaftlern. Wie bereits erwähnt, stand z. B. Eugen Leitherer dafür, noch mehr sein akademischer Lehrer Erich Schäfer. Schäfer sprach auch im Nachhinein noch von dem „[...] ungehinderte[n] Einströmen ausländischer, vor allem amerikanischer Literatur. Eine riesige, in ihrer Qualität zunächst kaum zu differenzierende Literatur über ‚Marketing' stand da auf einmal vor den deutschen Fachleuten. [...] Die früheren Beiträge deutscher Absatzforschung wurden weitgehend vergessen oder abgeschoben. Neue Veröffentlichungen auf diesem Feld stützten sich fortan fast ausschließlich auf amerikanische Quellen."[564]

Ein anderer Repräsentant der traditionellen deutschen Absatzlehre – Robert Nieschlag – vertrat dagegen bereits 1959 folgende Ansicht: „Der breite Strom an Literatur und Information, der [...] unser Land befruchtet, ist zu einem beglückenden Erlebnis geworden. Der Kontakt mit dem Ausland, vor allem den Vereinigten Staaten, ist auf dem Gebiete der Absatzwirtschaft und des Handels heute vielleicht besser als je zuvor."[565]

Die Kernfrage bei diesen Auseinandersetzungen lautete: Ist „Marketing" nur ein neuer Name für das, was die deutsche Absatzlehre schon seit Jahrzehnten beschreibt, oder stellt der Begriff tatsächlich etwas inhaltlich Neues dar?

Nieschlag war es auch, der sich bereits 1963 in einem Aufsatz[566] dieser Frage widmete. Der Autor vergleicht darin den älteren amerikanischen Marketingbegriff mit der deutschen Absatzlehre und charakterisiert die moderne

[562] Sabel, Hermann: Absatzstrategien deutscher Unternehmen seit 1945, a.a.O., S. 58.

[563] Vgl. Hansen, Ursula/Bode, Matthias: Marketing & Konsum, a.a.O., S. 93.

[564] Schäfer, Erich: Absatzwirtschaft: Gesamtwirtschaftliche Aufgaben – Unternehmerische Gestaltung, 3. wesentl. erw. Aufl., Stuttgart 1981 (1. Aufl. als „Die Aufgabe der Absatzwirtschaft", Leipzig 1943, 2. Aufl. 1950), S. 8 f., zit. nach Hansen, Ursula/Bode, Matthias: Marketing & Konsum, a.a.O., S. 94.

[565] Nieschlag, Robert: Binnenhandel und Binnenhandelspolitik, Berlin 1959, S. IX, zit. nach Hansen, Ursula/Bode, Matthias: Marketing & Konsum, a.a.O., S. 94.

[566] Vgl. Nieschlag, Robert: Was bedeutet die Marketing-Konzeption für die Lehre von der Absatzwirtschaft? Zur Entwicklung der Betriebswirtschaftslehre, a.a.O., S. 549–559.

amerikanische Marketingtheorie als Lehre, die sich „mit der Suche, der Entwicklung und dem Ausbau von Produkt- und Finanzmärkten – freilich auf der Grundlage eingehender Forschung und unter sehr bewußtem Einsatz der zur Verfügung stehenden Instrumente und Institutionen"[567] beschäftige. Nieschlag weist weiter darauf hin, dass in der amerikanischen Marketingtheorie „wesentliche Teile dieses Prozesses systematisiert und überschaubar gemacht"[568] werden. Ganz wesentlich für diese Veröffentlichung ist, dass Nieschlag darin die Kernpunkte einer künftigen deutschen Marketinglehre umreißt. Dabei ordnet er die Aufnahme der Marketingkonzeption in die aktuelle deutsche BWL ein und spricht sich für die Berücksichtigung von Erkenntnissen der Nachbardisziplinen Soziologie, Psychologie, Rechtswissenschaft sowie Mathematik aus. „Damit greift er ein wesentliches Kennzeichen der ‚modernen' amerikanischen Marketing-Theorie auf."[569]

Als dann Robert Nieschlag das zusammen mit Erwin Dichtl und Hans Hörschgen geschriebene und in erster Auflage im Jahre 1968 erschienene Lehrbuch „Einführung in die Lehre von der Absatzwirtschaft"[570] ab der vierten Auflage 1971 unter dem Titel „Marketing. Ein entscheidungstheoretischer Ansatz"[571] veröffentlichte, war dies ein weiterer Schritt auf dem Wege zu einem modernen Marketingkonzept US-amerikanischer Prägung. Im Vorwort zur neuen Auflage weisen die Autoren aber auf die bereits seit der Erstveröffentlichung vorhandene Orientierung an dem durch den Begriff „Marketing" zum Ausdruck gebrachten „völlig neuen Selbstverständnis der Unternehmenspolitik im allgemeinen und der Absatztheorie im besonderen" hin und begründen die Aktualisierung des Buchtitels folgendermaßen: „Das Bekenntnis zum Terminus *Marketing* ist deshalb weniger das Produkt eines wissenschaftlichen Läuterungsprozesses als ein Zeichen der Anpassung an die Sprachregelung der Wirtschaftspraxis."[572]

Bezogen auf die Veröffentlichungen Nieschlags sowie seiner späteren Mitautoren weist dies insgesamt auf einen eher „evolutionären" als „revolutionären" Prozess hin. Inhaltlich charakterisiert das Autorenteam den Begriff „Marketing" mit Hilfe der Schlagworte: Maxime, Mittel sowie Methode. Dabei bedeutet „Maxime" die konsequente Ausrichtung aller „in der Unternehmung zu treffenden

---

[567] Ebenda, S. 551 f.

[568] Ebenda.

[569] Bubik, Roland: a.a.O., S. 154.

[570] Vgl. Nieschlag, Robert/Dichtl, Erwin/Hörschgen, Hans: Einführung in die Lehre von der Absatzwirtschaft, Berlin 1968.

[571] Vgl. Nieschlag, Robert/Dichtl, Erwin/Hörschgen, Hans: Marketing, Berlin 1971.

[572] Ebenda, S. VI. (Herv. im Original).

Entscheidungen [...] an den Gegebenheiten und Erfordernissen der Umwelt".[573]
Die Komponente „Mittel" weist auf die Gestaltungsaufgabe des Marketings hin,
und als „Methode" wird die bewusste und systematische Entscheidungsfindung
begriffen.[574]

Auch für Ingo Köhler war „das Erscheinen des ersten deutschsprachigen Mar-
ketinglehrbuchs weniger Signal als bereits Ergebnis des Übergangs zur Adaption
der amerikanischen Marketing-Lehre im wirtschaftswissenschaftlichen Diskurs
der 1960er und 1970er Jahre."[575] Ähnlich äußert sich Bubik.[576]

Das Marketinglehrbuch von Nieschlag/Dichtl/Hörschgen war ein wichtiger
Baustein zur Integration der Marketingidee in die bestehende deutsche Absatztheorie. Es lässt sich mit Bubik ergänzen: *„Die Ausformulierung einer wissenschaftlichen Führungslehre unter den Vorzeichen des ‚Primats des Absatzes'*
hatte es bislang im deutschsprachigen Raum nicht gegeben. ‚Wissenschaftlich'
hieß zum damaligen Zeitpunkt vor allem: *Die Fundierung auf entscheidungstheoretischer Grundlage."*[577]. Tatsächlich ist dies von den deutschen Absatz-
theoretikern in dieser Stringenz bis dato nicht formuliert worden. Bei Gutenberg
ist der Absatzbereich gleichrangig zur Produktion und zum Finanzwesen; die
betriebsinterne Planung muss aber eine Abstimmung aller Teilpläne gewährleisten. Allerdings sind normative Aussagen für die Entscheidungsfindung bei
Gutenberg als auch bei anderen Wissenschaftlern der traditionellen Absatzlehre
bereits getroffen worden. Jedoch ging das „neue" Marketing-Modell ein ganzes Stück darüber hinaus, indem es sich als ganzheitliches Management-Konzept
verstand, „das Entscheidungstechniken, Zielbildung und Planungsaspekte zusam-
menführte und an dem Umgang mit den Anspruchsgruppen des Unternehmens
orientierte."[578] Außerdem schließt die entscheidungstheoretische Grundlage eine
verhaltenstheoretische Orientierung ein.

Es erwies sich in der Folgezeit immer mehr, dass hinter dem Begriff „Marketing" mehr stand als ein Denkstil: „Dahinter stand das gesamte *wissenschaftliche*
Erbe der amerikanischen Marketing-Lehre, die es nun in irgendeiner Form
zu Kenntnis zu nehmen und zu reflektieren galt. Es ist diese eigentümliche
Verwobenheit von situationsbedingtem unternehmerischen Einstellungswandel

---

[573] Ebenda, S. 78.
[574] Vgl. ebenda, S. 79.
[575] Köhler, Ingo: Marketing als Krisenstrategie, a.a.O., S. 262.
[576] Vgl. Bubik, Roland: a.a.O., S. 154 ff.
[577] Bubik, Roland: a.a.O., S. 153. (Herv. im Original).
[578] Köhler, Ingo: Marketing als Krisenstrategie, a.a.O., S. 262.

und der Öffnung einer wissenschaftlichen Gemeinschaft zur Forschungstradi-
tion einer anderen, welche den Rezeptionsprozess von Marketing-Terminologie,
-Philosophie und -Konzeption in Deutschland zu einem außerordentlich komplexen und intransparenten Vorgang werden ließ. Vielfach ging es dabei weniger um
wissenschaftliche Akkuranz, als um *Anpassung* an gewandelte Rahmenbedingungen des akademischen Betriebs. Hieraus erklärt sich die oft generationsabhängige
Einstellung zur ‚neuen Lehre': Jüngere Autoren konnten flexibler reagieren und
reüssierten mit dem Selbstverständnis als ‚Marketingwissenschaftler', die älteren
fochten Rückzugsgefechte oder paßten sich eher widerwillig dem Neuen an."[579]

### 2.4.5.2.2 Wissenschaftsprogrammatische Ansätze der deutschen Marketingforschung: Die entscheidungs-, verhaltens- und systemtheoretischen Orientierungen sowie der situative Ansatz

Kennzeichnend für die modernen Ansätze der Marketingtheorie ist, dass sie
im Unterschied zu den älteren fachbezogenen Ansätzen – insbesondere zu den
„approaches" US-amerikanischer Prägung – aus Entwicklungen der allgemeinen
Betriebswirtschaftslehre hervorgegangen sind. Hier wurden deren Theoriegerüste
in einem zweiten Schritt auf absatzwirtschaftliche Problemstellungen angewendet
und sie darin weiterentwickelt.[580]

Eine wichtige Grundlage für die **entscheidungsorientierte** Ausgestaltung der
Marketingwissenschaft wie der gesamten Betriebswirtschaftslehre im deutschsprachigen Raum hat Edmund Heinen, der akademische Lehrer Heribert Mefferts,
gelegt. Insbesondere mit seinem Werk „Das Zielsystem der Unternehmung.
Grundlagen betriebswirtschaftlicher Entscheidungen"[581] hat er die Entscheidungstheorie als ein wesentliches Basiskonzept der Betriebswirtschaftslehre
durchgesetzt. Dieser Ansatz „entspricht den Vorstellungen einer angewandten
Wissenschaft, die praktikable Entscheidungshilfen liefern möchte."[582] Konstitutiv
für diesen Ansatz ist die Einbeziehung von Erklärungsmodellen zum Handeln von
Menschen und ihrem Verhalten in Organisationen. Über die Erklärungsaufgabe

---

[579] Bubik, Roland: a.a.O., S. 150 f. (Herv. im Original).

[580] Darauf weist insbesondere Meffert hin. Vgl. Meffert, Heribert: Artikel „Marketing-
Theorie", in: Diller, Hermann (Hg.): Vahlens Großes Marketinglexikon, a.a.O., S. 1022.

[581] Vgl. Heinen, Edmund: Das Zielsystem der Unternehmung. Grundlagen betriebswirtschaftlicher Entscheidungen, Wiesbaden 1966.

[582] Meffert, Heribert: Betriebswirtschaftslehre in den Siebziger- und Achtzigerjahren, in:
Gaugler, Eduard/Köhler, Richard (Hg.): Entwicklungen der Betriebswirtschaftslehre. 100
Jahre Fachdisziplin – zugleich eine Verlagsgeschichte, Stuttgart 2002, S. 135–164, hier
S. 139.

hinaus sieht Heinen in seinem Ansatz eine Gestaltungsaufgabe für die Betriebswirtschaftslehre im Hinblick auf einen stärkeren Praxisbezug, so dass „die
Entwicklung von realitätsnahen Entscheidungsmodellen zur Ableitung von ‚optimalen' oder ‚befriedigenden' Lösungen"[583] im Zentrum der Betrachtung steht.
Der bewusste Zusatz „realitätsnah" weist auf das beschränkte Rationalverhalten
von Menschen hin, weshalb Heinen die Einbeziehung von verhaltenswissenschaftlichen Erkenntnissen fordert und insgesamt interdisziplinär ausgerichtet
ist.[584]

In einer Bewertung der betriebswirtschaftlichen Ansätze der 70er und 80er
Jahre kommt Meffert im Jahre 2002 zu dem Schluss, dass sich nach „anfäng-
licher Euphorie bezüglich der Leistungsfähigkeit des entscheidungsorientierten
Ansatzes [...] sich jedoch in den späten 70er Jahren Ernüchterung breit [machte].
Die quantitativen Modellvorstellungen wurden der Komplexität und Dynamik der
Entscheidungsprobleme nur sehr bedingt gerecht. Dennoch hat der entscheidungsorientierte Ansatz wesentlich zur Entwicklung von Informationsgewinnungs-
und Entscheidungstechniken insbesondere in der Produktion und im Marketing beigetragen. Obwohl dieses Paradigma keinen eigenständigen inhaltlichen
Erklärungsbeitrag leistet, beherrscht es nach wie vor das betriebswirtschaftliche
Denken. Dies liegt insbesondere darin begründet, dass es dem Problemlösungsverhalten und den Gestaltungsvorstellungen der Managementpraxis besonders
nahe kommt."[585]

Ende der 60er Jahre, in den 70er Jahren und weit darüber hinaus war
der entscheidungsorientierte Ansatz allerdings Ausgangspunkt und wichtige
wissenschaftsprogrammatische Orientierung für eine ganze Reihe von Veröffentlichungen im Marketingbereich. Zentral ist dabei das Bestreben, normative
Aussagen über alternative Wahlhandlungen des Marketingmanagements zu treffen
und dabei die Lösung von marketingbezogenen Problemstellungen als Entscheidungsprozess aufzufassen. Konstitutiv sind in diesem Entscheidungsprozess die
Schritte: Situationsanalyse, Formulierung von Marketingzielen und -strategien

---

[583] Rühli, Edwin: Betriebswirtschaftslehre nach dem Zweiten Weltkrieg (1945 – ca. 1970),
in: Gaugler, Eduard/Köhler, Richard (Hg.). Entwicklungen der Betriebswirtschaftslehre. 100
Jahre Fachdisziplin – zugleich eine Verlagsgeschichte, Stuttgart 2002, S. 111–133, hier.
S. 125.

[584] Vgl. ebenda, S. 126.

[585] Meffert, Heribert: Betriebswirtschaftslehre in den Siebziger- und Achtzigerjahren, a.a.O.,
S. 140.

sowie Bestimmung alternativer Kombinationen des Marketing-Mix.[586] Auch Meffert drückt hier – im graduellen Unterschied zur oben zitierten Aussage – in der etwas älteren Veröffentlichung aus, dass der entscheidungsorientierte Ansatz „[...] weite Verbreitung gefunden [hat] und bis heute die Forschungsprogramme der Marketingwissenschaft dominiert."[587]

Schaut man zurück auf die Anfänge der entscheidungstheoretischen Orientierung der BWL in Deutschland, so haben parallel zu Heinen auf der Marketingseite insbesondere Robert Nieschlag sowie seine Mitautoren ganz entscheidend dazu beigetragen, den Übergang von der traditionellen Absatzlehre zur entscheidungsorientierten Marketingtheorie nach US-amerikanischem Vorbild einzuleiten und voranzutreiben. Das Lehrbuch von 1968 ist nach folgender Konzeption gegliedert: Die Autoren haben den Anspruch, eine „Brücke von den *Funktionen der Absatzwirtschaft* zu einer operationalen, von der Entscheidungstheorie geprägten *Deutung des Marketing-Begriffs* zu schlagen."[588] Im Anschluss daran werden die Instrumente der Marktgestaltung bzw. Aktionsparameter ausführlich dargestellt sowie der optimale Einsatz dieser Instrumente anhand des Konzepts des „Marketing-Mix" diskutiert. Ein weiteres separates Kapitel ist dem Informationsproblem (Marktforschung allgemein sowie in Form z. B. der Vertriebs-, Produkt- und Werbeforschung) gewidmet. Das Buch schließt mit der Darstellung der verschiedenen Formen der Groß- und Einzelhandelsinstitutionen.

Wie bereits im Abschnitt 2.3.2.1 kurz erwähnt, gehörte auch die Dissertation „Das System des Marketing – dargestellt am Beispiel der Konsumgüterindustrie" von Werner Hammel im Jahre 1963 zu den ersten wissenschaftlichen Veröffentlichungen zum Thema Marketing. Die Frage danach, was am Marketing-Gedanken neu sei, beantwortet Hammel damit, dass das „neue" Marketing ein *systematisches* Marketing sei. „Systematisieren heißt hier institutionalisieren, heißt Mitarbeiter damit beauftragen, eben systematisch und nicht mehr nur von Fall zu Fall den Markt zu beobachten, heißt mehr und fundierte Anregungen für neue Produkte vom Markt her erhalten".[589] Dasselbe systematische, nämlich planvolle Vorgehen fordert Hammel für die verschiedenen Marketing-Instrumente, nämlich neben der Marktforschung für die Produktentwicklung, die Werbung,

---

[586] Vgl. Meffert, Heribert: Marktorientierte Unternehmensführung im Umbruch – Entwicklungsperspektiven des Marketing in Wissenschaft und Praxis, a.a.O., S. 14.

[587] Ebenda.

[588] Nieschlag, Robert/Dichtl, Erwin/Hörschgen, Hans: Einführung in die Lehre von der Absatzwirtschaft, a.a.O., S. 6 f. (Herv. im Original).

[589] Hammel, Werner: a.a.O., S. 18.

die Preispolitik sowie den Verkauf.[590] Dabei sei *systematisches* Marketing Voraussetzung für *dynamisches* Marketing. Gemeint ist damit die Entwicklung unterschiedlicher Marketingstrategien. Die weitere Darstellung orientiert sich am Lebenszykluskonzept eines Produktes. In zwei Schwerpunkten werden jeweils Konzepte erarbeitet für die Neueinführung eines Produktes sowie für die Behauptung eines Produktes auf dem Markt. In diesem Sinne ist auch Hammels Arbeit als entscheidungsorientiert einzuordnen.

Die entscheidungsorientierte Anlage gilt prinzipiell auch für die Lehrbücher von Bidlingmaier[591], Hill[592] und Meffert[593], die Anfang der 1970er Jahre bzw. 1977 erstmalig veröffentlicht und z. T. in der Folgezeit immer wieder überarbeitet und neu aufgelegt wurden, genauso wie das Standardwerk von Nieschlag/Dichtl/Hörschgen. Dabei nahm die Darstellung der Instrumente des Marketing-Mix in diesen ersten Marketing-Lehrbüchern der 70er Jahre einen breiten Raum ein, wenn auch die Themenbereiche insgesamt weiter gefasst waren und z. T. schon auf spätere Entwicklungen hinwiesen.

So spricht Bidlingmaier bereits 1973 im Vorwort seines Lehrbuches von der „marktorientierten Unternehmensführung"[594] – und verwendet damit einen Begriff, der erst Jahre später sich zum „Programm" des modernen Marketingverständnisses entwickelt hat. Der Autor unterstreicht dabei die zentrale Bedeutung von Markterkundung und Marktforschung für den betrieblichen Entscheidungsprozess sowie eine situationsgerechte Marketingpolitik. Wesentlicher Bestandteil des ersten Bandes ist außerdem die Darstellung des Marketing-Planungsprozesses mit Ziel- und Strategieentscheidungen sowie Entscheidungen zur Marketingorganisation und -kontrolle. Der zweite Band widmet sich ganz den Marketinginstrumenten: Produktpolitik, Preispolitik, Distributionspolitik sowie Absatzwerbung.

Ähnliche Schwerpunkte haben die Doppelbände von Hill. In vier Hauptkapiteln werden zunächst das Marketing als gedankliches Konzept sowie als konkrete Aufgabe vorgestellt und seine Beziehungen zu den Funktionen der Unternehmensleitung und den Unternehmenszielen. Das zweite Kapitel behandelt ebenfalls

---

[590] In dieser Arbeit scheint auch die wissenschaftliche Auseinandersetzung zwischen Hammels Doktorvater Konrad Mellerowicz und Erich Gutenbergs seit den 50er Jahren indirekt weiter durch, indem bei der Darstellung der „Funktionen des Marketing" = Instrumente des Marketings das Werk Gutenbergs nur an ganz wenigen Stellen zitiert wird, jedoch bei Kernthemen, wie z. B. der Preispolitik, überhaupt nicht.

[591] Vgl. Bidlingmaier, Johannes: Marketing 1 und 2, Reinbek bei Hamburg, 1973.

[592] Vgl. Hill, Wilhelm: Marketing I und II, 2. Aufl., Bern/Stuttgart 1972.

[593] Vgl. Meffert, Heribert: Marketing. Einführung in die Absatzpolitik, Wiesbaden 1977.

[594] Bidlingmaier, Johannes: Marketing 1, a.a.O., S. 9..

sehr intensiv den Themenbereich: Marketinginformation und Marktforschung. Gegenstand des dritten Kapitels sind dann die Einsatzmöglichkeiten der verschiedenen Marketinginstrumente. Das letzte Hauptkapitel behandelt intensiv die systematische Planung und Kontrolle, die zweckmäßige Organisation sowie die kombinierte Entscheidungsfindung zum Einsatz des Marketing-Mix.

Als Ergänzung zum entscheidungstheoretischen Ansatz wurde Anfang der 70er Jahre auch der **systemtheoretische** Ansatz für das Marketing fruchtbar gemacht. Ausgangspunkt waren auch hier frühere Arbeiten US-amerikanischer Wissenschaftler basierend auf kybernetischen Vorstellungen. Im deutschsprachigen Raum war Hans Ulrich der maßgebliche Vertreter dieses Ansatzes.[595] Die Überlegung war, dass angesichts der Dynamik und Komplexität der unternehmerischen Aufgaben ein Denken in vernetzten Systemen erforderlich sei.[596] Dabei wird die Führung eines Unternehmens als Steuerung eines sozialen Systems begriffen und die Beziehungen eines Unternehmens, seiner Um- und Subsysteme sowie der jeweiligen Güter- und Informationsströme dargestellt.[597] Damit ist – ähnlich wie beim entscheidungsorientierten Ansatz – der Gestaltungsaspekt angesprochen. Ulrich ist mit diesem Ansatz „nicht primär an der Ableitung von Ursache-Wirkungsbeziehungen innerhalb eines Systems interessiert […], sondern [möchte] Gestaltungsmodelle für die Zukunft mittels Eingangsmanipulation und Ausgangsklassifikation beobachtbarer Input- und Outputgrößen eines Unternehmens als System gewinnen".[598] Das bedeutet auch, dass die unterschiedlichen Beziehungen auf den verschiedenen Systemebenen – nämlich Gesellschaft, Markt, Subsysteme der Unternehmung – als Regelkreise oder kybernetische Systeme aufgefasst werden. Charakteristisch für diese Regelkreise ist, dass sie in der Lage sind, Störungen im Rahmen von Steuerungsprozessen zu kompensieren.[599]

In die deutsche Marketingtheorie hat insbesondere Heribert Meffert diese Modellvorstellungen einerseits eingebracht,[600] sie andererseits aber auch einer kritischen Bewertung unterzogen. So lassen sich mit dem systemtheoretischen

---

[595] Vgl. Ulrich, Hans: Die Unternehmung als produktives soziales System. Grundlage einer allgemeinen Unternehmenslehre, Bern u. a. 1968.

[596] Vgl. Meffert, Heribert: Betriebswirtschaftslehre in den Siebziger- und Achtzigerjahren, a.a.O., S. 140.

[597] Vgl. Bubik, Roland: a.a.O., S. 160.

[598] Meffert, Heribert: Betriebswirtschaftslehre in den Siebziger- und Achtzigerjahren, a.a.O., S. 141.

[599] Vgl. ebenda.

[600] Zu einer detaillierten Darstellung vgl. z. B. Meffert, Heribert: Artikel: Absatztheorie, systemorientierte, in: Tietz, Bruno (Hg.): Handwörterbuch der Absatzwirtschaft, Stuttgart 1974, Sp. 138–158.

Ansatz komplexe Marketingsysteme erfassen und beschreiben sowie Gestaltungsempfehlungen für das unternehmerische Marketing ableiten.[601] Kritisch äußerst
sich Meffert zu diesem Ansatz folgendermaßen: „Obwohl mit der Systemtheorie die Notwendigkeit erkannt wurde, die Verflechtungen der unterschiedlichen
Unternehmensbereiche und die zahlreichen Umweltbeziehungen von Wirtschafts-
organisationen zu berücksichtigen, sind die Erkenntnisse dieser dem ‚harten‘
Systemdenken der 60er und insbesondere 70er Jahre entliehenen Konzepte für die
Wissenschaft und die Anwendung in der Praxis eher enttäuschend geblieben. Dies
vor allem auch deshalb, weil die Systemforschung wohl eine spezifisch ganzheitliche Problemsicht schafft und komplexe Gesamtzusammenhänge aufdeckt,
jedoch keinen eigenständigen Erkenntnisbeitrag zur Lösung dieser Probleme
leistet.“[602] Zumindest hat der Systemansatz jedoch heuristischen Wert und ist
als komplementär zu den entscheidungs- und verhaltenstheoretischen Ansätzen
anzusehen.[603]

Heribert Meffert hat in den 70er Jahren die Entwicklung und Ausgestaltung
der Marketingwissenschaft im deutschsprachigen Raum sehr stark geprägt. Er hat
entscheidend dazu beigetragen, dass aus dem angebotsorientierten Verständnis des
Marketings ein nachfrageorientiertes Verständnis geworden ist, ganz im Sinne des
amerikanischen Marketingwissenschaftlers Philip Kotler.[604]

In der 1. Auflage seines eigenen Lehrbuches von 1977 integriert Meffert
sowohl den entscheidungstheoretischen als auch den systemtheoretischen Ansatz.
Dies dokumentiert sich bereits in Kapitelüberschriften wie „2. Marketing als
entscheidungs- und systemorientierte Absatzpolitik“ oder „3. Marketingsysteme“

---

[601] Vgl. Meffert, Heribert: Marktorientierte Unternehmensführung im Umbruch – Entwicklungsperspektiven des Marketing in Wissenschaft und Praxis, a.a.O., S. 15.

[602] Meffert, Heribert: Betriebswirtschaftslehre in den Siebziger- und Achtzigerjahren, a.a.O.,
S. 141. Ergänzend weist Meffert allerding darauf hin, dass „Anfang der 90er Jahre unter
dem Aspekt des ‚weichen‘ Systemdenkens eine Renaissance dieser Forschungsrichtung feststellbar“ sei. Ebenda, S. 142. Auch Schanz bemerkt in einer kritischen Würdigung, dass
einige Merkmale des Programms „[…] es gleichzeitig angeraten erscheinen [lassen], die
Leistungsfähigkeit von Systemtheorie und Kybernetik nicht (naiv) zu überschätzen.“ Schanz,
Günther: Wissenschaftsprogramme. Orientierungsrahmen und Bezugspunkte betriebswirtschaftlichen Forschens, in: Lingenfelder, Michael (Hg.): 100 Jahre Betriebswirtschaftslehre
in Deutschland, 1998–1998, München 1998, S. 31–48, hier: S. 40 f., zit. nach Rühli, Edwin:
Betriebswirtschaftslehre nach dem Zweiten Weltkrieg (1945 – ca. 1970), a.a.O., S. 129.

[603] Darauf weisen auch Bubik sowie Meffert hin. Vgl. Bubik, Roland: a.a.O., S. 160 sowie
Meffert, Heribert: Betriebswirtschaftslehre in den Siebziger- und Achtzigerjahren, a.a.O.,
S. 141.

[604] Vgl. z. B. Kotler, Philip: Marketing-Management, 9. Aufl., Englewood Cliffs, NJ 1967.

und „4. Marketingentscheidungen". Darüber hinaus bildet er ein Hauptkapitel zu „Verhaltens- und Informationsgrundlagen der Marketingentscheidung" und thematisiert hier auch Aufgaben und Methoden der Marketingforschung. Ein weiteres Hauptkapitel ist mit „Aktionsgrundlagen der Marketingentscheidungen" überschrieben. Hier liegt der Schwerpunkt des Lehrbuches. Neben der Marktsegmentierung als Basis einer differenzierten Marketingpolitik werden die verschiedenen Instrumente des Marketing-Mix detailliert diskutiert. Den Abschluss bildet das Kapitel zu den „Koordinationsgrundlagen der Marketingentscheidung." Auch Meffert spricht bereits im Vorwort den Aspekt „einer bewußt marktorientierten Führung"[605] als unternehmerischer Aufgabe an.

Der **situative** Ansatz (oder Kontingenzansatz) baut weitgehend auf dem Systemansatz auf. Es werden auch hier die Beziehungen zwischen den Subsystemen des Unternehmens sowie der Unternehmung mit ihrer Umwelt betrachtet, und es wird versucht, mit Hilfe von Interaktionsvariablen die Strukturen sowie das betriebliche Verhalten zwischen diesen Systemelementen zu erklären. Ein besonderes Augenmerk liegt auf der empirischen Erforschung und Messung der Beziehungen zwischen den Situationsvariablen einerseits sowie den Struktur- und Verhaltensvariablen.[606]

Bezogen auf die Anwendung im Marketing geht es um die Identifizierung von relevanten Situations- bzw. Kontextvariablen und Situationsclustern, aus denen situationsadäquate Gestaltungsempfehlungen abgeleitet werden sollen. Ziel ist, die Marketingstrategien und -instrumente möglichst passgenau an die jeweilige Marktsituation anzugleichen. Solche Situationscluster bilden z. B. die Produktlebenszyklusphasen.[607] Charakteristisch für den situativen Ansatz im Marketing ist, dass es für die Lösung einer Problemstellung nicht eine generell gültige und optimale Handlungsalternative gibt, sondern mehrere Alternativen, die situationsbezogen angemessen sind. „Das Ziel der situativen Marketing-Theorie ist folglich, alternative absatzpolitische Gestaltungsmöglichkeiten und Marketingstrukturen zu generieren und in ein Entscheidungsmodell einzubringen, um dann aus der Summe der denkbaren Alternativen diejenige auszuwählen,

---

[605] Meffert, Heribert: Marketing. Einführung in die Absatzpolitik, Wiesbaden 1977, Vorwort.

[606] Vgl. Rühli, Edwin: Betriebswirtschaftslehre nach dem Zweiten Weltkrieg (1945 – ca. 1970), a.a.O., S. 117.

[607] Vgl. zu einer derartigen Untersuchung z. B.: Meffert, Heribert: Interpretation und Aussagewert des Produktlebenszyklus-Konzeptes, in: Hammann, Peter/Kroeber-Riel, Werner/Meyer, Carl Wilhelm: Neuere Ansätze der Marketingtheorie, Festschrift zum 80. Geburtstag von Otto Schnutenhaus, Berlin 1974, S. 85–134.

die unten den spezifischen situativen Gegebenheiten die geeignete ist (situativer Fit).“[608]

Ansonsten gelten für den situativen Ansatz die beim Systemansatz beschriebenen Kritikpunkte in gleichem Maße. Meffert weist ergänzend darauf hin, dass die Stellung des situativen Modells nicht in einem eigenständigen theoretischen Ansatz zu sehen ist, sondern als Fortentwicklung des entscheidungs- und systemorientierten Ansatzes.[609] Meffert selber hat situationsbezogene Aspekte ebenfalls in sein Lehrbuch integriert. So bespricht er z. B. das Lebenszykluskonzept innerhalb von Produktanalysen, und er listet verschiedene „Komponenten einer Situationsanalyse“, bezogen auf den Markt, die Marktteilnehmer, die Instrumente sowie die Umwelt, auf.

Der **verhaltenswissenschaftliche** Ansatz hat die Überlegung zum Ausgangspunkt, dass menschliches Verhalten häufig nicht rationalen Kriterien folgt, sondern von Motiven, Einstellungen und eingeübten Verhaltensweisen bestimmt wird. Insofern erhalten entscheidungstheoretische, systemtheoretische und situative Konzepte erst dann Substanz, wenn sie realistische Annahmen über das Verhalten von Menschen als Konsumenten, Organisationsmitglieder oder ganz allgemein als Wirtschaftssubjekte treffen. Auch hier waren wissenschaftliche Arbeiten in den USA die Basis für die Übernahme im deutschsprachigen Raum.[610] In Deutschland hat vor allem Werner Kroeber-Riel Anfang der 1970er Jahre die Grundlage für die hiesige Etablierung der verhaltenswissenschaftlichen Orientierung des Marketings mit Schwerpunkt auf dem Konsumentenverhalten gelegt.[611] Basis dafür war die Gründung des Instituts für Konsum- und Verhaltensforschung an der Universität des Saarlandes 1969. Nach Einschätzung Mefferts „haben

---

[608] Vgl. Meffert, Heribert: Artikel „Marketing-Theorie“, in: Diller, Hermann (Hg.): Vahlens Großes Marketinglexikon, a.a.O., S. 1022.

[609] Vgl. Meffert, Heribert: Marktorientierte Unternehmensführung im Umbruch – Entwicklungsperspektiven des Marketing in Wissenschaft und Praxis, a.a.O., S. 16.

[610] Für das Verhalten in Organisationen waren vor allem die Arbeiten von March und Simon sowie von Cyert und March grundlegend. Vgl. dazu etwa: March, James/Simon, Herbert: Organizations, New York, N.Y. 1958 sowie Cyert, Richard Michael/March, James: A behavioral theory oft the firm. Englewood Cliffs, New Jersey, 1963. Für das Verbraucherverhalten sei aus der Fülle der Literatur z. B. genannt: Katona, George: Das Verhalten der Verbraucher und Unternehmer. Über die Beziehungen zwischen Nationalökonomie, Psychologie und Sozialpsychologie, Tübingen 1960.

[611] Vgl. z. B. Kroeber-Riel, Werner: Konsumentenverhalten. München 1975; ders.(Hg.): Marketingtheorie. Verhaltensorientierte Erklärungen von Marktreaktionen, Köln 1972.

Kroeber-Riel und seine Schüler die Konsumentenforschung zu einem selbst-
ständigen, interdisziplinär ausgerichteten Teilbereich der Betriebswirtschaftslehre,
insbesondere des Marketing entwickelt."[612]
   In seinem Standardwerk „Konsumentenverhalten" beschreibt und analysiert
Kroeber-Riel einerseits die psychischen Determinanten des Konsumentenverhaltens – so z. B. aktivierende Prozesse wie Emotionen, Motive, Einstellungen
sowie kognitive Prozesse wie Wahrnehmen, Problemlösen und Lernen; andererseits behandelt er die sozialen Determinanten des Konsumentenverhaltens wie
Gruppeneinflüsse, die Wirkung persönlicher Kommunikation in Kleingruppen
oder der Massekommunikation und ergänzt Umweltaspekte wie Kultur, Subkul-
tur und soziale Schicht. Grundlage für derartige Erklärungsansätze sind vor allem
Teilgebiete der Psychologie, wie etwa Motivationstheorie, Wahrnehmungstheo-
rie, Einstellungstheorie, Lerntheorie, Aktivierungstheorie oder Konsistenztheorie,
letztere mit der bekanntesten Ausformung als Theorie der Kognitiven Dissonanz.
Hier wird der interdisziplinär ausgerichtete Ansatz der Konsumentenforschung
besonders deutlich.
   Spezifische Ziele verhaltenswissenschaftlicher Forschung bestehen zum einen
darin, Kaufentscheidungsprozesse erklären, zum anderen die Wirkung von Marketinginstrumenten bzw. -maßnahmen messen zu können. Derartige Erklärungsansätze versuchen darüber hinaus Kaufentscheidungen zu typologisieren, etwa
nach der Art und Anzahl der Kaufentscheidungsträger (z. B. individuell, fami-
liär, durch Einkaufsgremien).[613] Die Entwicklung der Konsumentenforschung
hat damit ganz wesentlich zu einer Verstärkung der Kundenorientierung als eine
wesentliche Maxime der Marketingdisziplin beigetragen. Die Analyse von Kun-
denbedürfnissen stand im Mittelpunkt des Interesses auf wissenschaftlicher wie
auf praktischer Seite. Daraus wurden Kunden- bzw. Zielgruppensegmentierungen sowie spezifische Ansprache- und Marketingstrategien abgeleitet. Insgesamt
wurde die Kenntnis des Kundenverhaltens zum zentralen Erfolgsfaktor des
Marketings stilisiert. „Mit der Kundenorientierung wurde aus entscheidungsori-
entierter Perspektive die instrumentelle mit einer verhaltenswissenschaftlichen
Dimension verbunden."[614]
   Die Vertiefung der Konsumentenforschung lässt sich der Intention nach auch
als ganz wesentliche Fortentwicklung der Arbeiten der „Nürnberger Schule" um

[612] Meffert, Heribert: Betriebswirtschaftslehre in den Siebziger- und Achtzigerjahren, a.a.O.,
S. 143 f.
[613] Vgl. Meffert, Heribert: Marktorientierte Unternehmensführung im Umbruch – Entwicklungsperspektiven des Marketing in Wissenschaft und Praxis, a.a.O., S. 14.
[614] Sepehr, Philipp: a.a.O., S. 48.

Wilhelm Vershofen, Erich Schäfer und Ludwig Erhard seit dem Ende der 1920er Jahre interpretieren, wenn auch der theoretische Ansatz und die empirischen Bezüge der modernen Forschung auf den Arbeiten amerikanischer Wissenschaftlicher mit psychologischer bzw. sozialwissenschaftlicher Orientierung gründen. Aber auch diese Forschungsrichtung stieß an ihre Grenzen. „So wurde das häufige Scheitern der empirischen Überprüfung der Ansätze trotz ausgefeilter empirischer Forschungsmethoden auf die Komplexität des Verhaltens in Organisationen und Märkten zurückgeführt. Es wird bezweifelt, dass es möglich ist, dieses in Form von Gesetzmäßigkeiten erklären und beschreiben zu können, insbesondere wenn es sich nicht um das Verhalten von Individuen, sondern um das einer Organisation von Menschen handelt."[615]

### 2.4.5.2.3 Handels- und vertikales Marketing

Neben diesen unterschiedlichen wissenschaftsprogrammatischen Ansätzen gab es einige weitere Bewegungen, die das Marketingdenken in den 1970er Jahren ganz wesentlich geprägt haben.

Dies betraf insbesondere die stark wachsende Marktbedeutung des **Handels**. Während der Handel bis in die 50er und auch 60er Jahre noch „der verlängerte Arm der Industrie"[616] war, emanzipierte er sich in den Folgejahren zunehmend von der Industrie, auch als Auswirkung der Erfindung der Selbstbedienung. Dies zeigte sich insbesondere beim Absatz von Markenartikeln. Dabei strebte der Handel in dieser Zeit bereits an, größere Mengen abzusetzen als die Hersteller liefern konnten bzw. wollten. Zudem sicherten bis zur Aufhebung der Preisbindung der Zweiten Hand zum 1.1.1974 hohe Handelsspannen gute Erträge und erleichterten so die Expansion.[617] Das gesetzliche Verbot der Preisbindung führte dann allerdings zur „Eskalation der Preisschlachten".[618] Weiter wurden „No names" vom Handel entwickelt sowie weitere neue Handelsmarken. Dadurch wurde ein Streit um Markenartikel versus Handelsmarken bzw. nicht markierte Produkte angefacht.[619]

Im Verlauf der 70er Jahre kam es dann zu einem beschleunigten Umstrukturierungs- und Konzentrationsprozess, der die „Gatekeeper-Funktion"

---

[615] Meffert, Heribert: Betriebswirtschaftslehre in den Siebziger- und Achtzigerjahren, a.a.O., S. 144.

[616] Tietz, Bruno: Die bisherige und künftige Paradigmatik des Marketing in Theorie und Praxis, a.a.O., S. 152.

[617] Vgl. ebenda.

[618] Ebenda, S. 153.

[619] Vgl. ebenda, S. 153 f.

großer Handelsunternehmen stimulierte. Die gestärkte Marktposition der Groß-
betriebsformen des Handels führte zum Streben nach einer eigenständigen
Marktbearbeitung und zur Emanzipation von der Beeinflussung durch die Hersteller.[620] Als Konsequenz wurden Aspekte des **vertikalen Marketings** immer
wichtiger. Diese beinhalteten für die Produzenten z. B. die Notwendigkeit, neben
das bisher schon betriebene **Pull-Marketing** in Richtung Verbraucher auch ein
handelsgerichtetes **Push-Marketing** zu setzen. Das Schlagwort vom Wettbewerb
um den Regalplatz kennzeichnet die Situation. So wurde die Forschung für ein
Marketing mit einer starken Handelsausrichtung intensiviert.[621] Bruno Tietz steht
sehr prominent für diese Forschungsrichtung.[622]

Bei der Entwicklung eines handelsgerichteten Marketings wurde auch auf
Erkenntnisse aus dem systemtheoretischen Ansatz zurückgegriffen. Mit Hilfe dieses Ansatzes konnten z. B. operationale Planungs- und Überwachungs-Modelle
entwickelt werden zur Kennzeichnung komplexer mehrstufiger Marketingsysteme. Darauf aufbauend wurden dann Normen für das „optimale" Verhalten eines
Unternehmens in seinen Distributionssystemen abgeleitet.[623]

### 2.4.5.2.4 Marketing als Führungsfunktion und erste Schritte zu einem Marketing-Management-Konzept mit strategischer Ausrichtung

Ein weiterer wichtiger Schritt in der wissenschaftlichen Diskussion und Entwicklung war die Ausweitung des Begriffs „Marketing" auf ein Verständnis von
„**Marketing als eine Führungsfunktion**".[624] Dokumentiert ist dieser Anspruch
bereits in einigen „frühen" Veröffentlichungen. So formulierte Hammel in seiner
bereits erwähnten Dissertation von 1963: *„Marketing ist das Führen des Unternehmens vom Absatzmarkt her."*[625] Noch deutlicher wird diese Führungsfunktion
von Bidlingmaier in seiner Begriffsbildung zum Marketing betont: *„Marketing
ist eine Konzeption der Unternehmensführung, bei der im Interesse der Erreichung*

---

[620] Vgl. Hansen, Ursula/Bode, Matthias: Marketing & Konsum, a.a.O., S. 162.

[621] Vgl. Meffert, Heribert: Betriebswirtschaftslehre in den Siebziger- und Achtzigerjahren, a.a.O., S. 152.

[622] Beispielhaft sei folgende Veröffentlichung zu diesem Bereich genannt: Tietz, Bruno: Die Haupttendenzen für das Handelsmarketing in den 80er Jahren, in: Meffert, Heribert (Hg.): Marketing im Wandel: Anforderungen an das Marketing-Management der 80er Jahre, Wiesbaden 1979, S. 87–122.

[623] Vgl. Meffert, Heribert: Betriebswirtschaftslehre in den Siebziger- und Achtzigerjahren, a.a.O., S. 152.

[624] Ebenda.

[625] Hammel, Werner: a.a.O., S. 173. (Herv. im Original).

*der Unternehmensziele alle betrieblichen Aktivitäten konsequent auf die gegenwär-
tigen und künftigen Erfordernisse der Märkte ausgerichtet werden.* "[626] Auch bei
Hill[627] und Meffert[628] wird diese Funktion in ihren Begriffsbildungen bereits
angesprochen.

Bidlingmaier weist außerdem auf einen weiteren Strang der wissenschaftlichen
Diskussion hin, nämlich auf die Entwicklung und Darstellung eines **Marketing-
Management-Prozesses,** zu diesem Zeitpunkt bereits mit gewisser strategischer
Ausrichtung. Unmittelbar im Anschluss an die Begriffsbildung heißt es: „Die
Realisierung der Marketingkonzeption verlangt ein leistungsfähiges Informations-
system, situationsgerechte Entscheidungen über Marketingziele und -strategien,
eine auf die Koordination aller Marketingaktivitäten ausgerichtete Organisation
und schließlich ein Kontrollsystem, mit dessen Hilfe die gesetzten Maßnahmen möglichst kurzfristig auf ihre Wirksamkeit hin überprüft und gegebenenfalls
Konsequenzen für das Marktverhalten abgeleitet werden können.[629]

Damit sind die typischen Aufgaben eines marketingpolitischen Entscheidungsprozesses angesprochen: Planung, Organisation, Durchführung, Kontrolle sowie
Mitarbeiterführung. Bidlingmaier[630] und Hill[631] haben diesen Prozess näher
beschrieben und ihn auch in Ablaufdiagrammen dargestellt, bei Hill sogar darüber
hinaus als Darstellung aus der Unternehmenspraxis zweier US-amerikanischer
Konzerne. Allerdings wurden in dieser frühen Phase nicht alle Stufen dieses
Management-Prozesses gleichmäßig intensiv betrachtet; der Schwerpunkt lag
auf den Planungsproblemen sowie dem Thema Marketing-Organisation. Dagegen ist dem Thema: Marketing-Kontrolle im Vergleich zur Planung „lange keine
weit reichende Beachtung in der Literatur geschenkt worden; abgesehen von

---

[626] Bidlingmaier, Johannes: Marketing 1, a.a.O., S. 15. (Herv. im Original).

[627] Vgl. Hill, Wilhelm: Marketing I, a.a.O., S. 36: „Marketing als Denkhaltung bedeutet die
systematische und planmässige Ausrichtung aller Unternehmensfunktionen auf die Bedürfnisse der Abnehmer und auf die Möglichkeiten potentieller Märkte."

[628] Vgl. Meffert, Heribert: Marketing. Einführung in die Absatzpolitik, a.a.O., S. 35: „Marketing bedeutet [...] Planung, Koordination und Kontrolle aller auf die aktuellen und potentiellen Märkte ausgerichteten Unternehmensaktivitäten. Durch eine dauerhafte Befriedigung
der Kundenbedürfnisse sollen die Unternehmungsziele im gesamtwirtschaftlichen Güterver-
sorgungsprozeß verwirklicht werden."

[629] Bidlingmaier, Johannes: Marketing 1, a.a.O., S. 15.

[630] Vgl. ebenda, S. 16 ff.

[631] Vgl. Hill, Wilhelm: Marketing II, 2. Aufl., a.a.O., S. 289 ff.

ausgewählten Einzelaspekten, wie z. B. der Werbewirkungskontrolle."[632] Ein systematisch angelegtes Werk dazu ist erst 1988 erschienen.[633]

Ganz wesentlich ist aber für die Lehrbücher der 1970er Jahre, dass bei ihnen die *operative* Marketing-Planung im Vordergrund stand mit der Planung des Einsatzes der *absatzwirtschaftlichen Instrumente* sowie ihrer Kombination zu einem möglichst optimalen *Marketing-Mix*. Dagegen wurden strategische Elemente wie Marktwahl, Marktsegmentierung, die Festlegung strategischer Ziele oder die Bestimmung von Marktteilnehmerstrategien im Hinblick auf Kunden, Konkurrenten sowie den Handel in dieser Periode zwar von einzelnen Autoren mit unterschiedlichen Schwerpunkten schon behandelt, aber noch nicht durchgängig berücksichtigt. Köhler weist darauf hin, dass die eigentliche strategische Marketing-Planung in Deutschland erst in den 1980er Jahren in den Mittelpunkt der Betrachtung rückte als Beschäftigung mit grundlegenden und längerfristig angelegten Entscheidungen zu den genannten Problembereichen sowie zur Strukturierung von Entscheidungsalternativen z. B. mit Hilfe einer Produkt-Markt-Matrix oder der Portfoliotechnik.[634]

Dabei reichen die Wurzeln des **strategischen Marketings** der US-amerikanischen Marketing-Literatur bzw. der Beratungspraxis von Unternehmensberatungsgesellschaften bis in die 1960er bzw. Anfang der 1970er Jahre zurück. Diese inhaltlich neue Ausrichtung verstärkte sich dann ab Mitte der 1970er Jahre weiter. Zwei Entwicklungen sind dabei für die weitere strategische Ausrichtung der Marketingdisziplin prägend gewesen:[635]

Zum einen wurde der Betrachtungszeitraum für die Marketingplanung auf einen **mittel- bis langfristigen Planungshorizont** gestreckt, und die **Unternehmensplanung** selbst wurde zunehmend **in den Entscheidungsbereich des Marketings** integriert. Damit wurde im Wissenschaftsbetrieb die Verschmelzung von Marketing- und Managementliteratur eingeleitet.

Zum anderen wurden zunehmend **formalisierte Analyse- und Planungsinstrumente** konzipiert, mit deren Hilfe die komplexe Entscheidungssituation für die Verantwortlichen in den Unternehmen durch Informationen abgesichert, strukturiert und häufig auch visualisiert werden konnten.

---

[632] Vgl. Köhler, Richard: Marketing – Von der Reklame zur Konzeption einer marktorientierten Unternehmensführung, a.a.O., S. 372.

[633] Böcker, Franz: Marketing-Kontrolle, Stuttgart u. a. 1988.

[634] Vgl. Köhler, Richard: Marketing – Von der Reklame zur Konzeption einer marktorientierten Unternehmensführung, a.a.O., S. 372.

[635] Vgl. Bubik, Roland: a.a.O., S. 183.

Beide Entwicklungen entsprachen dem damaligen Bedürfnis der Praxis in den US-amerikanischen Unternehmen, auch unter dem Aspekt, die als immer instabiler wahrgenommene Wettbewerbsumwelt zu bewältigen.[636] „So waren es auch nicht Marketing-Lehrer, sondern Unternehmensberatungen, die anfang der siebziger Jahre – beginnend mit dem Marktanteils-/Marktwachstums-Portfolio der Boston Consulting Group – die **Portfolio-Technik** generierten."[637] Die Zusammenarbeit zwischen Wissenschaft und unternehmerischer Praxis dokumentiert sich auch in einem der ersten Standardwerke der neuen strategisch orientierten Marketinglehrbücher: Im Werk von Abell/Hammond: Strategic Market Planning von 1979[638] ist der erste Autor Professor für Business Administration, der zweite Inhaber einer Beratungsgesellschaft.

So wurden seit Mitte der 1960er Jahre in den USA verschiedene **Instrumente zur Situationsanalyse**, wie z. B. die Stärken-/Schwächen-Analyse, die Chancen-/Risiko-Analyse – beide später zusammengefasst zur SWOT-Analyse (Strengths, Weaknesses, Opportunities und Threats) – sowie die Produkt-Lebenszyklus-Analyse und die Erfahrungskurven-Analyse entwickelt. Hinzu kamen die z. T. darauf aufbauenden **Strategie-Konzepte**, insbesondere zur Strukturierung von Marktfeldstrategien – wie z. B. die Produkt-Markt-Matrix – bzw. zur Analyse und Bewertung von Strategien – wie z. B. die angesprochene Portfoliotechnik. Außerdem wurde schon frühzeitig die Markt- bzw. Zielgruppensegmentierung als Erfolgsfaktor für die Marketingpolitik entdeckt und beschrieben.

Allerdings gibt es Beispiele dafür, dass einzelne dieser Erkenntnisse auch schon in den 1970er Jahren in die deutschsprachige Marketing-Literatur Eingang gefunden haben – zwar eher verstreut und noch nicht systematisch unter dem Strategieaspekt. Das gilt z. B. für die Produkt-Lebenszyklus-Analyse, die Produkt-Markt-Matrix oder das Konzept der Markt- oder Zielgruppen-Segmentierung.

So wird bereits in der 1. Aufl. des Lehrbuchs von Meffert bei der Behandlung produktpolitischer Entscheidungen auch die Bedeutung von Produktanalysen im Hinblick auf evtl. vorzunehmende Programmänderungen thematisiert. Dabei kommen **Lebenszyklus-Analysen** für das Erkennen der aktuellen Position und die richtige Beurteilung von künftigen Marktchancen des Produktangebotes eine gewisse Bedeutung zu.[639]

---

[636] Vgl. ebenda.

[637] Ebenda, S. 183 f. (Herv. im Original).

[638] Vgl. Abell, Derek F./Hammond, John S.: Strategic Market Planning. Problems and Analytical Approaches, Englewood Cliffs 1979, zit. nach Bubik, Roland: a.a.O., S. 184 f.

[639] Vgl. Meffert, Heribert: Marketing. Einführung in die Absatzpolitik, a.a.O., S. 338 ff.

Meffert hat außerdem unter der Überschrift: „Aufgaben des Marketingmanagements" die **Produkt-Markt-Matrix** zur Strukturierung alternativer oder sich ergänzender Marktfeldstrategien nach dem US-amerikanischen Wirtschaftswissenschaftler Harry Igor Ansoff[640] beschrieben. Dabei werden die beiden Dimensionen „Produkte" sowie „Märkte" jeweils unterteilt nach „vorhanden" und „neu". Aus der Kombination dieser Merkmale ergeben sich vier mögliche Strategien für die Ausschöpfung des vorhandenen Absatzmarktes sowie die systematische Erschließung neuer Märkte nämlich:[641]

- die **Marktdurchdringung** im Feld „Vorhandene Märkte"/„Vorhandene Produkte"
- die **Marktentwicklung** im Feld „Neue Märkte"/„Vorhandene Produkte"
- die **Produktentwicklung** im Feld „Vorhandene Märkte"/„Neue Produkte"
- die **Diversifikation** im Feld „Neue Märkte"/„Neue Produkte"

Die Strategien sollten dabei aufeinander aufbauen. Meffert selbst hat später die einseitige kontextuale Einbettung (dem situativen Ansatz entsprechend) des Strategieinstruments kritisch bewertet: Die Strategieoptionen beziehen sich ausschließlich auf *wachsende* Märkte. Es fehlen die Strategiealternativen der Abschöpfung und des Rückzugs. Außerdem bleibt der Einfluss anderer Marktteilnehmer, z. B. der Wettbewerber, des Handels oder auch der Verbraucher unberücksichtigt.[642] „Die strategischen Stoßrichtungen schließlich sind zu allgemein, als daß konkrete Vorgaben zur Ausgestaltung der Strategiealternativen hieraus abgeleitet werden können."[643]

Auch die strategische Option der **Segmentierung** wird in der deutschsprachigen Marketing-Literatur der 1970er Jahre bereits diskutiert, insbesondere im Zusammenhang mit der Strategie der Marktentwicklung. Verstanden wird darunter „die Aufteilung des Gesamtmarktes in homogene Käufergruppen bzw. -segmente."[644] Die Segmentierungsforschung hat sich im Rahmen der Markterfassung auf die Auswahl geeigneter Segmentierungskriterien konzentriert. Meffert

---

[640] Vgl. Ansoff, Harry Igor: Management-Strategie, München 1966.

[641] Vgl. Meffert, Heribert: Marketing. Einführung in die Absatzpolitik, a.a.O., S. 36 f. Meffert verwendet in dieser Veröffentlichung noch die Termini „Marktschaffung" bzw. „Erschließung von Marktlücken" für die inzwischen gängigen Begriffsbildungen „Marktentwicklung" bzw. „Produktentwicklung".

[642] Meffert. Heribert: Marketing-Management. Analyse – Strategie – Implementierung, Wiesbaden 1994, S. 111.

[643] Ebenda.

[644] Meffert, Heribert: Marketing. Einführung in die Absatzpolitik, a.a.O., S. 213.

unterscheidet zwischen sozio-ökonomischen (z. B. Geschlecht, Alter, Haushaltsgröße und -einkommen, soziale Schichtung), geografischen Kriterien (z. B. Größe von Städten, Bevölkerungsdichte) und psychografischen Kriterien (z. B. Einstellungen, Lebensstile, Kaufgewohnheiten). Die Ergebnisse einer derartigen Analyse sind dann Voraussetzung für eine differenzierte Marktbearbeitung. Diese kann sich auf unterschiedliche Kundengruppen erstrecken, sich aber auch in der differenzierten Anwendung der Marketinginstrumente ausdrücken.[645]

Dagegen wird das **Portfolio-Konzept** der Boston Consulting Group (BCG) als Ansatz zur Analyse und Bewertung von Marketingstrategien in der deutschsprachigen Literatur der 70er Jahre noch nicht behandelt. Kerngedanke dieses Konzeptes ist, den Zusammenhang zwischen dem Lebenszykluskonzept und dem Erfahrungskurvenkonzept zu verdeutlichen. Ausgangspunkt ist auch hier eine zweidimensionale Darstellung mit den Merkmalen „Marktwachstum in %" sowie „Relativer Marktanteil" als Verhältniszahl des Marktanteils des eigenen Unternehmens zum Marktanteil des Marktführers bzw. aus Sicht des Marktführers im Verhältnis zum Zweitplatzierten. Das Portfolio enthält dann nach diesen Kriterien die Position der jeweiligen Produkte bzw. Strategischen Geschäftsfelder in einem von vier Bereichen. Die darin positionierten Produkte sind dann entweder: „Question Marks", „Stars", „Cash Cows" oder „Dogs".[646] Für jeden dieser Positionierungen hat BCG eine Normstrategie entwickelt, die von „Investieren", „Abschöpfen" bis hin zu „Liquidieren" lautet. Meffert hat dieses Konzept erstmals in die 7. Auflage von 1986 im Rahmen der Weiterentwicklung seines Buchkonzeptes zum „Strategischen Marketing" im Kapitel „Marketingentscheidungen und Marketingkonzeption" integriert.[647]

Es ist zu vermuten und wird im empirischen Teil dieser Arbeit zu prüfen sein, dass bzw. ob das BCG-Portfolio sowie auch die vorgenannten strategischen Analyse-Instrumente nicht auch in Deutschland bereits vor der literarischen Aufarbeitung in der deutschsprachigen Marketingwissenschaft von US-amerikanischen oder auch deutschen Unternehmensberatungsgesellschaften in der praktischen Beratung angewendet worden sind. Hansen/Bode konstatieren bezüglich der BCG-Portfolios in ihrem Werk von 1999: „Bis heute stellt es

---

[645] Vgl. ebenda, S. 213 ff.

[646] Vgl. ebenda, S. 156 ff. Hansen/Bode geben ihrerseits als Literaturquelle an: Dunst, K. H.: Portfolio-Management. Konzeption für die strategische Unternehmensplanung, Berlin/New York 1979.

[647] Vgl. Meffert, Heribert: Marketing. Grundlagen der Absatzpolitik, 7. Aufl. 1986, S. 66 ff.

das am weitesten verbreitete Instrument des strategischen Marketingmanagements dar."[648]

Kritisch einwenden lässt sich gegen diese Konzeption, dass sie in erster Linie für diversifizierte Unternehmen sowie für Wachstumsmärkte konzipiert worden ist, nicht für „Einprodukt"-Unternehmen in stagnierenden Märkten. Darüber hinaus besteht die Gefahr, dass bei der Anwendung die gegenwärtige Marktsituation unberechtigterweise in die Zukunft extrapoliert wird und damit evtl. Chancen vergeben werden. Außerdem liefert die Analyse keine Ansatzpunkte für die instrumentelle Ausgestaltung des Marketings, und schließlich wird vor einer mechanischen Anwendung gewarnt.[649]

## 2.4.6  Anwendungsmöglichkeiten in der Marketingpraxis im Zeitraum ab Mitte der 1960er Jahre bis Ende der 1970er Jahre: Erkenntnisse, die sich prinzipiell für Vermarktungsprozesse nutzen lassen

Wie schon für die absatzwirtschaftliche Literatur aus der Zeit der „Langen 50er Jahre" bzw. der Jahrzehnte davor, sollen auch für das Wissenschaftsprogramm aus der Periode von Mitte der 60er bis Ende der 70er Jahre anwendungsorientierte Erkenntnisse und Handlungsempfehlungen für die Praxis identifiziert werden. Dabei soll erneut der Konsumgüterbereich im Fokus der Betrachtung stehen, und die Aussagen sollen sich grundsätzlich auf das Marketing der Brauindustrie anwenden lassen.

Im Vergleich zur zeitlich wie inhaltlich sehr viel stärker differenzierten absatzwirtschaftlichen Literatur ist bei der Marketingliteratur in diesem Betrachtungszeitraum eine größere Homogenität zu erwarten. Bei der Mehrzahl der Lehrbücher liegt der Schwerpunkt bei den Instrumenten des Marketing-Mix. Es gilt zunächst, die Themengebiete zusammenzustellen und hier jeweils wieder die zentralen Aussagen aus den Büchern zu extrahieren. Für die Bewertung sollen erneut die im Abschnitt 2.1 formulierten Kriterien einerseits für die Identifizierung der Art von Marketingwissen (Fachbegriffe, Strukturierung von Marketing-Problemen, empirische Generalisierungen, strategische Grundsätzen sowie Empfehlungen für die Forschung), andererseits für die Bestimmung der Art von wissenschaftlichen Aussagen (deskriptive, erklärende, prognostische sowie technologische Aussagen), angewendet werden.

---

[648] Hansen, Ursula/Bode, Matthias: Marketing & Konsum, a.a.O., S. 156.
[649] Vgl. ebenda, S. 158.

Ein besonderes Augenmerk soll dabei auf Erkenntnissen liegen, die über die Aussagen der absatzwirtschaftlichen Literatur der Vorgängerperiode hinausgehen. Die auf diese Weise selektierten Leistungsergebnisse der Marketingwissenschaft sollen anschließend stichwortartig in einer Tabelle zusammengestellt werden für den späteren Vergleich mit der Marketingarbeit der Dortmunder Brauereien.

Überblickartig kann hier bereits darauf aufmerksam gemacht werden, dass die im Weiteren dargestellten und geprüften Anwendungsmöglichkeiten der verschiedenen Theorieelemente sich über die Begriffsbildung hinaus primär auf „Strukturierungen von Marketingproblemen", etwa in Form von verbalen bzw. grafischen Darstellungen oder von Checklisten konzentrieren. Außerdem lassen sich aber auch einige „empirische Generalisierungen" identifizieren mit mehrfach geprüften Ergebnissen bevorzugt in Form von „Wenn-Dann-Beziehungen" sowie ferner „strategische Grundsätze", etwa zur Anwendung des „modernen" Marketingkonzepts als solchem. Sehr oft handelt es sich dabei um Deskriptionen. Erklärende Aussagen mit der Beantwortung der Frage nach dem „Warum" sind dagegen schon rarer. Das gilt noch mehr für prognostische Aussagen. Jedoch werden an vielen Stellen auch technologische Aussagen getroffen mit handlungsrelevanten Anweisungen für die Marketingpraxis. Für die meisten der Aussagen – ob nun deskriptiv oder technologisch – gilt allerdings, dass sie *ohne* Belege zu empirischen Prüfungen formuliert werden.

### 2.4.6.1 Der Unterschied zwischen „altem" und „modernem" Marketingkonzept

Die Marketingwissenschaftlicher verfolgten in ihren Veröffentlichungen zu Beginn der 70er Jahre das Ziel, das grundlegend neue Marketingverständnis zu kommunizieren. Bidlingmaier hat die Charakteristik des „modernen" Marketingkonzeptes in Anlehnung an Kotler[650] verbal und grafisch sehr deutlich gemacht.[651] Danach wird in der älteren Denkweise der Absatzpolitik die Aufgabe zugeschrieben, die erstellten Produkte unter dem Einsatz der absatzwirtschaftlichen Instrumente zu verkaufen. Dies entspricht der herkömmlichen Absatzpolitik. Dagegen ist für das „moderne" Marketing „die strenge Ausrichtung aller unternehmerischen Aktivitäten auf die Markterfordernisse"[652] kennzeichnend.

Von der Gedankenführung entspricht das Credo des letzten Satzes ziemlich genau Erich Schäfers Forderung aus dem Jahre 1943, nach der die Orientierung

---

[650] Vgl. Kotler, Philip: Marketing Management. Analysis, planning and control, Englewood Cliffs, N.Y. 1967, S. 6, zit. nach Bidlingmaier, Johannes: Marketing 1, a.a.O., S. 14.

[651] Vgl. hierzu und zum Folgenden: Bidlingmaier, Johannes: Marketing 1, a.a.O., S. 13 ff.

[652] Bidlingmaier, Johannes: Marketing 1, a.a.O., S. 13.

an den Bedürfnissen der Verbraucher als Leitbild für „die gesamten unternehmerischen Maßnahmen und Einrichtungen"[653] gelten müsse. Die neue Literatur stellt diesen Aspekt allerdings sehr viel stärker und fast durchgängig in den Vordergrund.

So führt Bidlingmaier weiter aus: „Während im älteren Konzept die Leistungserstellung noch im Zentrum stand, deren Ergebnis es zu verkaufen galt, werden im neuen Konzept alle Entscheidungen von vornherein auf die Nachfrage, ihre Bedürfnisse und Wünsche, ausgerichtet. Die Aufgabe der Unternehmungen wird darin gesehen, die Ansprüche einer bestimmten Abnehmergruppe möglichst weitgehend zu befriedigen, für die Erfordernisse einer Nachfragergruppe Problemlösungen zu erarbeiten und anzubieten.

Marketing ist nicht mehr ein funktionaler Teilbereich des Unternehmens, nicht mehr das Endglied im betrieblichen Leistungsprozeß, Marketing steht vielmehr am *Anfang* des unternehmerischen Entscheidungsprozesses überhaupt und durchdringt diesen in prinzipiell allen Sektoren auf vielfältige Weise. Marketing ist eine *Konzeption der Unternehmensführung*, eine Unternehmensphilosophie: Das Unternehmen ist konsequent vom Markte her so zu führen, daß über eine möglichst optimale Befriedigung der Kundenwünsche die Unternehmensziele in möglichst hohem Maße erfüllt werden. Marketing bringt zum Ausdruck, daß der Unternehmenserfolg nur dann gesichert werden kann, wenn die Unternehmung sich als eine Einrichtung zur Befriedigung gegenwärtiger und künftiger Bedürfnisse der jetzigen und potentiellen Käufer versteht."[654]

Die Abbildung 2.5 verdeutlicht die unterschiedlichen Sichtweisen:

Nach Bidlingmaiers Ansicht wird mit dieser Abbildung „klargestellt, daß zunächst ein *Informationssystem* eingerichtet werden muß, das die Unternehmensleitung laufend über Kundenwünsche und -verhaltensweisen, über Maßnahmen der Konkurrenz, aber auch über die Wirkung eigener marketingpolitischer Maßnahmen, über technologische, rechtliche und gesellschaftliche Trends unterrichtet. Diese Umweltinformationen sind durch Informationen über betriebsinterne Sachverhalten (z. B. über Produktionskapazitäten, finanzielle Ausstattung usw.) zu ergänzen. Das Management hat sodann zu entscheiden, ob es eine *Politik der Anpassung* oder eine *Politik der Veränderung* betreiben will."[655]

Bidlingmaier formuliert hier in eindeutiger und eindringlicher Weise verschiedene technologische Sätze mit handlungsrelevanten Inhalten für die Marketingpraxis eines Unternehmens, die den Charakter „strategischer Grundsätze" haben.

---

[653] Schäfer, Erich: Die Aufgabe der Absatzwirtschaft, a.a.O.; S. 115.

[654] Bidlingmaier, Johannes: Marketing 1, a.a.O., S. 13 f. (Herv. im Original).

[655] Ebenda, S. 14. (Herv. im Original).

**Altes Marketingkonzept**

*Ausgangspunkt*                    *Mittel*                              *Ziele*

| Produkte | Marketingpolitische Instrumente | Gewinnerzielung über ein entsprechendes Umsatzvolumen |

**Modernes Marketingkonzept**

*Ausgangspunkt*                    *Mittel*                              *Ziele*

| Nachfragerwünsche | Marktforschung | Marketing-Mix | Gewinnerzielung über die nachhaltige Befriedigung der Kundenwünsche |

**Abbildung 2.5**   Altes und modernes Marketingkonzept nach Bidlingmaier[656]

Darüber hinaus lässt sich die Abbildung zum Unterschied zwischen „altem" und „neuem" Marketingkonzept für die konkrete Anwendung in der Marketingpraxis in ihrer formalen Darstellung auch als „Strukturierung von Marketing-Problemen" auffassen.

### 2.4.6.2 Marketing als Maxime, Mittel und Methode

Auch die Konzeption der Drei-Dimensionalität des Marketingbegriffs von Nieschlag/Dichtl/Hörschgen beinhaltet im Wesentlichen „strategische Grundsätze", außerdem stellt sie eine „Strukturierung" dar. Die Begriffsbildung geht inhaltlich weit über das Verständnis der traditionellen absatzwirtschaftlichen Literatur hinausgeht. Danach ist der Begriff Marketing inhaltlich charakterisiert durch die Schlagworte: Maxime, Mittel sowie Methode. Wie bereits weiter oben erwähnt, bedeutet „Maxime" die konsequente Ausrichtung aller „in der Unternehmung zu treffenden Entscheidungen […] an den Gegebenheiten und Erfordernissen der

---

[656] Quelle: Bidlingmaier, Johannes: Marketing, Band 1, Reinbek bei Hamburg 1973, S. 14 in Erweiterung der Darstellung von Kotler.

Umwelt".[657] Ergänzend weist die Komponente „Mittel" auf die Gestaltungsaufgabe des Marketings hin, und als „Methode" wird die bewusste und systematische
Entscheidungsfindung verstanden.[658]

Die Autoren füllen diese drei Begriffe thematisch weiter: Die „Maxime"
schließt die Informationsgewinnung und -verarbeitung, z. B. durch Marktforschung sowie durch interne Informationen, ein. Der Begriff „Mittel" spricht die
Instrumente des Marketing-Mix an, und mit „Methode" wird auf den institutio-
nalisierten Ablauf des Entscheidungsprozess hingewiesen, der sich z. B. in einem
formalen Phasenschema dokumentiert mit den Einzelschritten: Erkennen des Problems, Informationsbeschaffung, Datenanalyse, Erarbeitung einer Konzeption,
Entschlussfassung, Realisation der Absatzkonzeption sowie Kontrolle.[659]

Mit der dargestellten Drei-Dimensionalität des Marketings sowie des ergänzenden Modells eines Entscheidungsprozesses ist ein „Gerüst" für die praktische
Marketingarbeit vorgeschlagen worden. Insofern ist auch dieser Ansatz als
handlungsrelevante Praxisanweisung zu verstehen.

### 2.4.6.3 Der Prozess des Marketing-Managements: Planung, Organisation, Durchführung, Kontrolle

Aus dem idealtypischen Ablauf eines Entscheidungsprozesses lassen sich auch
die konstituierenden Elemente eines Managementprozesses mit den Funktionen:
Planung, Organisation, Durchführung und Kontrolle ableiten. In der Abbildung 2.6 wird das Ziel der „Strukturierung" besonders deutlich.

Wichtig erscheint bei dieser Darstellung folgendes:

- Die Abbildung zeigt zum einen die Einbettung der Marketingplanung in die
Gesamtplanung eines Unternehmens; dabei wird eine Reihe von internen und
externen Basisinformationen einbezogen.
- Zum anderen sieht die Marketingplanung sowohl die langfristig-strategische
Ausrichtung wie auch die kurzfristig-operationale Disposition vor.
- Drittens lässt sich ein schrittweiser Planungsablauf erkennen sowie Rückkopp-
lungsprozesse.

---

[657] Nieschlag, Robert/Dichtl, Erwin/Hörschgen, Hans: Marketing, a.a.O., S. 78.
[658] Vgl. ebenda, S. 79.
[659] Vgl. Nieschlag, Robert/Dichtl, Erwin/Hörschgen, Hans: Marketing. Ein entscheidungstheoretischer Ansatz, Berlin 1972, S. 80.

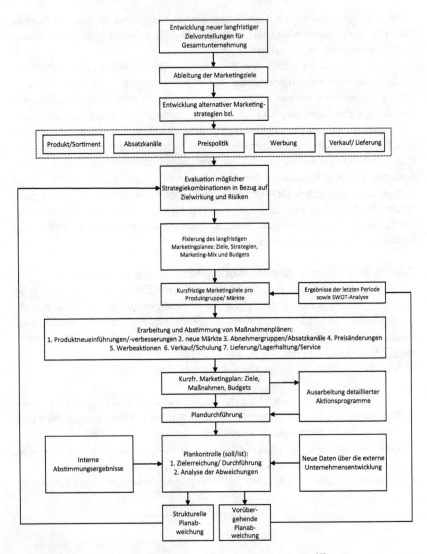

**Abbildung 2.6** Prozess des Marketing-Managements nach Hill[660]. (Eigene Kürzung/ Modifikation)

---

[660] Quelle: Vgl. Hill, Wilhelm, Marketing II, 2. Aufl., Bern/Stuttgart 1972, eingefügtes Blatt nach S. 296.

Wesentlich ist darüber hinaus, dass im Unternehmen eine Organisationsform gefunden wird, die es ermöglicht, diesen Prozess des Marketing-Managements erfolgreich durchzuführen.

Implizit wird durch die starke Strukturierung und Detaillierung auch hier die Aufforderung zur Umsetzung im Unternehmen vermittelt.

### 2.4.6.4 Organisationsformen des Marketings

Gleiches gilt prinzipiell auch für die verschiedenen Vorschläge zur Organisation des Marketings in den Unternehmen. Die meisten Lehrbücher befassen sich mit organisatorischen Fragen des Marketings und zeigen Beispiele für Aufbau-Organisationen. In seiner Grundstruktur kann eine funktionsorientierte Marketingorganisation wie in Abbildung 2.7 dargestellt aussehen:

**Abbildung 2.7**  Funktionsorientierte Marketingorganisation im Liniensystem nach Bidlingmaier[661]

In der Marketingliteratur wird dieses funktionsorientierte Grundschema nach weiteren Kriterien, z. B. nach Produkt- und Kundengruppen, nach Regionen bis hin zu mehrdimensionalen Strukturierungen oder einer Matrixorganisation weiterentwickelt.[662] Aus diesem reichhaltigen Angebot an Organisationsvorlagen kann ein Unternehmen dann eine Anpassung auf seine individuellen Bedürfnisse vornehmen je nach Unternehmensgröße, Produktprogramm, Kundenstruktur, Marktausdehnung, Konkurrenzumfeld sowie nach der Ausgestaltung betriebsinterner Faktoren.

---

[661] Quelle: Bidlingmaier, Johannes: Marketing, Band 1, Reinbek bei Hamburg 1973, S. 181.

[662] Vgl. z. B. Bidlingmaier, Johannes: Marketing, Band 1, a.a.O., S. 178 ff.; Nieschlag, Robert/Dichtl, Erwin/Hörschgen, Hans: Marketing, a.a.O., S. 85 ff; Hill, Wilhelm, Marketing II, a.a.O., S. 331 ff.; Meffert, Heribert: Marketing. Einführung in die Absatzpolitik, a.a.O., S. 508 ff.

Außerordentlich wichtig ist dabei auch, auf welcher Hierarchieebene das Marketing angesiedelt ist: auf der obersten Unternehmensebene (Vorstand/Geschäftsleitung) oder auf Bereichs- bzw. Abteilungsebene? Fast durchgängig wird in den Darstellungen der Marketingbereich auf der zweiten Hierarchiestufe angesiedelt. Dies ist insofern bemerkenswert, als – wie dargestellt – die Maxime des Marketings die konsequente Ausrichtung *aller* „in der Unternehmung zu treffenden Entscheidungen [...] an den Gegebenheiten und Erfordernissen der Umwelt"[663] lautet. Dies lässt eigentlich die Ansiedlung des Marketings auf der obersten Unternehmensebene (Vorstand/Geschäftsführung) erwarten. Lediglich Meffert stellt hier Organigramme vor, aus denen sich vermuten lässt, dass hier der Marketingleiter Mitglied einer vierköpfigen Geschäftsleitung ist, ohne dass dies allerdings im Text erwähnt wird (s. Abbildung 2.8).

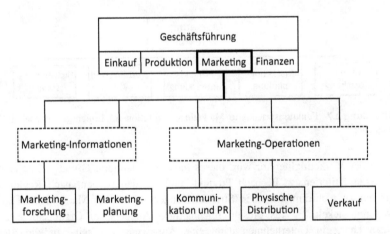

**Abbildung 2.8** Funktionsorientierte Marketingorganisation nach Meffert[664] (Marketing auf der Geschäftsleitungsebene)

Allerdings stellen Nieschlag/Dichtl/Hörschgen in ihrem organisationstheoretischen Kapitel immerhin nochmals fest: „Marketing wird [...] nicht mehr als *eine*, sondern als *die* betriebswirtschaftliche Hauptfunktion betrachtet. Die ganze Unternehmung wird zu einer Marketingorganisation."[665] Dass die Autoren diese

---

[663] Nieschlag, Robert/Dichtl, Erwin/Hörschgen, Hans: Marketing, a.a.O., S. 78.

[664] Quelle: Meffert, Heribert: Marketing. Einführung in die Absatzpolitik, Wiesbaden 1977, S. 513.

[665] Nieschlag, Robert/Dichtl, Erwin/Hörschgen, Hans: Marketing, a.a.O., S. 92.

Sicht nicht auch in entsprechenden Organigrammen dokumentieren, begründen sie wie folgt: „Die Metamorphose von Funktion zu Unternehmensphilosophie läßt sich an sich nicht in Form eines Organigramms veranschaulichen, weil man ein gedankliches Konzept der Unternehmensführung kaum bildhaft darstellen kann."[666] Aus Sicht der Unternehmenspraxis ist allerdings zu fragen: Wie soll sich dann aber „die Abteilung Marketing als oberste Führungsinstanz [und] Koordinationsstelle für alle sonstigen Funktionsbereiche"[667] etablieren und durchsetzen?

Eine weitere Frage ist, ob der Vertriebsbereich in die Marketingorganisation integriert sein oder eine selbständige Organisationseinheit bilden sollte. Beides wird in der Marketingliteratur dargestellt; weitaus mehrheitlich allerdings – wie beim oben gezeigten Diagramm – als Integration des Verkaufsbereichs in die Marketingorganisation, in der Regel als ein „Kästchen" ohne weitere Untergliederung. Vorstellbar aus Praxissicht ist aber auch, dass Marketing und Vertrieb bereits auf der Geschäftsleitungsebene zusammengeführt worden sind und als Bereiche nebeneinander stehen und jeder für sich eine starke Position haben. Andererseits zeigen Nieschlag/Dichtl/Hörschgen anhand des Organisationskonzeptes der Firma Dr. August Oetker, Bielefeld, aus dem Jahr 1969, dass die obere Hierarchiestufe mit „Vertrieb" überschrieben ist und es darunter die Organisationseinheiten „Marketing", „Verkauf/ Inland", „Verkauf Europa" und „Verkauf Übersee" gibt. Der Marketingbereich ist dann funktionsorientiert weiter unterteilt in die üblichen Bereiche.[668]

Mit der Bildung einer Aufbau-Organisation nach den speziellen Gegebenheit und Erfordernissen eines bestimmten Unternehmens ist die Grundvoraussetzung für eine erfolgreiche Wahrnehmung von Marketingaufgaben geschaffen. Allerdings: „Inwieweit eine Marketingorganisation tatsächlich zur Erfüllung der Unternehmensziele beiträgt, hängt aber entscheidend von der richtigen Kompetenzverteilung, von der Schaffung zweckmäßiger Beratungs- und Informationswege, von der Einrichtung effizienter Kontrollmöglichkeiten und vom Verhalten der Organisationsmitglieder ab."[669] Der Organisationsplan ist deshalb um Organisationsanweisungen zu ergänzen, in denen diese Aspekte näher beschrieben werden müssen.[670] Hier werden wichtige zusätzliche organisatorische und Führungsaufgaben genannt, ohne sie allerdings zu vertiefen. Die Handlungsrelevanz wird aber auch hier deutlich.

---

[666] Ebenda.

[667] Ebenda.

[668] Vgl. ebenda, S. 105.

[669] Bidlingmaier, Johannes: Marketing, Band 1, a.a.O., S. 180.

[670] Vgl. ebenda.

## 2.4.6.5 Informationsgrundlagen von Marketingentscheidungen

Bereits Erich Gutenberge hatte formuliert, „daß die absatzpolitischen Entscheidungen, vor allem wenn es sich um echte absatzstrategische oder absatztaktische
Entscheidungen handelt, um so leichter getroffen werden können, je besser die
für die Entscheidung zuständigen Personen über die Dinge unterrichtet sind, die
sie beurteilen sollen."[671] Den Informationen kommt danach eine zentrale Funktion im Marketingprozess einer Unternehmung zu. Art, Umfang und Qualität der
verfügbaren Informationen beeinflussen die Güte einer Entscheidung. Die Formulierung Gutenbergs klingt dabei bereits nach einer „empirischen Generalisierung"
in einer „Je-desto-Aussage", die unmittelbar einsichtig ist, wenn streng genommen beim Autor auch der Hinweis auf den Beleg einer empirischen Prüfung
fehlt.

Im oben dargestellten Prozess des Marketing-Managements bilden Informationen und Annahmen über die Umweltentwicklung sowie unternehmensinterne
Informationen die Basis für die Bildung von Zielvorstellungen für das Gesamtun-
ternehmen, für die Ableitung konkreter Marketingziele sowie für die Entwicklung
alternativer Marketingstrategien und die optimale Kombination des Marketing-
Mix.

In der Literatur der 1970er Jahre wird das Informationsproblem unter drei
Aspekten beleuchtet:

- Unter dem methodischen Gesichtspunkt werden die Aufgaben, Formen und
  Methoden bzw. Techniken der **Marktforschung** behandelt; außerdem die
  Methoden der **Markt- und Absatzprognose.** Hier wird z. T. auf die früheren Veröffentlichungen von Behrens, Hüttner und Schäfer Bezug genommen.
  In der neueren Literatur findet dabei mitunter schon eine Begriffserweiterung
  von der „Marktforschung" zur betrieblichen „Marketingforschung" statt,[672]
  auch unter dem Aspekt, dass sich damit die Forschung auch auf die verschie-
  denen Marketinginstrumenten erstrecken sollte. Beispiele: Werbeforschung,
  Preisforschung, Distributionsforschung. Eine Bewertung dieser Literatur auch
  unter den o.g. Kriterien für die praktische Anwendung wurde bereits in den
  Abschnitten 2.3.4.3 und 2.3.5 vorgenommen.
- Nieschlag/Dichtl/Hörschgen sowie Meffert thematisieren in ihren jeweiligen
  Kapiteln darüber hinaus **verhaltenstheoretische Grundlagen** zur Erklärung

---

[671] Gutenberg, Erich: Grundlagen der Betriebswirtschaftslehre, Bd. 2: Der Absatz, 8. Aufl.
1965, S. 75.
[672] Vgl. z. B. Hill, Wilhelm: Marketing I, a.a.O., S. 82; Meffert, Heribert: Marketing. Einführung in die Absatzpolitik, a.a.O., S. 147.

des Kaufverhaltens.[673] Mehr dazu sowie auch zu ihrer Anwendungsorientierung folgt unter dem Abschnitt 2.4.6.8.4.

- Ein dritter Themenstrang befasst sich mit den verschiedenen **Informationsarten**. Insbesondere Hill hat hier eine Reihe unterschiedlicher Informationsarten
zusammengestellt, die für Ziel- und Maßnahmenentscheidungen benötigt
werden. Das betrifft „sowohl Daten über die Umwelt der Unternehmung
(Gesamtmarkt, Käuferverhalten, Wirkung der Instrumentalvariablen) wie auch
unternehmensinterne Daten (Kapazitäten, Kostenstrukturen, bisheriger Absatzerfolg, Verkäuferleistungen, usw.)"[674] Im Einzelnen lassen sich beispielhaft
folgende Informationsgruppen nennen:[675]
  - Generelle Informationen über die **gesamtwirtschaftliche Situation**,
    wie z. B. Sozialprodukt/Volkseinkommen/Einkommensverteilung, demo-
    grafische Verhältnisse: Bevölkerungszahl und -struktur nach sozio-
    demografischen Kriterien.
  - Informationen über den **Absatzmarkt**: z. B. Marktpotenzial, Marktvolu-
    men, eigene und fremde Marktanteile – falls möglich regionalisiert.
  - Informationen über den bisherigen **Absatzerfolg** anhand zweier Instru-
    mente:

  ➢ Die Absatzstatistik enthält den Umsatz nach Mengen und Werten, unter-
    teilt z. B. nach Produktgruppen, Absatzgebieten, Kundengruppen und
    Vertriebswegen.
  ➢ Mit Hilfe der Absatzerfolgsrechnung kann aus dem Umsatz und den
    Kosten der Gewinn bzw. Deckungsbeitrag pro Absatzsegment ermittelt
    werden.[676]

  - Die **Absatzprognose** als Versuch der Vorausschätzung. Sie ist nicht iden-
    tisch mit einem noch zu formulierenden Absatzziel (Soll-Absatz); vielmehr
    ist sie die reine Fortschreibung bei weitgehend unveränderten Bedingungen
    (z. B. bisherige Absatzstrategie).
  - Informationen zur **Planung von Marketingmaßnahmen**, und zwar

  ➢ über Abnehmer und Konkurrenten,

---

[673] Vgl. Nieschlag, Robert/Dichtl, Erwin/Hörschgen, Hans: Marketing, a.a.O., S. 444 ff.;
Meffert, Heribert: Marketing. Einführung in die Absatzpolitik, a.a.O., S. 103 ff.

[674] Hill, Wilhelm: Marketing I, a.a.O., S. 80.

[675] Vgl. zum Folgenden ebenda, S. 80 ff.

[676] Nieschlag/Dichtl/Hörschgen widmen der Vertriebserfolgsrechnung ein ganzes Kapitel.
Vgl. Nieschlag, Robert/Dichtl, Erwin/Hörschgen, Hans: Marketing, a.a.O., S. 425 ff.

➤ über die Wirkung der Instrumente des Marketingmix: Produkt-, Preis-, Distributions- und Kommunikationspolitik.

Im Weiteren gibt Hill Hilfestellungen für die Berechnung bzw. Bestimmung der verschiedenen Informationsvariablen sowie Anregungen für zusätzliche Spezifizierungen[677] und bespricht methodische Verfahren und Probleme der Absatzprognose.[678] Insgesamt stellen diese Auflistungen problemorientierte „Strukturierungen" dar einschließlich einiger Anweisungen zur Handhabung.

Diese Orientierung an Struktur und Handlungsrelevanz setzt sich fort bei weiteren Darstellungen in diesem Kapitel, zunächst in einer von Hill vorgenommenen Zuordnung von Marktforschungs-Informationen für den Einsatz der Marketing-Instrumente,[679] wie sie die Tabelle 2.4 zeigt.

Nieschlag/Dichtl/Hörschgen weisen auf die Notwendigkeit hin, das beschaffte Informationsmaterial für die jeweiligen Organisationseinheiten als „Synthese" richtig zusammenzustellen und zu verteilen. Erforderlich sei ein maschinell gestütztes **Management-Informationssystem (MIS)**.[680]

Insgesamt stellen die in diesem Kapitel vorgestellten Informationsarten bereits Bestandteile des ein Jahrzehnt später unter dem Stichwort „Situationsanalyse" noch stärker diskutierten Themenbereichs dar. Allerdings findet sich bei Meffert in seinem Lehrbuch von 1977 eine Synopse, die bereits mit „Komponenten einer Situationsanalyse" überschrieben ist. Die Tabelle 2.5 enthält zu den vier Hauptkomponenten stichwortartige Hinweise auf Bezugspunkte und wichtige Bestimmungsfaktoren.

Die Darstellung berücksichtigt jedoch nicht die unternehmensinternen Bereiche und Informationsquellen.

Meffert ergänzt: „Das Erkennen der Marketingsituation bzw. Bedingungslage bildet daher den Ausgangspunkt jeder Marketingentscheidung. Es ist eine möglichst vollständige und genaue Erfassung der Umweltzustände und Daten (nicht kontrollierte Variablen) für die Präzisierung der Marketingziele und für den Einsatz der Instrumente von entscheidender Bedeutung."[681]

---

[677] Vgl. Hill, Wilhelm: Marketing I, a.a.O., S. 83 ff.

[678] Vgl. ebenda, S. 117 ff.

[679] Vgl. ebenda, S. 127 ff.

[680] Vgl. Nieschlag, Robert/Dichtl, Erwin/Hörschgen, Hans: Marketing, a.a.O., S. 557 ff.

[681] Meffert, Heribert: Marketing. Einführung in die Absatzpolitik, a.a.O., S. 69. (Sperrschrift im Original, dort zusätzlich insgesamt fett gedruckt).

Grundsätzlich fehlen in den Auflistungen zur Beschreibung der Marktsituation in der Literatur der 70er Jahre als Ergänzung aber noch die Techniken der **SWOT-Analyse, Positionierungs- und Portfolio-Analyse.**

**Tabelle 2.4** Zuordnung von Informationen zu spezifischen Marketinginstrumenten nach Hill[682]

| Informationen für: | Informationen über: |
|---|---|
| Produkt- und Sortimentsgestaltung | • Änderung der Bedürfnisstruktur<br>• Neue technische und geschmackliche Entwicklungen<br>• Verwendungsmöglichkeiten von Produkten<br>• Ansprüche der Abnehmer und des Zwischenhandels an das Sortiment<br>• Ansprüche an Verpackung und Packungsgröße |
| Märkte und Absatzwege | • Mögliche Absatzwege, deren Entwicklungstendenzen und Erfolgsaussichten<br>• Kapazität, Leistungsfähigkeit, Standort, Abnehmerkreise<br>• Sortiment, Verkaufs- und Distributionsorganisation des Zwischenhandels<br>• Handelsmargen und –konditionen<br>• Gewohnte Absatzwege (Branchengewohnheiten) |
| Preispolitik | • Preisniveau und allg. Preistrends für gleiche und ähnliche Produkte<br>• Spezifische Wirkung preispolitischer Maßnahmen: Preisstaffelung, Rabatte, Zahlungskonditionen<br>• Mögliche Wirkungen von Preisabsprachen mit der Konkurrenz |
| Werbung | • Charakteristika, Leistungsvermögen, Streuung sowie Kosten von Werbemitteln und Werbeträgern<br>• Werbeelastizitäten<br>• Reaktionen der Umworbenen auf die Werbebotschaft, den Werbestil und Werbeaktionen |
| Verkauf und Lieferung | • Kundenseitige Anforderungen an das Außendienstpersonal sowie an die Offertenbearbeitung und Auftragsbearbeitung und Beurteilung des Verkaufs<br>• Auftragsgrößen und Auftragsrhythmus<br>• Mögliche Distributionsformen, ihre qualitative und quantitative Leistungsfähigkeit, ihre Kosten<br>• Beurteilung des bisherigen Distributionssystems der Unternehmung durch die Abnehmer |

[682] Quelle. Hill; Wilhelm: Marketing I, 2. Aufl., Bern/Stuttgart 1972, S. 132.

**Tabelle 2.5**  Situationsanalyse im Marketing nach Meffert[683]

| Komponenten einer Situationsanalyse | Bezugspunkte | Wichtige Bestimmungsfaktoren |
|---|---|---|
| Markt | Gesamtmarkt (produktionsklassenbezogen | Entwicklung<br>Wachstum<br>Elastizität |
| | Branchenmarkt (produktionsgruppenbezogen) | Entwicklungsstand<br>Sättigungsgrad<br>Marktaufteilung |
| | Teilmarkt (produktbezogen) | Bedürfnisstruktur<br>Substitutionsgrad<br>Produktstärke |
| Marktteilnehmer | Hersteller | Marktstellung, Produkt- und Programmorientierung<br>Angebotsstärke |
| | Konkurrenz | Wettbewerbsstärke<br>Differenzierungsgrad<br>Programmstärke |
| | Absatzmittler | Funktionsleistung<br>Sortimentsstruktur<br>Marktabdeckung |
| | Absatzhelfer | Funktionsleistung |
| | Konsument | Bedürfnislage (Nutzenstiftung)<br>Kaufkraft<br>Einstellung |
| Instrumente | Produkt-Mix | Produkt- und Programmstärke<br>Angebotsflexibilität |
| | Kommunikations-Mix | Bekanntheitsgrad und Eignung der Medien<br>Werbestrategie |
| | Konditionen-Mix | Preisniveau<br>Preisstreuung<br>Rabattstruktur |
| | Distributions-Mix | Distributionsdichte<br>Lieferfähigkeit<br>Liefervorteile |
| Umwelt | Natur | Klima<br>Infrastruktur |
| | Wirtschaft | Ökonomische Größen<br>Konjunktur<br>Wachstum |
| | Gesellschaft | Soziale Normen<br>Lebensgewohnheiten |
| | Technologie | Wissenschaft<br>Technischer Fortschritt |
| | Recht und Politik | Rechtsnormen<br>Politische Institutionen |

---

[683] Quelle: Meffert, Heribert: Marketing. Einführung in die Absatzpolitik, Wiesbaden 1977, S. 70.

Eine Ausnahme bildet allerdings die **Produkt-Lebenszyklus-Analyse.** Sowohl Nieschlag/Dichtl/Hörschgen[684] als auch Bidlingmaier[685], Hill[686] und Meffert[687] haben sie in ihren Lehrbüchern behandelt, allerdings jeweils unter dem Kapitel: Produktpolitik bzw. Produktanalysen.[688]

In seiner idealtypischen Form sieht der Lebenszyklus eines Produktes nach den Merkmalen Umsatz und Gewinn/Verlust wie in Abbildung 2.9 gezeigt aus.

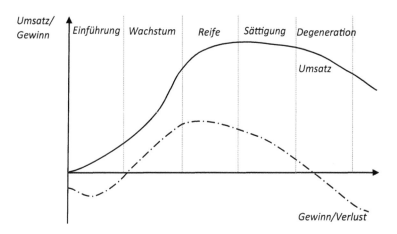

**Abbildung 2.9** Modell des Produkt-Lebenszyklus in fünf verschiedenen Phasen nach Hill[689]

---

[684] Vgl. Nieschlag, Robert/Dichtl, Erwin/Hörschgen, Hans: Marketing, a.a.O., S. 170 ff.

[685] Vgl. Bidlingmaier, Johannes: Marketing, Band 2, a.a.O., S. 257 ff.

[686] Vgl. Hill, Wilhelm: Marketing II, a.a.O., S. 19 ff.

[687] Vgl. Meffert, Heribert: Marketing. Einführung in die Absatzpolitik, a.a.O., S. 338 ff.

[688] Der Grund, warum in dieser Arbeit das Thema Lebenszyklus-Analyse unter dem Kapitel: Informationsgrundlagen bzw. Situationsanalyse besprochen wird, besteht darin, dass aus den Ergebnissen der Lebenszyklus-Analyse nicht nur produktpolitische Konsequenzen gezogen werden können, sondern auch Maßnahmen in den anderen Marketing-Mix-Bereichen ergriffen werden können, so z. B. verstärkte Werbemaßnahmen im Rahmen eines „Relaunches". In der späteren Marketing-Literatur erfolgt eine angepasste Zuordnung. So behandelt z. B. Meffert in der 7. Aufl. seines Lehrbuches von 1986 die Lebenszyklus-Analyse im Kapitel „Situationsanalyse im Marketing", in dem dann auch die SWOT-Analyse (als Stärken/ Schwächen-Analyse sowie als Chancen-/Risiko-Analyse) und außerdem die Erfahrungskurven-Analyse behandelt wird.

[689] Quelle: Hill, Wilhelm: Marketing II, 2. Aufl., Bern/Stuttgart 1972, S. 21.

Die Charakteristika der verschiedenen Phasen lassen sich stichwortartig wie folgt skizzieren:[690]

● *Einführung:*

➢ erheblicher Vertriebs- und Werbeaufwand (Einführungs-Werbung)
➢ kleine, nur allmählich wachsende Umsätze (Probekäufe)
➢ negative Deckungsbeiträge/Verluste
➢ Dauer der Einführungsphase abhängig von: Kompliziertheit des Produktes, Neuheitswert, Bedarfsstruktur der Konsumenten, Existenz von Konkurrenzprodukten

● *Wachstum:*

➢ Steiler Anstieg der Umsatzkurve und des Gewinns
➢ Einführungswerbung klingt ab; kostenlose Mund-zu-Mund-Propaganda
➢ Anlocken von Konkurrenzaktivitäten
➢ Erschließung neuer Käuferschichten; Marktausweitung
➢ größere Investitionen zur Erweiterung der Produktions- und Vermarktungskapazitäten
➢ trotzdem steigende Deckungsbeiträge/Gewinne

● *Reife:*

➢ Absatzvolumen nimmt anfänglich noch zu; danach abflachende Kurve
➢ höchster Deckungsbeitrag/Gewinn
➢ Ersatzbedarf bestimmt zunehmend das Marktvolumen
➢ weitere Konkurrenten treten auf den Markt

● *Sättigung:*

➢ Absatz erreicht sein Maximum und gleichzeitig die Sättigungsgrenze
➢ verstärkter Preiswettbewerb
➢ Folge: Gewinnsituation verschlechtert sich
➢ Zuwachsraten nehmen ab

---

[690] Vgl. zum Folgenden: Nieschlag, Robert/Dichtl, Erwin/Hörschgen, Hans: Marketing, a.a.O., S. 170 ff.

● *Degeneration:*

➢ verstärkter Einsatz der Marketinginstrumente zur Konkurrenzabwehr
➢ absoluter Rückgang des Marktvolumens
➢ unausgelastete Produktionskapazitäten
➢ Verschärfung des Wettbewerbs
➢ fallende Preise, sinkende Absatzmengen
➢ zunehmende Verluste
➢ Auftreten von Substitutionsprodukten: neu, moderner, bedarfsgerechter
➢ Entscheidung:
  ● Produkt aus dem Markt nehmen und neues Produkt einführen? oder
  ● Bedarf der loyalen Kunden befriedigen; kaum noch absatzpolitische Aktivitäten? oder
  ● Relaunch anstreben mit neuerlichem anhaltendem Aufschwung (Absatz/Gewinn)?

In einer kritischen Bewertung des Lebenszykluskonzeptes weist Meffert auf folgende relativierende Gesichtspunkte hin:[691]

1. Das Lebenszykluskonzept hat keinen Allgemeingültigkeitsanspruch, da differenzierte Forschungen zu den Zyklen für bestimmte Güterklassen oder Produkte fehlen.
2. Eine Gesetzmäßigkeit des Lebenszyklus lässt sich nicht nachweisen; sie lässt sich weder empirisch belegen noch theoretisch ableiten.
3. Lebenszyklen ergeben sich nicht nur aus zeitlichen Gesetzmäßigkeiten, sondern werden auch von absatzpolitischen Aktivitäten der Unternehmen beeinflusst.
4. Für die Abgrenzung der Phasen gibt es keine eindeutigen Kriterien.

Mefferts Fazit lautet, „daß das Konzept keine normative Aussagekraft hat. Es kann keine Empfehlung geben, wann welches Marketing-Mix einzusetzen ist und welcher Funktionstyp zur Umsatzprognose heranzuziehen ist. Seine Aussagekraft ist lediglich beschreibender Natur. Es dient zur Erklärung und Veranschaulichung des Gesetzes des ‚Werdens und Vergehens‘.“[692]

---

[691] Vgl. Meffert, Heribert: Marketing. Einführung in die Absatzpolitik, a.a.O., S. 343.

[692] Ebenda. (Die Textteile „keine normative Aussagekraft" sowie „beschreibender Natur" wurden im Original in Sperrschrift gedruckt; zusätzlich wurde der Text insgesamt fett gedruckt).

Schließlich formuliert Meffert aber positiv: „Es gibt Anregungen zur gedanklichen Durchdringung von Absatzproblemen. Die dadurch gewonnenen Erfahrungen können zur Verbesserung der Marketingentscheidungen bei der Neueinführung und während des Lebenszyklus von Produkten beitragen."[693]
Im Urteil von Meffert werden die Handlungsrelevanz und der Wert des Lebenszykluskonzeptes für das praktische Marketing doch ganz entscheidend eingeschränkt.

### 2.4.6.6 Der Zielbildungsprozess im Marketing

Besonders Johannes Bidlingmaier hat sich frühzeitig mit Problemstellungen des Zielbildungsprozesses sowie der Strategieentwicklung im Marketing beschäftigt.[694]

Jedes Unternehmen hat zu Beginn seiner Geschäftstätigkeit und später im Rahmen seiner Langfristplanung eine grundsätzliche Entscheidung darüber getroffen, welche Leistungen dem Markt angeboten werden sollen. Diese Entscheidung ist vor allem abhängig von den besonderen Erfahrungen und Kenntnissen, die es in einer Branche gewonnen hat, ferner von der Unternehmensgröße sowie den Vorstellungen der Unternehmensleitung hinsichtlich der zu erreichenden Rendite und des Wachstums;[695] außerdem von den generellen Wertvorstellungen und Unternehmensgrundsätzen.

Mit der Entscheidung über ein bestimmtes Leistungsprogramm, das in einem definierten Marktfeld realisiert werden soll, ist zugleich ein Handlungsrahmen gesetzt, an dem sich alle weiteren marketingpolitischen Strategien und Maßnahmen inklusive des Einsatzes der absatzpolitischen Instrumente zu orientieren haben.[696] Konkret bedeutet das, dass eine Brauerei am Markt anders agieren muss als z. B. ein Versicherungskonzern oder eine Maschinenfabrik.

Aufgabe der Unternehmensleitung ist es, Entscheidungen über die grundlegende strategische Ausrichtung des Unternehmens zu treffen. Dazu gehört, die allgemeine Unternehmenspolitik zu bestimmen, im Rahmen einer langfristigen Planung die Ziele, ihre Dimensionen (Gewinne, Marktanteile, Image) sowie das Ausmaß ihrer Erfüllung (Maximierung, Satisfizierung) zu konkretisieren und

---

[693] Ebenda.

[694] Bidlingmaier berücksichtigt in seinem Lehrbuch insbesondere Erkenntnisse aus seiner Dissertation und seiner Habilitationsschrift. Vgl. Bidlingmaier, Johannes: Unternehmensziele und Unternehmensstrategien, Wiesbaden 1964; ders.: Zielkonflikte und Zielkompromisse im unternehmerischen Entscheidungsprozeß, Wiesbaden 1968.

[695] Vgl. Bidlingmaier, Johannes: Marketing, Band 1, a.a.O., S. 25.

[696] Vgl. ebenda.

dabei die Mittel und Möglichkeiten des Betriebes sowie auch der Marktgegebenheiten zu berücksichtigen. Auch hier erlangen grundlegende Informationen über die Unternehmensumwelt sowie über die Leistungsmöglichkeiten des Unternehmens, wie sie im Vorkapitel beschrieben worden sind, bereits eine große Bedeutung. Über den dort genannten Katalog hinaus sind bei diesen konstitutiven Zielentscheidung auch „Ansprüche der Mitglieder der Unternehmenskoalition (der Eigentümer, des Managements, der Belegschaft, der Kunden usw.)"[697] zu berücksichtigen.

Die daraus abzuleitenden Marketingziele nehmen aber ihrerseits Einfluss auf die Unternehmensziele.[698] „Bei realistischer Planung der Gesamtziele kommt den auf den Märkten voraussichtlich erzielbaren Umsätzen, Gewinnen usw. eine Leitbedeutung zu."[699] Außerdem sind produktionswirtschaftliche, finanzielle, personalwirtschaftliche und weitere Ziele und Begrenzungen zu berücksichtigen. Dabei ist jedoch zu fordern, dass keine defensive Zielbestimmung im Sinne einer vollständigen Anpassung an die gegenwärtigen Marktgegebenheiten stattfindet, sondern dass das Management eine eigene Vision von der künftigen Marktbedeutung des Unternehmens entwickelt,[700] die z. B. auch Produktentwicklungs- und Markterschließungsziele beinhalten.[701]

Im Weiteren müssen diese strategischen, i. d. R. langfristig orientierten Ziele in kurzfristige, häufig taktische Ziele zur Steuerung der laufenden Marketingtätigkeiten konkretisierten werden. Das Marketing-Management leitet aus den strategischen Zielen kurzfristige Zielvorstellungen ab, dabei immer unter Berücksichtigung der spezifischen Gegebenheiten auf dem Markt bzw. im Unternehmen. Dazu gehören erneut insbesondere die im Vorkapitel besprochenen Informationsgrundlagen externer wie interner Art., anhand derer jeweils überprüft werden muss, inwieweit daraus Anpassungen des bestehenden unternehmenspolitischen Zielsystems bzw. seiner strategischen und taktischen Umsetzung vorgenommen werden müssen. „Die Planung taktischer Marketingziele endet mit der Aufstellung von mengen- und wertmäßigen Zielen für einzelne Produktgruppen, Absatzgebiete, Abnehmergruppen usw. und der Genehmigung dieser

---

[697] Ebenda, S. 137.
[698] Vgl. ebenda, S. 25.
[699] Ebenda.
[700] Vgl. ebenda, S. 137.
[701] Vgl. ebenda, S. 140.

Zielpläne durch die Unternehmensleitung."[702] Die gängigsten Zielgrößen bilden hier Absatz-, Umsatz- und Marktanteilsziele, darüber hinaus Gewinn- bzw. Deckungsbeitragsziele.

Basierend auf der großen Bedeutung, die den Unternehmenszielen im betrieblichen Führungsprozess zukommt, wurde das Konzept des „Management by Objectives" entwickelt. Die Effizienz dieser Management-Technik setzt aber voraus, dass es in der Praxis einen wiederkehrenden Vergleich zwischen geplanten (Soll-)Größen und realisierten (Ist-)Ergebnissen gibt. Bidlingmaier verwendet den Begriff *„zielgesteuerte Unternehmensführung"* und beschreibt diesen näher als *„Unternehmens-führung durch Zielvorgabe und Ziel(erreichungs)kontrolle"*[703].

Dabei muss die oberste Zielsetzung auf die verschiedenen hierarchischen Stufen „heruntergebrochen" werden. Dies geschieht in einem Prozess, dessen Ergebnis als Ziel-Mittel-Relation verstanden werden kann: Ein nachgelagertes Ziel stellt ein Mittel zur Erreichung eines oberen Zieles dar. Das bedeutet auch, dass mit der Zieldelegation zugleich eine Verantwortungsdelegation verbunden ist. Zielgesteuerte Unternehmensführung ist also zugleich eine Technik des „Managens von Managern".[704]

Allerdings sollte über den Prozess der Zieldelegation nicht nur in vertikaler Richtung eine Koordinationsleistung für ein homogenes Zielsystem erbracht werden. Ergänzend ist auch eine horizontale Abstimmung anzustreben; dabei können jedoch Zielkonflikte auf gleichrangigen oder auch rangverschiedenen Organisationsebenen auftreten.[705]

Dem zielgesteuerten Führungsmodell werden zugleich folgende leistungsmotivierende Eigenschaften zugesprochen:[706]

- Die Führungskräfte werden über Inhalt und Ausmaß der an sie gerichteten Ansprüche informiert; über Soll-Ist-Vergleiche ist der Grad der Leistungserfüllung messbar.
- Die Führungskräfte besitzen relativ hohe Freiheitsgrade bezüglich der Mittel und Maßnahmen zur Zielerfüllung.
- Eine hohe Leistungserfüllung kann ein Gradmesser für Bezahlung und Aufstiegschancen sein.
- Der kooperative Führungsstil fördert Leistungs- und Fähigkeitspotenziale.

---

[702] Ebenda, S. 27.

[703] Ebenda, S. 132. (Herv. im Original).

[704] Vgl. ebenda, S. 134.

[705] Vgl. ebenda.

[706] Vgl. ebenda, S. 135.

Zusammenfassend lässt sich konstatieren, dass der betriebliche Zielbildungsprozess eine ganz wesentliche Voraussetzung für einen gesteuerten Ablauf aller Aktivitäten einschließlich aller Marktaktivitäten darstellt. Durch das Konzept des „Management by Objectives" wird dieser Prozess „handelbar" und „praktisch". Bedingung ist allerdings, dass der Planung auch die Kontrolle mit einer evtl. Abweichungsanalyse folgt. Insofern kann einem solchen vollständigen Zielbildungsprozess einschließlich der Zielerreichungskontrolle ein hoher praktischer Wert beigemessen werden.

### 2.4.6.7 Die Entwicklung von Marketingstrategien

Nach dem Kriterienkatalog zur Bewertung wissenschaftlicher Konzepte und Aussagen stellt die Entwicklung „strategischer Grundsätze" mit technologischen Aussagen die reifste Form der Bildung von Marketingwissen dar. Wo klare Handlungsempfehlungen gegeben werden können, ist der Nutzen für die unternehmerische Praxis am größten. Dies trifft grundsätzlich für die im wissenschaftlichen Bereich erarbeiteten Marketingstrategien zu, allerdings wird die Handlungsrelevanz in besonderem Maße erst in der deutschsprachigen Marketing-Literatur der 1980er Jahre deutlich herausgestellt (s. dazu Abschnitt 2.5.5). In den 1970er Jahre werden hier zum einen noch nicht alle bereits in den USA praktizierten Strategiemodelle (wie etwa das BCG-Portfolio) behandelt, zum anderen werden noch eher die Grundzüge der Modelle dargestellt, ergänzt um einige Handlungsalternativen, überwiegend jedoch noch ohne besondere stringente Handlungsempfehlungen.

Grundlegende Strategien legen die langfristig geltenden Handlungsmaximen für den Einsatz konkreter Mittel und Maßnahmen eines Unternehmens fest. Auf der Basis einer strategischen Konzeption werden hier Entscheidungen zur Produkt- und Preispolitik sowie zur Werbe- und Distributionspolitik getroffen. Für die Produktpolitik bedeutet dies, dass Entscheidungen über Inhalte, Breite und Tiefe des Leistungsprogramms sowie zum Qualitätsniveau getroffen werden. Bei den preispolitischen Grundsatzentscheidungen geht es darum, zu bestimmen, ob die Angebote hoch- mittel- oder niedrigpreisig sein sollen und ob eine aktive oder passive Preispolitik betrieben werden soll. Im Hinblick auf die Werbung müssen Entscheidungen über die Werbeziele – z. B. Imagewerbung für das Unternehmen oder Absatzförderung für ein Produkt – und das Ausmaß der Werbung z. B. im Verhältnis zur Konkurrenz getroffen werden. Im Rahmen der Distributionspolitik sind Basisentscheidungen zu den Vertriebskanälen bzw. -organen zu fällen.

Wichtig ist, dass diese Grundsatzentscheidungen in einem konsistenten Verhältnis zueinander stehen. So hat das Angebot eines hochwertigen Produktes auch bestimmte preis-, kommunikations- und vertriebspolitische Konsequenzen.[707] Innerhalb der kurzfristigen oder taktischen Planung sind diese marktstrategischen Grundsatzentscheidungen unter Berücksichtigung der jeweils besonderen Situation zu spezifizieren bzw. anzupassen. Dies gilt insbesondere für die konkreten Einsatzpläne bei den marketingpolitischen Instrumenten. Falls möglich, sollten dabei Wirkungsprognosen für die einzelnen Marketinginstrumente berücksichtigt werden.[708] In jedem Falle sind diese Pläne untereinander zu harmonisieren, so dass die Maßnahmen sich gegenseitig verstärken.

Dabei ist anzustreben, dass es außerdem eine ständige Abstimmung zwischen den Marketingzielen und den vorgesehenen Marketingstrategien sowie deren Wirkung auf die Zielerfüllung gibt. Evtl. sind Anpassungsprozesse in beide Richtungen vorzunehmen.[709]

Hill gibt Beispiele für langfristig angelegte – sich ergänzende oder alternative – Marketingstrategien bezüglich der verschiedenen Instrumentalvariablen für einen Verbrauchsgüterhersteller:[710]

- *Produkt und Sortiment*
- Intensivierung der Forschung und Entwicklung
- Entwicklung und Einführung neuer Produktgruppen
- Aufnahme von Komplementärprodukten auf dem Lizenzwege oder als Handelsprodukte
- Sortimentsbereinigung durch Streichung der Produkte mit den niedrigsten Umsätzen und/oder niedrigsten Deckungsbeiträgen
- *Märkte und Absatzkanäle*
- Bearbeitung neuer geographischer Märkte durch: Export, Gründung von Tochtergesellschaften, Aufkauf von Unternehmungen, Kooperationsverträge
- Bearbeitung neuer Kundenkategorien durch: Änderung der Werbebotschaft und der Werbeaktionen, Schaffung von Verkaufsorganen, Anpassung des Produktprogramms
- Bearbeitung neuer Absatzkanäle (außer den Spezialgeschäften sollen auch Supermärkte und Warenhäuser beliefert werden)

---

[707] Vgl. ebenda, S. 29 f.

[708] Vgl. ebenda, S. 30.

[709] Vgl. ebenda, S. 142.

[710] Vgl. zum Folgenden: Hill, Wilhelm: Marketing II, a.a.O., S. 298 f. (Herv. im Original).

- Veränderung der Absatzwege (Ausschaltung des Großhandels und Direkt-belieferung des Detailhandels oder im Gegenteil Umstellung auf den Großhandel)
- *Preispolitik*
  - Erhöhung oder Senkung des Preisniveaus um x %
  - Einführung spezieller Rabattsysteme (Mengen-, Treuerabatte, Bestellter-minrabatte)
  - Änderung der Zahlungskonditionen
- *Werbung*
  - Änderung der Werbeausgaben um x %
  - Grundsätzliche Änderung in der Medienpolitik (z. B. höherer Anteil der Fernsehwerbung)
  - Grundsätzliche Änderung der Werbebotschaft
  - Grundsätzliche Änderung der Werbeadressaten
- *Verkauf und Lieferung*
  - Intensivierung des Außendienstes durch Bildung kleinerer Verkaufsbezirke auf Basis des Umsatzpotentials
  - Umstellung von Agenten auf Vertreter und vice versa
  - Einsatz des Außendienstpersonals statt nach geographischen Gesichtspunk-ten nach Produktgruppen
  - Umstellung des Lieferungssystems (z. B. Schaffung eines eigenen Wagen-parks oder Kooperation mit anderen Firmen)
  - Bildung dezentraler Auslieferungslager.

Hill führt weiter aus, dass für jede dieser denkbaren Strategien die von ihnen zu erwartenden Wirkungen, die voraussichtlichen Kosten und Risiken sowie die spezifischen Bedingungen für die Realisierung im Vorhinein beschrieben werden sollten. Außerdem wären evtl. Wirkungen auf die anderen Instrumente und das Unternehmen als Ganzes abzuschätzen, wenn auch z. T. nur auf der Basis von subjektiven Einschätzungen.[711]

Wie bereits im Abschnitt 2.4.5.2.4 angesprochen, wurden in den 1960er Jahren in den USA einige Strategie-Instrumente entwickelt, die bei der Strategiebildung hilfreich sein können. Dazu zählen insbesondere die Produkt-Markt-Matrix nach Ansoff, die Segmentierung zur Auswahl erfolgversprechender Kundengruppen und Marktbereiche sowie zur Bildung strategischer Geschäftsfelder; außerdem das von der Boston Consulting Group (BCG) entwickelte Portfolio-Konzept.[712]

---

[711] Vgl. ebenda, S. 299.

[712] Da das Portfolio-Konzept von BCG in diesem Zeitraum zwar – vorwiegend in den USA – bereits praktisch eingesetzt und erprobt wurde, aber noch nicht in der deutschsprachigen

Die **Produkt-Markt-Matrix** von Ansoff kombiniert die beiden erstgenannten Strategiebereiche in der o.g. Auflistung von Hill und entwirft dabei eine
Strukturierung alternativer bzw. sich ergänzender Marktfeldstrategien. Meffert
hat diese Ansoff'sche Matrix zunächst in seinem Lehrbuch von 1977 unter
dem Titel „Marktbezogenen Aufgaben des Marketing"[713] sowie in einer späteren
Veröffentlichung aus dem Jahre 1994[714] abgebildet (s. Abbildung 2.10).

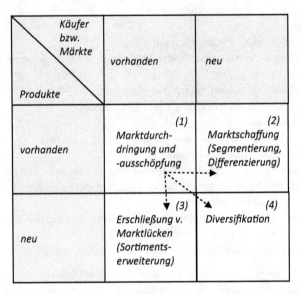

**Abbildung 2.10**    Produkt-Markt-Matrix nach Ansoff[715]

Die vier möglichen Strategiealternativen lassen sich in Anlehnung an Meffert
ganz kurz folgendermaßen umschreiben:[716]

---

Marketingliteratur berücksichtigt wurde, wird diese Technik erst im Abschnitt 2.5 dargestellt
und analysiert.

[713] Vgl. Meffert, Heribert: Marketing. Einführung in die Absatzpolitik, a.a.O., S. 36 f.

[714] Vgl. Meffert, Heribert: Marketing-Management. Analyse – Strategie – Implementierung,
a.a.O.; S. 109–111.

[715] Quelle: Meffert, Heribert: Marketing. Einführung in die Absatzpolitik, Wiesbaden 1977,
S. 37.

[716] Vgl. Marketing. Einführung in die Absatzpolitik, Wiesbaden 1977, S. 36 f. Meffert verwendet in dieser Veröffentlichung noch die Termini „Marktschaffung" bzw. „Erschließung

- Bei der **Marktdurchdringung** (Feld 1) versucht ein Unternehmen mit den bisherigen Produkten und auf den bisherigen Märkten über eine (noch bessere) Ausschöpfung der Marktpotenziale eine Absatzsteigerung zu erreichen. Möglichkeiten dazu bieten sich bei bestehenden Kunden (durch Intensivierung des Verbrauches), bei neuen Kunden (durch Abwerben von Konkurrenzkunden) sowie durch die Gewinnung von bisherigen Nichtverwendern.
- Die Strategie der **Marktentwicklung** oder Marktschaffung (Feld 2) umschreibt das Bestreben eines Unternehmens, mit dem vorhandenen Produktangebot neue, bisher nicht bediente Märkte zu erobern. Dies kann zum einen durch eine räumliche Ausdehnung, zum anderen durch das Angebot an neue Markt- bzw. Käufergruppen, evtl. ergänzend mit speziell darauf abgestimmten Produktversionen, geschehen.
- Die **Produktentwicklung** oder Sortimentserweiterung (Feld 3) zielt darauf ab, auf bestehenden Märkten neue Produkte anzubieten. Steigender Wettbewerbsdruck und dynamischer werdende Märkte bedingen häufig eine systematische Innovationspolitik. Die Bandbreite reicht hier von neuen Produktversionen über Programmerweiterungen bis hin zu echten Innovationen.
- Bei der **Diversifikationsstrategie** (Feld 4) bietet ein Unternehmen neue Produkte auf neuen Märkten an. Dabei kann es sich produktseitig um die Erweiterung über verwandte Produkte (horizontale Diversifikation), über vor- und nachgelagerte Produkte (vertikale Diversifikation) oder um die Aufnahme völlig anderer Produkte (laterale Diversifikation) handeln.

Erst in den 1980er Jahren wird in der Literatur verstärkt darauf hingewiesen, dass diese Strategien aufeinander aufbauen sollen, so dass auf diese Weise Synergiepotenziale genutzt werden können. Außerdem werden erfolgversprechende „alphabetische Strategiepfade" empfohlen – im Unterschied zu den „*an*alphabetischen Strategiepfaden".[717]

Aus Praxissicht ist jedoch auch der schon erwähnte Hinweis Mefferts zu berücksichtigen, dass es sich dabei um Strategieoptionen für *wachsende* Märkte handelt und außerdem der Einfluss der Konkurrenz, des Handels sowie der Konsumenten unberücksichtigt bleibt.

Ebenfalls unter dem Gesichtspunkt der Marktentwicklung wurden in den 1970er Jahren verstärkt **Segmentierungsstrategien** diskutiert. Grundlage dafür

---

von Marktlücken" für die inzwischen gängigen Begriffsbildungen „Marktentwicklung" bzw. „Produktentwicklung".

[717] Zur näheren Erklärung vgl. die Ausführungen im Abschnitt 2.5.5.2.

sind die bereits aufgezeigten Untergliederungen der Nachfrager nach sozio-ökonomischen, geografischen und psychografischen Kriterien, die dann Ausgangspunkt einer differenzierten Marktbearbeitung sind.

Neben Meffert hat sich besonders auch Erich Bauer mit dem Thema Markt-Segmentierung beschäftigt. In der ersten deutschsprachigen Monografie[718] hat er sich 1976 im Anschluss an eine „Vielzahl von Zeitschriftenartikeln, Arbeits- und Konferenzpapieren" anderer Autoren unter der in diesem Zusammenhang von ihm beobachteten „Widersprüchlichkeit der [...] entwickelten Definitionen, Interpretationen und Wertungen"[719] intensiv mit der Markt-Segmentierung zum einen als Marketing-Strategie, zum anderen als Marktforschungsmethode beschäftigt. Meffert gebraucht hierfür den Begriff der „Markterfassung".[720] Es geht um die Identifizierung einzelner Segmente (s. Tabelle 2.6)

**Tabelle 2.6** Segmentierung des Marktes und Zielgruppenauswahl nach Haley (Beispiel US-Zahnpasta-Markt)[721]

| Zielgruppen Kriterien | die Sensorischen | die Sozialen | die Ängstlichen | die Unabhängigen |
|---|---|---|---|---|
| Wichtigste Nutzenerwartung | Geschmack und Produktaufmachung | weiße, strahlende Zähne | Verhütung von Zahnverfall | Preis |
| demographische Merkmale | Kinder | Teenager, junge Leute | große Familien | Männer |
| besondere Verhaltensweisen | lieben Zahnpasta mit Pfefferminzgeschmack | Raucher | Intensivverwender | Intensivverwender |
| bevorzugte Marken | Colgate, Stripe | Macleans, Plus, White, Ultra Brite | Crest | Sonderangebote |
| Persönlichkeitsmerkmale | mit sich selbst Beschäftigte | sehr kontaktfreudig und aufgeschlossen | hypochondrisch veranlagt | selbständig, autonom |
| Einstellung zur Lebensführung | hedonistisch | aktiv | konservativ | wertorientiert |

[718] Vgl. Bauer, Erich: Marktsegmentierung als Marketing-Strategie, Berlin 1976; ders.: Markt-Segmentierung, Stuttgart 1977. Den folgenden Ausführungen liegt die zweite Veröffentlichung (Taschenbuch) zugrunde.

[719] Bauer, Erich: Markt-Segmentierung, a.a.O., Vorwort, S. 5.

[720] Meffert, Heribert: Marketing. Einführung in die Absatzpolitik, a.a.O., S. 215.

[721] Quelle: Meffert, Heribert: Marketing. Einführung in die Absatzpolitik, Wiesbaden 1977, S. 223 mit Bezugnahme auf: Haley, R. J.: Benefit Segmentation. A. Dicision-oriented Research Tool, in: Journal of Marketing, July 1968, S. 30–35.hier S. 33.

Meffert wie Bauer zeigen hier die kombinierte Anwendung verschiedener Marktsegmentierungskriterien am Beispiel des amerikanischen Zahnpasta-Marktes.

Im Anschluss an die Phase der „Markterfassung" geht es in der Phase der „Marktbearbeitung"[722] darum, geeignete Marketingstrategien für ein Unternehmen zu entwerfen und sie operativ umzusetzen. Meffert unterscheidet hier zwei Strategieformen:[723]

- Bei der *konzentrierten* Marketingstrategie fokussiert sich ein Unternehmen mit seinem Produktprogramm und seinen Marketingaktivitäten auf *ein oder einige wenige lukrative Segmente* des Marktes. Sie deckt nicht den vollständigen Markt ab, sondern konzentriert sich auf einen oder wenige Teilmärkte. Beispiel: VW hat sich lange Zeit auf die unteren und mittleren Einkommensschichten konzentriert.

  Der Vorteil dieser Strategieform liegt darin, dass sich ein Anbieter voll auf das ausgewählte Marktsegment ausrichten kann. Meffert führt weiter aus, dass diese Strategie – vom Beispiel VW abgesehen – typischerweise für kleine und mittlere Unternehmen geeignet ist, die für die Abdeckung des Gesamtmarktes nicht über hinreichende finanzielle Mittel verfügen. Außerdem schlägt Meffert vor, darauf zu achten, „daß es sich um einen wachsenden Teilmarkt handelt, auf dem noch nicht zu viele Konkurrenten vertreten sind."[724]
- Die *differenzierte* Marketingstrategie verfolgt das Ziel, den Gesamtmarkt oder wesentliche Teilmärkte differenziert zu bearbeiten, etwa durch den unterschiedlichen Einsatz der Marketinginstrumente. „Diese Strategie entspricht dem Grundprinzip des Marketing, da sie versucht, sich auf die Kunden einzustellen und das Marketingprogramm entsprechend ihren Motiven und Einstellungen zu gestalten."[725]

  Im Vergleich zur konzentrierten Marketingstrategie verspricht man sich hier höhere Umsätze und ein niedrigeres Risiko. Beispiele: Großunternehmen in der Kaffee-, Zigaretten- und Schokoladenindustrie, die hohe Investitions-, Produktions- und Verwaltungskosten tragen können.

---

[722] Meffert, Heribert: Marketing. Einführung in die Absatzpolitik, a.a.O., S. 223.
[723] Vgl. ebenda, S. 224 ff.
[724] Ebenda, S. 225.
[725] Ebenda.

Der *differenzierte* Einsatz der Marketinginstrumente kann abhängig von der Marktkonstellation beispielsweise so gestaltet werden:[726]

- Bei einer **Preisdifferenzierung** bietet ein Unternehmen seinen Kunden Produkte gleicher Art zu unterschiedlichen Preisen an. Segmentierungskriterien können hier Einkommensunterschiede oder differenziertes Preisbewusstsein sein; darüber hinaus sind räumliche, zeitliche und mengenmäßige Preisdifferenzierungen möglich. Bei Produkten, die den Charakter eines Statussymbols haben, kann die Nachfrage mit steigendem Preis wachsen.

- **Produktdifferenzierungen** orientieren sich an Einstellungen, Verbrauchsraten, Geschmacks- und Stilrichtungen sowie an Marken- und Unternehmenstreue. Ausgehend von einem bestehenden Produktangebot werden verschiedene Varianten angeboten. Dazu gehört auch das Angebot einer Markenware einerseits und einer anonymen Ware andererseits.

- Die letztgenannte Unterscheidung in Markenware und anonymer Ware sowie eine damit zusammenhängende Preisdifferenzierung ist auch Gegenstand einer **differenzierten Vertriebsstrategie** auf unterschiedlichen Handelswegen. Dabei ist darauf zu achten, dass das Image des Produktes mit dem Image der Vertriebsform kompatibel ist.

- Bei den **Werbeaktivitäten** wird versucht, durch unterschiedliche Werbeträger, Werbemittel und Werbeargumente bestimmte Marktsegmente zu erreichen. Durch die Werbung kann auch bei homogenen Gütern eine „fiktive" Produktdifferenzierung erreicht werden. Die Werbung ist um so wirksamer, je exakter sie das Wertesystem und die Einstellungen des Umworbenen trifft und als individuell empfunden wird.

Die hier vorgestellten Segmentierungskriterien und -strategien haben primär den Charakter von „Strukturierungen". Immerhin zeigen sie Handlungsmöglichkeiten auf. Die Entscheidungstafel kann eine Wahl zwischen einer ganzheitlichen Strategie versus einer Segmentierungsstrategie unterstützen.

[726] Vgl. zum Folgenden: Meffert, Heribert: Marketing. Einführung in die Absatzpolitik, a.a.O., S. 225 f.

## 2.4.6.8 Die Instrumente des Marketing-Mix inkl. verhaltenstheoretischer Erkenntnisse für den Einsatz der Instrumente

Bereits Gutenberg stellte an den Anfang seiner Überlegungen zur Bildung einer Systematik der absatzwirtschaftlichen Instrumente folgende Fragestellungen: „Welche Mittel und Möglichkeiten besitzen die Unternehmen, um auf die Vorgänge in ihren Absatzmärkten einzuwirken? Welcher Art sind die Instrumente, die ihnen zur Verfügung stehen, um den Absatz zu beschleunigen oder zu verlangsamen, seine Richtung zu ändern, seine werbende Wirkung zu erhöhen?"[727]

Wie im Abschnitt 2.3.3.4 dargestellt, hat Gutenberg daraus eine Systematik mit folgenden absatzpolitischen Instrumenten konzipiert: Preispolitik, Werbung, Produkt- und Sortimentsgestaltung sowie Absatzmethode (Vertriebssysteme, Absatzformen und Absatzwege).

In der nachfolgenden wissenschaftlichen Literatur nehmen die Marketing-Instrumente ebenfalls einen breiten Raum ein. Bei allen Autoren bilden sie die umfangreichsten und detailliertesten Kapitel. Wenn sich auch die Terminologie zwischen den verschiedenen Autoren mitunter etwas unterscheidet, so sind die unter dem Begriff Marketing-Instrumente subsumierten Inhalte weitgehend gleich.

Ausgehend von der Begriffsbildung bei Bidlingmaier, in der es heißt:

„Marketingpolitische Instrumente sind alle von den Unternehmungen bewußt eingesetzte Mittel, die ausschließlich oder doch überwiegend der zieladäquaten Gestaltung des betrieblichen Absatzes dienen."[728]

findet nachfolgend eine Orientierung an folgender Systematik der Marketinginstrumente statt, wie sie beispielsweise Bidlingmaier gewählt hat:

• Produktpolitik
• Preispolitik
• Distributionspolitik
• Absatzwerbung.

Dabei ist einleitend darauf aufmerksam zu machen, „dass es sich bei Entscheiden über die Gestaltung und den Einsatz der einzelnen Instrumente immer nur

[727] Gutenberg, Erich: Grundlagen der Betriebswirtschaftslehre, Bd. 2: Der Absatz, 8. Aufl. 1965, S. 47.
[728] Bidlingmaier, Johannes: Marketing, Band 1, a.a.O., S. 157.

um Teilentscheide handeln kann, da sich alle Instrumentalvariablen im Marketing gegenseitig beeinflussen und ergänzen. So muss bei der Bestimmung des Sortiments auf die bestehenden Absatzkanäle, die Verkaufsorganisation und den Werbestil der Unternehmung ebenso Rücksicht genommen werden, wie umgekehrt die Verkaufsorganisation, die Werbung und Preisgestaltung auf das Sortiment zugeschnitten sein müssen."[729]

Nachfolgend sollen nur die *Kernpunkte* zum Marketing-Mix der Marketing-Literatur der 1970er Jahre referiert werden. Zum einen kann darauf hingewiesen werden, dass eine ganze Reihe von Einzelerkenntnissen bereits in der Vorgängerliteratur erkennbar sind – so etwa bei Gutenberg zur Preispolitik und zur Absatzmethode oder bei Seyffert und Mataja bezüglich der Werbung; außerdem bei Schnutenhaus zur Vertriebsarbeit. Insofern sollen hier nur diejenigen Erkenntnisse angesprochen werden, die über die Literatur bis zur Mitte der 1960er Jahre hinausgehen. Zum anderen sind die Aussagen über weite Strecken als „Strukturierungen von Marketing-Problemen" mit in erster Linie beschreibenden, mitunter auch erklärenden Aussagen zu bewerten. „Empirische Generalisierungen" sowie „strategische Grundsätze" mit klaren Handlungsanweisungen sind noch seltener. Trotzdem können diese wissenschaftlichen Beiträge der unternehmerischen Marketing-Praxis Hilfestellungen bei deren Entscheidungen leisten.

### 2.4.6.8.1 Produktpolitik

Die „*Produktpolitik* umfaßt alle an den unternehmerischen Zielsetzungen orientierten Strategien, die darauf gerichtet sind, neue Produkte oder Produktgruppen auf den Markt zu bringen (Produktinnovation), bereits auf dem Markt befindliche Produkte zu modifizierten (Produktvariation) oder bisherige Produkte oder Produktgruppen aus dem Programm herauszunehmen (Produktelimination)."[730]

Hinsichtlich des strategischen Einsatzes der Produktpolitik kann zwischen einer *aktiven* und einer *passiven* Strategie differenziert werden. Im ersten Falle ergreift die Unternehmensleitung aus Eigeninitiative heraus produktpolitische Maßnahmen mit dem Ziel, sich Vorteile im Wettbewerb zu verschaffen. Bei der passiven Alternative geschieht dies erst unter dem Zwang der Marktverhältnisse.[731]

Marktstrategisch lässt sich die Produktpolitik auch in die zuletzt im Abschnitt 2.4.6.7 diskutierte Produkt-Markt-Matrix nach Ansoff einordnen. So

---

[729] Hill, Wilhelm: Marketing II, a.a.O., S. 17..

[730] Bidlingmaier, Johannes: Marketing, Band 2, a.a.O., S. 229. (Herv. im Original).

[731] Vgl. ebenda.

zielt die Strategie der Produktentwicklung darauf ab, im Rahmen einer systematischen Innovationspolitik neue Produkte oder Produktvarianten auf den Markt
zu bringen und sich auf diese Weise Wettbewerbsvorteile zu verschaffen und
das Unternehmen weithin „zukunftsfähig" zu erhalten. Gleiches gilt im Prinzip
für die Strategie der Markterweiterung sowie die Diversifikation. Im ersten Falle
werden bei einer Marktausdehnung auch speziell darauf abgestimmte Produktvarianten erforderlich, im zweiten Falle beschäftigt sich ein Unternehmen mit dem
Angebot neuer Produkte auf neuen Märkten.

Hill weist darauf hin, „dass Entscheide über die Produktpolitik, die Einführung und Aufgabe von Produkten oder Produktgruppen für die Existenzsicherung
der Unternehmung von zentraler Bedeutung sind, hängt es doch von ihnen
ab, ob die Unternehmung ihre Marktposition in Zukunft wahren und ausbauen
kann."[732] Auch Meffert betont die Wichtigkeit der Produktpolitik als „Herz
des Marketing".[733] Durchweg wird in der Literatur darauf hingewiesen, dass
neue oder verbesserte Produkte einen hohen Beitrag zum Gesamterfolg eines
Unternehmens leisten und damit ein entscheidender Wettbewerbsvorteil erreicht
werden kann. Nieschlag/Dichtl/Hörschgen unterstreichen darüber hinaus – ganz
im Sinne Gutenbergs –, dass mit neuen Produkten wenigstens vorübergehend eine
Monopol- oder monopolähnliche Stellung erreicht werden kann.[734]

Für den Fall einer beabsichtigten **Produktinnovation** wird empfohlen, die
Produktplanung in einem mehrstufigen Prozess stattfinden zu lassen mit den
Phasen:[735]

a) Suche nach Produktideen
b) Analyse der Produktvorschläge und Auswahl
c) Produktentwicklung
d) Einführung des neuen Produktes in einem Testmarkt
e) Endgültige Markteinführung mit Hilfe der Entwicklung einer Produkt-
   Marketing-Strategie
f) Erfolgskontrolle.

Zu a) Für die **Suche nach Produktideen** sind Marktforschungsergebnisse aus Pri-
märerhebungen sowie aus Sekundäranalysen hilfreich. Diese können sich auf die
Bedürfnisse, Vorstellungen und Wünsche der Verbraucher beziehen. Außerdem

---

[732] Hill, Wilhelm: Marketing II, a.a.O., S. 23.
[733] Meffert, Heribert: Marketing. Einführung in die Absatzpolitik, a.a.O., S. 331.
[734] Vgl. Nieschlag, Robert/Dichtl, Erwin/Hörschgen, Hans: Marketing, a.a.O., S. 331.
[735] Vgl. zum Folgenden: Bidlingmaier, Johannes: Marketing, Band 2, a.a.O., S. 238 ff.

können sich aus der Konkurrenzbeobachtung Anregungen ergeben, ferner aus Kontakten zu Lieferanten, Beratern, wissenschaftlichen Instituten, dem Besuch von Messen und Ausstellungen sowie aus Veröffentlichungen in Zeitungen und Zeitschriften. Betriebsintern sind von einer Forschungs- und Entwicklungsabteilung systematische Anregungen und Vorschläge zu erwarten; ferner auch von der Marketingabteilung selbst sowie weiteren Abteilungen wie der Produktion oder dem Vertrieb und schließlich auch aus dem betrieblichen Vorschlagswesen.

Zu b) Bei der **Analyse und Auswahl geeigneter Produktvorschläge** werden Bewertungsverfahren eingesetzt. Bidlingmaier bespricht hier eine Reihe von Verfahren im Rahmen der Voruntersuchung – so z. B. die Bewertungsmatrix, das Wertskala-Verfahren und das Punktwertsystem – und der Hauptuntersuchung – so z. B. die Produktbewertungstafel, die Produktbewertung auf der Basis der Break-even-Analyse sowie nach der Kapitalwertmethode und der Methode des internen Zinsfußes. Beispielhaft seien zwei Methoden näher beschrieben:

Bei der *Produktbewertungstafel* werden die Effekte einer Produkteinführung auf vier Funktionsbereiche anhand von 26 Kriterien geschätzt auf der Grundlage von subjektiven Einschätzungen der Beteiligten. Das Verfahren berücksichtigt dabei – z. B. durch ein drei-stufiges Verfahren – auch, dass es im Laufe der Zeit neue Informationen geben kann, die sich auf die Einschätzungen auswirken können.[736]

Ziel einer Produktbewertung auf der Basis einer *Break-even-Analyse* ist es zu ermitteln, bei welcher Absatzmenge das neu eingeführte Produkt unter dem Einsatz eines spezifischen Marketing-Mix die Gewinnschwelle erreicht.[737] Anhand dieser Formel kann für unterschiedliche Bedingungen des Marketing-Mix – so z. B. variierende Werte für Preishöhe, Werbeausgaben und Vertriebskosten – jeweils eine bestimmte Schwellenmenge errechnet werden.

Sowohl die Produktbewertungstafel als auch die Break-even-Analyse als quantitative Methode stellen wichtige Instrumente zur Unterstützung produktpolitischer Entscheidungen dar.

Zu c) Im Anschluss an die technische Entwicklung eines neuen Produktes geht es darum, einerseits über die **Form- und Namensgebung**, andererseits über einen **Produkttest** eine Ausrichtung auf den Markt vorzubereiten. Der Produkttest soll einerseits das Risiko eingrenzen helfen, dass das Produkt nicht bedarfsgerecht konzipiert worden ist, andererseits sollen daraus Anregungen für

---

[736] Siehe dazu auch das Beispiel einer Produktbewertungstafel bei Bidlingmaier, Johannes: Marketing, Band 2, a.a.O., S. 247.

[737] Siehe dazu auch die Formel für eine Break-even-Analyse bei Bidlingmaier, Johannes: Marketing, Band 2, a.a.O., S 248. Bidlingmaier weist darüber hinaus auf einige Schwächen dieser Analyse hin, s. S. 249.

Optimierungen beim Produkt gewonnen werden. Als Testverfahren dienen unter erhebungstechnischen Aspekten i. d. R. Befragungen von Verbrauchern, experimentelle Versuchsanordnungen sowie Gruppendiskussionen. Produkttest können in verschiedenen Formen durchgeführt werden; vielfach werden Erprobungstests bevorzugt, in denen Testpersonen ein neues Produkt (in verschiedenen Varianten) anwenden und beurteilen, z. T. im Vergleich zu Konkurrenzprodukten (in neutraler Aufmachung).[738]

Zu d) Bei der probeweisen **Einführung eines neuen Produktes in einem Testmarkt** ist darauf zu achten, dass dieser annäherungsweise dem künftigen realen Markt gleicht. Das Ziel besteht darin, den Erfolg bzw. Misserfolg einer Neueinführung frühzeitig zu erkennen und damit das Risiko zu reduzieren. Außerdem können unterschiedliche Marketingstrategien auf den Testmärkten erprobt werden.[739]

Zu e) Nach den bis dahin positiven Ergebnissen der durchlaufenen Phasen dieses Innovationsprozesses folgt die **endgültige Einführung des neuen Produktes.** Dazu ist ein Marketingkonzept zu entwickeln, mit dem nochmals fixiert und darüber hinaus erarbeitet wird:[740]

- welche Abnehmergruppen mit dem neuen Produkt erreicht werden sollen und welche Bedürfnisse damit befriedigt werden sollen
- welche besonderen Eigenschaften das neue Produkt aufweist und welche Argumente für Werbung und Vertrieb genutzt werden können
- unter welcher Marke bzw. unter welchem Produktnamen und in welcher Ausführung die Innovation auf den Markt kommen soll
- über welche Absatzkanäle das Produkt vertrieben werden soll
- zu welchem Preis und mit welchen Händlerrabatten das Angebot erfolgen soll
- mit welchen Werbeträgern und -mitteln, in welchem Stil und in welcher Intensität die Einführungswerbung stattfinden soll
- welche besonderen Einführungsaktionen durchgeführt werden sollen und durch welche Maßnahmen Wiederholungskäufe stimuliert werden sollen
- ggf. welche Änderungen in der Verkaufsorganisation/-methode vorgenommen werden sollen
- wie der Produkt- und Lieferservice zu gestalten ist.

---

[738] Vgl. ebenda, S. 250 ff.

[739] Vgl. ebenda, S. 254 f.

[740] Vgl. zum Folgenden: Hill, Wilhelm: Marketing II, a.a.O., S. 59.

Allerdings ist auch dann der endgültige Markterfolg keineswegs sichergestellt. Bidlingmaier gibt einige wenige Hinweise auf „Flops" verursachende Problempunkte, wie z. B.:

- der falsche Einführungszeitpunkt
- die Wahl ungeeigneter Vertriebskanäle
- unzureichende oder nicht treffsichere Einführungswerbung
- eine nicht marktgerechte Preisgestaltung.[741]

Abschließend vermittelt Bidlingmaier anhand einer Grafik zu einem Beispiel aus einem amerikanischen Chemiekonzern eine Vorstellung davon, wie stark der Selektionsprozess von der Phase der Ideengenerierung bis zur Markteinführung sein kann. Danach hat der Weg von ursprünglich 540 vorgeschlagenen Ideen über 92 akzeptierte und 9 angenommene Ideen bis zu lediglich einem Produkt, das in dem aufgezeigten stufenweisen Prozess zur Marktreife gebracht werden konnte, geführt.

Zu f) Auch eine noch so sorgfältige Planung der Produktneueinführung bedarf einer **laufenden Überwachung des Erfolges.** Planabweichungen können externe wie interne Gründe haben: So können sich die potenziellen Abnehmer wie auch die Wettbewerber anders verhalten als es sich nach den Markttests darstellte. Interne Gründe können z. B. in der unzureichenden Außendienstschulung, in Lieferverzögerungen oder in einer inhaltlich wie zeitlich nicht punktgenauen Einführungswerbung liegen. Deshalb ist in dieser Phase eine besonders intensive Kontrollen zu fordern, die sich sowohl auf den Ablauf der Maßnahmen wie auch auf die ökonomischen Ergebnisse (Absatz, Umsatz) erstrecken sollte. Vorteilhaft ist es dann, wenn kurzfristig bereits im Voraus entwickelte Alternativen eingesetzt werden können, die sich z. B. auf verkäuferische oder preisliche Maßnahmen beziehen können.[742]

Ergänzungen oder Alternativen zu Produktinnovationen bilden **Produktvariationen.**[743] Zum einen wird damit angestrebt, den Markt zu segmentieren und zusätzliche Nachfrager durch eine Palette unterschiedlicher – in ihrem Grundnutzen jedoch weitgehend gleichen – Produkten anzusprechen. Zum anderen führen aber auch im Zeitablauf sich wandelnde Bedürfnisse und Präferenzen zu solchen Produktveränderungen. Drittens kann sich darin aber auch das Bestreben zu einem Relaunch und einer Verlängerung auf der Lebenszykluskurve ausdrücken.

---

[741] Vgl. Bidlingmaier, Johannes: Marketing, Band 2, a.a.O., S. 256 f.

[742] Vgl. Hill, Wilhelm: Marketing II, a.a.O., S. 60.

[743] Vgl. zum Folgenden: Bidlingmaier, Johannes: Marketing, Band 2, a.a.O., S 269 f.

Das Vorgehen bei der Planung und Kontrolle von Produktvariationen entspricht weitgehend dem geschilderten Prozess bei der Produktinnovation. Den dritten Bereich der Produktpolitik bildet die **Produktelimination**. Im Vorfeld einer Entscheidung, ob ein Produkt oder eine Produktgruppe aus dem Angebotsprogramm genommen werden sollte, sind folgende Analysen zu durchlaufen:

- Im Rahmen einer Umsatzstruktur- und Stückzahlenanalyse, ergänzt um die Darstellung der Gewinn- bzw. Deckungsbeiträge können die jeweiligen Anteile eines Produktes an den genannten Indikatoren errechnet werden. Hier lässt sich evtl. auch die Positionierung auf der Lebenszykluskurve erkennen. Gebräuchlich ist auch die Darstellung der Umsatzstruktur mit Hilfe der Lorenzkurve.[744]
- Dabei sollte allerdings die Gesamtsicht des Sortiments berücksichtigt werden. Evtl. steigert ein einzelnes Angebot die Attraktivität des Gesamtangebotes.
- So sind auch Komplementaritätsbeziehungen zwischen den Produkten zu berücksichtigen.
- Außerdem ist die Zukunftsfähigkeit zu bewerten bzw. die Chance zu einem Relaunch.

Meffert diskutiert im Zusammenhang mit der Produktpolitik auch das Thema **Markenpolitik**. Die Markenpolitik kann folgende Ziele haben:[745]

- Schaffung eines guten *Kommunikationsmittels* gegenüber den Verbrauchern und eines *Differenzierungsmittels* gegenüber dem Wettbewerb; im Einzelnen: Schaffung von Präferenzen und Entwicklung eines Zusatznutzens durch die Marke.
- Aufbau einer *Markentreue* vom Kunden als stufenweiser Vorgang: Markenkenntnis, Nachfrage durch Namensbenennung, Wiederholungskauf, Markenverfestigung.
- Erzielung von *absatzfördernden Wirkungen*. Neben dem Markenimage schaffen Werbung und Verkaufsförderung ein akquisitorisches Potenzial.

---

[744] Die Lorenzkurve beschreibt durch die Eintragung der kumulierten Mengen- und Umsatzanteile verschiedener Produkte in ein Koordinatensystem die Konzentration bzw. Verteilung des Produktionsprogramms eines Unternehmens. Vgl. Meffert, Heribert: Marketing. Einführung in die Absatzpolitik, a.a.O., S. 346 f.

[745] Vgl. zum Folgenden: Meffert, Heribert: Marketing. Einführung in die Absatzpolitik, a.a.O., S. 379 ff.

- Aufbau eines *preispolitischen Spielraumes*; dies umso mehr, je stärker die Marke im Verhältnis zu den Konkurrenzprodukten positiv differenziert.
- Möglichkeiten der *differenzierten Marktbearbeitung*. So können sich Preisdifferenzierungen unabhängig von Qualitätsunterschieden realisieren lassen, z. B. über eine Zweitmarke.

Produktpolitisch geht es bei der Markenbildung um die Kreierung eines Namens, eines Zeichens, eines Designs oder einer Kombination dieser Elemente. Ein Markenname kann sich darstellen als

- Herstellername, der auch als Dachmarke genutzt werden kann,
- Familienname als gemeinsamer Name einer Produktgruppe,
- Individueller Name für eine einzelne Marke bzw. ein einzelnes Produkt.

Z.T. werden in der Praxis Kombination genutzt, z. B. zwischen Hersteller- und Familienname, z. B. „4711 Eau de Cologne".

Insgesamt gibt die Darstellung des mehrstufigen Prozesses von der Produktidee bis zur Markteinführung wesentliche Anhaltspunkte für die in der Praxis zu beachtenden Schritte bzw. der bei der Erstellung einer Marketingkonzeption zu berücksichtigenden Faktoren. Die Literatur geht aber auch hier nicht über die „Strukturierung von Marketing-Problemen" hinaus. Entscheidungshilfen im Sinne von Aussagen zu „Wenn-Dann-Beziehungen" oder von klaren Handlungsempfehlungen etwa der Art: „Wenn Situation X gegeben ist, dann verfolge Strategie Y" sind nicht enthalten.

Außerdem überrascht es, dass das Thema „Markenartikel" in der Standardliteratur entweder gar nicht[746] oder nur am Rande[747] bzw. auf ganz wenigen Seiten mit sehr sparsamen Hinweisen auf die vorhandene Spezialliteratur[748] behandelt wird. Die Vorgängerliteratur ging hier wesentlich darüber hinaus und sah den Markenartikel selbst nicht nur als eine Warenart, sondern sogar als selbstständiges absatzwirtschaftliches Instrument. Zudem wurden dort die spezifischen Interdependenzen und die sich gegenseitig verstärkenden Wirkungen zwischen dem Markenartikel und den einzelnen absatzwirtschaftlichen Instrumenten sehr

---

[746] Bei Bidlingmaier und Hill findet sich der Begriff „Markenartikel" nicht mal im Stichwortverzeichnis.

[747] Bei Nieschlag/Dichtl/Hörschgen sind der Begriff sowie Textstellen zum Thema über das gesamte Buch „verstreut".

[748] Bei Meffert geschieht dies unter dem Abschnitt 3.7 „Verpackungs- und Markenpolitik" auf den S. 376–381; die letzten 2 ½ Seiten werden der Markenpolitik gewidmet.

viel stärker beschrieben, darüber hinaus auch auf absatzpolitische Besonderheiten und Tabus hingewiesen.[749]

## 2.4.6.8.2 Preispolitik

Die „Preispolitik umfaßt zielorientierte Entscheidungen über die Preislage, innerhalb deren das Unternehmen agieren will, und über die Preisfixierung für neue Produkte bzw. über Preisänderungen für im Leistungsprogramm enthaltene Güter."[750]

Auch wenn unter dem Einfluss des Marketingkonzeptes die einstmals beherrschende Stellung der Preispolitik als entscheidendes Gestaltunginstrument der Nachfrage in der nationalökonomischen Theorie weitgehend eingeschränkt worden ist, so bilden die preispolitischen Modelle der Mikroökonomie noch immer ganz wesentliche Teile der Marketing-Lehrbücher. Im Zentrum stehen dabei jeweils die Marktformenschemata mit den Schwerpunkten der monopolistischen, oligopolistischen und polypolistischen Angebotsstruktur, wie sie bereits von Erich Gutenberg und anderen Autoren behandelt worden sind. Die Wirtschaftswissenschaftler sind sich aber darin einig, dass die Preistheorie in dieser Form kaum zur Lösung preispolitischer Probleme der Praxis beitragen kann.[751]

Daneben gibt es aber eine Reihe von Erkenntnissen für die praxisorientierte Preisfestlegung:

---

[749] Vgl. dazu die Ausführungen im Abschnitt 2.3.4.7 „Markenartikel" auf Basis der dort angegebenen Literatur von Findeisen, Bergler und Schäfer.

[750] Bidlingmaier, Johannes: Marketing, Band 2, a.a.O., S. 279. (im Original kursiv gedruckt).

[751] „Die Aufgabe des betriebswirtschaftlichen Theoretikers ist demnach im Bereich der Preistheorie erst dann beendet, ‚wenn die Grundlagen erarbeitet sind, die sicherstellen, daß die Modellüberlegungen Lösungsansätze für praktische Einzelprobleme bilden können' (D. Schneider, S. 605 f). Hiervon erscheint die Preistheorie, trotz aller Verfeinerungen, die sie in jüngster Zeit erfahren hat, noch weit entfernt zu sein. Es stellt sich überhaupt die Frage, ob die Preistheorie in ihrer derzeitigen Ausprägung eine geeignete Basis zur Fundierung preispolitischer Entscheidungen darstellt. Diese Zweifel ergeben sich aus der Fragwürdigkeit der *Prämissen*, die der Theorie der Preispolitik zugrunde liegen. Sie betreffen die Verhaltensaxiome einerseits und die Standard- bzw. Brauchbarkeitsvoraussetzungen andererseits (vgl. dazu D. Schneider, S. 605 f)." Bidlingmaier, Johannes: Marketing, Band 2, a.a.O., S. 320 unter Bezugnahme auf Schneider, Dieter: Die Preis-Absatz-Funktion und das Dilemma der Preistheorie. In: Zeitschrift für die gesamte Staatswissenschaft, 122. Bd., 1966, S. 587 ff.

- „Die Gestaltung der Preise muß auf die übrigen marketingpolitischen Instrumente abgestimmt sein, wenn eine maximale Wirkung der Marketingpolitik erreicht werden soll."[752]
- Preispolitische Entscheidungen berühren die obersten Unternehmensziele direkt, denn „jede preispolitische Massnahme, insbesondere jede Preisänderung, wirkt stark und unmittelbar auf Umsatz und Gewinn ein."[753]
- „Nicht *Zahl* und *Größe* der Unternehmungen vermögen [...] den Preiswettbewerb innerhalb der lokal, regional oder branchenmäßig begrenzten Märkte zu sichern, sondern allein die *Aktivität* und die *Aggressivität*, die in der Regel nur von relativ wenigen Unternehmungen oder gar nur von einem der Beteiligten ausgehen."[754]
- Andererseits kann aber auch die Marktform eine Rolle spielen: Insbesondere im *Angebotsoligopol* hat jeder der wenigen Anbieter „einen so erheblichen Einfluss auf die Nachfrage [...], dass er mit einer Preisänderung einen spürbaren Einfluss auf den Absatz seiner Konkurrenten ausübt."[755] Im Angebotsoligopol können danach von einer aggressiven Preispolitik eines einzelnen Anbieters besonders starke Wirkungen ausgehen.

Nach Hill lassen sich im Angebotsoligopol drei alternative Verhaltensweisen realisieren:[756]

- „die Anbieter halten ihre Preise möglichst konstant oder nehmen nur geringfügige (kosteninduzierte) Preisänderungen vor, vermeiden aber, mit dem Mittel des Preiskampfes den anderen Konkurrenten Marktanteile abzugewinnen (wirtschaftliches Wettbewerbsverhalten)
- die Anbieter treffen eine vertragliche (oder stillschweigende) Vereinbarung über Preise und Preisänderungen (Preisabsprachen)
- die Anbieter versuchen durch eine aktive Kampfpreispolitik Marktanteile zu gewinnen und schliesslich die schwächsten Konkurrenten aus dem Markt zu verdrängen (Kampfstrategie)."

---

[752] Bidlingmaier, Johannes: Marketing, Band 2, a.a.O., S. 281.
[753] Hill, Wilhelm: Marketing II, a.a.O., S. 89.
[754] Nieschlag, Robert/Dichtl, Erwin/Hörschgen, Hans: Marketing, a.a.O., S. 234. (Herv. im Original).
[755] Hill, Wilhelm: Marketing II, a.a.O., S. 101.
[756] Ebenda, S. 102.

Meffert weist auf folgende negativ wirkenden Aspekte einer **aggressiven Preis-politik** hin:[757]

- „Bei einer aggressiven Preispolitik ist zu befürchten, daß die Konkurrenz rasch und scharf zurückschlagen und so ein ruinöser Preiswettbewerb entstehen kann.
- Preissenkungen führen nicht unbedingt zu steigendem Absatz, da der Preis bei mangelnder Qualitätskonkurrenz oft als Qualitätsmaßstab angesehen wird.
- Der preispolitische Spielraum wird durch staatliche Vorschriften, die Konkurrenzsituation und Machtstrukturen im Absatzkanal stark eingeschränkt.
- Preissenkungen sind relativ schwer rückgängig zu machen."

Meffert führt weiter aus: „Diese Erkenntnisse haben dazu geführt, daß die Unternehmen immer mehr nach Maßnahmen und Verhaltensweisen suchen, um einen Preiswettbewerb einzudämmen, und den Konkurrenzkampf mit anderen absatzpolitischen Aktionsparametern austragen. Unterstützt wurde diese Tendenz dadurch, daß die von den Modellen der klassischen Preistheorie vorausgesagten Erfolgsreaktionen am Markt nicht immer zwingend eintraten."[758]

Was die reale Preispolitik betrifft, so „hängen preispolitische Aktivitäten in der Praxis sehr stark von der Risikobereitschaft der Entscheidungsträger ab, was zu Preisbildungsstrategien geführt hat, die tendenziell mehr zu einer risikominimierenden als zu einer optimalen Preispolitik führen. Dabei können je nach Umweltlage mehr kosten-, konkurrenz- und nachfrageorientierte Preisbestimmungsprinzipien zugrunde gelegt werden."[759]

- Bei der *kostenorientierten Preisbestimmung* wird auf der Basis der Daten der Kostenrechnung durch einen Gewinnzuschlag ein Kostenpreis errechnet. Allerdings führen starre Gewinnzuschläge nicht automatisch zur optimalen Preisfindung, da sie die Nachfrageelastizitäten unberücksichtigt lassen.
- Die *nachfrageorientierte Preisbestimmung* orientiert sich an den Marktdaten bzw. Nachfrageverhältnissen. Dabei spielen verschiedene Gesichtspunkte eine Rolle wie z. B. die Qualität und das Image eines Produkte, die Attraktivität eines Herstellers oder Händlers und deren akquisitorisches Potenzial, die „Angemessenheit" des Preises in den Augen der Verbraucher, attraktive Handelsspannen für Groß- und Einzelhandel sowie die Überlegung, evtl.

---

[757] Meffert, Heribert: Marketing. Einführung in die Absatzpolitik, a.a.O., S. 231.
[758] Ebenda.
[759] Ebenda, S. 295. Zum Folgenden: vgl. ebenda, S. 295 ff.

eine neue Preislage zu schaffen, die über, unter oder zwischen den bisherigen Preisangeboten liegt. Insofern besteht hier die Chance zu einer aktiven, verbrauchsbeeinflussenden Preispolitik. Ergänzend kann darauf hingewiesen werden, dass dies umso mehr gelingen kann, wenn Verbraucherpräferenzen aufgebaut werden können, die ein „akquisitorische Potential" im „monopolistischen Abschnitt der polypolistischen Absatzkurve" bei „unvollkommenen Marktverhältnissen" im Gutenberg'schen Sinne entstehen lassen.

- Die *konkurrenz- und branchenorientierte Preisbestimmung* richtet sich an dem Preis entweder des Marktführers oder dem Durchschnittspreis der Branche als Leitpreis aus. Je nach Konkurrenzintensität und nach Homogenität des Angebotes kann der individuelle Preis etwas über oder unter dem Leitpreis liegen. Das bedeutet aber auch, dass bei konkurrenzorientierten Preisen keine feste Relation zu den Kosten bzw. zur Nachfrage besteht, so dass auch bei veränderter Kostensituation der einmal festgelegte Preis nur schwerlich geändert werden kann. Andererseits stellt der Verzicht auf eine aktive Preispolitik auch eine Form der Risikominimierung dar, da der Durchschnittspreis der Branche i. d. R. eine Mindestverzinsung des eingesetzten Kapitals sichern dürfte. Diese Form der Preisbildung wird insbesondere dann angewendet, wenn die Kosten vom Unternehmen nicht genau bestimmt werden (können) und/oder wenn Unklarheit besteht über die Reaktionen von Verbrauchern wie Konkurrenten auf eine differenzierte Preispolitik.

Zu berücksichtigen ist bei Preisentscheidungen darüber hinaus die voraussichtliche Reaktion der Nachfrager auf Preisänderungen. Als Modell dafür bietet die Theorie die (direkte) **Preiselastizität der Nachfrage** an. Diese „ist definiert als das Verhältnis der relativen (prozentualen) Änderung der Nachfrage nach einem Gut zu der sie auslösenden relativen (prozentualen) Änderung des Preises dieses Gutes."[760]
Was unter dem Kapitel: Preispolitik in der Marketingliteratur i. d. R. nicht diskutiert wird, was aber dennoch für die Verkaufserfolge eines Unternehmens und einer Branche ganz wesentlich ist, ist die Tatsache, dass der Absatz eines Produktes zu ganz bestimmten Preisen auch vom Einkommen bzw. von der Einkommensentwicklung der Verbraucher abhängt, ausgedrückt als **Einkommenselastizität der Nachfrage**. Nieschlag/Dichtl/Hörschgen behandeln die Einkommenselastizität im Zusammenhang mit makroökonomischen Indikatoren des Absatzpotenzials in Gestalt des Volkseinkommens. Danach lässt sich die Einkommenselastizität berechnen als relative (prozentuale) Änderung der Nachfrage

---

[760] Ebenda, S. 242. Siehe dazu auch die Formel bei Meffert auf S. 242.

nach einem Gut zu der sie auslösenden relativen (prozentualen) Änderung des Einkommens[761]

Insgesamt gelten diese Formeln aber unter ceteris paribus-Bedingungen. Effekte eines ungesteuerten ruinösen Wettbewerbs lassen sich damit nur schwerlich beschreiben. Grundsätzlich stehen die Elastizitätsberechnungen vor der Schwierigkeit, verlässliche Daten zu den Wirkungen zu generieren. Weder hängt die reale Nachfrage nach einem Gut ausschließlich vom Preis und seiner Änderung ab, noch ist die Entwicklung der Einkommen der ausschließliche Faktor für die Nachfrage.

Mit dem Ziel, eine zusätzliche Ausschöpfung des Marktpotenzials zu erreichen, können auch **Preisdifferenzierungen** vorgenommen werden[762] entsprechend einer Segmentierungsstrategie, die z. B. geografische, sozio-ökonomische und psychografische Merkmale des Marktes berücksichtigt, wie sie im Abschnitt 2.4.6.7 beschrieben worden sind.

Zur Preispolitik im weiteren Sinne gehört auch die **Rabattpolitik** sowie **Absatzkreditpolitik.**

„Rabatte sind Preisnachlässe, die für bestimmte Leistungen des Abnehmers gewährt werden, die mit dem Produkt zusammenhängen [....] Die Gewährung von Rabatten verändert den Preis, den der Kunde tatsächlich für ein Produkt zu entrichten hat, so daß die Rabattpolitik ein Mittel der Preisvariation darstellt."[763]

Mit der Rabattpolitik können folgende Ziele verfolgt werden:[764]

• Absatz- bzw. Umsatzausweitung
• Erhöhung der Kundentreue
• Rationalisierung der Auftragsabwicklung
• Steuerung der zeitlichen Verteilung des Auftragseingangs
• das Image hochpreisiger Güter sichern, trotzdem aber preiswert anbieten.

Nieschlag/Dichtl/Hörschgen weisen im Hinblick auf die praktische Rabattpolitik in den Unternehmen auf Folgendes hin: „Je größer die Verbreitung der Rabattgewährung und je einheitlicher ihr Umfang in einer Branche ist, desto mehr verblaßt die Wirkung der Rabattpolitik und desto mehr wird der Rabatt als Bestandteil der

---

[761] Vgl. Nieschlag, Robert/Dichtl, Erwin/Hörschgen, Hans: Einführung in die Lehre von der Absatzwirtschaft, a.a.O., S. 166. S. dazu auch die Formel der Autoren auf S. 166.

[762] Vgl. dazu z. B.: Hill, Wilhelm: Marketing II, a.a.O., S. 131 ff.

[763] Meffert, Heribert: Marketing. Einführung in die Absatzpolitik, a.a.O., S., S. 316 f. (Die Textteile „Rabatte" sowie „Mittel der Preisvariation" sind im Original in Sperrschrift gedruckt; zusätzlich ist der Text insgesamt fett gedruckt).

[764] Vgl. ebenda, S. 317.

Preisstellung betrachtet."[765] Diese Form der Rabattpolitik wird insbesondere in der Brauindustrie praktiziert.

Für manche Branchen, so auch für die Brauindustrie, ist außerdem die Absatzkreditpolitik ein wichtiger absatzpolitischer Faktor. „Die Absatzkreditpolitik umfaßt alle Maßnahmen eines Unternehmens, potentielle Kunden mittels der Gewährung oder Vermittlung von Absatzkrediten zum Kauf zu veranlassen".[766] Die damit verbundenen Ziele bestehen in der

- Gewinnung neuer Kunden
- Erhöhung der Kaufintensität bisheriger Kunden
- Sicherung eines bestimmten Absatzes in der Zukunft über die Bindung von Kunden.

Wesentlich im Hinblick auf die Zielsetzung dieser Arbeit ist die Unterscheidung in **Absatzgeldkredit** sowie **Absatzgüterkredit**. Beim Absatzgeldkredit erhält der Kreditnehmer i. d. R. langfristig einen Geldbetrag entweder zur freien oder gebundenen Verfügung, z. B. als **Ausstattungskredit einer Brauerei an Gaststätten** im Rahmen eines Bierlieferungsvertrages. Dagegen stellt ein Absatzgüterkredit die Stundung des Kaufpreises für gelieferte Waren dar.[767]

Insgesamt hat die wissenschaftliche Theoriebildung und Forschung zum Thema Preispolitik sich nicht wirklich weiterentwickeln und wesentlich über die modelltheoretischen Ansätze Gutenbergs hinausgehen können,[768] so dass daraus für die Unternehmen praktisch verwertbare „empirische Generalisierungen" hätten entwickelt werden können. Die theoretischen Ausführungen sind nach wie vor in vereinfachenden Erklärungsansätzen verhaftet geblieben. Abgesehen von der expliziten Warnung vor extensiven Preiskämpfen bestehen die nicht-quantitativen Beiträge aber vorwiegend aus „Strukturierungen" sowie relativ

---

[765] Nieschlag, Robert/Dichtl, Erwin/Hörschgen, Hans: Einführung in die Lehre von der Absatzwirtschaft, a.a.O., S. 245.

[766] Meffert, Heribert: Marketing. Einführung in die Absatzpolitik, a.a.O., S. 319.

[767] Vgl. ebenda, S. S. 319 f.

[768] Meffert weist in einer kritischen Würdigung der Preistheorie darauf hin, dass sie einerseits zwar „[…]zu einem umfassenden Aussagesystem von außerordentlicher formaler Geschlossenheit […] geführt [hat]", jedoch andererseits sich „bei praktischen Preisbildungssituationen als ebensowenig brauchbar wie die in den Modellen vorausgesagten Erfolgsreaktionen als verläßlich" erweist. Meffert, Heribert: Marketing. Einführung in die Absatzpolitik, a.a.O., S. 293.

allgemeinen Beschreibungen, aus denen sich bestimmte Handlungsempfehlungen – wie etwa auch die Vermeidung einer „ausufernden" Rabattpolitik – ableiten
lassen.

### 2.4.6.8.3 Distributionspolitik

Gegenstand der Distributionspolitik sind alle Entscheidungen und Handlungen, die in Verbindung mit dem Weg eines Produktes vom Anbieter zum
Verbraucher stehen. Es lässt sich zwischen einer **akquisitorischen Distribution** und einer **physischen Distribution** unterscheiden.[769] Unter dem ersten
Begriff werden Entscheidungen gefasst einerseits zur Wahl von Distributionswegen (auch Absatzwege oder Absatzkanäle genannt) und zum anderen zur Wahl
von Distributionsorganen (auch Absatzorgane genannt). Unter dem Begriff der
physischen Distribution (auch Marketing-Logistik genannt), stehen Entscheidungen im Zusammenhang mit der Güterverteilung im Vordergrund, so z. B. zu
Verpackungs-, Transport-, Lager- und Lieferserviceproblemen.

Bei der Wahl der **Distributionswege oder Absatzkanäle** geht es darum, (ganz
im Gutenberg'schen Sinne) eine Entscheidung zwischen direktem und indirektem
Absatzweg zu treffen. Beim direkten Absatzweg liefert ein Hersteller unmittelbar – ohne Zwischenschaltung des Handels – an die Verbraucher. Beim indirekten
Absatzweg sind rechtlich und unternehmerisch selbstständige Absatzmittler wie
Handelsvertreter, Einzel- und/oder Großhandel eingeschaltet. Der Handel über-
nimmt dann die Funktionen des räumlichen, zeitlichen und sachlichen Ausgleichs
zwischen Produzent und Verbraucher.[770]

Ein wesentliches Auswahlkriterium für die Bestimmung eines Vertriebskanals
sind die Vertriebskosten. „Ein Absatzweg ist um so kostspieliger, je direktere
Verbindungen zwischen dem Produzenten und dem Endkäufer bestehen. [...]

---

[769] Sowohl Nieschlag/Dichtl/Hörschgen als auch Meffert greifen in ihren Lehrbüchern einleitend auf die von Erich Gutenberg entwickelte Systematik der Absatzmethode zurück mit
der Dreiteilung in: 1. die Wahl zwischen zentralem und dezentralem Absatz (als *Vertriebssystem* bezeichnet), 2. die Wahl zwischen eigenen und fremden Verkaufsorganen (*Absatzform*
genannt) und 3. die Wahl der *Absatzwege* (direkter oder indirekter Absatz, letzterer über
den Handel). Es wird kritisch angemerkt, dass diese Gliederung sich nicht exakt abgrenzen
lässt und nicht überschneidungsfrei ist. Die neuere Literatur konzentriert sich deshalb auf
die Diskussion der Absatzwege und Absatzorgane. Außerdem bringt sie als neues Entschei-
dungsfeld die physische Distribution ein. Vgl. Nieschlag, Robert/Dichtl, Erwin/Hörschgen,
Hans: Einführung in die Lehre von der Absatzwirtschaft, a.a.O., S. 130 ff.; Meffert, Heribert:
Marketing. Einführung in die Absatzpolitik, a.a.O., S. 390 f.

[770] Meffert hat die Strukturen von möglichen Absatzkanälen als Grundtypen zusätzlich in
einer Abbildung dargestellt. Vgl. Meffert, Heribert: Marketing. Einführung in die Absatzpolitik, a.a.O., S. 393.

Aus reinen Kostengründen ist deshalb ein direkter Vertrieb immer dann vorteilhaft, wenn bei gleichen Endverkaufspreisen bzw. Absatzmengen die zusätzlichen Vertriebskosten kleiner sind als die Ersparnisse aus der Handelsspanne."[771]

Unter Marketinggesichtspunkten ist allerdings darüber hinaus zu prüfen, ob und inwieweit die Vorstellungen des Herstellers bezüglich der Produktpräsentation, des Preises, der Art der werblichen Präsentation, der Beratungsleistung sowie der Distributionsmöglichkeiten mit der Wahl eines bestimmten Absatzkanals zufriedenstellend realisiert werden können. Dies setzt jedoch eine gewisse Beeinflussbarkeit und Kontrolle des Absatzkanals voraus.[772] Außerdem spielen Aspekte der Marktmacht und der Konfliktbewältigung zwischen den Handelspartnern eine Rolle. Letztlich bedeutet dies, dass neben der Kostengröße auch die mit der Entscheidung für einen bestimmten Absatzkanal verbundene Umsatz- und Gewinnerwartung berücksichtigt werden müsste. Einschränkend merkt Bidlingmaier hier an: „Es ist zwar relativ einfach, die Kosten verschiedener distributionspolitischer Varianten zu ermitteln, jedoch bereitet die Bestimmung ihrer Ertragswirksamkeit gegenwärtig kaum lösbare Schwierigkeiten."[773]

Kaum überschneidungsfrei zum Thema Absatzkanäle wird in der absatzwirtschaftlichen Literatur die Diskussion zum Bereich **Absatzorgane** vorgenommen.[774] Damit angesprochen werden Personen oder Unternehmen, die zwischen Herstellern und Verbrauchern agieren, um den Vertrieb von Gütern erfolgreich zu betreiben. Unternehmenseigene Absatzorgane sind z. B. Reisende, die Geschäftsleitung und Verkaufsniederlassungen[775]; darüber hinaus erfüllen Vertragshändler als lizensierte oder konzessionierte Händler eine wichtige Funktion im Rahmen des direkten Absatzes. So nehmen etwa Brauereien eine Reihe von Gaststätten auf diese Weise unter Vertrag mit dem Ziel, den kontinuierlichen Bierabsatz zu sichern und die Amortisation der finanziellen Hilfen zu gewährleisten.[776]

Typische unternehmensfremde Absatzorgane sind selbstständige Handelsvertreter, Kommissionäre, Makler, aber insbesondere die verschiedenen Formen des

---

[771] Vgl. Meffert, Heribert: Marketing. Einführung in die Absatzpolitik, a.a.O., S. 394 f. (Die Textteile „direkter Vertrieb" sowie „vorteilhaft" sind im Original in Sperrschrift gedruckt; zusätzlich ist der Text insgesamt fett gedruckt).

[772] Vgl. ebenda, S. 395.

[773] Bidlingmaier, Johannes: Marketing, Band 2, a.a.O., S. 341.

[774] Dies mag auch darin begründet sein, dass beide Entscheidungsbereiche in einem wechselseitigen Verhältnis zueinander stehen. So determinieren Entscheidungen über die Distributionswege in gewissem Umfang die Auswahl der Distributionsorgane und umgekehrt.

[775] Vgl. Nieschlag, Robert/Dichtl, Erwin/Hörschgen, Hans: Einführung in die Lehre von der Absatzwirtschaft, a.a.O., S. 133 ff.

[776] Vgl. ebenda, S. 143.

Groß- und Einzelhandels.[777] Die Handelsorgane sind auch insofern wichtig, als sie die Einordnung von Erzeugnissen spezialisierter Hersteller in Handelssortimente ermöglichen. Verschiedene Produkte werden erst durch die Einordnung in einen Sortimentsverbund verkäuflich.[778] „Mit der Vielfalt von *Betriebsformen* (Fachgeschäfte, Warenhäuser, Verbrauchermärkte usw.) und *Sortimentstypen* (breite und schmale, flache und tiefe Sortimente, branchen- und bedarfsorientierte Sortimente) stellt der Handel den Herstellern reiche Auswahlmöglichkeiten für die Einordnung ihrer Waren in den Verbund unterschiedlichster Sortimente zur Verfügung, die freilich nur bei hinreichender Kenntnis der Struktur und Dynamik des Handels sinnvoll genutzt werden können."[779] Zunehmende Bedeutung haben auch die Bildung von Freiwilligen Ketten, Einkaufsgenossenschaften und Filialunternehmen sowie die Einrichtung von Cash & Carry-Lagern erlangt. Diesen Unternehmen ist es gelungen, eine wachsende Nachfragemacht auf die Hersteller auszuüben: Druck auf Preise, Konditionen, Lieferbedingungen.[780]

Entscheidungen im logistischen System, eingangs mit den Begriffen **physische Distribution** oder **Marketing-Logistik** belegt, betreffen die technische Vertriebsdurchführung, nämlich die Aufgabe, „dafür zu sorgen, daß das richtige Produkt zur gewünschten Zeit in der richtigen Menge an den gewünschten Ort gelangt."[781] Es sind Entscheidungen über Lagerstandorte und -umfang, Transportmittel und -wege zu treffen. Außerdem ist zu bestimmen, von wem die Lager betrieben werden sollen: Fabriklager, betriebseigene Außenlager, Spediteurlager? Im Hinblick auf optimale Entscheidungen unter Kostengesichtspunkten bietet die Marketingtheorie verschiedene Entscheidungsmodelle an, die sich zum einen auf den Gütertransport, zum anderen auf die Lagerhaltung beziehen.[782] Allgemein gilt, dass die Logistikkosten beim unternehmenseigenen Direktvertrieb höher sind als beim indirekten Absatz, z. B. wegen der hohen Fuhrparkkosten. Was die organisatorische Eingliederung der Marketing-Logistik betrifft, so sehen die verschiedenen Strukturmodelle entweder eine gleichberechtigte Stellung der Logistik neben den Bereichen Marketing, Produktion, Personal und Finanzen oder aber

---

[777] Vgl. ebenda, S. 136 ff.

[778] Vgl. ebenda, S. 145.

[779] Ebenda. (Herv. im Original).

[780] Vgl. ebenda, S. 146 f..

[781] Vgl. Meffert, Heribert: Marketing. Einführung in die Absatzpolitik, a.a.O., S. 404.

[782] Vgl. Bidlingmaier, Johannes: Marketing, Band 2, a.a.O., S. 358 ff.

unterhalb des Marketingbereichs eine Anordnung in der Reihe: Verkauf, Produktplanung, Werbung und PR, Marketing-Logistik und Marketing-Forschung vor.[783]

Die Entscheidung für eine bestimmte Distributionspolitik ist ein Grundsatzbeschluss mit langfristiger Wirkung. Das bedeutet, dass Maßnahmen in den übrigen Bereichen des Marketing-Mix, insbesondere im Bereich der Preis- und Werbepolitik, aber auch der Produktpolitik mit Rücksicht auf bestehende Distributionssysteme eines Unternehmens getroffen werden sollten. Auch unter wettbewerbs-politischen Gesichtspunkten kommt der Distributionspolitik eine hohe Bedeutung zu, sind doch die Distributionswege, die Struktur und Zahl der Absatzmittler maßgeblich für die darüber erreichten Nachfragegruppen und -größen sowie die Verkaufsvolumina.[784]

Darüber hinaus ist bei der Entscheidung für ein bestimmtes Distributionssystem zu bedenken, welche Beeinflussungsmöglichkeiten einem Unternehmen zur Verfügung stehen, um das Leistungsvermögen des Distributionsapparates in seinem Sinne zu steuern. Dies ist auch eine führungspolitische Aufgabe. Dabei dürfte sich die Führung betriebseigener Absatzorgane einfacher gestalten als die Steuerung unternehmensfremder Absatzorgane. So lassen sich z. B. die Außendienstmitarbeiter/Reisenden durch Anweisungen und/oder Zielvorgaben bzw. -vereinbarungen, evtl. verbunden mit Leistungsanreizen, sowie ein System von Leitlinien erfolgversprechend führen. Beispiele für konkrete Vorgaben können Absatz- und Umsatzziele, Kostenvorgaben und Deckungsbeitragsgrößen sein; darüber hinaus Aktivitätsvorgaben wie z. B. die Durchführung von x Besuchen innerhalb eines Planungszeitraumes.[785]

Bei externen Vertriebspartnern bedarf es andersartiger Steuerungsinstrumente. Besonders schwierig ist dies beim Aufbau einer Vertriebsorganisation in einer Akquisitionsphase. Hier empfiehlt die Literatur eine Kombination von „Pull-Methode" und „Push-Methode". Die besonders von der Markenartikel-Industrie bevorzugte „Pull-Methode" versucht, über eine starke Endverbraucherwerbung eine Sogwirkung aufzubauen und so den Handel zur Aufnahme des Produktes in sein Sortiment zu „zwingen". Ergänzend wird mit Hilfe der „Push-Methode" durch Produktpräsentationen bei den Händlern und persönlichen Verkaufsgesprächen sowie durch eine großzügige Konditionenpolitik und durch Serviceleistungen und sonstige Anreize (z. B. Gebietsschutz, Exklusivbelieferung, Verkaufsförderungsmaßnahmen) versucht, die angesprochenen Handelsorganisationen dazu

---

[783] Vgl. ebenda, S. 375 ff.

[784] Vgl. ebenda, S. 329.

[785] Vgl. ebenda, S. 347 f.

zu bewegen, das Produkt ins Sortiment aufzunehmen und verkaufstechnisch zu unterstützen.[786]

Auch bei der Steuerung bereits bestehender externer Distributionsketten stehen dem Hersteller einige Instrumente zur Verfügung, z. B. Maßnahmen im Bereich der Preis- und Rabattpolitik, außerdem Versuche, über eine vertragliche Gestaltung Bezugsbindungen herbeizuführen, z. B. – wie oben auch für die Bierbranche angesprochen – über konzessionierte Abnehmer.[787]

Allerdings ist die Marktmacht des Handels als Mittler zwischen Produzenten und Verbrauchern seit den 1960er Jahren stark gewachsen und damit das Konfliktpotenzial zwischen Herstellern und Handel: „Je entschlossener nämlich die *Industrie* ihre Absatzprobleme zu meistern und ihre Ziele durchzusetzen versucht und je mehr sich der *Handel* mit zunehmender Konzentration (in der Form der Großunternehmungen und der vielfältigen kooperativen Gebilde) der Bedeutung eigener absatzwirtschaftliche Konzeptionen bewußt wird, desto eher kann es zu Rivalitäten und Konflikten zwischen diesen eng benachbarten Trägern absatzwirtschaftlicher Aufgaben kommen."[788]

Diese Ausführungen zur Distributionspolitik sind vergleichsweise viel allgemeiner als in der Vorgänger-Literatur. Insbesondere Schnutenhaus hat bereits in den 1920er Jahren im Anschluss an seine berufliche Tätigkeit in den USA sehr viel konkretere Anforderungen und praktische Handlungsanweisungen zur Distributionspolitik formuliert. Zudem zeigen sich die Grenzen der Aussagen der aktuellen Literatur für die praktische Marketingpolitik auch darin, dass z. B. gesagt wird, dass zwar die Kosten für alternative Absatzkanäle ermittelt werden können, aber kaum die aus dem alternativen Vorgehen resultierenden Ertragswirkungen. Ferner werden die zunehmende Marktmacht der Handelsorganisationen gegenüber den Herstellern sowie der Aspekt der Konfliktbewältigung nur ganz allgemein angesprochen. Allerdings gibt es den wichtigen Hinweis, dass insbesondere in der Phase der Produktneueinführung eine Kombination von Pull- und Push-Methode notwendig ist. Ansonsten enthält die Literatur vorwiegend beschreibende Aussagen, wenig konkrete Handlungsanweisungen oder praxisnahe Empfehlungen.

---

[786] Vgl. ebenda, S. 348 ff.; Meffert, Heribert: Marketing. Einführung in die Absatzpolitik, a.a.O., S. 397 f.

[787] Vgl. zu den verschiedenen Formen der Abnehmerbindungen: Bidlingmaier, Johannes: Marketing, Band 2, a.a.O., S. 352 ff.

[788] Nieschlag, Robert/Dichtl, Erwin/Hörschgen, Hans: Einführung in die Lehre von der Absatzwirtschaft, a.a.O., S. 581. (Herv. im Original).

## 2.4.6.8.4 Absatzwerbung

Die Werbung hatte – neben der Preispolitik – bereits in der absatzwirtschaftlichen Literatur vor und nach dem Zweiten Weltkrieg die größte Beachtung gefunden. Erinnert sei besonders an die Veröffentlichungen von Viktor Mataja, Rudolf Seyffert und Karl Christian Behrens. Auch in den 1970er Jahren stellte die Werbung einen Schwerpunkt der Aufmerksamkeit in Wissenschaft und Praxis dar. Als sich in diesen Jahren das Erkenntnisinteresse der Marketingwissenschaft noch stärker um verhaltenswissenschaftliche Erklärungen erweiterte, konnte insbesondere die Werbelehre davon profitieren.

Dabei hat die Vorgängerliteratur bereits wesentliche Grundlagen gelegt hinsichtlich der Begriffsbildung, der planerischen Schritte sowie der konkreten Ausgestaltung von Werbekonzeptionen. An Behrens anknüpfend kann Werbung verstanden werden als „absichtliche und zwangfreie Form der Beeinflussung, welche Menschen zur Erfüllung der Werbeziele veranlassen soll."[789] Die folgenden Darstellungen orientieren sich an der Literatur der späten 1960er bzw. der 1970er Jahre.

Es lassen sich verschiedene **Formen der Werbung** unterscheiden:[790]

- **Alleinwerbung** (eines Unternehmens) und/oder **Kollektivwerbung** (mehrerer Anbieter oder einer Branche)
- **Produktwerbung** und/oder **Firmenwerbung** (Dachwerbung)
- **Akzidentelle** oder **dominante Werbung**: von untergeordneter Bedeutung oder – wie in der **Markenartikelindustrie – von großer Bedeutung**

Die **strategische Werbeplanung** lässt sich in einer prozessorientierten Betrachtung in folgenden Entscheidungsschritten darstellen:[791]

a) Planung der **Werbeziele**
b) Planung der **Zielgruppen**
c) Planung des **Werbeetats**
d) Planung der **Werbebotschaft und Nutzung von Erkenntnissen zur Werbetechnik**
e) Planung der **Werbemittel** und ihrer Gestaltung

---

[789] Behrens, Karl Christian: Absatzwerbung, Wiesbaden 1963, S. 12.

[790] Vgl. zum Folgenden: Nieschlag, Robert/Dichtl, Erwin/Hörschgen, Hans: Einführung in die Lehre von der Absatzwirtschaft, a.a.O., S. 271 ff.

[791] Vgl. zum Folgenden: Meffert, Heribert: Marketing. Einführung in die Absatzpolitik, a.a.O., S. 418 ff.

f) Planung der **Werbeträger**
g) Planung der **Werbeerfolgskontrolle**

Zu a) Die **Werbeziele** müssen aus den Marketingzielen operational abgeleitet werden. Wie bereits für die „frühe" Literatur beschrieben,[792] reichen die Werbeziele von der Erhaltungswerbung bis hin zur Einführungswerbung für neue Produkte. Dafür werden jeweils außerökonomische Ziele formuliert, ebenfalls rekurrierend auf die psychologischen Wirkmodelle von Seyffert, Marbe und Gutenberg, nämlich: Sinnes-, Aufmerksamkeits-, Gedächtnis-, Vorstellungs- und Gefühlswirkung. Während diese psychologischen Wirkfaktoren grundsätzlich messbar sind, ist eine Zurechnung zu ökonomischen Größen wie Gewinn oder Deckungsbeitrag nach wie vor schwierig.

Zu b) Die Festlegung der **Zielgruppen** orientiert sich ebenfalls an den Marketingzielen. Hier spielen die unter dem Kapitel: Marketingstrategien diskutierten Alternativen – z. B. Marktdurchdringung, Marktentwicklung, Produktentwicklung, Diversifikation – eine Rolle oder aber Segmentierungsstrategien mit den sich daran anschließenden speziellen Strategien, z. B. als konzentrierte oder differenzierte Marketingstrategie. Eine genau abgegrenzte und operationalisierbare Zielgruppenbestimmung ist insbesondere für die Mediaplanung wichtig.

Zu c) Die Entscheidung über die Höhe des **Werbeetats** ist von zentraler Bedeutung für den Werbeerfolg. Die theoretischen Modelle in Form des marginalanalytischen oder des konkurrenzbezogenen Ansatzes scheitern in der Praxis an den Problemen der Datenbeschaffung. Als operationale Methoden bieten sich verschiedene Alternativen an: Zum einen die Bestimmung des Werbeetats als fester Prozentsatz vom Umsatz oder vom Gewinn, zum anderen als Ausrichtung an den verfügbaren finanziellen Mitteln oder den Werbeaufwendungen der Konkurrenz. Nach Meffert sind alle diese Verfahren theoretisch unhaltbar, da es jeweils keinen kausalen oder sachlogischen Zusammenhang zwischen dem Kriterium und der Werbung gibt. Meffert lässt dagegen die Orientierung an bestimmten Werbezielen als funktionale Beziehung gelten. Dabei soll ein gestecktes Absatzziel mit den geringstmöglichen Werbeaufwendungen erreicht werden. Die Höhe des Werbeetats setzt sich dann aus der Summe der für notwendig erachteten Werbemittel- und Werbeträgerkosten zusammen.[793]

Zu d) Hill sowie Nieschlag/Dichtl/Hörschgen thematisieren die **Werbebotschaft** im engeren Sinne. Dabei ist dieses Thema ein zentraler Gegenstand einer Werbekonzeption. Hier die richtigen Argumente zu finden, eine überzeugende

---

[792] Vgl. Abschnitt 2.3.4.5
[793] Vgl. z. B. Meffert, Heribert: Marketing. Einführung in die Absatzpolitik, a.a.O., S. 427 ff.

textliche und bildliche Umsetzung zu schaffen, entscheidet sehr stark über Erfolg oder Misserfolg einer Werbekampagne. „Als Werbebotschaft bezeichnet man die grundsätzliche Argumentation, mit der eine Unternehmung die Aufmerksamkeit und Sympathie ihrer potentiellen Abnehmer gewinnen und sie zum Kauf ihrer Produkte motivieren möchte."[794]

Hill gibt ein Beispiel dafür, dass eine Werbebotschaft zweierlei Ausrichtungen haben kann, die man als eher rational oder eher emotional bezeichnen kann – auch wenn bei beiden Formen nicht das Produkt selbst, sondern vielmehr der Nutzen und die Art der Bedürfnisbefriedigung, die das Produkt vermittelt, hervorgehoben wird. „So wird beispielsweise die Werbung für eine Zahnpasta bzw. für ein verwandtes Mundreinigungsmittel hervorheben können, dass das Produkt

- die Zähne weiss macht
- die Zähne gesund erhält
- das Zahnfleisch kräftigt und gesund erhält [...]

Stattdessen bzw. darüber hinaus kann die Werbebotschaft aber auch auf die beglückenden Folgen reinen Atems und weisser Zähne (wer Zahnpasta X benutzt, wird umgehend zum bewunderten Mittelpunkt der Gesellschaft, wird geliebt und umworben) oder gesunder Zähne (,Mutti, Mutti, er hat überhaupt nicht gebohrt!') ausgerichtet sein."[795]

Hill fährt fort: „Da die Werbebotschaft in der Regel über mehrere Jahre in allen Einzelaktionen wiederkehrt, ist sie für den Werbeerfolg von zentraler Bedeutung."[796]

Der Autor nennt eine Reihe von Kriterien für die Entwicklung der zentralen Werbebotschaft, z. B. die Produktkonzeption, die Zielgruppe, die anzusprechenden Motive sowie die Werbebotschaft der Konkurrenz und nimmt für diese Kriterien jeweils eine Konkretisierung vor. Für die *Produktkonzeption* sieht diese beispielsweise folgendermaßen aus:

- Produktleistung, möglicher Produktnutzen
- Physikalische Eigenschaft
- Qualität
- Differenzierungsgrad gegenüber anderen Produkten
- Preis

---

[794] Hill, Wilhelm: Marketing II, a.a.O., S. 156.
[795] Ebenda.
[796] Ebenda.

Bezüglich der anzusprechenden *Motive* lassen sich folgende Ankerpunkte nennen:

- physiologische Grundbedürfnisse (Nahrungstrieb, Bedürfnis nach Wärme, Ruhe)
- Sicherheitsbedürfnisse (Schutz vor Krankheit, Unfall, Invalidität, Arbeitslosigkeit)
- Soziale Bedürfnisse (Bedürfnis nach Liebe, nach Zugehörigkeit zu sozialen Gruppen)
- Hedonistische Bedürfnisse (Streben nach direktem Lustgewinn, z. B. durch Alkoholika)
- Funktionsbedürfnisse (Bedürfnis nach körperlicher und geistiger Betätigung)
- Bedürfnis nach Selbstdarstellung (das zu tun, was den eigenen Anlagen entspricht)
- Kulturelle Bedürfnisse (Bedürfnisse religiöser, ästhetischer, wissenschaftlicher Natur)

Die weitere Aufgabe für den Werbemanager besteht darin, einige Grundargumente zu entwickeln, diese zu verbalisieren und schließlich die erfolgversprechendste Variante – möglichst nach einem Test – auszuwählen. „Ob es letztlich gelingt, eine überzeugende Werbebotschaft zu entwickeln, ist die Frage der Kreativität und des Einfühlungsvermögens."[797]

Nieschlag/Dichtl/Hörschgen bieten zu diesem Thema folgende Erkenntnisse an:

- *Appell* (z. B. „Trink Coca-Cola!") und *Argumentation* sind wichtige gestalterische Mittel. Gute Appelle bewirken eine hohe Gedächtnisleistung und eignen sich vorzüglich, als Werbekontante verwendet zu werden; bei ihrer Kreation erfordern sie ein großes Maß an Kreativität. In der Argumentation will der Werbetreibende den Umworbenen überzeugen.
- *Adressatengerechte* Umsetzung unter Berücksichtigung der Erwartungen, Vorstellungen, Gefühle, Mentalität sowie dem Informationsbedürfnis.

Außerdem gibt es folgende *Gestaltungsgrundsätze*:

- „Streben nach Originalität und Aktualität in Werbeideen und Ausführung
- Herstellen einer Beziehung zwischen Werbeaussage und Werbeobjekt
- Verständlichkeit und Klarheit der Werbeaussage

---

[797] Ebenda, S. 158.

- Eingängigkeit und rasche Erfassbarkeit der Werbeaussage
- Verzicht auf Übertreibungen und Unwahrheiten
- Förderung von Überzeugung und Vertrauen
- Streben nach Übersichtlichkeit
- Bemühen um Differenzierung gegenüber der Werbung der Konkurrenz
- Profilierung des Werbeobjektes durch Herausstellen mindestens eines von ihm gestifteten Nutzens
- Schaffung eines unverwechselbaren Image für das Werbeobjekt
- Berücksichtigung der Erfordernisse der Wahrnehmbarkeit (besonders wichtig für die Außenwerbung)"[798]

Ergänzend formulieren die Autoren allerdings selbst: „So leicht sich solche Verhaltensrichtlinien auch formulieren lassen, so schwer sind sie im konkreten Fall zu verwirklichen."[799] Immerhin zeigen sie aber die Zielrichtung der Gestaltungsarbeit konkret auf.

Zwei weitere spezifische Gestaltungsvarianten haben besondere praktische Bedeutung:[800]

- *Werbekonstanten* als wiederkehrende Elemente in den unterschiedlichen Werbemitteln versprechen eine höhere Werbewirkung, indem die verschiedenen werblichen Maßnahmen eines Unternehmens eine verbindende Komponente erhalten, dadurch die Gedächtniswirkung unterstützt wird, außerdem eine Erhöhung des Bekanntheitsgrades sowie eine größere Unterscheidung von der Konkurrenzwerbung erreicht werden kann. Dabei kann es sich um Markenzeichen, Figuren oder gleichbleibende Handlungsinhalte, einen bestimmten Aufbau oder um einheitliche Hausfarben handeln.
- Eine Anwendung eines bestimmten *Werbestil*s kann ebenfalls die Werbewirkung erhöhen, etwa indem Attribute wie traditionsreich und humorvoll oder Stilelemente wie karikierend angesprochen bzw. verwendet werden. Es ist dabei darauf zu achten, dass dieser Werbestil zum vorhandenen oder gewünschten Image des Werbeobjektes passt.

---

[798] Nieschlag, Robert/Dichtl, Erwin/Hörschgen, Hans: Einführung in die Lehre von der Absatzwirtschaft, a.a.O., S. 282.

[799] Ebenda, S. 282.

[800] Vgl. ebenda, S. 282 f.

Darüber hinaus gibt es Empfehlungen zur Berücksichtigung verhaltenswissenschaftlicher Erkenntnisse, vor allem aus den Bereichen Wahrnehmungs-, Gedächtnis-, Motivations- und Sozialpsychologie, z. B.:

- „*Prägnante Figuren* werden schneller und genauer wahrgenommen (und haften auch stärker im Gedächtnis), d. h. eine prägnant gestaltete Anzeige erreicht einen höheren Aufmerksamkeitswert (und Erinnerungswert)."[801]
- „Prägnantes Material wird als ganzheitliche Gestalt wahrgenommen und prägt sich als solche im Sinne einer Einheit im Gedächtnis ein. Lernmaterial – z. B. die Aussage eines Werbeslogans – muß also so strukturiert sein, daß eine maximale Aufnahme erreicht wird. Insofern ist die *Gestaltung* der Werbemittel wichtiger als die Häufigkeit ihres Einsatzes."[802]
- Motive sind Beweggründe für Handlungen. „Der mit der Motivstruktur korrespondierende Werbeappell wird besonders leicht wahrgenommen bzw. im Gedächtnis behalten."[803]
- „Der Einfluß anderer Menschen auf bestimmte Entscheidungen ist häufiger und zweifellos wirksamer als der durch Massenmedien. Daraus folgt: Eine speziell auf die *opinion leaders* zugeschnittene Werbebotschaft wird – bei Produkten, bei denen eine Kaufentscheidung erst nach längeren Überlegungen und ausführlichen Gesprächen getroffen wird – einen größeren Einfluß haben als eine Werbung, die alle Mitglieder Zielgruppe gleichmäßig anspricht."[804]

Die von Hill als auch von Nieschlag/Dichtl/Hörschgen formulierten Grundsätze zur Gestaltung von Werbebotschaften enthalten eine Reihe ganz konkreter Handlungsempfehlungen für den Werbemanager in der unternehmerischen Praxis. Sie haben dabei z. T. sogar den Charakter von „empirischen Generalisierungen" und „strategischen Grundsätzen".

Zu e) Im nächsten Schritt muss jede Werbebotschaft in geeigneten **Werbemitteln** umgesetzt werden, bevor sie durch die Werbeträger an die Zielgruppe transferiert werden kann. Meffert nennt eine Auswahl der „wichtigsten Werbemittel", die – ebenfalls aus der „frühen" Werbeliteratur bekannt – von Werbeplakaten, Werbeanzeigen und Funk/Fernsehsendungen bis hin zu Warenproben reichen.[805]

---

[801] Ebenda, S. 284. (Herv. im Original).
[802] Ebenda, S. 286. (Herv. im Original).
[803] Ebenda, S. 287.
[804] Ebenda, S. 288 f.
[805] Meffert, Heribert: Marketing. Einführung in die Absatzpolitik, a.a.O., S. 441.

Zu f) Ein bestimmtes Werbemittel kann über verschiedene **Werbeträger** – im Einzelfall unterschiedlicher Eignung – an die Zielgruppe gebracht werden. So lässt sich ein Werbespot z. B. über mehrere Fernsehanstalten ausstrahlen; er kann darüber hinaus aber auch im Kino gezeigt werden. Prospekte lassen sich per Post versenden, in Geschäften auslegen oder bei Veranstaltungen verteilen.[806] Außerdem kann bei den Werbeträgern zwischen Inter-Mediaselektion – als Auswahl unter Werbeträgergruppen – und Intra-Mediaselektion – als Auswahl z. B. einer bestimmten Zeitschrift innerhalb der Werbeträgergruppe Zeitschriften – unterschieden werden. Beispiele für wichtige Werbeträger sind: Zeitungen und Zeitschriften, Rundfunk- und Fernsehanstalten, Kinos, Anschlagtafeln und Plakatsäulen, Post sowie eigener Fuhrpark bzw. fremde Fahrzeuge. Tischler hat als Hilfestellung für die Auswahl von Werbeträgergruppen eine Tabelle erstellt, die die Medien Zeitung, Zeitschrift, Fernsehen, Rundfunk, Film und Plakat anhand verschiedener Kriterien charakterisiert.[807]

Unabhängig von der Berücksichtigung und Gewichtung verschiedener inhaltlicher Kriterien hat sich für die Auswahl spezieller Medien in der Praxis der Tausenderkontaktpreis bewährt nach der Formel: (Preis je Anzeigenseite × 1000): Anzahl der Leser pro Ausgabe. Zu berücksichtigen sind dabei Reichweitenüberschneidungen bei Werbeträger-Kombinationen.

Im Rahmen der **Streuplanung** geht es um die Verteilung des Werbeetats auf die Werbeobjekte (z. B. vorhandene oder neue Produkte) auf die Werbemittel und Werbeträger sowie auf die zeitliche Dimension. Es sind also ergänzend Entscheidungen zur Einschalthäufigkeit und zur zeitlichen Verteilung der Werbemaßnahmen zu treffen.[808] Zur Lösung dieser Problemstellung sind verschiedene Media-Selektions-Programme entwickelt worden, ohne dass diese allerdings im praktischen Gebrauch völlig zu befriedigen vermögen. Vor allem sind sie nicht tief genug strukturiert, um die Verhältnisse in der werblichen Praxis realistisch abzubilden.[809]

Zu g) Bei der **Werbeerfolgskontrolle** geht es darum festzustellen, in welchem Umfang die jeweiligen Werbeziele erreicht werden konnten. Dies geschieht im Rahmen einer ex post-Analyse. Die Ergebnisse einer Werbeerfolgskontrolle können aber auch für künftige Werbeerfolgsprognosen genutzt werden, indem aus

---

[806] Vgl. Hill, Wilhelm: Marketing II, a.a.O., S. 158.

[807] Vgl. Tischler, S.: Medien – Qual der Wahl, in: Marketing Journal 1975, S. 60 – 65, hier: S. 64; zit. nach: Meffert, Heribert: Marketing. Einführung in die Absatzpolitik, a.a.O., S. 443.

[808] Vgl. z. B. Meffert, Heribert: Marketing. Einführung in die Absatzpolitik, a.a.O., S. 444 f.

[809] Vgl. Nieschlag, Robert/Dichtl, Erwin/Hörschgen, Hans: Einführung in die Lehre von der Absatzwirtschaft, a.a.O., S. 292.

der Analyse der Abweichungen zwischen Soll- und Ist-Werten wichtige Informationen für die bessere Gestaltung der Werbemaßnahmen extrahiert werden können.[810] Grundsätzlich stellt sich allerdings das Problem, dass die Wirkungen von Werbemaßnahmen kaum von den Effekten der anderen absatzpolitischen Instrumente zu trennen sind.[811]

Entsprechend der Unterteilung der Werbeziele in ökonomische und außerökonomische Ziele ist zwischen der Kontrolle des ökonomischen und außerökonomischen Werbeerfolgs zu unterscheiden. Insbesondere bei der Ermittlung der außerökonomischen Erfolgskategorien kommt der Markt- und Marketingforschung eine bedeutende Rolle zu.

Hill beschreibt folgende Möglichkeiten der **außerökonomischen Erfolgskontrolle**:[812]

1. Ermittlung des *Berührungs- oder Streuerfolges:* Wie viele Zielgruppenangehörige sind durch einen bestimmten Werbeträger bzw. eine bestimmte Werbebotschaft erreicht worden, z. B. über die Werbeträger Fernsehen, Radio, Zeitung?

   Methoden: schriftliche, mündliche, telefonische Befragung, Zählgeräte, Zeitungsauflagen.

2. Ermittlung der *Aufmerksamkeitswirkung:* In welchem Ausmaß hat ein Werbemittel die bewusste Aufmerksamkeit bei der Zielgruppe erlangt?

   Methoden: Persönliche Beobachtung oder Beobachtung mit technischen Hilfsmitteln, z. B. durch Augenkamera.

3. Ermittlung der *Gefühlswirkung:* In welchem Umfang hat ein Werbeappel unbewusst oder bewusst die Stimmung der Angesprochenen beeinflusst?

   Methoden: Messung physiologischer Reaktionen auf Werbereize, z. B. Pulsfrequenz, Blutdruck.

4. Ermittlung der *Erinnerungswirkung:* Wie nachhaltig ist der Eindruck einer Werbebotschaft und seiner Speicherung im Gedächtnis? Wie stark sind Ausmaß und Lebhaftigkeit einer Erinnerungswirkung?

   Methoden: offene und gestützte Fragen zu den Werbeinhalten, der Gestaltung und zu den Werbeaussagen (Recall-Test, Recognition-Test).

---

[810] Vgl. Bidlingmaier, Johannes: Marketing, Band 2, a.a.O., S. 435.

[811] Vgl. Nieschlag, Robert/Dichtl, Erwin/Hörschgen, Hans: Einführung in die Lehre von der Absatzwirtschaft, a.a.O., S 302; Meffert, Heribert: Marketing. Einführung in die Absatzpolitik, a.a.O., S. 533.

[812] Vgl. zum Folgenden: Hill, Wilhelm: Marketing II, a.a.O., S. 175 ff.

5. Ermittlung der *positiven Hinstimmung:* In welchem Ausmaß hat die Werbeaktion die positive Einstellung gegenüber dem Produkt steigern können, z. B. die Vorstellung, dass das Produkt einen hohen Nutzen stiften kann?

   Methoden: schriftliche und mündliche Befragungen vor und nach einer Aktion; Befragung von Werbeberührten und nicht berührten als Kontrollgruppe.

6. Ermittlung der *Interessenweckung:* In welchem Ausmaß konnte die Werbeaktion das Interesse am Produkt steigern, z. B. die Bereitschaft, sich gedanklich mit dem Produkt auseinander zu setzten, weitere Informationen zu beschaffen und das Produkt in einer Kaufsituation in Betracht zu ziehen?

   Methoden: Befragung, Aufforderung zur Rückfrage, z. B. Anforderung von Informationsmaterial, Vertreterbesuch, Mustersendungen.

Die **ökonomische Erfolgskontrolle** steht vor der Schwierigkeit, dass diese – auch aufgrund der mangelnden Zurechenbarkeit von Absatzerfolgen ausschließlich auf die Werbemaßnahmen – nur sehr schwierig möglich ist. Hill nennt hier folgende Möglichkeiten:[813]

1. Ermittlung der *Umsatzwirkung:* In welchem Ausmaß steigert eine Werbeaktion im Vergleich zu anderen Aktionen bzw. zur Nichtwerbung den Umsatz?

   Methoden: Direkte Umsatzmessung oder Couponmethode, z. B. Messung der durch Coupons induzierten Anfragen oder Bestellungen. Alternativ: Gebiets-Experimente durch Beobachtung der Umsatzentwicklung in mehreren – aber möglichst strukturgleichen – Marktgebieten aufgrund unterschiedlicher bzw. fehlender Werbeaktionen.

   Bidlingmaier weist in diesem Zusammenhang auf die Möglichkeit des demoskopischen Befragungs-Experiments hin. Im ersten Schritt werden die Befragten nach ihrer Wahrnehmung von Werbeaktionen zu einem bestimmten Produkt befragt, im zweiten nach ihrem tatsächlichen Kaufverhalten. Aus dem Unterschied zwischen Werbewahrnehmung (ja oder nein) und der gekauften Menge des umworbenen Produktes lässt sich auf die Werbewirkung schließen. Evtl. wird die Versuchsanlage noch um eine Vorhermessung der Einkaufsmenge ergänzt.[814]

2. Ermittlung der *Wirkung auf den Gewinn:* In welchem Ausmaß übersteigt der durch die Werbung entstandene Gewinnbeitrag den Werbeaufwand?

---

[813] Vgl. zum Folgenden: Hill, Wilhelm: Marketing II, a.a.O., S. 177.

[814] Vgl. Bidlingmaier, Johannes: Marketing, Band 2, a.a.O., S. 434 f. sowie 443 f.

Methoden: Vergleich der durch die Werbeaktion erzielten Deckungsbeiträge mit den Kosten der Werbemaßnahmen.

Meffert fasst das Dilemma der Werbeerfolgskontrolle in folgendem Satz zusammen: „Das Problem der Werbeerfolgsmessung ist das Grundproblem der Werbung."[815] Die Hauptschwierigkeit besteht in der Isolierbarkeit der Werbewirkung, und zwar zum einen im Hinblick auf die Abgrenzung zu den Wirkungen der anderen Marketinginstrumente, zum anderen was die Zurechenbarkeit des Werbeerfolgs innerhalb der eingesetzten Werbemittel angeht. Hinzu kommt, dass der Timelag zwischen Werbeeinsatz und -wirkungen zu Verzerrungen führen kann.[816]

Diese Probleme hat auch ein vielversprechender Ansatz zur realistischen Beschreibung menschlichen Verhaltens, zu mehr empirischer Unterlegung und Praxisorientierung im Hinblick auf die Gestaltung der Marketing-Instrumente und insbesondere der Werbung bisher nicht lösen können. Mitte der 1970er Jahre erschien der verhaltenswissenschaftlich orientierte Erklärungsansatz von Kroeber-Riel. Der Anspruch war, anders als „die Absatztheorie Gutenbergscher Prägung", die „empirische Sachverhalte ... [nur] beschreibt und klassifiziert", als Gegenentwurf dazu „kausale Erklärungen, d. h. überprüfbare Hypothesen und Theorien" zu bieten und zu begründen sowie „die Anwendbarkeit der Erkenntnisse für das Marketing" aufzuzeigen.[817]

Kroeber-Riels Lehrbuch stellt tatsächlich die erste deutschsprachige Grundlegung zur verhaltenswissenschaftlichen Marketingtheorie dar. Er beschreibt und diskutiert darin detailliert eine Reihe psychischer und sozialer Determinanten des Konsumentenverhaltens, u. a. auch die Faktoren der außerökonomischen Werbeerfolgskontrolle. Allerdings beschränken sich die konkreten Gestaltungsvorschläge für die Praxis auf relativ wenige Aussagen. So heißt es z. B. im Kapitel über „Emotionen und Leistungsfähigkeit'" unter dem Gliederungspunkt „Anwendung in der Werbung": „Aus diesen Erklärungen läßt sich für die Werbetechnik die Anweisung ableiten: ,Löse als erstes emotionale Spannung aus, um Aufmerksamkeit zu erzeugen!'".[818] Zum Thema „allgemeine Aktivierung" heißt es: „Im Hinblick auf diese Bedeutung der psychischen Aktivierung für die weitere Verarbeitung der Werbebotschaft (für Verständnis, Gedächtnis usw.) lautet eine weitere

---

[815] Meffert, Heribert: Marketing. Einführung in die Absatzpolitik, a.a.O., S. 533.
[816] Vgl. ebenda.
[817] Kroeber-Riel, Werner: Konsumentenverhalten. a.a.O., S. 3.
[818] Ebenda, S. 59.

Werberegel: ‚Halte die emotionale Spannung für die Dauer der Übernahme der gesamten Werbebotschaft aufrecht!'"[819]

In einem Fazit lässt sich konstatieren: Auch zum Thema Werbung liegt der Schwerpunkt der wissenschaftlichen Ergebnisse auf Klassifizierungen bzw. „Strukturierungen von Problemen". Darin enthalten sind allerdings wichtige Orientierungshilfen für die Werbeplanung und -durchführung, etwa die Schritte der strategischen Werbeplanung: von der Formulierung der Werbeziele bis zur Planung der Werbeerfolgskontrolle. Darüber hinaus ist aber Vieles beschreibend, manchmal erklärend, aber häufig nicht unmittelbar handlungsanweisend.

Allerdings gibt es auch Bereiche, in denen die Handlungsrelevanz der Aussagen stärker ist: Dies gilt insbesondere für die Grundsätze zur Gestaltung von Werbemitteln: Hier geht die Literatur auch über die reine Beschreibung und Klassifizierung von Sachverhalten hinaus und unterbreitet generalisierende und technologische Aussagen. Die Handlungsrelevanz ist hier am Augenscheinlichsten. Sie haben dabei z. T. sogar den Charakter von „empirischen Generalisierungen" und „strategischen Grundsätzen".

Bei einer Gesamtbewertung der Ergebnisse der Werbeforschung der späten 60er und der 70er Jahre lässt sich konstatieren, dass hier kaum Fortschritte für die praktische Werbearbeit in den Unternehmen erreicht werden konnten: Viele der hier referierten Erkenntnisse zur Werbeforschung wurden auch bereits in der Vorgängerliteratur erarbeitet bzw. gründen auf den Arbeiten insbesondere von Rudolf Seyffert und Viktor Mataja. Da, wo sie versuchen darüber hinauszugehen, stoßen sie an ihre Grenzen: So scheitern z. B. theoretische Modelle zur Bestimmung des optimalen Werbeetats an der Datenbeschaffung; operationale Methoden sind dagegen theoretisch nicht haltbar. Zudem können verschiedene psychologische Effekte im Rahmen einer Werbeerfolgskontrolle gemessen, nach wie vor aber kaum ökonomische Wirkungen sauber extrahiert werden. Auch die Media-Selektionsprogramme erscheinen für die praktische Anwendung noch nicht ausgereift zu sein.

Trotz der beschriebenen Unzulänglichkeiten helfen die Ausführungen zur Werbung insgesamt bei der praktischen Marketingarbeit in den Unternehmen, etwa bei der Orientierung, welche wichtigen Schritte bei der strategischen Werbeplanung einzuhalten sind, mit welchen marktforscherischen Methoden die außerökonomische Werbeerfolgskontrolle gelingen kann oder welche Kriterien bei der Werbeträgerauswahl von Bedeutung sind. Allerdings können z. B. keine

---

[819] Ebenda, S. 61.

weitergehenden „Fingerzeige" geben werden, welche Werbemittel und Werbeträger für bestimmte Werbeauftritte bzw. Werbekampagnen als besonders geeignet erscheinen.

### 2.4.6.9 Die optimale Kombination der Marketing-Instrumente zu einem Marketing-Mix

Der Erfolg einer Marketingkonzeption hängt ganz wesentlich davon ab, ob es gelingt, die unterschiedlichen Teilentscheidungen in den absatzpolitischen Instrumenten zu koordinieren und sinnvoll zu kombinieren. Die Lehrbücher von Nieschlag/Dichtl/Hörschgen, Bidlingmaier, Hill und Meffert enthalten sämtlich mehr oder weniger detaillierte Ausführungen zur optimalen Kombination der Marketing-Instrumente zu einem Marketing-Mix.

So beleuchten Nieschlag/Dichtl/Hörschgen in einem separaten Hauptkapitel zum Marketing-Mix den komplexen und vielschichtigen Entscheidungsprozess zur Entwicklung einer Marketing-Konzeption, hier zusammenfassend wiedergegeben in den Stichworten: Strukturierung von Marketing-Entscheidungen, Zielbildung, Festlegung des Aktivitätsniveaus, Entwicklung konkreter Maßnahmen, Bestimmung der Zielgruppen und schließlich Verteilung der Mittel und Maßnahmen auf ganz bestimmte Zeitintervalle.[820] Das Autorenteam resümiert: „Es hat nicht an Bemühungen gefehlt, die Problematik des *Marketing-Mix* transparent zu machen und so die Grundlage für die Ableitung *exakter Lösungen* zu schaffen. [...] Allen Bemühungen zum Trotz ist eine befriedigende, d. h. überprüfbare und nachvollziehbare Methode zur Ableitung des *Marketing-Mix* bislang nicht gefunden worden, ja es erscheint überaus fragwürdig, daß sie je gefunden wird".[821] Wenig später heißt es: „Leicht überspitzt läßt sich deshalb behaupten, daß erfolgreiche absatzwirtschaftliche Konzeptionen ihre Entdeckung eher einer glücklichen Fügung des Schicksals als dem Einsatz von Logik und Sachverstand verdanken."[822]

Hill beschreibt eine Reihe theoretischer Modellansätze, die das Problem der Entscheidungsfindung für ein optimales Marketing-Mix jeweils anhand von Beispielfällen mit wenigen Merkmalsausprägungen für die berücksichtigten Variablen angehen. Hiermit werden jeweils grundsätzliche Lösungsmöglichkeiten für

---

[820] Vgl. Nieschlag, Robert/Dichtl, Erwin/Hörschgen, Hans: Einführung in die Lehre von der Absatzwirtschaft, a.a.O., S. 319 ff.

[821] Ebenda, S. 402 (Herv. im Original).

[822] Ebenda, S. 404.

das Entscheidungsproblem aufgezeigt.[823] Aber auch hier lautet das Urteil: „Problematisch bleibt nur, dass diese Modelle zwangsläufig von sehr vereinfachten Annahmen ausgehen, die weit davon entfernt sind den realen Gegebenheiten der Unternehmenswirklichkeit Rechnung zu tragen."[824]

Hill unterbreitet deshalb einen eigenen Vorschlag mit einer Eingrenzung des Problems auf die wichtigsten Erfolgsfaktoren und zugleich einer vereinfachten Auswahl von Alternativen. Zusammengefasst sieht dieses Konzept folgendes schrittweises Vorgehen vor:[825]

1. Erstellung einer *Zukunftsprognose* für die wichtigsten Zielgrößen. Durch Vergleich dieser Prognosewerte mit den langfristigen Zielen ergibt sich die Ziellücke für die einzelnen Zielwerte. Diese Ziellücke gilt es durch eine Strategieänderung zu schließen.

2. Eine *Stärken- und Schwächen-Analyse* soll Hinweise darauf geben, auf welche Ursachen die Ziellücke zurückzuführen sind, z. B. auf überaltertes, zu enges oder zu breites Sortiment, auf unterschiedliche Marktanteile auf vergleichbaren Märkten, auf die Abhängigkeit von einzelnen Kundengruppen oder auf vergleichsweise zu hohen Vertriebskosten.

3. Suche nach *Strategien und Maßnahmen* im Instrumentalbereich, und zwar auf solchen, die eine starke Zielwirkung versprechen.

4. *Bewertung* der verschiedenen Einzelstrategie anhand mehrerer Kriterien. Z. B. ist zu fragen: Ist die Strategie mit der Unternehmenspolitik vereinbar? Welche Interdependenzen bestehen zu anderen Instrumentalvariablen des Marketings? Welche Wirkungen hat die Strategie auf andere Unternehmensbereiche? Welche Zielwirkungen werden von der Strategie erwartet und welche Risiken sind damit verbunden?

    Als Zielwirkungen gelten: Erhöhung der Umsätze und Deckungsbeiträge; Berücksichtigung der mit der Durchführung der Strategie verbundenen Kosten und Kapitalbindungen.

    Risiken können nur subjektiv geschätzt werden, basierend auf Annahmen über mögliche Entwicklungen externer Einflussfaktoren, z. B. Reaktionen der Käufer und der Wettbewerber.

---

[823] Hill beschreibt die verschiedenen Modellansätze von Gutenberg, Dorfman-Steiner, Verdoorn und Brems, Kotler, Krelle, ferner Ansätze der mathematischen Programmierung sowie den Ansatz von Stern. Vgl. Hill, Wilhelm: Marketing II, a.a.O., S. 303 ff.

[824] Ebenda, S. 326.

[825] Vgl. zum Folgenden: ebenda, S. 326 ff.

Nach Abschluss dieses Bewertungsverfahrens ergibt sich eine stark reduzierte Anzahl möglicher positiv wirkender Strategien.

5. Abschließend: Zusammenstellung *plausibler Kombinationen solcher Einzel-
strategien* – evtl. mit erneutem Bewertungsverfahren.

Meffert bespricht ebenfalls einige modelltheoretische Entwürfe zur Lösung
der Optimierungsaufgabe und kommt bezüglich ihrer praktischen Anwendungsmöglichkeiten zu einem ähnlichen Fazit wie Nieschlag/Dichtl/Hörschgen und
Hill: „Marginalanalytische Ansätze gestatten es nicht, die vielfältig bestehenden Restriktionen zu berücksichtigen. Das Zurechnungsproblem und vor allem
der hohe Bedarf an Informationen über die Wirkungszusammenhänge lassen die
marginalanalytischen Ansätze wenig operational erscheinen."[826] Dies gilt analog
auch für die Methoden der mathematischen Programmierung.[827]

Meffert spricht sich aber dafür aus, bei derartigen Entscheidungsaufgaben „von
der Produktqualität als Kern auszugehen und die Ausprägungen der übrigen Aktionsparameter (z. B. Werbung, Absatzkanäle und Preis) für diesen Leistungskern
zu bestimmen."[828]

Dieser Idee folgend wird auf der Grundlage einer Bewertung von Produkt-
merkmalen mit Hilfe eines Merkmalskatalogs in einem zweiten Schritt eine
Vorauswahl und nähere Konkretisierung hinsichtlich der Art und des Aktivitätsniveaus bei den übrigen absatzwirtschaftlichen Instrumenten vorgenommen. Dabei
soll die Klassifizierung von Produkten anhand von beispielhaften Beschreibungen
vorgenommen werden; die Einteilung reicht hier von geringwertigen Gütern des
täglichen Bedarfs (Klasse I) bis hin zu hochwertigen bzw. komplizierten Gütern
(Klasse V). Ergänzend lassen sich diese fünf Produktklassen auf einer Skala von
0 bis 100 anordnen, z. B. in 20er Schritten. So reicht z. B. die Produktklasse I bis
zu einem Skalenwert von 20, die Klasse II bis 40 usw.

Auf dieser Basis können anhand einer grafischen Darstellung in Matrixform
spezifische Kombinationen im Marketing-Mix abgelesen werden: Beispielsweise lässt sich für ein Produkt „Markenfilm" folgende Empfehlung ableiten:
„Verkauf primär aufgrund von Werbung, persönlicher Verkauf von begrenzter
Bedeutung, spezielle Verkaufsförderung von hoher Relevanz, lange mehrstufige

---

[826] Meffert, Heribert: Marketing. Einführung in die Absatzpolitik, a.a.O., S. 501. (Die Textteile „Marginalanalytische" sowie „wenig operational" wurden im Original in Sperrschrift
gedruckt; zusätzlich wurde der Text insgesamt fett gedruckt). Ähnlich äußert sich auch Bidlingmaier. Vgl. Bidlingmaier, Johannes: Marketing, Band 2, a.a.O., S. 167.

[827] Vgl. ebenda, S. 504 f.

[828] Ebenda, S. 478.

Absatzwege, Lagerhäuser und Lagerhaltung sehr wichtig, Marke und Verpackung von großer Bedeutung, sehr geringer Aufwand an Produktservice, mäßige Preisdifferenzierung."[829]

Wendet man diese Auswahlmethode auf das **Produkt „Bier"** an, so dürfte bei einer Einordnung in Klasse I und einem entsprechenden Skalenwert von unter 20 Folgendes gelten:

- Marke und Verpackung von extrem hoher Bedeutung
- fast kein Produkt-Service
- sehr geringe Produktdifferenzierung
- Verkauf fast ausschließlich über Werbung
- persönlicher Verkauf fast ohne Bedeutung
- Verkaufsförderung von sehr großer Bedeutung
- intensive Distribution
- äußerst lange Absatzkanäle
- Lagerhäuser und Lagerhaltung von großer Bedeutung
- fast keine substantielle Preisdifferenzierung
- sehr begrenzte Preiskontrolle
- Kredite von sehr begrenzter Bedeutung (allerdings: tatsächlich große Bedeutung für Gaststätten als Kunden)

Die Optimierung des Marketing-Mix stellt nach wie vor eine theoretisch ungelöste Aufgabe für die Marketingwissenschaft dar. Die marginalanalytischen Modelle sind nicht operational. Allerdings haben sowohl Hill mit seinem an der Logik des Marketingplanungsprozesses orientierten Vorschlag als auch Meffert mit der aus anderer Quelle übernommenen warenspezifischen Analogiemethode jeweils praktikable Verfahren vorgestellt, mit denen zumindest eine Orientierung im Hinblick auf die grundsätzliche Ausrichtung sowie die notwendigen Schritte bei der Erstellung einer Marketingstrategie möglich ist.

### 2.4.6.10 Die Marketing-Kontrolle

„Marketingkontrolle ist die systematische, kritische und unvoreingenommene Prüfung und Beurteilung der grundlegenden Ziele und der Politik des Marketing sowie der Organisation, Methoden und Arbeitskräfte, mit denen die Entscheidungen verwirklicht und die Ziele realisiert werden sollen".[830]

---

[829] Ebenda, S. 492.

[830] Ebenda, S. 525. (Das Wort „Marketingkontrolle" ist im Original in Sperrschrift gedruckt; zusätzlich ist der Text insgesamt fett gedruckt).

Die Kontrolle stellt die letzte Funktion im Prozess des Marketing-Managements dar – wie im Abschnitt 2.4.6.3 grafisch wiedergegeben. Es geht darum, die Zielerreichung und die Durchführung der Maßnahmen im Rahmen eines Soll/Ist-Vergleichs zu überprüfen, etwaige Abweichungen festzustellen und zu analysieren sowie nach externen wie internen Gründen dafür zu suchen. In einem sich anschließenden Rückkopplungsprozess muss über drei Anpassungsmöglichkeiten entschieden werden:[831]

1. Anpassung des Ist an das Soll durch zusätzliche Maßnahmen,
2. Anpassung des Soll an das Ist durch Plankorrektur,
3. Kombination beider Möglichkeiten.

Insofern sollen von der Marketing-Kontrolle „verhaltensbestimmende Wirkungen"[832] ausgehen, einmal bezüglich der vorgenannten Anpassungsmaßnahmen, darüber hinaus aber auch im Sinne eines weiter reichenden „Lernens" im Hinblick auf künftige Marketingstrategien und -maßnahmen.

Grundsätzlich kann sich dieser Prozess als Parallel- oder als Ex-post-Kontrolle vollziehen, also entweder in überschaubaren, kurzfristigen und im Hinblick auf die Teilergebnisse überprüfbaren Teilentscheidungen oder alternativ als Gesamtkontrolle nach Abschluss einer Periode bzw. der Realisierung eines strategischen Planes stattfinden. Insbesondere bei komplexen, sich über einen längeren Zeitraum erstreckenden Aktionsprozessen ist es wichtig, möglichst kontinuierlich kurzfristige Informationen über Teilergebnisse zu erhalten.[833]

Die konkreten Kontrollgrößen für die Marketingaktivitäten insgesamt folgen im Grunde den – möglichst operational – formulierten Zielgrößen eines Unternehmens. Diese sind z. B.: Absatz-, Umsatz- und Marktanteilsziele, ferner Gewinn- bzw. Deckungsbeitragsziele. Für den *Umsatz* als Kontrollgröße nennt Meffert diese Beispiele für sinnvolle Aufgliederungen:[834]

–  Gesamtumsatz pro Abrechnungsperiode (wöchentlich, monatlich, halbjährlich usw.)
–  Produkt- bzw. Produktgruppenumsätze pro Abrechnungsperiode

---

[831] Vgl. zum Folgenden: Bidlingmaier, Johannes: Marketing, Band 1, a.a.O., S. 198 f. sowie Meffert, Heribert: Marketing. Einführung in die Absatzpolitik, a.a.O., S. 526.

[832] Bidlingmaier, Johannes: Marketing, Band 1, a.a.O., S. 197.

[833] Vgl. ebenda, S. 200.

[834] Meffert, Heribert: Marketing. Einführung in die Absatzpolitik, a.a.O., S. 530.

– Produkt- bzw. Produktgruppenumsätze pro Absatzgebiet
– Umsätze pro Marktsegment

Der *Marktanteil* als Kontrollgröße ermöglicht einen Vergleich zwischen der Unternehmensleistung und der durchschnittlichen Branchenleistung. Gelingt es einem Unternehmen nicht, den Marktanteil zumindest zu halten, deutet dies auf Schwächen in der Marketingstrategie, im Marketing-Mix oder bei der Umsetzung in konkrete Aktivitäten hin.[835] Zusätzlich aufschlussreich sind Aufgliederungen des Marktanteils nach Produktlinien, Kundentypen, Regionen.

Allerdings dürfen auch nicht zu hohe Erwartungen an die Aussagekraft der Kenngrößen gestellt werden. „Marktanteilsschwankungen können eine Vielzahl von Ursachen haben. […] Marktanteils- und Umsatzwerte besitzen in erster Linie eine Orientierungs- und Signalwirkung. Umsatz- und Marktanteilsanalysen können Unterschiede und Veränderungen aufzeigen, ihre Ursachen aber nur in sehr begrenztem Maße aufdecken."[836]

Insgesamt ist zu konstatieren, dass die Marketing-Kontrolle für die ökonomischen „Globalziele" des Unternehmens vor ähnlichen Schwierigkeiten steht wie die Kontrolle der Wirksamkeit der einzelnen Instrumente des Marketing-Mix, etwa der Werbeerfolgskontrolle. Dennoch hat hier die Marketingtheorie überzeugend die Notwendigkeit zur Installierung von Kontrollprozessen innerhalb des Planungsprozesses eines Unternehmens aufgezeigt, wenn auch die weitere Ausgestaltung in den eher kurzen Kapiteln der Literatur nur angedeutet wird. Der Kontrollprozess lässt sich auch als „strategischer Grundsatz" verstehen.

### 2.4.6.11 Tabellarische Übersicht zu den wichtigsten anwendungsorientierten Erkenntnissen

Die Ergebnisse der in den vorangegangenen Kapiteln vorgenommenen Analysen lassen sich wie in Tabelle 2.7 dargestellt zusammenfassen:

---

[835] Vgl. ebenda, S. 531.
[836] Vgl. ebenda, S. 532.

**Tabelle 2.7**  Anwendungsorientierte Erkenntnisse und Handlungsempfehlungen der Marketingtheorie in den späten 1960er und 1970er Jahren[837]

| Themenbereich | Anwendungsorientiere Erkenntnisse/Handlungsanweisungen |
|---|---|
| „Modernes" statt „altes" Marketingkonzept | • Sehr viel stärkere Betonung der Marktorientierung als Leitbild für die gesamten Unternehmensaktivitäten<br>• Marketing = Führung des Unternehmens vom Markt her<br>• Marketing als Maxime, Gestaltungsaufgabe und systematische Entscheidungsfindung |
| Management-Funktionen: Planung, Organisation, Durchführung und Kontrolle | • Einbettung der Marketingplanung in die Gesamtplanung des Unternehmens<br>• Marketingplanung sowohl in langfristig-strategischer Ausrichtung als auch als kurzfristige-operationale Disposition<br>• Schrittweiser Planungsverlauf mit Rückkopplungsprozessen<br>• Marketing-Organisation im funktionsorientierten Grundschema mit Modifizierungen nach Produkt-, Kundengruppen, Regionen, ...<br>• Marketing auf Geschäftsleitungs- oder auf Bereichs- bzw. Abteilungsleitungsebene? „Die ganze Organisation wird zu einer Marketingorganisation"<br>• Integration des Vertriebsbereichs in den Marketingbereich? |
| Informationsgrundlagen von Marketingentscheidungen (Marktforschung) | • Informationen haben zentrale Funktion im Marketingprozess: Basis für Zielbildung, Entwicklung von Marketingstrategien/-maßnahmen und Kontrolle<br>• Marktforschung: Aufgaben, Formen, Methoden und Techniken<br>• Verhaltenstheoretische Grundlagen des Käuferverhaltens<br>• Informationsarten: Daten zur Umwelt (z.B. Absatzmarkt), zum Einsatz der Marketing-Instrumente (z.B. Wirkungen preispolitischer Maßnahmen) und zum Unternehmen (z.B. Absatzerfolg) |
| Zielbildungsprozess | • Entscheidungen über die grundlegende strategische Ausrichtung: allg. Unternehmenspolitik, langfristige Ziele und Dimensionen (Gewinne, Marktanteile, Image)<br>• Entwicklung einer „eigenen Vision" von künftiger Marktbedeutung<br>• Ableitung konkreter strategischer und taktischer Marketingziele; dabei Berücksichtigung interner Begrenzungen bei Produktion, Finanzen, Personal, ...<br>• Zielgrößen: Absatz, Umsatz, Marktanteile, Gewinne/Deckungsbeiträge für einzelne Produktgruppen, Regionen, Kundengruppen (Management by Objectives)<br>• Zieldelegation = Verantwortungsdelegation (Managen v. Managern) |
| Entwicklung von Marketing-strategien | • Entwicklung langfr. Handlungsmaximen und Basisentscheidungen:<br>- Produkte: Breite und Tiefe des Programms, Qualitätsniveau<br>- Preis: hoch-, mittel- od. niedrigpreisig; aktive vs. passive Politik<br>- Werbung: Image- vs. Produkt-Werbung; Ausmaß und Intensität<br>- Vertrieb: Auswahl v. Kanälen/Organen; Verhältnis zum Handel<br>• Spezifizierung/Anpassung an besondere Situation in Kurzfristplanung; Harmonisierung der Einzelpläne<br>• Marktsegmentierungen nach sozio-ökonomischen, geografischen, psychografischen Merkmalen für differenzierte Marktbearbeitung |

(Fortsetzung)

[837] Quelle: eigene Darstellung.

**Tabelle 2.7** (Fortsetzung)

| | |
|---|---|
| | • Nutzung von Strategiekonzepten, z.B.:<br>  - Produkt-Markt-Matrix (Ansoff) mit den Strategiealternativen:<br>    ➢ Marktdurchdringung<br>    ➢ Marktentwicklung<br>    ➢ Produktentwicklung<br>    ➢ Diversifikation<br>  - Segmentierung mit den Strategiealternativen:<br>    ➢ Konzentrierte Strategie<br>    ➢ Differenzierte Strategie |
| Instrumente des Marketing-Mix: - Produktpolitik | • Produktpolitische Entscheidungen betreffen:<br>  - Produktinnovationen<br>  - Produktvariationen<br>  - Produktelimination<br>• Produktinnovation als mehrstufiger Prozess: Suche nach Produktideen, Analyse und Auswahl, Produktentwicklung, Testmarkt, Entwicklung eines Marketingkonzeptes, Erfolgskontrolle (Anwendung versch. Bewertungs- und Testverfahren)<br>• Fixierungen im Marketingkonzept: Zielgruppen, besondere Produkteigenschaften und Werbe-/Verkaufsargumente, Produkt-/Markenname, Absatzkanäle, Preisgestaltung, Werbestil, -träger, -mittel, Intensität der Einführungswerbung, besondere Einführungsaktionen<br>• Markenpolitik: Markennamen können sich darstellen als:<br>  - Herstellername/Dachmarke<br>  - Produktgruppen-Familienname<br>  - Individueller Name für einzelne Marke |
| - Preispolitik | • Preissenkungen führen nicht unbedingt zu steigendem Absatz, da der Preis oft als Qualitätsmaßstab angesehen wird<br>• Preissenkungen sind relativ schwer rückgängig zu machen<br>• Im Angebotsoligopol kann eine aggressive Preispolitik eines einzelnen Anbieters in einen ruinösen Preiskampf führen<br>• Alternative Vorgehensweisen: geringfügige (kosteninduzierte) Preisänderungen im Gleichklang<br>• Preispolitischer Spielraum wird durch Konkurrenzsituation sowie Machtstrukturen im Absatzkanal (Handel) stark eingeschränkt<br>• Bei Preisentscheidungen zu berücksichtigen: Preiselastizität sowie Einkommenselastizität der Nachfrage<br>• Rabattpolitik als Teil der Preispolitik: Je größer die Verbreitung der Rabattgewährung ist, desto mehr wird der Rabatt zum Bestandteil der Preisstellung<br>• Absatzkreditpolitik als Teil der Preispolitik für Brauereien: Sicherung des Absatzes über die Bindung von Gaststätten |
| - Distributionspolitik | • Grundlegende Entscheidung zwischen direktem und indirektem Absatzweg: ohne vs. mit Zwischenschaltung des Handels<br>• Groß- u. Einzelhandel als wichtige Sortimentsbildner<br>• Zunehmende Bedeutung von Freiwilligen Ketten, Einkaufsgenossenschaften und Filialunternehmen<br>• Dadurch: wachsende Nachfragemacht des Handels: Druck auf Preise, Konditionen, Lieferbedingungen der Hersteller<br>• Steuerungsinstrument der Hersteller: Kombination von „Pull-Methode" und „Push-Methode" im Marketing<br>• Gaststätten als wichtige Absatzorgane für stetigen Bierabsatz<br>• Marketing-Logistik: Entscheidungen über Lagerstandorte und --umfang, Transportmittel und -wege; Fabrik- vs. Spediteurlager |

(Fortsetzung)

**Tabelle 2.7** (Fortsetzung)

| | |
|---|---|
| - Werbung | • Formen der Werbung: Alleinwerbung vs. Gemeinschaftswerbung; Produktwerbung vs. Firmenwerbung (Dachwerbung)<br>• Strategische Werbeplanung als Planungsprozess: Werbeziele, Zielgruppen, Werbeetat, Werbebotschaft, Werbemittel, Werbeträger, Werbeerfolgskontrolle<br>• Kreierung einer überzeugenden Werbebotschaft als zentraler Gegenstand einer Werbekonzeption: anhand versch. Kriterien |
| | Entwicklung einer Grundargumentation, diese verbalisieren und ins Bild setzen, erfolgversprechende Varianten testen<br>• Gestaltungsgrundsätze I: Originalität und Aktualität, Verständlichkeit und Klarheit, Eingängigkeit und rasche Erfassbarkeit, Appelle, Differenzierung ggü. Wettbewerbern, Nutzenstiftung, Unverwechselbarkeit, hohe Aufmerksamkeit<br>• Gestaltungsgrundsätze II: Werbe*konstanten* als wiederkehrende Elemente in verschiedenen Werbemitteln (Markenzeichen, Figuren, Farben, Handlungsinhalte, Aufbau); bestimmter Werbe*stil* (traditionsreich, humorvoll, karikierend)<br>• Außerökonomische Werbeerfolgskontrolle: psychologische Kategorien sind messbar: Aufmerksamkeits-, Erinnerungswirkung, ...<br>• Ökonomischer Werbeerfolg: schwierig zu messen, aber grobe Wirkung auf Umsatz bzw. Gewinn üblich, z.B. über Coupons<br>• Grundsätzlich: Problem der Zurechenbarkeit der ökonomischen Wirkungen von bestimmten Werbemaßnahmen und -faktoren |
| Optimale Kombination im Marketing-Mix | • Theoretische Modellansätze sind kaum praktikabel („wenig operational"; „weit entfernt von realen Gegebenheiten der Unternehmenswirklichkeit")<br>• Praktikabler Vorschlag (in Anlehnung an den Management-Prozess): Zukunftsprognose mit Ist/Soll-Vergleich zu langfr. Zielen; Stärken-Schwächen-Analyse; Strategien und Maßnahmen; Bewertungen; Bildung plausibler Kombinationen von Einzelstrategien<br>• Alternative: Auf Basis einer Klassifikation von Produkten und der Bewertung von Produktmerkmalen wird mit Hilfe eines Analogieschemas eine Vorauswahl der übrigen Instrumente und der Intensität ihres Einsatzes vorgenommen |
| Marketing-Kontrolle | • Methode: Soll/Ist-Vergleich; als Parallel- oder Ex-post-Kontrolle<br>• Anpassungsmöglichkeiten: Ist an Soll durch zusätzliche Maßnahmen; Soll an Ist durch Plankorrektur; Anpassung beider Größen; außerdem: dauerhaftes „Lernen"<br>• Kontrollgrößen: Absatz-, Umsatz-, Marktanteilsziele, Gewinn- bzw. Deckungsbeitragsziele<br>• Grundlegendes Problem: mangelnde Zurechenbarkeit der ökonomischen Wirkungen von bestimmten Marketing-Instrumenten und Maßnahmen |

## 2.4.7 Zusammenfassende Bewertung des Wissenschaftsprogramms der Marketingforschung ab Mitte der 1960er Jahre bis Ende der 1970er Jahre in Deutschland

Der Druck der Märkte sowie die geänderten ökonomischen Bedingungen führten ab den späten 60er Jahren zu einer verstärkten Ausrichtung der Unternehmenspraxis auf das Marketing. In dieser Phase der gesamtwirtschaftlichen Instabilität wurde in vielen Fällen „Marketing als Krisenstrategie" begriffen, ehe sich das neue Verständnis von erfolgreichen Vermarktungsprozessen auf breiterer Basis in der Unternehmenspraxis in den Folgejahren immer stärker verbreitete. Insbesondere nach Ermunterungen aus der Praxis reagierte die betriebswirtschaftliche Theorie schließlich Ende der 60er Jahre mit der Einrichtung des ersten bundesdeutschen Marketinglehrstuhls und der systematischen wissenschaftlichen Aufarbeitung der Ergebnisse vorwiegend der US-amerikanischen Marketingwissenschaft. Zu Beginn der 70er Jahre gab es die ersten deutschsprachigen Lehrbücher unter dem Titel „Marketing". Die Ausführungen in diesem Kapitel bestätigen das Urteil von Tietz aus den 1990er Jahren: „Die Marketingwissenschaft ist bisher im Verhältnis zur Marketingpraxis überwiegend eine Nachlaufwissenschaft".[838]

Die Analyse der ersten Lehrbücher in dieser Periode hat gezeigt, dass der wesentliche Unterschied zur Vorgängerliteratur darin besteht, dass die neuere Marketingliteratur sich zunehmend von einem instrumentell verkürzten Marketingverständnis hin zu einer erweiterten Interpretation des Begriffs im Sinne des Marketings als Führungsfunktion und als „Dach" für Marktforschung, Werbung, Verkauf und weitere Funktionen entwickelt hat. Darüber hinaus werden auch explizit die Marketing-Managementfunktionen Planung, Organisation, Durchführung und Kontrolle in separaten Kapiteln behandelt. In diesem Zusammenhang haben auch die Fragen der Zielbildung und der Informationsbeschaffung eine herausragende Bedeutung; ansatzweise gilt dies auch für die Strategieentwicklung. Nach wie vor liegt aber der inhaltliche Schwerpunkt weiterhin auf den verschiedenen Instrumenten des Marketing-Mix.

In ihren Inhalten gehen die neuen Lehrbücher bei vielen Themen weit über die Vorgängerveröffentlichungen hinaus, wenn auch die Aussagen im einzelnen konkreten Fall nicht unbedingt praxisnäher in ihren Empfehlungen und

---

[838] Tietz, Bruno: Die bisherige und künftige Paradigmatik des Marketing in Theorie und Praxis, a.a.O., S. 151.

Handlungsanweisungen sind. Auch sind sie kaum häufiger durch empirische Untersuchungen unterlegt.

Legt man als Qualitätsmaßstab die im Abschnitt 2.1 besprochene Kategorisierung von Marketingwissen nach Rossiter zugrunde, dann lässt sich Folgendes feststellen: Die zentralen „Fachbegriffe" werden durchweg jeweils definiert und bilden somit die Grundlage für ein einheitliches Verständnis. Beispiele für geleistete „Strukturierungen von Marketing-Problemen" bilden z. B. die Abbildungen und Beschreibungen zum Prozess des Marketing-Managements (von der Planung bis zur Kontrolle), die Zusammenstellung wichtiger Elemente einer Situationsanalyse oder die Segmentierungen von Märkten bzw. Kundengruppen. An verschiedenen Stellen gibt es auch Hinweise auf „empirische Generalisierungen", vereinzelt in Form einer Wenn-Dann-Beziehung: So lassen sich z. B. aus den Grundsätzen für die Gestaltung von Werbebotschaften konkrete Normstrategien ableiten, etwa durch den Einsatz von Appellen, dem Streben nach Originalität und Aktualität. Dazu gehört auch, dass Werbekonstanten als wiederkehrende Elemente eine höhere Werbewirkung versprechen.

Noch wichtiger sind „strategische Grundsätze" für die Praxis mit klaren Handlungsempfehlungen. Ein Beispiel dafür ist die Produkt-Markt-Matrix nach Ansoff, nach der eine Entwicklungsstrategie nach dem Muster der Buchstaben „I", „L" sowie nachfolgend „Z" angeraten wird, wie sie allerdings erst in der Literatur der 80er Jahre herausgearbeitet wurde. Eine Handlungsempfehlung lässt sich auch bezüglich der Alternative einer konzentrierten vs. differenzierten Marketingstrategie im Anschluss an eine Marktsegmentierung herauslesen oder aus der Anwendung der Strategie-Entscheidungstafel für die Frage, ob eine ganzheitliche oder segmentspezifische Marktbearbeitung vorgenommen werden sollte.

Schließlich gibt es auch „Empfehlungen für die weitere Forschung". Diese betreffen insbesondere die „weißen Flecken" bei den Themen: (ökonomische) Werbeerfolgskontrolle, optimale Kombination der Marketing-Instrumente zu einem Marketing-Mix, Kontrolle der Einzelwirkungen der Marketing-Instrumente sowie das Themenfeld Marketing-Kontrolle insgesamt. Franz Böcker hat in seinem erst 1988 erschienen Buch: Marketingkontrolle vielsagend formuliert: „Kontrolle ohne Planung ist unmöglich, Planung ohne Kontrolle sinnlos!"[839] Insbesondere bei diesen Themenfeldern zeigen sich noch Schwächen der Theoriebildung in der Marketingwissenschaft. Gleiches gilt für das strategische Marketing, das in dieser Periode bezüglich seiner Methodik und Handlungsrelevanz insgesamt nur rudimentär entwickelt ist.

---

[839] Böcker, Franz: Marketing-Kontrolle, Stuttgart u. a. 1988, S. 22. (im Original fett gedruckt).

Für die Marketing*praxis* bedeutet dies in dieser Zeit, dass bei diesen sehr wichtigen Aufgabenfeldern letztendlich die entscheidenden Hilfestellungen, konkreten Empfehlungen und Handlungsanweisungen fehlen. Das gilt insbesondere für die Themen: optimale Kombination der Marketing-Instrumente, Messung der Erfolgswirkungen des Instrumenteneinsatzes sowie strategisches Marketing.

## 2.5 Die neuen Herausforderungen der 1980er Jahre: Der Siegeszug der Beratungsbranche in der Praxis sowie der Ausbau des strategischen Marketings in der Theorie

### 2.5.1 Makroökonomische und gesellschaftliche Einflussfaktoren

Zu Beginn der 1980er Jahre gab es einen neuen im Laufe des Jahrzehnts sich verstärkenden gesamtwirtschaftlichen Aufschwung, der bis zum Anfang der 1990er Jahre anhielt. In dieser Zeit wuchs das Bruttoinlandsprodukt (BIP) vom Tiefpunkt mit −0,4 % (1982) mit jährlichen Wachstumsraten zwischen 1,5 und 4 % sowie 5,3 % (1990). Jedoch reichte dieser Anstieg nicht aus, um die Arbeitslosigkeit spürbar zu reduzieren. Ganz im Gegenteil: Die Arbeitslosenquote stieg 1983 auf 9 % und verharrte in den nächsten Jahren auf diesem Niveau. Erst nach 1988 ging sie leicht zurück, betrug aber 1990 immer noch 7 %.[840] Hier überlagerten sich konjunkturelle sowie strukturelle Effekte, die ganz besonders die Kohle-, Stahl- und Textilindustrie in NRW schon seit vielen Jahren betrafen.

Wirkungen dieser hohen Arbeitslosigkeit waren zum einen die abnehmende Kaufkraft und nachlassende Nachfrage auf den Konsum- und Gebrauchsgütermärkten. Zum anderen resultierten daraus auch negative Zukunftserwartungen sowie Beeinträchtigungen des sozialen und mentalen Wohlbefindens der Menschen.[841] Hinzu kam, dass es zwischen 1980 und 1985 auch deshalb Einbußen bei den realen Nettoeinkommen gab, weil die nominellen Einkommenssteigerungen die erhöhten Abgaben sowie steigenden Verbraucherpreise nicht mehr kompensieren konnten.[842] Es kam zu einer *„zunehmenden Polarisierung, [...] Während*

---

[840] Vgl. Abbildung 2.2 im Abschnitt 2.3.1.

[841] Vgl. Hansen, Ursula/Bode, Matthias: Marketing & Konsum, a.a.O., S. 174 f.

[842] Vgl. Zapf, Wolfgang: Sozialstruktur und gesellschaftlicher Wandel in der Bundesrepublik Deutschland, in: Weidenfeld, Werner/Zimmermann, Hartmut (Hg.): Deutschland-Handbuch. Eine doppelte Bilanz 1949–1989, Düsseldorf 1989, S. 99–124, hier: S. 107.

in den hohen Einkommensklassen der Lebensstandard noch verfeinert und indivi-
dualisiert werden kann, verschärfen sich in den unteren Einkommensklassen die
Auswirkungen niedriger Arbeitseinkommen, der Arbeitslosigkeit, der Reduktion
sozialstaatlicher Leistungen und der zunehmenden Haushaltsverschuldung bis hin
zu dem Phänomen einer „neuen Armut".[843]

Gleichzeitig bildete sich in den 1980er Jahren ein neuerlicher Wertewandel
heraus. Der Wandel zum Hedonismus zeigte sich in seinen Ausprägungen als
Selbstentfaltung, Individualismus sowie bezüglich der Arbeitssituation in einer
Sichtweise, in der „sich ein Werteverlust der Arbeit als sinnstiftendem Zen-
trum"[844] vollzog. Dieser Lebenssinn wurde zunehmend außerhalb der Arbeit
gesucht. Man sprach vom „Weg in die Freizeitgesellschaft".[845] Dabei wurde
Freizeit zunehmend auch Konsumzeit. „Die Einkaufswelt wird immer mehr zur
Freizeitwelt, und an das Einkaufen werden Erlebniserwartungen gerichtet."[846]
Auf diese Weise erlangte der Konsum – im Gegensatz zur Konsumkritik der 70er
Jahre – im Verlauf der 80er Jahre eine neue Legitimität. Der Konsum wurde
zunehmend als soziale und kommunikative Aktivität gesehen. Dementsprechend
definierten sich Menschen in ihrer sozialen Identität über den Konsum.[847] „Welche Kleidung man trägt, was man liest, welche Musik man hört, was man ißt,
oder in was für einem Haus man wohnt, all dies wird als aussagekräftiger über
die eigene Persönlichkeit und den sozialen Status angesehen als die Ausbildung
oder die Höhe des Einkommens."[848]

Das folgende Kapitel zeigt, wie ein Unternehmen der Kosmetikindustrie
diesen Trend für sich zu nutzen wusste.

## 2.5.2 Der Weg der Unternehmenspraxis zu strategischen Marketing-Entscheidungen: Das Beispiel NIVEA – Marketing für Pflege- und Kosmetikprodukte

Die Marke „NIVEA" der Beiersdorf AG in Hamburg wurde im Jahre 1911
eingeführt und stellt heute die Dachmarke für verschiedene Submarken von

---

[843] Hansen, Ursula/Bode, Matthias: Marketing & Konsum, a.a.O., S. 175. (Herv. im Original).
[844] Ebenda, S. 178.
[845] Ebenda. (im Original herv.)
[846] Ebenda, S. 179.
[847] Vgl. ebenda, S. 181 f.
[848] Ebenda, S. 182.

Pflege- und Kosmetikprodukten dar.[849] „NIVEA" ist insofern als Beispiel für die
Darstellung der Marketingpraxis in den 1980er Jahren interessant, als das Unternehmen zunächst ab Mitte der 60er Jahre eine Krise durchlebte und bis zum
Ende der 70er Jahre mit Stagnationstendenzen zu kämpfen hatte, und erst durch
eine konsequente Marketingausrichtung in der Unternehmensführung ab den 80er
Jahren ein außergewöhnliches Wachstum erzielte und so zu Beginn der 90er Jahren „den Aufstieg zur größten Kosmetiklinie der Welt"[850] schaffte.[851] Schon
zu diesem Zeitpunkt zählte „NIVEA" weltweit „nach Coca-Cola und einigen
Zigarettenmarken zu den zehn Marken, die international am weitesten bekannt
sind."[852]

Mitte der 60er Jahre war auch für Beiersdorf die Periode wachsender
Absatzzahlen zu Ende. Die Dynamik der Marke hatte nachgelassen. Die 1967
vorgelegten Ergebnisse einer Marktforschungsstudie waren „insgesamt nieder-
schmetternd."[853] Danach würden die Verbraucher mit „NIVEA" ausschließlich
Creme verbinden.[854] Der Creme wurde zwar ein hoher Bekanntheitsgrad zugesprochen, sie sei aber kaum attraktiver als ein Stück Kernseife. Hinzu kam,
dass Henkel 1969 das Produkt „Creme 21" neu auf den Markt brachte mit dem
Anspruch, „NIVEA" zu ersetzen. Den Vertrieb organisierte der Konkurrent nicht

---

[849] Zur Marken-Geschichte von NIVEA im Detail vgl. https://www.nivea.de/marke-untern
ehmen/markenhistorie-0247#100%20Jahre%20NIVEA sowie die dort gegebenen Hinweise
auf weitere zeitliche Abschnitte. (abgerufen am 18.9.2020).

[850] Schröter, Harm G.: Marketing als angewandte Sozialtechnik und Veränderungen im Konsumverhalten. Nivea als internationale Dachmarke 1960–1994, in: Siegrist, Hannes/Kaelble,
Hartmut/Kocka, Jürgen (Hg.): Europäische Konsumgeschichte. Zur Gesellschafts- und Kulturgeschichte des Konsums (18. Bis 20. Jahrhundert), Frankfurt/New York 1997, S. 615–647,
hier: S. 616.

[851] Vgl. zum Folgenden die beiden Veröffentlichungen von Schröter, und zwar: Schröter,
Harm G.: Marketing als angewandte Sozialtechnik und Veränderungen im Konsumverhalten.
Nivea als internationale Dachmarke 1960–1994, a.a.O. sowie ders.: Erfolgsfaktor Marke-
ting. Der Strukturwandel von der Reklame zur Unternehmenssteuerung, in: Feldenkirchen,
Wilfried/Schönert-Röhlk, Frauke/Schulz, Günther (Hg.): Wirtschaft, Gesellschaft, Unterneh-
men, 2. Teilband, Stuttgart 1995, S. 1.099–1.127.

[852] Schröter, Harm G.: Marketing als angewandte Sozialtechnik und Veränderungen im Konsumverhalten. Nivea als internationale Dachmarke 1960–1994, a.a.O., S. 645, Interview von
Harm G. Schröter mit Herrn Hagen (Beiersdorf) am 3. Mai 1994.

[853] Ebenda, S. 619.

[854] Vgl. „arbeitsgruppe für psychologische marktanalyse", Bergler, R./Haupt, K./Hambitzer,
M.: NIVEA. Grundlagen, Image und Werbemittel (o.O.) Juni/Juli 1967; zit. nach: Schröter,
Harm G.: Marketing als angewandte Sozialtechnik und Veränderungen im Konsumverhalten.
Nivea als internationale Dachmarke 1960–1994, a.a.O., S. 619.

nur über Drogerien (wie NIVEA), sondern er war auch in Supermärkten präsent. Henkel konnte damit auf Anhieb Beiersdorf wesentliche Marktanteile abnehmen. Beiersdorf richtete daraufhin eine Marketingabteilung für Kosmetik ein, die direkt dem Vorstandsmitglied für Verkauf unterstellt wurde und firmenhierarchisch damit eine Sonderstellung einnahm. Allerdings waren Verkaufsleitung und Marktforschung ihr gleichgeordnet.[855] Bereits 1972 wurden jedoch Marketingabteilung und Marktforschung zusammengelegt.[856]

Die Aufgabenstellung für diese neue Funktionseinheit war klar umrissen: Es sollte die Marktstellung von „NIVEA" mit Hilfe eines umfassenden Marketingkonzepts gerettet und langfristig ausgebaut werden. Mit drei Kampagnen konnten schließlich Erfolge erzielt werden: Mit einer „Stabilisierungskampagne" wurde in einer ersten Phase ab 1970 ein Relaunch der Marke eingeleitet. Die sich anschließende „Aktualisierungskampagne" verfolgte 1971 das Ziel, „NIVEA" in den „Jungbrunnen" zu bringen und das Produkt als modern und attraktiv herauszustellen. Damit wurde ferner angestrebt, mit dem gewonnenen positiven Image auch einen Markentransfer auf andere Produkte der „NIVEA"-Linie zu erzielen. In einer dritten Phase gelang es, mit der „Leistungsfacettenkampagne" ein Testergebnis der Verbraucherzeitschrift kommunikativ zu verwerten. „NIVEA" war im Vergleichstest als einzige Creme mit dem Prädikat „empfehlenswert" belegt worden.[857]

„Das Ungewöhnliche an dieser Planung war, daß Veränderungen weder am Produkt noch an der Verpackung vorgenommen wurden. Das Marketing konzentrierte sich auf nur eines seiner vier Hauptaktionsfelder, auf die Kommunikationspolitik."[858] Die Maßnahmen waren sehr erfolgreich, auch im Wettstreit mit Henkel: 1971 hatte „Creme 21" bereits einen Marktanteil von 12 %; „NIVEA" lag bei 32 %. In der Folgezeit konnte „NIVEA" das Marktanteilsniveau halten, während „Creme 21" kontinuierlich Marktanteile verlor, so dass das Produkt 1986 vom Markt genommen wurde.[859] Zum Erfolg trug auch wesentlich bei, dass Nivea-Produkte seit den 70er Jahren auch in Selbstbedienungsläden und

---

[855] Vgl. Schröter, Harm G.: Erfolgsfaktor Marketing. Der Strukturwandel von der Reklame zur Unternehmenssteuerung, a.a.O., S. 1.107.

[856] Vgl. ebenda, S. 1.116 sowie S. 1.121.

[857] Vgl. Schröter, Harm G.: Marketing als angewandte Sozialtechnik und Veränderungen im Konsumverhalten. Nivea als internationale Dachmarke 1960–1994, S. 621 f.

[858] Ebenda, S. 621.

[859] Vgl. ebenda, S. 622 sowie Fußnote 31 1 in: Schröter, Harm G.: Erfolgsfaktor Marketing. Der Strukturwandel von der Reklame zur Unternehmenssteuerung, a.a.O., S. 1.107.

Verbrauchermärkten angeboten wurden.[860] Zum Ende der 1970er Jahre hatte sich Beiersdorf mit seiner Produktlinie gut behauptet, ohne jedoch den „großen Sprung nach vorne" schaffen zu können. Dies gelang erst in den 1980er und nochmals stärker in den 90er Jahren.

Anfang der 1980er Jahre wurde eine Reihe behutsam durchgeführter Marketingmaßnahmen ergriffen, um die Produktpalette zu erweitern und damit die Marktposition von Beiersdorf auf den in- und ausländischen Märkten zu stärken und weiter auszubauen. Zunächst galten nur solche neuen Produkte als geeignet für die Erweiterung der Linie, die in Beziehung zu einer cremigen Hautpflege standen. Später wurde diese Regel aufgeweicht: Jetzt sollte jedes „NIVEA"-Produkt als Hauptprodukt für ein bestimmtes Anwendungsfeld stehen. Diese Politik erwies sich als erfolgreich. Der Markentransfer als Übertragung positiver Werte vom Markenkern der „NIVEA"-Creme auf neue Produkte gelang.[861]

In den Folgejahren wurde eine Anzahl von neuen Produkten aus dem Pflegebereich auf dem Markt eingeführt. Diese waren vorher jeweils marktforscherisch getestet worden, z. B. durch Gruppendiskussionen, Blindtests und Testkäufe. Zwischen 1971 und 1980 wurden neun neue Produkte der Linie Nivea hinzugefügt; von 1981 bis 1990 kamen 15 hinzu, allein in den beiden Jahren 1990 und 1991 weitere 12.[862] Rückblickend hat sich gezeigt, dass „der Transfer einer eingeführten Marke in verwandte Marktsegmente durch neue Produkte dieser Marke [...] um ein Vielfaches einfacher [ist] als die Einführung einer neuen Marke."[863]

Bemerkenswert ist die sich relativ unvermittelt an diese Aussage anschließende Anmerkung Schröters: „Die Entwicklung des theoretischen Marketingansatzes und seine Verfolgung in der Praxis bei Beiersdorf verliefen bemerkenswert parallel, ohne daß das Unternehmen sich besonders um die Ergebnisse der Theoriebildung gesorgt hätte."[864]

---

[860] Vgl.: Schröter, Harm G.: Erfolgsfaktor Marketing. Der Strukturwandel von der Reklame zur Unternehmenssteuerung, a.a.O., S. 1.117.

[861] Vgl. Schröter, Harm G.: Marketing als angewandte Sozialtechnik und Veränderungen im Konsumverhalten. Nivea als internationale Dachmarke 1960–1994, a.a.O., S. 627.

[862] Vgl. Schröter, Harm G.: Erfolgsfaktor Marketing. Der Strukturwandel von der Reklame zur Unternehmenssteuerung, a.a.O., S. 1.123.

[863] Schröter, Harm G.: Marketing als angewandte Sozialtechnik und Veränderungen im Konsumverhalten. Nivea als internationale Dachmarke 1960–1994, a.a.O., S. 635. Schröter bezieht sich bei dieser Aussage auf ein Interview mit dem Aufsichtsratsvorsitzenden und ehemaligen Vorstandsvorsitzenden von Beiersdorf, Herrn Dr. Kruse, am 6. Mai 1994.

[864] Ebenda.

Das Beispiel „NIVEA" ist ein überzeugender Beleg für das wachsende Verständnis vom „Wert" einer Marke. Durch eine aktive Steuerung des Markenimages und den Transfer auf neue und differenziertere Produkte gelang es, komplexe Markenstrukturen aufzubauen und damit erfolgreich auf dem nationalen wie den internationalen Märkten zu agieren.

## 2.5.3  Das Aufblühen der Beratungsbranche

### 2.5.3.1 Die zahlenmäßige Entwicklung und Struktur der Branche
Die Leistungen von Unternehmensberatern wurden in den ersten zwei Jahrzehnten nach dem Zweiten Weltkrieg zunächst nur sehr zögerlich, eher punktuell und mit den Schwerpunkten Produktion, Rationalisierung und Kostenoptimierung in Anspruch genommen. Wie im Abschnitt 2.3.2.1 beschrieben, setzten die Unternehmen in der Periode der wirtschaftlichen Prosperität lange Zeit auf augenscheinlich bewährte Vermarktungskonzepte im Bewusstsein der eigenen Stärke. Erst als sich auf immer mehr Märkten Sättigungstendenzen zeigten und die Einsicht in die Behauptung „Marketing macht Märkte" wuchs, nahm die Beauftragung von Unternehmensberatern allmählich zu.

Dynamik kam in die Entwicklung aber erst Anfang der 80er Jahre, verstärkt dann in der zweiten Hälfte der 80er Jahre und fast linear fortgesetzt in den 90er Jahren. Gab es 1980 noch rd. 5.000 (selbstständige und mehrheitlich angestellte) Unternehmensberater in Deutschland, so vervierfachte sich ihre Anzahl innerhalb eines Jahrzehnts auf 20.000 im Jahr 1990; fünf Jahre später verdoppelte sich diese Zahl auf 40.000, und weitere fünf Jahre später waren es zur Jahrtausendwende bereits 60.000.[865]

Lippold begründet diese Entwicklung mit dem ständigen (und wohl auch beschleunigten) wirtschaftlichen, gesellschaftlichen und technologischen Wandel, dem sich Unternehmen ausgesetzt sahen und zu dessen erfolgreicher Bewältigung sie externe Beratung nachfragten.[866] So wurde der Beratermarkt zusehends attraktiv. 1967 gründete Roland Berger sein Beratungsunternehmen. In etwa zeitgleich traten die großen Beratungsunternehmen aus den Vereinigten Staaten – McKinsey, A.T. Kearney sowie Booz, Allen & Hamilton, wenig später Boston Consulting Group, Arthur D. Little sowie Bain – in den westdeutschen Markt ein und forcierten die Entwicklung.

---

[865] Vgl. Lippold, Dirk: Grundlagen der Unternehmensberatung. Strukturen – Konzepte – Methoden, Wiesbaden 2016, S. 39. (Zahlen des BDU).
[866] Vgl. ebenda, Vorwort.

Die referierten Zahlen weisen die Berater in den „klassischen" Beratungsfeldern aus, also in den Bereichen Strategie- und Managementberatung, Organisations- und Prozessberatung, IT- und Technologieberatung, Systementwicklung und -integration, Personalberatung sowie Outsourcing. Zahlen über die Verteilung der Umsätze nach Beratungsfeldern waren für den Untersuchungszeitraum dieser Arbeit vom BDU nicht zu bekommen. Für das Jahr 2014 weist Lippold einen Anteil von 30,5 % für den größten Bereich der Organisations- und Prozessberatung aus. Die Strategie- und Managementberatung – vermutlich inklusive der Marketingberatung – liegt mit einem Anteil von 17,1 % an dritter Stelle hinter dem Bereich Systementwicklung/-integration (19,1 %).[867] Es lässt sich vermuten, dass die Strategieentwicklung und damit zusammenhängend die Marketingberatung in früheren Jahrzehnten eine verhältnismäßig noch größere Bedeutung gehabt hat.

Darüber hinaus ist die Beratungsbranche z. T. auch noch in angrenzenden Bereichen wie Wirtschaftsprüfung und Steuerberatung tätig. Für das Jahr 2014 identifiziert Lippold hierfür rd. 53.500 Berater, zusätzlich zu den rd. 106.500 Unternehmensberatern, so dass der Gesamtmarkt der Beratung eine Größenordnung von rd. 160.000 erreicht hat.[868]

Zahlen über die Größenstruktur der Beratungsunternehmen für den hier interessierenden Zeitraum liegen dem Autor dieser Arbeit nicht vor. Die Vermutung liegt nahe, dass es sich zunächst um Unternehmen in „überschaubarer" Größenordnung gehandelt hat, wenigstens was die bundesdeutschen Neugründungen anbetrifft. Aktuelle Zahlen des BDU weisen auf eine große Streubreite der Angebotsseite des Marktes hin: Die mittlerweile rd. 124.100 Unternehmensberater arbeiteten 2018 in rd. 20.100 Beratungsunternehmen. Darunter gibt es 200 Großunternehmen mit 40.000 Beratern, einem Jahresumsatz von jeweils mehr als 50 Mio. € und einem Marktanteil von 42,1 %; außerdem einen „Mittelstand" von rd. 3.400 Unternehmen mit 43.800 Beratern, einem Jahresumsatz zwischen 1 Mio. und 50 Mio. € sowie einem Marktanteil von zusammen rd. 37,0 % sowie schließlich 16.500 kleine Beratungsanbieter mit rd. 40.300 Beratern, einem Jahresumsatz von maximal 1 Mio. € und einem Marktanteil von rd. 20,9 %.[869]

---

[867] Vgl. ebenda, S. 46.

[868] Vgl. ebenda, S. 44.

[869] Vgl. BDU: Facts & Figures zum Beratermarkt 2019: Unternehmensberatungsmarkt 2018, S. 5, Tabelle 1: https://public.centerdevice.de/db3e6440-5875-4162-8d44-5cf6649a2 d9a/ (abgerufen und Zahlen zusammengefasst am 19.10.2020).

## 2.5.3.2 Die Entwicklung der Angebotspalette der Branche

Die in der Nachkriegszeit erbrachten Beratungsleistungen der Branche lassen sich als einen mehrstufigen Prozess einer evolutionären Entwicklung beschreiben. Roland Berger, der Gründer der gleichnamigen Beratungsgesellschaft, teilt die Entwicklung in vier Phasen ein:[870]

1. **Planung der Finanzströme**: Bis in die frühen 1960er Jahre war die wirtschaftliche Situation durch die Knappheitsverhältnisse der Nachkriegszeit bestimmt. Zentrales Planungsinstrument war die Budgetierung; es ging um die Optimierung von Entscheidungen z. B. in der Produktion, bei den Preisen und beim Gewinn.
2. **Langfristige Planung**: Der Wandel vom Verkäufer- zum Käufermarkt sowie das zunehmende Interesse der westdeutschen Unternehmen an Marketingkonzepten hat die Nachfrage nach Beratungsleistungen seit Mitte der 60er Jahre ganz entscheidend gefördert. Das hatte zweierlei Konsequenzen:
   - „**Marketing** wurde als externe Beratungsleistung angeboten, die ersten darauf spezialisierten Beratungsunternehmen gegründet."[871]
   - Die **langfristige Planung** wurde als wichtig erkannt und rückte in den Vordergrund: Das betraf nicht nur den zeitlichen Planungshorizont, sondern auch eine stärkere Koordination der bis dahin üblichen Einzelpläne.
3. **Strategische Planung**: Im Rahmen von systematischen Herangehensweisen wurden **SWOT-Analysen** durchgeführt als Vergleich eigener Stärken und Schwächen mit künftigen Chancen und Gefahren. Außerdem wurden weitere Analyseinstrumente in die Strategieberatungen integriert, etwa Szenario-Analyse, die Erfahrungskurve oder verschiedene Frühwarnsysteme zur Erkennung von Anzeichen für Krisen. „Die in dieser Zeit erarbeiteten Management-Innovationen waren über viele Jahrzehnte als Analyse- und Entscheidungsmodelle in Gebrauch und gelten noch heute als Basiskonzepte der Unternehmensführung."[872] Zudem entwickelte sich das **Marketing** immer mehr von einer reinen Verkaufspolitik zu einem ganzheitlichen Ansatz im Sinne einer **marktorientierten Unternehmensführung**.
4. **Strategisches Management**: Beginnend mit den frühen 80er Jahren erhöhten sich im Zuge der einsetzenden Globalisierung die Anforderungen an die

---

[870] Vgl. zum Folgenden: Berger, Roland: Unternehmen und Beratung im Wandel der Zeit, in: Niedereichholz et al. (Hg.): Handbuch der Unternehmensberatung. Organisationen führen entwickeln, Berlin 2004,Vorwort, S. 1–14, hier: S. 3 ff: https://www.consultingbay.de/.dow nload/_sid/EOPI-669218-6O6U/125410/hdu_0100.pdf (abgerufen am 19.10.2020).
[871] Ebenda, S. 3. (Herv. d. Verf., H.F.)
[872] Ebenda, S. 4.

schnelle Anpassungsfähigkeit der Unternehmen. Es wurden neue Konzepte entwickelt, so z. B. die Benchmark-Analyse oder der Shareholder-Value-Ansatz, sowie die Anwendung strategiebildender Instrumente forciert, so z. B. des Portfolio-Konzepts von BCG. Außerdem entstand z. B. aus der Bedrohung durch die Exporterfolge japanischer Unternehmen die „Lean-Philosophie" zur Verschlankung von Unternehmen. Die Stichworte sind hier: Just-in-time, Gruppenarbeit, Lean-Production, Business Process Reengineering (BPR).

Die Beratungspraxis orientierte sich in dieser Zeit zunächst sehr stark an der klassischen Beratungsschule. D. h. dass der Berater es vor allem als seine Aufgabe ansieht, problembezogenes Expertenwissen an den Klienten zu vermitteln. Dies geschieht in Form eines Gutachtens, ggf. mit verschiedenen Handlungsalternativen zur Vorbereitung einer Entscheidung. Die Stellung des Beraters „ist die eines neutralen Sachverständigen, der selbst nicht an der Umsetzung der von ihm empfohlenen Handlungsalternative beteiligt ist."[873] Aus diesem Beratungsansatz hat sich die sogenannte Expertenberatung entwickelt. Wesentlich ist hier die Problemanalyse und Konzeptentwicklung. „Dies ermöglicht es dem Berater, standardisierte methodische Vorgehensweisen und Rahmenkonzepte als ‚Beratungsprodukte' zu vermarkten, die im Rahmen des Beratungsprozesses auf die spezifischen Gegebenheiten eines Klientenunternehmens adaptiert werden."[874] In späteren Phasen sind die Organisationsentwicklung und Systemische Beratung auch als Antwort auf die Kritik an den klassischen Beratungsansätzen hinzugekommen.[875]

### 2.5.3.3 Berater als wichtige Strategieentwickler und „Transformatoren" des Wissens zwischen dem universitären Bereich und der unternehmerischen Praxis

Ganz offensichtlich haben Unternehmensberater eine wichtige Rolle im Verhältnis zwischen Theorie und Praxis eingenommen: Zum einen sind sie Entwickler von innovativen Analyse- und Strategiekonzepten gewesen, zum anderen haben sie theoretisches Wissen in die Unternehmen getragen und auf diese Weise als „Transformatoren" des Wissens zwischen dem universitären Bereich und der

---

[873] Fink, Dietmar/Knoblach, Bianka: Die großen Management Consultants. Ihre Geschichte, ihre Konzepte, ihre Strategien, München 2003, S. 34.

[874] Ebenda, S. 35.

[875] Vgl. dazu ebenda, S. 35 ff. sowie detaillierter z. B.: Walger, Gerd: Formen der Unternehmensberatung. Systemische Unternehmensberatung, Organisationsentwicklung, Expertenberatung und gutachterliche Beratungstätigkeit in Theorie und Praxis, Köln 1995; ders.: Wissensmanagement, das Wissen schafft, Witten u. a. 1999.

unternehmerischen Praxis fungiert sowie dabei auch Anforderungen der Praxis aufgenommen und diese in die wissenschaftliche Diskussion eingebracht. Roland Berger argumentiert in einem Ausblick auf die Zukunft aus der Perspektive des Jahres 2004: „In unserem arbeitsteilig organisierten Wirtschaftssystem kommt den externen Beratungen (oftmals im Verbund mit der Wissenschaft) die Rolle des Innovators zu – beispielsweise für Management-, Steuerungs- und Controllingmethoden, Prozessverbesserungen, neue Marketingansätze, Technologieeinsatz oder Personalentwicklung."[876]

Und im Hinblick auf die angesprochene „Transformationsfunktion" der Berater ergänzt Berger: „Der Erfolg einer Beratung steht und fällt mit der Fähigkeit, sich selbst laufend zu erneuern und einen permanenten Prozess der internen Wissensgenerierung voranzutreiben. Im Sinne der volkswirtschaftlichen Arbeitsteilung besteht eine zentrale Aufgabe von Unternehmensberatungen darin, sowohl tradiertes Wissen als auch neue Erkenntnisse aus den Universitäten in die Unternehmenspraxis zu transferieren. Um dies zu können, müssen sie ihr eigenes Instrumentarium und ihre Methodenkenntnis permanent weiterentwickeln."[877]

Dabei pflegt und fördert das Beratungsunternehmen Roland Berger die Verbindung zur Wissenschaft und die Arbeit in den Universitäten. In einer Veröffentlichung aus dem Jahre 2003 heißt es: „Kooperationen mit 16 wirtschaftswissenschaftlichen Lehrstühlen, Stiftungsprofessuren am *INSEAD* in Fontainbleau, an der *Technischen Universität München* und an der *Brandenburgischen Technischen Universität Cottbus* sowie die *Roland Berger Foundation* zur Entwicklung innovativer Managementkonzepte sorgen zudem für einen intensiven Transfer von aktuellem Managementwissen zwischen Wissenschaft, Beratung und Industrie."[878]

---

[876] Berger, Roland: Unternehmen und Beratung im Wandel der Zeit, in: Niedereichholz et al. (Hg.): Handbuch der Unternehmensberatung. Organisationen führen entwickeln, a.a.O., S. 9.

[877] Ebenda, S. 10.

[878] Fink, Dietmar/Knoblach, Bianka: Die großen Management Consultants. Ihre Geschichte, ihre Konzepte, ihre Strategien, a.a.O., S. 312. (Herv. im Original) Bei INSEAD handelt es sich um eine renommierte französische Business School in Fontainbleau bei Paris. „Der Lehrstuhl sollte die strategischen, strukturellen und prozessualen Konsequenzen, die der Geschäftswelt und der Gesellschaft im Allgemeinen aus dem Einsatz innovativer Informationstechnologien erwachsen, in Forschung und Lehre vertreten." Ebenda, S. 106.

### 2.5.3.4 Die Attraktivität von Beratungsleistungen aus Sicht der unternehmerischen Praxis

Angesichts des seit 1980 stark gewachsenen Beratergeschäfts – sicherlich auch stark geprägt durch die Herausforderungen und Probleme auf der gesamtwirtschaftlichen und -gesellschaftlichen Ebene mit Konsequenzen für die Führung der Unternehmen im Einzelfall – stellt sich aber dennoch die Frage, aus welchen konkreten Gründen Führungskräfte in der Praxis verstärkt Beraterleistungen in Anspruch genommen haben.

Nach Fink und Knoblach sind die Gründe vielschichtig. Die kritischen Ausführungen der Autoren zu diesem Themenbereich lassen sich folgendermaßen zusammenfassen:[879]

- **Die Verbesserung der Wettbewerbsposition**: Aus der zunehmenden Komplexität, Intransparenz und Dynamik der meisten Märkte resultieren unklare und unstrukturierte Entscheidungssituationen. „In einem solch mehrdeutigen Kontext der Verunsicherung können Managementkonzepte – zumindest vordergründig – Orientierung liefern."[880] Die Konzepte sind gut strukturiert, für ihren Nutzen gibt es zahlreiche Praxisbeispiele; außerdem erlauben sie ein schnelles und zielgerichtetes Handeln. „Dies ermöglicht es einem Manager, die Komplexität seiner Entscheidungssituation zu reduzieren, indem er sich nicht länger an der Realität seines Unternehmens und seiner Umsysteme, sondern an dem von ihm *wahrgenommenen wettbewerbsstrategischen Potenzial* eines bestimmten Managementkonzeptes orientiert. Wird dieses als hinreichend empfunden, erfolgt – so gut dies geht – eine Anpassung des Konzeptes an die eigene Situation."[881]

Dabei ist der Erfolg eines bestimmten Konzeptes, z. B. zur Verbesserung der Wettbewerbssituation, nur schwer zu ermitteln und wird häufig auch gar nicht gefordert. Bestimmte Managementkonzepte gelten als „Best Practice"; das sie einsetzende Unternehmen als fortschrittlich. „Managementkonzepte können somit den Status sozialer Normen erlangen."[882]

---

[879] Vgl. zum Folgenden: Fink, Dietmar/Knoblach, Bianka: Die großen Management Consultants. Ihre Geschichte, ihre Konzepte, ihre Strategien, a.a.O., S. 26 ff.

[880] Ebenda, S. 27.

[881] Ebenda. (Herv. im Original).

[882] Ebenda.

- **Die Wirkung von „Primäremotionen" bei den Führungskräften der Unternehmen:** Z. B. kann die Eitelkeit dazu führen, dass ein Manager durch die Anwendung bestimmter Managementkonzepte als herausragendes Beispiel eines Vorzeigeunternehmens wirken möchte. Dazu gehört auch das Bedürfnis von Managern, „ihre Handlungsweisen in einem Diskurs mit einem ‚neutralen' Gesprächspartner zu reflektieren und gemeinsam mit diesem das wettbewerbsstrategische Potenzial neuer Ideen zu erörtern."[883]

Bei diesen Erkenntnissen gibt es interessante Parallelen zu wissenschaftlichen Ergebnissen aus den 1970er Jahren. Und zwar haben sich amerikanische Wissenschaftler mit dem Problem, dass sich Unternehmen fast standardmäßig in komplexen, ambivalenten und sich ständig wandelnden Situationen befinden, näher auseinandergesetzt.[884] Im Rahmen eines **„Mülleimer-Modells"** beschreiben sie modellhaft das Entscheidungsverhalten in Organisationen jenseits rationaler Entscheidungsfindungsmodelle und rational handelnder Personen und klarer Strukturen. Die grundlegende These lautet: In den Unternehmen herrscht „organisierte Anarchie". Das fängt bei der unklaren Definition und der inkonsistenten Sicht des Problems und der Ziele sowie des Umgangs damit an („problematic preferences").[885] Die Unsicherheit setzt sich fort, indem Prozesse von den eigenen Mitarbeitern nicht verstanden werden und nur ein unvollständiges Verständnis von den Mittel/Zweck-Relationen besteht und deshalb Alternativen im trail and error-Verfahren ausprobiert werden („unclear technology").[886] Als dritter Faktor kommt die fluide Partizipation hinzu, die sich darin zeigt, dass die Teilnehmer an

---

[883] Ebenda, S. 28.

[884] Vgl. z. B. Cohen, Michael D./March, James G./Olsen, Johan P.: A Garbage Can Model of Organizational Choice, in: Administrative Science Quarterly, Vol. 17, No. 1 (Mar., 1972), S. 1–25. https://perguntasaopo.files.wordpress.com/2012/02/cohen_olsen_1972_a-garbage-can-model-of-organizational-choice.pdf (abgerufen am 5.2.2020).

[885] „it discovers preferences through action mor than is it acts on die basis of preferences." Cohen, Michael D./March, James G./Olsen, Johan P.: A Garbage Can Model of Organizational Choice, a.a.O., S. 1.

[886] „It operates on the basis of simple trial-and-error procedures, the residue of learning from the accidents of past experience, and pragmatic inventions of necessity." Ebenda.

Meetings, ihr zeitlicher Aufwand und ihr Engagement variieren („fluid participation").[887] „Where goals and technology are hazy and participation is fluid, many of he axioms and standard procedures of management collapse."[888]

Es ist verständlich, dass Unternehmen, die sich derartigen Situationen mehr oder weniger bewusst oder unbewusst ausgesetzt sehen, nach Orientierungen, externen Ankerpunkten und „bewährten" Strategien suchen. Sie versprechen sich von Beratungsunternehmen, dass sie diese Funktionen übernehmen können.

Das Schlagwort vom „Mülleimer" bedeutet, dass in der beschriebenen „organisierten Anarchie" eine Entkopplung von Problemen und Entscheidungssituationen herrscht und dass sich im „Mülleimer" ungeordnet und zufällig vier unabhängige, dynamische Ströme treffen: (1) *Probleme* (zu denen es noch keine Lösungen gibt), (2) *Lösungen* (für die noch keine Problemsituation benannt worden ist), (3) *Teilnehmer* (die verschiedene noch nicht zusammenpassende Probleme und Lösungen in sich tragen), (4) *Entscheidungssituationen* (in denen die unterschiedlichen Strömungen zusammenfinden können).[889] Die Konsequenz ist, dass die Probleme in der Organisation von einem Entscheidungsmeeting zum nächsten wandern und deshalb Entscheidungen getroffen werden, bevor sie mit Problemen verbunden worden sind. Die Managementaufgabe kann darin bestehen, diese unterschiedlichen Strömungen im ungeordneten „Mülleimer" in vernünftige Bahnen zu lenken. Der Autor dieser Arbeit neigt allerdings ebenfalls der Ansicht zu, dass das **„Bild des Basars"**[890] für eine solche Strukturierung treffender ist.

Die grundlegende Aufgabe besteht also darin, das in einem Unternehmen vorhandene Wissen und die Informationen zu koordinieren und für Entscheidungen sinnvoll zu nutzen. Dass dies häufig nicht ein Problem mangelnder Informationen, sondern eines „Zuviels" an Information und eines „falschen" Umgangs damit

---

[887] „Participants vary in the amount of time and effort they devote to different domains; involvement varies from one time to another. As a result, the boundaries of the organization are uncertain and changing, The audiences and decision makers for any particular kind of choice change capriciously." Ebenda.

[888] Cohen, Michael D./March, James G./Olsen, Johan P.: A Garbage Can Model of Organizational Choice, a.a.O., S. 2.

[889] Vgl. ebenda, S. 3 ff.

[890] Vgl. socius Organisationsberatung, gemeinnützige GmbH: Das Garbage Can Modell der „Organisierten Anarchie", http://www.wissen.socius.de/images/stories/organisationsentwicklung/oe-prozesse/garbagecanmodell.pdf (abgerufen am 5.2.2020).

ist einschließlich einer Sichtweise, in der Informationen als „**Signal und Symbol**" betrachtet werden, zeigt auch eine andere US-amerikanische Studie auf der Grundlage einer umfangreichen Literatursicht.[891]

Aus klassischer entscheidungstheoretischer Sicht werden Informationen gesammelt und verwendet, weil sie bei der Auswahl von Entscheidungsalternativen helfen können. Beobachtungen in Organisationen weisen aber darauf hin, dass auf der einen Seite Einzelpersonen und Organisationen zwar in die Informationsbeschaffung investieren, die daraus zu gewinnenden Erkenntnisse dann aber nicht hinreichend nutzen oder aber Informationen präferieren, die keine große Entscheidungsrelevanz haben. „Organizational participants seem to find value in information that has no great decision relevance. They gather information and do not use it. They ask for reports and do not read them. They act first and receive requested information later."[892]

Erklärungen für diesen auffälligen Überkonsum von Informationen und die nicht adäquate Nutzung finden die Autoren in folgenden vier Punkten: (1) entstehen aus der arbeitsteiligen Organisation eines Unternehmens Anreize zur Informationssammlung; (2) werden Informationen in einem Überwachungsmodus statt in einem Entscheidungsmodus gesammelt; (3) unterliegen viele Informationen in einer Organisation einer strategischen Falschdarstellung und (4) symbolisiert die Nutzung von Informationen die Verpflichtung zu rationalen Entscheidungen. Gerade der letzte Punkt bekräftigt die Symbolhaftigkeit von Informationen und ihre Bedeutung als sozialer Wert und signalisiert persönliche und organisatorische Kompetenz.

Durch die Beauftragung von Beratungsunternehmen kann die Verpflichtung zur rationalen Entscheidungsfindung dokumentiert werden und persönliche sowie organisatorische Kompetenz signalisiert und symbolisiert werden.

Insgesamt können Beratungsleistungen von darauf spezialisierten externen Unternehmen aber wertvolle Hilfestellungen leisten zum einen bei der neutralen und objektiven Problemanalyse, zum anderen auch bei der Entwicklung erfolgreicher Marktstrategien unter Berücksichtigung der besonderen Situation des beratenen Unternehmens. Hier kann häufig das spezifische Wissen von Unternehmensberatungen eingesetzt werden, gerade dort, wo es in den Unternehmen entweder nicht oder nicht hinreichend vorhanden ist. Außerdem besteht die Chance, dass bestimmte analytische und strategische Aufgaben schneller und

---

[891] Vgl. zum Folgenden: Feldman, Martha S./March, James G.: Information in Organizations as Signal and Symbol, in: Administrative Science Quarterly, Vol. 26, No. 2 (Jun., 1981), S. 171–186. https://www.ics.uci.edu/~corps/phaseii/FeldmanMarch-SignalSymbol-ASQ.pdf (abgerufen am 5.2.2020).

[892] Ebenda, S. 182.

effizienter gelöst werden können. Wichtig ist dabei aber, dass die Entscheidungsträger in den Unternehmen selber den Überblick über Verfahren und Ergebnisse
und letztendlich die Entscheidungsgewalt behalten.

## 2.5.4  Die Entwicklung der Marketingdisziplin in den 1980er Jahren: Die weitere Spezialisierung

Die 1980er Jahre werden gemeinhin als eine Phase der „Fragmentierung"[893],
der „Ausdifferenzierung"[894] bzw. des „Deepening und Broadening"[895] der Marketingdisziplin bezeichnet. Dies gipfelte zu Beginn der 90er Jahre in der
geäußerten Befürchtung, dass sich diese Entwicklung im weiteren Verlauf in eine
„Hyperspezialisierung"[896] hineinbewegen könnte mit der Konsequenz, dass die
eigentlichen Probleme der Praxis aus dem Blick geraten.[897] Allerdings waren
diese Entwicklungen zunächst Ausfluss der Wirkung unterschiedlicher Trends im
Unternehmensumfeld, die sich z. T. überlagerten, auch verstärkten und mitunter
auch gegenläufig wirkten. Die Marketingwissenschaft stand damals vor der Herausforderung, Lösungsvorschläge für unterschiedliche Marktsituationen und sehr
spezifische Problemstellungen zu unterbreiten.[898] Daraus resultierten eine Reihe
von Spezialisierungen und neue Teilgebiete der Marketingwissenschaft.

So bestand in den 1980er Jahren ein Schwerpunkt der marketingwissenschaft-
lichen Arbeit im Ausbau der Marketing-Management-Theorie auf weitere Sektoren, Branchen und Industriezweige. Dies geschah zum einen in Form produkt-
und anwenderbezogener Ausdifferenzierungen, zum anderen in funktionsbezoge-
ner Form. Seit den 1970er Jahren hatte sich das *Konsumgütermarketing* schon
verstärkt entwickelt. Zeitlich etwas versetzt formierte sich das *Handelsmarketing*.
Darüber hinaus entstanden jetzt das *Investitionsgütermarketing* (Business-to-
Business-Marketing) als Entgegnung auf zunehmende Vermarktungsprobleme im
Industriegüterbereich sowie das *Dienstleistungsmarketing* als Reaktion auf die

---

[893] Hansen, Ursula/Bode, Matthias: Marketing & Konsum, a.a.O., S. 171; dies.: Entwicklungsphasen der deutschen Marketingwissenschaft seit dem zweiten Weltkrieg, a.a.O.,
S. 195.

[894] Sepehr, Philipp: a.a.O., S. 57.

[895] Bubik, Roland, a.a.O., S. 172.

[896] Tietz, Bruno: Die bisherige und künftige Paradigmatik des Marketing in Theorie und
Praxis, Zweiter Teil: Zur künftigen Entwicklung des Marketing, a.a.O., S. 221–236, hier:
235.

[897] Vgl. ebenda.

[898] Vgl. Sepehr, Philipp: a.a.O., S. 57.

wachsende wirtschaftliche Bedeutung dieses Sektors. Beispiele für weitergehende branchen- bzw. produktbezogene Differenzierungen sind das *Tourismusmarketing*, das *Automobilmarketing* sowie das *Bank- und Versicherungsmarketing*. Hinsichtlich funktionaler Untergliederungen sind neben dem *Absatzmarketing* auch Ausweitungen in Richtung *Beschaffungsmarketing* und *Personalmarketing* entstanden; später ist das *Finanzmarketing* dazu gekommen.[899]

Unter inhaltlichen Gesichtspunkten bildeten – einem „dominierende[n] Trend"[900] folgend – **strategische Überlegungen** das Herzstück der Marketingforschung im Absatzbereich dieses Jahrzehnts über alle branchenspezifischen Marketingbereiche hinweg. Diese Ansätze zeigten sich bereits zu Beginn der 80er Jahre zunächst in einer *Wettbewerbsorientierung*. Ab den 90er Jahren kamen die *Mitarbeiter-* sowie *Beziehungsorientierung* der Marketingwissenschaft hinzu. Diese drei Strömungen waren wesentliche Grundorientierungen, die darüber hinaus nach und nach um eine ganze Reihe weiterer Spezifizierungen ergänzt wurden.[901]

Darüber hinaus bestand bereits seit Mitte der 70er Jahre eine starke Tendenz, die gesellschaftskritischen Argumente gegenüber dem Marketingansatz aufzunehmen und wissenschaftlich zu verarbeiten. Ausgehend von den USA wurden auch im deutschsprachigen Raum verstärkt in den 80er Jahren nacheinander die Konzepte des *Non-Business-Marketing*, des *Generic Concepts of Marketing*, des *Social Marketing*, des *Human Concepts* sowie des *verbraucherzentrierten Marketings* verstärkt diskutiert. Außerdem gab es die Hinwendung zum *ökologischen Marketing*.[902] „Die akademische Marketing-Disziplin nahm im Zusammenhang mit dem *‚social approach to marketing'* [...] eine bislang ungekannte Rolle ein: Die des Anwalts gesellschaftlicher Interessen."[903] Letzteres zeigte sich auch insbesondere in der Literatur zur Kritik der Markt- und Marketingtheorie[904] sowie in Forschungsprojekten zur Verbraucherpolitik.[905]

---

[899] Vgl. Hansen, Ursula/Bode, Matthias: Marketing & Konsum, a.a.O., S. 258 ff.

[900] Bubik, Roland, a.a.O., S. 183.

[901] Vgl. dazu z. B. die Abbildung bei Sepehr, Philipps: a.a.O., S. 76.

[902] Vgl. zu einem Überblick zu diesen Forschungszweigen: Hansen, Ursula/Bode, Matthias: Marketing & Konsum, a.a.O., S. 133 ff sowie: Bubik, Roland, a.a.O., S. 172 ff.

[903] Bubik, Roland, a.a.O., S. 179. (Herv. im Original).

[904] Vgl. z. B.: Fischer-Winkelmann, Wolf F./Rock, Reinhard (Hg.): Markt und Konsument. Zur Kritik der Markt- und Marketingtheorie, Teilband I: Kritik der Markttheorie, Teilband II: Kritik der Marketingtheorie, München 1975/1976; dies. (Hg.): Marketing und Gesellschaft, Wiesbaden 1977.

[905] Vgl. z. B.: Biervert, Bernd/Fischer-Winkelmann, Wolf F./Rock, Reinhard: Grundlagen der Verbraucherpolitik. Eine gesamt- und einzelwirtschaftliche Analyse, Reinbek bei Hamburg 1977; dies.(Hg.): Verbraucherpolitik in der Marktwirtschaft, Reinbek bei Hamburg

Von einer anderen Seite der Kritik musste sich die Marketingdisziplin in dieser Zeit sogar des Vorwurfs der Anmaßung gegenüber der allgemeinen Betriebswirtschaftslehre, „eine bessere, weil ‚marktorientierte' Unternehmensführung auf den Wissensmarkt bringen zu können."[906] erwehren. Von einem zweiten Autor wurde ebenfalls eine Rückbesinnung des Marketings auf eine ökonomische Theoriebasis gefordert.[907] Die Kritik zielte dabei insbesondere auf die verhaltenswissenschaftliche Ausrichtung der Marketingforschung.

Eine Reihe von Marketingwissenschaftlern ist diesen Kritikern wiederholt entgegengetreten. So hat etwa Erwin Dichtl zeitnah darauf geantwortet, dass es für „diejenigen Marketingökonomen, die bei der Lösung praktischer Probleme mitwirken [...] wollen, kaum eine wirtschafts-, sozial- oder formalwissenschaftliche Disziplin [gebe], auf die nicht rekurriert werden müßte."[908] Auch Klaus Backhaus hat wiederholt dazu Stellung genommen, insbesondere mit dem Hinweis auf einen bewussten Paradigmenwechsel im Zusammenhang mit dem Übergang von der traditionsgebundenen Absatzwirtschaft zum Marketing und der dabei vollzogenen Hinwendung zu verhaltenswissenschaftlichen Erkenntnissen.[909] Bubik kommt zu einem ähnlichen Schluss: „Aus historischer Perspektive ist der interdisziplinäre, insbesondere der **verhaltenswissenschaftliche Bezug** der Marketing- und Absatzlehre ein *konstitutives Merkmal* dieser Disziplin."[910] Er weist ergänzend darauf hin, dass z. B. die Werbelehre als marketingwissenschaftliches Teilgebiet sich bereits seit Anfang des 20. Jahrhunderts sogar als angewandte Psychologie verstand.[911]

Als eine Konsequenz der seinerzeitigen kritischen Anmerkungen hat sich dann z. B. die „Neue Institutionen-Ökonomik (NIÖ)" als Rückbesinnung auf

---

1978; Biervert, Bernd/Monse, Kurt/Rock, Reinhard: Organisierte Verbraucherpolitik. Zwischen Ökonomisierung und Bedürfnisorientierung, Frankfurt/New York 1984.

[906] Schneider, Dieter: Marketing als Wirtschaftswissenschaft oder Geburt einer Marketingwissenschaft aus dem Geiste des Unternehmerversagens?, a.a.O., S. 200.

[907] Vgl. Hax, Herbert: Theorie der Unternehmung – Information, Anreize und Vertragsgestaltung, in: Ordelheide, Dieter/Rudolph, Bernd/Büsselmann, Elke (Hg.): Betriebswirtschaftslehre und Ökonomische Theorie, Stuttgart 191, S. 51–72.

[908] Dichtl, Erwin: Marketing auf Abwegen?, in: Zeitschrift für betriebswirtschaftliche Forschung, 35. Jg., 1983, S. 1066–1074, hier: S. 1.071.

[909] Backhaus, Klaus: Deutschsprachige Marketingforschung – Anmerkungen eines Beteiligten, in: ders. (Hg.): Deutschsprachige Marketingforschung. Bestandsaufnahme und Perspektiven, Stuttgart 2000, S. S. 3–9, hier. S. 4.

[910] Bubik, Roland, a.a.O., S. 191. (Herv. im Original).

[911] Vgl. ebenda, S. 192.

das Ökonomische in der Marketingwissenschaft etabliert. Die Marketingdiszi-plin hat allerdings selbst auch ihre Arbeit kritisch reflektiert: Nach Mefferts Bewertung dokumentieren die zahlreichen in den 80er Jahren hervorgebrach-ten Marketing-Varianten einerseits „die hohe Dynamik und Ausdifferenzierung des Marketingkonzeptes", andererseits stehen die „schnell aufeinander folgen-den ‚Theoriewellen'" für eine „**Verwässerung der Marketing-philosophie**"[912] – ganz im Sinne der eingangs erwähnten Befürchtung von Tietz.

Aus Sicht der Unternehmenspraxis sah man sich zu Beginn der 80er Jahre mit den sich verstärkenden Problemen auf gesamt- wie einzelwirtschaftlicher Ebene konfrontiert: Gesättigte und zunehmend globalisierte Märkte, die einer zuneh-menden Dynamik unterlagen, ein spürbar wachsender Verdrängungswettbewerb sowie wachsende Anforderungen an die eigenen strategischen und operativen Fähigkeiten bestimmten die oftmals schwierige Situation in den Unternehmen.

Insbesondere die Zunahme des Verdrängungswettbewerbs erforderte eine stär-kere „**kompetitive Ausrichtung** des Marketing".[913] Vor allem Michael Porter hat sich in der ersten Hälfte der 80er Jahre mit **Wettbewerbsstrategien** befasst und das theoretische Fundament zur langfristigen Erzielung von Wettbewerbsvortei-len erarbeitet.[914] Dem Unternehmen stehen dabei prinzipiell drei Strategietypen zur Verfügung: eine umfassende Kostenführerschaft, eine Differenzierung durch besondere Produkt- bzw. Leistungsvorteile sowie eine Nischenstrategie. Porter hat dazu eine Wettbewerbsmatrix entwickelt sowie vor der Gefahr eines „Stuck-in-the Middle" gewarnt in dem Falle, in dem die Position eines Unternehmens weder die des Branchenführers noch die des Spezialisten ist. Die Marketingwissenschaft hat sich seither intensiv mit sogenannten komparativen Wettbewerbsvorteilen sowie der Wettbewerbspositionierung beschäftigt. Ganz besonders im Zusammen-hang mit der Entwicklung von Marktstrategien auf den Investitionsgütermärkten hat Klaus Backhaus daraus das Konzept des „Komparativen Konkurrenzvorteils (KKV) entwickelt.[915]

---

[912] Meffert, Heribert: Marktorientierte Unternehmensführung im Umbruch – Entwicklungs-perspektiven des Marketing in Wissenschaft und Praxis, in: Bruhn, Manfred/Meffert, Heri-bert/Wehrle, Friedrich (Hg.): Marktorientierte Unternehmensführung im Umbruch, a.a.O., S. 9. (Herv. im Original).

[913] Ebenda, S. 6. (Herv. im Original).

[914] Vgl. Porter, Michael E.: Competitive Strategies, Englewood Cliffs 1980 sowie ders.: Competitive Advantage, Creating and Substaining Sperior Performance, Englewood Cliffs 1985.

[915] Backhaus/Weiber haben den Begriff des KKV erstmals 1989 verwendet, nämlich in der Veröffentlichung: Backhaus, Klaus/Weiber, Rolf: Entwicklung einer Marketing-Konzeption

In stagnierenden oder gar schrumpfenden Märkten ist der Wettbewerb noch härter als in Wachstumsbranchen. In dieser Situation kann ein Anbieter nur noch auf Kosten seiner Wettbewerber Absatzzuwächse erringen; der Wettbewerb hat sich dann zu einem Nullsummenspiel gewandelt. In Verbrauchsgütermärkten ist dies häufig bei hohen Konsumintensitäten der Fall,[916] so z. B. auch im deutschen Biermarkt seit Anfang der 1970er Jahre. „Die Handlungsspielräume werden enger, so daß unerwartet negative Marktänderungen die Existenzgrundlage einer Unternehmung bereits bedrohen können."[917] Hier geht es um das Sammeln

Mit der Wettbewerbsorientierung hat auch die **Konkurrenzanalyse** an Bedeutung gewonnen. „In wettbewerbsintensiven Märkten gewinnen die Informationen über die Konkurrenz lebenswichtige Bedeutung."[918] Hier geht es um das Sammeln und Auswerten von Markt- und Marktforschungsdaten, Veröffentlichungen und die Fähigkeit, „das Gras wachsen zu hören".

Die Wettbewerbsbedingungen verschärften sich für die Industrie auch wegen des weiteren **Erstarkens des Handels** und der zunehmenden Machtfülle großer Handelskonzerne, die im vertikalen Marketing Druck auf die Hersteller ausübten, indem sie eigene Marken kreierten und eigene Marketingkonzepte durchzusetzen versuchten. Die Marketingliteratur hat auch dazu Beiträge geliefert.

Außerdem wurde das Gebiet der **Marketing-Kontrolle** stärker in den wissenschaftlichen Fokus gerückt. Böcker hat 1988 dazu für den deutschsprachigen Raum ein grundlegendes und systematisch konzipiertes Buch vorgelegt.[919]

Insbesondere wurden in den 1980er Jahren aber die Bemühungen um die strategische Marketing-Planung verstärkt, zumindest was ihre Integration in die Lehrbücher betrifft. Vor allem gilt dies im Hinblick auf die **zukunftsgerichteten Produkt-Markt-Kombinationen** im Anschluss an den Entwurf von Ansoff und die **Portfoliostruktur von Strategischen Geschäftsfeldern** eines Unternehmens nach dem Konzept der Boston Consulting Group (BCG).

---

mit SPSS/PC +, Berlin u. a., 1989, S. 3, zit. nach Sepehr, Philipp: a.a.O., S. 59, Fußnote 268.

[916] Vgl. Hansen, Ursula/Bode, Matthias: Marketing & Konsum, a.a.O., S. 196.

[917] Ebenda.

[918] Simon, Hermann: Herausforderungen an die Marketingwissenschaft, a.a.O., S. 210.

[919] Vgl. Böcker, Franz: Marketing-Kontrolle, a.a.O., 1988.

## 2.5.5 Anwendungsmöglichkeiten in der Marketingpraxis in den 1980er Jahren: Erkenntnisse, die sich prinzipiell für Vermarktungsprozesse nutzen lassen

Wie bereits für die beiden Vorgängerperioden sollen auch für die 1980er Jahre aus den damaligen Standardveröffentlichungen anwendungsbezogene Erkenntnisse bis hin zu ganz konkreten Handlungsempfehlungen für das unternehmerische Marketing auch in der Brauindustrie selektiert werden. Da die insbesondere in den 1970er Jahren erarbeiteten zentralen Grundsätze und Sachgebiete des Marketings auch in diesem Jahrzehnt weiterhin Gültigkeit haben, soll sich die Darstellung auf die neuen, oben skizzierten Schwerpunkte konzentrieren. Die zusätzlichen Erkenntnisse sollen dann wieder in einer Tabelle überblickartig zusammengefasst werden und den Ausgangspunkt für den Vergleich mit der tatsächlichen Marketingarbeit in der Dortmunder Brauindustrie darstellen. Den Abschluss dieses Kapitels wird erneut eine Bewertung des Wissenschaftsprogramms der Marketingforschung in dieser Periode bilden.

Die folgenden Ausführungen basieren auf der Durchsicht der Neuauflagen der analysierten Marketing-Lehrbücher von Nieschlag/Dichtl/Hörschgen, Meffert sowie Hill aus den 60er und 70er Jahren, die auch in den 80er Jahren wesentliche Basiswerke für die Marketingdisziplin dargestellt haben.[920] Zusätzlich sind das zuerst im Jahr 1983 erschienene Lehrbuch von Jochen Becker zu den Grundlagen der Marketing-Konzeption sowie das Basiswerk zur Wettbewerbsstrategie von Michael E. Porter und außerdem das neue Lehrbuch von Franz Böcker zur Marketing-Kontrolle in die Betrachtung einbezogen worden.[921]

Nieschlag/Dichtl/Hörschgen haben in der 14. Aufl. ihres Lehrbuches „Marketing" von 1985 eine „völlige Neubearbeitung" (Vorwort) vorgenommen, die sich inhaltlich in einer Ausweitung, Vertiefung und auch textlichen Neugestaltung dokumentiert. Es wird auch der Anspruch bekräftigt, dass das Lehrbuch nicht nur für BWL-Studenten mit dem Schwerpunkt Marketing, sondern auch „[...] nach wie vor eine Hilfe sein [sollte] für interessierte Nachwuchskräfte und Praktiker, die nicht in den Genuß einer umfassenden theoretischen Ausbildung

---

[920] Von Bidlingmaier ist nach der Erstausgabe seiner Doppelbände „Marketing 1 und 2" im Januar 1973 keine Neuauflage mehr erschienen. Prof. Dr. Johannes Bidlingmaier kam im September 1973 durch einen Autounfall ums Leben. Vgl. Bidlingmaier, Johannes: Marketingorganisation, in: Die Unternehmung, 27. Jg. 1973, Heft 3, S. 133–154 (Vorbemerkung der Redaktion auf S. 133). https://www.jstor.org/stable/24175719?seq=1#metadata_info_tab_contents (abgerufen am 19.11.2020).

[921] Vgl. Böcker, Franz: Marketing-Kontrolle, a.a.O., 1988.

gekommen und bestrebt sind, sich einen relativ breiten Überblick über das Gebiet anzueignen."[922]

Kernthemen des Lehrbuches sind unverändert die vier Aktionsparameter: Produkt-, Entgelt-, Distributions- und Kommunikationspolitik sowie die betriebliche Marketingforschung. Im Anschluss daran werden in separaten Hauptkapiteln die Marketing-Planung, die Marketing-Kontrolle sowie die Marketing-Organisation behandelt. Wesentliche Bestandteile der Marketing-Planung sind Überlegungen zur Entwicklung von Marketing-Strategien sowie Analyse- und Planungstechniken zu deren Absicherung.

Auch Meffert hat in seiner 7. Auflage aus dem Jahr 1986 mit dem Thema „Strategisches Marketing" in einem separaten Kapitel „Marketingentscheidungen und Marketingkonzeption" eine deutliche Erweiterung vorgenommen. Hier werden die „wesentlichen Methoden der strategischen Analyse und die zentralen Inhalte von Marketingstrategien behandelt."[923] Z.T. hat Meffert diese Inhalte bereits in der ersten Auflage an verschiedenen Stellen angesprochen; hier werden sie jedoch sehr viel stärker systematisiert und inhaltlich erweitert. In den übrigen Teilen ist das Lehrbuch weitgehend identisch mit der Erstauflage aus dem Jahr 1977, ebenfalls mit Schwerpunkten beim Instrumentarium des Marketing-Mix sowie den Funktionen im Marketing-Management-Prozess.

Wilhelm Hill hat in einer späteren Auflage seines Werkes ein zusätzliches Kapitel zum Konsumentenverhalten eingefügt und darüber hinaus ganz kurz zur Kritik und Erweiterung des Marketingkonzeptes Stellung genommen, ansonsten aber die Konzeption und den Text des Buches unverändert gelassen.[924] Insbesondere wurden neuere Ansätze zum strategischen Marketing nicht berücksichtigt.

Außerdem hat Jochen Becker – Professor an einer Fachhochschule sowie mit vorangegangener mehrjähriger Tätigkeit u. a. als Geschäftsführer in einer Unternehmensberatung – Anfang der 80er Jahre sein Lehrbuch „Grundlagen der Marketing-Konzeption"[925] veröffentlicht. Dieses Werk ist mittlerweile in der 11., immer wieder aktualisierten und ergänzten Auflage erschienen und hat sich zu einem Standardwerk des strategischen Marketings entwickelt. Der Autor beschäftigt sich insbesondere – anknüpfend an die Ansoff-Matrix – mit

---

[922] Nieschlag, Robert/Dichtl, Erwin/Hörschgen, Hans: Marketing, 14. völlig neubearbeitete Auflage, Berlin 1985, Vorwort, S. V.

[923] Meffert, Heribert: Marketing. Grundlagen der Absatzpolitik, 7. überarbeitete und erweiterte Aufl., Wiesbaden 1986, Vorwort zur 7. Aufl.

[924] Vgl. Hill, Wilhelm: Marketing I, 5. Aufl., Bern und Stuttgart 1982.

[925] Becker, Jochen: Grundlagen der Marketing-Konzeption. Marketingziele, Marketingstrategien, Marketingmix, München 1983.

den marktfeldstrategischen Optionen und diskutiert zu empfehlende sowie nicht zu empfehlende Strategiemuster. Darauf aufbauend zeigt er weitere alternative Strategie-Kombinationen auf. Auch Becker formuliert ausdrücklich den Anspruch der Praxisorientierung, in der „[...] zugleich auch ein Ansatz gesehen werden [kann], den notwendigen Dialog (Transfer) zwischen Wissenschaft und Praxis zu fördern."[926]

Neben den darüber hinaus in die Analyse einbezogenen Veröffentlichungen von Porter und Böcker sind in den folgenden Jahren mehrere weitere neue Marketing-Lehrbücher erschienen. Beispielhaft sei auf das Buch von Manfred Bruhn hingewiesen, in dem schon in der 1. Auflage von 1990 der Marketing-Management-Prozess sehr deutlich – textlich wie grafisch – dargestellt ist.[927]

Die Ergänzungen der Literatur um strategiebildende Inhalte haben den Anwendungsbezug für die unternehmerische Praxis sehr stark erweitert. Eine ganze Reihe von Konzepten und Ausführungen lassen sich als „strategische Grundsätze" identifizieren. Die zu großen Teilen auch grafisch unterstützten Darstellungen helfen beim Verständnis der Aussagen und Handlungsempfehlungen und haben sicherlich dazu beigetragen, die Konzepte in der Unternehmens- und Beratungspraxis „populär" zu machen. Darüber hinaus werden verschiedene weitere analytische Methoden und Verfahren behandelt, mit denen eine systematische Aufarbeitung der Ist-Position eines Unternehmens ermöglicht wird. Außerdem gibt es „Strukturierungen von Marketingproblemen" sowie – auch im Zusammenhang mit den Strategiekonzepten stehende – „empirische Generalisierungen". An vielen Stellen werden technologische Aussagen getroffen, die sich für die Marketingpraxis als wertvoll erweisen.

## 2.5.5.1 Fortentwickelte Strategiekonzepte: Methoden der Situationsanalyse sowie die Portfolio-Matrix der Boston Consulting Group

In den Marketing-Lehrbüchern der 1980er Jahre bildet die **Situationsanalyse** die wesentliche Grundlage für die weitere Planung. Unter diesem Stichwort werden zum einen alle Informationen zusammengefasst, die ein Jahrzehnt zuvor i. d. R. unter dem Thema „Informationsgrundlagen von Marketingentscheidungen" behandelt worden sind, so insbesondere interne bzw. externe Informationen (z. B. über die eigene Vertriebsstärke bzw. die Marktstruktur und die Konkurrenzverhältnisse), Informationen zur Phase im Lebenszyklus des Produktangebots

---

[926] Ebenda, Vorwort.

[927] Vgl. Bruhn, Manfred: Marketing. Grundlagen für Studium und Praxis, Wiesbaden 1990.

sowie spezifische Informationen zu den Marketinginstrumenten.[928] Zum anderen werden hier aber unter dem methodischen Aspekt die „Instrumente zur *Bestimmung der Istposition der Unternehmung im Markt- und Wettbewerbsumfeld"*[929] systematisch aufgearbeitet. Diese sind:[930]

- die Stärken-/Schwächen-Analyse
- die Chancen-/Risiken-Analyse
- die Lebenszyklusanalyse
- die Erfahrungskurvenanalyse
  sowie die auf diesen Diagnosekonzepten aufbauende
- die Portfolio-Analyse.

Dabei stellt die Portfolio-Analyse bereits ein wichtiges und eigenständiges Strategie-Konzept dar mit Normstrategien und ergänzenden Handlungsempfehlungen.

Bei der Durchführung der **Stärken-/Schwächen-Analyse** empfiehlt sich ein dreistufiges Vorgehen: Zunächst müssen die wichtigsten unternehmensbezogenen Ressourcen (z. B. in den Bereichen Finanzen, Produktprogramm, Vertriebsstärke, Marktstellung, Leistungsfähigkeit in verschiedenen Unternehmens- und Funktionsbereichen usw.) zusammengetragen werden und Kriterien für ihre Messung und Bewertung aufgestellt werden. Im zweiten Schritt müssen diese Ressourcen bewertet werden, so dass die Stärken und Schwächen identifiziert werden können. Drittens muss dann ein Vergleich mit den wichtigsten Konkurrenten vorgenommen werden. Im Ergebnis zeigen sich dann die spezifischen Stärken und Schwächen eines Unternehmens im Verhältnis zum Wettbewerb.[931] Zusammen mit der Chancen-/Risiko-Analyse ist die Stärken-/Schwächen-Analyse der Ausgangspunkt für Überlegungen zum Ausbau der Stärken bzw. zum Abbau und zur Beseitigung von Schwächen. Die Ergebnisse der Stärken-/Schwächen-Analyse können als Abschluss einer schriftlichen Dokumentation auch grafisch dargestellt werden. Meffert liefert dazu ein Beispiel (s. Abbildung 2.11).

---

[928] Vgl. Abschnitt 2.4.6.5 dieser Arbeit.

[929] Meffert, Heribert: Marketing- Grundlagen der Absatzpolitik, 7. überarbeitete und erweiterte Aufl., a.a.O., S. 56. (Herv. im Original).

[930] Vgl. zu der folgenden Aufzählung: ebenda, S. 57 ff.

[931] Vgl. dazu auch die ähnlich gegliederte Phaseneinteilung bei: Meffert, Heribert: Marketing- Grundlagen der Absatzpolitik, 7. überarbeitete und erweiterte Aufl., a.a.O., S. 60.

Das „Komplementärprodukt" zur Stärken-/Schwächen-Analyse ist die **Chancen-/Risiko-Analyse.** Hier geht es darum, die Chancen und Risiken auf dem Markt für ein Unternehmen zu untersuchen und daraus Ableitungen vorzunehmen. In der betrieblichen Praxis geschieht dies auch im Zusammenhang mit einer Markt- und Absatzprognose. Inhaltlich werden die Entwicklungen in der Gesamtwirtschaft, auf dem bzw. den vom Unternehmen bearbeiteten Märkten, die Wettbewerbssituation auf diesen Märkten sowie besondere Ereignisse oder absehbare Entwicklungen beleuchtet, die sich als Chance (z. B. neuer Verbrauchertrend oder Produktinnovation) oder aber als Gefahr (z. B. Eintritt eines neuen starken Wettbewerbers oder Gesetzesänderung) herausstellen könnten.

Die Stärken-/Schwächen-Analyse sowie die Chancen-/Risiken-Analyse sind später begrifflich zur *SWOT-Analyse*[932] zusammengefasst worden. Die SWOT-Analyse sowie die ihr zugrunde liegenden Einzelverfahren stellen für die unternehmerische Praxis wichtige Analyseverfahren dar. Die Theorie hat hier die Methodik aufgezeigt, mit der sich wertvolle Erkenntnisse auf verhältnismäßig einfache Weise erarbeiten lassen.

Die **Lebenszyklusanalyse** war bereits Gegenstand der Marketing-Lehrbücher in den 70er Jahren. Abgesehen von einer tabellarischen Zusammenstellung der Situationsbedingungen in den einzelnen Phasen des Marktlebenszyklus nach einer Reihe von Kriterien bei Meffert[933] gibt es ansonsten in der aktualisierten Literatur kaum praxisnahe ergänzende Ausführungen zu diesem Thema.[934]

Die **Erfahrungskurvenanalyse** ist ein neuer Bestandteil der strategischen Überlegungen in den Lehrbüchern. Der sogenannte „Erfahrungskurveneffekt" wurde Ende der 60er Jahre von der Boston Consulting Group im Rahmen empirischer Untersuchungen zur Preis- und Kostenentwicklung in unterschiedlichen Branchen aufgedeckt. Es hat sich dabei gezeigt, „daß die realen (nicht inflationierten) Stückkosten eines Produktes um einen konstanten Betrag (potentiell 20–30 %) zurückgehen, sobald sich die in kumulierten Produktmengen ausgedrückte Produkterfahrung verdoppelt".[935] Ausschlaggebend dafür sind insbesondere die Degression der Fixkosten pro hergestellter Einheit bei steigender

---

[932] SWOT = Strengths, Weaknesses, Opportunities und Threats.

[933] Vgl. Meffert, Heribert: Marketing- Grundlagen der Absatzpolitik, 7. überarbeitete und erweiterte Aufl., a.a.O., S. 63.

[934] Vgl. dazu die Ausführungen im Abschnitt 2.4.6.5.

[935] Meffert, Heribert: Marketing- Grundlagen der Absatzpolitik, 7. überarbeitete und erweiterte Aufl., a.a.O., S. 65. (im Original fett gedruckt).

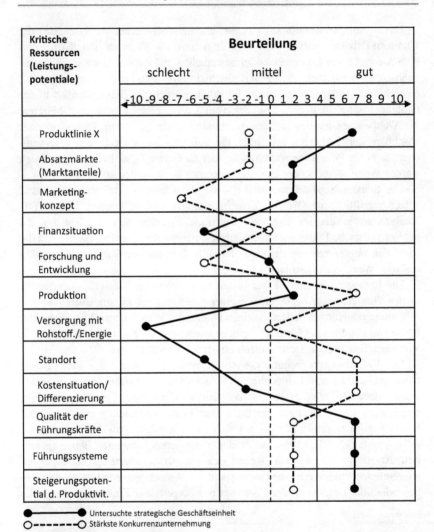

**Abbildung 2.11**  Stärken-Schwächen-Profil einer strategischen Geschäftseinheit nach Meffert[936]

---

[936] Quelle: Meffert, Heribert: Marketing. Grundlagen der Absatzpolitik, 7. überarbeitete und erweiterte Aufl., Wiesbaden 1986, S. 61.

Produktion, Preiszugeständnisse der Lieferanten bei höheren Stückzahlen sowie ausdrücklich auch Lerneffekte durch verbessertes Management Know-how.[937]

Die Bedeutung dieser Erkenntnis liegt insbesondere in den folgenden Prognosebereichen: „Sie ermöglicht

- die langfristige Prognose der Kostenentwicklung,
- die langfristige Prognose der Preisentwicklung (wenn unterstellt wird, daß sich zumindest längerfristig die Preise parallel zu den Kosten entwickeln) sowie damit auch
- die langfristige Prognose der Gewinnpotentiale."[938]

Der Erfahrungskurveneffekt begründet damit auch die „*erhebliche strategische Bedeutung des Marktanteils und des Marktwachstums.* Zum einen besitzt die Unternehmung mit dem höchsten Marktanteil (gleicher Eintrittszeitpunkt vorausgesetzt) grundsätzlich ein höheres Kostensenkungspotential als die Konkurrenten. Zum anderen steigt mit wachsendem Marktanteil das Gewinnpotential, wenn es zu keiner Senkung des Marktpreises kommt. Da zudem die Höhe des Kostensenkungspotentials von der Stärke des Marktwachstums determiniert wird, erweisen sich Strategien als besonders erfolgreich, die einen möglichst hohen relativen Marktanteil in stark wachsenden Märkten anstreben".[939]

Diese Erkenntnisse sind zusammen mit der idealtypischen Darstellung der Lebenszykluskurve für ein Geschäftsfeld, die zusätzlich für das Marktwachstum den modelltheoretischen Hintergrund bildet, die theoretischen Grundlagen für die von der US-amerikanischen Unternehmensberatung Boston-Consulting Group (BCG) bereits in den 60er Jahren entwickelte **Portfolio-Analyse.**

Ein Unternehmen wird dabei als Gesamtheit von verschiedenen „Strategischen Geschäftseinheiten" (SGE) gesehen. „Als strategische Geschäftseinheiten werden üblicherweise Produkt-Markt-Kombinationen bezeichnet, die im Rahmen der strategischen Unternehmens- und Marketingplanung eine eigenständige Behandlung

---

[937] Vgl. Nieschlag, Robert/Dichtl, Erwin/Hörschgen, Hans: Marketing, 14. Völlig neubearbeitete Auflage, a.a.O., S. 845 f.

[938] Meffert, Heribert: Marketing- Grundlagen der Absatzpolitik, 7. überarbeitete und erweiterte Aufl., a.a.O., S., S. 65 f.

[939] Ebenda, S. 66.

erfahren."[940] Auch von Nieschlag/Dichtl/Hörschgen werden SGE als „voneinander weitgehend unabhängige Tätigkeitsfelder der Unternehmung verstanden. Sie sind durch eine eigenständige, kundenbezogene Marktaufgabe, durch gegenüber den anderen SGE klar abgrenzbare Produkte bzw. Produktgruppen und durch einen eindeutig bestimmbaren Kreis von Wettbewerbern gekennzeichnet [...]. Die einzelnen SGE weisen im allgemeinen unterschiedliche Marktchancen und -risiken auf."[941]

Die Zielsetzung der Portfolio-Analyse besteht darin, zunächst eine möglichst genaue Beurteilung der SGE bezüglich ihrer gegenwärtigen Marktstellung und hinsichtlich ihrer Entwicklungsmöglichkeiten vorzunehmen[942], und auf dieser Basis eine ausgewogene Struktur bei den SGE herzustellen, indem es zum einen finanzmittelverbrauchende und zum anderen finanzmittelfreisetzende Einheiten gibt, dabei aber die Liquidität des Unternehmens auf jeden Fall gewährleistet bleiben muss.[943]

Wie Abbildung 2.12 zeigt, stellt sich das Portfolio in einer zweidimensionalen Matrix dar mit den Achsen „Marktwachstum" und „Relativer Marktanteil" und einer zusätzlichen groben Unterteilung der Achsen in „niedrig" (-) und „hoch" (+). Im konkreten Fall findet dann eine *Skalierung auf den jeweiligen Achsen statt, z. B. für das jährliche „Marktwachstum" zwischen – 5 %* und *+ 10 %*. Die Dimension „Relativer Marktanteil"[944] wird üblicherweise in der Mitte mit einem Skalenwert von 1 dargestellt und einer logarithmischen Skalierung auf der Gesamtachse von beispielsweise 0,1 bis 10. Die Positionierung der einzelnen SGE wird dann in den vier Quadranten nach den jeweiligen Ausprägungen auf den beiden Dimensionen z. B. für die Messgröße Umsatz vorgenommen; umsatzstarke SGE werden in größeren Kreisen dargestellt als umsatzschwache

---

[940] Meffert, Heribert: Marketing- Grundlagen der Absatzpolitik, 7. überarbeitete und erweiterte Aufl., a.a.O., S. 67.

[941] Nieschlag, Robert/Dichtl, Erwin/Hörschgen, Hans: Marketing, 14. Völlig neubearbeitete Auflage, a.a.O., S. 844.

[942] Vgl. ebenda.

[943] Vgl. Meffert, Heribert: Marketing- Grundlagen der Absatzpolitik, 7. überarbeitete und erweiterte Aufl., a.a.O., S. 67. Meffert hat verschiedene Abgrenzungskriterien für SGE zusammengestellt, s. Tabelle auf S. 68.

[944] Der „Relative Marktanteil" wird folgendermaßen errechnet: Marktanteil des eigenen Unternehmens (als Marktführer) geteilt durch den Marktanteil des stärksten Konkurrenten, also in diesem Falle des Zweitplatzierten (Ergebnis > 1) bzw. Marktanteil des eigenen Unternehmens geteilt durch den Marktanteil des Marktführers (Ergebnis < 1).

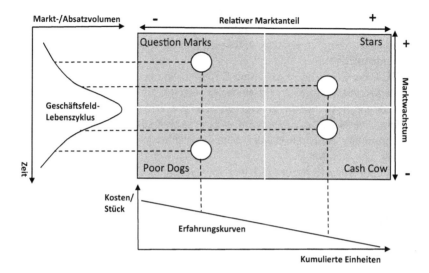

**Abbildung 2.12** Theoretische Grundlagen der Portfolio-Matrix der Boston-Consulting Group (BCG)[945]

SGE. Anschließend werden anhand der von BCG vorgegebenen Normstrategien konkrete Handlungsempfehlungen für ein Unternehmen abgeleitet. Die vier Quadranten bedeuten folgendes:[946]

- **I. Question Marks**: Dies sind entweder SGE am Beginn des Produkt-Lebenszyklus mit typischerweise niedrigem Marktanteil und negativem Cash flow oder SGE in der Degenerationsphase. Im ersten Fall sieht die Norm im Rahmen einer Offensivstrategie zusätzliche Marktinvestitionen vor, um sie zu Stars zu entwickeln; im zweiten Fall sind Überlegungen entweder zu einem Relaunch oder einem Marktaustritt vorzunehmen.

---

[945] Quelle: https://www.marketinginstitut.biz/blog/portfolio-analyse-als-instrument-im-bus iness-development/ S. 6. (abgerufen am 21.11.2020). Da in den Marketing-Lehrbüchern die BCG-Matrix *grafisch* regelmäßig nur in ihrer Grundstruktur – also ohne ihre theoretischen Grundlagen – dargestellt werden, wurde bei der Erstellung dieser Grafik im Sinne einer theoretischen Herleitung auf diese Quelle des „Deutsches Institut für Marketing" (DIM) zurückgegriffen.

[946] Vgl. z. B. Meffert, Heribert: Marketing- Grundlagen der Absatzpolitik, 7. überarbeitete und erweiterte Aufl., a.a.O., S. 70; Nieschlag, Robert/Dichtl, Erwin/Hörschgen, Hans: Marketing, 14. Völlig neubearbeitete Auflage, a.a.O., S. 845 ff.; Hansen, Ursula/Bode, Matthias: Marketing & Konsum, a.a.O., S. 157 f.

- **II. Stars**: Hier befinden sich SGE als Marktführer in einem Wachstumsmarkt bei hohen Erträgen und einem zufriedenstellenden Cash flow. Die Normstrategie lautet: weiter investieren, so dass die Marktanteile gehalten oder ausgebaut werden können.
- **III. Cash Cows**: Diese SGE sind Erfolgsobjekte in der Sättigungsphase. Der Marktanteil ist hoch; der Gesamtmarkt stagniert allerdings. Bei einem relativ niedrigen Investitionsbedarf ergeben sich hohe Erträge und ein positiver Cash flow. Die Normstrategie besteht in einer Abschöpfung der Erträge und der Umlenkung dieser finanziellen Mittel in die weiter zu entwickelnden Stars bzw. Question Marks.
- **IV. Poor Dogs**: Es handelt sich hier um SGE mit kleinem Marktanteil in einem stagnierenden oder nur schwach wachsenden Markt. Typischerweise befinden sich hier SGE am Ende des Lebenszyklus. Es werden nur noch geringe Erträge erwirtschaftet. Als Norm wird hierfür die Desinvestitionsstrategie empfohlen im Sinne der Vorbereitung eines Marktaustritts.

Im konkreten Fall könnte ein Portfolio für ein bestimmtes Unternehmen ein Aussehen wie in Abbildung 2.13 dargestellt haben.

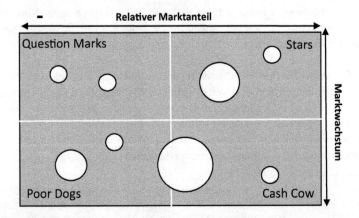

**Abbildung 2.13**  Beispiel für Portfolio-Matrix der Boston-Consulting Group (BCG)[947]

---

[947] Quelle: https://www.marketinginstitut.biz/blog/portfolio-analyse-als-instrument-im-bus iness-development/ S. 5 (abgerufen am 21.11.2020) als Vorlage für die Erstellung dieser Grafik..

Dieses Beispiel zeigt zudem auch in idealtypischer Weise die *ausgeglichene* Verteilung der SGE im Gesamtportfolio. Danach sollen 40–60 % des Umsatzes sich im Cash-Cow-Quadranten befinden. Darüber hinaus sollen mehrere SGE im Star-Feld positioniert sein und damit als künftige Cash-Cows die Erträge sichern. Außerdem sollen einige chancenreiche SGE als „Nachwuchs" für den Star-Bereich im Question Mark-Quadranten aufgestellt sein. Dagegen besteht das Bestreben, die Anzahl von SGE im Poor-Dog-Bereich gering zu halten und möglichst schnell eine Entscheidung über ihre weitere Entwicklung zu treffen.[948]

In ihrer Veröffentlichung von 1999 bewerten Hansen/Bode das Portfolio-Konzept von BCG in seiner Anwendung als „den Durchbruch des strategischen Managements".[949] Auch für das Deutsche Institut für Marketing (DIM) gilt: „Die **Portfolio-Analyse** ist die wahrscheinlich am weitesten verbreitete Methode im strategischen Management."[950] Ebenfalls sehen Nieschlag/Dichtl/Hörschgen darin „eines der am häufigsten eingesetzten Instrumente der strategischen Unternehmensführung."[951]

Das Basismodell wurde in der Folgezeit weiter ausgeformt und verfeinert, z. B. durch die Unternehmensberatungsgesellschaft McKinsey. Im Unterschied zum BCG-Modell werden hier die Dimensionen „Marktattraktivität" sowie „Relativer Wettbewerbsvorteil" als „Konglomerate ganzer Einflußgrößenbündel"[952] einander gegenüber gestellt sowie eine Aufteilung in neun Felder vorgenommen.[953]

---

[948] Vgl. Meffert, Heribert: Marketing- Grundlagen der Absatzpolitik, 7. überarbeitete und erweiterte Aufl., a.a.O., S. 70.

[949] Hansen, Ursula/Bode, Matthias: Marketing & Konsum, a.a.O., S. 156.

[950] https://www.marketinginstitut.biz/blog/portfolio-analyse-als-instrument-im-business-development/ S. 1 (Herv. im Original) (abgerufen am 21.11.2020).

[951] Nieschlag, Robert/Dichtl, Erwin/Hörschgen, Hans: Marketing, 14. Völlig neubearbeitete Auflage, a.a.O., S. 844.

[952] Meffert, Heribert: Marketing- Grundlagen der Absatzpolitik, 7. überarbeitete und erweiterte Aufl., a.a.O., S. 72. Für die Dimension „Marktattraktivität" lauten die Hauptkriterien: Marktwachstum und Marktgröße, Marktqualität, Versorgung mit Energie und Rohstoffen, Umweltsituation. Für die Dimension „Relativer Wettbewerbsvorteil" sind dies: relative Marktposition, relatives Produktpotential, relatives Forschungs- und Entwicklungspotential, relative Qualifikation der Führungskräfte und Mitarbeiter. Die verschiedenen Kriterien werden mittels eines Punktwertverfahrens gewichtet und in die Matrix eingetragen. Vgl. Meffert, Heribert: Marketing- Grundlagen der Absatzpolitik, 7. überarbeitete und erweiterte Aufl., a.a.O., S. 72. Zu einer noch detaillierteren Aufgliederung vgl. Nieschlag, Robert/Dichtl, Erwin/Hörschgen, Hans: Marketing, 14. Völlig neubearbeitete Auflage, a.a.O., S. 851 f.

[953] Vgl. dazu auch: https://www.marketinginstitut.biz/blog/portfolio-analyse-als-instrument-im-business-development/ S. 9 ff. (abgerufen am 21.11.2020).

Allerdings weisen Hansen/Bode auch auf eine zu differenzierende Beurteilung des Portfolio-Ansatzes hin: Der entscheidende Vorteil besteht in der integrativen Planung für die verschiedenen SGE. Als Problembereiche des BCG-Modells gelten:

- „die Schwierigkeiten einer empirischen Erhebung der Rahmendaten und der Abgrenzung der Strategischen Geschäftsfelder,
- die Konzentration auf wachsende Märkte und Vernachlässigung von erfolgreichen Nischenstrategien,
- die Extrapolation gegenwärtiger Marktbedingungen ohne methodische Berücksichtigung möglicher Chancen und Risiken zukünftiger Marktsituationen,
- die fehlenden Ansatzpunkte zur instrumentalen Ausgestaltung des Marketing und
- die Gefahr einer mechanischen Anwendung von Normstrategien."[954]

Außerdem ist anzumerken, dass die Trennlinien der Matrix – sowohl in der horizontalen als auch in der vertikalen Dimension – willkürlich festgelegt sind. Die BCG empfiehlt für die Trennung auf der horizontalen Achse zwischen niedrigem und hohem relativen Marktanteil einen Wert von 1,5; d. h. dass der Marktführer einen um 50 % höheren Marktanteil haben sollte als der Zweitplatzierte, da erst dann ein Vorteil entstehen würde. Für die Trennung bei der Dimension Marktwachstum gibt es zwischen „niedrig" und „hoch" keine ausdrückliche Empfehlung, vorstellbar ist aber, dass die Trennlinie beim gewünschten Unternehmenswachstum gezogen wird. Man muss sich aber bei der praktischen Anwendung darüber im Klaren sein, dass sich SGE bei einer veränderten Definition der Trennlinien in einen anderen Quadranten der Matrix verschieben mit der Konsequenz einer anderen Normstrategie.[955]

Kritisch einwenden lässt sich außerdem, dass das Portfolio-Konzept in erster Linie für diversifizierte Unternehmen sowie für Wachstumsmärkte konzipiert

---

[954] Hansen, Ursula/Bode, Matthias: Marketing & Konsum, a.a.O., S. 158. In ähnlicher Weise haben Nieschlag/Dichtl/Hörschgen sich kritisch zur Portfolio-Analyse von BCG geäußert, in etwas abgeschwächter Form auch Meffert. Vgl. Nieschlag, Robert/Dichtl, Erwin/Hörschgen, Hans: Marketing, 14. völlig neubearbeitete Auflage, a.a.O., S. 850. Vgl. Meffert, Heribert: Marketing- Grundlagen der Absatzpolitik, 7. überarbeitete und erweiterte Aufl., a.a.O., S. 71 f.

[955] Eine ähnliche Argumentation findet sich auch beim Deutschen Marketing-Institut: https://www.marketinginstitut.biz/blog/portfolio-analyse-als-instrument-im-business-development/ S. 6 bzw. 12. (abgerufen am 21.11.2020).

worden ist, dagegen nicht für „Einprodukt"-Unternehmen in stagnierenden Märkten.

Ein weiterer Kritikpunkt ist noch grundsätzlicher: Er zielt darauf ab, dass mit der bisherigen Ausrichtung von Marketingstrategien und insbesondere mit diesen Modellen „[...] der Problemkreis bisher vor allem auf der rechen- und verfahrenstechnischen Ebene (u. a. Portfolio-Analyse) diskutierte [wird]" „statt die inhaltlichen Fragestellungen in den Mittelpunkt zu rücken".[956] Becker bezieht sich dabei auch darauf, dass die Unternehmen sich zusehends in stagnierenden bzw. schrumpfenden Märkten befinden und fordert „schlüssige Marketing-Konzeptionen im Sinne **ganzheitlich orientierter Handlungsanweisungen** (= Marketing der 2. Generation)"[957]

Jenseits dieser Kritikpunkte lässt sich aber anknüpfend an die überblickartigen Bewertungen eingangs des Abschnitten 2.5.5 Folgendes spezifizieren: Die in den 80er Jahren von der Theorieseite neu entworfenen bzw. weiterentwickelten Analyse- und Strategiekonzepte stellen grundsätzlich wertvolle Hilfestellungen und Entscheidungsgrundlagen für die unternehmerische Praxis dar. Das gilt für die Stärken-/Schwächen-Analyse sowie die Chancen/Risiko-Analyse, die „Strukturierungen von Marketing-Problemen" anbieten, womit sich die Ist-Position eines Unternehmens systematisch aufarbeiten lässt und so wichtige Grundlagen für weitergehende strategische Überlegungen darstellen; das gilt ebenso für die Erfahrungskurven- sowie die Portfolio-Analyse als Diagnosekonzepte. Das gilt erst recht für den Portfolio-Ansatz als eigentlichem Strategieinstrument, indem sich hier „empirische Generalisierungen" bzw. „strategische Grundsätze" ableiten lassen. Insgesamt wird durch dieses Instrumentarium der Anwendungsbezug für die Marketingpraxis sehr stark ausgebaut.

### 2.5.5.2 Weiterentwicklungen im Anschluss an die Produkt-Markt-Matrix von Ansoff

Eine im Sinne des obengenannten Kritikpunktes schlüssige Marketing-Konzeption sieht Becker in einem mehrstufigen strategischen Vorgehen. Auf der Grundlage der bereits angesprochenen Ansoff-Matrix[958] entwickelt Becker dazu vier Strategiebausteine:[959]

---

[956] Becker, Jochen: Steuerungsleistungen und Einsatzbedingungen von Marketingstrategien, in: Marketing ZFP, Heft 3, August 1986, S. 189–198, hier: S. 189.

[957] Ebenda. (Herv. im Original).

[958] Vgl. dazu Abschnitt 2.4.5.2.4 sowie 2.4.6.7.

[959] Becker, Jochen: Steuerungsleistungen und Einsatzbedingungen von Marketingstrategien, in: Marketing – ZFP, Heft 3, August 1986, S. 190. (Herv. d. Verf., H.F.) Vgl. dazu ausführlich: Becker, Jochen: Grundlagen der Marketing-Konzeption, a.a.O., S. 76 ff. Allerdings hat

1. „**Marktfeldstrategien** (Fixierung der Produkt/Markt-Kombinationen),
2. **Marktstimulierungsstrategien** (Bestimmung der Art und Weise der Markt-beeinflussung),
3. **Marktparzellierungsstrategien** (Festlegung von Art und Grad der Differen-zierung in der Marktbearbeitung)
4. **Marktarealstrategien** (Fixierung der gebietspolitischen Alternativen bzw. Stufen)"

Dabei sind Teile dieser Bausteine auch schon in der Marketingliteratur der 70er Jahre behandelt worden, z. B. im Rahmen der Marktsegmentierung. Neu ist aller-dings, dass Becker diese – z. T. weit gestreuten und vielfältigen – Erkenntnisse zu einem strategischen Gesamtgebäude zusammenfügt.

Zu 1.: **Marktfeldstrategien**: Was die Ansoff'sche Produkt-/Markt-Kombination betrifft sowie die daraus erwachsenden strategischen Handlungsmöglichkeiten – Marktdurchdringung, Marktentwicklung, Produktent-wicklung sowie Diversifikation – so empfiehlt Becker, insbesondere angesichts stagnierender Märkte von mehreren Optionen zugleich Gebrauch zu machen. Allerdings sollte der Aufbau stufenmäßig erfolgen, so dass auch synergetische Potenziale genutzt werden können. Der Autor unterscheidet zwischen „professio-nellen" und „nicht-professionellen" Strategiepfaden. Wie in der Abbildung 2.14 dokumentiert ist, zeigen sich „professionelle" Pfade in aufeinander aufbauenden „alphabetischen" Strategiemustern – etwa nach den Buchstaben „I", „L" und „Z" –, „nicht-professionelle" dagegen in „*an*alphabetischen" Mustern. Letztere sind entweder „zu wenig" entwickelt, „zu lückenhaft" ausgeprägt oder „zu unorganisch" und damit zu risikoreich. Eine Diversifikation in Form eines neuen Produktangebots auf einem neuen Markt – mit im Extremfall unbekannter Zielgruppe und dieser Zielgruppe unbekanntem Produktangebot bzw. Produk-tanbieter – birgt die Gefahr des Scheiterns in sich. Eine solche Strategie sollte vorbereitet sein im Idealfall über erfolgreiche Markt- und Produktentwicklungen, mit denen Zug um Zug eine „Nähe" zum neuen Geschäftsfeld geschaffen werden konnte. Welcher der „professionellen Buchstabentypen" im konkreten

---

Becker seine Erkenntnisse in dem zwei Jahre später erschienenen vorgenannten Aufsatz ins-besondere grafisch sehr viel besser veranschaulicht und textlich komprimierter gefasst, so dass der nachfolgenden Darstellung in dieser Arbeit weitestgehend der Aufsatz zugrunde liegt.

Fall gewählt werden sollte, hängt von den markt- und unternehmensspezifischen Komponenten ab.[960]

| Produkte \ Märkte | gegenwärtig | neu |
|---|---|---|
| gegenwärtig | **A**<br>Marktdurchdringung* | **B**<br>Marktentwicklung |
| neu | **C**<br>Produktentwicklung | **D**<br>Diversifikation |

*strategische Urzelle

**Alphabetische Strategiepfade (Strategiemuster)**

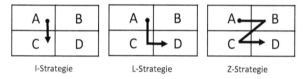

I-Strategie          L-Strategie          Z-Strategie

**Analphabetische Strategiepfade (Strategiemuster)**

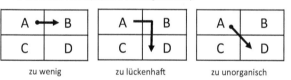

zu wenig          zu lückenhaft          zu unorganisch

**Abbildung 2.14**  Ansoff-Matrix: alphabetische und analphabetische Strategiepfade nach Becker[961]

Diese verschiedenen Strategie-Muster „führen" den Marketing-Manager auf und durch die Pfade erfolgversprechender Marktinitiativen, indem sie einerseits

---

[960] Vgl. dazu insbesondere: Becker, Jochen: Steuerungsleistungen und Einsatzbedingungen von Marketingstrategien, a.a.O., S. 189–189, hier: S. 190 f., außerdem: ders.: Marketing-Konzeption. Grundlagen des zielstrategischen und operativen Marketing-Managements, 10. Aufl., München 2013, S. 148 ff; hier insbes. S. 176 ff.

[961] Quelle: Becker, Jochen: Steuerungsleistungen und Einsatzbedingungen von Marketingstrategien, in: Marketing ZFP, Heft 3, August 1986, S. 189–198, hier: S. 191.

die zur Verfügung stehenden Möglichkeiten aufzeigen und andererseits die Reihenfolge aufeinander folgender Handlungen bestimmen. Insofern ist der Nutzen dieser „strategischen Grundsätze" für die unternehmerische Praxis sehr hoch. Diese Wertschätzung als „strategische Grundsätze" gilt im Prinzip auch für die folgenden drei Strategiearten. Auch sie zeigen dem Entscheidungsträger erfolgversprechende strategische Möglichkeiten auf, „seinen Markt" zu gestalten und geben ihm Hilfestellung bei der Auswahl.

Zu 2.: **Marktstimulierungsstrategien**: Grundsätzlich kann die Beeinflussung von Märkten durch ein Unternehmen über zweierlei Strategien erfolgen:

- die Präferenz-Strategie sowie
- die Preis-Mengen-Strategie.[962]

Aus der Begriffsbildung ergibt sich bereits, dass die erstgenannte Strategie versucht, mit allen nicht-preislichen Marketinginstrumenten in einem mehrdimensionalen Qualitätswettbewerb Vorteile zu erringen. Die Preis-Mengen-Strategie setzt darauf, durch einen aggressiven Preiswettbewerb Marktanteile zu gewinnen. Eine detailliertere Diskussion dazu soll im folgenden Kapitel zu Porters wettbewerbsstrategischem Ansatz vorgenommen werden. Hier seien nur die grundlegenden Merkmale einer Präferenz- und einer Preis-Mengen-Strategie durch die Tabelle 2.8 wiedergegeben:

Zu 3.: **Marktparzellierungsstrategien**: Diese strategische Option wird gerade in Situationen stagnierender oder schrumpfender Märkte immer wichtiger. Im Anschluss an die Ausführungen in dieser Arbeit zum Thema Marktsegmentierung[963] kann sich die weitere Darstellung auf die vier Basisalternativen konzentrieren. Im Rahmen der *Massenmarktstrategie* bzw. des *undifferenzierten Marketings* kann dies in der Form

- der *totalen* Marktabdeckung (z. B. Massenmarketing für Universalcreme für jedermann) oder
- der *partialen* Marktabdeckung (z. B.: Massenmarketing gerichtet auf die Zielgruppe Frauen ab 40 Jahre)

---

[962] Becker greift hier – wenn auch nicht ausdrücklich – ein strategisches Konzept auf, welches einige Jahre vorher von dem Amerikaner Michael E. Porter entwickelt worden ist. Vgl. dazu das Kapitel 2.5.5.3.
[963] Vgl. dazu Abschnitt 2.4.5.2.4 sowie 2.4.6.7.

**Tabelle 2.8** Merkmale der Präferenz- und der Preis-Mengen-Strategie nach Becker[964]

| Merkmale | Präferenz-Strategie (Markenartikelstrategie) | Preis-Mengen-Strategie (Discountstrategie) |
|---|---|---|
| Prinzip | Qualitätswettbewerb (mehrdimensional: konsequenter Einsatz aller nichtpreislichen Instrumente zur Beeinflussung des Marktes) | Preiswettbewerb (eindimensional: Preis als zentrales Mittel der Marktbeeinflussung) |
| Ziel | Gewinn vor Umsatz | Umsatz vor Gewinn |
| Charakteristik | Hochpreis-Konzept Aufbau von Präferenzen oder Vorzugsstellungen (Schaffen echter Marken) | Niedrigpreis-Konzept Verzicht auf Präferenzaufbau (allenfalls Auch-Marken) |
| Zielgruppe | sog. Marken-Käufer (Qualitäts- rangiert vor Preisargument) | sog. Preis-Käufer (Preis- rangiert vor Qualitätsargument) |
| Wirkungsweise | Langsam-Strategie (Aufbau der Markenpersönlichkeit ist das Ergebnis mehrjähriger Profilierung) | Schnell-Strategie (Aufbau eines aggressiven Preisimages ist innerhalb weniger Monate möglich) |
| typisches Einsatzfeld | oberer Markt | unterer Markt |

geschehen. Alternativ dazu steht eine *Marktsegmentierungsstrategie* bzw. ein *differenziertes Marketing* in der Form

- der *totalen* Marktabdeckung (z. B. spezifisches Marketing für verschiedene traditionelle bzw. medizinische Produktgruppen für Frauen sowie für Männer)
- der *partialen* Marktabdeckung (z. B. ein spezielles medizinisch orientiertes Produkt für Frauen).

Nach Beckers Meinung hat sich in vielen, insbesondere stagnierenden Märkten gezeigt, dass „der **segmentstrategische Ansatz** (= Schaffen bzw. isolieren homogener Teilmärkte) für die Öffnung bzw. Erweiterung von Märkten im Grunde zwingend ist."[965] Allerdings ist es dabei notwendig, die Tragfähigkeit, Stabilität und insbesondere auch Profitabilität von Segmenten zu analysieren. Anderseits schreibt Becker allerdings in einem Fazit zu dieser Strategieoption: „Vielfach wird übersehen, daß klassische Massenmarktstrategien nach wie vor sehr erfolgreich sind (vgl. etwa im Zigaretten-, **im Bier-** oder im Waschmittelmarkt).[966]

---

[964] Quelle: Becker, Jochen: Steuerungsleistungen und Einsatzbedingungen von Marketingstrategien, in: Marketing ZFP, Heft 3, August 1986, S. 189–198, hier: S. 192.

[965] Becker, Jochen: Steuerungsleistungen und Einsatzbedingungen von Marketingstrategien, a.a.O., S. 193. (Herv. im Original).

[966] Ebenda, S. 193 f. (Herv. d. Verf., H.F.)

Zu 4.: **Marktarealstrategien**: Die gebietspolitische Rasterung hat ebenfalls ein zunehmendes strategisches Gewicht angesichts stagnierender Märkte. Der Auf- und Ausbau vollzieht sich am besten ebenfalls in geplanten Stufen. „Dabei können u. U. auch geopolitische Mischstrategien realisiert werden (vgl. z. B. die regional unterschiedlichen Sortimente verschiedener **Brauereien**). Eine solche gespaltene arealstrategische Vorgehensweise versucht, sowohl lokal-regionalen Verbraucher-Erwartungen zu entsprechen als auch nationalen Zwängen, wie sie etwa von Handelsorganisationen ausgehen, zu genügen."[967]

Zusammenfassend lässt sich feststellen, dass ein geschlossenes, strategisches Konzept das Ergebnis eines mehrstufigen Aufbaus ist. Das bedeutet, dass es prinzipiell an allen vier unterschiedlichen Strategieebenen anknüpfen muss.[968] Das Ergebnis dieses Prozesses lässt sich auch in Form von Strategieprofilen für das eigene Unternehmen als auch für bedeutende Konkurrenten darstellen. Die wettbewerbsstrategische Situation wird hiermit besonders transparent. Becker gibt dafür ein Beispiel (s. Abbildung 2.15).

Wichtig ist in diesem Zusammenhang noch der Hinweis, dass darüber hinaus auch die Option besteht, auf den einzelnen Strategieebenen zugleich horizontale Kombinationen vorzunehmen. Z. B. kann es sinnvoll sein, auf der Ebene der Marktstimulierungsstrategien eine Kombination von Präferenz- und Preis-Mengen-Strategie anzustreben. Dies kann über ein **Mehrmarkten-Konzept** realisiert werden. Ein Beispiel dafür ist das Unternehmen Henkel, das im Waschmittelmarkt u. a. *Persil* und *Weißer Riese* – das eine als Präferenzprodukt, das andere als Zweit-Marke im preiswerten Segment – parallel anbietet. „In der strategischen Breite dokumentiert sich vielfach überhaupt die Ausreifung (Evolution) eines strategischen Konzepts."[969] Die Notwendigkeit dazu zeigt sich speziell mit Blick auf die 2. und 3. Strategieebene.

Das Fazit aus diesen Erkenntnissen für die unternehmerische Praxis lautet, „daß das marktorientierte Führen von Unternehmen speziell in schwach wachsenden bzw. stagnierenden Märkten zunächst auf der strategischen Ebene ansetzen muß, ehe sinnvolle operationale (d. h. marketinginstrumentale) Maßnahmen ergriffen werden bzw. überhaupt greifen können."[970] Nach Beckers Erfahrung und Einschätzung wird in der Praxis „immer noch zu häufig isoliert an instrumentalen Möglichkeiten ohne hinreichende strategische Ausrichtung bzw. Bindung

---

[967] Ebenda, S. 194. (Herv. d. Verf., H.F.)

[968] Vgl. ebenda.

[969] Ebenda, S. 195.

[970] Ebenda, S. 196.

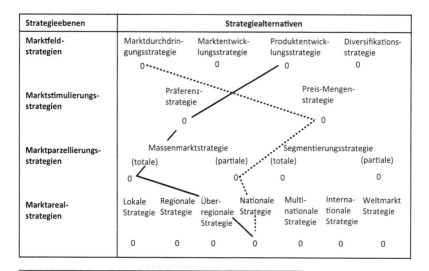

| Strategieebenen | Strategiealternativen | | | |
|---|---|---|---|---|
| Marktfeld-<br>strategien | Marktdurchdrin-<br>gungsstrategie<br>O | Marktentwick-<br>lungsstrategie<br>O | Produktentwick-<br>lungsstrategie<br>O | Diversifikations-<br>strategie<br>O |
| Marktstimulierungs-<br>strategien | | Präferenz-<br>strategie<br>O | | Preis-Mengen-<br>strategie<br>O |
| Marktparzellierungs-<br>strategien | Massenmarktstrategie<br>(totale)<br>O | (partiale)<br>O | Segmentierungsstrategie<br>(totale)<br>O | (partiale)<br>O |
| Marktareal-<br>strategien | Lokale        Regionale<br>Strategie   Strategie<br><br>O              O | Über-<br>regionale<br>Strategie<br>O | Nationale<br>Strategie<br><br>O | Multi-        Interna-      Weltmarkt<br>nationale   tionale    Strategie<br>Strategie   Strategie<br>O              O              O |

| ——— eigenes Unternehmen ·········· fremdes Unternehmen |
|---|

**Abbildung 2.15** Strategieprofil des eigenen Unternehmens im Vergleich zu einem wichtigen Wettbewerber nach Becker[971]

angeknüpft".[972] Wichtig ist dabei aber auch, dass diese strategische Ausrichtung mit den grundlegenden Steuerungseinheiten eines Unternehmens – etwa den Zielen, den finanziellen und sachlichen Ressourcen, den Stärken und Schwächen und den spezifischen Produkteigenschaften, den Verbraucherwünschen usw. – im Einklang steht. Andererseits muss auch eine bestimmte Anpassungsfähigkeit der strategischen Konzepte gegeben sein.[973]

Das von Becker beschriebene Verhaftetsein im instrumentalen Marketing-Mix-Bereich dürfte lange Zeit für den überwiegenden Teil der Unternehmen der „Normalfall" in der geschäftspolitischen Realität gewesen sein. Von dort aus könnten aber nach und nach Anstöße zu konzeptionellen Strategieansätzen ausgegangen sein, die dann schließlich auch die Zielebene erreicht haben. Damit ist ein Weg beschrieben, der mit Alternative c) bei Becker benannt ist und von der

[971] Quelle: Becker, Jochen: Steuerungsleistungen und Einsatzbedingungen von Marketingstrategien, in: Marketing ZFP, Heft 3, August 1986, S. 189–198, hier: S. 195.

[972] Ebenda.

[973] Vgl. ebenda, S. 197.

Marketing-Mix-Ebene zur Entwicklung von Marketingstrategien und der Formulierung von Marketingzielen führen kann. Das Ergebnis kann dann ebenfalls eine in sich geschlossene Marketing-Konzeption sein. Der Autor hat in seinem Buch drei verschiedene alternative Entwicklungsmuster dargestellt (s. Abbildung 2.16).

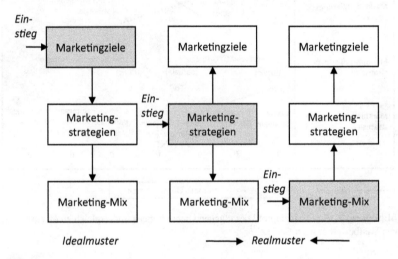

**Abbildung 2.16** Alternative Konzeptionierungsmuster für Marketing (Reihenfolgealternativen) nach Becker[974]

Jochen Beckers Lehrbuch enthält neben den theoretischen Grundlegungen auch eine Fülle an Beispielen und empirischen Daten zu verschiedenen Branchen und Produkten, u. a. auch zum Biermarkt und zu einzelnen Biermarken. Becker hat in seinem Werk die strategischen Optionen ausgehend vom Ansoff'schen Ansatz wesentlich weiterentwickelt und konkretisiert, angefangen von der Bestimmung von vier Strategiebausteinen und der Differenzierung möglicher Strategiepfade nach ihrer „Professionalität" bei den Marktfeldstrategien bis hin zur eindringlichen Empfehlungen zur Reihenfolge von strategischen und operationalen Entscheidungen. Er hat dabei eine ganze Reihe von Aussagen entwickelt, die sich als „empirische Generalisierungen" verstehen lassen und „strategische Grundsätze" darstellen.

---

[974] Quelle: Becker, Jochen: Grundlagen der Marketing-Konzeption, München 1983, S. 4.

### 2.5.5.3 Porters wettbewerbsstrategischer Ansatz

Der Wettbewerbsaspekt ist in den bisherigen strategischen Ansätzen immer wieder (mit) angesprochen worden, hauptsächlich im Sinne eines Vergleichs mit den bedeutendsten Konkurrenten bezüglich z. B. der Marktstellung, der Produktqualität oder auch unterschiedlicher strategischer Praxis. In schrumpfenden oder stagnierenden Märkten kommt dem Thema eine ganz besondere Bedeutung zu. Michael E. Porter hat 1980 unter dem Titel „Competitive Strategies"[975] ein Buch vorgelegt, von dem er selber sagt: „Dieses Buch wendet sich an Praktiker, die Strategien für bestimmte Geschäftszweige entwickeln müssen, und an Wissenschaftler, die den Wettbewerb besser zu verstehen suchen."[976] Mittlerweile gilt diese Veröffentlichung als Klassiker zum Thema Wettbewerbsstrategie. Ähnlich wie bei dem im vorigen Kapitel beschriebenen Ansatz von Jochen Becker bestimmt auch bei Michael E. Porter die Marktstrategie den wirtschaftlichen Erfolg eines Unternehmens. Dagegen wird die Bedeutung des Marktanteils – anders als in den Portfolio-Modellen – relativiert.

Porter konzentriert sich in seiner Analyse nicht nur auf den Wettbewerb zwischen verschiedenen Anbietern, sondern er identifiziert fünf Wettbewerbskräfte, die zusammengenommen die Wettbewerbsintensität und Rentabilität einer Branche bestimmen, wobei die stärksten dieser Kräfte ausschlaggebend für die Strategieformulierung sind. „So wird selbst ein Unternehmen mit sehr starker Marktstellung und geringer Bedrohung durch potentielle neue Konkurrenten nur geringe Erträge ernten, wenn es sich einem höherwertigen und billigeren Ersatzprodukt gegenübersieht. Selbst wenn keine Ersatzprodukte existieren und Eintritt unmöglich ist, begrenzt eine intensive Rivalität unter den bestehenden Konkurrenten die potentiellen Erträge."[977] Die Abbildung 2.17 zeigt die fünf Wettbewerbskräfte sowie das von ihnen ausgehende Bedrohungspotenzial:

Die Rivalität unter den bestehenden Unternehmen findet dabei in Form von (ruinösen) Preiswettbewerben, Werbeschlachten, Einführung neuer Produkte oder verbesserter Serviceleistungen statt. Derartige Maßnahmen eines Unternehmens führen häufig zu Vergeltungs- oder Gegenmaßnahmen, insbesondere wenn sie wechselseitig voneinander abhängig sind.[978] „Bestimmte Konkurrenzformen, namentlich Preiswettbewerb, sind hochgradig instabil und bergen die

[975] Vgl. Porter, Michael E.: Competitive Strategies, Englewood Cliffs 1980; in der deutschen Übersetzung erschienen als: Wettbewerbsstrategie, Frankfurt 1983. Die folgenden Ausführungen basieren weitgehend auf dieser Übersetzung in der späteren Auflage von 1997.
[976] Porter, Michael E.: Wettbewerbsstrategie, 9. Aufl., Frankfurt 1997, Vorwort, S. 10.
[977] Ebenda, S. 28.
[978] Vgl. Porter, Michael E.: Wettbewerbsstrategie, a.a.O., S. 42.

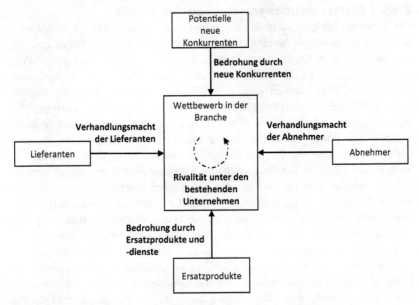

**Abbildung 2.17**  Die Triebkräfte des Branchenwettbewerbs nach Porter[979]

Wahrscheinlichkeit in sich, daß sich die Rentabilität der gesamten Branche verschlechtert. Preissenkungen werden schnell und ohne Mühe von den Rivalen
gekontert und führen anschließend zu geringeren Erträgen für alle [...]"[980] Dies
dürfte umso mehr für das Angebots-Oligopol gelten. Zudem ist dieser Preiskampf
in einem stagnierenden Markt noch höher einzuschätzen, da dort eine Expansion
in erster Linie über den Kampf um Marktanteile zu erreichen scheint.[981] Porter
bestärkt damit noch einmal die bereits in der Literatur der beiden Vorgängerperioden jeweils deutlich vorgetragenen Warnungen vor einem ruinösen Preiskampf
insbesondere in der oligopolistischen Angebotssituation.

Kernpunkte der Porter'schen Analyse sind die drei typischen Wettbewerbsstrategien:

- Umfassende Kostenführerschaft

---

[979] Quelle: Porter, Michael E.: Wettbewerbsstrategie, 9. Aufl., Frankfurt 1997, S. 26.

[980] Ebenda.

[981] Vgl. ebenda, S. 43.

- Differenzierung (im Sinne von Profilierung und Übernahme der Qualitätsführerschaft)
- Konzentration auf Schwerpunkte (im Sinne einer Spezialisierung und dem zusätzlichen Streben entweder nach Kostenführer- oder nach Qualitätsführerschaft).

Porter selbst hat diese drei Strategien in sehr einfacher Form grafisch dargestellt.[982] Meffert hat diesen Ansatz in der Neuauflage seines Lehrbuches etwas grafisch erweitert, und er gibt zugleich auch Hinweise auf die Ausgestaltung der Strategien (s. Abbildung 2.18).

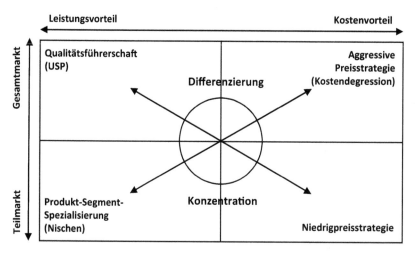

**Abbildung 2.18** Wettbewerbsstrategische Grundpositionen nach Porter/Meffert[983]

Die Strategie der **umfassenden Kostenführerschaft** (s. 2. Quadranten oben rechts) knüpft an das Erfahrungskurven-Konzept an. Auf der Grundlage eines hohen Marktanteils lassen sich durch den Aufbau von Produktionsanlagen zur effizienten Größe, ein energisches Ausnutzen erfahrungsbedingter Kostensenkungsmöglichkeiten, die strenge Kostenkontrolle, die Vermeidung marginaler

---

[982] Vgl. die Abbildung auf S. 67 bei Porter.

[983] Quelle: Meffert, Heribert: Marketing- Grundlagen der Absatzpolitik, 7. überarbeitete und erweiterte Aufl., Wiesbaden 1986, S. 105.

Kunden sowie die Kostenminimierung in den Bereichen Forschung und Entwicklung, Service, Werbung und Vertrieb wesentliche Kostenvorteile erzielen. Beim
Gelingen dieser Strategie sichert dies einem Unternehmen auch dann noch überdurchschnittliche Erträge, falls der Wettbewerbsdruck die Gewinne der Rivalen
zunichte gemacht haben sollten. Darüber hinaus schützen niedrige Kosten auch
vor mächtigen Lieferanten, indem sie Preiserhöhungen von deren Seite leichter
auffangen können. Außerdem erhöhen sie die Markteintrittsbarrieren und stärken
auch die Verhandlungsmacht gegenüber bedeutenden Abnehmern. Im Hinblick
auf den Absatzmarkt sieht Porter, dass es durchaus sinnvoll sein kann, mit dem
Ziel der Kostenverteilung ein breites Sortiment von gleichartigen Produkten beizubehalten oder alle relevanten Abnehmergruppen zu bedienen, um eine hohe
Mengenausbringung zu erzielen[984] Mit der Kostenführerschaft ist dann auch die
Möglichkeit zur Preisführerschaft und einer aggressiven Preisstrategie verbunden.

Die Strategie der **Differenzierung** bzw. Profilierung mit dem Ziel der Übernahme der Qualitätsführerschaft (s. 1. Quadrant oben links) zeigt sich nach
Meffert[985] durch die Schaffung von Produkt- bzw. Dienstleistungsvorteilen,
etwa in der Produktqualität, dem Kundendienst oder den Garantieleistungen,
die den differenzierten Ansprüchen der Kunden entsprechen. Die Angebote
sollen dadurch einerseits bedarfsgerechter sein, andererseits den Wechsel zur
Konkurrenz verhindern. Im Allgemeinen stehen Differenzierungsstrategien in
engem Zusammenhang mit einer differenzierten Marktbearbeitung. Meffert nennt
eine Reihe von unabdingbaren Voraussetzungen für die Realisierung dieser
strategischen Grundkonzeption:

- starke Qualitätsorientierung der Abnehmer
- hohe Marketingeffektivität
- höchste Produktqualität
- hohes Produktimage
- Innovationsorientierung
- Kontinuierliche Selbstanalyse, Marktbeobachtung und Konkurrenzanalyse.

Porter sieht in dieser Variante eine überlebensfähige Strategie mit der Aussicht
auf überdurchschnittliche Erträge, wenn auch nicht zwangsläufig einem hohen
Marktanteil. Außerdem würde sie eine gefestigte Position in der Auseinandersetzung mit den eingangs beschriebenen fünf Wettbewerbskräften schaffen, z. B.

---

[984] Vgl. Porter, Michael E.: Wettbewerbsstrategie, a.a.O., S. 63 f.
[985] Vgl. zum Folgenden: Meffert, Heribert: Marketing- Grundlagen der Absatzpolitik, 7.
überarbeitete und erweiterte Aufl., S. 106.

indem sie Eintrittsbarrieren herstellt oder den Umgang mit der Macht von Zulieferern und von Großabnehmern erleichtert. Im Hinblick auf den Wettbewerb in der Branche urteilt Porter: „Die Differenzierung schirmt gegen den Wettbewerb ab, indem sie Abnehmer an die Marke bindet und die Preisempfindlichkeit verringert."[986] Letzteres hatte bereits Erich Gutenberg 1955 mit seinem Argument des „akquisitorischen Potentials" in der Darstellung der „doppelt-geknickten Preis-Absatz-Kurve" erkannt. Beide Argumente gelten allerdings nur so lange, als der Kostenunterschied zwischen Billiganbieter und dem auf Qualität setzendem Unternehmen nicht so groß wird, dass die Markenloyalität von den Kunden nicht mehr aufrechterhalten wird.[987]

Die **Konzentration auf Schwerpunkte** als weitere Alternative bedeutet die Zentrierung der Aktivitäten auf Marktnischen bzw. -segmente, konkret auf bestimmte Abnehmergruppen, einen bestimmten Programmausschnitt oder geografisch abgegrenzte Märkte. Das Ziel besteht darin, dass ein Unternehmen ein begrenztes Betätigungsfeld wirkungsvoller bzw. effizienter bearbeiten kann als die Wettbewerber in einem breiteren Aktionsfeld. Die Konzentration kann dabei zwei unterschiedliche Ausprägungen haben: entweder in der Form der Differenzierung und Profilierung als Spezialist oder aber in dem Bestreben, die niedrigeren Kosten für eine erfolgreiche Niedrigpreisstrategie zu nutzen. Durch beide Vorgehensweisen ist es möglich, überdurchschnittliche Erträge zu erwirtschaften, allerdings ebenfalls auf Kosten des möglicherweise durch eine andere Strategie erzielbaren Marktanteils.[988]

Jochen Becker hat die beiden strategischen Grundtypen im Rahmen seiner Marktstimulierungsstrategie als Präferenz- bzw. Preis-Mengenstrategie gekennzeichnet.

Eine weitere Erkenntnis von Porter ist als „stuck in the middle" in die Literatur eingegangen. Gemeint ist dabei folgende Problematik, die vor allem Unternehmen mittlerer Betriebsgröße trifft: Verpasst es ein Unternehmen, auf konsequente Weise eine dieser Strategien zu verfolgen, läuft es Gefahr, in eine Rentabilitätsfalle zu laufen. „Einem Unternehmen zwischen den Stühlen ist eine niedrige Rentabilität fast sicher. Es verliert entweder die großen Mengenabnehmer, die niedrige Preise fordern, oder es muß auf seine Gewinne verzichten, um diese Aufträge nicht an Billiganbieter zu verlieren. Es verliert aber zugleich die besonders profitablen Aufträge – die Crème – an diejenigen Unternehmen, die sich auf hochprofitable Objekte spezialisiert oder die sich insgesamt differenziert haben.

[986] Porter, Michael E.: Wettbewerbsstrategie, a.a.O., S. 66.
[987] Vgl. ebenda, S. 76.
[988] Vgl. ebenda, S. 67 f.

Schließlich leidet das Unternehmen zwischen den Stühlen wahrscheinlich auch an einer verschwommenen Unternehmenskultur und an einem inkonsistenten Organisations- und Motivationssystem."[989] Dagegen sind sowohl Unternehmen mit geringem Marktanteil (z. B. als Spezialisten) als auch Anbieter mit einem großen Marktanteil (z. B. als Kostenführer) rentabel.

Die Abbildung 2.19 mit der U-förmigen Beziehung zwischen Marktanteil und Rentabilität – erneut von Meffert übernommen – verdeutlicht die Problematik:

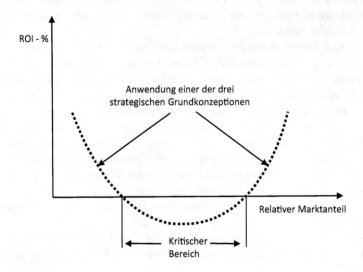

**Abbildung 2.19**  Stuck in the Middle – Der Zusammenhang zwischen Marktanteil und Rentabilität nach Porter[990]

In dieser Situation ist es für die im kritischen Bereich sich befindlichen Unternehmen notwendig, eine fundamentale strategische Entscheidung im Unternehmen zu treffen. Es müssen Schritte eingeleitet werden, um entweder eine Kostenführerschaft oder zumindest Kostenparität zu erreichen, oder um eine Profilierung zu erzielen. Damit sind aber jeweils weitreichende Konsequenzen verbunden. Die Strategie der Kostenführerschaft oder -adäquanz verlangt erhebliche Modernisierungsinvestitionen, z. B. in neue Produktionsanlagen. Möglicherweise müssen auch Marktanteile dazu gekauft werden, was die Übernahme von Konkurrenten bedeutet. Die Profilierungsstrategie setzt eine „zündende Idee" sowie umfangreiche Marketing-Investitionen voraus. Daraus können u. U.

---

[989] Ebenda, S. 71.

[990] Quelle: Meffert, Heribert: Marketing- Grundlagen der Absatzpolitik, 7. überarbeitete und erweiterte Aufl., Wiesbaden 1986, S. 107.

zunächst Umsatzrückgänge und Marktanteilsverluste resultieren. „Die Entscheidung für eine dieser Optionen richtet sich notwendigerweise nach den Fähigkeiten und Grenzen des Unternehmens."[991]

Kritisch anzumerken ist aber, dass erstens die von Porter dargestellten Strategiealternativen primär als strategische *Grundkonzeptionen* zu verstehen sind und dass zweitens ein kritischer Vergleich mit den dazu in gewissem Widerspruch stehenden Ergebnissen des Erfahrungskurven-Konzeptes fehlt.[992]

Zum ersten Argument: Insbesondere für den Fall des „stuck in the middle" vermisst man Vorschläge, durch welche konkreten Strategieschritte und Marketingmaßnahmen eine Wende zu einer erfolgversprechenden Entwicklung eingeleitet werden kann. Für die unternehmerische Praxis könnten in dieser konkreten Situation eher die von Becker erarbeiteten Strategiebausteine – insbesondere auf der Ebene der Marktstimulierungs- und der Marktparzellierungsstrategien – erfolgversprechend sein. In ähnlicher Weise hat Meffert in einem Aufsatz zu Marketingstrategien in stagnierenden und schrumpfenden Märkten eine Typologisierung von Marktbehauptungsstrategien erarbeitet und dafür jeweils passende Maßnahmen vorgeschlagen.[993]

Zum zweiten Argument: Der sich in der U-förmigen Darstellung des Zusammenhangs zwischen Marktanteil und Rentabilität zeigende kritische Bereich des „stuck in the middle" steht im Widerspruch zu den empirischen Ergebnissen des Erfahrungskurven-Konzeptes und damit zu einer Grundprämisse des gesamten Portfolio-Ansatzes. Dort wird von einem linearen Zusammenhang zwischen sinkenden Stückkosten und steigender Ausbringungsmenge ausgegangen mit positiven Effekten für Marktanteil und Gewinn.

Insgesamt stellt aber auch der Porter'sche Ansatz eine für den Praktiker wichtige Orientierungshilfe dar, indem er die Handlungsalternativen aufzeigt und die Gefahren benennt. Die strategische Bedeutung des Ansatzes drückt sich speziell in den „wettbewerbsstrategischen Grundpositionen" aus.

---

[991] Ebenda, S. 72.

[992] Darauf weist auch Remmerbach in seiner Literaturbesprechung hin. Vgl. Remmerbach, Klaus-Ulrich: Literaturwegweiser: Strategisches Marketing, in: Marketing ZFP, Heft 3, August 1985, S. 201–205, hier: S. 202.

[993] Vgl. Meffert, Heribert: Marketingstrategien in stagnierenden und schrumpfenden Märkten, in: Pack, L./ Börner, D. (Hg.): Betriebswirtschaftliche Entscheidungen bei Stagnation, Festschrift zum 65. Geburtstag von Edmund Heinen, Wiesbaden 1984, S. 37–72; wiederabgedruckt in: ders.: Marktorientierte Unternehmensführung im Wandel. Retrospektive und Perspektiven des Marketing, Wiesbaden 1999, S. 203–245.

## 2.5.5.4 Handelsorientierte Strategieansätze

Die massiven Veränderungen im Handelsbereich in den letzten Jahrzehnten stellen auch besondere Anforderungen an die Vertriebsstrategie von Herstellern. Meffert hat eine Systematik zu den handelsorientierten Strategieansätzen aus Produzentensicht erstellt nach den Kriterien der eigenen – aktiven oder passiven – Gestaltung der Vertriebswege sowie nach der – aktiven oder passiven – Reaktion auf die Marketingaktivitäten des Handels. Die Tabelle 2.9 zeigt die daraus resultierenden Strategieformen.

**Tabelle 2.9**   Handelsorientierte Strategieansätze nach Meffert[994]

| Marketingverhalten des Herstellers | aktiv in der Gestaltung der Absatzwege | passiv in der Gestaltung der Absatzwege |
|---|---|---|
| aktiv in der Reaktion auf Marketingaktivitäten des Handels | Umgehung III | Kooperation IV |
| passiv in der Reaktion auf Marketingaktivitäten des Handels | Konflikt II | Anpassung I |

Die Strategieform der **Anpassung** (I) resultiert einerseits aus der eigenen Passivität bei der Gestaltung neuer Absatzwege sowie andererseits aus der ebensolchen Tatenlosigkeit gegenüber besonderen vertriebsrelevanten Marketingaktivitäten des Handels. Der Hersteller benutzt „branchenübliche" oder „bewährte" Vertriebswege und nutzt möglicherweise auch nicht neue Vertriebsformen. Das Pendant dazu ist die **Konfliktstrategie** (II), bei der ein Hersteller die Gestaltung der Absatzwege nach eigenen Vorstellungen anstrebt und die Interessen des Handels nicht beachtet oder ignoriert, um die Marketingführerschaft im Distributionssystem zu erhalten oder zu erlangen. Die **Kooperationsstrategie** (IV) beschreibt eine Verhaltensabstimmung zwischen den Marktpartnern. Die Bandbreite reicht hier von losen Kooperationsformen (z. B. Informationsaustausch) bis hin zu straffen vertraglichen Vertriebssystemen (z. B. Franchising). Konflikte können sich auch hier ergeben, wenn die produktionsorientierte Sicht der Hersteller auf die sortimentsbezogene Orientierung des Handels stößt. Die **Umgehungsstrategie** (III) versucht, auf eine derartige Verhaltensabstimmung zu verzichten. Der Hersteller strebt die uneingeschränkte Kontrolle aller Marketinginstrumente über den gesamten Distributionsweg an.[995]

---

[994] Quelle: Meffert, Heribert: Marketing- Grundlagen der Absatzpolitik, 7. überarbeitete und erweiterte Aufl., Wiesbaden 1986, S. 108.

[995] Vgl. Meffert, Heribert: Marketing- Grundlagen der Absatzpolitik, 7. überarbeitete und erweiterte Aufl., a.a.O., S. 109 f.

Becker hat in seinem Lehrbuch die Entwicklungen im Handelsbereich beschrieben und die Konsequenzen für das Herstellermarketing aufgezeigt. Ausgangspunkt ist die durch einen ausgeprägten Konzentrationsprozess ausgelöste Erstarkung des Handels insbesondere im Zeitraum von 1970 bis 1980. In dieser Dekade

- hat die *Anzahl der Geschäfte* um beinahe 50 % abgenommen (von 172.600 auf 91.624)
- ist gleichzeitig die *Verkaufsfläche* um rd. 40 % gewachsen (von 11,5 Mio. m² auf 16,1 Mio. m²⁾
- ist der *Umsatz* um rd. 80 % gestiegen (von 57,8 Mrd. DM auf 103,9 Mrd. DM).[996]

Damit einhergegangen ist der Anspruch des Handels, nicht länger das Herstellermarketing nur zu übernehmen, sondern selbst die Marktgestaltung durch eigene Marketingkonzepte zu übernehmen. Damit „haben sich die Bedingungen des klassischen industriellen Marketingmix *grundlegend* gewandelt bzw. wandeln müssen."[997] Die Tabelle 2.10 verdeutlicht die Rollenveränderungen zwischen Industrie und Handel.

**Tabelle 2.10**  Rollenveränderungen zwischen Industrie und Handel nach Becker[998]

| Zeitlicher Bezug | Rollen im Sinne von Funktionsschwerpunkten | | |
|---|---|---|---|
| | *Hersteller* | | *Handel* |
| *Gestern* | Marktgestalter | X → 0 | Verteiler |
| *Heute* | Marktgestalter | X → 0 | Verteiler (und |
| | | 0 ← X | Marktgestalter) |
| *Morgen (?)* | Lieferant | 0 ← X | Marktgestalter (und |
| | | | Verteiler) |

X = dominierende Marktseite, 0 = abhängige Marktseite, → = einpolige Wirkungsrichtung (d.h. jeweils eine Seite dominiert), ↔ = zweipolige Wirkungsrichtung (führt entweder zu Konflikt oder Kooperation)

Im „Heute" – bezogen auf die Zeit seit etwa Mitte der 70er Jahre – beansprucht der Handel zunehmend Einfluss auf die marktgestalterischen Aktivitäten, z. T. auch über eine gezielte Handelsmarken-Politik. Zur Konsequenz hat dies, dass hinsichtlich der Aufgaben und der Gestaltung der Marketingaktivitäten

---

[996] Vgl.: Becker, Jochen: Grundlagen der Marketing-Konzeption, a.a.O., S. 291 ff. Becker hat die Zuwächse bei der Verkaufsfläche und dem Umsatz etwas großzügiger gerundet mit + 50 % bzw. + 100 %.

[997] Ebenda, S. 291. (Herv. im Original).

[998] Quelle: Becker, Jochen: Grundlagen der Marketing-Konzeption, München 1983, S. 293.

sich erhebliche Überlappungen zwischen Industrie und Handel ergeben können, woraus entweder Dauerkonflikte oder der Zwang zur Kooperation resultieren.[999]

Die Kooperation zwischen Herstellern und Handelsorganisationen wird dabei allerdings erschwert durch „systemimmanente Ziel*divergenzen*",[1000] wie die Tabelle 2.11 zeigt.

**Tabelle 2.11**   Wichtige Zieldivergenzen zwischen Hersteller und Handel nach Becker[1001]

| Zielbereiche | Herstellerziele* | Handelsziele |
|---|---|---|
| Angebotspolitik | • Aufbau von Produkt- bzw. Markenimage<br>• hohe Produktinnovation<br>• Forcierung der Herstellermarke<br>• eher hochpreisige Politik<br>• Abbau überhöhter Spannen | • Aufbau von Sortiments- bzw. Ladenimage<br>• möglichst Produktkonstanz<br>• Forcierung der Handelsmarke<br>• eher niedrigpreisige Politik<br>• Durchsetzung zusätzlicher Konditionen |
| Distributionspolitik | • große Bestellmengen<br>• hohe (optimale) Distributionsdichte<br>• günstige Platzierung der eigenen Ware<br>• hohe Lieferbereitschaft<br>• möglichst viel Beratung und Service | • schnelle Auslieferung auch kleiner Bestellmengen<br>• selektive Distribution (bzw. Alleinvertretungsansprüche)<br>• optimale Plazierung der Produktlinie<br>• niedrige Lagerhaltung<br>• möglichst wenig Beratung und Service |
| Kommunikations-politik | • Produktwerbung<br>• Aufbau von Markenpräferenzen<br>• bevorzugte Markenplatzierung<br>• herstellerorientierte Verkaufsförderung<br>• Erhöhung der Markentreue | • Firmenwerbung<br>• Aufbau von Präferenzen für den Laden<br>• sortimentsgerechte Platzierung<br>• handelsorientierte Verkaufsförderung<br>• Erhöhung der Ladentreue |

*speziell bei präferenz-orientierten Marken-Konzepten

In dieser Zusammenstellung offenbaren sich die z. T. sehr starken Abweichungen in den grundlegenden Zielsetzungen zwischen den beiden Handelspartnern, die sich auch in einem unterschiedlichen Einsatz des Marketing-Mix zeigen. Daraus resultiert für die Hersteller ein mehrstufig orientiertes Marketinginstrumentarium, und zwar sowohl ein

• **handels**orientiertes Marketing-Mix als auch ein

---

[999] Vgl.: Becker, Jochen: Grundlagen der Marketing-Konzeption, a.a.O., S. 293.

[1000] Ebenda, S. 294.

[1001] Quelle: Becker, Jochen: Grundlagen der Marketing-Konzeption, München 1983, S. 294.

• **verbraucher**orientiertes Marketing-Mix.[1002]

Traditionell dominiert dabei in der klassischen Markenartikelstrategie das **Pull-Konzept**. Die Grundidee besteht darin, dass über eine starke Endverbraucherwerbung versucht wird, eine Sog-Wirkung zunächst vom Verbraucher beim Handel, in der Folge dann vom Handel beim Hersteller auszulösen.[1003]

Allerdings hat sicher immer mehr gezeigt, dass angesichts des starken (Verdrängungs-)Wettbewerbs und des damit einher gehenden weniger ausgeprägten Präferenzaufbaus bei den Verbrauchern und der tendenziell abnehmenden Markentreue dieses Konzept alleine auf vielen Märkten nicht mehr ausreicht. Deshalb bedarf es zusätzlich eines **Push-Konzeptes** als Ergänzung.

Charakteristisch für dieses Konzept ist, dass neben einer starken Verbraucherwerbung zusätzlich ein „*Hinein*verkauf" zunächst vom Hersteller in den Handel stattfindet. Dies geschieht über Maßnahmen wie etwa einen intensiven persönlichen Verkauf, Displays, Regalpflege usw., mit denen für die Aufnahme und Listung der Herstellerangebote beim Handel geworben wird. Der *Heraus*verkauf des Handels an die Verbraucher wird vom Hersteller dann z. B. durch Ladenwerbemittel, Probierangebote, Sonderangebote usw. unterstützt mit dem Ziel, die potentiellen Verbraucher zum (Impuls-)Kauf zu stimulieren.

Aber auch diese Konzepterweiterung hat sich als nicht mehr ausreichend erwiesen. Es ist eher ein „Druck-Konzept", dem nach wie vor die Vorstellung vom Handel als bloßem Erfüllungsgehilfen des Produzenten zugrunde liegt. Deshalb wird es dem neuen Selbstverständnis des Handels nicht gerecht. Als Konsequenz hat sich daher in den letzten Jahren das **Kooperations-Konzept** als notwendig erwiesen. Danach sollen die jeweiligen Marketingziele von Hersteller und Handel über kooperative Handlungsweisen erreicht werden können, auch wenn dies – wie Tabelle 2.11 zu den divergierenden Zielen zwischen beiden Partners zeigt – nicht leicht zu realisieren ist und oftmals in reinen Absichtserklärungen stecken bleiben könnte.

Wichtig ist, dass die vielfältigen Verknüpfungen und Überlappungen zwischen den Marketingkonzepten beider Partner berücksichtigt werden. So ist es notwendig, dass Produzenten die Verträglichkeit ihres Marketingkonzeptes sowohl unten Handels- als auch Konsumentenaspekten überprüfen. Darüber hinaus gibt es spezifische Instrumente eines Herstellers, die sich ausschließlich oder überwiegend an den Handel richten.

---

[1002] Vgl.: Becker, Jochen: Grundlagen der Marketing-Konzeption, a.a.O., S. 294 f..
[1003] Vgl. zum Folgenden: ebenda, S. 295 ff.

„Der marktebenen- bzw. marktstufen-orientierte Marketingmix erweist sich so gesehen als das wohl *komplizierteste* Problem ziel- und trendgerechter Marktgestaltung überhaupt."[1004]

Hansen/Bode thematisieren ebenfalls das handelsgerichtete Marketing aus Sicht der Hersteller. Die Autoren diskutieren ebenfalls unterschiedliche Strategiestile, die von friedlicher Kooperation mit einer positiven Anreizpolitik bis hin zur aggressiven kämpferischen Durchsetzung von Interessen reicht. Eine grundlegende strategische Entscheidung betrifft die Auswahl der Absatzmittler sowie die vertraglichen Vereinbarungen über die Grundsätze der Zusammenarbeit. Wichtig sind auch Kenntnissen über das Beschaffungsverhalten von Handelsorganisation sowie das Verhalten bei der Regalplatzvergabe. Dem Hersteller steht eine Auswahl folgender Marketing-Instrumente zur Verfügung:[1005]

- Angebotsprogramm: z. B. Verkaufshilfen,
- Service: z. B. zusätzliche Dienstleistungen auf der Basis des eigenen Knowhows,
- Spannen- und Rabattpolitik,
- Hilfen in den Bereichen Werbung und Verkaufsförderung,
- Hilfen in den Bereichen Logistik, Lieferbereitschaft und Lagerhaltung.

Nieschlag/Dichtl/Hörschgen weisen in diesem Zusammenhang auf sich stark verändernde Aufgaben von Außendienstmitarbeitern der Hersteller hin. Zu den neuen Aufgaben gehört z. B. die Bevorratung des Handels mit den eigenen Produkten zu überprüfen, die Regale nachzufüllen, für die angemessene Präsentation des eigenen Angebotes zu sorgen, ggf. eine Zweitplatzierung zu erreichen, Informationen über die Marktentwicklung an der Verkaufsfront zu sammeln, partnerspezifische Verkaufsförderungsaktionen zu organisieren und als Ansprechpartner für den Handel zur Verfügung zu stehen.[1006]

Die handelsorientierten Strategieansätze haben die „Konfliktlinien" und grundsätzlichen Handlungsmöglichkeiten, wie etwa das „Pull-" sowie das „Push-Marketing", aufgezeigt und angesichts der zunehmenden Marktmacht der Handelsorganisationen das „Kooperationskonzept" empfohlen. Hier werden Grundlagen gelegt für das Verständnis der Abhängigkeiten zwischen Herstellern und

---

[1004] Ebenda, S. 301.

[1005] Vgl. Hansen, Ursula/Bode, Matthias: Marketing & Konsum, a.a.O., S. 165 f.

[1006] Vgl. Nieschlag, Robert/Dichtl, Erwin/Hörschgen, Hans: Marketing, 14. Völlig neubearbeitete Auflage, a.a.O., S. 364.

Händlern. Im konkreten Fall reichen die Ausführungen aber noch nicht, um im Konfliktfalle Lösungen zu finden.

## 2.5.5.5 Die Marketing-Kontrolle als neuer Schwerpunkt innerhalb der grundlegenden Managementfunktionen

Franz Böcker hat 1988 mit seinem Buch Marketing-Kontrolle eine „in sich geschlossene Darstellung eines bedeutenden Führungsinstruments im Marketing [...] als Lehrbuch für den Hochschulunterricht und als aktuelle Orientierungsmöglichkeit für den Praktiker"[1007] vorgelegt, nachdem der Themenbereich in der Vergangenheit eher rudimentär in der Marketingliteratur behandelt worden ist. Dabei verwendet Böcker einen weitgefassten Kontrollbegriff: Über Soll-Ist-Vergleiche und Abweichungsanalysen hinaus sieht dieser Ansatz auch die Überprüfung der Planungsgrundlagen vor. Inhaltliche Schwerpunkte liegen auf der Kontrolle der Marketing-Strategien sowie der Marketing-Maßnahmen. Böcker selber beklagt in seinem Einleitungskapitel die „geradezu dramatische Divergenz zwischen der Unternehmens- bzw. Lehrpraxis und dem allseits akzeptierten Postulat. [...] Kontrolle schließlich als eine gesonderte und das gesamte Unternehmen umgreifende Aktivität ist nur sehr selten auszumachen, die einzigen formalisierten Kontrollprozeduren, die in fast allen Unternehmen regelmäßig durchgeführt werden, sind Budget- und Außendienstkontrollen."[1008]

In seiner Grundform wird Kontrolle im Allgemeinen als Vergleichsvorgang der Ist-Werte mit den Plan-Werten betrachtet. Dabei sollen die Abweichungen festgestellt, nach Hinweisen für Ursachen geforscht sowie Vorschläge für Korrekturmaßnahmen unterbreitet werden. „Marketing-Kontrolle als die laufende, systematisch betriebene Überprüfung des Marketing-Geschehens setzt also mit der Feststellung der Ist-Werte ein."[1009] Das Grundschema als einfacher Regelkreis zeigt die Abbildung 2.20.

Böckers erweitertem Kontrollverständnis entsprechend beinhaltet die Marketing-Kontrolle folgende Aktivitäten:

* „Überprüfung der Angemessenheit der Analyse der Situation des Unternehmens und der Umwelt,
* Überprüfung der Adäquanz der Marketing-Gesamt- und -Detailziele,

---

[1007] Vorwort von Richard Köhler und Heribert Meffert in: Böcker, Franz: Marketing-Kontrolle, Stuttgart u. a. 1988.

[1008] Böcker, Franz: Marketing-Kontrolle, a.a.O., S. 7.

[1009] Ebenda, S. 24.

**Abbildung 2.20** Einfacher Regelkreis der Marketing-Kontrolle nach Böcker[1010]

- Überprüfung der Zielbezogenheit der Strategien und der operativen Maßnahmen,
- Überprüfung der Angemessenheit von Budgets,
- Vergleich von Soll- und Ist-Werten hinsichtlich ausgewählter Zielsetzungen und Analyse der Differenzen."[1011]

Das Besondere dieses Ansatzes besteht darin, dass über die Kontrolle der Aktivitäten und ihrer Ergebnisse – also einerseits der Marketing-Strategien, andererseits der Marketing-Maßnahmen – hinaus auch die Kompatibilität mit anderen Strategien und Maßnahmen überprüft werden soll. Noch wesentlich grundlegender ist die Erweiterung der Kontrollfunktion auf die Planungsgrundlagen. Hiernach sollen auch das Zielsystem, die Organisation sowie das Informationssystem im Marketingbereich der Kontrolle unterliegen. In der Spitze soll auch das Unternehmensleitbild sowie die Planungsprämissen in angemessenen Zeitabständen auf ihre Adäquanz hin überprüft werden.[1012] Dieser Systemansatz ist als idealtypisch zu beschreiben. Inwieweit ein derart starker Durchgriff der Kontrollfunktion in der Praxis möglich und sinnvoll ist, dürfte im Einzelfall von den betrieblichen funktionalen, organisatorischen und personellen Gegebenheiten abhängen. Möglich erscheint, die Kontrollfunktion auf mehrere hierarchische Ebenen und Personen zu verteilen.

Für die operationale Ebene hat Böcker verschiedenen Analyseschemata entworfen, so z. B. eine Deckungsbeitragsrechnung für die vergleichende Analyse mehrerer strategischer Geschäftseinheiten[1013] sowie verschiedene Tabellen und Formulare für die Außendienstberichterstattung und -kontrolle.[1014] Insgesamt

---

[1010] Quelle: Böcker, Franz: Marketing-Kontrolle, Stuttgart u. a. 1988, S. 25.

[1011] Böcker, Franz: Marketing-Kontrolle, a.a.O., S. 25.

[1012] Vgl. ebenda., S. 55 f.

[1013] Vgl. ebenda, S. 84.

[1014] vgl. ebenda, S. 160.

unterbreitet Böcker einen programmatischen Ansatz für die Etablierung von Kontrollmechanismen in der betrieblichen Praxis.

In der Weiterentwicklung zu einem umfassenden Verständnisses des Kontroll-Begriffes und neuem Schwerpunkt innerhalb des betrieblichen Planungsprozesses erhalten die Ausführungen der Literatur immer stärker den Charakter eines „strategischen Grundsatzes". Dabei werden die Kontrollprozesse auch in Form von Beispielen strukturiert.

### 2.5.5.6 Tabellarische Übersicht zu den wichtigsten anwendungsorientierten Erkenntnissen

In der Tabelle 2.12 werden die Ergebnisse der im gesamten Abschnitt 2.5 vorgenommenen Analysen für die 1980er Jahre zusammengefasst. Darin berücksichtigt sind nur die Themenbereiche, die über die Schwerpunkte der beiden Vorperioden (1950er Jahre sowie 1960er und 1970er Jahre) hinausgehen.

## 2.5.6 Zusammenfassende Bewertung des Wissenschaftsprogramms der Marketingforschung in den 1980er Jahren in Deutschland

Die 1980er Jahre standen gesamtwirtschaftlich im Zeichen divergenter Verhältnisse: Einerseits stiegen die Wachstumsraten des Bruttoinlandsprodukts von Null bis auf etwas über 5 % an. Andererseits verharrte die Arbeitslosigkeit über einige Jahre knapp unter der 10 %-Marke. Das war das Ergebnis konjunktureller sowie struktureller Effekte. Die Folge war eine Spreizung in den Einkommensverläufen und dem Konsumverhalten unterschiedlicher Bevölkerungsschichten. Der Begriff von der „neuen Armut" ging um und betraf das Ruhrgebiet mit seiner Schwerindustrie besonders stark.

Auf Unternehmensseite war bereits ein Jahrzehnt zuvor „Marketing als Krisenstrategie" erfolgreich erprobt worden (s. Abschnitt 2.4.2.2 am Beispiel der Automobilindustrie). In den 80er Jahren versuchten Unternehmen, den sich verstärkenden Wertewandels zum Hedonismus und zur Selbstentfaltung der eigenen Persönlichkeit strategisch zu nutzen (s. Abschnitt 2.5.2 am Beispiel von NIVEA). Es zeigte sich immer deutlicher: „Marketing macht Märkte".

Die Beratungsbranche war dabei ein wirkungsvoller Katalysator. Immer mehr Unternehmen beauftragten Unternehmensberatungsgesellschaften mit Expertisen zu der gegenwärtigen Marktstellung und zur Entwicklung von Strategien zur Behauptung in der sich verschärfenden Wettbewerbssituation, zu Markt- und Produktentwicklungen und zur Vorbereitung von Schritten auf „unbekanntem

**Tabelle 2.12**  Anwendungsorientierte Erkenntnisse und Handlungsempfehlungen der Marketingtheorie in den 1980er Jahren[1015]

| Themenbereich | Anwendungsorientiere Erkenntnisse/Handlungsanweisungen |
|---|---|
| Situationsanalyse | • Stärken-/Schwächen-Analyse<br>• Chancen-/Risiko-Analyse<br>• Lebenszyklusanalyse<br>• Erfahrungskurvenanalyse<br>• Portfolio-Analysen (gleichzeitig Strategie-Konzept) |
| Marketing-Strategiekonzepte | - *Portfolio-Konzept von BCG* mit 4 SGE-Positionierungen und daraus folgenden Normstrategien<br>➤ Question-Marks → Investieren vs. Marktaustritt<br>➤ Stars → weiter investieren und wachsen<br>➤ Cash Cows → Abschöpfen der Erträge und investieren in zu entwickelnde Stars bzw. Question Marks<br>➤ Dogs: Vorbereitung eines Marktaustritts<br>• *Produkt-/Markt-Matrix von Ansoff* mit daraus abgeleiteten Strategiekonzepten:<br>➤ Marktfeldstrategien → „alphabetisch"<br>➤ Marktstimulierungsstrategien → Präferenz- vs. Preis-Mengen-orientiert<br>➤ Marktparzellierungsstrategien → Massen- vs. differenziertes Marketing<br>➤ Marktarealstrategien → lokal vs. regional vs. überregional vs. national vs. international<br>• *Wettbewerbsstrategischer Ansatz von Porter* mit 3 strategischen Optionen:<br>➤ Umfassende Kostenführerschaft<br>➤ Differenzierung → Qualitätsführerschaft<br>➤ Konzentration auf Schwerpunkte (Nischen-Strategie) als<br>  - Produkt-Segment-Spezialisierung<br>  - Niedrigpreisstrategie<br>→ Gefahr: „Stuck in the Middle" |
| Handelsorientierte Marketing-Strategien | • Marketingverhalten von Herstellern mit 4 grundsätzlichen Optionen:<br>➤ Anpassung<br>➤ Konflikt<br>➤ Umgehung<br>➤ Kooperation<br>• Zwang zu kooperativem Verhalten → aber: „systemimmanente Ziel*divergenzen*"<br>• Konsequenz: mehrstufiges Marketing<br>➤ *verbraucherorientiertes* Marketing → „Pull"-Konzept<br>➤ *handelsorientiertes* Marketing → „Push"-Konzept<br>➤ *integriertes* Marketing → „Pull" *und* „Push"-Konzept |
| Marketing-Kontrolle | • Grundform:<br>➤ systematischer und laufend betriebener Vergleich von Ist-Werten zu Planwerten mit Abweichungsanalysen und<br>➤ Erforschung der Ursachen sowie<br>➤ Vorschläge für Korrekturmaßnahmen<br>• Kontroll-Inhalte:<br>➤ Marketingstrategien und Maßnahmen<br>➤ Gesamt- und Detail-Ziele<br>➤ Budgets<br>➤ Außendienstleistungen |

(Fortsetzung)

---

[1015] Quelle: eigene Darstellung.

**Tabelle 2.12** (Fortsetzung)

| | • Erweiterungsform: umfassende Kontrolle des gesamten Unternehmens sowie seiner Aktivitäten:<br>➢ Zielsystem, Organisation, Planung im Marketingbereich<br>➢ Unternehmensleitbild |
|---|---|

Gelände". Eine ganze Reihe von Methoden strategischer Analysen und strategiebildender Instrumente wurde auf diese Weise in die Unternehmen getragen. Die Marketingdisziplin hat sich in den 80er Jahren den neuen und erhöhten Anforderungen der Praxis gestellt. Das betrifft zum einen die Spezialisierungen der Marketingforschung in verschiedenen neuen Branchen- und Funktionsbereichen mit der Gefahr der „Hyperspezialisierung". Dabei gab es – einem „dominierenden Trend" folgend – eine starke Hinwendung zu strategischen Überlegungen. Kernpunkte dieser Arbeiten waren die verschiedenen Methoden der strategischen Marketinganalyse und -planung und die Beschäftigung mit Marketing-Strategiekonzepten inklusive von Portfolio- und marktfeldbezogenen Konzeptionen sowie wettbewerbsstrategischen Ansätzen.

Neben dieser *praktisch normativen Managementlehre* hatte sich in den 70er und 80er Jahren auch eine primär *verhaltenswissenschaftlich* ausgerichtete Marketingforschung gebildet und etabliert. Insbesondere im Abschnitt 2.4.5.2.2 sind die Leistungen dieser Forschungsrichtung näher untersucht worden. An dieser Stelle sollen beide Forschungsansätze nochmals vergleichend gewürdigt werden.

Grundlegend für die Hinwendung zur verhaltenswissenschaftlichen Forschung war die Erkenntnis, dass die Modellvorstellung vom „homo-oeconomicus" nicht dem realen Verhalten als Konsument oder Entscheidungsträger in Organisationen entspricht und dass ein stärker interdisziplinär ausgerichteter Forschungsansatz die Aussicht auf einen wissenschaftlichen Fortschritt bieten könnte. Insofern hat sich der verhaltenswissenschaftlich orientierte Zweig der Marketingforschung sicherlich in seinen Bemühungen, mit Hilfe der Marktforschung und ihrer Methoden praktisch verwertbare Erkenntnisse über das Käuferverhalten zu erlangen, große Verdienste erworben. Darüber hinaus hat dieser Forschungsansatz eine Reihe weiterer praxisorientierter Hinweise und Empfehlungen gegeben. So hat er z. B. die wesentlichen Komponenten einer außerökonomischen Werbeerfolgskontrolle benannt und Vorschläge zu ihrer Messung unterbreitet. Mit dem Verfahren der Blickregistrierung wurde ein Instrument zur Beurteilung von Werbeanzeigen geschaffen. Außerdem hat die Konsumentenforschung erheblich dazu beigetragen, das Bewusstsein in den Unternehmen in Richtung einer verstärkten

Kundenorientierung auszubilden und zu verstärken. Diese Forschungsergebnisse konnten dann auch für Kunden- bzw. Zielgruppensegmentierungen genutzt werden.

Dagegen sind die Modelle zur Erklärung des Käuferverhaltens im Untersuchungszeitraum weitgehend im theoretischen Raum stecken geblieben. Dies liegt zum großen Teil auch an ihrer mangelnden Operationalisierbarkeit und damit dem Fehlen der Möglichkeit zur empirischen Prüfung. Wesentlich ist auch, dass es bei der Behandlung der psychologisch und sozialwissenschaftlich orientierten Grundlagen der verhaltenswissenschaftlichen Marketingtheorie wenig konkret verwertbare Aussagen gab. So konnte das einstmals formulierte Versprechen, kausale Erklärungen zu liefern und die praktische Anwendung dieser Modelle aufzuzeigen, insgesamt nicht überzeugend eingelöst werden. Bubik formuliert: „In der Tat ist es der verhaltenswissenschaftlichen Marketingtheorie weder gelungen, ein respektables Maß erklärender Theorien, noch einen zufriedenstellenden Komplex praxisrelevanter Handlungsempfehlungen zu entwickeln."[1016] Dennoch ist nicht zu bezweifeln, dass die verhaltenswissenschaftliche Orientierung einen erheblichen Einfluss auf die Marketingdisziplin gehabt hat und ein ganz wesentliches „Standbein" dieser Disziplin dargestellt hat.

Im Vergleich dazu hat die praktisch-normative Managementlehre als das andere „Standbein" ein pragmatischeres Wissenschaftsverständnis; sie ist anwendungsorientierter und kommt deshalb den Anforderungen der Praxis mehr entgegen. Das konnte in diesem Kapitel anhand der verschiedenen Methoden, Instrumente, Konzepte und Normstrategien zum strategischen Marketing facettenreich belegt werden. Die Analyse hat gezeigt, dass hier von der Marketingwissenschaft (z. T. unter Rückgriff auf Techniken und Verfahren, die von der Beratungsbranche entwickelt worden sind) konkretes handlungsorientiertes Wissen zur Verfügung gestellt worden ist, das die Analysearbeit, die Entwicklung von Handlungsalternativen sowie die Vorbereitung strategischer und operativer Entscheidungen in der unternehmerischen Praxis *prinzipiell* unterstützen kann. Voraussetzung dafür ist, dass es gelingt, dieses Wissen im Einzelfall auf die spezifischen Probleme und Aufgabenstellungen eines Unternehmens in seiner besonderen Markt- und Wettbewerbssituation zu übertragen.

Das gilt auch bereits für die Lehrbücher der 1970er Jahre, in denen – wie insbesondere im Abschnitt 2.4.6 gezeigt werden konnte – auf der Basis vor allem entscheidungs- und systemtheoretischer Überlegungen eine Fülle von normativen Aussagen über alternative Handlungsmöglichkeiten im Marketingmanagement getroffen wurden.

---

[1016] Bubik, Roland, a.a.O., S. 171.

Was allerdings die Diskussion um die *tatsächliche* Berücksichtigung konkreten theoretischen Wissens in der unternehmerischen Marketingarbeit angeht, so hat auch das Beispiel NIVEA für die 80er Jahre – ähnlich wie schon für die unternehmerische Praxis der 50er und 60er Jahre als auch für das Beispiel der Automobilindustrie aus den 70er Jahren festgestellt – keinen besonderen Hinweis auf die Orientierung an theoretischen Ausführungen und Erkenntnissen *unmittelbar* aus der Marketingliteratur ergeben. Nachgewiesen ist lediglich die Tatsache, dass die durchgeführten Marketingaktionen sehr erfolgreich waren. Theorie und Praxis verliefen hier „bemerkenswert parallel" – vermutlich ohne große Berührungspunkte, hieß es in einer Veröffentlichung.

Möglicherweise spricht daraus auch der Stolz der Manager in den Unternehmen, den Erfolg mit „praktischem Know-how" und „Bordmitteln" gesichert zu haben. Inwieweit dabei die Marketingerfolge aber tatsächlich unter Zuhilfenahme wissenschaftlicher Erkenntnisse aus der Literatur und/oder durch Unterstützung von Unternehmensberatern errungen werden konnten, entzieht sich der Kenntnis und wird auch von den evtl. beteiligten Beratungsunternehmen sicherlich nicht an die „große Glocke" gehängt. Es kann aber – auch gestützt auf die Ausführungen im Abschnitt 2.5.3.3 – davon ausgegangen werden, dass hier Transferleistungen von der Theorie zur Praxis und umgekehrt erbracht worden sind.

# Die Anwendung von Erkenntnissen der absatzwirtschaftlichen bzw. Marketingtheorie in der Dortmunder Brauindustrie von 1950 bis 1990

**3**

## 3.1 Die Dortmunder Brauindustrie als Praxisbeispiel: Empirische Grundlagen

### 3.1.1 Auswahl, Repräsentativität und Quellenmaterial

Im Folgenden gilt es, die Anwendung und Erfolgswirksamkeit von Erkenntnissen der Marketingwissenschaft in der unternehmerischen Praxis anhand einer historischen Branchenstudie zu untersuchen. Die Auswahl folgt dabei folgenden Kriterien:

- Marketingaktivitäten sollten wesentlicher Bestandteil der Unternehmenspolitik gewesen sein; dies kann im Verlauf des Untersuchungszeitraums durchaus unterschiedlich ausgeprägt gewesen sein.
- Der Einfluss der Marketingaktivitäten auf den Unternehmenserfolg sollte – wenn schon nicht nachweisbar, so doch – zumindest abschätzbar sein.
- Es sollte eine gewisse Wettbewerbsintensität in dem betreffenden Markt geherrscht haben.
- Möglichst sollte der Übergang vom Verkäufer- auf den Käufermarkt in diesem Marktbereich erkennbar sein.
- Es sollten sich Aussagen über den gesamten Untersuchungszeitraum treffen lassen.
- Basis für die Analyse sollten nachweisbare Fakten, z. B. Originalunterlagen aus Archiven, sein.

© Der/die Autor(en), exklusiv lizenziert an Springer Fachmedien Wiesbaden Gmbh, ein Teil von Springer Nature 2023
H. Fechtner, *Zum Verhältnis von Theorie und Praxis im Marketing aus historischer Perspektive*, https://doi.org/10.1007/978-3-658-41033-9_3

Ein erster Hinweis auf eine Branche, auf die diese Kriterien zutreffen könnten, ergab sich aus einer Literaturrecherche: Nach einer international angelegten empirischen Untersuchung in 5 Ländern von Fischer/Völckner/Sattler zeigt sich, dass in den USA beim Vergleich von 20 Produktkategorien der Markenwert für den Absatz von *Bier* die höchste Bedeutung hat. In Großbritannien und Spanien liegt der Biermarkt nach diesem Kriterium jeweils auf dem 2. Platz hinter Zigaretten, in Frankreich immerhin auf Platz 7 und in Japan auf Platz 13.[1] Deutschland wurde in diese Untersuchung leider nicht einbezogen. Es kann aber davon ausgegangen werden, dass auch hier der Markenwert für den Markterfolg von Bier eine hohe Bedeutung hat.[2] Daraus kann gefolgert werden: Wenn für das Produkt *Bier* eine hohe Markenrelevanz für Konsumentscheidungen von Verbrauchern besteht, dann erscheinen auch eine hohe Werbeintensität und insgesamt hohe Marketingaktivitäten lohnenswert.[3] Die spätere Analyse wird zeigen, dass dies von der deutschen Brauindustrie auch so wahrgenommen wurde.

Zunächst bestätigte auch die erste Durchsicht der weiteren Literatur zum Thema Bier-Marketing die Sinnhaftigkeit einer Auswahl der Brauereibranche als geeignetes Untersuchungsobjekt: Bier ist per se ein weitgehend homogenes Gut. Die Differenzierung des eigenen Bier-Angebotes von Wettbewerbsprodukten und der wirtschaftliche Erfolg sind weniger durch physische Produkteigenschaften als vor allem über Markenbildung und besondere Maßnahmen im Marketingbereich zu erreichen. Außerdem herrscht auf dem Biermarkt ein intensiver Wettbewerb, bei dem sich die Anbieter in ihrer Wettbewerbsstrategie entweder auf eine starke Marke oder einen niedrigen Preis stützen.[4]

Veränderungen des Konsumentenverhaltens und der Ansprüche an das Produkt Bier (z. B. Verdrängung des „Export-Bieres" durch das „Pils-Bier") führten bei gleichzeitiger Erweiterung der Produktionskapazitäten spätestens Anfang bis Mitte der 1970er Jahre zu Sättigungstendenzen und zum Übergang von der

---

[1] Vgl. Fischer, Marc/Völckner, Franziska/Sattler, Henrik: How Important Are Brands? A Cross-Category, Cross-Country Study, in: Journal of Marketing Research, Vol. 47, No. 5 (Oct. 2010), S. 823–829, hier S. 832.

[2] Als zusätzlicher Beleg kann auch folgende Dissertation gewertet werden: Köster, Lars: Markenstärkenmessung unter besonderer Berücksichtigung von Konsumentenheterogenität. Das Beispiel der *deutschen Brauwirtschaft*, Wiesbaden 2006. (Herv. d. Verf., H.F.)

[3] In einer älteren Veröffentlichung von Marc Fischer u. a. heißt es: „Eine hohe Markenrelevanz rechtfertigt nach diesem Ansatz auch eine hohe Werbeintensität und umgekehrt." Fischer, Marc/Hieronimus, Fabian/Kranz, Marcel: Markenrelevanz in der Unternehmensführung – Messung, Erklärung und empirische Befunde für B2C-Märkte, Arbeitspapier Nr. 1 des MCM – Marketing Centrum Münster, Herausgeber: Backhaus, Klaus/Meffert, Heribert (MCM), Meffert, Jürgen/Perrey, Jesko/Schröder, Jürgen (McKinsey), 2002, S. 35.

[4] Vgl. Köster, Lars: a.a.O., S. 190.

rein produktionsorientierten Sichtweise (Verkäufermarkt) zu einem marktorientierten Handlungsbedarf (Käufermarkt).[5] Fortan stagnierte der Bierausstoß,[6] und der Verdrängungswettbewerb wurde intensiviert[7]. Dies setzte einen Prozess der Konzentration und Konzernbildung in Gang[8] einhergehend mit verstärkten Marketinganstrengungen mit steigenden Marketingbudgets. Bezogen auf die jüngere Vergangenheit und die Nennung der Brutto-Werbeaufwendungen für Bier im Jahr 2004 mit 283,4 Mio. € formuliert Köster: „Damit gehört Bier zu den werbeintensivsten Branchen in Deutschland."[9] Schon seit den 1970er Jahren kämpften Premiummarken, Konsumbiere und Billigbiere intensiv um Marktanteile. Die Konsumbiere liefen dabei immer mehr Gefahr, zwischen dem Werbedruck der Premiumbiere und dem Preisdruck der Billigbiere „zerrieben" zu werden.[10]

Insgesamt stellt damit die Brauereibranche ein geeignetes Untersuchungsobjekt für den empirischen Teil dieser Arbeit dar. Es kann dabei angenommen werden, dass der Einfluss eines „funktionierenden" Marketings auf den Unternehmenserfolg besonders hoch gewesen sein wird. Von daher besteht die Chance, den Erfolg von Marketingmaßnahmen und ggf. ihrer theoretischen Grundlagen gut überprüfen zu können.

Als Quelle für die empirische Untersuchung bot sich das umfangreiche Brauereiarchiv des Westfälischen Wirtschaftsarchivs (WWA) in Dortmund an. Dieses Archiv stellt einen geschlossenen Korpus der Bestände von führenden Unternehmen eines der bis in die Nachkriegszeit wichtigsten Brauereistandorte Deutschlands dar. Es enthält Unterlagen sowohl zur Unternehmensgeschichte der acht nach dem Zweiten Weltkrieg noch bestehenden Dortmunder Brauereien als auch zur Branchengeschichte der Dortmunder Brauwirtschaft insgesamt für die Zeit seit dem späten 19. Jahrhundert bis etwa zur Jahrtausendwende. Es enthält darüber hinaus aber auch aus den Nachlässen zweier Privatbrauereien, nämlich der Dortmunder Thier Brauerei sowie der Dortmunder Kronen Brauerei, viele

---

[5] Vgl. Wiese, Frank: Der Strukturwandel im deutschen Biermarkt. Eine Analyse unter besonderer Berücksichtigung des Konsumentenverhaltens und der Absatzpolitik der Brauereien, Dissertation Universität Köln 1993, S. 32.

[6] Vgl. ebenda, Tabelle 1 A: Bierausstoß in den Kalenderjahren 1950–1989, Anhang S. 337.

[7] Vgl. Pschorr, Josef: Marketing von Markenbieren unter besonderer Berücksichtigung wettbewerbsorientierter und markentechnischer Gesichtspunkte, Krefeld 1992, zugl. Dissertation Philipps-Universität Marburg, 1992, S. 1.

[8] Vgl. Wiese, Frank, a.a.O., S. 32.

[9] Köster, Lars, a.a.O., S. 185 mit Bezug auf: Forster, T.: Wer wirbt und wer spart, in: W&V Werben und Verkaufen – Nach drei Jahren Krise steigen im Gesamtjahr 2004 die Spendings wieder, 25 November 2004, S. 24.

[10] Vgl. ebenda, S. 186.

Dokumente zu den Absatz- und Marketingaktivitäten dieser Unternehmen wie auch der hiesigen Branche insgesamt seit dem Zweiten Weltkrieg.

Bei einer Konzentration auf die Dortmunder Bierindustrie stellt sich aber die Frage, wofür diese Unternehmensauswahl repräsentativ sein kann: Von *Unternehmens*seite gesehen handelt es sich um eine Vollerhebung der Dortmunder Brauindustrie. Auch vom Bier*markt* her betrachtet dürften die acht und später sieben Dortmunder Brauereien als „Platzhirsche" im Großraum Dortmund den Markt insbesondere in den 1950er und 1960er Jahren fast vollständig unter sich aufgeteilt haben. Darüber hinaus waren sie in großen Teilen des Ruhrgebietes und des Münsterlandes sowie in den angrenzenden sowie auch weiter entfernteren Regionen präsent und insofern auch überregional aktiv. Bezieht man den Bierausstoß der Dortmunder Brauereien auf den gesamten NRW-Markt, so betrug der Anteil in der Spitze für das Jahr 1959 genau 40,0 %; bundesweit waren es 10,7 %. Dieser Marktanteil verringerte sich im Laufe der Jahre deutlich, lag aber auch 1985 noch bei 24,1 % bzw. 7,0 %.[11] Die über eine lange Zeit fortgesetzte Fokussierung auf das stark schrumpfende Exportbier-Geschäft hat sich hier besonders negativ ausgewirkt. Insgesamt lässt sich aber sagen, dass mit dieser Analyse grundsätzlich auch die typischen Problemlagen und Herausforderungen der meisten anderen Brauereien in NRW wie im gesamten Bundesgebiet beschrieben werden, sofern sie an einem breiten Sortiment und einer eher konservativen Geschäftsausrichtung festgehalten haben. Dagegen haben die „Pils-Brauereien" sehr erfolgreich andere Wege beschritten.

Derzeit ist der Bearbeitungsstand der Archivbestände im WWA noch unterschiedlich: Die Unterlagen für die Kronen-Brauerei und den Verband Dortmunder Bierbrauer sowie die Geschäftsberichte der veröffentlichungspflichtigen Brauerei-Aktiengesellschaften sind bereits inhaltlich erschlossen und über Findmittel themenbezogen recherchierbar. Weitere Quellen zu den anderen Brauereien sowie zu persönlichen Nachlässen von Führungskräften sind in Kurzform in Abgabelisten festgehalten und auf diese Weise nutzbar.

Gewisse Einschränkungen mussten allerdings bezüglich der materiellen Existenz von Dokumenten bei den verschiedenen Dortmunder Brauereien hingenommen werden. Im Laufe der Recherche stellte sich nämlich heraus, dass die

---

[11] Geschäftsberichte des Verbandes Dortmunder Bierbrauer, WWA, S 7 Nr. 590 und Geschäftsberichte des Verbandes Rheinisch-Westfälischer Brauereien, WWA, S 7 Nr. 589, zitiert nach Böse, Christian: Strukturwandel in der Absatzpolitik der Dortmunder Brauerei-Industrie nach dem Zweiten Weltkrieg, in: Ellerbrock, Karl-Peter (Hg.): Zur Geschichte der westfälischen Brauwirtschaft im 19. Und 20. Jahrhundert, Dortmund 2012, Tabelle 2: Ausstoßstatistik der Dortmunder Brauindustrie in den Geschäftsjahren 1948–1985, S. 133–252, hier: S. 227.

vorhandenen Archivmaterialien insbesondere im Hinblick auf die dokumentierten Marketingaktivitäten nicht über alle Brauereien die gleiche Breite und Tiefe aufweisen. Abgesehen von Dokumenten hauptsächlich aus den Verbandsbeständen über die Gesamtheit der Dortmunder Brauindustrie finden sich die umfangreichsten Archivbestände für die Brauereien Thier und Kronen. In diesen Materialien sind aber auch viele Informationen über die anderen Dortmunder Brauereien enthalten.

Bei der Thier-Brauerei handelte es sich um ein mittelgroßes Unternehmen, knapp unterhalb der Definition einer Großbrauerei (ab 500.000 hl Ausstoß p.a.). Die Kronen-Brauerei war eine Großbrauereien und zeitweise die größte Privatbrauerei Deutschlands. Beide bilden deshalb einen besonderen Schwerpunkt der weiteren Analyse. In fünf Fallstudien sollen im Anschluss an die Darstellung der Absatzpolitik der Dortmunder Brauwirtschaft insgesamt die absatzwirtschaftlichen Maßnahmen und Strategien dieser beiden Brauereien besonders analysiert werden. Aber auch hier muss vorsichtshalber einschränkend darauf hingewiesen werden, dass nur das Material ausgewertet werden konnte, das im Archiv vorhanden ist. Dem Anschein nach decken diese Materialien zum Marketing und der gesamten Geschäftspolitik dieser beiden Brauereien die Aktivitäten weitgehend ab; es scheint kaum zeitliche Lücken zu geben. Es kann dennoch nicht ganz ausgeschlossen werden, dass es zu wesentlichen Vorgängen auch inhaltliche Lücken gibt.

Wichtig ist an dieser Stelle darauf hinzuweisen, dass aufgrund der im Archivwesen allgemein gültigen Sperrfrist von 30 Jahren die Recherche mit dem letztmöglichen Jahr 1990 enden musste.

## 3.1.2 Aktueller Forschungsstand zum Marketing in Brauereien allgemein sowie zur Dortmunder Brauindustrie

Die Sichtung der Literatur speziell zum Marketing von Brauereien zeigt, dass es auf der einen Seite eine ganze Reihe von Praxisberichterstattungen zur jeweils aktuellen oder auch historischen Markt- und Absatzentwicklung insbesondere in den Fachmedien (Zeitungsartikel und Zeitschriftenaufsätze) gibt. Auf der anderen Seite gibt es – wie im vorigen Kapitel angerissen – die wissenschaftliche Literatur zum Thema Marketing in Brauereien. Allerdings bleiben diese Veröffentlichungen weitgehend ohne konkreten Bezug zur tatsächlichen Anwendung

bzw. Umsetzung von Marketingerkenntnissen in der Brauereipraxis.[12] Näher an
der Praxis bewegt sich die bereits zitierte Dissertation von Frank Wiese[13], in
der er sehr detailliert den Strukturwandel im deutschen Biermarkt darstellt und
die Veränderungen im Konsumentenverhalten und in der Absatzpolitik empirisch
belegt und begründet. Es lassen sich darüber hinaus einige weitere Veröffentlichungen heranziehen. Allesamt können diese Publikationen für die Analyse der
Marketingaktivitäten der Dortmunder Brauereien nutzbar gemacht werden.

Bezogen auf die tatsächlich durchgeführten Marketingaktivitäten speziell der
Dortmunder Brau-industrie gibt es drei Veröffentlichungen: Tanja Bessler-Worbs
hat sich bereits 2004 in einem Beitrag zu einem Sammelband mit dem Marketing
der Dortmunder Brauindustrie befasst.[14] Sie analysiert insbesondere die in den
1960er bis Anfang der 1970er Jahre durchgeführten Werbe- und Verkaufsförderungsmaßnahmen. Dabei stellt sie die Aktivitäten der Privatbrauereien Thier und
Kronen in den Mittelpunkt ihrer Betrachtung und arbeitet auch die Unterschiede
in der Kundenansprache heraus.

Christian Böse hat sich in seiner Veröffentlichung aus dem Jahr 2009 mit
dem Strukturwandel auf dem Biermarkt und in der Absatzpolitik der Dortmunder Brauindustrie befasst.[15] Der Autor beschreibt in dieser Arbeit sehr
detailliert die Marktentwicklungen vor und nach dem Zweiten Weltkrieg bis
in die 1970er Jahre hinein. Er betont den einstmals hohen Markenstatus des
Dortmunder Bieres, der in den „Wirtschaftswunderjahren" zu überdurchschnittlichen Steigerungsraten beim Absatz der heimischen Brauindustrie führte, wobei
sich die Unternehmen aber absatzpolitisch im Wesentlichen auf die Gemeinschaftswerbung beschränkten. Für die 1960er Jahre stellt Böse die Wirkungen

---

[12] So verfasste z. B. der langjährige Marketing- und Vertriebsleiter und spätere Geschäftsführer und Sprecher des Unternehmens (insg. 21 Jahre) der Krombacher Brauerei, Günter
Heyden, nach seiner Pensionierung eine Dissertation zum Thema: Strategisches Marketing
im deutschen Biermarkt, allerdings nur als theoretisches Konzept und mit vielen Statistiken
zum deutschen Biermarkt, jedoch ohne Bezug zu den tatsächlich in seiner unternehmerischen Praxis durchgeführten Marketing-Strategien bzw. Maßnahmen. Vgl. Heyden, Günter:
Strategisches Marketing im deutschen Biermarkt. Eine wettbewerbsorientierte Analyse vor
dem Hintergrund des Markteintritts internationaler Großbrauereien, Hamburg 2009, zugl.
Dissertation Universität Siegen, 2008.
Ähnliches gilt auch für die bereits zitierte Dissertation von Josef Pschorr aus der Brauerfamilie Hacker-Pschorr. Vgl. Pschorr, Josef: a.a.O.

[13] Vgl. Wiese, Frank: a.a.O.

[14] Vgl. Besseler-Worbs, Tanja: Die Annäherung an den Verbraucher. Werbe- und Marketingkonzeptionen Dortmunder Brauereien von den 1920er bis zu den 1970er Jahren, in:
Kleinschmidt, Christian/Triebel, Florian (Hg.): Marketing, a.a.O., S. 135–157.

[15] Vgl. Böse, Christian: a.a.O.

des geänderten Verbraucherverhaltens dar und thematisiert die verspäteten absatz-
zwirtschaftlichen Reaktionen der Dortmunder Betriebe, die in den 1970er Jahren
schließlich in eine marktorientierte Absatzpolitik mündeten. Der Autor zeigt dies
auch an Beispielen für die Brauereien Thier und Kronen.

Die jüngste Publikation stammt von Nancy Bodden aus dem Jahr 2019. In
ihrer Dissertation[16] hat die Autorin die grundlegenden Strukturveränderungen
in der Dortmunder Brauindustrie analysiert und insbesondere die Verlagerung
des Biermarktes vom Fassbier zum Flaschenbier und die parallel dazu wachsende Handelsmacht insbesondere im Lebensmittelbereich einer eingehenden
Untersuchung unterzogen. Die Arbeit zeigt ein tiefgehendes Verständnis für die
Problemlagen und Handlungszwänge im Zeitraum von 1950 bis in die 1970er
Jahre und liefert wichtige Erkenntnisse zum Wettbewerbsverhalten der Dortmunder Brauereien – auch im Vergleich des kartellmäßig organisierten Fassbier-
und des wettbewerbsintensiven Flaschenbiergeschäfts. Die Autorin belegt dabei
eindrucksvoll den Zusammenhang zwischen einem seit den 1950er Jahren intensiv betriebenen Preis- und Rabattwettbewerb im Flaschenbiergeschäft, dem
dadurch ausgelösten fortgesetzten Preisverfall und dem erheblichen langfristigen Imageschaden für die Spitzenmarke „Dortmunder Export". Sie beschreibt
die Schwierigkeiten in den 1960er Jahren, angesichts gestiegener Kosten höhere
Preise am Markt durchzusetzen und zeichnet die Bestrebungen insbesondere des
organisierten Lebensmittelhandels nach, die Dortmunder Brauereien als Vertragspartner ihrerseits unter erheblichen Druck bei Preisen und Serviceleistungen zu
setzen.

Diese Veröffentlichen stellen für den empirischen Teil der vorliegenden Arbeit
eine wichtige Literaturbasis dar. Das gilt ganz besonders für die Untersuchungen
zur Dortmunder Brauindustrie. Allerdings behandeln diese Arbeiten nicht umfassend die von den hiesigen Betrieben entworfenen und umgesetzten konkreten
Marketingstrategien und eingesetzten Marketinginstrumente während des gesamten Beobachtungszeitraums. Der Zielsetzungen dieser Arbeiten entsprechend ist
hier auch ein ins Detail gehender Bezug zur Marketingtheorie ausgespart worden.

Die vorliegende Arbeit verfolgt – wie im Einleitungskapitel näher beschrieben – das Ziel, den Erkenntnistransfer aus dem wissenschaftlichen Marketing
in die unternehmerische Praxis und die Marktorientierung der Unternehmen
näher zu untersuchen, und zwar am *Beispiel* der Dortmunder Brauindustrie. Die
nachfolgenden Ausführungen können zeigen, dass sich die Marketingaktivitäten

---

[16] Vgl. Bodden, Nancy: Business as usual? Die Dortmunder Brauindustrie, der Flaschenbierboom und die Nachfragemacht des Handels 1950 bis 1980, Dortmund 2019, zugl. Dissertation Ruhr Universität Bochum, 2018.

der hiesigen Braubetriebe insbesondere seit Anfang der 1970er Jahre erheblich verstärkt haben.

## 3.1.3 Anlage der weiteren Untersuchung

Im folgenden Abschnitt 3.2 soll zunächst ein Überblick über die Entwicklung der Dortmunder Brauindustrie in einer *Gesamtdarstellung* gegeben werden. Kernpunkte sind dabei zum einen die zeitliche Abgrenzung dreier Marktphasen sowie der Vergleich dieser Phasen mit den Entwicklungsphasen der Marketingtheorie, zum anderen die wirtschaftlichen Ergebnisse der Absatzanstrengungen der Dortmunder Brauindustrie in diesen drei Phasen, die sich im Ausstoßvolumen und im Marktanteil ausdrücken.

Zum weiteren Verständnis der absatzwirtschaftlichen Handlungsweisen sollen im Anschluss daran im Abschnitt 3.3 die *einzelnen Dortmunder Brauereien* zunächst vorgestellt und anhand von *vier Kriterien näher charakterisiert* werden. Dazu gehören Kurzinformationen zu den konstitutiven Merkmalen der Brauereien; dazu gehören außerdem eine kurze Bilanzanalyse zur Verdeutlichung der unterschiedlichen Größenverhältnisse und finanziellen Potenz der Unternehmen, ferner auch Informationen zum unterschiedlichen Erfahrungshinterrund in Marketingfragen sowie schließlich zur unterschiedlichen operativen und strategischen Ausrichtung der verschiedenen Brauereien. Insgesamt sollen diese Analysen die Einsicht erhöhen in die jeweilige Situation, in der sich die Dortmunder Braubetriebe in den drei Marktphasen z. T. in unterschiedlicher Weise befanden. Daraus lassen sich auch die verschiedenartigen Handlungsweisen und Entscheidungen der Brauereien erklären und begründen.

Im Anschluss daran soll in den Abschnitte 3.4 bis 3.6. eine jeweils *ausführliche Darstellung und Analyse der absatzwirtschaftliche Ausrichtung und der konkreten Marketingaktivitäten* durchgeführt werden. Wie erwähnt, geschieht dies in den einzelnen Kapiteln zunächst für die Dortmunder Betriebe insgesamt und anschließend im Rahmen von fünf Fallstudien zu den Brauereien Thier und Kronen vertiefend einschließlich einer zusammenfassenden Bilanzierung. Diese Ergebnisse werden abschließend mit den Erkenntnissen und Handlungsempfehlungen der absatzwirtschaftlichen bzw. Marketingliteratur, wie sie im Kapitel 2 erarbeitet und jeweils in einer Tabelle zusammengestellt wurden, verglichen.

## 3.2 Die Entwicklung der Dortmunder Brauindustrie im Rahmen der wirtschaftlichen Entwicklung Westfalens seit ihren Anfängen bis ins Jahr 1990 im Überblick

### 3.2.1 Vom handwerklichen Braubetrieb über die Entstehung von Großunternehmen und „Hektoliter-Millionären" bis hin zur fast vollständigen Zerstörung im Zweiten Weltkrieg

Die Tradition des Dortmunder Brauwesens reicht von den Handwerksbetrieben des Mittelalters über die Expansion des Gewerbes seit der Mitte des 19. Jahrhunderts und die fortschreitende Industrialisierung in den folgenden Jahrzehnten sowie die bis in die 1960er Jahre sich erstreckenden „Goldenen Zeiten" bis zu einem starken Fusions- und Schrumpfungsprozess, der schließlich seit dem Ende der 1980er Jahre zu einer Konzentration des Bierangebotes in nur noch „einer Hand" führte.

Der Überlieferung nach lässt sich das Stammhaus der Kronen-Brauerei auf eine bereits im Jahre 1430 bestehende älteste Gastwirtschaft als auch Braustätte in der Stadt Dortmund zurückführen.[17] Aber auch mit der auf das Jahr 1729 datierten Übernahme der „Krone am Markt" durch die Eheleute Johann Wenker zählt die Brauerei zu den ältesten und größten Privatbrauereien im deutschen Braugewerbe. Ein wichtiger Meilenstein in der Entwicklung des Dortmunder Brauwesens war der etwa 1830 in Westfalen einsetzende Einzug der bayrischen Braumethode, nämlich untergäriges Bier (anstatt des bisher bekannten obergärigen Biers) herzustellen. Die Kronen-Brauerei nahm für sich in Anspruch, als erste in Dortmund untergärig gebraut zu haben.

Weil dieses untergärig gebraute Bier im Vergleich zum obergärigen länger haltbar war, konnte es auch über die Stadtgrenze Dortmunds hinaus in andere Orte „exportiert" werden, ohne an Qualität zu verlieren. So entwickelte sich der Name „Exportbier" und setzte sich in der Folgezeit als Sortenbezeichnung immer mehr durch. „Um Transportkosten zu sparen wurde das Exportbier stärker gebraut und erst am Bestimmungsort wurde es dann mit Wasser zum Verzehr verdünnt. Da viele Biertrinker dann aber den stärkeren Geschmack und den höheren Alkoholgehalt des Bieres lecker fanden, wurde das Exportbier auch für den heimischen Markt produziert. Das Exportbier hat eine Stammwürze von 12 bis

---

[17] Vgl. z. B.: o. V.: Kronenbrauerei ändert Namen und Adresse. Das Jahr 1430 kommt jetzt ins Emblem, in: Ruhr-Nachrichten vom 14.7.1990.

14 % und einen Alkoholgehalt von etwa 5 %."[18] Die außerdem beim Gärprozess bzw. während der Reife- und Lagerzeit erforderlichen niedrigen Temperaturen von etwa 4 bis 9 °C bzw. nahe 0 °C führten zu einem höheren technischen Produktionsaufwand und somit zu einem größeren Kapitalbedarf. Das förderte die Entstehung von Großbetrieben.

So wurde 1872 mit der Dortmunder Actien-Brauerei (DAB) die erste Brauerei-Kapitalgesellschaft Westfalens gegründet. Bis zum Jahr 1908 kamen weitere 14 Aktiengesellschaften dazu.[19] Außerdem waren bereits die drei Privatbrauereien Heinrich Wenker Brauerei Kronenburg, Thier & Co. (gegründet 1854), Bergmann (gegründet 1796) sowie eine Reihe weiterer kleinerer (heute weitgehend unbekannter) Privat-Brauereien erfolgreich am Markt vertreten. Bereits kurz vor der Jahrhundertwende erreichte der Gesamtausstoß aller Dortmunder Brauereien ein Volumen von 1,3 Mio. hl.; 1866 waren es noch 109.000 hl.[20] Der Bierausstoß wurde in den folgenden Jahrzehnten zu einer immer wichtigeren Kennzahl für die Leistungsfähigkeit und Marktbedeutung in der Brauwirtschaft und fand bezogen auf einzelne Unternehmen in Begriffen wie „HL-Millionär" bzw. „Ausstoß-Million" ihre öffentlichkeitswirksame Verwendung. So wurde die DUB bereits im Jahre 1929 erstmalig „Hektoliter-Millionärin".[21]

Diese Steigerung der Bierproduktion war eng mit der seit Mitte des 19. Jahrhunderts fortschreitenden Industrialisierung des Ruhrgebiets insbesondere in den Bereichen Kohle und Stahl verbunden. Gerade für die Schwerstarbeiter in der Montanindustrie stellte Bier ein wichtiges Grundnahrungsmittel dar, so

---

[18] O. V.: Exportbier: https://brauen.de/braulexikon/biermarken-sorten/exportbier/ (abgerufen am 31.5.2021).

[19] Im Jahre 1882: Dortmunder Löwenbrauerei AG, 1983: Dortmunder Viktoria Brauerei AG, 1889: Germania-Brauerei AG und Dortmunder Ritterbrauerei AG, 1894: Kaiser-Brauerei AG, 1896: Dortmunder Bürgerliches Brauhaus AG, 1898: Bergschlößchen-Brauerei, 1899: Gilden-Brauerei AG, 1900: Stiftsbrauerei AG, 1902: Dortmunder Hansa-Brauerei AG, 1905: Glückauf-Brauerei AG, 1906: Dortmunder Westfalia Brauerei AG, 1908: Tremonia Brauerei AG. Vgl. Zatsch, Angela: Die Brauwirtschaft Westfalens. Ein Wegbereiter modernen Getränkekonsums, in: Teuteberg, Hans Jürgen (Hg.): Durchbruch zum modernen Massenkonsum, Lebensmittelmärkte und Lebensmittelqualität im Städtewachstum des Industriezeitalters, Münster 1987, S. 237–276, hier: S. 268 f.; außerdem: Frisch, Heinrich: Die Konzentration in der Dortmunder Brauindustrie, Dortmund 1934, S. 13; zit. nach: Böse, Christian: a.a.O., Fußnote 11 im Kapitel 1, S. 228 f. In der vorgenannten Auflistung fehlt allerdings als 14. Brauerei die **Dortmunder Union-Brauerei AG**, die bereits im Jahre 1873 als zweite Aktiengesellschaft nach der DAB gegründet worden ist.

[20] Vgl. Böse, Christian: a.a.O., S. 137.

[21] Vgl. Graudenz, Karlheinz: Wege von gestern – Schritte von heute – Ziele von morgen. 100 Jahre Dortmunder Union-Brauerei AG, Dortmund o. J. [1973], S. 95 f.

dass die Nachfrage stark von der Konjunkturentwicklung in der Schwerindustrie beeinflusst wurde. Die auch in anderen Teilen Deutschlands stattfindende Industrialisierung trug neben dem Bevölkerungsanstieg ebenfalls dazu bei, dass der Bierkonsum landesweit seit 1880 kontinuierlich anstieg. Die mit der Industrialisierung einhergehende Einkommenssteigerung führte zu einem Anstieg des Pro-Kopf-Konsums, der 1900 mit 117,9 Litern das höchste Niveau vor dem Ersten Weltkrieg erreichte.[22]

Die technisch fortschrittlichen Dortmunder Brauereien profitierten bereits seit dem Ende des 19. Jahrhunderts von dieser wachsenden Inlands- und Auslandnachfrage. Das Ausfuhrgeschäft kam „in Schwung und bis zur Jahrhundertwende entwickelte sich die Stadt zu einer Hochburg des deutschen Bierexports."[23] Im Inlandsgeschäft erreichten die Dortmunder Brauereien 1913 einen Anteil von 40 % am Bierausstoß der damaligen preußischen Provinz Westfalen. Diese starke überregionale und sogar schon internationale Ausrichtung führte bereits vor dem Ersten Weltkrieg zur Etablierung eines internationalen Markenstatus für „Dortmunder Bier" bzw. „Dortmunder Export".[24]

Allerdings führten der Erste Weltkrieg und die damit verbundenen Verknappungen bei der Rohstoffversorgung zur Aufgabe des Betriebs bei einer Reihe von Brauereien, andere wurden übernommen oder fusionierten mit den Dortmunder Großbetrieben DUB, DAB, Hansa und Ritter. So reduzierte sich bis zum Jahr 1925 die Anzahl der Dortmunder Brauereien von ursprünglich 34 auf acht Betriebe: Es überlebten neben den Aktiengesellschaften DUB, DAB, Ritter, Hansa und Stifts auch die drei Privatbrauereien Heinrich Wenker Brauerei Kronenburg, Thier & Co. sowie Bergmann.[25] Dabei erreichten diese acht Brauereien im Braujahr[26] 1929/30 einen Ausstoß von mehr als 3 Mio. hl. Gegenüber der Vorkriegszeit war dies eine Verdoppelung der Produktionsmenge. Sie hatten damit

---

[22] Vgl. Böse, Christian, a.a.O., S. 138.
[23] Ebenda, S. 139.
[24] Vgl. ebenda, S. 138 ff.
[25] Vgl. Köster, Roman: Die Konzentrationsbewegung in der Dortmunder Brauindustrie 1914–1925. Das Beispiel der Dortmunder Actien-Brauerei, Essen 2003, S. 15 ff; außerdem: Müller, Jürgen/Schwalbach/Joachim: Brauereiindustrie, in: Oberender, Peter (Hg.): Marktstruktur und Wettbewerb in der Bundesrepublik Deutschland, München 1984, S. 421–455, hier: S. 426, zit. nach Böse, Christian: a.a.O., S. 138.
[26] Ein Braujahr umfasst den Zeitraum vom 1. Okt. eines Jahres bis zum 30. Sept. des Folgejahres und war bei den meisten Dortmunder Brauereien deckungsgleich mit dem Geschäftsjahr.

einen Anteil von 5,4 % an der Gesamtproduktion aller 4.500 deutschen Brauereien.[27] Die Bergmann Brauerei wurde 1971 von der Ritterbrauerei übernommen und 1972 als eigenständige Braustätte geschlossen.[28]

Im Zweiten Weltkrieg wurden die innerstädtisch gelegenen Dortmunder Braubetriebe weitgehend zerstört; lediglich die Hansa- und die Bergmann-Brauerei blieben von schweren Schäden verschont.[29]

## 3.2.2 Wiederaufstieg und Niedergang der Dortmunder Brauindustrie nach dem Zweiten Weltkrieg: Zeitliche Abgrenzung dreier Marktphasen und Vergleich mit den Entwicklungsphasen der Marketingtheorie

Die Dortmunder Brauindustrie erlebte nach dem Zweiten Weltkrieg nach anfänglichen Schwierigkeiten zunächst eine Phase kontinuierlichen und starken Wachstums des Bierausstoßes. Bis etwa zur Mitte der 1960er Jahre hielten die „Goldenen Zeiten" für die Branche an. Danach zeichnete sich zunächst ein Stillstand ab mit einer relativen Stabilität bis etwa 1973. Ab 1974 führte die Entwicklung in eine insgesamt abwärts gerichtete Phase mit im weiteren Verlauf überwiegend rückläufigen Ausstoßzahlen, die – im Anschluss an eine kurzzeitige Erholung – schließlich zu Beginn der 80er Jahre in einen kontinuierlichen Schrumpfungsprozess mündete. So verlor die Dortmunder Brauindustrie allein in diesem Jahrzehnt 18 % ihres Absatzvolumens. Der Ausstoß von 5,86 Mio. hl im Jahr 1989 erreichte nur noch einen Anteil von 77 % am Ergebnis von 7,61 Mio. hl im zwischenzeitlichen Spitzenjahrgang 1972/73. Da die Entwicklungen im NRW- sowie im gesamten bundesdeutschen Biermarkt sehr viel gleichmäßiger und vor allem auf einem stabileren Niveau verliefen, bedeutete dies empfindliche Marktanteilsverluste für die Dortmunder Branche.

Die Abbildung 3.1 verdeutlicht in der Langfristbetrachtung die unterschiedlichen Verläufe beim Bierausstoß im Vergleich der Dortmunder Brauindustrie insgesamt mit der Branchenentwicklung in NRW sowie im Bundesgebiet. Dabei

---

[27] Vgl. Böse, Christian: a.a.O., S. 138 mit Bezug auf: Geschäftsbericht 1950/51 des Verbands Dortmunder Bierbrauer (VDB), S. 11; WWA, S 7 Nr. 590 sowie Ellerbrock, Karl-Peter/Tappe, Heinrich: Von der „Hektoliterwut" zum Strukturwandel. Entwicklungslinien der Dortmunder Brauereiwirtschaft im 19. und 20. Jahrhundert, in: Heimat Dortmund 3 (2003), S. 6–8, hier S. 8.

[28] Vgl. o. V.: Dortmunder Bergmann Brauerei: https://de.wikipedia.org/wiki/Dortmunder_B ergmann_Brauerei (abgerufen am 14.12.2020).

[29] Vgl. Böse, Christian: a.a.O., S. 142.

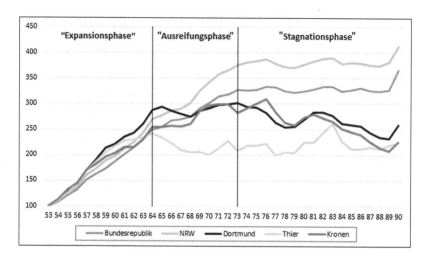

**Abbildung 3.1**  Ausstoßvergleich zwischen der Dortmunder Brauindustrie insgesamt, der Thier-Brauerei, der Kronen-Brauerei sowie dem Gesamtmarkt in NRW und in der Bundesrepublik (Index 1952/53 = 100)[30]

[30] Quelle: eigene Darstellung nach folgenden Angaben: WWA, F 122 Nr. 5060/61: Thier-Brauerei: Statistischer Bericht, Blatt 1b: Ausstoßvergleich nach Geschäftsjahren (1952/53 bis 1977/78) für die Einheiten: Bundesrepublik, NRW, Dortmund und Thier; Böse, Christian: Strukturwandel in der Absatzpolitik der Dortmunder Brauerei-Industrie nach dem Zweiten Weltkrieg, in: Ellerbrock, Karl-Peter (Hg.): Zur Geschichte der westfälischen Brauwirtschaft im 19. und 20. Jahrhundert, Dortmund 2012, S. 133- 259, hier: Tab. 1 und 2, S. 226 f. für die Einheiten: Bundesrepublik, NRW und Dortmund (1979 bis 1985); WWA, S 7 Nr. 589: Jahresberichte des Verbandes Rheinisch-Westfälischer Brauereien für die Einheiten: Bundesrepublik, NRW und Dortmund (1986 bis 1990); WWA, F 33 Nr. 2578 bis 2582: Prüfberichte Thier-Brauerei (1978/79 bis 1989/90); WWA, F 33 Nr. 1200: Rundschreiben VDB mit handschriftlichen Ergänzungen der Ausstoßzahlen der Kronen-Brauerei (für 1952/53 bis 1959/60); Bodden, Nancy: Business as usual? Die Dortmunder Brauindustrie, der Flaschenbierboom und die Nachfragemacht des Handels 1950 bis 1980, Tabelle 12, S. 119: Ausstoßzahlen für die Kronen-Brauerei (1960 bis 1980); WWA, F 33 Nr. 3066: Statistiken und Grafiken, Informationsmappe zur Beiratssitzung der Kronen-Brauerei vom 14.6.1984 (1981 bis 1984); WWA, F 33 Nr. 2552: Vorlagen zur Beiratssitzung der Kronen-Brauerei vom 9.4.1990 (1985–1989); WWA, F 33 Nr. 2554: Erfolgsrechnung der Kronen-Brauerei, Vorlage zur Beiratssitzung der Kronen-Brauerei vom 14.11.1990.
　　Aus Platzgründen enthält die Grafik in der Abszisse nur abgekürzte Jahreszahlen: Die Werte für „53" bis „78" stehen für die Geschäftsjahre 1952/53 bis 1977/78; ab 1979 handelt es sich um Zahlen für Kalenderjahre. Ausnahme: Kronen-Brauerei: hier war das Geschäftsjahr seit spätestens 1960 mit dem Kalenderjahr identisch.

wird die Entwicklung als prozentuale Veränderung seit 1952/53 dargestellt (Index 1952/53 = 100). Da die beiden Privatbrauereien Thier und Kronen im Rahmen von Fallstudien detaillierter untersucht werden sollen, sind auch deren Ausstoßverläufe nachgezeichnet.

Dem Verlauf der verschiedenen Kurven und den dabei sich zeigenden Unterschieden zwischen den verschiedenen Marktregionen bzw. Einzelanbietern über die Zeit entsprechend lassen sich drei Phasen abgrenzen:[31]

- Die „**Expansionsphase**" zwischen 1950 und 1964, die durch ein einheitliches starkes Wachstum des Bierkonsums gekennzeichnet war.
- Die „**Ausreifungsphase**" zwischen 1965 und 1973 mit leicht (NRW) oder etwas stärker abgeschwächten (Bundesrepublik) bzw. nur noch geringen oder unterbrochenen jährlichen Wachstumsraten (Kronen-Brauerei, Dortmund gesamt). Die Thier-Brauerei bewegte sich dagegen seit 1965 in einer Schrumpfungs- und anschließenden weitgehenden Stagnationsphase.
- Die „**Stagnationsphase**" nach 1973 mit einem relativ konstanten Bierausstoß (NRW und Bundesrepublik), die aber für die Dortmunder Brauwirtschaft – von wenigen Ausnahmejahren um 1980 herum abgesehen – kontinuierliche und vergleichsweise stärkere Volumens- und Marktanteilverluste brachte. Alle Anbieter konnten 1990 für einige wenige Jahre von der deutschen Wiedervereinigung profitieren.

Anhand dieser Phaseneinteilung sollen im weiteren Verlauf dieser Arbeit in drei getrennten Kapiteln jeweils die besonderen Probleme und die Handlungsweisen der Dortmunder Brauereien detailliert dargestellt werden. Außerdem soll zum Ende eines jeden Kapitels ein Vergleich mit den im theoretischen Teil der Arbeit gebildeten drei Phasen der Marketingtheorie vorgenommen werden.

Eine im Hinblick auf die Zielsetzung dieser Untersuchung wichtige Frage lautet: Wie passen die drei Phasen aus dem Bereich der Marketing-Wissenschaft (Kapitel 2) mit den hier gebildeten Phasen für den Dortmunder Biermarkt – auch unter zeitlichen Aspekten – zusammen? Konkret: Konnte die Dortmunder Brauwirtschaft schon in der Expansions- und Ausreifungsphase, spätestens jedoch in der Stagnationsphase auf praktisch verwertbare Erkenntnisse aus der Marketing-Wissenschaft zurückgreifen? Und falls ja, hat sie sich dieses Wissens entweder unmittelbar oder über Werbeagenturen, Markforschungsinstitute und Unternehmensberatungsgesellschaften bedient?

Die Abbildung 3.2 vermittelt einen Eindruck davon.

---

[31] Zur Begriffsbildung der drei Phasen siehe: Pschorr, Josef: a.a.O., S. 30.

| Zeit | Entwicklungsphasen Marketingtheorie | Zeit | Entwicklungsphasen Dortmunder Brauereien |
|---|---|---|---|
| 1950 bis 1965 ff. | Die „Langen 50er Jahre"<br>• BWL: Produktions- und Kostenorientierung<br>• Gutenberg: Absatzpol. Instrumentarium | 1950 bis 1964 | Die „Expansionsphase":<br>• DUB ist 1956 „HL-Millionär".<br>• Wir brauchen keine Reklame (F. Eckhardt) |
| 1968 bis 1980 | Das „Aufblühen des Marketings"<br>• Marketing als „Führungskonzept" und „Dach" für Mafo, Werbung, VKF, Produktentwicklung, Preispolitik, Absatzorganisation und Vertrieb<br>• Marketing-Managementlehre mit Analyse- und Strategie-Instrumentarium<br>• Vertikales Marketing | 1965 bis 1973 | Die „Ausreifungsphase":<br>• Beginn und zügiger Ausbau von Werbung und VKF; Einführung neuer Produkte/ Marken<br>• Werbeagenturen und Mafo-Institute leisten Hilfestellung bei Analyse, Konzeption und Umsetzung |
| ab 1980er Jahre | Das „Strategische Marketing"<br>• Portfolio-Technik (BCG, McKinsey)<br>• Produkt/Markt-Matrix (Ansoff)<br>• Wettbewerbsstrategie (Porter) | 1974 ff. | Die „Stagnationsphase":<br>• Intensivierung der Marketinganstrengungen: Profilierung der eigenen Marken; Erweiterung und Ausdifferenzierung der Marketing-Instrumente<br>• „Suche" nach Marketingstrategien<br>• Verstärkungen der Kontakte zu externen Beratern, auch zu Unternehmensberatern |

**Abbildung 3.2**  Vergleich der Entwicklungsphasen zwischen Marketingtheorie und Dortmunder Brauwirtschaft[32]

Ein erstes Ergebnis lautet: **Als die deutsche Marketinglehre noch im Aufbau begriffen war, steckte die Dortmunder Brauindustrie längst schon in der Krise.** In dieser Gegenüberstellung zeigt sich, dass die Theorie in Form der etablierten Marketing-Lehrbücher den *Erfordernissen* der Brauerei-Praxis zeitlich hinterherläuft. Das gilt umso mehr, als sich die Theorie bis in die 80er Jahre hinein schwerpunktmäßig mit wachsenden Märkten beschäftigt hat, im Brauereigewerbe aber seit Beginn der 70er Jahre Strategien für stagnierende oder gar schrumpfende Märkte gefragt waren. So hat sich z. B. Meffert im Jahre 1984 erstmals intensiv mit „Marketingstrategien in stagnierenden und schrumpfenden Märkten"[33] befasst.

---

[32] Quelle: eigene Darstellung.

[33] Vgl. Meffert, Heribert: Marketingstrategien in stagnierenden und schrumpfenden Märkten, in: Pack, L./ Börner, D. (Hg.): Betriebswirtschaftliche Entscheidungen bei Stagnation, Festschrift zum 65. Geburtstag von Edmund Heinen, Wiesbaden 1984, S. 37–72; wiederabgedruckt in: Meffert, Heribert: Marktorientierte Unternehmensführung im Wandel. Retrospektive und Perspektiven des Marketing, Wiesbaden 1999, S. 203–245.

Allerdings gibt es auch Beispiele für Veröffentlichungen, in denen z. B. bereits im Jahr 1972 „Heutige und zukünftige Marketing-Strategien von Brauereien"[34] auf eine sehr praxisnahe Weise thematisiert worden sind. Autor dieses Aufsatzes ist der spätere FH-Professor Jochen Becker[35], der Anfang der 70er Jahre Mitglied der Geschäftsleitung bei Roland Berger & Partner war und damals offensichtlich Brauereien strategisch beraten hat. Getrennt für lokale, regionale und überregionale Brauereien sowie für Misch-Typen entwickelt Becker auf der Grundlage der Beschreibung der spezifischen Merkmale des jeweiligen Brauereityps einige Basisstrategien für die Leistungs-, Vertriebs- und Kommunikationspolitik. Innerhalb der drei genannten Politikbereiche werden konkrete Empfehlungen für einzelne Teilbereiche (z. B. für die Preispolitik innerhalb der Leistungspolitik) erarbeitet. Die grundlegende Zielrichtung besteht darin, mit Hilfe einer umfassenden Präferenzstrategie – im Gegensatz zur Preis-Mengen-Strategie – eine Alleinstellung einer Brauerei zu erarbeiten und damit einen Preiswettbewerb möglichst zu vermeiden.

### 3.2.3 Die „Expansionsphase": Der Wiederaufstieg der Dortmunder Brauindustrie mit dem „Wirtschaftswunder", die erste „Kohlekrise" 1958/59 sowie Änderungen im Verbraucherverhalten

Der Neubeginn nach 1945 gestaltete sich für die Dortmunder Brauereien zunächst sehr schwierig: Wie die nahezu vollständig vernichteten Produktionsanlagen und Ausstattungen bei den Brauereibetrieben war auch der Dortmunder Stadtkern zu rd. 95 % zerstört. Zudem war der Verlust an Gaststätten in Dortmund und in weiten Teilen des Ruhrgebietes ebenso dramatisch. Damit war den Brauereien auch die Grundlage für den Absatz zunächst entzogen. Hinzu kam, dass die britische Militärregierung im Mai 1945 ein Brauverbot erlassen hatte und einige Jahre nur „bierähnliche Getränke" (Stammwürzgehalt von höchstens 2 % gegenüber 12–14 % in Normalzeiten) verkauft werden durften, die aber von den Verbrauchern kaum angenommen wurden. Darüber hinaus ermangelte es bis ins Jahr 1950

---

[34] Vgl. Becker, Jochen: Heutige und zukünftige Marketing-Strategien von Brauereien. Dargestellt am Beispiel der lokalen, regionalen und überregionalen Brauerei sowie sog. Misch-Strategien, in: Brauwelt, Jg. 112 (1972), Nr. 14, 25. Februar, S. 247–252 (Teil 1), Nr. 17, 8. März, S. 319–324 (Teil 2), Nr. 24/25, 5./7. April, S. 507–510 (Teil 3) sowie Nr. 34, 12. Mai, S. 693–696.

[35] Die Ausführungen insbesondere im Abschnitt 2.5.5.2 basieren auf Überlegungen dieses Autors.

an einer hinreichenden Versorgung mit Rohstoffen wie Braugerste. Schließlich brachte auch die Währungsreform vom Juni 1948 für die Brauwirtschaft keine entscheidende Verbesserung ihrer Situation. Es galten nach wie vor die Produktionsbeschränkungen. Zu allem Überfluss durften ab diesem Zeitpunkt andere alkoholische Getränke wie Wein und Spirituosen in „Friedensqualität" angeboten werden.[36]

Als dann aber im September 1949 die letzten Braubeschränkungen fielen, war die Herstellung von Vollbier wieder erlaubt. Die acht Brauereibetriebe konnten – soweit die Fabrikanlagen bereits wieder aufgebaut waren – jetzt ihre Produktion im Normalverfahren aufnehmen, wobei die Abgabepreise für Bier weiterhin staatlich festgeschrieben waren. Innerhalb eines Jahres wuchs der Bierausstoß in Dortmund um rd. 72 % von rd. 814.000 hl (Geschäftsjahr 1949/50) auf rd. 1,4 Mio. hl (Geschäftsjahr 1950/51). Das bedeutete einen Anteil von 31,7 % an der nordrhein-westfälischen und von 7,5 % an der bundesdeutschen Bierproduktion.[37]

Im Nachhinein erscheint es so, als sei aus den Kriegszerstörungen, dem anschließenden Wiederaufbau und den damit verbundenen Modernisierungsmaßnahmen im Produktionsbereich ein Wettbewerbsvorteil für die Dortmunder Brauereien erwachsen.[38] Jedoch erforderte dieser Prozess enorme Investitionen; gleichzeitig musste das Gaststättengewerbe über größere Darlehen beim Wiederaufbau unterstützt werden.[39] Auch als Arbeitgeber wuchs die Bedeutung der acht Dortmunder Betriebe: 1950 waren bereits wieder 2.575 Menschen beschäftigt, bis 1956 wuchs die Mitarbeiterzahl auf 4.721.[40]

Der Dortmunder Bierausstoß wuchs auch in der Folgezeit bis Mitte der 50er Jahre zweistellig und erreichte 1956 mit einem Gesamtvolumen von fast 4 Mio. hl aller Dortmunder Brauereien einen vorläufigen Höhepunkt. Im darauf folgenden Jahr überholten die acht Braustätten mit einem Gesamtausstoß von 4,3 Mio. hl den Standort München und stiegen gleichzeitig zur größten Bierstadt Europas auf.[41] Stark begünstigt wurde diese Entwicklung zum einen durch die Tatsache, dass das Ruhrgebiet bevölkerungsmäßig sowieso schon ein Ballungszentrum

---

[36] Vgl. Böse, Christian: a.a.O., S. 142 ff.

[37] Vgl. ebenda, S. 144 f.

[38] Vgl. Ellerbrock, Karl-Peter/Tappe, Heinrich: Von der „Hektoliterwut" zum Strukturwandel. Entwicklungslinien der Dortmunder Brauereiwirtschaft im 19. Und 20. Jahrhundert, in: Heimat Dortmund 3 (2003), S. 6–8, hier: S. 8; zit. nach Böse, Christian: a.a.O., S. 145.

[39] Vgl. Böse, Christian: a.a.O., S. 145.

[40] Vgl. ebenda, S. 146 f.

[41] Vgl. ebenda, S. 147.

darstellte und es nach dem Zweiten Weltkrieg zusätzlich einen Zustrom von Flüchtlingen und Vertriebenen und ab Anfang der 60er Jahre von sogenannten „Gastarbeitern" gab.[42] Hinzu kam, dass die Einkommensentwicklung der Beschäftigten in der Montanindustrie überdurchschnittlich war. Einen positiven Einfluss auf diesen beeindruckenden Wachstumskurs hatte darüber hinaus der steigende Flaschenbierabsatz: 1949 machte der Flaschenbieranteil bei den Dortmunder Brauern insgesamt nur knapp 30 % aus, im Verlauf der 50er Jahre wuchs sein Anteil jedoch kontinuierlich an und erreichte 1960 die Marke von 50 %.[43]

Sortenmäßig dominierte das Export-Bier eindeutig. Neben ganz geringen Mengen an dem obergärig produzierten Altbier sowie dem dunkelfarbigen und fast alkoholfreien Malzbier betrug der Anteil des Pils-Bieres zu Beginn der 50er Jahre lediglich zwischen 12 % und 14 % und reduzierte sich bis 1960 auf nur noch 7 %.[44] Die Dortmunder Brauereien setzten dabei auf die Tradition des Ruhrgebietes als Industrierevier mit einer anzahlmäßig starken Arbeiterschaft in der Montanindustrie, für die sie dieses Bier brauten. Mit dem „Revier" als Kernabsatzmarkt fühlten sie sich strategisch optimal ausgerichtet und für die Zukunft gewappnet.

Diese Zuversicht gründete darauf, dass Nordrhein-Westfalen mit dem Ruhrgebiet in dieser Phase als „industrielles Herz" Europas und mit seiner Kohle- und Stahlindustrie als „Lokomotive des Wiederaufbaus"[45] galt. Gerade hatte der von 1950 bis 1953 stattgefundene Koreakrieg die weltweite Nachfrage nach Stahl und Investitionsgütern „made in West Germany" erheblich angefacht, so dass die Zukunftsaussichten sehr positiv waren und dieser Effekt tatsächlich auch eine jahrelang anhaltende Aufschwungphase auslöste.[46] Entsprechend positiv entwickelte sich das Wachstum des nordrhein-westfälischen Bruttoinlandsprodukts (BIP): Mit einem Spitzenwert von 13 %[47] im Jahr 1955 konnte sogar die Wachstumsrate des gesamten Bundesgebietes von 12 %[48] leicht übertroffen werden.

---

[42] Vgl. dazu auch die Ausführungen im Abschnitt 2.3.1.

[43] Vgl. Bodden, Nancy: Business as usual?, a.a.O., Grafik auf S. 49. Bodden hat in ihrer Dissertation eine detaillierte Untersuchung der Bedeutung des Flaschenbierbooms für die Dortmunder Brauwirtschaft vorgenommen.

[44] Vgl. Böse, Christian: a.a.O., Tabelle 2 auf S. 227.

[45] Hilger, Susanne: Kleine Wirtschaftsgeschichte von Nordrhein-Westfalen. Von Musterknaben und Sorgenkindern, Köln 2012, S. 53.

[46] Vgl. ebenda.

[47] Vgl. ebenda,

[48] Vgl. Grafik zur Entwicklung des bundesdeutschen Bruttoinlandsprodukts im Abschnitt 2.3.1 dieser Arbeit.

Allerdings wurde die Wachstumseuphorie bereits 1958 getrübt. Das NRW-spezifische BIP brach um 0,4 % ein. Hier zeigten sich erstmalig die Probleme der monoindustriell geprägten Region, die sich insbesondere in den Absatzschwierigkeiten des Bergbaus manifestierten. Später wurde diese Phase mit dem Begriff „Kohlekrise" belegt. Zu dieser Zeit zeichnete sich die Energiewende von der heimischen Kohle zur billigeren Importkohle sowie zum preiswerteren und zudem leichter zu transportierenden Erdöl ab. „Eine dauerhafte Krisenstimmung ließen die sich rasch wieder normalisierenden Wachstumsraten allerdings noch nicht aufkommen."[49] In den beiden Folgejahren 1959 und 1960 wuchs das BIP wieder um 6 % bzw. knapp 9 %; im Durchschnitt der Jahre bis 1965 waren es rd. 5 %.[50]

Für die Brauwirtschaft zeigte sich die Abhängigkeit ihres Absatzes von der Konjunkturentwicklung und dem Beschäftigungsgrad der Arbeiter in der Montanindustrie in diesen Jahren zunächst nur andeutungsweise. Gleichwohl enthält der Geschäftsbericht des Verbandes der Dortmunder Brauereien (VDB) von 1958/59 einen Hinweis darauf, dass die Feierschichten sowie die Kurzarbeit in der Montanindustrie die Kaufkraft der Bierkonsumenten im Ruhrgebiet negativ beeinflusst habe.[51] Immerhin arbeiteten im Jahr 1957 mehr als die Hälfte aller Industriebeschäftigten des Ruhrgebietes in den Bereichen Bergbau und Metallverarbeitung. Allein im Bergbau waren dies nahezu 500.000 Menschen.[52] Hinzu kamen die Beschäftigten in den Zulieferbetrieben. Bis 1961 wurden im Ruhrbergbau zunächst 100.000, bis Mitte der 1960er Jahre sogar insgesamt rd. 170.000 Arbeitsplätze abgebaut,[53] also mehr als ein Drittel der Belegschaft. Die 1960er Jahre gingen als das „Jahrzehnt der Zechenschließungen" in die Ruhrgebietsgeschichte ein. Die Dortmunder Brauereien spürten diese Einschnitte zunächst kaum: Lediglich 1960 gab es mit 1,5 % nur einen leichten Ausstoßzuwachs; in den Folgejahren bis einschließlich 1964 wuchs der „Bierdurst" zwar etwas unsteter, insgesamt aber mit Zuwachsraten zwischen 2,8 (1962) und 10,8 % (1964) weiter.[54]

---

[49] Hilger, Susanne: Kleine Wirtschaftsgeschichte von Nordrhein-Westfalen, a.a.O., S. 54 f.

[50] Vgl. ebenda, S. 55.

[51] Vgl. WWA, S 7 Nr. 590: VDB-Geschäftsbericht 1958/59, S. 12, zit. nach Böse, Christian: a.a.O., S. 150.

[52] Vgl. Böse, Christian: a.a.O., S. 150.

[53] Vgl. o. V. Bergbaukrise und RAG-Gründung: https://menschen-im-bergbau.de/themen/der-lange-strukturwandel/bergbaukrise-und-rag-grundung/ (abgerufen am 20.12.2020).

[54] Vgl. Böse, Christian: a.a.O., Tab. 2 im Anhang: Ausstoßstatistik der Dortmunder Brauindustrie in den Geschäftsjahren 1948–1985, S. 227. Quelle: WWA, S 7 Nr. 590: Geschäftsberichte des Verbandes Dortmunder Bierbrauer.

Parallel zur gewachsenen Konjunkturabhängigkeit des Biergeschäftes zeigten sich aber auch Veränderungen im Verbraucherverhalten. Im schon erwähnten Trend zum Flaschenbier drückt sich der verstärkte Heimkonsum von Bier deutlich aus, und zwar bundesweit mit einem Anteil von 60 %[55] noch stärker als im Dortmunder Absatzgebiet (50 %). „Dieser Rückzug in das Private war zunächst auch eine Reaktion auf den starken staatlichen Zugriff auf den Einzelnen während des Nationalsozialismus und zugleich Resultat eines noch geringen öffentlichen Freizeitangebots."[56] Darüber hinaus führten veränderte gesellschaftliche Konventionen zu einer Verschiebung des Bierkonsums auf die Abendstunden und in den privaten Bereich. Insbesondere bei Angestellten und einem Teil der Arbeiterschaft erschien es nicht mehr als opportun, während des Tages Bier zu trinken. Außerdem stieg das Bewusstsein um die Gefährdung des Straßenverkehrs unter Alkoholeinfluss.[57]

Für den Dortmunder Raum mögen sich diese Tendenzen in den 50er Jahren als noch nicht so stark ausgeprägt dargestellt haben. Die als Kriegsfolgen noch immer bestehenden z. T. erbärmlichen Wohnverhältnisse in den Ballungsräumen des Ruhrgebietes sowie ein vergleichsweise höherer Anteil körperlich schwer arbeitender Menschen und nicht zuletzt die traditionell stärker ausgeprägte Gaststättenkultur sind hierfür Indizien. So hatte Dortmund 1955 wieder die größte Gaststättendichte in ganz NRW: Auf 500 Einwohner kam eine Gaststätte; allein im Stadtzentrum gab es wieder 400 Gaststätten. Allerdings wuchs auch hier in den folgenden Jahren bei den privaten Haushalten der Besitz eines Radio- und später eines Fernsehgerätes sowie eines Kühlschrankes, aus dem sich am Feierabend ein gekühltes Bier entnehmen ließ.[58] Insofern hat die starke Zunahme von Rundfunkempfängern und vor allem von TV-Geräten einer Privatisierung der Freizeit und damit dem Trend zum Flaschenbierkonsum Vorschub geleistet.

Davon unabhängig entwickelte sich in den 1950er Jahren der Ruf Dortmunds zur „Bierhauptstadt" oder „Bierstadt Nr. 1" in Deutschland und Europa.[59] Die DUB wurde 1956 als erste deutsche Brauerei nach dem Zweiten Weltkrieg erneut „HL-Millionärin".[60] Der Vorstandsvorsitzende des Unternehmens

---

[55] Vgl. Bodden, Nancy: Business as usual? a.a.O., S. 48.

[56] Besseler-Worbs, Tanja: Die Annäherung an den Verbraucher, a.a.O., S. 142. Vgl. ebenfalls Böse, Christian: a.a.O., S. 154.

[57] Vgl. Besseler-Worbs, Tanja: Die Annäherung an den Verbraucher, a.a.O., S. 142.

[58] Vgl. Böse, Christian: a.a.O., S. 155 sowie Fußnote 40 im Kapitel 2 auf S. 234.

[59] Vgl. Böse, Christian: a.a.O., S. 133 f. mit Bezug auf: Tappe, Heinrich (Hg.): Brauerei-Museum Dortmund, Dortmund 2006, S. 41.

[60] Vgl. ebenda, S. 133.

glaube aufgrund des Markenstatus des Dortmunder Export-Bieres auf „Reklame" weitgehend verzichten zu können.[61] Die DAB, die Ritter- und die Kronen-Brauerei erreichten die Ausstoß-Million in den Jahren 1959, 1963 bzw. 1964. Die Kronen-Brauerei war zeitweise die größte Privatbrauerei Deutschlands.[62] In der Zuversicht auf anhaltendes Wachstum wurden die Produktionskapazitäten bei allen Brauereien weiter ausgebaut. Werbung wurde lange Zeit nur als Gemeinschaftswerbung betrieben. Bis etwa zur Mitte der 1960er Jahren hielten die „Goldenen Zeiten" für die Branche an.

Angesichts dieser überaus erfolgreichen Geschäftsentwicklung hatte die Dortmunder Brauindustrie zu dieser Zeit einer anderen immer stärker werdenden Entwicklung im Verbraucherverhalten zu wenig Beachtung geschenkt: dem zunehmenden Pilstrend. Beim Pilsbier handelt es sich wie beim Exportbier um ein mit untergäriger Hefe gebrautes Bier mit einem intensiven Hopfenaroma aufgrund des vergleichsweise höheren Hopfengehalts. Seinen Namen erhielt es durch die böhmische Stadt Pilsen als dem Ausgangsort für die Verbreitung und den Erfolg dieser Brauart, bekannt auch durch die Marke „Pilsener Urquell". Der Stammwürzegehalt von Pils liegt bei 12,5 %; der Alkoholgehalt typischerweise zwischen 4 und 5 %.[63] Mit den seit Ende der 50er Jahre immer differenzierter werdenden Verbraucherwünschen bildete sich unter den deutschen Biertrinkern auch eine kontinuierlich wachsende Präferenz für einen „besonderen", vermeintlich höherwertigen Biergenuss heraus. Die Privatbrauereien aus dem Sauer- und Siegerland, aus der Eifel und vom Niederrhein haben diesen Trend frühzeitig aufgegriffen und geschickt zu vermarkten verstanden. Sie konnten sich mit ihrem jeweiligen Pilsangebot am Markt immer mehr durchsetzen und sich nicht nur regional, sondern auch überregional etablieren. Die Pilsbrauereien profitierten zudem auch davon, dass Exportbiertrinker aus dem Ruhrgebiet bei Ausflügen und Kuren auch einmal zum Pils griffen und damit eine Entwicklung eingeleitet wurde, bei der das Dortmunder Exportbier zunehmend mit dem Arbeitsalltag und das Pilsbier mit Freizeit assoziiert wurde. Der spätere Einzug mediterraner Speisen hat diese Tendenz weiter verstärkt.

Dagegen setzten die Dortmunder Brauereien zunächst weiterhin unbeirrt auf ihren Verkaufsschlager „Dortmunder Export", selbst als das absolute Geschäft und die Marktanteile der Pilskonkurrenz immer stärker wuchsen und deren

---

[61] Ellerbrock, Karl-Peter: Das „Dortmunder U". Vom industriellen Zweckbau zu einem Wahrzeichen der westfälischen Industriekultur, Münster 2010, S. 56.

[62] Vgl. Böse, Christian: a.a.O., S. 147 bzw. Fußnote 59 im Kapitel 1 auf S. 232.

[63] O. V.: Pils: https://brauen.de/braulexikon/biermarken-sorten/pils/ (abgerufen am 31.5.2021).

Erfolge auch in den Absatzgebieten der Dortmunder Brauindustrie spürbar wurden. Dabei hatten die meisten Dortmunder Betriebe selbst ihr eigenes Pilsbier im Sortiment, ohne es allerdings bis dahin offensiv zu vermarkten.

### 3.2.4   Die „Ausreifungsphase": Das zunächst zögerliche Anerkennen des abrupten Endes der „Goldenen Zeiten" ab der Mitte der 1960er Jahre, die Einleitung erster absatzwirtschaftlicher Initiativen sowie gravierende Marktanteilsverluste

Das Jahr 1965 leitete für die Dortmunder Brauindustrie die Wende ein. Der Ausstoß aller Dortmunder Brauereien war im Geschäftsjahr 1964/65 nur noch um 2,0 % auf knapp 7.4 Mio. hl gestiegen. Einen solch geringen Zuwachs hatte es seit Kriegsende nicht gegeben. Einzelne Brauereien verzeichneten sogar Absatzverluste: So konnte die Thier-Brauerei ihr historisches Spitzenergebnis des Vorjahres von 509.000 HL nicht wiederholen, stattdessen verlor sie 3,2 %.[64]

Möglicherweise haben die Verantwortlichen in den Betrieben zu diesem Zeitpunkt schon erahnen können, dass dies eine Zäsur in der Entwicklung bedeuten könnte. Dennoch dürfte sie diese Erkenntnis eher unvorbereitet getroffen haben. Hatten sie doch bis in die Gegenwart an die Fortsetzung des Bierbooms, die Zukunftsfähigkeit ihres „Verkaufsschlagers" Exportbier und die Steuerbarkeit des Marktes geglaubt. So hatte sich z. B. der DUB-Aufsichtsratschef und langjährige Vorstandsvorsitzende Felix Eckhard auf der Jahreshauptversammlung des Unternehmens im Juni 1964 noch sehr optimistisch geäußert und u. a. gefordert, durch eine Preiserhöhung für das „Dortmunder Export-Markenbier […] die richtige Preisrelation zwischen dem Exportbier und dem Pils" wiederherzustellen – wohlgemerkt „richtig" in dem Sinne, dass das Exportbier zu einem höheren Preis angeboten werden müsse als das Pilsbier.[65]

In den nächsten Jahren zeigten sich die Probleme noch etwas deutlicher: Im Braujahr 1965/66 war der Bierausstoß im Dortmunder Verband erstmalig rückläufig: er sank um 2,4 % und leitete eine mehrjährige Abwärtsbewegung ein. Bis 1967/68 verlor die örtliche Branche 6,3 % ihres Ausstoßvolumens von 1964/65;

---

[64] Vgl. WWA, F 122 Nr. 5060/61: Thier-Brauerei: Statistischer Bericht, Blatt 1b: Ausstoßvergleich in absoluten und Index-Zahlen.

[65] O. V.: Bier ist nicht teurer zu verkaufen. Die Dortmunder Union-Brauerei paßt sich der Marktlage an, in: DIE ZEIT vom 5.6.1964, https://www.zeit.de/1964/23/bier-ist-nicht-teurer-zu-verkaufen/komplettansicht?print (abgerufen am 25.1.2021).

der Ausstoß unterschritt damit die Marke von 7 Mio. hl.[66] In diesen Jahren machten sich erschwerend zwei externe Einflussfaktoren bemerkbar. Zum einen wirkte sich die erste Konjunkturkrise der Nachkriegszeit 1966/67 kurzfristig auf die Beschäftigung und Einkommensentwicklung der Bevölkerung negativ aus. Die Begriffe „Rezession" und „Nullwachstum" fanden Eingang in den allgemeinen Sprachgebrauch und lösten vorübergehend Zukunftsängste aus. Zum anderen gingen vom anhaltenden Strukturwandel in der Montanindustrie bremsende Wirkungen auf den Konsum besonders im Ruhrgebiet aus. Die erkennbar gewordenen Strukturbrüche in den Industriebereichen Kohle und Stahl sowie darüber hinaus auch in der Textilindustrie setzten sich fort.[67] Dagegen entwickelten sich die Ausstoßzahlen der Brauereien auf NRW- wie auch auf Bundesebene insgesamt jeweils weiterhin positiv, wenn auch zeitweise mit etwas abgeschwächten Zuwachsraten.

Allerdings argumentierte man innerhalb der Dortmunder Brauindustrie zunächst eher vordergründig, was das eigene Zutun an dieser Entwicklung betraf. So sah Eckhardt auch auf der Hauptversammlung der DUB im Juni 1966 noch „keinen Grund für einen Pessimismus in der Brauindustrie".[68] Eckhardt glaubte den Auslöser für die Absatzschwäche benennen zu können: der Bierpreis. Seine Schlussfolgerung daraus war: „Bier darf nicht teurer werden". Entgegen der noch vor zwei Jahren beklagten Uneinigkeit der Wettbewerber im Hinblick auf die beabsichtigte Preiserhöhung verkündete er nun die Forderung nach einer Preiskonstanz. „Der Bierpreis habe, so erklärte Eckhardt vor 700 Aktionären […] jetzt eine Höhe erreicht, die nicht überschritten werden sollte, wenn man nicht bewußt eine Drosselung des Bierabsatzes zugunsten anderer Getränke in Kauf nehmen wolle." Der Referent betrachtete zu diesem Zeitpunkt die Nachfrage nach Bier offensichtlich sehr stark unter dem Preisaspekt. Änderungen in den Verbraucherpräferenzen – etwa in Richtung Pilsbier – und eine entsprechende Anpassung der eigenen Vermarktungsstrategie hatte er wohl nach wie vor nicht im Blick.

So entging den Verantwortlichen in der Dortmunder Brauindustrie zunächst auch, dass mit der sich weiter verstärkenden Pilspräferenz sich auch das Image des Exportbieres änderte, und mit ihm der Bedeutungsinhalt der Marke „Dortmunder": Das einst als Spitzenbier gerühmte „Dortmunder Export" nahm ab

---

[66] Vgl. WWA, F 122 Nr. 5060/61: Thier-Brauerei: Statistischer Bericht, Blatt 1b: Ausstoßvergleich in absoluten.
und Index-Zahlen.

[67] Vgl. die Ausführungen im Abschnitt 2.4.1.

[68] O. V.: Bier darf nicht teurer werden, in: Ruhr-Nachrichten o. Datum [1966]. Die nachfolgenden Ausführungen und Zitate beziehen sich ebenfalls auf diesen Zeitungsartikel.

der zweiten Hälfte der 60er Jahre den Charakter eines mittleren bis niedrigeren Konsumbieres an. Zudem galt es bald als „Industriebier" im Unterschied zu den Produkten der Pilsbier brauenden – damals überwiegend noch mittelständischen – Privatbrauereien aus dem Sauer- und Siegerland, der Eifel und vom Niederrhein.

Dagegen sah Eckhardt auf der Angebotsseite eine Entwicklung sehr viel deutlicher, nämlich die seit einigen Jahren zunehmende Unternehmenskonzentration. Für die Brauereien stelle sich die Frage, ob sie diese Zeit ohne weitere Konzentrationsprozesse überstehen könnten. Es deute sich an „daß wir einer neuen Zeit struktureller Wandlung entgegengehen." Aus einem Gefühl der Stärke heraus wies er gleichzeitig auf die langfristig beabsichtigte vollständige Übernahme der Ritterbrauerei hin.

Was Eckhardt beim Hinweis auf den zunehmenden Konzentrationsprozess nicht weiter ausgeführt hatte, was aber bereits spürbar wurde, waren die Wirkungen der Beteiligungspolitik von Großkonzernen wie Reemtsma, Oetker, der Dresdner Bank oder der Bayerischen Hypotheken- und Wechselbank. Diese hatten in den Jahren zuvor schon Beteiligungen an großen bundesdeutschen Brauereien erworben und bauten diese Engagements weiter aus. Die Dortmunder wie auch weitere große Brauereien stellten in dieser Zeit interessante Investments für solche Großkonzerne dar. So erwarb Oetker 1966 eine Schachtelbeteiligung am größten Dortmunder DUB-Konkurrenten, der DAB.[69] An der DUB beteiligten sich Reemtsma sowie die Bayerische Hypotheken- und Wechselbank, die spätestens seit 1971 zu gleichen Anteilen die Großaktionäre der DUB waren.[70] Von daher war auch von dieser Seite mit der Fortsetzung des Konzentrationsprozesses zu rechnen.

Der Unternehmensberater Roland Berger hat in einem 1971 in der „Brauwelt" erschienenen Aufsatz diesen inzwischen fortgesetzten Konzentrationsprozess als „hinter den Kulissen" stattfindend bezeichnet. Die Gruppenbildung der vorgenannten Großkonzerne ergänzt um einige weitere Unternehmen wie Schultheiss, Holsten/Stern u. a. hatte inzwischen bundesweit einen Marktanteil zwischen 40 und 45 % erlangt. Erweitert man den Kreis der großen Brauereien noch etwas, dann produzierten damals 7,5 % aller Brauereien fast zwei Drittel des gesamten

---

[69] Vgl. Wiese, Frank: a.a.O., S. 54.

[70] Zu Presseberichten zu Vorgängen im Vorfeld der Aktienerwerbe bei der DUB vgl. Bössenecker, Hermann: Duell um DUB, in: DIE ZEIT Nr. 05/1971 v. 29.1.1971. https://www.zeit.de/1971/05/duell-um-dub (abgerufen am 25.1.2021) sowie außerdem: o. V.: Vor Anker, in: Der Spiegel Nr. 36 vom 31.8.1970. https://www.spiegel.de/spiegel/print/d-43788052.html (abgerufen am 25.1.2021).

Bierausstoßes der Bundesrepublik. Berger sah die Ursachen für diesen Konzentrationsprozess vor allem in der Marktentwicklung sowie in der Führungsstruktur von Brauereien und der Führungsfähigkeit ihrer Vorstände bzw. Geschäftsführer. Der Autor formulierte darüber hinaus die Voraussetzungen für ein Überleben mittelständischer Brauereien: „moderne Produktionsanlagen und eine gesunde Finanzierungsstruktur, vor allem aber eine starke Marktstellung, verbunden mit dem Erlös befriedigender Preise und ein fähiges Management."[71]

Die Ausführungen Felix Eckhardts auf der Jahreshauptversammlung weisen darauf hin, dass die Verantwortlichen in der Dortmunder Brauindustrie die Strukturveränderungen auf der Angebotsseite sehr wohl im Blick hatten, dies aber zu diesem Zeitpunkt kaum für die Nachfrageseite galt. Dabei standen die Dortmunder Brauer zur Mitte der 60er Jahre nicht als einzelne Branche vor der Aufgabe, sich an geänderte Marktbedingungen anzupassen. Viele bundesdeutsche Unternehmen waren ebenfalls in der Vorstellungswelt des Verkäufermarktes „groß geworden" und sahen nun – falls sie sich nicht bereits darauf eingerichtet hatten –, dass sie einerseits die Konjunkturkrise bewältigen und andererseits ihre Marktbearbeitung überdenken und sich operativ wie strategisch auf die neuen Verhältnisse einstellen mussten.

Die Dortmunder Brauereien hatten bis zur Mitte der 1960er Jahre die neuen Entwicklungen auf dem Biermarkt nicht oder zumindest zu wenig im Blickfeld gehabt. Wie bereits im Abschnitt 2.4.2.1 ausgeführt, war der Wandel in den Konsumstrukturen im Übergang vom Verkäufer- zum Käufermarkt allerdings bereits seit Ende der 50er, spätestens Anfang der 60er Jahre spürbar und hatte sich bis zur Mitte der 60er Jahre verstärkt. Das zuvor weitgehend einheitliche Verbraucherverhalten war immer mehr dem Streben nach der Erfüllung differenzierter Bedürfnisse gewichen. Auf dem Biermarkt zeigte sich dies durch den Wunsch nach Vielfalt von Sorten und Marken, was aber immer stärker auf die zunehmende Beliebtheit des Pilsbieres sowie zeitweise auch der obergärigen Alt- und Kölsch-Biere hinauslief. Die Pilsbrauereien hatten diese Wandlungen im Verbraucherverhalten frühzeitig erkannt und durch eine bewusste Markenpolitik zusätzlich gefördert. Steigende Arbeitnehmereinkommen sowie die zunehmende Umstrukturierung der Arbeitswelt hin zu Angestelltenverhältnissen der Beschäftigten begünstigten diese Entwicklung.

Allmählich reifte aber bei den Dortmunder Brauereien in der zweiten Hälfte der 1960er Jahre die Einsicht, dass sie sich am Markt neu orientieren und

---

[71] Berger, Roland: Absatzpolitik der Brauereien zwischen Tradition und Wandel, in: Brauwelt, Jg. 111 (1971), Nr. 44 vom 23.6.1971, S. 906–909, hier: S. 906.

ausrichten müssten. So begannen die hiesigen Betriebe seit Mitte der 60er Jahre – einzelne auch bereits einige Jahre zuvor – jede für sich mit individuellen Werbe- und Verkaufsförderungsaktivitäten, die sie innerhalb weniger Jahre bis 1970 ganz erheblich ausweiteten.

Sie folgten damit einer Entwicklung in der gesamten bundesdeutschen Brau- branche. Die Markenwerbung für Bier hatte bereits 1966/67 so stark zugenommen wie in keiner anderen Markenartikelbranche, und die Dortmunder Brauindustrie hatte daran in der Folgezeit einen steigenden Anteil, und sie intensivierte diese Anstrengungen auch in den 1970er Jahren.[72]

In dieser Zeit waren besonders die Bereitschaft, neue Wege zu gehen, Fle- xibilität, Marktgespür und mutiges Handeln gefragt. Allerdings verlangte dies eine völlig neue Denkweise in der Geschäftspolitik. Anfangs mag es den z. T. langjährigen Eigentümergeschäftsführern bzw. Vorständen sowie den eigenen Führungskräften und Mitarbeitern an der Erfahrung, mit einem solchen Umbruch umzugehen, gefehlt haben. Von werblicher Expertise abgesehen, hatten die meisten Brauereien nur wenig darüber hinausgehende spezifische Marketinger- fahrung – möglicherweise gab es aber für einige wenige Brauereien Starthilfe von ihren Muttergesellschaften.[73]

Auch unterschieden sich die Betriebe hinsichtlich ihrer Größenordnung und Kapitalausstattung. In einzelnen Brauereien standen von vornherein nur begrenzte finanzielle Mittel für eine wirkungsvolle Marketinginitiative zur Verfügung.[74] Und schließlich gab es kaum „Blaupausen" für das Handeln in dieser Situation: Die wissenschaftliche Marketinglehre war in der Bundesrepublik erst im Aufbau begriffen.

In dieser Phase leisteten insbesondere Werbeagenturen und Marktforschungs- institute wichtige Beiträge bei der Problemanalyse und der Konzeption von Werbe- und Verkaufsförderungsmaßnahmen. Z.T. waren diese Unternehmen bereits in den 60er Jahren für die Brauereien tätig geworden. Unternehmens- beratungsgesellschaften kamen später dazu.

Im Vorgriff auf die spätere detailliertere Darstellung und Analyse sei hier erwähnt, dass die Dortmunder Betriebe in den weiteren Jahren nach und nach eine Reihe absatzwirtschaftlicher Initiativen ergriffen: So führten sie neue Produkte ein, versuchten steigende Bierpreise am Markt durchzusetzen und eine dezidierte

---

[72] Vgl. dazu die detaillierten Ausführungen in den nachfolgenden Kapiteln.

[73] Dies soll im Abschnitt 3.3.3 näher untersucht werden.

[74] Dies soll im Abschnitt 3.3.2 näher untersucht werden.

Markenpolitik zu betreiben. Einige Brauereien verfolgten Marktsegmentierungs-strategien. Außerdem wurden die vertrieblichen Anstrengungen verstärkt und dabei neue Absatzwege insbesondere im Lebensmittelhandel erschlossen.

Allerdings kamen zu den konjunkturellen und industriestrukturellen Problemen und den verpassten Anpassungen an die neuen Verbrauchertrends weitere Erschwernisse hinzu: Der Bierkonsum wuchs seit 1965 langsamer, zunächst nur für ein paar Jahre, dann erneut seit 1971 nur ganz leicht und erreichte 1976 mit 151 l pro bundesdeutschem Einwohner seine Sättigungsgrenze.[75] Dagegen hatten die Dortmunder Betriebe in der Vergangenheit ihre Produktionskapazitäten weiter ausgebaut in der Erwartung eines fortgesetzten Wachstums des Biermarktes und sahen sich jetzt mit größer werdenden Überkapazitäten konfrontiert.

Auch andernorts zwangen die Kapazitätsüberschüsse zum Handeln. Mit Billigangeboten drängten ortsferne Brauereien in den Dortmunder Absatzraum. Außerdem konnten die Premium-Pils-Anbieter ihren Absatz auch ins Ruhrgebiet verstärkt ausweiten auf dem Wege zu einer nationalen Distribution.

Diese verschiedenen Einflussfaktoren schlugen sich während des Zeitraums zwischen den Jahren 1965 und 1973 in regional unterschiedlichen Entwicklungen auf den Biermärkten nieder: Im gesamten bundesdeutschen Biermarkt schwächte sich die positive Wachstumsentwicklung gegenüber der „Wirtschaftswunder"-Zeit geringfügig ab; der jährliche Ausstoß betrug hier zuletzt rd. 92,5 Mio. hl und lag damit um mehr als 26 % über dem Ergebnis von 1965. Im NRW-Markt insgesamt verlief die Entwicklung am positivsten: hier setzte sich der jährliche Ausstoßzuwachs – hauptsächlich getrieben durch die Erfolge der Premium-Pils-Brauereien – fast unvermindert fort. Mit insgesamt 26,7 Mio. hl war der Ausstoß in den letzten acht Jahren um rd. 34 % gestiegen.

Hiervon unterschied sich der Geschäftsverlauf der Dortmunder Brauindustrie als Teilsegment des NRW-Marktes deutlich: Nach dem Einbruch des Absatzes in den Jahren 1966 bis 1968 erholte sich die Produktion nur in kleinen Schritten wieder und erreichte 1973 einen Spitzenwert von knapp 7,5 Mio. hl. Gegenüber 1965 bedeutete dies aber nur eine Steigerung von 1 %. So konnte nicht verhindert werden, dass die Dortmunder Branche innerhalb von nur acht Jahren in NRW knapp ein Viertel und im Bundesgebiet rd. ein Fünftel ihres ursprünglichen Marktanteils verloren hatte.

Die Tabelle 3.1 zeigt den Vergleich zwischen dem Höchststand im Jahre 1965 und der Situation 1973 bei Ausstoß und Marktanteilen im Einzelnen.

---

[75] Vgl. https://brauer-bund.de/wp-content/uploads/2020/07/200721-Bier-Pro-Kopf-Verbrauch-1950-2019.pdf (abgerufen am 25.7.2021).

**Tabelle 3.1**  Entwicklung von Ausstoß und Marktanteil der Dortmunder Brauindustrie im Vergleich zum NRW-Markt und dem bundesdeutschen Biermarkt im Zeitraum von 1965 bis 1973[76]

| | Ausstoß in 1.000 hl | | Veränderungen | |
|---|---|---|---|---|
| | 1965 | 1973 | in 1.000 hl | in % |
| Dortmunder Brauereien | 7.391 | 7.462 | +    71 | + 1,0 |
| NRW-Brauereien gesamt | 19.960 | 26.701 | + 6.741 | + 33,8 |
| Alle Brauereien i. d. Bundesrepublik | 73.178 | 92.467 | + 19.289 | + 26,4 |

| Marktanteile der Dortm. Brauereien | in % | | Veränderungen in % | |
|---|---|---|---|---|
| - an NRW gesamt | 37,0 | 27,9 | - 9,1 %-Punkte | - 24,6 |
| - an BRD gesamt | 10,1 | 8,1 | - 2,0 %-Punkte | - 19,8 |

Ähnlich gravierend war die unterschiedliche Entwicklung bezüglich der Umsätze und (daraus abgeleitet vermutlich der Erträge). Immerhin waren aber aufgrund der Anhebung der Bierpreise seit 1970 wieder Umsatzsteigerungen möglich gewesen, die die Zuwachsraten beim Ausstoß übertrafen. Aber auch hier waren die Wettbewerber in NRW wie im Bundesgebiet im Vorteil. Die Unterschiede entwickelten sich hier noch etwas stärker. Die Tabelle 3.2 zeigt den Umsatzvergleich.

Angesichts dieser Veränderungen erkannten die Dortmunder Brauereien aber zu diesem Zeitpunkt immer mehr den Ernst der Lage. So formulierte die DUB-Schultheiss-Brauerei in ihrem Geschäftsbericht von 1973: „Der Biermarkt stand im abgelaufenen Geschäftsjahr im Zeichen eines harten Verdrängungswettbewerbs. Marktsättigung, Überkapazitäten, daraus resultierend der Kampf um Marktanteile, haben in wesentlichen Gebieten zu einem Preisverfall auf breiter Ebene geführt, von dem nur einige Spezialitäten nicht betroffen waren. Aber auch hier suchen immer mehr Wettbewerber einen Umsatzausgleich mit der Folge, daß das Preisniveau selbst auf diesem Gebiet eine deutlich abfallende Tendenz aufweist. Der Abstand von den Zweit- und Phantasiemarken zu den Brauereimarken droht ein Ausmaß anzunehmen, das den Absatz der Brauereimarken insbesondere im Konsumbierbereich und damit das Hauptgeschäft der meisten Brauereien

---

[76] Eigene Darstellung und Berechnung der Marktanteile und %-Veränderungen auf der Basis von Zahlen aus: WWA, F 122 Nr. 5060/61: Thier-Brauerei: Statistischer Bericht, Blatt 11.2: Ausstoßvergleich Kalenderjahr.

**Tabelle 3.2** Entwicklung von Umsatz und Marktanteil der Dortmunder Brauindustrie im Vergleich zum NRW-Markt und dem bundesdeutschen Biermarkt im Zeitraum von 1965 bis 1973[77]

| | Umsatz in 1.000 DM | | Veränderungen | |
|---|---|---|---|---|
| | 1965 | 1973 | in 1.000 DM | in % |
| Dortmunder Brauereien | 606.328 | 698.247 | + 91.919 | + 15.2 |
| NRW-Brauereien gesamt | 1.652.908 | 2.580.675 | + 927.767 | + 56,1 |
| Alle Brauereien i. d. Bundesrepublik | 5.951.027 | 8.950.139 | + 2.999.112 | + 50,4 |
| | | | | |
| Marktanteile der Dortm. Brauereien | in % | | Veränderungen in % | |
| - an NRW gesamt | 36,7 | 27,1 | - 9,6 %-Punkte | - 26,2 |
| - an BRD gesamt | 10,2 | 7.8 | - 2,4 %-Punkte | - 23,5 |

immer mehr bedroht."[78] Mit Blick auf den Biervertrieb insbesondere über den Lebensmittelhandel heißt es ergänzend: „Hinzu kommt, daß der Handel Billigbiere als Sonderangebote ständig stark herausstellt und diese Entwicklung damit weiter forciert."[79]

Es bestand zu diesem Zeitpunkt die Gefahr, in Zukunft den Anschluss an die dynamische Entwicklung des Biermarktes zu verpassen und „erdrückt" zu werden von den unterschiedlichen Problemen. Es würde besonderer Anstrengungen bedürfen, sich in einem immer schwieriger werdenden Marktumfeld zu behaupten.

### 3.2.5 Die „Stagnationsphase" mit besonderen wettbewerblichen und ökonomischen Herausforderungen sowie fortgesetzten starken Marktanteilsverlusten in den 1970er und 1980er Jahren

Die Dortmunder Brauereien intensivierten in der ersten Hälfte der 1970er Jahre sowie in den Folgejahren ihre Marketinganstrengungen weiter, mussten dabei aber

---

[77] Eigene Darstellung und Berechnung der Marktanteile und %-Veränderungen auf der Basis von Zahlen aus: WWA, F 122 Nr. 5060/61: Thier-Brauerei: Statistischer Bericht, Blatt 11.1: Umsatzvergleich in absoluten und Index-Zahlen.

[78] WWA, S 7 Nr. 135/2, Geschäftsbericht der DUB-Schultheiss-Brauerei von 1973, S. 17.

[79] Ebenda.

nicht nur gegen die beschriebenen verschärften Wettbewerbsbedingungen kämpfen, sondern litten zusätzlich unter den gesamtwirtschaftlichen Restriktionen und
Belastungen.

Die heimische Brauindustrie hatte also spätestens Anfang der 70er Jahre die
Probleme erkannt und auch vorher schon damit begonnen, Gegenmaßnahmen zu
ergreifen. Wie später noch im Einzelnen zu zeigen sein wird, konzentrierte man
sich über die Verstärkung der Werbe- und Verkaufsförderungsmaßnahmen hinaus
auf die Profilierung der eigenen Marken. Anfang der 70er Jahre wurden zudem
von fast allen Dortmunder Betrieben neue Marken eingeführt, z. T. als nationale
Marken – mit unterschiedlichen Erfolgen. Im Laufe der nächsten Jahre wurde
das Marketing-Instrumentarium immer stärker erweitert, komplettiert und ausdif-
ferenziert, allerdings bei den einzelnen Dortmunder Betrieben in unterschiedlicher
Weise und Ausprägung und mit unterschiedlichen Schwerpunktsetzungen. Spätestens seit dem Ende der 70er Jahre fanden auch Überlegungen zum strategischen
Marketing Berücksichtigung.

Die bestehenden Kontakte zu externen Beratern wurden in dieser Phase
verstärkt. Bei der Transformation des Marketingwissens sowie der Konzeption und Umsetzung von Marketingmaßnahmen und -strategien übernahmen
Werbeagenturen, Marktforschungsinstitute sowie jetzt auch häufiger Unternehmensberatungsgesellschaften zunehmend wichtige Funktionen, aber auch hier
wieder im Einzelfall mit unterschiedlicher Beteiligung und Einbindung in die
Entscheidungsprozesse.[80]

Blickt man auf die gesamtwirtschaftlichen Bedingungen in den 1970er und
1980er Jahren, so wirkten sich hier die konjunkturellen Probleme besonders negativ aus. Die starken Einbrüche beim Wirtschaftswachstum insbesondere in den
Jahren 1974/75 und erneut 1980/81/82 hatten jeweils schnell steigende Arbeitslosenzahlen zur Folge. Hinzu kam Anfang der 1970er Jahre die hauptsächlich durch
die Ölpreisverteuerungen ausgelöste gravierende und fast über die gesamten 70er
Jahre anhaltende Inflation. Damals wurde der Begriff der „Stagflation" geprägt.
Insbesondere NRW litt zusätzlich durch den sich fortsetzenden Strukturwandel
in der Montan- und Textilindustrie. Zechenstilllegungen, die Konzentration in der
Stahlindustrie sowie die Schließung von Textilunternehmen hinterließen ebenfalls
ihre Spuren. In weiten Teilen des Ruhrgebietes folgten dem massiven Abbau von
Arbeitsplätzen in der Industrie in den 1970er bis zum Ende der 1980er Jahre
Massen- und Dauerarbeitslosigkeit.

Als weitere Konsequenz dieser hohen Arbeitslosigkeit verminderte sich in den
1970er und 1980er Jahren auch die Einwohnerzahl im Revier stark. In einer

---

[80] Vgl. die detaillierten Ausführungen in den nachfolgenden Kapiteln.

Presse-Information im Auftrag der Dortmunder Brauindustrie von 1985 heißt es ergänzend zu der festgestellten „Abwanderungsbewegung aus dem Revier" seit einer Reihe von Jahren: „Die Ruhgebietsstädte haben in den letzten Jahren Einwohnerverluste großen Ausmaßes hinnehmen müssen. Heute leben in den Grenzen des Kommunalverbandes Ruhrgebiet 250.000 Menschen weniger als noch 1977. Das entspricht der Einwohnerzahl einer Großstadt wie Gelsenkirchen." Es folgt der Hinweis: „jeder sechste ist hier bereits ohne Arbeit." So bewirkten Arbeitslosigkeit, sinkende Haushaltseinkommen und Bevölkerungsrückgang eine erhebliche Verminderung des regionalen Gesamteinkommens und damit der Kaufkraft und der Nachfrage nach Konsum- und Gebrauchsgütern. Zu den Konsequenzen führen die Autoren der Presseinformation weiter aus: „Wo bereits die Tageszeitung signifikant häufig unter Hinweis auf ein eingeschränktes Haushaltsbudget abbestellt wird, kann der Bierkonsum nicht unbeeinträchtigt bleiben."[81]

Für die Stadt Dortmund als dem Kernabsatzgebiet für die meisten der hiesigen Brauereien lässt sich die Entwicklung in den 80er Jahren folgendermaßen skizzieren: „Die Arbeitslosenquote stieg von 1980 bis 1985 von 7,1 % auf 17,1 % und sank bis 1990 auf 13,5 %. 1980 betrug die Langzeitarbeitslosigkeit 15,7 % und stieg bis 1985 auf 44,7 % (1990 41,3 %). Die Personenzahl der Sozialhilfeempfänger stieg von 1980 26 Tsd. auf 1990 51 Tsd. Personen."[82]

Die sich im Betrachtungszeitraum stetig verschlechternde ökonomische Situation der verbliebenen privaten Haushalte in den hauptsächlichen Absatzgebieten der Dortmunder Brauereien verstärkte für die hiesige Brauindustrie die Wirkungen der bereits dargestellten Wandlungen im Verbraucherverhalten, wie etwa die Effekte des Pilstrends und des Auseinanderstrebens von Präferenzen für höherpreisige Premiummarken einerseits und Billigbieren andererseits. Letztere Entwicklung dürfte auch als Konsequenz der zugenommenen Polarisierung der Verbraucherschichten aufgrund sich weiter differenzierender Einkommensverhältnisse und Lebensstile zu interpretieren sein.

Die Dortmunder Brauereien standen während dieser eineinhalb Jahrzehnte vor besonderen Herausforderungen. Sämtlich haben sie in diesen Jahren ihre

---

[81] WWA, F 122 Nr. 5077: ABS Presse-information GmbH & Co. KG, Agentur für Öffentlichkeitsarbeit, Düsseldorf: Verband Dortmunder Bierbrauer. Rahmenkonzeption Öffentlichkeitsarbeit, April 1985. S. 5 f.

[82] Bruhn-Tripp, Jonny: Beschäftigung, Arbeitslosigkeit und Armut in Dortmund im Spiegel der Dortmunder Beschäftigten- und Sozialstatistik 1980–2012, S. 15. https://www.labournet.de/wp-content/uploads/2013/11/bruhn-tripp2013.pdf (abgerufen am 24.4.2021).

Marketinganstrengungen weiter intensiviert und versucht, sich den beschriebenen ökonomischen Negativentwicklungen, den außerdem nur noch begrenzten Wachstumsmöglichkeiten auf dem Biermarkt, dem auch dadurch zunehmenden Konkurrenzdruck innerhalb der Bierbranche und vor allem im Verhältnis zu den Pils- bzw. Premiumbier-Brauereien sowie der wachsenden Marktmacht des organisierten Lebensmittelhandels entgegenzustellen.

Mit ihren Aktivitäten in der Verbraucherwerbung seit Mitte der 60er Jahre ist die Dortmunder Brau-industrie im Verhältnis insbesondere zu den Pilsbrauereien sicherlich ein „Spätstarter" gewesen, im Verhältnis zur Gesamtwirtschaft befand sie sich aber „in guter Gesellschaft". Das Gros der bundesdeutschen Branchen und Einzelunternehmen begann auch erst mit dem Wandel vom „Verkäufermarkt" zum „Käufermarkt" mit verstärkten Maßnahmen im Bereich der Verbraucherwerbung und setzte diese Aktivitäten zunächst in vielen Fällen mit dem Begriff des Marketings gleich.[83] Die im Kapitel 2 dieser Arbeit beschriebenen Beispiele für Adaptionen US-amerikanischen praktischen Marketingwissens in einzelnen Unternehmen bereits in den 1950er Jahren bilden eher Ausnahmen.[84]

Außerdem widmete sich die betriebswirtschaftliche Theoriebildung dem Themenbereich Marketing verstärkt auch erst seit Ende der 60er Jahre, nachdem sie zuvor – durchaus den Anforderungen der betrieblichen Praxis entsprechend – sehr stark produktions- und kostenorientiert ausgerichtet war.

Bei allen Bemühungen um ein modernes und vor allem wirkungsvolles Marketing: Für die Betriebe der Dortmunder Biermetropole setzte nach 1973 eine zunächst bis fast zum Ende des Jahrzehnts andauernde Abwärtsentwicklung beim Ausstoß ein. Die Bierproduktion lag 1978 mit 6,3 Mio. hl rd. 15 % niedriger als 1973 mit knapp 7,5 Mio. hl. Zu Beginn der 80er Jahre gab es dann eine kurzwährende Aufwärtsbewegung, bevor dann ab 1983 erneut der Bierabsatz fortgesetzt einbrach. Mit rd. 5,9 Mio. hl fehlten 1989 rd. 1,6 Mio. hl = 21,5 % am Bierausstoß vergangener Zeiten. Der Marktanteil stürzte ebenfalls um mehr als 20 % ab und betrug nur noch 21,5 % am gesamten NRW-Ausstoß bzw. 6,3 % an der bundesweiten Ausbringung. Damit hatten sich die Anteile von einstmals 40,0 % in NRW sowie 10,7 % im gesamten Bundesgebiet im Vergleich der Jahre 1959 und 1989 fast halbiert. Dagegen entwickelten sich der NRW- sowie der

---

[83] Vgl. die Ausführungen im Abschnitt 2.3.2.
[84] Vgl. die Ausführungen im Abschnitt 2.3.2.2.

bundesdeutsche Biermarkt wesentlich gleichförmiger, wenngleich auch hier die Ausstoßzahlen seit etwa der Mitte der 70er Jahre stagnierten.[85] Die Tabelle 3.3 zeigt die Unterschiede beim Ausstoß sowie beim Marktanteil im Zeitvergleich.

**Tabelle 3.3**  Entwicklung von Ausstoß und Marktanteil der Dortmunder Brauindustrie im Vergleich zum NRW-Markt und dem bundesdeutschen Biermarkt im Zeitraum von 1974 bis 1989[86]

| | Ausstoß in 1.000 hl | | Veränderungen | |
|---|---|---|---|---|
| | 1973 | 1989 | in 1.000 hl | in % |
| Dortmunder Brauereien | 7.462 | 5.861 | - 1.601 | - 21,5 |
| NRW-Brauereien gesamt | 26.701 | 27.303 | + 602 | + 2,3 |
| Alle Brauereien i. d. Bundesrepublik | 92.467 | 93.056 | + 589 | + 0,6 |
| | | | | |
| Marktanteile der Dortm. Brauereien | in % | | Veränderungen in % | |
| - an NRW gesamt | 27,9 | 21,5 | - 6,4 %-Punkte | - 22,9 |
| - an BRD gesamt | 8,1 | 6,3 | - 1,8 %-Punkte | - 22,2 |

Damit setzte sich gegenüber der „Ausreifungsphase" der Bedeutungs- und Marktanteilsverlust der Dortmunder Brauindustrie in der „Stagnationsphase" unvermindert fort. Allerdings konnten im Zuge der deutschen Wiedervereinigung die hiesigen Brauereien wie viele bundesdeutsche Braubetriebe im Jahr 1990 ihre Absatzaktivitäten in die neuen Bundesländer verstärken[87], so dass sie für einige Jahre ein höheres Ausstoßergebnis erzielen konnten.

---

[85] Vgl. WWA, F 122 Nr. 5060/61: Thier-Brauerei: Statistischer Bericht, Blatt 1b: Ausstoßvergleich nach Geschäftsjahren (1952/52 bis 1977/78) sowie WWA, S 7 Nr. 589: Jahresberichte des Verbandes Rheinisch-Westfälischer Brauereien (1988/89).

[86] Eigene Darstellung und Berechnung der Marktanteile und %-Veränderungen auf der Basis von Zahlen aus: WWA, F 122 Nr. 5060/61: Thier-Brauerei: Statistischer Bericht, Blatt 11.2: Ausstoßvergleich Kalenderjahr für die Jahre bis 1978, ergänzt um Böse, Christian, a.a.O., für die Jahre 1979 bis 1985 sowie WWA, S 7 Nr. 589: Jahresberichte des Verbandes Rheinisch-Westfälischer Brauereien für die Jahre 1986 bis 1989. Das Jahr 1990 wurde bewusst nicht in den Vergleich einbezogen, da hier für die Dortmunder Brauereien nur ein sehr kurzzeitig wirkender positiver Effekt zu verzeichnen war.

[87] Im Geschäftsbericht des Verbandes Rheinisch-Westfälischer Brauereien für das Jahr 1990 wird der Ausstoßzuwachs der Brauereien in NRW nur indirekt angesprochen, indem die vergleichsweise unterdurchschnittliche Ausstoßentwicklung auch darauf zurückzuführen sei, „daß die Brauereien unseres Landes am Geschäft in der früheren DDR weniger beteiligt

Die Tabelle 3.3 zeigt außerdem sehr deutlich die „Grenzen des Wachstums" im deutschen Biermarkt.

Die Dortmunder Brauwirtschaft ging auch nach 1990 schwierigen Zeiten entgegen. Der Konzentrationsprozess in der gesamten inländischen Branche wie auch im Dortmunder Markt verstärkte sich in den 1990er Jahren weiter. Noch kurz davor hatte die Kronen-Brauerei im Jahre 1987 die Stifts-Brauerei gekauft, 1992 folgte die Übernahme der Brau- und Vertriebsrechte am Konkurrenten Thier. Nur vier Jahre später wurde 1996 die Kronen-Brauerei selbst Übernahmekandidat der DAB, zu der bereits seit Anfang der 70er Jahre die Hansa-Brauerei gehörte.

Die DUB-Schultheiss-Brauerei nannte sich ab 1988 „Brau und Brunnen" und bildete damit den größten deutschen Getränkekonzern. Als der Konzern 1994 die Ritterbrauerei vollständig übernahm und die Bier-Produktion gleichzeitig an deren Brauereistandort Lütgendortmund verlagerte, firmierte die neue Tochtergesellschaft als „Dortmunder Union-Ritter-Brauerei", bevor sie dann 2002 in „Brauerei Brinkhoff GmbH" umbenannt wurde. Schlusspunkt war die Übernahme und Auflösung des Konzerns „Brau und Brunnen" durch die DAB-Muttergesellschaft Oetker im Jahre 2004 und der Übergang des operativen Geschäfts auf die Radeberger-Gruppe. Seitdem werden die zusammengefassten Biermarkt-Aktivitäten der einstigen Dortmunder Brauindustrie durch diese Führungsgesellschaft des Oetker-Konzerns gesteuert.[88]

Seit 2007 wurde wieder verstärkt für Dortmunder Bier geworben. Am Standort der DAB wurden seither wieder 22 Traditionsmarken von sieben Dortmunder Brauereien gebraut. Dazu gehören Marken wie „Brinkhoff's No. 1", „DAB", „Dortmunder Kronen", „Hövels Original" oder „Thier-Pils". Außerdem ist 2005 die Bergmann-Brauerei als kleiner handwerklicher Betrieb wiederbelebt worden.[89]

Zum Dortmunder Bierausstoß werden seit der Konzentration auf die Radeberger Gruppe keine Zahlen mehr veröffentlicht. Für das Jahr 2002 betrug die

---

waren als die Brauereien in den Bundesländern, die an die fünf neuen unmittelbar angrenzen." WWA, S 7 Nr. 589 Verband Rheinisch-Westfälischer Brauereien, Bericht 1990, S. 9. Allerdings berichtete die DUB-Ritterbrauerei, dass sie seit April 1990 bis zum Jahresende in Ostdeutschland über 100.000 hl abgesetzt habe. „Export-Bier ist in der ehemaligen DDR ein Renner, eine Absatzsteigerung um 14 Prozent war die Folge." o. V.: Bierabsatz bei Union und Ritter wächst zweistellig. Export erlebt in den neuen Bundesländern eine Renaissance, Ruhr-Nachrichten vom 16.2.1991. Auch die DAB erlebte „durch die deutsche Vereinigung eine Hochkonjunktur. 1990 stieg der Ausstoß [...] um 12,7 % auf 3,1 Millionen Hektoliter". o. V.: Vereinigung bescherte Bierbrauern im Westen „zwei Ausnahmejahre", Westfälische Rundschau vom 17.7.1991.

[88] Vgl. Bodden, Nancy/Pradler, Klaus: Das Dortmunder Brauerei-Archiv im Westfälischen Wirtschaftsarchiv, in: Ellerbrock, Karl-Peter: Zur Geschichte der westfälischen Brauwirtschaft im 19. und 20. Jahrhundert, Dortmund 2012, S. 9 f.

[89] Vgl. ebenda, S. 10.

Schätzung des Bier-Reports 2003 der Tageszeitung „Die Welt" für die DAB rd. 3,2 Mio. hl. Im Ranking der 15 größten Brauereien Deutschlands lag die DAB damit auf Position 6.[90] Später nannte Christian Böse in seiner Veröffentlichung aus dem Jahr 2009 eine Schätzung in der Größenordnung von 2,5 Mio. hl.[91] Eine aktuellere Angabe ist nicht verfügbar.

Sieht man sich die Entwicklung des Bierausstoßes in Deutschland insgesamt seit dem Jahr 1990 an, so muss man konstatieren, dass sich die zuvor für die Dortmunder Brauereien in den einenhalb Jahrzehnten von 1973 bis 1989 gezeigte Negativentwicklung (- 21,5 %) seit dem Jahr 1995 in beinahe ähnlicher Stärke für die bundesdeutsche Gesamtbranche darstellt: Der Ausstoß ging kontinuierlich zurück und lag 2020 um 24 % niedriger als 25 Jahre zuvor.

Zwar sprang der Ausstoß zunächst im Zuge der deutschen Wiedervereinigung abrupt von 93,1 Mio. hl (1989) auf 104,3 Mio. hl (1990) und in den fünf Folgejahren auf 116,9 Mio. hl (1995). Allerdings ergab sich im weiteren Verlauf eine kontinuierliche Abwärtsbewegung. Im Jahre 2007, als die DAB wieder ihre Werbeaktivitäten für die „gesammelten Dortmunder Traditionsmarken" verstärkte, wurden bundesweit immerhin noch 100,6 Mio. hl erreicht. Zwischen 2010 und 2016 schien sich der Ausstoß in einer Größenordnung um die 95 Mio. hl zu konsolidieren, bevor dann ab 2017 erneut Minusraten hingenommen werden mussten bis zu einem vorläufigen Tiefpunkt von rd. 87 Mio. hl (2020).[92]

In der Situation des gesättigten Marktes und des sinkenden Pro-Kopf-Verbrauchs gilt heute vielleicht die Erkenntnis umso mehr: „Bier brauen können sie alle. Bier verkaufen längst nicht jeder. Erfolg haben all die, die sich aus dem Meer der Biere hervorheben."[93]

## 3.3 Vorstellung und Charakterisierung der Dortmunder Brauereien sowie wesentliche Bestimmungsfaktoren der Geschäftspolitik und Marketingaktivitäten

Für das Verständnis der Geschäfts- und Marketingpolitik der verschiedenen Unternehmen der westfälischen Biermetropole und der dabei gezeigten konkreten Handlungsweisen erscheint es als sinnvoll, die acht nach dem Zweiten Weltkrieg

---

[90] Vgl. https://de.wikipedia.org/wiki/Gro%C3%9Fbrauerei (abgerufen am 17.5.2021).

[91] Vgl. Böse, Christian: a.a.O., S. 225.

[92] Vgl. https://de.statista.com/statistik/daten/studie/29616/umfrage/bierproduktion-der-bra uereien-in-deutschland-seit-1991/ (abgerufen am 17.5.2021).

[93] WWA, F 122 Nr. 5077: ABS Presse-information GmbH & Co. KG, Agentur für Öffentlichkeitsarbeit, Düsseldorf: Verband Dortmunder Bierbrauer. Rahmenkonzeption Öffentlichkeitsarbeit, April 1985. S. 25, zitiert nach WELT-Report Bier 10/84, S. 90.

noch bestehenden Dortmunder Brauereien kurz vorzustellen und zu charakterisieren. Da die beiden Privatbrauereien Thier und Kronen im Rahmen von fünf
Fallstudien im Mittelpunkt der weiteren Betrachtung stehen werden, soll mit diesen begonnen und dabei auch die Gesellschafts- und Führungsstrukturen – im
Vorgriff auf eine noch etwas detailliertere Darstellung in den Fallstudien –
skizziert werden. Darüber hinaus wird versucht, möglichst für alle Brauereien
Hinweise auf personelle Wechsel gerade in der Umbruchphase des Marktes von
der produktions- zur verbraucherorientierten Unternehmensstrategie zu gegeben.

Außerdem sollen in diesem Kapitel soweit wie möglich die Größenverhältnisse und die unterschiedliche finanzielle Potenz der Unternehmen analysiert
werden – stellten sie doch gerade in der Umbruchsituation Anfang der 1970er
Jahre wesentliche Vorbedingungen für den weiteren Markterfolg dar. Gleiches
gilt für den unterschiedlichen Erfahrungshintergrund der Betriebe bezogen auf
ihre Marketingaktivitäten. Drittens soll die unterschiedliche operative und strategische Ausrichtung der Einzelbetriebe skizziert und dabei auch die Art der
Unternehmensführung ansatzweise charakterisiert werden.

Insgesamt sollen diese Informationen im Vorfeld der Untersuchungen zu den
konkreten Marketingmaßnahmen und -strategien in den weiteren Kapiteln dazu
beitragen, die Handlungen der Dortmunder Betriebe insgesamt sowie besonders der Brauereien Thier und Kronen in den Fallstudien einzuordnen und zu
verstehen.

### 3.3.1 Kurzinformationen: Geschichte, Gesellschaftsform und Besitzverhältnisse, Unternehmensleitungen und deren formale Qualifikation, Markterfolge, Stellung in den Jahren ab 1990

a) **Die Brauerei Thier & Co., Dortmund**

Die Privatbrauerei Thier & Co. wurde 1854 als „Brauerei von Hövel, Thier &
Co." gegründet und lag mitten in der Dortmunder Innenstadt. Das Unternehmen
befand sich seit seiner Gründung im (erweiterten) Familienbesitz und feierte 1979
sein 125-jähriges Bestehen. Als Personengesellschaft lag die Geschäftsführung
jeweils in den Händen der Gesellschafter; seit 1888 waren das Josef Cremer, ein
Neffe des seinerzeitigen Mitgründers Gustav Thier, sowie seine Nachkommen.
Nach dem Zweiten Weltkrieg hatten seine Enkel, die Cousins Josef und Walter

Cremer die Unternehmensleitung übernommen. Josef Cremer war Dipl.-Brauerei-Ing. und Walter Cremer hatte sein betriebswirtschaftliches Studium als Dipl.-Kaufmann und mit der Promotion zum Dr. rer. pol. abgeschlossen.[94]

Dr. Walter Cremer blieb bis Anfang der 1980er Jahre im Unternehmen aktiv. Josef Cremer hatte bereits 1970 die Geschäftsführung an seinen Sohn Peter Cremer übergeben, einem studierten Diplom-Kaufmann. Unterstützt wurden sie auf der Geschäftsleitungsebene sowie der zweiten Organisationsebene durch Juristen,[95] Dipl.-Ingenieure, Braumeister sowie Fachleute mit anderen Qualifikationen. Im Jahre 1980 trat Paul Cremer – Sohn von Dr. Walter Cremer – nach einem wirtschaftswissenschaftlichen Studium ins Unternehmen ein. Er nahm zunächst Funktionen im Vertrieb und Marketing wahr, bevor er im Verlauf der 80er Jahre Marketing-Chef wurde.[96]

Bis 1992 haben die beiden Großcousins das Unternehmen im Familienbesitz geführt. In diesem Jahr hatte die Kronen-Brauerei die Brauerei Thier einschließlich ihrer Marken- und Lieferrechte erworben. Nachdem die Kronen-Brauerei 1996 ihrerseits von der zur Radeberger-Gruppe gehörenden Dortmunder Actien-Brauerei (DAB) übernommen wurde,[97] hat die neue Eigentümerin Thier-Bier zunächst weiter gebraut. Thier-Pils ist heute nur noch in einigen Gaststätten erhältlich; im Juli 2015 wurde die Flaschenabfüllung eingestellt.[98] In der Spitze erreichte die Thier-Brauerei 1963/64 ein Ausstoßvolumen von rd. 509.000 hl.[99]

Bereits in der Begleitschrift von 1954 zum 100. Firmenjubiläum nimmt Thier für sich in Anspruch, schon im Jahre 1893 „als erster Dortmunder Brauer die Erzeugung eines dem bitteren und leichteren Pilsener ähnlichen Bieres, des sogenannten ‚Bitterbieres‘"[100] aufgenommen zu haben.

---

[94] Vgl. Hartmann, Franz: 100 Jahre Brauerei Thier & Co., Dortmund, Dortmund 1954, o. S.; Krauthausen, Udo: Ahnenliste der Familie Cremer aus Dortmund, https://www.lwl.org/westfaelische-geschichte/txt/beitrwff-9597.pdf, S. 104 f. (abgerufen am 20.1.2021).

[95] So war z. B. Josef Hattig von 1966 bis 1972 Vertriebsdirektor bzw. Mitglied der Geschäftsleitung der Thier-Brauerei. Danach wechselte er als Geschäftsführer zur Becks-Brauerei, Bremen. Vgl. verschiedene Gesprächsprotokolle aus den 60er und 70er Jahren sowie https://www.munzinger.de/search/portrait/josef+hattig/0/19988.html (abgerufen am 20.1.2021).

[96] Vgl. o. V.: Verpackung, in: absatzwirtschaft vom 1.7.1988, http://printarchiv.absatzwirtschaft.de/Content/_p=1004692,an=078801007 (abgerufen am 14.4.2021).

[97] Bodden, Nancy/Pradler, Klaus: a.a.O, S. 9.

[98] Vgl. Wulle, Peter: Flaschenabfüllung von „Thier-Pils" in Dortmund beendet, in: Der Westen vom 5.8.2015, in: https://www.derwesten.de/staedte/dortmund/flaschenabfuellung-von-thier-pils-in-dortmund-beendet-id10955336.html (abgerufen am 20.1.2021).

[99] : WWA, F 122 Nr. 5060/61: Thier-Brauerei: Statistischer Bericht, Blatt 1b: Ausstoßvergleich nach Geschäftsjahren.

[100] Hartmann, Franz: a.a.O., o. P.

Insgesamt kann davon ausgegangen werden, dass die Brauerei Thier schon frühzeitig insbesondere seit dem Wiederaufbau nach dem Zweiten Weltkrieg von betriebswirtschaftlich und brautechnisch geschulten Gesellschaftern geführt worden ist.

## b) Die Heinrich Wenker Brauerei Kronenburg, Dortmund

Die Privatbrauerei Heinrich Wenker Brauerei Kronenburg, Dortmund befand sich seit der Übernahme der „Krone am Markt" im Jahr 1729 ebenfalls im (erweiterten) Familienbesitz. Nachdem Heinrich Wenker in München die untergärige bayerische Brauweise kennengelernt hatte, begann er 1845 die elterliche Brauerei in eine Lagerbier-Brauerei umzuwandeln, und dies mit steigendem Ausstoßerfolg. Nach seinem Tod führte sein Schwiegersohn Dr. Oskar Brand das Unternehmen weiter. Nach dem Zweiten Weltkrieg bauten dessen Söhne Heinrich und Dr. jur. Günter Brand das zerstörte Unternehmen wieder auf.[101] 1971 übergab Heinrich Brand die Geschäftsführung an seinen Sohn Dr. jur. Heinrich Brand; gleichzeitig trat der Schwiegersohn von Dr. Günter Brand, Ass. jur. Hans-Joachim Wulf, die Nachfolge seines Schwiegervaters an. Beide neuen Geschäftsführer hatten seit einigen Jahren bereits Funktionen als Assistent der Geschäftsleitung bzw. in leitender Position im Finanzwesen des Unternehmens inne. Dr. Günter Brand übernahm ab diesem Zeitpunkt den Vorsitz im neugegründeten Beirat der Brauerei. Ende 1986 zog sich auch die jüngste Generation der Anteilseigner aus der Geschäftsführung zurück und übergab diese in die Hände zweier angestellter Manager. Wenig später übernahm Dr. Heinrich Brand die Unternehmensanteile von Dr. Günter Brand. Er war damit bis zum Verkauf des Unternehmens an die DAB im Jahr 1996 Alleininhaber des Unternehmens.[102]

Spätestens seit Anfang der 70er Jahre bestand die Geschäftsleitung neben den beiden Mitgliedern der Eigentümerfamilien Dr. Heinrich Brand und Ass. jur. Wulf aus zwei weiteren stellvertretenden Geschäftsführern, und zwar für den Vertriebs- und Marketingbereich bzw. für den Produktionsbereich. Beide Personen waren langjährige Führungskräfte im Unternehmen. Später wurden die letztgenannten Positionen in ordentliche Geschäftsführungsbereiche umgewandelt. Für den Marketingbereich trugen ab Ende der 60er Jahre diplomierte und promovierte Wirtschaftswissenschaftler bzw. mehr als ein Jahrzehnt auch ein ausgebildeter

---

[101] Gerstein, Barbara: Die Dortmunder Brauerfamilie Wenker-Brand, https://www.brauereierlebnis-dortmund.de/dortmunderbrauer_wenker.php (abgerufen am 21.1.2021).

[102] Vgl. WWA, F 33 Nr. 2697: Kronenbrauerei: Spitze tritt zurück. Brand und Wulf scheiden aus, in: Ruhr-Nachrichten Nr. 232, Lokalteil vom 7. Okt. 1986 sowie WWA, F 33 Nr. 1766, Bd. 1: Klares Bekenntnis zum Markenbier, in: Die Welt vom 20.12.1968.

Braumeister, zudem Absolvent der Hochschule Weihenstephan für Brau- und Getränketechnologie mit anschließender Promotion dort Verantwortung.

Neben der Geschäftsführung gab es einen Beirat, der seit Anfang der 70er Jahre – von kurzen Unterbrechungen abgesehen – bis zur Abgabe der Unternehmensanteile von Dr. Günther Brand geführt wurde. Dieser Beirat bestand weitaus überwiegend aus promovierten Juristen und nahm Einfluss auf die Geschäftspolitik der Brauerei.

Die Kronen-Brauerei wurde in den 1960er Jahren „Hektoliter-Millionärin" als eine von bis dahin vier Dortmunder Brauereien und war zeitweise die größte deutsche Privatbrauerei. Im Jahre 1976 wurde die Brauerei in „Dortmunder Kronen Brauerei GmbH & Co." umbenannt. Das Bier der Kronen-Brauerei galt stets als das qualitätsvollste Bier unter den Dortmunder Angeboten.[103]

c) **Die Dortmunder Union-Brauerei AG (DUB)**

In der Nachfolge einer Hausbrauerei und einer zwischenzeitlichen Offenen Handelsgesellschaft wurde 1873 die „Dortmunder Union-Brauerei AG" (DUB) gegründet mit dem Ziel, Kapital für eine Betriebsverlagerung und -erweiterung zu gewinnen. Initiator und treibende Kraft dabei war der konzessionierte Markscheider (Vermessungsingenieur im Bergwesen) Heinrich Leonhard Brügman. Der erste Braumeister war Fritz Brinkhoff[104] – der Namensgeber für die spätere Nachfolgegesellschaft und die Marke „Brinkhoff's Nr. 1". Brinkhoff „darf mit großer Wahrscheinlichkeit auch als Schöpfer des ‚hellen' Biertyps gelten"[105] und damit als Begründer des „Dortmunder Typs".

Nachdem die DUB bereits 1929 zum ersten Mal die Grenze von 1 Mio. hl Jahresausstoß überschritten hatte[106], gelang es ihr nach dem zweiten Weltkrieg im Jahre 1956 erneut, „Hektoliter-Millionärin" zu werden, und zwar als erste Brauerei in Westdeutschland.[107] Als sich die DUB und die Berliner Schultheiss-Brauerei 1972 zur „Dortmunder Union-Schultheiss-Brauerei Aktiengesellschaft" zusammenschlossen, wurde dies mit der Möglichkeit für eine „unternehmerische Kooperation mit einem ‚ganz Großen' der Branche"[108] begründet. Zuvor

---

[103] Dies wurde auch von Wettbewerbern bzw. deren Beratern anerkannt. Vgl. WWA, F 122 Nr. 5176: BBDO: Werbung und Verkaufsförderung für das Braujahr 1970/71 (der Brauerei Thier & Co., Dortmund) vom Juli/August 1970, S. 10.

[104] Vgl. Graudenz, Karlheinz: a.a.O., S. 27 ff. Zu Fritz Brinkhoff siehe außerdem dort die S. 76 ff.

[105] Ebenda, S. 79.

[106] Vgl. ebenda, S. 95 f.

[107] Vgl. ebenda, S. 119.

[108] Ebenda, S. 127.

hatte sich die DUB schon an einer Reihe regionaler und überregionaler Brauereien beteiligt, so bestand auch bereits ein 37 %iger Anteil an der Dortmunder Ritterbrauerei.[109] Seit Anfang der 1970er Jahre waren der Hamburger Zigarettenkonzern Reemtsma sowie die Bayerische Hypotheken- und Wechselbank zu gleichen Anteilen die DUB-Großaktionäre.[110]

Im Anschluss an die Übernahme von Unternehmen im nicht-alkoholischen Bereich erfolgte 1988 die Umbenennung des Konzerns in „Brau und Brunnen" als dem bis dahin größten deutschen Getränkekonzern.[111] 1994 übernahm der Konzern die Dortmunder Ritterbrauerei vollständig und firmierte fortan an deren Brauereistandort in Lütgendortmund als „Dortmunder Union-Ritter-Brauerei GmbH". 2002 wurde das Unternehmen in Erinnerung an den Gründungsbraumeister in „Brauerei Brinkhoff GmbH" umbenannt.[112] 2004 erfolgte die Übernahme und Auflösung des Konzerns „Brau und Brunnen" durch den Oetker-Konzern und die Übertragung des operativen Geschäfts auf die Radeberger-Gruppe als neuer Führungsgesellschaft für Oetkers Biersparte.[113]

Die dominante und das Unternehmen prägende Persönlichkeit in der jüngeren DUB-Brauereigeschichte war Dr. Felix Eckhard. Der Jurist hat 35 Jahre lang von 1938 bis 1972 maßgeblich die Geschicke des Unternehmens bestimmt, zunächst als Mitglied und Vorsitzender des Vorstandes, seit 1960 als Vorsitzender des Aufsichtsrats.[114] Allerdings brachten bereits nach dem Zweiten Weltkrieg auch die Mitglieder des erweiterten Vorstandes einschlägige Kenntnisse mit: „Sie waren Juristen, Volkswirte, Betriebswirtschaftler, diplomierte Brauingenieure und akademisch gebildete Agrarfachleute."[115]

### d) Die Dortmunder Actien-Brauerei (DAB)

Das Unternehmen wurde 1868 als „Dortmunder Bierbrauerei Herberz & Co." gegründet. 1872 erfolgte die Umwandlung der Kommanditgesellschaft in eine Aktiengesellschaft mit Namen „Dortmunder Actien-Brauerei vormals Herberz &

---

[109] Vgl. ebenda, S. 123 ff.

[110] Vgl. Wiese, Frank: a.a.O., Tabelle 4: Entwicklung der Unternehmenskonzentration 1958–1979, S. 55.

[111] Vgl. Bodden, Nancy/Pradler, Klaus: a.a.O., S. 9.

[112] Vgl.    https://de.wikipedia.org/wiki/Dortmunder_Union-Brauerei    (abgerufen    am 23.1.2021).

[113] Vgl. Bodden, Nancy/Pradler, Klaus: a.a.O., S. 9 f.

[114] Vgl. Graudenz, Karlheinz: a.a.O., S. 104 ff, 128 sowie 122.

[115] Vgl. ebenda, S. 104.

Co." – ab 1877 ohne den Hinweis auf das Gründungsmitglied. Ab 1881 produzierte man Bier in untergäriger bayerischer Brauweise, nachdem eine moderne Kühlmaschine nach der von Carl von Linde entwickelten Technik angeschafft worden war.[116]

1959 wurde die DAB nach der DUB als zweite bundesdeutsche Brauerei „Hektoliter-Millionärin". Im Jubiläumsjahr 1968 erreicht das Unternehmen einen Ausstoß von 1,6 Mio. hl.[117] Drei Jahre später übernahm die DAB die Aktienmehrheit des lokalen Wettbewerbers Dortmunder Hansa-Brauerei. 1996 ging die Privatbrauerei Dortmunder Kronen samt Stifts- und Thier-Brauerei in den Besitz der DAB über. Schließlich wurden im Jahr 2002 die Minderheitsaktionäre der DAB durch ihren Mehrheitsaktionär, die zum Oetker-Konzern gehörende „Radeberger-Gruppe" abgefunden. 2006 ist die DAB in die Rechtsform einer GmbH überführt worden. Unter dem Dach der Radeberger-Gruppe werden seit 2005 wieder 22 Dortmunder Biermarken von sieben Traditionsbrauereien auf dem Gelände der DAB gebraut und auf dem deutschen wie internationalen Markt angeboten.[118]

Personelle Wechsel in der Zeit des Umbruchs auf dem Biermarkt und der Neuorientierung sind auch für die DAB nachweisbar. So zog sich 1964 zunächst Friedrich Mauritz nach 35 Jahren aus dem DAB-Vorstand zurück. 1967 folgte ihm Erich Heiermann, der „Erste Mann der DAB"[119] nach mehr als 20-jähriger Vorstandstätigkeit. Wenige Jahre später übernahm 1970 Dr. Guido Sandler, Vorsitzender der Oetker-Geschäftsleitung den Aufsichtsratsvorsitz bei der DAB. Ein Jahr später trat er auch in den Aufsichtsrat der Hansa-Brauerei ein.[120]

### e) Die Dortmunder Ritterbrauerei AG

Durch Fusion mehrerer Vorgängerbrauereien entstand 1905 die „Dortmunder Ritterbrauerei AG".[121] Eigentümerin war ursprünglich die englische Gesellschaft „Dortmund Breweries Company Ltd.", deren Vermögen jedoch zum Ende des Ersten Weltkrieges beschlagnahmt wurde. Durch Übernahmen anderer lokaler

---

[116] Vgl. o. V.: Aus Liebe zum Bier. 100 Jahre Dortmunder Actien-Brauerei, Dortmund 1968, S. 14 ff.

[117] Vgl. ebenda, S. 24 ff.

[118] Vgl. Bodden, Nancy/Pradler, Klaus: a.a.O., S. 9 f.

[119] O. V.: Dortmunder Actien-Brauerei. Investitionen auf Rekordhöhe, in: Der Volkswirt Nr. 18 (3.5.1968), S. 63–65, hier: S. 65, zit. nach Bodden, Nancy: Business as usual? a.a.O., S. 241.

[120] Vgl. Bodden, Nancy: Business as usual? a.a.O., S. 240 f.

[121] Vgl. https://www.brauereierlebnis-dortmund.de/ritter.php (abgerufen am 23.1.2021).

Brauereien wuchs das Unternehmen weiter.[122] Seit 1970 hielt die Schultheiss-Brauerei AG eine Mehrheitsbeteiligung an Ritter, und die DUB war bereits mit mehr als 25 % am Unternehmen beteiligt,[123] später waren es dann 37 %. Wie bereits erwähnt, endete 1994 die Eigenständigkeit des Unternehmens durch die vollständige Übernahme der Eigentümerin und die Umfirmierung in „Dortmunder Union-Ritterbrauerei GmbH".

Auch die Ritterbrauerei wurde 1963 als dritte Dortmunder Brauerei erstmalig „Hektoliter-Millionärin".[124] Die Brauerei setzte frühzeitig auf das Flaschenbiergeschäft und hatte in den Nachkriegsjahrzehnten stets den größten Flaschenbieranteil am Bierausstoß.[125]

Bei der Ritterbrauerei fanden Mitte der 1960er Jahre ebenfalls personelle Wechsel im Vorstand statt: Wilhelm Ahl, seit 1946 Vorstandsmitglied, und Kurt Hildebrand, seit 1958 in dieser Funktion, beendeten 1966 ihre Tätigkeit für die Brauerei.[126]

### f) Die Dortmunder Hansa-Brauerei AG

Als kleinste unter den späteren Groß-Brauereien wurde die Hansa-Brauerei ebenfalls in der Nachfolge mehrerer kleinerer Brauereien 1902 als „Dortmunder Hansa-Brauerei AG" gegründet. Als fünftes Dortmunder Unternehmen erreichte sie 1971 die 1 Million hl-Grenze. Im selben Jahr übernahm die DAB die Aktienmehrheit an der Hansa-Brauerei. Damit gingen auch die Marken- und Vertriebsrechte an die DAB über.[127]

Personalwechsel im Vorstand fanden auch hier seit der Mitte der 50er bis zur ersten Hälfte der 60er Jahre statt. Nachdem Mathias Richartz und Hermann Heller bereits in den Jahren 1955 bzw. 1959 aus dem Vorstand ausgeschieden waren, „verließ mit Ernst Gödde 1964 das letzte, bereits seit den 1930er Jahren tätige ‚Urgestein' den Vorstand".[128] Nachfolger wurde u. a. 1969 Günther Haufe, der bereits vorher Erfahrungen in verschiedenen Brauereien sammeln konnte

---

[122] Vgl. http://www.ruhrpottpedia.de/ritter-brauerei/ (abgerufen am 23.1.2021).

[123] Vgl. WWA, S 7 Nr. 136: Dortmunder Ritterbrauerei AG, Geschäftsbericht vom 1. Oktober 1970 bis 30. September 1971, S. 5.

[124] Vgl.https://www.lokalkompass.de/duisburg/c-kultur/brauereimuseum-dortmund_a23357 (abgerufenam23.1.2021).

[125] Vgl. dazu die Ausführungen im Abschnitt 3.4.2.3.

[126] Vgl. Bodden, Nancy: Business as usual? a.a.O., S. 242.

[127] Vgl. https://hansa-bier.de/historie/ (abgerufen am 23.1.2021).

[128] Bodden, Nancy: Business as usual? a.a.O., S. 240.

und sich darüber hinaus auch wissenschaftlich mit den Wirkungen der Flaschenbiernachfrage auf Preispolitik, Werbung, Vertriebsmethoden und Investitionen im
Brauwesen beschäftigt hatte.[129]

### g)  Die Dortmunder Stifts-Brauerei AG

Namensgeberin der 1867 von Eduard Franzen auf einem familieneigenen Grund-
stück errichteten Brauerei ist ein in der Nähe gelegenes ehemaliges Clarissinnen-
Kloster. Mitte der 1930er Jahre übernahm die Industriellenfamilie Funke aus
Essen das Unternehmen; seitdem firmierte es unter dem Namen „Dortmunder
Stifts-Brauerei Carl Funke AG".[130] In der Spitze erreichte die Stifts-Brauerei
einen Jahresausstoß von rd. 296.000 hl (1970/71).[131] 1984 wurde die eigene Pro-
duktion eingestellt. Stiftsbier wurde zunächst von der Thier-Brauerei in Lohnbrau
weiter produziert, bevor 1987 die Kronen-Brauerei das Unternehmen erwarb.[132]
Auch hier gab es zur Mitte der 60er Jahre personelle Wechsel an der Spitze
des Unternehmens. So wechselte der bisherige Vorsitzende der Stern-Brauerei,
Essen – deren Eigentümerin die Familie Funke war – von 1966 bis 1973 nach
Dortmund. Dafür ging der Dortmunder Vorstand Karl Stein zwischenzeitlich zur
Muttergesellschaft nach Essen.[133]

### h)  Die Dortmunder Bergmann-Brauerei

Die "Dortmunder Bergmann Brauerei" (DBB) wurde im Jahre 1796 von Wilhelm
Dietrich Johann Bergmann gegründet und nach der Übernahme durch die Ritterbrauerei 1972 als eigenständige Braustätte geschlossen.[134] In der Spitze braute
sie 1965/66 rd. 94.000 hl.[135] Sie war damit mit Abstand die kleinste der nach
dem Zweiten Weltkrieg verbliebenen acht Brauereien.

---

[129] Haufe, Günther: Wandlungen im deutschen Biervertrieb der Nachkriegszeit, o.O.,
S. 1957, zit. nach: Bodden, Nancy: Business as usual? a.a.O., S. 241.

[130] Vgl. https://de.wikipedia.org/wiki/Dortmunder_Stifts-Brauerei (abgerufen am 23.1.2021).

[131] Vgl. Bodden, Nancy: Business as usual? a.a.O., Tabelle 12, S. 119.

[132] Vgl. https://de.wikipedia.org/wiki/Dortmunder_Stifts-Brauerei (abgerufen am 23.1.2021)
ergänzt um eine zusammenfassende Notiz im WWA-Bestand.

[133] Vgl. Bodden, Nancy: Business as usual? a.a.O., S. 242.

[134] Vgl. https://de.wikipedia.org/wiki/Dortmunder_Bergmann_Brauerei ; außerdem: https://
harte-arbeit-ehrlicher-lohn.de/ueber-uns/geschichte/ (abgerufen am 23.1.2021). Die Bergmann-
Brauerei ist nach Erwerb der Markenrechte im Jahre 2005 schrittweise als kleiner handwerklicher
Betrieb wiederbelebt worden.

[135] Vgl. Bodden, Nancy: Business as usual? a.a.O., Tabelle 12, S. 119.

## 3.3.2  Unterschiedliche Größenverhältnisse, finanzielle Potenz und Ertragssituation: Ergebnisse einer kurzen Bilanzanalyse für die Jahre 1972/73 sowie die weitere finanzwirtschaftliche Entwicklung

In der „Ausreifungsphase" von 1963/64 bis 1972/73 konnte die Bierproduktion der Dortmunder Brauindustrie – vom vorübergehenden Einbruch in den Jahren 1965/66 bis 1967/68 abgesehen – auf ein leicht erhöhtes Niveau von etwa 7,6 Mio. hl gesteigert werden, wobei dies aber aufgrund des viel stärkeren Wachstums in anderen Regionen mit erheblichen Marktanteilsverlusten von etwa 25 % (NRW-Markt) bzw. 20 % (bundeweit)[136] verbunden war. In dieser absatzwirtschaftlichen Umbruchsituation an der Schnittstelle zwischen „Ausreifungsphase" und „Stagnationsphase" etwa um das Jahr 1973 kam es für die Brauereien darauf an, ihre vorhandenen Ressourcen zu mobilisieren, um der drohenden weiteren Negativentwicklung entgegenzuwirken. Dabei zeigten sich bedeutende Unterschiede zwischen den Unternehmen bezüglich ihrer Größenverhältnisse und ihrer finanziellen Potenz. Von daher liegt die Vermutung nahe, dass diese Differenzen gerade in der bevorstehenden Phase ganz wesentlich den weiteren Markterfolg der verschiedenen Brauereien determiniert haben. Immerhin reichte die Bandbreite bei den Größenverhältnissen bezüglich des jährlichen Bierausstoßes von 5,6 Mio. hl (DUB-Schultheiss) bis 0,3 Mio. hl. (Stifts-Brauerei), beim Umsatz von 623 Mio. DM bis 27 Mio. DM und bei der Bilanzsumme von 543 Mio. DM bis knapp 17 Mio. DM. Entsprechend groß waren die Unterschiede in Bezug auf die absoluten finanzwirtschaftlichen Bilanzpositionen, wenn auch bei den Kennzahlen als Verhältniszahlen z. T. durchaus vergleichbare Ergebnisse erzielt werden konnten. So lag z. B. die Eigenkapital-Rentabilität bei fünf der sieben Brauereien knapp unter oder über 10 %, und die Kapitalstruktur und Finanzkraft insgesamt waren bei den meisten Unternehmen durchaus solide.

Die Tabelle 3.4 zeigt einen Vergleich der wichtigsten Bilanzpositionen und Ergebnisse der Gewinn- und Verlustrechnung, ergänzt um eine Kennzahlenanalyse im Hinblick auf wichtige Bilanzregeln.[137]

---

[136] Vgl. Abschnitt 3.2.4.

[137] Der Analyse liegen folgende Begriffsbildungen zugrunde: Eigenkapital (bei den AGs): Grundkapital, gesetzliche Rücklage und andere offene Rücklagen, Sonderposten mit Rücklagenanteil; Eigenkapital (bei den Personengesellschaften): Kapitalkonten bzw. Konten der Gesellschafter, stille Beteiligungen, offene Rücklagen; Fremdkapital: Pensionsrückstellungen, andere Rückstellungen, Pauschal-Wertberichtigungen zu Forderungen, Verbindlichkeiten über 4 Jahre Laufzeit, Lastenausgleichs-Vermögensabgabe, andere Verbindlichkeiten; Cash flow: Jahresüberschuss + Rücklagenzuführung – Rücklagenauflösung + Afa für Sach-

**Tabelle 3.4**  Vergleich der Dortmunder Brauereien bezüglich wesentlicher Positionen der Bilanz und Gewinn- und Verlustrechnung für das Geschäftsjahr 1972/73 bzw. 1973 sowie deren Analyse[138]

| Bilanzpositionen\Brauereien[a] | DUB-Schulth. | DAB | Kronen | Ritter | Hansa | Thier | Stifts |
|---|---|---|---|---|---|---|---|
| **1.  Kapitalstruktur** | | | | | | | |
| • **Bilanzsumme (BS)** | 543,4 | 277,0 | 105,9 | 76,7 | 53,9 | 35,6 | 16,8 |
| • **Eigenkapital (EK)** | 294,8 | 62,9 | 69,7 | 47,0 | 44,6 | 12,1 | 8,4 |
| • **EK-Quote (EK : BS) in %[b]** | 54,2 | 22,7 | 65,8 | 61,1 | 82,6 | 34,0 | 50,3 |
| • **Fremdkapital (FK)** | 218,9 | 208,8 | 28,9 | 25,3 | 9,3 | 23,0 | 7,8 |
| • **Verschuldungskoeffizient (FK : EK) in %** | 74,3 | 332,0 | 41,5 | 53,8 | 21,0 | 189,7 | 91,7 |
| **2.  Finanzwirtschaft** | | | | | | | |
| • **Cash flow** | 80,6 | 35,2 | 18,4 | 17,7 | | 6,9 | 3,1 |
| • **Liquidität 2. Grades in %** | 166,1 | 40,0 | 113,8 | 404,4 | | 48,3 | 202,1 |
| **3.  Rentabilität** | | | | | | | |
| • **Jahresüberschuss (JÜ) bzw. -verlust** | + 29,7 | + 6,8 | | + 5,6 | (+4,0)[c] | | + 0,6 |
| • **Bilanzgewinn/-verlust** | + 29,7 | + 5,3 | + 7,3 | + 4,4 | | + 0,5 | + 0,6 |
| • **EK-Rentabilität (JÜ : EK) in %** | 10,1 | 10,8 | 10,4[d] | 11,9 | (9,0) | 4,0 | 7,2 |
| • **Gesamt-Kap.-Rent. (JÜ + FK-Zinsen) : BS in %** | 6,3 | 6,1 | | 7,5 | | 6,9 | 5,0 |
| • **Bilanzgewinn : BS in %** | 5,5 | 1,9 | 6,9 | 5,8 | (7,4) | 1,4 | 3,6 |
| **4.  Bierausstoß in 1.000 hl** | 5.584 | 3.033 | 1.164 | 1.086 | 732 | 439 | 288 |
| **5.  Umsatz in Mio. DM** | 623,1 | 278,5 | | 98,4 | 71,0[e] | 44,3 | 27,4 |

[a] Die Bergmann-Brauerei ist in dieser Tabelle nicht mehr berücksichtigt, da bereits im Geschäftsjahr 1971/72 die Ritterbrauerei alle Unternehmensanteile von der Schultheiss-Brauerei übernommen hatte, die Produktionsstätte 1972 geschlossen und das Unternehmen aufgelöst  wurde.

[b] Die Eigenkapital-Quote wurde wie auch die übrigen Prozentberechnungen auf der Basis der DM-genauen (nicht gerundeten) Zahlen berechnet.

[c] In der Gewinn- und Verlustrechnung wurde ein Betrag von rd. 4,0 Mio. DM mit dem Text ausgewiesen: „Aufgrund eines Gewinnabführungsvertrages abgeführte Gewinne". Die nachfolgende Position: „Jahresüberschuß/Bilanzgewinn" enthält dementsprechend den Eintrag „ -,-. „Im Text des Geschäftsberichtes heißt es auf S. 17 dazu: „Die Erfolgsrechnung schließt wegen des Gewinnabführungsvertrages mit der Dortmunder Actien-Brauerei ohne Ergebnis ab, da der Gewinn an diese Gesellschaft abzuführen war. Die außenstehenden Aktionäre erhalten die von der Dortmunder Actien-Brauerei garantierte Ausgleichszahlung."

[d] Da in den WWA-Archivunterlagen über eine tabellarische Zusammenstellung der Bilanzpositionen hinaus keine Gewinn- und Verlust-Rechnung für die Kronen-Brauerei aufgefunden werden konnte, wurde die Eigenkapital-Rentabilität nicht auf der Basis des Jahresüberschusses, sondern des (evtl. abweichenden) Bilanzgewinns berechnet. Aus demselben Grunde musste an dieser Stelle auch auf eine Berechnung des Cash flow sowie der Gesamtkapital-Rentabilität verzichtet werden.

[e] Umsatz im Geschäftsjahr 1971/72. Der Umsatz für das Geschäftsjahr 1972/73 wurde nach der Übernahme durch die DAB im Geschäftsbericht nicht mehr ausgewiesen

Für die einzelnen Dortmunder Brauereien stellten sich die finanzwirtschaftlichen Verhältnisse sowie die Perspektive für eine erfolgreiche Geschäftspolitik Anfang der 70er Jahre folgendermaßen dar:

- Die **DUB-Schultheiss-Brauerei** war nach ihrer Fusion im Jahr 1972 Deutschlands größte Brauerei. Die Bilanzsumme erhöhte sich von 335,6 Mio. DM (DUB AG) auf 543,4 Mio. DM. Die Brauerei war damit rd. doppelt so groß wie die DAB und überragte die weiteren Dortmunder Konkurrenten um mehr als das Fünf- (Kronen) bzw. Dreißigfache (Stifts). Entsprechend unterschiedlich stellten sich die finanzielle Potenz der DUB-Schultheiss-Brauerei im Verhältnis zu den anderen Einzelunternehmen sowie die Möglichkeiten zur Bearbeitung des Biermarktes dar.

  Die solide Kapitalstruktur der DUB-Schultheiss-Brauerei drückt sich in der Eigenkapitalquote von 54,2 % sowie dem mit 74,3 % weit unterhalb der kritischen Grenze von 100 % liegenden Verschuldungskoeffizienten aus. Der absolut hohe Cash flow als Kennzahl für den Rückfluss finanzieller Mittel in Höhe von 80,6 Mio. DM ist ebenso wie der hohe Liquiditätsgrad von 166,1 % ein Indikator für die solide Finanzkraft des Unternehmens. Der Jahresüberschuss von knapp 30 Mio. DM lag um das fünf- bis sechsfache über den Ergebnissen der größten Dortmunder Konkurrenten und ließ eine hohe Dividendenzahlung von 20 % auf das Grundkapital von 148,4 Mio. DM zu. Auf das gesamte Eigenkapital von knapp 295 Mio. DM bezogen ergab sich eine Eigenkapital-Rentabilität von rd. 10 %; die Gesamtkapital-Rentabilität lag bei 6,3 %.

  Die DUB-Schultheiss-Brauerei besaß damit allem Anschein nach günstige finanzielle Voraussetzungen für zukunftsgerichtete Marktinvestitionen und eine weitere Festigung ihrer Marktposition.
- Bei der **DAB** stellte sich die betriebswirtschaftliche Situation zu Beginn der 1970er Jahre anders dar. Die DAB drückte im Geschäftsjahr 1972/73 bereits eine erhebliche Schuldenlast aus dem Erwerb der Hansa-Brauerei im Jahr

---

und Finanzanlagen + Zinsen für Fremdkapital + Erhöhung der langfristigen Rückstellungen; Liquidität 2. Grades: (Geldwerte + kurzfristige Forderungen): kurzfristige Verbindlichkeiten. Literaturbasis für diese Begriffsbildungen waren: Hofmann, Rolf: Bilanzkennzahlen. Industrielle Bilanzanalyse und Bilanzkritik, 2. Auflage, Opladen 1971. S. 162 ff.; Schnettler, Albert: Betriebsanalyse, Stuttgart 1958; Heesen, Bernd: Basiswissen Bilanzanalyse, 3. Aufl., Wiesbaden 2019.

1971.[139] In der Bilanz wurden insgesamt mehr als 161 Mio. DM als kurz- und langfristige Verbindlichkeiten ausgewiesen neben weiteren rd. 47 Mio. DM Verpflichtungen (hauptsächlich Rückstellungen). Entsprechend niedrig war zu diesem Zeitpunkt die Eigenkapitalquote mit 22,7 %, hoch der Verschuldungs-koeffizient mit 332 % und niedrig die Liquiditätskennziffer mit 40 %. Von den Verbindlichkeiten waren mehr als 75 Mio. DM durch Hinterlegung von Hansa-Aktien gesichert. Die DAB verfügte darüber hinaus über 100.000 m$^2$ nicht betriebsnotwendige Grundstücke, die ggf. hätten verkauft werden können.[140] Die Eigenkapital-Rentabilität betrug 10,8 %; die Gesamtkapital-Rentabilität aktuell 6,1 %.

- Die **Kronen-Brauerei** war 1973 mit einem Ausstoß von rd. 1,2 Mio. hl West-deutschlands zweitgrößte Privatbrauerei hinter der König-Brauerei, Dortmunds drittgrößte Brauerei und nahm unter allen bundesrepublikanischen Brauereien den Rangplatz 16 ein.[141] Die Bilanz-Summe betrug etwa 106 Mio. DM. Die Brauerei stellte sich zu dieser Zeit als finanzwirtschaftlich grundsolides Unter-nehmen dar. Die Eigenkapital-Quote von nahezu 66 % bedeutet, dass sie im heimischen Markt in der Spitzengruppe lag. Das Fremdkapital betrug nur 41,5 % des Eigenkapitals, und mit dem Liquiditätskoeffizienten von 113,8 % waren alle kurzfristigen Verbindlichkeiten gedeckt. Mit dem Bilanzgewinn von 7,3 Mio. DM lag sie zwar weit hinter der DUB, aber insgesamt an zwei-ter Position innerhalb der Dortmunder Betriebe. Die Eigenkapital-Rentabilität von 10,4 % war vergleichbar mit den großen örtlichen Wettbewerbern. Wegen des fehlenden Zugriffs auf die Gewinn- und Verlust-Rechnung wurde diese Kennzahl auf Basis des Bilanzgewinns errechnet. Insgesamt zeigen die vor-liegenden Zahlen zu Beginn der 1970er Jahre gute Voraussetzungen für eine weiterhin erfolgreiche Geschäftspolitik.

---

[138] Quelle: eigene Darstellung und Berechnung nach folgenden Angaben: DUB: WWA, S 7 Nr. 135/2, Geschäftsbericht 1973; DAB: WWA S 7 Nr. 138, Geschäftsbericht 1972/73; Kro-nen: WWA, F 33, Nr. 1818 Bd. 2, Tabellarische Vorlage zur 12. Sitzung des Beirates am 16.7.1974 (nur Bilanz, *keine* G + V-Rechnung); Ritter: WWA, S 7 Nr. 136, Geschäftsbe-richt 1972/73; Hansa: WWA, S 7 Nr. 137, Geschäftsbericht 1972/73; Thier: WWA, F 33, Nr. 2578, Prüfbericht für 1972/73; Stifts: WWA, S 7 Nr. 139, Geschäftsbericht 1972/73.

[139] „Im Geschäftsjahr 1970/71 erwarb die Dortmunder Actien-Brauerei mehr als 75 % der Aktien der Dortmunder Hansa-Brauerei AG. [...] Sie verfügt nunmehr über mehr als 90 % des Aktienkapitals der Dortmunder Hansa-Brauerei." WWA, S 7 Nr. 138: Dortmunder Actien-Brauerei: Bericht über das Geschäftsjahr 1970/71, Bericht des Vorstandes, S. 13.

[140] Vgl. Wirtschaftswoche Nr. 16, 27. Jg. vom 13.4.1973, S. 76 ff.

[141] Vgl. Wiese, Frank: a.a.O., Tabelle 12 A: Die 25 größten Brauereien in der Bundesrepublik Deutschland im Jahre 1973 und ihr Wachstum seit 1960, S. 348.

Im Hinblick auf eine Qualifizierung als Fallstudien-Beispiel lässt sich die Kronen-Brauerei auch in der bundesweiten Sicht als *großes* Brauereiunternehmen werten. Dies wird auch von der Praxis der statistischen Berichterstattung des Deutschen Brauer-Bundes gestützt.[142]

- Auch die **Ritterbrauerei** legte traditionell großen Wert auf eine sichere finanzwirtschaftliche Basis. Der Eigenkapital-Anteil betrug über 60 %; mithin begrenzten sich die Schulden auf nur etwas mehr als die Hälfte des Eigenkapitals. Mit beiden Kennzahlen gehörte die Brauerei ebenfalls zur Spitzengruppe im Dortmunder Vergleich. Die Liquidität des Unternehmens war außerordentlich hoch: Geldwerte und kurzfristige Forderungen überstiegen die kurzfristigen Verbindlichkeiten um das Vierfache. Dies ist unter Sicherheitsaspekten sehr positiv zu bewerten, andererseits kann dies auch als Hinweis auf eine zu geringe Investitionstätigkeit, z. B. in Marketingmaßnahmen, gewertet werden. Der Jahresüberschuss von 5,6 Mio. DM ermöglichte die vergleichsweise höchste Eigenkapital-Rentabilität von 11,9 % und eine Gesamtkapital-Rentabilität von 7,5 %. Die DUB-Schultheiss-Brauerei war zu diesem Zeitpunkt bereits Mehrheitsaktionärin. Auch die Ritterbrauerei erschien für die künftigen Herausforderungen des Biermarktes sehr gut gerüstet zu sein.

- Für die **Hansa-Brauerei** zeigt die Bilanz und Gewinn- und Verlustrechnung detaillierte Zahlen nur für das Anlagevermögen auf der Aktivseite sowie die Kapitalausstattung auf der Passivseite der Bilanz. Aufgrund des Beherrschungsvertrages zur DAB erscheinen die vollständigen Einzelpositionen des Umlaufvermögens sowie der kurzfristigen Verbindlichkeiten hier nicht, sondern sind Bestandteil der konsolidierten Konzernbilanz der DAB. Mit einer Bilanzsumme von knapp 54 Mio. DM rangierte die Hansa-Brauerei auf dem fünften Rang der Dortmunder Betriebe. Die Eigenkapital-Quote ist mit 82,6 % sehr hoch und dementsprechend der Verschuldungskoeffizient mit 21 % sehr niedrig. Rd. 4 Mio. DM wurden als Gewinn an die Muttergesellschaft DAB abgeführt. Daraus ergibt sich eine Eigenkapital-Rentabilität von 9,0 %. Es lässt sich vermuten, dass seit der Übernahme der Hansa-Brauerei durch die DAB 1971 auch die Marketingaktivitäten von der DAB geplant und gesteuert wurden.

---

[142] Der Deutsche Brauerei-Bund e. V., Bonn, nimmt in seinen Statistischen Berichten folgende Größenklassen-Einteilung vor: Kleinbetriebe bis 30.000 hl Jahresausstoß, Mittelbetriebe über 30.000 bis 500.000 hl, Großbetriebe über 500.000 hl, vgl. Wiese, Frank: a.a.O., Tabelle 9 A: Relative Betriebsgrößen- und Ausstoßverteilung 1962–1989, S. 345. Nach dieser Statistik waren 1971 nur 1,9 % der Brauereien Großbetriebe.

- Die **Thier-Brauerei** hatte als Personengesellschaft eine Bilanzsumme von rd. 35,6 Mio. DM und war damit vor der Stifts-Brauerei die zweitkleinste der damals noch bestehenden sieben Dortmunder Brauereien. Die Eigenkapital-Quote war mit rd. 34 % unterdurchschnittlich. Entsprechend machten die Schulden die fast doppelte Summe des Eigenkapitals aus, was sich in einem Verschuldungskoeffizienten von fast 190 % ausdrückt und im Quervergleich zu den Dortmunder Mitbewerbern sehr hoch war. Bezüglich der Liquiditätsverhältnisse ist festzustellen, dass die vorhandenen Geldwerte und kurzfristigen Forderungen nur knapp zur Hälfte die kurzfristigen Verbindlichkeiten deckten. Im Geschäftsjahr 1972/73 konnte ein Gewinn von knapp 0,5 Mio. DM ausgewiesen werden, womit eine Eigenkapital-Rentabilität von 4 % bzw. eine Gesamtkapital-Rentabilität von 6,9 % erreicht werden konnte. Mit dieser Bilanzstruktur und finanzwirtschaftlichen Situation war die Brauerei in ihren absatzwirtschaftlichen Entfaltungsmöglichkeiten begrenzt.

  Als Fallstudien-Beispiel ist die Thier-Brauerei als *mittelgroßes* Unternehmen zu werten. Mit einem Jahresausstoß von rd. 440.000 hl war sie nicht weit entfernt von der Klassifikation als Großbrauerei (ab 500.000 hl; im Braujahr 1963/64 gehörte sie definitionsgemäß einmalig dazu). Schätzungsweise dürfte sie 1973 zu den 10 % der hektoliterstärksten Unternehmen in der damaligen Bundesrepublik gezählt haben.

- Die **Stifts-Brauerei** hatte als kleinste örtliche Brauerei nur eine Bilanzsumme von 16,8 Mio. DM und war damit nur halb so groß wie die Thier-Brauerei. Allerdings waren ihre Kennzahlen vergleichsweise günstiger: Die Eigenkapital-Quote lag bei 50 %, das Eigenkapital deckte damit alle Schulden, und die vorhandenen Geldwerte und kurzfristigen Forderungen waren doppelt so hoch wie die kurzfristigen Verbindlichkeiten. Letzteres kann wie schon bei der Ritterbrauerei als eine möglicherweise zu vorsichtige Investitionspolitik im Hinblick auf Absatzaktivitäten im Biermarkt gewertet werden. Der Jahresüberschuss erreichte 0,6 Mio. DM und begründete damit eine Eigenkapital-Rentabilität von 7,2 % sowie eine Gesamtkapital-Rentabilität von 5,0 %. Die Brauerei war damit finanzwirtschaftlich solide ausgestattet.

Die durchgeführte Bilanzanalyse gibt einen Einblick in die unterschiedlichen Größenverhältnisse sowie die finanzielle Ausstattung und finanzwirtschaftliche Situation der sieben Dortmunder Brauereien im Geschäftsjahr 1972/73 an der Schwelle zur „Stagnationsphase" des Biermarktes, die ganz entscheidend die absatzwirtschaftlichen Maßnahmen und Möglichkeiten in der Folgezeit determiniert haben könnten: Der DUB-Schultheiss-Brauerei als der größten inländischen

354     3 Die Anwendung von Erkenntnissen der absatzwirtschaftlichen ...

Brauerei folgte die DAB als zweitgrößte Dortmunder Brauerei und die Kronen-Brauerei sowie die Ritter- und die Hansa-Brauerei mit absteigenden Bilanzsumme bis hin zu den eher mittelgroßen Unternehmen Thier- und Stifts-Brauerei. Positiv zu werten ist, dass sämtliche Dortmunder Brauereien dieses Geschäftsjahr mit einem Jahres*überschuss* bzw. Bilanz*gewinn* abschließen konnten. Für die DAB sowie die Thier-Brauerei gibt es allerdings Hinweise auf die damals bereits angespannten finanziellen Verhältnisse, bei der DAB in der Folge der Übernahme der Hansa-Brauerei. Zudem muss berücksichtigt werden, dass es sich bei der vorgestellten Analyse um eine Zeit*punkt*betrachtung handelt.

Erweitert man die betriebswirtschaftliche Betrachtung blickpunktartig zeitlich nach hinten sowie nach vorne, so lassen sich auch schwierigere betriebswirtschaftliche Verhältnisse nachweisen. So konnte z. B. für die Thier-Brauerei bereits in einigen Vorjahren (1969/70 bis 1971/72) das Geschäft nur mit einem negativen Ergebnis abgeschlossen werden. Dies wiederholte sich auch jeweils zum Ende der 70er Jahre und 80er Jahre. Auch die Kronen-Brauerei hatte im weiteren Verlauf in einzelnen Jahren geringere Jahresüberschüsse (z. B. 1978) und sogar Bilanzverluste (z. B. 1985) hinzunehmen.

Abrupt änderte sich die Ertragssituation für die DAB und Teile der Bierbranche insgesamt bereits im folgenden Geschäftsjahr 1973/74, für die DUB-Schultheiss wenige Jahre später: So wies 1974 der Oetker-Generalbevollmächtigte Sandler anlässlich der Bilanz-Pressekonferenz der DAB auf den „ruinösen Überlebenskampf" auf dem Biermarkt hin.[143] „Wir sind nur die ersten, die die Wahrheit sagen – eine ganze Reihe von Brauereien arbeitet bereits seit einiger Zeit ohne Gewinn." Mit diesen Worten kündigte Sandler den Dividendenausfall bei der DAB/Hansa-Gruppe für das Geschäftsjahr 1973/74 an. „Die Branche steht vor einem einschneidenden Strukturwandel", so der Gesprächspartner der FAZ weiter. Als Gründe nannte er den stagnierenden Bierkonsum, Überkapazitäten von etwa 15 % in der Branche sowie einen Überlebenskampf „jeder gegen jeden", bei dem lediglich die Deckungsbeiträge für die Fixkosten hereingeholten werden. Ergänzend führte Sandler aus, dass in dem am härtesten umkämpften Markt im Ruhrgebiet sich herausgestellt habe, dass Marken keine Gewähr für feste Marktanteile seien, sondern in der Praxis sehr schnell austauschbar seien. Ganz besonders habe das die DAB/Hansa-Gruppe nach den Preiserhöhungen im vergangenen Sommer erfahren müssen.

---

[143] Vgl. hierzu und zum Folgenden: Wiborg, Klaus: Ein „ruinöser Überlebenskampf auf dem Biermarkt. Oetker-Bevollmächtigter Sandler: Auch andere Brauereien arbeiten ohne Gewinn/Neue Lebensmittelprodukte. In: Frankfurter Allgemeine Zeitung vom 12. 12. 1974, S. 15.

Für die Aktionäre muss der Dividendenausfall damals umso überraschender gekommen sein, als im Vorjahr noch 17 % gezahlt wurden. Dass die Brauerei nicht aus stillen Reserven eine Dividende gezahlt hat, wurde im Pressekommentar als „Demonstration für die Lage des Dortmunder Brauerei-Gewerbes insgesamt" interpretiert. In diesem Artikel wurde auch auf die Negativwirkung der zum 15. Juni 1974 vorgenommen Bierpreiserhöhung hingewiesen. Es sei viel Umsatz verlorengegangen, weil die Konkurrenten nur sehr zögernd dem Beispiel der DAB/Hansa gefolgt seien. Das schlechte Sommerwetter sowie die von Kurzarbeit und wachsender Arbeitslosigkeit gekennzeichnete Wirtschaftslage im Ruhrgebiet hätten ihr Übriges getan. Es folgte ein Hinweis darauf, dass die Tochtergesellschaft Linden-Brauerei sich mit den billiger angebotenen Handelsmarken besser behauptet habe als die DAB/Hansa mit den Markenbieren.[144]

Anschließend wurden im Presseartikel Positionen im Kostenbereich sowie die Planung für 1975 besprochen: So wuchs im abgelaufenen Geschäftsjahr 1973/74 der Personalaufwand um 4 Mio. DM, obwohl die Zahl der Beschäftigten um 16,6 % auf 1.854 Personen vermindert wurde. Die langfristigen Schulden sind um 35 Mio. auf 100 Mio. DM erhöht worden. Die für das nächste Jahr geplanten Maßnahmen lauteten: Einsparung von 80 der insgesamt 160 Mitarbeiter bei der Linden-Brauerei in Unna wegen der Einstellung der Produktion der nicht ertragreichen Einweggebinde. Zusätzlich sollten in Dortmund 130 Arbeitsplätze abgebaut werden. Insgesamt versprach man sich davon, jährlich 7 Mio. DM an Personalkosten einsparen zu können. Bei den Investitionen wollte man „äußerste Zurückhaltung" üben. Nachdem durch den Ausbau der Abfüllanlagen zuletzt 30 Mio. DM investiert wurden, sollten die Investitionen in 1975 nur noch 12 Mio. betragen.[145]

Die DAB hat in den Folgejahren für einen begrenzten Zeitraum wieder eine Dividende ausschütten können, so z. B. für 1976 in Höhe von 8 % aus einem positiven Betriebsergebnis, das darüber hinaus noch einen annähernd gleich hohen Überschuss zuließ. Bei nur weiteren drei von insgesamt 13 in den bundesweiten Vergleich einbezogenen Großbrauereien reichte das Betriebsergebnis ebenfalls aus, um sowohl eine Dividendenzahlung vorzunehmen als auch noch einen Überschuss auszuweisen. Bei den neun anderen Brauereien überstieg die Dividendenausschüttung das Betriebsergebnis – in einigen Fällen ganz erheblich

---

[144] Vgl. o. V.: Die DAB läßt die Dividende ausfallen. Absatzrückgang/Ertragsausgleich erst im nächsten Jahr/Kräftige Kostensteigerungen, in: Frankfurter Allgemeine Zeitung vom 11.12.1974.

[145] Vgl. ebenda.

–, so dass jeweils eine Deckungslücke entstand, die z. T. durch ein positives außerordentliches Ergebnis gedeckt werden konnte.[146]

Die Unterdeckung galt insbesondere für die DUB-Schultheiss-Brauerei. Sie hatte für dieses Geschäftsjahr eine Dividendenausschüttung von 20 % vorgenommen, die aber im starken Gegensatz stand zum negativen Betriebsergebnis und hauptsächlich durch Beteiligungserträge der Tochtergesellschaften, u. a. die Gewinnabführung der Ritterbrauerei, sowie außerdem durch Anlagenabgänge gedeckt werden konnte.[147]

Dass dies keine singulären Fälle waren, belegen auch andere Berichterstattungen: Nach einer auf der Verbandstagung der Bayerischen Mittelstandsbrauwirtschaft 1974 vorgetragenen Einschätzung von Roland Berger sei die Situation in der Brauwirtschaft „noch nie so ernst gewesen wie in diesem Jahr".[148] Der Referent äußerte die Erwartung, dass ohne Preiserhöhungen von über 5 % mehr als ein Drittel der deutschen Brauereien 1974 in die Verlustzone geraten oder keinen Gewinn erwirtschaften werde. Berger verwies außerdem auf das Missverhältnis in der Entwicklung der Bierpreise einerseits und der zunehmenden Kostenprogression. So wuchsen die Kosten 1972 um 5 bis 7 %, 1973 um 8 bis 10 % und 1974 um 13 bis 15 %. Für die Zukunft empfahl er den Brauereien u. a. folgende Maßnahmen:

- Stärkere Produktivitätssteigerungen und Rationalisierungen primär im Vertrieb und Fuhrpark
- Konzentration des Absatzgebietes auf den (lokalen) Kernbereich
- Vermeidung jeglicher Billigbier-Politik
- Werbliche und markenmäßige Abschirmung der (lokalen) Märkte
- Schulung von Management und Mitarbeitern
- Vermeidung von Erweiterungsinvestitionen.

Auch in weiteren Kommentierungen der aktuellen Situation wurde auf die alarmierende Situation in der Braubranche hingewiesen. „Jetzt geraten die Brauer in die Schere aus Kosten und Erlösen. Sie kommen vom Regen des Jahres 1974 in die Traufe betriebswirtschaftlicher Trostlosigkeit." Die Empfehlung lautete hier:

---

[146] Vgl. WWA, F 166 Nr. 548: Exposé Ergebnis- und Bilanzanalyse 1976 bzw. 1975/76, 09/77, S. 6 ff. und Folie 4.

[147] Vgl. ebenda, S. 8 sowie Folie 4.

[148] O. V.: Brauerei werden künftig weniger Gewinn zapfen. Berger: Konzentrationsprozeß setzt sich fort, in: Handelsblatt vom 6.11.1974.

„Nur mit der Zusammenlegung von Braustätten lassen sich überzählige Kapazitäten herausschneiden und gleichzeitig angestammte Märkte verteidigen."[149]

Die betriebswirtschaftlich angespannten Verhältnisse begleiteten die deutsche Brauwirtschaft über weite Phasen der 1970er und 1980er Jahre und darüber hinaus. Das zeigte sich z. B. im Jahre 1990, als der Vorstandsvorsitzende von „Brau und Brunnen", der Nachfolgegesellschaft der DUB-Schultheiss-Brauerei, die Bilanz für das Geschäftsjahr 1989 in einer Pressekonferenz vorstellte. Bei einem leicht gestiegenen Umsatz von 1,12 Mrd. DM auf 1,17 Mrd. DM wurde in der Bilanz ein Konzern-Verlust von 75,8 Mio. DM ausgewiesen, „die Dividende fällt erneut aus", hieß es in der Pressemeldung. Der Vorstandschef war allerdings überzeugt: „Wir sind ein Substanzriese mit vorübergehender Ertragsschwäche." Ergänzend fügte er hinzu: „Wir wachsen wieder. […] Beim Premium-Bier geht die Post ab." Er bezog sich dabei auf die im laufenden Jahr um 12 % gestiegenen Verkäufe von „Edel-Bieren" wie „Brinkhoff's No. 1". Allerdings vermochte er nicht zu bestätigen, dass diese guten Zahlen das Unternehmen 1990 wieder in die Gewinnzone führen oder gar eine Dividende zulassen würden.[150]

Auch über die DAB hieß es 1990 in der Titelzeile der Pressemeldung noch: „DAB machte 1989 ganz schön Plus – aber Dividende ist noch nicht ‚drin'". Im weiteren Text war dann zu lesen: „Für die Wiederaufnahme von Dividendenzahlungen läßt sich heute noch kein Zeitpunkt nennen!"[151] Aber bereits im nächsten Jahr konnte die Brauerei auch als Folge des guten Geschäfts in den ostdeutschen Ländern nach der deutschen Wiedervereinigung überraschend verkünden: „Erste Dividende seit 1983." Nach einem Verlust im Jahr 1989 von 34.000 DM erzielte die DAB einen Gewinn von 1,4 Mio. DM und konnte damit erstmals wieder eine Dividende in Höhe von 6 % zahlen. Der Vorstandsvorsitzende konzedierte allerdings: „1990 und 1991 waren zwei Ausnahmejahre" und fügte salopp hinzu: „Dann wird's wieder lustig".[152]

Insgesamt lässt sich konstatieren, dass die Dortmunder Brauunternehmen

- untereinander schon aufgrund ihrer verschiedenen Größenordnungen und finanziellen Ausstattungen seit jeher divergierende Möglichkeiten der

---

[149] Baumann, Hans: Alarmsignale für Brauer, in: Die Welt vom 17.10.1974.

[150] Vgl. o. V.: Ebeling: Substanzriese mit Ertragsschwäche. Brau und Brunnen sucht nach Partner – 1989 brachte hohen Verlust, in: Westfälische Rundschau vom 28. Juni 1990.

[151] O. V.: DAB machte 1989 ganz schön Plus – aber Dividende ist noch nicht „drin", in: Dortmunder Nord-West-Zeitung vom 13.8.1990.

[152] O. V.: Vereinigung bescherte Bierbrauern im Westen „zwei Ausnahmejahre", in: Westfälische Rundschau vom 17.7.1991.

Geschäftspolitik und der Marktbearbeitung hatten, was in der „Expansionsphase" kaum offenbar, spätestens aber mit dem Wandel vom Verkäufermarkt
zum Käufermarkt seit Mitte der 60er Jahre wirksam wurde,

- dass sie genauso wie auch weite Teile der bundesdeutschen Brauindustrie –
von den Pils-Brauereien als Premium-Brauereien abgesehen – seit Mitte
der 70er Jahre teilweise mit gravierenden betriebswirtschaftlichen Problemen
konfrontiert waren,
- dass diese Probleme bei einzelnen Brauereien (DAB) durch die Konzentrationspolitik (vermutlich teure Übernahme der Hansa-Brauerei) verstärkt
wurden,
- dass sich aus diesen betriebswirtschaftlichen Problemen auch die Diskontinuitäten im Marketingeinsatz einzelner Dortmunder Betriebe auf der Zeitachse
erklären lassen
- dass bei anderen Brauereien eine zu hohe Liquidität als Ausdruck einer wenig
dynamischen Geschäftspolitik gewertet werden kann (z. B. Ritterbrauerei)
- und dass sich schließlich damit auch der verstärkte Konzentrationsprozess
gegen Ende der 80 Jahre bis hin in die 2000er Jahre begründen lässt
(Übernahme der Stifts- und der Thier-Brauerei 1987 bzw. 1992 durch die
Kronen-Brauerei sowie anschließend der Aufkauf der Kronen-Brauerei einschließlich ihrer Tochtergesellschaften durch die DAB 1996 und schließlich
die Übernahme und Integration der DUB-Schultheiss AG bzw. ihrer Nachfolgegesellschaft Brau und Brunnen in die DAB bzw. die Radeberger-Gruppe als
Führungsgesellschaft des Oetker-Konzerns für die Biersparte im Jahre 2004).

### 3.3.3  Der unterschiedliche Erfahrungshintergrund in Marketingfragen

Was die Möglichkeiten zum zügigen und effizienten Aufbau eines Marketing-
systems in der „Ausreifungsphase" und besonders in der „Stagnationsphase"
betrifft, so kommt ein weiteres wesentliches Unterscheidungsmerkmal für die
Dortmunder Unternehmen hinzu: der Erfahrungshintergrund in Marketingfragen.
Hier hatten die beiden Großbrauereien **DUB-Schultheiss** sowie **DAB** vermutlich erhebliche Vorteile und Wissensvorsprünge aufgrund ihrer Anbindung in
ihre Muttergesellschaften Reemtsma bzw. Dr. Oetker und deren Erfahrungen im
Markenartikelbereich für Zigaretten bzw. Nahrungsmittel. Das bedeutete jedoch
keineswegs, dass sich hier der Transfer des Know-hows auf die Vermarktung von
Bier von vornherein erfolgreich und bruchlos vollzog.

Am Beispiel des Dr. Oetker-Konzerns soll nachfolgend dieser Wissensvorsprung zusammenfassend erläutert werden, soweit in einer bis 1975 reichenden Darstellung Einblicke in die Marketingpolitik des Konzerns möglich sind. Der Schwerpunkt der Untersuchung liegt dabei auf dem Werbebereich:[153] Erste werbliche Maßnahmen ergriff das Unternehmen bereits im Gründungsjahr 1891 und intensivierte sie in den folgenden Jahrzehnten. „Die eigentliche Zäsur fand 1971 mit der Auflösung der Werbeabteilung statt."[154] Leider umfasst das separate und für die Analyse der Marketingstrategien und -maßnahmen vermutlich grundsätzlich weitaus interessantere Kapitel: „Die fünfte Periode von 1968 bis 1975: Modernes Marketing" nur eine Dreiviertelseite.[155] Hier heißt es: „Anfang des Jahres 1968 wurde die Werbeabteilung der Marketingabteilung angeschlossen, zwei Jahre später wurde sie endgültig aufgelöst. Werbliche Aufgaben wie die Überwachung des Werbeetats und der Entscheidung über Werbestrategien und Einsatz der Werbemittel führten von da ab die Marketingangestellten durch."[156]

Der Dr. Oetker-Konzern setzte seit Anfang der 1970er Jahre zunehmend Fernsehwerbung ein, ebenso Ladenwerbung in der wachsenden Zahl von Selbstbedienungsläden. Dagegen verlor das traditionelle Plakat völlig an Bedeutung. Anzeigen sowie Druckschriften wie Rezepthefte und Back- und Kochbücher hielten ihren Stellenwert. Was die umworbenen Produkte anging, so wurde hauptsächlich für neue Produkte („Galetta", „Aranca" sowie „Paradiescreme") geworben. „Die traditionellen Produkte wie Backin, Vanillezucker und Puddingpulver waren mittlerweile zu Selbstläufern geworden. Sie bedurften keiner ständigen Werbung mehr, sondern wurden nur noch saisonal zu besonderen Festtagen, wie Weihnachten und Ostern beworben."[157]

Dabei hat es auch im Oetker-Konzern Werbeerfolgskontrollen vor 1975 vermutlich nicht gegeben.[158]

---

[153] Zu den folgenden Ausführungen vgl. Conrad, Hans-Gerd: Werbung und Markenartikel am Beispiel der Markenfirma Dr. Oetker von 1891 bis 1975 in Deutschland, Berlin 2002; zugl. Dissertation an der Philosophischen Fakultät der Georg-August-Universität Göttingen von 2002.

[154] Ergänzend heißt es an dieser Stelle: „Das Datenmaterial, das mit wenigen Ausnahmen ausschließlich aus dem Archivbestand des Unternehmens stammt, ist für die Zeit bis 1975 mit Einschränkungen äußerst ergiebig, nimmt aber ab 1976 rapide ab." Ebenda, S. 17.

[155] Ebenda, S. 73 f.

[156] Ebenda, S. 73.

[157] Ebenda, S. 74.

[158] Ergänzend heißt es: „bzw. ist entsprechendes Quellenmaterial verloren gegangen." Conrad, Hand-Gerd: a.a.O., S. 15.

Allerdings hatte der Konzern bis dahin grundsätzlich schon ein umfassendes Verständnis des modernen Marketings entwickelt. Der damalige Verkaufsleiter wird mit den Worten zitiert, dass Marketing das „Führen eines Unternehmens vom Markt her"[159] sei. „Die Marketingabteilung umfasste neben der Werbung alle Gebiete moderner Marketingarbeit, wie die Marktforschung, die Marktbeobachtung, die Produktentwicklung, das Produktmanagement [...], außerdem die Abteilungen Verkaufsförderung, Verkäuferschulung und verbraucheraufklärende Öffentlichkeitsarbeit."[160] Für die Erarbeitung und Realisierung von Werbekonzepten arbeitete man zu dieser Zeit mit der Werbeagentur BBDO zusammen. 1972 belief sich das Auftragsvolumen an BBDO den Angaben zufolge auf rd. 13 Mio. DM nach „anfänglichen" 4,0 Mio. DM.[161] Später heißt es, dass der gesamte Werbe-Etat in diesem Jahr etwas mehr als 10 Mio. DM betrug und sich bis 1975 auf etwas mehr als 15 Mio. DM steigerte.[162] Die Werbeausgaben waren damit vergleichbar mit den Wettbewerbern Kraft, Maggi und Maizena, allerdings nur halb so hoch wie beim Konkurrenten Nestlé.[163]

Auf dem Marktforschungsgebiet waren verschiedene Institute für Dr. Oetker tätig, so z. B. die GfK, das Attwood-Institut, Emnid sowie Nielsen. Ab 1964 war eine eigene Marktforschungsabteilung eingerichtet worden. Der Marktforschungs-Etat betrug 1968 knapp 200.000 DM und stieg bis 1973 auf rd. 700.000 DM.[164]

Es liegen keine Informationen dazu vor, inwieweit das Know-how des Dr. Oetker-Konzerns bei der Vermarktung der Produkte im Nahrungsmittelbereich für das Marketing der Tochtergesellschaft DAB/Hansa nutzbar gemacht werden konnten. Es liegt aber nahe anzunehmen, dass es hier einen Informationsaustausch gegeben haben wird, zumal zu vermuten ist, dass die Muttergesellschaft ihrer Brauerei-Tochter für die Vermarktung ihrer Biere Zielvorgaben gemacht haben wird. Entsprechendes dürfte für das Verhältnis von Reemtsma zur DUB-Schultheiss-Brauerei gegolten haben.

Bei der **Kronen-Brauerei** bestand bereits spätestens seit Anfang der 1970er Jahre ein Geschäftsbereich II „Verkauf und Marketing", später umbenannt in „Marketing und Vertrieb". Die im Archivbestand auffindbaren Marketingkonzepte lassen darauf schließen, dass damals auch bereits auf der nachgeordneten

---

[159] Ebenda, S. 78.

[160] Ebenda, S. 78.

[161] Vgl. ebenda, S. 84.

[162] Vgl. ebenda, S. 90.

[163] Vgl. ebenda, Tabelle 2, S. 91.

[164] Vgl. ebenda, S. 85 f.

Führungsebene und Arbeitsebene Mitarbeiter mit Marketingerfahrungen – möglicherweise aus anderen Konsumgütermärkten – tätig waren und ihre Sicht auf die Marktverhältnisse und die Zukunftschancen des Unternehmens in die Entscheidungsprozesse eingebracht haben. In den Fallstudie 3 und 5 wird dies im Einzelnen erläutert.

Bei der **Thier-Brauerei** ist dies nicht ganz eindeutig festzustellen. Mit dem Eintreten des späteren Geschäftsführers der Becks-Brauerei, Bremen, Josef Hattig, als Vertriebsdirektor bzw. Mitglied der Geschäftsleitung in das Dortmunder Unternehmen zur Mitte der 1960er Jahre sind verschiedene Marktforschungs- und Werbeaufträge vergeben worden. In diesen Jahren ist auch eine Marketingabteilung eingerichtet worden. Die Stellung dieser Marketingabteilung und der dieser zeitweise *neben*gelagerten und auch unmittelbar der Geschäftsleitung unterstellten Werbeabteilung ist im Zeitverlauf augenscheinlich aber einem Wandel unterlegen gewesen. In den 1980er Jahren hat ein Mitglied der Eigentümerfamilie die Verantwortung für den Marketingbereich übernommen.

### 3.3.4 Die unterschiedliche operative und strategische Ausrichtung

Aus heutiger Perspektive lässt sich sagen: 1965 bis 1973 war die Zeit der absatzwirtschaftlichen Neuausrichtung und der Einführung des Marketings in die Dortmunder Brauereien. Es wurden grundlegende Entscheidungen getroffen zur Produktpolitik und zur Markenführung. Insbesondere wurde eine Reihe neuer Produkte und Marken in den Biermarkt eingeführt, bei den Dortmunder Großbetrieben mit dem Ansinnen, nicht nur den angestammten regionalen Markt zu verteidigen, sondern damit auch auf dem nationalen Markt erfolgreich zu sein. Außerdem haben die Brauereien ihre Werbeanstrengungen massiv erhöht, und schrittweise wurde das gesamte Instrumentarium des Marketings immer stärker eingesetzt. Dabei sind sicherlich nicht alle Möglichkeiten erschöpfend genutzt worden, wie in den weiteren Kapiteln sowie den Fallstudien noch gezeigt werden soll. Dies betrifft z. B. die Defizite bei der frühzeitigen und konsequenten Erschließung der „neuen" Absatzwege im Lebensmittelbereich oder den zumindest zeitweise weitergeführten ruinösen Preiswettbewerb. Wie die Darstellung der Ertragssituation im Abschnitt 3.3.2 gezeigt hat, ließen sich aber die Probleme der Branche mit diesem Maßnahmenbündel und der verfolgten strategischen Ausrichtung nur teilweise lösen.

In den folgenden Kapiteln sollen die von der Dortmunder Brauindustrie ab Mitte der 1960er Jahre bis 1990 durchgeführten wesentlichen Marketingmaßnahmen und ihre Konsequenzen dargestellt werden, zunächst jeweils für die Dortmunder Brauindustrie insgesamt und vertiefend anhand von Fallstudien für zwei Brauereien. Diese Beschreibungen beziehen sich zum einen auf die nach außen sichtbar gewordenen Entscheidungen auf den verschiedenen Feldern des Marketings. Aus den Archivunterlagen des WWA lässt sich aber darüber hinaus wenigstens für einen Teil der hiesigen Brauereien belegen, dass die unternehmensinternen Entscheidungsprozesse immer häufiger auf grundlegenden Analysen und strategischen Überlegungen basierten. Damit lässt sich für diese Brauereien – im Unterschied zu anderen Betrieben – auch der Übergang vom primär instrumentellen Marketingverständnis hin zu einer Sichtweise aufzeigen, in der das Marketing eine Führungsfunktion im Unternehmen aufwies und als „Dach" für Marktforschung, Werbung, Verkaufsförderung und weitere marktbezogene Unternehmensaktivitäten verstanden wurde.

Der Unterschied zwischen beiden Perspektiven kann beispielhaft bereits in den Fallstudien 2 und 3 und noch etwas stärker in den Fallstudien 4 und 5 für die beiden Privatbrauereien Thier und Kronen dargestellt werden. Z.T. wurden dabei verstärkt auch Analyseergebnisse und Empfehlungen von Werbeagenturen, Marktforschungsinstituten sowie Unternehmensberatungen in die Überlegungen einbezogen. Eine noch stärkere Reflexion über erfolgversprechende Strategien lässt sich darüber hinaus auch für die Konzernbrauereien DUB und DAB aufgrund ihrer Anbindung an die sehr marketingorientierten und -erfahrenen Muttergesellschaften vermuten.

Die betriebsinternen Analysen und strategischen Überlegungen der Dortmunder Betriebe konnten grundsätzlich anknüpfen einerseits an die im Wissenschaftsbereich entwickelten Marketingstrategien, wie sie im theoretischen Teil dieser Arbeit in den Abschnitte 2.3 bis 2.5 beschrieben worden sind, zum anderen an konkreten – speziell auf die Bierbranche ausgerichteten – Empfehlungen insbesondere aus der Praxis der Unternehmensberatung bereits zu Beginn der 1970er Jahre, die in branchennahen Medien veröffentlicht wurden. Mit derartigen Veröffentlichungen wurde ein Wissenstransfer theoretischer Erkenntnisse für die unternehmerische Praxis und gleichzeitig auch die eigene Dienstleistung angeboten.

Im Folgenden werden die strategischen Empfehlungen zweier Veröffentlichungen zusammenfassend dargestellt. In den Fallstudien soll jeweils schwerpunktmäßig für die Brauereien Thier und Kronen – wo möglich aber im vorangestellten Kapitel auch für die gesamte Dortmunder Branche – dargelegt werden, ob bzw.

inwieweit diese den Vorschlägen gefolgt sind bzw. in ihren Handlungen im Widerspruch dazu gestanden haben.

So hatte z. B. Roland Berger in dem bereits zitierten Aufsatz in der „Brauwelt" 1971 neben dem Konzentrationsprozess in der Branche auch die Absatzpolitik der Brauereien analysiert und jeweils die Dynamik und Traditionen in der Sorten- politik, der Vertriebspolitik und der Markenpolitik beschrieben.[165] Quintessenz des Artikels ist, dass erfolgreiche Brauereien auf der Grundlage einer gesunden Finanzierungsstruktur und dem Vorhandensein des fähigen Managements über eine bedürfnisgerechte Sortenstruktur einschließlich des Pilsangebots verfügen müssen, dass sie in ihrer Vertriebspolitik auf den immer bedeutender werden- den organisierten Lebensmittelhandel ausgerichtet sein müssen und dass sie Wert auf eine Markenpolitik legen sollen, die Tradition im Sinne von Bewährtheit, Garantie für Echtheit und Reinheit sowie Natürlichkeit einerseits mit Fortschritt in der Technik und Dynamik etwa in der Darstellung menschlicher Beziehungen andererseits miteinander verbindet. Die Kernsätze hierzu lauteten:

- „Wer als Brauer auf die falsche Sorte setzt, ist in seiner Existenz gefährdet, wer sich aber auf die im Trend liegenden Sorten konzentriert hat, der verzeichnet überdurchschnittliche Wachstums- und Gewinnraten."[166]
- „Der Handel wird in seinem Marktanteil zunehmen bei weiteren Strukturver- änderungen in Richtung Konzentration und Modernisierung".[167] Gemeint ist der Lebensmittel-Handel.
- „Markenpolitik ist [...] ein modernes, dynamisches Instrument der Absatzpo- litik für Brauereien."[168]

Die Dortmunder Brauereien haben sehr lange am Exportbier als ihrer national wie international anerkannten Spitzenmarke festgehalten. Sie haben die Pilsbier- Produktion erst Ende der 60er Jahre intensiviert, als die Pilsbrauereien ihnen bereits wesentliche Marktanteile streitig gemacht hatten. Immerhin haben sie seitdem einen Aufholprozess gestartet und ihren Pilsanteil am Gesamtausstoß von 11,4 % (1965) auf 55,9 % (1978) gesteigert[169], wenn dies auch durch

---

[165] Vgl. Abschnitt 3.2.4 mit Bezug auf Berger, Roland: Absatzpolitik der Brauereien zwi- schen Tradition und Wandel, a.a.O.

[166] Berger, Roland: Absatzpolitik der Brauereien zwischen Tradition und Wandel, a.a.O., S. 907.

[167] Ebenda, S. 908.

[168] Ebenda, S. 909.

[169] Vgl. auch die Ausführungen im Abschnitt 3.6.1.1.

Substitutionseffekte erkauft werden musste. Möglicherweise ist dieses späte Reagieren auf die neue Marktentwicklung aber der Ausgangspunkt und ein wesentlicher Grund für die fortgesetzten Schwierigkeiten der hiesigen Branche gewesen.

Gleiches gilt im Prinzip für die Wahl der Absatzwege. Die meisten Dortmunder Brauereien fühlten sich lange dem Getränkefachgroßhandel verpflichtet und sind erst relativ spät in Vertragsverhältnisse mit dem Lebensmittelhandel gekommen. Die Konzernbrauereien DUB und DAB haben hier frühzeitiger reagiert. Ihr Vorteil lag u. a. auch darin, dass sie über ihre Tochtergesellschaften überregionale Räume lückenlos abdecken und damit ihre Größenvorteile ausspielen konnten, so dass sie Verträge mit bundesweit tätigen Handelsorganisationen im Lebensmittelbereich abschließen konnten. Thier und Kronen fehlten hier zum einen die vertriebliche Durchschlagskraft, zum anderen sahen sie stärker die Notwendigkeit, ihr Engagement im Lebensmittelhandelsbereich mit den geschäftlichen Aktivitäten im Bereich des traditionellen Getränkefachgroßhandels auszutarieren.[170]

Die Dortmunder Brauereien haben seit spätestens Anfang der 1970er Jahre ihre Markenpolitik verstärkt und ausgeweitet – allerdings nicht immer mit einer „glücklichen Hand", wie die Beispiele der Produktneueinführungen „Pils 2000" (DUB) sowie „Prinz-Bräu" (DAB) belegen.[171] Auch die Kronen-Brauerei war in ihrer heterogenen Markenführung nicht immer konsequent und an der Meinung des Verbrauchers orientiert, wie später noch detaillierter aufgezeigt werden soll.[172] Insgesamt waren die Dortmunder Betriebe Anfang der 1970er Jahre sich aber schon der Bedeutung der Markenpolitik für den Geschäftserfolg bewusst.

Kurz nach dem Aufsatz von Roland Berger zeigte auch Jochen Becker als damaliges Mitglied der Geschäftsleitung von Roland Berger & Partner GmbH, München 1972 in einer vierteiligen Veröffentlichungsfolge in der „Brauwelt" die strategischen Optionen jeweils für lokale, regionale und überregionale Brauereien auf.[173] Die Grundlage aller Überlegungen war die *Präferenzstrategie* als Gegenentwurf zur *Preis-Mengen-Strategie*, wie sie die Dortmunder Brauereien in der

---

[170] Vgl. dazu die Ausführungen im Abschnitt 3.6.1.5.

[171] Vgl. dazu die Ausführungen im Abschnitt 3.5.1.3.

[172] Vgl. dazu die Ausführungen im Abschnitt 3.5.3.2.

[173] Vgl. Becker, Jochen: Heutige und zukünftige Marketing-Strategien von Brauereien. Dargestellt am Beispiel der lokalen, regionalen und überregionalen Brauerei sowie sog. Misch-Strategien, in: Brauwelt, Jg. 112 (1972), Nr. 14 (25. Febr. 1972), S. 247–252, Nr. 17 (8. März 1972), S. 319–324, Nr. 24/25 (5./7. April 1972), S. 507–510 sowie Nr. 34 (12. Mai 1972), S. 693–696.

Vergangenheit allzu oft verfolgt hatten. Für *regionale Brauereien*, wie sie mit Ausnahme der DUB-Schultheiss sowie der DAB die anderen Dortmunder Betriebe darstellten, hießen die Empfehlungen:

- „Die Markenpolitik der regionalen Brauerei ist grundsätzlich durch eine *Dachmarken-Strategie* gekennzeichnet. Unter dieser Dachmarke profilieren sich die einzelnen Produkte über ihre Sortennamen, ohne jedoch ein größeres Eigenprofil zu gewinnen."[174]
- „Unter dem Gesichtspunkt einer stärkeren imagemäßigen Aufwertung der regionalen Sortimentsmarke erscheint in vielen Fällen die *Sortimentsführerschaft einer Trendsorte* sinnvoll. In der Regel wird heute das Pilsbier mit dieser Aufgabe betraut"[175].
- „So wie es Ziel einer markenartikelähnlichen Strategie ist, *starke Preiszugeständnisse zu vermeiden* (Ertragsgründe), so schaden umgekehrt Billigangebote dem aufzubauenden oder zu bewahrenden Markenimage."[176]
- „Die regionale Brauerei muß demnach nicht nur die *Preispolitik gegenüber den Absatzmittlern konsequent gestalten*, sondern muß auch dafür Sorge tragen, daß die einzelnen Partner jeweils einen *dem Markenbier adäquaten Endverkaufspreis für den Verbraucher fixieren* (Notwendigkeit eines vertikalen Marketing!)"[177]
- „So kann [...] eine Angleichung der Preise, z. B. für *das Exportbier an das Niveau der* am Markt gängigen *Konsumbiere* angezeigt erscheinen, während für die Spezialsorten (etwa *Pilsbier* [...] ein *überdurchschnittliches Preisniveau* [...] angestrebt wird"[178].
- Die Regionalbrauereien besitzen „häufig einen *starken Lokalkern*, den es ähnlich wie bei der lokalen Brauerei *unbedingt zu sichern gilt* und von dem aus eine systematische Arrondierung des regionalen Absatzgebietes aus vorgenommen werden kann und sollte."[179]
- „Was das Engagement im Lebensmittelhandel angeht, so kommt es dabei in erster Linie darauf an, *Eingang in die interessanten Gruppen des organisierten Handels zu finden.*" Dabei werden sich „insbesondere die Großbetriebsformen positiv entwickeln und damit auch in Zukunft die interessanten Partner der

---

[174] Ebenda, Nr. 17, S. 320. (Herv. d. Verf., H.F.)
[175] Ebenda. (Herv. d. Verf., H.F.)
[176] Ebenda, S. 321. (Herv. d. Verf., H.F.)
[177] Ebenda. (Herv. d. Verf., H.F.)
[178] Ebenda. (Herv. d. Verf., H.F.)
[179] Ebenda. (Herv. d. Verf., H.F.)

Regionalbrauereien darstellen. Ein starkes Engagement im Lebensmittelhandel wird heute noch von zahlreichen Brauereien aus preispolitischen Gründen gescheut. Hierbei wird jedoch vielfach [...] übersehen [...], daß der Handel auf stark nachgefragte Regionalmarken in seinem Sortiment praktisch gar nicht verzichten kann, so daß die regionale Brauerei [...] auch in dem Handelsgeschäft *durchaus auskömmliche Preise erzielen kann*. Hierbei gilt es einfach, die Verhandlungsposition richtig einzuschätzen und entsprechend auszunutzen."[180]

- Es muss „die *Außendienstorganisation schlagkräftig* auf- bzw. ausgebaut werden."[181]
- Inhalt und Zweck der Marken- und Kommunikationspolitik ist es, *Präferenzen für die eigene Marke bzw. das eigene Sortiment zu schaffen.* „Sie können auf einer besonderen Qualitätsgarantie und Qualitätsvorstellung beruhen, auf besonderen Wertvorstellungen für ein Produkt aufgebaut sein oder sich rein subjektiv durch positive Assoziationen, z. B. aufgrund von Statussymbolen oder entsprechenden Leitbildern, entwickeln."[182]

Wie die spätere Analyse im Einzelnen zeigen wird, sind die Dortmunder Brauereien diesen Empfehlungen keineswegs durchgängig konsequent gefolgt. Mitunter haben sie zwischen verschiedenen Alternativen laviert, z. T. haben sie sich sogar für eine gegenteilige Maßnahme bzw. Strategie entschieden und später Korrekturen vorgenommen.

Diese unterschiedlichen operativen und strategischen Handlungsweisen sowie auch die grundsätzliche unternehmenspolitische Ausrichtung sind nicht nur *zwischen* den verschiedenen Dortmunder Brauereien zu beobachten, sondern für das einzelnen Unternehmen auch in unterschiedlichen Ausprägungen *über die Zeit*. Bei Letzterem spielten auch die sich im Laufe der Jahre wandelnden Grundhaltungen der Unternehmensführer eine entscheidende Rolle. Die Dortmunder Braubetriebe haben in dieser Zeit – in unterschiedlicher Weise und Stärke – eine mehrstufige Entwicklung durchlaufen: Diese reichte vom Verteidigen des angestammten Geschäftes über die Neugestaltung des Produktprogramms und ihrer jeweiligen Absatzmärkte bis hin zum Versuch, in neue Geschäftsfelder vorzudringen und dabei die Synergien aus den alten Betätigungsfeldern zu nutzen. Schließlich gab es auch Bestrebungen, durch Sortimentserweiterungen das Marktrisiko zu streuen.

---

[180] Ebenda, S. 321 f. (Herv. d. Verf., H.F.)

[181] Ebenda, S. 322. (Herv. d. Verf., H.F.)

[182] Ebenda. (Herv. d. Verf., H.F.)

Nach einem strukturbildenden Entwurf von Werner Kirsch lassen sich diese genannten strategischen Grundhaltungen im Produkt-/Marktbereich in der entwicklungsmäßigen Abfolge mit den Begriffen „Verteidiger", „Prospektor/Erfinder/Entdecker", „Architekt" bzw. „Risikostreuer" belegen.[183]

Nach Kirsch ist der **Verteidiger** in seinem Kern ein Spezialist und konservativ ausgerichtet. Typisch für ihn ist, dass er ein angestammtes Geschäft hat, das er verteidigt. Die Aktivitäten sind sehr stark darauf ausgerichtet, die starke Position zu halten und diese noch auszubauen. In diesen Unternehmen hat die Führungsmannschaft eine stärkere emotionale Bindung an das angestammte Geschäft. „Typische Verteidiger sind etwa mittelständische Brauereien."[184]

Für die Gesamtheit der Dortmunder Brauereien war die Grundhaltung des Verteidigens lange Zeit die hervorstechendste Haltung. Mit dem „Dortmunder Export" bestand über Jahrzehnte bis zumindest zum Ende der 60er Jahre eine überregionale und international bekannte und anerkannte Spitzenmarke. Dortmund war „Bierstadt Nr. 1" in Deutschland und Europa. Diese Stellung hat man lange versucht zu verteidigen. Das galt zunächst sowohl für die emotionale Einstellung des Spitzenpersonals sowie der Mitarbeiter als auch für das Agieren am Markt. Als das Pilsbier bereits beachtliche Wachstumsraten und Marktanteile errungen hatte, ist man diesem neuen Trend zunächst als Reagierer gefolgt, wohl längere Zeit nicht aus Überzeugung, sondern als Anpassung. Und als Dortmund – aufgrund eigener Marktleistungen – Ende der 70er Jahre in einer gemeinschaftlichen Aktion mit Stolz sich *hätte* „Pilsstadt Nr. 1 in Europa" nennen können, hat man dies nicht getan.

Die Rolle des **Prospektors oder Erfinders und Entdeckers** ist in seiner reinen Form das Gegenteil des Verteidigers. Mit ihrer „Abenteurer-Natur" und ihrem ungebrochenen Elan sind Prospektoren ständig auf der Suche nach etwas Neuem und schaffen es, ganz neue Gelegenheiten „aufzureißen" und sich innerhalb ihres Bereichs einen Vorsprung kurzfristig zu sichern. Dagegen versuchen sie nicht

---

[183] Werner Kirsch hat anlässlich eines Referats bei der Gesellschafter-Versammlung der Deutschen Brau-Kooperation in München im Oktober 1980 einen strukturbildenden Entwurf zu strategischen Grundhaltungen eines Unternehmens im Produkt-/Marktbereich vorgestellt und auf die deutsche Braubranche bezogen. Vgl. WWA, F 122 Nr. 5407: Kirsch, Werner: Strategie und Struktur in mittelständischen Unternehmen. Vortrag anläßlich der Gesellschafter-Versammlung der Deutschen Brau-Kooperation in München am 3. Okt. 1980. Außerdem: Kirsch, Werner: Fingerspitzengefühl und Hemdsärmeligkeit bei der Planung im Mittelstand, in: Kirsch, Werner/Rowenta, Peter (Hg.) Bausteine eines Strategischen Managements. Dialoge zwischen Wissenschaft und Praxis, Berlin/New York 1983, S. 399–421.

[184] Kirsch, Werner: Fingerspitzengefühl und Hemdsärmeligkeit bei der Planung im Mittelstand, a.a.O., S. 406.

unbedingt, konsequent den jeweiligen Vorsprung zu verteidigen. Nach Kirschs Einschätzung sind solche Prospektoren „nur im Mittelstand zu finden".[185]

Für die Dortmunder Brauwirtschaft ist diese Grundhaltung lange Zeit eher untypisch gewesen. Sie haben tatsächlich schon sämtlich versucht, einen errungenen Vorsprung zu verteidigen und sind auch nicht sehr gesprungen von einer Produktneuerung zur anderen. Und dennoch lässt sich für die Ausreifungsphase der Jahre 1965 bis 1973 und auch noch etwas darüber hinaus feststellen, dass einzelne Betriebe mit Elan sich an die Neugestaltung des Produktprogramms und der Absatzmärkte gemacht haben. Sie waren dabei auch innovativ. So haben z. B. die Konzernbrauereien DUB und DAB als erste versucht, mit ihren neuen Marken „Pils 2000" bzw. „Prinz-Bräu" ein nationales Markenbier anzubieten und sich damit im Premiumbereich zu etablieren. Beide Produktneuerungen lassen sich möglicherweise als Umsetzung von Initiativen ihrer marketingerfahrenen Muttergesellschaften interpretieren – und beides hat sich als vielleicht nicht hinreichend vorbereiteter „Schnellschuss" herausgestellt und musste zurückgenommen werden. Dagegen war man dann mit „Brinkhoff's No. 1" bzw. mit dem „DAB-Meister-Pils" erfolgreich.

Die Ritterbrauerei hat die Marke „Ritter First" auf den Markt gebracht und die Kronen-Brauerei mit der Marke „Classic" ebenfalls den Versuch unternommen, ein sortenneutrales Bier zu platzieren. Kronen hat darüber hinaus die Markenpolitik seines Pilsangebotes von der Dachmarkenstrategie auf eine Einzelmarkenstrategie umgestellt. Auch die Brauereien Hansa, Stifts sowie Thier haben ihre Produkt-Markt-Strategien angepasst. Im Nachhinein kann Einiges als zu überhastet angegangen und nicht wirklich marktgerecht umgesetzt eingeschätzt werden.

Der **Architekt** ist in seiner strategischen Ausrichtung breit und mittig aufgestellt und beinhaltet einige Merkmale der vorher besprochenen Haltungen. Ausgehend von einem angestammten Geschäft versucht er, in weitere Geschäftsfelder vorzudringen. Dabei achtet er stark darauf, dass zwischen alten und neuen Betätigungsfeldern Synergien bestehen. Die aus dem Ansatz der Unternehmensberatung BCG bekannte Portfolio-Analyse entspricht der Denkweise des typischen Architekten genauso wie die vier strategischen Optionen nach der Ansoff'schen Produkt-/Markt-Matrix. Insbesondere viele Großunternehmen haben sich vom Verteidiger zum Architekten hin entwickelt.

Vor allem die beiden Konzernbrauereien DUB und DAB haben im Laufe der 70er und 80er Jahre vermutlich über ihre jeweilige Muttergesellschaft Instrumente

---

[185] WWA, F 122 Nr. 5407: Kirsch, Werner: Strategie und Struktur in mittelständischen Unternehmen, a.a.O., S. 11.

und Handlungsweisen kennengelernt, die der Architektenmentalität entsprechen. Dies zeigen z. B. die diesen Unternehmen zugeschriebenen produkt- und preispolitischen Überlegungen, wie sie in den Abschnitte 3.5.1.3 und 3.5.1.4 beschrieben werden. Möglicherweise dürften in der Folge davon auch die Ritter- und Hansa-Brauerei als abhängige Unternehmen der DUB bzw. DAB berührt gewesen sein.

Aber auch für die Kronen-Brauerei lässt sich nachweisen, dass ihr Management bereits Anfang der 1970er Jahre grundlegende Gedanken zur Ausrichtung der Geschäftspolitik formuliert hat, dabei auch mit Blick auf und in Abgrenzung zu den Konzernbrauereien. Gegen Ende der 70er Jahre hat sich die Brauerei mit weiteren Techniken der strategischen Produkt-/Markt-Planung vertraut gemacht. Dies soll in der Fallstudie 5 noch näher dargestellt werden.

Für die Thier-Brauerei sind strategische Überlegungen im Bereich der Ausweitung des Produkt-/ Marktbereichs in geringerem Maße erkennbar. Allerdings wurden bereits in der ersten Hälfte der 70er Jahre Unternehmens-Leitlinien formuliert. Strategiediskussionen haben in der ersten Hälfte der 80er Jahre stattgefunden.

Das Verhalten eines **Risikostreuers** ist vor allem für Großunternehmen typisch. Als Generalist steuert er seine Konglomerate „wie im Falle von Oetker, von der Produktion von Backpulver bis zum Betrieb von Reedereien"[186], und – wie sich ergänzen lässt – von Brauereien, u. a. der DAB.

Insofern waren die Dortmunder Brauereien entweder Adressaten (DUB, DAB) ihrer risikostreuenden Muttergesellschaften, oder aber sie nahmen eine Riskostreuung „im Kleinen" vor, indem sie z. B. ihr Sortiment erweitert haben, etwa vom Schwerpunkt Exportbier hin zum Pilsbier oder zu Spezialbieren.

Wie aufgezeigt, haben sich diese Unternehmensidentitäten im Laufe der Zeit mit unterschiedlichen Marktentwicklungen und Anforderungen an die Brauereien gewandelt. Das galt auch bei einer organisatorischen Änderung an der Führungsspitze. Dass die Ausrichtung an bestimmten idealtypischen Grundhaltungen – etwa der des Architekten oder des Risikostreuers – nicht automatisch eine erfolgreiche Geschäftspolitik garantiert hat, zeigen die im Abschnitt 3.3.2 aufgezeigten Ertragsprobleme auch der großen Brauereien. Dies soll im Weiteren zusätzlich anhand der Fallstudien 4 und 5 deutlich werden.

Kirsch sah das wohl ähnlich. So warnte er zugleich auch vor einer allzu großen Verwissenschaftlichung der Strategieberatung, etwa durch externe Berater. „Beratern darf es hier nicht am Mut zur Hemdsärmeligkeit fehlen, und bei den Klienten ist normalerweise sehr wohl die Bereitschaft hierzu da."[187]

[186] WWA, F 122 Nr. 5407: Kirsch, Werner: Strategie und Struktur in mittelständischen Unternehmen, a.a.O., S. 12.

[187] Kirsch, Werner: Fingerspitzengefühl und Hemdsärmeligkeit bei der Planung im Mittelstand, a.a.O., S. 415.

## 3.4 Die absatzwirtschaftliche Ausrichtung der Dortmunder Brauindustrie in der „Expansionsphase" (1950 bis 1964)

### 3.4.1 Die Absatzpolitik der Dortmunder Brauereien insgesamt

#### 3.4.1.1 Die Maßnahmen, die Denkhaltung und die Erfolge im Überblick

Im Folgenden sollen die von der Dortmunder Brauindustrie seit Anfang der 1950er Jahre ergriffenen absatzwirtschaftlichen Maßnahmen bzw. Ausrichtungen im Detail beschrieben und analysiert werden. Ihre spezifische Umsetzung und Problematik soll dann im nächsten Kapitel in einer Fallstudie zur Thier-Brauerei dargestellt werden.

Die Absatzpolitik der Dortmunder Brauereien konzentrierte sich in den ersten Nachkriegsjahren sehr stark darauf, die Bevölkerung darüber zu informieren, dass jetzt wieder Vollbier angeboten werden konnte. Dies geschah im Rahmen von Gemeinschaftswerbeaktionen aller deutschen Brauereien wie auch der Dortmunder Brauereien. Individualwerbung einzelner Brauereien als Konsumentenwerbung gab es kaum. Vertriebspolitisch stand der Aufbau der Kontakte zu den wiedereröffneten Gaststätten im Zentrum. Hier wurde Individualwerbung in Form von Gaststättenausstattung betrieben. Produktpolitisch hielt man am „Dortmunder Export" als dem Erfolgsgaranten aus Vorkriegszeiten fest, folgte aber dem Trend zum erhöhten Flaschenbierkonsum. Nachweisbar sind zudem besonders für die frühen 50er Jahre Preiskämpfe zwischen den Dortmunder Brauereien im Flaschenbiermarkt. Ansonsten ließ der wiederentdeckte „Bierdurst" die Absatzzahlen ohne weitere absatzpolitische Maßnahmen kontinuierlich steigen.

Diese eingeschränkten absatzwirtschaftlichen Aktivitäten reichten in dieser Periode tatsächlich aus, den Bierkonsum bundesweit und in den einzelnen Regionen nachhaltig anzuregen. Es stellte sich seit Beginn der 1950er Jahre ein stetiges und im Durchschnitt zweistelliges Absatzwachstum ein, das bis zum Braujahr 1963/64 anhielt.

Die Handlungsweisen der Dortmunder Brauindustrie in der Nachkriegszeit waren bis in die 1960er und z. T. noch 1970er Jahre hinein einerseits von einem unbändigen Optimismus hinsichtlich der ausschöpfbaren Absatzpotenziale, andererseits aber auch sehr stark von kartellmäßigen Vorstellungen geprägt. Letzteres zeigt sich sehr deutlich in einer abgestimmten und z. T. gemeinschaftlichen sowie den Wettbewerb möglichst einschränkenden Absatz- und Marktpolitik der hiesigen Betriebe. Konkret lässt sich dies im Einzelnen belegen durch ein

bis in die zweite Hälfte der 60 Jahre anhaltendes Festhalten an der Gemeinschaftswerbung, dem – von Ausnahmen abgesehen – weitgehenden Verzicht der
einzelnen Brauereien auf Individualwerbung, eine (zu) lange auf die Traditionsmarke „Dortmunder" setzende gemeinschaftliche Produktpolitik sowie eine
an die Kartellbestimmungen der Vorkriegszeit anknüpfende und fortwährende
Vertriebspolitik. Allerdings haben die im Laufe der Jahre sich ändernden Marktstrukturen, das abrupte Einbrechen beim Ausstoß seit Mitte der 60er Jahre,
später auch das Erstarken des Lebensmittelhandels dazu beigetragen, diese Denk-
muster aufzubrechen. Das gilt insbesondere für den noch schneller wachsenden
Flaschenbiermarkt, für den sich seit Anfang der 50er Jahre der Preis als entscheidender Wettbewerbsparameter herausbildete und bei dem es in der Folgezeit zu
erheblichen Preiskämpfen zwischen den Brauereien kam.

### 3.4.1.2 Die Gemeinschaftswerbung

Die Gemeinschaftswerbung aller deutschen Brauer hatte nach dem Zweiten
Weltkrieg zu allererst das Ziel, die Bevölkerung wieder an den Bierkonsum heran-
zuführen und Bier wieder als Alltagsgetränk zu etablieren. Zunächst konzipierte
die Werbeabteilung des Deutschen Brauer-Bundes (DBB), ab 1953 die vom DBB
sowie seinen Landesverbänden dafür gegründete Bierwerbe GmbH, eine Reihe
von Gemeinschaftswerbeaktionen. Mit Titeln wie „Sommer – Sonne – kühles
Bier" oder „Bier gehört dazu" etwa auf Plakaten wurde versucht, eingängige
Botschaften zu vermitteln.[188] Der wahrgenommene Erfolg blieb nicht aus. Das
Fazit der Brauer war bereits nach kurzer Zeit, „dass sich die des Bieres entwöhnte
oder mit dem Bier noch gar nicht bekanntgewordene Jugend dem Bierkonsum in
verstärktem Maße zugeneigt hat."[189] Der Verband Dortmunder Bierbrauer (VDB)
schaltete Anzeigen und Plakate für „Bier aus Dortmund".[190]

Der zeitliche Schwerpunkt der Gemeinschaftswerbung lag für die Dortmunder
Betriebe in den 50er Jahren. Die Aktivitäten reichten aber bis in die ersten Jahre
des neuen Jahrzehnts und nach einer Unterbrechung auch noch bis ins Braujahr
1968/69.[191] Die letzte größere gemeinschaftliche Aktion fand – wohl unter dem
Eindruck der aktuellen Absatzeinbußen – in den Jahren 1967/68 statt. Hier wurde
mit dem Slogan „Der springende Punkt: Dortmunder" eine Reihe von Anzeigen

---

[188] Böse, Christian: a.a.O., S. 159.

[189] Simon, Theobald: Werbung auf neuen Wegen, in: Der Volkswirt, 26. Jg. (1952), Beilage
„Brauereien", S. 16 f., zit. nach Böse, Christian: a.a.O., S. 159.

[190] Vgl. Bodden, Nancy: Business as usual?, a.a.O., S. 198.

[191] Vgl. WWA, F 122 Nr. 5178: Thier-Brauerei: Statistiken zu den Werbeausgaben; verschiedene Statistiken für den Zeitraum von 1953/54 bis 1968/69 und weitere Statistiken darüber
hinaus.

mit einem leicht variierten Bild-Motiv geschaltet, wie die Abbildung 3.3 aus der Illustrierten-Werbung zeigt.

**Abbildung 3.3**  Motive einer Gemeinschaftswerbung der Dortmunder Brauereien 1967[192]

Neben Publikumszeitschriften wurden folgende Medien genutzt: Tageszeitungen (Schwarz-Weiß-Anzeigen) Kino (30-Sekunden-Spot) sowie Fernsehen (20-Sekunden-Spot). Die Kosten der verschiedenen Aktivitäten beliefen sich auf rd. 1 Mio. DM.[193]

Darüber hinaus regte die Agentur an, dass diese Werbebotschaft „in geeigneter Weise auch in der Individualwerbung der einzelnen Dortmunder Brauereien anklingen"[194] könne. Tatsächlich hat die Kronen-Brauerei diesen Slogan treuhänderisch für die Gesamtheit der Dortmunder Brauereien als Warenzeichen angemeldet, und zwar in folgender Fassung:[195]

- „Der springende Punkt: Dortmunder Kronen-Bier"
- „Ein Bier ... Ein Pils ... Ein Ex ...
    Der springende Punkt: Dortmunder Kronen".

---

[192] Quelle: WWA, S. 7 Nr. 590: Verband Dortmunder Bierbrauer, Dortmund: Bericht über das Geschäftsjahr 1967/68, S. 40 f.

[193] Vgl. WWA, S. 7 Nr. 590: Verband Dortmunder Bierbrauer, Dortmund: Bericht über das Geschäftsjahr 1967/68, S. 30.

[194] Ebenda.

[195] Ebenda, S. 31.

Die Werbeagentur hatte nach einer „eingehenden Marktuntersuchung" es als Ziel der Werbung bezeichnet, „das Dortmunder Bier zu ‚aktualisieren, es als leichtes und modernes Getränk herauszustellen und damit insbesondere die Jugend anzusprechen.'"[196] Eine Differenzierung nach Sorten – z. B. um dem zu diesem Zeitpunkt schon starken Pilstrend zu begegnen – war dabei nicht vorgesehen. Vielmehr argumentierte der VDB: „Wenn es in erster Linie auch das Exportbier ist, das den ‚Dortmunder Typ' repräsentiert, soll die Werbung doch dem Dortmunder Bier im ganzen – ohne Beschränkung auf bestimmte Biersorten – gelten."[197] Vorsorglich ergänzte man aber: „Das schließt selbstverständlich nicht aus, daß einseitigen Argumenten der Pils- und Altbier-Propaganda in geeigneter Weise entgegengetreten wird."[198] Immerhin deutet das Konzept der Kronen-Brauerei die Möglichkeit zur stärkeren Berücksichtigung der Pils-Werbung an.

Die Zeit der Gemeinschaftswerbung endete für die Dortmunder Brauereien allerdings mit diesem Aktionspaket und einer weiteren kleineren Aktion im Jahr 1968/69. „Der ‚springende Punkt' sprang nicht." So kommentierte etwa die Westfälische Rundschau das Ende der gemeinsamen Werbekampagne.[199] Statt gemeinsamer Werbespots im Fernsehen und im Kino, statt Farbanzeigen in Illustrierten sollte es nach dem Willen der acht Brauer künftig nur noch gemeinsame Formate „auf Sparflamme" geben in Form von Kleinanzeigen und bei größeren Einzelaktionen. Der vermutete Grund für diese Aufkündigung waren Vorbereitungen für eine stärkere Individualwerbung der Brauereien: „Denn in den Schubladen lag, was kein Brauereichef beim anderen vermutete: Der Plan für eine umfangreiche Eigenwerbung. Seit etlichen Wochen richtig angekurbelt, überraschten sich damit die Bierproduzenten gegenseitig. Warum, so folgerten sie jetzt, dann noch gemeinsam ins Werbehorn blasen?"[200] Der VDB begründete diesen Schwenk „mit der gegenwärtigen Marktlage, die es den Brauereien nicht erlaube, auf Individualwerbung zu verzichten."[201] In der Ausstoßkurve hatte sich der abwärts gerichtete Knick zu diesem Zeitpunkt bereits im dritten Jahr gezeigt.

---

[196] Ebenda, S. 29 als Zitat der Werbeagentur Brose in Frankfurt.

[197] Ebenda.

[198] Ebenda.

[199] Liedtke, Klaus: Brauer uneinig: Gemeinsame Werbekampagne geplatzt, in: Westfälische Rundschau vom 25.7.1968.

[200] Ebenda.

[201] O. V.: Jeder wirbt allein für sein Bier, in: Ruhr-Nachrichten vom 25.7.1968.

Gleichzeitig hat der VDB versucht, seine Mitgliedsbrauereien weiter auf gemeinschaftliche Werbeaktionen einzuschwören und individuelle Werbemaßnahmen zu diskreditieren. Im VDB-Geschäftsbericht 1967/68 heißt es: „Im Berichtsjahr wurden im nordrhein-westfälischen Braugewerbe verstärkt Werbemittel eingesetzt, deren Verwendung bisher nicht oder nur vereinzelt üblich war. Wir erwähnen etwa Preisausschreiben mit einem z. T. erheblichen Aufwand für Preise, Werbeveranstaltungen mit umfangreichem künstlerischem Programm und vor allem die massierte Gewährung von Kostproben. Offenbar glaubte man von derartigen Werbemitteln gerade ihrer Neuartigkeit für das Braugewerbe wegen besondere Erfolge erwarten zu können. Der jeweils erreichte Wettbewerbsvorsprung ist aber meist nur von kurzer Dauer; bald wird der Mitbewerber, um das Gleichgewicht wiederherzustellen, zu Maßnahmen gleicher oder ähnlicher Art greifen. Der Enderfolg ist dann der, daß die Palette der im Braugewerbe anzutreffenden Wettbewerbsmittel immer breiter wird, obschon sie dem Leistungswettbewerb wenig förderlich, in der Mehrzahl der Fälle aber außerordentlich kostspielig sind."[202]

Welche Wirkungen hat die Gemeinschaftswerbung für die Dortmunder Brauwirtschaft gehabt? Die in der Gemeinschaftswerbung über viele Jahre vorgenommene Betonung der Herkunftsbezeichnung „Dortmunder" und der damit verbundene Markencharakter waren nach dem Kriegsende zweifellos für fast eineinhalb Jahrzehnte eine wesentliche Grundlage für den wirschaftlichen Erfolg des hiesigen Braustandortes, insbesondere indem damit beim Verbraucher das Versprechen auf die gute Vorkriegsqualität eingelöst werden konnte.

Naturgemäß wurden bei der bundesweiten wie regionalen Gemeinschaftswerbung keine einzelnen Sorten oder Marken genannt. Die Maßnahmen sollten der gesamten Branche zugutekommen. Allerdings wurde hiermit die weitgehende Homogenität der Produktgattung Bier unterstrichen und damit die hohe Austauschbarkeit der Angebote. Für die Dortmunder Brauer verstärkte sich diese Tendenz zusätzlich durch die enge semantische Verbindung zwischen den Begriffen „Exportbier" und „Dortmunder". Allein oder in Verbindung als „Dortmunder Export" waren die Begriffe bereits vor dem Zweiten Weltkrieg zum gemeinsamen Markenzeichen geworden. Eine Profilierung einzelner Dortmunder Biermarken wurde dadurch aber verhindert oder zumindest erschwert. Parallel zu den sich ändernden Konsumansprüchen wurde aber im Verlauf der Jahre immer deutlicher, dass der – physisch wie psychologisch – weitgehend einheitliche Standard

---

[202] WWA, S 7 Nr. 590: Verband Dortmunder Bierbrauer, Dortmund: Bericht über das Geschäftsjahr 1967/68, S. 23.

bei den Merkmalen Qualität und Geschmack der Biere kein zukunftsträchtiges Erfolgsmodell mehr darstellen konnte.

Das hatten die Verantwortlichen in den Dortmunder Braubetrieben vermutlich schon einige Jahre vor der letzten größeren VDB-Werbeaktion in 1967/68 erkannt. So betrug der Anteil der VDB-Gemeinschaftswerbung an den gesamten Ausgaben der Dortmunder Anbieter für die klassische Verbraucherwerbung bereits 1963 nur noch 22 %. Wenn man die für die gemeinschaftliche Aktion „Der springende Punkt" angesetzten Etatmittel von rd. 1 Mio. DM auf die Jahre 1967 und 1968 gleichmäßig verteilt, so dürfte dieser Anteil an den gesamten – inzwischen weiter gestiegenen – Aufwendungen für Publikumswerbung nur knapp 8 % ausgemacht haben.[203]

### 3.4.1.3 Die Individualwerbung

Insbesondere in den 1950er Jahren, aber auch bis Anfang der 1960er Jahre konzentrierten sich die spezifischen Werbeaktivitäten der verschiedenen Dortmunder Brauer ausschließlich auf die Gaststätten und deren Innen- und Außenausstattung. Wie diese typischerweise aussahen und strukturiert waren, soll im nächsten Kapitel am Beispiel der Thier-Brauerei gezeigt werden. Ergänzend wurden die firmeneigenen Brauereifahrzeuge für Werbezwecke genutzt. Konsumentenwerbung wurde dagegen bis Anfang bzw. Mitte der 1960er Jahre kaum betrieben. Die Ersten waren 1962 bzw. 1963 die DUB sowie die Ritterbrauerei. Die anderen Konkurrenten besannen sich auf spezifische Maßnahmen zur Ansprache von Bierkonsumenten erst, nachdem 1964/65 und verstärkt in den Folgejahren der Umbruch in der Absatzentwicklung relativ abrupt spürbar wurde. Dann wurde auch professionelle Hilfestellung durch Werbeagenturen in Anspruch genommen. Dabei hatte es frühzeitig Warnungen gegeben. So mahnte etwa Dr. Guido Sandler, langjähriger Generalbevollmächtigter und Vorsitzender der Geschäftsführung der Dr. August Oetker KG, zu der bereits die DAB gehörte, kurz bevor er von der Bayerischen Actienbrauerei nach Bielefeld kam, im Jahre 1958 bereits: „Es ist deshalb für die Brauindustrie allerhöchste Zeit den konservativen Glauben aufzugeben, daß Bier auch ohne Reklame den Markt behaupten kann."[204]

---

[203] Vgl. WWA, F 122 Nr. 5101/9: Werbeagentur SAW: Werbekonzeption, Produktausstattung, Verkaufsförderungsplanung für die Brauerei Thier & Co., Dortmund, 1969, Tabelle: Werbeaufwendungen Dortmunder Brauereien in klassischen Werbemitteln (Presse, Funk, Fernsehen, Bogenanschlag 1962–1968).

[204] Sandler, Guido G.: Bierwerbung – ein Erfordernis der Zeit, in: Brauwelt Nr. 74 vom 16.9.1958, S. 1.405–1.409, hier: 1.409.

Einige Pils-Brauereien, die sich auch als Premiumbrauereien verstanden, hatten bereits seit den 1950er Jahren die Sinnhaftigkeit verstärkter individueller Verbraucher- und Händlerwerbung erkannt und ein präferenzstrategisches Absatzkonzept praktiziert. Sie konnten damit der durch die Gemeinschaftswerbung vermittelten Homogenität und Austauschbarkeit des Bierangebotes entgegenwirken. Es zeigte sich, dass sie damit auch in die Absatzgebiete der Dortmunder Brauereien einbrechen und dort zunehmend Marktanteile erringen konnten.

So umwarb z. B. die Bitburger Brauerei seit dem Jahr 1951 den Biertrinker mit dem Werbeslogan „Bitte ein Bit" – inzwischen einer der bekanntesten Werbeslogans der Braubranche. Dieser Spruch entwickelte sich im Laufe der Jahre zum Kernelement der Werbeaktivitäten und bildete zusammen mit dem Schriftzug „Bitburger" sowie dem bereits seit 1929 verwendeten Markenzeichen „Genießer" eine Einheit in der werblichen Darstellung. Seither wird in der Bitburger-Werbung dieses Logo – immer mal wieder behutsam aktualisiert – eingesetzt (s. Abbildung 3.4).[205]

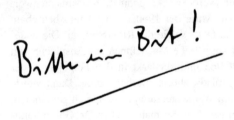

**Abbildung 3.4**  Werbeslogan der Bitburger Brauerei seit 1951 und Werbelogo zu Beginn der 1980er Jahre[206]

---

[205] Vgl. Dehnke, Katharina: Auf 200 Jahre einzigartigen Geschmack. Chronik der Bitburger Brauerei 1817 – 2017, Bitburg 2016, S. 59 und 61.

[206] Quelle: Dehnke, Katharina: Auf 200 Jahre einzigartigen Geschmack. Chronik der Bitburger Brauerei 1817 – 2017, Bitburg 2016, S. 59 und 61.

In den 1960er Jahren reduzierte die Brauerei schrittweise ihre Sortenvielfalt und konzentrierte sich ab 1971 auf eine Monomarkenstrategie für „Bitburger Pils". Fortan wurden alle Marketingaktivitäten und finanziellen Mittel auf die Profilierung dieser Marke ausgerichtet. Als Ergebnis stieg Bitburger 1987 zur größten deutschen Biermarke auf.[207]

Auch andere Pils-Brauereien stellten in ihrer Verbraucherwerbung als auch auf ihren Flaschenetiketten des Biersortiments frühzeitig ganz explizit ihren Markennamen heraus, so z. B. die Krombacher Brauerei im Jahr 1959.[208]

Seit 1962 unterstützte der Slogan „mit Felsquellwasser gebraut"[209] die werbliche Argumentation, die im Gegensatz zum „Industriebier aus Dortmund" ein ländliches, idyllisches Image der familiengeführten Brauerei aufbauen sollte. Auch hier wird die Zielsetzung der Brauerei deutlich, durch eine Präferenzstrategie eine emotionale Produktdifferenzierung vorzunehmen, dabei eine eigene Produktpersönlichkeit zu schaffen und damit auch das Preisniveau anheben zu können. In dieser Zeit hat Krombacher eine Strategie verfolgt, bei der die Herstellermarke das verbindende Dach für die Einzelmarken darstellte, bevor auch hier die Vermarktungsaktivitäten auf die Marke „Krombacher Pils" konzentriert wurden.

### 3.4.1.4 Die Produktpolitik

Dortmunder Bier wurde in der Öffentlichkeit als Exportbier wahrgenommen. Diese Biersorte war zugleich seit Jahrzehnten bewährtes Markenzeichen für das hiesige Bierangebot. Seit Beginn der 50er Jahre hat das Dortmunder Braugewerbe gemeinschaftlich ganz bewusst eine Produktpolitik betrieben, die eindeutig auf dieses Angebot ausgerichtet war und den hohen Anteil am Ausstoß noch vergrößern sollte. In der Ausdehnung des Exportbiergeschäftes sah man die Zukunft in Dortmund. So betrachtete man es in den 50er Jahren mit Wohlwollen, dass – wie weiter vorne bereits erwähnt – der Pilsanteil der Dortmunder Brauer sich von 14 % im Jahr 1950 in der Folgezeit kontinuierlich reduzierte und im Jahr 1960 sich auf 7 % halbierte. So äußerte sich etwa der Vorstands-Vorsitzende der DUB 1955: „Es schien vor einigen Jahren einmal so, als würde sich der Pils-Typ nach dem letzten Kriege allgemein in Deutschland durchsetzen. Diese Entwicklung ist längst rückläufig. […] Insbesondere im Ruhrgebiet hat der Dortmunder Biertyp weiter an Boden gewonnen."[210]

---

[207] Vgl. Dehnke, Katharina: Auf 200 Jahre einzigartigen Geschmack. Chronik der Bitburger Brauerei 1817 – 2017, Bitburg 2016, S. 54.

[208] Vgl. z. B. https://www.krombacher.de/die-brauerei/historie (abgerufen am 8.1.2021).

[209] Vgl. https://dewiki.de/Lexikon/Krombacher_Brauerei (abgerufen am 8.1.2021.

[210] Eckhardt, Felix: Rede von Felix Eckhardt auf der Hauptversammlung der DUB im Jahre 1955, in: Dortmunder Union-Brauerei Aktiengesellschaft (Hg.): Die Dortmunder Union-Brauerei im Wiederaufbau 1945–1959. Eine Sammlung der auf den Hauptversammlungen

Bestätigt fühlte man sich in dieser Einschätzung durch das traditionelle Bild vom typischen Exportbier-Trinker, von dem man immer noch glaubte, dass es auch für die Zukunft Gültigkeit haben würde: Die Arbeiter haben „im ‚Dortmunder Typ' genau das gehaltvolle und hochvergorene Bier gefunden, das ihnen nach einem fleißigen Arbeitstag am besten schmeckt",[211] hieß es noch 1960 in einer die Jahrestagung des Deutschen Brauer-Bundes begleitenden Veröffentlichung. Es sei ein „Trank für ganze Kerle".[212] Das Attribut „Arbeiterbier" für Exportbier wurde von den Brauern nicht als Nachteil angesehen, vielmehr betrachtete sie die Arbeiterschaft damals noch als ihre Hauptverbraucher.[213]

Diese langjährige Vernachlässigung bis hin zur Geringschätzung des Pilsbieres durch die Dortmunder Betriebe zeigte sich auch darin, dass es zwischen den Angeboten von Export- und Pilsbier zwei Jahrzehnte lang keine Preisunterschiede gab. Die Flasche Pils wurde zum gleichen Preis angeboten wie die Flasche Export. Zudem erwies sich die Dachmarke „Dortmunder" für alle Produkte als hinderlich für eine differenzierte Preispolitik.[214] Beides, die verfehlte Preispolitik wie auch das zu lange Festhalten an der Traditionsmarke, sollte sich später, als man auch in Dortmund erkannte, dass man dem Pilstrend folgen musste, als großes Erschwernis beim Aufbau eines ertragreichen Pilssegments erweisen.

Die durch die Gemeinschaftswerbung angestrebte Einheitlichkeit des Bierangebotes setzte sich bis zu einem gewissen Grad auch in der produktpolitischen Ausstattung fort. So dominierte auf den Flaschenetiketten der Dortmunder Betriebe der Schriftzug „Dortmunder" – mal etwas weniger, mal etwas mehr.[215]

Bei nur geringer und erst in den 60er Jahren einsetzender verstärkter Individualwerbung der einzelnen Brauereien unterblieb so bis dato auch die Profilierung

---

der Dortmunder Union-Brauerei Aktiengesellschaft gehaltenen Reden, Dortmund 1960, hier: S. 82, zit. nach Böse, Christian: a.a.O., S. 150.

[211] O. V.: „Dortmunder" – Eine Weltmarke für gutes Bier, in: Industriekurier vom 23.06.1960, Sonderbeilage zur Jahrestagung des Deutschen Brauer-Bundes in Hannover, S. 18, zit. nach Böse, Christian: a.a.O., S. 149.

[212] Böse, Christian, a.a.O., S. 149 f.

[213] Vgl. ebenda, S. 150.

[214] Vgl. Bodden, Nancy: Business as usual?, a.a.O., S. 237.

[215] Als Beispiel dafür lassen sich das Werbelogo sowie die Flaschenetiketten der Hansa-Brauerei bis Ende der 1960er Jahre nennen, etwa für das Dortmunder Hansa Bier oder den Dortmunder Urtyp von Hansa; vgl. dazu: https://www.google.com/search?q=Logo+Hansa+Brauerei+Dortmund&client=firefox-b-d&sxsrf=ALeKk022OWf21ZORJe94vLr5 g7Tacc0RcQ:1618489519559&source=lnms&tbm=isch&sa=X&ved=2ahUKEwih8oqnn4 DwAhUqzIUKHTCWAzYQ_AUoAXoECAEQAw&biw=1920&bih=910#imgrc=54o_J-Kf3kDlcM (abgerufen am 15.4.2021).

einzelner Dortmunder Marken. Angesichts kontinuierlich steigender Ausstoßzahlen glaubte man weitgehend darauf verzichten zu können, was sich angesichts wandelnder Marktverhältnisse in der Folgezeit als erhebliches Versäumnis erweisen sollte. Denn bei den Verbrauchern dürfte sich damit der Eindruck einer Einheitlichkeit in Qualität und Geschmack verstärkt haben. Außerdem zeigte sich, dass die lange Zeit gepflegte Assoziation mit dem Begriff „Arbeiterbier" und der intensive Preiswettbewerb auf Dauer Image-schädigend gewirkt haben.

Überhaupt wurde der kontinuierliche Ausstoßzuwachs in diesen eineinhalb Jahrzehnten mengenmäßig sehr stark von der zunehmenden Flaschenbiernachfrage getragen. Die gesamte lokale Branche hat in dieser Zeit das absolute Geschäft erheblich ausdehnen und – mit Ausnahme der Thier-Brauerei – damit einen steigenden Anteil am Neugeschäft erzielen können. Bemerkenswert ist aber, dass auch dafür bis in die 60er Jahre hinein offenbar keine Individualwerbung von einer einzelnen Dortmunder Brauerei betrieben worden ist. „Werbemaßnahmen für Flaschenbier waren lediglich Teil der bundesweiten Gemeinschaftswerbung des DBB".[216] Anzeigen wurden vor allem in Illustrierten geschaltet.

Allerdings wurde Ende der 1950er Jahre von der Bierwerbe GmbH ein Flyer mit dem Titel: „Viele tausend Flaschen Bier" für die Einzelhandelswerbung aufgelegt, dessen Nachfolger 1962 unter dem neuen Titel" „So ein Bier – aus der Flasche" in einer Auflagen von 200.000 Exemplaren erschien. Außerdem wurden bis Mitte 1963 auf Drängen des Einzelhandels bundesweit rd. 80.000 Bierwerbeplakate erstellt und im Lebensmittelhandel verteilt. Diese Plakate stellten die kleinere Form der parallel dazu in den Städten hängenden großen Bierwerbeplakate dar. Diese gemeinschaftlichen Werbemaßnahmen im Einzelhandel wurden im Unterschied zu der sich intensivierenden Verbraucherwerbung in Illustrierten in der zweiten Hälfte der 60er Jahre beendet. Jetzt sah man darin eine Behinderung der allmählich zunehmenden individuellen Werbemaßnahmen einzelner Brauereien.[217]

### 3.4.1.5 Die Absatzwege- und Vertriebspolitik

Die Dortmunder Brauereien nutzen ein mehrgliedriges Vertriebssystem. Dazu gehörten typischerweise insbesondere:

- die Direktbelieferung vor allem von Gaststätten, darüber hinaus von Trinkhallen, Kiosken, Stubenläden und ähnlichen Einrichtungen,

---

[216] Bodden, Nancy: Business as usual?, a.a.O., S. 198.

[217] Vgl. ebenda, S. 198 f.

- die Belieferung über den Getränkefachgroßhandel (GFGH), der seinerseits Gaststätten sowie Einzelhandelsgeschäfte belieferte,
- die Belieferung von Einzelhandelsgeschäften, u. a. aus dem Bereich des Lebensmitteleinzelhandels (LEH), wobei letztere ab den 1960er Jahren entweder als Einkaufsgenossenschaften selbständiger Lebensmittelhändler (z. B. Edeka, Rewe) oder in Form von Handelsketten mit Filialsystem (z. B. Spar) für die Vermarktung von Bier eine zunehmende Bedeutung gewannen.
- die Belieferung von sogenannten brauereieigenen Niederlagen in verschiedenen Regionen bzw. Städten des Absatzgebietes, von denen die weitere Versorgung der Gaststätten, Groß- und Einzelhändler und in geringem Maße auch Endverbraucher vorgenommen wurde.

Für den Transport des Bieres von der Brauerei bis zur Gaststätte bzw. zum Großhändler und z. T. auch zu „brauereinahen" Einzelhändlern sowie zu den Niederlagen wurden eigene LKW oder Bundesbahntransporte genutzt. Für Flaschenbierlieferungen galt ein Radius von rd. 150 km für die Fahrt mit dem eigenen Fuhrpark der Brauerei als rentabel, wobei auch eine Rolle spielte, ob nur eine oder mehrere Adressen angefahren werden mussten. Außerdem war die Lieferung von Fassbier unter gleichen Transportbedingungen wirtschaftlicher als die von Flaschenbier. Nancy Bodden zeigt anhand einer Reihe von Beispielen, dass insbesondere die Flaschenbiertransporte mit brauereieigenen Fahrzeugen zum Teil sehr unwirtschaftlich organisiert und deshalb „Fluch und Segen" zugleich waren.[218]

In ihrer Funktion als Zwischenhändler und häufig als Vertretung mehrerer Brauereien konnten die Biergroßhändler Auslieferungstouren und die Lagerhaltung kostengünstiger durchführen; dies war gerade im Flaschenbiergeschäft umso wichtiger.[219] Bereits Mitte der 50er Jahre gab es in der Bundesrepublik wieder mehr als 3.000 Biergroßhändler, die die Verteilung von etwa einem Drittel des gesamten Bierausstoßes der Brauereien übernahmen. Auch diese Unternehmen profitierten von der Expansion des Biergeschäfts. So erreichten viele Bierverleger insbesondere in NRW im Jahre 1955 bereits jährliche Zuwachsraten beim Umsatz von bis zu 30 %.[220] Insbesondere beim transportkostenintensiven Flaschenbiergeschäft war der GFGH schon in den 50er Jahren mit einem Anteil von

---

[218] Vgl., ebenda, S. 79 sowie S. 76 ff.

[219] Vgl. ebenda, S. 78.

[220] Vgl. ebenda, S. 81.

rd. 50 % der weitaus bedeutendste Absatzweg; für NRW soll er sogar weitaus drüber gelegen haben.²²¹ Bei der DUB liefen 1958 sogar 66 % des *Gesamtausstoßes* über den GFGH. Bierverleger hatten sich zu unverzichtbaren Geschäftspartnern entwickelt.²²²

Der Bedeutungsgewinn des GFGH sowie auch des Einzelhandels ergab sich darüber hinaus aus der geografischen Ausdehnung der Absatzmärkte und den damit zusammenhängenden höheren Transportkosten für Einzelbelieferungen. Über die Hauptabsatzgebiete: Dortmunder Raum, Ruhrregion und NRW hinaus gab es Versuche der Dortmunder Brauereien, das jeweilige Marktgebiet nach Norden wie Süden auszudehnen. Während die DAB und die DUB bereits vor dem Kriege in Niedersachsen präsent waren, zogen nun die anderen Dortmunder Brauereien nach, indem sie mit Hilfe der Großhändler ihre Absatzmärkte zunächst nach Niedersachsen und später – mit Ausnahme der Kronen-Brauerei – bis nach Hamburg und Schleswig-Holstein ausdehnten. In diesen Gebieten lieferte der Großhandel vor allem Fassbier an Gaststätten. Außerdem wurden über den GFGH kleine Lebensmittelgeschäfte beliefert. Parallel dazu wurden in den 50er Jahren auch Teile von Hessen und Rheinland-Pfalz, vereinzelt auch der süddeutsche Raum über den Großhandel mit Fass- sowie Flaschenbier versorgt.²²³

Die zunehmende Bedeutung des organisierten Lebensmittelhandels für den Bierabsatz zeigte sich insbesondere in steigenden Absatzmengen über diesen Distributionsweg und führte dazu, „dass die Brauereien das auflebende Geschäft mit den Lebensmittelhändlern nicht mehr allein ihren Verlegern überlassen wollten.“²²⁴ So schlossen einige Dortmunder Betriebe bereits in den 50er Jahren eigene Zentralverträge mit verschiedenen Konsum- und Einkaufsgenossenschaften ab. Z.B. war die DUB bereits 1955 Vertragslieferantin für Flaschenbier von Edeka und Rewe.²²⁵

Was die Geschäftsbeziehungen speziell auf dem **Fassbiermarkt** zwischen den Brauereien und den Gastwirten betrifft, so wurden diese bereits seit dem Ende des 19. Jahrhunderts durch langfristige Bierlieferungsverträge reguliert. Diese beinhalteten für einen mehrjährigen Zeitraum eine ausschließliche Bezugsverpflichtung des Gastwirts einerseits sowie eine Lieferpflicht der Brauerei andererseits. Ergänzend wurden den Wirten weitere Nebenleistungen gewährt, z. B. die Bereitstellung von Theken, Tischen, Zapfanlagen sowie die Übernahme

---

²²¹ Vgl. Wiese, Frank: a.a.O., S. 150.
²²² Vgl. Bodden, Nancy: Business as usual?, a.a.O., S. 83.
²²³ Vgl. ebenda, S. 81 f.
²²⁴ Ebenda, S. 57.
²²⁵ Vgl. ebenda.

von Werbungskosten und kostenfreien Eislieferungen für die Kühlung des Bieres. Außerdem hatte die Gewährung von Darlehen der Brauereien an die Wirte eine große Bedeutung. Im Vergleich zu Bankangeboten wurden diese Darlehen zu niedrigeren Zinsen und vorteilhafteren Sicherungs- und Rückzahlungsbedingungen bewilligt.[226]

Durch diese Maßnahmen sicherten sich die Brauereien einen geregelten und kontinuierlichen Absatz. Konsequenz dieser Vertriebspolitik war, dass damit der Preiswettbewerb der Brauereien untereinander während der Dauer des Belieferungsvertrages weitgehend ausgeschaltet wurde. Auch nach Ablauf der Bindung fand der Brauereiwettbewerb i. d. R. nicht auf der Preis-, sondern auf der Darlehens- und Nebenleistungsebene statt. Die bundesdeutschen Kartellbehörden haben zwar bis in die 1970er Jahre hinein versucht, diese noch aus den Zeiten vor dem Zweiten Weltkriegs stammenden kartellmäßigen Wettbewerbsregelungen, die seit 1951 durch freiwillige Absprachen der Brauerverbände ersetzt wurden, aufzuheben, schließlich aber ohne durchschlagenden Erfolg.[227] Wichtig für das Verständnis der Vertriebspolitik der Dortmunder Brauereien ist aber, dass die damals handelnden Personen bei derartigen Regelungen von ihrem Erfahrungshintergrund geprägt waren.

Andere Erfahrungen mussten die Brauereien im nach dem Kriege sehr schnell wachsenden **Flaschenbiergeschäft** machen. „Der Flaschenverkauf lief kaum über gebundene Gaststätten, sondern größtenteils über den freien Handel; und mit Konsumvereinen, Lebensmittelhändlern und Trinkhallen wurden in der Regel keine langfristigen, mit einer Darlehensgewährung einhergehenden BLV (Bierlieferungsverträge, H.F.) geschlossen."[228] Insgesamt waren die Wettbewerbsbedingungen in diesem Marktsegment aus Brauereisicht härter, da hier die Bierpreise unmittelbar Gegenstand kurzfristiger Verhandlungen zwischen den Geschäftspartnern waren. „Mit dem Flaschenbier befanden sich die Brauereien also nicht nur in einem ihnen bisher kaum vertrauten Markt, sondern sie erlebten erstmals den Preis als entscheidendes Wettbewerbsmittel."[229]

Die einstige vertriebliche Stärke des Dortmunder Braugewerbes auch als Versandbrauereien in angrenzende oder weiter entfernte Regionen hatte im Laufe des Betrachtungszeitraums abgenommen. Die Thier-Brauerei schrieb in einem

---

[226] Vgl. ebenda, S. 85.

[227] Vgl. ebenda, S. 85 f. sowie 98. Siehe auch die dortigen detaillierten Ausführungen zu den kartellgeprägten Wettbewerbsabkommen für den Fassbiermarkt seit Ende des 19. Jahrhunderts, S. 84 ff. sowie 146 ff.

[228] Ebenda, S. 98.

[229] Ebenda.

Briefing für eine Werbekonzeption im Jahre 1969 rückblickend bezogen auf Versandbrauereien ganz allgemein: „Sie verfügen im allgemeinen über ein zwar breites, aber sehr grobmaschiges Distributionsnetz und haben vielfach in dem Maß an Absatzbedeutung verloren, in dem die übrigen Brauereien ihren Vertrieb systematisierten und zum Teil damit begannen, unter Einsatz örtlich begrenzt wirksamer Werbemittel ihren Absatz abzusichern. [...] Ihre Marktanteile gingen daher im allgemeinen kontinuierlich zurück. Eine Ausnahme von dieser Regel bilden lediglich Unternehmen, die sich rechtzeitig spezialisierten (Pils- und Altbrauereien), dabei zum Teil überhaupt erst zu Versandbrauereien wurden und/oder rechtzeitig die Bedeutung der Werbung als Mittel des Wettbewerbs erkannten und daraus konsequente Schlußfolgerungen für ihre Unternehmenspolitik zogen."[230]

### 3.4.1.6 Die Preispolitik

Die Preispolitik ist der einzige absatzwirtschaftliche Aktionsbereich, in dem – wenigstens in einem Teilsegment des Bierangebotes – bereits seit Anfang der 1950er Jahre ein sogar intensiver Wettbewerb zwischen den Dortmunder Brauereien stattgefunden hat. Dabei wäre angesichts der Tatsache, dass über die Gemeinschaftswerbung für die Marke „Dortmunder" oder „Dortmunder Export" hinaus bis Anfang bzw. Mitte der 60er Jahre keine Markenprofilierung über individuelle Werbestrategien einzelner Brauer stattfand, zu erwarten gewesen, dass die Preisstellung für alle Flaschenbierangebote relativ einheitlich sich gestaltet hätte. Dies war allerdings nicht der Fall. Vielmehr kann diese Homogenität als Auslöser für den Preiskampf interpretiert werden.

Handlungsorientierend waren Bestrebungen, sich die zunehmende Verlagerung des Biergenusses in die Privatsphäre zunutze zu machen. Es sollten zusätzliche Umsatzerlöse erzielt und kurzfristig Marktanteile hinzugewonnen werden. Außerdem wollte man damit die Produktionskapazitäten auslasten. Allerdings bestehen Zweifel an der kalkulatorischen Absicherung dieser Preispolitik.[231]

Was als Angebotswettbewerb zwischen den acht Brauereien begann, verstärkte sich im Laufe der 50er Jahre zunächst eher allmählich und erst in der zweiten Hälfte der 60er Jahre weiter durch den Preisdruck, der insbesondere vom immer bedeutsamer werdenden Lebensmittelhandel für den Vertrieb von Flaschenbier ausging. Lange Zeit galt aber, dass von den Großfilialbetrieben, Einkaufs- und

---

[230] WWA, F 122 Nr. 5101: Werbeagentur SAW: Werbebriefing der Brauerei Thier & Co., Dortmund für eine Werbekonzeption vom 28.5.1969, Anlage 1: Erläuterungen zur Aufgabenstellung, S. 6.

[231] Nach Wiese galt für diese Zeit im Braugewerbe ganz allgemein, dass „die Vokabel Kalkulation [...] wegen oftmals fehlender vollständiger Kostenrechnung eher fehl am Platze ist." Wiese, Frank: a.a.O., S. 161 ff.

Konsumgenossenschaften „[…] keiner von ihnen so mächtig [war], daß er sich mit seinen Wünschen gegen den Willen der Brauereien durchsetzen oder ein Gegengewicht zur Position der Brauerei bilden konnte."[232] Das gilt ebenso für die Bierverleger, die zwar ebenfalls zunehmende Bedeutung erlangten, aber dennoch nicht in der Lage waren, ihre Geschäftspartner auf der Brauereiseite bezüglich der Abgabepreise stark unter Druck zu setzen.[233] Das alles geschah erst später.

Es zeigte sich, dass sich das Preisniveau im Fassbiermarkt und im Flaschenbierverkauf schon in den 1950er Jahren völlig unterschiedlich entwickelte: Während die Dortmunder Fassbierpreise für Exportbier wie für Pils relativ stabil und außerdem auch für beide Sorten weitgehend einheitlich blieben, kam es auf dem Flaschenbiermarkt zwischen den hiesigen Betrieben zu fortgesetzten Preisunterbietungen, die schließlich in stark fallende Preise für das Dortmunder Bierangebot mündeten.[234] Durch erhebliche Preiszugeständnisse in Form von Rabattgewährungen und Boni versuchten die Brauereien, Marktanteile zu gewinnen.[235]

Es hat bereits erstmalig 1949, in der Folgezeit immer wieder Versuche von Seiten des VDB, aber auch von einzelnen Brauereien gegeben, freiwillige Vereinbarungen zur Einschränkung des Preiswettbewerbs zwischen den Konkurrenten zu treffen, indem unverbindliche Richtpreise für den Flaschenbierverkauf vorgegeben wurden. So äußerte sich angesichts dieses z. T. schon ruinösen Preiswettbewerbs z. B. auch der langjährige Vorstandsvorsitzende der DUB, Felix Eckhardt, Anfang der 1950er Jahre besorgt über die weitere Entwicklung des hiesigen Braugeschäfts: „„Die Wettbewerbsbeziehungen unter den Brauereien haben einen erschütternden Grad der Unordnung und des Zerfalls erreicht. Es haben sich Formen des Wettbewerbs herausgebildet, die […] das Braugewerbe an den Rand des Ruins bringen können und […] auch unter allgemein wirtschaftlichen Gesichtspunkten verurteilungswert sind."[236] Darüber hinaus wurde diese „Preisdisziplin" von den Betrieben in ihren Geschäftsberichten sowie auf Verbandssitzungen auch regelmäßig beteuert, dann aber doch immer wieder gebrochen. Die Praxis war, den Großhändlern die Wiederverkaufspreise an den Einzelhandel vorzugeben bzw. zu „empfehlen". Die Preiszugeständnisse waren dabei regional gestaffelt: am größten in NRW und zunehmend geringer in den

---

[232] Wiese, Frank: a.a.O., S. 192.
[233] Vgl. Bodden, Nancy: Business as usual?, a.a.O., S. 107..
[234] Vgl. ebenda, S. 99.
[235] Vgl. ebenda., S. 102.
[236] Graudenz, Karlheinz: a.a.O., S. 112.

entfernteren Absatzregionen. Sie lagen dabei z. T. ganz erheblich unter den vom VDB empfohlenen Rampenpreisen.[237]

Der VDB hat auch später immer wieder versucht, die Mitgliedsunternehmen auf eine einheitliche Preispolitik zu verpflichten. So heißt es auch noch im Bericht über das Geschäftsjahr 1967/68: „Seit Jahren befindet sich der Flaschenbiermarkt in einer höchst unerfreulichen, durch chaotische Wettbewerbsverhältnisse und einen steten Preisverfall gekennzeichneten Verfassung. Zwar wurden von berufener Seite wiederholt Appelle an das Gewerbe gerichtet, der verhängnisvollen Entwicklung entgegenzuwirken und im Flaschenbiersektor Selbstdisziplin und Verantwortung zu zeigen, doch waren diesen Appellen kaum Erfolge beschieden. Vielfach resignierte man, insbesondere aus dem Gefühl heraus, daß das Kartellgesetz wirksame Abwehrmaßnahmen nicht zulasse. Die wenigen Möglichkeiten einer erlaubten Kooperation seien zu wenig praktikabel, als daß sie echte Erfolgschancen böten."[238] Mit den erlaubten Kooperationsmethoden sind u. a. Preismeldeverfahren gemeint, mit denen einerseits die Markttransparenz erhöht und zugleich Falschinformationen der Händler über angebliche Preiszugeständnisse von Wettbewerbsbrauereien begegnet werden sollte. Der VDB berichtete weiter, dass die Verbandsmitglieder zugestimmt hätten, „die durch das Preismeldeverfahren gebotenen Möglichkeiten einer praktischen Erprobung zu unterziehen."[239]

Derartige Versuche, für die Dortmunder Brauereien einen Preisspiegel als Orientierungsgröße auch gegenüber Argumentationen des Handels aufzustellen, scheiterten regelmäßig aus verkaufspolitischen Gründen. Angesichts der gewährten individuellen Mengenrabatte und Rückvergütungen sowie direkten Preiszugeständnissen war man dazu nicht bereit.[240] Die Flaschenbierpreise blieben weitgehend konstant niedrig. So stieg der durchschnittliche Einzelhandelspreis für eine Flasche Bier im Zeitraum von 1955 bis 1960 lediglich von 1,23 DM auf 1,25 DM. Die Preisentwicklung lag damit erheblich unter der allgemeinen Inflationsrate in Höhe von kumuliert 8,5 % für diese Jahre. Z.T. wurden die vergleichsweise höheren Flaschenbierkosten durch das Fassbiergeschäft subventioniert.[241]

---

[237] Vgl. Bodden, Nancy: Business as usual?, a.a.O., S. 101.

[238] WWA, S 7 Nr. 590: Verband Dortmunder Bierbrauer, Dortmund: Bericht über das Geschäftsjahr 1967/68, S. 23.

[239] Ebenda.

[240] Vgl. Bodden, Nancy: Business as usual?, a.a.O., S. 108.

[241] Vgl. ebenda, S. 104 f.

Es stellte sich bis zur Mitte der 60er Jahre immer mehr heraus, dass angesichts gestiegener Kosten, vor allem bei den Löhnen und den Rohstoffen, die Notwendigkeit bestand, die Bierpreise zu erhöhen, zumal bei den hiesigen Betrieben angesichts optimistischer Einschätzungen der künftigen Absatzpotenziale erhebliche Überkapazitäten aufgebaut worden waren, die hohe Fixkosten verursachten. Allein bei der Thier-Brauerei bestand eine maximale Produktionskapazität von 700.000 hl bei einem aktuellen Ausstoß von 500.000 hl.[242] Bundesweit hatte die Branche in den Boomjahren Überkapazitäten in der Größenordnung von 16 Mio. hl oder 20 % aufgebaut.[243] Die Brauereien standen somit vor den Alternativen, entweder Produktionskapazitäten radikal abzubauen, die Bierpreise zu erhöhen oder zusätzliche Absatzmöglichkeiten zu erschließen in neuen Regionen oder durch Lohnbrau. Nach Expertenschätzungen wurde damals im Lohnbrau bereits jede zehnte Bierflasche unter einer Handelsmarke abgefüllt, so etwa für Edeka und Spar. Auch renommierte Brauereien sollen so ihre Kapazitäten ausgelastet haben.[244] Da dies vor allem die Produktion von Billigbier bedeutete, stachelte dies zusätzlich den Preiswettbewerb an.

Es gab immer wieder Versuche zur Durchsetzung von höheren Bierpreisen; diese waren nur teilweise erfolgreich. So musste z. B. eine im März 1962 von vier Dortmunder Brauereien vorgenommene Preiserhöhung einen Monat später wieder zurückgenommen werden. Zunächst sollte bei der DAB sowie bei Hansa, Kronen und Thier „das Faßbier um 6,00 DM/hl und das Flaschenbier um 3 Pfg. für die ½-l-Flasche und um 2 Pfg. für die 1/3-l-Flasche teurer"[245] werden. In einer knappen Pressenotiz heißt es vier Wochen später: „Die durch vier Dortmunder Großbrauereien (Actien, Hansa, Kronen, Thier) Ende März vorgenommene Bierpreiserhöhung um 6,- DM/hl [...] wurde größtenteils wieder rückgängig gemacht. Der Umfang der Senkung ist uneinheitlich (in einem Fall ist nur Flaschenbier betroffen, teilweise blieb auch gebietsweise der erhöhte Preis bestehen)."[246]

Ein möglicher Grund für die nicht geglückte Durchsetzung höherer Preise war die mangelnde Einheitlichkeit unter den Wettbewerbern. Denn in der ersten Pressemeldung hieß es: „Dortmunder Union und die Ritterbrauerei haben sich

---

[242] Vgl. WWA, F 122 Nr. 5314/3: Dettmar-Werbung, Essen: Vorschlag einer Werbekonzeption für die Zeit vom 1.10.1967 – 31.12.1968 für Thier-Bier, August 1967, S. 19.

[243] Vgl. Ellerbrock, Karl-Peter: Das „Dortmunder U", a.a.O., S. 52.

[244] Vgl. ebenda.

[245] O. V.: Dortmunder Brauereien erhöhten Bierpreis, in: Brauwelt Jg. 102 (1962) Nr. 26, 29. März 1962.

[246] O. V.: Dortmunder Preiserhöhung rückläufig, in: Brauwelt Jg. 102 (1962) Nr. 234, 26. April 1962.

der Erhöhung noch nicht angeschlossen."[247] Ein anderer Grund könnte bei den Gastwirten gelegen haben. Denn erst „im Dezember 1961 hatte etwa die Hälfte der Dortmunder Gastwirte den Preis für ein 5/20-Glas Bier von 35 auf 40 Pfg. erhöht." Erhöhungsmöglichkeiten gab es lediglich für die Wirte, „die bisher das Glas Bier noch für 35 Pfg. verkaufen".[248]

Gut zwei Jahre später ging auch Felix Eckhardt als DUB-Aufsichtsratsvorsitzender im Rahmen der DUB-Hauptversammlung auf die Schwierigkeiten der Branche bei der Erhöhung der Bierpreise ein. Nach einem Pressebericht sei es „utopisch, an den Erfolg einer allgemeinen Bierpreiserhöhung zu glauben. Der niedrige Preis auf dem Flaschenbiermarkt werde alle Versuche zunichte machen, einen höheren Bierpreis durchzusetzen. […] Selbst die Dortmunder Union […] als bedeutendstes Brauunternehmen der Bundesrepublik könne nicht mehr mit dem Erfolg einer Preiserhöhung rechnen, wenn auch nur ein Teil der Brauereien diesem Vorgehen nicht folgen sollte; auch sie würde das gleiche Schicksal erleiden wie die Brauereien, die 1962 aus ‚guten Gründen' versucht hätten, die Bierpreise zu revidieren."[249]

Trotz dieses starken Drucks auf die Erlöse kündigte Eckhardt für die DUB die Ausschüttung einer Dividende von erneut 18 % an, was gemessen am Ausstoß 3,50 DM/hl bedeutete. Auch die gerade vorgenommene Ausweitung der Produktionskapazitäten (Vergrößerung von Sudhaus, Gär- und Lagerkeller) sollte fortgesetzt werden. Beabsichtigt sei die „Aufstellung von zwei vollautomatischen Abfüllanlagen mit einer Stundenleistung von 36.000 Flaschen."[250]

Die DUB und ihr Aufsichtsratschef sahen also weiterhin positiv in die Zukunft. Aber auch bei dieser Veranstaltung – immerhin befand man sich bereits im Juni 1964 – hielt Eckhardt an seiner eineinhalb Jahrzehnte lang propagierten Meinung zur Dominanz und höheren Bedeutung des Dortmunder Exportbieres gegenüber dem – von allen Dortmunder Betrieben ebenfalls gebrauten – Pilsbier fest, wenn er nach dem Pressebericht sinngemäß weiter formulierte: „Es sei zu erwägen, ob nicht wenigstens der Preis für das alte Dortmunder Export-Markenbier heraufzusetzen sei, um wieder ‚die richtige Preisrelation zwischen dem Exportbier und dem Pils', das in der Produktion billiger sei, herzustellen."[251]

---

[247] O. V.: Dortmunder Brauereien erhöhten Bierpreis, in: Brauwelt Jg. 102 (1962) Nr. 26, 29. März 1962.

[248] Ebenda.

[249] O. V.: Bier ist nicht teurer zu verkaufen. Die Dortmunder Union-Brauerei paßt sich der Marktlage an, DIE ZEIT vom 5.6.1964, https://www.zeit.de/1964/23/bier-ist-nicht-teurer-zu-verkaufen/komplettansicht?print (abgerufen am 25.1.21).

[250] Ebenda.

[251] Ebenda.

Eckhardt äußerte sich auf diese Weise an der unmittelbaren Schwelle zu einem Umbruch auf dem Biermarkt, der sich insbesondere für die Dortmunder Betriebe bereits ab dem kommenden Jahr als gravierend herausstellen sollte.

Diese Äußerungen der wohl renommiertesten Führungspersönlichkeit im Dortmunder Braugewerbe der Nachkriegszeit kennzeichnen das vorherrschende Denkschema unter den hiesigen Entscheidungsträgern. Insgesamt war die Sorge um das Fortbestehen des Bierbooms Anfang der 60er Jahre kaum vorhanden: So beruhigte etwa auch der damalige VDB-Vorsitzende Günther Brand 1962 seine Geschäftsführer-Kollegen in der westfälischen Biermetropole mit dem Hinweis darauf, dass sich Dortmunder Exportbier – das bei den hiesigen Brauereien einen Anteil 80 bis 90 % hatte – weiter größter Beliebtheit erfreuen würde, auch wenn die Absatzerfolge der Sauerländer und Siegerländer Pilsbrauereien sowie der rheinischen Altbier-Anbieter festzustellen seien.[252]

Das Festhalten an diesen überkommenen Denkstrukturen hat sich als ein wesentlicher Grund für die nur zögerliche Anpassung der Dortmunder Betriebe an die neuen Marktverhältnisse erwiesen. Im noch zu berichtenden Einzelfall hat es 4 bis 5 Jahre vom ersten Einknicken der Ausstoßkurve bis zur ersten Werbekonzeption gedauert. Zudem hat man auch den Zusammenhang zwischen dem von den Pils-Brauereien schon seit einer Reihe von Jahren praktizierten präferenzorientierten Marktauftritt und der Möglichkeit zu einer Hochpreispolitik damals noch nicht verstanden. Dazu bedurfte es bei einigen Betrieben erst des „Abtretens" einer Führungsgeneration, die noch sehr stark unter dem Eindruck kartellähnlicher Angebotsstrukturen gestanden hatte und die die „Wirtschaftswunder"-Jahre nur als eine Zeit des Verkäufermarktes erlebt hatte.

### 3.4.2 *Fallstudie 1*: Die absatzwirtschaftlichen Aktivitäten der *Dortmunder Thier-Brauerei* in der „Expansionsphase"

### 3.4.2.1 Die Geschäftsentwicklung im Überblick

Die Thier-Brauerei war das erste Dortmunder Brauereiunternehmen, das die sich ändernden Marktverhältnisse spürte. Bereits seit dem Geschäftsjahr 1960/61 flachte die Wachstumskurve beim jährlichen Ausstoß fortgesetzt ab – im Unterschied zu den örtlichen Mitbewerbern und im Unterschied zur Gesamtheit der Branche in NRW sowie im Bundesgebiet.[253] Die geringen Steigerungsraten

---

[252] Vgl. WWA, S 7 Nr. 590: VDB-Geschäftsbericht 1961/62, S. 40, zit. nach: Böse, Christian: a.a.O., S. 173.
[253] Siehe Abb. 3.1 im Abschnitt 3.2.2.

reichten aber dennoch aus, um im Geschäftsjahr 1963/64 erstmalig in der Unternehmensgeschichte die Marke von 500.000 hl beim Ausstoß zu überschreiten. Diese Hektoliter-Leistung konnte jedoch nie wieder erreicht werden. Bereits im folgenden Geschäftsjahr setzte eine zunächst bis 1969/70 währende kontinuierliche Abwärtsentwicklung ein, an deren vorläufigem Ende das Neugeschäft um rd. 17 % unter dem Spitzenjahr lag.

Korrespondierend zur Absatzkurve entwickelten sich auch die Umsätze für die Thier-Brauerei seit 1960 relativ verhalten und unterschieden sich damit ebenfalls deutlich von den Referenzkurven: Der Umsatz von 43,3 Mio. DM war 1964 für Thier nur um 9,5 % höher als 1960, stellte aber ebenfalls ein neues Rekordergebnis dar. Die Gesamtheit der Dortmunder Brauereien verzeichnete nach vier Jahren dagegen noch einen Zuwachs von 30,6 %; für alle Brauereien in NRW überstieg der Umsatz um 39,4 % und für die bundesdeutsche Brauindustrie sogar um 47,7 % den Wert von 1960.[254]

Allerdings verlief die Umsatzkurve von Thier noch etwas flacher als ihre Absatzkurve. Hier zeigten sich die Wirkungen des Rückgangs bei den Durchschnittserlösen pro hl von 86,03 DM (1960) auf 84,80 DM (1964), der mit − 1,4 % marginal ausgeprägter war als bei den Dortmunder Betrieben insgesamt (− 1,1 %). Dagegen stiegen die durchschnittlichen Erlöse im gesamten NRW-Markt geringfügig (+0,5 %) und im Bundesgebiet erheblich (+9,6 %). Offenbar wirkten sich hier die Preiszugeständnisse der Dortmunder Brauereien insbesondere im hart umkämpften Flaschenbiermarkt negativ auf die Umsatzentwicklung aus.

Trotzdem erreichten die Durchschnittserlöse der Thier-Brauerei in dieser Zeit den vergleichsweise absolut höchsten Wert. Auch noch mit zuletzt 84,80 DM/hl konnten etwa 3,50 DM/hl mehr erlöst werden als dies der Gesamtheit der Dortmunder Anbieter gelang. Gleiches trifft auch im Vergleich zum NRW-Markt (+2,60 DM/hl) und zum gesamten Inlandsmarkt zu (+4,15 DM/hl).

Diese positive Unterscheidung der Brauerei Thier beim Preisniveau ist als Folge der zunächst sehr erfolgreichen Ausrichtung auf das – sowieso höherpreisige – Fassbiergeschäft zu interpretieren, zu der auch „die Betonung des Qualitätscharakters unseres Angebotes und eine entsprechende Preisstellung"[255] gehörte.

Einen wesentlichen Grund für die gebremste Entwicklung bei Absatz und Umsatz sah Thier einige Jahre später selber in Defiziten beim Unternehmensimage, die eine 1969 durchgeführte Untersuchung der GfK, Nürnberg offenbarte.

[254] Vgl. WWA, F 122 Nr. 5060/61: Thier-Brauerei: Statistischer Bericht, Blatt Nr. 11.1: Umsatzvergleich in absoluten und Index-Zahlen,

[255] WWA, F 122 Nr. 5101: Werbeagentur SAW: Werbebriefing der Brauerei Thier & Co., Dortmund vom 28.5.1969, hier: Anlage 1: Erläuterungen zur Aufgabenstellung, S. 7.

Darauf soll periodengerecht im Rahmen der Fallstudie 2 näher eingegangen werden.

Es spricht Einiges dafür, dass Thier in den frühen 60er Jahren die „Zeichen der Zeit" nicht hinreichend erkannt hat. Seit den ersten Hinweisen für eine Trendwende bei der Entwicklung von Ausstoß und Umsatz mit zunächst abgeschwächten Wachstumsraten seit Beginn der 1960er Jahre und anschließenden Verlusten seit 1964/65 hat es mehrere Jahre gedauert, bis das Unternehmen im Geschäftsjahr 1967/68 Gegenmaßnahmen in Form einer größer angelegten Verbraucherwerbung ergriffen hat, und zwar in dieser Form und dieser Budgethöhe zum ersten Mal in der Nachkriegszeit bzw. in seiner gesamten Historie.[256]

Bis dahin bewegten sich die absatzwirtschaftlichen Aktivitäten der Thier-Brauerei im traditionellen Bereich. Das gilt insbesondere für die Individualwerbung, die in erster Linie als Gaststättenwerbung praktiziert worden ist. Darüber hinaus hat man sich finanziell an der VDB- sowie der DBB-Gemeinschaftswerbung beteiligt. Produktpolitisch hat die Brauerei gemeinsam mit den anderen Betrieben an der Marke „Dortmunder" und der Sorte Export festgehalten und dabei bis dahin auf eine eigene Profilierung verzichtet. Das Flaschenbiergeschäft hat Thier ebenfalls betrieben; es gibt einige Anzeichen dafür, dass hier das Unternehmen aktiv an einem intensiven Preiswettbewerb unter den Brauereien mitgewirkt hat. Vertriebspolitisch bediente sich Thier lange Zeit der traditionellen Absatzwege ohne frühzeitig Initiativen in Richtung Lebensmitteleinzelhandel zu ergreifen.

Im Folgenden werden diese Aktivitäten im Zusammenhang mit den Schwerpunktsetzungen des Biergeschäfts bei Thier näher analysiert.

### 3.4.2.2 Das Fassbiergeschäft als Geschäftsschwerpunkt: Gaststättenwerbung als Individualwerbung

Die Thier-Brauerei war in ihrer Absatzpolitik in den ersten eineinhalb Jahrzehnten seit Kriegsende weiterhin sehr stark auf das Fassbiergeschäft ausgerichtet. Damit waren die Gaststätten die wichtigsten Geschäftspartner. Entsprechend sind die Werbestatistiken der Brauerei angelegt gewesen. So lassen sich bezogen auf die Aktivitäten im Bereich der Individualwerbung für die 1950er und die erste Hälfte der 1960er Jahre nur detaillierte Zahlen für die Gaststättenwerbung in den Archivunterlagen finden. Darüber hinausgehende Maßnahmen zur Verbraucherwerbung sind von Thier in nennenswertem Umfang erst ab 1967 durchgeführt worden.[257] Offensichtlich hat die Brauerei – wie die gesamte Dortmunder Braubranche – bis

---

[256] Dies soll ebenfalls in der Fallstudie 2 weiter vertieft werden.

[257] Siehe dazu Tabelle 3.8 im Abschnitt 3.5.1.2.

in die 60er Jahre hinein geglaubt, auf spezifische Verbraucherwerbung verzichten zu können. Angesichts der wahrgenommenen Verkäufermarktsituation entsprach dies insbesondere während der 50er Jahre durchaus dem üblichen Verhalten im weitaus überwiegenden Teil der Brauindustrie und dem Gros der gesamten westdeutschen Wirtschaft. Trotzdem lassen sich bei Thier bestimmte Aufwendungen auch bereits in der ersten Hälfte der 1960er Jahre dem Bereich Publikumswerbung zuordnen, obwohl dieser Begriff als Sammelbegriff für die aufgeführten Einzelbereiche in den Werbestatistiken von Thier *nicht* verwendet wurde.

Unter diesem Gesichtspunkt lassen sich folgende Werbekategorien bilden:

- Außenwerbung (z. B. Transparente mit Brauerei- und Gaststättenwerbung, Neonanlagen, Laternen, Außenschilder)
- Innenausstattung (z. B. Thekenleuchten, Schaufensterleuchten, Bleiverglasungen, Schilder)
- Innenwerbung (z. B. Untersetzer, Tropfenfänger, Gläser, Krüge, Aschenbecher, Tragetaschen)
- Kundendienst (z. B. Löhne für Monteure, Kfz-Kosten, Werkzeug, Schutzkleidung)
- Werbedrucke (z. B. Prospekte, Inserate in Jubiläumsschriften und Programmheften)

Darüber hinaus gab es

- Mieten von Werbeflächen auf Verkehrsmitteln, Häuserfassaden, Litfaßsäulen
- Werbung auf firmeneigenen und Vertreter-Fahrzeugen
- Kinowerbung
- Gratisabgaben an Besucher (Limo) und Geschenke an Kunden
- Sonstige Werbung und Repräsentationen (z. B. Weihnachtswerbung, Fotos, Ausstellungen)

Ferner hat sich Thier an der

- Gemeinschaftswerbung des Verbandes Dortmunder Bierbrauer (VDB) und des Deutschen Brauer-Bundes (DBB) beteiligt.

In der nach dieser Gliederung neu aufbereiteten Struktur sahen die Werbeaktivitäten von Thier zum Ende des Berichtszeitraums wie in Tabelle 3.5 gezeigt aus.

**Tabelle 3.5**  Thier-Brauerei: Werbearten und Werbeausgaben von 1960/61 bis 1963/64 in DM und %-Anteilen[258]

| Werbearten | Werbeausgaben in DM | | | |
|---|---|---|---|---|
| | 1960/61 | 1961/62 | 1962/63 | 1963/64 |
| Außenwerbung - Neuanfertigung. | 295.730 | 262.096 | 277.876 | 353.726 |
| Außenwerbung - Instandhaltungen | 221.779 | 256.600 | 257.878 | 275.986 |
| Innenausstattung | 47.775 | 74.010 | 60.807 | 81.923 |
| Innenwerbung | 690.714 | 621.686 | 717.430 | 764.848 |
| Kundendienst | 74.434 | 75.597 | 86.213 | 122.717 |
| Werbedrucke | 30.699 | 36.630 | 38.208 | 45.279 |
| Gaststätten- Werbung gesamt | 1.361.131 | 1.326.619 | 1.438.412 | 1.644.479 |
| Mieten von Werbeflächen | 23.464 | 26.802 | 29.174 | 34.287 |
| Werbung auf Firmenfahrzeugen | 34.779 | 43.994 | 37.477 | 42.677 |
| Kinowerbung | 63 | 577 | 307 | 413 |
| Geschenke an Kunden | 51.628 | 5.021 | 4.303 | 5.770 |
| Gratisabgaben | 1.135 | 1.375 | 2.803 | 2.686 |
| Sonstige Werbung u. Repräsentation | 26.442 | 86.371 | 95.535 | 66.591 |
| Publikumswerbung gesamt | 137.511 | 164.140 | 169.599 | 152.424 |
| Gemeinschafts- Werbung – VDB | 27.258 | ? | ? | ? |
| Gemeinschafts- Werbung – DBB | 4.471 | ? | ? | ? |
| Gemeinschafts- Werbung gesamt | 31.730 | 33.637 | 43.937 | 38.567 |
| Werbung insgesamt | 1.530.372 | 1.524.396 | 1.651.948 | 1.835.470 |
| | | | | |
| %-Anteile an Werbung insges. | | | | |
| Gaststätten- Werbung | 88,9 % | 87,0 % | 87,1 % | 89,6 % |
| Publikums- Werbung | 9,0 % | 10,8 % | 10,3 % | 8,3 % |
| Gemeinschafts- Werbung | 2,1 % | 2,2 % | 2,6 % | 2,1 % |

---

[258] Quelle: Eigene Zusammenstellung der Werbearten zu den drei Werbegruppen und Berechnung der %-Anteile auf der Basis von Zahlen aus: WWA, F 122 Nr. 5178: Statistiken zu den Werbeausgaben 1960/61 bis 1965/66. Zusätzlich wurden aus einer anderen Statistik die Zahlen für die Position: Kundendienst berücksichtigt.

Die Thier-Brauerei hat an der grundsätzlichen Struktur ihrer Werbeausgaben bis zum Ende des Berichtszeitraumes im Geschäftsjahr 1963/64 festgehalten: Ein Vergleich mit Daten aus den 50er Jahren[259] zeigt, dass nach wie vor knapp 90 % der Werbeausgaben für die Außen- und Innenausstattung sowie die Innenwerbung (Untersetzter, Tropfenfänger usw.) der Gaststätten bestimmt waren. Nur rd. 10 % der Aufwendungen lassen sich dem Bereich Publikumswerbung zuordnen.                          .

Die Werbeausgaben sind in den letzten beiden betrachteten Braujahren zwar absolut jeweils erheblich gestiegen (+8,4 % bzw. +11,1 %) und erreichten im Geschäftsjahr 1963/64 eine Höhe von mehr als 1,8 Mio. DM, jedoch geschahen diese Erhöhungen im Gleichklang mit der – zwar abgeschwächten, aber – immer noch positiven Ausstoßentwicklung. Dies zeigt sich auch anhand einer Berechnung der Werbekosten pro hl Ausstoß. Danach wurden 1963/64 insgesamt 3,63 DM/hl für Werbung ausgegeben. Für den gesamten Betrachtungszeitraum bewegt sich diese spezifische Kennzahl seit Anfang der 50er Jahre auf einem relativ einheitlichen Niveau zwischen 3,36 DM/hl (1961/62) und 4,05 DM/hl (1958/59).[260] Insgesamt lässt sich auch aus diesen Zahlen die Schlussfolgerung ziehen: Ein aktives Gegenlenken gegen die seit 1961/62 deutlich gewordene Abschwächung der Wachstumskurve beim Ausstoß ist im Verlauf der vier Folgejahre *nicht* erkennbar. Auch die Tatsache, dass sich Thier deutlich von den Referenzkurven in Dortmund, in NRW und im Bundesgebiet unterschied, hat offenbar in dieser Zeit noch nicht zu einer Umorientierung geführt.

### 3.4.2.3 Die geschäftspolitische Bedeutung des Flaschenbiergeschäftes in seinen preis- und produktpolitischen Ausgestaltungen

Entgegen dem allgemeinen Trend hat Thier seinen Flaschenbieranteil in dieser Zeit nicht erhöht. In den Jahren 1953 bis 1960 lag der Anteil konstant bei 49 %, während alle anderen Dortmunder Brauereien in diesen Jahren Anteilszuwächse von überwiegend zweistelligen Prozentpunkten verzeichneten. Am stärksten stieg der Flaschenbieranteil bei der Ritterbrauerei (von 50 % auf 64 %), der DAB

---

[259] Vgl. WWA, F 122 Nr. 5178: Statistiken zu den Werbeausgaben, exemplarisch für die Jahre 1957/58 und 1958/59 geprüft.

[260] Vgl. WWA, F 122 Nr. 5178: Statistiken zu den Werbeausgaben 1953/54 bis 1968/69. (Die Zahlen für die gesamten Werbeausgaben sind nach dieser Statistik im Vergleich zu den anderen Statistiken zwischen rd. 130.000 DM und 180.000 DM höher, ohne dass die Unterschiede in den Statistiken erläutert wurden. Die statistischen Unterlagen enthalten keine Angaben darüber, inwieweit von der Brauerei in dieser Zeit Handelswerbung bzw. Verkaufsförderungsmaßnahmen durchgeführt worden sind; ansonsten könnten weitere spezifische Werbemaßnahmen berücksichtigt worden sein.)

(von 33 % auf 45 %) sowie bei Hansa (von 40 % auf 51 %). Selbst die eben-
falls im Fassbiergeschäft sehr stark engagierte Kronen-Brauerei steigerte ihren
Flaschenbieranteil von 33 % auf 37 %, und für die Bergmann-Brauerei ist der
Anstieg innerhalb von zwei Jahren bis 1960 von 35 % auf 47 % belegt. Bei
der DUB wuchs der Flaschenbieranteil von 41 % zunächst langsam auf 46 %
im Jahr 1957;[261] für das Jahr 1961 weist der Geschäftsbericht aber bereits einen
Anteil von 60 % aus. Bis zum Ende des Betrachtungszeitraums 1964 stiegen die
Anteile – erneut mit Ausnahme der Thier-Brauerei – bei allen anderen Dortmun-
der Brauereien weiter an, und zwar mit folgenden Ergebnissen: Ritter (72 %),
DUB (65 %), Stifts (61 %), Bergmann (55 %), DAB und Hansa (je 54 %) und
Kronen (47 %). Im Gegensatz dazu verringerte sich die Bedeutung des Flaschen-
bierabsatzes bei der Thier-Brauerei, indem der Anteil um 2 %-Punkte auf 47 %
abnahm.[262]

Dabei ist zu berücksichtigen, dass auch bei der Thier-Brauerei das Flaschenbiergeschäft in absoluten Zahlen stetig und deutlich zugenommen hatte, nämlich
von Jahresleistungen in Höhe von rd. 110.000 hl (1952/53) auf 240.000 hl
(1960/61)[263], dabei aber nicht überproportional. Ob diese Konstanz im Anteil des
Flaschenbiergeschäfts bewusst gesteuert wurde oder aber wegen der enorm hohen
Investitionen in zusätzliche leistungsstarke Flaschenabfüllanlagen und wegen der
im Vergleich zur Fassbierabfüllung ungleich höheren Personalkosten zwangs-
weise auf gleichem Niveau gehalten werden musste, kann hier anhand der Daten
nur schwerlich beurteilt werden. Thier musste den 1950 gebauten Flaschenkeller
wegen steigender Nachfrage schon sehr bald erweitern, konnte dies aber wegen
Finanzierungsproblemen erst 1955 vollziehen. Diese neue Anlage mit einer Stundenleistung von 12.000 Flaschen kostete rd. 400.000 DM. Außerdem machten
die Lohnkosten für die Flaschenabfüllung bei Thier rd. 16 % an den gesamten Lohnkosten der Brauerei aus; bei der Fassabfüllung waren dies lediglich
2 %.[264] Jedenfalls dürfte diese relative Konstanz beim Flaschenbiersegment in
einem negativen Zusammenhang mit dem Neugeschäft gestanden haben.

Allerdings ist auch die Thier-Brauerei im Preiskampf um den Flaschenbiermarkt aktiv gewesen. Wie allen Dortmunder Brauereien wurde auch Thier z. B.
sowohl vom VDB als auch vom Verband Rheinisch-Westfälischer Brauereien
(VRWB) immer wieder vorgeworfen, bei den Wiederverkaufspreisen des Großhandels an den Einzelhandel mit Preisunterbietungen dafür gesorgt zu haben, dass

---

[261] Vgl. Bodden, Nancy: Business as usual?, a.a.O., Tabelle 2 auf S. 51.

[262] Vgl. ebenda, Tabelle 10 auf S. 117.

[263] Vgl. ebenda, errechnet aus den Tabellen 1 und 2 auf S. 50 f.

[264] Vgl. ebenda, S. 61 ff.

die handelsüblichen Preise unterboten wurden. Danach wurden für die Einstandspreise des Einzelhandels dem Großhandel gegenüber Empfehlungen abgegeben
und z. T. diese auch in den Verträgen als verpflichtend fixiert.[265] Nancy Bodden
hat die Gestaltung der Wiederverkaufspreise bei knapp 170 Thier-Verlegern für
das Exportbier in 0,5 l-Flaschen aus der ersten Hälfte der 50er Jahre analysiert
und die unterschiedlichen Ergebnisse für verschiedene Absatzregionen dargestellt.
„Die anzunehmenden Zustellpreise bewegten sich dabei sogar deutlich unter dem
vom VDB empfohlenen Rampenpreis, der 1952 für die 0,5 l-Flasche Export bei
rund 45 Pf. lag, und der die Transportkosten noch gar nicht berücksichtigte. Das
Beispiel zeigt deutlich, dass Thier im zunehmenden Wettbewerb auch bei den
Verlegergeschäften von den verbandlichen Preisvorschlägen abwich."[266]
     Die Verbraucher werden von derartige Preiskämpfen einerseits profitiert
haben, andererseits dürften diese fortgesetzten Preiskämpfe langfristig Irritationen
über die Qualität der Angebote ausgelöst haben, so dass man in der Einkaufssi-
tuation zum preiswertesten Angebot gegriffen hat. In jedem Falle ist dadurch
auch die Preissensibilität beim Verbraucher erhöht worden. Außerdem dürfte der
Verzicht auf individuelle Maßnahmen zur Profilierung der eigenen Marke bei
fortgesetzter Herausstellung der gemeinsamen Marke „Dortmunder Export" auch
bei der Thier-Brauerei zum eingangs erwähnten Imageschaden (Aktualität der
Marke) beigetragen haben.

### 3.4.2.4 Die Absatzgebiete, Absatzwege und die Vertriebspolitik

Das Hauptabsatzgebiet für Thier-Biere war zur Mitte der 1960er Jahre NRW, und
zwar nicht als Ganzes, sondern nur in bestimmten Teilen mit dem Schwerpunkt
im Raum Dortmund. Für Flaschenbier dehnte sich das Verkaufsgebiet außerdem
in einige Teile Niedersachsens, Oldenburgs, Ostfrieslands und des Nordseeküsten-
gebiets einschließlich Hamburgs aus. Die hauptsächlichen Mitbewerber waren im
Dortmunder Raum und in NRW die übrigen Dortmunder Brauereien, darüber hinaus mit ihren Pilsangeboten auch die Sauerländer bzw. Siegerländer Brauereien
Warsteiner, Veltins und Krombacher und in den weiter entfernten Absatzgebieten
zusätzlich die dortigen Brauereien, wie z. B. Jever.[267]
     Die Thier-Brauerei bediente sich in dieser Zeit der traditionellen Absatzwege.
Das bedeutete im Wesentlichen Direktbelieferungen der Vertragsgaststätten im

---

[265] Vgl. ebenda, S. 101 sowie Fußnote 316 im Kapitel 2.

[266] Ebenda.

[267] Vgl. WWA, F 122 Nr. 5314/3: Dettmar-Werbung, Essen: Vorschlag einer Werbekonzeption für die Zeit vom 1.10.1967 – 31.12.1968 für Thier-Bier, August 1967, S. 12 ff.

Großraum Dortmund durch brauereieigene Fahrzeuge einerseits sowie insbesondere für die entfernteren Gebiete die Belieferung des Getränkefachgroßhandels (GFGH) und in geringerem Maße von Einzelhändlern andererseits. Der GFGH nahm dort seinerseits die Versorgung der Gastronomie sowie von Einzelhändlern, auch im Lebensmittelbereich, wahr. Thier arbeitete Mitte der 60er Jahre mit 259 Bierverlegern zusammen, die die Großhandelsfunktion für Thier – und zum überwiegenden Teil auch für die Konkurrenzbrauereien – übernahmen. Den Vertrieb unterstützten 35 Vertreter sowie regional und zeitlich begrenzte Werbekolonnen für Thier.[268] Außerdem wurden von Thier noch stärker als von den örtlichen Mitbewerbern in Dortmund und der Umgebung auch Trinkhallen und Kioske unmittelbar beliefert, indem die Brauereifahrzeuge diese Verkaufsstellen regelmäßig anfuhren. Anteilszahlen zu diesen verschiedenen Vertriebswegen liegen für die Thier-Brauerei für diesen Zeitraum nicht vor.

Diese für die Dortmunder Betriebe übliche Vertriebsstruktur hat beim Flaschenbiergeschäft bis mindestens zum Ende der 60er Jahre ganz offensichtlich das typische Einkaufsverhalten der Dortmunder Haushalte geprägt. Andererseits dürften aber auch schon vom Lebensmittelhandel bestimmte Wirkungen auf die Struktur der Vertriebsformen ausgegangen sein. In den bereits zitierten Erläuterungen zu einem Werbebriefing aus dem Jahre 1969 wird explizit auf die jeweils unterschiedlichen Einkaufsgewohnheiten der Gesamtheit der NRW- und der Dortmunder Haushalte hingewiesen: „Nach den letzten uns zur Verfügung stehenden Untersuchungen decken 43 % der Haushalte in Nordrhein-Westfalen (Dortmund 29 %) ihren Bierbedarf vorwiegend im Lebensmittelhandel, 21 % (Dortmund 11 %) über Bierverleger, 8 % (in Dortmund 35 % !!!) an Kiosken und Trinkhallen, weitere 8 % bzw. 7 % in der Gaststätte, der restliche Einkauf verteilt sich auf Stubenläden, Heimdienste, Warenhäuser u. a. Der Heimdienst ist daran mit 5 % bzw. 4 % relativ schwach beteiligt. Die Bedeutung des Lebensmitteleinzelhandels steigt mit wachsender Ortsgröße."[269]

Diese Zahlen belegen die herausgehobene Bedeutung von Kiosken und Trinkhallen für Dortmund, aber auch die des zweitplatzierten Vertriebsweges Lebensmittelhandel, häufig über den GFGH versorgt. Es interessiert deshalb, inwieweit sich die Thier-Brauerei wenigstens zum Ende des Betrachtungszeitraums vertriebspolitisch stärker auf die sich wandelnden Marktverhältnisse und die wachsende Bedeutung des Lebensmittelhandels eingestellt hat. Es gibt Hinweise darauf, dass dies zumindest nicht in einem bedeutenden Maße geschehen

---

[268] Vgl. ebenda, S. 16 ff.

[269] WWA, F 122 Nr. 5101: Werbeagentur SAW: Werbebriefing der Brauerei Thier & Co., Dortmund vom 28.5.1969, hier: Anlage 1: Erläuterungen zur Aufgabenstellung, S. 5.

ist. So heißt es in einem Vorschlag für eine Werbekonzeption der Werbeagentur
Dettmar aus 1967: „Bei den Letztverteilern handelt es sich um Gaststätten, Trinkhallen sowie um den Delikateß- und Lebensmittel-Einzelhandel. *Lieferverträge
mit größeren Lebensmittel-Zusammenschlüssen bestehen nicht.*"[270]
Andererseits wird in einer Konzeption zur Werbung und Verkaufsförderung allerdings erst für das Braujahr 1970/71 berichtet, dass sich das Haus
Thier erst im Vorjahr „durch Neu-Formierung der Vertriebsorganisation und
im Zusammenhang damit durch Konzentration auf ein Intensivgebiet, indem
auch der Lebensmittel-Einzelhandel systematisch bearbeitet wird"[271], den neuen
Anforderungen des Marktes gestellt hat.[272]

Für andere Dortmunder Brauereien ist dagegen belegt, dass sie den Lebensmittelhandel für den Vertrieb von Flaschenbier bereits in den 50er Jahren eingesetzt
haben. So war die DUB bereits 1955 Vertragslieferantin von Edeka, Rewe und
andere Handelsorganisationen. Derartige Großabnehmergruppen hatten bereits
damals einen Anteil von etwa 50 % am gesamten Flaschenbierausstoß der DUB
von rd. 400.00 hl.[273] Dieses Ergebnis kann als Erfolg vertriebspolitischer Bemühungen im Sinne eines „Push-Marketings" interpretiert werden. Allerdings: „Eine
spezielle Verkaufswerbung für Flaschenbier im Einzelhandel wurde von den
Dortmunder Brauereien in diesen Jahren nicht betrieben."[274]

Die Thier-Brauerei hat als erste der Dortmunder Betriebe die veränderten
Marktverhältnisse zu spüren bekommen. Ausstoß und Umsatz entwickelten sich
seit 1961/62 deutlich schwächer als beim Wettbewerb. Zu einem Gegenlenken
hat dies allerdings bis in die zweite Hälfte der 60er Jahre nicht geführt.

---

[270] WWA, F 122 Nr. 5314/3: Dettmar-Werbung, Essen: Vorschlag einer Werbekonzeption für
die Zeit vom 1.10.1967 – 31.12.1968 für Thier-Bier, August 1967, S. 18. (Herv. d. H.F.)

[271] WWA, F 122 Nr. 5176: BBDO: Werbung und Verkaufsförderung für das Braujahr
1970/71 (der Brauerei Thier & Co., Dortmund), Juli/August 1970, S. 18.

[272] Dieser Aspekte soll periodengerecht in der Fallstudie 2 wieder aufgegriffen und vertieft
werden.

[273] Vgl. Bodden, Nancy: Business as usual?, a.a.O., S. 57.

[274] WWA, F 122 Nr. 5314/3: Dettmar-Werbung, Essen: Vorschlag einer Werbekonzeption für
die Zeit vom 1.10.1967 – 31.12.1968 für Thier-Bier, August 1967, S. 14.

### 3.4.3  Bilanz der Absatzpolitik der Dortmunder Brauereien insgesamt sowie der Dortmunder Thier-Brauerei zur Mitte der 1960er Jahre

Fünfzehn Jahre lang erlebte die Bundesrepublik bereits das „Wirtschaftswunder". Fünfzehn Jahre lang war der Bierabsatz bei den Dortmunder Brauereien mit z. T. hohen zweistelligen Zuwachsraten gestiegen. In der Gesamtwirtschaft wie auch bei den Dortmunder Brauern glaubte man an ein fortgesetztes Wachstum, so dass auch die Produktionskapazitäten weiter ausgebaut wurden.

Dortmund war sehr schnell nach dem Kriege wieder Bierstadt Nr. 1 in Deutschland wie in Europa geworden. Die Marke „Dortmunder" stand für diesen Ruf als auch für die Sorte Export. „Wir brauchen keine Reklame!" war angesichts dieser Trümpfe und der anhaltend guten Geschäftsentwicklung die stolz vorgetragene Schlussfolgerung.

Mit kartellmäßigen Regelungen aus der Vorkriegszeit hatte man versucht, den gemeinsamen Markt zu steuern. Dies zeigte sich insbesondere in der vom Dortmunder Verband betreuten Gemeinschaftswerbung, der weitgehenden Ausschaltung des Wettbewerbs im Fassbiergeschäft mit den Gaststätten (u. a. über langfristige Bierlieferungsverträge, Darlehensgewährungen und sonstige Nebenleistungen), im Herausstellen der Dachmarke „Dortmunder" und dem damit verbundenen weitgehenden Verzicht auf eine Markenbildung bei den einzelnen Brauereien und damit auch auf eine Imagepflege der Einzelmarken. Individualwerbung wurde i. d. R. nicht als Verbraucherwerbung, sondern als Gastronomiewerbung betrieben. Auch die lange Zeit auf die traditionellen Absatzwege ausgerichtete Vertriebspolitik mit der nur zögerlichen Annäherung an den aufstrebenden Lebensmittelhandel ist Ausdruck dieser absatzwirtschaftlichen Grundhaltung.

Auf der anderen Seite wurde aber über viele Jahre ein scharfer Preiswettbewerb im Flaschenbiermarkt geführt, der sicherlich zumindest phasenweise ein ruinöser Wettbewerb war; jedenfalls hat man die Auswirkungen auf die Erträge mangels vorheriger Kalkulation nicht oder kaum abgesehen. Außerdem zog dieser intensive Preiswettbewerb auch die Aufmerksamkeit der Bierkonsumenten auf sich: Wenn Produkte homogen erscheinen, so lenkt dies den Blick des Verbrauchers umso mehr auf den Preis. Als Folge litt das Renommee der Dachmarke „Dortmunder" im Laufe der Zeit ganz erheblich darunter. Nancy Bodden hat diese Entwicklung treffend in die Kapitelüberschrift gefasst: „,Dortmunder': vom Qualitätsbegriff zum Imageproblem".[275]

---

[275] Bodden, Nancy: Business as usual?, a.a.O., S. 231.

Dabei zeigten sich In den Markt- und Absatzstrategien zwischen den acht Dortmunder Exportbier-Brauereien einerseits und den ebenfalls in NRW aktiven Pilsbier-Brauereien andererseits schon Anfang der 1950er Jahre deutliche Unterschiede: Die Pilsbier-Brauereien hatten es schon frühzeitig verstanden, in ihren individuellen Werbebotschaften neben dem Grundnutzen – etwa Durstlöschen und Erfrischen – auch einen psychologischen Zusatznutzen – etwa Exklusivität, Geselligkeit, Umweltbewusstsein, Natürlichkeit, Privatheit – zu versprechen.[276] Darüber hinaus betrieben sie frühzeitig eine konsequente Markenpflege und hielten auf diese Weise auch die Verkaufspreise hoch und stabil. Damit gewannen sie zunehmend Marktanteile auch in den Absatzgebieten der Dortmunder Betriebe.

Die Aktivitäten der Pilsbrauereien wurden von der Dortmunder Brauindustrie auch noch 1967 als lediglich „konkurrenzerschwerende Faktoren"[277] betrachtet. Überhaupt hat man neue Marktentwicklungen entweder unterschätzt oder ignoriert. Dies lag auch daran, dass man die Änderungen im Verbraucherverhalten zu wenig im Blick gehabt hat. Das gilt zum einen bezüglich der zunehmenden Pilsnachfrage, zum anderen aber auch im Hinblick auf den starken Trend zum Heimkonsum und drittens auch in Bezug auf die Wirkungen des fortgesetzten Preiswettbewerbs im Flaschenbiermarkt und dem damit einhergehenden Imageverlust für Dortmunder Bier. Und schließlich gilt dies auch für die späte Einsicht in die Notwendigkeit, stärker im Geschäft mit dem Lebensmittelhandel aktiv zu werden und sich dort zu etablieren, wenigstens ergänzend zu den traditionellen Absatzwegen.

Für die Thier-Brauerei im Speziellen war bereits das Geschäftsjahr 1963/64 mit einem Rekordausstoß von etwas mehr als 509.000 hl zugleich Höhepunkt und Wendepunkt einer erfolgreichen Unternehmensgeschichte. Danach begann ein jahrelang währender kontinuierlicher Rückgang bei Ausstoß wie Umsatz. Angesichts einer in den Jahren zuvor aufgebauten maximalen Produktionskapazität von 700.000 hl[278] als Folge der Erweiterung der Flaschenbierabfüllanlagen in den Jahren 1957 und 1961[279] bestand hier eine erhebliche Fixkostenbelastung für das Unternehmen.

Wie die anderen Dortmunder Brauereien auch war die Brauerei Thier „groß geworden" mit dem Fassbiergeschäft; die Gastronomie war über Jahrzehnte ihr hauptsächlicher Geschäftspartner – hier hatte sie sich etabliert. Hier genoss sie

---

[276] Darauf weist auch Frank Wiese hin. Vgl. Wiese, Frank: a.a.O., S. 180.

[277] WWA, F 122 Nr. 5314/3: Dettmar-Werbung, Essen: Vorschlag einer Werbekonzeption für die Zeit vom 1.10.1967 – 31.12.1968 für Thier-Bier, August 1967, S. 14.

[278] Vgl. ebenda, S. 19.

[279] Vgl. Böse, Christian: a.a.O., S. 190.

einen guten Ruf als „qualitätsbetontes und traditionsbezogenes" Unternehmen, das nach einem „althergebrachten Brauverfahren" mit „besonderer Sorgfalt" ein gutes Bier braute.[280] Von diesem Guthaben glaubte die Brauerei zehren zu können.

Die Thier-Brauerei war wie die örtlichen Wettbewerber eingebunden in die gemeinschaftliche kartellmäßige Marktbearbeitung. Abgesehen von ihrer möglicherweise etwas auffälligeren Rolle beim Preiswettbewerb im Flaschenbiergeschäft mit ihren schädlichen Wirkungen auf die Erträge sowie das Image der Marke „Dortmunder" lassen sich für diesen Zeitraum keine Belege finden für besondere, über das Übliche hinausgehende Aktivitäten im absatzwirtschaftlichen Bereich.

Auch Thier hatte die Bedeutung des Pilsgeschäftes in dieser Zeit unterschätzt. Wie kann es sonst sein, dass die Brauerei sich erst im Zusammenhang mit einer Werbekonzeption 1967 darauf besonnen hat, dass sie die erste Dortmunder Brauerei war, die in alter Zeit ein „Bitterbier" angeboten hatte und nun glaubte, dass sie im „Groß-Dortmunder-Raum […] vor allem das Image einer pilsbetonten Brauerei [hat], was sicherlich auch auf den Geschmack des Thier-Bieres zurückzuführen ist."?[281]

Außerdem hatte Thier auch die Vertriebsarbeit offensichtlich vernachlässigt. Sie hat einerseits ein eher zerklüftetes Absatzgebiet (bis hin zur Nordsee und in Teilen von Rheinland-Pfalz und Baden) aufgebaut mit „weißen Flecken" in NRW und andererseits sich bis dahin kaum beim Vertrieb über den zukunftsträchtigen Lebensmitteleinzelhandel engagiert.

Es spricht Einiges dafür, dass Thier in den frühen 60er Jahren die Markttrends in ihrer langfristigen Wirkung nicht hinreichend erkannt hat oder erkennen wollte. Dabei hat die Brauerei z. T. schon seit den frühen 50er Jahren, verstärkt seit 1960 die Statistiken zu Ausstoß, Umsatz und Personalkosten jährlich sehr genau fortgeführt. Dazu wurden Verhältniszahlen gebildet, und das Zahlenwerk wurde jeweils im überbetrieblichen Vergleich dargestellt. Ein aktives Gegenlenken gegen die seit 1961/62 deutlich gewordene Abschwächung der Wachstumskurven beim Ausstoß und Umsatz ist im Verlauf der unmittelbaren Folgejahre *nicht* erkennbar. Auch die Tatsache, dass sich Thier zunehmend von den Referenzkurven in Dortmund, in NRW und im Bundesgebiet unterschied, hat offenbar in dieser Zeit noch nicht

---

[280] Vgl. hierzu die in Fallstudie 2 näher erläuterte Marktforschungsstudie. WWA, F 122 Nr. 5216/5: GfK-Nürnberg, Gesellschaft für Konsum-, Markt- und Absatzforschung e. V.: Spontante Bekanntheit von Biermarken, Anmutung und Eindruckswirkung des Thier-Zeichens, Nürnberg Januar 1969.

[281] WWA, F 122 Nr. 5314/3: Dettmar-Werbung, Essen: Vorschlag einer Werbekonzeption für die Zeit vom 1.10.1967 – 31.12.1968 für Thier-Bier, August 1967, S. 19.

zu einer Umorientierung geführt. Wie noch zu zeigen sein wird, hat es 4 bis 5 Jahre gedauert, bis das Unternehmen 1967 Gegenmaßnahmen in Form einer größer angelegten Verbraucherwerbung unter Einschaltung einer Werbeagentur ergriffen hat, und zwar in dieser Form und dieser Budgethöhe zum ersten Mal in der Nachkriegszeit, möglicherweise in seiner gesamten Historie.

### 3.4.4 Vergleich der absatzwirtschaftlichen Maßnahmen der Dortmunder Brauindustrie mit den anwendungsorientierten Erkenntnissen und Handlungsempfehlungen der Theorie

Welche handlungsorientierten Erkenntnisse und Handlungsanweisungen der absatzwirtschaftlichen Theorie sind in diesen eineinhalb Jahrzehnten von den Dortmunder Brauereien berücksichtigt worden bzw. welche Erkenntnisse hätten in verschiedenen Situationen hilfreich sein können?

Es lassen sich kaum Hinweise dafür finden, dass die Dortmunder Brauindustrie in der „Expansionsphase" unmittelbar und bewusst auf theoretische Erkenntnisse der absatzwirtschaftlichen Literatur aus dieser Zeit zurückgegriffen hätte. Angesichts der erheblichen jährlichen Ausstoßsteigerungen und des Gefühls der eigenen Stärke („Wir brauchen keine Reklame") ist dies den Verantwortlichen in den Unternehmen auch vermutlich nicht in den Sinn gekommen.

Zudem war eine ganze Reihe der Verantwortlichen entweder seit Kriegsende oder z. T. auch schon seit den 1920er und 1930er Jahren in ihrer jetzigen Position und verblieb dort bis in die 1960er Jahre.[282] Der Erfahrungshintergrund aus kartellmäßigen Steuerungsprozessen des Biermarktes aus der Vorkriegszeit und die daran anknüpfenden – gleichwohl modifizierten – Praktiken der Marktbearbeitung in der „Wirtschaftswunderzeit" ließen verbraucherorientiertes Denken als überflüssig erscheinen. Die Absatzstrategie lässt sich allenfalls als produkt- und preisorientiert bezeichnen. Erste Ansätze zu einer marktorientierten Ausrichtung der Unternehmen erfolgten erst, als Mitte der 60er Jahre die Zuwächse bei Ausstoß und Umsatz ins Stocken gerieten. Z.T. dürften diese Neuorientierungen auch im Zusammenhang gestanden haben mit personellen Wechseln in den Unternehmensleitungen der Braubetriebe.[283]

---

[282] Vgl. Bodden, Nancy: Business as usual?, a.a.O., S. 240.

[283] Vgl. ebenda, S. 240 ff. Die Autorin beschreibt eine Reihe personeller Wechsel in den Unternehmensleitungen der Dortmunder Brauereien gerade in den 1960er Jahren.

Trotzdem lassen sich aus den bisherigen Analysen gewisse Anhaltspunkte finden für als typisch zu klassifizierende Praktiken der Dortmunder Braubetriebe, die mit den Ergebnissen der Theorie verglichen werden können. Dabei hat die in diesem Kapitel vorgenommene Analyse gezeigt, dass bezüglich des Geschäftsverständnisses und der Marktbearbeitung in dieser „Expansionsphase" eine durchgängige Einheitlichkeit zwischen den Dortmunder Braubetrieben bestand. Dies offenbart sich insbesondere unter den Aspekten der prinzipiell einheitlichen Produktpolitik mit dem Verkaufsschlager „Dortmunder Export", der Werbeaktivitäten nur als Gemeinschaftswerbung sowie der kartellmäßigen Ausrichtung der Vertriebspolitik mit dem Schwerpunkt Gastronomiemarkt. Somit können die Bewertungen für die Thier-Brauerei und für die Dortmunder Brauindustrie insgesamt weitgehend einheitlich ausfallen.

In der Tabelle 2.3 des Abschnitt 2.3.4.10 wurden die Analyseergebnisse zu der absatzwirtschaftlichen Literatur bis etwa zur Mitte der 1960er Jahre zusammengefasst und im Abschnitt 2.3.5 kritisch bewertet. In die beiden links stehenden Rubriken der folgenden Tabelle 3.6 sind diese Eintragungen übernommen worden. In der hier vorgenommenen Erweiterung der Tabelle auf der rechten Seite soll zum einen mit „ja" oder „nein" eine Antwort auf die Frage gegeben werden, ob von den Dortmunder Braubetrieben bzw. der Thier-Brauerei die einzelnen Punkte der theoretischen Erkenntnisse in ihrer Praxis (bewusst oder intuitiv) berücksichtigt worden sind; ergänzend soll dies – soweit möglich – aufgrund der Analysen begründet werden. Der Autor dieser Arbeit ist sich dabei bewusst, dass er bei diesen Analyse- und Bewertungsarbeiten auch nur einen Ausschnitt der Realität kenngelernt hat.

Ergänzend zu den dichotomen Urteilen und Kurzbegründungen in der Tabelle können für die einzelnen Themenbereiche folgende Erläuterungen gegeben werden:

- Die **Marktorientierung** stellt das bereits von Erich Schäfer erstmalig 1928 formulierte und von der Marketingwissenschaft ab der zweiten Hälfte der 1960er Jahre verstärkt herausgestellte Leitbild für alle unternehmerischen Entscheidungen dar. Das Dortmunder Braugewerbe hatte diese Maxime solange nicht im Blickfeld, als sie davon ausgehen konnte, dass der Markt vorhanden war und sie mit ihrem Angebot „automatisch" die Bedürfnisse der Bierkonsumenten traf. Entsprechend bestimmte die Produktionsplanung den Absatz.
- Die **Aufgabe der Geschäftsleitung** besteht der Theorie nach darin, eine funktionierende und mit anderen Organisationsbereichen vernetzte Absatzorganisation aufzubauen sowie den Einsatz des absatzpolitischen Instrumentariums

**Tabelle 3.6** Vergleich der absatzwirtschaftlichen Maßnahmen der Dortmunder Brauindustrie mit den anwendungsorientierten Erkenntnissen und Handlungsempfehlungen der Theorie für die Zeit der „Expansionsphase" (1950 bis 1965)[284]

| Themenbereich | Anwendungsorientiere Erkenntnisse/Handlungsanweisungen | | Von Do. Brauindustrie/ Thier berücksichtigt? |
|---|---|---|---|
| Marktorientierung | • Bedürfnisse der Verbraucher sind Basis für Produktentwicklung sowie Absatzstrategien | nein | Der Markt ist da. |
| | • Absatzplanung muss eingebunden sein in Gesamtplanung | nein | Die Produktion ist der Engpass. |
| Geschäftsleitungsaufgabe: Organisatorische Grundlagen legen | • Aufbau einer funktionierenden Absatzorganisation (innen/außen) | ja | Organisation der Distribution von Bier. |
| | • Vernetzung mit anderen Orga-Bereichen | ja | vermutlich. |
| | • Optimale Kombination des absatzpolitischen Instrumentariums | nein | nicht notwendig |
| | • Installierung der Marktforschung als „unentbehrliche Grundlage" sowie zur koordinierten Absatzplanung | nein | nicht notwendig |
| Marktforschung (Mafo) | • ist Instrument der Unternehmensführung | nein | hat allenfalls Hilfsfunktion. |
| | • Aufgaben: Markt- u. Kundenanalyse (quantitativ/qualitativ), Konkurrenzanalyse, Markt- u. Absatzprognose, Trendforschung, Fundierung des Einsatzes des absatzpol. Instrumentariums | ja | aber nur Marktbeobachtung und Konkurrenzanalyse. |
| | • Mafo-Arten: demoskopisch – ökoskopisch; primär – sekundär; betrieblich – per Institut | nein | nicht notwendig |
| | • Erhebungsmethoden: Befragung, Beobachtung, Experiment | nein | nicht notwendig |
| | • technischer Ablauf: Aufgabenstellung, Gesamtkonzept, Fragebogen, Stichprobe/Auswahlverfahren, Interviewer-Einsatz, Daten-Erfassung/Aufbereitung/Analyse, Bericht/Empfehlungen | nein | nicht notwendig |
| Absatzplanung | • ist eingebettet in gesamte Unternehmensplanung | nein | fraglich, ob Untern.planung bestand. |
| | • basiert auf „ungewissen Erwartungen" und macht Anpassungen notwendig | nein | nicht notwendig |
| | • Grundlagen: Infos über Absatzmarkt, Verbraucherwünsche, Konkurrenzverhalten, Wirkung eigener/fremder absatzpolitischer Aktivitäten | nein | nicht notwendig |
| | • Erstellung von Absatzplänen (Mengen/Umsatz) unter Abstimmung mit den anderen betrieblichen Teilplänen | nein | nicht notwendig |

(Fortsetzung)

[284] Quelle: eigene Darstellung.

**Tabelle 3.6**  (Fortsetzung)

| Verbraucherwerbung | • Werbung ist integraler Bestandteil des absatzpolitischen Instrumentariums | nein | „Wir brauchen keine Reklame". |
|---|---|---|---|
|  | • Prozess der Werbetätigkeit: Werbeanalyse, Werbeplanung (Ziele; Produkte/Märkte/Werbemittel/Budget; General-/Perioden/ Streuplan), Durchführung (psycholog. Erkenntnisse/technische Möglichkeiten; Umsetzungsschritte), Werbeerfolgskontrolle (psychologische und ökonomische Wirkungen) | nein | nicht notwendig; Teile davon für Gastronomie-Werbung angewandt |
|  | • Erkenntnisse zur Werbewirkung: Kontinuität, richtiges Maß, zeitliche Verteilung, pro- vs. antizyklische Werbung, Werbewirkungsstufen (Wahrnehmung, Aufmerksamkeit, ... Handlung) | nein | nicht notwendig |
|  | • Gemeinschaftswerbung | ja | einzige Form d. Verbraucher-Werbung |
| Produktpolitik | • „Das Produkt ist nach dem Markt zu gestalten". | nein | Export-Bier ist gesetzt. |
|  | • Produktgestaltung ist keine technische, sondern absatzpolitische Aufgabe | nein | sehr wohl technische Aufgabe. |
|  | • Aussehen, Gestalt u. Form des Produktes sowie der Verpackung sollten suggestiv wirken | nein | „Dortmunder" überzeugt allein. |
|  | • Streben nach „Individualität" vs. „Konformität" | ja | Konformität. |
|  | • Der Name des Produktes sollte als „Bindemittel zwischen Produkt und Käufer" wirken | ja | „Dortmunder" ist Bindemittel. |
| Markenartikel | • Merkmale (max.): Kennzeichnung (Herkunftsbezeichnung), Personifizierung (Name/Warenzeichen), gleichbleibende Verpackung, Qualitätsgarantie, Vertrauensdimension, konstante Preise und Vertriebswege; dabei Abstufungen von „Klassischer" Markenartikel, Markenware ohne Preisbindung, Markenware mit beschränktem Absatzkreis, Händlermarken ... | ja | „Dortmunder" ist echter Markenartikel (Ausnahme: keine konstanten Preise; nur regionale Verbreitung). |

(Fortsetzung)

**Tabelle 3.6** (Fortsetzung)

| | | | |
|---|---|---|---|
| | • weitere Differenzierungen u.a. in: Hersteller-, Erzeugnisgruppen- und Einzelmarken | ja | aber sparsam: Einzelmarken als ergänzende Aufschrift. |
| | • Der Markenartikel ist nicht nur eine besondere Warenart, sondern selbst ein absatzpolitisches Instrument: Einfluss auf Werbung, Preis- und Verpackungspolitik, Absatzorganisation und Handelspolitik | ja | über die Marke „Dortmunder" lief der Verkauf. |
| | • Wichtige Erkenntnis für Markenartikelpolitik: Als kurzfristig wirkendes Absatzinstrument „[ist] Preispolitik als Wettbewerb [...] unmöglich. Wer es trotzdem versucht, wird zwangsläufig [...] ausscheiden" | nein! | grundlegende „Sünde" über viele Jahre; hat Marke „Dortmunder" kaputt gemacht. |
| | • Markentechnik: Die Wortmarke sollte kurz u. vokalreich sein, die Zeichenmarke möglichst einfach und prägnant. Fusion in Wort + Bild | ja | „Dortmunder" war gelernt und hatte einst „Klang". |
| Preispolitik | • Basis: Gutenbergs modelltheoretische Überlegungen | nein | fraglich, ob bekannt. |
| | • Die „doppelt geknickte Preis-Absatz-Kurve" beschreibt das „akquisitorische Potential" bzw. den „autonomen Bereich", innerhalb eines kleinen Preisintervalls, bei dem Preisveränderungen a) nicht zu spürbaren Nachfrageänderungen und b) nicht zu Konkurrenzreaktionen führen. (Modellvariante: Polypol/Oligopol auf unvollkommenen Märkten). Gründe sind präferenz- und imagebildende Maßnahmen des Anbieters | nein | eine Orientie-rung daran hätte dazu bei-tragen können, den ruinösen Wettbewerb sowie Verfall der Marke „Dortmunder" zu verhindern oder zumindest aufzuhalten. |
| | • Grundsätzlich gilt jedoch: Gefahr der „Kampfsituation", alternativ: einheitliches preispolitisches Verhalten | nein | Kampfsituation statt einheit-lichem Verhalten. |

(Fortsetzung)

**Tabelle 3.6** (Fortsetzung)

| Vertriebsarbeit und Absatzmethode | | | |
|---|---|---|---|
| | • „Verkaufen heißt Bedürfnisse finden." Für ein Produkt muss ein Markt vorhanden sein. „Die Fertigung ist eine Funktion des Vertriebes" | nein | Es gibt nur Bedarf, keine Bedürfnisse. Bedarf ist da. |
| | • Aufbau u. Aufgabe der Verkaufsabt.: Aufstellung von Kriterien für Innen- u. Außenorganisation; Ursachen für Erfolge/Misserfolge bei Personalauswahl und –führung | ? | Außendienstler müssen Wirte + Händler ansprechen können. |
| | • Qualifikation des Verkaufsleiters: umfangreiches Wissen, analytisch stark, optimistisch, soziale Kompetenz, Kenntnisse über: Verkaufsgebiet, Waren, Vertriebskanäle, Werbung, Kosten, Preise, | ? | (vermutlich) wurde der beste Verkäufer später Verkaufs-leiter. |
| | • Analyse der Absatzkanäle: Einzelhandel erbringt: räumliche Ausgleichsfunktion, Sortimentsfunktion, Quantitätsfunktion, Lagerhaltungsfunktion; Großhandel erbringt: Sortimentsfunktion, Lagerhaltungsfunktion, verfügt über großen Kundenstamm | ja | Fachkenntnisse und Verhaltens-weisen aus praktischer Erfahrung. |
| | • Außendienststeuerung: Empfehlungen zum systematischen und methodischen Vorgehen bei der Einstellung, Schulung, Motivation, Kontrolle und Unterstützung durch Info-Material | ? | (vermutlich) ansatzweise vorhanden. |
| | • Steuerung und Kontrolle der Absatzkosten | ? | Kontrolle der Reisekosten-abrechnungen. |
| | • Aufbau einer Verkaufsforschungs-abteilung zur Analyse der Absatzergeb-nisse sowie zur Durchführung von Maßnahmen zur Kundenrückgewinnung | nein | Gastwirte waren durch langfr. BLV gebunden. |

optimal zu kombinieren. Die Dortmunder Brauereien haben in dieser Zeit versucht, ihre Außendienste effizient zu organisieren, um die Distribution zu gewährleisten. Der Einsatz und die Kombination des gesamten absatz-wirtschaftlichen Instrumentariums erschien als nicht notwendig. Die Unter-nehmensleitungen bzw. die nachgeordneten Führungsebenen fällten allerdings preispolitische Entscheidungen und bestimmten die Höhe des Werbebudgets primär für Aktivitäten im Gastronomiebereich.

• Die **Marktforschung** wurde in dieser Zeit allenfalls sporadisch eingesetzt. Sie hatte kaum mehr als eine Hilfsfunktion und war *nicht* ein Instrument der Unternehmensführung. Mit Erhebungsmethoden und Techniken kannten sich die beauftragten Marktforschungsinstitute aus. Von den Brauereien wurde aber eine allgemeine Markt- und Konkurrenzbeobachtung betrieben.

- Nach den Vorstellungen der Theorie ist die **Absatzplanung** in die gesamte Unternehmensplanung eingebettet und muss mit den anderen Teilplänen abgestimmt werden. Sie basiert auf Informationen über die Verbraucher, die Konkurrenten sowie über Markttrends und – falls möglich – auch über die Wirkung durchgeführter absatzwirtschaftlicher Maßnahmen. Es gibt kaum Hinweise darauf, dass über die Produktionsplanung hinaus auch eine separate Absatz- und Unternehmensplanung in den Dortmunder Häusern bestand.
- **Verbraucherwerbung** als Individualwerbung wurde lange Zeit von den Dortmunder Unternehmen für nicht notwendig gehalten. („Wir brauchen keine Reklame.") Neben einigen wenigen kommunikativen Aktivitäten (z. B. Mieten von Werbeflächen, Werbung auf Firmenfahrzeugen), die sich der Publikumswerbung zurechnen lassen, bestand die einzige Form der Individualwerbung in – allerdings sehr kostenintensiven – verkaufsunterstützenden Maßnahmen im Gastronomiebereich. Diese beinhalteten schwerpunktmäßig die sogenannte Innenwerbung (von Tropfenfängern und Untersetzern bis hin zu Biergläsern und Aschenbechern), außerdem die Innenausstattung der Gaststätten sowie die Neuanfertigung bzw. Instandsetzung von Leuchtreklame. Für die Verbraucheransprache wurde ergänzend die – im Vergleich dazu für die einzelne Brauerei kaum teure – Gemeinschaftswerbung als Werbung für den Bierkonsum an sich bzw. für Dortmunder Bier vorgenommen. Dagegen hatte die Werbeforschung bereits bis dahin detaillierte Forschungsergebnisse und Empfehlungen zum Prozess der Werbedurchführung und zu den Werbewirkungen erarbeitet.
- **Produktpolitisch** schien es für die Dortmunder Betriebe in dieser Zeit nichts zu entscheiden zu geben. Mit dem „Dortmunder Export" wurde ein seit Jahrzehnten national wie international bekanntes und anerkanntes Produkt auf dem Markt angeboten. Obwohl auch Pilsbier gebraut wurde und insgesamt ein breiteres Bier-Sortiment bestand, waren alle Aktivitäten auf das Exportbier ausgerichtet. Von daher wurde die Produktgestaltung als technische, aber nicht als absatzwirtschaftliche Aufgabe aufgefasst. Die späteren Probleme der Dortmunder Bierindustrie liegen u. a. auch darin begründet, dass sie dem Rat der Marketingforschung nicht oder zu spät gefolgt ist, der lautet: „Das Produkt ist nach dem Markt zu gestalten." Dementsprechend wurde auch die Empfehlung nach „Individualität" in der Produktgestaltung lange Zeit ignoriert.
- Was die **Markenpolitik** betrifft, so ist einerseits bereits seit Jahrzehnten ein Verständnis für den Wert der Herkunftsmarke „Dortmunder" und ihre Bedeutung für den Absatzerfolg der hiesigen Braubetriebe vorhanden gewesen. Für die Branche war dieser Markenartikel ein absatzpolitisches Instrument. Eine Reihe von Jahren konnte man nach Kriegsende evtl. tatsächlich auf ergänzende Maßnahmen wie z. B. eine darüber hinausgehende Werbung verzichten, zumal wenn die Marke beim Gaststättenbesuch oder Zuhause beim Bierkonsum präsent war. Offensichtlich hat man aber übersehen oder zu spät bemerkt, dass

in Zeiten sich wandelnder Verbraucherbedürfnisse diese Marke auch gepflegt werden muss. In jedem Falle war der über viele Jahre sich fortsetzende Preiskampf im Flaschenbiergeschäft dem Markenimage abträglich. Ebenso litt die Marke in den letzten Jahren ganz erheblich unter der Gleichsetzung mit dem Exportbier, wo auf der anderen Seite die Gruppe der Pilstrinker immer größer wurde und von den Pilsbrauereien ein Markenaufbau auch durch spezifische Maßnahmen der Verbraucherwerbung ganz erheblich unterstützt worden war. Insofern widersprachen die Entscheidungen der Dortmunder Brauwirtschaft an einigen entscheidenden Stellen den Erkenntnissen der Marketing- und Markenartikelforschung.

- Die **Preispolitik** war mitverantwortlich für den Niedergang der Dortmunder Brauindustrie. Hier wurden seit den frühen fünfziger Jahren entscheidende „Sünden" begangen. Statt einer an der Qualität und dem Ruf des „Dortmunder Export" orientierten Hochpreispolitik wurden bereits in den 50er Jahren Preisunterbietungen durchgeführt bis hin zu Kampfpreisen. Damit ist der Verfall der Marke „Dortmunder" ausgelöst und beschleunigt worden. Die absatzwirtschaftliche Theorie hatte hier Alternativen aufgezeigt, wie etwa die modelltheoretischen Überlegungen Gutenbergs in Form der „doppelt geknickten Preis-Absatz-Kurve", die einen „autonomen Bereich" enthält, innerhalb dessen Preisveränderungen in der oligopolistischen Angebotssituation nicht zu spürbaren Nachfrage- und Konkurrenzreaktionen führen.
- Lange Zeit hat man vermutlich auch eine gute **Vertriebsarbeit** geleistet, solange die traditionellen Absatzwege – Gastronomiebetriebe sowie Getränkefachgroß- und Einzelhandel sowie Trinkhallen und Kioske – bedient werden mussten. Aufgrund der vertraglichen Vereinbarungen bestanden hier jahrelange oder sogar jahrzehntelange Geschäftsbeziehungen. Jedoch hat man hier ebenfalls zu spät realisiert, dass auch beim Bier neue Absatzwege entstehen und man im Hinblick auf die künftige Absatzsicherung den Anschluss an die neue Entwicklung nicht verlieren durfte. Die absatzwirtschaftliche Theorie hat bezüglich des Aufbaus und der Arbeit einer Verkaufsabteilung, der Qualifikation der Führungskräfte und Mitarbeiter sowie deren Steuerung und Kontrolle und darüber hinaus der Analyse von Absatzkanälen Grundlagenwissen bereitgestellt.

Insgesamt hat man viel zu lange geglaubt, die positive Entwicklung möglichst linear in die Zukunft fortschreiben zu können, ohne sich um die neuen Trends auf der Nachfrageseite wie auch schon auf der konkurrierenden Angebotsseite kümmern zu müssen. Die erwähnte Alters- und Erfahrungsstruktur des leitenden Personals in den Brauereien mag daran ihren Anteil gehabt haben.

Eines wird aber bei diesem tabellarisch unterstützten Vergleich zwischen den Leistungen der absatzwirtschaftlichen Theoriebildung – wie sie detailliert im theoretischen Teil dieser Arbeit dokumentiert wurden – und ihrer Nutzung durch die Praxis, hier beispielhaft für die Dortmunder Brauindustrie analysiert, nochmals unterstrichen: Die „frühe" Literatur hat z. T. bereits vor dem Zweiten Weltkrieg sowie in der „Wirtschaftswunderzeit" eine Reihe bedeutender Aussagen bis hin zu theoretischen Konzepten erarbeitet, die als anwendungsorientiert gelten und tatsächlich in der unternehmerischen Praxis bei der Lösung absatzwirtschaftlicher Probleme (hätten) helfen können. Diese Erkenntnisse wurden allerdings von den Dortmunder Brauereibetrieben – je nach Themenbereich – zu einem unterschiedlichen Grade und in unterschiedlicher Weise adaptiert und für die praktische absatzwirtschaftliche Arbeit nutzbar gemacht.

## 3.5 Das Marketing der Dortmunder Brauindustrie in der „Ausreifungsphase" (1965–1973)

### 3.5.1 Die Absatzpolitik der Dortmunder Brauindustrie insgesamt

#### 3.5.1.1 Die Maßnahmen, die strategischen Ansätze und die Teilerfolge im Überblick

Das abrupte Ende des mehr als eineinhalb Jahrzehnte anhaltenden kontinuierlichen Ausstoßzuwachses in den Jahren 1965/66 hatte bei den Betrieben der westfälischen Bierstadt – nach anfänglichem Zögern – schließlich eine nachhaltige Wirkung gehabt. Sie hatten erkannt, dass die Absatzerfolge der Vergangenheit keinem Automatismus folgen würden und dass sie deshalb ihr Marktverhalten grundlegend ändern müssten. So *begannen* sie entweder sehr bald Verbraucherwerbung zu betreiben oder *verstärkten* seit Mitte der 60er Jahre ihre Werbeaktivitäten in den klassischen Verbrauchermedien ganz erheblich und erreichten in wenigen Jahren ein Ausgabenniveau, das den Werbebudgets der Pils- und Premiumbrauereien nahe kam.

Darüber hinaus vollzogen die Betriebe einen Wandel von der Einheitsmarke „Dortmunder" hin zur stärkeren Betonung der unternehmensspezifischen Einzelmarken. So kreierte fast jede Brauerei in diesen Jahren neue Pils- oder sogar Premiummarken und brachte sie – insbesondere in den letzten Jahren erfolgreich – auf den Markt. Dabei waren bei verschiedenen Dortmunder Brauereien auch bereits Ansätze zur Zielgruppensegmentierung im Hinblick auf Marken und Preise erkennbar sowie zur Ausrichtung am Bedarf unterschiedlicher sozialer

Schichten. Es wurden Versuche unternommen, durch eine differenzierte Produkt-
und Preispolitik der traditionellen Positionierung im breiten, unspezifischen Konsumbierbereich zu entrinnen und die Absatzgebiete regional auszuweiten bzw.
sogar eine Überregionalisierung anzustreben. Dabei war die Absatzwege- und
Vertriebspolitik noch vergleichsweise traditionell geprägt. Die Wettbewerber aus
dem Pilsbierbereich hatten hier schon viel stärker den Zugang zu den „neuen"
Absatzmittlern aus dem Lebensmittelhandel gefunden.

Nach und nach nutzen die Dortmunder Anbieter aber das gesamte absatzwirtschaftliche Instrumentarium mehr oder weniger intensiv und führten auch
hier jeweils umfangreiche und kostenträchtige Maßnahmen durch. Dazu gehörten
auch Marktforschungsaktivitäten. Insgesamt haben die Dortmunder Braubetriebe
in diesen Jahren erhebliche Anstrengungen unternommen, unter Einsatz der
Marketinginstrumente wieder in die „Erfolgsspur" zu finden.

Dazu gehörte, dass das Pilsgeschäft kontinuierlich zunahm und 1973 mit rd.
2,9 Mio. hl um das 3 ½-fache über dem Wert von 1965 lag. Mithin stieg der
Pilsanteil am Absatz von rd. 11 % (1965) auf rd. 39 % (1973) innerhalb von 8
Jahren wie die Tabelle 3.7 zeigt. Damit lag man zwar noch ein Stück weit weg
vom 50 %igen Pilsanteil für Gesamt-NRW[285], aber der Aufholprozess schien in
vollem Gange zu sein. Allerdings handelte es sich dabei – worauf schon die Ausführungen über die Entwicklung des Gesamt-Ausstoßes und die dort gezeigten
gravierenden Marktanteilsverluste im Abschnitt 3.2.4 hindeuteten – überwiegend
um einen Substitutionsprozess, bei dem das Geschäft mit Exportbier entsprechend
zurückging. Der Exportbier-Anteil reduzierte sich um ein Drittel auf nur noch rd.
53 %.

Die Tabelle 3.7 zeigt die beschriebene Entwicklung beim Absatz der Sorten
Export- und Pilsbier im Detail.

In den weiteren Kapiteln soll der verstärkte Einsatz der absatzpolitischen
Instrumente sowie das wachsende Marketingverständnis in den Dortmunder
Betrieben näher dargestellt und analysiert werden.

### 3.5.1.2 Die Verbraucherwerbung und begleitende Marktforschung

In den 60er Jahren erschien den hiesigen Brauereien die Werbung als geeignetes Instrument, dem weiteren Expansionsstreben der Pilsbrauereien Einhalt zu
gebieten und außerdem der durch den Markennamen „Dortmunder" vermittelten

---

[285] Vgl. IHK Dortmund: Geschäftsbericht 1973, S. 24, zit. nach Böse, Christian: a.a.O.,
S. 206.

**Tabelle 3.7** Entwicklung und Struktur des Ausstoßes im Verband Dortmunder Bierbrauer (VDB) im Zeitraum von 1965 bis 1978[286]

| Jahr | Gesamt-Ausstoß | | Veränderungen | Export-Ausstoß | | Veränderungen | Pils-Ausstoß | | Veränderungen |
|------|------|------|------|------|------|------|------|------|------|
| | 1.000 hl | %-Anteil | 1000 hl = % | 1.000 hl | %-Ant. | 1000 hl = % | 1.000 hl | %-Ant. | 1.000 hl = % |
| 1965 | 7.391 | 100 | - | 5.772 | 78,1 | - | 843 | 11,4 | - |
| 1966 | 7.120 | 100 | - 271 = 3,7 | 5.454 | 76,6 | - 318 = 5,5 | 950 | 13,3 | + 107 = 12,7 |
| 1967 | 6.986 | 100 | - 134 = 1,9 | 5.128 | 73,4 | - 326 = 6,0 | 1.128 | 16,1 | + 178 = 18,7 |
| 1968 | 6.980 | 100 | - 6 = 0,1 | 4.925 | 70,6 | - 203 = 4,0 | 1.309 | 18,8 | + 181 = 16,0 |
| 1969 | 7.236 | 100 | + 256 = 3,7 | 4.877 | 67,4 | - 48 = 1,0 | 1.606 | 22,2 | + 297 = 22,7 |
| 1970 | 7.374 | 100 | + 138 = 1,9 | 4.720 | 64,0 | - 157 = 3,2 | 1.794 | 24,3 | + 188 = 11,7 |
| 1971 | 7.477 | 100 | + 103 = 1,4 | 4.440 | 59,4 | - 280 = 6,0 | 2.100 | 28,1 | + 306 = 17,1 |
| 1972 | 7.637 | 100 | + 160 = 2,1 | ? | ? | ? | 2.546 | 33,3 | + 446 = 21,2 |
| 1973 | 7.462 | 100 | - 175 = 2,3 | 3.935 | 52,7 | ? | 2.925 | 39,2 | + 379 = 14,9 |

Homogenität und damit großen Substituierbarkeit der Angebote entgegenzuwirken. Später erkannten zudem die Thier- sowie die Kronen-Brauerei ein zusätzliches Argument im Hinweis darauf, dass sie als Privatbrauereien sich positiv vom „Industriebier" der großen Aktiengesellschaften abheben konnten.

Einzelne Dortmunder Brauereien hatten bereits Anfang der 1960er begonnen, unternehmens- und markenspezifische Verbraucherwerbung zu betreiben, die anderen folgten nach und nach, z. T. erst mit einem Abstand von zwei bis drei Jahren nach der Abflachung und Absatzkurve 1964/65 bzw. dem Absatzeinbruch ab 1965/66. Die DUB und die Ritter-Brauerei waren 1962 bzw. 1963 die ersten, die den Wert derartiger Maßnahmen erkannt hatten. Die Kronen-Brauerei folgte 1965, Hansa 1966 und ab 1967 warben auch die DAB sowie die Thier-Brauerei auf diesem Weg.[287] Die Tabelle 3.8 zeigt neben den Startpunkten die absoluten Beträge und vermittelt außerdem einen Eindruck von der Steigerung der Maßnahmen innerhalb weniger Jahre.

---

[286] Eigene Darstellung und teilweise eigene Berechnung der %-Anteile sowie Veränderungsraten auf der Basis von Zahlen aus folgenden Quellen: für dem Zeitraum von 1966–1971: WWA, F 33 Nr. 1889: Prognose über den voraussichtlichen Bierausstoß, erstellt von der Marktforschung der Kronen-Brauerei, 26.7.1972 (mit Ist-Zahlen bis 1971); für das Jahr 1973: WWA, F 122 Nr. 5060/61: Thier-Brauerei: Statistischer Bericht, Blatt 2b: Ausstoß nach Sorten; für die Jahre 1965 sowie 1972: Böse, Christian: a.a.O., Grafik auf S. 188 (1965) bzw. Tabelle auf S. 227 (1972). Bei den %-Anteilen bilden die Restgrößen zu 100 % das Geschäft mit Altbier, Malzbier und ggf. sonstigen Biersorten ab.

[287] Nach anderen internen Statistiken der Thier-Brauerei wurden allerdings bereits im Geschäftsjahr 1965/66 rd. 43.600 DM für Werbung in Tageszeitungen und Illustrierten ausgegeben. Vgl. WWA, F 122 Nr. 5179: Thier-Brauerei, Kommunikations-Etat 1976/77 vom April 1976, S. 22.

**Tabelle 3.8**  Marketinginvestitionen in Form von Konsumentenwerbung der Dortmunder Brauereien im Zeitraum von 1962 – 1968 in 1.000 DM (Angaben von Schmidt & Pohlmann)[288]

| Marketinginvestitionen als Konsumentenwerbung der Dortmunder Brauereien 1962 – 1968 in 1.000 DM | | | | | | |
|---|---|---|---|---|---|---|
| Brauerei | 1962 | 1963 | 1964 | 1965 | 1966 | 1967 | 1968 |
| DUB | 398 | 496 | 630 | 732 | 1.105 | 2.378 | 1.872 |
| DAB | | | | | | 1.933 | 1.354 |
| Kronen | | | | 323 | 273 | 279 | 1.271 |
| Ritter | | 234 | 438 | 306 | 396 | 458 | 653 |
| Hansa | | | | | 820 | 843 | 498 |
| Thier | | | | | | 316 | 335 |

Die Zahlen in der Tabelle belegen, dass mehrheitlich die Beträge zügig und kontinuierlich erhöht wurden. Z.B. versechsfachte die DUB innerhalb von fünf Jahren ihre Werbeaufwendungen bis 1967 auf fast 2,4 Mio. DM. Die DAB begann im ersten Jahr gleich mit rd. 1,9 Mio. DM, und die Kronen-Brauerei gab im Jahr 1968 mit knapp 1,3 Mio. DM rd. 1 Mio. DM mehr aus als noch in den drei Vorjahren. Die Summe aller Werbeaufwendungen der Dortmunder Branche lag mit 6,0 Mio. DM im Jahr 1968 um das 15fache über dem Wert von 1962.

Offensichtlich lagen die Dortmunder Brauer damit voll im Trend der deutschen Brauindustrie. So hieß es im August 1967 in einer Werbekonzeption für die Dortmunder Kronen-Brauerei: „Innerhalb des letzten Jahres hat die Markenwerbung für Bier einen so ungewöhnlich starken Auftrieb erhalten, wie er in keiner anderen Markenartikelbranche verzeichnet werden kann. Nicht nur die Werbeintensität ist gestiegen, auch bei der Auswahl der Werbemedien hat man sich mehr an der klassischen Markenartikelwerbung orientiert."[289] Die Dortmunder Betriebe waren also auf dem Wege, bezüglich der Werbeausgaben zu den Premiumbrauereien aufzuschließen.

Die jährlichen Werbeausgaben der Betriebe in der westfälischen Biermetropole stiegen in den nächsten Jahren weiter an auf rd. 8,1 Mio. (1969)[290] und sogar

---

[288] Quelle: WWA, F 122 Nr. 5101/9: Werbeagentur SAW: Werbekonzeption, Produktausstattung, Verkaufsförderungsplanung für die Brauerei Thier & Co., Dortmund, ohne Datum [1969], Tabelle: Werbeaufwendungen Dortmunder Brauereien in klassischen Werbemitteln (Presse, Funk, Fernsehen, Bogenanschlag) 1962–1968, ohne Plakatwertung, keine Seitenangabe.

[289] WWA, F 33 Nr. 4160: Werbekonzeption 1968 für die Dortmunder Kronen, erstellt von der Werbeagentur Dr. Hegemann GmbH, Düsseldorf, August 1967, S. 8.

[290] Vgl. WWA, F 33 Nr. 2987: Werbeaufwand-Analyse 1970, Tabelle 1: Werbeaufwand der Dortmunder Brauereien. Aktennotiz der Kronen-Marktforschung vom 26.4.1971.

rd. 11,0 Mio. (1970).[291] Zum Ende des Berichtszeitraums hatte es 1972 mit rd. 10,75 Mio. DM eine Stabilisierung auf diesem Niveau gegeben, bevor 1973 die Werbung erneut weiter intensiviert wurde auf insgesamt 12,5 Mio. DM.[292] Innerhalb von fünf Jahren hatten die hiesigen Brauereien ihre Werbeausgaben mehr als verdoppelt.

Die Dortmunder Brauereien waren also gegen Ende der 1960er Jahre bezogen auf ihre Werbeaktivitäten im sogenannten Käufermarkt „angekommen". Gemessen an den gesamten Werbeausgaben in den klassischen Medien im bundesdeutschen Biermarkt von rd. 40,7 Mio. DM[293] hatten die Dortmunder Häuser 1968 mit den genannten Ausgaben von 6,0 Mio. DM bereits einen Anteil von 14,7 %; 1970 stieg dieser Anteil weiter auf 15,1 % (11,0 Mio. von 72,9 Mio. DM[294]), und im Jahre 1973 betrug der Anteil 12,1 % (12,5 Mio. von 103,2 Mio. DM[295]). Im Verhältnis zum damaligen 8,2 %igen Marktanteil beim Ausstoß[296] war dies sogar weitaus überdurchschnittlich. Die Dortmunder Brauwirtschaft hat damals „geklotzt, nicht gekleckert"[297].

Bezüglich der Ausrichtung und der Inhalte der Werbung lässt sich für diese Jahre ebenfalls eine Weiterentwicklung beobachten. So standen die ersten Anzeigenmotive – in Abbildung 3.5 beispielhaft für Kronen-Bier dargestellt – noch stark unter dem Eindruck des gemeinschaftlichen Marktauftritts der „Dortmunder". Der Herkunftsort stand prominent in der ersten Zeile und wurde durch die Nennung der Brauerei und die Produktbezeichnung „Bier" ergänzt. „Bier" wurde im Allgemeinen gleichgesetzt mit „Export", sollte aber auch ein Pils nicht ausschließen. Besonderer zielgruppenspezifischer Hinweise bedurfte es nicht: Man sieht auf Anhieb, wer sich hier das Bier nach getaner schwerer Arbeit verdient

---

[291] Vgl. WWA F 122 Nr. 5177: HHK Werbeagentur GmbH: Werbung und Verkaufsförderung für das Braujahr 1971/72 (der Brauerei Thier & Co.), Dortmund, Juni 1971, Tabelle S. 38. In dieser Tabelle fehlen allerdings die Werbeaufwendungen für die Thier-Brauerei selber. Diese beliefen sich auf 613.000 DM für 1970 (vgl. dazu: WWA, F 33 Nr. 2987: Werbeaufwand-Analyse 1970 durch die Kronen-Brauerei, Tabelle 1: Werbeaufwand der Dortmunder Brauereien), so dass sich die Werbeausgaben der Dortmunder Branche insgesamt auf rd. 11,0 Mio. DM addieren.

[292] Vgl. WWA, F 33 Nr. 1889: Aktennotiz der Marktforschung der Kronen-Brauerei vom 3.9.1974.

[293] Vgl. Wiese, Frank: a.a.O., Tabelle 33 A, S. 370.

[294] Vgl. ebenda.

[295] Vgl. ebenda.

[296] 1972/73 betrug der Bierausstoß der Dortmunder Betriebe 7,6 Mio. hl; das sind 8,2 % am bundesdeutschen Bierausstoß von 93,0 Mio. hl. Vgl. WWA, F 122 Nr. 5060/61: Thier-Brauerei: Statistischer Bericht, Blatt 1b: Ausstoßvergleich in absoluten und Index-Zahlen.

[297] In Anlehnung an Empfehlungen von Fachleuten aus der Werbebranche.

hat und dass mit dieser Anzeige vielleicht stellvertretend alle „Malocher" (und damit fast alle Biertrinker „im Revier") angesprochen werden sollten. Und zwar „Zum Feierabend!" Jetzt beginnt mit Kronen-Bier an der Theke oder schon zu Hause der schönste Teil des Tages. So in etwa könnte der Gedankengang des Werbegestalters in der Agentur oder in der Brauerei gewesen sein – und so war es zu diesem Zeitpunkt möglicherweise auch genau „auf den Punkt" gebracht.

**Abbildung 3.5**
Werbeanzeige für
Dortmunder Kronen Bier,
Mitte der 1960er Jahre[298]

Nach dem Absatzeinbruch wurde den Verantwortlichen allerdings klar, dass eine „neue Zeit" anbrechen würde. Eine Werbeagentur hat für die Thier-Brauerei die Charakteristiken der Werbeaktivitäten der Dortmunder Brauereien im Jahr 1970 analysiert und in der Tabelle 3.9 zusammengefasst. Hier zeigt sich, dass die Werbekonzeptionen im Vergleich zu den Vorjahren schon spezifischer geworden waren. Es wurden ansatzweise schon Zielgruppen definiert bzw. ein „Erschei-nungsbild" kreiert. Die Werbebotschaften wurden noch etwas differenzierter in griffige verbale und bildliche Aussagen gefasst, die die Besonderheit des Absen-ders unterstreichen und eine Differenzierung von den Mitbewerbern ermöglichen

---

[298] Quelle: WWA, F 33 Nr. 1992: Werbeanzeige der Kronen–Brauerei, Mitte der 1960er Jahre.

**Tabelle 3.9** Konkurrenzvergleich: Werbung und Verkaufsförderung – Etats, Medien, Zielgruppen, Werbeaussagen, Verkaufsförderung und Charakterisierung der Maßnahmen[299]

| Marke | Streu-Etat in Mio. DM | Wichtigste Medien (%-Anteile) | Erscheinungsbild (Zielgruppe) | verbale Aussage | Verkaufsförderung | Bemerkungen |
|---|---|---|---|---|---|---|
| DUB | ca. 4,5 | TV 36 % <br> TZ 36 % <br> Illu 33 % | neutral vielschichtig | „Union, das dortmundige | kleinere Verbraucher-Aktionen | Keine starke Pilsgewichtung |
| DAB | ca. 2,2 | TV 35 % <br> TZ 31 % <br> Illu 33 % | betont männlich, betont jugendlich | „Mann – ist dab ein Bier" | männlich ausgerichtet: Elfmeterschießen, Händleraktionen | Brauort Dortmund wird nicht herausgestellt |
| Hansa | ca. 0,5 | TV 47 % <br> TZ 11 % <br> Funk 34 % | neuerdings ausgesprochen jugendlich | „Tatendurst und Hansa-Bier" | Verbraucher-Aktionen mit Radio Luxemburg | keine besondere Pils-Gewichtung |
| Kronen | ca. 1,9 | TV 20 % <br> TZ 25 % <br> Illu 56 % | wertvoll, gepflegt, hohe Qualit.-Anmutung | „Dortmunder Kronen – Braukunst seit Generationen" | Gaststätten-Aktion. Fotowettbewerb | Pils im Vordergrund |
| Ritter | ca. 1,3 | TV 17 % <br> TZ 46 % <br> Illu 38 % | nicht mehr ausschl. männlich, mit Tradition, aber jugendlich | „Ritter-Bier – Beweis deutscher Braukunst" | großes Ritterfest | neue Flaschen-Ausstattung; konsequente Werbegestaltung |
| Wicküler | ca. 6,6 | TZ 43 % <br> Illu 22 % <br> Funk 20 % | männlich, frisch, lebendig, alle Altersgruppen/soz. Schichten | „Im Wicküler-Pils liegt die Würze" „Männer wie wir – Wicküler Bier" | aufwendige Verbraucher-Aktionen, sehr starke Aktivitäten im Handel (Platzierungswettbewerb) | sehr starke Pils-Gewichtung |

TV = Fernsehen, TZ = Tageszeitungen, Illu = Illustrierte, Funk = Radio

---

[299] Quelle: WWA F 122 Nr. 5177: HHK Werbeagentur GmbH: Werbung und Verkaufsförderung für das Braujahr 1971/72 (der Brauerei Thier & Co.), Dortmund), Juni 1971, Tabelle S. 38.

sollte. Die Medienauswahl war breiter gefasst, und es wurde eine Abstimmung mit Verkaufsförderungsmaßnahmen vorgenommen. Zudem lässt sich die Einbindung in ein Marketing-Gesamtkonzept erahnen.

Die hier darstellten Werbekonzeptionen dürften schon auf der Grundlage von Beratungsleistungen der jeweiligen Werbeagentur erstellt worden sein. Produktspezifische Hinweise auf Export oder Pils gibt die Aufstellung dagegen nur in einigen Fällen.

So hatte die DUB ihren Werbe-Etat 1970 innerhalb von zwei Jahren sprunghaft – wenn auch vorerst einmalig – von 1,9 Mio. DM auf rd. 4,5 Mio. DM erhöht. Das war nicht nur als absoluter Betrag ein Spitzenwert, sondern auch gemessen am Ausstoß. Mit 2,23 DM/hl war sie damit auch innerhalb der Dortmunder Branche führend. Kronen (1,53 DM/hl), DAB (1,47DM/hl), Ritter (1,40 DM/hl), Thier (1,33 DM/hl) folgten, Hansa (0,39 DM/hl) und Stifts (0,30 DM/hl) noch mit etwas größerem Abstand.[300]

Die DUB betrieb 1970 Werbung für Union-Bier generell mit dem Slogan „Union das dortmundige" und versuchte damals noch, „das gute Image der Braustadt Dortmund als Basis für eine Werbung auf nationaler Ebene zu nehmen."[301] Eine Zielgruppenspezifizierung fand noch nicht statt. Allerdings enthielt das Budget vermutlich auch Aufwendungen im Zusammenhang mit der Markteinführung des neuen Produktes „Pils 2000", womit aber ein bestimmtes Verbrauchersegment angesprochen wurde.[302]

Die DAB verzichtete bereits auf die Herausstellung Dortmunds als Brauort und setzte stattdessen die Markenkurzbezeichnung DAB in den Mittelpunkt. Mit der Aussage „Mann – ist dab ein Bier" war sie betont männlich (DAB-Export-Werbung) bzw. jugendlich (DAB-Pils-Werbung) ausgerichtet. Die Kronen-Brauerei betrieb zeitgleich eine allgemeine Image-Werbung für Dortmunder Kronen-Bier, wobei das Pilsangebot im Vordergrund stand. Die in der Aussage „Braukunst seit Generationen" zum Ausdruck kommende traditionsorientierte Konzeption enthielt darüber hinaus keine besonderen qualitativen und quantitativen Zielgruppenmerkmale. Bezüglich der eingesetzten Medien bildete das regionale Fernsehen (WDR) bei fast allen Brauereien die wichtigste Basis für

---

[300] Vgl. WWA, F 33 Nr. 2987: Werbeaufwand-Analyse 1970 (durch die Kronen-Brauerei), Tabelle 1: Werbeaufwand der Dortmunder Brauereien.

[301] WWA, F 122 Nr. 5176: BBDO: Werbung und Verkaufsförderung für das Braujahr 1970/71 (der Brauerei Thier & Co., Dortmund) vom Juli/August 1970, S. 28.

[302] Dazu mehr im nächsten Abschnitt 3.5.1.3.

werbliche und verkaufsfördernde Aktivitäten im Intensivgebiet. Darüber hinaus wurden Anzeigen in Tageszeitungen und überregionalen Illustrierten belegt,
vereinzelt fand außerdem Funkwerbung statt. Zu den ferner durchgeführten
Plakatierungen der Brauereien liegen keine Zahlen vor.[303]
Wie im Einzelfall die Werbekonzeptionen umgesetzt worden sind, soll beispielhaft für die Hansa-Brauerei sowie die Ritter-Brauerei gezeigt werden: Die
Hansa-Brauerei hat nach „einer gründlichen Vorbereitung unter Beteiligung
maßgebender Institute […] das visuelle Firmenbild der Markenpolitik einer
modernen, überregional arbeitenden Großbrauerei angepaßt. Dazu gehörte die
Überarbeitung der Schutzmarke, die neue attraktive Ausstattung von Flaschen
und Verpackungen und eine einheitliche Aussage auf allen Werbemitteln. Die
Hausfarben Blau und Weiß wurden beibehalten und durch Gelb ergänzt."[304] Die
Abbildung 3.6 zeigt zum einen das neue Markenbild der Brauerei sowie die
Umsetzung der zentralen – insbesondere auf die Jugend gerichtete – Werbeaus-
sage „Tatendrang und Hansa-Bier" in einer Werbeanzeige im SPIEGEL.
Die Abbildung 3.7 zeigt die Umsetzung der in der Tabelle 3.9 enthaltenen
Aussage: „Ritter-Bier. Beweis deutscher Braukunst", hier übertragen auf das Pil-
sangebot. In ihrem Geschäftsbericht sieht die Ritterbrauerei den Erfolg ihrer
Kampagne als erwiesen an. Die eingeleiteten vertrieblichen Maßnahmen hätten zusammen mit der neuen Werbekonzeption zu einem überdurchschnittlichen
Umsatzwachstum von 3,5 % (gegenüber 2,2 % für das gesamte VDB-Gebiet)
geführt.[305]
Die Tabelle 3.9 enthält auch einen Vergleich zu einem der damals bedeutendsten Konkurrenten im Konsumbierbereich, nämlich zur Wicküler-Brauerei, deren
Werbeetat nochmal um einige Mio. DM die Etats der Dortmunder Spitzengruppe
überstieg und die mit ihrer starken inhaltlichen Pilsgewichtung auch eine Orientierungsgröße für die hiesigen Anbieter gebildet hatte. Grundsätzlich lagen die
„Dortmunder" wenigstens mit ihren werblichen Aktivitäten aber schon auf einem
vergleichbaren Niveau.
Die außerdem in der Tabelle ausgewiesenen Verkaufsförderungsaktivitäten
unterstreichen die verstärkten Marketingbemühungen der Dortmunder Betriebe in
dieser Zeit. „Die Aktivitäten umfassen Plazierungsmassnahmen, Händler-Rabatt,

---

[303] Vgl. WWA, F 122 Nr. 5176: BBDO: Werbung und Verkaufsförderung für das Braujahr
1970/71 (der Brauerei Thier & Co., Dortmund) vom Juli/August 1970, S. 28 ff.

[304] WWA, S 7 Nr. 137: Dortmunder Hansa Brauerei AG, Geschäftsbericht 1969/70, S. 10.

[305] Vgl. WWA, S. 7 Nr. 136: Dortmunder Ritterbrauerei AG für das Geschäftsbericht für die
Zeit vom 1.10.1970- 30.9.1971, S. 5.

**Abbildung 3.6**  Neues Markenbild der Hansa-Brauerei 1969/70[306]

Verbraucher-Preisausschreiben etc. Derartige Massnahmen sind z.Zt. umso erfolgreicher, als sie für Bier noch nicht in dem Masse üblich sind, wie in anderen Marktbereichen."[307]

Dehnt man den Wettbewerbsvergleich noch etwas weiter aus und bezieht – wie in Tabelle 3.10 geschehen – zum einen die Premium-Pilsanbieter wie die Brauereien König, Krombacher, Warsteiner, Veltins und Bitburger mit ein, so zeigt sich hier für die Jahre 1972 und 1973, dass die „großen" Dortmunder Brauereien, nämlich die DUB, die DAB sowie die Kronen-Brauerei, vergleichbare Beträge oder sogar noch höhere Mittel einsetzten. Mit Werbeaufwendungen von rd. 10,8 Mio. (1972) bzw. 12,5 Mio. DM (1973) hatten die sieben Dortmunder Brauereien insgesamt einen Anteil am bundesdeutschen Biermarkt von 11,4 % bzw. 12,1 %. Das

---

[306] Quelle: WWA, S 7 Nr. 137: Dortmunder Hansa Brauerei AG, Geschäftsbericht 1969/70, Anhang.
[307] WWA, F 122 Nr. 5176: BBDO: Werbung und Verkaufsförderung für das Braujahr 1970/71 (der Brauerei Thier & Co., Dortmund) vom Juli/August 1970, S. 34.

**Abbildung 3.7**
Werbeanzeige der
Ritter-Brauerei für
Ritter-Pils 1970/71[308]

eingangs des Kapitels beschriebene im Verhältnis zum Ausstoßvolumen überdurchschnittliche Werbeengagement der Dortmunder Betriebe wird hier erneut
bestätigt.

Besonders auffällig in der Tabelle ist zudem die gemeinschaftliche Schwerpunktverlagerung von der reinen „Bierwerbung" zur „Pilswerbung" von einem
auf das andere Jahr. Mit Ausnahme der DAB, die bereits 1972 ausschließlich
Pils-Werbung betrieben hatte, galt die Schwerpunktverlagerung durchweg für alle
ihre Dortmunder Konkurrenten. Falls es sich dabei nicht nur um einen erhebungs-
statistischen Effekt gehandelt haben sollte, so war das Jahr 1973 offensichtlich
ein besonderes „Pilsjahr". Offen-sichtlich stand hier erneut das Bestreben der
Betriebe der westfälischen Bierstadt im Vordergrund, sich als Pilsbrauereien zu
etablieren.

Die Original-Tabelle mit den Ergebnissen der Erhebungen von Schmidt +
Pohlmann – Gesellschaft für Werbestatistik, wie sie von der Marktforschung der

**Tabelle 3.10** Werbeaufwendungen Dortmunder und ausgesuchter nordrhein-westfälischer Brauereien in 1972/73 (klassische Verbraucherwerbung; *ohne* Plakatanschläge/Zeitungsbeilagen, Zahlen von Schmidt + Pohlmann)[309]

| Werbeaufwendungen Dortmunder und ausgesuchter nordrhein-westf. Brauereien 1972/73 in 1.000 DM | | | |
|---|---|---|---|
| Brauerei/Marke | 1972 | 1973 | Veränd. In % |
| Kronen  Bier | 2.962,1 | 241,3 | - 91,5 |
| Pils | - | 2.713,8 | - |
| Karamalz | - | 89,9 | - |
| insgesamt | 2.962,1 | 3.045,5 | + 2,8 |
| DUB  Biere | 3.500,8 | 76,7 | - 97,8 |
| Pils | - | 2.493,6 | - |
| Unimalz | 429,3 | 0,2 | - 99,9 |
| insgesamt | 3.949,0 | 2.570,6 | - 34,9 |
| DAB  Pils | 2.190,0 | 3.634,8 | + 66,0 |
| Malz | - | 6,3 | - |
| insgesamt | 2.190,0 | 3.641,0 | + 66,2 |
| Hansa  Pils | 0,6 | 1.447,7 | + 2.312,8 |
| DAB/Hansa-Gruppe | 2.190,6 | 5.088,7 | + 132,3 |
| Ritter  Biere | 1.205,4 | 10,7 | - 91,1 |
| Pils | - | 1.151,6 | - |
| insgesamt | 1.205,4 | 1.162,3 | - 3,6 |
| Stifts Pils | 140,2 | 191,6 | + 36,7 |
| Thier  Bier | 306,1 | 65,3 | - 78,7 |
| Pils | - | 387,4 | - |
| insgesamt | 306,1 | 452,7 | + 47,9 |
| Dortmunder insgesamt | 10.753,4 | 12.511,4 | + 16,3 |
| Wicküler  Bier | 4.651,6 | 3.170,5 | - 31,9 |
| Pils | - | 3.312,8 | - |
| insgesamt | 4.651,6 | 6.483,9 | + 39,4 |
| König Pils | 2.201,8 | 2.603,6 | + 18,2 |
| Krombacher Pils | 2.081,6 | 2.298,0 | + 10,4 |
| Herforder Pils | 571.6 | 1.175,1 | + 105,6 |
| Hannen  Biere | 1.107,0 | 2.030,1 | + 83,4 |
| Pils | - | 26,2 | - |
| Insgesamt | 1.107,0 | 2.056,3 | + 85,7 |
| Stern  Biere | 759,4 | 85,0 | - 88,8 |
| Kölsch | - | 51,6 | - |
| insgesamt | 759,4 | 136,6 | - 82,0 |
| Stauder  Biere | 398,2 | 2,9 | - 99,3 |
| Pils | 768,9 | 1.882,6 | + 144,8 |
| tut gut | 1,0 | 93,9 | + 9.290,0 |
| insgesamt | 1.168,1 | 1.979,4 | + 69,4 |
| Warsteiner  Biere | 119,3 | - | - 100,0 |
| Pils | 1.398,4 | 1.566,0 | + 12,0 |
| insgesamt | 1.517,7 | 1.566,0 | + 3,0 |
| Veltins | 2.805,1 | 1.515,0 | - 46,0 |
| Ausgewählte NRW-Brauereien insgesamt | 16.863,9 | 19.813,9 | + 17,5 |
| Bitburger | 3.770,2 | 3.758,4 | - 0,3 |
| Alle in den Vergleich einbezogene Marken | 31.391,0 | 36.090,0 | + 15,0 |
| Gesamte Bundesrepublik | 94.410,8 | 103.248,6 | + 9,4 |

[308] Quelle: WWA, S. 7 Nr. 136: Dortmunder Ritterbrauerei AG, Geschäftsbericht für die Zeit vom 1.10.1970 – 30.9.1971, Anhang.

[309] Quelle: WWA, F 33 Nr. 1889: Aktennotiz der Marktforschung der Kronen-Brauerei vom 3.9.1974. In dieser Aktennotiz lässt sich kein Hinweis finden, dass die unter „Bier" ausgewiesenen Zahlen für 1972 auch Ausgaben für Pils-Werbung enthalten. Das trifft insbesondere für die Dortmunder Brauereien zu.

Dortmunder Kronen-Brauerei zusammengestellt und in einer begleitenden Akten-notiz erläutert und interpretiert wurden,[310] enthält darüber hinaus auch eine sehr detaillierte Aufteilung der Werbeaufwendungen nach den eingesetzten Werbeme-dien als Prozentanteile in den beiden Jahren. In der Hauptsache wurden hier Tageszeitungen, Publikumszeitschriften, Fachzeitschriften, das Fernsehen sowie der Hörfunk genutzt. Im Jahresvergleich für die einzelne Brauerei als auch im Vergleich zwischen den Brauereien zeigen sich hier z. T. größere Bewegun-gen bzw. Unterschiede, z. T. mit gegenläufiger Tendenz, möglicherweise auch in Abhängigkeit von Neugewichtungen beim Werbemitteleinsatz für die einzelnen Marken. Die Notiz enthält darüber hinaus ergänzende Erklärungen zur Methodik und Aussagefähigkeit der Zahlen.[311]

Für die einzelnen Dortmunder sowie ausgesuchte andere nordrhein-westfälische Brauereien wurden in der Aktennotiz eine Reihe zusätzlicher Informationen und Interpretationen gegeben:

**DAB/Hansa:** Mit rd. 5,1 Mio. DM hatte die DAB 1973 den höchsten Wer-beaufwand aller Dortmunder Brauereien betrieben. Davon wurden rd. 3,6 Mio. DM allein für „DAB-Meisterpils" ausgegeben – die Produktinnovation aus dem Jahr 1971.[312] Die in 1973 erstmals gestartete Kampagne „Komm in Fahrt mit Hansa-Pils" kostete rd. 1,45 Mio. DM; sie wurde allerdings schon 1974 wieder eingestellt. Dabei hat es 1973 eine Verlagerung der Medienbelegung von den Tageszeitungen (TZ) und der (vermutlich regionalen) Fernsehwerbung (TV) auf Publikums-Zeitschriften (PZ) gegeben. Außerdem würden die Beobachtungen der Kronen-Marktforschung jenseits der S + P-Erhebungen zeigen, dass die DAB/Hansa-Gruppe gerade den Plakatanschlag in 1974 relativ stark belegt hätte.

---

[310] Vgl. WWA, F 33 Nr. 1889: Aktennotiz der Marktforschung der Kronen-Brauerei vom 3.9.1974.

[311] „Bei den durch Schmidt + Pohlmann ausgewiesenen Werbeaufwendungen handelt es sich um Ausgaben für die klassischen Medien: Tageszeitungen, Publikums-, Fachzeitschrif-ten, Fernsehen und Hörfunk. Nicht enthalten sind Plakatanschläge und Zeitungsbeilagen, die gerade für die Brauereien von großer Bedeutung sind. Die Aufwendungen für die Tageszei-tungen sind z. T. zu hoch ausgewiesen, weil S + P stets die Gesamtauflage der jeweiligen Zei-tung zu Grunde legt, während die Brauereien i. d. R. nur ganz bestimmte Teilausgaben bele-gen. Ebenso lassen Veränderungen bei den Werbeausgaben keine definitiven Rückschlüsse auf tatsächliche Etatänderungen zu, da durch Belegung anderer Werbeträger Verlagerungen entstehen, die durch S + P nicht erfaßt werden." WWA, F 33 Nr. 1889: Aktennotiz der Marktforschung der Kronen-Brauerei vom 3.9.1974.

[312] Dazu mehr im nächsten Abschnitt 3.5.1.3.

**Kronen-Brauerei:** Die Erhöhung der Werbeausgaben um 2,8 % auf rd. 3,0 Mio. DM sei auf die in 1973 vorgenommene Kronen-Karamalz-Werbung zurückzuführen.

**DUB:** Die starke Etatkürzung für klassische Medien um rd. 35 % von fast 4,0 Mio. DM auf rd. 2,6 Mio. DM in 1973 sei zum Teil in einer Etatverlagerung begründet: Im Frühjahr 1973 habe eine starke überregionale Kampagne für (die Konzern-Marke) „Iserlohner Pilsener" stattgefunden. Außerdem war die klassische Werbung für „Unimalz" eingestellt worden. Parallel zur Verringerung der Aufwendungen wurden auch Verlagerungen zwischen den Werbeträgern vorgenommen: Auch hier wurde anstelle von TZ-Werbung 1973 überwiegend PZ-Werbung betrieben.

**Ritterbrauerei:** Bei relativ konstanter Etatgröße von rd. 1,2 Mio. DM gab es eine leichte Verschiebung beim Medieneinsatz: Die TV-Werbung wurde zulasten der TZ-Werbung ausgeweitet.

**Stifts-Brauerei:** Der relativ starke Anstieg der Ausgaben (+36,7 %) auf rd. 192.000 DM diente der kleinsten hier betrachteten Brauerei zur Stabilisierung des Heimatmarktes mit der Schaltung von Werbeanzeigen in Tageszeitungen.

**Thier-Brauerei:** Auch hier gab es eine starke Ausweitung der Etatmittel (+47,9 %) auf 453.000 DM, die überwiegend für Werbung in Publikums-Zeitschriften (64 %) sowie Hörfunk (20 %) eingesetzt wurden.

**Wicküler:** Mit 6,5 Mio. DM hatte das Unternehmen 1973 erneut den größten Werbe-Etat von allen deutschen Brauereien. Gegenüber dem Vorjahr bedeutete dieser Betrag eine Steigerung von rd. 1,8 Mio. DM = 39,4 %. Die bedeutendsten Medien waren PZ (32 %), Hörfunk (26 %) sowie TV (25 %). Hiermit wurde die überregionale Bedeutung der Marke „Wicküler" unterstrichen. Außerdem würde Wicküler den stärksten Anteil aller Brauereien an Plakatanschlägen haben.

**König-Brauerei:** Es fand eine Etatausweitung um 18,2 % auf rd. 2,6 Mio. DM statt. Schwerpunkte beim Medieneinsatz waren PZ- (69 %) sowie TV-Werbung (30 %).

**Krombacher-Brauerei:** Der Etat in Höhe von rd. 2,3 Mio. DM war um 10,4 % erhöht worden. Schwerpunkte waren auch hier die PZ- (45 %) sowie die TV-Werbung (27 %), aber auch wieder die Tageszeitung (23 % nach 5 %)

**Stern-Brauerei:** Die außerordentlich starke Reduzierung des Etats um 82,0 % auf nur noch 136.600 DM sei in einer Umstellung von den klassischen Medien auf die Plakatwerbung begründet gewesen.

**Brauerei Veltins:** Hier sei es tatsächlich zu einer echten Ausgabenbeschränkung von rd. 2,8 Mio. DM auf rd. 1,5 Mio. DM (- 46,0 %) gekommen, ohne dass dies in der Aktennotiz begründet werden konnte.

Insgesamt lässt sich aus der Tabelle und den ergänzenden Kommentaren herauslesen, dass es neben der Schwerpunktverlagerung von der allgemeinen Bier-Werbung zur Pils-Werbung insbesondere bei den Konzernbrauereien auch das Bestreben gab, überregional stärker aktiv zu werden. Dies zeigt sich insbesondere in der Tendenz, mehr PZ- sowie TV-Werbung auf Kosten der TZ-Werbung zu betreiben.

### 3.5.1.3 Die Produktpolitik

Als die Werbemaßnahmen der Dortmunder Brauereien Ende der 60er/Anfang der 70er Jahre intensiviert wurden, standen sie im engen Zusammenhang mit Produktneueinführungen sowie der Profilierung als Markenanbieter. Fast alle Betriebe hatten um den Dekadenwechsel neue Marken auf dem Biermarkt eingeführt. Überwiegend waren dies Pilsmarken, mit denen das in den Häusern bereits jahrzehntelang bestehende Pilsbier-Angebot „aufgefrischt", z. T. auch physisch modifiziert, und zu Premiumbieren entwickelt werden sollte.

Vorher hatten aber die Betriebe der westfälischen Bierstadt schon die Produktion von Altbier aufgenommen. Sie reagierten dabei auf die steigende Nachfrage nach dieser obergärigen Biersorte. Die Brauereien Hansa und Stifts waren 1965 die ersten, die Kronen-Brauerei folgte 1966.[313] Alle anderen Dortmunder Häuser vervollständigten ihr Sortiment in den nächsten Jahren. Das passte einerseits in das Selbstverständnis der Anbieter, Sortimentsbrauereien zu sein. Andererseits führten diese Aktivitäten aber dazu, dass der VDB in seinem nächsten Geschäftsbericht prompt darauf hinwies, dass die typische Dortmunder Biersorte auch künftig das helle Exportbier bleiben sollte.[314] Tatsächlich waren die Absatzerfolge mit Altbier in den Folgejahren sehr begrenzt. Es stellte sich sehr schnell heraus, dass es anderer Produkte und Strategien bedürfen würde, um dauerhaft größere Absatzerfolge zu erzielen.

Geboren möglicherweise aus der „Verpflichtung" zum Exportbier sowie auch aus brautechnisch- praktischen Erwägungen heraus war eine neue Überlegung, ein *sortenneutrales* Bier zu kreieren und dieses als Innovation auf dem Biermarkt einzuführen. Beck's Bier galt als Vorbild für die erfolgreiche Etablierung eines sortenneutralen Bieres. So bot die Dortmunder Ritterbrauerei seit Ende 1968 die

---

[313] Vgl. Böse, Christian: a.a.O., S. 187.
[314] Vgl. WWA, S 7 Nr. 590: VDB-Geschäftsbericht 1966/67, S. 9.

Marke „Ritter-First" an – als „eine Sorte zwischen Pils und Export".[315] Dank intensiver werblicher Unterstützung setzte sich diese Biermarke in den folgenden Jahren am Markt durch. Später wurde das Bier zum „Pils" ausgebaut und spätestens Anfang der 80er Jahre hatte die Brauerei den Anspruch, es als „feines Premium-Pils, eine Klasse für sich, eben FIRST-Class" präsentieren zu können. In Händlerinformationen wurde auf die intensive Werbekampagne hingewiesen.[316]

Die Dortmunder Kronen-Brauerei stellte 1971 mit der neuen Marke „Classic" – ebenfalls ein *sorten-neutrales* Bier vor. Sie verfolgte damit eine ähnliche Strategie, die im Einzelnen in der Fallstudie 3 (Abschnitt 3.5.3.2) beschrieben werden soll. Auch die Thier-Brauerei hatte 1969 kurzzeitig Überlegungen angestellt, eine „Sondersorte" einzuführen,[317] dieses Vorhaben aber nicht weiterverfolgt.

Schließlich besannen sich aber immer mehr Dortmunder Brauereien auf das Pilsbier und anerkannten den zunehmenden Trend zum leichteren, spritzigen und im Geschmack etwas herberen und vor allem prestigeträchtigeren Bier. Diese Entwicklung ging einher mit dem immer deutlicher werdenden Wunsch der Bierkonsumenten, sich in ihrem Verbraucherverhalten zu differenzieren. Dementsprechend sah der Biertrinker im Bierkonsum nicht mehr nur ein physisches Grundbedürfnis, sondern auch das Bedürfnis nach Prestige als Zusatznutzen. Außerdem wandelte sich die Arbeitswelt, indem immer mehr Beschäftigte ins Angestelltenverhältnis übernommen wurden und der Dienstleistungssektor an Bedeutung gewann. Wie auch die vorgestellten Werbekonzepte und Zielgruppensegmentierungen belegen, erkannten die Brauereien zunehmend, dass man künftig nicht mehr eindimensional auf den schwer arbeitenden Beschäftigten in der Montanindustrie setzten konnte. Das bedeutete für die Dortmunder Brauereien aber auch, dass sie sich mit ihren „Konsumbieren" – wie z. B. dem Exportbier sowie dem vorhandenen Angebot an Pilsbieren – neu positionieren müssten. Offensichtlicher sahen sie die Gefahr, im Kampf um Marktanteile zwischen den – in

---

[315] WWA, F 122 Nr. 5176: BBDO: Werbung und Verkaufsförderung für das Braujahr 1970/71 (der Brauerei Thier & Co., Dortmund) vom Juli/August 1970, S. 10.

[316] WWA, F 33 Nr. 1788: Werbedruck als Händlerinformation der Ritterbrauerei: „Die werbliche Profilierung … Der werbliche Auftritt der Marke FIRST. Über 12.000 Großflächen-Plakate, farbige Bildzeitungs-Anzeigen mit rd. 9 Millionen Werbeanstößen, gut 12 Millionen Werbeanstöße in Funkzeitschriften. Und 33 Millionen Werbeanstöße in den wichtigsten Tageszeitungen – ein FIRST-Class-Auftritt." (zwischen 1980 und 1982).

[317] Vgl. WWA, F 122 Nr. 5101/9: Werbeagentur SAW: Werbekonzeption, Produktausstattung, Verkaufsförderungsplanung für die Brauerei Thier & Co., Dortmund, ohne Datum [1969] und ohne Seitenangabe (unter Abschnitt 4.1 Produkt).

erster Linie nur psychologisch als höherwertig zu begreifenden – „Premiumbieren" der Pilsbrauereien einerseits und den „Billigbieren" – wie sie insbesondere verschiedene Handelsmarken darstellten – mittelfristig zerrieben zu werden. Es galt also, mit diesem Dilemma umzugehen und dazu eine Strategie zu entwickeln, die sich insbesondere in der Einführung neuer Produkte darstellen sollte. Es ist zu vermuten, dass spätestens seit Anfang der 70er Jahre auch eine entsprechende Erwartungshaltung der Großaktionäre von DUB (Reemtsma/Hypo-Bank) bzw. von DAB (Oetker) bestanden hat.

Wohl in dem Bestreben, sich aus dem Image der Branche als althergebracht und ohne Dynamik agierend zu befreien und stattdessen ein Ansehen als moderner Konzernbetrieb aufzubauen, setzen insbesondere die DUB und die DAB auf zukunftsgerichtete bzw. modern anmutende neue Markennamen und verbanden damit auch eine Anpassung bei der Zielgruppenbestimmung.

So brachte die DUB 1969 das neue „Pils 2000" auf den Markt, zunächst in NRW, ab 1970 mit dem Versuch, das Produkt mit Hilfe aller zum Konzern gehöriger Brauereien als nationales Markenbier im Premiumbereich zu etablieren.[318] Das Pils wurde in der Werbung „als ein anspruchsvolles, exclusives Bier kreiert, für Leute die es sich leisten können. Im Gegensatz zur Union-Werbung wird auf die Herausstellung des Brauortes verzichtet."[319] 1969 wurden jeweils 46 % des Etats für die Werbung in Tageszeitungen und Fernsehen eingesetzt. Ab 1970 wurden in stärkerem Maße Publikumszeitschriften berücksichtigt.[320] Der Verkaufserfolg war trotz intensiv geführter Werbung zu gering.[321] Das Produkt wurde vom Markt vermutlich als Retorte beurteilt und wenige Jahre später vom Markt genommen.[322]

Mit weiteren neuen Marken setzte dann bei der DUB eine Rückbesinnung auf die bestehende Traditionsmarke „DUB" ein und ergänzend auf die Merkmale Brautradition, Qualitätsgarantie und Vertrauen. So brachte das Unternehmen 1973 das „UNION-Siegel-Pils" auf den Markt (s. Abbildung 3.8) und einige Jahre

---

[318] Vgl. Böse, Christian: a.a.O., S. 210.

[319] WWA, F 122 Nr. 5176: BBDO: Werbung und Verkaufsförderung für das Braujahr 1970/71 (der Brauerei Thier & Co., Dortmund) vom Juli/August 1970, S. 28.

[320] Vgl. ebenda, S. 29.

[321] Vgl. o. V.: Bier. Schäumender Erfolg, in: Der Spiegel, 44. Jg. (1976) vom 25.10.1976, S. 89. https://www.spiegel.de/spiegel/print/d-41124957.html (abgerufen am 13.2.2021) Darin heißt es: „Und auch das „Pils 2000" der Dortmunder Union fand trotz eines millionenschweren Werbeetats weniger Käufer als erwartet."

[322] Vgl. Böse, Christian: a.a.O., S. 210.

später 1977 – ebenfalls mit hohem Werbeaufwand[323] – „Brinkhoff's No. 1". Letzteres war auch eine geschickt inszenierte Reminiszenz an den ersten Braumeister der DUB.

**Abbildung 3.8** DUB-Marketing-Information über Werbung für „UNION Siegel-Pils" Anfang der 1970er Jahre[324]

Die DAB bzw. der Oetker-Konzern als Muttergesellschaft ergriffen in dieser Marktphase ebenfalls die Initiative, mit verschiedenen Produktneueinführungen geschäftliche Erfolge zu generieren. Zunächst wurde im Herbst 1971 die ebenfalls als *sortenneutral* vorgestellte Biermarke „Prinz-Bräu" mit hohem Werbeaufwand von etwa 3 Mio. DM im Anschluss an eine Million DM Entwicklungskosten auf den Markt gebracht. Kurz darauf erfolgte die Umbenennung von „Prinz-Bräu"

---

[323] Vgl. ebenda.
[324] Quelle: WWA, F 33 Nr. 1779, Bd. 1.

in „Prinz-Pilsener; die Einwegflasche wurde um die Mehrwegflasche ergänzt.[325] Ähnlich wie bei der DUB mit dem „Pils 2000" sollte auch hier über die angeschlossenen Konzernbrauereien die landesweite Vermarktung durchgeführt werden. Die Idee des Oetker-Konzerns war, eine Premiummarke zu schaffen, die „wie ein klassischer Markenartikel aufgebaut und nach standardisiertem Brauverfahren in mehreren Brauereien hergestellt werden sollte."[326] Auch hier wurde auf die Herkunftsbenennung verzichtet. Das Ziel war, in drei bis fünf Jahren ein Absatzvolumen von 500.000 hl zu erreichen. Aber auch hier gelang die dauerhafte Etablierung als nationale Biermarke *nicht*.

Der Verzicht auf die Herkunftsbenennung wurde zu dieser Zeit folgendermaßen begründet: „Der Biermarkt entwickle sich immer stärker von der Sortimentsmarke zur Sortenmarke. [...] Das Bier stellt nicht mehr so sehr die Herkunftsbrauerei quer durch alle hergestellten Sorten des Hauses in den Vordergrund, sondern entwickelt die jeweilige Biersorte zur selbständigen Marke. Diese Entwicklung gilt vor allem für den Markt der Spitzenbiere."[327] Vorbilder waren hochentwickelte Märkte im Zigaretten-, Waschmittel- und z. T. auch Spirituosenbereich, in denen sich jeweils Einzelmarken ohne Herstellernennung profilieren konnten.[328]

Die Misserfolge von „Pils 2000" sowie „Prinz-Bräu" führten auch dazu, dass die sich 1969 gegründete „Brau-Kooperations-GmbH", an der 1972 bereits 33 Brauereien – u. a. auch der Thier-Brauerei – mit einem Jahresausstoß von 8,5 Mio. hl beteiligt waren, von ihrem ursprünglichen Ziel, gemeinschaftlich eine überregionale Biermarke im Premium-Pilsbereich auf den Markt zu bringen, Abstand nahm. Fortan gab es nur noch Kooperationen in den Bereichen Marktforschung, Einkauf sowie Sortenpolitik.[329]

Insgesamt mussten sich die großen Dortmunder Brauer bzw. ihre Muttergesellschaften zu diesem Zeitpunkt von der Vorstellung verabschieden, auf der Basis zweifellos vorhandener Marktorientierung und Marketingerfahrung aus anderen Industriebereichen kurzfristig mit Hilfe großer Marketingetats und mit ihren überregionalen Distributionsnetzen eine Gegenmacht zu den erfolgreichen Premium-Pils-Brauereien aufbauen zu können.

[325] Vgl. o. V.: Prinz korrigiert den Kurs, in: Lebensmittel-Zeitung Nr. 37 vom 10.2.1971, S. 22.
[326] Pschorr, Josef: a.a.O., Fußnote 26 im Kapitel 1, S. 39.
[327] O. V.: Prinz korrigiert den Kurs, in: Lebensmittel-Zeitung Nr. 37 vom 10.2.1971, S. 22.
[328] Vgl. ebenda.
[329] Vgl. Böse, Christian, a.a.O., S. 203 sowie Bodden, Nancy: Business as usual), a.a.O., S. 220.

Eine andere Innovation glückte der DAB allerdings: Die DAB hatte mit ihrer im Oktober 1971 in etwa parallel zu „Prinz-Bräu" eingeführten Marke „DAB Meister-Pils" einen großen Erfolg. Darauf war im Wesentlichen die enorme Steigerung des Pilsanteils der Brauerei von 23 % (1971) auf 61 % (1975) zurückzuführen.[330] Die Abbildung 3.9 zeigt den Werbeauftritt zu Beginn der 70er Jahre.

**Abbildung 3.9**   DAB-Werbung für „dab Meister-Pils" Anfang der 1970er Jahre[331]

Die Stifts-Brauerei führte Anfang der 1970er Jahre die Luxusmarke „Dortmunder Stiftsherrenpils" ein und versuchte damit, den Ausstoßrückgang auszugleichen.[332] Die produktpolitischen Aktivitäten der Thier- sowie der Kronen-Brauerei werden in den Fallstudien 2 und 3 näher analysiert.

---

[330] Vgl. Böse, Christian, a.a.O., S. 211.

[331] Quelle: WWA, F 33 Nr. 1779, Bd. 1.

[332] Vgl. ebenda.

Zur Produktpolitik im Brauereiwesen gehört zum einen auch die Gestaltung der Bierflaschen, zum anderen der Etiketten. Als ein „Entschluß von epochaler Bedeutung"[333] wurde die im Mai 1965 von den Mitgliedern des VDB beschlossene Umstellung auf die 0,5 l-Euroflasche mit Kronkorken gefeiert. Hierdurch wurde die bis dahin gebräuchliche Bügelverschlussflasche abgelöst und gleichzeitig eine Umstellung von den schweren Holzkisten auf genormte Kunststoffkästen vorgenommen. Für die Brauereien bedeutete dies im Anschluss an die erheblichen Neuinvestitionen für Abfüllanlagen, neue Flaschen und Bierkästen schließlich eine wesentliche Rationalisierungsmaßnahme, da mit dem Kronkorken moderne und schnellere Abfüllanlagen eingesetzt werden konnten, zudem Personal eingespart wurde und der Transport sich kostengünstiger gestalten ließ. Von Dortmund aus habe die Euroflasche ab der zweiten Hälfte der 1960er Jahre ihren „Siegeszug" in das deutsche Brauwesen angetreten.[334]

Häufig parallel zur Einführung der Euroflasche wurden auch die Flaschenetiketten neu gestaltet. Die Abbildung 3.10 illustriert ein Beispiel für die Neuetikettierung des Sortiments der Hansa-Brauerei, die im Zusammenhang mit der beschriebenen Neugestaltung des Markenbildes durchgeführt wurde.

Die Euroflasche prägte dabei sehr stark das Erscheinungsbild des Bierangebots durch ihre Gleichförmigkeit und zwar nicht nur innerhalb des Sortiments einer einzelnen Brauerei, sondern auch zwischen den unterschiedlichen Brauereien. Diese Uniformität setzte sich in der Etikettenform und -gestaltung fort. Die Biersorten unterschieden sich lediglich durch unterschiedliche Farben auf einer *Teilfläche* der Hals- bzw. Bauchetiketten. Das betonte z. B. auch die relative Einheitlichkeit von Exportbier und Pilsbier, wie sie im Beispiel in den beiden links stehenden Flaschen zum Ausdruck kommt. Allerdings präsentierte Hansa gleichzeitig auch schon eine etwas aufwendiger (mit Gold-Staniol am Flaschenhals und goldfarbigem Etikett) gestaltete Flasche in Vichyform. Die Etikettierung war durchaus typisch für die Produktpräsentation der Dortmunder wie auch anderer Brauereien in dieser Zeit.

### 3.5.1.4 Die Preispolitik

Die Preispolitik des Braugewerbes erschien bereits seit einer Reihe von Jahren als schwieriges Aktionsfeld unter den Bedingungen von Überkapazitäten, dem auch

---

[333] Vgl. Bodden, Nancy: Business as usual), a.a.O., S. 166 f. mit Bezug auf: WWA, S 7 Nr. 590: Geschäftsbericht 1965/66 des VDB, S. 30.

[334] Vgl. Böse, Christian, a.a.O., S. 185 ff.; Bodden, Nancy: Business as usual), a.a.O., S. 166 ff.

**Abbildung 3.10**  Neue
Etikettierung des
Angebotsprogramms der
Hansa-Brauerei 1969/70[335]

dadurch ausgelösten Wettbewerbsdruck sowie der zunehmenden Macht einerseits der Konzernbrauereien, andererseits des Lebensmittelhandels. In der hier betrachteten Phase gilt für die Zeit ab Mitte der 60er Jahre bis etwa 1969, dass sich der Bierpreis reduzierte und zwar losgelöst von den realen wirtschaftlichen Bedingungen. Erst ab 1970 gelang es, steigende Bierpreise am Markt durchzusetzen. Die nachstehende Abbildung 3.11 zeigt anhand des Umsatzes je hl die über alle bundesdeutschen Regionen weitgehend einheitlich verlaufende Berg- und Talfahrt im kurzfristigen Rhythmus, und zwar als Nettopreis, d. h. ohne Mehrwertsteuer. Allerdings gab es für die Dortmunder Brauereien zwischen 1974 und 1977 erneut einen Preiseinbruch.

---

[335] Quelle: WWA, S 7 Nr. 137: Dortmunder Hansa Brauerei AG, Geschäftsbericht 1969/70, Anhang.

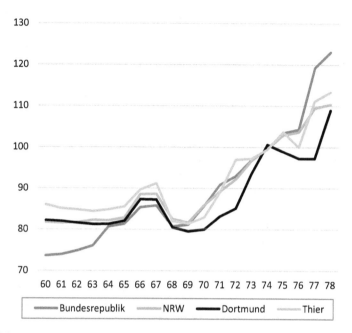

**Abbildung 3.11** Vergleich der Entwicklung der Umsätze in DM je hl zwischen den Brauereien Thier, Dortmund insges., NRW und BRD zwischen 1960 und 1978[336]

Bezogen auf die Dortmunder Brauereien insgesamt lässt sich die Entwicklung folgendermaßen beschreiben: Ausgehend von einem durchschnittlichen Umsatz/hl von 81,29 DM Ende 1964 stieg der Bierpreis bis 1966 um rd. 6 DM/hl = 7,4 % auf 87,32 DM an. Und dies in einer Zeit, als die bundesdeutsche Wirtschaft einerseits in die erste wirtschaftliche Rezession der Nachkriegszeit schlitterte und andererseits der Bierausstoß zur gleichen Zeit zunächst erstmalig stagnierte (1965: +0,2 %) und anschließend rückläufig war (1966: −3,7 %, 1967: −1,9 %). So heißt es in einem Presseartikel bezogen auf die gesamte Branche: „Viele Bierbrauer scheinen gegenwärtig zu bedauern, daß sie den Bierpreis erhöht haben. Offensichtlich ist vielfach die Entwicklung der künftigen Nachfrage überschätzt worden. Die Bierpreiserhöhung im letzten Jahr, die zudem meist über Sonderkonditionen an Handel und Gaststättengewerbe wieder verwässert wurde, hat vor allem das Billig-Bier, dessen Preis nicht erhöht wurde, noch attraktiver

---

[336] Quelle: eigene Darstellung nach folgenden Angaben: WWA, F 122 Nr. 5060/61: Thier-Brauerei: Statistischer Bericht, Blatt 7a: Umsatz je HL als Grafik.

gemacht. Durch die Konjunkturabschwächung ist diese vergrößerte Preisdifferenz noch wirksamer geworden. Das wiederum führte zu erneuten Preiszugeständnissen."[337] Die Folge war vielfach eine zweigleisige Preispolitik: feste Preise auf den heimischen Märkten sowie niedrigere Preise in betriebsfernen Märkten zur Kapazitätsauslastung. Auf Kosten des Ertrages wurde um zusätzliche oder den Erhalt bestehender Marktanteile gerungen. Flankiert wurden diese Bestrebungen zunehmend durch überregionale Werbung.[338]

Als dann zum 1. Januar 1968 die Einführung der Mehrwertsteuer in Höhe von 10 % bevorstand, warnten die Verantwortlichen in den Brauereien im Vorfeld zunächst „vor einer Belastung des Bieres". Die Mehrwertsteuer „würde ‚nicht zuletzt für den Verbraucher unliebsame Konsequenzen' nach sich ziehen."[339] Kurz vor dem Wirksamwerden der Mehrwertsteuererhebung senkten die Dortmunder Brauereien dann tatsächlich die Bierpreise. So reduzierten sie die Abgabepreise an Gastwirte um 4 DM/hl und an Verleger für Flaschenbier um etwa 2,5 Pfennige. Ergänzend dazu hieß es im Presseartikel: „Die Brauer hoffen, daß durch ihren Schritt ermöglicht wird, den Bierpreis auf seiner jetzigen Höhe zu halten."[340]

Wenig später wurde dann aber bereits im Frühjahr 1968 die „rapide Zunahme des Preisverfalls" beklagt, so z. B. vom Vorstandsprecher der DAB auf der Jahreshauptversammlung seiner Gesellschaft. Es „zeichne sich auch bei den Bierverlegern und Großhändlern ein harter Kampf um Marktanteile innerhalb dieses regional teilweise völlig übersetzten Gewerbes"[341] ab. Darüber hinaus wies auch er auf die zunehmende Zahl von Handelsmarken für Bier und den davon ausgehenden Preisdruck hin.

Für die Dortmunder Brauereien rutschte der Preis innerhalb von drei Jahre um fast 8 DM/hl = 9 % auf 79,51 DM im Jahre 1969 ab. Die Erlöse lagen damit erstmalig eindeutig unter dem Niveau der Durchschnittserlöse für NRW (81,58 DM/hl) bzw. für das Bundesgebiet (81,15 DM/hl.[342]

---

[337] O. V.: Verschärfter Wettbewerb am Biermarkt. Die Preispolitik der Brauereien wird beweglicher/Verstärkte Werbung, Frankfurter Allgemeine Zeitung vom 30.5.1967.

[338] Vgl. ebenda.

[339] O. V.: Wird das Bier bald teurer? HV der Actien-Brauerei/"Unliebsame Konsequenzen": Äußerung von Schulte-Stemmerk, Aufsichtsratsvorsitzender der Dortmunder Actien-Brauerei auf der Jahreshauptversammlung der DUB, in: Ruhr-Nachrichten vom 25.3.1967.

[340] Liedke, Klaus: Brauereien senken Preise für das Bier. Auswirkung der Mehrwertsteuer für Konsumenten noch unklar, in: Westfälische Rundschau vom 10.10. 1967.

[341] O. V.: DAB: Rapide Zunahme des Preisverfalls, in: Ruhr-Nachrichten vom 29.3.1968.

[342] Vgl. WWA, F 122 Nr. 5060/61: Thier-Brauerei: Statistischer Bericht, Blatt 7b: Umsatz je HL in DM.

Die Wende gelang dann im Herbst 1969. Ausgehend von Süddeutschland kamen die Bierpreise sukzessive in immer mehr Bundesländern in Bewegung, NRW folgte im Frühjahr 1970.[343] In den nächsten Jahren stieg der durchschnittliche Umsatz/hl kontinuierlich an, zunächst zwar weniger stark als in NRW gesamt sowie im Bundesgebiet, jedoch holte er zwischen 1972 und 1973 mit einem Plus von rd. 8,50 DM/hl = 10 % erheblich auf.[344]

Wie die Preiserhöhungen begründet wurden, sich zusammensetzten und betriebswirtschaftlich sich auswirkten, kann beispielhaft für die Hansa- sowie die Ritter-Brauerei gezeigt werden. „Das Berichtsjahr [1969/70, H.F.] stand im Zeichen von Kostensteigerungen in nahezu allen Bereichen der Fertigung, des Absatzes und der Verwaltung. Besonders ins Gewicht fielen die Erhöhungen der Löhne, Gehälter und Sozialleistungen. Sie betrafen die Brauerei sowohl direkt als auch indirekt auf dem Wege über Zulieferer."[345] Und weiter heißt es: „Im laufenden Geschäftsjahr hält der Preisauftrieb bei Roh-, Hilfs- und Betriebsstoffen sowie bei Investitionsgütern an. Ein neuer Lohn- und Gehaltstarifvertrag sowie ein Tarifvertrag über vermögenswirksam anzulegende Beträge – beide gültig ab September 1970 – brachten eine Erhöhung der Tarifbezüge um 13,4 %. Dazu kommen zusätzliche soziale Leistungen. Bei insgesamt hohem Rationalisierungsgrad und ausgelasteten Produktionskapazitäten können Kostensteigerungen im derzeitigen Umfang nicht aufgefangen werden. Daher ist eine disziplinierte Preispolitik erforderlich."[346]

Auch die Ritterbrauerei hatte die erhebliche Anhebung der Tariflöhne in ihrem Geschäftsbericht thematisiert. Sie sprach davon, dass im Folgejahr, also ab September 1971, eine erneute Tariferhöhung um 9,8 % in Kraft treten würde.[347] In der Kumulation bedeuten beide Prozentzahlen, dass die Einkommen damals innerhalb von zwei Jahren um 24,5 % gestiegen sind. Trotzdem konnte der Vorstand der Ritterbrauerei für dieses Geschäftsjahr einen Bilanzgewinn von beinahe 4,0 Mio. DM ausweisen und für die anstehende Jahreshauptversammlung eine Dividende von 18 % auf das Grundkapital von 22 Mio. DM vorschlagen.[348]

[343] Vgl. WWA, F 122 Nr. 5176: BBDO: Werbung und Verkaufsförderung für das Braujahr 1970/71 (der Brauerei Thier & Co., Dortmund) vom Juli/August 1970, S. 13 f.
[344] Vgl. WWA, F 122 Nr. 5060/61: Thier-Brauerei: Statistischer Bericht, Blatt 7b: Umsatz je hl in DM.
[345] WWA, S 7 Nr. 137: Dortmunder Hansa-Brauerei AG, Geschäftsbericht 1969/70, S. 9.
[346] Ebenda.
[347] WWA, S. 7 Nr. 136: Dortmunder Ritterbrauerei AG, Geschäftsbericht für die Zeit vom 1.10.1970 – 30.9.1971, S. 7.
[348] Vgl. ebenda, S. 8.

Bei den vorgenommenen Preiserhöhungen galt es für die Brauereien auf ihre Geschäftspartner Rücksicht zu nehmen bzw. sie an den Preiserhöhungen zu beteiligen. So hat etwa der Verband Gaststätten- und Hotelgewerbe Westfalen e. V. im Vorfeld der für Ende Januar/Anfang Februar 1970 vorgesehenen Bierpreiserhöhung beim VDB sowie bei den einzelnen Dortmunder Brauereien vorsorglich interveniert, um zum einen eine einseitige, nur auf das Fassbier beschränkte, Bierpreiserhöhung zu verhindern und zum anderen dafür um Verständnis zu werben, dass diese Preisanhebung nicht zu hoch ausfallen dürfe, da auch eigene Kostensteigerungen bei den Ausschankpreisen berücksichtigt werden müssten.[349] In einem Entwurf eines Antwortschreibens hat der VDB die beabsichtigte Preismaßnahme bestätigt und mit Kostensteigerungen „eines ungewöhnlich starken Ausmaßes" begründet; außerdem die Anhebung auch beim Flaschenbierpreis bestätigt und bezüglich der Höhe der Preissteigerung auf „nicht unerhebliche Unterschiede" der Mitgliedsfirmen hingewiesen. Im Schnitt wurde eine Preiserhöhung von 7 DM/hl angedeutet.[350] Tatsächlich wurde der Bierpreis gemäß der Statistik der Thier-Brauerei 1971 im Durchschnitt nur um etwa 3,25 DM/hl erhöht, wobei einzelne Brauereien – wie etwa Thier – jedoch den alten Preis um 7 DM/hl erhöhten.[351]

Bezüglich der Beteiligung der Händler an den Preiserhöhungen bedeutete dies: „Die Erhöhung kommt etwa zu gleichen Teilen dem Handel und den Brauereien zugute" hieß es im Werbekonzept einer Agentur für das Braujahr 1970/71.[352] Praktisch erwartete man, dass sich der Preis für die 0,5 l-Flasche für den Endverbraucher um 0,05 DM erhöhen würde, was schließlich auf eine Erhöhung von 10 DM/hl hinausliefe, so dass sich für die Brauerei 5 DM/hl, für die Verleger 3 DM/hl sowie für den Einzelhandel 2 DM/hl an Mehrerlösen ergeben würden.[353]

Wie bereits im Abschnitt 3.4.1.6 für die „Expansionsphase" dargelegt, handelte es sich dabei in der Praxis häufig nicht etwa um einheitliche Preisstellungen

---

[349] Vgl. WWA, F 122 Nr. 5045: Brief des Verbandes Gaststätten- und Hotelgewerbe Westfalen e. V., Dortmund, vom 15.1.1970 mit dem Betreff: Bierpreiserhöhung.

[350] Vgl. WWA, F 122 Nr. 5045: Entwurf eines Antwortschreibens des Verbandes Dortmunder Bierbrauer vom 16.1.1970 mit dem Betreff: Bierpreiserhöhung.

[351] Vgl. WWA, F 122 Nr. 5060/61: Thier-Brauerei: Statistischer Bericht, Blatt 7b: Umsatz je HL in DM.

[352] WWA, F 122 Nr. 5176: BBDO: Werbung und Verkaufsförderung für das Braujahr 1970/71 (der Brauerei Thier & Co., Dortmund) vom Juli/August 1970, S. 14.

[353] Vgl. WWA, F 122 Nr. 5045: Thier-Brauerei: Interne Notiz zu der beabsichtigten Bierpreiserhöhung im Frühjahr 1971. Hier war dann – abweichend von der ursprünglichen Ankündigung einer Erhöhung um 7 DM/hl – von einem weitgehend einheitlichen Preisaufschlag von 8 DM/hl die Rede.

ab Rampe plus Frachtzuschlag je nach Entfernungszone, ergänzt um einen gestaffelten Mengenrabatt. Vielmehr gab es auch in der „Ausreifungsphase" in den realen Geschäftsbeziehungen insbesondere im Flaschenbiergeschäft zwischen Brauereien und ihren Verlegern und Einzelhandelskunden eine Vielzahl unterschiedlicher Vereinbarungen in Form von Rabatten, Boni und Sonderpreisen. Der Konkurrenzkampf wurde auch in dieser Phase auf der Preisebene weiterhin hart geführt, auch wenn man sich zuvor auf möglichst einheitliche Preisanhebungen verständigt hatte.

Wie sich die variierende Preisgestaltung bei z. T. rückläufigem Bierausstoß auf die Umsatzentwicklung ausgewirkt hat, wird in Abbildung 3.12 deutlich. Für die Dortmunder Betriebe konnten die Einbußen beim Ausstoß zwischen 1966 ($-3{,}7$ %) und 1968 ($-1{,}9$ %; $-0{,}1$ %) in ihren Wirkungen auf den Umsatz zumindest bis 1967 durch Preissteigerungen jeweils sogar mehr als ausgeglichen werden. In der Spitze wurde 1966 ein Umsatzvolumen von 621,7 Mio. DM erreicht. 1968 gab es dann einen Einbruch von rd. 60 Mio. DM = 9,7 %. Als dann ab 1969 der Markt wieder in Bewegung kam und ein 3,7 %iges Ausstoßplus erzielt werden konnte, traf diese Entwicklung zunächst auf niedrige und stagnierende Preise, so dass die Umsätze nur jeweils leicht zunahmen. Ab 1971 führten aber die positiven Trends sowohl bei Ausstoß als auch bei den Preisen zu einem Anwachsen des Umsatzvolumens auf nahezu 700 Mio. DM.

Dagegen kamen die Brauereien in NRW insgesamt sowie im gesamten Bundesgebiet weitaus besser durch diese schwierigen Jahre. Hier entwickelten sich jeweils sowohl Ausstoß als auch der Umsatz/hl wesentlich positiver: Beim Ausstoß gab es in den Jahren von 1966 bis 1968 ununterbrochene Zuwachsraten zwischen 2,2 % und 5,0 % (NRW) bzw. zwischen 1,5 % und 4,0 % (Bundesgebiet). Zum anderen waren die Umsätze/hl auch im Tiefpunkt der Preisentwicklung 1969/70 vergleichsweise stabiler (1970: jeweils fast 85,00 DM/hl für NRW/Bundesgebiet im Vergleich zu knapp 80,00 DM/hl für Dortmunder Betriebe) und zogen anschließend früher und stärker an auf jeweils rd. 96,70 DM/hl gegenüber rd. 93,60 DM/hl für die Dortmunder Brauindustrie. Die Folge dieser unterschiedlichen Entwicklungen war, dass sich die Schere zwischen der Dortmunder und der Brauwirtschaft als Ganzer auf der Umsatz- und mithin auch auf der Ertragsseite immer weiter öffnete.

Befördert wurde diese Entwicklung auch durch die Tatsache, dass die Dortmunder Brauereien ihre Produkte fast durchweg auf einem niedrigeren Preisniveau anboten bzw. anbieten mussten als insbesondere die Pils- und Premium-Pils-Brauereien. Die Tabelle 3.11 bietet eine Übersicht über die Preiskategorien und deren Besetzung durch verschiedene Marken für das Jahr 1973:

Hier wird deutlich, dass sich in der obersten Preiskategorie (A) alle Premium-
Pils-Marken (dazu die gerade neu eingeführte Marke „Prinz-Bräu" des Oetker-
Konzerns) befanden und von diesen ein Kastenpreis von 14 DM und mehr am
Markt erzielt werden konnte. Dieses Segment hatte bereits einen Marktanteil von
nahezu 20 %. Immerhin befand sich das Biersortiment der Kronen-Brauerei in
der Kategorie B 1, galt es doch als das qualitativ beste Bier unter den „Dortmundern". Z.T. gehörten dazu auch die Spitzenbiere von DUB und DAB. In
dieser Kategorie ließen sich Preise zwischen 12,50 DM und 15,00 DM realisieren. In den Kategorien B 2 und B 3 waren die meisten Dortmunder Marken
angesiedelt: DUB, DAB, Ritter, Hansa und Thier. In der untersten Preiskategorie

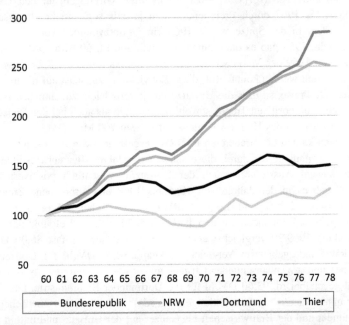

**Abbildung 3.12** Vergleich der Entwicklung der Umsätze als relative Änderung zum Basisjahr 1960 = 100 % zwischen den Brauereien Thier, Dortmund insges., NRW und BRD
zwischen 1960 und 1978[354]

---

[354] Quelle: eigene Darstellung nach folgenden Angaben: WWA, F 122 Nr. 5060/61: Thier-
Brauerei: Statistischer Bericht, Blatt 11.1: Umsatzvergleich als Grafik.

**Tabelle 3.11** Preiskategorien von Biermarken und ihre Anteile am Gesamtmarkt[355]

| Preiskate-gorie | Durchschnitts-Preise für 1 Liter | Kastenpreis | Anteil der Preiskategorie am Gesamt-markt | Marken |
|---|---|---|---|---|
| A | 1,45 DM u. mehr | über 14,00 DM | ca. 19 % | König, Bitburger, Krombacher, Prinz, Warsteiner |
| B 1 | 1,31 – 1,44 DM | 12,50 – 15,00 DM | ca. 9 % | Kronen, z.T. DUB, Herforder, z.T. DAB |
| B 2 | 1,21 – 1,30 DM | 10,50 – 13,00 DM | ca. 21 % | DAB, Stern, Hannen, z.T. DUB |
| B 3 | 1,11 – 1,20 DM | 9,50 – 11,50 DM | ca. 23 % | Ritter, Hansa, Wicküler, Thier, z.T. DAB |
| C | 1,10 DM und weniger | unter 10,00 DM | ca. 28 % | Felskrone, Wald-schlösschen, Schultheiß |

(C) befanden sich vorwiegend anonyme Handelsmarken, so z. B. Felskrone und Waldschlößchen, aber auch die Schultheissbiere. Die Biere in der letzteren Kategorie hatten bereits einen Anteil von nahezu 30 %. In der Marketing-Konzeption der Kronen-Brauerei wurde ergänzend darauf hingewiesen, „daß in den Gruppen B 2, B 3 und C eine sehr intensive Preisschleuderei in Form von zeitlich begrenzten Sonderpreis-Angeboten stattfindet, bei denen z. B. der Preis für das stark beworbene DAB-Meisterpils bis auf einen Extrem-Kastenpreis von 8,45 DM sinken kann. Alle in diesen Kategorien genannten Marken sind zwar in wechselnden Absatzkanälen, aber bei intensivem Bemühen vom Verbraucher fast ständig für 9,95 DM erhältlich."[356]

Die meisten Dortmunder Brauereien hatten sich bislang mit ihrem gesamten Sortiment nur in einer oder höchstens zwei der dargestellten Preiskategorien bewegt und waren damit nur in einem Bruchteil des Marktes vertreten. Dagegen

---

[355] Quelle: WWA, F 33 Nr. 4180: Kronen-Brauerei: Das zukünftige Marktverhalten der Brauerei Kronenburg, hier: Teil C: Stufenplan für das konkrete Marketing-Verhalten der Brauerei Kronenburg, Oktober 1973, S. 9. Zahlen aus dem GfK-Haushalts-Panel für das 1. Halbjahr 1973.

[356] Vgl. WWA, F 33 Nr. 4180: Kronen-Brauerei: Das zukünftige Marktverhalten der Brauerei Kronenburg, hier: Teil C: Stufenplan für das konkrete Marketing-Verhalten der Brauerei Kronenburg, Oktober 1973, S. 9.

hatte der Oetker-Konzern über die DAB/Hansa-Gruppe „ein Sortiment von Marken mit dem Ziel aufgebaut, in jeder Preiskategorie mit einer starken Marke so vertreten zu sein, daß diese Marken sich selbst möglichst wenig Konkurrenz machen."[357] Wie das DAB/Hansa-Sortiment verteilt war, veranschaulicht die Tabelle 3.12.

**Tabelle 3.12**  Preiskategorien der DAB-Biermarken und ihre Anteile am Gesamtmarkt[358]

| Preiskate-gorie | Anteil der Preiskategorie am Gesamt-markt | Marken der DAB-Hansa-Gruppe |
|---|---|---|
| A | ca. 19 % | Prinz |
| B 1 | ca. 9 % | nur in starken Gebieten: Meister-Pils |
| B 2 | ca. 21 % | DAB |
| B 3 | ca. 23 % | Hansa, Linden |
| C | ca. 28 % | Felskrone, Gülden |

In der zitierten Marketing-Konzeption heißt es weiter: „Schwierigkeiten hat die Gruppe bisher nur in den oberen Kategorien, während sie in den unteren Kategorien schon heute in jeder Gruppe führende Marken bereithält. Erleichtert wird diese Strategie dadurch, daß die gemeinsame Herkunft der Biere für den Verbraucher nicht offensichtlich erkennbar ist und sich die Marken somit nicht untereinander schädigen. Gerade diese Darstellung zeigt, daß die Oetker-Gruppe somit in ca. 91 % des Marktes ein starkes Angebot bereithält, während DORTMUNDER KRONEN nur in 9 % des Gesamtmarktes konkurriert."[359]

Offensichtlich ist bei den Verantwortlichen der Dortmunder Betriebe in dieser Phase das Bewusstsein gewachsen, dass der Biermarkt insgesamt nicht mehr steigen und der Erfolg künftig nur über differenziertere Produkt- und Vermarktungsstrategien zu erzielen sein würde.

[357] Vgl. ebenda, S. 13.

[358] Quelle: WWA, F 33 Nr. 4180: Kronen-Brauerei: Das zukünftige Marktverhalten der Brauerei Kronenburg, hier: Teil C: Stufenplan für das konkrete Marketing-Verhalten der Brauerei Kronenburg, Oktober 1973, S. 13.

[359] WWA, F 33 Nr. 4180: Kronen-Brauerei: Das zukünftige Marktverhalten der Brauerei Kronenburg, hier: Teil C: Stufenplan für das konkrete Marketing-Verhalten der Brauerei Kronenburg, Oktober 1973, S. 14.

Grundlage für derartige Segmentierungsstrategien sind Vorstellungen über die unterschiedlichen Einkommensverhältnisse bei den Bierkonsumenten und ihre Nachfragereaktionen auf Einkommensänderungen.[360]

Die Tabelle 3.13 gibt Aufschluss über die Entwicklung der verfügbaren Einkommen bei inflationsbereinigten Preisen sowie den Anstieg des Bierverbrauchs im Zeitraum von 1950 bis 1975. Das durchschnittliche Einkommen ist in dieser Zeit um 264 % gewachsen, der Bierverbrauch pro Kopf sogar um 315 %. Der Bierverbrauch ist also im Gesamtzeitraum stärker gewachsen als die Einkommen. Dies drückt sich in einer leicht positiven Elastizität von 1,193 aus. Steigende Einkommen waren also die Grundlage für die kontinuierlich wachsende Biernachfrage. Insbesondere in den Zeiträumen von 1950 bis 1955 und erneut von 1960 bis 1965 führten Einkommenssteigerungen hiernach zu einem noch stärkeren Anstieg des Bierkonsums (Elastizitäten von +1,711 bzw. +1,356). Die Dortmunder Betriebe dürften gerade im ersten Zeitabschnitt besonders von der industriellen Entwicklung des Ruhrgebietes profitiert haben,[361] was sich auch in den vergleichsweise noch stärkeren Zuwächsen beim Ausstoß gezeigt hat.

Wesentlich für die hier betrachtete Periode ist aber, dass die Einkommenselastizitäten sowohl für den Zeitraum von 1965 bis 1970 als auch von 1970 bis 1975 ganz erheblich unter 1 lagen (+0,630 bzw. +0,555). D. h., dass die Biernachfrage seit 1965 unelastisch war, indem der Pro-Kopf-Konsum langsamer wuchs als das verfügbare Einkommen. Diese Zahlen deuten darauf hin, dass es seit 1965 starke Sättigungstendenzen auf dem Biermarkt gab. Außerdem dürften seitdem auch verstärkt Substitutionseffekte – insbesondere in den oberen Einkommensgruppen – stattgefunden haben.

Eine Differenzierung des Bierverbrauchs nach sozialen Schichten zeigt, dass 4-Personen-Haushalte mit *mittlerem* Einkommen (Haushaltstyp II) überdurchschnittlich Bier konsumierten, und zwar mehr als 4-Personen-Haushalte mit *höherem* Einkommen (Haushaltstyp (III) und erheblich mehr als 2-Personen-Haushalte mit *geringem* Einkommen (Haushaltstyp I). Für das Jahr 1970 lauten die Verbrauchszahlen pro Kopf: 146,9 l zu 135,1 l zu 66,0 l. Im Jahr 1975 erreichte der Bierkonsum in der Langfristbetrachtung einen Höhepunkt mit 182,0 l zu 165,2 l zu 89,9 l. Im 5-Jahresvergleich zeigten sich dabei zwei Tendenzen: Erstens wuchs der Bierkonsum im einkommensstärkeren Haushaltstyp III

---

[360] Siehe dazu die Ausführungen im Abschnitt 2.4.6.8.2. Es sei hier nochmals darauf hingewiesen, dass die Einkommenselastizität unter Ceteris-paribus-Bedingungen errechnet wird und damit andere Einflussfaktoren als ausgeschaltet behandelt werden. Zudem wird völlige Markttransparenz unterstellt.

[361] Darauf weist auch Frank Wiese hin. Vgl. Wiese, Frank: a.a.O., S, 75.

**Tabelle 3.13** Entwicklung des verfügbaren Einkommens je Einwohner und der Einkommenselastizität der Biernachfrage 1950–1975[362]

| Jahr | Verfügbares Einkommen in Preisen von 1950 in DM | Biernachfrage in l/Kopf | Jahr | Elastizität |
|---|---|---|---|---|
| 1950 | 1.372 | 35,6 | | |
| 1955 | 2.085 | 67,0 | 1950/55 | + 1,711 |
| 1960 | 3.041 | 94,7 | 1955/60 | + 0,902 |
| 1965 | 3.690 | 122,1 | 1960/65 | + 1,356 |
| 1970 | 4.602 | 141,1 | 1965/70 | + 0,630 |
| 1975 | 4.996 | 147,8 | 1970/75 | + 0,555 |
| | | | 1950/75 | + 1,193 |
| | | | 1955/75 | + 0,864 |

schwächer als bei den beiden anderen Haushaltstypen; zweitens zahlte die obere soziale Schicht vergleichsweise zunehmend höhere Preise.[363]

Die erste Tendenz lässt darauf schließen, dass hier Substitutionsprozesse zugunsten eines zunehmenden Wein-, Sekt- und Spirituosengenusses stattgefunden haben, die zweite Tendenz weist auf das gestiegene Prestigebedürfnis hin mit der Bereitschaft, für eine als hochwertig geltende Biermarke insbesondere im Premium-Pils-Bereich einen höheren Preis zu zahlen. Dagegen war bei den Haushalten mit mittleren Einkommen die Herausbildung eines stärkeren Preisbewusstseins feststellbar, das sich in einer verstärkten Nachfrage nach preiswerteren Bieren bis hin zu Billigbieren zeigte.[364] Anhand dieser Entwicklungen wird deutlich, dass die oben beschriebene Segmentierung der Marktbearbeitung, wie sie etwa die DAB schon Anfang der 1970er Jahre vorgenommen hat, sinnvoll und erfolgversprechend war.

Die bereits Mitte der 60er Jahre einsetzende negative Einkommenselastizität der Biernachfrage war kennzeichnend für die schwieriger werdenden

[362] Quelle: Wiese, Frank: Der Strukturwandel im deutschen Biermarkt. Eine Analyse unter besonderer Berücksichtigung des Konsumentenverhaltens und der Absatzpolitik der Brauereien, Diss. Köln 1993, S. 74. Wiese hat diese Tabelle auf der Basis von Zahlen von Bruno Tietz zu den „Einkommenselastizitäten ausgewählter Nahrungs- und Genußmittel in der Bundesrepublik Deutschland von 1950 bis 1975" zusammengestellt. Vgl. dazu: Tietz, Bruno: Markt und Marketing für Bier. Eine Analyse aus Anlaß des 125jährigen Jubiläums der Privatbrauerei Thier, Dortmund 1979, S. 113.
[363] Zu den Zahlen im Einzelnen vgl. die Tabelle 22 A: „Entwicklung der Ausgaben für Bier in ausgewählten Haushalten 1950–1989" bei: Wiese, Frank: a.a.O., Anhang, S. 358.
[364] Vgl. Wiese, Frank: a.a.O., S. 75.

Marktverhältnisse sowie die Differenzierung des Konsums nach verschiedenen Verbraucherschichten während der gesamten „Ausreifungsphase" in der Zeit von 1965 bis 1973. Die Negativentwicklung und Käufergruppendifferenzierung ist darüber hinaus auch für die Situation in der „Stagnationsphase" bestimmend gewesen, denn der Bierverbrauch pro Kopf der Bevölkerung hatte bereits im Jahr 1976 mit 151,0 l seinen absoluten Höhepunkt erreicht; er sank – bei steigenden Einkommen – in den Folgejahren relativ kontinuierlich bis auf 142,7 l im Jahr 1990.[365]

### 3.5.1.5  Die Absatzwege- und Vertriebspolitik

Die Dortmunder Brauereien vermarkteten ihr Bierangebot auch in dieser Phase zumindest bis Anfang der 70er Jahre noch weitgehend über die traditionellen Absatzwege. Wie bereits für die Expansionsphase beschrieben bedeutete dies Direktbelieferungen der Vertragsgaststätten, des GFGH sowie von Einzelhändlern, vor allem Trinkhallen und Kioske, im näheren Absatzgebiet über den eigenen Fuhrpark sowie darüber hinaus die Belieferung des GFGH in entferntere Marktregionen. Der GFGH versorgte dann von dort aus die Gastronomie und Einzelhändler – darunter auch schon den Lebensmitteleinzelhandel (LEH), dessen Bedeutung seit der zweiten Hälfte der 1960er Jahre kontinuierlich wuchs. Darüber hinaus wurde Flaschen- und Dosenbier auch über den sogenannten Heimdienst an den Endverbraucher geliefert. Letzteres geschah nach Berechnungen von Tietz im Durchschnitt des Bundesgebietes zu rd. 30 % als Brauereilieferungen und zu rd. 70 % über den Getränkegroßhandel.[366]

Eine wichtige Neuerung in dieser Zeit war, dass insbesondere seit dem Dekadenwechsel ein verstärktes Engagement der Brauereien im Geschäft mit dem LEH begann. Dies soll hier soweit wie möglich besonders beleuchtet werden. Allerdings sind Statistiken zu den Anteilen der verschiedenen Abnehmergruppe rar. Eine Vergleichbarkeit scheitert z. T. an unterschiedlichen Kategorisierungen für die Absatzwege bzw. Einkaufsquellen. Einen guten Überblick zur Situation Anfang der 1970er Jahre gibt eine Untersuchung der GfK, Nürnberg. Dieses Institut hat 1973 auf Bundesebene eine Studie „Bier im Lebensmitteleinzelhandel" durchgeführt, die sich im Archivbestand der Thier-Brauerei befindet.[367] Datengrundlagen waren Erhebungen im GfK-Handelspanel von 1972 sowie ergänzend

---

[365] Vgl. ebenda, Tabelle 18 A auf S. 354 für die Zahlen bis einschließlich 1989; für die Zahl für 1990 vgl. https://de.statista.com/statistik/daten/studie/4628/umfrage/entwicklung-des-bierverbrauchs-pro-kopf-in-deutschland-seit-2000/

[366] Vgl. Tietz, Bruno: Markt & Marketing für Bier, a.a.O., S. 242.

[367] Vgl. WWA, F 122 Nr. 5216/4: GfK, Nürnberg: Bier im Lebensmitteleinzelhandel, Nürnberg August 1973.

Veröffentlichungen z. B. in der Tagespresse. Das Ziel der Studie war, zur Klärung der Marktsituation des Bieres im Lebensmitteleinzelhandel beizutragen.[368]

In der Vorbemerkung heißt es: „Kaum ein Markt ist weniger übersichtlich, als der deutsche Biermarkt. Dies ergibt sich nicht alleine aus der großen Zahl der Bierbrauer und Absatzmittler, der Heterogenität der Konsumenten und der Vielfalt der Bierarten, Biersorten und Gebindetypen. Zusätzlich erschwert den Überblick noch die Tatsache, daß wesentliche Daten über die Situation des Bieres in den verschiedenen Teilmärkten fehlen. [...] Ein sehr wesentliches Segment dieses Marktes ist der Lebensmitteleinzelhandel. In kaum einem anderen Absatzmittlerbereich werden die Biere derart gnadenlos mit dem Wettbewerb um die Gunst der Konsumenten konfrontiert und gerade deswegen ist der Lebensmitteleinzelhandel für das Biermarketing so entscheidend – Er ist nicht nur Verteilerstelle sondern auch Entscheidungsstelle."[369]

Die Tabelle 3.14 vermittelt einen Einblick in die Verteilung der Absatzmengen, die als *Direktlieferungen der Brauereien* an ihre unmittelbaren Vertragspartner gingen. Zusätzliche Belieferungen der verschiedenen Abnehmergruppen über *Absatzmittler* sind hier noch nicht enthalten.

**Tabelle 3.14**  Anteile verschiedener Abnehmergruppen am Bierabsatz der bundesdeutschen Brauereien[370]

| Mengenrelationen nach Abnehmergruppen der Brauereien | |
|---|---|
| Gastronomie | 29,4 % |
| Biergroßhandel/Verleger | 45,7 % |
| Lebensmittelgroß- und -einzelhandel | 10,0 % |
| Sonstiger Einzelhandel | 4,3 % |
| Großverbraucher | 6,5 % |
| Letztverbraucher | 3,1 % |
| Export | 1,0 % |
| Summe | 100,0 % |

[368] Die Ergebnisse dieser Studie passen insgesamt ganz gut zu den Anteilszahlen in den Abbildungen des Aufsatzes von Roland Berger. Der Vorteil der GfK-Studie besteht darin, dass sie den Lebensmittelgroß- und -einzelhandel separat ausweist; bei Roland Berger gibt es eine Kategorie: Handel. Vgl. Berger, Roland: Absatzpolitik der Brauereien zwischen Tradition und Wandel, a.a.O., S. 907 ff.

[369] Vgl. WWA, F122 Nr. 5216/4: GfK, Nürnberg: Bier im Lebensmitteleinzelhandel, Nürnberg August 1973, Seite V.

[370] Quelle: WWA, F 122 Nr. 5216/4: GfK, Nürnberg: Bier im Lebensmitteleinzelhandel, Nürnberg 1973, S. 1.

So weist z. B. der Anteil von 29,4 % der Gastronomie nur die unmittelbaren Liefermengen der Brauereien aus, hinzu kamen aber die Biermengen, die die
Gastwirte über den Lieferweg Biergroßhandel/Verleger erhielten (nämlich 35 %
von 45 % = 15,8 %, s. nächste Tabelle 3.15), so dass insgesamt 45 % des Bieres
in den Gaststätten getrunken wurde. Gleiches galt für den Lebensmitteleinzelhandel, der insbesondere für den Flaschenbiervertrieb eine wachsende Bedeutung
hatte; auch er wurde z. T. von den Biergroßhändlern, z. T. aber auch direkt durch
die Brauereien beliefert.

Detaillierte Angaben zur Bedeutung der verschiedenen Absatzkanäle *bis zum
Endverbraucher* und zur Relevanz des Lebensmitteleinzelhandels (LEH) lassen
sich aus Tabelle 3.15 errechnen: Danach flossen vom gesamten Bierausstoß bundesdeutscher Brauereien des Jahres 1972 in Höhe von über 91 Mio. hl mit einem
Umsatzvolumen von rd. 8,7 Mrd. DM rd. 38 % (34,6 Mio. hl) in den Heimkonsum, 45 % (41,0 Mio. hl) in die Gastronomie, 15 % (13,6 Mio. hl) gingen an
Großverbraucher, z. B. Kantinen, und 2 % (1,8 Mio. hl) in den Export.

Hier wird deutlich, dass der LEH als Einkaufsquelle des Bierkonsumenten
noch ein größeres Gewicht hatte als es die Tabelle 3.14 anzeigt. Vom 38 %igen
Anteil des heimischen Bierkonsums wurde beinahe die Hälfte (47 %) über den
LEH eingekauft. Das bedeutet, dass knapp 18 % (47 % von 38 % = 16,4 Mio.
hl) des gesamten Bierausstoßes über den LEH als letzter Absatzstufe vertrieben
wurden. Wenn man den übrigen Einzelhandel (vor allem Trinkhallen, Kioske,
Kauf- und Warenhäuser) hinzurechnet, dann kommen auf den Anteil von 18 %
nochmal knapp 5 % (13 % von 38 % = 4,5 Mio. hl) hinzu, so dass in der Summe
rd. 23 % (20,9 Mio. hl) des Bierausstoßes über den Einzelhandel liefen. Darüber
hinaus besorgten die Konsumenten 12 % (32 % von 38 % = 10,9 Mio. hl) des
Bierbedarfs beim Getränkeverleger und 3 % (8 % von 38 % = 2,7 Mio. hl)
unmittelbar bei der Brauerei.

Eine andere wichtige Erkenntnis aus dieser GfK-Studie ist, dass der LEH
für den Bierabsatz regional eine sehr unterschiedliche Bedeutung hatte. Die
Tabelle 3.16 verdeutlicht die Spreizung beim Anteil am Flaschenbier- und
Dosenbier zwischen den Bundesländern.

So fand z. B. in Schleswig-Holstein/Hamburg annähernd 60 % des
Flaschen-/Dosenbierumsatzes über den LEH statt; in Bayern waren es dagegen
nur 10 %. Bundesweit betrug der Anteil 25 %. Allerdings war der Bierausstoß
in Bayern weitaus höher als im Norden, so dass im Süden ein größeres Volumen über den LEH vertrieben wurde. Vom gesamten bundesweiten Bierabsatz,
der über den LEH floss, hatte der bayerische Handel einen Anteil von 13 %, im
Norden lag der Wert dagegen nur bei 11 %.

**Tabelle 3.15** Anteile verschiedener Bezugsquellen bei den Verbrauchergruppen: Heimkonsum, Gastronomie, Großverbraucher sowie Export und deren Anteile am Bierausstoß deutscher Brauereien[371]

| Verbrauchergruppen und ihre Bezugsquellen | | | |
|---|---|---|---|
| Heimkonsum | 38 % | Lebensmittelhandel | 47 % |
| | | Übriger Einzelhandel | 13 % |
| | | Großhandel/Verleger | 32 % |
| | | Brauereien | 8 % |
| | | | 100 % |
| Gastronomie | 45 % | Brauereien | 65 % |
| | | Großhandel/Verleger | 35 % |
| | | | 100 % |
| Großverbraucher | 15 % | Brauereien | 43 % |
| | | Großhandel/Verleger | 57 % |
| | | | 100 % |
| Übrige/Export | 2 % | Brauereien | 76 % |
| | | Großhandel/Verleger | 24 % |
| | | | 100 % |
| Summe | 100 % | | |

**Tabelle 3.16** Anteil des Lebensmitteleinzelhandels am Flaschen-/Dosenbierausstoß bundesdeutscher Brauereien nach Bundesländern[372]

| Anteil des Lebensmitteleinzelhandels am  Flaschen-/ Dosenbierausstoß der Brauereien nach Gebieten | |
|---|---|
| | Umsatzanteil LEH am Ausstoß |
| Schleswig-Holstein/Hamburg | 57 % |
| Niedersachsen | 34 % |
| Nordrhein-Westfalen | 32 % |
| Hessen/Rheinland-Pfalz/Saar | 24 % |
| Baden-Württemberg | 20 % |
| Bayern | 10 % |
| Berlin West | 53 % |

---

[371] Quelle: WWA, F 122 Nr. 5216/4: GfK, Nürnberg: Bier im Lebensmitteleinzelhandel, Nürnberg 1973, S. 2.

[372] Quelle: WWA, F 122 Nr. 5216/4: GfK, Nürnberg: Bier im Lebensmitteleinzelhandel, Nürnberg 1973, S. 3.

„Den höchsten Anteil am gesamten Lebensmitteleinzelhandelsumsatz weist Nordrhein-Westfalen mit 32 % aus und *etwa der gleiche Anteil am Flaschen-/Dosenbierausstoß in diesem Gebiet wird über den Lebensmitteleinzelhandel verkauft.*"[373] Jede dritte Bierflasche wurde in NRW bereits über den LEH vertrieben!

Weitere Ergebnisse aus dieser GfK-Befragung von Lebensmitteleinzelhändlern, die für den Vertrieb der Dortmunder Brauereien wichtig gewesen sein könnten, lassen sich wie folgt zusammenfassen:[374]

- **Bedeutung verschiedener Handelsorganisationen für den Bierabsatz:** Insgesamt gab es 1972 rd. 147.550 LEH-Geschäfte in der Bundesrepublik, die in diesem Jahr die vorne errechneten 16,4 Mio. hl im Wert von rd. 2,1 Mrd. DM verkauften. Die verschiedenen Organisationsformen hatten beim Bierverkauf folgende Marktanteile:

  | | |
  |---|---|
  | – Einkaufsgenossenschaften: | 28 % |
  | – Handelsketten: | 31 % |
  | – Filialisten/Coop: | 18 % |
  | – Nicht organisierter LEH: | 16 % |
  | – Verbrauchermärkte/Discounter: | 7 % |

- **Bezugswege des LEH:** 42 % der Bierlieferungen erhielten die Lebensmitteleinzelhandelsgeschäfte vom Lebensmittelgroßhandel bzw. ihren Zentralen. Weitere 40 % kamen vom Getränkegroßhandel bzw. den Bierverlegern. 15 % stammten aus Direktbelieferungen der Brauereien; der Rest von 3 % machten Bezüge von C + C-Märkten sowie Sonstigen aus. Bezogen auf den 42 %igen Anteil der Bezüge über ihre Zentralen bzw. Großhändler heißt es: *„Die Handelsorganisationen nutzen ihre starke Marktstellung beim Bezug von Bier aus. Die Bezugspreise und Konditionen für das Bier werden zu etwa 50 % von den Lebensmittelgroßhändlern bzw. Zentralen der Handelsorganisationen direkt mit den Lieferanten ausgehandelt."*

- **Händlerpflege durch die Brauereien:** Ein bemerkenswertes Urteil gab es zur Kundenpflege des Handels durch die Brauereien: *„Obwohl die Pflege des Handels vom Handel selbst als vordergründige Maßnahme bei den Konsumieren*

[373] WWA, F 122 Nr. 5216/4: GfK, Nürnberg: Bier im Lebensmitteleinzelhandel, Nürnberg 1973, S. 3. (Herv. d. H.F.)

[374] Vgl. zu den folgenden Ausführungen und Zitaten: WWA, F 122 Nr. 5216/4: GfK, Nürnberg: Bier im Lebensmitteleinzelhandel, Nürnberg 1973, S. 4- 37. (Herv. d. Verf., H.F.)

*angesehen wird, scheint diese Aufgabe überwiegend den Verkaufsfahrern zuzu-*
*fallen. Nur knapp 10 % der Lebensmitteleinzelhändler gaben an, von Reisenden*
*oder Vertretern der Brauereien einmal und mehr im Monat besucht zu werden. "*

- **Struktur des Biersortiments im LEH:** Exportbiere hatten mit 38 % den stärksten Umsatzanteil gefolgt von Pils mit 30 %. Die Sortengruppe Urtyp/Edel/Hell
war mit 21 % beteiligt. Der Rest von 11 % verteilte sich auf Malzbiere mit
5 % sowie sonstige Sorten wie Kölsch bzw. Alt; letztere in NRW mit einem
Anteil von 13 %. Beim Flaschenbierverkauf lautete die Relation zwischen
0,33 l- und 0,5 l-Flaschen etwa 28 % zu 72 %. Einweggebinde hatten einen
Anteil von knapp 7 %; davon waren rd. 75 % Einwegflaschen 0,33 l und rd.
25 % Dosen.

- **Sortimentswechsel beim Handel:** Das Biersortiment im LEH unterlag einer
Fluktuation. Es hatte sich gezeigt, „daß der Einzelhandel doppelt so häufig
bereit ist, ein Konsumbier als ein Premiumbier auszuwechseln oder ersatzlos
aus dem Sortiment herauszunehmen." Der Anteil an den jährlichen Her-
ausnahmen betrug durchschnittlich 6,3 % für Premiumbiere und 11,7 %
für Konsumbiere. Grund: Es wurden mehr Konsum- als Premiumbiere im
Sortiment geführt, so dass der Austausch leichter fiel.

- **Verbraucherverhalten:** 73 % der Bierkäufer verhielten sich „markentreu";
„sie kaufen immer die gleiche Marke, weil sie ihnen besonders schmeckt".
Dagegen kaufen 21 % „diejenige Marke, die den günstigsten Preis hat."
Die letztere Gruppe dürfte demnach kurzfristig über Werbung und Verkaufsförderungsaktionen über den Preis beeinflussbar gewesen sein. Das galt
insbesondere für Konsum- und Spezialbiere.

- **Werbung der Brauereien:** Die Beurteilung der Werbeintensität und der Wirksamkeit der Brauerei-Werbung aus Händlersicht war differenziert: 84 % sahen,
dass die Brauereien genügend Werbung betrieben, aber für nur 67 % trug die
Werbung zum Verkauf bei. Verkaufsförderungsaktionen wurden zu 85 % als
positiv bewertet.

- **Entwicklungstendenzen:** Die Bedeutung des LEH für den Bierverkauf würde
künftig weiter steigen. Gründe dafür:
  - Gesetzgebung: Herabsetzung der Promillegrenze von 1,3 auf 0,8 Promille
  im Straßenverkehr; Trend zum Heimkonsum.
  - Geschmackdifferenzierung: Die Ansprüche der Konsumenten bezüglicher
  der Sortimentsbreite und Qualität würden weiter steigen. LEH als „ideale
  Bezugsquelle".
  - Sterblichkeit der kleinen Geschäfte: Es würde zu einer Verlagerung des
  Umsatzes auf die größeren LEH-Geschäfte kommen.

Die abschließende Bemerkung in der GfK-Studie wies auf ein steigendes Konfliktpotenzial in der Zusammenarbeit zwischen Brauereien und dem LEH hin: *„Im Lebensmitteleinzelhandel ist das Bier aber längst zum Problemartikel geworden. Dies nicht zuletzt wegen der Personalkostenintensität, Sperrigkeit und des Gewichtes, besonders in Selbstbedienungsgeschäften, aber auch aufgrund des starken Spannenverfalls. Der Lebensmitteleinzelhandel wird einerseits versuchen, Teile der Lagerhaltungsfunktion und somit Manipulationskosten in verstärktem Maße an vorgelagerte Absatzmittlerstufen abzuwälzen, andererseits wird er den Trend zum Spezial- und Prämiumbier der höheren Handelsspanne wegen fördern."*

Roland Berger hat das Tempo des Strukturwandels im Lebensmittelhandel in dem zitierten Aufsatz aus 1971 folgendermaßen beschrieben:[375]

- Anzahl der Lebensmittelhändler 1955:        230.000
- Anzahl der Lebensmittelhändler 1970:        145.000
- Sterberate:                                 85.000 = ca. 40 %
- Lebensmittelgeschäftebestand 1970:          145.000
- davon: neu bzw. umstrukturiert:             90.000
- von 1955 noch verbliebene Geschäfte:        55.000 = < 25 %

Anhand dieser Zahlen wird deutlich, dass der Lebensmittelhandel nicht nur Druck auf die Bierbranche ausübte, sondern selber schon viele Jahre unter einem ganz erheblichen Wettbewerbsdruck stand. Der Wandel vom „Tante Emma"-Laden zum organisierten Retailer und Discounter war in vollem Gange.

Welche Bedeutung haben nun die verschiedenen Formen des Lebensmittelhandels als Absatzmittler für die Dortmunder Brauereien zu Beginn der 1970er Jahre gehabt? Eine unkommentierte Tabelle[376] zum Flaschenbiergeschäft vermittelt einen ersten Eindruck von den *Direktbelieferungen* und der unterschiedlichen Nutzung verschiedener Handelsorganisationen durch die einzelnen Dortmunder Betriebe sowie einigen ihrer Konkurrenten aus dem Pilsbereich (s. Tabelle 3.17). Da über die Datengrundlage und die Datenqualität keine näheren Informationen vorliegen, sollen aus der Tabelle lediglich Tendenzaussagen abgeleitet werden etwa bezüglich der Unterschiede zwischen den Brauereien. Immerhin

---

[375] Berger, Roland: Absatzpolitik der Brauereien zwischen Tradition und Wandel, a.a.O., S. 908.

[376] Es handelt sich dabei um eine einzelne handschriftliche Tabelle ohne Datumsangabe (aus dem Archivbestand der Kronen-Brauerei aus den Jahren 1969–1974) und ohne sonstige Hinweise auf Datenquelle und Datenqualität. In der hier zu sehenden Tabelle wurde die Überschrift spezifiziert, die Reihenfolge der Brauereien geändert, und es wurde eine Zwischensumme „LEH gesamt" eingefügt. Vgl. WWA, F 33 Nr. 1889.

**Tabelle 3.17** Flaschenbier-Absatz aus Direktbelieferungen der Brauereien: Bedeutung der Absatzmittler insbes. aus dem Lebensmittel-handelsbereich insgesamt und bei den einzelnen Biermarken in NRW sowie Einzelhandelspreise in DM/l (ohne Lieferungen des GFGH an die verschiedenen Absatzmittler)

| Absatzmittler | Gesamt | | Kronen | | | Thier | | | DAB | | | Hansa | | | Ritter | | |
|---|---|---|---|---|---|---|---|---|---|---|---|---|---|---|---|---|---|
| | %Anteil | DM/l | 1) | 2) | DM/l* | 1) | 2) | DM/l | 1) | 2) | DM/l | 1) | 2) | DM/l | 1) | 2) | DM/l |
| Filialisten | 3,2 | 1,23 | - | - | - | 1,0 | 5,7 | 1,00 | 6,9 | 3,6 | 1,20 | 2,4 | 4,0 | 1,44 | 6,2 | 4,1 | 1,07 |
| Konsum | 3,7 | 1,27 | 8,9 | 9,2 | 1,29 | 2,5 | 15,1 | 1,33 | 0,4 | 0,3 | 1,47 | 3,1 | 5,8 | 1,06 | 0,5 | 0,4 | 1,25 |
| Disc./Verb.M. | 16,2 | 1,13 | 0,9 | 1,8 | 1,25 | 2,1 | 24,3 | 1,20 | 7,1 | 11,5 | 1,13 | 1,0 | 4,5 | 1,07 | 15,0 | 24,5 | 1,11 |
| restl. LH | 14,7 | 1,32 | 6,7 | 13,7 | 1,35 | 1,1 | 18,0 | 1,33 | 15,9 | 18,3 | 1,29 | 4,1 | 14,0 | 1,20 | 4,0 | 5,4 | 1,25 |
| Edeka/Rewe | 11,3 | 1,27 | 3,0 | 9,6 | 1,34 | 0,1 | 1,6 | 1,30 | 7,3 | 13,4 | 1,28 | 0,5 | 3,1 | 1,70 | 6,3 | 14,6 | 1,18 |
| LEH gesamt | 49,1 | - | - | 34,3 | - | - | 64,7 | - | - | 47,1 | - | - | 31,4 | - | - | 49,0 | - |
| Warenhäuser | 1,6 | 1,26 | - | - | - | 0,6 | 1,8 | 1,36 | 5,9 | 1,6 | 1,10 | 0,5 | 0,4 | 1,12 | - | - | - |
| Direktbezug | 39,3 | 1,26 | 6,8 | 38,3 | 1,23 | 1,0 | 33,5 | 1,28 | 12,0 | 38,7 | 1,25 | 6,5 | 65,7 | 1,22 | 5,8 | 23,0 | 1,23 |
| Gaststätten | 1,0 | 1,50 | 1,4 | 0,4 | 1,60 | - | - | - | 9,4 | 1,6 | 1,47 | - | - | - | 3,1 | 0,7 | 1,00 |
| Trinkh./Kioske | 7,3 | 1,45 | 13,0 | 27,0 | 1,39 | - | - | - | 8,5 | 10,1 | 1,39 | 0,7 | 2,5 | 1,19 | 17,1 | 25,9 | 1,55 |
| restl. Geschäft | 1,7 | 1,36 | - | - | - | - | - | - | 2,6 | 0,7 | 1,36 | - | - | - | 3,7 | 1,3 | 1,40 |
| Gesamt | 100,0 | 1,26 | 100 | 100 | 1,31 | 100 | 100 | 1,27 | 100 | 100 | 1,26 | 100 | 100 | 1,22 | 100 | 100 | 1,27 |

| Absatzmittler | DUB | | | Wicküler | | | Krombacher | | | König | | | Hannen | | |
|---|---|---|---|---|---|---|---|---|---|---|---|---|---|---|---|
| | 1) | 2) | DM/l* | 1) | 2) | DM/l | 1) | 2) | DM/l | 1) | 2) | DM/l | 1) | 2) | DM/l |
| Filialisten | 10,8 | 10,2 | | 8,4 | 1,8 | 1,16 | 5,4 | 4,9 | 1,40 | 1,4 | 0,9 | 1,51 | 10,1 | 6,2 | 1,33 |
| Konsum | 2,4 | 2,5 | | 15,0 | 3,6 | 1,30 | 0,6 | 0,6 | 1,45 | 1,0 | 0,7 | 1,39 | 5,0 | 3,5 | 1,33 |
| Disc./Verb.M. | 1,4 | 3,6 | | 50,0 | 26,8 | 1,08 | 7,3 | 16,6 | 1,29 | 6,7 | 10,7 | 1,36 | 12,4 | 24,0 | 1,20 |
| restl. LH | 10,3 | 16,9 | | 33,8 | 15,5 | 1,20 | 12,0 | 24,5 | 1,44 | 21,2 | 28,5 | 1,42 | 5,8 | 9,7 | 1,27 |
| Edeka/Rewe | 4,3 | 14,0 | | 28,0 | 20,9 | 1,19 | 2,9 | 9,2 | 1,34 | 3,7 | 8,2 | 1,62 | 4,8 | 10,3 | 1,31 |
| LEH gesamt | - | 47,2 | | - | 68,6 | - | - | 55,8 | - | - | 49,0 | - | - | 53,7 | - |
| Warenhäuser | 3,8 | 1,8 | | 13,9 | 1,5 | 1,26 | 5,7 | 2,6 | 1,35 | 6,3 | 2,0 | 1,34 | 11,9 | 3,7 | 1,38 |
| Direktbezug | 7,8 | 46,0 | | 18,1 | 23,8 | 1,22 | 5,8 | 31,0 | 1,40 | 7,8 | 29,9 | 1,32 | 10,2 | 37,7 | 1,20 |
| Gaststätten | 6,9 | 2,1 | | 3,4 | 0,2 | 1,51 | 0,5 | 0,1 | 1,20 | 12,8 | 2,6 | 1,60 | - | - | - |
| Trinkh./Kioske | 1,1 | 2,4 | | 6,8 | 3,3 | 1,79 | 4,4 | 9,1 | 1,32 | 8,1 | 11,8 | 1,53 | 3,4 | 4,7 | 1,48 |
| restl. Geschäft | 1,0 | 0,5 | | 22,4 | 2,6 | 1,17 | 2,8 | 1,4 | 1,29 | 12,9 | 4,5 | 1,42 | 0,6 | 0,2 | 1,20 |
| Gesamt | 100 | 100 | 1,30 | 100 | 100 | 1,19 | 100 | 100 | 1,35 | 100 | 100 | 1,42 | 100 | 100 | 1,22 |

1) Anteil der Marke am Gesamtverkauf des Absatzmittlers; 2) Anteil des Absatzmittlers am Gesamtverkauf der Marke; * Einzelpreise nicht lesbar

erscheinen diese Differenzen plausibel. Volumenberechnungen werden dagegen nicht vorgenommen. Vermutlich handelt es sich bei den Direktbelieferungen an die unterschiedlichen Handelsgruppen nicht nur um direkte Bestellungen von Lebensmittel*einzel*handels-Geschäften, sondern auch um Aufträge des Lebens-mittel*groß*handels bzw. der Handelszentralen für ihre Mitgliedsunternehmen bzw. Filialen. Außerdem ist zu vermuten, dass darin *nicht* die zusätzlichen Lieferun-gen der Brauereien an die GFGH/Verlage enthalten sind, die ihrerseits den LEH belieferten.

Neben dem „Anteil der Marke am Gesamtverkauf des Absatzmittlers" wird in der Tabelle der „Anteil des Absatzmittlers am Gesamtverkauf der Mar-ke" der jeweiligen Brauerei ausgewiesen und ergänzend auch der jeweilige „Einzelhandelspreis pro Liter" für eine bestimmte Marke in einer bestimmten Handelsorganisation.

Unter Berücksichtigung der o. g. Einschränkungen lässt sich Folgendes aus der Tabelle herauslesen: Die hier betrachteten Brauereien waren Anfang der 70er Jahre sehr unterschiedlich in den Regalen des Lebensmittelhandels vertreten. Die stärkste Präsenz hatte danach die Wicküler-Brauerei: Fast 70 % der Direktlie-ferungen von Wicküler im Flaschenbiergeschäft gingen an die verschiedenen Formen des Lebensmittelhandels. Besonders stark war die Geschäftsbeziehung dieser Brauerei zu „Discountern/ Verbrauchermärkten": Zum einen hatte dieser Absatzkanal einen Anteil von rd. 27 % am Wickülergeschäft in diesem Seg-ment, zum anderen weist die Tabelle auch aus, dass 50 % des Bierangebotes von Discountern/Verbrauchermärkten in der Marke Wicküler bestand.

Aber auch die beiden anderen Pilsbrauereien Krombacher und König waren hier schon etabliert. Die Direktlieferungen an den Lebensmittelhandel hatten bereits Anteile von rd. 56 % bzw. 49 %. Der Schwerpunkt lag hier allerdings jeweils beim „restlichen Lebensmittelhandel" mit 24,5 % bzw. 28,5 %. In die-ser Handelsform klebte auf jeder fünften Flasche das Etikett „König-Pilsener". Auch die Altbierbrauerei Hannen lieferte knapp 25 % ihrer Direktlieferungen an Flaschenbier an die Handelsform „Discounter/Verbrauchermärkte" und setzt insgesamt rd. 54 % im Lebensmittelhandel ab.

Bei den Dortmunder Brauereien fand der Einstieg in den Vertriebsweg Lebens-mitteleinzelhandel unterschiedlich statt und war auch abhängig davon, welches Gewicht das Flaschenbiergeschäft im Verhältnis zum Fassbiergeschäft hatte. So erreichte der Flaschenbieranteil am Gesamtausstoß bei der Ritter-Brauerei schon

Anfang der 1960er Jahre die 70 %-Marke und lag 1973 bei 74 %.[377] Entsprechend bedeutungsvoll waren die Direktlieferungen an den Lebensmittelhandel mit einem Anteil von nahezu 50 % zum Berichtszeitpunkt. Rd. die Hälfte davon ging in die Absatzmittlerschiene „Discounter/ Verbrauchermärkte".

Auch die DUB sowie die DAB hatten aufgrund ihres ebenfalls vergleichsweise etwas stärkeren Flaschenbiergeschäfts bereits etwas früher Geschäftsverbindungen zum Lebensmittelhandel geknüpft. Hier lagen die entsprechenden Anteile bei jeweils 47 % mit Schwerpunkten bei den Handelsformen „restlicher Einzelhandel" (17 % bzw. 18 %) sowie „Edeka/Rewe" (14 % bzw. 13 %); bei der DAB auch bereits etwas stärker im Bereich „Discounter/Verbrauchermärkte" (12 %).

Die Brauereien Kronen, Thier und Hansa hatten lange Zeit ihren Schwerpunkt im Fassbiergeschäft und der Belieferung der Vertragsgaststätten. Insbesondere bei Kronen und Thier entwickelte sich das Flaschenbiergeschäft erst seit Mitte der 60er Jahre etwas stärker; 1973 betrug deren Flaschenbieranteil 63 % bzw. 51 %. Dementsprechend zeigte sich für Kronen und Hansa mit Anteilswerten von 34 % bzw. 31 % eine relativ schwächere Distribution im LEH. Das dürfte in gleiche Weise auch für die Thier-Brauerei gegolten haben, denn anders als in der Tabelle ausgewiesen, lieferte die Thier-Brauerei einen ganz erheblichen Anteil ihres Flaschenbierausstoßes an Trinkhallen und Kioske, so dass die Prozentanteile für den LEH als zu hoch erscheinen. Dabei standen bei Kronen die Vertriebskanäle „restlicher Einzelhandel" (14 %) sowie die Einkaufsgenossenschaften „Edeka/Rewe" (10 %) im Vordergrund, bei Thier waren dies am ehesten „Discounter/-Verbrauchermärkte" sowie der „restliche Lebensmittelhandel." Darüber hinaus hatte bei allen Brauereien der „Heimdienst" – die direkte Belieferung von privaten Haushalten durch Brauereifahrzeuge, hier ausgedrückt als „Direktbezug" – mit Anteilswerten zwischen 23 % (Ritter) und 66 % (Hansa) eine große Bedeutung.

Bezüglich der Einzelhandelspreise für Flaschenbier zeigt sich zum einen, dass die Pilsbrauereien König und Krombacher mit Durchschnittspreisen von 1,42 DM/l bzw. 1,35 DM/l an der Spitze der Angebotspalette lagen und sich ihre präferenzorientierte Marketingstrategie der vergangenen Jahre als ertragsreich erwiesen hatte. Wicküler war im unteren Preissegment (1,19 DM/l) sehr erfolgreich, auch indem sich die Brauerei Zugang zu wichtigen Handelspartnern im Lebensmittelbereich verschafft hatte. Von den Dortmunder Brauereien war das Kronenbier auch aufgrund seines Rufes als qualitativ bestes Dortmunder Bier mit einem

---

[377] Zu den Anteilen des Flaschenbierausstoßes am Gesamtausstoß der verschiedenen Dortmunder Brauereien vgl.: Bodden, Nancy: Business as usual?, a.a.O., Tabelle 10, S. 117.

Durchschnittspreis von 1,31 DM/l das teuerste, dicht gefolgt von DUB, mit etwas Abstand folgten Thier und Ritter, DAB und schließlich Hansa.

Zweitens zeigt sich über alle Biermarken hinweg, dass der Einkauf beim Discounter/Verbrauchermarkt und überwiegend auch bei den Filialisten am günstigsten war. Die höchsten Preise wurden vom „restlichen Lebensmittelhandel" sowie den Einkaufs- und Konsumgenossenschaften verlangt. Die Spanne zwischen den Höchst- und Niedrigstpreisen je Brauereiangebot betrug bis zu 0,33 DM/l (Thier). Besonders hohe Preisspannen könnten auch auf zeitlich begrenzte Verkaufsaktionen einzelner Brauereien mit einzelnen Absatzmittlern zurückzuführen sein.

Bei der Erschließung des Lebensmittelhandels als Absatzpartner hatten die Konzernbrauereien entscheidende Wettbewerbsvorteile gegenüber den beiden Privatbrauereien. Aufgrund ihrer auch überregional ausgerichteten Beteiligungspolitik gelang der DUB sowie der DAB über ihre jeweiligen Tochtergesellschaften eine systematische und weitgehend lückenlose Abdeckung überregionaler Räume. Hierdurch war es möglich, den organisierten Lebensmittelhandel zum bevorzugten Partner der Konzernbrauereien zu machen. Denn diese Absatzmittler verfügten ihrerseits über ein regional weitverzweigtes Netz. Dies galt insbesondere für Coop, Rewe, Edeka, Spar sowie die Warenhäuser. Das führte dazu, dass die Konzerngruppen noch viel mehr als ihre Dortmunder Wettbewerber im Fachgroßhändler nicht mehr ihren alleinigen Partner sehen mussten.[378]

Hinzu kam, dass die Unternehmen des organisierten Lebensmittelhandels ihrerseits an einer unmittelbaren Belieferung durch die Brauerei interessiert waren mit der Begründung, dass sie sowohl aus verwaltungstechnischen als auch vertriebspolitischen Gründen nur Kontakt zu *einem* Lieferanten haben wollten.[379] Für die Konzernbrauereien bedeutete eine derartige Konstellation sich gegenseitig ergänzender Vertriebsinteressen wesentliche Vorteile.

Mit der Erkenntnis, dass die neuen Vertriebswege und hier insbesondere der LEH für den künftigen Absatz von Bier eine zunehmende Bedeutung haben würde, wuchs bei den Dortmunder Betrieben auch die Einsicht in die Notwendigkeit zur Durchführung von Verkaufsförderungsmaßnahmen am „point of sale". Die Tabelle 3.9 im Abschnitt 3.5.1.2 benennt eine Reihe von Verkaufsförderungsaktionen, die von den einzelnen Brauereien für das Jahr 1970 geplant wurden, so z. B. Verbraucher-Aktionen und Platzierungswettbewerbe.

---

[378] Vgl. WWA, F 33 Nr. 4180: Das zukünftige Marktverhalten der Brauerei Kronenburg, Teil A: Die veränderte Wettbewerbssituation im Braugewerbe, Januar 1973, S. 24 f.

[379] Vgl. WWA, F 33 Nr. 1880, Bd. 2: Aktennotiz: Belieferung des organisierten Lebensmittelhandels (Kettenunternehmen, Genossenschaften, Filialisten) vom 30. Nov. 1970, S. 1 f.

Allerdings: Die wachsende Bedeutung des Lebensmittelhandels mit der –
wie gezeigt – sehr differenzierten Preisgestaltung hat die Zusammenarbeit mit
dem traditionellen Getränkefachgroßhandel als Träger des „Versandgeschäftes"
in den brauereifernen Regionen belastet. Das „Mosaik unterschiedlicher Preise
[…] ist Anlaß zu einer ständigen Auseinandersetzung mit dem Versandbierfach-
händler."[380] Speziell für die beiden Privatbrauereien erwuchsen daraus besondere
Schwierigkeiten, wie in den folgenden zwei Fallstudien noch detaillierter aufgezeigt werden soll.

Eine andere gravierende Wirkung des zunehmenden Engagements im Geschäft
mit den Großbetrieben des Lebensmittelhandels war betriebswirtschaftlicher Art.
Bis dahin hatte das hohe Preisniveau beim Fassbiergeschäft mit der Gastronomie, das zudem über langfristige Lieferverträge gesichert war, für eine gute bzw.
ausreichende Rentabilität gesorgt. Dagegen führten die harten Preiskämpfe und
erzwungenen Preisnachlässe im Geschäft mit den neuen Formen des Lebensmittelhandels zu Rentabilitätsproblemen. Zusätzlich sank die Rentabilität auch der
übrigen Absatzwege aufgrund steigender Kosten in der Distribution, ohne die
Preise entsprechend erhöhen zu können.[381]

In den folgenden Jahren setzten die preisaggressiven Großformen des Lebensmitteleinzelhandels steigende Mengen an Bier ab und erhöhten damit ihre
Marktanteile. Mit der zunehmenden Nachfragemacht wuchs der Preisdruck auf
die Brauereien weiter.[382] Insbesondere die mittelständischen Brauereien waren
auf diese Absatzorgane zunehmend angewiesen, um ihre Kapazitäten auszulas-
ten. Sie hatten der Nachfragemacht des Handels kaum etwas entgegenzusetzen.
Außerdem sank der Anteil des Bierabsatzes über den traditionellen Lebensmitteleinzelhandel, da dieser zunehmend von den Großbetriebsformen verdrängt
wurde.[383]

---

[380] Vgl. WWA, F 33 Nr. 4180: Das zukünftige Marktverhalten der Brauerei Kronenburg, Teil
A: Die veränderte Wettbewerbssituation im Braugewerbe, Januar 1973, S. 21.
[381] Vgl. zu einer detaillierten Darstellung der Distributionsorganpolitik auch Wiese, Frank:
a.a.O., S. 148 ff.
[382] Vgl. dazu ausführlich die Abschnitt 3.6.1.5 und 3.6.1.6.
[383] Vgl. Wiese, Frank: a.a.O., S. 290.

## 3.5.2  *Fallstudie 2:* Die Marketingaktivitäten der *Dortmunder Thier-Brauerei* in der „Ausreifungsphase"

### 3.5.2.1  Die Geschäftsentwicklung im Überblick und der Beginn eines Wissenstransfers durch Werbeagenturen und Marktforschungsinstitute

Im Abschnitt 3.4.2 zur Fallstudie 1 wurde bereits die Geschäftsentwicklung der Brauerei Thier bis zur Mitte der 1960er Jahre näher beschreiben: Die Kurve zur Ausstoßentwicklung flachte schon nach dem Geschäftsjahr 1960/61 ab – entgegen dem allgemeinen Trend in der Branche. Nach dem Spitzenergebnis von 1963/64 mit rd. 509.000 hl sank der Ausstoß in den nächsten 6 Jahren kontinuierlich bis auf knapp 423.000 hl im Jahr 1969/70, was ein Minus von 17 % gegenüber 1963/64 bedeutete.

Die Absatzkrise hatte Thier früher und stärker getroffen als die übrigen Dortmunder Betriebe. Auch dauerte die Krise für Thier länger; das Unternehmen konnte erst 1970/71 und erneut 1971/72 – also zwei Jahre später als die Dortmunder Wettbewerber insgesamt – wieder Zuwächse von jeweils fast 7 % erzielen, bevor in 1972/73 erneut das Ausstoßergebnis um beinahe 9 % einbrach. In den folgenden Geschäftsjahren gelang dann eine vorübergehende Stabilisierung. Insofern lässt sich feststellen, dass die Brauerei Thier noch etwas stärker als ihre Dortmunder Konkurrenten in der Periode von 1965 bis 1973 sich nicht in einer „Ausreifungsphase", sondern von Anfang an eher in einer „Stagnationsphase" befand (Abb. 3.1).

Die Gründe sind vermutlich vielfältig: Zur Mitte der 1960er Jahre dürfte die rezessive wirtschaftliche Entwicklung in der Bundesrepublik eine Rolle gespielt haben genauso wie die Strukturprobleme in der Montan- und der Textilindustrie; beides hat sich negativ für die gesamte Dortmunder Braubranche ausgewirkt. Für Thier dürfte dies besonders schwerwiegend gewesen sein, da das Kernabsatzgebiet im Raum Dortmund lag.

Darüber hinaus könnten auch einige unternehmensspezifische Gegebenheiten und Entwicklungen bedeutsam gewesen sein. Die Geschäftspolitik war lange Zeit sehr stark auf das Fassbiergeschäft mit den Vertragsgaststätten ausgerichtet sowie auf die traditionellen Absatzwege über den GFGH sowie den Heimdienst. Entsprechend waren auch die werblichen Aktivitäten fast ausschließlich darauf fokussiert. Mit einer spezifischen Verbraucherwerbung hat die Brauerei erst 1967 begonnen und gehörte dabei zu den letzten in der Reihe der Dortmunder Mitbewerber. Darüber hinaus wurde zwar das Flaschenbiergeschäft forciert, jedoch gewann dieses Segment keine zusätzliche Bedeutung: Der Flaschenbieranteil konnte die 50 %ige Anteilsmarke bis Ende der 60er Jahre nicht überschreiten – anders als bei den Konkurrenten. Das mag auch daran gelegen haben, dass geschäftliche Verbindungen zu den großen Lebensmittelunternehmen vergleichsweise spät, nämlich erst ab 1969/70, geknüpft wurden.

Ganz entscheidend für die weitere Entwicklung der Thier-Brauerei dürfte auch die sich signifikant von den Dortmunder Konkurrenten unterscheidende Unternehmensgröße, damit auch finanzielle Kraft und Ertragssituation gewesen sein, wie im Abschnitt 3.3.2 anhand einer Bilanzanalyse für die Situation an der Schwelle zur „Stagnationsphase" im Geschäftsjahr 1972/73 gezeigt wurde. Die Thier-Brauerei war in der Reihe der Dortmunder Betriebe das zweitkleinste Unternehmen (vor der Stifts-Brauerei). Von daher war sie in ihren absatzwirtschaftlichen Möglichkeiten von vornherein vergleichsweise eingeschränkt. Hinzu kam, dass sich ihre finanzwirtschaftliche Situation nicht nur von der absoluten Größenordnung her von den Wettbewerbern unterschied, sondern auch von der Struktur. Die Eigenkapitalbasis war unterdurchschnittlich, die Verschuldung entsprechend höher, und die Liquiditätsverhältnisse waren angespannt. So konnte die Brauerei in den Geschäftsjahren von 1969/70 bis 1971/72 jeweils nur ein negatives Geschäftsergebnis ausweisen.[384] Im weiteren Verlauf der Analyse sowohl in der „Ausreifungsphase" als auch später in der „Stagnationsphase" wird sich zeigen, dass die Thier-Brauerei von ihren finanziellen Möglichkeiten her mitunter an ihre Grenzen gestoßen ist.

In ihrer Geschäftspolitik hatte Thier stets den Qualitätsaspekt hervorgehoben und war deshalb auch etwas höherpreisiger, ohne die Kronen-Brauerei damit zu erreichen. Die Brauerei hat dabei auch lange am Exportbier festgehalten und erst relativ spät das Pilsbier in den Mittelpunkt der absatzwirtschaftlichen Aktivitäten gestellt. Dabei wurde aber lange Zeit die eigene Profilierung durch ein aktives Herausstellen der Marke „Thier" vernachlässigt. Die spätere öffentlichkeitswirksame Akzentuierung als *Privat*brauerei hat sicherlich positiv gewirkt, nachdem man erst Ende der 60er Jahre durch eine in Auftrag gegebene Image-Studie erste Hinweise auf das etwas „altväterliche" und „verstaubte" Ansehen und die nachrangige Bekanntheit der Brauerei selbst in der Dortmunder Bevölkerung erhalten hatte. Zudem sei das Markenzeichen vom Verbraucher „verschwommen" wahrgenommen worden.[385]

---

[384] Vgl. WWA, F 33 Nr. 2578: Prüfberichte für die Geschäftsjahre 1969/70 bis 1971/72.
[385] Diese GfK-Studie wird im Abschnitt 3.5.2.3 zu den Marktforschungsaktivitäten näher dargestellt.

Insgesamt ist festzustellen, dass die Brauerei Thier einige Jahre lang der abgeschwächten und dann rückläufigen Absatzentwicklung zu wenig entgegengesetzt und erst relativ spät versucht hat, durch stimmige Werbe- und Marketingkonzeptionen eine Wende herbeizuführen.[386]

Das Geschäftsjahr 1967/68 markiert dabei den Start der Thier-Brauerei zu einer grundlegenden Neuorientierung in der Absatzpolitik. Hier setzte zum ersten Mal und innerhalb kürzester Zeit ein größerer Wissenstransfer durch gleich mehrere Werbeagenturen und Marktforschungsinstitute ein.

Die Initialzündung geschah im August 1967 durch die von Thier beauftragte renommierte Werbeagentur BBDO mit den „Empfehlungen zur Vertriebspolitik von Thier-Bier".[387] Das Konzept integrierte bereits alle wesentlichen Funktionsbereiche des Marketings. Ausgangspunkt für weitere Überlegungen waren drei Aktionsbereiche: A) Analyse der Verkaufsgebiete für Thier-Bier, B) Selektion der Expansionsgebiete sowie C) Abstimmung der Verbraucherwerbung mit Einführungsunterstützung. Ergänzt wurden dieses Ausführungen durch einen ersten Media-Vorschlag zu einer Strategie und der Ausformulierung von Texten für Verbraucher-Anzeigen. Diese Agentur war im Weiteren auch Gesprächspartner und Ratgeber bei der Erstellung eines Marktforschungsprogramms, z. B. zu quantitativen Befragungen und einer Imagestudie, bei der Auswahl eines geeigneten Marktforschungsinstituts und der anschließenden Interpretation der Ergebnisse.[388] Sie hat darüber hinaus weitere Aufgaben übernommen, z. B. Brief-Entwürfe zur Ansprache von Händlern in neuen Vertriebsgebieten konzipiert[389] sowie eine noch im Oktober 1967 stattgefundene Verkaufstagung mit den Thier-Außendienstmitarbeitern vorbereitet und dabei ganz wesentliche Programmpunkte

---

[386] Dabei hat die Brauerei seit Anfang der 1950er Jahre bzw. seit 1960 eine sehr penible statistische Fortschreibung verschiedener produktions- und absatz- sowie z. T. auch personalwirtschaftlicher Kennzahlen einschließlich der grafischen Umsetzung vorgenommen, wie sie in den hier gezeigten Abbildungen zum Ausdruck kommt. Dies geschah auch immer im Vergleich zu den Gesamtmärkten für Dortmund, NRW sowie die Bundesrepublik. 1973 wurden die Aufzeichnungen um Darstellungen zu den Ausstoßorten und -gebinden ergänzt. Die Statistiken wurden in dieser Form bis einschließlich 1978 fortgeführt und dann vermutlich als EDV-Listen zur Verfügung gestellt, die aber nicht mehr in den Archivunterlagen auffindbar waren.

[387] Vgl. WWA, F 122 Nr. 5174: BBDO, Frankfurt: Empfehlungen zur Vertriebspolitik von Thier-Bier, August 1967.

[388] Vgl. WWA, F 122 Nr. 5174: Besprechungsberichte BBDO, Frankfurt zu Gesprächen vom 7.3.1968 sowie vom 18.4.1968 mit Vertretern von Thier; außerdem Aktennotiz von Direktor Hattig, Thier-Brauerei, vom 19.4.1968.

[389] Vgl. WWA, F 122 Nr. 5174: Brief-Entwürfe von BBDO für die Ansprache von Händlern in neuen Vertriebsgebieten, 1968.

ausgearbeitet und vorgetragen. Diese Veranstaltung sollte der Startschuss sein zu einer neuen, erfolgreichen Vermarktung von Thier-Bier.[390]

### 3.5.2.2 Grundlagen einer neuen Vermarktungspolitik

Ausgangspunkt der neuen Vermarktungspolitik waren die erwähnten Überlegungen und Analysen zu den drei Aktionsbereichen. Das Ziel der „Analyse der Verkaufsgebiete für Thier-Bier" war, das künftige Absatzpotential für einzelne Regionen zu ermitteln sowie darauf aufbauend Entscheidungen über den Einsatz von Marketingmaßnahmen zu treffen. Dazu wurde zunächst die regionale Verteilung des Gesamtabsatzes errechnet und anschließend anhand der durchschnittlichen Marktdurchdringung im Hauptabsatzgebiet als Normgröße eine Selektion von erfolgversprechenden Gebieten vorgenommen. So entfielen 76 % des Gesamtabsatzes der Thier-Brauerei auf NRW, davon 62 % auf die Hauptabsatzgebiete in den Regierungsbezirken Arnsberg (37 %) mit dem Schwerpunkt im Großraum Dortmund, Münster (17 %) und Detmold (8 %). Im Weiteren wurden z. B. die 37 % für Arnsberg auf die Einwohnerzahl bezogen, so dass sich daraus ein Prozentsatz von 10,1 % am Gesamtausstoß pro 1 Mio. Einwohner ergab. Gemessen an der erwähnten Normgröße in Höhe von 8,1 %[391] bildete Arnsberg damit weiterhin ein erfolgsversprechendes Absatzgebiet. Entsprechende Berechnungen wurden auf Kreisebene sowie auch für die Absatzgebiete außerhalb NRWs, nämlich in den Randgebieten Niedersachsens zu NRW, in den Räumen Oldenburg und Ostfriesland, im Nordseeküstengebiet einschließlich der Städte Hamburg und Bremen durchgeführt. Im Ergebnis erreichten diese sonstigen Gebiete nicht den halben Durchschnittswert der Hauptabsatzgebiete.[392]

In einem zweiten Schritt wurde die angesprochene „Selektion der Expansionsgebiete" erarbeitet. Einerseits sollten diese nahe an bereits vorhandenen starken Verkaufsgebieten liegen, andererseits wurde medientechnisch eine möglichst 100 %ige Abdeckung der Vertriebsgebiete angestrebt. Es wurde eine stufenweise Einführung von Thier-Bier für etwa 2 Jahre vorgeschlagen. Dabei sollte das Gebiet einer Expansionsstufe im Höchstfall so groß sein, dass innerhalb eines Vierteljahres mindestens 25 % aller vorhandenen Verkaufsstellen Thier-Bier führen. Erst dann würde sich eine intensivere Verbraucherwerbung lohnen. Zur

---

[390] Vgl. WWA, F 122 Nr. 5174: Besprechungsbericht BBDO vom 26.9.1967.

[391] Die 8,1 % bildeten die Durchschnittsgröße pro 1 Mio. Einwohner für das gesamte Hauptabsatzgebiet, nämlich 62 % pro 7,7 Mio. Einwohner.

[392] Vgl. WWA, F 122 Nr. 5174: BBDO, Frankfurt: Empfehlungen zur Vertriebspolitik von Thier-Bier, August 1967.

Erleichterung der Einführung im Handel sollte aber mit Beginn der Aktion Anzeigen in Tageszeitungen geschaltet werden. Auf diese Weise wurde eine Rangfolge der Expansionsgebiete gebildet zuvorderst innerhalb NRWs, aber auch in den angrenzenden nördlichen Regionen.[393]

Im Hinblick auf die „Abstimmung der Verbraucherwerbung mit der Einführungsunterstützung" wurde das Ziel formuliert, den Namen Thier in Erinnerung zu bringen und gleichzeitig den Absatz zu erhöhen. Dazu sei es aber auch notwendig, den Vertrieb zu intensivieren. Das bedeutete insbesondere verstärkte Verkaufsförderungsmaßnahmen, die insbesondere auf die Ausdehnung des Flaschenbierverkaufs im Lebensmitteleinzelhandel gerichtet sein sollten. Voraussetzung für eine erfolgreiche Werbung sei eine Distribution von mindestens 50 % aller vorhandenen Verkaufsstellen. Nur dann sei es wirtschaftlich sinnvoll, Werbemaßnahmen durchzuführen. Es sollte angestrebt werden, die Vertriebsbereiche in der Weise zu optimieren, dass darin eine dichte Distribution entstehen würde und sie so intensiv beworben werden könnten.[394]

Bei den Vorschlägen von BBDO wird deutlich erkennbar, dass die Werbeagentur nicht nur auf eine „Pull-Strategie" über Verbraucherwerbung setzte, sondern ganz pointiert auch die „Push-Strategie" mit der Präsenz beim Handel forderte. Insgesamt wird bei diesem Konzept der ganzheitliche Ansatz in der Vermarktungsstrategie deutlich erkennbar. Dies zeigt sich auch bei den einzelnen Marketinginstrumenten.

### 3.5.2.3 Die Marktforschungsaktivitäten

Zu den eingangs erwähnten Beratungsleistungen der Werbeagentur BBDO gehörte auch die Empfehlung, ein Marktforschungsprogramm zu entwickeln. Dem ist die Brauerei gefolgt. So wurden im April 1968 zunächst drei Untersuchungen geplant:[395]

| | | |
|---|---|---|
| 1. | Marktuntersuchung: | ca. 15.000 DM |
| 2. | Motiv-/Image-Studie: | ca. 10.000 DM |
| 3. | Händlerbefragung: | ca. 7.500 DM |
| | Zwischensumme: | ca. 32.500 DM |
| | +15 % Agenturvergütung: | 4.875 DM |
| | Gesamtsumme: | ca. 37.375 DM |

---

[393] Vgl. ebenda.

[394] Vgl. ebenda.

[395] WWA, F 122 Nr. 5174: Aktennotiz von Direktor Hattig/Thier-Brauerei zu einem Gespräch mit BBDO vom 19.4.1968, S. 1.

In einer internen Aktennotiz der Brauerei heißt es dazu: „Die Mitarbeit von BBDO ist unerläßlich, weil

a) einmal zweckmäßigerweise die Marketing-Vorarbeiten von Fachleuten durchgeführt werden und
b) die Ergebnisse der Marktuntersuchung ausgewertet werden müssen. Diese Auswertung nimmt aber nicht das Marktforschungsinstitut vor. Auf eine marktgerechte Auswertung der Marktuntersuchung wird es aber entscheidend ankommen. Die Mitarbeit von BBDO ist daher unerläßlich und die Agenturvergütung somit vertretbar."[396]

Welche Zielsetzungen diese Marktforschungsstudien verfolgten und wie sie angelegt wurden, kann beispielhaft für das oben beschriebene Programm genannt werden: Es sollten Antworten auf folgende Fragen gegeben werden: „Auf welchem Wege und durch welche Maßnahmen ist das möglich, den Anteil des Flaschenbierabsatz am Gesamtausstoß zu erhöhen. Weiterhin soll die Untersuchung Aufschluß darüber geben, wo der Markt für Dortmunder Bier in Nielsen I [Niedersachsen, Schleswig- Holstein, Hamburg und Bremen, H.F.] und II [NRW, H.F.] generell zu suchen ist, bzw. wo die Chance besteht, Thier-Bier abzusetzen. Schließlich sollen Handel und Verleger durchleuchtet werden."[397]

Mit der Durchführung der Studie: „Marktanalytische Feststellungen über Bier unter spezieller Berücksichtigung der Marke Thier" wurde die GFM – Gesellschaft für Marktforschung GmbH, Hamburg, beauftragt. Das Angebot der GFM weist folgende Themenbereiche aus:[398] a) Häufigkeit des Biertrinkens, b) getrunkene Marken und Sorten, c) Ort des Biertrinkens, d) spontane Markenbekanntheit, e) Einkaufsgewohnheiten, f) Markenbekanntheit mit Vorgaben von 5 Grundmarken im gesamten Gebiet und dazu wechselnde weitere 5 Regionalmarken. Befragt wurden insgesamt 1.500 Personen im gesamten Thier-Absatzgebiet, davon mit einer Schwerpunktsetzung von 300 im Raum Dortmund, 740 Personen im übrigen NRW-Gebiet, 320 in Niedersachsen sowie 140 in Hamburg/Bremen. Die Ergebnisse dieser wie auch anderer Studien sind allerdings im WWA-Archivbestand nicht auffindbar.

---

[396] Ebenda.
[397] WWA, F 122 Nr. 5174: Besprechungsberichte BBDO, Frankfurt zu einem Gespräch vom 7.3.1968 mit Vertretern von Thier.
[398] Vgl. WWA, F 122 Nr. 5174: GFM Gesellschaft für Marktforschung mbH, Hamburg: Angebot für die Brauerei Thier & Co. vom 19.4.1968.

Die außerdem geplante und bereits angesprochene Image-Studie wurde 1969 bei der GfK – Gesellschaft für Konsumforschung in Nürnberg in Auftrag gegeben.[399] Nach der Präsentation der Ergebnisse sah die Thier-Brauerei in den aufgezeigten Defiziten beim Unternehmensimage einen wesentlichen Grund für die gebremste Entwicklung bei Absatz und Umsatz. Unter Bezugnahme auf diese Untersuchung und die Ergebnisse einer anschließend damit befassten internen Arbeitsgruppe schrieb die Brauerei: „Das Unternehmen verfügt über ein stark qualitätsbetontes und traditionsbezogenes, damit durchaus ‚bieriges‘ und im ganzen positives Image, dem aber auch ‚altväterliche‘ und leicht verstaubte Züge anhaften. Man schreibt ihm Kenntnis und Pflege althergebrachter Brauverfahren und Braurezepte zu sowie besondere Sorgfalt in der Herstellung. Einen gleich guten Ruf genießt das Unternehmen in Fachkreisen. Dagegen fehlen seinem Image die Elemente Fortschrittlichkeit und Dynamik fast völlig. Entsprechend gering ist die Aktualität der Marke.“[400]

Ganz handfest zeigen sich die Defizite in der genannten GfK-Studie bei verschiedenen Untersuchungsfragen für unterschiedliche Regionen und sogar für das Dortmunder Stadtgebiet. So liegt Thier im Vergleich der fünf größten Dortmunder Brauereien beim Untersuchungsmerkmal „spontane Bekanntheit“[401] weiter hinten. Das Haus erreicht z. B. in der Stadt Dortmund einen Bekanntheitsgrad von 51 % (Kronen 73 %, DUB und DAB jeweils 71 %, lediglich Ritter 45 %). Zudem ist das Markenzeichen der Thier-Brauerei (Wappen mit Rotwild) in der Wahrnehmung der Verbraucher verschwommen. Zwar geben in den Hauptabsatzgebieten Arnsberg und Münster/Detmold 65 % bzw. 62 % der Befragten an, das Markenzeichen zu kennen, allerdings verbinden nur 70 % bzw. 62 % der „Kenner“ damit eine Biermarke. Die sich anschließende Frage nach dem Unternehmen, das diese Marke führt, beantworten in den beiden wichtigsten Absatzgebieten nur 55 % bzw. 34 % richtig. Die Ergebnisse der Imageanalyse mit Hilfe des semantischen Differentials entsprechen der oben beschriebenen Zusammenfassung durch

---

[399] Vgl. WWA, F 122 Nr. 5216/5: GfK-Nürnberg, Gesellschaft für Konsum-, Markt- und Absatzforschung e. V.: Spontane Bekanntheit von Biermarken, Anmutung und Eindruckswirkung des Thier-Zeichens, Nürnberg Januar 1969.

[400] WWA, F 122 Nr. 5101: Werbeagentur SAW: Werbebriefing der Brauerei Thier & Co., Dortmund vom 28.5.1969, hier: Anlage 1: Erläuterungen zur Aufgabenstellung, S. 8.

[401] Auch als „ungestützte Bekanntheit“ gebräuchlich. Hier wird der Gegenstand der Abfrage, etwa einer Marke oder eines Unternehmens, in der Frage nicht genannt, sondern es wird allgemein gefragt, z. B.: „Welche Biermarken kennen Sie, zumindest dem Namen nach?“.

die Arbeitsgruppe.[402] Insgesamt könnten diese Befunde wie auch die Ergebnisse der Image-Analyse eine Folge der Jahrzehnte andauernden geringen werblichen Präsenz beim „eigentlichen" Kunden, dem Biertrinker, gewesen sein.

Neben diesen beiden Studien wurden in diesen Jahren einige weitere Marktuntersuchungen speziell zu Fragestellungen der Thier-Brauerei in Auftrag gegeben. Darüber hinaus wurden noch andere Analysen bzw. Veröffentlichungen genutzt. Eine handschriftliche Aufzeichnung enthielt eine Reihe von Marktuntersuchungen. Einschließlich der beiden besprochenen Studien waren dies:[403]

- „Marktanalytische Feststellungen über Bier unter spezieller Berücksichtigung der Marke Thier", Juli 1968 / GFM – Gesellschaft für Marktforschung GmbH, Hamburg
- „Spontane Bekanntheit von Biermarken, Anmutung und Eindruckswirkung des Thier-Zeichens", Januar 1969 / GfK- Nürnberg – Gesellschaft für Konsum-, Markt- und Absatzforschung e. V.
- „Kombinierte Markenbild- und Motivstudie Thier & Co.", März 1969 / Dr. Klaus Haupt
- „Thier Bier, Analyse von Ausstattungsvorschlägen", September 1969 / Dr. Klaus Haupt
- „Flaschenausstattungstest Thier-Bier", Januar 1970 / GfK, Nürnberg
- „Psychologische Image- und Werbeerfolgsstudie für die Thier-Brauerei, Dortmund", Juni 1971 / Roland Berger & Partner, München
- „Die heutige und künftige Bedeutung von Bier in Dosen als Marketinginstrument für die Brauwirtschaft", Januar 1970 / Roland Berger & Partner, München
- „Gruppenwirtschaftliche Untersuchung im mittelständischen Braugewerbe Süddeutschlands", Bände 1–5, März 1975 / Prognos AG, Basel
- „Das Gastgewerbe: Präsentation 1967" / Droste Verlag, Düsseldorf
- „Bier-Verbrauch im Gaststätten- und Beherbergungsbereich", Dezember 1968 / DIVO-Institut, Frankfurt
- „Verbrauch von Erfrischungsgetränken im Gaststätten- und Beherbergungsbereich", Dezember 1968 / DIVO-Institut, Frankfurt
- „Bier in Einwegpackungen – Ein Rationalisierungsbeitrag für den Lebensmittelhandel", Oktober 1969

[402] Vgl. WWA, F 122 Nr. 5216/5: GfK-Nürnberg, Gesellschaft für Konsum-, Markt- und Absatzforschung e. V.: Spontane Bekanntheit von Biermarken, Anmutung und Eindruckswirkung des Thier-Zeichens, Nürnberg Januar 1969, Tabellen 1/R bis 4 sowie 6.
[403] Vgl. WWA, F 122 Nr. 5099: Marktuntersuchungen (handschriftliche Auflistung; hier sachlich und zeitlich neu sortiert).

• „Das Einkaufs- und Informationsverhalten der Bundesbürger", Mai 1974 / Contest GmbH, Frankfurt

Als Standardinstrumente hat die Thier-Brauerei später auch Panel-Daten,[404] so das GfK-Verbraucher-Panel sowie das Nielsen-Panel bezogen. Außerdem wurden sporadisch auch Werbeerfolgsmessungen, wie die oben aufgelistete Image- und Werbeerfolgsstudie von Roland Berger & Partner, durchgeführt.

Außerdem hat die Brauerei in dieser Zeit schon eine intensive Konkurrenz-beobachtung der Dortmunder Wettbewerber sowie der großen Pilsbierbrauereien betrieben, indem aus den zugänglichen Verbandsinformationen und dem darin enthaltenen Zahlenwerk, ferner aus Veröffentlichungen der Wettbewerber sowie weiterem sekundärstatistischen Material eine Reihe von Analysen erstellt wurde. Beispielhaft lassen sich hier die tabellarischen Zusammenstellungen für die Werbebriefings nennen.

Dass Marktforschungsergebnisse in die Steuerung und konkrete Umsetzung von Marketingmaßnahmen tatsächlich eingebunden waren, kann am Beispiel der vorgenannten Untersuchung „Flaschenausstattungstest Thier-Bier" beispielhaft aufgezeigt werden.[405] Ausgangspunkt war die Erkenntnis, dass der Flaschen-bierverkauf und die zunehmende Bedeutung des Lebensmittelhandels dafür „eine handelsgerechte bzw. selbstbedienungsrechte Ausstattung der Thier-Bier-Flaschen"[406] erfordern würde. Die GfK hatte im Januar 1970 für die Thier-Brauerei eine werbepsychologische Untersuchung mit 100 Testpersonen durch-geführt. Die Studie baute auf den Ergebnissen der erwähnten Untersuchungen zur „Markenbild- und Motivstudie" sowie „Thier-Bier, Analyse von Ausstat-tungsvorschlägen" auf und sollte das Ziel, eine echte Markenbindung durch ein profiliertes Firmenimage zu schaffen, unterstützen.[407] Inhaltlich ging es darum, einerseits freie Eindrücke zu fünf alternativen Gestaltungsformen des Flasche-netiketts zu sammeln, andererseits verschiedene Anmutungscharakteristiken in

---

[404] Bei Panel-Befragungen handelt es sich um repräsentativ angelegte Wiederholungsbefra-gungen derselben Zielpersonen, z. B. im monatlichen Rhythmus.

[405] Vgl. WWA, F 122 Nr. 5216/6: GfK-Nürnberg: Flaschenausstattungstest Thier-Bier. Eine werbepsychologische Untersuchung. Januar 1970.

[406] WWA, F 122 Nr. 5166: Aktennotiz der Agentur BBDO vom 16.4.1970: Die neue Fla-schenausstattung für Thier-Bier.

[407] Vgl. WWA, F 122 Nr. 5216/6: GfK-Nürnberg: Flaschenausstattungstest Thier-Bier. Eine werbepsychologische Untersuchung. Januar 1970, S. 1.

eine Rangreihe zu bringen. Vor der eigentlichen Eindrucksanalyse der verschiedenen Flaschenausstattungen wurde mit Hilfe eines tachistoskopischen Tests[408] der Wahrnehmungsverlauf in einzelne, kontrollierbare Phasen gegliedert. Daran schlossen sich ausführliche Einzelexplorationen an.[409] Im Ergebnis zeigte sich, dass sowohl die Produkt- als auch die Markenidentifikation – das Erkennen einer Flasche Thier-Bier – fast immer auf Anhieb gelang. Unter den fünf Etikettenvarianten konnte eine Variante als am besten geeignet identifiziert werden. Ihr wurden im Vergleich zur zweiplatzierten Variante einerseits die gleichen positiven Eigenschaften zugesprochen „ohne jedoch betont modern zu wirken." Außerdem werde sie „in ihrer graphischen Gestaltung wegen des faßförmigen Ovals als weicher und bier-adäquater empfunden als die Ausstattung [...]".[410]

Die Thier-Brauerei folgte in Abstimmung mit ihrem hauptsächlichen Werbepartner dieser Empfehlung. In einer groß angelegten Werbekampagne sowie auch in Verkaufsförderungsaktionen wurde die Neugestaltung besonders herausgestellt. Wie diese Neuetikettierung im Einzelnen ausgesehen hat, soll im Abschnitt 3.5.2.5 zur Produktpolitik gezeigt werden.

### 3.5.2.4 Die Werbung und die Verkaufsförderung
Im Hinblick auf den beabsichtigten Start der Verbraucherwerbung in größerem Rahmen ab dem Geschäftsjahr 1967/68 hatte Thier mehrere Werbeagenturen zu Wettbewerbspräsentationen eingeladen. Die Agenturen lieferten im Vorfeld z. T. umfangreiche Werbe- und Marketing-Konzepte und Hilfestellungen bei der Formulierung von Briefings, und zwar z. T. fortgesetzt in den weiteren Jahren. So erstellte die Agentur BBDO in dieser Zeit eine Reihe von Konzepten mit ergänzenden Analysen zur Entwicklung des Biermarktes und der Stellung

---

[408] Kroeber-Riel war ein Wegbereiter bei der Entwicklung und Anwendung von Wahrnehmungstests für das Marketing an der Universität Saarbrücken. Im Zentrum standen dabei Blickaufzeichnungen über ein Tachistoskop. Kroeber-Riel gibt 1975 dazu folgende Erläuterung: „Das Tachistoskop ist ein Gerät, durch das Material für die visuelle Wahrnehmung nur für ganz kurze Zeit dargeboten wird. Für praktische Untersuchungen ist das Projektionstachistoskop am gebräuchlichsten, das die verschiedenen optischen Entwürfe – zum Beispiel Anzeigen – mittels Diapositive auf eine Leinwand oder Mattscheibe projiziert. Die Darbietungszeit erstreckt sich von Bruchteilen einer Sekunde bis zu mehreren Sekunden. Durch elektronisch gesteuerte Präzisionsgeräte sind sogar Verkürzungen der Darbietungsdauer bis zu einer *Millisekunde* möglich." Kroeber-Riel, Werner: Konsumentenverhalten, a.a.O., S. 153.
[409] Vgl. WWA, F 122 Nr. 5216/6: GfK-Nürnberg: Flaschenausstattungstest Thier-Bier. Eine werbepsychologische Untersuchung. Januar 1970, S. 3.
[410] Vgl. WWA, F 122 Nr. 5216/6: GfK-Nürnberg: Flaschenausstattungstest Thier-Bier. Eine werbepsychologische Untersuchung. Januar 1970, S. 45 f.

3.5 Das Marketing der Dortmunder Brauindustrie ...

der Thier-Brauerei.[411] Auch eine andere Agentur hatte für die Werbekampagne 1967/68 einen Vorschlag zu einer Werbekonzeption erarbeitet mit einer vorgeschalteten detaillierten Analyse der Marktsituation.[412] Weitere Agenturangebote folgten in den nächsten Jahren mit detaillierten Marketing-Konzepten einschließlich konkreter Vorschläge für die Bereiche Werbung, Produktausstattung und Verkaufsförderung[413] bzw. mit umfassenden Beschreibungen der Ausgangslage auf dem bundesdeutschen und regionalen Biermarkt, der Analyse des Verbraucherverhaltens sowie der Formulierung von Zielen und Medienstrategien.[414]

Angefangen hatte BBDO 1967 im Zusammenhang mit den dargestellten Grundlagen der neuen Vermarktungspolitik mit einem Media-Konzept für das kommende Braujahr 1967/68.[415] Als Media-Ziele wurden formuliert: 1. Festigung und Ausbau der Marktposition in den Hauptabsatzgebieten im Nielsen-Gebiet II [NRW, H.F.], 2. Aufbau einer Marktposition im Nielsen-Gebiet I [Niedersachsen, Schleswig-Holstein, Hamburg, Bremen, H.F.]. Die Zielgruppen waren 1: Endverbraucher als Gesamtbevölkerung, 2. Händler, insbesondere Lebensmitteleinzelhändler sowie Bierverleger. Es wurde dabei bewusst auf eine zielgruppenspezifische Verbraucheransprache verzichtet.

Folgende Werbeträger wurde ausgewählt und die Auswahl so begründet:

• Fernsehen: impactstarker Werbeträger; WDR deckt NRW vollständig ab. Kosten pro 1.000 erreichte Personen sind mit 3,30 DM sehr günstig. Unterstützt ideal die Tageszeitungskampagne.
• Tageszeitungen: Abdeckung proportional nach Umsatzstärke der einzelnen Regierungsbezirke bzw. Kreise.
• Plakat: großflächiger Werbeträger; unterstützt Fernseh- und Zeitungswerbung. Geeignet für örtlich und zeitlich begrenzte Aktionen; hohe Reichweite und schnelle Wirksamkeit.

---

[411] Vgl. WWA, F 122 Nr. 5175: BBDO: Media-Strategie 1969/70; BBDO: Werbung und Verkaufsförderung für das Braujahr 1970; WWA, F 122 Nr. 5176: BBDO: Werbe- und Verkaufsförderung für das Braujahr 1970/71.

[412] Vgl. WWA, F 122 Nr. 5314/3: Dettmar-Werbung, Essen: Vorschlag einer Werbekonzeption für die Zeit vom 1.10.1967 – 31.12.1968 für Thier-Bier, August 1967.

[413] Vgl. WWA, F 122 Nr. 5101: SAW: Briefing Brauerei Thier & Co., Dortmund vom 28.5.1969 sowie WWA, F 122 Nr. 5101/9: SAW: Brauerei Thier & Co., Dortmund: Werbekonzeption, Produktausstattung, Verkaufsförderungsplanung, ohne Datum [1969].

[414] Vgl. WWA, F 122 Nr. 5177: HHK Werbeagentur GmbH, Frankfurt: Werbung und Verkaufsförderung für das Braujahr 1971/72.

[415] Vgl. WWA, F 122 Nr. 5174: BBDO: Thier-Bier – Media-Vorschlag für den Zeitraum 1.10.1967 – 31.12.1968.

Im nächsten Schritt wurden in Anspielung auf gängige begriffliche Verbindungen zum Wort „T(h)ier" eine Reihe von einander ergänzender Bild/Text-Variationen entworfen, so z. B.:

• Headline: **Thier-Park** und dem Text: „Willkommen im ‚flüssigsten Thier-Park' der Welt! Dortmunder Thier hat alles, was Ihr Herz begehrt. Süffiges, ausgereiftes Thier Export, abgelagertes, vollmundiges Thier Urtyp, angenehm leichtes Thier Alt, kraftspendendes ‚Dortmunder Kindl' und vor allem … feinwürziges Thier Pils, der ‚Star' unter den Bieren. Für Millionen Thier-Freunde das Pils überhaupt. Weil Dortmunder Thier nicht belastet, sondern sehr bekömmlich ist. Weil es anregt auf typisch erfrischen Art. Erst recht nach dem ersten Glas …" Ergänzend steht jeweils noch etwas prägnanter darunter: „Was trinken wir? DORTMUNDER THIER!" (s. Abbildung 3.13).

In ähnlicher Weise wurden folgende Wortspiele werblich umgesetzt:

• Headline: **Thier-Liebe** …
• Headline: **Hohes Thier** …
• Headline: **Thier-Freund** …
• Headline: **Thier-Kreis** … und
• Headline: **Haus-Thier** …

Schwerpunktmäßig wurde dabei die Marke „Thier Pils" in den Vordergrund gerückt – das „elegantere" und vermeintlich hochwertigere Bier im Vergleich zum Export-Bier, womit insbesondere auch junge Menschen angesprochen werden sollten. Die zweite Variation mit der Headline: „Thier-Liebe" stellt das „Thier Pils" ganz alleine prägnant heraus. Hier heißt es u. a.: „[…] Thier Pils hat es verdient, daß man dabei bleibt. Weil es voll ausgereift und fein-würzig schmeckt. Weil es so bekömmlich ist und weil es anregt auf erfrischend leichte Art. Erst recht nach dem ersten Glas … Wie anders wäre es zu erklären, daß so mancher alte Thier-Liebhaber heute sagt: ‚Mit einem kleinen Schluck fing alles an. Und dann wurde es die große Liebe …'"

Im Anschluss an eine Wettbewerbspräsentation wurde diese Konzeption für das Braujahr 1967/68 genehmigt. Es wurde ein Werbebudget von 700.000 DM zur Verfügung gestellt. Werbeträger waren in der Hauptsache das Fernsehen, Tageszeitungen sowie Plakatanschläge, wofür jeweils detaillierte Produktions-

**Abbildung 3.13**  Thier-Brauerei: Werbeanzeige aus der Werbekampagne 1967/68[416]

und Medienauswahlpläne für verschiedene Werbemittel sowie Schalt- und Kos-
tenpläne erstellt wurden.[417]

Bei allem Engagement der Thier-Verantwortlichen sowie der Werbeagentur:
Es stellten sich keine kurzfristigen Erfolge ein. In den Geschäftsjahren 1967/68

---

[416] Quelle; WWA, F 122 Nr. 5174: Thier-Brauerei: Werbeanzeige aus der Werbekampagne
1967/68.
[417] Vgl. WWA, F 122 Nr. 5174: Aktennotiz von Direktor Hattig/Thier-Brauerei über die
Besprechung mit BBDO vom 3. August 1967 sowie ergänzende Unterlagen zu den verschiedenen Teilen der Werbeplanung sowie WWA, F 122 Nr. 5174: BBDO-Besprechungsbericht
vom 12.9.1967 über ein Gespräch mit der Thier-Brauerei vom 8.9.1967.

sowie 1968/69 lag der Bier-Ausstoß bei rd. 435.000 hl; das waren nochmal rd. 2 % weniger als im bisher „schwächsten" Jahr 1966/67. Der Neugeschäftsjahrgang 1969/70 brachte nochmals ein Minus von 2,7 %, bevor dann in 1970/71 sowie 1971/72 Zuwächse von 6,7 % bzw. erneut von 6,6 % auf ein Ausstoßvolumen von rd. 481.000 hl realisiert werden konnten. Die Brauerei musste lernen, dass Markterfolge auch Zeit brauchen und dass auch von vertrieblicher Seite die Voraussetzungen geschaffen werden müssen für eine erfolgreiche Vermarktung gerade im immer bedeutsamer werdenden Lebensmitteleinzelhandel.

So wurden gut eineinhalb Jahre nach den ersten Marketingmaßnahmen von 1966/67 im Frühjahr 1969 in Vorbereitung auf die Werbekampagne 1969/70 zwei Werbeagenturen zu einer Wettbewerbspräsentation eingeladen. Dabei konstatierte eine sich neu vorstellende Agentur für die jüngste Vergangenheit die „mangelnde Präsenz der Werbung beim Verbraucher, hervorgerufen durch eine unspezifische Werbekonzeption und Fehlstreuung" sowie das „mangelhaft ausgeprägte Firmen- und Werbeimage."[418] Die vorgeschlagene neue Marketingstrategie sah folgende kurzfristige Maßnahmen vor:[419]

- Straffung und Intensivierung des Vertriebs in allen drei Absatzgebieten (Kerngebiet 1 = Dortmund; Kerngebiet 2 = ganz NRW; Gebiet 3 = alle anderen Verkaufsgebiete)
- Einsatz von Kommunikationsmitteln in der Intensitätsabstufung: Konzentrierter Einsatz in den Kerngebieten 1 und 2; in allen anderen Gebieten punktuelle Aktionen.

Mittelfristig sah der Vorschlag vor:

- Vergrößerung des Marketinginstrumentariums
- Angebotsdifferenzierung. Dazu hieß es: „Es wird eine Sondermarke, die das Spitzenangebot der Thier-Bräu darstellt, im Markt lanciert. Diese Marke verschafft den stärkeren Zugang in die traditionellen Absatzgebiete von Pils und Alt und im Markt umkämpfte Vertriebswege (z. B. Lebensmittelhandel)."[420]

---

[418] WWA, F 122 Nr. 5101: Briefing für eine Werbekonzeption der Werbeagentur SAW vom 28.5.1969, S. 3.

[419] Vgl. ebenda, S. 5 ff..

[420] Ebenda, S. 5. Der Vorschlag basiert auf einer Idee der Thier-Marketingabteilung; nochmals formuliert in: WWA F 122 Nr. 5175: Marketing und Werbung für Thier & Co. – eine Stellungnahme der Marketingabteilung aus Anlaß der bevorstehenden Etatentscheidungen, 18. September 1969, S. 2.

Entsprechend sollten die Kerngebiete 1 und 2 via klassischer Werbemedien bearbeitet werden, während in den restlichen Verkaufsgebieten punktuelle Werbemaßnahmen, hauptsächlich über Plakatanschläge sowie Anzeigen in Tageszeitungen, durchgeführt werden sollten. Die Zielgruppen wurden in der Weise spezifiziert, dass dazu alle regelmäßigen und gelegentlichen Biertrinker männlichen und weiblichen Geschlechts mit Schwerpunkt in den Altersstufen von 20 bis 40 Jahre gehören sollten. Es wurde außerdem auf Verkaufsförderungsmaßnahmen insbesondere im Lebensmittelhandel Wert gelegt. In einer separaten Konzeption hatte diese Werbeagentur ihre Vorstellungen graduell weiter konkretisiert.[421]

Was die Werbekonzeption im Speziellen betraf, so wurde vorgeschlagen, eine Markendifferenzierung zu schaffen, um Präferenzen und wahrhafte Markentreue zu bilden. Über „produktspezifische Illusionsgehalte" sollten Verbraucher an die Marke Thier gebunden werden. Diese sollten sich in den beiden Begriffen „Würzigkeit" und „Frische" wiederspiegeln. Extrahiert wurden diese Begriffe nach Gesprächen mit – vermutlich brautechnischen – Fachleuten aus dem Hause Thier.[422] Danach wurden folgende Werbeslogans kreiert:

- „Dortmunder Thier – das Bier, in dem die Frische steckt, die die ganze Würze weckt." sowie
- „Hierher Thier! Du würzig-frisches Männerbier!"

Mit der Belegung des produktspezifischen Illusionsgehalts „Würze" und „Frische" würde ein Alleinstellungsanspruch durchgesetzt, so dass dieses Feld von keiner anderen Marke mehr belegt werden könne. Ergänzend sollte durch eine „emotionale Motivation" der Kaufanreiz erhöht werden. Dies sollte durch die Abbildung sympathischer Personen entsprechend einer psychologisch basierten Konsumenten-Typologie erreicht werden.

Die zweite und aus der bisherigen Partnerschaft bereits bekannte Werbeagentur erarbeitete eine vergleichsweise sehr detaillierte Werbe- und Verkaufsförderungskonzeption mit ausführlichen Media- und Kostenplänen. Dazu gehörten aber auch grundsätzliche Überlegungen insbesondere zur Stärkung der Vertriebsarbeit. Die Strategie sah folgendes vor:[423]

---

[421] Vgl. WWA, F 122 Nr. 5101/9: SAW: Werbekonzeption, Produktausstattung, Verkaufsförderungsplanung, ohne Datum [1969] und Seitenangaben.

[422] „Wir erfuhren, daß uns die Frische erst die Würzigkeit des Bieres voll erleben läßt."

[423] Vgl. WWA, F 122 Nr. 5175: BBDO: Werbung und Verkaufsförderung für das Braujahr 1970, August 1969, (Kapitel: V. Media-Empfehlung, ohne Seitenangabe).

- Basiswerbung im gesamten NRW-Absatzgebiet über das Werbefernsehen
- Schwerpunktwerbung in Dortmund und im angrenzenden Stammgebiet über Tageszeitungen und Plakatwerbung sowie ergänzende Verkaufsförderungsaktionen.

In der Konsequenz bedeutet dies die Konzentration des Media-Etats auf das Stammgebiet der Thier-Brauerei.

Konkret schlug die Agentur vor, die werblichen Aktivitäten auf das Flaschenbier-Sortiment zu konzentrieren, dabei die beabsichtigte Einführung der neuen Etiketten zu berücksichtigen, eine vorsichtige Korrektur des Images in Richtung seriöse Modernität anzustreben, sich von den Wettbewerbern durch die Herausstellung des Qualitätsanspruchs zu differenzieren, die Markenbindung zu verstärken, die Aktualität und den Bekanntheitsgrad durch eine aufmerksamkeitsstarke Gestaltung zu erhöhen, dabei aber in der Gestaltung eine gewisse Kontinuität zum bisherigen Erscheinungsbild zu wahren. Eine zielgruppenspezifische Ansprache solle nicht stattfinden: Zielgruppe seien „typische Biertrinker", vorwiegend Männer.[424]

Als neuen Werbe-Slogan schlug die Agentur – nach einem Gruppentest – vor:

- „Es ist und bleibt das Thier, unser vielgeliebtes Bier" mit der Ergänzung „Dortmunder Thier – ein Urdortmunder Bier – dreifach gemaischt."[425]

Optisch unterstützt werden sollte diese Behauptung durch die Abbildung des dreihenkligen „Thier-Mehrhand-Humpens".

Bezüglich des Aktionsparameters Verkaufsförderung hieß es bei der Werbeagentur: „Die bisherige Markenwerbung für Thier-Bier verfolgte das Ziel, Bekanntheit und Aktualität zu steigern. Verkaufsförderungsmassnahmen wurden für Thier-Bier nur in einem geringen Masse durchgeführt."[426]

Dass in der Vergangenheit nur gelegentlich gezielte Verkaufsförderungsaktionen durchgeführt wurden, lag daran, dass „kein schlagkräftiger, für derartige Verkaufsförderungsmassnahmen einzusetzender Aussendienst zur Verfügung steht und über die Distribution kein klares Bild besteht."[427] BBDO forderte deshalb, dass zunächst die Vertriebsanstrengungen bei Thier im Stammmarkt intensiviert

---

[424] Vgl. ebenda, S. 21 f.
[425] Ebenda, S. 25 sowie Anlage 1: Texte für die Dachwerbung, ohne Seitenangabe.
[426] Ebenda, S. 11.
[427] Ebenda, S. 10.

werden sollten. „In diesem Zusammenhang muss generell auf die Vertriebsarbeit als strategische Massnahme eingegangen werden, die in der augenblicklichen
Situation des Hauses Thier vorrangig ist." Es sei „erforderlich, in den Vertrieb zu
investieren."[428] Die Agentur schlug dazu die Erstellung eines Fünfjahresplanes
vor, in dem die notwendigen Schritte zur Vertriebsintensivierung fixiert werden
sollten. Zur Verbesserung der gegenwärtigen Marktposition „[muss] das Schwergewicht eindeutig auf dem Ausbau und die Stärkung (vor allem hinsichtlich der
Effizienz) des Vertriebes gelegt werden. Hier ist die eigentliche Basisarbeit zu
leisten."[429] Dabei müsse eine Konzentration auf das Flaschenbiergeschäft angestrebt werden. Mit dem Sondergebinde „Party-Fass" sei eine gute Möglichkeit
gegeben, vertriebspolitisch im LEH erfolgreich zu agieren.

Die Agentur entwarf eine ganze Palette von Verkaufsförderungsaktionen, so
z. B.:[430]

- die Weihnachtsaktion Thier Bier. Unter dem Motto „Mit Thier-Bier zapfen
  Sie Feststimmung" wurden 100 Party-Fässer verlost. Dabei sollte die Marke
  „Thier-Pils" forciert werden. Begleitend sollte eine Händler-Aktion unter dem
  Motto: „Thier-Bier lädt ein zur Silvester-Party" (für 20 Personen in einer
  Thier-Gaststätte) durchgeführt werden.
- die Verkaufsaktion für den Handel im Frühjahr 1970 unter dem Motto: „Thier
  bietet Ihnen sicheren Umsatz", verbunden mit der Vorstellung der neuen Fla-
  schenausstattung durch die Vertreter/Verkaufsfahrer. Dabei Gewährung eines
  Sonderrabattes von etwa 10 % als Naturalrabatt sowie Unterstützung durch
  Anzeigen in Tageszeitungen.
- die Aktion unter dem Motto „Thier-Bier sucht den beliebtesten Sportler Dortmunds" sollten Verbraucher ein Votum für ihrem Lieblingssportler abgeben
  und damit eine Verbindung zum beliebtesten Bier, nämlich Thier, herstellen. Es waren gleichlautende Briefe an den LEH sowie die Gastronomie
  vorgesehen.

In Tageszeitungsanzeigen mit integrierten Coupons sollten die Aktionen jeweils
publiziert werden. Der Handel wurde über Vertreterbesuche eingebunden und mit
Salesfoldern versorgt.

Zurückhaltend beurteilte BBDO die Einführung einer Sondersorte zum gegenwärtigen Zeitpunkt. „Bevor eine Sortimentsausweitung vorgenommen werden

---

[428] Ebenda, S. 12.
[429] Ebenda, S. 13.
[430] Vgl. ebenda, S. 29 ff.

kann, muss eine konsolidierte vertriebliche Plattform im Absatzgebiet geschaffen werden."[431]

Wie bereits in ihren Empfehlungen für das Braujahr 1966/67 verfolgte BBDO auch mit diesem Konzept einen umfassenderen Ansatz der Marktbearbeitung.

Bei der Wahl zwischen den Konzeptionsalternativen der beiden Werbeagenturen votierte die Marketingleitung in einer „Stellungnahme der Marketingabteilung" für die Annahme des ersten Konzeptentwurfs.[432] Die endgültige Entscheidung wurde aber zugunsten der zweiten Werbeagentur getroffen, mit der 1966/67 die neue Marktbearbeitung begonnen hatte und die auch im darauf folgenden Jahr für die Thier-Brauerei diese Aufgaben übernahm.[433]

Für das Braujahr 1970/71 waren die Zielsetzungen der geplanten Marketingmaßnahmen im Wesentlichen unverändert. Allerdings erhielten Maßnahmen zur Forcierung des Absatzes von „Thier-Pils" noch eine stärkere Gewichtung, und es sollte an der Profilierung der Thier-Brauerei als Privatbrauerei und als Brauerei mit langer Pils-Tradition gearbeitet werden. Die Kombination aus Basiswerbung, Schwerpunktwerbung sowie Verkaufsförderungsmaßnahmen sollte beibehalten werden, wobei der Verkaufsförderung eine besondere Bedeutung zukam. Das Argument war: „Derartige Massnahmen sind z.Zt. umso erfolgreicher, als sie für Bier noch nicht in dem Masse üblich sind, wie in anderen Marktbereichen."[434]

Dabei ging es z. B. um Aktionen zur Forcierung des Absatzes von „Thier-Party-Fäßchen" in Form von Weihnachts- oder Oster-Aktionen. Hinzu kamen besondere Sommer- sowie Gutschein-Aktionen.[435] Eine detaillierte Zusammenstellung der im Braujahr 1970/71 durchgeführten saisonalen Marketing- und Werbemaßnahmen mit Aktionscharakter findet sich bei Bessler-Worbs.[436] Im Prinzip wurde

---

[431] Ebenda, S. 14.

[432] Vgl. WWA F 122 Nr. 5175: Marketing und Werbung für Thier & Co. – eine Stellungnahme der Marketingabteilung aus Anlaß der bevorstehenden Etatentscheidungen, 18. September 1969, S. 13.

[433] Zu dieser Entscheidung siehe auch die Ausführungen im Abschnitt 3.5.2.10: Die Unternehmensführung/ Organisation.

[434] WWA, F 122 Nr. 5176: BBDO: Werbung und Verkaufsförderung für das Braujahr 1970/71, Juli/Aug. 1970, S. 34.

[435] Die einzelnen Verkaufsförderungsmaßnahmen sind dokumentiert in: WWA, F 122 Nr. 5166: Aktennotiz: Verkaufsförderung, ohne Datum, Aufstellung der Aktionen für 1968/69; außerdem: WWA, F 122 Nr. 5167: Werbung und Verkaufsförderung im Braujahr 1970/71 sowie: WWA, F 122 Nr. 5168: Werbung und Verkaufsförderung im Braujahr 1971/72.

[436] Vgl. Bessler-Worbs, Tanja: Die Annäherung an den Verbraucher, a.a.O., Tabelle 2 auf den Seiten 150–153. Die tabellarische Auflistung enthält den zeitlichen Rahmen der jeweiligen Aktion, ihren Namen, den Aktionsablauf und die Werbemittel sowie die Ziele der Aktion.

diese Linie in gleicher Weise in der Konzeption für das Braujahr 1971/72 weiterverfolgt.[437]

Als eigenes neues Medium schuf die Brauerei die „Thier-Pils-Illustrierte", die Ende 1971 erstmals erschien. Sie wurde in einer Auflage von 1 Mio. Exemplaren als Beilage in Tageszeitungen sowie als Haushalts-Wurfsendung im Hauptabsatzgebiet Dortmund und Umgebung verteilt. Auch der Lebensmittelhandel sowie die Gastronomie waren in die Verteilung der Illustrierten eingebunden.[438]

Später wurden diese Werbemaßnahmen noch um Großaktionen ergänzt, wie etwa die „Thier-Pils-Party" in den Dortmunder Westfalenhallen als Abschlussveranstaltung zu den „Thier-Pils-Wochen".[439] Vertriebspolitisch bedeutsam waren darüber hinaus Aktionen, die Neueröffnungen von Lebensmittelgeschäften in der Weise begleiteten, dass sich die Brauerei mit Gutscheinaktionen sowie Werbegeschenken beteiligte und auf diese Weise Zugang zu neuen Händlern erhielt und damit die Distribution von Thier-Bier erhöhen konnte.[440]

Offensichtlich war Thier die erste Dortmunder Brauerei, die relativ frühzeitig und spätestens ab 1970/71 intensiv das absatzpolitische Instrument der Verkaufsförderung genutzt hat. Für das darauf folgenden Geschäftsjahr 1971/72 empfahl die Werbeagentur die Fortsetzung dieser Aktionen, „umsomehr, als sich inzwischen auch die Mitbewerber mehr und mehr der Verkaufsförderung bedienen."[441]

Insgesamt hat die Thier-Brauerei in dieser Marktphase die aktionale Verkaufsförderung sehr stark intensiviert. Verkaufsförderungsmaßnahmen stellten in dieser Zeit mit Beträgen zwischen knapp 800.000 DM und 960.000 DM p.a. die jeweils größte Position im Werbeetat dar. Da – im Anschluss an Geschäftsabschlüsse mit negativem Ergebnis – parallel dazu die Werbung in den klassischen Medien abrupt und ganz erheblich reduziert wurde, nämlich von 510.000 DM (1972/73) auf 42.000 DM (1973/74) bzw. 74.000 DM (1974/75), stieg der Anteil der Verkaufsförderung über die Jahre von rd. 32 % auf rd. 54 %. Darüber hinaus hatte die traditionelle Außen- und Innenwerbung in den Gaststätten weiterhin einen

---

[437] WWA, F 122 Nr. 5177: HHK: Werbung und Verkaufsförderung für das Braujahr 1971/72, Juni 1971. Aus der Anlage, der Gliederung sowie den inhaltlichen Ausführungen lässt sich schließen, dass es sich hierbei um eine Konzeption handelt, deren Autoren in Verbindung zur Agentur BBDO standen bzw. daraus hervorgegangen sind.

[438] Vgl. Bessler-Worbs, Tanja: Die Annäherung an den Verbraucher, a.a.O., S. 149.

[439] Vgl. ebenda, S. 154.

[440] Vgl. ebenda, S. 153.

[441] WWA, F 122 Nr. 5177: HHK: Werbung und Verkaufsförderung für das Braujahr 1971/72, Juni 1971, S. 62.

Anteil von typischerweise knapp 30 % am Werbebudget der Thier-Brauerei.[442] Bei der klassischen Verbraucherwerbung gab es dann auch in den kommenden Jahren nur relativ geringe Zuwächse in diesem Bereich. Außer Tageszeitungen wurden in diesen Jahren keine weiteren klassischen Medien mehr belegt. Allerdings behielt die Verkaufsförderung ihre herausragende Bedeutung.[443] Vermutlich wurde damit auch die Zusammenarbeit mit den Werbeagenturen beendet, die das Unternehmen Thier in den letzten Jahren begleitet hatten.[444]

### 3.5.2.5  Die Produktpolitik

Als die Thier-Brauerei 1967/68 ihre absatzwirtschaftlichen Aktivitäten neu ausrichtete, stand von Anfang an das „Thier Pils" im Mittelpunkt der Bemühungen. Dies zeigte sich immer wieder in den werblichen Darstellungen und Texten. Unter Hinweis auf das bereits in den 1890er Jahren hergestellte „Bitterbier" hob das Unternehmen seine besondere Erfahrung auf diesem Gebiet hervor und präsentierte sich als die Brauerei mit der längsten Pilstradition im Stadtgebiet. Dabei blieb sie aber Sortimentsbrauerei.

Die Thier-Brauerei hatte 1969 kurzzeitig Überlegungen angestellt, eine „Sondersorte" einzuführen, vermutlich ebenfalls als „sortenneutrales Bier" – ähnlich wie ein Jahr zuvor schon die Ritter-Brauerei und kurze Zeit später die Kronen-Brauerei es tatsächlich realisiert hatten bzw. realisierten. Es sollte sich um eine Sorte handeln, „die von der Qualität her im obersten Bereich der insgesamt angebotenen Biere liegt. Besonders ausgesuchte Braustoffe, besonders hochwertiges Brauverfahren und stärkere Kohlensäurebindung verleihen der Sondersorte einen excellenten Geschmack. Die Geschmacksrichtung der Sondersorte wäre durch einen Geschmackstest zu ermitteln. Ihrer Positionierung im oberen Bereich des Marktes entsprechend, wird die Sondersorte für den Konsumenten einen Zusatznutzen im sozialen Feld in Richtung ‚besondere Kennerschaft' erhalten."[445] Hinsichtlich der Preispolitik heißt es später ergänzend: „Die Sondersorte ist aus dem Preiskampf unbedingt herauszuhalten."[446] Diese Idee zu einer Produktinnovation ist aber von Thier nicht weiter verfolgt worden. Thier

---

[442] Vgl. WWA, F 122 Nr. 5179: Kommunikations-Etat 1976/77, April 1976, Tabelle 3.1 A: Gesamtetat Thier 1971–1975, unterteilt nach Konten, S. 13 und 22.

[443] Vgl. ebenda, S. 13 und 22.

[444] Aus den Archivunterlagen des WWA lassen sich für die Folgejahre keine Werbekonzeptionen nachweisen.

[445] WWA, F 122 Nr. 5101/9: SAW: Werbekonzeption, Produktausstattung, Verkaufsförderungsplanung, ohne Datum [1969] und Seitenangaben (unter Abschnitt 4.1 Produkt).

[446] Ebenda (unter Abschnitt 4.1 Preis).

hat dann keine weiteren Anstrengungen unternommen, durch eigene produktpolitische Differenzierungen die Voraussetzungen zu Angeboten in unterschiedlichen Preiskategorien zu schaffen. Dies dürfte ganz wesentlich darin begründet sein, dass der Brauerei zu dieser Zeit die kapitalmäßige Ausstattung und momentane Ertragskraft für den Aufbau eines solch differenzierten Angebots fehlte.

Allerdings gab es eine andere Angebotserweiterung: Ursprünglich als Abwehr gegen die zunächst als große Bedrohung empfundene bundesweite Einführung der Marke „Prinz-Bräu" des Oetker-Konzerns über seine Tochtergesellschaft DAB gründete die Thier-Brauerei zusammen mit der Krombacher Brauerei 1970 die „Deutsche Braukooperation". Es schlossen sich in wenigen Jahren 27 weitere Brauereien mit dem Ziel an, möglicherweise ein landesweit vertriebenes Produkt aufzubauen, um damit „Oetker Konkurrenz zu machen und nicht von dessen Prinz-Bräu überflutet zu werden."[447] Als dann aber „Prinz-Bräu" sich nicht am Biermarkt durchsetzen konnte, gab es Überlegungen in diesem Verbund mit immerhin insgesamt 10 Mio. hl Ausstoß und einem Marktanteil von mehr als 10 %, daraus gemeinschaftliche Projekte zu entwickeln. So wurde einerseits der zentrale Einkauf von Rohmaterialien organisiert, Seminare zur Weiterbildung veranstaltet und weitere Kooperationen betrieben. Schließlich wurde die Idee realisiert, „eine nationale Marke nicht im Hauptsortiment, sondern im Randsortiment zu kreieren. Hier bot sich das recht beliebte alkoholfreie Malzbier an, das in kleineren Mengen von der ein oder anderen Brauerei hergestellt wurde."[448] Anders als Oetker wollte man aber nicht den Versuch wagen, eine synthetische Marke neu zu kreieren, sondern man wollte einer bestehenden Marke zu nationaler Präsenz verhelfen. Mit einem Jahresausstoß von 30.000 hl gestartet war „Vitamalz" bereits nach drei Jahren die in Deutschland führende Marke im Bereich Malzbier.[449]

29 Privatbrauereien boten fortan ihre Malzbiere unter dem gleichen Markennamen an. Die Produktion in und für die beteiligten Brauereien konnte schließlich kontinuierlich auf 600.000 hl. p.a. gesteigert werden; davon wurden 200.000 hl. allein in der Thier-Brauerei hergestellt. Bei Thier wurde gleichzeitig die Produktion von „Dortmunder Kind'l" zugunsten von „Vitalmalz" aufgegeben.[450] Thier sah im Engagement für „Vitamalz" außerdem die Möglichkeit, damit

---

[447] Cremer, Peter: Lebenserinnerungen, hrsg. von Ellerbrock, Karl-Peter unter Mitarbeit von Spinnen, Burkhard, Dortmund/Münster 2023, S. 123 f.

[448] Ebenda, S. 124.

[449] Vgl. ebenda.

[450] Vgl. ebenda, S. 125.

einen „Türöffner" im Lebensmittelhandel zu bekommen auch für die eigenen Produkte.[451]

Die Vermarktung von „Vitamalz" geschah unter einheitlicher Werbung mit prominenten Identifikationsfiguren (u. a. Franz Beckenbauer). Das Ziel war, das Produkt als erfrischendes Getränk für die ganze Familie zu positionieren und den Ruf als „Mütterbier" abzustreifen.[452]

Basierend auf der im Abschnitt 3.5.2.3 detailliert beschriebenen GfK-Studie wurde bereits kurz vor der Gründung der „Deutsche Braukooperation" die Flaschenetikettierung 1970 auf die neue Form umgestellt. Ausschlaggebend war, dass in den Tests bei dieser Variante die Marke Thier wegen des prominent angeordneten Markenzeichens sofort eindeutig wiedererkannt wurde. Die Werbeagentur BBDO als begleitende Beraterin formulierte: „Das moderne, frische Umfeld und der wertvolle Goldrahmen unterstützen die Qualität und die seriöse Modernität der Marke Thier. Mit dieser neuen Ausstattung wurde Thier-Bier – gestützt auf das positive Image des Herstellers – zu einem markt- und verbrauchergerechten Angebot entwickelt. Die Ausstattung verbindet solide Brautradition mit ansprechender Modernität und wird damit den zeitgemässen und gehobenen Ansprüchen gerecht."[453] Die Abbildung 3.14 veranschaulicht die neue Etikettengestaltung. Anschließend wurde auch die Etikettierung für das Malzbierangebot von Thier angepasst.

**Abbildung 3.14**   Thier-Brauerei: Neue Etikettengestaltung 1970[454]

[451] Vgl. ebenda, S. 126.

[452] Vgl. Böse, Christian: a.a.O., S. 215 f.

[453] WWA, F 122 Nr. 5166: Aktennotiz der Agentur BBDO vom 16.4.1970: Die neue Flaschenausstattung für Thier-Bier.

[454] Quelle: WWA, F 122 Nr. 5166: Thier-Brauerei: Neue Etikettengestaltung 1970, hier: Auszug aus einer Händlerinformation vom 4. März 1970.

In einer Notiz der Thier-Brauerei heißt es: „In erster Linie muß besonderer Wert auf die handels-, bzw. selbstbedienungsgerechte Präsentation des Thier-Bier-Sortiments gelegt werden. Das heißt: Im Lebensmittelhandel – wo heute kaum noch Empfehlungen durch das Verkaufspersonal gegeben werden – muß sich das Produkt selbst verkaufen [...] durch attraktive, aufmerksamkeitsstarke, kaufanreizende Gestaltung."[455]

Im Begleitbrief zur Händlerinformation wird auf die vorgenommenen Verbraucherbefragungen zur Flaschenausstattung Bezug genommen und auf die gestiegenen Anforderungen des Lebensmittelhandels hingewiesen. Wörtlich heißt es weiter: „Bierig sollen die Etiketten sein. Aktuell und zeitgemäß. Auffallend und lockend. Und doch sollen sie der guten Tradition des Hauses THIER verpflichtet sein. Sollen so sein, daß jeder THIER-Kenner es als das Bier erkennt, das er so gerne trinkt." Der Brief schließt mit der geäußerten Überzeugung, dass das Markenprodukt Thier „seinen hervorragenden Platz im Regal hat."[456]

Zentrales Bildmotiv dieser Verkaufsförderungsaktion wie auch für Kommunikationsaktionen in den folgenden Jahren war der „Thier-Bier-Mehrhandhumpen" mit drei Griffen als Symbol für die Beliebtheit von Thier-Bier. (s. Abbildung 3.15) Er sollte ausdrücken, dass viele Hände nach diesem Bier greifen. Er sollte durch seine Ungewöhnlichkeit Aufmerksamkeit erwecken und damit den Verbraucher wie den Handel dazu animieren, sich mit diesem Gestaltungselement auseinanderzusetzen.

Vor dem Hintergrund der Konzentration der Marktbearbeitung auf ein Kernabsatzgebiet und der kapitalmäßigen Einschränkungen bewegten sich die produktpolitischen Initiativen der Brauerei insgesamt im Bereich von vorsichtigen Anpassungen an antizipierte Verbraucheransprüche.

Dies gilt auch für die 1973 erfolgte Neueinführung der Ausstattung des Pilsangebotes zum „Thier Privat Pils", wie sie in der Werbeanzeige nach Abbildung 3.16 zum Ausdruck kommt.

Hier nahm die Brauerei die marktforscherisch gewonnene Erkenntnis auf, dass sie als Privatbrauerei gegenüber den Aktiengesellschaften als ausgesprochene Industriebetriebe glaubwürdiger sei mit dem Anspruch, für den privaten Biertrinker „das fantastisch gute, spritzige Dortmunder Pils, bei dem jeder Schluck, jedes Glas zum echten Privatvergnügen wird, zum ‚Genießen mit sich

---

[455] WWA, F 122 Nr. 5166: Information zur neuen Thier-Bier-Flaschenausstattung, ohne Datum [1970].

[456] WWA, F 122 Nr. 5166: Brief der Thier-Brauerei an ihre Geschäftspartner im Handelsbereich vom 4. März 1970.

**Abbildung 3.15**
Thier-Brauerei: Neue
Etikettengestaltung mit dem
drei-henkligen
Bierhumpen[457]

selbst'" zu brauen. Diesem Werbetext ging der Slogan voran: „Thier braut Ihr Privatvergnügen."

Auch mit dieser Neukonzeption in der Ausstattung und werblichen Argumentation blieb die Brauerei auf den engeren geografischen Absatzmarkt konzentriert. Allerdings wurde diese Neueinführung zunächst in den beiden ersten Jahren nicht wirklich durch hohe Marktinvestitionen unterstützt: Die Position „FFF-Werbung" als Film/Funk/Fernsehwerbung hatte mit aktuell 28.000 DM bzw. nur noch 4.000 DM im Werbe-Etat der Jahre 1973/74 und 1974/75 nur noch „Erinnerungswerte" an einstmals höhere Beträge in der Größenordnung von rd. 125.000

---

[457] Quelle: WWA, F 122 Nr. 5166: Thier-Brauerei: Neue Etikettengestaltung 1970, hier: Auszug aus einer Händlerinformation.

**Abbildung 3.16**
Thier-Brauerei:
Neueinführung der
Ausstattung „Thier Privat
Pils" mit dem Slogan
„Thier braut ihr
Privatvergnügen"[458]

DM in 1970/71. Auch die Ausgaben für Werbedrucke schrumpften von ehemals rd. 890.000 DM in 1971/72 auf Beträge von jeweils rd. 190.000 DM.[459]
Diese Kürzungen dürften auch im Zusammenhang gestanden haben mit erwarteten Änderungen des Ertragsniveaus, die sich erneut für das Geschäftsjahr 1973/74
abzeichneten, wenn diese auch nur kurzfristig spürbar waren.[460]

Allein mit dem Angebot von „Vitamalz" erfolgte ein Schritt in Richtung einer
überregionalen Kooperation und Vermarktung.

[458] Quelle: WWA, F 33 Nr. 1780, Bd. 1: Thier-Brauerei: Werbeanzeige zur Neueinführung
der Ausstattung „Thier-Pils-Privat".

[459] Vgl. WWA, F 122 Nr. 5179: Kommunikations-Etat 1976/77, April 1976, Tabelle 3.1 A:
Gesamtetat Thier 1971–1975, unterteilt nach Konten, S. 13.

[460] Vgl. WWA, F 33 Nr. 2578: Prüfberichte, verschiedene Jahrgänge, hier: Geschäftsjahr
1973/74 und 1974/75.

## 3.5.2.6 Die Preispolitik

Die Thier-Brauerei hat die weiter vorne beschriebene Auf- und Abwärtsbewe-
gung der Bierpreise in dieser Marktphase vollständig durchlebt und war von den
Ausschlägen auch etwas stärker betroffen. Der Bierpreis als Umsatz je hl für
Thier-Bier schwankte zwischen den Extremwerten 84,80 DM/hl (1964), 91,19
DM/hl (1967), 81,39 DM/hl (1969) und 97,14 DM/hl (1973). Einem Plus von
7,5 % zu Beginn der Periode folgten ein abrupter Absturz innerhalb von zwei
Jahren um 10,7 % und danach wieder ein mehrjährig anhaltender Anstieg um
insgesamt 19,4 % bis zum Ende des Beobachtungszeitraums.[461]

Grundsätzlich verfolgte die Thier-Brauerei eine im Vergleich zum Durchschnitt der Dortmunder Betriebe höherpreisige Politik und begründete sie mit
dem besonderen Qualitätsanspruch an ihre Biere. Das traf vor allem für die
Fassbierlieferungen an die Gastronomie zu, vermutlich weniger stark für die Fla-
schenbierverkäufe an den Lebensmittelhandel.[462] Zu einem höheren Preis bot
lediglich die Kronen-Brauerei ihre Bier-Marken an. BBDO urteilte 1970 mit
Blick auf die Stellung der Thier-Produkte im Markenbierbereich: „Dortmunder Thier ist vom Preis her konkurrenzfähig. Es liegt im unteren Bereich der
Markenbiere."[463]

Die Wirkungen der Preisschwankungen auf die Umsatzentwicklung wurden
ebenfalls bereits grafisch dargestellt.[464] Bei tendenziell rückläufigem Ausstoß mit
zeitweiser Erholung musste die Brauerei Thier z. T. erhebliche Umsatzeinbußen
hinnehmen. So sank der Umsatz von 43,3 Mio. DM (1964) um fast 19 % auf
35,1 Mio. DM (1970), erreichte aber bereits 1972 – auch aufgrund der parallel laufenden Ausstoßsteigerung – wieder einen Spitzenwert von 46,0 Mio.
DM (+30,9 %). Wie bereits im Abschnitt 3.5.1.4 ausgeführt, gelang es in dieser
Zeit den Brauereien, die enormen Kostensteigerungen an den Bierkonsumenten
weiterzugeben.

Allerdings wurde der preisliche Handlungsspielraum der Dortmunder Brauereien durch die zunehmende Marktmacht des Handels, insbesondere der großen
Handelszentren und Filialisten im Lebensmittelbereich, erheblich eingeschränkt.
Auch der Preiswettbewerb zwischen den Dortmunder Betrieben hatte sich augenscheinlich fortgesetzt. Wie bereits im Abschnitt 3.5.1.5 aufgezeigt, belegte die

---

[461] Vgl. WWA, F 122 Nr. 5060/61: 5060/61: Thier-Brauerei: Statistischer Bericht, Blatt 7b:
Umsatz je HL in DM; dazu auch die Abb. 3.11 im Abschnitt 3.5.1.4.

[462] Falls die Einzelhandelspreise als grober Indikator für die Verkaufspreise der Brauerei
gelten können. Vgl. dazu die Tabelle 3.17 im Abschnitt 3.5.1.5.

[463] Vgl. WWA, F 122 Nr. 5176: BBDO: Werbung und Verkaufsförderung für das Braujahr
1970/71, S. 14.

[464] Vgl. dazu auch die Abb. 3.12 im Abschnitt 3.5.1.4.

Thier-Brauerei bei den Einzelhandelspreisen im Wettbewerbsvergleich einen mittleren Rang.

### 3.5.2.7 Die Absatzwege- und Vertriebspolitik

Eine Initialzündung für die neue Vertriebspolitik der Thier-Brauerei sollte im Oktober 1967 von der durch die Agentur BBDO vorbereiteten Verkaufstagung ausgehen. Alle Außendienstmitarbeiter und viele Innendienstmitarbeiter waren eingeladen worden. Das Programm sah im Anschluss an die Begrüßung folgende Referate vor: Neuorganisation der Verkaufsleitung, Einführung in die Begriffe Marketing und Verkaufsförderung, Marktsituation für Bier in der Bundesrepublik, Vertriebspolitik von Thier-Bräu, Einführung in die Werbung und Präsentation der Kampagne 1967/68, Sinn und Zweck von Verkaufsförderung – demonstriert an Hand von Beispielen, Die Zehn Goldenen Regeln des sympathischen Reisenden und Barverkäufers, Ernst der Lage, Diskussion, Schlusswort. Referenten waren Bereichs- bzw. Abteilungsleiter der Brauerei sowie die Kontaktpersonen aus der Agentur.[465]

Von dieser Veranstaltung sollte eine Aufbruchstimmung ausgehen; der begrü-ßende Eigentümergeschäftsführer leitete sein Referat ein mit den Worten: „Aus Ihren eigenen Reihen stammt die bemerkenswerte Feststellung: Bisher haben wir nur Bier verteilt; jetzt heißt es aber Bier zu verkaufen."[466] Der Geschäftsführer kündigte für die Zukunft eine straffer geführte Organisation nach innen und nach außen an. An jeden Mitarbeiter würden höhere Anforderungen gestellt werden müssen. Außerdem liege der Flaschenbier-Brauereiversand (in die entfernteren Absatzgebiete) „noch sehr im Argen und hinkt hinter dem Dortmunder Durch-schnitt schwer zurück. Hier liegt unsere schwächste Stelle. Und hier müssen unsere stärksten Ansatzpunkte liegen."[467]

Knapp zwei Jahre später beschrieb die Werbeagentur BBDO die vertriebliche Arbeit im Spätsommer 1969 so: „Zum Aussendienst des Hauses Thier gehören Vertreter, die im wesentlichen den Kontakt zu Verlegern und Gaststätten halten. Verkaufsförderer oder Vertreter, die nach Markenartikel-Praktiken den Kontakt zum Einzelhandel pflegen, gibt es unseres Wissens nicht bzw. nur teilweise im Stammarkt."[468] Aus diesem Grunde sind in der Vergangenheit nur gelegentlich

---

[465] Vgl. WWA, F 122 Nr. 5174: Einladung zur Verkaufstagung am 28. Oktober 1967 ein-schließlich Programm.

[466] Vgl. WWA, F 122 Nr. 5174: Begrüßungsrede von Geschäftsführer Dr. Walter Cremer.

[467] Ebenda.

[468] Vgl. WWA, F 122 Nr. 5175: BBDO: Werbung und Verkaufsförderung für das Braujahr 1970, August 1969, Kapitel I.3 Vertrieb, S. 5.

gezielte Verkaufsförderungsaktionen durchgeführt worden, da „kein schlagkräftiger, für derartige Verkaufsförderungsmassnahmen einzusetzender Aussendienst zur Verfügung steht und über die Distribution kein klares Bild besteht."[469]

Und weiter heißt es: „Dem Hause Thier steht nur im Stammarkt (und in Hamburg) ein eigener Fahrverkauf und eine in etwa zufriedenstellende Vertriebsorganisation zur Verfügung. Das andere weiträumige Absatzgebiet wird vertriebsmässig unseres Erachtens nur mangelhaft betreut. Besondere Schwerpunkte bestehen nicht."[470]

In der zweiten Hälfte der 1960er Jahre gab es ein regional weitverzweigtes Absatzgebiet für Thier-Bier. Die Abbildung 3.17 zeigt die Verkaufsgebiete ausschnittsweise mit dem Schwerpunkt im Raum Dortmund sowie im gesamten NRW-Gebiet sowie den sich nach Norden anschließende Regionen bis zur Nord- und Ostsee sowie bis nach Berlin. Die Marktstellung von Thier in diesen Regionen wird in der Karte etwas näher spezifiziert durch die farbliche Kennzeichnung der jeweiligen Verbrauchsintensität (Jahres-Pro-Kopf-Verbrauch in l) von Thier-Bier. Darüber hinaus gab es einige Präsenzen in Nordhessen und weiter südlich in Rheinland-Pfalz und Baden; vereinzelt noch in Südhessen und Unterfranken (jeweils hauptsächlich unter 0,1 l/Jahresverbrauch pro Kopf).

Rd. 75 % des Bierausstoßes wurden in NRW, die restlichen 25 % im übrigen Bundesgebiet mit dem Schwerpunkt in Norddeutschland abgesetzt.[471]

Wie im Abschnitt 3.5.2.4 zur Werbung und Verkaufsförderung schon beschrieben, fand mit Blick auf eine verstärkte Bearbeitung des Vertriebsweges Lebensmittelhandel sehr bald eine Konzentration der Werbe- und Verkaufsförderungsmaßnahmen auf bestimmte Regionen mit einem abgestuften Engagement in den restlichen Gebieten statt.

Was die beabsichtigte systematische Erschließung des Lebensmittelhandels angeht, so heißt es in der bereits zitierten Konzeption von SAW aus dem Jahre 1969, dass dieser Distributionskanal stufenweise erschlossen werden sollte: „Durch sukzessive Gewinnung der Ketten-Filialisten etc. und konsequenter Einsatz eines neu zu schaffenden Segmentes innerhalb der Außenorganisation Thier wird im Stammarkt die Distribution aufgebaut."[472]

---

[469] Ebenda, S. 10.
[470] Ebenda, S. 11.
[471] Vgl. WWA, F 122 Nr. 5101/9: SAW: Werbekonzeption, Produktausstattung, Verkaufsförderungsplanung, ohne Datum [1969]; ohne Seitenangaben (unter Gliederungspunkt 1: Situation).
[472] Ebenda, (unter Gliederungspunkt 4.2 Distribution).

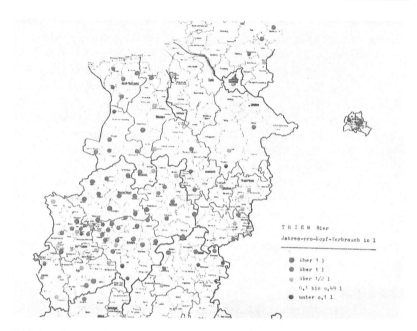

THIER Bier
Jahres-pro-Kopf-Verbrauch in l

über 3 l
über 1 l
über 1/2 l
0,1 bis 0,49 l
unter 0,1 l

**Abbildung 3.17**  Thier-Brauerei: Absatzgebiet nach regionalen Verbrauchsintensitäten für Thier-Bier in der zweiten Hälfte der 1960er Jahre (Ausschnitt)[473]

Hinsichtlich der Erhöhung der Distributionsdichte wurde ausgeführt: „Eine Marktdurchdringung wird als Konsequenz der Marketingkonzentration nur in den Schwerpunktgebieten Dortmund mit 25 km Umkreis und evtl. im Zeitablauf Duisburg und Köln angestrebt."[474] Für die künftige Arbeit des Außendienstes war beabsichtigt, Merchandiser einzusetzen, die den Kontakt zum Einzelhandel herstellen bzw. halten sollten, dabei Kooperationsmöglichkeiten ausloten, Verkaufsförderungsmaterial vor Ort platzieren, den Stammplatz für Thier-Bier pflegen sowie die weitere Beratung und Unterstützung des Einzelhandels vornehmen sollten. Die Merchandiser sollten intensiv geschult und so auf ihre Aufgabe vorbereitet werden.[475]

---

[473] Quelle: WWA, F 122 Nr. 5314/3: Dettmar-Werbung, Essen: Vorschlag einer Werbekonzeption für die Zeit vom 1.10.1967 – 31.12.1968 für Thier-Bier, August 1967, Anlage.

[474] Ebenda, (unter Gliederungspunkt 4.2 Distribution).

[475] Vgl. ebenda, (unter Gliederungspunkt 4.3 Kommunikation).

In der Werbekonzeption des folgenden Jahres wurden diese Ziele vertriebspolitisch weiter konkretisiert. Im Zusammenhang mit der Bestätigung, dass dem
Lebensmittelhandel für den Bier-Vertrieb die ausschlaggebende Rolle zukomme,
heißt es in der neuen Konzeption von BBDO: „Dieser Situation trug das Haus
Thier Rechnung durch Neu-Formierung der Vertriebsorganisation und im Zusam-
menhang damit durch Konzentration auf ein Intensivgebiet, in dem auch der
Lebensmittel-Einzelhandel systematisch bearbeitet wird."[476] Es wurde eine Ein-
teilung in die Verkaufsgebiete Mitte, Nord und Süd vorgenommen. In den
Verkaufsgebieten Nord (Niedersachsen, Hamburg, Schleswig-Holstein, etc.) und
Süd (Hessen, Mannheim, etc.) sollte ein Kontakt fast nur zu Verlegern und
Gaststätten gepflegt werden (Ausnahme Hamburg; hier bestand ein eigener Fahr-
verkauf). Das Verkaufsgebiet Mitte sollte den mittleren Teil NRWs umfassen und
als Intensivgebiet bearbeitet werden. Hier wurden 11 Verkaufsbezirke gebildet.
Vorgesehen war, dass in diesem Intensivgebiet neben den Reisenden, die den
Lebensmitteleinzel- und -großhandel besuchen sollten, ein eigener Fahrverkauf
mit 22 Touren eingerichtet würde.[477]

### 3.5.2.8 Die Entwicklung eines modernen Unternehmensplanungskonzeptes mit Prinzipien für die Unternehmensführung und Leitlinien für die Marketingpolitik

Parallel hat die Thier-Brauerei in diesen Jahren die mittelfristige Unternehmensplanung vorangetrieben. So umfasste z. B. die im Herbst 1973 erarbeitete
Unternehmensplanung für die Jahre 1973/74 bis 1977/78 folgende Einzelpläne:
Absatzplan, Erlösplan, Investitionsplan, Personalplan, Beschaffungs- und Pro-
duktionsplan, Planung der Gesamtleistung. Der Absatzplan enthielt für die
nächsten fünf Jahre ein detailliertes Zahlenwerk für die Gebindearten (Fass-,
Tank, Flaschen-, Dosenbier), dabei jeweils unterteilt nach Sorten (Export, Pils,
…) bzw. Marken. Die Absatzzahlen wurden „vom Vertrieb auf der zuzeit bestehenden Basis […] geschätzt".[478] Ein Vergleich mit den Ist-Zahlen zeigt, dass
diese Schätzungen bis einschließlich des Geschäftsjahres 1974/75 relativ treff-
genau waren; erst ab 1976/77 brach dann der tatsächliche Ausstoß wieder ein.
Allerdings wurden für den Fünfjahreszeitraum auch keine ehrgeizigen Zielgrößen

---

[476] WWA, F 122 Nr. 5176: BBDO: Werbung und Verkaufsförderung für das Braujahr
1970/71, Juli/August 1970, S. 18.
[477] Vgl. ebenda, S. 18 f.
[478] WWA, F 122 Nr. 5072/5: Brauerei Thier & Co.: Unternehmensplanung für die Jahre
1973/74 bis 1977/78, Text, vom 16.10.1973, S. 1 sowie Anlage 1.

formuliert: Die positiven Veränderungsraten reduzierten sich von Jahr zu Jahr von zunächst +2,9 % auf zuletzt +1,6 %. Die Plan-Betriebsergebnisrechnung wies für den Planungshorizont positive Ergebnisse zwischen 2,4 Mio. DM und 4,3 Mio. DM p.a. aus. In der Gesamtergebnisrechnung wurden auch jeweils Erhöhungen des Kapitals eingeplant.

Eine wesentliche *inhaltliche* Entwicklung lässt sich in der Ende 1973 formulierten nächsten Unternehmenskonzeption für das Geschäftsjahr 1974/75 erkennen: Zum einen wurden hier „Prinzipien des Unternehmens", zum andern „Leitlinien zur Unternehmenskonzeption" formuliert.[479] Derartige Unternehmensleitbilder waren in dieser Zeit alles andere als Standard in den bundesdeutschen Firmen. Deshalb seien nachstehend die wichtigsten Aussagen zusammengefasst wiedergegeben:

Zu den bedeutendsten *unternehmerischen Prinzipien* gehören die Wahrung der wirtschaftlichen und rechtlichen Selbständigkeit, die Nutzung der Instrumente moderner Unternehmensführung, das Angebot eines qualitativ hochwertigen Biersortiments bei wirtschaftlicher Fertigung, die kontinuierliche Steigerung des Marktanteils sowie eine ausreichende Gewinnerzielung zur ständigen Verbesserung der Unternehmenseinrichtungen und zur Erhaltung einer gesunden finanziellen Struktur und guten Liquidität.

Die *Leitlinien zur Unternehmenskonzeption* beinhalten eine klar gegliederte und der Entwicklung angepasste Organisationsstruktur, „Grundsätze der Führung im Mitarbeiterverhältnis" einschließlich einer fortschrittlichen Personalpolitik sowie eine am aktuellen Entwicklungsstand orientierte Ausrichtung der Führungsinstrumente.

Vertriebspolitisch sollen die absatzwirtschaftlichen Instrumente eingesetzt werden. So sollen Marketingentscheidung auf der Basis von Marktforschungsergebnissen getroffen werden, um Risiken zu vermeiden. Die Sortimentspolitik soll marktkonform sein und die Marktchancen für neue Angebote laufend überprüfen. An die Produkte wird ein hoher Qualitätsanspruch gestellt. Die Verkaufspolitik und die Eroberung neuer Märkte sollen sich auf die Gebiete „um den Schornstein" konzentrieren. Dabei soll der Vertrieb über den Lebensmittelhandel verstärkt werden und der Vertrieb über Verleger durch entsprechende Maßnahmen verbessert werden. Die Preispolitik soll sich an der Qualität der eigenen Produkte orientieren. „Priorität haben die Erlöse und nicht die Expansion". Die Serviceleistungen für die Gastronomie sowie für Einzelhändler und Verleger sollen intensiviert werden. Die Unternehmenskommunikation soll die positiv besetzten

---

[479] Vgl. WWA, F 122 Nr. 5072/4: Brauerei Thier & Co.: Unternehmenskonzeption [für das Geschäftsjahr 1974/75].

Attribute (z. B. qualitativ hochwertige Produkte, traditionsbewusst, zuverlässiger Geschäftspartner, …) hervorheben, wobei die Werbebotschaften sachlich und werbepsychologisch optimal zu gestalten sind.

Finanzwirtschaftlich steuert das Unternehmen eine Umsatzrendite von jährlich 5 % sowie eine Gesamtkapitalrentabilität von 10 % an.

Dieses anspruchsvolle Unternehmensplanungskonzept kann als ein wesentlicher Schritt in Richtung einer perspektivischen Entwicklung der Brauerei nach festen Grundsätzen und Regeln interpretiert werden. Es wurden dabei auch ehrgeizige geschäftspolitische und absatzwirtschaftliche Ziele formuliert, die die Stellung des Unternehmens im Markt festigen und ausbauen sollten.

Allerdings war die Brauerei in den folgenden Jahren auf den verschiedenen Gebieten unterschiedlich erfolgreich: Einerseits wurde die umfangreiche mittelfristige Unternehmensplanung zum Standardinstrument der Unternehmensführung mit sehr detaillierten Aufstellungen in den vorgenannten Einzelplänen, angefangen vom Absatz- und Erlösplan bis hin zur Planung der Gesamtleistung. Die Pläne enthielten dabei Zeitvergleiche, aber kaum Soll-Ist-Vergleiche mit Abweichungsanalysen. Für die Verantwortlichen mögen die Gründe oftmals „auf der Hand" gelegen haben. So konnte z. B. für das Geschäftsjahr 1974/75 das geplante Betriebsergebnis von rd. 4,0 Mio. DM um nahezu 1,4 Mio. DM überschritten werden, was zum überwiegenden Teil in den effektiv stärker als geplant gestiegenen Umsatzerlösen pro hl begründet war. Andererseits wurden andere Ziele, auch im finanzwirtschaftlichen Bereich, nicht oder nicht immer erreicht. Die Prinzipien der Unternehmensführung mögen den Verantwortlichen als wesentliche Orientierung bei ihren Grundsatzentscheidungen gedient haben. In den Leitlinien wurden diese weiter konkretisiert und im Absatzbereich auf die einzelnen absatzwirtschaftlichen Politikbereiche bezogen.

Es lässt sich aus den Archivunterlagen schwerlich ersehen, inwieweit die Unternehmensleitung sich in ihren Entscheidungen in der Folgezeit im Einzelfall danach ausgerichtet hat. Konkrete quantitative Vertriebsziele, wie ein im Wettbewerbsvergleich überdurchschnittlicher Absatzerfolg und damit stetig steigender Marktanteil sind nicht erreicht worden. Insgesamt dürften die aufgestellten Prinzipien und Leitlinien in diesen Jahren ein Novum in bundesdeutschen Unternehmen dargestellt haben.

### 3.5.2.9 Die betriebs- und finanzwirtschaftliche Situation der Brauerei

Als Personengesellschaft war die Brauerei Thier & Co. nicht veröffentlichungspflichtig. Nach den vorliegenden Archivunterlagen ist die wirtschaftliche Situation der Brauerei für diese Zeit differenziert zu beurteilen. Einerseits zeigen die greifbaren Ist-Resultate der Betriebsergebnisrechnungen für die Geschäftsjahre 1970/71 (Beginn der preislichen Erholungsphase) sowie 1971/72 (Steigerungsphase) positive und in den Folgejahren jeweils steigende Betriebsergebnisse. Allerdings führten hohe Zinsaufwendungen im neutralen Bereich in den ersten beiden Jahren zu einem jeweils negativen Gesamtergebnis,[480] das sich letztlich auch in der Bilanz zeigte.[481] Ab 1972/73 konnten für eine Reihe von Jahren wieder positive Ergebnisse sowohl in der Betriebsergebnisrechnung als auch nach Berücksichtigung des neutralen Bereichs[482] sowie in der Gewinn- und Verlustrechnung bzw. Bilanz erzielt werden.[483] Insgesamt hat die jeweilige finanzwirtschaftliche Situation der Brauerei aber den Mitteleinsatz für Marketinginvestitionen in einige Jahren entscheidend beeinflusst, wie insbesondere im Abschnitt 3.5.2.4 deutlich wurde.

### 3.5.2.10 Die Unternehmensführung und organisatorische Einbindung von Marketingfunktionen

Wie im Abschnitt 3.3.1 schon erwähnt, waren in der Privatbrauerei Thier & Co. in dieser Zeit der Dipl.-Brauerei-Ing. Josef Cremer sowie sein Cousin Dipl.-Kaufmann Dr. Walter Cremer Eigentümergeschäftsführer. Josef Cremer übergab die Geschäftsführung 1970 an seinen Sohn Diplom-Kaufmann Peter Cremer. Dr. Walter Cremer übte die Geschäftsführerfunktion bis 1980 aus. Diese beiden Brauereieigentümer wurden auf der Geschäftsleitungsebene sowie auf der zweiten Organisationsebene durch Juristen, Dipl.-Ingenieure, Braumeister sowie weitere Mitarbeiter mit anderen Qualifikationen unterstützt.

Seit den ersten Überlegungen zur Intensivierung der Werbung sowie im Zusammenhang mit den ergänzenden Beratungsleistungen der Werbeagentur BBDO im Hinblick auf eine Neuausrichtung der Vermarktungspolitik ab 1966/67 haben die wesentlichen Gespräche und Entscheidungen offenbar auf Direktionsebene stattgefunden. Das zeigen verschiedene Aktennotizen z. B. zu den Marktforschungsaktivitäten und der Beauftragung der Werbeagentur mit vertrieblichen Analysekonzepten.[484]

---

[480] Vgl. WWA, F 122 Nr. 5052: Betriebsergebnisrechnung für die Geschäftsjahre 1970/71 und 1971/72.

[481] Vgl. WWA F 33, Nr. 2578/79: Prüfberichte für 1970/71 bis 1971/72.

[482] Vgl. WWA, F 122 Nr. 5057: Betriebsergebnisrechnung für die Zeiträume 1973/74 und 1974/75.

[483] Vgl. WWA, F 33 Nr. 2578/79: Prüfberichte für 1972/73 bis 1976/77.

[484] Federführend ist dabei offensichtlich Josef Hattig gewesen, der von 1966 bis 1972 Vertriebsdirektor bzw. Mitglied der Geschäftsleitung der Thier-Brauerei war und anschließend

Spätestens ab 1969 hat es bei der Thier-Brauerei eine Marketingabteilung gegeben. Das geht aus den beiden Dokumenten der Marketingleitung zu den alternativen Werbekonzepten der konkurrierenden Werbeagenturen hervor.[485] Über die Art der Zusammenarbeit zwischen Direktion und Marketingabteilung ist nichts bekannt; auch nichts Näheres zu den offensichtlich unterschiedlichen Bewertungen der beiden Werbekonzepte für das Braujahr 1969/70 durch die Direktion und die Marketingabteilung, wie im Abschnitt 3.5.2.4 beschrieben. Aus den Archivunterlagen lassen sich auch keine Hinweise auf die organisatorische Einordnung, Stellung und weitere Tätigkeit dieser Marketingabteilung entnehmen. Möglicherweise hat das Marketing als selbständige Abteilung in den weiteren Jahren in dieser Form keinen Bestand gehabt. Dokumentiert sind dagegen Aktivitäten der Werbeabteilung, die bereits seit den 1950er Jahren im Unternehmen wichtige Werbeaufgaben – damals schwerpunktmäßig im Gastronomiebereich – und seit Anfang der 1970er Jahre auch Verkaufsförderungsaufgaben übernommen hatte. In einem Organigramm von 1975 ist diese Werbeabteilung innerhalb der Vertriebsabteilung angesiedelt wie auch im Organigramm von 1980 als Kommunikationsabteilung. Es hat bis in die 1980er Jahre gedauert, bis die Marketing-Funktionen als solche wieder stärker organisatorisch verankert wurden.[486]

### 3.5.2.11 Bilanz der Marktorientierung der Thier-Brauerei in der „Ausreifungsphase" sowie ein erster Vergleich mit den Erkenntnissen der im Aufbau begriffenen Marketingtheorie

Das Geschäftsjahr 1967/68 sollte den Start der Thier-Brauerei zu einer grundlegenden Neuorientierung in der Absatzpolitik markieren. Durch die Beauftragung verschiedener Werbeagenturen und Marktforschungsinstitute ist hier in den Folgejahren grundlegendes Vermarktungs-Know-how ins Unternehmen getragen worden. So wurden auf der Basis von internen Verkaufsanalysen sowie Marktforschungserkenntnissen wichtige Empfehlungen für die künftige Vermarktungspolitik erarbeitet. Erstmalig betrieb die Brauerei im Jahre 1967/68 Verbraucherwerbung. Ergänzend wurde die Erkenntnis vermittelt, dass zum einen

---

als Geschäftsführer zur Brauerei Beck & Co. nach Bremen wechselte. Vgl. https://getraenke-news.de/brauer-bund-trauert-um-josef-hattig/ (abgerufen am 13.3.2021).

[485] Vgl. WWA, F 122 Nr. 5101: Erläuterungen zur Aufgabenstellung, S. 7 (Anlage 1 zum Briefing für eine Werbekonzeption der Werbeagentur SAW vom 28.5.1969); außerdem: WWA F 122 Nr. 5175: Marketing und Werbung für Thier & Co. – eine Stellungnahme der Marketingabteilung aus Anlaß der bevorstehenden Etatentscheidungen, 18. September 1969.

[486] Siehe dazu die Ausführungen in der Fallstudie 4 im Abschnitt 3.6.2.7.

eine stärkere Konzentration der Marktbearbeitung auf ein standortnahes Intensivgebiet eingeleitet werden müsse, zum anderen, dass es notwendig sei, das
„Pull-Marketing" um ein „Push-Marketing" zu erweitern, um erfolgreich zu sein.

Deshalb wurde in den Folgejahren ergänzend zur Werbung in zunehmendem Maße eine Reihe von Verkaufsförderungsmaßnahmen durchgeführt, so
dass dieses absatzpolitische Instrument ein wachsendes Gewicht innerhalb des
Marketingetats erhielt. Thier hatte dabei offensichtlich innerhalb der Dortmunder Brauindustrie eine Vorreiterrolle inne und konnte damit für kurze Zeit
eine gewisse Alleinstellung erringen. Dagegen war die Neuausrichtung der
Absatzwege- und Vertriebspolitik zum Ende des Berichtszeitraums noch nicht
vollständig abgeschlossen. Die beratende Werbeagentur BBDO hatte hier frühzeitig und mehrfach darauf hingewiesen, dass erfolgreiche Werbung ein dichtes
Distributionsnetz und erfolgreiche Vertriebsarbeit voraussetzen würde.

Bei allem Bemühen blieben jedoch nachhaltige quantitative Erfolge aus: Wie
schon eingangs dieser Fallstudie aufgezeigt, stagnierte der Ausstoß im Geschäftsjahr 1968/69 und wies in den nächsten Jahren eine unstete Entwicklung auf. Die
Hoffnung auf ein mittelfristiges Erreichen der alten 500.000 hl-Marke hatte sich
bis zum Ende des Geschäftsjahres 1972/73 nicht bewahrheitet.

Sucht man nach Hinweisen für eine nähere Identifizierung der Absatzverluste, so lassen sich im Werbebriefing für das Geschäftsjahr 1969/70 unter dem
Stichwort „Wettbewerbssituation" folgende Anhaltspunkte finden: „Unsere Ausstoßentwicklung konnte in den letzten Jahren nicht mit der Marktentwicklung
Schritt halten. Absatzverluste waren in der ersten Linie in Nordrhein-Westfalen
hinzunehmen mit besonderem Schwergewicht in den Altbierregionen Düsseldorf
und Köln sowie im Sauerland (Regierungsbezirk Arnsberg, zu dem auch Dortmund gehört). Hier war die Absatzentwicklung in den letzten Jahren so eindeutig
vom Pilsangebot der hier ansässigen Spezialbrauereine geprägt, daß dieses Gebiet
seine ursprüngliche Absatzbedeutung für unser Unternehmen stark einbüßte."[487]

Allerdings hat die Thier-Brauerei bei der Forcierung des eigenen Pilsabsatzes
durchaus Erfolge gehabt. Der Pilsanteil am Neugeschäft konnte im Berichtszeitraum sehr stark erhöht werden, nämlich von 19,7 % im Braujahr 1966/67
auf 55,4 % im Jahr 1973 und lag damit weitaus über dem Durchschnitt der
gesamten Dortmunder Brauindustrie mit 39,2 % sowie sogar der nordrhein-
westfälischen Brauereien insgesamt mit 48,8 %. Entsprechend sank der Anteil
des Export-Bieres von 77 % auf 33,5 %. Die übrigen Biersorten hatten sechs
Jahre zuvor nur einen Anteil von 3,3 % und erreichten nun 11,1 %, letzteres

---

[487] WWA, F 122 Nr. 5101: Erläuterungen zur Aufgabenstellung, S. 7 (Anlage 1 zum Briefing
für eine Werbekonzeption der Werbeagentur SAW vom 28.5.1969).

aufgrund des Zuwachses beim Bier des überregionalen Malzbierverbundes der Marke „Vitamalz". Bei einer insgesamt weitgehenden Konstanz des absoluten Absatzvolumens (1966/67: 443.000 hl; 1972/73: 439.000 hl) hat also lediglich ein Substitutionsprozess zwischen den Sorten stattgefunden.[488]

Betrachtet man auf der Maßnahmenseite die Werbevorschläge etwas näher, so fällt auf, dass die Werbe-Slogans zunächst jährlich gewechselt haben:

- 1967/68 wurde in Anspielung auf gängige begriffliche Verbindungen zum Wort „T(h)ier" eine Reihe von einander ergänzender Bild/Text-Variationen entworfen, so von „Thier-Park" bis hin zu „Haus-Thier"[489]
- 1968/69 hieß es: „Wer ein Bier will, sage Thier, Dortmunds vielgeliebtes Bier!" sowie „Dortmunder Thier – von den guten Dortmundern eins der Besten."[490]
- 1969/70 lautete der Slogan: „Es ist und bleibt das Thier, unser vielgeliebtes Bier" mit der Ergänzung „Dortmunder Thier – ein Urdortmunder Bier – dreifach gemaischt."[491]
- 1973 stellte die Brauerei das neue Produkt „Thier Privat Pils" mit dem Slogan: „Thier braut Ihr Privatvergnügen" vor.

Es ist nicht ganz klar, ob diese kurzfristige Variation bewusst gewählt wurde oder unter dem Eindruck einer als notwendig wahrgenommenen Verbesserung vorgenommen worden ist. Hinweise auf etwa durchgeführte Ergebnisse von Werbeerfolgskontrollen fehlen. Dagegen hielten andere Brauereien, insbesondere die Premium-Pils-Brauereien ihren Slogan über eine lange Zeit konstant (z. B. „Bitte ein Bit") oder wechselten ihn in längeren zeitlichen Rhythmen (z. B. „mit Felsquellwasser gebraut"). Offensichtlich ist es nicht gelungen, einen durchschlagskräftigen und für den dauerhaften Einsatz geeigneten Werbeslogan für die Thier-Brauerei zu kreieren.

---

[488] Zu den Absatzzahlen für die Biersorten im Braujahr 1966/67 vgl. WWA, F 122 Nr. 5314/3: Dettmar-Werbung, Essen: Vorschlag einer Werbekonzeption für die Zeit vom 1.10.1967 – 31.12.1968 für Thier-Bier, August 1967, S. 19. Zu den entsprechenden Zahlen für 1973 einschließlich der Gesamtabsatzzahlen für beide Vergleichzeitpunkte sowie den Wettbewerbsvergleich vgl.: WWA, F 122 Nr. 5060/61: Thier-Brauerei: Statistischer Bericht, Blätter 2b, 1b sowie 11.2.

[489] WWA, F 122 Nr. 5174: BBDO: Thier-Bier – Media-Vorschlag für den Zeitraum 1.10.1967 – 31.12.1968.

[490] WWA, F 122 Nr. 5175: BBDO Texte für die Verbraucherwerbung, S. 1.

[491] WWA, F 122 Nr. 5175: BBDO: Werbung und Verkaufsförderung für das Braujahr 1970, August 1969, S. 25.

Vergleicht man die dabei eingesetzten Etatmittel für die Verbraucherwerbung mit den Etats der Wettbewerber, so zeigt sich, dass hier die Möglichkeiten der Thier-Brauerei z. T. erheblich geringer waren: Bezieht man die Werbeaufwendungen für die klassische Verbraucherwerbung (Zahlen von Schmidt + Pohlmann) auf den hl-Ausstoß beispielhaft für das Jahr 1973, so ergibt sich für die Thier-Brauerei ein Werbeeinsatz von 1,03 DM/hl. Dieser ist vergleichbar mit dem Ergebnis für die Ritter-Brauerei (1,07 DM/hl), liegt über dem der Stiftsbrauerei (0,67 DM/hl), aber erreicht nicht die wesentlich massiveren Werbeeinsätze von Hansa (1,98 DM/hl), DAB (2,14 DM/hl) sowie Kronen (2,62 DM/hl).[492] Die in den Folgejahren ab 1973/74 von Thier vorgenommene – primär finanzwirtschaftlich bedingte – außerordentlich starke Zurückführung der Etatmittel für Verbraucherwerbung dürfte die bis dahin errungenen kommunikativen Erfolge zusätzlich beeinträchtigt haben.

Was die Verkaufsförderungspolitik betrifft, so erschienen nach Einschätzung von Bessler-Worbs die von der Thier-Brauerei insbesondere zu Beginn der 1970er Jahren intensiv durchgeführten Verkaufsförderungsmaßnahmen nur für einen relativ geringen Zeitraum sowie in einem räumlich eher begrenzten Gebiet als möglich und erfolgreich. Es hätte danach die Gefahr bestanden, den umworbenen Bierkonsumenten zu übersättigen, zumal auch die Dortmunder Wettbewerber vergleichbare Maßnahmen aufgenommen hatten.[493] Andererseits muss anerkannt werden, dass die Brauerei mit diesen Maßnahmen versucht hat, ihre Schwächen in den Vertriebskanälen – gerade auch im Vertriebsweg Lebensmittelhandel – auszugleichen. In diesem Sinne sind solche Aktivitäten als ein wichtiger Baustein zu einem erfolgreichen „Push-Marketing" zu werten.

Es stellen sich darüber hinaus einige weitere Fragen: War man bei Thier zu ungeduldig im Hinblick auf den kurzfristigen Erfolg von Werbe- und Verkaufsförderungsmaßnahmen, nachdem zuvor zwei Jahrzehnte lang auf jegliche verbrauchernahe Marktaktivitäten verzichtet worden war? Hat man evtl. zu schnell Werbekonzepte und Strategien gewechselt? Hat man darüber hinaus alle Strategieoptionen ausgeschöpft und Handlungsempfehlungen umgesetzt? Hätte eine stärkere und zeitnähere Umsetzung der *vertrieblichen* Maßnahmen – insbesondere die intensive Bearbeitung des Lebensmittelhandels – durchschlagendere Erfolge gebracht? Welche Rolle hat 1972 der personelle Wechsel in der Direktion der Brauerei gespielt? Welche organisatorische Stellung und welchen Einfluss hat

---

[492] Basis der Berechnungen sind die Angaben in der Tabelle 3.10 im Abschnitt 3.5.1.2: Werbeaufwendungen Dortmunder und ausgesuchter nordrhein-westfälischer Brauereien in den Jahren 1972/73 (klassische Verbraucherwerbung; ohne Plakataschläge/Zeitungsbeilagen).
[493] Vgl. Bessler-Worbs, Tanja: Die Annäherung an den Verbraucher, a.a.O., S. 154.

die Ende der 1960er Jahre bestandene Marketingabteilung gehabt, und weshalb sind später verschiedene Marketingfunktionen innerhalb der Vertriebsabteilung wahrgenommen worden. Und nicht zuletzt: Wie hat die Brauerei ihre finanzielle Potenz im Hinblick auf künftige Marktinvestitionen eingeschätzt? Aus den Archivunterlagen lassen sich dazu keine eindeutigen Antworten ableiten.

Zieht man an dieser Stelle ein Zwischenfazit zu den Marketingaktivitäten auch im Verhältnis zu der sich entwickelnden Marketingtheorie, so lässt sich festhalten: Die Thier-Brauerei hat in dieser „Ausreifungsphase" das Marketing *instrumentell* ins Unternehmen eingeführt. Von der Werbung und Verkaufsförderung über die Produkt- und Preispolitik bis hin zu Anstrengungen in der Vertriebspolitik wurde eine ganze Reihe von Marketingaktivitäten geplant und durchgeführt, häufig auf der Basis von Marktforschungsergebnissen. Wichtige „Geburtshelfer" waren dabei Werbeagenturen, allen voran BBDO, sowie ergänzend Marktforschungsinstitute. Durch sie ist theoretisches und praktisch erprobtes Wissen vermittelt worden und traf hier auf die Fachkenntnisse von Mitarbeitern mit einem werbewirtschaftlichen und vertrieblichen Erfahrungshintergrund. Möglicherweise hat es zumindest zeitweise eine Ergänzung gegeben durch bereits theoretisch ausgebildete Marketingleute mit evtl. auch beruflichen Erfahrungen in anderen Unternehmen.

Die von den externen wie internen Fachleuten erbrachte Leistung ist umso höher einzuschätzen, als die wissenschaftlich orientierte Marketingtheorie in Lehre und Forschung in dieser Phase erst im Aufbau begriffen war. Wie im Abschnitt 2.4.5 dargestellt wurde, erschienen die ersten deutschsprachigen Marketing-Lehrbücher erst in den Jahren 1968 (Nieschlag/Dichtl/Hörschgen), 1972 (Hill) und 1973 (Bidlingmaier) sowie 1977 (Meffert). Auch sie waren zunächst sehr stark auf die Darstellung des absatzwirtschaftlichen Instrumentariums bzw. der Instrumente des Marketing-Mix ausgerichtet. In ihrer entscheidungsorientierten Anlage griffen sie – durchaus in unterschiedlicher Schwerpunktsetzung und Detaillierung – aber auch bereits die „marktorientierte Unternehmensführung" als Maxime auf und die damit verbundene Begriffsbildung des Marketings als „Führung des Unternehmens vorm Markt her". Darüber hinaus wurden die Zielbildungs- sowie die verschiedenen Management-Funktionen thematisiert und auch schon einige Beiträge zur Strategiebildung im Marketing vorgestellt. Bewertet man die letztgenannten Themenfelder für die Thier-Brauerei, so hat sich die im Unternehmensplanungskonzept von 1973 postulierte Marktorientierung in Form der zitierten Prinzipien und Leitlinien der Unternehmensführung niedergeschlagen (s. Abschnitt 3.5.2.8). Die Analyse der weiteren Entwicklung während der „Stagnationsphase" (= Fallstudie 4) wird zeigen, inwieweit diese Leitbilder auch tatsächlich handlungsorientierend waren und die damit verbundenen Ziele erreicht worden sind.

Ein detaillierter Vergleich der von der Thier-Brauerei in dieser Phase durchgeführten Marketingaktivitäten mit den anwendungsorientierten Erkenntnissen und Handlungsanweisungen der Marketingtheorie soll im Abschnitt 3.5.4 vorgenommen werden – insbesondere im Vergleich zum Konkurrenten Kronen-Brauerei.

### 3.5.3 *Fallstudie 3:* Die Marketingaktivitäten der *Dortmunder Kronen-Brauerei* in der „Ausreifungsphase"

### 3.5.3.1 Geschäftsentwicklung sowie strategische Überlegungen im Überblick

Für die Kronen-Brauerei verlief die Geschäftsentwicklung im Zeitraum zwischen 1965 und 1973 vergleichsweise wesentlich positiver und gleichmäßiger. Während der Wettbewerber Thier bereits seit Anfang der 60er Jahre eine sich abflachende Absatzkurve und seit der Mitte des Jahrzehnts größere Absatzeinbußen hinnehmen musste, konnte Kronen fast bis zum Ende der „Ausreifungsphase" Zuwächse verbuchen. Auch im Verhältnis zur Dortmunder Brauindustrie insgesamt verlief die Entwicklung günstiger: Während das VDB-Verbandsgebiet als Ganzes bereits in der Krise steckte – dokumentiert in fortgesetzten Absatzeinbrüchen zwischen 1965 und 1968 mit nur langsamer Erholung bis 1973 – konnte Kronen bis 1968 den Absatz zunächst stabil halten und in 1969 und 1970 ausweiten.[494] Besonders deutlich zeigen sich die Unterschiede für den Zeitraum von 1965 bis 1970, als der Bierausstoß im VDB-Verbandsgebiet als Ganzes im 5-Jahresvergleich unverändert war (- 0,27 %), während Kronen einen Zuwachs von 17,1 % für sich verbuchen konnte.[495]

Zu Beginn des neuen Jahrzehnts stagnierte der Ausstoß bei Kronen zunächst, in 1973 war er dann um 5,4 % rückläufig.[496] Das Unternehmen begründete diesen sich über die letzten 5 Jahre erstreckenden positiven Unterschied zum örtlichen Wettbewerb in der Profilierung seines Export-Bieres und „seiner spezifischen

---

[494] Vgl. die Abb. 3.1 im Abschnitt 3.2.2 sowie die Ausführungen im Abschnitt 3.5.1.

[495] Vgl. WWA, F 33 Nr. 4180: Das zukünftige Marktverhalten der Brauerei Kronenburg, Teil A: Die veränderte Wettbewerbssituation im Braugewerbe, Januar 1973, Tabelle 1: Die Biermarktentwicklung seit 1950, S. 2.

[496] Vgl. WWA, F 33 Nr. 1818, Bd. 2: Vorlage zu TOP 2 der 11. Sitzung des Beirates am 20. März 1974, S. 2 sowie.
Tab.: Sortenentwicklung, S. 3.

Exportbier-Präferenz".[497] Gemeint war damit die traditionell sehr starke Ausrichtung der Brauerei auf diese Biersorte, die auch im Vergleich mit den anderen
Dortmunder Brauereien noch etwas ausgeprägter war. Der Druck des Marktes,
insbesondere die wachsende Marktmacht der Konzernbrauereien, führte jedoch
bei den Verantwortlichen der Brauerei zu der Erkenntnis, dass sie ihr Sortiment
mit zusätzlichen eigenen attraktiven Marken erweitern müssten. Angesichts der
erheblichen Investitionssumme – veranschlagt wurden ca. 20 Mio. DM – und
des damit verbundenen Risikos hat die Brauerei Anfang der 1970er Jahre auch
alternative Vorstellungen dazu geprüft, und zwar in Richtung Ankauf bzw. Beteiligung an einer fremden Brauerei, Kooperationen, der Übernahme von Lizenzen
oder der Aufnahme von Handelsmarken – dies auch unter dem Druck, dass das
Exportbier gegenüber dem Pilsbier Marktanteile verlor und das Renommee der
Herkunftsbezeichnung „Dortmunder" bereits seit einer Reihe von Jahren litt.[498]

Nach einer Selbsteinschätzung der Kronen-Brauerei gehörte das Unternehmen
bis ein paar Jahre zuvor „der Größenordnung und dem Stand ihrer Markenprofilierung nach zu den führenden Unternehmen der Branche. Dank dieser Stellung
unter den 10 größten Brauereien Deutschlands und bis 1968 sogar als größte Privatbrauerei hatte sie zumindest in NRW Gewicht und Einfluß, was sie in die Lage
versetzte, selbst den Brauereien mit Spitzenausstoß ein ‚Patt' aufzuzwingen."[499]
Jedoch hatte die Brauerei erkannt, dass „[...] sie gegenüber den Konzernbrauereien deutlich an Marktgeltung verloren [hat]"[500] Die Konzernbrauereien würden
aus der Erfahrung ihrer Eigentümer (Oetker bzw. Reemtsma) als Markenartikelhersteller versuchen, nationale oder gar übernationale Geltung zu erlangen. Dies
geschehe im ersten Schritt über „die systematische und lückenlose Abdeckung
überregionaler Räume mit starken regionalen Marken der eigenen Konzerngrup-
pe" und habe zur Konsequenz, „daß die Nachdrücklichkeit des Vorgehens der
Konzernbrauereien nur noch wenig Spielraum für die eigene Verhaltensweise
läßt und somit die Entscheidungsautonomie einzelner Brauereien weitgehend
unterlaufen wird."[501]

---

[497] Ebenda.

[498] Vgl. WWA, F 33 Nr. 1817, Bd. 1: Das zukünftige Marktverhalten der Brauerei Kronenburg, Teil B: Grundlagen für die Erarbeitung einer Marketing-Konzeption für die Brauerei
Kronenburg, mit der den zukünftigen Gruppen-Konzepten begegnet werden kann, Januar
1973, S. 5 ff.

[499] Vgl. WWA, F 33 Nr. 4180: Das zukünftige Marktverhalten der Brauerei Kronenburg, Teil
A: Die veränderte Wettbewerbssituation im Braugewerbe, Januar 1973, S. 4.

[500] Ebenda, S. 17.

[501] Ebenda, S. 22.

Es ist erkennbar, dass die Verantwortlichen bzw. Mitarbeiter insbesondere in der Marketingabteilung der Kronen-Brauerei zu diesem Zeitpunkt bereits über ein grundlegendes Wissen über die Marktfaktoren und ihre Wirkungen im Brauereigewerbe verfügten. Sie sahen außerdem, dass für die Zukunft tiefgreifende Marketingentscheidungen in ihrem Unternehmen zu treffen waren. Inwieweit in den Jahren zuvor hier auch schon ein umfangreicherer Wissenstransfer durch Werbeagenturen, Marktforschungsinstitute und/oder Unternehmensberatungen bzw. eigene Marketingmitarbeiter mit einem Erfahrungshintergrund aus der Markenartikelindustrie geleistet wurde, geht aus den Archivunterlagen nur lückenhaft hervor. So hat es im Berichtszeitraum eine Zusammenarbeit mit der Werbeagentur Dr. Hegemann in Düsseldorf sowie den Marktforschungsinstituten IHRES, Düsseldorf sowie Oppermann, Bonn gegeben. Bei der Einführung eines neuen Vertriebssystems fand 1969 eine Begleitung durch die Kienbaum Unternehmensberatung, Dortmund/Gummersbach statt. Außerdem wurden 1971 Gespräche mit der Unternehmensberatung Roland Berger, München zur Entwicklung sowie Durchführung einer Marketingkonzeption geführt; zu einer Zusammenarbeit ist es aber allem Anschein nach zu diesem Zeitpunkt noch nicht gekommen. Die erste von der Brauerei selbst erstellte mittelfristige Marketing-Konzeption ist für das Jahr 1969 nachweisbar.[502]

Nach Abwägung verschiedener Alternativen, u. a. der Möglichkeit zur Umstellung auf eine einzelne Marke und dem Auftritt als Spezialbier-Brauerei (nach dem Vorbild der Premium-Pils-Brauereien) entschloss sich Kronen Anfang der 1970er Jahre dazu, als Sortimentsbrauerei weiter zu arbeiten und die bestehende Angebotspalette aus den Sorten Export, Pils, Urtyp und Alt weiter zu differenzieren, indem mit verschiedenen Marken in unterschiedlichen Preiskategorien verschiedene Verbraucherzielgruppen angesprochen werden sollten – einer Segmentierungsstrategie ganz nach dem Vorbild der DAB/Hansa-Gruppe.[503] Diese Strategie entsprach damit dem gestiegenen Differenzierungsbedürfnis der Verbraucher sowohl in vertikaler und damit preislicher Hinsicht als auch horizontal nach Sorten.[504]

Diese Überlegungen wurden insgesamt allerdings erst zu Beginn der 70er Jahre bei Kronen angestellt und in Marketingmaßnahmen umgesetzt. Aus diesem Grunde konzentrieren sich die nachfolgenden Beschreibungen in großen

---

[502] WWA, F 33 Nr. 1889: Skizzierung der mittelfristigen Marketing-Konzeption der BRAUEREI KRONENBURG, 7. Juli 1969.

[503] Siehe dazu die Ausführungen im Abschnitt 3.5.1.4 zur Preispolitik.

[504] Vgl. WWA, F 33 Nr. 4180: Das zukünftige Marktverhalten der Brauerei Kronenburg, Teil A: Die veränderte Wettbewerbssituation im Braugewerbe, Januar 1973, S. 6.

Teilen auf ein dreiteiliges Grundlagenkonzept aus dem Jahre 1973 sowie die daraus resultierenden unternehmerischen Entscheidungen. Im ersten Teil des Grundlagenkonzeptes wurde die veränderte Wettbewerbssituation zu Beginn der 1970er Jahre sowie ihre einschränkenden Wirkungen auf die künftigen Handlungsmöglichkeiten der Kronen-Brauerei beschrieben. Der zweite Teil enthält grundlegende Überlegungen für die Erarbeitung eines mittelfristigen Marketing-Konzepts. Nachdem in einer Klausurtagung beide Papiere diskutiert und durch die Ergebnisse einer Image-Analyse ergänzt wurden, folgte als dritter Teil ein Stufenplan für die künftige Marketingarbeit.

Dieser Stufenplan wurde im Herbst 1973 dem Beirat der Brauerei zur Zustimmung vorgelegt. Kernpunkte der Sitzungsvorlagen waren zum einen eine Änderung des Firmennamens, zum anderen eine neue Markenpolitik. Das erstgenannte Vorhaben wurde in der Entscheidung des Beirats zurückgestellt und erst 1977 realisiert; der zweiten Initiative stimmte der Beirat zu. Ziel der neuen Markenpolitik war die Profilierung des Gesamtsortiments zu jeweils eigenständigen Produktmarken. Neben der Produktmarkenpolitik schloss dies auch eine Sortimentsausweitung sowie die Einführung eines Niedrigpreisbieres ein.[505] Nach der Zustimmung des Beirates wurde die Konzeption ab 1974 umgesetzt.

Die zentralen Überlegungen aus den drei Teilen des Grundlagenkonzeptes sollen im Folgenden näher erläutert und soweit wie möglich, den einzelnen Instrumenten des Marketings zugeordnet werden. Darüber hinaus werden darin jeweils weitere Analysen und Marketingaktivitäten berücksichtigt.

### 3.5.3.2 Die Produktpolitik und Markenbildung

Der Imageverlust des Begriffes „Dortmunder" als Wertbegriff sowie die enge Verbindung zum Biertyp Export waren Ausgangspunkt für produktpolitische Überlegungen der Dortmunder Brauereien. Offenbar wurde die Notwendigkeit zur Neuorientierung durch die immer stärker werdende Substitution des Export- durch das Pilsbier. Das besondere Problem der Dortmunder Betriebe sah die Kronen-Brauerei darin, „daß der Verbraucher nicht bereit war, die auf dem Exportsektor als zweifelsfrei anerkannte Braukompetenz auch auf den Pilssektor zu übertragen. Dies gilt um so mehr, als fast alle Dortmunder Brauereien das Pilsbier zwar unter ihrer Dachmarke mitführten, es aber nicht von ihren Exportbieren mit den Mitteln der Markttechnik abhoben."[506] Kronen erkannte allerdings

---

[505] Vgl. WWA, F 33 Nr. 1817, Bd. 1: Ergebnis-Protokoll 8/73 über die Sitzung des Beirates vom 25.10.1973 sowie WWA, F 33 Nr. 2518: Vorlage zu TOP 6: Das zukünftige Marktverhalten der Brauerei Kronenburg.

[506] WWA, F 33 Nr. 4180: Das zukünftige Marktverhalten der Brauerei Kronenburg, Teil A: Die veränderte Wettbewerbssituation im Braugewerbe, Januar 1973, S. 39.

eine positive Tendenz darin, dass die Dortmunder Brauereien in der jüngeren Vergangenheit auf eine echte Markenpolitik eingeschwenkt seien. „Die auch gegenüber den Spezialpils-Brauereien außerordentlich hohen Pilszuwachsraten beweisen, daß die massierte Pils-Werbung einen Sinneswandel beim Verbraucher herbeigeführt hat, und heute wird in Dortmund bereits mehr Pils gebraut, als in jeder anderen europäischen Stadt."[507]

Die Kronen-Brauerei fühlte sich in besonderer Weise vom Imageverlust des „Dortmunder Export" betroffen, da es erstens in der Bundesrepublik eine ganze Reihe von Brauereien gleichen Namens gegeben habe und sie aus markenrechtlichen Gründen auf die Herkunftsangabe „Dortmunder" angewiesen sei und zweitens der Anteil des Exportbieres am Gesamtausstoß hier besonders hoch war. Im Rahmen einer Imagestudie beabsichtigte die Brauerei prüfen zu lassen, inwieweit es gelingen könne „sich von der für die Zukunft belastenden Herkunftsbezeichnung ‚Dortmund‘ zu befreien."[508]

Was die Sortimentskonzeptionen der Wettbewerber betraf, so bestanden die Bestrebungen der Konzernbrauereien darin, „überregional ein Einheitssortiment alkoholischer und nicht-alkoholischer Getränke aus Eigenproduktion anzubieten. Biermarken mit ausschließlich lokaler oder nur enger regionaler Bedeutung werden nur noch so lange mitgeführt, als sie noch gewisse Geltung haben, oder für den Bedarf des Billigbiermarktes benötigt werden. In der Periode des Übergangs zum Einheitssortiment neu aufgebauter Marken wird aus den vorhandenen Marken ein breitgefächertes Gruppensortiment in alkoholischen und nicht-alkoholischen Getränken zusammengestellt, das alle gängigen Getränkesorten in den gängigen Gebinden enthält."[509] Als Beispiele wurden die Bierangebotes der DUB in Form unterschiedlicher Stamm-Marken ihrer Beteiligungsbrauereien sowie die verschiedenen Marken mit einer hohen preislichen Flexibilität von DAB/Hansa genannt.[510] Und weiter heißt es: „Das breitgefächerte Marken-Sortiment macht die Konzern-Gruppe sowohl dem Fachhandel als auch dem Lebensmittelhandel gegenüber wettbewerbsstark und ermöglicht ihr ein flexibles Verhalten gegenüber Preis- und Sonderwünschen, ohne ihre etablierten Marken direkt zu gefährden. Aber auch ein langsames Absinken gut eingeführter Marken trifft die Gruppe weniger stark, weil sie durch zentral konzipierte neue

---

[507] Ebenda, S. 39 f.
[508] Ebenda, S. 41 f.
[509] Ebenda, S. 26.
[510] Vgl. ebenda, S. 26 f. Siehe auch die Ausführungen im Abschnitt 3.5.1.4.

Marken, die in der Regel zunächst als Premiumbiere herausgestellt werden, für Nachschub von oben sorgen können."[511]

Auf Basis dieser Analyse hat Kronen verschiedene Handlungsstrategien gedanklich geprüft:

- **Spezialbier-Brauerei:** Profilierung mit dem Angebot nur einer Sorte, wie z. B. Bitburger, König usw. und Konzentration auf eine gehobenen Konsum- oder gar Premiummarke. Diese Alternative wurde mit der Begründung verworfen, dass die Brauerei an die Herkunftsbezeichnung „Dortmunder" gebunden sei und somit keine Einzigartigkeit in der Marke besitzen würde.[512]
- **Sortiments-Brauerei:** Die Alternative, für die sich die Brauerei schließlich entschied, war das Angebot eines breiten Markensortiments. Das Ziel bestand darin, damit die gleichen Voraussetzungen und Möglichkeiten zu schaffen, um wie die Dortmunder Konzerne DUB und DAB eine Marktverdrängungspolitik zu betreiben. Neben einer sog. Sortimentsführermarke sollten mindestens 1 – 2 weitere starke Marken sowie ein vollständiges Sortiment von Spezialitäten-Marken der Sorten Malz, Alt, Kölsch, Weizen und Diät angeboten werden können. „Die Sortimentsführermarke sollte im jeweils gültigen Sortentrend liegen, hauptsächlich beworben werden und je nach Marktentwicklung durch eine andere Marke ersetzt werden."[513]

Die nächste Frage war, ob dieses Sortiment unter einer einheitlichen Dachmarke gebildet oder ob ein jeweils eigenständiges Marken-Sortiment aufgebaut werden sollte.

Für die Dachmarken-Konzeption z. B. als „Dortmunder Kronen" sprach, dass dies eine fast unbeschränkte Ausweitung und Anpassung des Sortiments auf alle Sorten- und Gebinde-Trends erlauben würde. Da sich aber mit dieser Dachmarke bisher sehr stark die Sorte „Export" verbinden würde und alle anderen Sorten eine nachrangige Rolle gespielt hätten, würde diese Konzeption für die Profilierung des bislang als Nebenprodukt geführten Sorte Pils nicht ausreichen. „Nur eine starke, von der Dachmarke ‚Export' sich deutlich abhebende Markenpolitik

---

[511] Ebenda, S. 27. (Herv. im Original).

[512] Vgl. WWA, F 33 Nr. 1817, Bd. 1: Das zukünftige Marktverhalten der Brauerei Kronenburg, Teil B: Grundlagen für die Erarbeitung einer Marketing-Konzeption für die Brauerei Kronenburg, mit der den zukünftigen Gruppen-Konzepten begegnet werden kann, Januar 1973, S. 2.

[513] Ebenda, S. 2 f.

kann in der Lage sein, eine eigenständige Produktpersönlichkeit ‚Pils' zu schaffen."[514] So fiel die Entscheidung bei Kronen zugunsten der Bildung separater Einzelmarken innerhalb des Sortiments.

Daran schlossen sich Überlegungen zur Differenzierung des Markensortiments an: Mit welchen Einzelmarken in welchen unterschiedlichen Preiskategorien sollten welche Verbrauchersegmente angesprochen werden? Es wurden folgende Klassifikationen und erste Bewertungen vorgenommen:

- **Premiummarke:** Bei immer kürzer werdenden Lebenszyklen sei es notwendig, „durch rechtzeitige Kreierung von hochangesiedelten Marken jeder Zeit in der Lage zu sein, absinkende Konsummarken hierdurch zu ersetzen."[515] Diese Marke sollte zunächst still, und zwar ohne großen werblichen Aufwand in den Markt eingeführt werden und erst mittel- bis langfristig zu einer starken Marke aufgebaut werden.
- **Gehobene Konsummarke:** Nach wie vor sollte dieser Sektor Hauptumsatzträger der Brauerei bleiben. Es sollte sich dabei um ein der Verbrauchernachfrage angepasstes Angebot handeln, das vorher im Premiumsektor angesiedelt war. Zum damaligen Zeitpunkt waren hier die Marken für den gehobenen Konsumbiermarkt „Dortmunder Kronen Export" sowie „Dortmunder Kronen Pils" angesiedelt. Dabei wurde vorgeschlagen, eine Preisdifferenzierung zwischen diesen beiden Marken „in engen Grenzen zu halten."[516]
- **Spezialitäten:** Als Beispiele wurden genannt: Malzbier, Diätbier, alkoholfreies Bier. Eine eigene Markenentwicklung würde sich dafür aber nicht lohnen. Über Lizenzverträge wurde bereits die Marke „Karamalz" vertrieben. Für Bockbier sollte jedoch eine eigene Markenidee entwickelt werden. Die Marke „Dortmunder Alt" würde im Moment keine Durchsetzungskraft besitzen.[517]
- **Niedrigpreisbiere:** Sie seien denkbar als einst besser gestellte Konsummarken bzw. als neue, für diesen Zweck entworfene markenlose Biere mit Phantasienamen. Die Notwendigkeit zum Angebot liege in der angestrebten differenzierten Preispolitik.[518]

Welche Konzepteile des Grundlagenpapiers der Marketingabteilung sind tatsächlich umgesetzt worden? Wie schon erwähnt, wurde die Umbenennung des

[514] Ebenda, S. 3.
[515] Ebenda, S. 8.
[516] Vgl. ebenda, S. 9.
[517] Vgl. ebenda, S. 10 f.
[518] Vgl. ebenda, S. 12 f.

Firmennamens Ende 1973 zunächst zurückgestellt. Der diesbezügliche Vorschlag der Marketingabteilung war, dass der bisherige Name der Brauerei „Heinr. Wenker Brauerei Kronenburg" dem umgangssprachlich schon gebräuchlichen Namen angepasst und künftig in „DORTMUNDER KRONEN (KG)" umbenannt werden sollte. Damit sollte nachvollzogen werden, „daß die ursprüngliche Produktkennzeichnung DORTMUNDER KRONEN sehr starken institutionellen Charakter bekommen hat und damit weniger Produkt- als Herstellermarke geworden ist."[519] Realisiert wurde die Umfirmierung und gleichzeitige Rechtsformänderung von der bisherigen Kommanditgesellschaft in eine GmbH & Co. schließlich erst 1977 mit Zustimmung des Beirates im Oktober 1976.[520] Die Abbildung 3.18 zeigt das alte und das neue Logo im Vergleich.

**Abbildung 3.18**   Kronen-Brauerei: Vergleich der Logos vor und nach der Umbenennung der Brauerei[521]

Zum Zeitpunkt der Empfehlung zur Umbenennung des Unternehmens und zum Wechsel von der Dachmarke zur Herstellermarke versprach man sich davon, ein Sortiment von verschiedenen Produktmarken nach dem Vorbild großer

---

[519] WWA, F 33 Nr. 4180: Kronen-Brauerei: Das zukünftige Marktverhalten der Brauerei Kronenburg, hier: Teil C: Stufenplan für das konkrete Marketing-Verhalten der Brauerei Kronenburg, Oktober 1973, S. 4.

[520] Vgl. WWA, F 33 Nr. 2522 Bd. 2: Vorlage zu Punkt 6 b der Tagesordnung für die 20. Sitzung des Beirates am 26. Okt. 1976.

[521] Quelle: WWA, F 33 verschiedene Dokumente: Kronen-Brauerei: altes Logo (bis 1976) und neues Logo (ab 1977).

Markenartikler aufbauen zu können.[522] In einem weiteren Schritt sollten dann alle neuen Produktmarken nach wie vor „klar und deutlich das Firmenzeichen (Krone mit ‚seit 1729') aufweisen, aber anstelle von DORTMUNDER KRONEN einen das Produkt besonders kennzeichnenden Namen führen. Die Herkunft, also DORTMUNDER KRONEN, wird dagegen an anderer Stelle wesentlich unauffälliger in Erscheinung treten."[523]

In der Produktpräsentation wurde dies in der Weise umgesetzt, dass z. B. der Schriftzug „Pilskrone" deutlich hervorgehoben wurde und die Beschriftung „Dortmunder Kronen" in kleiner Schrift (oberhalb von „Pilskrone") hinter dem Markennamen deutlich zurücktrat.[524]

Mit dem Markennamen **„Pilskrone"** wurde 1974 die bisherige Pilsstandardmarke „Dortmunder Kronen Pils" belegt, die bereits seit 1972 als neuer Sortimentsführer stark umworben wurde. Die „Pilskrone" bildete den Kern der neuen Markenpolitik.[525] Die Profilierung sollte außerdem durch neu geschaffene Exklusiv-Gläser unterstützt werden.[526]

Der Entscheidung, das Pilsbier in den Mittelpunkt der künftigen Marketingaktivitäten zu stellen sowie einen geeigneten (neuen) Markennamen dafür zu finden, lagen zwei marktpsychologische Untersuchungen zugrunde: In einer quantitativen Image-Studie wurde der Brauerei bescheinigt, dass „KRONEN von allen Dortmunder Marken am ehesten als Pilsanbieter infrage kommt".[527] Und noch etwas eindeutiger hieß es: „Unter den Dortmunder Marken ist Kronen die einzige, die als Pilsanbieter beim Verbraucher als glaubwürdig erlebt wird. Pils ordnet die Verbrauchergruppe Kronen fast ebenso häufig zu wie Export."[528] Es gab

---

[522] Vgl. WWA, F 33 Nr. 4180: Kronen-Brauerei: Das zukünftige Marktverhalten der Brauerei Kronenburg, hier: Teil C: Stufenplan für das konkrete Marketing-Verhalten der Brauerei Kronenburg, Oktober 1973, S. 5.

[523] Ebenda, S. 7.

[524] Zu einer Abbildung auf einem Bierglas vgl.: https://www.ebay-kleinanzeigen.de/s-anzeige/10-bierglaeser-dortmunder-pilskrone-und-1-dortmund-stiefelchen/1144120178-234-2162 (abgerufen am 27.3.2021).

[525] Vgl. WWA, F 33 Nr. 4180: Kronen-Brauerei: Das zukünftige Marktverhalten der Brauerei Kronenburg, hier: Teil C: Stufenplan für das konkrete Marketing-Verhalten der Brauerei Kronenburg, Oktober 1973, S. 22.

[526] Vgl. ebenda, S. 20.

[527] WWA, F 33 Nr. 4178: IHRES-Marketing Gesellschaft für Markt-, Motiv- und Werbeforschung mbH, Düsseldorf: Dortmunder Kronen im Konkurrenzvergleich und das Image des Dortmunder Bieres. Ergebnisse einer marktpsychologischen Untersuchung, August 1973, S. 5.

[528] Ebenda, S. 9.

in der Studie weitere Hinweise darauf, dass dem Unternehmen vom Verbraucher ein großer Goodwill entgegengebracht wurde. Alles in allem konnten diese Ergebnisse als Belege für die Fortsetzung der Vermarktungsbemühungen im Pilssegment gelten, möglicherweise auch unter dem alten Namen. Allerdings wies die Studie auch auf den trotzdem noch bestehenden Image-Unterschied zu den ausgesprochenen Pilsmarken der Brauereien Veltins, König, Krombacher, Bitburger und Warsteiner hin.

Im Hinblick auf die Namensfindung für das Pilsangebot wurden in zeitlich getrennten qualitativen Studien die Namensalternativen „Dortmunder Kronen Pils", „Pilskronen-Pils" sowie „Pilskrone", ergänzt um jeweils unterschiedliche Etikettierungsentwürfe, untersucht und die Ergebnisse miteinander verglichen.[529] Danach erhielt die Ausstattungslinie „Pilskrone" die stärkste Zustimmung der Befragten, da sich damit Vorstellungen von einer „besonderen Pilsqualität" (Pils-Blume, Krone, schöner Schaum) verbinden würden. Außerdem würde eine „Spontanvermutung in bezug auf den Produktabsender ‚Dortmunder Kronen-Brauerei'" ausgelöst, so dass man von einem „‚verdeckten'" Alleinstellungsanspruch" ausgehen könne.[530] In ergänzend erhobenen Eindrucksprofilen (semantische Differenziale) zeigten sich für „Pilskrone" über fast alle Kriterien (angefangen von „schmackhaft", „herzhaft", „würzig" bis hin zu „empfehlenswert") fast durchgängig eindeutige Vorteile gegenüber den Alternativbenennungen.[531]

Im Grundlagenkonzept von 1973 wurde allerdings angemerkt, dass die Umstellung in der Markenbenennung auch von den bisherigen Trinkern von „Dortmunder Kronen Pils" akzeptiert werden müsse; immerhin betrage der Pilsausstoß bis dato mehr als 300.00 hl pro Jahr,[532] was einem Anteil am Gesamtausstoß von etwa 27 % entsprach.[533] Auch in den Jahren zuvor hatte Kronen sein Pilsgeschäft schon stark steigern können: Ausgehend von rd. 92.600 hl im Jahre 1966 konnte der Ausstoß bis 1971 um beinahe das 3-fache auf 254.200 hl gesteigert werden; das entsprach einer durchschnittlichen Zuwachsrate von rd. 22,4 % p.a. und lag über dem entsprechenden Wert für das gesamte VDB-Gebiet

---

[529] Vgl. WWA, F 33 Nr. 4170: Marktpsychologische Beratungsgruppe Oppermann: Verarbeitungs-Analyse „Dortmunder Kronen Pilskrone", Bonn, März 1974.

[530] Vgl. ebenda, S. I sowie 16.

[531] Vgl. ebenda, S. 28 sowie 43.

[532] Vgl. WWA, F 33 Nr. 4180: Kronen-Brauerei: Das zukünftige Marktverhalten der Brauerei Kronenburg, hier: Teil C: Stufenplan für das konkrete Marketing-Verhalten der Brauerei Kronenburg, Oktober 1973, S. 25.

[533] 1973 betrug der Pilsausstoß rd. 313.000 hl = 26,6 % am Gesamtausstoß von 1,24 Mio. hl. Vgl. WWA, F 33 Nr. 1818, Bd. 2: Vorlage zu TOP 2 der 11. Sitzung des Beirates am 20. März 1974, Tab.: Sortenentwicklung, S. 3.

(17,2 % p.a.).[534] Die Aussicht auf ein weiteres erfolgreiches Pilsgeschäft schien
gegeben zu sein. Die Kronen-Marktforschung prognostizierte für 1975 einen
Pilsabsatz von rd. 460.000 hl und einen Anteil von 33 % am Gesamtausstoß.[535]
Dagegen wurde für die Sorte Export keine neue Markenbezeichnung entwickelt. Sie sei so eng mit der Traditionsmarke verbunden, dass sie zunächst unverändert als „**Dortmunder Kronen Export**" weitergeführt werden solle. Jedoch
wollte man künftig auf Werbemaßnahmen für dieses Produkt verzichten. „Ein im
Verbraucherbewußtsein inaktuelles und wegen eines stark gegenläufigen Trends
auch nicht aktualisierbares Produkt zu bewerben, ist jedoch aussichtslos."[536] Es
wurde aber in Aussicht gestellt, das Vermarktungskonzept zu überarbeiten, um die
Sorte bei den bestehenden Exportbiertrinkern zu aktualisieren. Anknüpfungspunkt
könne dabei die typische alte Dortmunder Brauweise sein.[537] Dabei hatte sich das
Exportgeschäft der Kronen-Brauerei lange Zeit noch positiv entwickelt: Noch bis
1970 gab es Zuwachsraten (1969: +7,1 %; 1970: +0,8) und einen Spitzenausstoß
von rd. 970.000 hl, so dass in der Marketingkonzeption von 1969 für die Zeit bis
1972 noch überlegt worden war, den „Spezialbiertyp EXPORT aufzuwerten" und
„mit großen Anstrengungen gegen den Trendstrom [zu] schwimmen." Und weiter heißt es: „Der Erfolg dieser Bemühungen ist fraglich. Es steckt allerdings die
Chance darin, sich in der Exportbiergruppe Dortmund eine exponierte Position
zu verschaffen, zumal wenn die Dortmunder Konkurrenz sich vom Typ DORT-
MUNDER abwenden sollte."[538] Es sollten damals Untersuchungen dazu folgen,
ob verbesserte Flaschenaufmachungen, neugestaltete Gläser u. a. erfolgversprechend sein könnten. Schließlich hat man aber doch in 1974 auch Werbung für
„Export" betrieben.

Als dann 1971 der Ausstoß um 1,9 % zurückging, verloren die Konkurrenten
im VDB-Gebiet bereits 6,0 % ihres Exportbierausstoßes.[539] Allerding brach 1972
und 1973 das Exportbiergeschäft auch bei Kronen ein: zunächst um knapp 6 %,
im Folgejahr um rd. 10 % auf nur noch rd. 805.000 hl. Nach wie vor war das

---

[534] Vgl. WWA, F 33 Nr. 1889: Kronen-Marktforschung: Prognose über den voraussichtlichen Bierausstoß, 26. Juli 1972, S. 9.

[535] Vgl. ebenda.

[536] WWA, F 33 Nr. 4180: Kronen-Brauerei: Das zukünftige Marktverhalten der Brauerei
Kronenburg, hier: Teil C: Stufenplan für das konkrete Marketing-Verhalten der Brauerei
Kronenburg, Oktober 1973, S. 26.

[537] Vgl. ebenda, S. 27 f.

[538] WWA, F 33 Nr. 1889: Skizzierung der mittelfristigen Marketing-Konzeption der
BRAUEREI KRONENBURG, 7. Juli 1969, S. 8.

[539] Vgl. WWA, F 33 Nr. 1889: Kronen-Marktforschung: Prognose über den voraussichtlichen Bierausstoß, 26. Juli 1972, Tabelle S. 8.

Exportbier aber mit einem Anteil von 68,5 % der Hauptumsatzträger.[540] Das ehrgeizige Ziel der Marketingexperten bei Kronen war, den Rückgang von „Export"
mittelfristig durch „Pilskrone" kompensieren zu können.[541]

In der vorerwähnten Marketingkonzeption aus dem Jahre 1969 wurde
auch darüber nachgedacht, „die Bezeichnung EXPORT durch eine attraktivere
Bezeichnung zu ersetzen unter strikter Beibehaltung der bisherigen Geschmacksrichtung."[542] Man könnte annehmen, dass dieses Ansinnen ursprünglich Pate
gestanden habe für eine neue Markenbezeichnung, die dann aber nachfolgend
für die Produktneuheit „Dortmunder Kronen Classic" verwendet worden ist.

Andererseits enthält die Marketingkonzeption von 1969 bereits das Bestreben
der Brauerei, einen Biertyp zu schaffen, „der in der Vorstellungswelt des Verbrauchers als Spezialbier noch nicht an einen bestimmten Kreis von Brauereien
gebunden ist und der dem allgemeinen Trend nach einem leichten bekömmlichen Bier entgegenkommt."[543] Einschränkend heißt es weiter dazu: „Bei der
schmalen Geschmacksskala, die das Reinheitsgebot, die Steuergesetze etc. zulassen, wird es schwierig sein, einen geschmacklich erkennbaren besonderen Typ
zu schaffen. Die Brauerei wird jedoch Versuche in dieser Richtung unternehmen. Eine reine Umbenennung eines bereits vorhandenen Typs hält sie für wenig
aussichtsreich."[544]

Entstanden ist daraus die Produktneuheit **„Dortmunder Kronen Classic"**,
die 1971 in den Markt eingeführt wurde, und zwar – nach dem Vorbild von
„Beck's Bier" – als sortenloses Bier. Das Ziel war, damit ein *hochwertiges Bier*
der obersten Preisklasse zu kreieren und damit Zugang zum Premiumbiermarkt
zu finden. Abgefüllt wurde „Classic" zunächst in der 0,33 l Einwegflasche, ab
1973 auch in der 0,35 l-Dose. Erst 1975 wurde die Flaschenabfüllung in der
0,33 l-Vichyflasche bzw. in der 0,5 l-Euroflasche sowie in 50 l-Fässern vorgenommen.[545] Auf Publikumswerbung hatte die Brauerei in dieser Phase verzichtet.
Die Argumentation war, dass „[...] der jetzige Ausstoß noch keine brauereiseitige

---

[540] Vgl. WWA, F 33 Nr. 1818, Bd. 2: Vorlage zu TOP 2 der 11. Sitzung des Beirates am 20.
März 1974, Tab.: Sortenentwicklung, S. 3.

[541] Vgl. WWA, F 33 Nr. 1019: (Formblätter mit dem Logo: Dortmunder Kronen), ohne Überschrift, Datum und Seitenangabe mit den Kapiteln I. Sortimentspolitik und II. Markenpolitik
(8. Blatt).

[542] WWA, F 33 Nr. 1889: Skizzierung der mittelfristigen Marketing-Konzeption der
BRAUEREI KRONENBURG, 7. Juli 1969, S. 5.

[543] Ebenda, S. 9.

[544] Ebenda.

[545] Vgl. WWA, F 33 Nr. 1818, Bd. 2: Vorlage zu TOP 5 der 15. Sitzung des Beirates am 20.
März 1975.

Aktivierung durch Werbung [erlaubt].“[546] Mit knapp 16.000 hl betrug 1973 der Anteil von „Dortmunder Kronen Classic“ am gesamten Ausstoß 1,3 %.[547]

Die konzeptionelle Gedankenführung für „Classic“ hat sich im Laufe der weiteren Jahre – angesichts der mäßigen Absatzzahlen und geringen Zuwachsraten – mehrfach gewandelt: vom zunächst sortenlosen Bier über ein hochwertiges Exportbier bis hin zum besonderen Pilsbier in den 1980er Jahren. Mitte der 1970er Jahre sollte es ein leichter eingebrautes Exportbier (mit etwas weniger Stammwürze) sein.[548] Die Namensgebung wurde damals folgendermaßen begründet: „Wegen der Tradition der DORTMUNDER KRONENBRAUEREI auf dem Exportbier-Sektor paßt gerade der Name CLASSIC zu einem EXPORTBIER von DORTMUNDER KRONEN. Dadurch erfährt EXPORTBIER von DORTMUNDER KRONEN eine präferenzmäßige Aufwertung.“[549] Gleichzeitig wurde 1975 der Vorschlag unterbreitet, die Produktion der in den 50er Jahre eingeführten Sorte **Urtyp** angesichts der rückläufigen und nur noch geringen Absatzzahlen einzustellen.[550]

Das übrige Produktprogramm war Mitte der 1970er Jahre mit jeweils weniger als 2 % am Gesamtausstoß beteiligt, z. T. war es auch neu eingeführt oder neu geordnet worden. So war im November 1973 das Produkt **„Diät-Krone“** auf den Markt gebracht worden. Bereits im Sommer 1973 waren die Malzbieraktivitäten über eine Lizenz von **„Karamalz“** neu konzipiert worden. Der Verkauf von **„Dortmunder Kronen Alt 1729“** hatte 1973 einen Zuwachs von knapp 10 % „ohne Medienwerbung allein durch den Einsatz des Außendienstes mit Schwerpunkt in der Gastronomie“.[551] Außerdem hatte die Brauerei die

---

[546] WWA, F 33 Nr. 4180: Kronen-Brauerei: Das zukünftige Marktverhalten der Brauerei Kronenburg, hier: Teil C: Stufenplan für das konkrete Marketing-Verhalten der Brauerei Kronenburg, Oktober 1973, S. 33.

[547] Vgl. WWA, F 33 Nr. 1818, Bd. 2: Vorlage zu TOP 2 der 11. Sitzung des Beirates am 20. März 1974, Tab.: Sortenentwicklung, S. 3.

[548] Vgl. WWA, F 33 Nr. 1019: Vorschlag für eine Exportbier-Strategie der nächsten Jahre, 31. Okt. 1974, S. 5. Darin wurde sogar die Vorstellung geäußert, „Classic“ könne kurzfristig „Export“ ersetzen. Ebenda, S. 4.

[549] WWA, F 33 Nr. 1818, Bd. 2: Vorlage zu TOP 5 der 15. Sitzung des Beirates am 20. März 1975, S. 1.

[550] Vgl. ebenda.

[551] Vgl. WWA, F 33 Nr. 1818, Bd. 2: Vorlage zu TOP 2 der 11. Sitzung des Beirates am 20. März 1974, S. 3.

Marke „**Steinbock**" im Programm als „stark eingebrautes" und „nur in kleinen Mengen" produziertes Bier.[552]

In einem ergänzenden Papier zur Sortiments- und Markenpolitik wurden die „Vorteile der neuen Markenpolitik" in sechs Punkten zusammengefasst:[553]

1. „Die Produkte (Marken) profilieren sich mit und ohne Werbung mit der Zeit selbst, auch gegenüber Produkten aus dem eigenen Haus.
2. Die Produkte (Marken) profitieren zwar von dem positiven Brauerei-Image, sind aber nicht so sehr von dem ebenfalls vorhandenen Image-Problem (Dortmund, Exporthersteller) abhängig.
3. Der Lebensweg einzelner Produkte (Marken) wirkt sich nicht so sehr auf andere Produkte (Marken) aus dem eigenen Hause aus.
4. Die den Produkten (Marken) mitgegebenen Brauerei-Präferenz erleichtert den Markteinstieg.
5. Ein übermäßiger Werbeaufwand (wie z. B. bei Waschmitteln) ist durch diese Markentechnik nicht notwendig.
6. Eine differenzierte Preispolitik wird in gewissen Grenzen möglich."

Im Anschluss daran heißt es: „Nachteilig ist demgegenüber, daß zukünftig für jedes einzelne Produkt (Marke) etwas getan werden muß (Werbung, Verkaufsförderung, spezielle Verkaufsaktivitäten usw.). Es genügt nicht mehr, nur noch DORTMUNDER KRONEN anzubieten, heute müssen PILSKRONE, DORTMUNDER KRONEN EXPORT, ALT 1729, CLASSIC, KARAMALZ, STEINBOCK und DIÄT-KRONE einzeln als besondere Produktleistungen (Produktpersönlichkeiten) von DORTMUNDER KRONEN angeboten und verkauft werden. Das erfordert neue Techniken und Verhaltensweisen."[554]

Bei den ergänzenden Erläuterungen wurden dann geplante Werbeaktivitäten für einzelne Marken angesprochen, und zwar nicht nur für „Pilskrone", sondern auch für „Karamalz" – sowie ausdrücklich auch für die Marke „Dortmunder Kronen Export",[555] wie im Abschnitt 3.5.3.4 detaillierter besprochen werden soll.

---

[552] WWA, F 33 Nr. 1019: (Formblätter mit dem Logo: Dortmunder Kronen), ohne Überschrift, Datum und Seitenangabe mit den Kapiteln I. Sortimentspolitik und II. Markenpolitik, 13. Blatt.

[553] Ebenda, 7. Blatt. (Herv. im Original).

[554] Ebenda. (Das Wort „verkauft" ist im Original in Sperrschrift gedruckt).

[555] Ebenda, Blätter 8 ff.

### 3.5.3.3 Die Marktforschung

Für diesen Berichtszeitraum sind einige Marktforschungsaktivitäten der Kronen-Brauerei nachweisbar, insbesondere auch im Zusammenhang mit den Initiativen zur Neugestaltung der Produktpolitik und Markenführung:

Zunächst wurden im Juli 1967 die Ergebnisse einer Studie der IHRES-Marketing GmbH präsentiert mit dem Titel: „Das Image der Marke Dortmunder Kronen und die Motivation des Kaufentscheids".[556] Hier wurde bereits herausgestellt, dass Pils- und Altbier im Vergleich zu Export einen stärkeren Zuwachs haben würden und dass mit zunehmender Konsumintensität auch die Ansprüche an ein Bier wachsen würden. Man erwarte mehr Genuss und „Charakter" im Bier. Damals wurde die Rolle des Raums Dortmund als das führende Bierherkunftsgebiet Deutschlands noch bestätigt. Der Verbraucher verband damit kräftige, stark-alkoholhaltige Bierqualitäten, die würzig und herzhaft im Geschmack seien. „Dortmunder Kronen" galt vor allem als Exportbier-Marke wie auch die Biere von DUB, DAB, Ritter und Thier. Dabei wurde positiv hervorgehoben: „Der Produktcharakter der Dortmunder Marken entspricht – erlebnismäßig – nicht mehr dem Produktumfeld von Dortmunder Bieren allgemein: Es ist eine Tendenz zum ‚bekömmlichen' Bier festzustellen, ein Aspekt, der bei den Assoziationen zum Herkunftsgebiet Dortmund kaum zum Tragen kommt. Speziell ‚Dortmunder Kronen' nimmt dabei insofern eine Sonderstellung ein, als man hier an eine besonders bekömmliche Bierqualität denkt."[557]

Die Studie unterstreicht außerdem das Bedürfnis der Verbraucher nach Markendifferenzierung und mahnt im Hinblick auf die Erfolgswirksamkeit von Werbung: „Der tatsächliche Kauf wird jedoch sehr stark durch die Distributionsdichte im Gastgewerbe und Einzelhandel beeinflußt, Werbung kann – auf die Dauer gesehen – nur auf der Basis einer guten Distribution zur Wirkung kommen."[558]

Darüber hinaus gab die Studie damals schon Hinweise für eine erfolgreiche Markenpolitik: „Eine Differenzierung in psychologischer Hinsicht besteht zwischen den einzelnen Marken lediglich in Ansätzen. Es ist zu erwarten, daß sich das Bierangebot in Zukunft in zwei Markenkreise gliedert: Einmal der Kreis der ‚normalen' Biermarken, die die psychologischen Grundmomente von Bier – männliche Aktivität und Vitalität – repräsentieren. Dazu gehört ein einfacher

---

[556] Vgl. WWA, F 33 Nr. 4161: IHRES-Marketing GmbH. Markt-, Motiv-, Werbeforschung, Düsseldorf: „Das Image der Marke ‚Dortmunder Kronen' und die Motivation des Kaufentscheids", Juli 1967.

[557] Ebenda, S. 11.

[558] Ebenda, S. 12.

Produktcharakter, eine eher würzig-starke Bierqualität. Die Marken DORTMUN-
DER UNION, DORTMUNDER ACTIEN tendieren zu diesem Markenkreis,
WICKÜLER bringt ein dynamisches Moment dazu. Der zweite Markenkreis hat
eine ‚modernere‘ Ausrichtung. Auch hier handelt es sich um ‚richtige‘ Biere, das
Moment der Bekömmlichkeit spielt jedoch eine besondere Rolle. Das Sozial-
niveau, in das dieser Markenkreis eingeordnet wird, ist breiter angelegt als
beim zuerst genannten. DORTMUNDER KRONEN könnten in diesem Markenkreis Profil gewinnen, da ihr psychologisches Umfeld bereits zum gegenwärtigen
Zeitpunkt in diese Richtung tendiert."[559] Die in dieser Studie geäußerte Grunder-
kenntnis wurde markentechnisch von der Kronen-Brauerei später auch tatsächlich
aufgegriffen.[560]

Eine weitere Marktforschungsarbeit befasste sich mit der Absatzprognose. Im
Anschluss an die Stagnation des Bierausstoßes bei der Kronen-Brauerei im Jahre
1971 (1,24 Mio. hl = +0,8 %) und des dabei erstmalig leicht rückläufigen
Exportbiergeschäfts (951.000 hl = - 1,9 %) wurde zeitnah im Juli 1972 von der
Kronen-Marktforschung eine „Prognose über den voraussichtlichen Bierausstoß"
erstellt. Die Ausarbeitung stellte zunächst für den Zeitraum von 1966 bis 1971 die
Gesamt-Marktentwicklung in der Bundesrepublik, in NRW, im Absatzgebiet des
VDB sowie für die Kronen-Brauerei im Vergleich dar. Im Kern war die Absatzentwicklung der Kronen-Brauerei positiver und gleichmäßiger verlaufen. Das
galt für den Ausstoß insgesamt wie auch für die Ergebnisse im Pils- sowie im
Exportbiergeschäft, wie im Abschnitt 3.5.3.2 zur Produktpolitik näher beschrieben wurde. Auf der Basis dieser Analysen wurden für die verschiedenen Sorten-
und Gebinde-Segmente Prognosen für das Geschäft im Jahre 1975 erstellt, weiterhin mit der Erwartung, dass sich die Kronen-Brauerei von den Dortmunder
Wettbewerbern sowie dem bundesdeutschen Gesamtmarkt positiv abheben könne,
dabei aber unterhalb der Entwicklung im Pils-getriebenen NRW-Markt liegen
würde.[561]

Wie im Zusammenhang mit der Markenbildung von „Pilskrone" bereits
erwähnt, wurde im Jahre 1973 eine marktpsychologische Untersuchung zum
Image der Kronen-Brauerei im Konkurrenzvergleich durchgeführt. Es handelte
sich dabei um eine Befragung von 410 Endverbrauchern; ergänzend wurden
30 Händler bzw. Bierverleger in einzelnen Intensivgesprächen anhand eines

---

[559] Ebenda.

[560] Siehe dazu Abschnitt 3.5.3.4 zur Werbung und Verkaufsförderung.

[561] Vgl. WWA, F 33 Nr. 1889: Kronen-Marktforschung: Prognose über den voraussichtlichen Bierausstoß, 26. Juli 1972.

teilstrukturierten Interviewleitfadens befragt.[562] Die Ergebnisse konnten Kronen in der Absicht bestärken, auf der Basis eines positiven Images und der Anerkennung der Braukompetenz auch für das Pilsbier seine – bisherigen erfolgreichen – Vermarktungsbemühungen in diesem Segment fortzusetzen.

Ergänzt wurde diese Studie durch die im März 1974 vorgelegten Ergebnisse zur Namensfindung des künftigen Pilsangebots. Mit zeitlichem Abstand wurden Intensivbefragungen von jeweils unterschiedlichen 30 Personen zu jeweils einer der drei Namensalternativen „Dortmunder Kronen Pils", „Pilskronen-Pils" sowie „Pilskrone", ergänzt um Etikettierungsentwürfe, durchgeführt. Der Vergleich der Ergebnisse ergab eine eindeutige Präferenz für die Markenbildung „Pilskrone". Mit Hilfe des Verfahrens des semantischen Differentials konnten die Unterschiede in den Eindrücken zu den drei Alternativen besonders anschaulich gemacht werden.[563]

Darüber hinaus gibt es in weiteren Unterlagen zu den Werbe- und Marketingmaßnahmen der Brauerei Hinweise auf zusätzliche, in den Archivmaterialien nicht gefundene, Erhebungen bzw. Studien, so z. B. auf einen Anzeigentest Ende der 60er Jahre[564] oder auf einen weiteren Aufmachungstest zur Neukonzeption der Pilsmarke Anfang der 70er Jahre.[565] Zur laufenden Marktbeobachtung hat die Brauerei in dieser Zeit auch schon Panel-Daten, z. B. des Attwood-Instituts, bezogen.[566] Außerdem wird in verschiedenen Konzepten zu Marketingstrategien auf interne Analysen der Kronen-Marktforschung Bezug genommen.[567]

Wie schon für die Thier-Brauerei berichtet, hat auch die Kronen-Marktforschung recht frühzeitig eine Konkurrenzbeobachtung betrieben. Auch

[562] WWA, F 33 Nr. 4178: IHRES-Marketing Gesellschaft für Markt-, Motiv- und Werbeforschung mbH, Düsseldorf: Dortmunder Kronen im Konkurrenzvergleich und das Image des Dortmunder Bieres. Ergebnisse einer marktpsychologischen Untersuchung, August 1973.

[563] Vgl. WWA, F 33 Nr. 4170: Marktpsychologische Beratungsgruppe Oppermann: Verarbeitungs-Analyse „Dortmunder Kronen Pilskrone", Bonn, März 1974.

[564] Vgl. WWA, F 33 Nr. 1889: Aktennotiz „Entwurf ,Werbekonzeption'" vom 5. Mai 1969, S. 1.

[565] Vgl. WWA, F 33 Nr. 1841, Bd. 2: Aktennotiz (ohne Überschrift) vom 8. Nov. 1973, S. 1.

[566] Vgl. interne Anmerkung zu einem Angebot von Roland Berger, München vom 22. Febr. 1971 sowie: WWA, F 33 Nr. 1889: Marketing-Etat 1973 vom 4. Okt. 1972, Gliederungspunkt 7: Marktforschung, S. 3

[567] Vgl. z. B. WWA, F 33 Nr. 2987, Bd. 1: Aufzeichnung von möglichen Marketingstrategien vom 10. Febr. 1971, S. 1. Hier heißt es z. B.: „Die Analyse der Marktforschung über die Veränderung der Sortenstruktur im Biermarkt zeigt eindeutig auf, daß ein starker Trend zum Bier Pilsener Brauart besteht."

hier waren regionale und überregionale Verbandsinformationen sowie Veröffentlichungen der Wettbewerbsbrauereien, darüber hinaus weiteres sekundärstatistisches Material die Grundlage für spezifische Analysen, z. B. zu den Werbeaktivitäten der Branche. Ferner gingen marktforscherische Erkenntnisse in Werbebriefings und Marketingkonzeptionen ein.

### 3.5.3.4 Die Werbung und Verkaufsförderung

Wie bereits im Abschnitt 3.5.1.2 aufgezeigt, hatte die Kronen-Brauerei 1965 mit der individuellen unternehmensspezifischen Verbraucherwerbung begonnen. Die Kronen-Brauerei gab in den Jahren von 1965 bis 1967 jeweils etwas mehr bzw. weniger als 300.000 DM für Verbraucherwerbung aus. Sie erhöhte den Etat allerdings im Jahre 1968 abrupt auf knapp 1,3 Mio. DM; 1970 waren es bereits rd. 1,9 Mio. DM und bis 1973 stiegen die Ausgaben für die Publikumswerbung auf etwas mehr als 3 Mio. DM. Das Unternehmen orientierte sich wie auch die anderen Dortmunder Brauereien an den in diesen Jahren stark wachsenden Werbeaktivitäten der Bierbranche insgesamt, wie sie aber insbesondere durch die Pilsbrauereien betrieben wurden.[568]

Gegenstand der Werbemaßnahmen im Verbraucherbereich war zunächst bis zum Ende der 60er Jahre eine allgemeine Image-Werbung für Dortmunder Kronen-Bier bzw. für die Marke „Dortmunder Kronen Export". Die Überlegung war dabei, die gute Position des Exportbieres nicht durch besondere Aktivitäten beim Pilsbier zu gefährden, auch wenn sich das Exportbiergeschäft in einem abnehmenden Markt befinden würde. Nur in Gebieten, in denen von der Marktsituation – z. B. ausreichender Distribution – her eine gewisse Erfolgsbasis für Pils gegeben sei, sollte Pils stärker umworben werden.[569] Anfang der 70er Jahre stand dann allerdings im Zuge der beschriebenen neuen Markenbildung die Werbung für „Dortmunder Kronen Pils" im Vordergrund bzw. ab 1974 für „Pilskrone".

Was die inhaltliche Ausrichtung der Kronen-Werbung betrifft, so gab es in etwa zeitgleich zu der im vorigen Kapitel erwähnten Image-Studie auch in der Expertise der Werbeagentur zur Werbekonzeption für das Jahr 1968 die Empfehlung, „werblich eine unverwechselbare, eigenständige Linie zu finden, die zu einer Alleinstellung im Sortiment anderer Biermarken führt. Der Werbeerfolg ist beeinträchtigt, wenn in den Anzeigen verschiedene Biermarken beliebig ausgewechselt werden können und keine klare Identifikation mit der Marke

---

[568] Vgl. die Ausführungen im Abschnitt 3.5.1.2.

[569] Vgl. WWA, F 33 Nr. 2987, Bd. 1: Aufzeichnung von möglichen Marketingstrategien vom 10. Febr. 1971, S. 2.

besteht."[570] So schlug die Werbeagentur vor, die bestehenden Assoziationen zur Marke „Dortmunder Kronen Bier", nämlich Sympathie, Kraft, Vitalität, Männlichkeit, Gemeinschaft, Geselligkeit, Aktivität und „Jugend", werblich zu verstärken.[571] Die Agentur setzte dieses Leitbild im Weiteren in verschiedenen Gestaltungsvorschlägen um.

Nach der Analyse von Kronen konzentrierten sich die Konzernbrauereien in der Werbepolitik auf eine oder zwei sortimentsführende Marken, die überregional beworben und preislich hoch angesiedelt wurden und der Zukunftssicherung dienten. „Auslaufende oder abgewirtschaftete Marken zehren von ihrer Bekanntheit und werden über ‚konsumfreudige Preise' angeboten, um über sie zu einer Auslastung aller vorhandenen Kapazitäten zu gelangen und somit zur Deckung der hohen Fixkosten einschließlich Werbekosten zu kommen. Um die beworbenen und der Zukunft dienenden Marken in allen Stützpunkten brauen zu können, dürfen diese weder einen Bezug auf eine Braustätte noch auf eine Herkunft haben (Prinz Pilsener). Damit entfällt bei den Brauerei-Gruppen das Interesse am Schutz von Herkunftsbezeichnungen, wie z. B. ‚Dortmunder'".[572]

Auch diese Erkenntnisse stützten die Entscheidung von Kronen, die Markenführung neu zu konzipieren und die werblichen Aktivitäten auf die Kernmarken auszurichten. Die Werbemaßnahmen konzentrierten sich Mitte der 1970er Jahre sehr stark auf die Marke „Pilskrone". Darüber hinaus besann man sich aber – entgegen zwischenzeitlicher Überlegungen – darauf, auch den schrumpfenden Exportbierverkauf werblich zu unterstützen. Und schließlich wurde die Einführung der Lizenzmarke „Karamalz" durch Werbemaßnahmen begleitet.[573]

Die Brauerei hat seit der zweiten Hälfte der 1960er Jahre das Pilsgeschäft sehr stark forciert und zu Beginn des neuen Jahrzehnts den Übergang im Markennamen von „Dortmunder Kronen Pils" zu **„Pilskrone"** werblich vorbereitet und gesteuert. Mit dem Anspruch „Wie die Krone – so das Pils" unter der Überschrift „Die Stunde der Pilskrone" sollte das Bier als hochwertige Spezial-Pilsmarke im Markt positioniert werden. Die Abbildung 3.19 zeigt den Werbeauftritt ab 1974:

Vorbereitet wurde dieser Schritt zwei Jahre zuvor durch werbliche Botschaften wie „Das Pils mit der Pilskrone" sowie „Die Pilskrone ist das sichtbare Zeichen für Qualität und Wohlgeschmack". Das Ziel war, dass sich der Wechsel

---

[570] WWA, F 33 Nr. 4160: „Werbekonzeption 1968 für Dortmunder Kronen"; erstellt von der Werbeagentur Dr. Hegemann GmbH; Düsseldorf, August 1967, S. 8 f.

[571] Vgl. ebenda, S. 11 f.

[572] WWA, F 33 Nr. 4180: Das zukünftige Marktverhalten der Brauerei Kronenburg, Teil A: Die veränderte Wettbewerbssituation im Braugewerbe, Januar 1973, S. 30.

[573] Vgl. WWA, F 33 Nr. 1019: (Formblätter mit dem Logo: Dortmunder Kronen), ohne Überschrift, Datum und Seitenangabe mit den Kapiteln I. Sortimentspolitik und II. Markenpolitik, Blätter 8 ff.

**Abbildung 3.19**
Kronen-Brauerei: Werbung
für die Marke
„Pilskrone"[574]

in den Augen der Verbraucher „als Vollendung eines organisch gewachsenen
Prozesses geradezu zwangsläufig"[575] ergeben sollte und „Pilskrone" als große
Marke erkannt werden sollte, die im Trend der Zeit liegen würde.[576] Die Her-
kunftsbezeichnung „Dortmunder Kronen" war noch vorhanden (oberhalb von
„Pilskrone"), trat aber hinter dem neuen Markennamen zurück.

---

[574] Quelle:     https://www.google.com/search?q=werbung+pilskrone&tbm=isch&ved=2ah
UKEwiNmtWeoeXvAhUFw7sIHbvMCboQ2-cCegQIABAA&oq=Werbung+Pilskrone&
gs_lcp=CgNpbWcQARgAMgQIIxAnUPY_WIxdYLJuaABwAHgAgAFoiAHwBpIBBD
EyLjGYAQCgAQGqAQtnd3Mtd2l6LWltZZ8ABAQ&sclient=img&ei=1QpqYM3bM
oWG7_UPu5mn0As&bih=910&biw=1704&client=firefox-b-d#imgrc=iaT3BQaiHktnSM&
imgdii=j-vlAX_eS_pfzM.
    (abgerufen am 4.4.2021).
[575] WWA, F 33 Nr. 1019: (Formblätter mit dem Logo: Dortmunder Kronen), ohne Überschrift, Datum und Seitenangabe mit den Kapiteln I. Sortimentspolitik und II. Markenpolitik,
9. Blatt.
[576] Vgl. ebenda.

Der Marke „**Dortmunder Kronen Export**" verdankte die Brauerei als „Träger einer großen Tradition" ihr historisches Ansehen. Mit dem neuen Slogan „Komm in die helle Runde" sollte diese Marke 1974 im Bewusstsein der Verbraucher wachgehalten werden. „Dortmunder Kronen Export" war damit die einzige Exportbiermarke in NRW, für die Werbung betrieben wurde.[577]

Mit der Werbeaussage „KARAMALZ lässt Taten folgen" sollte der Hinweis auf dem Etikett „mit vitalisierendem Traubenzucker" argumentativ unterstützt und die Einführung der Lizenzmarke „**Karamalz**" im Vertriebsgebiet der Kronen-Brauerei zum Erfolg geführt werden.[578]

So wurden für das Jahr 1974 erneut rd. 3,0 Mio. DM für den Bereich Media-Werbung vorgesehen. Anders als im Vorjahr wollte die Brauerei diesen Betrag jedoch nicht fast ausschließlich der Pils-Werbung, nämlich bis dahin der Marke „Dortmunder Kronen Pils", zugutekommen lassen. Für die Einführung von „Pilskrone" standen jetzt nur 1,8 Mio. DM zur Verfügung. Rd. 800.000 DM sollten für die Aktivierung der Marke „Dortmunder Kronen Export" eingesetzt werden.[579]

Ergänzend sah die Etatplanung für 1974 wie bereits für 1973 insgesamt 500.000 DM für Verkaufsförderung-Aktionen vor, davon 400.000 für Flaschenbier und 100.000 für Fassbier. Es habe sich in der Vergangenheit gezeigt, dass weniger die großen, breitstreuenden Aktionen besonders erfolgreich gewesen seien, sondern vielmehr die kleineren, den individuellen und regionalen Bedürfnissen entsprechenden Aktionen zielführend waren.[580] Ergänzt man die genannten Etatmittel für Werbung und Verkaufsförderung um die traditionellen Werbe- und Verkaufsförderungsmaßnahmen im Gastronomiebereich sowie die Marktforschungsaktivitäten (100.000 bzw. 120.000 DM), so hatte der gesamte Marketingetat für die Jahre 1973 und 1974 eine Größenordnung von jeweils rd. 7,75 Mio. DM.[581]

### 3.5.3.5 Die Preispolitik

Die Kronen-Brauerei hat 1969 im Rahmen einer mittelfristigen Marketing-Konzeption einleitend einige grundlegende Leitlinien zur Unternehmensführung

[577] Vgl. ebenda, 10. Blatt.
[578] Vgl. ebenda, 11. und 12. Blatt.
[579] Vgl. WWA, F 33 Nr. 4180: Kronen-Brauerei: Das zukünftige Marktverhalten der Brauerei Kronenburg, hier: Teil C: Stufenplan für das konkrete Marketing-Verhalten der Brauerei Kronenburg, Oktober 1973, S. 49.
[580] Vgl. ebenda, S. 50.
[581] Vgl. WWA, F 33 Nr. 1889: Marketing-Etat 1974, S. 1–5.

formuliert, die auch als Korrektur des in der Vergangenheit zwischen den Dortmunder Brauereien intensiv betriebenen Preiswettbewerbs verstanden werden können. Darin heißt es: „Nur gewinnbringender oder zumindest auf längere Sicht gewinn-versprechender Umsatz interessiert. Mehrumsatz, der durch Preiszugeständnisse erzielt wird, die das allgemeine Preisniveau beeinträchtigen oder zu einer Beeinträchtigung der allgemeinen Preise führen können, ist ohne Interesse. Das Preisniveau der Brauerei ist tunlichst stabil zu halten."[582]

Wie bereits in den Vorkapiteln dargestellt, konnte die Kronen-Brauerei ihre Bier-Marken zu einem vergleichsweise höheren Preis als ihre Dortmunder Mitbewerber anbieten, da ihren Bieren das höchste Qualitätsniveau zugesprochen wurde. Was die Preisgestaltung im Verhältnis von Pils- zu Exportbier angeht, so wurde auch Anfang der 70er Jahre „eine Graduierung in Form einer höherwertigen Anpreisung des Pilsbieres, wie es der Marktsituation entsprechen würde, bewußt vermieden, um die starke Marktposition des Exportbieres nicht zu gefährden!"[583]

Nach Einschätzung der Kronen-Brauerei aus der Wettbewerbsbeobachtung führte das breitgefächerte Markensortiment der Konzernbrauereien DUB und DAB zu größerer Flexibilität bei der Preisgestaltung, so dass auch über den Preis eine Marktverdrängung betrieben werden konnte. Die Konzernkonkurrenz „wird sich bei Großabnehmern, insbesondere gegenüber dem organisierten Lebensmittelhandel der Preisdifferenzierung in der Weise bedienen, daß sie aus dem breitgefächerten Sortiment Konsumbiermarken preisgünstig mit der Maßgabe abgibt, daß auch ihre teuren Spitzenmarken mitgeführt werden müssen (Angebotsbündelung)."[584] Zusätzlich konnten über gestaffelte Mengenboni Wettbewerbsvorteile genutzt werden. Im Gastronomie-Bereich wurde das Instrument der Preisdifferenzierung allerdings eher zurückhaltend angewandt. Man wollte hier den Bierpreis so hoch wie möglich halten.[585]

Die Imagestudie bestätigte, dass die Biere der Kronen-Brauerei auf dem angesiedelten Niveau der Preiskategorie B 1[586] die größte Glaubwürdigkeit besitzen

---

[582] WWA, F 33 Nr. 1889: Skizzierung der mittelfristigen Marketing-Konzeption der BRAUEREI KRONENBURG, 7. Juli 1969, S. 1.

[583] WWA, F 33 Nr. 2987, Bd. 1: Aufzeichnung von möglichen Marketingstrategien vom 10. Febr. 1971, S. 2.

[584] WWA, F 33 Nr. 4180: Das zukünftige Marktverhalten der Brauerei Kronenburg, Teil A: Die veränderte Wettbewerbssituation im Braugewerbe, Januar 1973, S. 28.

[585] Vgl. ebenda, S. 29.

[586] Vgl. die Kategorisierungen und Ausführungen im Abschnitt 3.5.1.4.

würden.[587] Mit einem Anteil von nur 9 % am Gesamtmarkt sei diese Preiskategorie jedoch sehr unergiebig. Sie werde von Preiskategorien eingeschlossen, die marktanteilsmäßig größer und zudem weitere Wachstumschancen aufweisen würden.

### 3.5.3.6 Die Absatzwege- und Vertriebspolitik

Der geografische Markt der Kronen-Brauerei stellte sich Ende der 1960er Jahre folgendermaßen dar:[588] 40 bis 50 % des Absatzes gingen in den engeren Dortmunder Raum (30 bis 40 km um den Brauereistandort[589]). Imageposition, Marktanteil und Distributionsgrad waren hier am höchsten. Mit zunehmender Entfernung von Dortmund sanken Absatz, Marktanteil, Distributions- und Bekanntheitsgrad sehr stark – auch im Vergleich zu den konkurrierenden Dortmunder Brauereien.[590] Außerdem setzte der Verbraucher außerhalb des Stadtgebiets Dortmunder Bier gleich mit dem Typ „Export".

Die Marketingabteilung der Brauerei stellte deshalb 1969 schon Überlegungen zur Ausweitung des Vertriebssystems an. Vorsichtig sprach man zunächst von der Überprüfung des bisherigen Vertriebssystems ausschließlich über den GFGH, indem „von Fall zu Fall [...] neue Vertriebswege, insbesondere im Flaschenbiersektor" eingeschlagen werden sollten. Konkret hieß dies „z. B. Einrichtung von Auslieferungslägern und Niederlagen, Belieferung von Filialunternehmen und den einschlägigen Organisationen des Einzelhandels."[591]

Eine wesentliche Grundlage dafür bildete zu diesem Zeitpunkt ein Projekt zur Neuausrichtung der Vertriebsorganisation, zunächst noch beschränkt auf den Außendienst im Gastronomiebereich. Die Unternehmensberatung Kienbaum war mit der Begleitung dieses Projektes beauftragt worden.[592] Das Ziel war,

---

[587] Vgl. WWA, F 33 Nr. 4180: Kronen-Brauerei: Das zukünftige Marktverhalten der Brauerei Kronenburg, hier: Teil C: Stufenplan für das konkrete Marketing-Verhalten der Brauerei Kronenburg, Oktober 1973, S. 14 unt Bezugnahme auf: WWA, F 33 Nr. 4161: IHRES-Marketing GmbH. Markt-, Motiv-, Werbeforschung, Düsseldorf: „Das Image der Marke ‚Dortmunder Kronen' und die Motivation des Kaufentscheids", Juli 1967.

[588] Vgl. WWA, F 33 Nr. 1889: Aktennotiz „Entwurf ‚Werbekonzeption'" vom 5. Mai 1969, S. 1.

[589] Vgl. WWA, F 33 Nr. 1889: Skizzierung der mittelfristigen Marketing-Konzeption der BRAUEREI KRONENBURG, 7. Juli 1969, S. 1.

[590] Vgl. ebenda.

[591] Ebenda, S. 2.

[592] Vgl. WWA, F 33 Nr. 1022: Kienbaum Unternehmensberatung: Einführung des zukünftigen Vertriebssystems, Fortschrittsbericht Nr. 1 vom 30. Sept. 1969.

den Vertrieb wendiger und schlagkräftiger zu machen. Im Einzelnen bedeutete dies dreierlei: 1. Besetzung der Planstellen durch qualifizierte Mitarbeiter und Intensivierung der Schulung. 2. Erarbeitung von Stellen- und Arbeitsplatzbeschreibungen, dabei klare Kompetenzabgrenzungen sowie Delegation von Verantwortung.[593] 3. Ausbau der Informations- und Steuerungsmittel, unterstützt durch die EDV. Die Neuorganisation sollte bis Ende 1972 abgeschlossen sein.[594] Außerdem spielte hier bereits der Servicegedanke eine Rolle, indem von der „Hebung des Kunden-Service" die Rede war. Dies bedeutete neben der Steigerung der Besuchshäufigkeit der Gastronomiebetriebe auch dass der Außendienst „über den Weg der Schulung noch stärker sich mit den Problemen der Gastronomie beschäftigt und dadurch in die Lage versetzt wird, der Kundschaft entsprechende Anregungen zu geben."[595] Kienbaum empfahl darüber hinaus bereits, eine kurz-, mittel- und langfristige Vertriebskonzeption zu entwickeln und diese in eine unternehmerische Gesamtkonzeption zu integrieren.[596]

Wie weit die vertriebsorganisatorische Umgestaltung tatsächlich Ende 1972 erfolgreich abgeschlossen werden konnte, lässt sich aus den gefundenen Archivunterlagen nicht ersehen. Allerdings war die vertriebspolitische Ausrichtung der Brauerei auch 1973 noch Gegenstand von Analysen der Marketingabteilung. So stammen die folgenden Ausführungen aus der Grundlagenkonzeption von 1973.

Wie bereits im Abschnitt 3.5.1.5 angesprochen, bestand für die Konzernbrauereien DUB und DAB im Geschäft mit dem Lebensmittelhandel sehr viel stärker als für ihre Konkurrenten die Möglichkeit, über ihre zum Konzern gehörenden Tochterbrauereien eine großzügige überregionale Abdeckung ihres Vertriebsgebietes zu gewährleisten. Dies traf auch das Interesse des organisierten Lebensmittelhandels nach einer unmittelbaren Belieferung durch *einen* Vertragspartner.

---

[593] Die Unternehmensberatung Kienbaum hatte dazu detaillierte Stellenbeschreibungen vorgenommen. Diese enthielten neben der Bezeichnung und dem Dienstrang des Stelleninhabers die genaue Beschreibung der Unter- und Überstellung, der Ziele der Stelle und der Stellvertretung sowie jeweils eine sehr detaillierte Beschreibung des Aufgabenbereichs, der Kompetenzen sowie des Entscheidungsrahmens. Vgl. WWA, F 33 Nr. 1022: Kienbaum Unternehmensberatung: Einführung des zukünftigen Vertriebssystems; verschiedene Stellenbeschreibungen, so z. B. für den Leiter der Hauptabteilung Verkauf Inland oder einen ihm unterstellten Leiter der Abteilung Verkaufsbereich ….

[594] Vgl. WWA, F 33 Nr. 1889: Skizzierung der mittelfristigen Marketing-Konzeption der BRAUEREI KRONENBURG, 7. Juli 1969, S. 2 f.

[595] Ebenda, S. 9.

[596] Vgl. WWA, F 33 Nr. 1022: Kienbaum Unternehmensberatung: Einführung des zukünftigen Vertriebssystems, Fortschrittsbericht Nr. 1 vom 30. Sept. 1969, S. 6.

Für die Vermarktungspolitik der Kronen-Brauerei hatte diese Entwicklung erhebliche Konsequenzen: Die Brauerei selbst sah darin die Gefahr, „in die Situation der nur beschränkten Reaktionsfähigkeit zu kommen. [...] Für die Brauerei Kronenburg setzt sich der Fachgroßhändler nur so lange ein, als die Brauerei ihm entweder über massierte Werbung und Verkaufsförderung ihr Sortiment vorverkauft (müheloses Verkaufen), oder ihm einen Anreiz, wie z. B. Gebietsausschließlichkeit, hohe Absatzsicherung durch Kundenfinanzierung, hohe Verkaufsspannen usw. gibt, die ihm andere Brauereien nicht zu geben bereit oder in der Lage sind."[597] Darüber hinaus wurde angemerkt, dass Kronen „[...] in vielen Fällen die verkäuferischen Fähigkeiten und organisatorischen Voraussetzungen, dem Wettbewerb eines straff geführten, trainierten und weisungsgebundenen Vertriebs zu begegnen [fehlen]"[598] würden. Als Konsequenz würde Kronen die Funktionen des Fachgroßhändlers, insbesondere Verkaufsförderung und Absatzsicherung, selbst übernehmen müssen. Damit würde sie aber den betriebswirtschaftlichen Vorteil des Vertriebsweges Fachgroßhändler in starkem Maße einbüßen.

Die Brauerei zog daraus für ihre künftige Vertriebspolitik folgende Schlussfolgerung: Die mangelnde Reaktionsfähigkeit auf die gezielten Angriffe des Wettbewerbs sowie die nur noch eingeschränkte Vertriebskostenentlastung als Folge der beschriebenen Funktionsverlagerung „zwingen die Brauerei Kronenburg, ihre einseitige Vertriebswegebindung zu überprüfen".[599] Denn: „Die Brauerei Kronenburg hat sich bisher im Flaschenbiersektor ausschließlich des Fachgroßhandels jeder Größenordnung bedient."[600] Über diesen Vertriebsweg ist bisher auch der organisierte und nicht organisierte Lebensmittelhandel beliefert worden.

Ferner wurde auch mit der Einführung von Einweggebinden (für „Classic") die Notwendigkeit verstärkt, den Vertrieb über den Lebensmittelhandel zu nutzen. Bereits 1970 hieß es in einem internen Vermerk der Marketingleitung: „Mit der Einführung des Einweggebindes kommen wir an dem unmittelbaren Kontakt zum organisierten Einzelhandel nicht vorbei. Seine Bedeutung wird über

---

[597] WWA, F 33 Nr. 4180: Das zukünftige Marktverhalten der Brauerei Kronenburg, Teil A: Die veränderte Wettbewerbssituation im Braugewerbe, Januar 1973, S. 33.

[598] Ebenda, S. 34.

[599] Ebenda, S. 35. (Herv. im Original).

[600] WWA, F 33 Nr. 4180: Das zukünftige Marktverhalten der Brauerei Kronenburg, Teil B: Grundlagen für die Erarbeitung einer Marketing-Konzeption für die Brauerei Kronenburg, mit der den zukünftigen Gruppen-Konzepten begegnet werden kann, Januar 1973, S. 15.

die Verbreitung des Einweggebindes beachtlich zunehmen."[601] Zudem ging aus Brauereisicht die Einflussnahme auf Werbemaßnahmen am Ort des Verkaufs bei diesem Kundenkreis nicht über den Verleger, sondern nur durch den unmittelbaren Kontakt zwischen der Brauerei und dem Lebensmittelunternehmen.[602]

Die Marketingabteilung der Kronen-Brauerei hatte dazu zukunftsgerichtete Vorstellungen entwickelt. Die Idee war, den jeweiligen Fachgroßhändler als dem bisherigen bewährten Geschäftspartner am Umsatzergebnis mit dem organisierten Lebensmittelhandel zu beteiligen. Dies könnte auf drei verschiedene Arten geschehen:[603]

- Die Brauerei könnte unmittelbar mit den Lebensmittelhandelsbetrieben Lieferverträge abschließen und die bislang liefernden Fachgroßhändler als *Spediteure* einsetzen.
- Die Brauerei könnte gemeinsam mit den Fachgroßhändlern eine *Vertriebsgesellschaft gründen*, die zentral den Verkauf an den organisierten Lebensmittelhandel übernehmen würde.
- Die Brauerei könnte selbst eine Vertriebsgesellschaft gründen, die unmittelbar Abschlüsse mit den Großunternehmen des Lebensmittelhandels tätigen würde. Der Fachgroßhändler würde dann insoweit eingeschaltet werden, als dass dieser für Speditionsleistungen ein *Roll- und Lagergeld* und für die Überlassung von bisher belieferten Geschäften eine *Vermittlungsprovision* erhalten würde (Agentur-Vertrag).

Ähnliche Probleme bedeuteten dies für den Vertriebsweg Gastronomie. Auch hier sah die Brauerei ihre Reaktionsfähigkeit eingeschränkt, indem die bestehenden langfristigen Lieferverträge nicht mehr verlängert oder „durchlöchert" würden, so dass die – bisher gewohnte – „Einschränkung des Wettbewerbs de facto nicht mehr existiert."[604]

Dabei konnte die Kronen-Brauerei wegen des bestehenden Größen- und Kräfteverhältnisses einerseits und wegen der Notwendigkeit, eine ausreichende Nachfrage zu gewährleisten, mit dem vollen Sortiment nur einen *regionalen*

---

[601] WWA, F 33 Nr. 1880, Bd. 2: Aktiennotiz: Belieferung des organisierten Lebensmittelhandels (Kettenunternehmen, Genossenschaften, Filialisten) vom 30. Nov. 1970, S. 1.

[602] Vgl. ebenda, S. 1 f.

[603] Vgl. ebenda, S. 2.

[604] WWA, F 33 Nr. 4180: Das zukünftige Marktverhalten der Brauerei Kronenburg, Teil A: Die veränderte Wettbewerbssituation im Braugewerbe, Januar 1973, S. 35.

Markt bearbeiten. Allerdings sah Kronen die Möglichkeit, mit einem gehobenen Konsumbier und evtl. auch mit einem zukünftigen Premiumbier *überregional* aufzutreten. Dafür wären zwei getrennte Vertriebswegekonzeptionen notwendig.

Die **regionale Vertriebswegekonzeption** sah eine Konzentration auf NRW – und zwar auf das Gesamtgebiet – vor, wobei dieses Absatzgebiet in drei Bereiche unterteilt werden sollte. Dabei war zwischen dem Verkauf von Faß- und Flaschenbier zu unterscheiden. Auch 1973 noch hatte sich die Kronen-Brauerei beim Flaschenbiergeschäft ausschließlich des Fachgroßhandels bedient. Dagegen waren die Konzerngruppen DUB und DAB auch hier wesentlich breiter aufgestellt. Die Distribution wurde hier über den GFGH, sonstigen Fachgroßhandel (z. B. Lekkerland, Hussel usw.), den organisierten Lebensmittelhandel, Filialisten, Verbraucher- und C & C-Märkte, Discounter, Trinkhallen, Gasstätten sowie den Heimdienst vorgenommen. Ein weiterer Vorteil der Brauerei-Gruppen bestand darin, dass sie über entsprechende Werbe- und Verkaufsförderungsmaßnahmen ihren Spitzenmarken eine breite Distribution sichern konnten, die den Fachgroßhändler ebenfalls dazu bewegen konnten, diese Marke mitzuführen. Im Grundlagenpapier wurde deshalb erneut die entscheidende Frage gestellt: „Ist die Brauerei Kronenburg bei dem zu erwartenden Gruppenvorgehen mit ihrer Konzeption des ausschließlichen Vertriebsweges über den Fachgroßhandel noch ausreichend reaktionsfähig gegenüber den Brauerei-Gruppen, oder ist sogar das Festhalten an dieser Konzeption die echte Anti-Konzeption?"[605]

Dabei war man sich bewusst, dass die Brauerei auf den Fachgroßhandel nicht verzichten könne. Es wurden deshalb erneut vertriebspolitische Überlegungen angestellt, z. B. zum Ankauf von bzw. zur Beteiligung an Bierverlagen mit dem Ziel, die Absatzsicherung aktiv zu betreiben. Diese Vorhaben würden jedoch wesentlich höhere Investitionen sowie ein ungleich größeres Risiko mit sich bringen.[606]

Nach wie vor hielt man aber am Konzept fest, den organisierten Lebensmittelhandel als leistungsfähigen und zukunftsorientierten Absatzmittel zumindest im regionalen Bereich in die Distribution einzubeziehen. Dabei wäre der Forderung besonders der Filialisten sowie Coop nachzukommen, nach der neben den Hauptmarken ein vollständiges Sortiment angeboten werden könnte, und das möglichst nur durch einen einzigen Lieferanten, d. h. Spediteur. Die Kronen-Brauerei habe aber zu diesem Zeitpunkt weder über ein so breites Sortiment verfügt noch

---

[605] WWA, F 33 Nr. 1817, Bd. 1: Das zukünftige Marktverhalten der Brauerei Kronenburg, Teil B: Grundlagen für die Erarbeitung einer Marketing-Konzeption für die Brauerei Kronenburg, mit der den zukünftigen Gruppen-Konzepten begegnet werden kann, Januar 1973, S. 15 f.

[606] Vgl. ebenda, S. 18.

von der Spedition her diese Voraussetzungen erfüllen können. Außerdem sei zu bedenken, dass das Engagement der Brauerei im Lebensmittelhandel vom mittleren und kleineren Fachgroßhandel kritisch beobachtet würde. Zunächst könnte aber die Belieferung des Lebensmittelhandels über Großverleger laufen, da diese bereits „ungeniert die Belieferung der Ketten, Filialisten etc. in der Strecken übernommen"[607] hätten. Später würden dann auch kleinere und mittlere Verleger zu kooperativen Vereinbarungen bereit sein. Grundsätzlich könne zu diesem Zeitpunkt ein „Ja" zum organisierten Lebensmittelhandel ausgesprochen werden, wenn dabei die Brauerei nicht unmittelbar als direkter Vertragspartner in Erscheinung treten würde.[608]

Einige Monate später war die Aussage zur Bedeutung des Lebensmittelhandels noch eindeutiger: „Für die BRAUEREI wird es eine existentielle Frage sein, ob es ihr gelingt, eine breite Distribution im modernen Lebensmitteleinhandel zu erreichen."[609] Dabei sollte jedoch am Prinzip der Brauerei festgehalten werden, den Lebensmittelhandel nur über den Großhandel zu bedienen. Ausnahmen galten für Verbrauchermärkte, die in einer Zentrale zusammengefasst waren; hier war die Bedienung – allerdings auch nur von *Einweg*ware – im direkten Geschäft denkbar.[610]

Zugleich galt es, die Geschäftsbeziehungen zur Gastronomie weiter zu pflegen. Dazu gehört es, die bestehenden Kunden im Gaststättengewerbe auf ihre Zukunftsträchtigkeit hin zu überprüfen und bei einem positiven Analyseergebnis als Kunden abzusichern, die Objekte zu modernisieren, die Ausschließlichkeit der Lieferbeziehung zu gewährleisten und die dortigen Führungsleistungen durch das Angebot von Schulungen und Beratungen zu optimieren. Bei neuen Absatzstätten sollten Standortanalysen durchgeführt werden, um sicherzustellen, dass nur zukunftsträchtige Objekte ein finanzielles Engagement erfahren. Dabei sollte auch ein besonderes Schwergewicht auf den Zugang zu nationalen bzw. internationalen Hotel- und Gastronomieketten gelegt werden. Ergänzend wurde angemerkt, dass dies bei Kronen qualifizierte Fachkräfte in einer organisatorisch richtigen Einstufung voraussetzen würde.[611]

---

[607] Ebenda, S. 21.
[608] Vgl. ebenda, S. 22.
[609] WWA, F 33 Nr. 4180: Kronen-Brauerei: Das zukünftige Marktverhalten der Brauerei Kronenburg, hier: Teil C: Stufenplan für das konkrete Marketing-Verhalten der Brauerei Kronenburg, Oktober 1973, S. 57.
[610] Vgl. ebenda, S. 58.
[611] Vgl. ebenda, S. 62.

Die **überregionale Vertriebskonzeption** ging davon aus, dass es allenfalls die Chance gäbe, sich mit *einer* Marke bundesweit zu behaupten. Da es eine von der Herkunft losgelöste Premiummarke evtl. erst in ein paar Jahren im Anschluss an die Durchsetzung im regionalen Raum geben könnte, würde es sich vorläufig nur um eine mit „Dortmunder" gekennzeichnete Marke handeln können, und zwar allenfalls als gehobene Konsummarke. Dies würde dann auch bedeuteten: „Ein ‚Dortmunder' Bier und damit auch DORTMUNDER KRONEN kann im überregionalen Versandgeschäft deswegen auf Sicht keine im Sinne einer Vollkostenrechnung kostentragenden Preise erwirtschaften."[612] Allerdings wurden für die Fortsetzung der Bemühungen im überregionalen Bereiche einige als gewichtig eingestufte Gründe angeführt:[613]

- Die überzeugendste Werbung für ein Bier sei seine Verbreitung bzw. Repräsentanz im überregionalen Bereich.
- Der Aufbau eines Premiumbieres würde auf mittlere Sicht eine überregionale Distribution verlangen.
- Ein sich Zurückziehen auf einen regionalen Markt mindere in erheblichem Maße die Reaktionsfähigkeit gegenüber dem Wettbewerb.
- Die zunehmende Freizeit insbesondere durch Urlaub sowie der Autotourismus brächte Millionen von Bierkonsumenten aus dem regionalen Hausmarkt in entferntere Feriengebiet.

Dabei könnte das Angebot von „Dortmunder Kronen" je nach regionalem Trend in den Sorten Pils oder Export bzw. Classic bestehen.

Was die Vertriebswege in diesem überregionalen Konzept anbelangte, so würde für das Fassbiergeschäft neben dem Fachgroßhandel auch regionale bzw. örtliche Brauereien als Vertriebspartner anzusprechen sein, insbesondere in Süd- und Südwestdeutschlands, aber auch in Teilen Niedersachsens. Beim Flaschenbier würde eine Belieferung von C & C- sowie Verbrauchermärkten und ähnlichen Handelsformen in Frage kommen. Allerdings würden Mehrweg-Gebinde das Leergut-Problem aufwerfen. Es wurde deshalb eine Präferenz für das Einwegprogramm geäußert.[614]

---

[612] WWA, F 33 Nr. 1817, Bd. 1: Das zukünftige Marktverhalten der Brauerei Kronenburg, Teil B: Grundlagen für die Erarbeitung einer Marketing-Konzeption für die Brauerei Kronenburg, mit der den zukünftigen Gruppen-Konzepten begegnet werden kann, Januar 1973, S. 28.

[613] Vgl. ebenda, S. 28 f.

[614] Vgl. ebenda, S. 30 f.

Diese Neuausrichtung in der Vertriebspolitik erforderte auch eine Neujustie-
rung der Vertriebsorganisation. So wurde die Einrichtung zweier unterschiedlicher
Sparten gefordert: eine auf den Vertrieb von Flaschenbier ausgerichtete Sparte
sowie eine auf den Vertreib von Fassbier spezialisierte Organisation. Die erstgenannte Vertriebsorganisation sollte sowohl den Getränke-Fachgroßhandel als
auch den Lebensmittelgroß- sowie -einzelhandel betreuen und diese nach festge-
legten Besuchsrhythmen unterschiedlich intensiv bearbeiten, je nachdem, ob es
sich um A-, B- oder C-Kunden handelte. Die zweitgenannte Vertriebsorganisation
sollte dementsprechend die Gastronomiebetriebe betreuen. Im Grundlagenkonzept wurde gefordert, dass die Maßnahmen zum Aufbau einer schlagkräftigen
Vertriebsorganisation für den Bereich Gastronomie bis zum 2. Januar 1974
durchgeführt sein sollten.[615]

Anhand der durchgesehenen Archivunterlagen lässt sich nicht abschätzen,
ob und inwieweit diese eher grundsätzlichen vertriebspolitischen Überlegungen
und vorsichtig formulierten Zielsetzungen in den nächsten Jahren zu weiteren Forschungsaufträgen, Strategiekonzepten und letztlich zu „handfesten" und
konkreten Umsetzungsentscheidungen geführt haben.

### 3.5.3.7 Die betriebs- und finanzwirtschaftliche Situation der Brauerei

Als damalige Kommanditgesellschaft war die Kronen-Brauerei nicht veröffentlichungspflichtig. Nach Berichterstattungen der Presse kann die finanzwirtschaftliche Situation Ende der 1960er Jahre aber als sehr zufriedenstellend bezeichnet
werden. In der ersten Pressekonferenz in der 236-jährigen Geschichte der Brauerei[616] wurde im Dezember 1968 von einem Absatzergebnis von 1,06 Mio. hl
berichtet. Bei dieser Gelegenheit konnten die Mitglieder der Geschäftsleitung auf
die Investitionen der beiden vergangenen Jahre hinweisen: rd. 12 Mio. DM in
1967, rd. 7,2 Mio. DM im laufenden Jahr. Diese Investitionen standen überwiegend im Zusammenhang mit der neuen Flaschenabfüllanlage im neuen Keller
mit einer Stundenleistung von 36.000 Flaschen. „Alle Investitionen konnten
aus Eigenmitteln bezahlt werden. Eine stolze Leistung!", hieß es in der Pressemeldung.[617] Grundlage dafür war ein Eigenkapitalanteil von 70 % an der

---

[615] Vgl. WWA, F 33 Nr. 4180: Kronen-Brauerei: Das zukünftige Marktverhalten der Brauerei Kronenburg, hier: Teil C: Stufenplan für das konkrete Marketing-Verhalten der Brauerei
Kronenburg, Oktober 1973, S. 67 ff.

[616] Vgl. o. V.: Klares Bekenntnis zum Markenbier, in: Die Welt vom 20.12.1968.

[617] O. V.: Kronen investierte ohne Kredite, in: Westfälische Rundschau vom 20.12.1968.

Bilanzsumme von 76 Mio. DM. Der Umsatz betrug im Kalenderjahr 1967 rd. 92 Mio. DM[618] und könnte 1968 die Marke von 100 Mio. DM erreichen.[619] In einem weiteren Presseartikel heißt es u. a.: „Langfristige Schulden bestehen nicht." Im Zusammenhang mit den vorgestellten Zahlen lautet der Text: „Daraus kann man schließen, daß die Brauerei auch zu den relativ gut verdienenden Betrieben unter den Großbrauereien zählt."[620] Die Geschäftsleitung erklärte darüber hinaus, dass in der Möglichkeit zur Eigenfinanzierung eine wesentliche Voraussetzung für die Kontinuität des Unternehmens bestehe würde.[621] Das Handelsblatt zitierte den Finanzchef des Unternehmens mit den Worten: „An einer sinnvollen Kooperation sind wir jederzeit interessiert, wir hegen aber keinerlei Fusionsabsichten." Eine Änderung der Gesellschaftsform sei „einstweilen" ebenfalls nicht beabsichtigt.[622]

Zur Unternehmensgruppe gehörten neben der Brauerei fünf Brauerei-Niederlagen, die Malzfabrik Dr. Oskar Brand, die Distrinutie P.V.B.A. in Leuven (Belgien) und die Hotelbetriebsgesellschaft, die in Wesel den „Kaiserhof" besaß. Ferner gehörte der Getränkegroßbetrieb Jakob Andernach KG in Bonn zur Kronen-Brauerei.[623]

Die positive finanzwirtschaftliche Situation bestand auch noch ausgangs der Ausreifungsphase, wie die im Abschnitt 3.3.2 vorgenommene Bilanzanalyse für das Jahr 1973 gezeigt hat.

### 3.5.3.8 Die Unternehmensführung, Organisation und Stellung des Marketings

In die Marktphase von 1965 bis 1973 fiel bei der Kronen-Brauerei auch ein personeller Neuanfang. Gleichzeitig gab es auch eine gewisse Verschiebung bei der eigentlichen Entscheidungsgewalt im Unternehmen. Bis 1970 wurde das Unternehmen von den beiden Brüdern Heinrich und Dr. jur. Günter Brand als Eigentümergeschäftsführer geleitet. Im Jahre 1971 folgte Dr. jur. Heinrich Brand seinem gleichnamigen Vater in der Unternehmensleitung. Gleichzeitig übergab Dr. Günter Brand die Geschäftsführung an seinen Schwiegersohn, Ass. jur. Hans-Joachim Wulf. Die beiden neuen Geschäftsführer hatten bereits einige Jahre

---

[618] Vgl. o. V.: NRW bleibt Absatzschwerpunkt, in: Westdeutsche Allgemeine vom 20.12.1968.

[619] O. V.: Dortmunder Kronenbrauerei hat sich behauptet, in: Handelsblatt vom 20.12.1968.

[620] Specks, Franz: Brauerei Kronenburg zufrieden, in: Rheinische Post vom 20.12.1968.

[621] Vgl. o. V.: Klares Bekenntnis zum Markenbier, in: Die Welt vom 20.12.1968.

[622] O. V.: Dortmunder Kronenbrauerei hat sich behauptet, in: Handelsblatt vom 20.12.1968.

[623] Vgl. o. V.: Kronen investierte ohne Kredite, in: Westfälische Rundschau vom 20.12.1968.

vorher Funktionen im Unternehmen wahrgenommen. Dr. Günter Brand übernahm fortan den Vorsitz im – neugegründeten[624] – Beirat des Unternehmens.[625] Das Organigramm von 1972 zeigt bereits die neue formale Unternehmensstruktur, wobei zwei weitere Personen außerhalb des Eigentümerkreises als *stellvertretende* Geschäftsführer aufgeführt sind. Aus den Archivunterlagen geht nicht hervor, ob die beiden letztgenannten Personen diese Funktion auch bereits vorher innehatten oder erst im Zusammenhang mit dem Generationswechsel berufen worden waren.

Wie das in der Abbildung 3.20 dargestellte Organigramm zeigt, verantwortete zu diesem Zeitpunkt einer der stellvertretenden Geschäftsführer den Geschäftsbereich II – den formal größten und am tiefsten gegliederten Geschäftsbereich. Dazu gehörten als Kernbereiche zum einen der „Verkauf Inland" mit fünf nachgeordneten Verkaufsbereichen und den Stabstellen „Verkaufsschulung" und „Zentralen", zum anderen das „Marketing" mit den nachgeordneten Linienabteilungen „Verkaufsförderung" und „Werbung" sowie den Stabsstellen „Marktforschung", „Öffentlichkeitsarbeit" und „Produktentwicklung". Ende 1973 ging dieser Geschäftsführer (vermutlich) in den Ruhestand, und der bisherige Leiter „Verkauf Inland" wurde sein Nachfolger und gleichzeitig Geschäftsleitungsmitglied.[626]

Was an diesem Organigramm außerdem deutlich zu erkennen ist: Die Funktionsbereiche Verkauf und Marketing waren zu diesem Zeitpunkt bereits unter einem gemeinsamen „Dach" zusammengeführt worden, so dass die Chance zu einer engen Abstimmung und Verzahnung der Entscheidungen in beiden Bereichen bestand. Ob dies in der Praxis tatsächlich so „gelebt" worden ist, lässt sich aus den Archivunterlagen allerdings nur schwerlich ergründen. Zudem hatte dieses Ressort bereits den Rang eines Geschäftsbereichs und war damit auf der obersten organisatorischen Ebene des Unternehmens angesiedelt.

Der 1971 gegründete und von Dr. Günter Brand geführte Beirat der Brauerei bestand aus fünf Personen, allesamt promoviert und – soweit nachvollziehbar – überwiegend Juristen sowie einem Naturwissenschaftler. Darunter war während seiner langjährigen Beiratsmitgliedschaft auch ein Vorstandsvorsitzender zweier bedeutender deutscher Industriekonzerne. Zu den Beiratssitzungen wurden die Geschäftsleitungsmitglieder der Brauerei zusätzlich eingeladen. Diese erläuterten in den Sitzungen die vorher verteilten Sitzungsvorlagen, z. B. zum Neugeschäft oder zu wesentlichen unternehmerischen Entscheidungen, etwa aus den

---

[624] Darauf lässt die fortlaufende Nummerierung der Beirats-Protokolle schließen. So enthält z. B. das Ergebnis-Protokoll zur Beiratssitzung vom 10.4.1972 die Nr. 3/72.

[625] Vgl. die Ausführungen im Abschnitt 3.3.1

[626] Das Beirats-Protokoll 9/73 zur Sitzung des Beirates am 29.11.1973 führt als Teilnehmer noch den bisherigen Leiter des Geschäftsbereichs II auf; das Beirats-Protokoll 10/74 zur Sitzung vom 24.1.1974 bereits seinen Nachfolger.

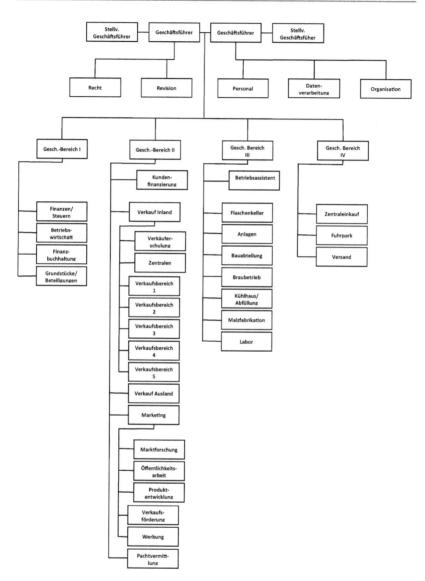

**Abbildung 3.20**   Kronen-Brauerei: Organigramm von 1972[627]

---

[627] Quelle: WWA, F 33 Nr. 1905: Kronen-Brauerei: Organigramm, gültig ab 15.8.1972.

Bereichen Unternehmens- und Investitionsplanung. Nach den Ergebnisprotokollen der Beiratssitzungen beriet dieses Gremium die Kronen-Geschäftsleitung in wichtigen Fragen der Unternehmensführung; es übte aber auch eine gewisse Kontrollfunktion und Entscheidungsgewalt aus.

### 3.5.3.9 Bilanz der Marktorientierung der Kronen-Brauerei in der „Ausreifungsphase"

Die Kronen-Brauerei hatte jahrzehntelang von ihrem ausgezeichneten Ruf als Qualitätsbier-Brauerei profitiert und mit der Marke „Dortmunder Kronen Export" eine starke Position im Markt gehalten. Bis zu Beginn der 1970er Jahre konnte sie – im Unterschied zur Gesamtheit der örtlichen Mitbewerber und im noch größeren Unterschied zur Thier-Brauerei – ein stetig wachsendes Neugeschäft realisieren. Erst 1973 war der Ausstoß um rd. 5 % rückläufig.

Parallel zu dieser insgesamt positiven Entwicklung fand bereits in der zweiten Hälfte der 1960er Jahre der Marketinggedanke Eingang ins Unternehmen. Damals wurden die Vermarktungsprobleme für diese Brauerei zwar noch nicht unmittelbar wirksam, aber die künftigen Probleme der Branche und besonders des Dortmunder Braugewerbes waren bereits zu erkennen. Hinzu kam die zunehmende Marktmacht der Konzernbrauereien. Seit 1965 hat die Kronen-Brauerei Publikumswerbung betrieben, die zunächst reine Bierwerbung war, in den Folgejahren aber immer stärker auf das Pilsbier ausgerichtet wurde. Die erste Marketingkonzeption ist zumindest für 1969 nachweisbar. Das Organigramm von 1972 weist bereits einen separaten Geschäftsbereich aus, in dem „Verkauf" sowie „Marketing" unter einheitlicher Führung auf der obersten Unternehmensebene zusammengefasst waren.

Als ein Erfolgsergebnis dieser Neuorientierung ist die enorme Steigerung des Pilsabsatzes zu sehen: Von 1966 an konnte der Verkauf von Pilsbier innerhalb von 5 Jahren um fast das 3-fache auf rd. 254.000 hl im Jahre 1971 gesteigert werden.[628] Mit dieser Zuwachsrate war die Brauerei erfolgreicher als die Dortmunder Brauereien insgesamt. Allerdings ging dieser Volumenszuwachs zum großen Teil auf Kosten des Exportbiergeschäfts und ist insofern überwiegend als ein Substitutionseffekt zu werten. Zudem betrug der Pils-Anteil am Gesamtausstoß immer noch erst 27 % und war damit nur halb so hoch wie bei der Thier-Brauerei mit damals 54 %. Die Abhängigkeit der Kronen-Brauerei vom Exportbier war zu diesem Zeitpunkt nach wie vor sehr hoch.

Insbesondere zu Beginn des neuen Jahrzehnts wurde eine ganze Reihe von produkt- und markenpolitischen Entscheidungen getroffen, womit Änderungen

---

[628] Vgl. die Ausführungen im Abschnitt 3.5.3.2.

bei der Markenführung eingeleitet wurden, die erst mittel- bis langfristig wirksam werden konnten. Einerseits wurden neue Marken auf den Biermarkt gebracht („Classic", „Diät-Krone") bzw. bestehende Marken umbenannt („Dortmunder Kronen Pils" in „Pilskrone") und andere Angebote entweder ins Programm („Karamalz") oder vom Markt („Urtyp") genommen. Andererseits wurden für den bisherigen Hauptumsatzträger die werblichen Aktivitäten zeitweilig zur Disposition gestellt („Export") bzw. Produktneueinführungen nicht werblich begleitet („Classic", „Diät-Krone").

Ob diese Entscheidungen überzeugende Lösungen für die Zukunft darstellen würden, war damals wohl auch für die Entscheidungsträger nicht ganz absehbar. Es gab zumindest zu Einzelentscheidungen vorsichtige Anmerkungen auch schon im Grundlagenkonzept. So wurde z. B. zur Namensgebung von „Classic" schon im Grundlagenkonzept von 1973 angemerkt: „Markentechnisch läßt sich DORTMUNDER KRONEN CLASSIC nur schwer in die für das übrige Sortiment geltende Konzeption einordnen, weil ‚Classic' für sich mehr ein beschreibendes Element ist und demzufolge unbedingt der Marke DORTMUNDER KRONEN zuzuordnen ist."[629] Möglicherweise ließe sich diese Anmerkung analog auch auf die gesamte relativ heterogene neue Markenführung übertragen. Das schließt die halbherzige Markenführung für „Export" ein.

Auch der mögliche Kontrast zwischen der Platzierung von „Classic" einerseits als *Premiumbier* und andererseits der *Abfüllung in der 0,33 l-Einwegflasche bzw. in der Dose* gerade in der Einführungsphase wurde in den Konzepten nicht weiter erläutert. Offensichtlich sollte damit das Handling am Point of Sale vereinfacht und Transportkosten gespart werden. Denn die Vorstellung des Marketingmanagements war, dass mit dieser Marke zwei Ziele gleichzeitig verfolgt werden könnten: Zum einen sollte damit die überregionale Marktpräsenz der Brauerei eingeleitet werden, zum anderen der Einstieg in das für notwendig gehaltene Geschäft mit dem organisierten Lebensmittelhandel erleichtert werden. Inwieweit dies in den nächsten Jahren gelang, soll in der Fallstudie 5 im Abschnitt 3.6 weiter analysiert werden.

In dieser „Ausreifungsphase" blieb auch die angestrebte zielgruppenspezifische bzw. preispolitische Differenzierung des neu gebildeten Markensortiments insgesamt unklar.

Diese neue Produkt- und Markenpolitik wurde selektiv unterstützt durch den massiven Einsatz von Verbraucherwerbung in den klassischen Medien. Mit

---

[629] WWA, F 33 Nr. 4180: Kronen-Brauerei: Das zukünftige Marktverhalten der Brauerei Kronenburg, hier: Teil C: Stufenplan für das konkrete Marketing-Verhalten der Brauerei Kronenburg, Oktober 1973, S. 33.

Werbeaufwendungen von bis zu 3,0 Mio. DM (jeweils 1972 und 1973) – hauptsächlich für Pils – nahm die Brauerei bezogen auf den hl-Ausstoß eine Spitzenposition ein.

Überhaupt waren 1973 die Überlegungen und Entscheidungen zu einer zukunftsgerichteten Vertriebspolitik, insbesondere im Hinblick auf die stärkere Erschließung des organisierten Lebensmittelhandels noch nicht abgeschlossen. Die Brauerei sah sich dabei in einer „Situation beschränkter Reaktionsfähigkeit" angesichts der Möglichkeiten der Konzernbrauereien zur überregionalen Präsenz einerseits und den gleichzeitig zu erwartenden bzw. bereits spürbaren Widerständen bei den traditionellen Geschäftspartnern des Getränkefachgroßhandels andererseits. Die Brauerei war sich zu diesem Zeitpunkt bewusst, dass der geschäftliche Erfolg auch sehr stark von der Präsenz und der Distributionsdichte in den Handelsorganisationen abhängig sein würde und dass Werbung nur auf der Grundlage eines dichten Distributionsnetzes wirksam werden könne. Darüber hinaus war auch die beabsichtigte Neugliederung des Außendienstes – getrennte Vertriebsorganisationen für den Flaschenbier- und den Fassbierverkauf – noch nicht abgeschlossen.

Sieht man sich an, auf welcher Grundlage diese Entscheidungen getroffen und Maßnahmen eingeleitet wurden, so lässt sich folgendes erkennen: Die Brauerei hat in der Zeit von 1965 bis 1973 mehrere marktforscherisch unterstützte Analysen durchgeführt sowie Werbe- und Marketingkonzepte erarbeitet. Sie hat dabei auch externe Hilfe durch Marktforschungsinstitute, Werbeagenturen und für die Neuausrichtung der Vertriebsorganisation auch einer Unternehmensberatungsgesellschaft in Anspruch genommen – dies allerdings durchweg einzelfallbezogen, d. h. dass für eine besondere Problemstellung eine besondere Analyse und ein besonderer Lösungsvorschlag erarbeitet wurden.

Dabei hat die Brauerei allem Anschein nach grundsätzlich aber vor allem auf die Kompetenz der eigenen Marketingfachleute gesetzt. Man kann annehmen, dass die Marketingabteilung damals schon eine starke Stellung im Unternehmen gehabt hat. Denn die eingeleitete Neuausrichtung in der Produkt- und Markenpolitik war einerseits grundlegender Natur und hatte weitreichende Konsequenzen, und sie wurde andererseits offensichtlich im Bewusstsein der eigenen Fähigkeiten und des eigenen Sachverstandes getroffen. Das dreiteilige Konzept für das „zukünftige Marktverhalten der Brauerei Kronenburg" hat hier im Vorfeld der Entscheidungen wichtige Erkenntnisse zur Marktsituation und zur weiteren Entwicklung des Biermarktes geliefert. Nach durchgeführter interner Klausurtagung und der Vorstellung im Beirat des Unternehmens stellte es offensichtlich die wichtigste Entscheidungsgrundlage für die künftige Ausrichtung des Marketings der Brauerei dar.

Die Marketingverantwortlichen haben dagegen in dieser Zeit nicht die Chance zu einer grundlegenden Analyse und Aufarbeitung der künftigen Herausforderungen *unter externer Begleitung* ergriffen. Gemeint ist damit das eingangs dieser Fallstudie[630] angesprochene Angebot der Unternehmensberatung Roland Berger vom Frühjahr 1971 zur Erstellung und begleitenden Umsetzung einer Marketingkonzeption. Die vorbereitenden Gespräche zu diesem Angebot wurden von der Marketingleitung geführt. Das Angebot von Roland Berger enthielt wesentliche Eckpunkte für die Entwicklung und Durchführung einer spezifischen Marketingkonzeption für die Kronen-Brauerei in vier Phasen, die sich grob zusammenfassen lassen als Phase 1: Analyse betriebsinterner und vorhandener Marktdaten und Entwicklung von Konzeptionshypothesen, Phase 2: Marktuntersuchungen, Phase 3: Erarbeitung der langfristigen Marketingkonzeption, Phase 4: Durchführung.[631] Die Ergebnisse hätten im Herbst 1971 –also zu einem relativ frühen Zeitpunkt der Neuorientierung – vorliegen können, so dass die Konzeption ab 1972 am Markt hätte realisiert werden können. Insgesamt vermittelt das Beratungskonzept auch in der weiteren Detaillierung den Eindruck einer strukturierten Vorgehensweise „aus einem Guss". Möglicherweise hat die Brauerei aber auch die mit rd. 150.000 DM veranschlagten Aufwendungen zu diesem Zeitpunkt gescheut.

Insgesamt ist jedoch anzuerkennen, dass die Kronen-Brauerei in dieser Phase das Marketing zum einen *instrumentell* ins Unternehmen eingeführt hat, indem sie die gesamte Palette des absatzwirtschaftlichen Instrumentariums für sich erschlossen und genutzt hat – angefangen von der Produkt- und Markenpolitik über die Verbraucherwerbung und Verkaufsförderung sowie der Aufstellung von Regeln für ihre Preispolitik bis hin zu vertriebspolitischen Maßnahmen insbesondere im Zusammenhang mit der beabsichtigten stärkeren Erschließung des organisierten und nicht organisierten Lebensmittelhandels. Zum anderen ist darüber hinaus aber auch bereits ein modernes Marketingverständnis erkennbar, das bereits Züge einer *Führungsfunktion im Unternehmen* aufweist. Das drückt sich formal in der Organisationsstruktur der Brauerei aus, in der dem Bereich „Verkauf und Marketing" spätestens seit Anfang der 70er Jahre ein Geschäftsleitungsrang zukam. Hier waren Marktforschung, Öffentlichkeitsarbeit, Produktentwicklung, Verkaufsförderung und Werbung unter einem „Dach" integriert, das zusammen mit den Verkaufsbereichen und -funktionen den größten und am tiefsten gegliederten Geschäftsbereich darstellte. Das zeigt sich zudem

---

[630] Siehe Abschnitt 3.5.3.1.

[631] Vgl. WWA, F 33 Nr. 2987: Brief mit Angebotscharakter von Roland Berger – International Marketing Consultants, München u. a. vom 22. Febr. 1971.

inhaltlich in der Bedeutung, die das Thema Marketing im Unternehmen hatte – dokumentiert in den umfangreichen Materialien und Entscheidungsergebnissen der Archivunterlagen.

Ähnlich wie bereits in der Fallstudie 2 für die Thier-Brauerei konstatiert wurde, ist auch für die Kronen-Brauerei anzuerkennen, dass die von den unternehmensinternen Marketingfachleuten wie auch den externen Dienstleistern und Beratern erbrachten Leistungen sich zu dieser Zeit primär auf Erfahrungen aus der Praxis gestützt haben, da die wissenschaftliche Marketingforschung in Deutschland sich allenfalls zeitgleich entwickelte.

Ein ins Einzelne gehender Vergleich zwischen den von der Kronen-Brauerei in der Ausreifungsphase kreierten und durchgeführten Marketingstrategien und -maßnahmen mit den ebenfalls innerhalb dieses Zeitrahmens von der Marketingtheorie entworfenen Konzepten und anwendungsorientierten Erkenntnissen und Handlungsempfehlungen soll im folgenden Abschnitt 3.5.4 vorgenommen werden. Dies soll auch in der direkten Gegenüberstellung der Brauereien Thier und Kronen geschehen.

## 3.5.4 Vergleich der Marketingmaßnahmen der Dortmunder Brauindustrie, insbesondere der Brauereien Thier und Kronen, mit den anwendungsorientierten Erkenntnissen und Handlungsempfehlungen der Marketingtheorie

Zweifellos haben Werbeagenturen, Marktforschungsinstitute, Marketing- und Unternehmensberater in dieser Zeit eine große Bedeutung für den Wissenstransfer in die Brauereien gehabt. Sie leisteten grundlegende Arbeiten bei der Entwicklung des Marketingverständnisses in den Unternehmen. Sie haben darüber hinaus dazu beigetragen, unternehmerische Entscheidungen vorzubereiten und abzusichern, indem sie Analysen erstellt, Werbekonzepte entworfen und realisiert und bei der Konzeption von Marketingstrategien und -maßnahmen Hilfestellungen geleistet haben. Dabei sind sie bei einzelnen Brauereien in ganz unterschiedlichem Ausmaße eingesetzt und beteiligt gewesen. Bei der Thier-Brauerei wurden sie relativ spät, dann aber sehr stark einbezogen und mit verschiedenen Aufgaben betraut – dabei für Werbeaufgaben zeitweise wohl auch bewusst in ein Konkurrenzverhältnis zueinander gesetzt. Als kurz- bis mittelfristige Erfolge ausblieben und die Absatzzahlen abrupt einbrachen (1972/73), wurden die Werbemaßnahmen „zusammengestrichen" und manche Zusammenarbeit aufgekündigt.

Die Kronen-Brauerei hat dagegen die grundlegenden Entscheidungen zur Neugestaltung der Sortimentspolitik und Markenführung weitgehend ohne fremde
Hilfe getroffen, sich dabei aber über einzelfallbezogene Analysen und Erhebungen abzusichern versucht. Sie hat in dieser Zeit die Zusammenarbeit mit einer
Werbeagentur sowie verschiedenen Marktforschungsinstituten gepflegt.

Auch bei den anderen Dortmunder Brauereien kann man davon ausgehen, dass
ihre Werbe- und Marketingaktivitäten im Einzelfall sicherlich mal mehr und mal
weniger nach „einer gründlichen Vorbereitung unter Beteiligung maßgebender
Institute"[632] durchgeführt worden sind. Am Beispiel der Hansa-Brauerei konnte
gezeigt werden, dass „das visuelle Firmenbild der Markenpolitik einer modernen,
überregional arbeitenden Großbrauerei angepaßt"[633] wurde. Zudem wurden die
Flaschenetiketten neu gestaltet sowie die Werbeaussagen auf allen Werbemitteln
vereinheitlicht. Insbesondere bei den Konzernbrauereien DUB und DAB ist auch
aufgrund ihrer Anbindung an große Markenartikelkonzerne (Reemtsma/Oetker)
eine Professionalisierung in der Marktbearbeitung eingeleitet und verstärkt worden, sicherlich auch unter Beteiligung externer Dienstleistungsunternehmen.[634]

Wie bereits im Abschnitt 3.4.4 zur „Expansionsphase" geschehen, sollen im
Folgenden auch für die „Ausreifungsphase" die von den Dortmunder Brauereien
praktizierten Marketingstrategien und Maßnahmen sowie die dabei berücksichtigten Einsichten mit den anwendungsorientierten Erkenntnissen und Handlungsempfehlungen der Marketingtheorie verglichen werden (s. Tabelle 3.18). Der
Vergleich soll sich hier insbesondere auf die beiden in den Fallstudien 2 und
3 im Fokus stehenden Brauereien Thier und Kronen konzentrieren. Hier werden die Unterschiede bei der Etablierung des Marketinggedankens und in der
Art und Weise, wie Marketing betrieben wurde, deutlich. Basis dafür ist die im
Abschnitt 2.4.6.11 als Zusammenfassung der Analyse der absatzwirtschaftlichen
Theorie erarbeitete Tabelle, die an dieser Stelle im rechten Teil um einen Vergleich mit den Aktivitäten der Dortmunder Betriebe erweitert worden ist. Auch
hier sei nochmals erwähnt, dass die nachfolgenden Eintragungen je nach Themenbereich auf unterschiedlichem Informationsgrad zur geübten Praxis in den
Brauereien basieren.

Die in der Tabelle vorgenommenen dichotomen Beurteilungen und ergänzenden Kurzbegründungen können für die verschiedenen Themengebiete folgendermaßen erläutert werden:

---

[632] WWA, S 7 Nr. 137: Dortmunder Hansa Brauerei AG, Geschäftsbericht 1969/70, S. 10.
Vgl. dazu auch die Ausführungen im Abschnitt 3.5.1.2.
[633] Ebenda.
[634] Vgl. die Erläuterungen im Abschnitt 3.3.3.

**Tabelle 3.18**  Vergleich der Marketingmaßnahmen der Dortmunder Brauindustrie, insbesondere der Brauereien Thier und Kronen mit den anwendungsorientierten Erkenntnissen und Handlungsempfehlungen der Marketingtheorie für die Zeit der „Ausreifungsphase" (1965–1973)[635]

| Themenbereich | Anwendungsorientiere Erkenntnisse/Handlungsanweisungen | Berücksichtigt von Thier (TH) bzw. Kronen (DK)? | | |
|---|---|---|---|---|
| | | TH | DK | Erläuterungen |
| „Modernes" statt „altes" Marketingkonzept | • Sehr viel stärkere Betonung der Marktorientierung als Leitbild für die gesamten Unternehmensaktivitäten<br>• Marketing = Führung des Unternehmens vom Markt her<br>• Marketing als Maxime, Gestaltungsaufgabe und systematische Entscheidungsfindung | nein | ja (tendenzi ell) | Bei TH noch *instrumentelles* Marketingverständnis.<br>Bei DK schon Züge einer *Führungsfunktion* im Unternehmen, zumindest „Dach" für Einzelfunktionen des Marketings. |
| Management-Funktionen: Planung, Organisation, Durchführung und Kontrolle | • Einbettung der Marketingplanung in die Gesamtplanung des Unternehmens<br>• Marketingplanung sowohl in langfristig-strategischer Ausrichtung als auch als kurzfristige-operationale Disposition | ja | ja | Marketingpläne waren in Untern.-planung eingebettet; kurz- und mittelfristig. |
| | • Schrittweiser Planungsverlauf mit Rückkopplungsprozessen | nein | nein | Kaum Hinweise auf Rückkopplungen nach Soll-/Ist-Vergleichen |
| | • Marketing-Organisation im funktionsorientierten Grundschema mit Modifizierungen nach Produkt-, Kundengruppen, Regionen, Märkten, ... | ? | ja | Bei TH unklare, vermutlich sich wandelnde Orga-Position. Bei DK funktionsorientieres Schema. |
| | • Marketing auf Geschäftsleitungs- oder auf Bereichs- bzw. Abt.-Leitungsebene? „Die ganze Organisation wird zu einer Marketing-Organisation"<br>• Integration des Vertriebsbereichs in den Marketingbereich? | nein<br><br><br><br><br><br>nein | ja<br><br><br><br><br><br>ja (tendenzi ell) | Bei TH sind Marketingfunktionen dem Vertrieb angehängt. Bei DK ist „Vertrieb-/Marketing" selbstständiger Gesch.-Bereich.<br>Bei TH umgekehrt. Bei DK gleichberechtigt. |

(Fortsetzung)

---

[635] Eigene Darstellung.

**Tabelle 3.18**  (Fortsetzung)

| | | | | |
|---|---|---|---|---|
| Informations-grundlagen von Marketing-entscheidungen: Marktforschung | • Informationen haben zentrale Funktion im Marketingprozess: Basis für Zielbildung, Entwicklung von Marketingstrategien/-maßnahmen und Kontrolle | nein | nein | Informationen hatten i.d.R. nur ergänzende, absichernde Funktion |
| | • Marktforschung: Aufgaben, Formen, Methoden und Techniken | ja | Ja | Primär einzelfall-bezogen eingesetzt. Jedoch: Bezug von Panel-Daten. |
| | • Verhaltenstheoretische Grund-lagen des Käuferverhaltens | nein | nein | Nur in sehr allg. Form, z.T. in Mafo-Ergebnissen enthalten. |
| | • Informationsarten: Daten zur Umwelt (z.B. Absatzmarkt), zum Einsatz der Marketing-Instrumente (z.B. Wirkungen preispol. Maßnahmen; Lebenszyklus-Analysen) und zum Unternehmen (z.B. Absatzerfolg) | ja, zum Teil | ja, zum Teil | Mit Schwerpunkt zum Absatzmarkt; kaum zu den Wirkungen von Maßnahmen und zum Absatzerfolg. |
| Zielbildungs-prozess | • Entscheidungen über die grundlegende strategische Ausrichtung: allgemeine Unternehmenspolitik, langfristige Ziele und Dimensionen (Gewinne, Marktanteile, Image) | ja, zum Teil | ja, zum Teil | Bei TH „Leitlinien zur Untern.-konzeption" (1973). Bei DK „Grundlagen für die Erarbeitung einer Marketing-Konzeption" (1973). |
| | • Entwicklung einer „eigenen Vision" von künftiger Marktbedeutung | ja | ja | s.o. |
| | • Ableitung konkreter strategischer u. taktischer Marketingziele; dabei Berücksichtigung interner Begrenzungen bei Produktion, Finanzen, Personal, ... | ja | ja | s.o. |
| | • Zielgrößen: Absatz, Umsatz, Marktanteile, Gewinne/ Deckungsbeiträge für einzelne Produktgruppen, Regionen, Kundengruppen (Management by Objectives) | ja | ja | s.o. |
| | • Zieldelegation = Verantwortungsdelegation (Managen v. Managern) | nein | nein | Noch Planung ohne Kontrolle. |

(Fortsetzung)

**Tabelle 3.18**  (Fortsetzung)

| | | | | |
|---|---|---|---|---|
| Entwicklung von Marketing-strategien | • Entwicklung langfristiger Handlungsmaximen u. Basisentscheidungen:<br>- Produkte: Breite und Tiefe des Programms, Qualitätsniveau<br>- Preis: hoch-, mittel- oder niedrigpreisig; aktive vs. passive Politik<br>- Werbung: Image- vs. Produkt-W.; Ausmaß u. Intensität der W.<br>- Vertrieb: Auswahl v. Kanälen/Organen; Verhältnis zum Handel | ja, zum Teil | ja, zum Teil | Bei TH „Leitlinien zur Untern.-konzeption" (1973).<br>Bei DK „Grundlagen für die Erarbeitung einer Marketing-Konzeption" (1973). |
| | • Spezifizierung/Anpassung an besondere Situation in Kurzfristplanung; Harmonisierung der Einzelpläne | ? | ? | Nicht feststellbar (Planung ohne Kontrolle). |
| | • Nutzung von Strategiekonzepten, z.B.:<br>- Produkt-Markt-Matrix (Ansoff) mit den Strategiealternativen:<br>➢ Marktdurchdringung<br>➢ Marktentwicklung<br>➢ Produktentwicklung<br>➢ Diversifikation<br>- Segmentierung mit den Strategiealternativen:<br>➢ Konzentrierte Strategie<br>➢ Differenzierte Strategie | ja, zum gerin-gen Teil | ja, z.T. | Konzepte waren vermutlich noch unbekannt. Aber Ansätze vorhanden: TH hat höhere Marktanteile angestrebt und eine Produkt-/Markt-entwicklung eingeleitet. DK hat noch stärker Produkt-/Markt-entwicklung betrieben. |
| Instrumente des Marketing-Mix:<br>- Produkt-politik | • Produktpolitische Entscheidungen betreffen:<br>- Produktinnovationen<br>- Produktvariationen<br>- Produktelimination | ja, zum gerin-gen Teil | ja | Bei TH keine eigenen neuen Produkte (Idee „Sondersorte" wurde nicht weiter verfolgt), aber „Vitamalz" ins Programm genommen. Bei DK Produkt-Innovationen; sehr intensive Produktpolitik und Markenbildung. |
| | • Produktinnovation als mehrstufiger Prozess: Suche nach Produktideen, Analyse und Auswahl, Produktentwicklung, Testmarkt, Entwicklung eines Marketingkonzeptes, Erfolgskontrolle (Anwendung versch. Bewertungs- und Testverfahren) | nein | nein | Nur vereinzelte Mafo-Untersuchungen; kein systematisches Such- u. Testverfahren. |

(Fortsetzung)

**Tabelle 3.18**  (Fortsetzung)

| | | | | |
|---|---|---|---|---|
| | • Fixierungen im Marketing-konzept: Zielgruppen, besondere Produkteigen-schaften und Werbe-/Verkaufs-argumente, Produkt-/Marken-namen, Absatzkanäle, Preisgestaltung, Werbestil, -träger, -mittel, Intensität der Einführungs-werbung, besondere Einführungsaktionen | nein | ja | Bei DK insbes. für Produkt-Neueinfüh-rungen „Classic" u. „Pilskrone" beschrieben. Vorher: grundlegende Überlegungen zur Diffe-renzierung des Marken-sortiments. |
| | • Markenpolitik: Markennamen können sich darstellen als:<br>-  Herstellername/Dach-marke<br>-  Produktgruppen-Familienname<br>-  Individueller Name für einzelne Marke | ja, zum Teil | ja | Bei TH Variationen des Markennamens sowie der Ausstattung. Bei DK einerseits: Wechsel von Dachmarke zur Herstellermarke, andererseits: Einzelmarken. |
| -  Preis-politik | • Preissenkungen führen nicht unbedingt zu steigendem Absatz, da der Preis oft als Qualitätsmaßstab angesehen wird | nein | nein | Grundsätzlich (spät) als Problem erkannt. Dennoch wurde Preiswettbewerb fort-gesetzt wegen der Überkapazitäten, auch unter dem Druck der wachsenden Markt-macht des organisierten Lebensmittelhandels. |
| | • Preissenkungen sind relativ schwer rückgängig zu machen | nein | nein | |
| | • Im Angebotsoligopol kann eine aggressive Preispolitik eines einzelnen Anbieters in einen ruinösen Preiskampf führen | nein | nein | |
| | • Alternative Vorgehensweisen: geringfügige (kosteninduzierte) Preisänderungen im Gleichklang | ja | ja | War in Einzelsituationen erfolgreich, z.B. nach dem Preiseinbruch nach MWSt-Einführung. |
| | • Rabattpolitik als Teil der Preispolitik: Je größer die Verbreitung der Rabatt-gewährung ist, desto mehr wird der Rabatt zum Bestandteil der Preisstellung | nein | nein | Grundsätzlich (spät) als Problem erkannt. Dennoch gelang keine (gemeinschaftliche) Neuausrichtung. |
| | • Absatzkreditpolitik als Teil der Preispolitik für Brauereien: Sicherung des Absatzes über die Bindung von Gaststätten | ja | ja | War sehr wichtig. |

(Fortsetzung)

**Tabelle 3.18**   (Fortsetzung)

| | | | | |
|---|---|---|---|---|
| -  Distri-butions-politik | ● Grundlegende Entscheidung zwischen direktem und indirektem Absatzweg: ohne vs. mit Zwischenschaltung des Handels | ja | ja | Wurde sowohl als auch praktiziert |
| | ● Groß- u. Einzelhandel als wichtige Sortimentsbildner | ja | ja | GFGH, EH und Vertragsgaststätten waren wichtige Vertriebskanäle. |
| | ● Zunehmende Bedeutung von Freiwilligen Ketten, Einkaufsgenossenschaften u. Filialunternehmen | ja | ja | Konzernbrauereien waren schneller, TH + DK zögerlicher. |
| | ● Dadurch: wachsende Nachfragemacht des Handels: Druck auf Preise, Konditionen, Lieferbedingungen der Hersteller | ja | ja | Als Problem erkannt. Schwierigkeit, sich des Drucks zu erwehren. |
| | ● Steuerungsinstrument der Hersteller: Kombination von „Pull-Methode" und „Push-Methode" im Marketing | ja | ja | Bei den Konzern-brauereien schon stärker ausgeprägt, bei TH + DK *weniger* „Push-Marketing" |
| | ● Gaststätten als wichtige Absatzorgane für stetigen Bierabsatz | ja | ja | Gaststätten waren lange Zeit Absatzgaranten; langfristige Vertrags-bindung wurde durch starke Gaststätten zunehmend aufgelöst. |
| | ● Marketing-Logistik: Entschei-dungen über Lagerstandorte u. -umfang, Transportmittel/wege; Fabrik- vs. Spediteurlager | ja | ja | Es gab sogen. „Niederlagen". |
| -  Wer-bung | ● Formen der Werbung: Alleinwerbung vs. Gemeinschaftswerbung; Produktwerbung vs. Firmenwerbung (Dachwerbung) | ja | Ja | Bis 1965 Gemeinschafts-werbung, danach Indivi-dualwerbung, zunächst als Firmen-, später als Produktwerbung. |
| | ● Strategische Werbeplanung als Planungsprozess: Werbeziele, Zielgruppen, Werbeetat, Werbe-botschaft, Werbemittel, Werbe-träger, Werbeerfolgskontrolle | ja | ja | Von den Werbeagen-turen i.d.R. so konzipiert (Ausnahme: Werbe-erfolgskontrolle). |
| | ● Kreierung einer überzeugenden Werbebotschaft: Entwicklung einer Grundargumentation, diese verbalisieren und ins Bild setzen, erfolgversprechende Varianten testen | ja | ja | Werbekonzepte unter-schieden sich qualitativ. Pre- und Post-Tests gab es kaum. |

(Fortsetzung)

**Tabelle 3.18**   (Fortsetzung)

| | | | | |
|---|---|---|---|---|
| | • Gestaltungsgrundsätze I: Originalität und Aktualität, Verständlichkeit und Klarheit, Eingängigkeit und rasche Erfassbarkeit, Apelle, Differenzierung ggü. Wettbewerbern, Nutzenstiftung, Unverwechselbarkeit, hohe Aufmerksamkeit | ja | ja | Werbekonzepte unterschieden sich qualitativ. |
| | • Gestaltungsgrundsätze II: Werbe*konstanten* als wiederkehrende Elemente in versch. Werbemitteln (Markenzeichen, Figuren, Farben, Handlungsinhalte, Aufbau); bestimmter Werbe*stil* (traditionsreich, humorvoll, karikierend) | nein | nein | Wenig Konstanten; eher kurzzeitige Veränderungen im Werbeauftritt. |
| | • Außerökonomische Werbeerfolgskontrolle: psychologische Kategorien sind messbar, so Aufmerksamkeits-, Erinnerungswirkung, ... | nein | nein | Bislang nur in Ausnahmefällen durchgeführt. |
| | • Ökonomischer Werbeerfolg: schwierig zu messen, aber grobe Wirkung auf Umsatz bzw. Gewinn üblich, z.B. über Coupons oder Gebietsexperiment | nein | nein | Bislang nicht durchgeführt. |
| | • Grundsätzlich: Problem der Zurechenbarkeit der ökonomischen Wirkungen von bestimmten Werbemaßnahmen | nein | nein | Nicht thematisiert. |
| Optimale Kombination im Marketing-Mix | • Theoretische Modellansätze sind kaum praktikabel („wenig operational"; „weit entfernt von realen Gegebenheiten der Unternehmenswirklichkeit") | nein | nein | Nicht berücksichtigt. Fehlende Praktikabilität. |
| | • Praktikabler Vorschlag (in Anlehnung an den Management-Prozess): Zukunftsprognose mit Ist/Soll-Vergleich zu langfr. Zielen; Stärken-Schwächen-Analyse; Strategien u. Maßnahmen; Bewertungen; Bildung plausibler Kombinationen von Einzelstrategien | nein | nein | Noch nicht erprobt. |
| | • Alternative: Auf Basis einer Klassifikation von Produkten und der Bewertung von Produktmerkmalen wird mit Hilfe eines Analogieschemas eine Vorauswahl der übrigen Instrumente und der Intensität ihres Einsatzes vorgenommen | nein | nein | Noch nicht erprobt. |

(Fortsetzung)

**Tabelle 3.18**   (Fortsetzung)

| Marketing-Kontrolle | • Methode: Soll/Ist-Vergleich; als Parallel- oder Ex-post-Kontrolle<br>• Anpassungsmöglichkeiten: Ist an Soll durch zusätzliche Maßnahmen; Soll an Ist durch Plankorrektur; Anpassung beider Größen; außerdem: dauerhaftes „Lernen"<br>• Kontrollgrößen: Absatz-, Umsatz-, Marktanteils-, Gewinn- bzw. Deckungsbeitragsziele<br>• Grundlegendes Problem: mangelnde Zurechenbarkeit der ökonomischen Wirkungen von bestimmten Marketing-Instrumenten und Maßnahmen | nein | nein | Keine Soll/Ist-Vergleiche vorgenommen mit Abweichungs-Analyse und Plan-Korrektur bzw. zusätzlichen Maßnahmen. Stattdessen wurden für die Folgeperiode neue Pläne aufgestellt. |
|---|---|---|---|---|

- Das moderne Marketingkonzept enthält als Leitbild für die gesamten Unternehmensaktivitäten die **„marktorientierte Unternehmensführung"**.[636] Die Dortmunder Brauindustrie hat seit der zweiten Hälfte der 60er Jahre und verstärkt seit Anfang der 70er Jahre ihr absatzwirtschaftliches Instrumentarium auf- und ausgebaut und ihr Marketingverständnis entwickelt. Dies geschah bei den einzelnen Dortmunder Betrieben durchaus in unterschiedlicher Form, was Tempo, Intensität und Anspruch betrifft. So hat die Thier-Brauerei zwar vergleichsweise spät mit Werbe- und Verkaufsförderungsmaßnahmen begonnen, sie hat jedoch anfangs auch in der Zusammenarbeit mit großen Werbeagenturen und mit Marktforschungsinstituten eine Neuorientierung in der Absatzpolitik eingeleitet. Im Anschluss an Budgetbeschränkungen und personellen Wechseln hat das Unternehmen aber in dieser Marktphase insgesamt nur ein *instrumentelles* Marketingverständnis entwickelt. Dagegen hat das Marketing bei der Kronen-Brauerei schon seit Anfang der 70er Jahren Züge einer *Führungsfunktion im Unternehmen* erkennen lassen: Über den Einsatz der verschiedenen Marketing-Instrumente hinaus wurden die unterschiedlichen Marketingfunktionsbereiche auch organisatorisch zusammengefasst und mit dem Vertriebsbereich zusammengeführt; diese Organisationseinheit hatte bereits den Rang eines Geschäftsbereichs.
- Die **Managementfunktionen** Planung, Organisation, Durchführung und Kontrolle stellen wichtig Erkenntnisobjekte der modernen Marketinglehre dar. Der

---

[636] Vgl. dazu im Einzelnen die Ausführungen im Abschnitt 2.4.

Forderung der Theorie, die Marketingpläne in die gesamte Unternehmensplanung einzubetten, die Marketing-Organisation nach bestimmten Grundformen (z. B. funktionsorientiert) auszurichten und sie möglichst auf Geschäftsleitungsebene anzusiedeln und dabei den Vertriebsbereich zu integrieren, ist die Kronen-Brauerei nachgekommen, die Thier-Brauerei nur unter dem Planungsaspekt. Beide Unternehmen haben es allerdings versäumt, im Rahmen eines schrittweisen Planungsprozesses Soll/Ist-Vergleiche durchzuführen und Rückkopplungen bezüglich der Planzahlen bzw. der Marketingmaßnahmen vorzunehmen, um rechtzeitig gegensteuern zu können.

- Die Marketingtheorie betrachtet **Informationen** als zentral für die Zielbildung, die Entwicklung von Marketingstrategien und -maßnahmen sowie ihre Kontrolle. Der **Marktforschung** kommt hier eine tragende Rolle zu. Bei Thier wie auch bei Kronen hatten Marktforschungsergebnisse primär eine ergänzende Funktion, indem sie die zu treffenden Entscheidungen absichern sollten, sie waren aber selten Ausgangspunkt und zentrale Informationsgrundlage für unternehmerische Entscheidungen.

- Zum **Zielbildungsprozess** mit Entscheidungen über die grundlegende strategische Ausrichtung und die langfristigen Ziele, Strategien und Visionen sowie die Ableitung konkreter – mit den anderen Unternehmensbereichen abgestimmter – Marketingziele haben sowohl die Thier- als auch die Kronen-Brauerei zum Ende der „Ausreifungsphase" mit ihren „Leitlinien" (Thier) bzw. „Grundlagen" (Kronen) wichtige Konzepte für die künftige Marktbearbeitung entworfen.

- Die Marketingtheorie hat auf der Basis der Formulierung langfristiger Handlungsmaximen und Basisentscheidungen zur Produkt-, Preis-, Kommunikations- und Vertriebspolitik Vorschläge zur Entwicklung konkreter **Marketingstrategien** entwickelt. Diese basieren insbesondere auf der Produkt-Markt-Matrix von Ansoff mit den Strategiealternativen: Marktdurchdringung, Marktentwicklung, Produktentwicklung und Diversifikation. Den Dortmunder Brauereien sind diese theoretischen Konzepte in ihrer konkreten Form vermutlich noch nicht bekannt gewesen. Trotzdem lassen sich aus ihrem Marketinghandeln gewisse Ähnlichkeiten erkennen: So hat die Thier-Brauerei mit dem Ziel, höhere Marktanteile zu realisieren, ein Zeichen in Richtung stärkere Marktdurchdringung gesetzt und mit der Übernahme von „Vitalmalz" als gemeinschaftlichem Angebot verschiedener bundesdeutscher Brauereien eine Produkt- und zugleich Marktentwicklung angestrebt. Die Kronen-Brauerei hat mit ihren Innovationen „Classic", „Diät-Krone" und dem Gemeinschaftsangebot „Karamalz" noch sehr viel stärker Strategien nach der Produkt-Markt-Matrix verfolgt.

• Allerdings ist die **Produktpolitik** der beiden Brauereien eher auf der Basis von Erfahrungen der Führungskräfte und im Bewusstsein der eigenen Kompetenz betrieben worden als im Anschluss an einen systematischen und mehrstufigen Prozess von Analyse und Testung. Marktforschungsergebnisse dienten zur ergänzenden Absicherung von Einzelaspekten.

Anders als von Jochen Becker – dem damaligen Mitglied der Geschäftsleitung bei der Unternehmensberatung Roland Berger – empfohlen,[637] haben die Dortmunder Brauereien in dieser Phase die *Dachmarken-Strategie* nicht bzw. nur teilweise fortgeführt. Begründet wurde dies mit wahrgenommenen Imageproblemen um das „Dortmunder Bier" bzw. das „Dortmunder Export". Als erste haben sich hier die Konzernbrauereien DUB und DAB davon abgesetzt und individuelle Marken auf den Biermarkt gebracht („Pils 2000", „Prinz Bräu"), andererseits aber auch die Verbindung zur Brauerei in Form einer Hersteller-Marke aufrechterhalten („UNION-Siegel-Pils", „DAB-Meister-Pils", „Ritter-First", „Thier-Pils").

Die Kronen-Brauerei hat hier unterschiedliche Wege beschritten. Einerseits hat sie zur Belebung des Pilsabsatzes eine Umstellung von der Dachmarke auf die Einzelmarke vorgenommen („Pilskrone"), andererseits aber für die Produktneuheit „Dortmunder Kronen Classic" zunächst sowie für das „Dortmunder Kronen Export" dauerhaft an der alten Markenpolitik festgehalten.[638] Der Kreierung der Marke „Pilskrone" ist ein langer betriebsinterner Diskussions- und empirischer Prüfprozess vorausgegangen. Die allgemeinen Überlegungen in der Branche dazu waren in dieser Zeit in starkem Maße auf die Handlungen der Konzernbrauereien DUB und DAB ausgerichtet und die Empfehlung einer Marktforschungs-Studie, dass *Aktiengesellschaften* als Sortimentsbrauereien (und „Industriebierproduzenten") eine *Einzelmarken*profilierung vornehmen sollten. Dieselbe Studie hat aber auch deutlich gemacht, dass zwischen Privatbrauerei und Aktienbrauerei zu unterscheiden sei und dass die Kronen-Brauerei ein überdurchschnittlich gutes Image genießen und das Bild der Dortmunder Brauereien besonders unter den Aspekten Tradition und Erfahrung prägen würde.[639] Es stellt sich somit die Frage, ob die Kronen-Brauerei gerade auch bei der Forcierung des Pilsgeschäftes nicht bei der Dachmarken-Strategie hätte bleiben sollen.

---

[637] Vgl. die Ausführungen im Abschnitt 3.3.4.

[638] Vgl. die Ausführungen im Abschnitt 3.5.3.2.

[639] Vgl. die Ausführungen im Abschnitt 3.6.1.4.

- Die **Preispolitik** bildete auch in dieser Marktphase einen neuralgischen Punkt in der Vermarktungspolitik der Dortmunder Brauereien. Entgegen der Warnung der Theorie – und z. B. auch der aktuellen Empfehlung Jochen Beckers zu Beginn der 1970er Jahre – vor einer aggressiven Preispolitik mit der Folge eines ruinösen Preiskampfes gerade im Angebotsoligopol führten Angebotsüberkapazitäten, „gelerntes" Verhalten aus der Vergangenheit sowie die wachsende Marktmacht insbesondere des organisierten Lebensmittelhandels zur Fortsetzung von Preiskämpfen, wenn es auch allem Anschein nach eine gewisse Einsicht in die Problematik gegeben haben mag.

  Die rückläufigen und z.T. negativen Ertragszahlen sind auch Ergebnis starker Preiszugeständnisse dem Handel gegenüber gewesen. So ist es auch nicht immer gelungen, dafür zu sorgen, dass die Handelspartner adäquate Endverkaufspreise für die Dortmunder Markenbiere eingehalten haben und eben nicht diese Angebote auf das Niveau von Billigbieren gezogen haben. Die Dortmunder Brauereien haben aber ihrerseits lange gezögert, etwa eine Preisdifferenzierung zwischen Exportbier und Pilsbier vorzunehmen.

- Bei der **Distributionspolitik** standen grundlegende Überlegungen zu einer Neuorientierung bezüglich der zukunftsträchtigen Absatzkanäle an: Insbesondere die beiden Privatbrauereien Thier und Kronen standen hier vor der schwierigen Situation, sich entscheiden zu müssen zwischen dem Festhalten an den traditionellen Vertriebspartnern des Getränkefachgroßhandels sowie der Gastronomie und der Öffnung gegenüber den immer bedeutender und mit immer größerer Nachfragemacht auftretenden Organisationen des Lebensmittelhandels, die Druck auf die Preise, Konditionen und Lieferbedingungen der Brauereien ausübten. Sie mussten sich hier auch gegenüber den Konzernbrauereien behaupten, die zum einen früher damit begonnen hatten, diesen neuen Vertriebsweg für sich zu erschließen und dabei auch Vorteile hatten wegen ihrer überregionalen Präsenz und Distributionsmöglichkeiten über ihre Tochtergesellschaften im Brauereiwesen. Die Theorie empfiehlt ergänzend als Steuerungsinstrument der Hersteller gegenüber den Handelsorganisationen eine Kombination zwischen „Pull-Methode" und „Push-Methode" des unternehmerischen Marketings.

  Beim Bestreben, das Absatzgebiet regional auszuweiten, haben die einheimischen Brauereien es auch verpasst, ihr angestammtes lokales und regionales Absatzkerngebiet den einbrechenden Pilsbrauereien – insbesondere aus dem Sauer- und Siegerland – gegenüber zu sichern und zu verteidigen. Insbesondere bei der Thier-Brauerei gab es seit den 1960er Jahren ein weitverzweigtes, aber „löchriges" Absatzgebiet bis an die nördlichen und südlichen Ränder

der Republik. Allerdings hat die Brauerei in der „Ausreifungsphase" –
wenig erfolgreiche – Versuche zur Verdichtung ihrer Marktpräsenz und nur
begrenzten regionalen Gebietsaus-weitung unternommen.[640]

Sowohl die Brauerei Thier als auch die Brauerei Kronen haben Maßnahmen
zur Optimierung und Steigerung der Durchschlagskraft ihrer Außendienstor-
ganisationen durchgeführt. Bei Kronen wurde dazu auch eine Unternehmensberatungsgesellschaft beauftragt.[641]

- Die **Werbung** war das erste absatzpolitische Instrument, das die Dortmunder
  Brauereien seit etwa der Mitte der 60er Jahre einsetzten und zusammen mit
  Verkaufsförderungsmaßnahmen stark entwickelten. Die Dortmunder Brauereien sind hier den Empfehlungen der Marketingtheorie nach einem systematisch angelegten Planungsprozess mit der Formulierung von Werbezielen,
  Zielgruppen und einer Werbebotschaft sowie der Fixierung eines Werbeetats
  und der Bestimmung von Werbeträgern und -mitteln weitgehend gefolgt.
  Auch haben sie bestimmte Gestaltungsgrundsätze befolgt. Dagegen fehlten
  i. d. R. Maßnahmen der Werbeerfolgskontrolle; außerökonomische Kategorien
  wurden von Thier und Kronen nur in Ausnahmefällen gemessen.

  Die Kommunikationspolitik der Dortmunder Brauereien war ausgerichtet
  auf die Erhaltung des Bekanntheitsgrades und des Goodwills beim Verbraucher. Darüber hinaus war sie wesentlicher Faktor bei der Einführung neuer
  Marken insbesondere im Pilsbereich. Das Ziel war, diese Marken jeweils
  als hochwertige Pilsmarken bzw. als sortenneutrales Spitzenbier der oberen Preisklasse zu positionieren.[642] Es ist aber kaum gelungen, eine mit
  den Premium-Pilsbieren vergleichbare Präferenzbildung beim Verbraucher zu
  erreichen. Z.T. hat es auch an einem über viele Jahre sich bewährenden Slogan
  (wie etwa „Bitte ein Bit" oder „… mit Felsquellwasser gebraut") ermangelt.
- Die **optimale Kombination** der verschiedenen absatzwirtschaftlichen Instrumente im Marketing-Mix ist in theoretischen Modellansätzen steckengeblie-
  ben. Ersatzweise hat die Marketingforschung indirekte Verfahrensvorschläge
  in Anlehnung an den Managementprozess bzw. mit Hilfe eines Analogies-
  chemas unterbreitet. Die beiden Dortmunder Privatbrauereien sowie ihre
  Beratungsunternehmen haben keine Versuche unternommen, diese Ansätze in
  der praktischen Anwendung zu erproben.
- Das von der Marketingtheorie auch erst relativ spät in umfassenden Darstellungen behandelte Gebiet der **Marketing-Kontrolle** mit Vorschlägen zur

---

[640] Vgl. die Ausführungen im Abschnitt 3.5.2.7.
[641] Vgl. die Ausführungen in den Abschnitte 3.5.2.7 sowie 3.5.3.6.
[642] Vgl. die Ausführungen in den Abschnitte 3.5.1.2, 3.5.2.4 und 3.5.3.4

Durchführung von Soll/Ist-Vergleichen, entweder als Parallel- oder als Ex-post-Kontrolle sowie anschließender Anpassungsentscheidungen wurde von den Brauereien Thier und Kronen kaum in der praktischen Marketing-arbeit berücksichtigt. Insbesondere fehlten Abweichungsanalysen bezüglich der möglichen Kontrollgrößen: Absatz, Umsatz, Marktanteile oder betriebs-wirtschaftlicher Erfolgskategorien, auch wenn es schwierig ist, gemessene ökonomische Wirkungen einzelnen Marketingmaßnahmen zuzurechnen.

Wie die Dortmunder Brauindustrie insgesamt haben die beiden Privatbrauereien Thier und Kronen im Verlauf der „Ausreifungsphase" ihre Marketinganstrengun-gen ganz erheblich ausgeweitet. Die hier vorgenommene Analyse hat gezeigt, dass dabei eine ganze Reihe von theoretischen Erkenntnissen und Handlungs-empfehlungen der Marketingforschung Eingang in die praktische Marketingarbeit der Betriebe gefunden hat. Das gilt insbesondere für die Instrumente des Marketing-Mix sowie den Zielbildungsprozess. Das gilt aber z. T. auch für die Management-Funktionen im Unternehmen – für die beiden im Fokus stehenden Betriebe in durchaus unterschiedlicher Weise. Der größere Unterschied zwischen Thier und Kronen besteht aber in ihrem grundlegenden Marketingverständnis: Während die Thier-Brauerei das Marketing vorwiegend unter dem Blickwinkel des Instrumentariums für eine erfolgreiche Marktbearbeitung gesehen hat, ent-wickelte die Kronen-Brauerei darüber hinaus sehr früh eine Vorstellung vom Marketing als Führungsfunktion im Unternehmen und setzte diese Auffassung organisatorisch als selbstständiger Geschäftsbereich in die Praxis um.

Zeitlich sind diese Erkenntnis- und Umsetzungsprozesse in der Marke-tingtheorie und in der unternehmerischen Praxis nahe beieinander – z. T. parallel – verlaufen. In jedem Falle haben bei diesem Wissenstransfer externe Dienstleistungsunternehmen als Werbeagenturen, Marktforschungsinstitute und Unternehmensberatungsgesellschaften eine bedeutende Rolle gespielt.

## 3.6     Das Marketing der Dortmunder Brauindustrie in der „Stagnationsphase" (1974–1990)

### 3.6.1   Die Absatzpolitik der Dortmunder Brauindustrie insgesamt

#### 3.6.1.1 Die Ausgangslage, die Maßnahmen, die Denkhaltung und die Teilerfolge im Überblick

Die Dortmunder Brauindustrie hatte in den acht Jahren der „Ausreifungsphase" bis 1973 ihre Marketingaktivitäten sehr stark aus- und aufgebaut und dabei z. T. auch ein modernes Marketingverständnis entwickelt. Die Geschäftspolitik der Dortmunder Betriebe war in diesen Jahren ganz darauf ausgerichtet gewesen, durch Produktinnovationen, eine dezidierte Markenpolitik, eine moderne Kommunikationspolitik und durch die Absicht, sich vertriebspolitisch in Richtung des organisierten Lebensmittelhandels zu öffnen, eine Wende in der Absatzentwicklung herbeizuführen und zu alter Stärke zurückzufinden. Jedoch war es den Dortmunder Betrieben damit nicht gelungen, den Negativtrend bei Ausstoß und Marktanteil aufzuhalten oder gar umzukehren: Der hiesige Marktanteil schrumpfte um ein Viertel bzw. ein Fünftel auf nur noch knapp 28 % in NRW bzw. rd. 8 % im gesamten Bundesgebiet.

Die Dortmunder Braubranche stand jetzt zur Mitte der 70er Jahre vor besonderen Herausforderungen: Da waren zum einen die *schwierigen ökonomischen Bedingungen*: gesamtwirtschaftliche Wachstumsschwäche, Inflation, Massen- und Dauerarbeitslosigkeit sowie Bevölkerungsabwanderung gerade in den Kernabsatzregionen, die durch die Strukturkrisen in der Montan- und Textilindustrie noch verstärkt wurden.

Hinzu kamen die sich immer mehr verschärfenden Wettbewerbsbedingungen: Der Pilstrend – und zwar vor allem als *Premium*bierangebot der Marken Bitburger, König, Krombacher, Warsteiner, Veltins u. a. – setzte sich unvermindert fort. Zwar konnten auch die Dortmunder Betriebe ihren Pilsanteil am Gesamtausstoß von 11,4 % (1965) auf 55,9 % (1978)[643] erhöhen. In absoluten Zahlen ist dies mehr als eine Vervierfachung von 0,84 Mio. hl auf 3,54 Mio. hl, allerdings reichte dieser Zuwachs nicht aus, um den Verlust am Gesamtausstoß auszugleichen. Bei einem gleichzeitig stagnierenden inländischen Gesamtmarkt bedeutete dies auch einen wachsenden Konkurrenzdruck innerhalb der Branche.

Der dritte wesentliche Faktor, der sich erschwerend auf die Absatzmöglichkeiten insbesondere der Privatbrauereien in Dortmund auswirkte, war die *wachsende*

---

[643] Das ist die letzte verfügbare Zahl aus den Statistiken der Thier-Brauerei.

*Marktmacht der großen Handelsorganisationen im Lebensmittelbereich.* Teilen der Dortmunder Betriebe waren nach ihrem Empfinden aufgrund der traditionellen Geschäftsbeziehungen zum herkömmlichen Getränkefachgroßhandel lange Zeit „die Hände gebunden". Außerdem waren sie von ihrer Vertriebskraft her nur unzureichend in der Lage, den Ansprüchen der neuen Vertriebskanäle in Bezug auf Verhandlungsstärke, regelmäßiger physischer Präsenz, Serviceleistungen und preislicher Flexibilität gerecht zu werden.

Eine besondere Bedeutung hat auch die *Finanzkraft* der Dortmunder Brauereien gehabt. Die Situation bei den einzelnen Unternehmen war Mitte der 1970er Jahre durchaus sehr unterschiedlich, wie im Abschnitt 3.3.2 gezeigt werden konnte. Darüber hinaus wurde dort deutlich, dass die Ertragslage selbst der eigentlich finanzstärkeren Konzernbrauereien im weiteren Verlauf über viele Jahre keine Dividendenzahlungen zuließ. Bei den Privatbrauereien war die Ertragssituation nach den einzusehenden Unterlagen zu den Betriebsergebnissen ebenfalls zwischen den Betrieben und im Zeitablauf divergent. Dabei muss allerdings auch unterschieden werden zwischen einem Unternehmen, das grundsätzlich in der Lage war, sich weiterhin in diesem Marktumfeld zu behaupten, ohne aber dabei einen großen Expansionsdrang ausüben zu können, und einem Unternehmen, das in dieser Zeit Überlegungen angestellt hat zum Erwerb anderer Brauereien und dieses Ansinnen diesseits und jenseits des Jahres 1990 auch durchgeführt hat. Insgesamt waren die Möglichkeiten der einzelnen Brauereien, erhebliche Beträge in Marketingmaßnahmen zu investieren, sehr unterschiedlich.

Im Bewusstsein der schwierigen Ausgangslage haben die Dortmunder Betriebe aber in diesen Jahren ihre Marketinganstrengungen im Rahmen ihrer Möglichkeiten fortgesetzt mit weiter steigenden Werbeausgaben und Investitionen in den Markt. Dabei bauten sie auf den produkt- und markenpolitischen Entscheidungen der „Ausreifungsphase" auf. Die Marken sollten weiter profiliert werden. Außerdem wurden bei einigen eingeführten Marken Neupositionierungen hinsichtlich der Qualitäten und Sortenbezeichnungen (z. B. „Pils" anstatt „sortenneutral") vorgenommen. Dagegen verzichtete man weitgehend auf Produktinnovationen sowie andere produktpolitische Anpassungen und widmete sich dem Kampf um den Vorrang auf den Absatzwegen insbesondere im Lebensmittelhandel, auch unter Fortsetzung des intensiven Preiswettbewerbs. Dabei traten Probleme um kostendeckende Preise sowie als Folge davon dividendentaugliche Erträge auf.

Darüber hinaus erkannte die Braubranche immer mehr die Bedeutung strategischer Ansätze ihrer Marketingmaßnahmen und versuchte, ihr Marketing danach auszurichten. Die sich in den 1970er und 1980er Jahre in der Marketingwissenschaft sich zunehmend entwickelnden strategischen Ansätze einer

Marktbearbeitung sind insbesondere durch die Unternehmensberatungsgesellschaften in die Brauwirtschaft getragen worden. Manche Dortmunder Brauereien haben dieses Wissen für sich entdeckt; andere weniger. In den Fallstudien 4 und 5 sollen diese Aussagen vertieft und belegt werden.

Alle diese Marketingmaßnahmen hatten aber nur eine begrenzte Wirkung. Von einer kurzfristigen augenscheinlichen Belebung des Geschäftes zu Beginn der 80er Jahre abgesehen mündete die weitere Entwicklung in einen Negativtrend, der bis zum Ende des Jahrzehnts anhielt.

### 3.6.1.2 Vorübergehende Ausstoßsteigerungen aufgrund fortgesetzter hoher Werbeausgaben der Dortmunder Brauindustrie oder „externer" Effekte?

Die Dortmunder Brauereien haben im Angesicht der besonderen Herausforderungen und Probleme ihre Marketinganstrengungen weiter intensiviert und versucht, zu Vermarktungserfolgen zurückzufinden. Jedoch setzte bereits ab dem Braujahr 1973/74 eine zunächst bis zum Ende der 1970er Jahre andauernde Abwärtsbewegung beim Ausstoß ein.[644] Mit massiv erhöhten Werbeausgaben versuchte die Dortmunder Brauwirtschaft dem entgegenzuwirken. Zu Beginn der 80er Jahre schien es, dass die Dortmunder Brauereien sich des mehrjährigen Abwärtstrends erwehren könnten. Es gab eine kurzwährende Aufwärtsbewegung, die sich in einem Ausstoßzuwachs von rd. 730.000 hl = 11,3 % im Vergleich der Jahre 1982 zu 1979 zeigte. Allerdings brach ab 1983 der Bierabsatz erneut fortgesetzt ein, und zwar im deutlichen Unterschied zu der wesentlich gleichmäßigeren Entwicklung im NRW- sowie im bundesdeutschen Biermarkt.

Bei ihren Werbeausgaben näherten sich die großen Dortmunder Brauereien zum Ende der 70er Jahre sogar den Volumina einzelner großer Pilsbrauereien an oder überschritten sie sogar, wie der Vergleich zur König-Brauerei in Tabelle 3.19 zeigt.

Aus dem Zahlenwerk sticht die Kronen-Brauerei in diesem Jahr hervor, die damit eine Spitzenposition im Dortmunder Wettbewerb und auch darüber hinaus einnahm. Kronen lag mit der reinen Media-Werbung (ohne Plakatanschlag) in Höhe von rd. 4,5 Mio. DM auf dem Niveau der König-Brauerei. Hinzu kamen bei Kronen noch rd. 1,1 Mio. DM für Plakatwerbung, so dass der Gesamtetat eine Größenordnung von rd. 5,6 Mio. DM annahm. Aber auch die DAB (5,2 Mio. DM), die DUB (4,9 Mio. DM) sowie die Ritter-Brauerei (1,5 Mio. DM) gaben

---

[644] Zu der zahlenmäßigen Entwicklung des Bierausstoßes im Einzelnen vgl. die Ausführungen in den Abschnitte 3.2.4 und 3.2.5 sowie die dort genannten Quellen.

**Tabelle 3.19**   Werbeaufwendungen der Dortmunder Brauereien 1979[645]

| | Werbeaufwendungen für Brauereien 1979 brutto in 1.000 DM | | | | | | | |
| | TZ | FZ | TV | Fu | PZ | Gesamt brutto | Plakat* | Gesamt ca.** |
|---|---|---|---|---|---|---|---|---|
| **DAB** | | | | | | | | |
| Alt | 15,6 | 81.0 | 431,4 | 121,4 | 485,7 | 1.135,2 | | |
| Meisterpils | 397,9 | 69,4 | 1.402,0 | | 689,9 | 2.559,1 | | |
| Bockbier | 47,4 | | | | | 47,4 | | |
| Summe | 460,9 | 150,4 | 1.833,4 | 121,4 | 1.175,6 | 3.741,7 | 1.450 | 5.200 |
| **Ritter** | | | | | | | | |
| Bier | 4,1 | | | | | 4,1 | | |
| Pilsener | 226,5 | 61,3 | 340,0 | | | 627,8 | | |
| Summe | 230,6 | 61,3 | 340,0 | | | 631,9 | 900 | 1.500 |
| **Stifts** | 59,8 | 16,8 | | | | 76,6 | 55 | 130 |
| **DUB** | | | | | | | | |
| DUB-Bier | 24,5 | 3,5 | 884,4 | | 1.104,0 | 2.016,4 | | |
| Schultheiß-Bier | 483,1 | | 228,5 | 66,8 | | 778,4 | | |
| Schultheiß-Pilsner | 81,6 | | | | | 81,6 | | |
| Siegelpils | 303,3 | 1,1 | | | 581,6 | 886,0 | | |
| Berliner Weiße | 69,4 | | | 3,6 | 14,1 | 87,1 | | |
| Summe | 961,9 | 4,6 | 1.116,5 | 66,8 | 1.699,7 | 3.849,5 | 1.050 | 4.900 |
| **Kronen** | | | | | | | | |
| Pilsener | 1.861,3 | 3,4 | | | 2.097,0 | 3.961,7 | | |
| alle Sorten | 129,8 | 420,4 | | | | 550,2 | | |
| Summe | 1.991,1 | 423,8 | | | 2.097,0 | 4.511,9 | 1.100 | 5.600 |
| **König** | 370,4 | 86,2 | | | 4.108.9 | 4.565,5 | keine in 1979 | 4.565,5 |
| **Rhenania Alt** | | | | | 289,0 | 289,0 | keine in 1979 | 289,0 |
| **Gesamt** | 4.074,7 | 743,1 | 3.289,9 | 188,2 | 9.370,2 | 17.666.1 | 4.555 | 22.200 |

*Beträge durch Panmedia geschätzt ** Die Gesamtbeträge für DAB, DUB und Kronen wurden neu errechnet, da die Originaltabelle die Plakataufwendungen für diese Brauereien nicht in der jeweiligen Gesamtsumme berücksichtigt. Außerdem wurde für die Dortmunder Brauereien jeweils eine Summenzeile eingefügt und die Werbeaufwendungen für die einzelnen Werbeträger addiert. Die Schlusszeile enthält die summierten Aufwendungen aller berücksichtigten Brauereien

hohe Beträge für die Verbraucherwerbung aus. Bei Kronen, DAB und Ritter konzentrierten sich die Werbemaßnahmen sehr stark auf die Pilswerbung („Pilskrone" bzw. „Meisterpils" bzw. „Ritter Pils"), bei der DUB-Schultheiss verteilte sich das

---

[645] Quelle: WWA, F 122 Nr. 5001: Werbeaufwendungen für Dortmunder Brauereien 1979. Zahlen von Panmedia. In der Tabelle steht „TZ" für Tageszeitung, „FZ" für Fachzeitschrift, „TV" für Fernsehwerbung, „Fu" für Rundfunkwerbung und „PZ" für Publikumszeitschrift.

Budget auf verschiedene Sorten und Marken des Konzerns. Fast durchgängig fand bei allen Brauereien eine Schwerpunktbildung bei den Publikumszeitschriften und z. T. (zusätzlich) auch bei den Tageszeitungen statt. Für „DAB-Meisterpils", „Ritter-Pils" sowie DUB-bzw. Schultheiss-Bier wurde auch stark im Fernsehen geworben. Welche Marken bei der Plakatwerbung im Mittelpunkt standen, gibt die Tabelle nicht her. Es ist aber zu vermuten, dass damit ebenfalls das jeweilige Pilsangebot schwerpunktmäßig bzw. auch (im Falle von DUB-Schultheiss) umworben wurde.

Inhaltlich versuchten die Dortmunder Häuser, sich mit prägnanten Werbeslogans zu positionieren und zu profilieren. So warb etwa die Kronen-Brauerei für „Pilskrone'" mit der Aussage: „Das Pils mit der Genießer-Krone" und die Ritter-Brauerei mit „Beim Ritter ist gut leben". Der Slogan der Stifts-Brauerei lautete: „Wir sind klein genug, um gutes Pils zu brauen". Bei der DAB standen die Argumente: „Freundschaft" und „Frisch vom Faß" im Vordergrund, und die DUB trat mit der Präsentation von „Brinkhoff's No.1" auf.[646] Die Thier-Brauerei warb in dieser Zeit zunächst mit „Thier braut Ihr Privatvergnügen" und anschließend mit „Das Pils" bzw. „Die Party" bzw. „Die Freude" und weiteren Aussagen.[647]

Die Erfolge dieser Werbemaßnahmen könnten sich in den Verkaufsergebnissen der nächsten Jahre gezeigt haben und die vorerwähnten zeitweisen Ausstoßsteigerungen der Dortmunder Branche erklären. Allerdings belegt ein Vergleich mit den verfügbaren unternehmensindividuellen Absatzzahlen für die Geschäftsjahre 1979 und 1982 dies *nicht* unmittelbar. So liegen die Ergebnisse für die einzelne Brauereien im Zeitvergleich zwar auf einem etwas höheren Niveau, ohne allerdings den oben dargestellten Zuwachs von rd. 730.000 hl gänzlich erklären zu können: DAB (1982: 2,8 Mio. hl zu 1979: 2,7 Mio. hl), Kronen (1,13 Mio. hl zu 1,07 Mio. hl), Ritter (1,08 Mio. hl zu 1,0 Mio. hl), Stifts (0,28 Mio. hl zu 0,30 Mio. hl). Für die DUB/Schultheiß wurde 1982 bereits ein Gesamtabsatz von 6,7 Mio. hl angegeben.[648] Für Thier gab es im Vergleich der drei Jahre einen Zuwachs von rd. 0,08 Mio. hl.[649] So könnte es sein, dass diese in der offiziellen Verbandsstatistik dargestellten Geschäftszuwächse wegen der überregionalen

[646] Quelle: WWA, F 122 Nr. 5279: LIFE Gesellschaft für Marketing- und Konzeptionsentwicklung mbH, Frankfurt/M., März 1980, S. 20B.

[647] Vgl. WWA, F 122 Nr. 5076: Briefing für die Ausarbeitung eines Werbekonzeptes für die Marke „Thier-Pils", ohne Jahr (1981), Anlage 3.

[648] Vgl. WWA, F 122 Nr. 5005: Tabellen der Thier-Brauerei: „Geschäftsjahr 82 bzw. 82/83" sowie „Braujahr 1978/79 bzw. Geschäftsjahr 1979" mit Zahlen zum Absatz und Umsatz.

[649] Vgl. WWA, F 122 Nr. 5005 Tabelle „Braujahr 1978/79 bzw. Geschäftsjahr 1979" mit Zahlen zum Absatz und Umsatz (für 1979) sowie WWA, F 33 Nr. 2578–2582: Prüfberichte der Thier-Brauerei (für 1982).

Aktivitäten der Konzernbrauereien, z. B. in Form von Produktionen für oder von Tochtergesellschaften, in diesen Jahren vom VDB statistisch überschätzt worden sind oder es sich um Auftragsübernahmen für Handelsmarken handelt.[650] Ab 1984 sanken die Verkaufsergebnisse erneut kontinuierlich.

### 3.6.1.3 Nur noch eine einzige Produktinnovation sowie wenige produktpolitische Anpassungen

Die Dortmunder Brauereien haben in der vorangegangenen Periode der „Ausreifungsphase" sämtlich produktpolitische Überlegungen angestellt, und fast alle Wettbewerber haben in dieser Zeit neue Produkte und Marken kreiert und auf den Markt gebracht. Dies geschah schwerpunktmäßig im Pilsbereich, bei drei Brauereien auch mit „sortenneutralen" Bieren. Die Konzernbrauereien DUB und DAB versuchten dabei nationale Marken aufzubauen, zunächst wenig erfolgreich mit ahistorischen Kunstnamen, später erfolgreicher mit Bezügen zur Brautradition der Dortmunder Biere. Das Ziel war jeweils, diese Marken zu Premiummarken zu entwickeln.

Abgesehen von einigen Neupositionierungen bereits eingeführter Marken („Classic" und „Ritter-First") gab es während der 1974 einsetzenden „Stagnationsphase" bei den Dortmunder Betrieben nur eine einzige bedeutende Innovation: Die DUB stellte 1977 der Öffentlichkeit die neue Marke „Brinkhoff's No. 1" vor. Die Rezeptur des neuen Spitzenbieres geht auf den berühmten „Ersten Braumeister" Fritz Brinkhoff zurück. Das Renommee des im Revier bekannten „Alten

---

[650] So argumentierte die Kronen-Brauerei bereits 1979 in einer internen Notiz bezüglich der veröffentlichten Verbandszahlen des VDB: „Hier ist zu bemerken, daß die Vergleichbarkeit der Dortmunder Zahlen durch die Konzernbetriebe DUB und DAB immer unzuverlässiger werden, da diese Betriebe von aussen Produktionen aus Tochterbetrieben übernommen haben." WWA, F 33 Nr. 1819, Bd. 1: Vorlage zu Punkt 2 der Tagesordnung für die 29. Sitzung des Beirates der Privatbrauerei Dortmund Kronen am 4. Dez. 1979, S. 1. Außerdem hat die DUB-Schultheiss-Brauerei im Anschluss an ihre Fusion bereits in ihrem ersten Geschäftsbericht 1973 selber auf folgendes hingewiesen: „Wir konnten damit beginnen, einen Kapazitätsausgleich zwischen einzelnen Betrieben im Produktions- und im Vertriebsbereich durchzuführen, um insgesamt zu optimalen Auslastungen zu kommen." WWA, S 7 Nr. 135/2, Geschäftsbericht 1973. Zudem wurde in der Fachpresse bereits Mitte der 1970er Jahre gemutmaßt, dass manche „Absatzsteigerungen [...] sich größtenteils als Billigbierabschlüsse mit Handelsketten und Supermärkten [entpuppten]. Hoffmann, Klaus: Hopfen und Malz verloren, in: Manager Magazin, 8/1975, S. 22–29, hier: S. 27. Auch Christian Böse vermutet, dass „diese Zuwächse aber nicht auf einer Festigung der traditionellen Dortmunder Biermarken, sondern eher auf der Hereinnahme von Billigbieren zur Auslastung der Produktion" beruhen. Böse, Christian: a.a.O., S. 224.

Fritz" sollte der Brauerei helfen, die neue Marke als Premiumbier zu etablieren, zumal er als Begründer des „hellen Dortmunder Biertyps" galt.[651] Die bundesweite Einführungswerbung knüpfte an diesen legendären Ruf an, wie in Abbildung 3.21 deutlich wird.

**Abbildung 3.21**   DUB-Brauerei: Werbeanzeige zur Neueinführung von „Brinkhoff's No. 1" 1977[652]

---

[651] Vgl. WWA, F 33 Nr. 1841, Bd. 1: Informationsdienst der DUB-Schultheiss-Brauerei: Neues Bier nach 100jährigem Rezept. Dortmunder Union-Brauerei stellt ‚Brinkhoff's No. 1' vor."

[652] Quelle: WWA, F 33 Nr. 1780, Bd. 1.

Die Werbekampagne begann im September 1977. Bis zum Jahresende stand ein Streuetat von einer Million DM zur Verfügung.[653] Die DUB pries ihr neues Spitzenprodukt als „spritzig, leicht bekömmlich und edel im Geschmack". Für die Gastronomie wurde es als Fassbier (30- und 50 l-Fässer) angeboten, für den Handel zusätzlich als Flaschenbier (dunkelgrüne 0,33 l-Flaschen) „im für Westdeutschland neuartig konzipierten Sechser-Pack bzw. Mehrweg-Kunststoffkasten mit 4 Sechser-Packs oder 24 Einzelflaschen". Die DUB wies außerdem darauf hin, dass die Preisgestaltung und die Vertriebswege dem hohen Niveau des Bieres bezüglich der Qualität und Ausstattung (wertvolles Folienetikett) angepasst seien. „Der Preis bewegt sich am oberen Rand des Preisgefüges im deutschen Biermarkt. Die neue Marke wird bundesweit vertrieben. In der Gastronomie wird sie vor allem in den anspruchsvollen, gepflegten Häusern geführt."[654]

Nach einem Pressekommentar „klopfen sie [die DUB-Manager mit diesem Produkt] an die Tür des Premium-Clubs, in dem Marken wie ‚König-Pilsener', ‚Warsteiner', ‚Veltins, oder ‚Becks' dem übrigen Biermarkt zeigen, wie mit hoher Qualität und hohen Preisen hohe Zuwachsraten und gute Renditen zu erwirtschaften sind."[655]

Da die DUB im Verhältnis zu den eigenen Pilsmarken keine interne Konkurrenz schaffen wollte, bot sie „Brinkhoff's No. 1" als *sortenneutrales* helles Bier an. Es sei „herber als Export und etwas milder als Pils"[656], so die Erklärung einer DUB-Managerin gegenüber der Presse. Die Betonung der Sortenneutralität der neuen Biermarke erfreute insbesondere die Kronen-Brauerei mit ihrem seit 1971 auf dem Markt befindlichen ebenfalls als *sortenneutral* umworbenen Bier der Marke „Classic". In einer internen Notiz heißt es dazu: Es „versucht die Union-Brauerei mit ‚Brinkhoff's Nr. 1' eine Renaissance des Dortmunder Bieres. Hieran kann die DORTMUNDER KRONEN BRAUEREI nur interessiert sein und es kann nur gehofft werden, daß die Konzeption ‚Brinkhoff's Nr. 1' gut ist und im Markt Erfolg hat."[657]

---

[653] Vgl. o. V.: Dortmunder Union. Hoffen auf den alten Fritz, in: Wirtschaftswoche Nr. 36 vom 26.8.1977, S. 37 f., hier: S. 38.

[654] Vgl. WWA, F 33 Nr. 1841, Bd. 1: Informationsdienst der DUB-Schulheiss-Brauerei: Neues Bier nach 100jährigem Rezept. Dortmunder Union-Brauerei stellt ‚Brinkhoff's No. 1' vor."

[655] O. V.: Dortmunder Union. Hoffen auf den alten Fritz, in: Wirtschaftswoche Nr. 36 vom 26.8.1977, S. 37 f., hier: S. 37.

[656] Christa Feldmaier gegenüber der Wirtschaftswoche. Vgl. o. V.: Dortmunder Union. Hoffen auf den alten Fritz, in: Wirtschaftswoche Nr. 36 vom 26.8.1977, S. 37 f., hier: S. 38.

[657] WWA, F 33 Nr. 1841, Bd. 1: interne Aktennotiz:" Classic-Aktion", vom 5. August 1977, S. 2.

„Brinkhoff's No. 1" entwickelt sich in der Folgezeit zu einem Hauptumsatzträger der Brauerei.[658]

Aber auch andere – bereits einige Jahre zuvor eingeführte – neue Biermarken
entwickelten sich überaus positiv, wie am Beispiel der Marke „DAB-Meisterpils"
gezeigt werden kann. Seit ihrer Markteinführung 1971 hatte sich das Produkt zur
Leitmarke der DAB entwickelt und 1975 einen Absatz von 1 Mio. hl erreicht.
Die DAB konnte damit ihren Pilsanteil von 23 % (1971) innerhalb von 4 Jahren
auf 61 % (1975) steigern, was im Wesentlichen auf den Verkaufserfolg mit dem
neuen Produkt zurückzuführen ist. Allerdings ging der Erfolg bezogen auf das
Gesamtgeschäft in diesen Jahren wohl bestenfalls nicht über einen reinen Substitutionseffekt hinaus.[659] Trotzdem war das „DAB Meisterpils" offensichtlich auch
in den folgenden Jahren ein Erfolgsgarant. Jedenfalls stiegen die Werbeausgaben
der DAB für diese Marke bis zum Jahr 1979 auf rd. 2,6 Mio. DM im klassischen
Medienbereich an.[660]

Über die in dieser Zeit stattgefundenen produktpolitischen Anpassungen und
Umorientierungen – vor allem bezüglich der sortenmäßigen Zuordnung bereits
eingeführter Marken – soll beispielhaft für die Kronen-Brauerei in der Fallstudie
5 berichtet werden.

### 3.6.1.4 Die Stellung der Dortmunder Biere im Verbraucherbewusstsein Ende der 1970er Jahre sowie die Folgerungen für das Marketing der Brauereien

1978 besannen sich die hiesigen Betriebe im Rahmen der weiterhin bestehenden
„Werbegemeinschaft Dortmunder Brauereien", ihre produktpolitische Ausrich-
tung im Rahmen einer kollektiven Selbstbeobachtung untersuchen zu lassen.
Die in Auftrag gegebene „Marktpsychologische Grundlagenstudie Dortmunder
Bier"[661] enthielt folgende Themenschwerpunkte: Dortmund als „Bierstadt" sowie

---

[658] Im Jahre 2002 wurde die „Dortmunder Union-Ritter-Brauerei" in „Brauerei Brinkhoff
GmbH" umbenannt, bevor 2004 die Muttergesellschaft „Brau und Brunnen" vom Oetker-
Konzern übernommen und aufgelöst und das operative Geschäft auf die Radeberger-Gruppe
übertragen wurde.

[659] Vgl. Böse, Christian: a.a.O., S. 211 mit Bezug verschiedene Artikel in der „Brauwelt".
Vgl. „DAB/Hansa leichte Absatzeinbußen", in: Brauwelt 14 (1972) S. 255; „Ausstoßminde-
rung bei der DAB", in: Brauwelt 19 (1971), S. 357; „DAB/Hansa-Gruppe", in: Brauwelt 12
(1976) S. 354.

[660] Siehe Tabelle 3.19: Werbeaufwendungen der Dortmunder Brauereien 1979 im vorangegangenen Kapitel.

[661] Vgl. WWA, F 122 Nr. 5077: Marktpsychologische Beratungsgruppe Oppermann: Marktpsychologische Grundlagenstudie Dortmunder Bier, durchgeführt im Auftrag der Werbegemeinschaft Dortmunder Brauereien, Mai/Juni 1978. Datenbasis waren 557 durchgeführte

in seiner Braukompetenz für einzelne Sorten, Vorstellungsbilder zu Dortmunder Bier sowie den Brauereien, die Bedeutung der Begriffe „Privatbrauerei" und „Aktiengesellschaft" sowie von „Spezialbrauerei" und „Sortimentsbrauerei" und schließlich das Image einzelner Biersorten.

Die „Werbegemeinschaft" fasste die Ergebnisse der Studie im Anschluss an eine Tagung sowie eine Besprechung der Marketing-Leiter im Februar 1979 folgendermaßen zusammen:[662]

- Im Bewusstsein der Verbraucher ist die Exportlastigkeit des Dortmunder Bieres *nicht* gegeben. Aus den detaillierten Ergebnissen der Studie lässt sich ergänzen: Dortmund ist auch als Pilsbraustätte „in den Köpfen" der Biertrinker.
- Die Braukompetenz der Dortmunder Brauereien ist akzeptiert, und zwar aufgrund der Bekanntheit und Verbreitung, der Konkurrenzsituation sowie der Erfahrung und Tradition.
- Für die einzelnen Markenkonzepte folgt daraus, dass den Bieren aus Dortmund mit Qualitätserwartungen begegnet wird und ein gemeinsamer „Goodwill" für die einzelnen Biermarken gegeben ist und als wesentlicher imagebildender Faktor berücksichtigt werden kann.
- Allerdings: Im erweiterten Absatzgebiet „ist das Image des Dortmunder Bieres ungünstig".

Das bedeutete aus der Sicht des Auftraggebers:

- Für das Getränk „Bier" ist grundsätzlich die Herkunft von erheblicher Bedeutung, und zwar sowohl für die „Heimat"-Brauerei als auch für die Versandbrauerei.
- Der Zuordnung zum „Dortmunder Bier" kann sich keine Dortmunder Brauerei entziehen.
- Die Dortmunder Brauereien in ihrer Gesamtheit begründen die Braukompetenz, von der jede einzelne Brauerei profitieren kann.

Das abschließende Fazit lautete: „Die Darstellung eines organisierten Selbstvertrauens ist durch eine übergeordnete Institution überzeugender, glaubwürdiger und für den Angesprochenen sympathischer." Offensichtlich bringt sich hier

---

Interviews mit regelmäßigen Bierkonsumenten mit Schwerpunkten in Dortmund sowie der näheren Umgebung als dem Kernabsatzgebiet bzw. erweiterten Absatzgebiet.

[662] Vgl. zum Folgenden: WWA, F 122 Nr. 5077: Werbegemeinschaft Dortmunder Brauereien, Information an die Mitgliedsfirmen als Rundschreiben 1/79 vom 5. März 1979 des VDB.

der VDB als Interessenvertreter der Dortmunder Brauwirtschaft sowie die ange-
gliederte Werbegemeinschaft nach dem Bedeutungsverlust im Anschluss an die
weitgehende Einstellung der Gemeinschaftswerbung wieder ins Gespräch. Die
Mitgliederinformation enthält darüber hinaus eine umfangreiche Vorschlagsliste
zu gemeinschaftlichen Maßnahmen und Aktionen. Im Einzelnen reichen diese
von einem Gastronomieführer mit originellen Gaststätten über die Ausrichtung
von Volksfesten bis hin zur Schaffung eines gemeinsamen Markenzeichens der
Dortmunder Brauereien und gemeinschaftlichen Auftritten auf Ausstellungen und
Kongressen.

Über die Interpretationen der Werbegemeinschaft hinaus lassen sich aber aus
dem Bericht des Marktforschungsinstituts weitere wichtige Erkenntnisse für die
*einzelne* Brauerei ableiten, so z. B.:[663]

- Die Vorbehalte gegenüber Dortmunder Bier werden *nur* in der erweiterten
  Absatzregion deutlich, wo Dortmunder Bier, „*insbesondere Pils*, in besonderem Maße an den Sauerländer Marken einerseits und an KÖNIG-PILSENER
  andererseits gemessen wird."[664] Offensichtlich bedeutet dies, dass zwischen
  dem Heimatgebiet als Kernabsatzgebiet und dem erweiterten Absatzgebiet im
  Rahmen eines Expansionsstrebens zu unterscheiden ist.
- „DORTMUND als Bierstadt und DORTMUNDER BRAUEREIEN bringt man
  nahezu gleichermaßen mit den Sorten *Pils und Export* in Verbindung, wobei
  sich eher noch eine Tendenz zugunsten des *Pils* ergibt."[665]
- Das Image des Produktes „Dortmunder Pils" weicht „höchstens unwesentlich von den allgemeinen Pilsvorstellungen ab, so daß die Herkunft aus
  Dortmund durchaus in die Markenstrategie für ein Pils einer Dortmunder
  Brauerei integriert werden kann",[666] wenn auch – wie zu ergänzen sein
  dürfte – im Vergleich zu den Premiumbieren vermutlich auf einem niedrigeren
  Preisniveau.
- Verbraucher ziehen das Angebot einer *Privatbrauerei* demjenigen einer *Akti-
  engesellschaft* vor; ebenso präferieren sie das Bier einer *Spezialbrauerei*
  gegenüber einer *Sortimentsbrauerei*.

---

[663] Vgl. zum Folgenden: WWA, F 122 Nr. 5077: Marktpsychologische Beratungsgruppe
Oppermann: Marktpsychologische Grundlagenstudie Dortmunder Bier, durchgeführt im
Auftrag der Werbegemeinschaft Dortmunder Brauereien, Mai/Juni 1978, Vorangestellte
Zusammenfassung der wichtigsten Untersuchungsergebnisse, S. I bis X.

[664] Ebenda, S. II. (Herv. d. Verf., H.F.)

[665] Ebenda, S. II. (Herv. d. Verf., H.F.)

[666] Ebenda, S. III. (Herv. d. Verf., H.F.)

- *„Sortimentsbrauereien und Aktiengesellschaften* […] sind besser beraten, wenn sie ihre Marketingstrategien auf *eigenständige* Markenprofilierung verlegen, die das breiter verteilte Produktionsinteresse des Unternehmens nicht erkennen lassen."[667] Offensichtlich muss man als Privatbrauerei die strategische Ausrichtung der Konzernbrauerei in der Markenpolitik nicht zwangsläufig übernehmen.
- Die Dortmunder Kronen-Brauerei „[prägt] aufgrund ihres Unternehmensimages das Bild DORTMUNDER BRAUEREIEN besonders unter dem Aspekt der Tradition und Erfahrung […].[668]
- Die Sorte *Export* hebt sich in der Vorstellung der Verbraucher „nur höchstens durch den Gedanken an alteingesessene Marken und die durstlöschende Wirkung des Bieres" ab, „während die Sorte *Pils* eine Fülle von Eigenschaften, die an ihr vom Verbraucher erkannt werden, aufweist."[669] Hier sind offensichtlich konkrete Hinweise für die werbliche Argumentation enthalten.

Konkrete Schritte zur Umsetzung der Erkenntnisse aus dieser Image-Studie sowie der Empfehlungen der Auftraggeberin lassen sich auf Verbandsebene erst sechs Jahre später, im Jahre 1985, feststellen. In diesem Jahr wurde eine PR-Agentur damit beauftragt, „mit einer geeigneten Image-Kampagne ein gemeinsames Dach zu kreieren, unter das alle Brauereien ihre eigenen Strategien stellen können."[670] Die Agentur beschrieb zunächst die Problempunkte, wobei sie differenzierte zwischen Problemfeldern, die unabhängig vom „Dortmunder Bier" entstanden waren und solchen, die von den hiesigen Brauereien selbst verursacht oder durch Unterlassung (mit)bewirkt wurden.[671]

Zur ersten Gruppe gehörten der allgemeine Bevölkerungsrückgang, die erhöhte Arbeitslosigkeit in der Region, die Änderung der Konsumgewohnheiten (u. a. Pils- bzw. Premiumtrend); letzteres mit der Konsequenz, dass Dortmunder Bier inzwischen nicht mehr als „Premium-Bier", sondern eher als „preiswertes Massenbier" galt. Ferner wurden die Bedrohung durch ausländische Konkurrenz sowie die Image-Vorteile der inländischen Konkurrenz genannt.

---

[667] Ebenda, S. VI. (Herv. d. Verf., H.F.)

[668] Ebenda, S. VI.

[669] Ebenda, S. IX. (Herv. d. Verf., H.F.)

[670] WWA, F 122 Nr. 5077: ABS Presse-information GmbH & Co. KG, Agentur für Öffentlichkeitsarbeit, Düsseldorf: Verband Dortmunder Bierbrauer. Rahmenkonzeption Öffentlichkeitsarbeit, April 1985. S. 2.

[671] Dazu und zum Folgenden vgl. ebenda, S. 4 ff.

Zur zweiten Gruppe zählte die Agentur das Informationsdefizit, das sich insbesondere darin ausdrückte, dass die Dortmunder Betriebe es zugelassen hatten, dass ihr Bier bis dato dem Begriff „Export" zugeordnet wurde, obwohl der produzierte Pils-Anteil in Dortmund mit inzwischen 58,5 % weit über dem Export-Anteil mit 23 % liegen würde, die Stadt damit auch eine Spitzenposition innerhalb NRWs einnehmen würde und mithin als „Pils-Stadt" bezeichnet werden könnte. Hinzu komme eine verfehlte Gastronomiepolitik – z. B. die Belieferung auch wenig gepflegter Lokale – sowie auch fehlende PR-Arbeit bei den Themen: Massenbier sowie Qualität des Industriebieres großer Brauereien. Schließlich wird die Uneinheitlichkeit des öffentlichen Auftretens der Dortmunder Wettbewerber bemängelt.

Daran anknüpfend hatte die Agentur eine Reihe von Argumenten pro Dortmunder Biere formuliert und begründet, so u. a. die traditionelle Braukompetenz und Spitzenqualität der Biere, die Vielfalt der Bierangebote (30 verschiedene Biere), die Wirtschaftskraft der Unternehmen und ihre Bedeutung als Arbeitgeber (20.000 direkte oder indirekte Arbeitsplätze). Im Anschluss daran wurde ein Katalog an Strategien, Maßnahmen und Aktionen vorgestellt, womit folgende Zielgruppen angesprochen werden sollten: Meinungsbildner (z. B. Presse- und TV/Hörfunk-Redaktionen), Fachöffentlichkeit (z. B. Handel, Gastronomie), Brauerei-Mitarbeiter sowie die breite Öffentlichkeit. Die Vorschläge reichten von Mitteln der Medienarbeit (z. B. Pressegespräche mit der Tages- und Wirtschaftspresse sowie der Fachpresse; außerdem Presse-Workshops) über die Erstellung von Informationsmaterialien und -mitteln (z. B. Image-Broschüre, Dortmunder Bier-Zeitung, Film, Unterrichtshilfen für Schulen und Direct Mails) und besonderen Aktionen (z. B. Dortmunder Bier-Sommer, Mitmach-Aktionen in der Gastronomie) bis hin zu Solidarisierungsmitteln (z. B. immerwährender Wandkalender, Dortmunder Bier-Spiel) sowie Außenwerbung und Anzeigen in Publikumszeitschriften und überregionalen Zeitungen (FAZ, Welt, Handelsblatt, Zeit). Es ist anhand der Archivunterlagen nicht zu belegen, ob bzw. inwieweit diese Vorschläge realisiert worden sind.

### 3.6.1.5 Der unverminderte Kampf auf den Absatzwegen insbesondere im Lebensmittelhandel

Der bereits in der „Ausreifungsphase" für die Dortmunder Brauereien spürbare Wettbewerbsdruck innerhalb der Branche sowie der zusätzliche Druck im Vertragsverhältnis mit den Handelsorganisationen setzte sich im Zeitraum 1974 bis 1990 verstärkt fort. Das betraf insbesondere das Flaschenbiergeschäft. Wie und mit welchen Mitteln hier der Wettbewerb der Dortmunder Brauereien untereinander ausgetragen wurde und welche Maßnahmen bei der Akquisition und Pflege von Händlern bzw. deren Organisationen dabei ergriffen wurden, ist in den dem WWA zur Verfügung gestellten Archivunterlagen nur sehr bruchstückhaft dokumentiert. In den Fallstudien 4 und 5 können dazu ein paar Einzelbeispiele gezeigt werden.

Allerdings können aus den Erhebungen der GfK-Handelsforschung die Verschiebungen in der Bedeutung verschiedener Vertriebswege über die Zeit abgelesen werden. So wuchs – in der *bundesweiten* Betrachtung des Flaschenbiermarktes – der Anteil des Lebensmittelhandels im Beobachtungszeitraum von 32 % auf 53 %. Der Anteil der häufig dem Lebensmitteleinzelhandel angeschlossenen Abholmärkte erhöhte sich von 11 % auf 20 %. Damit hat der stationäre Einzelhandel insgesamt seinen Anteil von 43 %[672] auf 73 % erhöht. Entsprechend verminderten sich die Anteile des Heimdienstes (von 26 % auf 6 %) sowie der Gastronomie (von 27 % auf 12 %).[673] Diese Bedeutungsverschiebung der Absatzwege war einerseits Ausdruck des sich weiter gewandelten Nachfrageverhaltens der Bierkonsumenten, zum anderen aber aus Brauereisicht auch aus der Notwendigkeit entstanden, im Kampf um Marktanteile sich in die attraktiven Vertriebswege hineinzudrängen, auch wenn dies häufig mit verminderten Erlösen aufgrund niedrigerer Einstandspreise, zusätzlicher Rabattierungen und Sonderkonditionen verbunden war.

Die Tabelle 3.20 zeigt die beschriebenen Bedeutungsverschiebungen der unterschiedlichen Vertriebswege im Flaschenbierbereich in der Zeit von 1974 bis 1990 im Einzelnen.

Allerdings wurde diese Strukturverschiebung zwischen dem Handel und der Gastronomie begleitet von einem Konzentrationsprozess im Handelsbereich selbst. In der Tabelle 3.21 sind die Veränderungen im Bierabsatz in der Zeit von 1984 bis 1990 für die in der vorangegangenen Tabelle separat ausgewiesenen Vertriebswege Lebensmittelhandel und Abholmärkte dokumentiert (beide zusammen = 100 %).

Eindeutige Gewinner waren die Abholmärkte, deren Anteil am Bierabsatz innerhalb der Lebensmittelbranche von 27,6 % weiter auf 35,8 % stieg und die

---

[672] Ein Vergleich mit den im Abschnitt 3.5.1.5 gezeigten und berechneten Anteilswerten ist nicht unmittelbar möglich, da dort nicht nur der Flaschenbierabsatz, sondern der gesamte Bierabsatz, also inklusive des Fassbierabsatzes, betrachtet wird. Setzt man allerdings den dort ausgewiesenen Heimkonsum weitgehend mit dem Flaschenbierabsatz gleich, so bewegen sich die dort ausgewiesenen 47 % für den Lebensmitteleinzelhandel im Jahr 1973 ungefähr auf dem Niveau der hier für das Jahr 1974 ausgewiesenen 43 % des gesamten stationären Einzelhandels (Lebensmitteleinzelhandel plus häufig angeschlossener Abholmärkte).

[673] Vgl. Pschorr, Josef: a.a.O., S. 45 f. mit Bezug auf Erhebungen der GfK-Handelsforschung.

**Tabelle 3.20** Vertriebswege von Flaschenbier und Dosen in Westdeutschland 1974 bis 1990 (Mengenanteile in Prozent)[674]

| Vertriebswege von Flaschenbier und Dosen in Westdeutschland 1974 bis 1990 (Mengenanteil in %) | | | | | |
|---|---|---|---|---|---|
|  | 1974 | 1979 | 1984 | 1988 | 1990 |
| Lebensmittelhandel | 32 | 46 | 51 | 51 | 53 |
| Abholmarkt | 11 | 16 | 16 | 20 | 20 |
| Heimdienst | 26 | 14 | 12 | 7 | 6 |
| Gastronomie | 27 | 17 | 13 | 13 | 12 |
| alle anderen | 4 | 7 | 8 | 9 | 9 |
| Gesamt | 100 | 100 | 100 | 100 | 100 |

**Tabelle 3.21** Geschäftstypen beim nationalen Bierabsatz im Lebensmittelhandel und Abholmarkt 1984 bis 1990 (Mengenanteile in Prozent)[675]

| Geschäftstypen beim nationalen Bierabsatz im Lebensmittelhandel und Abholmarkt 1984 bis 1990 (Mengenanteil in %) | | | |
|---|---|---|---|
|  | 1984 | 1986 | 1988 | 1990 |
| Abholmarkt | 27,6 | 31,3 | 35,5 | 35,8 |
| Verbrauchermarkt | 25,0 | 25,8 | 24,8 | 25,7 |
| Discounter | 5,9 | 6,2 | 6,1 | 6,4 |
| trad. Lebensmittel-Einzelhandel | 41,5 | 36,7 | 33,6 | 32,0 |
| Gesamt | 100 | 100 | 100 | 100 |

damit die größte Bedeutung für den Bierabsatz innerhalb dieses Segments hatten. Die Verbrauchermärkte konnten ihre Position mit einem Anteil von rd. 25 % halten; gleiches gilt für den 6 %igen Anteil der Discounter. Relativ verloren haben die traditionellen Lebensmittelhändler, die aber 1990 mit einem Anteil von 32 % immer noch eine große Bedeutung als Absatzmittler für die Brauereien hatten.[676]

---

[674] Quelle: Pschorr, Josef: Marketing von Markenbieren unter besonderer Berücksichtigung wettbewerbs-orientierter und markentechnischer Gesichtspunkte, Krefeld 1992, S. 45 mit Bezug auf Erhebungen der GfK-Handelsforschung (Übernahme der Tabellenwerte aus der grafischen Gesamtdarstellung).

[675] Quelle: Pschorr, Josef: Marketing von Markenbieren unter besonderer Berücksichtigung wettbewerbs-orientierter und markentechnischer Gesichtspunkte, Krefeld 1992, S. 48 mit Bezug auf Erhebungen der GfK-Handelsforschung (Übernahme der Tabellenwerte aus der grafischen Gesamtdarstellung).

[676] Vgl. Pschorr, Josef: Marketing von Markenbieren unter besonderer Berücksichtigung wettbewerbs-orientierter und markentechnischer Gesichtspunkte, Krefeld 1992, S. 47 mit Bezug auf Erhebungen der GfK-Handelsforschung.

Dabei hat innerhalb des Lebensmittelhandels ein mehr als zwei Jahrzehnte
währender starker Konzentrationsprozess stattgefunden. So schrumpfte die Zahl
der Geschäfte zwischen 1970 und 1990 um rd. 60 % von 165.000 auf 64.900.
Gleichwohl verdreifachte sich fast der Umsatz der jeweils bestehenden Betriebe
von insgesamt 50,5 Mrd. DM auf 142,7 Mrd. DM. Vom Konzentrationsprozess
waren in erste Linie die traditionellen Lebensmitteleinzelhändler betroffen.[677]

Als Vertragspartner von Brauereien sind auf diese Weise immer größere
Handelsbetriebe bzw. Handelsorganisationen entstanden mit einer gewachsenen
Durchsetzungsfähigkeit in den Vertragsverhandlungen. Große Abnahmemengen
und ein hoher Warenumschlag konnten so im Poker um die Listung und um die
Erringung günstiger Konditionen als Argumente genutzt worden. Die Nachfrage-
macht zeigte sich über die Preisgestaltung hinaus auch bei der Sortimentspolitik.
Der Handel bestimmte, welche Biersorten und Marken er in seine Regale ließ.
In der Konsequenz bedeutete dies, „daß sich der Lebensmittelhandel [...] nur auf
die Listung profilierter Marken leistungsstarker Brauereien oder von Bieren der
Brauereien, die in den geforderten Mengen und Verpackungen und mit den vom
Handel gewünschten Konditionen liefern können, beschränkt. Er verwehrt dage-
gen Brauereien, deren Bier noch nicht erfolgreich eingeführt sind oder die der
Forderung nach zusätzlichen Konditionen nicht entsprechen können, die Listung
und damit den Zugang zu seinen Verkaufsplätzen."[678]

Die Dortmunder Brauereien standen in dieser Marktphase im Verhältnis zu
den Handelspartnern nach wie vor in einem Spannungsfeld zwischen Premiumbrauereien und Billigbrauereien. Wie im Abschnitt 3.5.1.5 schon analysiert,
war der Einzelhandel doppelt so häufig bereit, ein Konsumbier als ein Premiumbier im Sortiment zu wechseln oder ersatzlos herauszunehmen. Auch dürfte
sich der Druck auf die Brauereien verstärkt haben, wesentliche Funktionen und
Kosten auf die vorgelagerte Absatzmittlerstufe bzw. die Brauereien abzuwälzen,
etwa die Lagerhaltungsfunktion und die damit verbundenen Kosten.Zudem waren
die Gesprächs- und Vertragspartner der Brauereien überwiegend nicht einzelne
Lebensmittelhändler, sondern die Zentralen der Handelsorganisationen. In den
folgenden beiden Fallstudien können einzelne Beispiele für Verhandlungsverläufe
und -ergebnisse gegeben werden.

---

[677] Vgl. Pschorr, Josef: a.a.O., S. 47.
[678] Ebenda, S. 50 f.

### 3.6.1.6 Die sich weiter verengenden Preisspielräume der Dortmunder Brauereien

Die Entgeltpolitik war auch in dieser Marktphase ein wesentliches Wettbewerbs-instrument in der gesamten Brauwirtschaft[679] und dürfte es wohl auch nach wie vor zwischen den Dortmunder Konkurrenten gewesen sein. Jedoch lassen sich aus den Archivunterlagen des WWA zu konkreten Maßnahmen und ihren Wirkungen für diesen Zeitraum kaum Unterlagen finden. Charakteristisch für die Verhand-lungen von Brauereien mit ihren Vertragspartnern war, dass der eigentliche Angebotspreis nur noch nebensächlich war, sondern der Vertragsabschluss von Rabattsystemen und verschiedenen Nebenleistungen, u. a. auch Aktionsgeldern, abhängig gemacht wurde.[680]

Die Anbieterkonkurrenz wurde dabei ergänzt durch den wachsenden Druck auf der Absatzmittlerebene, nämlich des Getränkefachgroßhandels einerseits sowie der organisierten Lebensmittelhändler andererseits, wie im Vorkapitel beschrie-ben. Hierdurch wurde die Polarisierung zwischen hochpreisigen Premiumbieren und Billigbieren zu Lasten der mittelpreisigen Konsumbiere verstärkt. Für die letztere Biergruppe wirkte der Preis seinerseits imageprägend und verstärkte so die Negativwirkung der zuvor fehlenden imagemäßigen Profilierung.

Das betraf allerdings die verschiedenen Geschäftszweige und Abnehmergrup-pen in unterschiedlicher Weise. So konnten die Brauereien die Erzeugerpreise im Fassbiergeschäft mit der Gastronomiebranche leichter erhöhen als für Flaschen-bier im Handelsbereich. Ersteres galt insbesondere für die Gaststätten, die durch langfristige und enge Bezugsverpflichtungen gegenüber den Brauereien gebunden waren. Im Handelsgeschäft spiegelte sich die Marktmacht insbesondere der Groß-betriebsformen des Lebensmitteleinzelhandels wider. Die Folge war, dass sich die Preisschere zwischen den beiden Distributionskanälen ständig erweiterte: So wur-den den Einkaufszentralen häufig günstigere Preise und Konditionen eingeräumt als den traditionellen Geschäftspartnern auf der Handelsseite, dem Getränkefach-großhandel, und dies, obwohl dieser vergleichsweise umfangreichere Funktionen sowie Leistungen für seinen Vertragspartner auf der Brauereiseite übernahm. Zudem wurden die niedrigeren Einkaufspreise von der Lebensmittelbranche häu-fig zu günstigen Aktionsangeboten genutzt, so dass für die Brauerei die Gefahr bestand, dass mittelfristig, und zwar dauerhaft, der Normalpreis auf den Aktions-preis abrutschte.[681] Damit hatten die Brauereien auch ein Problem, ihre Marken im Premiumbereich zu etablieren.

---

[679] Vgl. Wiese, Frank: a.a.O., S. 293 mit Bezug auf: o. V.: Bierpreis in der Sackgasse, in: Getränkemarkt, 4. Jg., Heft 9, Nürnberg 1985, S. 410.

[680] Vgl. ebenda, S. 293.

[681] Vgl. ebenda, S. 294.

Die von den Brauereien zusätzlich praktizierte Rabatt- und Nebenleistungspolitik hat diese Unterschiede in ihren Wirkungen noch verstärkt. „Die weitgehende Konzeptlosigkeit und Unüberschaubarkeit ihrer Rabattpolitik geriet vielen deutschen Brauereien zum größten Imagefeind."[682] Durch verschiedenste Rabatte und Rückvergütungen in unterschiedlichster Höhe wurde ein und dieselbe Biermarke zu verschiedenen Einstandspreisen an die Händler verkauft. Einerseits schürte dies das Misstrauen unter den Handelspartner, wirklich den günstigsten Preis erhalten zu haben, andererseits wirkten die differenzierten Endverbraucherpreise einer Marke beim Verbraucher verunsichernd. Insgesamt führten häufig aufeinanderfolgende Preisaktionen sowie auch Naturalrabatte beim Lebensmittelhandel zu einem Preisverfall sowie zu Imageerosionen. „Viele überhöhte Rückvergütungen und Rabatte aufgrund falscher Absatzeinschätzungen ließen darüber hinaus viele Vertragsabschlüsse zu ‚Zusatzgeschäften' werden."[683] Darüber hinaus wurden dem Lebensmittelhandel zusätzliche finanzielle Zuwendungen in Form von Eintrittsgeldern, Palettenplatzmieten und Werbekostenzuschüssen gewährt.[684]

Aber auch im Gastronomiebereich wurden die Zugeständnisse der Brauereien in den 1970er und 1980er Jahren immer größer, insbesondere im Wettbewerb der Brauereien um die mittlerweile 30 bis 40 % nicht bezugsvertraglich gebundenen Gaststätten. Außerdem ging es um neue Gaststätten bzw. die Erhaltung alter Absatzstätten nach Auslaufen der langfristigen Verträge. Dies betraf insbesondere gewährte Finanz- und Sachdarlehen; z. T. wurden auch „verlorene" Zuschüsse zu Investitionen gewährt. Die Gaststätten spielten dabei häufig auch die Brauereien gegeneinander aus.[685]

Insgesamt war das Geschäft mit dem Gastronomiegewerbe für die Brauereien aber erheblich ertragreicher als die Lieferbeziehungen zu den Handelsformen, die den Zuhause-Konsum von Bier bedienten, also insbesondere zu den verschiedenen Formen des Lebensmittelhandels. Bruno Tietz hat für das Jahr 1977 Berechnungen angestellt zum Verhältnis der Mengen- sowie der Wertanteile des Biervertriebs über die verschiedenen Absatzkanäle. Das Ergebnis ist eindeutig, wie die Zahlen in Tabelle 3.22 belegen: Während die Gastronomie im weitesten Sinne einen Mengenanteil von 38,5 % am Bierabsatz der bundesdeutschen Brauereien hatte, betrug ihr Wertanteil, dargestellt als Umsatzgröße, 68,0 %. Umgekehrt war das Verhältnis bei den verschiedenen Handelsformen für den Heimkonsum einschließlich der Hauslieferungen der Brauereien (Heimdienst): Einem Mengenanteil von 61,5 % stand ein Wertanteil von 32,0 % gegenüber.

---

[682] Ebenda, S. 296.

[683] Ebenda.

[684] Vgl. Ebenda, S. 297.

[685] Vgl. ebenda.

**Tabelle 3.22** Mengen- und Wertanteile der verschiedenen Einkaufsquellen am Bierabsatz in der Bundesrepublik Deutschland im Jahre 1977 (in Prozent)[686]

| Mengen- und Wertanteile der verschiedenen Einkaufsquellen am Bierabsatz in der Bundesrepublik Deutschland im Jahre 1977 in Prozent | | |
|---|---|---|
| Absatzweg | Mengenanteil | Wertanteil |
| Gastronomie | 31,0 | 58,3 |
| Handelsgastronomie | 2,5 | 3,7 |
| Großverbraucher | 5,0 | 6,0 |
| Zwischensumme I | 38,5 | 68,0 |
| Einzelhandel | 36,2 | 17,8 |
| Heimdienst | 23,1 | 13,3 |
| Sonstige | 2,2 | 0,9 |
| Zwischensumme II | 61,5 | 32,0 |
| Gesamt | 100,0 | 100,0 |

Die Dortmunder Brauereien standen also – wie alle bundesdeutschen Brauereien – vor der Aufgabe, einerseits ihre Präsenz in den stark wachsenden Vertriebskanälen insbesondere des Lebensmittelhandels auszubauen und zu stärken, dabei aber Gefahr zu laufen, keine kostendeckenden Preise zu erwirtschaften, und andererseits das werterhaltende Geschäft mit der Gastronomie weiterhin zu stärken, sich dabei aber der Vorwürfe erwehren zu müssen, hier vergleichsweise viel höhere Preise in Rechnung zu stellen.

Das bedeutete, dass auch das Gastronomiegewerbe als ganz wesentlicher Partner und Ertragsgarant insbesondere für das Fassbiergeschäft gepflegt werden musste. Dies geschah über die geschäftsmäßigen regelmäßigen Kontakte der einzelnen Brauereien hinaus auch über die Präsenz von Brauereimanagern in Verbandsveranstaltungen. So hat z. B. Peter Cremer, der Mitinhaber und Geschäftsführer der Thier-Brauerei 1983 vor dem Arbeitskreis „Hotel- und Gaststättengewerbe" aus Sicht der Brauindustrie allgemein einen Vortrag gehalten zum Thema: „Die Verkaufsstrategie einer gastronomieorientierten Brauerei für die 80iger Jahre".[687] Der Referent betonte dabei einerseits die außerordentlich große Bedeutung dieses Gewerbezweiges für die Bierabsatz, andererseits

---

[686] Quelle: WWA, F 122 Nr. 5014: Festvortrag aus Anlaß des 125-jährigen Jubiläums der Dortmunder Privatbrauerei Thier über Markt und Marketing für Bier von Prof. Dr. Bruno Tietz am 27. Juni 1979 im Großen Haus der Städtischen Bühnen Dortmund, Tabelle auf der Basis eigener Berechnungen von Bruno Tietz auf S. 27 des Manuskripts.

[687] Vgl. WWA, F 122 Nr. 5296/2: Vortrag anlässlich des Arbeitskreises „Hotel- und Gaststättengewerbe" zum Thema: „Die Verkaufsstrategie einer gastronomieorientierten Brauerei für die 80iger Jahre" von Dipl.-Kaufmann Peter Cremer am 31. Januar 1983 im Seminargebäude der Industrie- und Handelskammer zu Dortmund.

ging er auf typische Probleme in vielen Betrieben der traditionellen Gastronomie ein, etwa auf die mangelnde Ausrichtung auf die Bedürfnisse des Gastes bzw.
bestimmter Zielgruppen sowie auf die unzureichende Konzeption in der Betriebsführung einschließlich vorhandener Defizite im betriebswirtschaftlichen Bereich.
Peter Cremer bot aus Brauereisicht Hilfestellungen an, etwa bei der Beratung
und Schulung auf den Gebieten der äußerlichen Präsentation einer Gaststätte
(etwa Einrichtung und Atmosphäre), der Entwicklung der Personalqualifikation,
der Verbesserung von Funktionsabläufen sowie der Führung der Gaststätte unter
betriebswirtschaftlichen Gesichtspunkten.

Was die Preisentwicklung im Biermarkt betrifft, so muss die tatsächliche –
sich in DM/hl ausdrückende – Preisentwicklung für Bier in den 1970er und
1980er Jahren zusätzlich vor dem Hintergrund der zeitweise schwierigen gesamtwirtschaftlichen Entwicklungen gesehen werden. Die 1970er Jahre sind mit dem
Begriff der „Stagflation" verbunden gewesen – der Gleichzeitigkeit von stagnierender Wirtschaftsleistung und hoher Inflation. So stieg die Inflationsrate sehr
schnell von 3,6 % (1970) über 5,2 % (1971) auf 7,1 % bzw. 6,9 % (1973 bzw.
1974), hielt sich bei 6,0 % (1975) und nahm erst in den Folgejahren allmählich
ab auf 2,7 % (1978), um dann nur zwei Jahre später erneut zu steigen auf 5,4 %
(1980) sowie 6,3 % (1981). Erst danach sank sie wieder auf 5,2 % (1982) bis hin
zu  – 0,1 % (1986).[688]

Im Verhältnis zu diesen hohen Inflationsraten haben sich die Umsatzerlöse
je hl *unter*durchschnittlich bzw. zeitversetzt entwickelt.[689] Für die Dortmunder
Brauereien gab es in den Jahren 1974 bis 1976 (möglicherweise auch für 1977[690])
sogar eine gegenläufige Tendenz: Die Durchschnittserlöse sanken in dieser Zeit
von 100,60 DM/hl auf rd. 97,00 DM/hl. Erst 1978 schnellten sie auf knapp 109,00
DM/hl = +12 % hoch – zu einem Zeitpunkt, als die Konsumenten sich vermutlich in anderen Güterbereichen längst an steigende Preise gewöhnt hatten und die
hiesigen Brauereien sich trauten, Preiserhöhungen durchzusetzen. Dagegen verlief die Preisentwicklung im gesamten NRW-Markt sowie im Bundesgebiet viel
gleichmäßiger mit kleinen Zuwachsraten. Allerdings kam es in den Jahren 1976
zu 1977 zu einem bundesweiten Preissprung von rd. 104,00 DM/hl auf rd. 119,00
DM/hl und im Folgejahr auf rd. 123,00 DM/hl. Das waren 18 % mehr als noch
vor zwei Jahren. Damit wurden im bundesweiten Biergeschäft erstmals deutlich

---

[688] Vgl.  https://de.statista.com/statistik/daten/studie/4917/umfrage/inflationsrate-in-deutsc
hland-seit-1948/ (abgerufen am 3.5.2021).
[689] Siehe zum Folgenden auch die bereits im Abschnitt 3.5.1.4 dargestellte Abb. 3.11 sowie
die dort genannte Quelle für die statistischen Daten.
[690] Die Statistik der Thier-Brauerei weist für 1977 einen fehlenden Wert aus.

mehr, nämlich rd. 13,00 DM/hl, an Umsatzerlösen erzielt als in NRW (110,00 DM/hl).

Rückläufige Absatzmengen bei rückläufigen und spät anziehenden Bierpreisen wirkten sich auf die Entwicklung der absoluten Umsatzergebnisse der Dortmunder Brauereien negativ aus[691]: Der Gesamtumsatz der hiesigen Industrie ging von 1974 bis 1978 von einem Spitzenwert von 736,4 Mio. DM (Index-Wert 160,3) auf 689,9 Mio. DM (Index-Wert 150,2) zurück. Das bedeutete, dass die Dortmunder Branche in nur vier Jahren rd. 46,5 Mio. DM = 6,3 % ihres Umsatzvolumens verloren hatte. Dagegen konnte für die Gesamtheit der Brauereien in NRW sowie im Bundesgebiet aufgrund der weiter gewachsenen Ausstoßzahlen bei außerdem positiven Ergebnissen beim Umsatz/hl steigende absolute Umsatzwerte verzeichnet werden. Die „Schere" zwischen der Dortmunder Brauindustrie und den Brauereien auf NRW- sowie auf Bundesebene ging beim Umsatz im Zeitverlauf immer weiter auseinander: Rückläufigen bzw. stagnierenden Umsätzen im VDB-Verbandgebiet standen wachsende Verläufe in den anderen Regionen gegenüber.

Diese Entwicklung drückte auf die Erträge insbesondere der Dortmunder Brauereien, aber auch von Teilen der Branche in NRW sowie im gesamten Bundesgebiet, wie dies bereits im Abschnitt 3.3.2 für die Situation in der ersten Hälfte der 70er Jahre sowie die Zeit danach bis zum Ende der 80er Jahre dargestellt wurde. Dabei bestätigte sich auch die Aussage von Bruno Tietz anlässlich der bereits zitierten Jubiläumsfeier der Thier-Brauerei aus dem Jahre 1979, „daß die Unternehmensgröße nicht zwingend auch ein Garant für Umsatz- und Gewinnwachstum ist."[692] Der Referent wies dabei auch auf die Erfolge des Marketings mittelständischer (Pils-)Brauereien hin.

---

[691] Siehe zum Folgenden auch die bereits im Abschnitt 3.5.1.4 dargestellte Abb. 3.12 sowie die dort genannte Quelle für die statistischen Daten.

[692] WWA, F 122 Nr. 5014: Festvortrag aus Anlaß des 125-jährigen Jubiläums der Dortmunder Privatbrauerei Thier über Markt und Marketing für Bier von Prof. Dr. Bruno Tietz am 27. Juni 1979 im Großen Haus der Städtischen Bühnen Dortmund, S. 42 des Manuskripts.

## 3.6.2 *Fallstudie 4:* Die Marketingaktivitäten der *Dortmunder Thier-Brauerei* in der „Stagnationsphase"

### 3.6.2.1 Die Geschäftsentwicklung im langjährigen Überblick, Absatzstruktur und Erlössituation in der Schwächephase Ende der 1970er Jahre, erste Verkaufsüberlegungen sowie die mittelfristige Unternehmensplanung bis zur Mitte der 1980er Jahre

Für die Thier-Brauerei hat sich die unstete Ausstoßentwicklung in der „Stagnationsphase" fortgesetzt: Zwar konnten von 1973/74 bis 1975/76 jeweils zwischen 460.000 und 470.000 hl produziert werden. Danach rutschten die Ausstoßergebnisse erneut ab bis 1978/79 auf ein Niveau zwischen 420.000 und 435.000 hl ab. Zu Beginn der 80er Jahre konnte das Unternehmen den Absatz aufgrund eines kurzfristig wirkenden Sondereffektes stark steigern auf ein absolutes Spitzenergebnis in der Unternehmensgeschichte von rd. 553.000 hl im Geschäftsjahr 1982/83. Anschließend setzte der Negativtrend bis zum Ende des Jahrzehnts wieder ein mit einem Ergebnis von zuletzt rd. 473.00 hl in 1989/90.[693] Es ist zu vermuten, dass es der Thier-Brauerei in der ersten Hälfte der 1980er Jahre ebenso wie der Dortmunder Gesamtbranche gelungen ist, über die Produktion für Handelsmarken im Billigbierbereich Steigerungsraten zu erzielen, wie im Abschnitt 3.6.1.2 beschrieben.

Für das Geschäftsjahr 1978/79 lässt sich ein Überblick zu der Art der Kunden, ihrer Bierabnahme sowie den erzielten Erlösen gewinnen.[694] Die Thier-Brauerei arbeitete zu diesem Zeitpunkt mit insgesamt 3.758 Kunden zusammen, davon waren 448 Verleger, 1.267 Gaststätte und Kantinen, 1.584 Betriebe aus verschiedenen Handelsorganisationen, wie Warenhäuser, Einkaufsgenossenschaften, Filialisten, Ketten, nicht organisierte Lebensmitteleinzelhändler, Abholmärkte, C + C-Betriebe sowie Kioske/Trinkhallen. Außerdem gab es 453 Privatkunden, Betriebsangehörige etc. und schließlich 6 ausländische Kunden. Der

---

[693] Zu der zahlenmäßigen Entwicklung des Bierausstoßes im Einzelnen vgl. die Ausführungen in den Abschnitte 3.2.2 und 3.2.5 und den dort genannten Quellen.

[694] Vgl. zum Folgenden WWA, F 122 Nr. 5060: Tabelle: Absatz und Erlöse nach Kundenarten: Okt. 1978- Sept. 1979.

Absatz von 432.551 hl verteilte sich folgendermaßen auf die Abnehmergruppen:
- Verleger:                41,7 %
- Gaststätten:             23,6 %
- versch. Handelsorgan.    31,9 %
- Privatkunden etc.         1,5 %
- Ausfuhr                   1,1 %
  Gesamt                  100,0 %

   Die Direktbelieferungen der Gaststätten – hauptsächlich mit Fassbier – hatten einen Anteil von rd. einem Viertel am Gesamtabsatz. Weitere Gaststätten – insbesondere in den Versandgebieten – wurden über die Verleger beliefert, die außerdem aber auch Einzelhandelskunden bedienten und mit rd. 42 % den größten Abnehmerkreis darstellten. Fast ein Drittel des Bierausstoßes erreichte den Biertrinker bereits über die verschiedenen Einzelhandelsorganisationen, besonders aus dem Lebensmittelbereich. Darin dürften auch Handelsmarken zu einem nicht unwesentlichen Anteil enthalten gewesen sein.

   Die Brutto-Erlöse in DM/hl aus den Verkäufen unterschieden sich zwischen den einzelnen Vermittler- und Abnehmergruppen: So lag der Abgabepreis an die Gaststätten mit durchschnittlich rd. 140 DM/hl am höchsten. Die Verleger zahlten knapp 100 DM/hl, und bei den verschiedenen direkt belieferten Einzelhandelskunden lag die Spanne typischerweise zwischen rd. 94 DM/hl (Filialisten) und knapp 110 DM/hl (Ketten). C + C-Betrieben wurden aber knapp 115 DM/hl in Rechnung gestellt, Kaufhäuser sogar knapp 124 DM/hl. Dabei enthält die Statistik keine Differenzierungen zwischen Fass- und Flaschenbier bzw. zwischen den verschiedenen Sorten und Marken oder Gebindegrößen.

   Die ausgewiesenen Erlösschmälerungen machten bei den Verlegern etwas mehr als 1 DM/hl aus und lagen ansonsten bei durchschnittlich 0,30 DM/hl (Gastronomie) bzw. 0,20 DM/hl (Einzelhandel). In diesen Zahlen spiegeln sich die häufig beklagten Preiszugeständnisse nicht wider. Evtl. könnten diese aber auch schon bei der Ermittlung der Brutto-Erlöse berücksichtigt worden sein. Die darüber hinaus gewährten Gratiszuwendungen an Bier beliefen sich insgesamt im Schnitt auf rd. 1,70 DM/hl und ragten bei den Lieferungen an die Genossenschaften (4,47 DM/hl) sowie beim nicht organisierten LEH und den Kiosken/Trinkhallen (rd. 3,30 DM/hl) und schließlich bei den Abholmärkten (rd. 3,10 DM/hl) heraus.

   Die Thier-Brauerei erreichte mit einem durchschnittlichen Brutto-Erlös von knapp 110 DM/hl für das Gesamtgeschäft im Braujahr 1978/79[695] ein besseres

---

[695] WWA, F 122 Nr. 5060: Tabelle: Absatz und Erlöse nach Kundenarten: Okt. 1978- Sept. 1979.

Ergebnis als die gesamte Dortmunder Branche, die 6 bis 8 DM/hl weniger erlöst haben dürfte.[696] Absolut wurde damit ein Erlösvolumen von rd. 47,5 Mio. DM erzielt; das waren 1,1 % mehr als im Vorjahr und 96 % gemessen am Planwert für dieses Jahr.[697]

Die mittelfristige Absatzplanung für den Zeitraum bis 1983/84 sah Steigerungsraten zwischen 3,9 % (1979/80), rd. 2,5 % (1980/81 bis 1982/83) und 3,1 % (1983/84) vor, so dass am Ende des Planungszeitraums – erstmalig seit 1963/64 – wieder die Marke von 500.000 hl Jahresausstoß überschritten werden könnte.[698] Dabei ging man von einem eher schwachen Wachstum im Fassbiergeschäft (1,7 % bis 2,2 %), von einer größeren Bandbreite bei den Mehrwegflaschen (von – 1,1 % bis 3,1 %) und einer noch größeren Spreizung beim Absatzzuwachs von Einweggebinden (von 12,2 % bis 3,8 %) aus.[699] Die Planung nach Sorten unterstellte, dass der Pilsabsatz weiter steigen würde und am Ende des Planungszeitraums seinen Anteil von 61,9 % auf 66,8 % erhöhen könnte, dass sich der Anteil des Export-Bieres von 19,5 % auf 12,0 % verringern würde und dass es für die Sorten Malz und Alt ganz leichte Steigerungsraten geben könnte und sie Anteile von 10,8 % bzw. 8,4 % erreichen würden.[700]

Bei der Investitionsplanung für absatzwirtschaftliche Maßnahmen bis 1983/84 beabsichtigte die Brauerei ab 1980/81 jährlich mit steigender Tendenz 5,0 Mio. DM bis 5,5 Mio. DM auszugeben. Darin enthalten waren die Positionen: Einbauten, Zuschüsse, Leihen, Werbeinventar, Darlehen, Bürgschaften,[701] also vermutlich ganz oder überwiegend Ausgaben zur Stützung des Gastronomiegeschäfts.

In der separaten Werbeplanung sah der 5-Jahresplan ebenfalls steigende Ausgaben vor, und zwar von rd. 2,2 Mio. DM (1979/80) sukzessive auf rd. 3,7 Mio.

---

[696] Vgl. WWA, F 122 Nr. 5060: Tabelle: Überbetrieblicher Vergleich – BRD, NRW Dortmund, Thier. Die Zahlen in dieser Tabelle sind als Umsatz pro hl ausgewiesen und liegen als Monatswerte um 5 bis 6 DM/hl höher als in der vorher genutzten Tabelle. Zudem reichen die Vergleichszahlen für die Dortmunder Branche insgesamt nur über die Monate Oktober bis Dezember.

[697] Vgl. WWA, F 122 Nr. 5060: Tabelle: Ergebnisse 1978/79 – Verkauf ohne Gratisbier.

[698] Tatsächlich wurde – wie eingangs des Kapitels beschrieben – bereits 1982/83 ein Absatz von rd. 553.000 hl erreicht; in 1983/84 brach der Absatz bereits auf rd. 481.000 hl ein, in 1984/85 waren es nur noch rd. 447.000 hl.

[699] Vgl. WWA, F 122 Nr. 5060: Mittelfristige Unternehmensplanung – Tabelle: Absatzplanung 1978/79 – 1983/84 (Verkauf + Gratis).

[700] Vgl. WWA, F 122 Nr. 5060: Mittelfristige Unternehmensplanung – Tabelle: Absatzplanung Sorten 1978/79 – 1983/84.

[701] Vgl. WWA, F 122 Nr. 5060: Mittelfristige Unternehmensplanung – Tabelle: Investitionsplanung 78/79–83/84.

DM (1983/84).[702] Das entspricht einer Steigerung im Gesamtzeitraum von rd. 68 %. Allerdings waren die Werbeausgaben zwischenzeitlich von 3,6 Mio. DM (1977/78) auf 2,2 Mio. DM (1979/80) zurückgefahren worden.[703] So enthielt der Entwurf für den Werbeetat im Geschäftsjahr 1979/80 folgende Positionen:[704]

- Außen-/Innenwerbung (in den Gaststätten)    230.000 DM
- Media                                        595.000 DM
- Marktforschung/Honorare                      135.000 DM
- Sonstige Werbung                             285.000 DM
- Verkaufsförderung                            970.000 DM
  Gesamt                                     2.215.000 DM

Die angesprochene Kürzung der Etatmittel in der Werbung um 1,4 Mio. DM innerhalb von 2 Jahren ist im Wesentlichen zum einen auf die starke Reduzierung der Media-Werbung um 0,8 Mio. auf nur noch knapp 0,6 Mio. DM zurückzuführen, zum anderen betraf dies die Ausgaben für Verkaufsförderung, die um rd. 0,4 Mio. DM auf knapp 1,0 Mio. gekürzt wurden.

Die Thier-Brauerei hatte damit erneut, wie schon in den Geschäftsjahren 1973/74 sowie 1974/75 – wenn auch nur vorübergehend – im Anschluss an einen Absatzeinbruch (in 1972/73) und ein abgeschwächtes Betriebs- und Gesamtergebnis[705] die Etatmittel für die Media-Werbung relativ abrupt ganz erheblich gekürzt und anschließend wieder „hochgefahren". Neu in der Situation von 1979/80 war, dass die Brauerei in dieser Phase außerdem parallel dazu auch die Verkaufsförderungsmaßnahmen entscheidend gekürzt hat. Im folgenden Kapitel soll das mehrfach praktizierte „stop and go" in der Werbepolitik für das abgelaufene Jahrzehnt näher erläutert werden.

Seit Ende der 1970er Jahre gab es bei den Inhaber-Geschäftsführern wiederholt Überlegungen zum Verkauf der Brauerei. Es bestand Einigkeit darin, „es sei besser, auf dem Zenit der eigenen Leistungsfähigkeit als ‚umworbene Braut' in Verkaufsverhandlungen zu gehen, statt damit so lange zu warten, bis Umsatzrückgänge oder andere Probleme die eigene Attraktivität empfindlich schmälern würden."[706] Es gab in dieser Zeit eine Reihe von Gesprächen mit unterschiedlichen

---

[702] Vgl. ebenda.
[703] Vgl. ebenda.
[704] Vgl. WWA, F 122 Nr. 5060: Unternehmensplanung 1979/80 -Tabelle: Werbe- und Verkaufsförderungsplanung 1979/80.
[705] Vgl. WWA, F 122 Nr. 5057: Unternehmensplanung für das Geschäftsjahr 1975/76 – Tabelle: Plan-Betriebsergebnisrechnung.
[706] Cremer, Peter: a.a.O., S. 167.

Übernahmekonstruktionen. Der beinahe unterschriftsreife Vertrag mit der Stern-Brauerei scheiterte schließlich am Veto des Stern-Aufsichtsratsvorsitzenden, weil Thier angeblich „rote Zahlen schreibe". Die Thier-Brauerei hat sich gegen diese ihrer Ansicht nach rufschädigende Äußerung mit einer einstweiligen Verfügung gewehrt, was aber – einmal in den Nachrichten kursierend – imageschädigend wirkte und ihren Ruf als selbständiges Familienunternehmen untergrub sowie auch zur Verunsicherung innerhalb der Belegschaft führte.[707]

Allerdings erwuchs dem Kontakt zur Stern-Brauerei eine Zusammenarbeit mit ihrer Tochtergesellschaft Stifts-Brauerei. Ein Vertrag sah den Lohnbrauauftrag an die Thier-Brauerei für die nächsten 15 Jahre vor.[708]

1991 fiel dann „unter den immer drängender werdenden wirtschaftlichen Umständen doch der Entschluss, den Verkauf der Brauerei aktiv anzugehen."[709] Über eine Unternehmensberatungsgesellschaft wurde damals der Kontakt zur Kronen-Brauerei hergestellt. Die Verhandlungen führten dann zum Verkauf im Jahre 1992. Nach der Übernahme der Stifts-Brauerei im Jahre 1987 gehörte Kronen fortan auch die Thier-Brauerei.

Die weitere Analyse der Maßnahmen in den einzelnen Marketingbereichen wird etwas dadurch beeinträchtigt, dass das Archivmaterial ab den 1980er Jahren nicht den Umfang der Vorperioden erreicht und allem Anschein nach lückenhaft sein dürfte. So sind für dieses Jahrzehnt im Kern lediglich die Materialien zur Strategieentwicklung in den Jahren 1983–1985 verfügbar, ohne dass aber Informationen darüber auffindbar wären, ob und ggf. wie diese Ergebnisse umgesetzt worden sind (s. dazu Abschnitt 3.6.2.8). Außerdem ist das vorhandene Material möglicherweise auch davon abhängig, wer was für archivierwürdig gehalten hat.

### 3.6.2.2 Die Kommunikations- und Verkaufsförderungspolitik nach einer detaillierten Wettbewerbsanalyse

Die Thier-Brauerei sah sich spätestens seit dem Absatzeinbruch im Geschäftsjahr 1972/73 um 8,7 % wiederholt mit der Frage konfrontiert, ob und in welcher Stärke sie ihre Werbemaßnahmen fortsetzen solle. Sie entschied sich damals, die Ausgaben für klassische Werbung plötzlich von knapp 500.000 DM (1972/73) auf nur noch rd. 67.000 DM (1973/74) bzw. 74.000 DM (1974/75) zu kürzen. Auf dieser geringen Etatbasis sollte nur noch Werbung in Tageszeitungen und Fachzeitschriften, ein Jahr danach nur noch in Tageszeitungen vorgenommen werden. Ganz gestrichen wurden dabei Werbeaktivitäten in Publikumszeitschriften

---

[707] Vgl. ebenda.

[708] Vgl. ebenda, S. 167 f.

[709] Ebenda, S. 168.

(1972/73: 262.000 DM), im Fernsehen (rd. 25.000) sowie im Radio (rd. 97.000 DM).[710]

Diese Kürzungen betrafen insbesondere die 1973 vorgenommene Neueinführung der Ausstattung des Pilsangebotes zum „Thier Privat Pils" sowie die – dadurch nur unzureichende – werbliche Unterstützung mit dem Slogan „Thier braut ihr Privatvergnügen".[711]

Eine Werbeagentur, die im Oktober 1973 zur Abgabe eines Angebotes gebeten wurde, stand damals vor dem Problem des Fehlens eines „überdimensioniert großen Werbeetats" und der „spezifische[n] Vertriebs-Flächen-Situation" mit der Konsequenz: „Die Belegung klassischer Medien, auch im Split-Stadium, verbietet sich dadurch nahezu ebenso wie die Belegung nennenswerter Plakatflächen oder gar des Mediums Fernsehen."[712] Die Werbeagentur hat dabei auch die ungleich größere Macht der Dortmunder Konzerne angesprochen: „Demgegenüber steht eine massive, nahezu überregionale Farb-Kampagne im Non-Stop-Verfahren vor allem der Dortmunder großen Konkurrenzbrauereien, die sich um solche feinplanerischen Details offensichtlich nicht zu kümmern brauchen, sondern mit massierter Gewalt vorgehen können, Streuverluste in Kauf nehmen und damit langsam, aber sicher einen Image-Vorteil erringen, der kaum aufholbar sein wird."[713]

Die Thier-Brauerei hat sich wohl auch unter dem Eindruck von Einschätzungen wie der vorgenannten 1976 grundlegend mit ihrer Situation und den Entwicklungschancen für sich am Biermarkt auseinandergesetzt. Ergebnis war eine sehr detaillierte Analyse, die insbesondere auch die Wettbewerbsverhältnisse zu den Dortmunder sowie den überregional aktiven Pilsbrauereien einbezog. Leider enthält dieses Dokument keinen Hinweis auf den Verfasser bzw. die Organisationseinheit, in der es erarbeitet wurde. Diese umfangreiche Analyse mit konzeptionellen Aussagen weist aber auf eine sehr marketingaffine Denkweise hin; sie wurde dann als Briefing für Angebote von Werbeagenturen verwendet.[714]

---

[710] WWA, F 122 Nr. 5182: Briefing für die Erarbeitung eines Kommunikations-Konzepts, ohne Jahr (1976), Tabelle 3.2, S. 144.

[711] Vgl. die Ausführungen im Abschnitt 3.5.2.5.

[712] WWA, F 122 Nr. 5216/7: Graf – Gesellschaft für Werbung und Verkaufsförderung. Werbeagentur: Basis-Konzept Verkaufsförderung und Werbung 1974 und darüber hinaus, S. 1.

[713] Ebenda.

[714] In dieser Zeit hat ein externer Marketingberater (Joachim Köhler, Frankfurt) für Thier gearbeitet. Vgl. zum Folgenden: WWA, F 122 Nr. 5182: Briefing für die Erarbeitung eines Kommunikations-Konzepts, o. J. (1976).

Darin teilte die Brauerei selber ihre bisherigen Werbeaktivitäten in drei Phasen ein:[715]

- Bis 1972: „Phase der Aktualisierung": Thier erläutert diese Phase so: „Die Marke war überaltert, antiquiert und nicht dynamisch. Aus diesem Grunde wurde eine etwas ‚laute' Werbung, mit vielen Aktionen, Preisausschreiben usw. angereichert, betrieben. (In diese Zeit fiel auch die Entstehung der ersten THIER-PILS-PARTY.) Streugebiet: überwiegend Zielgebiet I, mit schwacher Ausdeckung NRW (TV)."
- 1972/73: „Phase der Profilierung": Die Erläuterung lautet: „Es setzte eine dezente Kampagne ein: ‚Privatvergnügen' mit der Betonung ‚Privatbrauerei'. Diese Werbelinie wurde nicht konsequent durchgesetzt (vom Mitteleinsatz) und auch nicht mit Inhalten angereichert (Erklärung bzw. Auslegung des Begriffes ‚Privatvergnügen'). Streugebiet: überwiegend NRW (Teilbelegungen Zeitschriften)."
- Ab 1973: „Phase der knappen Etats": Die Erläuterung dazu: „Eine grundsätzliche Änderung des Konzepts und des Gestaltungsrahmens erfolgte nicht, da die Werbelinie ‚Privatvergnügen' noch relativ neu war und die zur Verfügung stehenden Jahres-Werbeetats zu gering waren, um eine neue Konzeption durchzusetzen.

  Um trotzdem eine werbliche Präsenz gewissermaßen vorzutäuschen, erfolgte eine anlaßbezogene Insertion, wobei das Schwergewicht weiterhin auf Privatbrauerei und Pils lag. Flankierend wurden Aktionen fortgesetzt und ausgebaut: THIER-PILS-PARTY, Kleine THIER-PILS-PARTY; Streugebiet: ausschließlich Zielgebiet I (TZ)."

Wie diese Inserate in Zeitungsanzeigen als Testimonials unter Beteiligung Prominenter aussahen, zeigt das Beispiel mit dem Band-Leader Hugo Strasser (s. Abbildung 3.22):

Ergänzend wurde in einem Marktforschungsprogramm zur Vorbereitung der neuen Marketing-Konzeption die Bedeutung bestimmter Werbebotschaften ermittelt. Dabei stellte sich heraus, dass der bisherige Slogan „Thier braut Ihr Privatvergnügen" eine positive Beurteilung bei 43 % der Befragten erhielt. Der neue alternative Slogan „Mit Sorgfalt gebraut, natürlich gereift" als klare, das

---

[715] Vgl.: ebenda, S. 133 f.

**Abbildung 3.22**
Thier-Brauerei:
Zeitungsanzeige als
Testimonial unter
Beteiligung Prominenter
(Hugo Strasser)[716]

[716] Quelle: WWA, F 122 Nr. 5225: Zeitungsanzeige der Thier-Brauerei als Testimonial mit Hugo Strasser; erschienen in den „Ruhr-Nachrichten" (3.5.1975) sowie in der „Westdeutsche Allgemeine Zeitung" und der „Westfälische Rundschau" (7.5.1975).

Geschmackserlebnis unterstützende Produktaussage erhielt sogar eine Zustimmung von 79 %.[717]

Daraus wurden im Briefing folgende Beschlüsse abgeleitet:[718]

- Profilierung der Brauerei als *Privatbrauerei* sowie als
- *Sortimentsbrauerei* mit deutlicher *Pilsgewichtung.*

    Dabei sollte

- der Begriff „Privatvergnügen" in eine bessere Aussage gekleidet werden.

    Außerdem sollte

- die neue Werbekonzeption in einem Pre-Test abgesichert werden.

Hier wurde nach Kenntnis des Autors dieser Arbeit bei Thier erstmalig ein Pre-Test vor der endgültigen Umsetzung einer Werbekonzeption geplant.

Der wettbewerbsanalytische Teil dieses Briefings enthält zu den Werbeaufwendungen der Konkurrenten einige aufschlussreiche Erkenntnisse über die Bedeutung der Werbung und die Schwerpunktsetzungen.

Die Tabelle 3.23 zeigt einen Wettbewerbsvergleich unter den Dortmunder sowie weiteren Pils-Brauereien zu den Werbeausgaben insgesamt und pro hl sowie zu der regionalen Verteilung der Werbung im Geschäftsjahr 1974/75.

Für die Thier-Brauerei wird im Text ergänzt, dass sie selber zu dieser Zeit (1974/75) nur 0,16 DM/hl für Werbung ausgegeben hat und damit weitaus unterhalb des Durchschnittswertes der Branche von 1,46 DM/hl liegen würde.[719] Sie bildete in der Reihe der hier aufgeführten Brauereien das absolute Schlusslicht. Unter den Dortmunder Konkurrenten ragte die Kronen-Brauerei mit 2,40 DM/hl heraus gefolgt von Ritter (1,04 DM/hl) sowie den Konzernbrauereien DAB und DUB (0,59 DM/hl bzw. 0,50 DM/hl) und Stifts (0,32 DM/hl) in vorletzter Position noch vor Thier. Weitaus mehr setzten dagegen die Premiumbier-Brauereien ein, so Warsteiner mit 4,14 DM/hl, Veltins mit 3,14 DM/hl und Stauder mit 3,05 DM/hl. König und Wicküler gaben 2,19 DM/hl bzw. 2,14 DM/hl aus, und Krombacher folgte mit 1,98 DM/hl.

Spitzenreiter sowohl bezüglich der absoluten Budget-Höhe als auch des Einsatzes in NRW war die Wicküler-Brauerei mit rd. 5,1 Mio. DM, wovon 3,2 Mio. DM oder rd. 62 % hier investiert wurden. Die Nr. 2 in NRW nach diesem

---

[717] Vgl. WWA, F 122 Nr. 5182: Briefing für die Erarbeitung eines Kommunikations-Konzepts, ohne Jahr (1976), S. 134.

[718] Vgl. ebenda, S. 140.

[719] Vgl. WWA, F 122 Nr. 5182: Briefing für die Erarbeitung eines Kommunikations-Konzepts, ohne Jahr (1976), S. 143.

**Tabelle 3.23**  Werbeausgaben insgesamt sowie für den NRW-Markt im Vergleich der Dortmunder Brauereien untereinander sowie mit überregionalen Pilsbrauereien für das Geschäftsjahr 1974/75[720]

| Brauerei | hl-Belastung | | | NRW-Markt | | |
| | Ausstoß in 1.000 hl | Werbe-Etat in 1.000 DM | DM pro hl | Etat NRW in 1.000 DM | Rangplatz | Anteil NRW in %** |
|---|---|---|---|---|---|---|
| Kronen | 1.200 | 2.882,8 | 2,40 | 2.599,0 | 2 | 90,2 |
| Ritter | 1.100 | 1.143,3 | 1,04 | 1.099,1 | 7 | 96,1 |
| DAB | 2.880 | 1.696,3 | 0,59 | 1.439,6 | 6 | 84,9 |
| DUB | 4.110 | 2.027,8 | 0,50 | 794,3 | 9 | 39,0 |
| Schultheiß | 2.100 | 3.061,7 | 1,46 | 1.549,9 | 5 | 50,6 |
| Stifts | 300 | 96,5 | 0,32 | 86,3 | 14 | 89,4 |
| Thier | 462 | 74,0 | 0,16 | 74,0* | 15 | 100,0 |
| Krombacher | 1.180 | 2.337,6 | 1,98 | 2.183,5 | 3 | 93,4 |
| Wicküler | 2.390 | 5.108,3 | 2,14 | 3.191,1 | 1 | 62,5 |
| Isenbeck | 440 | 180,6 | 0,41 | 177,1 | 13 | 98,1 |
| König | 1.963 | 4.299,7 | 2,19 | 1834,8 | 4 | 42,7 |
| Warsteiner | 645 | 2.668,8 | 4,14 | 714,9 | 11 | 26,8 |
| Veltins | 500 | 1.572,1 | 3,14 | 990,4 | 8 | 63,0 |
| Stauder | 372 | 1.136,1 | 3,05 | 758,5 | 10 | 66,8 |
| Hannen | 1.146 | 1.444.4 | 1,26 | 516,9 | 12 | 35,8 |
| Gesamt | 20.326 | 29.666,0 | 1,46 | 17.935,4 | | 60,5 |

*Für den NRW-Anteil am Werbe-Etat liegt kein Ergebnis vor. Aufgrund der gravierenden Kürzung des Etats kann vermutet werden, dass sich die Ausgaben auf das Kernabsatzgebiet NRW konzentrierten.
**Der Anteil des Werbe-Etats für NRW wurde ergänzend errechnet.

Kriterium war die Kronen-Brauerei, die 90 % ihres Etats in Höhe von fast 2,9 Mio. DM auf ihr Kernabsatzgebiet konzentrierte. Die starke Konzentration auf den heimischen angestammten Markt galt auch für Ritter, die DAB sowie die Stifts-Brauerei. Einzig die DUB betrieb klassische Werbung zum weitaus überwiegenden Teil schon außerhalb NRWs; der NRW-Anteil betrug nur 39 %.

Unter den weiteren Pils-Brauereien hatte Krombacher mit nahezu 2,2 Mio. DM die drittstärkste Werbepräsenz in NRW; auch sie setzte fast den gesamten Etat hier ein. Die König-Brauerei als damals schon bundesweit auftretender Anbieter investierte von den insgesamt rd. 4,3 Mio. DM weniger als die Hälfte (rd. 43 %) in NRW. Noch ausgeprägter war die landesweite Orientierung bei Warsteiner (nur rd. 27 % in NRW); weniger ausgeprägt war sie bei Veltins (rd. 63 % in NRW) und Stauder (rd. 67 % in NRW).

---

[720] Quelle: WWA, F 122 Nr. 5182: Briefing für die Erarbeitung eines Kommunikations-Konzepts, ohne Jahr (1976), Tabelle hinter S. 145. Für die Thier-Brauerei wurden die Zahlen aus dem Text des Briefings ergänzt.

Bezüglich der Verteilung auf die Werbemedien zeigt sich ein heterogenes Bild: Die Anzeigenschaltungen in Zeitschriften (43 %) und Tageszeitungen (36 %) lagen vorne, ohne dass allerdings im Einzelfall eine Orientierung an bestimmten Kriterien, etwa der Ansprache bestimmter Zielgruppen erkennbar wäre. So verteilte die Kronen-Brauerei ihre Werbung ziemlich breit auf die Medien Zeitschriften (47 %), Tageszeitungen (28 %) und TV (21 %), wohingegen die DAB eindeutig auf Tageszeitungen (71 %) setzte und TV (10 %) sowie Rundfunk (13 %) allenfalls ergänzend einsetzte. Ähnliche Uneinheitlichkeit gab es auch bei den Pils-Brauereien, wobei auch hier – insbesondere bei überregionaler Ausrichtung – die Zeitschriften dominierten. Die breiteste Streuung lässt sich bei Wicküler beobachten – nicht zuletzt wegen ihres weit verbreiteten Absatzgebietes: Bei ihr waren Rundfunk (40 %) und TV (19 %) zusammen die hauptsächlichen Werbeträger, ergänzt um je 20 %ige Anteile für Tageszeitungen und Zeitschriften.

Das Werbebriefing enthielt darüber hinaus auch einen Beschluss zu den künftigen Werbeausgaben: Für das Braujahr 1976/77 sollte vorerst – bis zur Vorlage einer Werbekonzeption – ein Etat in der Größenordnung des Vorjahres vorgesehen werden; das waren 100.000 DM. Alsdann sollte als Vorgabe für die künftige Media-Planung ein Jahresetat von 1 Mio. DM zugrunde gelegt werden, und zwar für klassische Publikumswerbung inkl. Plakatanschlag. Gemessen an der hl-Ausbringung sei dies eine Belastung von rd. 2,15 DM/hl.[721] Die Thier-Brauerei strebte damit ein mit den Brauereien Wicküler (2,14 DM/hl) und König (2,19 DM/hl) vergleichbares Niveau an und näherte sich damit auch dem relativen Werbeeinsatz der Kronen-Brauerei (2,40 DM/hl).

Im nächsten Schritt forderte die Thier-Brauerei Anfang 1977 vier Werbeagenturen zu einem Angebot und einer Wettbewerbspräsentation auf. Die Angebote knüpfen dabei mehr bzw. weniger an das Briefing sowie die zusätzlichen mündlichen Erläuterungen an und unterschieden sich in den Ansätzen und konkreten Vorschlägen recht stark, auch was die „Reichweite" der eigenen Agenturarbeit betraf, etwa dokumentiert in der Aussage: „Durch Werbung allein lassen sich diese Probleme nicht lösen. Werbung ist nur ein Teil des Marketings."[722] Die Werbeabteilung der Thier-Brauerei hat im Anschluss an die Präsentationen eine zusammenfassende Beurteilung geschrieben und eine Werbeagentur mit der

---

[721] Vgl. ebenda, S. 150.
[722] WWA, F 122 Nr. 5101: Agentur für Werbung Ludwig Steinmetz: Unterlagen zur Wettbewerbspräsentation vom 16. Febr. 1977.

weiteren Konkretisierung und Umsetzung der Konzeption beauftragt.[723] Ausschlaggebend war dabei das Gesamturteil: Die „Kampagne scheint geeignet,
über hohe Aufmerksamkeit durch Durchschlagskraft schnell imagekorrigierend
zu wirken und Aktualität zu erzielen. Die möglichen Gefahren können durch
Marktbeobachtungen minimiert werden."[724]

Die von der Agentur GGK in Düsseldorf konzipierte Kampagne lief drei Jahre
lang in den Geschäftsjahren 1976/77 bis 1978/79. Schwerpunkt waren 4-farbige
Plakatanschläge mit wechselnden Aussagen in jeweils zwei Worten: „Das Thier",
„Das Pils", „Die Party", „Die Freude", ... Über die Standard-Plakatwerbung
hinaus wurden PR-Aktionen zum „Thier-Renntag", zur „Thier-Pils-Party" und
zum „Thier-Oktoberfest" im Großraum Dortmund damit unterstützt. Ergänzend
schaltete die Brauerei Anzeigen in der Dortmunder Tagespresse sowie der Bild-
Zeitung. Im Braujahr 1979/80 wurde der Plakatanschlag variiert mit der Aussage:
„Pilskenner wissen, warum".[725]

Die Abbildung 3.23 zeigt zwei Beispiele der variierten Wortkombinationen.

Die Brauerei Thier hat zum Ende der 1970er Jahren ihre Werbeaktivitäten
immer stärker auf die Plakatwerbung ausgerichtet. Der Anteil der Großflächen-
plakate am gesamten Etat für Media-Werbung betrug 1979/80 rd. 77 % und im
Jahr darauf sogar rd. 90 %; Anzeigen in Tageszeitungen hatten danach nur noch
einen Anteil von 23 % bzw. 10 %.[726]

Der Media-Werbung bewegte sich in diesen Jahren zwischen rd. 770.000 DM
(1976/77)[727] und rd. 640.000 DM (1979/80)[728]. Die gesamten als Werbeaufwendungen deklarierten Ausgaben (einschl. Verkaufsförderung, Öffentlichkeitsarbeit,
Marktforschung sowie Gastronomieausstattung) beliefen sich in diesen Jahren
zwischen rd. 2,5 Mio. DM[729] und rd. 2,7 Mio. DM[730].

Insgesamt hat das Unternehmen in den zweieinhalb Jahrzehnten seit Mitte
der 1960er Jahre eine ganze Reihe unterschiedlicher Werbekonzepte erarbeitet

---

[723] Vgl. WWA, F 122 Nr. 5182: Beurteilung der Werbevorschläge.

[724] Ebenda, S. 11.

[725] Vgl. WWA, F 122 Nr. 5076: Briefing für die Ausarbeitung eines Werbekonzeptes für die
Marke „Thier-Pils", ohne Jahr (1978/79), S. 8.

[726] Vgl. WWA, F 122 Nr. 5001: Absatzpolitisches Budget, aufgeteilt nach Kontengruppen,
S. 2.

[727] Vgl. WWA, F 122 Nr. 5048: Kosten der Werbung, Braujahr 1976/1977.

[728] Vgl. WWA, F 122 Nr. 5001: Absatzpolitisches Budget, aufgeteilt nach Kontengruppen,
S. 1.

[729] Vgl. WWA, F 122 Nr. 5048: Kosten der Werbung, Braujahr 1976/1977.

[730] WWA, F 122 Nr. 5001: Absatzpolitisches Budget, aufgeteilt nach Kontengruppen, S. 1.

**Abbildung 3.23** Thier-Brauerei: Werbeanzeigen in den Varianten „Das Pils" und „Die Party"[731]

bzw. erarbeiten lassen. Damit wurden zunächst große und renommierte Werbeagenturen beauftragt und später weitere Agenturen hinzugezogen. Die Brauerei hat ab Mitte der 70er Jahre die Konzepte zunehmend in eigener Regie erarbeitet und umgesetzt, mitunter auch nach Präsentationen von Werbe-Agenturen.[732] Zeitweise war an den Konzepten sowohl der Agenturen als auch der eigenen Werbeabteilung ein externer Marketingberater beteiligt.

---

[731] Quelle: WWA, F 122 Nr. 5076: Briefing für die Ausarbeitung eines Werbekonzeptes für die Marke „Thier-Pils", ohne Jahr (1978/79), Anlage 5.

[732] Vgl. WWA, F 122 Nr. 5224: Interne Aktennotiz vom 15.7.1975.

Die Tabelle 3.24 gibt einen Überblick zu den Werbekonzeptionen seit Mitte der 1960er Jahre bis zum Geschäftsjahr 1980/81. Dabei werden jeweils der Ersteller der Konzeption, das hauptsächliche Werbemotiv sowie der Slogan genannt.

Diese zuletzt relativ unstete Abfolge von Werbekonzepten und beteiligter Werbeagenturen bzw. betriebsinterner Konzeptentwickler könnte auch Ergebnis von Werbeerfolgsmessungen und/oder des Einflusses externer Berater gewesen sein: In einer Gesprächsnotiz hält ein externer Marketing-Berater fest: „Da bei der Werbewirkung eine Stagnation – teilweise Rückläufigkeit – festzustellen ist, muß die derzeitige Werbekampagne durch eine neue ersetzt werden, bei der die Merkmale (Image-Schwerpunkte) ‚Privatbrauerei, Tradition, Qualität' gekoppelt mit psychologischen Haltepunkten und einer stärkeren Betonung des im Test hervorragend beurteilten Etiketts berücksichtigt werden."[733] Ergänzend heißt es, dass es eine Abstimmung über das weitere Vorgehen, insbesondere zur Stornierung der Plakatierung ab Oktober sowie zur Zusammenarbeit mit der Agentur, geben soll. Wie die konkreten Werte der Werbeerfolgsmessung aussahen, die zu der absoluten Forderung nach dem kurzfristigen Abbruch der laufenden und der Kreierung einer neuen Werbekampagne geführt hat, ist nicht bekannt. Ob es im Vorfeld dieser Werbekampagne Pre-Tests gegeben hat, auch nicht.

Nachdem in den Jahren 1979/80 und 1980/81 die Werbemaßnahmen wie schon zur Mitte der 70er Jahre erneut unternehmensintern konzipiert worden waren, hat Thier dann 1980 für die nächsten Jahre wieder eine andere Werbe-Agentur mit einem Konzeptentwurf beauftragt. Die Agentur LIFE sollte eine Werbestrategie entwickeln unter besonderer Herausstellung der Sortimentsmarke „Thier-Pils".[734] Die Agentur hat folgende Anforderungen an die Konzeption formuliert:

1. „Schrittweise Hinführung der Dortmunder Thier-Brauerei zum Dortmunder Pils- Spezialisten
2. Aufwertung des Marken-Profils, Ansiedlung als lokale Premium-Marke unter Beibehaltung der Konsum-Preislage
3. Die ‚Sterilität' von Thier in eine Traditionsmarke wandeln
4. Entwicklung einer serienfähigen Konzeption, die eine Alleinstellung gegenüber den Wettbewerbern ermöglicht und eine Typik repräsentiert, die aus dem Marken-Hof Thier stammt

---

[733] WWA, F 122 Nr. 5170: Notiz über die Besprechung am 17./18. Juli 1979 von Joachim Köhler, Marketing-Beratung, Frankfurt.

[734] Vgl. zum Folgenden: WWA, F 122 Nr. 5279: LIFE Gesellschaft für Marketing- und Konzeptionsentwicklung mbH, Frankfurt/M., März 1980.

**Tabelle 3.24**   Thier-Brauerei: Werbe-Konzeptionen von 1965/66 bis 1980/81[735]

| Werbe-Konzeptionen | | |
|---|---|---|
| 1965/66 1966/67 | Agentur/Konzeptionär: Motiv: Slogan: | WDD/Grewe Euroflasche Viele meinen, es gibt kein besseres! |
| 1967/68 | Agentur/Konzeptionär: Motiv: Slogan: | BBDO Thier-Freund, Thier-Liebe etc. Dortmunder Thier, von den guten Dortmundern eins der Besten |
| 1968/69 | Agentur/Konzeptionär: Motiv: Slogan: | BBDO Thier-Liebe à la Dortmund Dortmunder Thier, von den guten Dortmundern eins der Besten |
| 1969/70 | Agentur/Konzeptionär: Motiv: Slogan: | BBDO 3-Henkel-Krug. Wer ein Bier will, sage Thier. Dortmunds vielgeliebtes Bier Dortmunder Thier, von den guten Dortmundern eins der Besten |
| 1970/71 | Agentur/Konzeptionär: Motiv: Slogan: | HKP/Grewe 3-Henkel-Krug. Wer ein Pils will, sage Thier. Dortmunds vielgeliebtes Bier Dortmunder Thier, von den guten Dortmundern eins der Besten |
| 1971/72 | Agentur/Konzeptionär: Motiv: Slogan: | HKP/Grewe Wer ein Pils will, sage Thier. Dortmunds vielgeleibtes Bier Dortmunder Thier, von den guten Dortmundern eins der Besten |
| 1972/73 1973/74 | Agentur/Konzeptionär: Motiv: Slogan: | Graf Pilsflasche 0,3 l mit neuem Etikett und Glas (Kölner Stange) Thier braut ihr Privatvergnügen |
| 1974/75 1975/76 | Agentur/Konzeptionär: Motiv: Slogan: | Köhler/Grewe Pilsflasche 0,5 l mit Glas (Pilsschwenker) Thier braut ihr Privatvergnügen |
| 1976/77 1977/78 1978/79 | Agentur/Konzeptionär: Motiv: Slogan: | GGK Pilsschwenker (abgeschnitten) und 2 Worte („Das Thier", „Das Pils", „Die Freude", etc. ./ . |
| 1979/80 1980/81 | Agentur/Konzeptionär: Motiv: Slogan: | Dr. Schwabe Pilsflasche 0,33 l mit Glas (Pilsschwenker) neben großem Pilsetikett Pilskenner wissen, warum ... |

[735] Quelle: WWA, F 122 Nr. 5076: Briefing für die Ausarbeitung eines Werbekonzeptes für die Marke „Thier-Pils", ohne Jahr (1981), Anlage 3.

5. Die zukünftige Konzeption darf das bestehende Markenbild beim Konsumenten nicht so stark verändern, daß er Thier als neue und verfremdete Marke empfindet."[736]

In ihrem Werbekonzept stellte die Agentur nach einer ausführlichen Branchenanalyse vorwiegend auf Bundesebene sehr detailliert die Merkmale von Premium-Brauereien dar im Vergleich zu den Defiziten ihres Klienten. Dabei wies die Agentur in ihrer Analyse auch darauf hin, dass die Bekanntheit der Marke größer sei als die Distribution im Handel.[737] Hier wurde erneut die bereits früher erwähnte Vertriebsschwäche der Brauerei angesprochen.

Aus der positiv bewerteten Anmutung des damaligen Flaschen-Etiketts wurde dann sehr unmittelbar ein Werbeauftritt entwickelt mit den bekannten Merkmalen: Privatbrauerei, Tradition und Wappen. Daraus wurde die Markenaussage: „THIER-PILS: Die hohe Güte privater Braukunst" abgeleitet.[738] Der Entwurf hatte dann das in Abbildung 3.24 gezeigte Aussehen.

Wie dieser Werbe-Entwurf im Hinblick auf die Erfüllung der oben beschriebenen Anforderungen an die Konzeption entwickelt werden sollten, beschrieb das Konzept nicht. Aus Budgetgründen sollte kein Media-Mix, etwa aus Anzeigen, Funk sowie Plakaten, vorgenommen werden, sondern es sollte eine längerfristige Konzentration auf das Plakat als Hauptwerbeträger stattfinden. Ergänzend hieß es: „Die Tageszeitung als aktuelles Abverkaufsmedium läßt eine food-like-Präsentation des Produktes nicht zu"[739]

Die Werbeabteilung der Thier-Brauerei hat etwa zeitgleich in einem Vermerk die aktuellen Probleme bei der Mediaplanung und Werbegestaltung angesprochen.[740] Sie sah dabei vier zentrale Problemkreise:

1. Problem **Größe**: Als „kleinere Brauerei" habe sie ein „werbequantitatives Defizit", da die Werbeetats aller Brauereien aufgrund der Ausstoß/hl-Belastung festgelegt würden. Bei einer Ausrichtung des Etats nach derartigen Zielvorstellungen „würde sich ein Etat ergeben, der aus betriebswirtschaftlicher Sicht vermutlich nicht vertretbar wäre."

---

[736] Ebenda, S. 2.

[737] Vgl. ebenda, S. 23a.

[738] Vgl. ebenda, S. 28.

[739] WWA, F 122 Nr. 5279: LIFE Gesellschaft für Marketing- und Konzeptionsentwicklung mbH, Frankfurt/M., März 1980, S. 38.

[740] Vgl. zum Folgenden: WWA, F 122 Nr. 5171: Ausführungen zu einigen Problemen im Zusammenhang mit der Mediaplanung und Werbegestaltung, 18.6.1980.

**Abbildung 3.24**  Thier-Brauerei: Werbe-Entwurf 1980[741]

2. Problem **Media-Einsatz**: Das quantitative Problem verstärkt sich, wenn der relativ geringe Etat auf mehrere Medien verteilt werden müsse. Die Werbung würde dann nirgends nachhaltig wahrgenommen und an Durchschlagkraft verlieren. Es sei deshalb eine dreifache Konzentration notwendig: auf *ein* Medium, ein *kleineres* Gebiet sowie *eine* Zielgruppe. Zusätzliches Problem: „Was passiert mit dem nicht unerheblichen Thier-Absatz außerhalb dieses Werbegebietes ohne Markenpflege/Werbung?"

3. Problem **Pils-Akzeptanz**: Es bestünde die falsche Erwartung: „Jetzt brauchen wir nur die richtige Pils-Werbung zu machen, dann kommt der Absatz." Es wurde an die erfolgreichen Pilsaktionen wie z. B. „Thier-Pils-Party" sowie „Thier-Pils-Wochen" erinnert.

4. Problem **Marke**: Es fehle „der Marke THIER [...] an einem typischen optischen Element, das sich fest mit dieser Marke verbinden würde; ein Element, das überall wieder auftaucht."

---

[741] Quelle: WWA, F 122 Nr. 5279: LIFE Gesellschaft für Marketing- und Konzeptionsentwicklung mbH, Frankfurt/M., März 1980, S. 30.

Diese Problembeschreibungen begründen zum Teil auch die manchmal erratischen Entscheidungen der Vergangenheit in Bezug auf die wechselnde Höhe des Werbe-Etats, die Verschiebungen bei den Werbemedien, die mangelnde Konstanz in der Zusammenarbeit mit Werbeagenturen sowie die variierenden Werbebotschaften und Werbeauftritte.

Was Verkaufsförderungsmaßnahmen in den 1970er Jahren betrifft, so spielten diese – wie bereits aufgezeigt – schon in der Vergangenheit für die Thier-Brauerei eine große Rolle. Erinnert sei an die vielfältigen Maßnahmen mit Aktionscharakter (z. B. „Thier-Pils-Party"). Die Brauerei hat in dieser Zeit sicherlich „eine individuelle und für die damalige Zeit innovative Absatzpolitik im Vergleich zu anderen Betrieben in der Stadt"[742] verfolgt. Allerdings schien die Brauerei im Hinblick auf ihre Aktivitäten im Lebensmittelhandel zur Mitte der 1970er Jahre auf zusätzliche Schwierigkeiten zu stoßen. So heißt es im Kommunikationsbriefing aus dem Jahre 1976: „Gegenüber dem Lebensmittelhandel war THIER teilweise sehr aktiv. Diese VKF-Aktivitäten wurden zwangsläufig eingeschränkt, da

– VKF-Aktionen bei verschiedenen Organisationen nur noch durchführbar sind, wenn sie vorher mit den Zentralen abgestimmt sind,
– der Einzelhandel sich gegen VKF-Aktionen auf Grund der Vielzahl von Maßnahmen der Hersteller wehrte und generell nicht mehr aufgeschlossen ist (Personal-Knappheit, Raumprobleme)."[743]

Die Brauerei bezieht sich bei dieser Einschätzung auch auf ein Ergebnis aus dem GfK-Handelspanel, in dem die Prioritäten des Lebensmittelhandels in der Zusammenarbeit mit Brauereien deutlich werden.[744] Danach haben die Kriterien: Einkaufskonditionen, zuverlässige Abwicklung einschließlich evtl. Extralieferungen sowie die Qualität des Angebotes für die Zusammenarbeit zwischen dem Lebensmitteleinzelhandel und der Brauerei die größte Bedeutung. Dagegen sind genügende Werbemittel und ausreichendes VKF-Material, zusätzliche Serviceleistungen sowie die Beratung des Handels einschließlich häufigerer Vertreterbesuche durch die Brauerei nur sekundär für das Verhältnis der Vertragspartner.

---

[742] Böse, Christian: a.a.O., S. 223.
[743] WWA, F 122 Nr. 5182: Briefing für die Erarbeitung eines Kommunikations-Konzepts, ohne Jahr (1976), S. 158.
[744] Vgl. ebenda.

Thier zog daraus den Schluss: „Erfolg haben in der Regel nur noch Aktionen mit besonderen Attraktionen. Dabei ist das Sonderangebot, mit dem [der] Handel seine Leistungsfähigkeit beweisen kann, die größte Attraktion. Das heißt: Es werden Aktionen gewünscht und forciert, die über den Preis erfolgen, so daß der Hersteller nicht nur die Kosten für VKF-Material, sondern auch noch verminderte Erlöse zu tragen hat."[745]

Für die künftige Verkaufsstrategie bedeutete dies: „Die Verkaufsförderung muß in Zukunft in strengem Maße der Gesamtpolitik entsprechen (Probeausschank plus Sonderpreis sollten z. B. völlig entfallen). Demgemäß gibt es keine vielfältigen Möglichkeiten, sondern nur eine Strategie, bei der

– die Situation des Handels in Rechnung gestellt werden muß,
– andererseits die Interessen der Brauerei im Vordergrund stehen.

Dementsprechend können improvisierte Schnell-Aktionen nicht mehr durchgeführt werden, sondern es muß eine langfristige, konzeptionsgerechte Verkaufsförderung, bestehend aus standardisierten Einzelaktionen entwickelt werden."[746]

Inwieweit dieser Anspruch in der weiteren Verkaufspraxis auch umgesetzt und durchgehalten wurde, muss angesichts fehlender Archivunterlagen dazu allerdings offen bleiben.

### 3.6.2.3 Das Image der Brauerei Thier im Wettbewerbsvergleich

Für ihr Kernabsatzgebiet im Raum Dortmund hatte die Thier-Brauerei Mitte der 70er Jahre bei der GfK eine Imageanalyse in Auftrag gegeben. Neben Thier wurden die Brauerei DAB, Ritter und Kronen in die Untersuchung einbezogen. Die grundlegende Erkenntnis war, dass „Kronen bei allen Image-Faktoren zumeist sogar mit Abstand überlegen"[747] war, wie die folgenden beiden Abbildungen 3.25 und 3.26 zeigen. Thier kommt dabei lediglich bei den Kriterien „Privatbrauerei" und „Familienbrauerei" in die Nähe von Kronen.

Eindeutige Defizite für die Thier-Brauerei bestehen bei der Distribution, also der Präsenz in den Bereichen Gaststätten, Einzelhandel sowie Hauslieferungen. Bei den übrigen Kriterien besteht eine Nähe zu den Wettbewerbern DAB und Ritter; über sämtliche Kriterien aber „ein bedeutender Abstand zu Kronen".[748]

---

[745] Ebenda, S. 159.

[746] Ebenda, S. 160.

[747] Ebenda, S. 127.

[748] WWA, F 122 Nr. 5182: Briefing für die Erarbeitung eines Kommunikations-Konzepts, ohne Jahr (1976), S. 128.

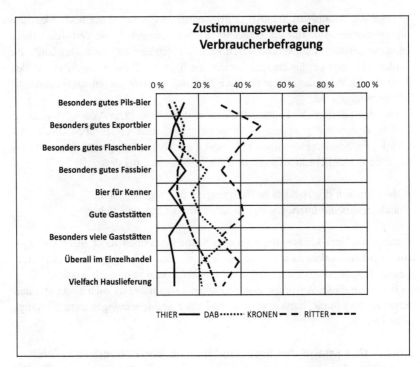

**Abbildung 3.25**   Thier-Brauerei: Image-Vergleich mit DAB, Kronen und Ritter (I)[749]

Insgesamt hat sich gezeigt, „daß sich THIER nicht positiv von DAB und Ritter abhebt – in einigen Punkten sogar weniger positiv beurteilt wird – und daß die Marke weniger Profil hat. Damit ist THIER eindeutig im Konsumfeld positioniert mit einigem Abstand unter Kronen."[750]

Diese Schlussfolgerung verstärken die Autoren des Briefings noch durch Abbildung 3.27.

Es wurden folgende anspruchsvolle – wohl aufeinander aufbauende – Zielsetzungen formuliert:

---

[749] Quelle: WWA, F 122 Nr. 5182: Briefing für die Erarbeitung eines Kommunikations-Konzepts, ohne Jahr (1976), hinter S. 128 (33a).
[750] Ebenda, S. 130.

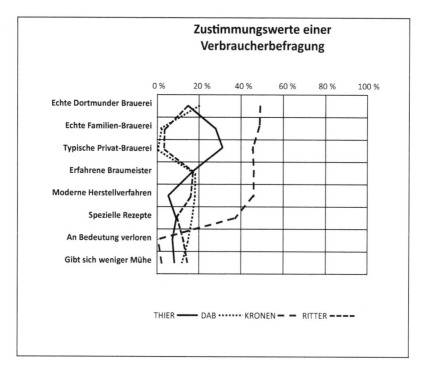

**Abbildung 3.26**   Thier-Brauerei: Image-Vergleich mit DAB, Kronen und Ritter (II)[751]

**Abbildung 3.27**
Thier-Brauerei:
Image-Positionierung im
Verhältnis zu DAB, Ritter
und Kronen[752]

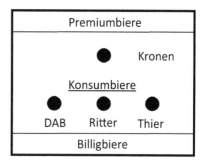

---

[751] Quelle: WWA, F 122 Nr. 5182: Briefing für die Erarbeitung eines Kommunikations-Konzepts, ohne Jahr (1976), hinter S. 128 (34a).

[752] Quelle: WWA, F 122 Nr. 5182: Briefing für die Erarbeitung eines Kommunikations-Konzepts, ohne Jahr (1976), S. 130.

– „Anhebung ins gehobene Konsumfeld (Nähe zu Kronen) bei gleichzeitiger
  Abhebung von den anderen Dortmunder Brauereien.
– Anhebung ins Premiumfeld.
– Durchsetzung des Anspruchs ‚regionale Großmarke‘".[753]

### 3.6.2.4 Die Produktpolitik mit innovativer Gestaltung

Die Thier-Brauerei hat sich in den vergangenen Jahrzehnten mit produktpo-
litischen Neuerungen eher zurückgehalten. Modifizierungen betrafen eher die
Etikettengestaltung sowie die kommunikative Präsentation ihrer Produkte etwa
in Form des drei-henkligen Bierhumpens. Ansonsten blieb die Brauerei ihrem
Sortiment weitgehend treu; die einstmals angedachte Einführung eines sortenneutralen Bieres unterblieb. Allerdings gelang ihr gegen Ende der 80er Jahre eine
Synthese zu bilden aus der Vorstellung eines (vorgeblich) neuen Produktes, der
Präsentation einer echten Innovation bei der Verpackung, einer zündenden Ein-
führungsveranstaltung, eines wohldurchdachten kommunikativen Konzeptes und
eines gelungenen Abverkaufs mit baldigen Verknappungstendenzen.

Die Thier-Brauerei führte zur Jahresmitte 1988 ihr neues „Thier-Pils" ein und
verquickte diese Diffusion in den heimischen Markt geschickt mit der verpa-
ckungstechnischen Innovation einer „Thier-SplitBox" mit der Möglichkeit, einen
Bierkasten in zwei handliche 10-Flaschenträger zu teilen und beides in einer
Startveranstaltung öffentlichkeitswirksam zu präsentieren und darauf aufbauend
eine erfolgreiche Vermarktung zu initiieren.

Auslöser für diesen neuen Kasten war eine Idee eines Außendienstmitar-
beiters, die im Unternehmen ausgestaltet und optimiert wurde. Die Brauerei
argumentierte, dass dahinter „ein tiefergehendes Marketingverständnis" und „aktuelle Probleme der Kunden im Mittelpunkt"[754] stehen würden. Der teilbare
Klappkasten war in einer langen Testphase mit begleitendem Marktforschungsprogramm entwickelt worden, wobei sowohl die Einstellungen der Kunden als
auch des Handels berücksichtigt worden seien. Die überaus positiven Ergebnisse in Testmärkten hätten dann zur Einführung geführt. Die Brauerei sah darin
außerdem die Möglichkeit zur Substitution von Einweggebinden und zur Reduzierung des Mülls und insofern auch eine Maßnahme zum Umweltschutz. Die
„massiven Forderungen nach umweltfreundlichen Produkten ist nicht länger zu
überhören."[755]

---

[753] WWA, F 122 Nr. 5182: Briefing für die Erarbeitung eines Kommunikations-Konzepts,
ohne Jahr (1976), S. 131.
[754] WWA 122 Nr. 5225: Privatbrauerei Thier, Dortmund: Erfolg durch echtes Marketing,
Sonderdruck aus: Der Biergroßhandel, Sept. 1988, S. 1.
[755] Ebenda, S. 2.

Die Brauerei hatte zur Einführung dieser Innovation die Partner aus dem Fachgroßhandel insbesondere aus NRW zu einer separaten Veranstaltung eingeladen. Die beiden Gastredner, Prof. Dr. Karpe, bis 1987 Leiter der Umweltkommission der Vereinten Nationen und aktuell Leiter des Umweltinstituts an der Dortmunder Universität, sowie Werner Zielasko als Präsident des Bundesverbandes des Deutschen Bier- und Getränkefachgroßhandels lobten ausdrücklich in ihren Referaten die Initiative der Thier-Brauerei.[756]

Die Auslieferung des neuen Thier-Pils in der SplitBox wurde von einer Informationskampagne begleitet, schwerpunktmäßig in Plakatform, wie das folgende Beispiel mit einem inzwischen vielfältiger und manchmal auch etwas „frecher" gewordenen Werbeauftritt bekundet (s. Abbildung 3.28).

**Abbildung 3.28**
Thier-Brauerei:
Werbeplakat der
Thier-Brauerei für die neue
„Thier-SplitBox"[757]

---

[756] Vgl. ebenda.
[757] Quelle: Brauereimuseum Dortmund.

Außerdem fanden Insertionen in Tageszeitungen statt, und es wurde eine Cartoon-Anzeigenserie geschaltet. Bereits Mitte Juli berichtete dann die Dortmunder Presse von Lieferengpässen beim neuen Thier-Pils. Man habe den Zulauf neuer Kunden unterschätzt, hieß es bei Thier. Außerdem erhielt die Privatbrauerei Thier für ihre Innovation die Staatspreise von NRW und Österreich.[758]

Dieser erfolgreichen Markteinführung ist ein sehr langer interner Diskussions- und Vorbereitungsprozess vorausgegangen, in dem Inhaber-Geschäftsführer Peter Cremer lange Zeit intensiv die Vermarktungschancen geprüft und wichtige Voraussetzungen für den Markterfolg geschaffen hatte.[759]

Der SplitBox war allerdings kein dauerhafter und langfristiger Erfolg beschieden: Peter Cremer führt dies u. a. auf den rückläufigen Anteil der Mehrwegflaschen zurück (1988 noch 72 %, 2019 nur noch knapp 42 %). Andererseits gebe es die Entwicklung zu immer mehr Singlehaushalten, die einen geringeren Konsum und weniger Staufläche in ihrer Wohnung hätten. Auch Umweltschutzgründe würden für die Mehrwegflasche sprechen.[760]

Wenn bei der Einführung der „Thier-SplitBox" zusätzlich produktpolitisch zum „neuen Thier-Pils" argumentiert wurde: „Aus einem sehr guten Pils immer ein noch besseres zu machen"[761], so bezog sich dies auf die neue, moderne und „bierschonende Abfülltechnik in die neuen Schulterflaschen"[762], die dafür sorgte, „daß die weiter verfeinerte Spezialität Thier Pils ohne Beeinträchtigung ausgelagert und frisch in die eigens dafür entwickelten neuen Flaschen kommt. Es ist ein Fortschritt in der Bierpflege. Ein Gewinn im Geschmack, auch in der Optik!"[763]

### 3.6.2.5 Die Vertriebspolitik mit grundlegend neuer Ausrichtung zur Mitte der 1970er Jahre

Die Thier-Brauerei hat spätestens zur Mitte der 1970er Jahre ihre Schwächen im Vertriebsbereich erkannt und versucht, hier eine Neuorientierung und Neuorganisation einzuleiten. Die Maßnahmen reichten von der Analyse der Absatzergebnisse in den verschiedenen Verkaufsgebieten sowie der Untersuchung der Kundenstruktur einschließlich der Erstellung einer differenzierten

---

[758] WWA 122 Nr. 5225: Privatbrauerei Thier, Dortmund: Erfolg durch echtes Marketing, Sonderdruck aus: Der Biergroßhandel, Sept. 1988, S. 2 f.

[759] Vgl. Cremer, Peter: a.a.O., S. 141–164.

[760] Vgl. ebenda, S. 164.

[761] WWA 122 Nr. 5225: Privatbrauerei Thier, Dortmund: Erfolg durch echtes Marketing, Sonderdruck aus: Der Biergroßhandel, Sept. 1988, S. 1.

[762] Ebenda.

[763] WWA, F 122 Nr. 5225: Köhler, Joachim, Marketing-Beratung, Frankfurt/M.: Texte für den Thier Pils Relaunch 1988: „Wie freundlich kann Verpackung sein?", S. 1, Sept. 1987.

Kundenkartei über die Erarbeitung einer Vertriebskonzeption und der Umgestaltung der Vertriebsorganisation bis hin zu personalpolitischen Entscheidungen und der Durchführung von Seminaren für Außendienstmitarbeiter sowie ihre Führungskräfte.

Wie schon im Abschnitt 3.5.2.7 anhand einer Landkarte gezeigt werden konnte, war das geografische Absatzgebiet der Brauerei Thier bereits seit der zweiten Hälfte der 60er Jahre sehr weitgefasst. Es erstreckte sich zu dieser Zeit über fast das gesamte Bundesgebiet (allerdings in Süddeutschland mit nur punktuellen Präsenzen in Unterfranken und in Baden), dabei mit einem eindeutigen Schwerpunkt im Raum Dortmund, aber auch im Münsterland und in Westfalen insgesamt sowie – etwas schwächer ausgeprägt – im übrigen NRW sowie im angrenzenden Niedersachsen bis hin zur Nordseeküste. Darüber hinaus wurden von der Niederlage Hamburg neben der Hansestadt selber auch einzelne Regionen in Schleswig Holstein versorgt.

In der Folgezeit wurde insbesondere von Seiten der Werbeagenturen immer wieder die Konzentration auf Kerngebiete angeregt mit dem Hinweis auf betriebswirtschaftliche Gesichtspunkte, aber auch, um den Medieneinsatz ökonomischer gestalten zu können. Vertriebsorganisatorisch bestand der Absatzraum der Brauerei aus 7 Einheiten, nämlich 1: Nord, 2: West, 3: Mitte – Handel, 4: Mitte – Gastronomie, 5: Süd, 6: Ausfuhr und 7: Hamburg.[764] Neben den 7 Gebietsleitern bearbeiteten rd. 30 Verkaufsberater ihre jeweiligen Bezirke. Künftig sollten die Gebiete 3 und 4 die Intensivgebiete für den Absatz der Brauerei darstellen; die übrigen Gebiete 1, 2, 5, 6 und 7 waren die Versandgebiete.

Die Abbildung 3.29 zeigt das bis dahin gültige Organigramm, soweit es die Verkaufsgebiete 1 bis 7 betrifft sowie die vorgesehenen Erweiterungen um die Positionen „Verkaufs-Leitung Versandgebiet" und „Verkaufs-Leitung Intensivgebiet" (gestrichelte Linien):

Dieses Organigramm zeigt auch die Stellung der Werbeabteilung innerhalb der Brauerei Thier: Die Werbeabteilung war Mitte der 1970er Jahre innerhalb des Vertriebes angesiedelt und unterstand dem Hauptabteilungsleiter Vertrieb. Das galt in gleicher Weise für die Rechtsabteilung sowie den Versand.

Angesichts der zur Mitte der 70er Jahre sowieso angespannten Absatzsituation hat die Vertriebsabteilung detaillierte Absatzanalysen durchgeführt und dabei insbesondere die Versandgebiete „Nord" [grob: überwiegend nördlich von NRW, H.F.] sowie „Süd" [grob: südlich des Kerngebietes um den Dortmunder Raum, H.F.] genauer untersucht. So wurden in einem Zeitvergleich zwischen den Geschäftsjahren 1971/72 und 1974/75 die Absatzzuwächse bzw. -verluste

---

[764] Vgl. WWA, F 122 Nr. 5224: Verzeichnis der Verkaufsberater-Nummern.

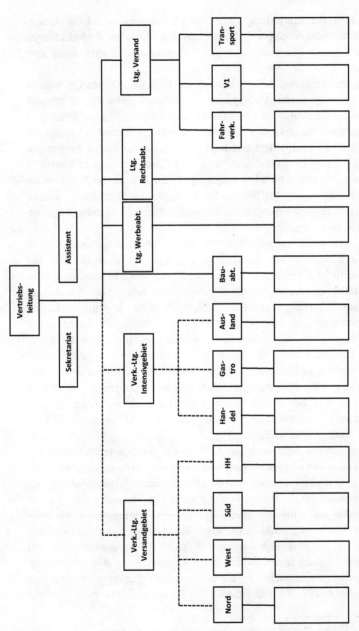

**Abbildung 3.29**  Thier-Brauerei: Organigramm der Vertriebsabteilung 1975[765]

[765] Quelle. WWA, F 122 Nr. 5072/9:: Brauerei Thier & Co., Geschäftsleitungsvorlage: Präsentation aller Maßnahmen zur Erstellung einer Vertriebskonzeption, Stand: November 1975, Abbildung hinter S. 3.

auf der Ebene der einzelnen Verkaufsberater analysiert, dabei auch der Anteil
eines einzelnen Bezirks an den Gesamtverlusten errechnet und somit auch die
Verantwortlichkeiten offengelegt.[766]

So zeigten sich für das Verkaufsgebiet 1 „Nord" für die jüngsten 1 ½ Jahre
„Absatzverluste in erschreckender Höhe". Ganz aktuell in den ersten 6 Monaten
des Geschäftsjahres 1974/75 betrug das Minus rd. 10 % – und dies im zweit-
stärksten Absatzgebiet mit einem Anteil von ca. 25 % am Gesamtabsatz.[767]
Dagegen hatten sich im Verkaufsgebiet „Süd" die absoluten Verkaufszahlen in
den letzten zwei Jahren positiv entwickelt, allerdings wurden diese Zahlen in
Relation zur Gebietsgröße, dem vorhandenen Absatzpotenzial und den damit
verbundenen Kosten als äußerst gering eingeschätzt.[768]

Eine ergänzende Analyse der Kundenstruktur im Verkaufsgebiet 1 „Nord"
auf der Basis einer in eigener Regie durchgeführten Kundenbefragung[769] zeigte
einige zusätzliche Problematiken auf. Zum einen würde sich derzeit ein starker
Getränkegroßhandel beginnen zu etablieren. Begründet wurde dies durch Unter-
nehmenszusammenschlüsse, Arbeits- und Werbegemeinschaften sowie durch
einen Ausleseprozess, der insbesondere kleinere und unrentablere Betriebe treffen würde. Ähnlich wie beim Lebensmitteleinzelhandel würde sich hier ein
„full service" und eine Sortimentsbreite auf dem Sektor Getränke entwickeln
mit der Konsequenz, dass neben der Belieferung des Lebensmitteleinzelhandels
der Getränkegroßhandel auch versuchen werde, eine zunehmende Bedeutung im
Fassbiergeschäft zu erreichen über eigene Bierlieferungsverträge. Eine weitere
Schlussfolgerung lautet: „In einigen Bezirken wird mit Abnehmern gearbeitet,
die in wenigen Jahren wahrscheinlich nicht mehr existent sein werden, und
bei dem größten Teil der Getränkegroßhändler ist unser Lieferanteil bis auf
wenige Ausnahmen zu gering; zudem kann man einen permanenten Austausch
durch ‚Spezialbiere‘ vermuten."[770] Offensichtlich sah sich die Brauerei hier in
absehbarer Zeit einem zusätzlichen Machtfaktor gegenübergestellt.

Die auch im Verkaufsgebiet 5 „Süd" ebenfalls durchgeführte Analyse der Kundenstruktur zeigte auch hier, dass die Abnehmer fast ausschließlich Kleinbetriebe

---

[766] Vgl. WWA, F 122 Nr. 5210: Absatzvergleich 1971/72 bis einschl. 1974/75 – ehem. Verkaufsgebiet Nord; außerdem: WWA, F 122 Nr. 5210: Analyse des Verkaufsgebietes „Nord"
sowie: Analyse des Verkaufsgebietes „Süd", 20. Mai 1975.

[767] Vgl. WWA, F 122 Nr. 5210: Analyse des Verkaufsgebietes „Nord", 20. Mai 1975, S. 1 f.

[768] WWA, F 122 Nr. 5210: Analyse des Verkaufsgebietes „Süd", 20. Mai 1975, S. 1.

[769] Zum eingesetzten Fragebogen vgl. WWA, F 122 Nr. 5210: Befragung zur Erstellung einer
differenzierten Kundenkartei.

[770] WWA, F 122 Nr. 5210: III. Analyse der Kundenstruktur (Verleger), Verkaufsgebiet 1 –
Nord, 20. Mai 1975, (ohne Seitenangabe, unter Gliederungspunkt 6).

waren, deren Existenzfähigkeit zumindest auf Sicht gefährdet erschien. Bezogen auf die Akquisitionen der Thier-Brauerei in der Vergangenheit hieß es: „Die Betrachtung dieser Kundenstruktur erweckt den Eindruck, daß hier völlig ziel- und planlos jede sich bietende Möglichkeit, Absatz zu erzielen, ergriffen wurde. Zudem liegt dieser Absatz in einem Gebiet verstreut, das sich über Rheinland-Pfalz, Hessen und den südlichen Zipfel von Nordrhein-Westfalen erstreckt. […] Hier muß überlegt werden, ob es unter wirtschaftlichen Gesichtspunkten sinnvoll ist, nur noch oberhalb der Linie Kassel, Siegen und dann entlang der Landesgrenze NRW zu akquirieren und den unterhalb dieser Linie vorhandenen Kundenstamm nur noch so zu pflegen, wie es unter wirtschaftlichen Aspekten zu vertreten ist, aber auf keinen Fall durch weitere Akquisitionen zu erweitern."[771]

Ende 1975 hat sich die Brauerei dann im Rahmen einer neuen Vertriebskonzeption auch mit einer Neu- und Umgestaltung der vertrieblichen Ausrichtung und der Aktivitäten befasst.[772] Dabei wurde bezüglich der geografischen Grenze für Neuakquisitionen der Empfehlung aus den Analysen der Vertriebsgebiete gefolgt. Daraus resultiere dann die Neuordnung der Verkaufsgebiete im *Versand*gebiet. Es gab fortan die Gebiete „Nord", „West" und „Ost", außerdem „Hamburg". Die Aufteilung im Intensivgebiet (Gebiete „Mitte – Handel" sowie „Mitte Gastronomie") blieb von ihrer Organisationsstruktur her unverändert. Außerdem gab es Neubesetzungen auf der Ebene der Verkaufsgebietsleitungen.[773]

Aber auch im Intensivgebiet wurden Schwachstellen identifiziert: Zwar gebe es mit über 500 belieferten Gaststätten hier eine befriedigende numerische Distribution, jedoch gelte dies nicht für die Abnehmergruppe Handel. Hier gebe es erhebliche Distributionslücken. Insgesamt sei das Intensivgebiet der am stärksten umkämpfte Biermarkt in der Bundesrepublik.[774] Weiter heißt es: „Die THIER-Vertriebsorganisation hatte und hat noch nicht den Stand erreicht, der für ein konsequentes Taktieren in einem so unterschiedlichen und so hart umkämpften Markt erforderlich ist."[775]

---

[771] WWA, F 122 Nr. 5210: Analyse des Verkaufsgebietes „Süd", 20. Mai 1975, (ohne Seitenangabe, unter den Gliederungspunkten 2.15 und 3.

[772] Vgl. WWA, F 122 Nr. 5072/9: Brauerei Thier & Co., Geschäftsleitungsvorlage: Präsentation aller Maßnahmen zur Erstellung einer Vertriebskonzeption, Stand: November 1975.

[773] Vgl. WWA, F 122 Nr. 5210: Personalprobleme / Organisation, 20. Mai 1975, Organigramm im Anhang.

[774] Vgl. WWA, F 122 Nr. 5072/9: Brauerei Thier & Co., Geschäftsleitungsvorlage: Präsentation aller Maßnahmen zur Erstellung einer Vertriebskonzeption, Stand: November 1975, S. 2.

[775] Ebenda, S. 3.

Die angesprochene Vertriebskonzeption war Ausgangspunkt und Initialzündung für eine ganze Reihe von vorwärts gerichteten vertriebspolitischen Maßnahmen, die in einem *organisationsbezogenen* sowie einem *marktbezogenen* Teil erläutert und begründet wurden. Für den erstgenannten Bereich wurden folgende Ziele formuliert:

- größere Effizienz der Außendienst-Organisation
- zielorientiertes Arbeiten mit Eigeninitiative
- Etablierung einer zeitgemäß ausgerichteten Organisationsform und Führungsmethode mit Hilfe der Methode des „Management by Objektives" (MbO) – definiert als „Führung über Zielvereinbarung, aktive Teilnahme aller Mitarbeiter bei der Festlegung der von ihnen später selbst zu realisierenden Ziele."[776]

Dabei wurde für ein schrittweises Vorgehen plädiert, um Verunsicherung und Demotivation unter den Mitarbeitern zu vermeiden; vielmehr müsse auf die traditionell gewachsene Ist-Situation Rücksicht genommen werden. Gleiches gelte für die umzusetzenden Schulungsmaßnahmen. Es sei zu überlegen, ob „MbO" nicht idealerweise der Führungsstil des Gesamtunternehmens werden solle.[777]

Dabei wurde aber auch schon ein Jahr zuvor eine Bündel von vertriebspolitischen Maßnahmen und Initiativen eingeleitet, die von der Einrichtung einer aussagefähigen Kundenkartei, über die Einführung eines auswertbaren Berichtswesens, die Neuordnung des leistungsbezogenen Provisionssystems, Präsentationen bei den monatlichen Absatzbesprechungen, der detaillierten Auswertung der Tagesberichte der Verkaufsberater bis hin zum Beginn der Schulung von Verkaufsberatern sowie ihrer Führungskräfte, der Einführung eines Berichtswesens sowie von Stellenbeschreibungen reichten. Geplant wurde, dass sich alle bisherigen „Verkaufsberater" zu „Vertriebs-Bevollmächtigten" qualifizieren sollten. Dies bedeutete insofern auch eine inhaltliche Entwicklung, als damit die eigenständige Erarbeitung einer Strategie verbunden war, die nach Abstimmung mit dem Vorgesetzten realisiert werden sollte.[778]

Zum Ende des *organisationsbezogenen* Teils der neuen Vertriebskonzeption wurde die Schaffung einer „Planungsgruppe Marketing" vorgeschlagen. „Da keine Marketing-Abteilung installiert ist, muß hier eine Lücke geschlossen werden. Personelle Aufblähungen sind dafür nicht notwendig."[779] Es folgte die

---

[776] Ebenda, S 4.
[777] Vgl. ebenda, S. 5 f.
[778] Vgl. ebenda, S. 7 ff.
[779] Ebenda, S. 17.

namentliche Aufzählung des Hauptabteilungsleiters Vertrieb, des Werbeleiters sowie des dieses Konzept entwerfenden Assistenten des genannten Vertriebsleiters. Ergänzt werden sollte dieser Kreis um den externen Marketing-Berater Joachim Köhler, mit dem seit einigen Jahren eine vertrauensvolle Zusammenarbeit bestand. Je nach zu besprechenden Themenkreis sollte diese Gruppe um die Hauptabteilungsleiter aus den Bereichen Verwaltung/Finanzwesen sowie Betrieb erweitert werden. Dieses neue Gremium möge sich ca. alle vier Wochen treffen.

Für die *marktbezogene* Vertriebskonzeption wurden folgende Ziele festgehalten:

- Festigung und Ausweitung der Marktposition im Intensivgebiet
- Aufbau von Schwerpunktgebieten im Versandgebiet.[780]

Im Intensivgebiet könnte eine konsequente Markenpflege unter Einsatz aller Marketing-Instrumente betrieben werden. Im Versandgebiet sollte eine Markenpflege auf starke Regionalmärkte begrenzt werden. Dazu seien Analysen des Ist-Zustandes vorgesehen bzw. schon z. T. durchgeführt worden.[781]

Ergänzend wurde der Aufbau eines Vertriebs-Informationssystems (VIS) zur Steuerung und Kontrolle des Vertriebs vorgeschlagen.[782] Das Seminar-Programm für Außendienstler wurde in den folgenden Jahren intensiviert. So fanden 1977 über einen externen Seminar-Anbieter Trainings für Außendienstmitarbeiter[783] sowie getrennt für Führungskräfte im Außendienst[784] statt.

Insgesamt signalisierten diese verschiedenen aufeinander aufbauenden Analysen und Konzeptionen eine grundlegende Neuausrichtung der Vertriebspolitik der Brauerei Thier. Außerdem war durch die Einrichtung einer ansatzweise interdisziplinär besetzten „Planungsgruppe Marketing" eine Plattform geschaffen worden für den gegenseitigen Informationsaustausch, die gemeinschaftliche Beratung wichtiger Themen sowie abgestimmter Entscheidungen und Handlungen im Unternehmens.

---

[780] Vgl. ebenda, S. 18.

[781] Vgl. ebenda, S. 18 ff.

[782] Vgl. ebenda, S. 24.

[783] Vgl. WWA, F 122 Nr. 5084: Peter Ebeling Seminare: „Verkäufer im Außendienst der Brauerei Thier & Co."

[784] Vgl. WWA, F 122 Nr. 5084: Peter Ebeling Seminare: „Führungskräfte im Außendienst der Brauerei Thier & Co."

### 3.6.2.6 Demokratisierung von Entscheidungsprozessen sowie gemeinschaftliche Marketingarbeit in einer interdisziplinär besetzten „Planungsgruppe Marketing" ab Mitte der 1970er Jahre

Die „Planungsgruppe Marketing" tagte ab 1976 im Vierwochen-Rhythmus. Die Gesprächsergebnisse wurden unter dem Stichwort „Marketing-Gespräche" protokolliert. Gestartet ist diese Gruppe mit dem Entwurf einer „Muster-Marketing-Konzeption", die vom externen Berater Joachim Köhler entwickelt worden war. Die Abbildung 3.30 verdeutlicht das Grundschema.

Beispielhaft für die dort genannten einzelnen Politikbereiche wurde in ergänzenden Erläuterungen die Ist-Situation bei Thier stichwortartig näher beschrieben. Darüber hinaus enthielt der Entwurf auch Hinweise auf einzelne Problempunkte bei den verschiedenen Bereichen des Marketing-Mix sowie weiterführende Fragestellungen bzw. Lösungsansätze.[785] So wurde z. B. bezüglich der Distributionspolitik als ein wesentliches Problem die Tatsache identifiziert, dass die neuesten Panel-Daten der GfK „im Intensivgebiet und somit gleichermaßen im Bereich des FAHRVERKAUFS eine schwache numerische Distribution, große Bevorratungslücken und große Schwächen in der Sortimentsbreite"[786] zeigen würden. Es wurde die Bildung einer Projektgruppe „Fahrverkauf" beschlossen unter Beteiligung der Ressortleiter Verwaltung/Finanzwesen und Vertrieb sowie mehrerer Vertriebsinnendienstmitarbeiter.[787]

Die „Planungsgruppe Marketing" hat sich auch mit der Frage beschäftigt, ob die Marketing-Konzeption an der Unternehmenskonzeption ausgerichtet werden sollte bzw. welche Stellung sie im Unternehmen haben würde. Aus der Geschäftsleitung gab es dazu den Hinweis, dass die Unternehmens-Konzeption bereits stehen würde, die Marketing-Konzeption aber zunächst davon losgelöst erarbeitet werden solle. Man wolle dann sehen, ob Marketing- und Unternehmens-Konzeption einander entsprechen bzw. ggf. verändert werden müssten.[788]

Dabei dienten die Gespräche der Marketing-Gruppe auch dem Informationsaustausch zwischen den Gesprächsteilnehmern bzw. den beteiligten Abteilungen. Zudem war augenscheinlich ein offener, auf Partnerschaft beruhender Umgang untereinander angestrebt. Es sollte nach den Vorstellungen der Initiatoren keine

[785] Vgl. WWA, F 122 Nr. 5169: Thier-Brauerei: Muster-Marketing-Konzeption, Protokoll zum Gespräch der Marketing-Gruppe am 4. März 1976.
[786] Ebenda, S. 21.
[787] Vgl. ebenda, S. 21.
[788] Vgl. ebenda, S. 24.

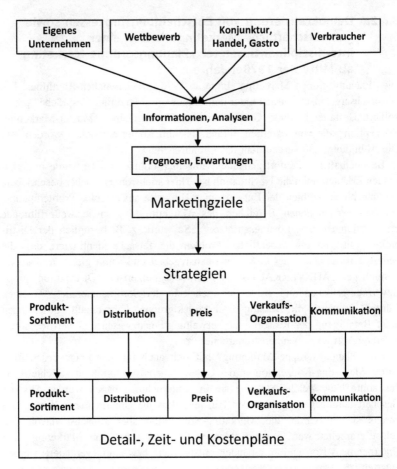

**Abbildung 3.30**   Thier-Brauerei: Muster-Marketing-Konzeption von 1976[789]

straffe Führung geben, sondern eine wechselnde Moderation. In einer Information an die Geschäftsleitung heißt es dazu: „Die Gespräche der Marketing-Gruppe
werden nach detaillierter Tagesordnung und einem klaren Schema geführt, damit
eine größtmögliche Effizienz gewahrt bleibt. Dazu reicht jeder Teilnehmer zum

---

[789] Quelle: WWA, F 122 Nr. 5169: Thier-Brauerei: Muster-Marketing-Konzeption, Protokoll
zum Gespräch der Marketing-Gruppe am 4. März 1976.

vorgesehenen Termin [...] das beigefügte Formblatt ein. Die Anlaufstelle koordiniert die Themen und stellt eine endgültige Fassung auf, die rechtzeitig allen Teilnehmern zugestellt wird. Da in der Gruppe frei von Hierarchien gearbeitet werden soll, wechseln Gesprächsleiter und Protokollführer ständig."[790]

Die Marketing-Gespräche führten auch zu einer Intensivierung der Markt- und Konkurrenzbeobachtung, vermutlich ergänzend zum o. g. Bezug von Panel-Daten. „Es wird in Zukunft mehr denn je erforderlich sein, eine detaillierte Marktübersicht zu erhalten, um sowohl die eigene Position als auch die Position der Wettbewerbsbrauereien permanent zu beobachten und den Erfolg oder Mißerfolg der eigenen Aktivitäten ablesen zu können. Es wird entschieden, die GfK-Handelsforschung im Rahmen ihres Handelspanels mit der Erhebung für Thier & Co. zu beauftragen. Der Preis für den Datenbezug in einem Rhythmus von zwei Monaten beträgt DM 33.000,- p.a."[791]

Diese interdisziplinär besetzte Marketinggruppe praktizierte augenscheinlich einen auf gegenseitige Information, Abstimmung und Gemeinsamkeit in den Entscheidungen ausgerichteten Arbeitsstil, in dem sich die Mitglieder unabhängig von ihrer hierarchischen Stellung im Unternehmen offensichtlich „auf Augenhöhe" begegneten.

Vier Jahre später wurde 1980 unter der Überschrift „Demokratisierung der Entscheidungsprozesse" aus der Führungsmannschaft der Brauerei heraus ein Papier entworfen, das über den Einsatz ressortübergreifender Arbeitsgruppen hinaus eine solche „Demokratisierung" für die gesamte Unternehmensführung empfahl. Begründet wurde diese Empfehlung mit den gestiegenen Anforderungen der Führungskräfte an das erforderliche – umfangreiche und unübersichtliche – Wissen, das zur Nutzung eines breiten Informations- und Kenntnisstandes zwinge. „Die verantwortliche Umsetzung (Realisierung) strategischer Planungen erfordert von den Führungskräften ein hohes Maß an Identifikation, die dann erwartet werden kann, wenn die Möglichkeit gewährt wird, die Planungsprozesse mit zu gestalten."[792] Konkret wurde vorgeschlagen, zunächst probeweise mit zeitlicher Begrenzung die vier Ressortleiter (Absatz Gastronomie, Absatz Handel, Technik und Verwaltung) stärker beratend in strategische Aufgaben der Geschäftsleitung auch jenseits der jeweiligen eigenen Kompetenzgrenzen einzubeziehen.[793] Ob

---

[790] Ebenda, S. 10.

[791] WWA, F 122 Nr. 5169: Thier-Brauerei: Protokoll zum Marketing-Gespräch am 7. Mai 1976, S. 5.

[792] WWA, F 122 Nr. 5001: Demokratisierung der Entscheidungsprozesse (Entwurf) vom 21.7.1980, S. 1.

[793] Vgl. ebenda, S. 4.

bzw. inwieweit dieser Entwurf weitergereicht, diskutiert bzw. realisiert worden ist, geht aus den Archivunterlagen nicht hervor.

Vorher war im August 1979 ein Verantwortlicher „für den Bereich MARKETING" eingestellt und der Führungsmannschaft der Brauerei vorgestellt worden.[794] In einer der nächsten Führungskräftebesprechungen referierte der neue promovierte Marketingleiter über das Thema: „Was ist eigentlich Marketing?"[795] Über die weitere Arbeit dieses neuen Marketingmanagers ist nichts weiter bekannt.

### 3.6.2.7 Die weitere Marketingarbeit sowie die unklare Stellung des Marketings im Organisationsgefüge der Thier-Brauerei in den 1980er Jahren

Zum 1. Oktober 1980 wurde der Vertriebsbereich neu organisiert. Es gab fortan zwei Hauptabteilungen: „Vertrieb Gastronomie" sowie „Vertrieb Handel und Marketing-Koordination". Im letztgenannten Organisationsbereich wurde eine „Stabsstelle Marketing" neu eingerichtet für den im Anschluss an sein wirtschaftswissenschaftliches Studium ins Unternehmen eintretenden Paul Cremer aus der Eigentümerfamilie. Zudem war dieser Hauptabteilung auch die Abteilung Kommunikation (früher Werbeabteilung) zugeordnet worden. Außerdem sah der neue Organisationsplan vor, die Verkaufsförderung aus der ehemaligen Werbeabteilung herauszulösen und als selbständige Abteilung gleichrangig zu dieser anzusiedeln.[796] Gleichzeitig hat es aber interne Diskussionen um die organisatorische Zuordnung dieser neuen Abteilung Verkaufsförderung gegeben. Zunächst hieß es: „Die Abteilung Verkaufsförderung (Herr [...]) bleibt der Vertriebsabteilung Handel (Herr [...]) unterstellt."[797] In der nächsten Geschäftsleitungsbesprechung wurde diese Entscheidung revidiert: „In Abänderung des Punktes 1.4 des Beschlußprotokolls vom 25.9.1980 bleibt die Abteilung Verkaufsförderung (Herr [...]) wie bisher Bestandteil des Kommunikationsbereichs, für den Herr [...] zuständig ist."[798] Die Stellung der Kommunikationsabteilung wurde kurz danach

---

[794] Vgl. WWA, F 122 Nr. 5169: Protokoll zur Führungskräftebesprechung am 23.8.1979., S. 1.

[795] Vgl. WWA, F 122 Nr. 5169: Protokoll zur Führungskräftebesprechung am 16.11.1979, S. 2. Unterlagen zu diesem Referat sind in den Archivunterlagen nicht enthalten.

[796] Vgl. WWA, F 122 Nr. 5001: Organigramm Vertrieb der Brauerei Thier GmbH & Co., Dortmund zum 1. Okt. 1980.

[797] WWA, F 122 Nr. 5001: Beschlußprotokoll der Geschäftsleitungsbesprechung vom 25.9.1980.

[798] WWA, F 122 Nr. 5001: Beschlußprotokoll der Geschäftsleitungsbesprechung vom 7.10.1980.

durch eine weitere Entscheidung der Geschäftsleitung nochmals gestärkt: „Die Abteilungen Kommunikation und Stabsstelle Marketing bleiben der Geschäftsführung unterstellt und sind für den Vertrieb tätig."[799] Entsprechend enthält das im Wirtschaftsarchiv vorhandene Organigramm bei der Kommunikationsabteilung den ergänzenden handschriftlichen Vermerk: „disziplinarisch Geschäftsleitung [unterstellt, H.F.]"

Die Kommunikationsabteilung dürfte damit in ihren Entscheidungen eine größere Autonomie und Entscheidungsfreiheit genossen haben, vermutlich auch im Verhältnis zur Hauptabteilung „Vertrieb Handel und Marketing-Koordination". Der Name des zwischenzeitlich tätigen promovierten Marketingleiters erscheint zu diesem Zeitpunkt nicht mehr im Organigramm;[800] der Name des aktuellen Hauptabteilungsleiters „Vertrieb Handel und Marketing-Koordination" spätestens im 2. Halbjahr 1983 auch nicht mehr im Verteiler betriebsinterner Unterlagen.[801] Anscheinend haben diese Jahre im Zeichen einer Suche nach Neuorientierung und eines Umbruchs gestanden mit entsprechenden organisatorischen und personalpolitischen Konsequenzen.

Anhand des erwähnten Organigramms lässt sich auch die Anzahl der Mitarbeiter in den einzelnen Organisationseinheiten bestimmen: Dem Hauptabteilungsleiter „Vertrieb Gastronomie" waren danach vier regionale Vertriebsleiter unterstellt; diese arbeiteten mit insgesamt 16 Bezirksleitern bzw. Außenstellen zusammen. Hinzu kamen für das Vertragswesen sowie für technische Arbeiten in der Gastronomie vier bzw. drei Mitarbeiter. Dem Hauptabteilungsleiter „Handel und Marketing-Koordination" waren drei Vertriebsleiter zugeordnet mit ebenfalls insgesamt 16 Bezirksleitern. Außerdem unterstand ihm das Auslieferungslager Hamburg mit 10 Mitarbeitern sowie zwei Mitarbeiter für administrative Aufgaben. Außerdem war eine Sekretärin für beide Hauptabteilungsleiter tätig. Insgesamt bestand der Funktionsbereich Vertrieb damit aus 61 Personen. Die Abteilung „Kommunikation" hatte einschließlich des Leiters 8 Mitarbeiter, und die Abteilung „Verkaufsförderung" 7 Mitarbeiter. Einschließlich des Inhabers der „Stabsstelle Marketing" waren dies zusammen 77 Personen.

Wie die Marketingarbeit in der Folgezeit fortgesetzt worden ist, lässt sich bruchstückhaft beschreiben: Offensichtlich wurden die Marketingaufgaben auf

---

[799] WWA, F 122 Nr. 5001: Beschlußprotokoll der Geschäftsleitungsbesprechung vom 16.12.1980.

[800] In den Archivunterlagen wird der Name des neuen Marketingleiters im Verteiler einiger Aktennotizen und Gesprächsprotokollen der Jahre 1979 und 1980 genannt. Weitere Unterlagen, insbesondere zu seiner Arbeit, sind nicht verfügbar.

[801] Vgl. die Unterlagen zur Strategiediskussion ab August 1983. Siehe dazu im Einzelnen Abschnitt 3.6.2.8.

mehrere Schultern verteilt, unter starker Beteiligung der Hauptabteilungsleiter der beiden Vertriebsorganisationen sowie des Stabsstelleninhabers Marketing. Ende 1980 stand in einer Geschäftsleitungsbesprechung die Entwicklung einer langfristigen Marketingstrategie auf der Tagesordnung. Zunächst sollten Informationen beschafft werden zur Unternehmensumwelt (Bevölkerungsentwicklung, Kaufkraft, Entwicklung der Wirtschaftsstruktur, Biersortenentwicklung nach Gebieten), zur Konkurrenzsituation nach Marktsegmenten (Marktanteile, Distribution, Preisniveau, Werbemaßnahmen, zukünftige Märkte und Image) sowie zu unternehmensinternen Daten (Marktanteile, Distribution, Preisniveau nach Sorten und Gebieten).

Die beiden Vertriebsführungskräfte erhielten den Auftrag, zusammen mit der Stabsstelle Marketing Vorschläge zur weiteren Vorgehensweise bei der Erarbeitung, Einführung und Fortschrittskontrolle des Marketingkonzeptes auszuarbeiten. Die Priorität läge beim Werbekonzept, das in Zusammenarbeit mit dem Leiter der Kommunikationsabteilung zu erstellen sei.[802]

Im Vorfeld waren von den beiden Hauptabteilungsleitern Vertrieb bereits Konzepte für ihren jeweiligen Verantwortungsbereich zur Preispolitik, zur Absatzmittlerpolitik, zu Verkaufsförderungsmaßnahmen einschließlich eines VKF-Etatentwurfs sowie zur Absatz- und Personalplanung für das kommende Geschäftsjahr vorgelegt worden.[803] So wurde im Hinblick auf die künftige Preispolitik der Brauerei vorgeschlagen, den bereits im laufenden Jahr begonnenen Prozess fortzusetzen, im Geschäft mit dem Handel kundenindividuelle Preise abzubauen und weitere Preisgruppen aufzulösen. Außerdem wurden Preisstrategien in Abhängigkeit vom Verhalten der Mitbewerber vorgeschlagen.

Bezüglich der Gastronomie als Geschäftspartner wurde das geografische Gebiet für die Direktbelieferung konkret abgegrenzt. Hier sollten 60 % der Investitionsmittel eingesetzt werden mit dem Ziel der Absatzverdichtung und Imageverbesserung. Eine Projektgruppe „Gastronomie" sollte Check-Listen für die systematische Arbeits- und Vorgehensweise bei Gastronomie-Investitionen erarbeiten. Beim Geschäft mit dem Getränkefachgroßhandel sollte außerhalb des Markengebietes die gesamte Akquisition von Neukunden ausschließlich für den GFGH durchgeführt werden. Außerdem sollte die Preis- und Konditionenpolitik das primäre Ziel der Spannenverbesserung für den GFGH verfolgen. Die

---

[802] Vgl. WWA, F 122 Nr. 5001: Beschlußprotokoll der Geschäftsleitungsbesprechung vom 16.12.1980, S. 1.
[803] Vgl. zum Folgenden die verschiedenen Vorlagen der beiden Hauptabteilungsleiter Vertrieb vom 1.10.1980 und 2.10.1980.

Servicepolitik und die Verbesserung des Images der Thier-Brauerei bei den Absatzmittlern wurde Thema einer Projektgruppe „Getränkefachgroßhandel".

Für das Geschäft im Lebensmittelbereich wurde beabsichtigt, den organisierten Lebensmittelhandel (insbesondere Genossenschaften und Zentralkunden) weiterhin direkt zu beliefern, jedoch den nicht oder nur lose organisierten LEH durch vertriebliche Anstrengungen des eigenen Außendienstes dem GFGH zuzuführen, wenn dieser der Brauerei die Logistik abnehmen würde.

Der Verkaufsförderungsetat wurde für das Geschäftsjahr 1980/81 auf insgesamt 440.000 DM veranschlagt, davon 310.000 DM für Handelsaktivitäten und 130.000 DM zur Unterstützung des Gastronomiegeschäfts.

Die Absatzplanung für die folgende Periode sah ein Volumen von insgesamt rd. 475.000 hl vor (Vorjahr: 470.000 hl). Der Gastronomiebereich sollte mit rd. 190.000 hl einen Anteil von rd. 40 % haben, 285.000 hl oder 60 % sollten den Verbraucher über den Handelsweg erreichen. Diese Mengen wurden in Tabellenform weiter detailliert nach Außendienstgebieten, Biersorten und -marken, Gebindearten usw.

Der Kommunikationsetat umfasste ein vorläufiges Investitionsvolumen von rd. 2,3 Mio. DM. Zusätzliche Investitionen in Höhe von 0,25 Mio. DM waren für die Außenwerbung in der Gastronomie vorgesehen.[804]

### 3.6.2.8 Strategiediskussionen ohne erkennbare Konsequenzen für das Marketing der Brauerei zur Mitte der 1980er Jahre

Die Thier Brauerei hat im August 1983 damit begonnen, einen intensiven Diskussionsprozess innerhalb ihrer Führungsmannschaft anzustoßen, der zwei Jahre später nach intensiver Arbeit in verschiedenen Workshops und Projektgruppen unter externer Anleitung und Begleitung in Form von Strategiepapieren zum Abschluss gebracht werden konnte. Auch hier war die Stärkung des „Wir-Gefühls"[805] neben der Erarbeitung strategischer Unternehmensgrundsätze und Maßnahmen ein wesentliches Ziel dieses Prozesses.

In dem ersten dreitägigen Auftakt-Seminar „Strategische Planung" referierte der externe Berater, Dipl.-Kaufm. Peter Stahl, Inhaber und Geschäftsführer der DEGEMA – Deutsche Gesellschaft für Markterschließung und Strategische Unternehmensführung mbH, Frankfurt, eingangs zu folgenden grundlegenden

---

[804] Vgl. WWA, F 122 Nr. 5169: Beschlussprotokoll der Geschäftsleitungsbesprechung vom 29.11.1980.

[805] Vgl. WWA, F 122 Nr. 5189: Brief des Ressortleiters Verwaltung/Finanzen im Anschluss an eine erste Projektphase an die Mitglieder der Strategieklausuren vom 20. Okt. 1983.

Seminar-Bausteinen jeweils unter dem Stichwort „Strategische Planung": Über-blick, Konzept, Instrumente, Führungsstil, Arbeitsmethoden, Fallbeispiel. Ergän-zend dazu wurden in diesen Bausteinen Themen bearbeitet wie: Konflikt und Konsens im Entscheidungsprozess, Regeln für die Konsensentwicklung sowie Kritikpunkte an und Grenzen der Strategischen Planung. Es wurde darüber hinaus aber ansatzweise auch „technisches Handwerkszeug" den Seminarteil-nehmern nahegebracht, etwa Methoden zum Auffinden von Erlös- und Kos-teneinsparpotentialen, der Umgang mit dem Produkt-/Markt-Portfolio sowie der Investitions-/Desinvestitions-Matrix. Dazu gehörte außerdem die Durchführung einer Potentialanalyse, ferner Grundlagen des Portfolio-Managements – wenigs-tens aus theoretischer Perspektive.[806]

Das Seminar war interaktiv angelegt, die theoretische Aufarbeitung wurde ergänzt um die Praxissicht in Form von Gruppenarbeiten, Kurzreferaten sowie Plenumsdiskussionen. Die dabei von den Teilnehmern erarbeiteten Tableaus zu Erfolgs- und Misserfolgsfaktoren und ihren Gründen, zu derzeitigen und künf-tigen eigenen Stärken und Schwächen – auch in Relation zum Wettbewerb, zu identifizierten Schlüsselfaktoren, vorhandenen und zu hebenden Potentialen sowie dazu geeigneten Maßnahmen waren Basis für die weitere Arbeit in den Strategie-Klausuren.

In den folgenden Wochen und Monaten fanden mehrere Strategie-Klausuren statt, in denen die Führungskräfte der Thier-Brauerei an der gemeinsamen Ent-wicklung einer langfristigen Unternehmensstrategie für die Brauerei arbeiteten. Dazu wurden zunächst zwei Gruppen gebildet zur Entwicklung von Erlöspo-tentialen sowie zur Hebung von Kosteneinsparungspotentialen. Hier wurden die Themenbereiche des Seminars wieder aufgegriffen und vertiefend bearbeitet, z. B. wurden Potentialanalysen im Wettbewerbsvergleich oder Stärken-/Schwächen-Analysen sowie Chancen/Risiken-Analysen durchgeführt, Gründe für Erfolge bzw. Misserfolge aufgelistet, auch ein Produkt-/Markt-Portfolio erstellt sowie eine lange Reihe von Maßnahmenvorschlägen erarbeitet, protokolliert und an die Klausurteilnehmer verteilt.[807] Später berieten weitere spezielle Arbeitsgruppen zu strategischen und taktischen Maßnahmen in bestimmten Markt- oder Funktions-bereichen, z. B. als „Arbeitsgruppe Gastronomie". Im weiteren Verlauf wurden

---

[806] Vgl. WWA, F 122 Nr. 5189: Dipl.-Kaufm. Peter Stahl: Klausur-Seminar „Strategische Planung" für Führungskräfte der Brauerei Thier GmbH & Co., Dortmund vom 21.–23. August 1983 (umfangreiche Chart-Sammlung).

[807] Vgl. WWA, F 122 Nr. 5189: Brief an die Seminar-Teilnehmer zur Vorbereitung der nächs-ten Klausuren am 12.–14. Oktober 1983 (Gruppe 1: Erlöspotentiale) bzw. am 21.–23. Nov. 1983 (Gruppe 1: Kosteneinsparungs-potentiale) plus Anlagen. Vgl. auch die anschließend angefertigten Zusammenstellungen zu den Ergebnissen.

hierzu einzelne Projektgruppen gebildet, die zu spezifischen Problemstellungen Lösungsvorschläge erarbeiten sollten, z. B. zur „Entwicklung zielgruppenorientierter VKF-Maßnahmen".[808] Im Frühjahr 1984 konnte „eine Reihe von Projekten und daraus resultierende[n] Maßnahmen [...] als abgeschlossen beurteilt werden."[809]

1985 stand die Entwicklung strategischer Unternehmensgrundsätze im Vordergrund der Klausurarbeit. Dazu wurden zwei Papiere erarbeitet: Das erste 8-seitige Konzept trug den Titel „Strategische Unternehmensgrundsätze der Privatbrauerei Thier" und enthielt einige wichtige Richtlinien für die Führung der Brauerei im Außen- wie im Innenverhältnis. Die Kernaussagen lauten in Stichworten:[810]

– Thier bleibt selbständiges Familienunternehmen
– Markenführung: weitere Stärkung der Marke „Thier-Pils" und Platzierung im oberen Preisband
– Werbung und Verkaufsförderung: primär für „Thier-Pils"
– Distribution: Konzentration auf das Kerngebiet; Direktbelieferung der Gastronomie „um den eigenen Schornstein"
– Absatzmittler: Beim Getränkefachgroßhandel bestehen „ideale Voraussetzungen für eine positive Zusammenarbeit". Sicherung und Erschließung des Gastronomiemarktes im Versandgebiet „ausschließlich in enger Zusammenarbeit mit dem Getränkefachgroßhandel". Beabsichtigt ist auch die „weitere Übertragung von LEH-Direktkunden" an den GFGH.
– Konditionenpolitik: faire und transparente Preise
– Produktion: Permanente Verbesserung der Produktqualität
– Finanzen und Verwaltung: ständige Weiterentwicklung effektiver Planungs-, Steuerungs- und Informationssysteme. Die Personal-Produktivität soll der des Durchschnitts der Dortmunder Brauereien entsprechen.
– Grundsätze zur Mitarbeiterführung: Anerkennung der hohen individuellen Leistungen von Führungskräften und Mitarbeitern. Mitarbeiter sollen sich mit der Brauerei in hohem Maße identifizieren. Mitarbeiterführung nach dem Delegationsprinzip „unter Einbeziehung der persönlichen Zielvorstellungen der [...] Mitarbeiter." Außerdem: „Plan-/Ist-Abweichungen sollen nicht zur

---

[808] Vgl. WWA, F 122 Nr. 5189: Tagesordnung für den Check up am 8.3.1984 und zeitlicher Ablauf der Präsentationen.

[809] WWA, F 122 Nr. 5189: Brief an die Klausur-Teilnehmer vom 19. April 1984 sowie beigefügte Erläuterung zum Check up „Strategische Planung" vom 8.3.1984, S. 1.

[810] Zum Folgenden vgl. WWA, F 122 Nr. 5189: Strategische Unternehmensgrundsätze der Privatbrauerei Thier, 22.10.1985.

3  Die Anwendung von Erkenntnissen der absatzwirtschaftlichen …

Schuldzuweisung, sondern zur Ursachanalyse führen." Führung als „ausgeglichenes Verhältnis von Anerkennung und Kritik." Offene und partnerschaftliche Zusammenarbeit, umfassende Information sowie kooperativer Führungsstil.

Das zweite – bereits vorher formulierte – Papier „Die 10 Grundsätze der Privatbrauerei Thier" enthielt nur Teile der Aussagen des ersten Dokuments; es war zudem kürzer gefasst auf nur 1 ½ Seiten.[811]
   Insgesamt gehen die Aussagen in beiden Papieren kaum über die Beschreibungen hinaus, die 10 Jahre zuvor anlässlich der Unternehmensplanung für das Geschäftsjahr 1974/75 in den „Prinzipien des Unternehmens" sowie den „Leitlinien zur Unternehmenskonzeption" formuliert worden sind;[812] z. T. bleiben sie sogar dahinter zurück, was die inhaltliche Abdeckung der Themenbreite sowie die Konkretheit der Aussagen betrifft. Dies sowie die Tatsache, dass sich die Strategieentwicklung im Jahre 1985 in seinen jüngsten Konzepten erneut um diesen Themenkreis dreht, kann man auch als einen Hinweis darauf verstehen, dass die seinerzeitigen Leitlinien lediglich „auf dem Papier standen" und nicht wirklich praktisch umgesetzt geworden sind.
   Es muss auch diesmal offen bleiben, ob und inwieweit die erarbeiteten strategischen und taktischen Maßnahmenvorschläge der verschiedenen Arbeits- und Projektgruppen auch tatsächlich umgesetzt worden sind oder ob sie wenigstens zur Stärkung des „Wir-Gefühls" beigetragen haben. In den Archivmaterialien lassen sich dazu keine weiteren Unterlagen finden. Es entsteht der Eindruck, dass hier letztendlich Papiere formuliert und Aktivitäten angestoßen worden sind, die möglicherweise in ihrer Konsequenz eher den Charakter von „Signalen und Symbolen" als von stringent verfolgten strategischen Maßnahmen haben, so wie dies im Abschnitt 2.5.3.4 beschrieben worden ist.

### 3.6.2.9 Die betriebs- und finanzwirtschaftliche Situation der Brauerei

Wie insbesondere im Abschnitt 3.6.2.2 aufgezeigt wurde, hat die Brauerei Thier ihre Marketingaktivitäten wiederholt für jeweils kürzere Zeiträume an ihren eingeschränkten finanziellen Möglichkeiten ausrichten müssen. Das galt innerhalb des hier betrachteten Zeitraums der „Stagnationsphase" insbesondere nach dem Absatzeinbruch und den abgeschwächten Betriebs- und Gesamtergebnissen Anfang der 1970er Jahre sowie für die späten 1970er und späten 1980er Jahre, in denen das Geschäftsjahr jeweils nur mit Verlusten abgeschlossen werden konnte.

---

[811] Vgl. WWA, F 122 Nr. 5189: Die 10 Grundsätze der Privatbrauerei Thier, 12.7.1985.
[812] Vgl. die Ausführungen im Abschnitt 3.5.2.8.

Dazwischen gab es Abrechnungsperioden mit Gewinnen in Millionenhöhe und auch Jahre, in denen das Ergebnis nur relativ schwach positiv war.

Die Thier-Brauerei hat sich allerdings bereits seit 1965 im Rahmen von Betriebsvergleichen nahezu jährlich mit anderen Brauereien in ihrer Produktivität und Kostenstruktur gemessen. Die Ergebnisse liegen bis 1978 vor. Beteiligt waren – je nach Untersuchung – jeweils zwischen 15 und 45 inländische Brauereien unterschiedlicher Größe, angefangen von Großbrauereien bis hin zu mittelständischen Betrieben. Z.T. sind die Analysen getrennt nach Größenklassen der Brauereien vorgenommen worden. Neben der Thier-Brauerei haben sich wiederholt auch die Kronen-Brauerei, mehrere Male auch die DAB und die Hansa-Brauerei, im Einzelfall auch die DUB am zwischenbetrieblichen Vergleich beteiligt. Durchgeführt wurden die Untersuchungen über viele Jahre vom Deutschen Brauerbund, dessen Analysen sich aber ausschließlich auf den technischen Betrieb der Brauereien konzentrierten. Ab der zweiten Hälfte der 70er Jahre wurden von der Unternehmensberatung Weihenstephan sowie vom Arbeitskreis Betriebswirtschaft in Brauereien Betriebsvergleiche vorgenommen, die über die Produktions- und betriebstechnischen Bereiche hinaus auch Abteilungen bzw. Funktionseinheiten im kaufmännischen Bereich einbezogen, die Betrachtung der Kosten um die Erlösseite ergänzten und damit einen umfassenderen Einblick in die betriebswirtschaftliche Situation der Brauereien ermöglichten. Im Folgenden sollen die Ergebnisse zweier derartig angelegter Betriebsvergleiche referiert werden.

In einer Untersuchung des Arbeitskreises Betriebswirtschaft[813] wurden ausgehend vom Ausstoß in hl jeweils Produktivitätskennzahlen pro Beschäftigten in bestimmten Abteilungen bzw. Funktionsbereichen errechnet und im mehrjährigen Vergleich als Übersicht *aller beteiligter Brauereien* dargestellt. Zentrales Ergebnis aus der Perspektive der Thier-Brauerei war, dass die dortigen Funktionsbereiche Außendienst, Verkaufsinnendienst, Marketing/Werbung, Vertriebsservice sowie der Vertrieb als Ganzer im Quervergleich entweder jeweils die *niedrigste* Produktivität aufwiesen oder aber in der Nähe der niedrigsten Produktivitätskennzahlen lagen.

Es ist allerdings dabei zu berücksichtigen, dass hier der Erfahrungskurveneffekt insoweit greift, als Großbrauereien aufgrund ihres einmal erreichten sehr viel höheren Ausstoßvolumens *unter*proportionale Personalressourcen für die einzelnen absatzwirtschaftlichen Funktionsbereiche benötigten. Die Thier-Brauerei

---

[813] Vgl. zum Folgenden: WWA, F 122 Nr. 5061: Arbeitskreis Betriebswirtschaft in Brauereien: Produktivitätsvergleich 1978, Tabelle V: Produktivitätsvergleich 1978 Verkauf, hl/Beschäftigter, ohne Datum (1979).

befand sich hier ständig in dem Dilemma, sich entscheiden zu müssen zwischen einem „sich fügen" in einen begrenzten Aktionsradius mit begrenzten Etatmitteln und Mitarbeiterzahlen und der Zielsetzung, „aufzubrechen" in eine erfolgreiche Zukunft als große und wirtschaftlich aufstrebende Brauerei. Außerdem ist zu berücksichtigen, dass jede der beteiligten Brauereien bei der Zurechnung von Personal zu den einzelnen Funktionsbereichen auch Spielräume insbesondere bei der Verteilung auf die Bereiche genutzt haben könnte.

Beide Effekte haben sich möglicherweise auch in den Ergebnissen einer zweiten Analyse widergespiegelt: Die Unternehmensberatung Weihenstephan hat in ihrem Betriebsvergleich alle wesentlichen Kostenstellen eines Brauereibetriebes untersucht und in DM/hl ausgewiesen.[814] Sie hat dabei jeweils das Ergebnis einer einzelnen Brauerei mit den Minimal- und Maximalwerten sowie den Durchschnittswerten der *Gesamtheit* der untersuchten Brauereien verglichen. Während bei Thier die Kosten in vielen Sektoren des Produktions- und Betriebsbereichs sich auf dem Durchschnittsniveau der beteiligten Brauereien bewegten, z. T. aber auch darüber, liefen die Kosten pro hl bei der Kostenstelle Marketing/Werbung für das Geschäftsjahr 1977/78 auf den oberen Rand der Bandbreite zu; für das Vorjahr lagen sie allerdings – aufgrund der zurückgenommenen Marketingaktivitäten – nur etwas über dem Durchschnittswert. Im Einzelnen stellten in 1977/78 die Kosten für die Media-Werbung in DM/hl den absoluten Spitzenwert im Vergleich dar; außerdem reichten die Ausgaben für die Verkaufsförderung sowie die Personalkosten im Bereich Marketing/Werbung zu einem guten Teil an die oberen Werte der Vergleichsanalyse heran. Darüber hinaus lagen auch die Kostenwerte für die Verkaufsabteilung weit über dem Durchschnitt und näherten sich dem Maximalwert an.

Die Analyse auf der *Kosten*seite wurde in dieser Untersuchung durch einen Vergleich der Netto*erlöse* in DM/hl im Inlandsgeschäft ergänzt. Bei diesem Kriterium konnte Thier in etwa das Durchschnittsniveau erreichen. Das galt insbesondere für das Fassbiergeschäft; beim Flaschenbier lagen die Erlöse rd. 14 % unter dem Fassbier und bewegten sich außerdem etwas unterhalb des Branchendurchschnittswertes. In einem weiteren Schritt wurde die Vertriebsleistung ermittelt durch eine Gegenüberstellung der Nettoerlöse und der Vertriebskosten (einschl. der Kosten der Verkaufsabteilung sowie der Kosten für Marketing/Werbung). Im Ergebnis lag die Vertriebsleistung von Thier etwas unterhalb des Durchschnittswertes im zwischenbetrieblichen Vergleich. In einer Gesamtabrechnung

---

[814] Vgl. zum Folgenden: WWA, F 122 Nr. 5061: Unternehmensberatung Weihenstephan GmbH: Kostenvergleich, Bundesgebiet 1977/78, Brauerei Thier & Co., Dortmund, 25. September 1979.

unter Berücksichtigung aller Erlös- und Kostenfaktoren ergab sich schließlich zum einen im Vorjahresvergleich eine erhebliche Verschlechterung des „Produktergebnisses", zum anderen auch im Verhältnis zur Branche eher eine Position am unteren Rand der Bandbreite.

Bei allem in den Vorkapiteln beschriebenen Druck auf die Verkaufserlöse im Biergeschäft aufgrund des intensiven Preiskampfes zwischen den Brauereien und dem zusätzlichen Druck von Handelsseite hatte die Brauerei Thier offensichtlich *kein* branchen*un*typisches Erlösproblem, sondern stärker ein individuelles Kostenproblem. Der Funktionsbereich Marketing/Werbung sowie der Vertriebsbereich insgesamt waren daran nicht unerheblich beteiligt, wenn auch darüber hinaus Kostennachteile in einzelnen anderen betrieblichen Bereichen bestanden haben. Aus den Archivunterlagen zu dieser Zeit geht nicht hervor, ob und ggf. inwieweit aus diesen Branchenvergleichen geschäftspolitische Konsequenzen gezogen worden sind bzw. wie sich die Brauerei zu diesen Ergebnissen gestellt hat.

Es gibt allerdings aus einem früheren „Vorbericht zur Betriebsabrechnung 1968/69" im Anschluss an eine von der damaligen Landestreuhand Weihenstephan GmbH durchgeführte Analyse der Vertriebskosten folgende Interpretation im Hause Thier zu den damaligen Ergebnissen: „Die Kostensteigerung für Marketing und Werbung ist die entscheidende Kostenart für das Ansteigen der Vertriebskosten. Mit dieser Kostenerhöhung wurde im Vertriebsbereich in Verbindung mit den bereits erläuterten Erlöseinbußen der Umsatzrückgang gestoppt. Ob die im Berichtsjahr entstandenen Kosten für Marketing und Werbung in dieser Höhe in Zukunft ausreichen, den Umsatz zu halten oder sogar zu mehren, oder ob weitere Kostensteigerungen bei dieser Kostenart notwendig werden, um das Umsatzziel zu erreichen, bleibt abzuwarten. Der DM/hl-Wert von 7,02 DM/hl ist unter den uns bekannten Werten einer der höchsten."[815]

Die Brauerei sah Ende der 1960er Jahre offensichtlich die Aufgabe und Zielsetzung ihrer Marketing- und Werbemaßnahmen vor allem darin, einen noch stärkeren Umsatzrückgang zu verhindern. Dies lässt sich eher als ein defensiver Ansatz im absatzwirtschaftlichen Denken verstehen und kaum als ein zielgerichtetes, am Markt orientiertes Bemühen und Kämpfen um Absatzerfolge. Außerdem wird hier weder eine Reflexion über die Qualität der Maßnahmen vorgenommen noch über Möglichkeiten zur Erfolgskontrolle nachgedacht. Möglicherweise hat dieses Denken auch das Handeln bis zum Ende der 70er Jahre und darüber hinaus bestimmt.

---

[815] WWA, F 122 Nr. 5052: Vorbericht zur Betriebsabrechnung 1968/69 (Landestreuhand Weihenstephan GmbH), 3. Februar 1970, S. 1.

### 3.6.2.10 Bilanz der Marktorientierung der Thier-Brauerei in der „Stagnationsphase" sowie ein erster Vergleich mit den Erkenntnissen der fortgeschrittenen Marketingtheorie

Die Brauerei Thier hat bereits seit dem abrupten Ende des Bierbooms zur Mitte der 1960er Jahre vor dem Problem zunächst stark sinkender, anschließend stagnierender bzw. schwankender Absatzzahlen gestanden. Für sie war – noch stärker als für die Dortmunder Brauindustrie insgesamt – die „Ausreifungsphase" der Jahre 1965 bis 1973 bereits eine „Stagnationsphase" auf einem im Vergleich zu den 60er Jahren wesentlich niedrigeren Absatzniveau. Diese Stagnation setzte sich in den 80er Jahren grundsätzlich fort. Der kurzzeitige Ausstoßzuwachs zu Beginn der 80er Jahre ist wie auch bei den anderen Dortmunder Brauereien Sondereffekten zuzurechnen – bei Thier hauptsächlich der Produktion für Handelsmarken im Billigbiersegment. Allerdings hat Thier im Unterschied zur Dortmunder Bierindustrie insgesamt sowie auch zur Kronen-Brauerei seitdem keine fortgesetzten Ausstoßeinbußen hinnehmen müssen, sondern das Ausstoßniveau bis zum Ende des 9. Jahrzehnts auf diesem reduzierten Niveau in etwa halten können.

Dabei ist nicht zu erkennen, dass die Brauerei Thier bei der Vermarktung ihrer Produkte etwas besser oder grundlegend anders gemacht haben würde als die Wettbewerber und daraus einen Nutzen gezogen haben könnte. Sie hat auch gegenüber der „Ausreifungsphase" wenig in ihren Marketingaktivitäten verändert.

Das Marketing der Thier-Brauerei ist in den 1970er und 1980 Jahren instrumentell geblieben. Der Schwerpunkt der Aktivitäten lag weiterhin auf Werbemaßnahmen, die allerdings im Zeitablauf diskontinuierlich durchgeführt wurden, indem sie stark von der finanzwirtschaftlichen Situation des Unternehmens abhängig waren. Aus Budgetgründen wurden deshalb die Etats relativ abrupt rauf- und runtergefahren. Dabei wurden – anders als noch in der „Ausreifungsphase" – nicht mehr größere Werbeagenturen beauftragt, die über die Erstellung eines Werbekonzeptes hinaus ganzheitliche Vermarktungskonzepte unterbreiteten. Stattdessen wurden kleinere Agenturen beauftragt, manchmal in schnellem Wechsel. In verschiedenen Jahren hat die Werbeabteilung der Thier-Brauerei die Werbekonzeption ohne Agenturunterstützung erarbeitet, teilweise mit Hilfe eines externen Marketingberaters. Insgesamt erscheinen die Werbeaktivitäten in dieser Zeit eher als einzelfallbezogenen Aktionen und nicht als Folge einer durchgängig durchdachten und längerfristig angelegten Systematik. Auch fand kaum eine Erfolgskontrolle der Aktivitäten statt, etwa mit einem Soll-Ist-Vergleich und einer Abweichungsanalyse.

Durch die fehlenden Kontakte zu größeren Werbeagenturen, Marktforschungsinstituten und Unternehmensberatungsgesellschaften wurde auch kein neues wissenschaftliches und in der betrieblichen Praxis erprobtes Marketing Know-how
mehr ins Unternehmen getragen und zur konkreten Umsetzung vorgeschlagen,
etwa im strategischen Bereich, das gerade in den 1980er Jahren in der Fachwelt
immer stärker diskutiert wurde.

Über Werbeaktivitäten hinaus wurden – ebenfalls in Abhängigkeit von Budge-
trestriktionen – mal in intensiver, mal in zurückgenommener Form Verkaufsförderungsmaßnahmen durchgeführt. Die produktpolitischen Initiativen konzentrierten
sich – abgesehen von leichten Variationen in der Markenbenennung beim Pilsangebot – auf die Einführung des drei-henkligen Bierhumpens sowie zuletzt der
SplitBox ausgangs der 80er Jahre.

Ein Hindernis ist vermutlich auch gewesen, dass es bis zum Ende des Beobachtungszeitraums bei Thier keine konsequent geführte und dauerhaft bestehende
Marketing- und Vertriebsorganisation gegeben hat. Offenbar war zu Beginn und
zum Ende der 70er Jahre kurzzeitig jeweils ein Marketingleiter im Unternehmen tätig. Es ist aber über die organisatorische Einbindung und Stellung dieser
Personen nichts bekannt. Aus dem Verteilerkreis von Aktennotizen kann man vermuten, dass die Werbeabteilung hier (kurzzeitig) angesiedelt war. Ansonsten hat
aber die Werbeabteilung offensichtlich einen bevorzugten Zugang zur Geschäftsführung gehabt, indem sie ihr mindestens seit Beginn der 80er Jahre unmittelbar
unterstellt war und dabei aber „für den Vertrieb tätig" werden sollte. So hat es
seit dem Weggang des marketingaffinen und durchsetzungsfähigen Direktionsmit-
glieds 1972 offensichtlich keine Persönlichkeit mehr im Unternehmen gegeben,
das mit vergleichbarer Energie die sechs Jahre zuvor begonnenen Aktivitäten
fortgesetzt hätte.

Was die Vertriebsarbeit betrifft, so hat die Sicherung der Vertriebswege große
strategische Bedeutung. Bei Thier ist in dieser Zeit keine wirkliche zielorientierte
und strategisch ausgerichtete Vertriebspolitik erkennbar gewesen; im Gegensatz
zur „Ausreifungsphase" auch keine innovative Vertriebsführerschaft auf dem
VKF-Gebiet mehr. Die Versuche, den Lebensmitteleinzelhandel sehr viel stärker als Absatzmittler zu gewinnen, sind ambivalent geblieben: Schließlich haben
die 1985 neu erstellten Leitlinien die starke Rückbesinnung auf die traditionellen
Vertriebspartner im Getränkefachgroßhandel bestätigt. Es ist auch nicht erkennbar, dass es im Kerngebiet gelungen wäre, das Distributionsnetz enger zu knüpfen
und besondere Vertriebsinitiativen zu starten.

Eine Zeitlang ist Marketing in Form eines eher demokratisch organisierten
Prozesses betrieben worden, indem in einer interdisziplinär besetzten „Planungsgruppe Marketing" Marketing-Gespräche durchgeführt worden. Die Gespräche

dienten insbesondere dem Informationsaustausch; außerdem sollte hier die jährliche Marketingkonzeption erarbeitet werden. Auf eine straffe Führung wurde bewusst verzichtet.

Die Versuche, eine strategische Unternehmensführung zur Mitte der 1980er Jahre im Unternehmen zu installieren, sind vermutlich inhaltlich gescheitet, wenn die damals gestartete Seminar- und Klausurreihe nicht sogar von vornherein primär als Motivationsveranstaltung zur Stärkung des „Wir-Gefühls" innerhalb der Führungsmannschaft und im Verhältnis zu den Mitarbeitern angedacht war. Es hat kaum Anhaltspunkte dafür gegeben, dass anschließend die Unternehmensaktivitäten und die Marketingarbeit stärker strategisch ausgerichtet gewesen wären.

Die Effizienz der durchgeführten Maßnahmen und Leistungen im Werbe- und Vertriebsbereich war gemessen an der Produktivität (hl Bierausstoß/Beschäftigtem) im Branchenvergleich weitaus unterdurchschnittlich. Unter Kostengesichtspunkten (DM/hl Bierausstoß) gehörten beide Funktionsbereiche bei Thier zu den teuersten Mannschaften innerhalb der untersuchten Brauereien.

Insgesamt hat der Marketinggedanke nur eingeschränkt Eingang in den unternehmerischen Entscheidungsprozess bei Thier gefunden. Marketing ist wohl nie als „Führung des Unternehmens vom Markt her" verstanden worden. Es hat den Anschein, dass Vieles nur „halbherzig" angegangen worden ist. So hat sich möglicherweise auch lange die Sicht erhalten, dass es Aufgabe der Werbung bzw. von Marketingaktivitäten insgesamt sei, weitere Absatzeinbrüche zu verhindern anstatt aktiv den Markt zu gestalten. Die durchgeführten Werbe- und insbesondere die Verkaufsförderungsmaßnahmen waren eher aktionsgetrieben als strategisch angelegt. Insofern ist bezüglich der Vermarktungsaktivitäten der Brauerei in der „Stagnationsphase" gegenüber der „Ausreifungsphase" *keine* spürbare Weiterentwicklung erkennbar. Die seinerzeitige Aufbruchstimmung ist über die Jahre verlorengegangen. Wahrscheinlich haben dabei aber auch die eingeschränkten finanziellen Möglichkeiten eine Rolle gespielt. Zudem haben die bereits seit den späten 70er Jahren von den Gesellschaftern angestellten Überlegungen zum Verkauf der Brauerei vermutlich ebenfalls nicht dazu beigetragen, dass hier ein neuer „Motivationsfunke" auf die Mitarbeiter übersprang.

Das, was die Brauerei Thier in der schwierigen Zeit der Stagnationsphase aus Sicht des Autors dieser Arbeit hätte besser machen können, hat Prof. Dr. Bruno Tietz auf der Jubiläumsveranstaltung der Brauerei im Jahre 1979 zusammenfassend so formuliert: „Die stagnierende Biernachfrage stellt hohe Anforderungen an die Marketingpolitik der Brauereien. Dabei muß jede Brauerei die Marketingmaßnahmen situativ an ihren individuellen Bedingungen ausrichten. Das erfordert eine klare Einschätzung der spezifischen Marktgegebenheiten sowie der internen Daten. Ferner muß berücksichtigt werden, daß keine Strategie auf Dauer ist. Die Strategien sind sequentiell den Marktwandlungen anzupassen. Eine zentrale Herausforderung an die Marketingpolitik der Brauereien ist die optimale Segmentierung ihrer Zielgruppe im Handels-, Gastronomie- und Endverbraucherbereich. Ganz generell sollten Strategien längerfristig angelegt sein. Bei Kurzfriststrategien besteht die Gefahr, über den Tageserfolg langfristige Erfolge zu verspielen, wie die Preisschleuderei einiger Brauereien zeigt. Die Hauptschwierigkeit der meisten Brauereien besteht in der Formulierung klarer Ziel- und Strategiekonzepte und vor allem in der Durchsetzung des einmal als richtig erkannten Konzeptes durch geeignete Managementsysteme."[816]

Von berufener Seite wird hier eine Vielzahl von Erfolgsfaktoren angesprochen, die für die Vermarktung von Bier wichtig sind. Die Thier-Brauerei hätte daraus wesentlich mehr lernen können. Ende der 70er Jahre wäre dazu noch die Zeit gewesen.

### 3.6.3 Fallstudie 5: Die Marketingaktivitäten der *Dortmunder Kronen-Brauerei* in der „Stagnationsphase"

#### 3.6.3.1 Die Entwicklung von Absatz und Werbeaufwand im langjährigen Überblick sowie der personelle Umbruch in kurzzeitiger Abfolge im Geschäftsbereich II: Marketing und Vertrieb

Der Bierausstoß der Kronen-Brauerei hat in der Langzeitbetrachtung im Zeitraum von 1974 bis 1990 eine ähnliche Entwicklung genommen wie der Ausstoß der Dortmunder Bierbranche insgesamt. Einen größeren Unterschied gab es allerdings zwischen den Jahren 1973 und 1976, als die Brauerei ihren Absatz – entgegen dem Trend – um knapp 10 % auf einen absoluten historischen Höchststand von rd. 1,28 Mio. hl ausweiten konnte. Umso gravierender war dann der Absatzeinbruch in den Folgejahren. Allein in den drei Jahren zwischen 1976 und 1979 verlor die Brauerei mit rd. 209.000 hl rd. 16 % ihres Absatzvolumens und erreichte nur noch 1,07 Mio. hl.[817] Durch die beschriebenen externen Sondereffekte (Billigbierproduktionen für Handelsmarken) wurde die Negativentwicklung kurzzeitig

---

[816] WWA, F 122 Nr. 5014: Festvortrag aus Anlaß des 125-jährigen Jubiläums der Dortmunder Privatbrauerei Thier über Markt und Marketing für Bier von Prof. Dr. Bruno Tietz am 27. Juni 1979 im Großen Haus der Städtischen Bühnen Dortmund, Punkt 11 des Manuskripts.
[817] Zu der zahlenmäßigen Entwicklung des Bierausstoßes im Einzelnen vgl. die Ausführungen in den Abschnitte 3.2.2 und 3.2.5 sowie die dort genannten Quellen.

zu Beginn der 80er Jahre unterbrochen.[818] Danach setzte sich aber auch hier die
rückläufige Entwicklung fort, genauso wie bei den örtlichen Wettbewerbern insgesamt. 1989 erreichte Kronen nur noch einen Ausstoß von 861.000 hl – was
einen Verlust von rd. einem Drittel gegenüber 1976 bedeutete.

Kronen führte den starken Ausstoßzuwachs bis zur Mitte der 1970er Jahre
zum einen auf die 1970 eingeleitete quantitative und qualitative Verbesserung des
Außendienstes zurück, die sich insbesondere nach dreijährigem Schulungspro-
gramm in einer inzwischen „schlagkräftigen Außendienstmannschaft" ausdrücke,
die „regional als auch in der Führungsstruktur klar gegliedert ist".[819] Dies betraf
auch die vorgenommene Trennung nach den beiden Hauptvertriebswegen für
Flaschenbier und Fassbier. Und weiter heißt es: „Heute können wir ohne Übertrei-
bung davon ausgehen, daß unsere Außendienstorganisation sowohl in struktureller
als auch in personeller Hinsicht zu den besten der Branche gehört."[820] Die zweite
Stärke wurde damals in der Anfang der 1970er Jahre neu eingeführten Markenpolitik gesehen, mit der die Kronen-Brauerei von einem ursprünglich weitgehend
als Monobrauerei („Dortmunder KRONEN Export") geführten Unternehmen zu
einer Sortimentsbrauerei entwickelt werden sollte. Dies strebte man durch die
stärkere Etablierung der Marken „Pilskrone" sowie „Classic" an.[821] Zu diesem
Zeitpunkt betrug der Anteil des Export-Bieres am Gesamtausstoß noch rd. 61 %.
Der Pilsbier-Anteil erreichte aber bereits rd. 34 %.[822]

Ergänzend enthält die Vorlage aus 1976 als weitere Begründung für die
eigenen Erfolge einen Hinweis auf die „Konzeptlosigkeit der Konkurrenz". In
selbstbewusster Formulierung haben danach „vertriebspolitische Fehler […], die
Verfolgung kurzfristiger Ziele statt langfristiger, die Forcierung nicht markt-
gängiger Marken, nicht ausreichend abgestimmter Einsatz der absatzpolitischen
Instrumente, Einzelmaßnahmen statt Gesamtkonzeptionen, falsch verstandene
Preisflexibilität, Reaktionen statt Aktionen, unmotivierte Außendienste, Nichtbe-
rücksichtigung von Kundenwünschen usw." der Wettbewerber dazu beigetragen,
dass die Kronen-Brauerei in den Jahren 1974 bis 1976 „{…} besser abgeschnitten
[hat] als der Durchschnitt".[823]

---

[818] Vgl. zu den Sondereffekten die Ausführungen im Abschnitt 3.6.1.2.
[819] WWA, F 33 Nr. 1818, Bd. 1: Vorlage zur Tagesordnung für die 20. Sitzung des Beirates
am 26. Okt. 1976, S. 8 f.
[820] Ebenda, S. 9.
[821] Vgl. ebenda.
[822] Vgl. ebenda, S. 9, Tabelle 2: Prozentuale Veränderung und Anteil der Sorten am
Gesamtausstoß von NRW, VDB und DK im Jahre 1975.
[823] Vgl. ebenda, S. 10 und 8.

Der mengenmäßige Einbruch der Folgejahre bis 1979 lässt sich auf diese Weise nachvollziehen: Eine Analyse der Kronen-Statistiken nach verschiedenen Segmenten zeigt deutlich, dass die Absatzverluste ausschließlich durch den Rückgang bei der Marke „Export" als dem Hauptumsatzträger (−28,3 % im Vergleich 1978 zu 1976) verursacht worden sind. Kronen musste in diesen Jahren besonders stark dem anhaltenden Pils-Trends Tribut zollen. Der Verkauf des eigenen Pils-Bieres „Pilskrone" stagnierte (−1 %); der Zuwachs von 51 % bei der Marke „Classic" fiel wegen der sehr niedrigen Ausgangsbasis nicht ins Gewicht. Die gravierende Einbuße bei „Export" hat sich dann nahezu gleichmäßig auf beide Vertriebskanäle (Gastronomie −14 %, Handel −15 %) und beide Gebindearten (Flaschenbier −16 %, Fassbier −12) ausgewirkt.[824]

Die Kronen-Brauerei hat in dieser schwierigen Marktphase zwischen 1973 und 1980 ihre Marketingaktivitäten insgesamt gegenüber dem Zeitraum der „Ausreifungsphase" (1965 bis 1973) ganz erheblich ausgeweitet und intensiviert. Am augenfälligsten wird dies bei der Betrachtung der Marktinvestitionen: Der Werbe-Etat von Kronen ist innerhalb von sieben Jahren um 63 % von 7,3 Mio. DM (1973) auf 11,9 Mio. (1980) gestiegen, wie die Zahlen in Tabelle 3.25 ausweisen.

**Tabelle 3.25**  Kronen-Brauerei: Werbeaufwand 1973 bis 1980 (in 1.000 DM)[825]

| Werbeaufwand 1973 bis 1980 (in 1.000 DM) | | | | | | | | |
|---|---|---|---|---|---|---|---|---|
|  | 1973 | 1974 | 1975 | 1976 | 1977 | 1978 | 1979 | 1980 |
| Media-Streukosten | 2.506 | 2.544 | 3.192 | 2.985 | 3.687 | 3.037 | 4.028 | 4.277 |
| Außenwerbung | 2.054 | 1.794 | 1.769 | 1.823 | 1.744 | 1.470 | 1.589 | 1.987 |
| Verkaufshilfen | 1.028 | 1.184 | 1.367 | 1.435 | 1.486 | 1.274 | 1.599 | 1.731 |
| LKW-Lackierungen | 292 | 346 | 369 | 1.045 | 884 | 647 | 833 | 1.043 |
| VKF-Aktionen | 421 | 339 | 362 | 435 | 753 | 500 | 174 | 622 |
| Produktionskosten Media-Werbung | 191 | 218 | 197 | 391 | 314 | 351 | 697 | 630 |
| Restliche | 825 | 954 | 1.015 | 1.008 | 1.169 | 1.462 | 1.489 | 1.637 |
| Gesamt | 7.317 | 7.379 | 8.271 | 9.122 | 10.037 | 8.741 | 10.409 | 11.927 |

Wie bereits im Abschnitt 3.6.1.2 für das Jahr 1979 im Wettbewerbsvergleich zu den städtischen Konkurrenten als auch zur König-Brauerei als der seinerzeit bedeutendsten Pils-Brauerei beschrieben, nahm die Kronen-Brauerei in diesen Jahren eine Spitzenposition beim Werbeaufwand ein.

---

[824] Vgl. WWA, F 33 Nr. 3066: Statistische Zahlen zur Absatzentwicklung und zum Werbeaufwand im Zeitraum von 1972 bzw. 1974–1984.

[825] Quelle: WWA, F 33 Nr. 3066: Statistische Zahlen zur Absatzentwicklung und zum Werbeaufwand im Zeitraum von 1972 bzw. 1974–1984 (Auszug für die Zeit von 1973–1980).

Für die Folgejahre sah die Marketing- und Vertriebsplanung eine weitere schrittweise Erhöhung des Werbeetats auf 15,7 Mio. DM im Jahre 1986 vor. Bezüglich der gesamten Vertriebsaktivitäten im Inland war eine Etaterhöhung von 14,7 Mio. DM in 1980 auf 19,2 Mio. DM in 1986 vorgesehen.[826]

Im Zeitraum von 1973 bis 1980 sind die Maßnahmen zum großen Teil in den Bereichen: klassische Verbraucher-Werbung und Verkaufsförderung verstärkt worden. So sind die Media-Streukosten um fast 71 % erhöht worden; die Produktionskosten für die Media-Werbung haben sich mehr als verdreifacht. Relativ konstant entwickelten sich dagegen die Kosten für die Außenwerbung an den Kronen-Gaststätten. Der Etat für die LKW-Lackierungen ist ebenfalls stark ausgeweitet worden. Fasst man alle vier werblichen Positionen zusammen, so sind die Werbeausgaben in diesen Bereichen in den sieben Jahren bis 1980 von rd. 5,0 Mio. DM um rd. 57 % auf rd. 7,9 Mio. DM ausgeweitet worden. Diese Werbekosten im engeren Sinne hatten damit 1980 einen Anteil von rd. 66,5 % am gesamten Werbe-Etat. Die verkaufsunterstützenden Ausgaben (Verkaufshilfen sowie VKF-Aktionen) sind ebenfalls stark ausgeweitet worden: Mit einem Volumen von rd. 2,35 Mio. DM hatten sie 1980 einen Anteil von knapp 20 % am Gesamt-Etat.

Allerdings haben damals nicht alle Kronen-Marken an dieser starken Ausweitung der Werbemaßnahmen partizipiert. Wie die folgende Tabelle 3.26 für die „Media-Streukosten" (Punkt 1 der vorgenannten Tabelle) belegt, wurden einerseits die Ausgaben für „Export" – falls überhaupt getätigt – auf ein Minimum zurückgeführt. Dagegen stiegen die Beträge für „Classic" kontinuierlich an und näherten sich 1980 dem Ausgabenniveau für „Pilskrone" an.

Ab 1981 haben dann die Werbeausgaben einen Schwerpunkt bei „Classic" gehabt, nämlich im ersten Jahr im Verhältnis zu „Pilskrone" von 80 % zu 20 %.[827]

Die Kronen-Brauerei hat in den weiteren Jahren immer wieder modifizierte Zielpositionierungen für die drei Marken „Export", „Pils" und „Classic" vorgenommen, ohne dass ein durchschlagender Erfolg im Sinne einer zielgruppengerechten Positionierung dieser Marken zu verzeichnen gewesen wäre.

[826] Vgl. WWA, F 33 Nr. 3071: Zusammenfassung der Langfristigen Marketing- und Vertriebsstrategie sowie der Etatplanung des Geschäftsbereiches II für 1982 vom 20. Nov. 1981, S. 18.
[827] Vgl. WWA, F 33 Nr. 3068: Marketing-Plattform und Kommunikationsstrategie als Werbeagenturbriefing der Privatbrauerei Dortmunder Kronen, ohne Datum (Sichtvermerk vom 27.7.1982), S. 70.

**Tabelle 3.26**   Kronen-Brauerei: Media-Streukosten 1971 bis 1980 nach Marken[828]

| Jahr | Media-Streukosten nach Marken 1973 bis 1980 | | | | | | | |
|------|---------------|---------------|---------------|---------------|---------------|---------------|---------------|---------------|
|      | PILS(KRONE) | | EXPORT | | CLASSIC | | Gesamt | |
|      | in 1.000 DM | %- Anteil | in 1.000 DM | %- Anteil | in 1.000 DM | %- Anteil | in 1.000 DM | %- Anteil* |
| 1973 | 2.506 | 100,0 | 0 | 0 | 0 | 0 | 2.506 | 100,0 |
| 1974 | 1.628 | 64,0 | 733 | 28,8 | 183 | 7,2 | 2.544 | 100,0 |
| 1975 | 2.912 | 91,2 | 80 | 2,5 | 200 | 6,3 | 3.192 | 100,0 |
| 1976 | 2.335 | 78,2 | 0 | 0 | 650 | 21,8 | 2.985 | 100,0 |
| 1977 | 2.297 | 62,3 | 140 | 3,8 | 1.250 | 33,9 | 3.687 | 100,0 |
| 1978 | 1.950 | 64,2 | 87 | 2,9 | 1.000 | 32,9 | 3.037 | 100,0 |
| 1979 | 2.680 | 66,6 | 97 | 2,4 | 1.250 | 31,0 | 4.027 | 100,0 |
| 1980 | 2.296 | 53,7 | 0 | 0 | 1.980 | 46,3 | 4.276 | 100,0 |

*Die Anteile für die Einzelmarken wurden ergänzend errechnet.

Zur Vorbereitung der Vermarktungsaktivitäten in den 70er und 80er Jahren sind eine Reihe von Analysen erstellt und Strategiekonzepten entwickelt worden. Darüber hinaus hat Kronen – wie bereits in der „Ausreifungsphase" – das Instrumentarium der gängigen Marketingpraxis angewendet.

Eine ganz wesentliche Begleiterscheinung der Marketingarbeit in der Kronen-Brauerei war der in den 1980er Jahren sich in schneller Folge vollziehende personelle Umbruch in der Führung des Geschäftsbereichs II „Marketing und Vertrieb": Dieser begann damit, dass der bisherige Geschäftsführer Mitte 1982 das Unternehmen nach 13-jähriger Tätigkeit verließ.[829] Bis Ende 1988 übernahmen nacheinander vier weitere Personen die Verantwortung für diesen Geschäftsbereich.[830] Nach dem Ausscheiden der beiden geschäftsführenden Gesellschafter Ende 1986 wurde die Geschäftsführung auf zwei Personen reduziert. Vorübergehend gab es 1981/82 auch einen neuen Beirats-Vorsitzenden.[831]

---

[828] Quelle: WWA, F 33 Nr. 3068: Marketing-Plattform und Kommunikationsstrategie als Werbeagenturbriefing der Privatbrauerei Dortmunder Kronen, ohne Datum (Sichtvermerk vom 27.7.1982), S. 71 (Auszug für die Zeit von 1973–1980.

[829] Vgl. WWA, F 33 Nr. 2534, Bd. 2: Ergebnis-Protokoll 36/82 über die Sitzung des Beirates am 22. März 1982, S. 8.

[830] Vgl. WWA, F 33 Nr. 2697: Informationsdienst „inside" Nr. 128 vom 22.10.1986, S. 8.

[831] Vgl. etwa die Beiratsprotokolle in den Jahren 1981 und 1982, z. B. WWA, F 33 Nr. 1822 Bd. 2: Ergebnis-Protokoll 33/81 über die Sitzung des Beirates am 12. März 1981 oder WWA, F 33 Nr. 2534, Bd. 2: Ergebnis-Protokoll 36/82 über die Sitzung des Beirates am 22. März 1982.

Der rasche Management-Wechsel an der Spitze des Geschäftsbereiches II „Marketing und Vertrieb" – wirkte sich insofern aus, als sich auch die Änderungen in den Marketingkonzepten sowie der Organisationsstruktur häuften und damit die Geschäftspolitik an Klarheit in der Linienführung einbüßte.

### 3.6.3.2 Marktforschungs-Erkenntnisse zur Sortimentsstruktur und den Einzelmarken der Kronen-Brauerei sowie vereinzelte produktpolitische Umsetzungsversuche

Was die eingangs der Fallstudie 5 angesprochenen negativen Entwicklungen beim Produktsortiment mit starken Absatzverlusten beim Exportbier, stagnierenden Zahlen bei „Pilskrone" sowie nach wie vor geringen Absatzmengen bei „Classic" betrifft, so lassen sich aus einer von der Kronen-Brauerei im Jahre 1977 in Auftrag gegebenen Untersuchung: „Marktpsychologische Grundlagenstudie Dortmunder Kronen Bier" Hinweise und Begründungen finden.[832] In dieser qualitativen Studie wurden auf der Basis einer Befragung von 200 regelmäßigen Bierkonsumenten einige wesentliche Einsichten zum Biersortiment sowie zu einzelnen Marken generiert, die sich so zusammenfassen lassen:[833]

1. Analyseergebnisse zum Konsumentenverhalten:
   * Bei der Markenwahl bilden die Faktoren: Preis, Geschmack, Marke und Sorte die wichtigsten Auswahlkriterien.
   * Geschmacklich werden würzige und kräftige Aromatik, jedoch keinesfalls zu herb oder zu bitter, präferiert.
   * Das Verhältnis zwischen Preis und Marke findet insbesondere Beachtung beim Heimkonsum. In der Gaststätte kommt es auf die Zapfqualität an sowie auf die Sorte.
   * Biergeschmack und Zapfqualität spielen vorwiegend bei Pilspräferenten eine Rolle. Für Exporttrinker bildet der Preis das vorrangige Auswahlkriterium.
   * Pilstrinker sind vergleichsweise stärker genussakzentuiert; für Exporttrinker steht eher der Erfrischungsnutzen im Vordergrund.
   * Die regelmäßigen Bierkonsumenten tendieren zum Wechsel zwischen Sorten und Marken.

---

[832] Vgl. WWA, F 33 Nr. 4164: Marktpsychologische Beratergruppe Oppermann: Marktpsychologische Grundlagenstudie Dortmunder Kronen Bier, Bonn 1977.

[833] Vgl. ebenda, Band 1 bis Band 3, insbesondere die Zusammenfassung der Ergebnisse in Bd. 1, S. I bis XXIII.

- Exportpräferenten haben sich zu einem relativ hohen Prozentsatz sowohl für Pilsangebote als auch für Altangebote interessiert.
- Der Bierkonsum ist auch situationsbezogen und entspricht der in den einzelnen Konsumsituationen vorherrschenden Bedürfniskonstellation.

2. Schlussfolgerungen und Empfehlungen an die Kronen-Brauerei:

- Das Pilsangebot sollte sich optisch und geschmacklich vom Exportangebot abheben. Die Präsentation sollte genussbezogene Konsumanlässe zeigen.
- Das Exportangebot sollte für physiologische Konsumanlässe stehen.
- Dementsprechend sollte die werbliche Umsetzung aussehen. Für „Pils" heißt das: Konsumatmosphäre, Schmackhaftigkeit sowie Genuss bildlich und textlich umsetzen. Bei „Export" sollte der Erfrischungsnutzen dargestellt werden.
- Hinsichtlich des Preisbewusstseins bedeutet dies, dass der Bierkonsument in genussbezogenen Konsumsituationen weniger preisbewusst ist als beim Durstlöschen. Deshalb kann der Preis für „Pils" höher sein als für „Export".
- Sortenwechsler, Pilspräferenten und Markenbezogenen bilden das potenzielle Pilssegment. Es dürfte für die Räume Dortmund und Münster rd. 70 % der regelmäßigen Biertrinker ausmachen. Exportpräferenten haben dagegen dort nur noch einen Anteil von 11 %; sie greifen aus Gewohnheit oder Tradition zum Exportbier.
- Das institutionelle Vorstellungsbild der Kronen-Brauerei bildet eine tragfähige Basis für werbliche Aktivitäten im Pilsmarkt.
- In der augenblicklichen Situation zeigen die einzelnen Sortimentsglieder jedoch kein markantes Markenprofil mit Merkmalen im markentechnischen Sinne, in denen sie von Wettbewerbsmarken nicht übertroffen werden.
- Einzig die Marke „**Pilskrone**" lässt prägnante Imagegehalte im Bewusstsein der Verbraucher erkennen, jedoch nur insoweit, als sie als sortenadäquat im Mitbewerberfeld der Pilsangebote akzeptiert wird. Jedoch: Markentechnisch weist „Pilskrone" kein eigenes Profil auf. Das Produkt hält dem Vergleich mit Premium-Marken wie „Krombacher" (Merkmale der Frische und der durstlöschenden Wirkung) oder „Warsteiner" (ausgeprägte Aromatik im Geschmack, atmosphärische Ausstrahlung sowie Empfehlung zum gehobenen Genuss) nicht stand.
- Dagegen sind die Marken „Export" und „Classic" nicht in der Vorstellung der Verbraucher durch markante Imagestrukturen gekennzeichnet.
- Bei „**Export**" gilt die Ausstattung als „einfallslos, einfach, simpel, nüchtern und kühl". Es wird eine Überarbeitung empfohlen. Die Marktchancen werden aber skeptisch beurteilt. Evtl. können die Verluste bei „Export"

durch eine Absatzsteigerung bei „Pilskrone" wenigstens z. T. aufgefangen werden.

- Die Marke „**Classic**" hatten viele Verbraucher bereits einmal probiert, ohne allerdings zu regelmäßigen Kunden zu werden. Das gilt vornehmlich für Pils-Konsumenten. Die Erfahrung zeigt, dass damit geschmackliche Erwartungen (an Pils) geweckt wurden, die jedoch nicht erfüllt werden konnten.
- In der Ausstattung hebt sich „Classic" kaum vom Exportangebot ab. Das Urteil lautet hier: „nichtssagend und ausdrucksarm." Die Befragten ordnen das Produkt dann auch in etwa zu gleichen Teilen gefühlsmäßig dem Pilsmarkt und dem Exportmarkt zu. Im Pilsmarkt erfüllt „Classic" nicht die geschmacklichen Erwartungen, im Exportfeld wirkt der Anspruch überzogen, so dass sich die Konsumenten nicht mit dem Produkt identifizieren können.
- Preislich wird das „Classic"-Angebot mit anderen Pils-Marken verglichen und hält geschmacklich dem Vergleich nicht stand.
- Die Empfehlung für „Classic" lautet: Ausstattung überarbeiten; Marketingkonzeption für „Classic" insgesamt überprüfen.

Aus dieser Untersuchung lässt sich insbesondere ableiten, dass die Marke „Classic" in der bisherigen Angebotsform wohl untauglich war für die Entwicklung zum „Star"-Produkt im Sinne einer Portfolio-Analyse. Dazu hätte es allem Anschein nach der Entwicklung eines wirklichen Spitzenbieres und eines neuen Marketingkonzeptes bedurft.

Zusätzliche Erkenntnisse zu den Verbraucherpräferenzen für einzelne Biersorten und Marken lassen sich darüber hinaus aus einer weiteren Marktforschungsstudie gewinnen, die bereits im Jahr 1973 durchgeführt worden war. In einer marktpsychologischen Untersuchung der IHRES Marketing-Gesellschaft[834] wurde einerseits die Bedeutungsverlagerung von „Export" zu „Pils" hervorgehoben, andererseits ließ sich im Hinblick auf die Vermarktungschancen für „Classic" die Aussage heranziehen: „Dem Angebot neuer Biersorten steht man i. a. mit Distanz gegenüber."[835] Außerdem galt Dortmunder Bier als preiswert und wurde mit der Sorte „Export" in Verbindung gebracht.[836] Allerdings sei Kronen unter den Dortmunder Marken „die einzige, die als Pilsanbieter beim Verbraucher als

---

[834] Vgl. WWA, F 33 Nr. 4178: Dortmunder Kronen im Konkurrenzvergleich und das Image des Dortmunder Bieres, IHRES- Marketing Gesellschaft für Markt-, Motiv- und Werbeforschung mbH, Düsseldorf, August 1973.
[835] Ebenda, S. 6
[836] Vgl. ebenda, S. 7.

glaubwürdig erlebt wird. Pils ordnet die Verbrauchergruppe Kronen fast ebenso häufig zu wie Export."[837]

Was die Preisoptik betraf, so wurde Kronen seltener als „preiswert" eingestuft als die Dortmunder Wettbewerbs-Marken und häufiger als „höherpreisig" wahrgenommen. Insgesamt wurde „eine Sonderstellung unter den Dortmunder Bieren" in Bezug auf die Preisgestaltung sowie das Sortenumfeld für Kronen konstatiert sowie darauf hingewiesen, dass Kronen als Ausnahme unter den Dortmunder Bieren mit Hotels und Speiserestaurants in Verbindung gebracht würde.[838] Eine Typisierung der Biertrinker nach sozio-ökonomischen Kriterien kam zu dem Ergebnis, dass den Dortmunder Marken überwiegend die „ [...] typischen Exporttrinker, also Arbeitertypen zugeordnet [werden]. Bei Dortmunder Kronen halten sich demgegenüber typische Pils- und typische Exporttrinker die Waage."[839] Mit den typischen Pilstrinkern waren die Angehörigen höherer sozialer Schichten gemeint als typische Konsumenten der Pils-Marken wie König, Veltins, Krombacher, Warsteiner und Bitburger.

Auch zur Wahrnehmung von Werbung gab es einen positiven Hinweis: Die Aufmerksamkeitswirkung für Wicküler war in dieser Zeit am höchsten. Kronen nahm hinter Krombacher und DAB den vierten Rangplatz ein.[840] Außerdem sei Dortmunder Kronen eine „außerordentlich beliebte Marke", deren Kaufakzeptanz vergleichbar sei mit der der gängigen Pilsmarken. Allerdings: „Diese Marken sind es zugleich, die auf Kronen Pils-Trinker eine sehr hohe Attraktivität ausüben."[841] Dagegen differenzierten Kronen-Pilstrinker weniger zwischen den Marken.[842] Aufmerken lässt jedoch, dass die Befragungsergebnisse beim Handel durchweg weniger positiv ausfielen. Eine spezielle Nachuntersuchung beim traditionellen Getränkefachgroßhandel wie im Bereich Lebensmittelhandel/Abholmärke ist jedoch nicht durchgeführt worden.

Insgesamt gab auch diese Studie einige wesentliche „Fingerzeige" zur Positionierung der Marke „Kronen" und ihrer Produkte in der Vorstellungswelt der Biertrinker.

---

[837] Ebenda, S. 9.

[838] Vgl. ebenda, S. 10 f..

[839] Ebenda, S. 13.

[840] Vgl. ebenda, S. 14.

[841] Ebenda, S. 15.

[842] Vgl. ebenda.

Die Kronen-Brauerei hat dann Anfang 1978 eine neue Marketing-Konzeption für „Classic" erarbeitet.[843] Sie ging dabei einleitend von der Prämisse aus, dass anknüpfend an die zuerst beschriebene Oppermann-Studie von 1977 „zumindest *theoretisch* Marktchancen vorhanden sind, so daß auch ein Produkt aus unserem Hause *theoretisch* so gefahren werden kann wie Beck's Bier, Dortmunder Union Nr. 1, Hemelinger Spezial, Holsten Edel etc."[844] In der neuen Konzeption wurde die Markenbezeichnung „Classic" bestätigt, die Rezeptur ebenfalls. Dazu heißt es: „Das Produkt sollte weiterhin am Rande von Export geschmacklich angesiedelt werden aber nicht ganz so bitter wie das Pils. Geschmacklich wäre es mittelfristig so zu steuern, daß es mit eventueller Veränderung der ‚Eckmarke Königs, Duisburg' in etwa im jetzigen Abstand folgt."[845]

Weiterhin sollten die Flaschenetiketten neu entwickelt werden, und die Packung sollte mehr Eigenständigkeit erhalten. Beim Stichwort „Sortenprofil" wurde nochmals bestätigt, dass „an ein eigenständiges sortenunabhängiges Produkt gedacht [ist]"[846] und eine Sortenkennzeichnung auf dem Produkt nicht vorgesehen sei. Was die Werbekonzeption für ein „Spitzenprodukt" betraf, so hatte die Agentur Westag eine Konzeption mit der Aussage entwickelt: „DORTMUNDER KRONEN CLASSIC – Das Erstklassige". Weiter hießt es im Marketingkonzept: „Zusätzlich müßte für den Verbraucher, zumindest in der Werbung und auf dem Produkt, noch eine Hilfe gegeben werden, in welcher Hinsicht dieses Produkt erstklassig ist."[847]

Preislich sollte „Classic" wenigstens auf dem Niveau von „Pilskrone" angeboten werden. Die Distribution sollte primär über die Gastronomie realisiert werden. Die Absicht war, damit „alte" Kronen-Absatzstätten zurückzugewinnen, die durch den Pilstrend verlorengegangen waren. Die bisherige Austauschstrategie „Export" durch „Classic" sollte nicht fortgeführt werden, sondern es sollten verlorengegangene Absatzpotenziale durch die Zurückdrängung anderer Pilsmarken zurückgewonnen werden. Das Ziel war, „Classic" als „Spezialitätenalternative" zu platzieren und mindestens 200 Gaststätten neu zu gewinnen. Unterstützend sollten verkaufsfördernde Maßnahmen ergriffen werden, z. B. pro Gaststätte ein zwölfwöchiger Einführungsaktionsplan mit speziellen Aktivitäten, hochwertigen

---

[843] Vgl. WWA, F 33 Nr. 1841 Bd.1: Entwurf einer Marketing-Konzeption für Dortmunder Kronen Classic vom 26. Januar 1978.

[844] Ebenda, S. 1. (Herv. d. Verf., H.F.)

[845] Ebenda, S. 4.

[846] Ebenda, S. 5

[847] Ebenda.

Außenwerbemitteln sowie Plakatanschlägen. Dafür war ein Etat in Höhe von 1 Mio. DM vorgesehen.[848]

### 3.6.3.3 Entscheidungen des Unternehmens-Beirates sowie erste Aufarbeitung des Absatzeinbruchs im Jahre 1979

Der Beirat der Kronen-Brauerei als oberstes Entscheidungsgremium hat sich in zwei Sitzungen mit diesem Absatzeinbruch zwischen 1976 und 1979 beschäftigt. Zunächst wies er in seiner Konferenz im März 1979 darauf hin, dass die „Umstrukturierung des Sortiments [...] nach wie vor eine wichtige Aufgabe [sei], um die Probleme, die vom Markt herkämen, zu lösen."[849] In der Vorlage zum Tagesordnungspunkt wies die Geschäftsleitung darauf hin, dass es bis 1976 relativ gut gelungen sei, einerseits im Exportbierbereich durch Marktanteilsgewinne einen Ausgleich in diesem stark rückläufigen Markt zu schaffen, andererseits durch Zugewinne bei den Marken „Pilskrone", „Classic" sowie „Alt 1729" eine hinreichende Kompensation herzustellen.[850] Dieser „Mechanismus" war anscheinend nun gestört. Als Verursacher wurden erstens die 1976 und 1977 vorgenommenen Bierpreiserhöhungen sowie zweitens das „gelittene Image der KRONEN-Brauerei" identifiziert. Mit den beiden Preiserhöhungen wollte man sich insbesondere im Pilsmarkt an den Spezialpils-Anbietern orientieren und „Pilskrone" in Richtung eines Premium-Pilsangebotes entwickeln. Der Erfolg sei aber auch deshalb ausgeblieben, weil diese Anpassungsversuche einerseits von den anderen Dortmunder Brauereien „unterlaufen", andererseits von den Pilsbrauereien „von oben gedrückt" wurden.[851]

Außerdem hatte der Beirat der Geschäftsleitung „aufgetragen, eine Schwächen-/Stärkenanalyse vorzunehmen, um daraus die notwendigen strategischen Rahmendaten abzuleiten, die für die zukünftige Ausrichtung des Unternehmens gelten soll[en]."[852] Der für den Geschäftsbereich II (Marketing und

---

[848] Vgl. ebenda, S. 6 ff..

[849] WWA, F 33 Nr. 1819, Bd. 2: Ergebnis-Protokoll 27/29 über die Sitzung des Beirates am 27. März 1979, S. 3.

[850] Vgl. WWA, F 33 Nr. 1819, Bd. 2: Vorlage zu Punkt 2 der Tagesordnung für die 27. Sitzung des Beirates am 27.3.1979, S. 5.

[851] Vgl. ebenda, S. 5 f.

[852] WWA, F 33 Nr. 1819, Bd. 1: Vorlage zur Tagesordnung für die 29. Sitzung des Beirates am 4. Dez. 1979, S. 7. In der Vorlage wird zwar auf die Frühjahrs-Sitzung Bezug genommen, tatsächlich wurde der Auftrag aber in der Beirats-Sitzung vom 13. Juni 1979 erteilt. Dort heißt es: „Es wird angeregt, im Rahmen der Planung Sensibilitätsanalysen für alternatives Verhalten bei unterschiedlichen Marktentwicklungen zu erarbeiten." WWA, F 33 Nr. 1819, Bd. 2: Ergebnis-Protokoll 28/79 über die Sitzung des Beirates vom 13. Juni 1979, S. 4.

Vertrieb) verantwortliche Geschäftsführer hatte daher für die Sitzung am 4. Dezember 1979 eine Vorlage erarbeitet und die Inhalte in einem mündlichen Vortrag erläutert.[853]

### 3.6.3.3.1  Die Stärken-/Schwächen-Analyse
Die Vorlage ist auf der Basis folgender Analysen erstellt worden:

- Wettbewerbsvergleich zu einer Reihe absatz- und betriebswirtschaftlicher Kriterien
- Entwicklung des Exportbiermarktes sowie des Pilsbiermarktes in NRW im Wettbewerbsvergleich in einer Kurzfristbetrachtung
- Position der Kronen-Brauerei im Exportbier- sowie im Pilsbiermarkt im Wettbewerbsvergleich in einer Matrix-Darstellung sowie
- Position der einzelnen Sortiments-Marken der Kronen-Brauerei in der als BCG-Matrix der Unternehmensberatung Boston Consulting Group bekannten Darstellung.

Ausgangspunkt des schriftlichen Berichtes war die aktuelle – aufgrund verschiedener Marketing-Aktivitäten sich kontinuierlich verbessernde – Absatzsituation der Kronen-Brauerei im Zeitraum von Jan. bis Nov. 1979 mit einem geringen Minus von 1,6 %.[854] Vor diesem Hintergrund fand ergänzend zu der in Auftrag gegebenen Stärken-/Schwächenanalyse eine durch Charts unterstützte Berichterstattung zunächst über einen Wettbewerbsvergleich statt. Darin einbezogen wurden sechs der sieben Dortmunder Brauereien (außer Stifts), außerdem die führenden sechs Pilsbrauereien Nordrhein-Westfalens sowie zwei Altbier-Anbieter vom Niederrhein. Dabei wurden die verfügbaren Zahlen zu folgenden Bereichen miteinander verglichen: Ausstoß, Erlöse, einige Bilanzrelationen, Investitionen, Abschreibungen, Cash-flow, Beschäftigtenzahlen, Produktivität, Marktanteile in NRW, Werbeaufwendungen sowie die Sortimentsstruktur der verschiedenen Brauereien.

Der Berichterstatter konstatierte, dass die Erlöse in DM/hl „den Vergleich selbst mit bedeutenden Spezialisten nicht zu scheuen brauchen"[855], „die Bilanzstruktur [...] überdurchschnittlich [ist], sowohl im Verhältnis Eigenkapital zu

---

[853] Vgl. WWA, F 33 Nr. 1819, Bd. 1: Vorlage zur Tagesordnung für die 29. Sitzung des Beirates am 4. Dez. 1979, insbes. S. 8–12.

[854] Vgl. ebenda, S. 6 f.

[855] In der Vorlage wurde ergänzend auf den relativ hohen Flaschenbieranteil sowie den bedeutenden Anteil von Rampenpreisen an den Fachgroßhandel hingewiesen, womit die Vergleichbarkeit insbesondere mit Krombacher, Hannen und Ritter gegeben sei.

Bilanzsumme, wie auch Eigenkapital zum Anlagevermögen", die Investitionen der letzten 4 Jahre „überdurchschnittlich hoch gewesen" seien und die
Ertragskraft, ausgedrückt im Cash-flow, „weit über dem Durchschnitt der hier
aufgeführten Brauereien" liegen würde. Bezüglich des Marktanteils in Höhe von
4,7 % in NRW und der Preispolitik führte er in der Vorlage aus, „daß unsere
absolute Marktbedeutung immer noch beachtlich ist und daß die von uns erzielten
Durchschnittspreise im Flaschenbier recht günstig liegen. Dabei muß berücksichtigt werden, daß wir unser Bier in einer relativ engen Region vertreiben, was die
Durchschnittspreise drückt, z. B. im Vergleich zu DAB/Hansa, DUB/Schultheiss
und den meisten Spezialisten."[856]

Außerdem wurden die Werbeaufwendungen der Brauereien miteinander verglichen. Auf der Basis der verfügbaren, aber aus erhebungstechnischen Gründen
nicht ganz vollständigen Zahlen[857] wurde darauf hingewiesen, dass die Brauerei König als Marktführer im Pils-Markt für ihr „König-Pilsener" im Vergleich
zur eigenen Werbung für „Pilskrone" ein dreifaches Werbevolumen einsetzen
würde.[858]

Soweit die Stärken, wie sie durch den verantwortlichen Geschäftsführer auf
der Basis des zusammengetragenen Zahlenmaterials in der Vorlage beschrieben
wurden.

Als „unsere Schwäche gegenüber allen mit uns im Wettbewerb liegenden
Brauereien"[859] bezeichnete er die Sortimentsstruktur. Gemeint war damit die
große Abhängigkeit von der Marke „Export": 1978 entfielen rd. 45 % des Ausstoßes bei Kronen auf „Export" und nur 39 % auf „Pilskrone". Wie bei keiner
anderen Dortmunder Brauerei dominierte zu diesem Zeitpunkt noch das traditionelle Exportbier-Geschäft, auch wenn der Exportbier-Anteil 3 Jahre zuvor – wie
eingangs gezeigt – noch 61 % ausgemacht hatte. Alle anderen Dortmunder
Brauereien hatten bereits einen Schwerpunkt bei den Pils-Bieren. So betrug der
Exportbier-Anteil z. B. bei der DUB-Schultheiss-Brauerei nur noch 20 % und bei
Thier sogar nur noch 18 %.

---

[856] WWA, F 33 Nr. 1819, Bd. 1: Vorlage zur Tagesordnung für die 29. Sitzung des Beirates
am 4. Dez. 1979, S. 8 f.

[857] Mit den durch das Marktforschungsinstitut Schmidt & Pohlmann erhobenen Werbe-
aufwandszahlen sind die Brauereien nicht ganz vergleichbar, weil in diesen Erhebungen
grundsätzlich die Plakatwerbung nicht berücksichtigt wird. Dies gilt auch für alle anderen
Branchen.

[858] Vgl. WWA, F 33 Nr. 1819, Bd. 1: Vorlage zur Tagesordnung für die 29. Sitzung des
Beirates am 4. Dez. 1979, S. 9.

[859] Ebenda.

Die Ausführungen zur Sortimentsstruktur wurden um einige weitere Analysen zur kurzzeitigen Entwicklung der Marktanteile im NRW-*Exportbier*-Geschäft auf der Basis von Erhebungen im GfK Handelspanel ergänzt. Allerdings wird hier nur die Situation für den Flaschenbiermarkt im Lebensmittelhandel abgebildet, der 60 % des gesamten Flaschenbiermarktes abdeckt.[860]

Der Kommentar dazu lautete: „Auf diesem Markt gibt es nur Verlierer."[861] Das Gesamtvolumen des Exportbier-Marktes in NRW schrumpfte in der Zeit von Januar bis August 1979 im Vergleich zum Vorjahreszeitraum um rd. 190.000 hl = – 12,9 % auf jetzt nur noch knapp 1,3 Mio. hl. Alle großen Wettbewerber hatten absolute Absatzeinbußen hinnehmen müssen, allerdings in unterschiedlichem Ausmaß. Die Kronen-Brauerei war an diesem Rückgang mit rd. 8.300 hl = – 3,1 % allerdings nur relativ gering beteiligt. Entsprechend stieg der Marktanteil im Vergleichszeitraum von 17,2 % auf 19,1 %. Mit Ausnahme der DAB hatten sich bei allen anderen Wettbewerbern als Konsequenz ihrer größeren Absatzeinbrüche auch Verluste beim Marktanteil ergeben.

Kronen verlor nur halb so viel Absatz wie die DAB als Zweitplatzierte und nur ein Viertel bis ein Sechstel so viel wie die anderen Wettbewerber. Dementsprechend wuchs der Marktanteil gegenüber der DAB etwas stärker und im Verhältnis zu den anderen Konkurrenten ganz erheblich. Das – wenn auch schrumpfende – Exportbier-Geschäft lief also augenscheinlich marktanteilsmäßig auf die Kronen-Brauerei zu. Der Berichterstatter spricht an dieser Stelle von einer „bedeutende[n] Stärke von DORTMUNDER KRONEN".[862]

Offensichtlich wurde diese Position beim „Export" zugleich als Fluch und Segen wahrgenommen. Daraus hat sich für die Kronen-Brauerei in der Folgezeit eine langjährige grundsätzliche Ambivalenz ergeben hinsichtlich von Entscheidungen, ob für Export-Bier besondere Werbemaßnahmen betrieben und darüber hinaus andere marketingpolitische Unterstützung gewährt werden solle, oder ob man die jährlichen Absatzverluste als unabänderlich hinnehmen solle. Zwischenzeitlich wurde immer wieder die Hoffnung geweckt, dass es gelingen könnte, die Absatzverluste bei „Export" durch ein steigendes Geschäft bei „Pilskrone" sowie „Classic" kompensieren zu können.

Darüber hinaus vermittelt die Berichterstattung auch einen Eindruck von den im Lebensmittelhandel erzielten Durchschnittspreisen bzw. den Preisunterschieden bei den Exportbier-Angeboten der verschiedenen Konkurrenten: Danach

---

[860] Vgl. ebenda, S. 11.

[861] Ebenda, S. 11.

[862] Ebenda.

befand sich „KRONEN Export" mit 1,40 DM/l im oberen Preissegment; zu einem höheren Preis von 1,45 DM/l wurde nur „DUB Export" angeboten.

Noch deutlicher wird die relative Stärke von Kronen im Exportbier-Geschäft in einer grafischen Darstellung mit den Dimensionen „relativer Marktanteil" und „relatives Wachstum",[863] wie sie die Abb. 3.31 zeigt. In diesem Koordinatensystem wurde dann die Position der jeweiligen Wettbewerbsbrauerei dargestellt; die Größe der Kreise kennzeichnet die relative Bedeutung der Brauerei, gemessen am Marktanteil.

Nach dem gleichen Analysemuster wie für das Exportbier-Geschäft wurden auch Darstellungen für den *Pilsbier*-Markt angefertigt.

Der Zweijahresvergleich ergibt hier ein nahezu konstantes Marktvolumen von etwa 3,9 Mio. hl. Der Pilsbier-Markt in NRW war also bereits 1979 exakt dreimal zu groß wie der Exportbier-Markt. Unangefochtener Marktführer war damals „König-Pilsener" mit einem Marktanteil von 19,1 % in NRW. Es folgten – in dieser eingeschränkten Betrachtung[864] – Krombacher (9,3 %), Wicküler (8,7 %) und Warsteiner (5,9 %). Dann erst kamen die Dortmunder Brauereien mit der DAB an der Spitze (5,8 %). Die „Pilskrone" von Kronen erreichte 3,6 %. Auffällig sind die kurzzeitigen Marktanteilsverluste bei König, DAB und Krombacher einerseits, die Marktanteilsgewinne bei Ritter und Wicküler sowie die besonders starke Zunahme bei Warsteiner andererseits. Den Versuch einer Begründung für diese Entwicklungen enthält die Vorlage nicht. Es gibt auch keine näheren Informationen zur Stichprobengröße im GfK-Panel und zur Fehlertoleranz.

Die Abbildung 3.32 verdeutlicht nochmals die besondere Stellung des Marktführers König-Brauerei, aber auch die aktuellen Wachstumserfolge insbesondere von Warsteiner und Veltins sowie die aktuelle nachrangige Bedeutung von Kronen – in der Abbildung mit „DK" abgekürzt – im Pilsgeschäft.

---

[863] Bezugspunkte für die Berechnungen bei den Dimensionen „relativer Marktanteil" bzw. „relatives Marktwachstum" sind die Werte des Marktführers bzw. des Marktzweiten. So errechnet sich z. B. der „relative Marktanteil" für Kronen-Export aus seinem Marktanteil (19,1 %) geteilt durch den Marktanteil der DAB als Zweitplatzierter (17,4 %) mit dem Ergebnis von 1,10. Für die DAB gilt dann die Rechnung 17,4 % geteilt durch 19,1 % = 0,91. Entsprechend werden die Werte für die anderen Brauereien ermittelt sowie für die Dimension „relatives Wachstum" errechnet.

[864] Die Brauereien Stern und Bitburger fehlen in der zugrundeliegenden tabellarischen und grafischen Darstellung.

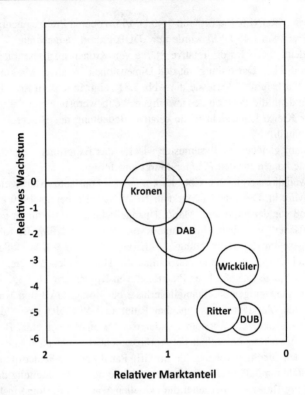

**Abbildung 3.31**  Kronen-Brauerei: Position im Exportbier-Geschäft für Flaschenbier im Lebensmittelhandel[865]

Am Ende der Vorlage stellt der Berichterstatter zusammenfassend fest, „daß unsere Stärke in unserer Bilanzstruktur und unsere Schwäche in der Sortenstruktur liegt."[866] Weiter heißt es: „Wir haben es, wie dargestellt, mit Wettbewerbern zu tun, die z. T. von der Finanzkraft her bedeutend günstiger liegen wegen einerseits besserer Durchschnittserlöse, andererseits der höheren Produktivität, die sich bei modernen Betrieben aus einer marktbedingten aber auch marketingbedingten guten Umsatzentwicklung ergeben haben. Das Hauptproblem für uns ist

---

[865] Quelle: WWA, F 33 Nr. 1819, Bd. 1: Vorlage zur Tagesordnung für die 29. Sitzung des Beirates am 4. Dez. 1979, Anhang zum Text.

[866] WWA, F 33 Nr. 1819, Bd. 1: Vorlage zur Tagesordnung für die 29. Sitzung des Beirates am 4. Dez. 1979, S. 11.

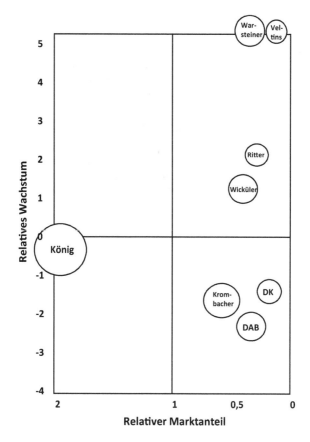

**Abbildung 3.32** Kronen-Brauerei:Position im Pilsbier-Geschäft für Flaschenbier im Lebensmittelhandel[867]

deren Möglichkeit ihre finanzielle Stärke in Marken und damit in Marktstärke umzuwandeln.

Andererseits decken diese Spitzenunternehmen derzeit noch nur ca. 20 % des Marktes ab, so daß die Restgröße des Marktes durchaus Chancen für

---

[867] Quelle: WWA, F 33 Nr. 1819, Bd. 1: Vorlage zur Tagesordnung für die 29. Sitzung des Beirates am 4. Dez. 1979, Anhang zum Text.

uns eröffnet, bei Verfolgung einer konsequenten Unternehmensstrategie, die Marktanteilssituation zu halten oder zu verbessern."[868]

Hinsichtlich der zusätzlichen Aufgabenstellung des Beirates, aus der Stärken-/Schwächenanalyse „die unternehmenspolitischen Rahmendaten zu klären und zu fixieren"[869], verwies der Geschäftsführer auch auf die eingehende Analyse im Vorwort zur Planungsrechnung 1978. Er führte dazu aus: „Die dort dargelegten Voraussetzungen haben sich bestätigt und sind heute noch gültig. **Wir brauchen also im absatzstrategischen Rahmen keine grundsätzlichen Änderungen vorzunehmen.**"[870]

Unter Bezugnahme auf die vormalige Analyse erläuterte er anhand der als BCG-Matrix der Unternehmensberatung Boston Consulting Group bekannten Darstellung die Positionierung der Sortimentsmarken der Kronen-Brauerei (s. Abbildung 3.33).

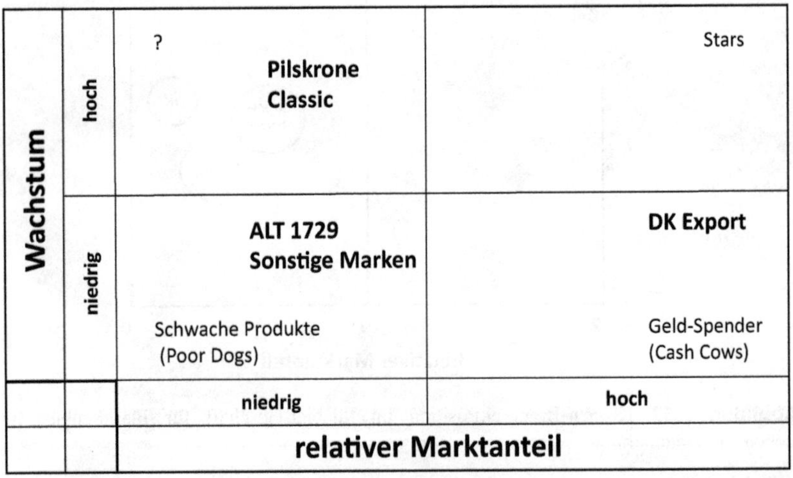

**Abbildung 3.33**  Kronen-Brauerei: Positionierung der verschiedenen Sortimentsmarken[871]

---

[868] Ebenda.

[869] Ebenda, S. 12.

[870] Ebenda, Herv. d. Verf., H.F.

[871] Quelle: WWA, F 33 Nr. 1819, Bd. 1: Vorlage zur Tagesordnung für die 29. Sitzung des Beirates am 4. Dez. 1979, Anhang zum Text.

Der Referent führte dazu aus: „Wir verfügen derzeit über kein Starprodukt, d. h. über kein Produkt, das in einem großen Markt einen relativ hohen Marktanteil hat und wächst. Wir haben eine Anzahl von wachsenden Produkten, deren Wachstum gefördert werden muß. Hier handelt es sich um PILSKRONE und um CLASSIC, [...] – aber unter anderen markenstrategischen Voraussetzungen – auch um ein Angebot auf dem Altbiersektor.[872] Und wir haben ein starkes aber im rückläufigen Markt und damit mengenmäßig rückläufiges Produkt, nämlich DORTMUNDER KRONEN EXPORT. Dessen Aufgabe muß es sein, die Mittel zur Verfügung zu stellen, um die Wachstumsmarken aufzubauen."[873]

Und weiter heißt es: „Die zur Verfügung zu stellenden Mittel für den Aufbau der Marken, die in Zukunft das Unternehmen tragen sollen, sind jedoch von den wachsenden Marken selbst nicht voll zu finanzieren, deshalb muß DORTMUNDER KRONEN EXPORT der Mittelspender sein für die jungen und wachsenden Marken."[874]

Die Vorlage schließt mit einem Appell an die gesamtunternehmerische Verantwortung: „Da der Gesamtmarkt rückläufig ist und das Volumen von DORTMUNDER KRONEN EXPORT durch den Rückgang laufend abnimmt, entsteht eine Finanzierungslücke, die nur aus der Stärke des Gesamtunternehmens geschlossen werden kann."[875]

### 3.6.3.3.2 Konsequenzen: Formulierung strategischer Ziele, Prüfung von Kosteneinsparungsmöglichkeiten sowie Ausweitung des Marketingbudgets im Rahmen der Planungsrechnung 1978 – 1983

Im Vorfeld der Stärken-/Schwächen-Analyse hatte die Geschäftsleitung der Brauerei dem Beirat eine Planungsrechnung für den Zeitraum von 1978 bis 1983 vorgelegt. Darin wurde darauf hingewiesen, dass die Geschäftjahre 1979 bis 1981 voraussichtlich mit einem Verlust abschließen werden, aber für 1982 und 1983 wieder mit einem Gewinn zu rechnen sei. In der im Vorspann der Planungsrechnung vorgenommenen Analyse des Biermarktes wurden die

---

[872] Die Vorlage enthält auch vergleichbare Tabellen und Grafiken zum Altbiermarkt in NRW. Da das Altbier-Geschäfts der Kronen-Brauerei aber lediglich 4 % am Gesamtausstoß ausmachte und die drei dominanten Altbier-Anbieter Hannen, Diebels sowie Gatzweiler zusammen rd. 76 % des Marktes auf sich vereinigen konnten, wurde an dieser Stelle auf eine Darstellung dieses Bereichs verzichtet.

[873] WWA, F 33 Nr. 1819, Bd. 1: Vorlage zur Tagesordnung für die 29. Sitzung des Beirates am 4. Dez. 1979, S. 12.

[874] Ebenda.

[875] Ebenda.

derzeitigen Marktbedingungen und Probleme thematisiert, so etwa der harte Verteilungskampf auf dem Biermarkt und die Durchsetzungsfähigkeit nur starker Marken, die verstärkte Konzentration im Groß- und Einzelhandel und der intensive Preiskampf. Außerdem wurden der rückläufige Mengenabsatz und Umsatz, die „Dortmunder Problematik" des imageschädigenden Preiskampfes in der Vergangenheit sowie der Pils-Trend zu Lasten des Exportbieres angesprochen.[876]

Sodann wurden die beabsichtigten Maßnahmen zur Kostenreduzierung erläutert. „Es muß uns gelingen unsere Gesamtkosten dem zurückgehenden und tendenziell sinkenden Ausstoß anzupassen."[877] Durch Umorganisationen in Vertrieb und Verwaltung seien Mitarbeiter freizustellen, z. B. im Rahmen vorzeitiger Pensionierungen. Ferner sollte ein analytisches Plankostensystem eingeführt und ein konsequentes Kosten-Management betrieben werden. Im Datenverarbeitungsbereich wollte man eine Kooperation mit einem anderen Unternehmen prüfen, und man dachte über die verstärke Beauftragung von Spediteuren nach.[878]

Anschließend wurden in der Vorlage die strategischen Überlegungen für den Absatzbereich vorgestellt. Im Rahmen einer kürzlich durchgeführten Strategiediskussion der Geschäftsleitung seien folgende Eckpunkte formuliert worden: Danach sehe die Brauerei ihre Zukunft nur als Sortimentsbrauerei. Hier müsse sie den Anschluss in den Sortenmärkten finden, gleichzeitig den Heimatmarkt verteidigen und nach Norden expandieren. Alle freiwerdenden finanziellen Mittel sollten in den Markt investiert werden mit dem Schwerpunkt „Pilskrone". Der Markt müsse jetzt Vorrang vor anderen Investitionen haben.[879]

Ergänzend wurde zu den Funktionen der einzelnen Marken folgendes ausgeführt: Beim Exportbier sollten die Deckungsbeiträge für Investitionen in die Trendmärkte verwendet werden. Bei „Pilskrone" sei vorgesehen, den internen Anteil im eigenen Sortiment „ganz gewaltig" zu erhöhen und damit auch einen steigenden Marktanteil zu erringen.[880] Bei der Marke „Classic" strebte man eine Konzeptänderung an: Statt eines verbesserten Exportbieres sollte künftig eine Umpositionierung zum „Typ feinherb" vorgenommen werden.[881] Die neue

---

[876] Vgl. WWA, F 33 Nr. 1819 Bd. 2: Vorlage zur Tagesordnung der Sitzung des Beirates am 30. Okt. 1978, S. 2 f.
[877] Ebenda, S. 3.
[878] Vgl. ebenda, S. 4.
[879] Vgl. ebenda, S. 5.
[880] Vgl. ebenda, S. 5 f.
[881] Vgl. ebenda, S. 7..

Etikettierung sollte „Classic" vom „Kronen Export" wegführen und „zu einer eigenständigen sortenlosen Premiummarke hinführen"[882].

Und im Hinblick auf die Exportbier-Aktivitäten hieß es: „Wir werden überall dort wo wir können und wo es sich lohnt, DORTMUNDER KRONEN EXPORT halten, sonst werden wir versuchen, es durch CLASSIC zu ersetzten."[883]

Bezüglich der Handelspolitik führt die Vorlage folgendes aus: „Wir werden im Handel weiter vorsichtig Gewichte auf den progressiven Teil des Lebensmitteleinzelhandels (Verbrauchermärkte, Discounter, Abholmärkte) verschieben müssen" und „machen [...] dabei gute Fortschritte."[884]

Zum geografischen Absatzraum wurde ausgeführt, dass die räumliche Expansionsstrategie primär nach Norden, sekundär nach Osten und Westen ausgerichtet werden solle. „Das an das Kerngebiet anschließende Ruhrgebiet ist ein so bedeutender Markt, daß wir ihn berücksichtigen müssen. Das Problem ist dabei, daß der Preisverfall noch größer ist als hier und die Präferenzen für unsere Biere, mit denen der DAB, DUB und Ritter auf einer Stufe stehen."[885]

Zur Zielerreichung werde „ein steigender Werbeaufwand notwendig sein und zur Promotion im Handel und in der Gastronomie Verkaufsförderung."[886] Es wurde vorgeschlagen, den Marketingetat für 1979 um 1,5 Mio. DM auf insgesamt 11 Mio. DM zu erhöhen.[887] Dies bedeutete eine Steigerung um 15,8 %.

Außerdem hat man die Bedeutung der Marketingorganisation gestärkt: „Die Marketingabteilung hat die Aufgabe, alle strategischen, konzeptionellen und kreativen Arbeiten zu übernehmen und zwar für beide Absatzkanäle, sowohl für den Handel als auch in stärkerem Maße als bisher für die Gastronomie. Sie wird weitestgehend von administrativen Aufgaben befreit."[888]

Darüber hinaus hatte die Kronen-Geschäftsführung in Abstimmung mit dem Vorsitzenden des Beirates der Unternehmensberatung Roland Berger den Auftrag erteilt habe, eine detaillierte Unternehmensstrategie für die Privatbrauerei Dortmund Kronen zusammen mit der Geschäftsführung zu erarbeiten.[889]

---

[882] Ebenda.

[883] Ebenda, S. 8.

[884] Ebenda.

[885] Ebenda.

[886] Ebenda, S. 9.

[887] Vgl. ebenda.

[888] Ebenda.

[889] Vgl. WWA, F 33 Nr. 1819 Bd. 1: Ergebnis-Protokoll 30/80 über die Sitzung des Beirates vom 20. März 1980, S. 4.

### 3.6.3.4 Strategie-Entwicklung für die Jahre 1980 bis 1985 mit Hilfe der Unternehmensberatung Roland Berger & Partner

#### 3.6.3.4.1 Unternehmerische Zielsetzung sowie betriebswirtschaftliche Situation der Brauerei

Als oberste Zielsetzung wurde „der Erhalt und die Fortführung des Unternehmens als unabhängige und selbständige Privatbrauerei in Familienbesitz"[890] formuliert. Voraussetzung dafür sei „eine gewinnorientierte langfristige Unternehmenspolitik, die letztendlich allein auch die Erfüllung der sozialen Verantwortung gewährleisten kann"[891]. In ihrer Ertragskraft und Produktivität sollte sich die Kronen-Brauerei mit der Spitze vergleichbarer Brauereien messen.[892]

Die Beschreibung der betriebswirtschaftlichen Situation des Unternehmens setzt bei einigen wesentlichen Kennzahlen und ihrer zumeist negativen Entwicklung im abgelaufenen Jahrzehnt an.

So hatte die Brauerei über den Betrachtungszeitraum eine „hervorragende Eigenkapitalausstattung", die das Anlagevermögen auch im Jahr 1979 noch zu 71,8 % abdeckte. Gleichzeitig sank allerdings die Eigenkapitalrendite[893] von ursprünglich 27,3 % (1971) rasch auf etwa 9 % bis 5 % in den Jahren 1973 bis 1976; sie lag dann 1977 und 1978 nur noch bei fast bzw. gut 1 % und sank 1979 in den Minusbereich (−3,4 %). Das Gutachten nennt als Gründe für diese Entwicklung die erhöhten Abschreibungen als Folge erheblicher Investitionen in den Jahren 1972 bis 1976, „denen bis heute noch keine ausreichenden Erfolge auf der Kostenseite gegenüberstehen".[894]

Der Cash flow[895] „blieb zwar *nominal* über die letzten Jahre relativ konstant".[896] Die Zahlen bewegen sich hier für die Jahre 1972 bis 1979 auf einem

---

[890] WWA, F 33 Nr. 4182: Strategie-Entwicklung für die Privatbrauerei Dortmunder Kronen, Zusammenfassende Darstellung, Roland Berger & Partner G.M.B.H. International Management Consultants, München, 12. November 1980, S. 6.

[891] Ebenda.

[892] Ebenda.

[893] Ermittelt im Allgemeinen aus dem Verhältnis von: Gewinn (Jahresüberschuss)/Eigenkapital × 100. Im Gutachten steht in der entsprechenden Tabelle II-2: „Erg. + Ges.Zins/Eigenkapital (%)". Vgl. ebenda, S. 8

[894] WWA, F 33 Nr. 4182: Strategie-Entwicklung für die Privatbrauerei Dortmunder Kronen, a.a.O., S. 7 f.

[895] Im Gutachten so definiert: „Cash flow = Bilanz-Ergebnis + Abschreibungen + Erhöhung der Rückstellungen und Rücklagen" und in der Tabelle so gekennzeichnet: „Cash flow incl.Ges.Zins". Vgl. ebenda, S. 8, Fußnote 1 im Kapitel 1 bzw. Tabelle II-3.

[896] Ebenda, S. 8. Herv. d. Verf., H.F.

verhältnismäßig einheitlichen Niveau mit jährlichen Abweichungen zwischen dem Höchstwert 18,7 Mio. DM (1975) und zuletzt 14,6 Mio. DM (1979). Bei einer Betrachtung des *realen* Cash flow, der die Inflationsraten mit berücksichtigt[897], zeigt sich allerdings ein Rückgang von 32 % innerhalb von 4 Jahren seit 1975.[898] So lautet die unmittelbare Schlussfolgerung: „Dieser Ertragsrückgang steht in einem engen Zusammenhang mit den nach Jahren kontinuierlichen Wachstums seit 1976 weit über die rückläufige Marktnachfrage hinausgehenden Absatz- und Umsatzeinbrüchen"[899].

Dementsprechend werden dann auch die rückläufigen *realen* Nettoerlöse herausgestellt, die sich nach Berechnungen der Consultants von 121,60 DM/hl (1971) auf 103,00 DM/hl (1979) reduziert haben.[900] Das ist ein Minus von 15,3 %.

Als Zwischenfazit formuliert das Roland-Berger-Team an dieser Stelle: „Wenngleich aufgrund der Kapitalstruktur das Unternehmen kurz- und mittelfristig nicht gefährdet ist, so gibt die Entwicklung der letzten Jahre doch Anlaß zu Sorgen. Für eine kurzfristige Rückkehr in die Gewinnzone sind daher

- weitere Reduzierungen auf der Kostenseite
- eine Umkehr des rückläufigen Ausstoßtrends

dringend erforderlich."[901]

Im Weiteren werden in diesem Kapitel des Gutachtens diese grundsätzlichen Analyse-Ergebnisse noch vertieft, und zwar durch einen Konkurrenzvergleich, die Beleuchtung der Kostensituation, die Betrachtung des Break-Even sowie durch Vorschläge zu Kosteneinsparungsmöglichkeiten und organisatorischen Alternativen.

---

[897] Im Gutachten so definiert: „Reale Geldwerte: Hochrechnung der Vergangenheitswerte unter Berücksichtigung des Geldwertschwundes auf 1979er-Wert (Bruttosozialproduktdeflator)". Vgl. ebenda, S. 8, Fußnote 2 im Kapitel 1.

[898] Vgl. ebenda, S. 8.

[899] Ebenda, S. 9.

[900] Ebenda, Tabelle A II-10 im Anhang des Gutachtens. Dagegen haben sich die *nominalen* Netto-Biererlöse im Zeitraum von 1971 bis 1979 nicht gleichmäßig negativ entwickelt, sondern stiegen zunächst von 101,9 Mio. DM (1971) kontinuierlich an auf 120,9 Mio. DM (1976) und reduzierten sich dann auf zuletzt 109,8 Mio. DM (1978 sowie 1979). Diese Zahlen lassen sich ebenfalls aus der Tabelle A II-10 im Anhang des Gutachtens errechnen, indem die Erlösschmälerungen von den ausgewiesenen Brutto-Erlösen abgezogen werden.

[901] Ebenda, S. 11.

Bezüglich des Konkurrenzvergleichs wird die Kennzahl: Kapitalumschlag als das Verhältnis von Umsatz zu Bilanzsumme im Rahmen einer Querschnittsanalyse, in die über 70 Brauereien einbezogen worden seien, grafisch dargestellt und die – vergleichsweise unterdurchschnittliche – Position der Kronen-Brauerei bestimmt. Daraus ergibt sich die Erkenntnis, dass durch ein effizienteres Kapitalmanagement ein höherer Kapitalumschlag und damit eine Verbesserung der Eigenkapitalrendite erzielt werden könnte. Hier wird erneut auf eine zu hohe Bilanzsumme bzw. einen zu hohen Eigenkapitalanteil hingewiesen. Allein das Bankguthaben mache 1979 ca. 60 % am Umlaufvermögen aus.[902] Roland Berger & Partner empfehlen bereits an dieser Stelle,

- „entweder den Erwerb einer Beteiligung durch die Privatbrauerei DORTMUNDER KRONEN oder
- eine Herabsetzung des Eigenkapitals."

Dabei sollte eine Beteiligung

- „im Rahmen der vorgeschlagenen Strategie liegen und deren Durchführung fördern – und somit –
- auf dem bei der DORTMUNDER KRONEN vorhanden Know-how und Goodwill aufbauen."[903]

Die Consultants empfehlen ausdrücklich *keine* Diversifikation in unbekannte Märkte vorzunehmen, sondern vielmehr den „Erwerb einer Brauerei in den neu aufzubauenden Vertriebsgebieten, z. B. im Münsterland, und/oder mit echter Produktkompetenz ein verstärktes Engagement im US-Markt (Werbung, Distribution)" sowie den „Erwerb von Gastronomiebetrieben in Übereinstimmung mit den strategischen Zielen" und außerdem „eine technologische Diversifikation" zu prüfen.[904]

Im Anschluss daran heißt es: „Wir schlagen vor, daß die Gesellschafter dem Management folgenden Auftrag erteilen:

Für das überschüssige Eigenkapital sei eine sinnvolle Verwendung zu finden, die im Rahmen des Geschäftes liegt. Für diese Verwendung ist eine Rendite vorgegeben, die in der Zielsetzung der Gesellschafter liegt. Sie orientiert sich an der Kapitalrendite führender Brauereien.

---

[902] Vgl. ebenda, S. 11–16.

[903] Ebenda, S. 16 f.

[904] Ebenda.

Gelinge es dem Management nicht, innerhalb einer angemessenen Zeit eine entsprechende Verwendung zu finden, sollten die Gesellschafter das Kapital entsprechend herabsetzen. Die freiwerdenden Mittel müssen dann in eigener Initiative außerhalb des Unternehmens investiert werden."[905]

Bei der Betrachtung der Kostensituation weist das Gutachten eine unterdurchschnittliche Produktivität von Kronen aus: Mit 1.687 hl/Mitarbeiter liege die Brauerei um 1,5 % unter dem NRW-Durchschnitt (1.713 hl/Mitarbeiter). Es bestehe allerdings die Hoffnung, in 1980 mit einem Ausstoß von voraussichtlich ca. 1.930 hl/Mitarbeiter wieder den Anschluss an die Spitze der Sortimentsbrauereien zu finden, ohne jedoch die Werte der spezialisierten Wettbewerber wie Warsteiner (2.850 hl/Mitarbeiter), Krombacher (2.700 hl/Mitarbeiter oder Veltins (3.370 hl/Mitarbeiter) erreichen zu können.[906] Dieser Vorteil ermögliche es diesen Spezialbrauereien, „verstärkt Mittel zum aggressiven Gewinn von Marktanteilen auch auf Kosten der Sortimentsanbieter zu verwenden. Um gegen diesen Druck auf Dauer bestehen zu können, muß daher letztendlich auch die Produktivität einer Sortimentsbrauerei sich an diesem Standard mit messen lassen."[907]

Die Consultants hielten mittelfristig einen Produktivitätswert von ca. 2.300 bis 2.700 hl/Mitarbeiter für erreichbar. Dies entspreche einem Stand von ca. 480 Mitarbeitern im Jahre 1985. Daraus wurde die Empfehlung abgeleitet, Personal freizusetzen und diese Rationalisierungsmaßnahme bis spätestens 1983 durchzuführen. Die Kronen-Brauerei könnte dazu selber einen Plan entwickeln oder aber eine Gemeinkosten-/Wertanalyse bzw. ein Zero-Base-Budgeting-Projekt in Auftrag geben. Beim Personalabbau sei darauf zu achten, dass dies nicht – wie bisher – pauschal, sondern auf der Basis einer Bewertung der Positionen nach Kosten-/Nutzen-Kriterien erfolge. Zum anderen solle die Qualifikation des vorhandenen Personals berücksichtigt werden. Dort, wo Personaleinsparungen mit Investitionen verbunden seien, sollten Berechnungen zur Wirtschaftlichkeit vorgenommen werden.[908]

In der nachfolgenden Break-Even-Analyse wurde ein Ausstoßziel von 1,3 Mio. hl im Jahr 1985 errechnet, um die zu erwartenden Kostensteigerungen in Höhe der Inflationsrate auffangen zu können.[909] Vergleicht man diese Planzahl mit dem damals für das Jahr 1980 erwarteten Ist-Ausstoß, so sind dies rd. 200.000 hl oder rd. 18 % mehr. Nach Einschätzung des Berater-Teams sei dieses Ziel allerdings

---

[905] Ebenda, S. 17a–17b. (ergänzte Version).

[906] Vgl. ebenda, S. 21.

[907] Ebenda, S. 22.

[908] Vgl. ebenda, S. 24a–24b. (ergänzte Version).

[909] Vgl. ebenda, S. 25.

„kurzfristig ohne erheblichen und wirtschaftlich in Frage zu stellenden Mehraufwand in Vertrieb und Werbung nur schwer erreichbar."[910] Es wurde daher empfohlen, die Kosten um mindestens ca. 7 Mio. DM im Vergleich zu 1980 zu senken, um eine angemessene Verzinsung des Eigenkapitals zu erreichen.[911]

Als Möglichkeiten zur Kosteneinsparung sah Roland Berger den bereits angesprochenen weiteren Abbau des Personals sowie eine Straffung der Organisation. Im Bericht wurde darauf verwiesen, dass bereits seit 1975 ein Abbau des Personals um 185 auf 580[912] Mitarbeiter in 1980 (- 24 %) erfolgt sei. Dieser Abbau habe jedoch wegen des gleichzeitigen erheblichen Absatzrückgangs den Produktivitätsrückgang – gemessen in *realen* Umsätzen pro Beschäftigten – nicht verhindern können. Das Verhältnis zwischen „indirektem"[913] und „direktem" Personal betrage 230 zu 350 und erscheine auch im Vergleich mit Wettbewerbsbrauerei nicht als ausgewogen.[914]

Außerdem wurde erwähnt, dass die Kronen-Brauerei bei einem Umsatzvolumen von 115 Mio. DM und 580 Mitarbeitern eine „relativ breite Führungsspitze (4 Geschäftsführer, 14 weitere Führungskräfte)"[915] habe. Die Berater empfahlen, eine entsprechende Studie zu veranlassen und „sehen im indirekten Bereich ein Einsparungspotential von mindestens ca. 1 – 1,5 Mio. DM p.a."[916] Außerdem sollte mittelfristig über eine Straffung der Organisation nachgedacht werden. Im Folgenden wurde dann zum einen die Ist-Organisation abgebildet, zum anderen zwei Alternativvorschläge unterbreitet. Wesentlich für den Geschäftsbereich II (Vertrieb und Marketing) war dabei, dass in der ersten Alternative die bisherigen 4 Stabsfunktionen „Marktforschung", „Marktman. Gastr.", „Marktman. Handel" sowie „Marketing Service" zu einer Stabsstelle „Marketing" zusammengefasst werden sollten und außerdem die bisherige Linienfunktion „Verkauf innen" künftig Teil des Geschäftsbereichs I „Verwaltung" werden sollte. Als Linienbereiche verblieben danach „Verkauf Handel", „Verkauf Gastronomie" sowie „Verkauf Ausland".[917]

---

[910] Ebenda, S. 26.

[911] Vgl. ebenda.

[912] Handschriftliche Korrektur eines betriebsinternen Lesers des Berichtes auf 550 Mitarbeiter. Vgl. ebenda, S. 26.

[913] „Indirektes" Personal wird als „Allgemeines, Verwaltung" beschrieben; demnach stellen die Arbeitskräfte im Produktionsprozess vermutlich das „direkte" Personal dar.

[914] Vgl. ebenda, S. 26 f.

[915] Ebenda, S. 27.

[916] Ebenda, S. 28.

[917] Vgl. ebenda, S. 27, Abb. II-10.

Der zweite Alternativvorschlag enthielt eine Konzentration auf drei Geschäftsbereiche. Dabei sollten die bisherigen Geschäftsbereiche III (Produktion) sowie IV (Logistik) zu einem Geschäftsbereich zusammengefasst werden. Der Geschäftsbereich II sollte danach die beiden vormals selbständigen Abteilungen „Auftragsabwicklung" sowie „Fuhrpark, KfZ-Werkst." aus dem Geschäftsbereich IV in seinen Verantwortungsbereich übernehmen.[918]

### 3.6.3.4.2 Die Beurteilung des Biermarktes bis 1985

Auf der Grundlage verschiedener Regressionsanalysen wurden vom Berater-Team Prognosen zur Entwicklung des nordrhein-westfälischen Biermarktes erstellt, und zwar zum einen für die Angebote als Fass- und Flaschenbier, zum anderen für die verschiedenen Sorten Export, Pils, Alt und Kölsch sowie drittens für den Absatz nach Regionen, viertens nach Gebindearten (Mehrweg-, Einwegflaschen, Dosenbier, 0,5 l bzw. 0,33 l) und letztlich nach den Absatzwegen im Handel. Eine ganz wesentliche Datenbasis dafür waren die Ergebnisse des G + I-Haushaltspanels.

Vorangestellt waren Ergebnisse regressionsanalytischer Berechnungen zu den maßgeblichen Einflussfaktoren des Biermarktes im gesamten Bundesgebiet. Dabei wurde hervorgehoben, dass die Konjunktur des verarbeitenden Gewerbes nach wie vor höchste Bedeutung für den Bierkonsum hat. Das Wetter spiele hingegen – abgesehen von saisonalen Schwankungen – nur eine untergeordnete Rolle. Beim Pro-Kopf-Verbrauch sei eine stärkere Steigerung bei den alkoholfreien Getränken (+6,9 % p.a.) feststellbar, während der Bierkonsum bis 1976 nur sehr leicht (+1 % p.a.) zugenommen habe. Bis 1985 erwartete man beim Bierverbrauch eine jährliche Steigerung von 1,3 % +/– 0,4 %.[919]

Der Fassbiermarkt war gleichbedeutend mit dem Absatz über die Gastronomie. Die Autoren sahen in diesem Bereich einen minimalen Zuwachs (+0,2 % + /– 0,1 % p.a.) auf 9,6 Mio. hl im Jahr 1985. Für den Flaschen- und Dosenbiermarkt hielt man eine durchschnittliche Wachstumsrate von 1,8 % + /– 0,3 % p.a. für wahrscheinlich, so dass im Zielzeitpunkt ein Volumen von ca. 18,8 Mio. hl möglich erscheine. Insgesamt wurde der NRW-Biermarkt als „relativ statischer Markt" betrachtet.[920]

Bei den Sorten werde sich der bekannte Substitutionsprozess zwischen Pils und Export fortsetzen: Für den Pilsausstoß rechne man mit einem durchschnittlichen Wachstum von 2,6 % p.a. zu Lasten des Exportbiergeschäfts, das im Schnitt um 6,2 % + /– 0,4 % p.a. zurückgehen werde. Der Pilsmarkt werde in 1985

---

[918] Vgl. ebenda, S. 29.

[919] Vgl. ebenda, S. 31–36.

[920] Vgl. ebenda, S. 26–39.

in NRW ein Volumen von ca. 17,25 Mio. hl erreichen können; das Exportbier dagegen auf ca. 1,9 Mio. hl schrumpfen. Alt und Kölsch profitierten insbesondere von ihrer Beliebtheit bei jüngeren Biertrinkern insbesondere entlang der Rheinschiene.[921]

Das leichte Wachstum des Biermarktes werde fast ausschließlich getragen von einer Zunahme des Heimkonsums. Dagegen werde der Außer-Haus-Konsum nahezu stagnieren. So gehe auch der Rückgang des Exportbierabsatzes fast ausschließlich auf Verluste im Haushaltskonsum zurück. Dementsprechend wachse der Pilsverbrauch in den Haushalten. Der Bericht zeigt anschließend Prognosen für drei NRW-spezifische Verkaufsräume, die sich graduell voneinander unterscheiden.

Bei den Gebindearten wurde für die 0,5 l-Mehrwegflasche nach leichten Einbußen in den vergangenen fünf Jahren eine Stagnation auf einen Niveau von 11,9 Mio. hl prognostiziert. Für die 0,33 l-Mehrwegflasche werde sich der positive Trend (+3,9 % p.a.) weiter fortsetzen; es wurde mit einem Volumen von ca. 3,0 Mio. hl gerechnet. Der Dosenbierkonsum werde sehr stark wachsen (+15 % p.a.), jedoch mit 0,56 Mio. hl noch relativ unbedeutend bleiben. Drittelliterflaschen und Dosenbier würden insbesondere von Jugendlichen präferiert. Hervorgehoben wurde im Bericht, dass 1979 ca. 50 – 60 % = 300.000 hl des in Dosen abgefüllten Bieres allein auf die Angebote von DAB/Hansa entfallen sind.

Wichtig erscheint die Entwicklung der Absatzwege im Handel. Hier zeigten sich deutliche Verschiebungen in den Absatzkanälen. Als Gründe dafür identifizierten die Consultants veränderte Einkaufsgewohnheiten, eine zunehmende Preisempfindlichkeit der Verbraucher und eine gestiegene Mobilität der Konsumenten. Die traditionellen Absatzstätten Lebensmittel-Einzelhandel sowie Heimdienst nähmen kontinuierlich ab. Dagegen gebe es anscheinend einen stabilen Wachstumstrend für die kostengünstiger sich darstellenden Verbrauchermärkte und Discounter sowie die spezialisierten Abholmärkte.

Konkret in Anteilswerten ausgedrückt bedeutete dies, dass 1979 in NRW bereits 42,3 % des Handelsvolumens über Discounter und Verbrauchermärkte zum Bierkonsumenten kamen und weitere 21,9 % über Abholmärkte. Insgesamt liefen also bereits nahezu zwei Drittel des Haushaltskonsums über diese stark wachsenden Handelsformen. Der traditionelle Lebensmitteleinzelhandel hatte dagegen nur noch einen Anteil von 22,2 %, die restlichen 13,6 % verteilten

---

[921] Vgl. ebenda, S. 40–42.

sich auf den Heimdienst (10,3 %) sowie auf andere Formen der Belieferung (3,3 %).[922]

### 3.6.3.4.3  Die Ist-Situation der Kronen-Brauerei im Biermarkt: Portfolio-Analyse[923]

Die theoretischen Grundlagen einer Portfolio-Analyse wurden bereits im Theorie-Teil erklärt.[924] Aus der Analyse strategischer Geschäftsfelder sollen langfristige strategische Entscheidungen zur Entwicklung des Unternehmens in seinen verschiedenen Marktbereichen abgeleitet werden können.

Die Unternehmensberatung Roland Berger formulierte im Strategieentwurf für die Kronen-Brauerei als Ziel des Portfolio-Managements die langfristige Sicherung des Ertrags eines Unternehmens sowie die Optimierung der Kapitalrentabilität.[925] Als Portfolio für die Kronen-Brauerei präsentierte die Unternehmensberatung eine Darstellung nach Abbildung 3.34.

Das Portfolio zeigt die Positionen für eine Reihe von – offensichtlich durch das Beratungs-Team definierten – Geschäftsfeldern der Kronen-Brauerei innerhalb einer Matrix mit den Koordinaten „relatives Marktwachstum" und „relativer Marktanteil" und den jeweiligen Ausprägungen in „hoch" bzw. „niedrig".[926] Enthalten sind die verschiedenen Kronen-Marken („Export", „Pils", „Classic"); ferner werden Positionierungen für die Geschäftsfelder „Gastronomie", „USA-Geschäft" sowie für „Dosenbier", „Einwegflaschen", (nicht aber für Flaschenbier 0,5 l bzw. 0,33 l) vorgenommen. Außerdem gibt es ein Segment „Billigbier" und eine für die Marken „Pilskrone" und „Export" vorgenommene zusätzliche Kennzeichnung mit I, II sowie III. Möglicherweise steht dabei I für das Kernabsatzgebiet im Raum Dortmund/Bochum, II und III für weitere Vertriebsgebiete im Ruhrgebiet bzw. im Münsterland und Ostwestfalen. Die Größe der Kreise kennzeichnet die relative Bedeutung des jeweiligen Segmentes, gemessen am Marktanteil. Eine nähere Erläuterung und Begründung zu diesen Segmentbildungen bzw. Spezifizierungen sowie eine weitere Interpretation der einzelnen Positionierungen in der Matrix enthält der Bericht nicht.

---

[922] Vgl. ebenda, Anhang A III-5: Abschätzung des Haushaltskonsums 1979, Quelle: G + I-Haushaltspanel.

[923] Vgl. zu den folgenden Ausführungen und Zitaten: ebenda, Kapitel IV, S. 51–63.

[924] Vgl. Abschnitt 2.5.4.2.1 dieser Arbeit.

[925] Vgl. WWA, F 33 Nr. 4182: Strategie-Entwicklung für die Privatbrauerei Dortmunder Kronen, Zusammenfassende Darstellung, Roland Berger & Partner G.M.B.H. International Management Consultants, München 12. November 1980., S. 55.

[926] Zur Berechnung der Werte zu „relativer Marktanteil" siehe die Ausführungen im Abschnitt 2.5.4.2.1 einschließlich der Fußnoten.

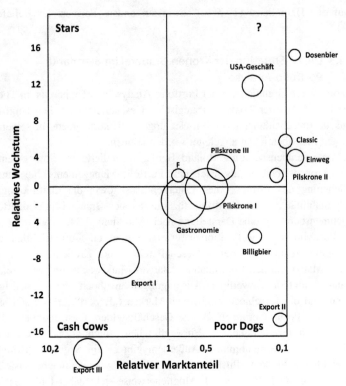

**Abbildung 3.34**  Kronen-Brauerei: Portfolio-Analyse[927]

Vor dieser Matrixdarstellung enthält der Bericht allerdings folgende allgemeine Erklärung zu der Bildung von Geschäftsfeldern: „Geschäftsfelder sind immer Kombinationen von Produkt und Markt. Unterschiedliche Kundengruppen, Vertriebswege oder Regionen können so zum Beispiel genau so relevant sein wie verschiedene Technologien, Produktlinien oder Geschmacksrichtungen. Ein Indiz für das Vorliegen verschiedener Geschäftsfelder sind unterschiedliche

---

[927] Quelle: WWA, F 33 Nr. 4182: Strategie-Entwicklung für die Privatbrauerei Dortmunder Kronen, a.a.O., S. 59. Die Bezeichnungen für die Quadranten in der Grafik wurden vom Autor dieser Arbeit ergänzt. Im Original-Gutachten fehlen diese in der Grafik, wurden aber auf den Seiten davor erläutert. Anders als bei BCG wählt Roland Berger bei der Dimension „relativer Marktanteil" (Abszisse) eine Darstellung, die am linken Ende den Maximalwert und am rechten Ende den Minimalwert zeigt. Die Folge ist, dass die Geschäftsfelder – im Vergleich zur BCG-Darstellung – sich auf der X-Achse spiegelbildlich zeigen.

Wertschöpfungsstrukturen.[928] Wesentliches Kriterium aber ist, daß für unterschiedliche Geschäftsfelder auch unabhängige Geschäftspolitiken verfolgt werden können müssen."[929].

Dennoch bleibt die Bildung der in der Matrix dargestellten Positionen als selbstständige Geschäftsfelder im Einzelfall unklar. Offensichtlich wird im Gutachten unterstellt, dass jede Marke, jedes oder einzelne Vertriebsgebiete und auch jede oder einzelne Gebindearten (z. B. Dosen, Einwegflaschen) jeweils unterschiedlichen Geschäftsfeldern zuzurechnen sind und es dafür auch separater Geschäftspolitiken bedürfen würde. Es bleibt auch unklar, ob sich diese Darstellungen nur auf den Handelsbereich – unter Ausschluss der Direktbelieferungen der Brauerei an die Gastronomie – beziehen oder das Gesamtgeschäft von Kronen über *alle* Vertriebswege umfassen.[930]

Aufschlussreich wäre vermutlich eine differenzierte Darstellung des Handelsbereichs getrennt nach den verschiedenen Absatzwegen: traditioneller Getränkefachgroßhandel, Verbrauchermärkte/Discounter, Abholmärkte bis hin zum nichtorganisierten Lebensmitteleinzelhandel gewesen.

Insgesamt wäre zu fragen gewesen: Bestanden wirklich bei allen diesen Segmenten und Angebotsspezifizierungen unterschiedliche Nachfrage-, Wettbewerbs- und Wertschöpfungsstrukturen, so dass sie als selbstständige Geschäftsfelder zu betrachten gewesen wären? Die Konsequenz für die Kronen-Brauerei wäre ein ganz erheblicher Mehraufwand an Marketing- und Vertriebsstrategien sowie entsprechender Maßnahmen und nicht zuletzt beim finanziellen Einsatz.

Statt einer detaillierten Interpretation der Positionierungen der definierten Geschäftsfelder enthält der Bericht eine allgemeine Erläuterung entlang der von der Unternehmensberatung BCG als Schöpfer dieses Analyseinstruments empfohlenen Normstrategien für die Geschäftsfelder in den einzelnen Quadranten. Das Gutachten führt dazu aus: „Aus der Kenntnis der Zusammenhänge zwischen der Position des Geschäftsfeldes und dessen Ertragspotential lassen sich bestimmte

---

[928] Die Fußnote 1) bei Roland Berger dazu heißt: „Wertschöpfung = Nettoerlös ./. Kosten für extern bezogene Rohstoffe und Leistungen".

[929] WWA, F 33 Nr. 4182: Strategie-Entwicklung für die Privatbrauerei Dortmunder Kronen, a.a.O., S. 57.

[930] Aus der Tatsache, dass ein separates Geschäftsfeld „Gastronomie" gebildet worden ist, es aber kein separates Geschäftsfeld „Handel" gibt, sowie aus einer im Schlusskapitel erarbeiteten Tabelle zu den Ausstoßzielen bis ins Jahr 1985 kann vermutet werden, dass es sich bei den Geschäftsfeldern zu den einzelnen Marken um Darstellungen zum *Handelsbereich insgesamt* handelt. Das Geschäftsfeld „Gastronomie" würde dann für die Belieferung durch den Handelsbereich in den Versandgebieten stehen die direkte Belieferung durch die Brauerei nicht berücksichtigen.

grundsätzliche Strategien ableiten, die hier kurz zusammengefaßt wiedergegeben werden sollen:"[931]

- **Milchkühe** [Cash Cows, H.F.] „sind Geschäftsfelder in ihrer Reifephase, bei denen es in der Vergangenheit gelungen war, eine führende Position zu erreichen." Künftig „sollten die Kosten minimiert werden, um eine möglichst hohe Mittelfreisetzung zu erreichen."
- **Stars** „sind Geschäftsfelder, bei denen es dem Unternehmen gelungen ist, in einem schnell wachsenden Markt die führende Position zu erringen. Diese sollten unbedingt gehalten und verteidigt werden, um bei einem Nachlassen des Marktwachstums die ‚Milchkuh' von morgen zu werden. Idealerweise ist das Wachstum dieser Geschäftsfelder selbstfinanzierend."
- **Fragezeichen** „sind Geschäftsfelder in einem wachsenden Markt, wo aber noch keine führende Position erreicht ist. [...] Das Unternehmen ist vor die Entscheidung gestellt, ob es in diesen Bereich möglicherweise noch erheblich investieren soll, um eine führende Stellung zu erreichen. Andernfalls sollten die Positionen rechtzeitig aufgegeben werden."
- **Sorgenkinder** [Dogs, H.F.] „sind die Verlustbringer des Unternehmens, für die auch in der Zukunft aufgrund der ungünstigen Kostenposition wenig Hoffnung besteht. Sie sollten liquidiert werden."

Die bei den „Milchkühen" freiwerdenden Mittel sollen dabei für Investitionen bei den „Stars" und/oder bei den „Fragezeichen" verwendet werden. Gleiches gilt für freiwerdende Mittel aus der Liquidation der „Sorgenkinder".[932]

Im Anschluss an die vorstehende Portfolio-Darstellung folgt ein zweites Portfolio mit den exakt identischen Platzierungen der Geschäftsfelder, allerdings nun bezogen auf eine Darstellung und Bewertung der *Ergebnissituation* für das Jahr 1979 sowie einer farblich gekennzeichneten Klassifizierung der verschiedenen Geschäftsfelder. Dabei gilt die Kennzeichnung mit „grün" als „gutes Ergebnis", „blau" als „mittleres Ergebnis" und „rot" als „schlechtes Ergebnis".[933] Im Gutachten heißt es dazu: „Erwartungsgemäß entspricht auch die Ertragssituation in den einzelnen Geschäftsfeldern bei einer genauen Kostenallokation den Positionen im Portfolio: Auf das mit „grün" gekennzeichnete Exportbier, bei dem die Brauerei in ihrem Kernabsatzgebiet sowie im Raum Münsterland, Ostwestfalen Marktführer ist, entfallen nur noch geringe Werbe- und Vertriebsaktivitäten.

---

[931] Ebenda, S. 53.
[932] Vgl. ebenda, S. 55.
[933] Vgl. ebenda, S. 61.

Auf Basis der kalkulatorischen Kosten ergibt sich für dieses Geschäftsfeld eine Umsatzrendite von ca. 18 %.[934] Entsprechend wird für „Pilskrone" („blau" gekennzeichnet) eine Umsatzrendite von ca. 12 %, ausgewiesen, für „Classic" („rot" gekennzeichnet) von ca. 6,2 %.

### 3.6.3.4.4 Schlussfolgerungen aus den Erkenntnissen des Gutachtens für die Absatzpolitik der Kronen-Brauerei im Biermarkt

Das Roland Berger-Team formuliert aus den Portfolio-Darstellungen folgende Schlussfolgerungen:

- „Die Struktur des Portfolios der ‚Dortmunder Kronen' ist typisch für einen ‚Spätmerker': Starke Positionen in den rückläufigen Märkten, Nachzügler in den Wachstumsgeschäften."[935]
- Es muss gelingen, ein neues „Star"-Produkt zu schaffen, um langfristig eine befriedigende Rentabilität des eingesetzten Kapitals zu sichern.[936]
- Ein weiterer Aufbau kann mit den Produkten „Pilskrone" und „Export" „nur durch einen unverhältnismäßig hohen Werbeaufwand erreicht werden."[937]
- Es müssen jüngere Zielgruppen gewonnen werden.[938]

In einem separaten Schlusskapitel werden folgende Empfehlungen gegeben:

- Zur Erreichung des Unternehmensziels: „Erhalt der Brauerei als gewinn-orientiertes Unternehmen im Familienbesitz" bedarf es einer langfristigen Unternehmensstrategie, „in der sich die Umsatzrendite zumindest im oberen Drittel der Brau-Industrie bewegt."[939]
- Anstelle der sehr konservativen Finanzpolitik der Vergangenheit sollten Über-legungen z. B. zu einer verstärkten Aufnahme langfristiger Verbindlichkeiten angestellt werden. Auf diese Weise könnte die Brauerei schneller wachsen und damit eine höhere Eigenkapitalrendite erzielen. Außerdem könnte mit Blick auf die aufzubauenden Vertriebsgebiete z. B. der Erwerb einer Brauerei in Erwägung gezogen werden.[940]

---

[934] Ebenda, S. 59.

[935] Ebenda, S. 58.

[936] Vgl. ebenda, S. 62.

[937] Ebenda, S. 79.

[938] Vgl. ebenda.

[939] Ebenda, S. 80.

[940] Vgl. ebenda.

- Neben der Prüfung von Kosteneinsparungen sollte die Lösung des Wachstumsproblems an erster Stelle stehen. Sowohl eine verstärkte Werbung für „Pilskrone" als auch Preissenkungen sind nicht die effizientesten Wege dafür.[941]
- Als erfolgversprechend gilt der Weg, mit einem „Star"-Produkt neue Zielgruppen anzusprechen (vor allem Jugendliche), durch eine klare Segmentierung die direkte Konfrontation mit dem Wettbewerb (vor allem Warsteiner, König und Bitburger) zu vermeiden und damit einem Werbekrieg sowie Preiskämpfen auszuweichen.[942] Unterstützt werden könnte dies durch eine in den kommenden Jahren zu erwartende Belebung des Biermarktes.[943]
- Bezüglich der Marken- und Sortenpolitik soll der Marktanteil bei „Export" „mit geringstmöglichen Mitteln gehalten werden" sowie „den sich ändernden Konsumgewohnheiten" entsprechend „durch den Austausch von ‚Dortmunder Kronen Export' gegen ‚Pilskrone' begegnet werden.[944]
- Die Schaffung eines neuen „Star"-Produktes über die Intensivierung von Maßnahmen für „Classic" wird skeptisch beurteilt.[945] Problematisch erscheint die seit der Einführung im Frühjahr 1971 nicht eindeutige Geschmacksdefinition und mehrfache Umpositionierung: von „sortenneutrales Bier" über „Premium-Export" bis hin zu „Typ Feinherb".[946]
- Bezüglich der Preispolitik sollen die vergeblichen Versuche nicht weitergeführt werden, mit „Pilskrone" ins obere Preissegment vorzudringen. Stattdessen wird geraten, sich im „akzeptierten Preisband am oberen Rande der Konsumbier-Schiene zu bewegen."[947]

Hintergrund für die letztgenannte Empfehlung war das Vorhaben der Kronen-Brauerei, durch zwei in den Jahren 1976 und 1977 vorgenommene Preiserhöhungen in den Bereich der Premiumanbieter (König, Bitburger, ...) vorzudringen. Die Konsequenzen waren Marktanteilsverluste von rd. 0,4 %-Punkten auf einen

---

[941] Vgl. ebenda, S. 81.
[942] Vgl. ebenda, S. 83.
[943] Vgl. ebenda, S. 84.
[944] Ebenda, S. 85.
[945] Vgl. ebenda, S. 82 sowie S. 86 ff.
[946] Vgl. ebenda, S. 86 f.
[947] Ebenda, S. 86, ähnlich S. 89.

Marktanteil von nunmehr 4,2 % im Jahr 1978 sowie die Notwendigkeit zur Preiskorrektur.[948]

Ergänzend lässt sich anmerken, dass die Kronen-Brauerei offensichtlich lange Zeit ein Gespür für das „monopolitische Preisband" gehabt hat. Das Beispiel ist ein Beleg dafür, dass der eher modelltheoretische Ansatz von Erich Gutenberg zur Erklärung oligopolistischer Preispolitik auf unvollkommenen Märkten eine praktische Bedeutung haben kann: In seiner „doppelt geknickte Preis-Absatzkurve" zeigt Gutenberg, dass durch Markenbildung ein „monopolistischer (unelastischer) Bereich" entstehen kann, bei dem Preiserhöhungen kaum zu verminderter Nachfrage führen. Dieser Bereich kann vom anbietenden Unternehmen bei seiner Preispolitik annäherungsweise „ertastet" werden.[949] Die Kronen-Brauerei hat aber 1977 dieses „Preisband" augenscheinlich zu sehr „ausgedehnt" mit der Folge von Absatzeinbußen.[950]

Weitere Erkenntnisse aus dem Gutachten der Unternehmensberatung sind:

• Im Hinblick auf die regionale Verkaufspolitik wird vom Roland Berger-Team die Ausdehnung in die Regionen nördlich bzw. nordöstlich von Dortmund, nämlich: Münster, Coesfeld sowie Paderborn empfohlen, hauptsächlich wegen des zu beobachtenden Bevölkerungswachstums sowie der Akzeptanz Dortmunder Biere.[951]

• Angesichts der gewachsenen und weiter wachsenden Bedeutung neuer Absatzwege sind die Ausführungen zur „Distributionspolitik und Absatzwegepolitik im Handel" relativ „schmal". Die Brauerei solle zum einen an der Distribution über Verleger festhalten. Mit Hinweis auf die aktuelle Unternehmenspolitik heißt es ergänzend lediglich: „Darüberhinaus empfehlen wir, die Verschiebungen in den Absatzkanälen auszunutzen und Vertriebsbemühungen auf die dynamischen Outlets Verbrauchermärkte, Discounter und Abholmärkte

---

[948] Vgl. WWA, F 33 Nr. 1819, Bd. 2: Vorlage zu Punkt 2 der Tagesordnung für die 27. Sitzung des Beirates am 27.3.1979, S. 10 ff. sowie Tabelle im Anhang (Chart 8). Mit einem Preis von 1,21 DM lag Kronen 1977 um 4 Pf. über dem Durchschnittspreis der Konsumbier-Marken, aber noch um 10 Pf. unter den Durchschnittspreisen für die Premium-Marken. Vgl. Tabelle VI-1 auf S. 91 des Gutachtens. Quelle: Erhebungen des Marktforschungsinstituts G & I, Nürnberg. Vgl. WWA, F 33 Nr. 4182: Strategie-Entwicklung für die Privatbrauerei Dortmunder Kronen, a.a.O., S. 90.

[949] Vgl. Abschnitt 2.3.4.8.

[950] Auch Roland Berger weist im Gutachten auf die Erfahrung hin, „dass das Verlassen der angestammten Preisgruppe mit dem Verlust von Marktanteilen bezahlt werden muß, ist mit einer Reihe von Artikeln der Konsumgüterindustrie gemacht worden." Ebenda, S. 92.

[951] Vgl. ebenda, S. 95. f.

zu konzentrieren."[952] Anzumerken ist, dass diese Absatzwege im Portfolio gänzlich nicht berücksichtigt wurden.

- Bei den Ausführungen zur „Marketing- und Werbepolitik" wird eingangs nochmals auf die „nicht immer marktadäquate Preispolitik"[953] hingewiesen. Es folgt dann unvermittelt der Satz: „Ebenso ist die Absatzwegestruktur der DORTMUNDER KRONEN nicht optimal".[954] Eine Erläuterung findet nicht statt.

- Das Gutachten führt weiter aus, dass „der Werbeaufwand für ‚Pilskrone' im Vergleich zu Brauereien wie Warsteiner oder König relativ erfolglos ist."[955] Es gibt daher die Empfehlung, für „Pilskrone" und „Export" künftig „eine institutionsbezogenen PR- und in geringerem Maße eine überwiegend auf ‚Pilskrone' bezogenen Dachwerbung zu betreiben."[956] Es wird angeregt, im Kerngebiet „Pilskrone" und „Export" künftig als *ein* Geschäftsfeld zu betrachten, „wobei Pils zur Leitsorte für die Institution wird, ohne dabei bei Ansprache der gleichen Zielgruppe Export mit Gewalt zu verdrängen."[957] Zudem soll auf das neu zu schaffende „Star"-Produkt die Medienwerbung konzentriert werden.[958] Für das neue „Star"-Produkt soll gelten: „Es ist billiger als ein Premium-Bier."[959] Die Unternehmensberatung empfiehlt, „mit der Umsetzung der psychologischen Positionierung dieses Produktes eine hochqualifizierte Werbeagentur zu beauftragen".[960]

- Im stagnierenden Gastronomiemarkt sollen künftige Investitionen in die Markterschließung neuer Absatzgebiete fließen. Es wird außerdem die Einrichtung eines neuen Kundenberatungsdienstes für Gaststätten in Erwägung gezogen. Zur künftigen Steuerung der Investitionspolitik in diesem Bereich wird außerdem die Erstellung eines Gastronomie-Portfolios angeregt, um Gastronomiebetriebe nach Betriebstypen und Absatzerwartungen zu segmentieren.[961]

- Abschließend werden Empfehlungen zur operativen Verbesserung der Produkte gegeben. So erscheint den Beratern z. B. das Etikett für „Pilskrone" zu

---

[952] Ebenda, S. 96.

[953] Ebenda, S. 97.

[954] Ebenda.

[955] Ebenda, S. 97a.

[956] Ebenda.

[957] Ebenda, S. 97b.

[958] Vgl. ebenda.

[959] Ebenda, S. 97c.

[960] Ebenda.

[961] Vgl. ebenda, S. 99 ff.

farbig; außerdem sollte der Absender stärker herausgestellt werden. Für „Classic" erscheint das Blau im Etikett zu dunkel, und es sollte evtl. etwas mehr Silber eingebracht werden. Diese Hinweise sind wohl als Einzelmeinung der Unternehmensberatung zu werten – ohne marktforscherische Absicherung.

- Bezogen auf „Classic" wird aber an dieser Stelle nochmals hervorgehoben, dass „[...] Aufwendungen zur Umpositionierung eines einmal fehlgeschlagenen Produkts in aller Regel Fehlinvestitionen [sind].[962]

Bei aller von den Consultants dargelegten Unwägbarkeit der Marktchancen für das Kronen-Angebot endet der Bericht dennoch mit einer exakten Planung der Ausstoß- und Ergebnisentwicklung. Darin wird auf der Basis regressionsanalytischer Berechnungen sowie der gegebenen Strategiehinweise ein Ausstoßvolumen von 1,3 Mio. hl. als Ziel für das Jahr 1985 formuliert. Das bedeutet eine kontinuierliche Steigerung von 1,07 Mio. hl. in 1979 um 0,23 Mio. hl. oder rd. 22 %. Erreicht werden soll dies „durch das neue ‚Star'-Produkt (‚Classic'), aber auch durch ‚Pilskrone'",[963] das Marktanteile insbesondere im Kernabsatzgebiet sowie im Raum Münsterland gewinnen soll. Dagegen muss im Handelsgeschäft mit Exportbier auch künftig mit einem erheblichen Nachfragerückgang gerechnet werden. Das Gastronomiegeschäft wird voraussichtlich stagnieren. In Tabellenform wird dann eine detaillierte Aufschlüsselung der Planzahlen für die Jahre 1979 bis 1985 nach Sorten bzw. Marken, zusätzlich unterteilt nach Absatzgebieten, sowie für den Gastronomiebereich und das Auslandsgeschäft vorgenommen.[964] Danach soll der Absatz von „Classic" innerhalb von 6 Jahren auf das Zehnfache wachsen, nämlich von 20.000 hl p.a. auf 200.000 hl. Für „Pilskrone" wird eine Absatzsteigerung von 240.000 hl auf 415.000 hl = +73 % für möglich gehalten. Der Absatz von „Export" werde sich dagegen um 40 % von 370.000 hl auf 225.000 hl reduzieren. Dieses detaillierte Zahlenwerk wird allerdings nicht weiter erläutert oder begründet, etwa unter Bezugnahme auf die vorherigen – in Teilen und insbesondere für „Classic" dazu in starkem Widerspruch stehenden – Ausführungen. Ergänzt wird die Darstellung um eine Prognoserechnung zu den Erlösen im Vergleich der Jahre 1985 zu 1979 mit einem positiven Ergebnis.[965]

Angesichts der nur unvollständigen Anbindung der Planzahlen für den künftigen Absatz der Kronen-Brauerei an die detaillierten Analyseergebnisse des

---

[962] Ebenda, S. 104.

[963] Ebenda, S. 106.

[964] Vgl. ebenda, S. 106 sowie Tabelle VII-1, S. 107.

[965] Vgl. ebenda, Tabelle VII-2, S. 108.

Gutachtens stellt sich die Frage nach dem Wert der Expertise für die unternehmerischen Entscheidungen, wenigstens soweit es die Absatzplanung betrifft. Es entsteht hier letztlich der Eindruck der Symbolhaftigkeit von Informationen bzw. von Ergebnissen eines Gutachtens sowie ihrer Bedeutung als Indikator für eine rationale Entscheidungsfindung (s. Abschnitt 2.5.3.4), auch wenn dies möglicherweise nicht von vornherein so beabsichtigt war.

### 3.6.3.4.5 Entscheidungen und Planungen zur künftigen Unternehmensstrategie im Anschluss an das Gutachten von Roland Berger & Partner

In zwei Vorlagen zur Beiratssitzung vom 12.3.1981 berichtete die Geschäftsleitung über die künftige Unternehmensstrategie auf der Grundlage des Gutachtens von Roland Berger.

Danach wurde die darin entwickelte gesamtunternehmerische Zielsetzung (Fortführung der Selbständigkeit, gewinnorientierte langfristige Unternehmenspolitik) voll akzeptiert. Allerdings wollte die Geschäftsleitung der im Gutachten geäußerten Empfehlung zum Kapital-Management nicht folgen. Statt das Grundkapital des Unternehmens zu mindern, „sieht die Geschäftsleitung ihre Verpflichtung aus dem Gesellschaftsvertrag, ein hohes Eigen-Kapital zu halten, als höheres Ziel an. Dies einmal aus der bereits erwähnten gesellschaftsrechtlichen Sicht sowie aus der Notwendigkeit für den Fortbestand und die Sicherheit des Unternehmens. Die Frage der Verzinsung des Eigen-Kapitals muß daher auf der Ebene der Gesellschafter entschieden werden, wobei eine Trennung in Sicherheits-Kapital und notwendigem Betriebs-Kapital ein Anhalt für die Entscheidung sein mag.“[966]

Darüber hinaus empfahl die Geschäftsleitung aber, den „Erwerb von kleineren Brauereien zur Unterstützung der Marketing-Strategie“[967] in jedem Falle zu prüfen. Außerdem riet sie dazu, sich stärker im alkoholfreien Sektor zu engagieren.

Das von Roland Berger empfohlene Kosteneinsparungsprogramm wurde in dieser ersten Vorlage ebenfalls vollinhaltlich geteilt. Es seien bereits Maßnahmen dazu eingeleitet worden, wie etwa die Einführung einer Kostenstellenrechnung, einer Vertriebserfolgsrechnung sowie einer Plankalkulation für alle Artikel. Außerdem sei vorgesehen, die Produktivität mittelfristig auf 2.300 bis 2.700 hl.

---

[966] WWA, F 33 Nr. 1822 Bd. 2: Bericht über die Unternehmensstrategie auf der Grundlage der Empfehlungen der Firma Roland Berger & Partner vom 12.11.1980. Vorlage zu Punkt II -2 der Tagesordnung zur Beiratssitzung vom 12.3.1981, S. 1.

[967] Ebenda.

pro Mitarbeiter zu erhöhen, auch durch einen Mitarbeiterabbau. Begleitend sollten Maßnahmen zur Struktur- und Ablauf-Organisation eingeleitet werden. Dazu gehörte auch eine bereits durchgeführte Gemeinkosten-Wertanalyse. Ferner werde eine Verbesserung der Personalqualität angestrebt sowie ein günstiger Altersaufbau der Mitarbeiter.[968] „Für die Jahre 1981 – 1985 muß für alle Bereiche ein strenges Gesetz der Kosteneinsparung Gültigkeit haben."[969]

Ergänzend wurden in einer zweiten Vorlage mit dem Titel: „Der Beitrag des Geschäftsbereiches II – Vertrieb zur Unternehmens-Strategie von DORTMUNDER KRONEN 1981 – 1985" die absatzwirtschaftlichen Ergebnisse des Gutachtens der Unternehmensberatung und die daraus folgenden marketing-politischen Konsequenzen angesprochen.[970] Einleitend wurden die ehrgeizigen Absatzziele mit einer Steigerung des Ausstoßes auf 1,3 Mio. hl bis 1985 analog zum Gutachten von Roland Berger bestätigt unter der Voraussetzung, dass das dafür geplante Marketingbudget sowie das notwendige Personal zur Verfügung gestellt werde. Kernpunkte der weiteren Ausführungen waren alternative Überlegungen zur künftigen Positionierung der drei Marken „Pilskrone", „Classic" und „Export". Es wurde schließlich nach Abwägung dreier Strategiealternativen vorgeschlagen, für die nächsten 5 bis 10 Jahre „Pilskrone" als Mengenführer aufzubauen und damit zusammen mit „Export" die gesamte biertrinkende Zielgruppe anzusprechen. „D. h. die Funktion von PILSKRONE wird sein, die Verbraucherschicht mit einem Pilsangebot abzufangen, die von Export auf Pils umsteigen wollen."[971] Das bedeute die Fortführung der bisher geübten Strategie. Ergänzend sollen aber Veränderungen im Erscheinungsbild vorgenommen werden, so z. B. hinsichtlich der „Klarheit des Markenschriftzuges und der Wertigkeit der Etiketten."[972] Die Marke „Classic" solle künftig als „Typ feinherb" positioniert werden. Die Vorstellung war, eine Marktnische zu finden, so dass ein unmittelbarer Wettbewerb mit den etablierten Markenbieren vermieden werden könnte.

Der Beirat hat diese beiden Vorlagen in seiner Sitzung vom 12.3.1981 nach dem Protokoll eingehend diskutiert. Danach sollte einerseits die Senkung der

---

[968] Vgl. ebenda. S. 1 f.

[969] Ebenda., S. 2.

[970] Vgl. zum Folgenden: WWA, F 33 Nr. 1822 Bd. 2: Der Beitrag des Geschäftsbereiches II – Vertrieb zur Unternehmens-Strategie von DORTMUNDER KRONEN 1981 – 1985, Vortrag anläßlich der Beiratssitzung vom 12. März 1981.

[971] Ebenda, S. 7.

[972] Ebenda.

Kosten weiter energisch betrieben werden und andererseits eine Mengenausweitung der Produktion angestrebt werden. Außerdem nahm der Beirat die von der Geschäftsleitung vorgelegte Unternehmensstrategie zustimmend zur Kenntnis.[973]

Gegen Ende des Jahres 1981 hat dann der Geschäftsbereich II die Überlegungen zur Markenstrategie und Marktbearbeitung weiter spezifiziert und konkretisiert. Es wurde ein umfangreiches, mehrteiliges Werk zur Analyse des Marktes, einer langfristigen Marketing- und Vertriebsstrategie für die Geschäftsfelder Handel und Gastronomie im Inland sowie für das Auslandsgeschäft vorgelegt mit den entsprechenden Etatplanungen bis ins Jahr 1986. In der Zusammenfassung wurden eingangs die Unternehmensziele formuliert und anschließend die grundsätzlichen Marketing- und Vertriebsstrategien sowie eine Kommunikationsstrategie für das Inland entwickelt.[974] Vollständig neu war die „als eine der wichtigsten Aufgaben für das Jahr 1982" deklarierte „Weiterentwicklung des Managementsystems im Geschäftsbereich II".[975]

Die Wachstumsziele des Unternehmens bis ins Jahr 1986 orientierten sich an den Planungen für die Frühjahrstagung des Beirates. Der Ausstoß sollte auf der Basis des Ergebnisses für 1981 in den nächsten 5 Jahren um rd. 170.000 hl = 14,7 % auf rd. 1,33 hl steigen; der Umsatz sogar um 41,4 Mio. DM = 33,2 % auf rd. 166,1 Mio. DM.[976]

Abgesichert werden sollte diese Expansion durch folgende Maßnahmen:

(1) „Weitere konsequente Verbesserung der Marktposition in den lokalen und regionalen Absatzgebieten von Kronen (Marktanteile und Distribution).

(2) Ausbau und Erweiterung der Absatzgebiete mit den Hauptstoßrichtungen Ruhrkerngebiet und Norden (Weser/Ems und westliches Niedersachsen).

(3) Auf dem Hintergrund der vorstehenden Ziele (1), (2) sollen die Voraussetzungen geschaffen werden, ab 1985 in Richtung Norden einen nationalen Teilmarkt aufzubauen.

(4) Die Marke CLASSIC soll langfristig als nationale Marke im Premium-Bereich aufgebaut werden."[977]

---

[973] WWA, F 33 Nr. 1822 Bd. 2: Ergebnis-Protokoll 33/81 über die Sitzung des Beirates vom 12. März 1981, TOP 2: Bericht über die Unternehmensstrategie auf der Grundlage der Empfehlungen der Firma Roland Berger & Partner vom 12.11.1980, S. 3.

[974] Vgl. WWA, F 33 Nr. 3071: Zusammenfassung der Langfristigen Marketing- und Vertriebsstrategie sowie der Etatplanung des Geschäftsbereiches II für 1982 vom 20. Nov. 1981 sowie die dazugehörigen Detailberichte zur Gesamtstrategie sowie die Analysen und Grundlagen zu den Strategien in den Geschäftsfeldern Handel, Gastronomie sowie Ausland.

[975] Ebenda, Seite 2 der Gliederung.

[976] Vgl. ebenda, S. 1.

[977] Ebenda.

Dem Geschäftsfeld Handel/Inland sollte dabei mit einem Anteil von 67,5 % am Gesamtausstoß eine „entscheidende Bedeutung" zukommen. Es sollte das *Mengenwachstum* tragen. Das Geschäftsfeld Gastronomie/Inland sollte mit einem Mengenanteil von 25,7 % dagegen im Wesentlichen für das *Umsatzwachstum* sorgen. Durch eine hohe Wertschöpfung im Gastgewerbe wurde eine „Deckungsbeitragsmaximierung" angestrebt.[978]

Die Absatzprojektionen nach Marken zeigten für „Pilskrone" Zuwachsraten von 5,5 % p.a. abnehmend bis auf 2,0 % im Jahr 1986, sich verstärkende Verlustraten bei „Export" zwischen – 3,0 % und – 8,7 % p.a. sowie sehr hohe Wachstumsprozente bei „Classic" zwischen 28,2 % und 8,1 % p.a., allerdings auf einer vergleichsweise niedrigen Ausgangsbasis.[979] Die anvisierten Steigerungen bei den Umsatzerlösen sollten über die Mengeneffekte sowie die „Deckungsbeitragsmaximierung" in der Gastronomie hinaus auch durch eine differenzierte Preisgestaltung und -entwicklung zwischen den Marken erreicht werden: „Classic" teurer als „Pilskrone", dieses teurer als „Export".[980]

Begleitet werden sollte diese Wachstumsstrategie durch eine adäquate Marktsegmentierung, die verstanden wurde als:

– „eine eindeutige Ausrichtung unserer Marken CLASSIC, PILSKRONE und EXPORT auf die relevanten Verbraucherzielgruppen,
– ihre richtige Markenpositionierung gegenüber Verbraucher, Handel und Gastronomie,
– ihre richtige Behandlung im Marketing-Mix (Preispolitik, Intensität der Absatzförderung, differenzierte Gebietsbearbeitung, Schwerpunkte in der Markenwerbung etc.)."[981]

Hinsichtlich einer erfolgreichen Kommunikationsstrategie wurde das gelungene Zusammenspiel aller Kommunikationsmaßnahmen in Werbung und Öffentlichkeitsarbeit in ihren Aussagen und in ihrem Zusammenspiel gefordert. Es wurden die langfristigen Positionierungsziele für die Institution Kronen sowie ihre Kernmarken nach den Hauptbereichen der Kommunikation definiert, im Einzelnen für die Bereiche: „Image, Ziel-Positionierung",

---

[978] Vgl. ebenda, S. 2.
[979] Vgl. ebenda, Tab. auf S. 6.
[980] Vgl. ebenda, Tab. auf S. 7. Eine Berechnung der Durchschnittserlöse in DM/l über den Planungszeitraum von 1982 bis 1986 auf der Basis der zitierten beiden Tabellen kommt allerdings zu nicht ganz konsistenten Ergebnissen bezüglich der Preisstellungen zwischen den Marken.
[981] Ebenda, S. 8.

„Produkt-/Geschmackspositionierung", „Preis-, Wert-Positionierung" sowie „Kommunikations-Ziele".[982]

Kronen stellte in dieser Zeit auch erste Überlegungen an, zur Dachmarken-Strategie zurückzukehren: Nach jahrelanger kommunikativer Fokussierung auf eine Einzelmarken-Strategie sollte die Institution Dortmunder Kronen-Brauerei wieder die gemeinsame „Heimat" bilden für die verschiedenen Einzelmarken. Die Argumente dabei waren: glaubwürdige Braukompetenz, jahrhundertealte Brauerfahrung sowie hoher Qualitätsstandard. Es galt, diese „Trümpfe" künftig wieder stärker für eine verbesserte Image-Positionierung zu nutzen.

Begleitet wurden diese Planungen durch eine Neuorientierung des Managementsystems für den Geschäftsbereich II, der eine hohe Priorität zukommen sollte. Die Einführung einer Führungsstruktur nach „Geschäftsfeldern" sollte folgende Elemente enthalten:[983]

- Einführung des Führungskonzeptes „Führung durch Zielvereinbarungen",
- Fixierung eines Planungszyklus sowie der einzelnen Planungsschritte pro Geschäftsjahr,
- die betriebswirtschaftliche Führung der Geschäftsfelder Handel, Gastronomie sowie Ausland nach dem Profitcenterprinzip,
- Einführung einer Vertriebserfolgsrechnung zur Verbesserung der Planungs-, Entscheidungs- und Steuerungstechniken,
- Aufbau eines Marketing- und Vertriebscontrollings als Frühwarnsystem, zur Verbesserung des Informations- und Berichtswesen sowie zur besseren Steuerung der Marketingmaßnahmen.

In diese Aufgabenstellungen sollten insbesondere auch die Verkaufsdirektionen einbezogen werden; sie sollten beim Aufbau und der Etablierung der verschiedenen Systeme eine aktive Rolle spielen.[984]

Angesichts dieser ehrgeizigen Ziele und Ausweitungen im Maßnahmenbereich wurden die Etats stark ausgeweitet: Allein der „Werbe- und Verkaufsetat" sollte von rd. 11,3 Mio. DM (Ist 1980) schrittweise auf rd. 15,7 Mio. DM = +38,9 % im Jahr 1986 ausgeweitet werden. Für die gesamten Vertriebskosten im Inland

---

[982] Vgl. WWA, F 33 Nr. 3071: Zusammenfassung der Langfristigen Marketing- und Vertriebsstrategie sowie der Etatplanung des Geschäftsbereiches II für 1982 vom 20. Nov. 1981, S. 15.

[983] Vgl. zum Folgenden ebenda, S. 18.

[984] Vgl. ebenda, S. 19.

war eine Etaterhöhung von rd. 14,7 Mio. DM (Ist 1980) auf rd. 19,2 Mio. DM
= +30,6 % vorgesehen.

### 3.6.3.5 Aufbau eines Vertriebs-Informations- und Steuerungsinstruments

Kurze Zeit später hat die Kronen-Brauerei damit begonnen, ein Vertriebscontrolling einzurichten. Mit dem Ziel, die regionale Vertriebssteuerung im *Geschäftsfeld Handel* zu verbessern, legte die Kronen-Marktforschung im Oktober 1982 ein Konzept für den Aufbau eines Vertriebs-Informations- und Steuerungskonzeptes vor.[985] Basis dafür sollten Marktanalysen des Dortmunder Kronen-Hauptabsatzgebietes sein, ausgerichtet auf die Untersuchung zum einen des Getränkefachgroßhandels, zum anderen des Lebensmitteleinzelhandels, jeweils detailliert für die Stadt- und Landkreise in NRW.

Der Nutzen dieses Instruments sollte darin liegen, „neben den kurzfristigen Informationen des Nielsen-Handelspanels auch Strukturdaten, Wettbewerbsverhältnisse etc. für kleinere, räumlich klar gegliederte Absatzgebiete (Stadt- und Landkreise) aufzuzeigen, die uns bei zu ergreifenden Maßnahmen eine breite Informationsbasis bieten."[986]

Aus der nach diesem Muster durchgeführten umfangreichen Datensammlung für die insgesamt 37 Stadt- und Landkreise Nordrhein-Westfalens wurden dann einerseits zusammenfassende Tabellen, andererseits Grafiken erstellt, die einen Überblick geben zu den unterschiedlichen Marktverhältnissen und Positionen der Kronen-Brauerei.

Die Abbildung 3.35 vermittelt einen Eindruck von den regionalen Absatzschwerpunkten und den absatzschwachen Regionen:

Hier zeigt sich deutlich, dass die Kronen-Brauerei wesentliche Marktanteile von über 25 % nur in unmittelbarer Nähe des Brauereistandortes – in der Stadt Dortmund sowie im Kreis Unna – erreichen konnte. In Recklinghausen, Warendorf und Höxter ist immerhin jeweils die 10 %-Marke überschritten worden. In allen anderen Städten oder Landkreisen ist Kronen-Bier eher schwach vertreten gewesen (< 10 % Marktanteil) oder bildete sogar nur ein „Randangebot". Andererseits lassen sich aber mögliche Potenziale erkennen: So hat Kronen im Landkreis Warendorf bei einem Absatzvolumen von 29.800 hl einen Marktanteil von immerhin 14,2 %. Die Brauerei lag damit auf Rangplatz 2, zwar mit eindeutigem Abstand zu Warsteiner (32 % Marktanteil), aber vor Wicküler (10,5 %

---

[985] Vgl. WWA, F 33 Nr.3217: Regionale Vertriebssteuerung Geschäftsfeld Handel, Teil I – Marktanalyse des DORTMUNDER KRONEN-Hauptabsatzgebietes, 6. Oktober 1982.

[986] Ebenda, S. 1.

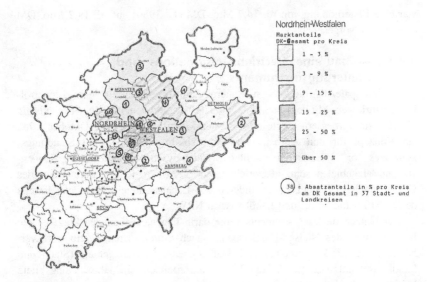

**Abbildung 3.35** Kronen-Brauerei: Marktanteile (farbliche Klassifizierungen) sowie Absatzanteile am Kronen-Absatz (Zahlenangaben) für den *Gesamtabsatz*[987]

Marktanteil). Kronen hatte hier eine Spitzenstellung beim Export-Geschäft mit einem Marktanteil von 75,7 %. Grundsätzlich hätte diese Stärke auch für das Pilsgeschäft genutzt werden können Preislich lag „Pilskrone" mit durchschnitt-lich 15,48 DM auf dem Niveau von „Export" (15,45 DM), aber rd. 1,50 DM unterhalb von „Warsteiner Pilsener" (16,98 DM).[988]

Diese ausgeprägte regionale Konzentration im *Gesamt*geschäft von Kronen mit Schwächen in der regionalen Verteilung steht im starken Widerspruch zur Stärke im – deutlich rückläufigen – *Exportbier*-Markt. Wie Abbildung 3.36 ver-deutlicht, erreichte Kronen hier in vielen Regionen Marktanteile von über 50 % und ansonsten zwischen 25 und 50 % bzw. wenigstens zwischen 15 und 25 %.

Der Vergleich der beiden Abbildungen gibt einen Hinweis darauf, dass Kronen die einstmals überaus starke Position als Exportbier-Brauerei aufgrund des sich

---

[987] Quelle: WWA, F 33 Nr. 3217: Regionale Vertriebssteuerung Geschäftsfeld Handel, Teil I – Marktanalyse des DORTMUNDER KRONEN-Hauptabsatzgebietes, 6. Oktober 1982, S. 3.

[988] Vgl. WWA, F 33 Nr. 3217: Regionale Vertriebssteuerung Geschäftsfeld Handel, Teil I – Marktanalyse des DORTMUNDER KRONEN-Hauptabsatzgebietes, 6. Oktober 1982, S. 8, 31 und 54.

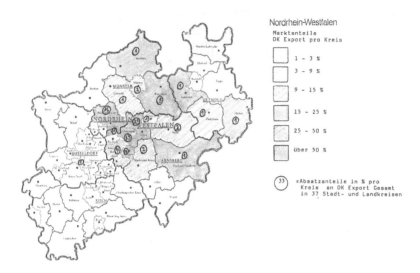

**Abbildung 3.36** Kronen-Brauerei: Marktanteile (farbliche Klassifizierungen) sowie Absatzanteile am Kronen-Absatz (Zahlenangaben) für den *Exportbier-Absatz*[989]

verstärkenden Pils-Trends verloren hatte. Auf der Ebene der Stadt- und Land-kreise ist es in den vergangenen Jahrzehnten nicht gelungen, die kontinuierlichen Verluste bei der Marke „Export" durch Zugewinne bei „Pilskrone" bzw. „Classic" auch nur annähernd auszugleichen. Hier haben sich stattdessen die Premium-Pils-Brauereien erfolgreich etabliert. So ist in vielen Regionen der absolute Verkauf von „Export" zurückgegangen. Weil dies im Vergleich zu anderen Exportbier-Brauereien unterdurchschnittlich geschah, ist der Marktanteil in diesem Segment weiter gestiegen.

Zu Beginn der 1980er Jahre bedeutete die starke Konzentration des Absatz-gebietes auf den „engeren Raum" um die Brauerei – 38 % des Gesamtabsatzes blieben in der Stadt Dortmund, 18 % gingen in den angrenzenden Kreis Unna und weitere 10 % in den Kreis Recklinghausen, zusammen 66 % – dass die Brauerei von der abrupt steigenden Arbeitslosigkeit in dieser Region besonders stark betroffen war.

---

[989] Quelle: WWA, F 33 Nr. 3217: Regionale Vertriebssteuerung Geschäftsfeld Handel, Teil I – Marktanalyse des DORTMUNDER KRONEN-Hauptabsatzgebietes, 6. Oktober 1982, S. 26.

Bestandteil dieses Vertriebsinformations- und Steuerungsinstruments waren auch grafische Darstellungen zu den Marktanteilen verschiedener Wettbewerbsbrauereien. Eindrucksvoll ist die damals schon bestehende weite Verbreitung und Marktstärke der Warsteiner Brauerei, wie dies Abbildung 3.37 belegt.

Nordrhein-Westfalen

**Abbildung 3.37**  Warsteiner-Brauerei: Marktanteile für Warsteiner Pilsener in Regionen (im Unterschied zu den beiden vorherigen Abbildungen zeigen diese Zahlenangaben Marktanteile an)[990]

Warsteiner hatte damals den westfälischen Raum schon sehr stark erobert, auch weitaus stärker als z. B. Krombacher.[991] Ausgespart waren lediglich der Kern des Ruhrgebietes, das nordöstliche Westfalen sowie das Siegerland. Im Vergleich zu Kronen lagen die Marktanteile von Warsteiner – mit Ausnahme des Ruhrgebietes – in allen übrigen westfälischen Regionen durchweg höher.

Aus den Archivbeständen des WWA zur Kronen-Brauerei ist leider nicht ersichtlich, inwieweit dieser Entwurf zu einem Vertriebs-Informations- und Steuerungsinstrument tatsächlich für die praktische Marketing- und Vertriebsarbeit

---

[990] Quelle: WWA, F 33 Nr. 3217: Regionale Vertriebssteuerung Geschäftsfeld Handel, Teil I – Marktanalyse des DORTMUNDER KRONEN-Hauptabsatzgebietes,6. Oktober 1982, S. 78.
[991] Zu Krombacher vgl. ebenda, Grafik auf S. 79.

genutzt wurde und ob die Kronen-Marktforschung bzw. später der Vertrieb dazu Aktualisierungen erarbeitet hat.[992]

### 3.6.3.6 Das neue Marketingkonzept und Planungen für 1984 bis 1986 im Anschluss an den Führungswechsel im Geschäftsbereich II: Marketing und Vertrieb – Der Beirat zieht die Zügel an

Mit dem Führungswechsel an der Spitze des Geschäftsbereichs II: Marketing und Vertrieb im Jahre 1982 gab es auch Modifikationen bei den strategischen Zielsetzungen und der Maßnahmenplanung. Insbesondere wurden der Marke „Export" wieder Marktchancen eingeräumt und dafür werbliche und vertriebliche Maßnahmen geplant. Außerdem wurden die bereits seit etwa 1 ½ Jahren angestellten Überlegungen zur Rückbesinnung auf die Dachmarkenstrategie nun konkretisiert. Für die Sitzung des Beirates im Juni 1983 erläuterte die Geschäftsleitung die neue Marketingstrategie – unterstützt durch eine sehr detaillierte Matrix-Darstellung.[993]. Die Kernpunkte der neuen Strategie lassen sich folgendermaßen zusammenfassen:

Entgegen der Strategie der vergangenen Jahre, in der die Zielsetzung verfolgt wurde, jede der drei Kronen-Marken als eigenständige Markenpersönlichkeit zu positionieren, sollte ab 1983 wieder eine „klare u. unmißverständliche Zuordnung aller Kronen-Spezialitäten in ihrer Heimat, zur Brauerei"[994] angestrebt werden.

---

[992] Der bisherige Leiter der Abteilung Marktforschung hat im Rahmen einer Neuorganisation des Unternehmens zum 1. Juni 1983 als Hauptabteilungsleiter das Geschäftsfeld „Verkauf Handel" übernommen; gleichzeitig „schrumpfte" die Hauptabteilung „Marketing" formalorganisatorisch mit nur noch einer nachgelagerten Abteilung „Marktmanager Vertrieb". Der Funktionsbereich „Marktforschung" wurde im Organigramm nicht mehr separat ausgewiesen, sondern ist vermutlich im Bereich der Hauptabteilung „aufgegangen". Gleichzeitig wurde der Geschäftsführer des Geschäftsbereiches I – Finanzen/Rechnungswesen, Controlling, Personal und Organisation – zum Sprecher der Geschäftsführung bestellt und ihm die Abteilung „Öffentlichkeitsarbeit" unmittelbar zugeordnet. Vgl. WWA, F 33 Nr. 2536 Bd. 2: Vorlage zu Punkt III – 2 – der Tagesordnung zur Sitzung des Beirates am 10. Juni 1983, Organigramm.

[993] Vgl. WWA, F 33 Nr. 2536 Bd. 2: Vorlage zur Beirats-Sitzung vom 10. Juni 1983: Bericht über die Marketing-Konzeption; Matrix: Marketing-Strategie der Privatbrauerei DORTMUNDER KRONEN.

[994] Ebenda.

Umgesetzt werden sollte dies durch ein „einheitliches Erscheinungsbild und Auftreten der Brauerei mit der Krone in der gesamten Werbung."[995] Als weitere Aussagenschwerpunkte der Matrix lassen sich erkennen:[996]

Die Marke **„Export"** sollte der **Markenführer** im Sortenbereich sein. Es galt hier, die Sonderstellung in diesem Marktbereich in Dortmund und in ganz NRW zu verdeutlichen mit Hinweisen auf das Ansehen, die Marktbedeutung sowie die hohe Qualität des Produktes, die sich im herausragenden herzhaft vollmundigen Geschmack ausdrücken würde. Durch die Umwerbung zum einen der Verbraucherzielgruppe, die Exportbier bevorzugte, zum anderen von Markenwechslern wurde der Ausbau der Marktführerschaft angestrebt. Durch ergänzende Vertriebsaktivitäten sollten mengenmäßige Rückgänge im Ausstoß verhindert werden. Ein relativ hoher Angebotspreis von durchschnittlich 13,98 DM/Kasten sollte zusammen mit einem gezielten Einsatz von Vertriebs- und Marketingaktivitäten dafür sorgen, dass der gute Hektoliter-Ertrag erhalten bzw. weiter verbessert werden könnte. Räumlich war beabsichtigt, eine Konzentration auf das Kernabsatzgebiet (Dortmund/Unna) sowie das Ruhrgebiet vorzunehmen.

**„Pilskrone"** sollte der **Mengenführer** im Ausstoß sein. Was Ansehen und Marktbedeutung betraf, so bestand das Selbstverständnis einer klaren Zugehörigkeit zu den Spitzenpils-Bieren, und man wollte versuchen, die Gleichwertigkeit zu den Wettbewerbsangeboten von Ritter-First, Krombacher, König, Herforder und Jever auch in deren Absatzräumen zu dokumentieren. Dementsprechend war die geschmackliche Ausrichtung auf die Eigenschaften: rein, eher herb, feinporig im Schaum sowie von außerordentlicher Qualität ausgerichtet. Es sollte im Marktauftritt die Herkunft als Produkt der Kronen-Brauerei mit seiner Brauerfahrung im Pilsbereich herausgestellt werden, sich dabei aber deutlich von „Classic" abgrenzen. Als Zielgruppe wurden die typischen Pilstrinker „ohne gesellschaftliche Differenzierung" gesehen; außerdem wurde eine Substitution einer anderen Kronen-Marke durch „Pilskrone" akzeptiert. Preislich sollte das Angebot mit „Export" vergleichbar sein (13,98 DM/ Kasten) und zusammen mit werblichen Maßnahmen den Hektoliter-Ertrag verbessern.

Das Angebot **„Classic"** sollte zum **Aushängeschild** für einen eigenständigen Biertyp („Typ feinherb") mit originärer und unverwechselbarer Markenpersönlichkeit und hoher Wertanmutung entwickelt werden. Dazu wurde eine deutliche Steigerung des Bekanntheitsgrades angestrebt. Hinsichtlich der Anmutung und der Preisbildung wollte man sich an der „absoluten Spitze der Markenbiere" orientieren. Der Durchschnittspreis sollte mit 15,45 DM/Kasten rd. 1,50 DM

---

[995] Ebenda.
[996] Vgl. zum Folgenden: ebenda.

oberhalb von „Export" und „Pilskrone" liegen und ganz gezielt Markenbier-
trinker ansprechen. Der Wechsel von Kronen-Kunden innerhalb des Sortiments
sollte auch hier gebilligt werden. Vertrieblich sollten die bestehenden Märkte
besser ausgeschöpft und neue Märkte dazu gewonnen werden. Dazu war beabsichtigt, die führenden Absatzstätten in Handel und Gastronomie systematisch
auszubauen, mittelfristig in NRW eine breite Durchsetzung zu erreichen sowie
langfristig auch überregional. Von dieser Marke wurde ebenfalls eine Verbesserung der Ertragskraft erwartet.

Zusammenfassend wurden mit der neuen Marketing-Strategie folgende Überlegungen verbunden:

- Rückkehr zur Dachmarken-Strategie
- Relaunch der Marke „Export"
- Aufbau der Marke „Pilskrone" zum Mengenführer und Ertragsgaranten
- Festhalten an der Marke „Classic" mit dem Ziel, es als Spitzenbier zu
  etablieren.

In der darauf folgenden Beirats-Sitzung im Dezember 1983 wurde eine Unternehmensplanung für die Jahre 1984 bis 1986 vorgelegt.[997] Danach wurde für das Jahr
1984 ein Ausstoß von insgesamt 1,115 Mio. hl geplant. Der Wert entsprach fast
exakt dem für 1983 erwarteten Ist-Absatz und lag knapp (−0,8 %) unter dem Ist-
Ergebnis für 1982.[998] Aufgrund von leichten Preissteigerungen beim Flaschenbier
wurde ein minimaler Anstieg der Netto-Biererlöse (+0,1 %) auf 123,7 Mio. DM
erwartet[999].

Der Marketing-Etat sollte für 1984 um rd. 5 % auf rd. 11,7 Mio. DM
wachsen.[1000] Knapp 5 Mio. DM davon waren für Media-Aufwendungen vorgesehen, weitere knapp 2 Mio. für Außenwerbung sowie Verkaufshilfen im
Gastronomiebereich und etwa 1,8 Mio. DM für Fahrzeuglackierungen, andere
Verkehrsmittelwerbung sowie Probierausschank. Der Rest verteilte sich in der
Hauptsache auf Marktforschung (0,28 Mio. DM), verschiedene Gastronomie-
und Handels-Aktionen (0,31 bzw. 0,97 Mio. DM), Ausstellungen (0,32 Mio.),

---

[997] Vgl. WWA, F 33 Nr. 2574 Bd. 1: Unternehmensplanung 1984–1986. Vorlage für die
Beirats-Sitzung Nr. 41 am 1.12.1983.
[998] Vgl. ebenda, 3. Planung der Etats, Chart 01.
[999] Vgl. ebenda, Chart 02.
[1000] Vgl. ebenda, Chart 14.

Werbekostenzuschüsse (0,35 Mio. DM) sowie Auslandaktivitäten (0,55 Mio. DM).[1001]

Die Planungen für die Jahre 1985 und 1986 sahen eine leichte Steigerung (+0,6 % bzw. +0,9 %) des Ausstoßes auf 1,122 bzw. 1,132 Mio. hl vor.[1002] Die Netto-Erlöse sollten jeweils etwas stärker wachsen (+2,7 % bzw. +2,5 %) auf schließlich 130,3 Mio. DM.[1003] Der Marketing-Etat sollte sich im Verhältnis dazu überproportional auf 12,4 Mio. DM (+5,8 %) und weiter auf 13,0 Mio. DM (+4,9 %) erhöhen.[1004]

Bei diesen Planungen hatte man sich von den wesentlich optimistischeren Zielwerten (1,3 Mio. hl in 1985) im oder im Anschluss an das Gutachten von Roland Berger aus dem Jahr 1980 längst getrennt.

Diese neue Marketingstrategie wurde für die folgenden Beiratssitzungen weiter spezifiziert und begründet und von den Mitgliedern des Beirates z. T. kritisch hinterfragt und um weitere Zielsetzungen und Aufgabenstellungen an die Geschäftsführung ergänzt.

Daraufhin legte die Geschäftsführung zunächst für die Sitzung des Beirates im August 1984 ein Strategiekonzept vor, das von 10 leitenden Mitarbeitern des Hauses unter der Koordination eines externen Beraters in vier Klausursitzungen erarbeitet worden war.[1005] Das Konzept beschreibt nacheinander den Unternehmenszweck sowie die Potentiale der Brauerei und geht bereits einleitend auf wahrgenommene Defizite im Bereich der Mitarbeitermotivation ein.[1006] Als grundlegende qualitative Zielsetzungen wurden genannt[1007]:

- Alle bisherigen selbständigen Biermarken sollten unter die Dachmarke „KRONEN" gestellt werden.
- Der Vertrieb sollte auch künftig im Kerngebiet stattfinden mit einer konzentrischen Ausrichtung.
- Ein „Kernpunkt der Strategie" war die „Erneuerung der Leistungsbereitschaft unserer Mitarbeiter". Zur Verbesserung der Kostenstruktur waren in den

---

[1001] Vgl. ebenda, Chart 64.

[1002] Vgl. ebenda, B. Ausblicke 1985–1986, Chart 01.

[1003] Vgl. ebenda, Chart 05.

[1004] Vgl. ebenda, Chart 08.

[1005] Vgl. WWA, F 33 Nr. 1828: Ergebnisprotokoll 44/84 über die Sitzung des Beirates am 24. August 1984, S. 4.

[1006] Vgl. WWA, F 33 Nr. 1829: Vorlage zu Punkt 2 der Tagesordnung für die Sitzung des Beirates am 24. August 1984, S. 1.

[1007] Vgl. zum Folgenden: ebenda, S. 1 ff.

vergangenen Jahren eine ganze Reihe von als unpopulär empfundener Maßnahmen durchgeführt worden bis hin zu einem energischen Personalabbau. Dies hatte zu einer stark leistungshemmenden Demotivation geführt, die es nun zu beseitigen galt.[1008]

Die als „außerordentlich anspruchsvoll" deklarierten quantitativen Zielsetzungen bestanden in folgenden Punkten[1009]:

- Als Zielhorizont wurde das Jahr 1990 bestimmt. Bis dahin sollte eine definierte jährliche Entwicklung geplant werden, die einen Plan-Ist-Vergleich einschließen würde.
- Das oberste strategische Ziel bestand in der Schaffung von Potenzialen für eine Eigenkapitalverzinsung von 15 %.
- Das mittelfristige Ausstoßziel war die Auslastung der installierten Braukapazität von 1,3 Mio. hl p.a.
- Die Produktivität sollte auf 3.500 hl pro Mitarbeiter und Jahr erhöht werden.
- Die Netto-Erlöse sollten von 114 Mio. DM auf 146 Mio. DM gesteigert werden
- Für die Mitarbeiterzahlen wurde eine weitere Reduzierung von 405 auf 375 angestrebt.
- Das Betriebsergebnis sollte auf 9,0 Mio. DM gesteigert werden.

Im Hinblick auf die Ziele bei den Marken hieß es: „In der Vergangenheit wurden die Marken PILSKRONE und CLASSIC als Solitärmarken eher KRONEN-fern geführt, das EXPORT verschwiegen und das ALT 1729 dem Randsortiment zugeordnet."[1010]
Die künftige Markenstrategie sah vor, diese Solitärmarken unter der Dachmarke „KRONEN" zu versammeln. Im Einzelnen hieß das für die bisherigen Marken:[1011]

- Die Marke „Pilskrone" sollte in „KRONEN-Pils" umbenannt werden. Die Positionierung war als gehobenes Konsum-Pils vorgesehen, getragen durch Ausstattung, Preis und Werbung. Als Gewinnbringer des Sortiments sollte hier auch der Schwerpunkt des Mitteleinsatzes liegen.

---

[1008] Vgl. ebenda, S. 3.
[1009] Vgl. ebenda, s 4 ff.
[1010] Ebenda, S. 6.
[1011] Vgl. ebenda, S. 7 ff.

- Für „Classic" war als neuer Markenname „KRONEN-Classic" vorgesehen. Es war beabsichtigt, damit ohne Mengendruck einen Image-Beitrag zu leisten. Dafür sollte es eine überregionale Konsumentenwerbung in ausgesuchten Zeitschriften und einem passenden Umfeld geben.
- „Dortmunder Kronen-Export" sollte in „KRONEN-Export" geändert werden und als Bier-Spezialität positioniert werden. Das Ziel war, sich gegen den rückläufigen Markt zu stemmen.
- Für die Marke „Alt 1729" war die Umbenennung in „KRONEN-ALT" geplant; zudem sollte es ins Kernsortiment aufgenommen werden. Es wurde keine Konsumentenwerbung vorgesehen, jedoch Verkaufsförderungsmaßnahmen.

Was die Vertriebskanäle betraf, so bekannte sich die Brauerei zum Getränke-fachgroßhandel als dem bevorzugten Vertriebspartner. Die Partnerschaft sollte intensiviert werden durch Arbeitskreise, persönliche Kontakte der Geschäftsführer sowie der Einbeziehung in marktbezogene Entscheidungsprozesse. „Der direkte Weg zum Lebensmittelhandel wird von uns nur beschritten, wenn eine gemeinsame Lösung mit dem GFGH nicht möglich ist und wenn der GFGH-Partner zustimmt."[1012]

Bezüglich des Vertriebsweges Gastronomie wurde anerkannt, dass dieser nach wie vor ein wesentlicher Image-Träger der Brauerei und ein wichtiger Vertriebskanal sein würde. Allerdings: „Die Situation der Kronen-Gastronomie ist unbefriedigend."[1013] Abhilfe schaffen sollte ein noch zu entwickelndes Gastronomie-Konzept.

Abschließend wurde nochmals das Thema „Führung" aufgegriffen: Als „wichtigste Aufgaben im Bereich der Führung" wurden hier die Förderung verschiedener Eigenschaften wie Entscheidungsfreude, Risikobereitschaft, Menschlichkeit und das Miteinander sowie die Bildung eines „Wir-Gefühls" und eines „Wert-Gefühls" angesprochen.[1014]

Das Sitzungs-Protokoll zu diesem Tagesordnungspunkt hält als Diskussionsergebnisse zunächst die Kritikpunkte der Beiratsmitglieder fest: Kritisiert wurde, dass die allgemeinen Wettbewerbsverhältnisse nicht klar berücksichtigt worden seien, ebenso wenig die Stagnation des Marktes. Der Beirat erteilte der Geschäftsführung den Auftrag, für die Dezember-Sitzung des Beirates eine Überarbeitung vorzunehmen. Allerdings war der Beirat mit der „Denkrichtung" des Konzeptes

---

[1012] Ebenda, S. 10.

[1013] Ebenda.

[1014] Vgl. ebenda, S. 13.

grundsätzlich einverstanden: Er begrüßte die Rückkehr zur Dachmarkenpolitik sowie die „klare, durchsichtige Konzeption, die allerdings nur durchgesetzt werden könne, wenn die Geschäftsführung diese Konzeption vorlebt und die Mitarbeiter entsprechend motiviert. Der Engpaß zwischen Markenführung und Motivation muß unbedingt vermieden werden."[1015] Er regte dabei erfolgsabhängige Gehälter für die Verkaufsleitungen an, klare Zielvorgaben sowie ein System der Belobigung, das auch Vergütungen beinhalten solle. Im Übrigen sollte die diskutierte Erhöhung der Werbekosten um 900 TDM p.a. bis 1988 sowie eine Steigerung der Vertriebskosten ab 1985 um 1,5 Mio. DM bis 1988 einer endgültigen Beschlussfassung vorbehalten sein.[1016]

Auftragsgemäß hat die Geschäftsführung für die Dezember-Sitzung des Beirates eine neue Unternehmensplanung für das Jahr 1985 vorgelegt und die weitere Strategie angepasst. Im Beirats-Protokoll zu dieser Sitzung heißt es dann aber: Es wird festgestellt, „daß die Berechnungen zur neuen Strategie aus der Sitzung vom 24.8.1984 (Ergebnis-Protokoll 44/84) mit der Entwicklung des Marktes und Entwicklung des Unternehmens nicht mehr in Einklang zu bringen sind. Neue Strategie-Überlegungen sind daher kurzfristig zu erstellen."[1017] Der Beirat hielt es dazu für notwendig, die Beratung eines externen Beraters in Anspruch zu nehmen.

Dieser externe Marketing- und Kommunikationsberater Dr. Wacker hielt dann im Mai 1985 vor dem Beirat einen Vortrag.[1018] Gemäß Protokoll erläuterte der Referent „das Dachmarken-Konzept und weist darauf hin, dass die Änderung der Strategie *keinen* unmittelbaren Einfluß auf den Absatz und *keine* kurzfristigen Erfolge bringen können. Den Absatzmittlern wurde durch eine neue Strategie neuer Optimismus vermittelt und die Werbung wurde konzentriert."[1019] Und weiter betonte der externe Berater laut Protokoll: „Zukünftig dürfe keine Entscheidung im luftleeren Raum erfolgen."[1020]

---

[1015] WWA, F 33 Nr. 1828: Ergebnisprotokoll 44/84 über die Sitzung des Beirates am 24. August 1984, S. 4.

[1016] Vgl. ebenda, S. 6.

[1017] Vgl. WWA, F 33 Nr. 2539, Bd. 2: Ergebnis-Protokoll 45/84 über die Sitzung des Beirates am 6. Dezember 1984, S. 5 f.

[1018] Im Protokoll heißt es dazu, dass die Ausführungen in Charts dem Original des Protokolls beigefügt worden seien. Leider fehlen diese Charts in den verfügbaren Archivunterlagen des WWA. Vgl. WWA, F 33 Nr. 2539 Bd. 1: Ergebnis-Protokoll 47/85 über die Sitzung des Beirates am 2. Mai 1985, S. 3 f.

[1019] Ebenda, S. 3. (Herv. d. Verf., H.F.)

[1020] Ebenda.

### 3.6.3.7 Ergebnisse einer werbepsychologischen Erfolgskontrolle sowie die fehlende Umsetzung in den Werbekonzeptionen

Was der Referent in dem soeben wiedergegebenen Zitat gemeint haben könnte, bezieht sich auf eine bereits im März des Vorjahres von seinem Institut vorgelegte qualitative Marktforschungsstudie, die aber im Strategiekonzept vom August 1984 keine (ausdrückliche) Berücksichtigung fand. Allerdings gibt es einen entsprechenden Hinweis im Beirats-Protokoll im Zusammenhang mit der Zustimmung zur Rückkehr zur Dachmarkenpolitik.

Es handelt sich dabei um die „Werbepsychologische Erfolgskontrolle" des OFF Instituts für Markt- und Meinungsforschung.[1021] In einer qualitativen Studie wurden 270 Personen aus dem Kernabsatzgebiet Dortmund der Kronen-Brauerei, dem erweiterten Absatzgebiet Recklinghausen/Gelsenkirchen sowie aus Randabsatzgebieten bzw. Ferngebieten (Düsseldorf) interviewt. Befragungsinhalte waren: die ungestützte sowie die markengestützte Beachtung von Werbung der Kronen-Brauerei im Vergleich zu 10 Wettbewerbsmarken[1022], die erinnerten Werbe-Inhalte, die Markenzuordnung von 14 Slogans, die Beurteilung von 4 Anzeigenmotiven für „Pilskrone" sowie von 7 Anzeigenmotiven für „Classic". Die Schlüsselerkenntnisse aus dieser Studie sind:

- Bei der *ungestützten* Werbe-Beachtung konnten sich nur 3,7 % der Befragten spontan daran erinnern, Werbung zu „Classic" gesehen zu haben; für „Pilskrone" lag der Wert mit 2,2 % sogar noch darunter. Selbst im Kerngebiet Dortmund war die Erinnerung mit 5,6 % bzw. 4,4 % nur unwesentlich höher. „Hier wird also – im Gegensatz zu den reinen ‚Monomarken' – die besondere Problematik der Markenführung einer mit ‚Solitärmarken' arbeitenden Sortimentsbrauerei deutlich".[1023]
- Von der Tendenz ähnlich, jedoch auf einem höheren Erinnerungsniveau bewegten sich die Marken bei der *gestützten* Werbeerinnerung: Mit Werten um 30 % führten „Pilskrone" und „Classic" das untere Drittel an; der Abstand zu Premium-Marken wie „Bitburger" und „Krombacher" mit jeweils über 55 %

---

[1021] Vgl. zum Folgenden: WWA F 33 Nr. 4199: OFF Institut für Markt- und Meinungsforschung Dr. Wacker & Enders GmbH: Werbepsychologische Erfolgskontrolle Privatbrauerei Dortmunder Kronen, März 1984.

[1022] Einbezogen wurden die Marken: DAB, Bitburger, Pilskrone, König, Krombacher, Classic, Warsteiner, DUB, Veltins und Ritter First.

[1023] WWA F 33 Nr. 4199: OFF Institut für Markt- und Meinungsforschung Dr. Wacker & Enders GmbH: Werbepsychologische Erfolgskontrolle Privatbrauerei Dortmunder Kronen, März 1984, S. 182.

sowie „Veltins", „König" und „Warsteiner" mit knapp über 40 % war aber auch hier deutlich. Lediglich für die Region Dortmund gab es für „Pilskrone" und „Classic" mit 39 % bzw. 36 % vergleichbare Ergebnisse zur Gruppe um „Veltins" & Co. Allerdings erreichte „Pilskrone" bei den Stammtrinkern einen Spitzenwert von 60 %.[1024]

- Bezüglich der erinnerten Werbe-Inhalte gab es ebenfalls eindeutige Vorteile für die bekannten Premium-Marken. Während bei den Slogan-Zuordnungen „Bitburger" und „Krombacher" Werte von 90 % bzw. 73 % erzielten, „erreicht hier der CLASSIC-Slogan mit 36 % bereits einen hervorragenden 5. Platz – während der PILSKRONE-Slogan mit 13,7 % auf dem vorletzten Platz liegt."[1025]

- Bei der gestützten Beurteilung der vorgestellten Anzeigen-Motive wurde die Pilskrone-Kampagne mit einem Durchschnittswert von 49,3 % auf einer 100 %-Akzeptanz-Skala deutlich schwächer beurteilt als die Classic-Kampagne mit einem Wert von 59,6 %.[1026] Die Classic-Kampagne punktete insbesondere bezüglich der Aspekte: Attraktivität, Originalität, Stil und fotografische Umsetzung. Der größte negative Aspekt war der als überzogen empfundene Wertanspruch.[1027] Bei der Pilskrone-Kampagne wurde der „Appetizing Appeal sowie die Produktprägnanz als vorteilhaft gesehen; kritisch angemerkt wurden die einfallslosen, langweilige Inhalte sowie die Gestaltung.[1028]

- Eine vergleichende Analyse der unterschiedlichen Anzeigenmotive ergab für „Pilskrone" ein sehr kritisches Urteil: Der Anteil der Verbraucher, denen keines der Motive in der vorgestellten Anzeigen-Kampagne gefiel, lag bei der PILSKRONE-Kampagne mit 43 % außergewöhnlich hoch."[1029]

Die Folgerungen der Autoren aus diesen Ergebnissen lauteten: Es ließe sich „erkennen, daß es insbesondere den Premium-Marken gelungen ist, auch im Dortmunder Kernabsatzgebiet einen kommunikativen Wettbewerbsvorsprung zu erzielen, der von den örtlichen Brauereien derzeit nicht – oder nur in Ansätzen – erreicht werden kann. Die langfristigen hohen Werbeinvestitionen, die zudem auf

---

[1024] Vgl. ebenda, S. 184 s.
[1025] Ebenda, S. 187.
[1026] Vgl. ebenda, S. 188.
[1027] Vgl. ebenda, S. 189.
[1028] Vgl. ebenda, S. 190.
[1029] Ebenda.

eine Monomarke konzentriert wurden, haben – in Verbindung mit der langjährigen Kampagnenkonstanz bei WARSTEINER, BIT und VELTINS – zweifelsohne
zu diesen bemerkenswerten Erfolgen in der Marken- und Kommunikationspolitik
dieser Brauereien geführt."[1030]

Soweit ersichtlich, sind die Erkenntnisse aus dieser Studie weder marktforscherisch vertieft noch in den Werbekonzepten der Folgejahre explizit berücksichtigt worden. Stattdessen hat man im August 1984 eine Werbeagentur beauftragt,
„zu überprüfen, inwieweit aufgrund der strategischen Veränderungen die bestehenden Kommunikationskonzepte für Classic, Pilskrone und Export beibehalten,
überarbeitet und/oder erneuert werden müssen."[1031] Die Agentur bezog sich
bei ihrer Antwort ausdrücklich auf die Studie des Off-Instituts und deren
Erkenntnisse zur Kontinuität und Konstanz der Werbestrategien der erfolgreichen
Pils-Brauereien. Sie wies darüber hinaus darauf hin, dass im Kernabsatzgebiet der
Kronen-Brauerei „ca. 15 Marken mit erheblichem Werbeaufwand [...] in einem
übersättigten Overspending-Markt"[1032] agieren würden. Letztlich wurden aber
die in der OFF-Studie genannten Zahlen mit Rücksicht auf die erst 1 bis 1 ½-
jährige Präsenz der Werbebotschaften z. T. als „beachtlich", insgesamt als relativ
erfolgreich bewertet. So lauteten die Empfehlungen dann z. B. für „Classic",
„generell die Kampagne beizubehalten und kontinuierlich fortzusetzen" sowie
„Straffung in der verbalen Aussage".[1033] Vergleichbare Aussagen wurden für die
Marken „Pilskrone" und „Export" getroffen.

Insgesamt hatte die Agentur hier ausschließlich aufgrund von Fachkenntnis-
sen und Erfahrungen eine Prüfung vorgenommen und Empfehlungen abgegeben,
nicht aber auf der Basis von empirischen Prüfungen. Es wurde auch darauf
verzichtet, die im Rahmen der neuen Dachmarken-Strategie vorgenommenen
Änderungen in den Produktbezeichnungen (z. B. von „Classic" auf „KRONEN-
Classic") marktforscherisch zu überprüfen.

So hat man stattdessen in der Folgezeit immer wieder aufs Neue versucht,
unberührt von bisherigen Erkenntnissen „das Rad neu zu erfinden", indem unterschiedliche Werbe-Agenturen beauftragt wurden, die dann jeweils aufs Neue aus
kreativen Ideen Werbekonzeptionen erarbeitet haben.

---

[1030] Ebenda, S. 191.

[1031] WWA, F 33 Nr. 4196: Borsch, Stengel & Partner, Frankfurt: Strategische Überlegungen,
20.8.1984, S. 5.

[1032] Ebenda, S. 6.

[1033] Ebenda, S. 11. Die Agentur sieht allerdings auch, dass „Classic" aufgrund mehrerer
Umpositionierungen im regionalen Markt Glaubwürdigkeitsprobleme hat und empfiehlt deshalb eine überregionale Vermarktung, S. 15.

Die Kronen-Brauerei hat insbesondere aus der Untersuchung des OFF-Instituts keine Lehren gezogen, weder die, dass Werbung Konstanz benötigt noch die, dass die Argumente und bildlichen Darstellungen überzeugend sein müssen. Auch hat man sich die Erkenntnis nicht zunutze gemacht, dass Werbekonzeptionen *vorher* auf ihre wahrscheinliche Wirksamkeit getestet werden sollten – und dies bei einem Budget für Media-Werbung in der Größenordnung von rd. 5 Mio. DM jährlich. Allarmierend hätten auch die großen Erfolge der Premiummarken selbst im Kernabsatzgebiet der Kronen-Brauerei sein können.

Dabei sind die Werbe-Briefings durch die Kronen-Marketingabteilung bezüglich des aktuellen Status, der Werbeziele, der Zielgruppensegmentierung und der Soll-Positionierung für die Institution sowie die Einzelmarken auch vor 1984 schon durchaus klar und z. T. sehr umfangreich formuliert worden.[1034] Was aber häufig fehlte, sind Bezüge zu konkreten Erfahrungen – dokumentiert etwa in Soll/Ist-Vergleichen – und daraus abgeleiteten Erkenntnissen sowie auch ganz konkret zu den Erfolgsfaktoren der Premiumanbieter.

Die nächsten Schritte im Anschluss an ein Werbebriefing waren dann die Aufforderung zur Angebotsabgabe an mehrere Werbeagenturen sowie zur anschließenden Wettbewerbs-Präsentationen i. d. R. mindestens dreier Werbeagenturen. Bei diesen Terminen haben die Mitglieder des Entscheidungsgremiums von Kronen versucht, die Auswahl der Agentur anhand eines dafür entwickelten Beurteilungsbogens so weit wie möglich zu objektivieren. Die wichtigsten Beurteilungskriterien waren dabei für den konzeptionellen Teil des Angebotes die Problemerfassung, der strategische Ansatz sowie die Besonderheit eines neuen Denkansatzes. Im Hinblick auf die Umsetzung wurden die Angebote nach der Eigenständigkeit in Relation zum Wettbewerb, der Zielgruppenorientierung, der Kontinuität sowie ihrer Umsetzbarkeit für alle kommunikativen Instrumente bewertet. Schließlich wurde die Kategorie Leistung/Nutzen anhand der Einzelkriterien Leistungsumfang, Beratung im Marketing-Mix, Medienkreativität und Kostenbewusstsein beurteilt.[1035]

---

[1034] So z. B. das Briefing vom Juli 1981. Vgl. WWA, F 33 Nr. 1925: Aufstellung für die Agentur vom 24. Juli 1981, S. 1–17.

[1035] Vgl. WWA, F 33 Nr. 1925: Aufstellung für die Agentur vom 24. Juli 1981, S. 18.

### 3.6.3.8 Wettbewerbsstrategische Überlegungen, die realisierte Rückkehr zum Dachmarken-Konzept und Ableitung eines neuen Strategiekonzeptes für die Werbung

Die Kronen-Brauerei hat in der 1. Hälfte der 1980er Jahre einige weitere Kommunikations-Briefings erstellt.[1036] In diesen Konzepten wurden jeweils eine Aufarbeitung der zurückliegenden und eine Prognose der künftigen Marktentwicklung vorgenommen. Außerdem wurde die aktuelle Marketing- und Vertriebssituation von Kronen jeweils bewertet und Hinweise auf Optimierungsmöglichkeiten gegeben. Ganz besonders erhellend ist dabei die Darstellung des Wettbewerbsumfeldes von Kronen (s. Abbildung 3.38).

Ein weiterer Anfang 1985 vorgelegter erneuter Entwurf zu einem Agentur-Briefing knüpfte daran an und entwickelte die Darstellung in der inhaltlichen Aussage noch wesentlich weiter: „[KRONEN] befindet sich [...] in vierfacher Hinsicht in einem Spannungsfeld des Wettbewerbs:

A) mit Brauereien, die ihr Bier hochpreisig mit einem hohen Qualitätsanspruch als „Pils-Spezialisten" verkaufen (= Premium-Marken),
B) mit Brauereien, die niedrigpreisige Konsumbiere anbieten
C) mit Brauereien, die ihren jeweiligen lokalen oder regionalen „good will" nutzen
D) mit anderen Dortmunder Brauereien, die mit eigenständigen Markenkonzepten – z. B. FIRST oder BRINKHOFF No 1 – oder Kommunikationskonzepten – z. B. THIER – ihre örtlichen Stärken nutzen"[1037]

Das jüngste Briefing wurde im Anschluss an mehrere Strategiesitzungen von Kronen-Führungskräften unter der Moderation eines externen Beraters konzipiert.[1038] Hier wurden zudem erstmalig wettbewerbsstrategische Überlegungen nach dem Modell von Michael E. Porter[1039] erkennbar. Es wurde die Frage

---

[1036] Vgl. z. B.: WWA, F 33 Nr. 1921 Bd. 1: Das Kommunikations-Konzept der Privatbrauerei Dortmunder Kronen 1982 – 1987, März 1982, S. 1–9 sowie WWA, F 33 Nr. 3068: Marketing-Plattform und Kommunikationsstrategie als Werbeagenturbriefing der Privatbrauerei Dortmund Kronen, Juni 1982.

[1037] WWA, F 33 Nr. 4414: Entwurf eines Agentur-Briefings, 1985, S. 6 f.

[1038] Vgl. z. B. ebenda, S. 29. Der Institutsaufdruck auf mehreren Seiten des Entwurfs weist darauf hin, dass dies unter Beteiligung von OFF Markt- und Unternehmensberatung Dr. P.A. Wacker & Enders GmbH geschehen ist.

[1039] Vgl. zum theoretischen Modell die Ausführungen im Abschnitt 2.5.4.2.3 dieser Arbeit.

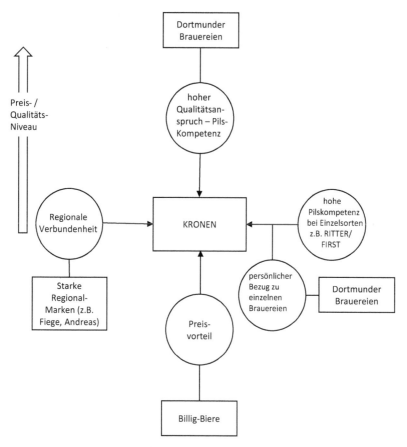

**Abbildung 3.38**   Kronen-Brauerei: Konkurrenzumfeld[1040]

aufgeworfen, ob die Brauerei künftig eine Preis/Mengen-Strategie oder (weiter-hin) eine Präferenzstrategie verfolgen sollte.[1041] Dazu wurde ein Vergleich nach Tabelle 3.27 erstellt:

Der Aufbau und Inhalt dieser Tabelle gleicht sehr stark der Darstellung der grundlegenden Merkmale einer Präferenz- vs. einer Preis-Mengen-Strategie,

[1040] Quelle: WWA, F 33 Nr. 3068: Marketing-Plattform und Kommunikationsstrategie als Werbeagenturbriefing der Privatbrauerei Dortmund Kronen, Juni 1982, S. 16.

[1041] Vgl. WWA, F 33 Nr. 4414: Entwurf eines Agentur-Briefings, 1985, S. 22.

**Tabelle 3.27**  Kronen-Brauerei: Kurzvergleich der Alternativen im Strategiemodell nach Porter[1042]

| Kurzvergleich von Preis-Mengen-Strategie und Präferenzstrategie | | |
|---|---|---|
| | **Preis-Mengen-Strategie** | **Präferenzstrategie** |
| **Prinzip:** | Preiswettbewerb (eindimensionaler Wettbewerb) | Qualitätswettbewerb (mehrdimensionaler Wettbewerb) |
| **Ziel:** | Umsatz vor Gewinn | Gewinn vor Umsatz |
| **Charakteristik** | Niedrigpreis-Konzept: Kundenfindung und –bindung allein durch aggressive Preisstellung. Weitestgehender Verzicht auf übrige Wettbewerbsmittel | Hochpreis-Konzept:* Kundenfindung und –bindung durch eigenständiges Markenimage. Aktivierung gerade der nicht-preislichen Wettbewerbsmittel (wie Produkt, Produktausstattung, Werbung usw.) |
| **Wirkungsweise:** | „Sofort-Wirkung". Die sog. Preiskäufer werden schnell mobilisiert | „Langsam-Wirkung". Die sog. Markenkäufer werden i.d.R. erst über einen mehrperiodischen Markenprofilierungsprozess gewonnen |
| **Beurteilung:** | Hohe Risiken. Verzicht auf eine echten Präferenzaufbau zwingt allmählich, bis zur Preisuntergrenze anzubieten | Hohe Chancen. Durch planmäßigen Markenaufbau bzw. –ausbau Möglichkeit, ertragsorientierte Marktpositionen nachhaltig aufzubauen |

*im Sinne überdurchschnittlicher Preisstellung am Markt

wie sie der ehemalige Geschäftsführer der Unternehmensberatung Roland Berger & Partner und spätere Professor Jochen Becker in seinen Veröffentlichungen entworfen hat.[1043] An diesem Beispiel kann die erfolgreiche Transformation theoretischen Wissens in die betriebliche Praxis eindeutig belegt werden.

Die Brauerei entschied sich dafür, die Präferenzstrategie fortzusetzen, zum einen – wie bereits vorher entschieden – in der Ausrichtung auf eine künftige Dachmarkenstrategie, zum anderen mit neuen Akzentuierungen im strategischen Ansatz und in der Formulierung konkreter Kommunikationsziele.

Die weiteren Ausführungen im Briefing knüpften an die Entscheidungen des Beirates vom August 1984 zur Rückkehr zur Dachmarkenstrategie an und unterstrichen die zentrale Bedeutung einer wirkungsvollen Werbung für die Markenbildung: „Im Rahmen einer PRÄFERENZ-STRATEGIE fällt der Kommunikationspolitik insofern eine zentrale Rolle zu als es nur über dieses Marketinginstrument möglich ist eine langfristige Markenprofilierung des Dachs ‚DORTMUNDER KRONEN' zu erzielen."[1044]

---

[1042] Quelle: WWA, F 33 Nr. 4414: Entwurf eines Agentur-Briefings, 1985, S. 23.

[1043] Vgl. die Tabelle 2.8 im Abschnitt 2.5.5.2 sowie den bereits dort zitierten Aufsatz: Becker, Jochen: Steuerungsleistungen und Einsatzbedingungen von Marketingstrategien, a.a.O., S. 192.

[1044] WWA, F 33 Nr. 4414: Entwurf eines Agentur-Briefings, 1985, S. 24. (Herv. im Original).

Die Aussage setzte dabei an dem Argument an, dass die Präferenzbildung für eine Marke insbesondere bei Produkten wie z. B. Bier, bei denen es keine wesentlichen objektiven Produktunterschiede gibt, durch subjektive Vorstellungen und Einstellungen der Verbraucher ganz wesentlich beeinflusst und geprägt werden kann und sich zu einem Image entwickelt.[1045]

Die Vorschläge für die künftige markentechnische Führung von Institution, Dachmarke und Einzelmarken von Kronen sahen danach konkret folgendermaßen aus:

Die *institutionelle Bezeichnung* sollte künftig lauten: KRONEN PRIVAT-BRAUEREI, DORTMUND. Im Wort-Bild-Zeichen umgesetzt sah sie wie in Abbildung 3.39 dargestellt aus.

**Abbildung 3.39**  Kronen-Brauerei: Institutionelle Marke[1046]

---

[1045] Vgl. ebenda, S. 25.
[1046] Quelle: WWA, F 33 Nr. 4414: Entwurf eines Agentur-Briefings, 1985, S. 32.

Die *Dachmarke* sollte künftig das Aussehen nach Abbildung 3.40 haben.

**Abbildung 3.40**
Kronen-Brauerei:
Dachmarke[1047]

Die *Einzelmarken* sollten dann heißen:[1048]

**KRONEN PILS     KRONEN CLASSIC     KRONEN EXPORT     KRONEN ALT**

Nach dieser Kommunikations-Strategie sollte künftig die Dachmarke DORT-MUNDER KRONEN der zentrale Mittelpunkt aller kommunikativen Maßnahmen sein. Aus dieser Dachmarke sollte dann der zentrale Kompetenz-Anspruch und das profilierende Markenversprechen abgeleitet werden.[1049]

Die Aufgabenstellung an die Werbe-Agenturen lautete in einer ersten Phase, Vorschläge zu erarbeiten zur Entwicklung des künftigen Kompetenz-Anspruchs und der zentralen Positionsidee für die Dachmarke DORTMUNDER KRO-NEN. Daran anschließen sollten sich grundsätzliche Gestaltungsvorschläge für das dann aufzubauende visuelle Erscheinungsbild der Institution KRONEN und der Einzelmarken. In Phase zwei sollte dann die Entwicklung und gestalterische Umsetzung eines durchgängigen Kommunikations-Konzeptes für die Publikums- und Fachwerbung, die Verkaufsförderung sowie das Public Relation stattfinden.[1050]

Dabei wurde Wert gelegt, darauf geachtet, dass der herausgearbeitete Kompetenz-Anspruch

* „aus dem vorhandenen oder latenten Markenpotential <u>glaubwürdig</u> abgeleitet wird
* so <u>eigenständig</u> und <u>unverwechselbar</u> wie möglich ist
* im Marken-Erscheinungsbild seinen <u>konsequenten Ausdruck</u> findet

---

[1047] Quelle: WWA, F 33 Nr. 4414: Entwurf eines Agentur-Briefings, 1985, S. 33.

[1048] Vgl. WWA, F 33 Nr. 4414: Entwurf eines Agentur-Briefings, 1985, S. 33 ff.

[1049] Vgl. ebenda, S. 36.

[1050] Vgl. ebenda, S. 38.

- in das künftige Kommunikationskonzept (= Publikums- und Fachwerbung, VKF, PR) durchgängig und langfristig integriert werden kann".[1051]

Allerdings wurde auch darauf hingewiesen, dass die Formulierung eines spezifischen Kompetenz-Anspruchs vor der Schwierigkeit stehen würde, „dass die Anzahl der möglichen Kompetenz-Felder, die glaubwürdig mit einer Brauerei oder dem Produkt Bier verbunden werden können, einerseits sehr begrenzt ist und daß andererseits nahezu jedes mögliche Kompetenzfeld bereits von Wettbewerbern mehr oder weniger prägnant belegt wird."[1052]

### 3.6.3.9 Vorschläge einer Werbe-Agentur zur Entwicklung eines neuen Dachmarken-Konzeptes

In den Archivdokumenten findet sich im Anschluss an das Agentur-Briefing aus 1985 zur Entwicklung einer Dachmarken-Kampagne erst wieder ein Angebot einer Werbe-Agentur aus dem Jahre 1987. Nach der Darstellung von Marktforschungszahlen zum Absatz von Kronen in den verschiedenen geografischen Räumen wurden „fünf wesentliche Ziele" der neuen Konzeption formuliert:

- „Stärkung und Absicherung der Position im Kerngebiet und in NRW.
- Penetration der Dachmarke Kronen als Begriff für die verschiedensten Bier-Spezialitäten.
- Abwehr der ‚Preis-Angriffe‘ verschiedener Premium-Biere.
- Erhöhung des Bekanntheitsgrades und der Präsenz im Gesamtgebiet NRW.
- Heranführung jüngerer Verbraucherschichten an die Traditionsmarke Kronen, ohne sich jedoch von den traditionell älteren Kronen-Konsumenten zu entfernen."[1053]

Als Zielgruppen wurden definiert: 1. Angestrebte Zielgruppe: 20 – 35-Jährige; 2. Bestehende Zielgruppe.[1054] Bezüglich der Kommunikations-Strategie wurde erstens darauf hingewiesen, dass der werbliche Auftritt von Kronen „ [...] in jedem Fall der eines Konsumbieres [ist]", zweitens dass sich die Tradition des Hauses „nicht ‚altbacken‘, sondern modern und frisch ins Bild gesetzt" werden

---

[1051] Ebenda, S. 39. (Herv. im Original).

[1052] Ebenda, S. 40.

[1053] Quelle: WWA F 33 Nr. 4215: Cruse und Diete Werbeagentur: Präsentation Privatbrauerei Dortmunder Kronen, Köln, Juni 1987, S. 17.

[1054] Vgl. ebenda, S. 18.

sollte und dass drittens „KRONEN zwar ein Bier mit alter Tradition, aber nicht von gestern ist."[1055]

Aus diesen strategischen Ansätzen wurden dann für die werbliche Umsetzung fünf Konzepte vorgestellt, die sich in ihren Texten und bildlichen Darstellungen nur graduell unterscheiden. Überall wurde der mehrspännige Pferdewagen ins Bild gesetzt sowie zwei Gläser KRONEN Pils. Die Headlines variieren zwischen: „KRONEN bringt die reine Freude", „KRONEN. Frische, die ankommt.", „KRONEN. Geschmack, der überliefert ist.", „KRONEN. Tradition ist etwas Kostbares." oder „KRONEN. Rein und frisch aus Tradition seit 1729.". Als Abbinder steht jeweils: „KRONEN braut Spezialitäten seit 1729."

Die Abbildung 3.41 gibt ein Entwurf-Beispiel wieder.

**Abbildung 3.41**   Kronen-Brauerei: Werbemotiv zur Dachmarken-Kampagne[1056]

Allerdings fehlt in den Präsentationsunterlagen gänzlich eine Begründung der Agentur, inwieweit mit diesen Werbemotiven (oder mit anderen Maßnahmen) die Ziele der Werbekampagne erreicht werden können. Aus den weiteren Ausführungen zur Konzeption oder den Bildmotiven ist nicht ansatzweise zu erkennen, wie die vorweg formulierten anspruchsvollen Ziele erreicht werden sollen. Das

---

[1055] Ebenda, S. 21.
[1056] Quelle: WWA, F 33 Nr. 4215: Werbeagentur Cruse und Diete, Köln: Präsentation, Juni 1987, S. 34.

Thema: Zielerreichung ist nicht aufgegriffen worden. Hier lässt sich der untaugliche Versuch erkennen, durch anspruchsvolle Zielformulierungen den Eindruck rationaler Entscheidungsvorbereitung zu erwecken, in Wirklichkeit aber in der Symbolhaftigkeit des Prozesses steckenzubleiben.

Aus den Archivmaterialien ist nicht erkennbar, ob diese Entwürfe werblich umgesetzt worden sind, oder in welcher Weise eine Dachmarken-Kampagne in dieser Zeit realisiert worden ist.

### 3.6.3.10 Vorlage eines neuen Strategiekonzeptes für die Marktbearbeitung und innerorganisatorische Steuerung

Mit dem erneuten Wechsel an der Spitze des Geschäftsbereichs II: Vertrieb/Marketing wurde dem Beirat in seiner Sitzung im Juni 1986 ein neues Strategiekonzept vorgelegt. Darin benannte der neue Geschäftsführer einerseits die Problemlagen der Brauerei klar, und andererseits beschrieb er die grundlegenden Orientierungen für die erfolgreiche Vermarktung des Kronen-Sortiments. Bei der Standortbestimmung knüpfte er an die bereits 1984 beklagten Defizite im Führungsbereich des Unternehmens an[1057] und forderte, die Entscheidungsfreude und Motivation der Mitarbeiter aufzubauen. Er monierte die „Probleme in der Unternehmens- und Personalführung durch Mangel an klarer Zielsetzung, wenig partnerschaftlicher Hilfe, unklare Zuständigkeitsabgrenzungen, fehlende Konsequenz in der Umsetzung und zu wenig Offenheit bei erkannten Problemen und Fehlern."[1058] Außerdem erkannte er die „Unklarheit und mangelnde Konsequenz in der Markenpolitik zwischen Dachmarke und Solitärmarke" als Behinderung sowie die „Unklarheit in der Unternehmenszielsetzung, insbesondere in den quantitativen Unternehmenszielen."[1059]

Zentral war außerdem das Postulat einer „Gesamtausrichtung der Brauerei auf den Vertrieb"[1060] sowie die konsequente Fortsetzung der Dachmarkenpolitik. Hier sollte die in der Vergangenheit bestehende Unklarheit und mangelnde Konsequenz in der Markenführung zwischen Dachmarke und Solitärmarken aufgehoben werden.

Bei der qualitativen Zielsetzung wurden die bisherigen Ansprüche – Angebote im Premiumbereich und im oberen Konsumbereich in höchster Qualität

---

[1057] Vgl. die Ausführungen im Abschnitt 3.6.3.6.

[1058] WWA, F 33 Nr. 2541 Bd. 1: Vorlage zu Punkt 3 der Tagesordnung zur Beiratssitzung am 20. Juni 1986: Strategiekonzeption der Privatbrauerei Dortmunder Kronen, Juni 1986, S. 3. (Herv. im Original).

[1059] Ebenda. (Herv. im Original).

[1060] Ebenda, S. 2.

und in gehobener Preislage unter der Dachmarke „DORTMUNDER KRONEN"
mit eigener Vertriebsorganisation und der Schwerpunktsetzung im Kerngebiet –
bestätigt. Quantitativ lauteten die Ziele im Wesentlichen: Eigenkapitalrendite
von 9 %, Ausstoßvolumen von 1,05 Mio. hl sowie eine Mitarbeiterproduktivi-
tät von 3.000 l/Mitarbeiter p.a. Wachstumspotentiale lägen in der vorsichtigen
Ausweitung der Vertriebsgebiete, der „kompromißlose[n] Ausrichtung der ganzen Brauerei auf die Belange des Verkaufs",[1061] der konsequenten Umsetzung
des Dachmarkenkonzepts sowie der Optimierung des Marketingmix.

Der Autor wiederholte und bestärkte damit die Rückkehr zu den ursprünglichen Markenbezeichnungen, wie sie im Agentur-Briefing von 1985 beschrieben
wurden[1062], denen der Beirat bereits im August 1984 auf Vorschlag der damaligen Geschäftsführung zugestimmt hatte,[1063] und deren erste Überlegungen in der
Geschäftsleitung bereits auf das Jahr 1981 zurückgehen.

Insbesondere der Name „Pilskrone" sollte wieder durch „KRONEN PILS"
ersetzt werden. Innerhalb des Produkt-Markt-Portfolios erkannte der Berichterstatter eine außerordentlich gute Position für „KRONEN EXPORT" und sah
hierfür Stabilisierungsmöglichkeiten. Auch für „KRONEN PILS" sah er Verbes-
serungschancen unterstützt durch die Rückkehr zur alten Markenbezeichnung.
Für „KRONEN CLASSIC" sollte die Strategie bis Jahresende geprüft werden.
Die zur Verfügung stehenden Etatmittel sollten schwerpunktmäßig für „Pils" eingesetzt werden mit dem Ziel der Marktanteilssteigerung. Konkrete Maßnahmen
sollten sich konzentrieren auf die Ausstattung, die Anbindung an die Dachmarke,
eine erfolgversprechende Werbung sowie die Konzentration der Mittel (Stichwort:
„Klotzen"). Für „Export" war vorgesehen, dass es sich als Spezialität profilieren
würde („Das berühmte Export"). Neben der Einbindung in die Dachmarkenkam-
pagne sollten verstärkte Aktivitäten am Point of Sale stattfinden. Außerdem sah
das neue Konzept für „KRONEN ALT" die Positionierung im Kernsortiment statt
im Randsortiment vor. Bei „KRONEN WEIZEN" sollte der sich abzeichnende
positive Markttrend aufgegriffen werden.[1064]

Im Hinblick auf die künftige Absatzmittlerstrategie wurde die Intensivierung der Partnerschaft zum Getränkefachgroßhandel betont verbunden mit dem

---

[1061] Ebenda, S. 5.

[1062] Vgl. die Ausführungen im Abschnitt 3.6.3.8.

[1063] Vgl. die Ausführungen im Abschnitt 3.6.3.6.

[1064] Vgl. WWA, F 33 Nr. 2541 Bd. 1: Vorlage zu Punkt 3 der Tagesordnung zur Beiratssitzung am 20. Juni 1986: Strategiekonzeption der Privatbrauerei Dortmunder Kronen, Juni
1986, S. 6 ff.

Ansinnen, die wichtigsten GFGH-Partner durch Geschäftsführungsmitglieder persönlich zu betreuen. Ergänzend sollte ein Frühwarnsystem aufgebaut werden, um dem Risiko durch kritisch werdende wirtschaftliche Situationen bei einzelnen Handelspartnern zu begegnen. Eine Direktverbindung zum Lebensmittelhandel war nur für den Fall vorgesehen, falls eine gemeinsame Lösung mit dem GFGH nicht möglich sei oder der GFGH-Partner dem ausdrücklich zustimmen würde. Ein Beispiel dafür sei die Zusammenarbeit mit der Coop.[1065]

Der Gastronomiebereich sei weiterhin ein wichtiger Partner und Image-Träger für Kronen. Es sollte ein separates Gastronomiekonzept entworfen werden unter Berücksichtigung der neuen Strukturformen in der Gastronomie. Ergänzend sollte für den Außendienst ein Argumentations- und Verhandlungstraining durchgeführt werden sowie der Service vor Ort gestärkt werden. Die vorhandenen Pachtobjekte sollten auf Rentabilität überprüft werden.[1066]

Die regionale Ausweitung sollte „ringförmig von nah nach fern"[1067] geschehen mit starker Ausstrahlung über Nordrhein-Westfalen hinaus nach Niedersachsen und Schleswig-Holstein.

In einem separaten Kapitel wurden nochmals die Probleme im Führungsbereich angesprochen, die in der mangelnden „Klarheit eines Konzeptes und einer Zielsetzung, die konsequent durchgehalten werden, der Entscheidungskraft des Managements und der Motivation und Menschlichkeit im Verhältnis zu den Mitarbeitern"[1068] gesehen wurden. Zur Behebung dieses Zustandes wurde ein Maßnahmenplan aufgelistet, in dem neben der zügigen Umsetzung des Strategiekonzeptes auch die „Erarbeitung und Einhaltung von Führungs- und Entscheidungsregeln sowie mehr Menschlichkeit [...] durch Kommunikation, Ehrlichkeit, Offenheit und bewußtes Bekenntnis zu Problemen und Fehlern, damit man daraus lernen kann, statt sie zu vertuschen."[1069] gefordert wurde. Sodann wurde die „Konzentration der Kräfte" reklamiert sowie ein „beispielhaftes Vorgehen mit den besten erreichbaren Experten für Werbung, Verkaufsförderung und Ausstattung."[1070] Zur Verbesserung der strategischen Ausgangsposition sollte sogar ein mittelfristiger Ergebnisverzicht akzeptiert werden.

Organisatorisch forderte der Autor, die mangelnde Informationsversorgung u. a. durch ein „hierarchisch aufgebautes Datenbanksystem mit dezentralen

---

[1065] Vgl. ebenda, S. 9

[1066] Vgl. ebenda, S. 10.

[1067] Ebenda, S. 10.

[1068] Ebenda, S. 11.

[1069] Ebenda, S. 12. (Herv. im Original).

[1070] Ebenda.

Zugriffsystemen"[1071] zu beseitigen und mahnte mehr Dezentralisierung bei der Ideenentwicklung und Umsetzung in einem kooperativen Führungssystem an. Weiter schlug er den Aufbau von Qualitätszirkeln vor, „in denen sich Führungskräfte und Mitarbeiter selbst Ziele setzen, Ideen entwickeln und die Umsetzung in eigener Verantwortung betreiben."[1072]

Was die Operationalisierung der verschiedenen Zielsetzungen und Maßnahmen betrifft, so möge ein „Pflichtenheft" geführt werden, das durch neue Aufgaben und Erkenntnisse ständig ergänzt, andererseits durch erfüllte Aufgaben entlastet werden sollte. Die monatlichen Check-up-Gespräche sollten im Kreise der Hauptabteilungsleiter stattfinden. Ein weiterer Vorschlag betraf die getrennte Erfassung der „strategischen Kosten" für die vorgeschlagene und für neue Strategien. Im Rahmen einer Projektrechnung sollten sie als Zukunftsinvestitionen betrachtet werden. Statistisch bedeutete dies, dass ein Betriebsergebnis vor Strategiekosten getrennt von einem Betriebsergebnis nach Strategiekosten ausgewiesen werden sollte.[1073]

Das Strategiepapier schließt zum einen mit einer Zusammenfassung der Prämissen bzw. Risiken (z. B. Konjunkturrisiken), zum anderen mit der Forderung nach einem strategischen Plan-Ist-Vergleich, dessen Erfüllung bzw. Nichteintreten durch ein Strategieteam zu überprüfen sei. Dies könnte sporadisch geschehen, falls Gefahren oder neue Bedingungen erkennbar werden, oder im Regelfall einmal jährlich im Rahmen einer Klausursitzung mit den Hauptabteilungsleitern.[1074]

Insgesamt ist bei diesem Strategiekonzept deutlich das Bestreben erkennbar, in einem ganzheitlichen Ansatz die Probleme der Kronen-Brauerei lösen zu wollen, und zwar nicht nur auf dem absatz- und betriebswirtschaftlichen Gebiet, sondern auch auf dem Feld der Führung des Unternehmens und der Motivation von Führungskräften und Mitarbeitern. Einige der Forderungen und Zielsetzungen dürften im Kontext der bisherigen Unternehmenskultur fast „revolutionär" geklungen haben.

### 3.6.3.11 Überprüfung der Konzeption für die Marke „Classic" sowie Alternativ-Vorschlag zur Profilierung einer Premium-Marke mit marktforscherischer Absicherung

Wie angekündigt wurde dem Beirat Mitte 1987 von der Geschäftsleitung eine Untersuchung zur evtl. Neuausrichtung oder Beendigung der Vermarktung von

---

[1071] Ebenda, S. 13.
[1072] Ebenda.
[1073] Vgl. ebenda, S. 14 ff.
[1074] Vgl. ebenda, S. 18.

„Classic" vorgelegt.[1075] Grundlage dafür waren Analysen des Marketing-Bereichs sowie Diskussionen im Führungskreis des Vertriebs. Im Rahmen einer Statusanalyse wurden die wechselnden Positionierungen der Marke sowie die Absatzergebnisse angesprochen, wie sie die Abbildung 3.42 zeigen.

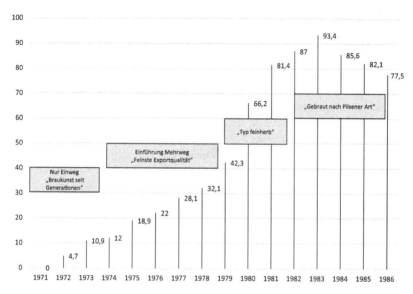

**Abbildung 3.42**  Kronen-Brauerei: Absatzentwicklung „Classic"/Inland 1972 bis 1986[1076]

Der Absatz von „Classic" entwickelte sich bis 1983 positiv, erreichte allerdings mit rd. 93.400 hl in der Spitze weniger als die Hälfte des ehemaligen Planzieles von 200.000 hl im Anschluss an das Gutachten von Roland Berger.[1077] Seit 1984 sind die Verkäufe rückläufig. Dabei wurden die Vermarktungsbemühungen im vergangenen Jahrzehnt sehr stark unterstützt durch Werbemaßnahmen im klassischen Mediabereich, zuletzt in der Größenordnung von 2,5 bis 3 Mio. DM p.a. In 1984 wurden die Werbeaufwendungen zunächst auf 2,2 Mio. DM, im Folgejahr dann drastisch auf 0,5 Mio. DM gekürzt. Nach 1985 hat Kronen die klassische Werbung für „Classic" ganz eingestellt. 1986 wurden nur noch

---

[1075] Vgl. zum Folgenden WWA, F 33 Nr. 3020: Vorlage zur Beiratssitzung 56/87 am 8. Juli 1987.

[1076] Quelle: WWA, F 33 Nr. 3020: Vorlage zur Beiratssitzung 56/87 am 8. Juli 1987, o.S.

[1077] Vgl. die Ausführungen im Abschnitt 3.6.3.4.4.

77.500 hl verkauft; dies war ein Rückgang von rd. 17 % gegenüber dem Ergebnis von 1983. Die Absatzentwicklung für „Classic" verlief damit konträr zum weiter wachsenden Premiumsegment im Bundesgebiet, in NRW sowie auch im Kernabsatzgebiet von Kronen.[1078]

Als Stärke von „Classic" wurde in der Vorlage einzig der Produktname selbst angeführt. Die Auflistung der Schwächen begann mit der als besonders gravierend eingestuften diskontinuierlichen Führung der Marke in den vergangenen Jahren. Diese Diskontinuität erstreckte sich zum einen auf die Sortenzuordnung: Export – sortenneutral – Pils, zum anderen auch auf die Markenpositionierung im Wettbewerb: Konsumbier, Premiumbier einerseits – Einwegforcierung, Mehrwegangebot andererseits sowie den damit in Verbindung stehenden jeweiligen werblichen Auftritten. Außerdem habe es Mängel bei der Produktausstattung gegeben.[1079] In der Kumulation sei durch diese Unstimmigkeiten ein „negativer Synergie-Effekt"[1080] entstanden.

Biertrinker brachten der Marke „Classic" nur ein geringes Maß an Glaubwürdigkeit und Akzeptanz entgegen. So verfügte das Produkt in dieser Zeit nur über ein geringes Marktpotential. Auch der Getränkefachgroßhandel verhielt sich angesichts der schwachen Kundennachfrage reserviert, nicht zuletzt auch wegen der Attraktivität der Wettbewerbsmarken.[1081] Das Ergebnis der Analyse lautete: „Die Marke ‚Classic' vermag die gestellte Aufgabe ‚Aushängeschild' der Kronenbrauerei zu sein, nicht zu erfüllen."[1082] Man befürchtete ein Abgleiten in die Bedeutungslosigkeit der Marke.

Die Beirats-Vorlage befasste sich dann mit alternativen Überlegungen zur Profilierung einer Premium-Marke. Dazu wurden zwei Modelle untersucht: Das Modell „Alpha" befasste sich mit der Entwicklung und Einführung einer neuen Marke, die zum Markenartikel aufgebaut werden könnte. Mit der Absenderangabe „KRONEN" würde eine weitgehende Partizipation am Imagepotential der Institution angestrebt. Der neue Biertyp könnte ein im Kalorien- und Alkoholgehalt reduziertes Angebot (2,0 bis 2,6 % alc.) sein, das aber ein „vollwertiges Pilsbier-Geschmackserlebnis"[1083] darstellen sollte. Vorbild dafür wären die seit 15 Jahren im USA-Markt erfolgreichen „Lightbiere". Zielgruppen wären in erster

[1078] Vgl. WWA, F 33 Nr. 3020: Vorlage zur Beiratssitzung 56/87 am 8. Juli 1987, S. 5.
[1079] Vgl. ebenda, S. 6.
[1080] Ebenda, S. 7.
[1081] Vgl. ebenda, S. 9.
[1082] Ebenda, S. 10.
[1083] Ebenda, S. 22.

Linie die bis 35-Jährigen mit überdurchschnittlichem Bierkonsum, hohem verfügbaren Einkommen und bestimmten Leitbildern (z. B. Hedonismus, Extraversion und Aktivität). Für Kronen würde diese Produktneueinführung hohe Anfangsinvestitionen für Produktentwicklung, Produktausstattung und Konzeptionsentwurf bedeuten. Hinzu kämen hohe Marktinvestitionen hauptsächlich für Werbung in ganz NRW von 3 Mio. DM p.a. für mindestens 5 Jahre. Außerdem sei mit hohen Investitionen für die Platzierung des neuen Produktes in der Gastronomie in ebenfalls 7-stelliger Höhe zu rechnen.

Die Alternativstrategie „Beta" sah vor, die Dachmarke „KRONEN" zum Markenartikel auszubauen. Voraussetzung dafür sei eine „wettbewerbsorientierte Differenzierung im gesamten kommunikativen Bereich."[1084] Das bedeutete im Einzelnen: Differenzierungen in der Ausstattung des Produktes (Kasten, Flasche), deutliche Erhöhung des Kommunikationsaufwandes, Einschaltung in „höherwertigere" (Special-Interest-Titel) und „modernere" Medien (elektronische Medien). Die damit verbundene „deutliche Umorientierung im Endverbraucher-Preis",[1085] nämlich das Angebot zum höheren Preis bedeute gleichzeitig Mengenrisiken bei den Absatzergebnissen.

Abschließend enthielt der Bericht folgende Empfehlungen:

- Angesichts der wesentlich höheren Risiken beim Modell „Alpha" (kaum abzuschätzende Marktchancen, Positionierungsdiskrepanz „Neues Produkt – Dachmarke", hohe Investitionen für die Produktneueinführung) wurde die Alternative „Beta" präferiert. Die Entwicklung gemäß Strategie „Beta" wurde sowieso für unabdingbar gehalten. Folglich sollte die Dachmarke „KRONEN" verstärkt profiliert werden. Die Erfolgschancen dafür wurden als weitaus positiver eingeschätzt.
- „Classic" sollte dagegen nach einer mittelfristigen Auslaufphase im Inland aus dem Markt genommen werden.

Der Beirat hat diesen Bericht in seiner Sitzung am 8. Juli 1987 diskutiert. Im Protokoll heißt es dazu: „Der Beirat bedauerte die Aufgabe der Marke CLASSIC, für die in der Vergangenheit hohe Etats eingesetzt worden sind, sieht aber keine Möglichkeit, neben der Dachmarke auch eine Solitärmarke zu bewerben."[1086]

---

[1084] Ebenda, S. 25.
[1085] Ebenda.
[1086] WWA, F 33 Nr. 2556: Ergebnisprotokoll 56/87 über die Sitzung des Beirates am 8. Juli 1987, S. 3.

Damit schien nach mehr als 16 Jahren ein Ende zu nehmen, was bereits in den ersten Jahren nach der Neueinführung in die Kritik gekommen war: ein Produkt, bei dem stets unklar blieb, was es sein sollte. Kritische Marktforschungsergebnisse[1087] wurden wiederholt negiert.

Kronen hat im Anschluss an diese Analyse zur Marke „Classic" eine qualitative Marktforschungsstudie[1088] in Auftrag gegeben mit dem Ziel, das Markenprofil von DORTMUNDER KRONEN im Wettbewerbsvergleich zum einen mit den Premium-Pils- Brauereien, zum anderen mit den örtlichen Konkurrenten zu ergründen. Die wichtigsten Ergebnisse der Interviews mit 300 Biertrinkern waren:

- Beim spontanen Bekanntheitsgrad gehörte Kronen zu den drei am häufigsten genannten Marken vor allen Dortmunder Wettbewerbsmarken.
- Beim Sympathiewert standen die Premium-Bier-Marken vorne; „DORTMUNDER KRONEN" wurde aber deutlich häufiger als andere örtliche Marken als „sympathisch" herausgehoben. Dies zeigte einen „soliden, den lokalen und regionalen Wettbewerbern sicherlich überlegenen Good will-Status für Dortmunder Kronen als Marke."[1089]
- Allerdings war das Markenbild für Kronen relativ unprofiliert; es enthielt wenig „Besonderheiten" und prägnante Inhalte in den Vorstellungen der Biertrinker.
- Dies zeigte sich auch beim Kriterium „Geschmack": Zwar wurde Kronen-Bier ein „guter Geschmack" zugebilligt, außerdem sei es „mild" und „süffig". Jedoch war keine besondere „Charakteristik" erkennbar. Die Marke konnte den „psychologischen Raum [...] nicht ausreichend mit ‚Inhalt'"[1090] füllen.
- Kronen-Biertrinker wurden als „unbestimmt" wahrgenommen („Das kann jeder sein.") Typische Verwender waren danach: „einfache Leute" – gemütlich, zugänglich, gesellig, kleiner Bierbauch, typischer „Ruhrgebietsmensch".
- Bezüglich der Preisstellung wurde Kronen von den Befragten als „normal-" bzw. „mittelpreisige" Biermarke eingeordnet. Im Verhältnis zu den Premium-Marken sei sie „preisgünstig" gewesen.[1091]

---

[1087] Vgl. etwa die Ausführungen in den Abschnitte 3.6.3.2 und 3.6.3.7.
[1088] Vgl. zum Folgenden: WWA, F 33 Nr. 4219: Institut für Verbraucherbefragung, Hamburg: Dortmunder Kronen. Ergebnisse einer psychologischen Statusanalyse, Herbst 1987. Teilstrukturierte Interviews mit 300 Biertrinkern in Dortmund, Recklinghausen und Münster.
[1089] Ebenda, S. 16.
[1090] Ebenda, S. 21.
[1091] Ebenda, S. 27.

- Die Marke „Classic" ragte nach dem Urteil der Verwender „nicht so weit aus der Range heraus, daß man sie für ‚besser' als andere Dortmunder Kronen-Sorten hielte."[1092] „Classic hat diese [ihr zugedachte, H.F.] Rolle offenbar nicht übernehmen können."[1093]
- Zusammenfassend: „Dortmunder Kronen ist eine Bier-Marke ohne gravierende Schwächen, aber auch ohne herausgehobene Stärken (‚Ist ein ganz normales Bier')."[1094]
- Daran hatten auch die jüngsten Werbeaktivitäten nichts ändern können: Die Befragten konnten sich lediglich an folgende Werbeinhalte erinnern: Pferdewagen mit Bierfässern, Außenwerbung an Gaststätten, Aktionen und Einrichtungen der Brauerei (Besichtigungen, Biergarten, Museum) sowie ganz allgemein an Plakatwerbung. Bezogen auf die „Profil-Schwäche […] liegt die Vermutung nahe, daß die Werbung bisher nicht markenspezifisch-unique, d. h. zu generisch war."[1095]

Diese Verbraucherbefragung ergab wichtige Einblicke zum Status quo des Biersortiments der Kronen-Brauerei. Insbesondere wurde die in einigen Vorgängeruntersuchungen festgestellte Schwäche von „Classic" erneut bestätigt. Tatsächlich ist das einst als Spitzenangebot der Brauerei eingeführte Produkt entgegen der Empfehlung der Geschäftsleitung und der Zustimmung durch den Beirat aus dem Jahre 1987 aber offensichtlich dann doch *nicht* vom Markt genommen worden, sondern „Classic" wurde als Sortimentsbestandteil auch im Fünfjahresplan für den Zeitraum von 1989 bis 1993 berücksichtigt. Ferner hat Kronen im Oktober 1989 „Classic light" in den Markt eingeführt, zunächst in rd. 30 Kronen-Gaststätten als Faßbier. Das Produkt wurde als „neue Biersorte" beschrieben, „die etwa 40 Prozent weniger Alkohol als herkömmliches Pils enthält"; außerdem sei es „frisch-feinherb".[1096]

---

[1092] Ebenda, S. 29.

[1093] Ebenda, S. 30.

[1094] Ebenda.

[1095] Ebenda, S. 48.

[1096] O. V.: „Leichte Welle" bei Kronen. Classic light mit weniger Alkohol und Kalorien/Vorerst nur vom Faß, in Ruhrnachrichten Nr. 231 vom 3. Oktober 1989.

### 3.6.3.12 Kernpunkte der neuen Fünfjahres-Planung für 1989 bis 1993

Die letzte Marketingkonzeption im Beobachtungszeitraum dieser Arbeit betrifft die Planung an der Schwelle zu den 90er Jahren. Sie ist gekennzeichnet einerseits durch eine sich weiter verschärfende Problemlage, andererseits aber auch nach wie vor durch das Bestreben, sich im Biermarkt zu behaupten. Die Vorlage für die Sitzung des Beirates im Juni 1989 wurde schrittweise „unter Beteiligung der Geschäftsleitung und der Bereiche Marketing, Verkauf und Controlling erstellt"[1097] und mit einem externen Unternehmensberater abgestimmt.

Einleitend wurde darauf hingewiesen, dass die gegenwärtige Ertragssituation der Brauerei durch den seit 1982 anhaltenden Absatzrückgang bestimmt worden sei. Der Absatz werde sich von 1,124 Mio. hl im Jahre 1982 um 0,24 Mio. hl auf voraussichtlich 0,885 Mio. hl im Jahre 1988 vermindern. Das entspreche einer Erlöseinbuße von rd. 26 Mio. DM; damit würden rd. 12 Mio. DM am Unternehmensergebnis fehlen. Als Gründe dafür wurden genannt:[1098]

- der Mengenverlust von rd. 0,25 Mio. im Verlauf von mehr als 10 Jahren bei der einstmals führenden Biersorte „Export"
- das Scheitern der Marke „Classic" als Kompensationsmarke für „Export"
- die mangelnde Kontinuität in der Kommunikationspolitik mit ständig wechselnder Media-Werbung und unterschiedlichem Mitteleinsatz
- keine Entwicklung in den nord- und süddeutschen Absatzgebieten
- fehlende Personalkontinuität im Führungsbereich und mangelnde Orientierung der Mannschaft auf ein gemeinsames Konzept.

Eine Trendwende war bei allen Marken nicht zu erkennen. Ein wesentlicher Grund dafür lag auch in der besonderen Wettbewerbsposition der Kronen-Biere. In den Planungspapieren heißt es dazu: „KRONEN ist heute ein Konsumbier im mittleren Preisniveau mit sinkender Nachfrage."[1099] „Die Mitte ist immer weniger gefragt und gerät unter Mengen- und Preisdruck."[1100]

---

[1097] WWA, F33 Nr. 3117: Vorlage zu Punkt 3 der Tagesordnung der Sitzung des Beirats: Bericht über die Vorbereitung der 5-Jahresplanung, Texte vom 15. Juni (Dokument 1) sowie 24. Nov. 1988 (Dokument 2), hier: Dokument 1, S. 1.

[1098] Vgl. zum Folgenden: ebenda, hier: Dokument 2, S. 2.

[1099] Ebenda, hier: Dokument 2, S. 2.

[1100] Ebenda, hier Dokument 1, S. 2.

Die Kronen-Brauerei befand sich seit langem in einem Spannungsfeld des Wettbewerbs mit anderen Brauereien.[1101] Bezogen auf die am Markt durchsetzbaren Preise bedeutete dies, dass die Premium-Bieranbieter mit hohem Qualitätsanspruch von „oben", die Billigbieranbieter mit niedrigpreisigen Angeboten von „unten" auf das Preisgefüge drückten. Dies äußerte sich insbesondere bei den erzielbaren Endverbraucherpreisen und den absetzbaren Mengen am Markt. Kronen lag 1988 im oberen Konsumbierbereich, und zwar um 1,00 DM bis 2,00 DM pro Kasten *über* den Dortmunder Konkurrenten und um 2,00 DM bis 4,00 DM pro Kasten *unterhalb* der Premiumbrauereien. Dabei „verengte" sich das Marktvolumen im mittleren Bereich zugunsten insbesondere der Qualitätsanbieter. Die Kronen-Manager haben hier ihre Situation grafisch dargestellt (s. Abbildung 3.43). Hierin wird auch das Gedankengut von Michael E. Porter in seinem wettbewerbstheoretischen Ansatz als „Stuck in the middle" erkennbar.[1102]

**Abbildung 3.43**
Kronen-Brauerei:
Endverbraucherpreise im
Wettbewerbsvergleich
1988[1103]

Es wurde deutlich, dass die „Perspektive der KRONEN-Brauerei [...] allein in der Veränderung der Wettbewerbsposition [liegt]. Das bedeutet für uns, daß

---

[1101] Vgl. dazu auch die Abbildung 3.38 im Abschnitt 3.6.3.10.

[1102] Vgl. dazu die Ausführungen im Abschnitt 2.5.4.2.3 dieser Arbeit.

[1103] Quelle: WWA, F33 Nr. 3117: Vorlage zu Punkt 3 der Tagesordnung der Sitzung des Beirats: Bericht über die Vorbereitung der 5-Jahresplanung, Texte vom 15. Juni (Dokument 1) sowie 24. Nov. 1988 (Dokument 2), hier: Dokument 1, S. 4.

wir uns ganz klar von den anderen Dortmunder Brauereien absetzen und den Anschluß an das untere Band der Premium-Brauereien finden müssen."[1104] Konkret beabsichtigt war dazu eine drastische Reduzierung und Umschichtung der Kosten. Das bedeutete einerseits den konzentrierten Einsatz der Mittel für die Vertriebsziele:[1105]

- Kommunikation
- Produktausstattung
- Mitbewerberstrategie (Export-Bier)
- Regionale Konzentration sowie
- Entwicklung des „Wenker"-Konzeptes.

Auf der anderen Seite sollten die Mittel bzw. Kosten reduziert werden für:

- Personal
- Verwaltung
- Instandhaltung.

Ergänzend gab es dazu folgende Erläuterungen:[1106] Nachdem der Werbeetat in den Jahren 1985 bis 1988 von 3,2 Mio. DM kontinuierlich auf 5,5 Mio. DM erhöht worden war, sollte künftig eine weitere sukzessive Steigerung von 6,5 Mio. DM auf 7,13 Mio. DM in Jahren 1989 bis 1993 erfolgen. Grundlegendes Ziel dabei war: Aufbau der Dachmarke „KRONEN". Außerdem sollten die Bierflaschen eine „markenartikelgerechte Ausstattung" erhalten mit Halsstanniolisierung, Rumpf- und Rückenetikett sowie farbigem Kronkorken. Ziel: Absetzen von den Bieren im Euro-Kasten sowie Anschluss an den Premiumbereich finden.

Gleichzeitig sollte der Verkaufspreis für „KRONEN-Pils" um eine DM angehoben werden auf 15,98 DM. Soweit erkennbar, wurde damit erstmalig eine Preisstellung angestrebt, mit der das Pilsbier teurer angeboten werden sollte als „Classic" (15,48 DM) sowie „Export" (14,98 DM). Ziele: „KRONEN Pils" als Spitzenprodukt der Brauerei zu entwickeln, die Anbindung an den unteren Premiumbereich herzustellen sowie eine Ertragsverbesserung einzuleiten.

---

[1104] WWA, F33 Nr. 3117: Vorlage zu Punkt 3 der Tagesordnung der Sitzung des Beirats: Bericht über die Vorbereitung der 5-Jahresplanung, Texte vom 15. Juni (Dokument 1) sowie 24. Nov. 1988 (Dokument 2), hier: Dokument 2, S. 3.

[1105] Vgl. zum Folgenden: ebenda, hier: Dokument 2, S. 3.

[1106] Vgl. zum Folgenden: ebenda, hier: Dokument 2, S. 5 ff.

Ferner trugen sich die Konzeptentwickler mit dem Gedanken, für die Etablierung im Premiumbereich ergänzend auf den Ursprungsnamen des Unternehmens
„Heinrich Wenker Brauerei Kronenburg" zurückzugreifen: „Der ‚Schatz' der
KRONEN-Brauerei ist der Name ‚Wenker'".[1107] Vorbild dafür könnte die DUB
mit ihrem 1977 auf den Markt gebrachten Produkt „Brinkhoff's No.
1" gewesen
sein – als Erinnerung an ihren ersten und berühmten Braumeister und als besonderes Qualitätskennzeichen. Als Biertyp mit dezenter Bitterkeit, erfrischend-spritzig
und deutlich geringerem Alkoholgehalt im Vergleich zum Pilsbier sollte die
Marke „Wenker" innerhalb der nächsten fünf Jahre zu einer Spezialität in der
Top-Gastronomie entwickelt werden. Unterstützend sollte hier die Tatsache wirken, dass es mitten in Dortmund „Wenker's Brauhaus" als Stammhaus der
Kronen-Brauerei gab.

Zudem war eine „Export-Offensive" vorgesehen. Mit „KRONEN-Export"
wollte man sich „in die Zentralen des organisierten Lebensmittelhandels sowie in
Getränkemarkt-Ketten einkaufen."[1108] Ab 1989 sollte eine ganze Reihe von Zen-
tralen angesprochen werden mit dem Ziel, die Wettbewerber im Export-Segment
zu verdrängen. So waren Kontakte vorgesehen zu: co op, Dortmund mit 340
Märkten, co op-West, Mühlheim (300 Märkte), REWE, Dortmund (450 Märkte),
REWE, Herne 2 (360 Märkte), Familia, Soest (12 Märkte), SPAR, Münster (300
Märkte), Allkauf, M.-Gladbach (44 Märkte), Famka, M.-Gladbach (50 Märkte),
DIVI, Saarbrücken (20 Märkte) sowie EDEKA, Duisburg (460 Märkte). Darüber hinaus wurden rd. 10 Getränkemarkt-Ketten mit ihren eigenen Märkten als
Absatzmöglichkeiten in den Blick genommen. Das Ziel der „Export-Offensive"
bestand darin, durch Übernahme der Restmengen anderer Brauereien mittelfristig
zusätzlichen Ausstoß und damit eine bessere Auslastung der Produktionskapazitäten zu erreichen, auch wenn man dadurch die weitere Schrumpfung dieses
Marktsegments nicht aufhalten könne.[1109]

Auf der Kostenseite wollte man insbesondere beim Personalbereich ansetzen.
Die Vorstellung war, einerseits die Gesamtbelegschaft weiter zu reduzieren, andererseits die Produktivität in Form des Pro-Kopf-Ausstoßens in hl zu erhöhen. Man
war sich aber bewusst, dass man auch mit einer angestrebten Produktivität von rd.
2.230 hl/Kopf die Spitzenwerte von Veltins (rd. 7.500 hl/Kopf) oder Warsteiner
(rd. 4.800 hl/Kopf) nicht würde erreichen können. An weiteren konkreten Maßnahmen waren vorgesehen: Stilllegung der Einweganlage, Konzentration in der
Verwaltung sowie im Vertriebs-Innendienst; ferner eine Reduzierung im Vertrieb

---

[1107] Ebenda, hier: Dokument 2, S. 9.
[1108] Ebenda, hier: Dokument 2, S. 10.
[1109] Vgl. ebenda, hier: Dokument 2, S. 10.

„Handel". Dabei wollte man aber darauf achten, dass es eine qualitative und nicht nur quantitative Veränderung in der Personalstruktur geben würde.[1110]

Was die konkrete Absatzplanung für die Zeit bis 1993 betrifft, so sollte der Absatz von „KRONEN-Pils" sich sukzessive von 230.000 hl im Jahr 1988 auf 307.000 hl in 19993 steigern lassen. Die „Export-Offensive" sollte das Abschmelzen von rd. 275.000 hl auf 252.000 hl pro Jahr begrenzen. Für „KRONEN Classic" wurden Absatzzahlen in der Größenordnung von 40.000 hl bis 44.000 hl akzeptiert.[1111]

Insgesamt signalisiert dieses Planungskonzept einerseits das Bemühen um realistische Einschätzungen der künftigen Vermarktungsmöglichkeiten der Brauerei, andererseits lässt sich darin eine neue Aufbruchstimmung im Management der Brauerei erkennen. Letzteres betrifft insbesondere die Idee zu einer neuen Marke („Wenker") sowie zu der Vertriebsinitiative für „Export" beim organisierten Lebensmittelhandel sowie bei Getränkemarkt-Ketten. Allerdings lässt sich eine Trendwende hin zu einer dauerhaften Stabilisierung oder gar Ausweitung der Markposition nicht erkennen.

### 3.6.3.13 Die betriebs- und finanzwirtschaftliche Situation der Brauerei

Die finanzielle Situation der Kronen-Brauerei veränderte sich im Verlauf der Stagnationsphase. Das Eigenkapital nahm im Vergleich zu 1973 tendenziell etwas ab, das Fremdkapital zu. Der Anteil des lang- (44 %) und kurzfristigen Eigenkapitals (11 %) zusammen lag aber immer noch bei rd. 55 % der Bilanzsumme. Bis zur Mitte der 70er Jahre konnte ein jeweils positives Betriebsergebnis sowie Jahresergebnis ausgewiesen werden. Danach entwickelten sich eine der beiden Kenngröße oder beide Positionen für einige Jahre bis 1981 und erneut zur Mitte der 80er Jahre negativ. Die außerhalb dieser Zeiträume erzielten positiven Ergebnisse reichten z. T. aber nur für geringe Rentabilitätsraten.[1112]

Im Bericht einer Wirtschaftsprüfungsgesellschaft zum Jahresabschluss per 31.12.1981 heißt es im Anschluss an ein leicht positives Ergebnis mit Blick auf die Kennzahl Rentabilität des Gesamtkapitals: „mit 1,6 % (nach 2,4 % in 1980) liegt der Wert des Berichtsjahres immer noch deutlich unter einem als zufriedenstellend zu bezeichnenden Niveau und zwar insbesondere im Hinblick auf das

---

[1110] Vgl. ebenda, hier: Dokument 2, S. 13 f.

[1111] Vgl. ebenda, hier: Dokument 2, S. 15.

[1112] Vgl. WWA, F 33 Nr. 3066: Geschäftsberichte, Bilanzen 1984: Tabellen Bilanzpositionen im Zeitraum von 1976 bis 1984 sowie F 33 Nr. 3984: Tabellen Bilanzpositionen im Zeitraum von 1976 bis 1985.

unverändert recht hohe Kapital-Rendite-Niveau im Bereich von festverzinslichen Wertpapieren und Festgeldern."[1113]

Anders als bei der Thier-Brauerei haben diese finanzwirtschaftlichen Entwicklungen jedoch keinen erkennbaren Einfluss auf die Marketingaktivitäten sowie die dafür bereitgestellten Budgets gehabt.

Im Quervergleich zu anderen Brauereien ergab sich außerdem die folgende betriebswirtschaftliche Erkenntnis: Bei den bereits im Abschnitt 3.6.2.9 für die Thier-Brauerei referierten Ergebnissen zu den Betriebsvergleichen zwischen 15 Brauereien[1114] erreichte die Kronen-Brauerei bei ihrer Teilnahme für das Jahr 1978 z. T. vergleichbare, z. T. aber positivere wie negativere Werte: So lag die Gesamt-Produktivität (hl Bierausstoß/Beschäftigtem) erheblich über dem Wert für Thier als auch über dem Durchschnittswert der untersuchten Betriebe, wobei die einzelnen Bereiche innerhalb des Produktionsbetriebes different abschnitten. *Unter*durchschnittliche Produktivitätsergebnisse gab es insbesondere für die Fass- sowie die Flaschenabfüllung, weitaus *über*durchschnittliche für das energie-technische Büro.[1115]

Speziell für die absatzwirtschaftlichen Bereiche Außendienst, Verkaufsinnendienst und den Vertrieb insgesamt zeigten sich für Kronen branchenübliche Werte. Größere negative Abweichungen gab es aber auch bei Kronen für den Funktionsbereich Marketing/Werbung. Nach der Thier-Brauerei hatte Kronen hier die niedrigste Produktivität aller beteiligten Brauereien. Hier schlug ebenfalls die anzahlmäßig starke Besetzung der Marketingmannschaft innerhalb des Geschäftsbereiches Marketing/Vertrieb durch. Weitaus überdurchschnittlich war dagegen die Produktivitätskennzahl beim Verkaufsservice,[1116] was aber andererseits auch als Hinweis auf ein Defizit in diesem Bereich gedeutet werden könnte.

---

[1113] WWA, F 33 Nr. 2460: Sonderbericht der WESTEG – Westfälische Treuhand AG – Wirtschaftsprüfungsgesellschaft-gesellschaft – Steuerberatungsgesellschaft, Dortmund über die wirtschaftlichen Verhältnisse zum 31. Dezember 1981 der Privatbrauerei Dortmunder Kronen GmbH & Co, Dortmund, Ziffer 115 auf S. 57.

[1114] Bei den insgesamt 15 untersuchten Brauereien handelt es sich – neben Kronen und Thier – überwiegend auch um große oder zumindest größere Brauereien, wie etwa Wicküler, Bavaria, Patrizier, Löwenbräu, Dinkelacker, Schwaben Bräu, Eichbaum, Diebels und Stauder, bei denen zu diesem Zeitpunkt ebenfalls eine rege Marketingaktivität unterstellt werden kann.

[1115] Vgl. WWA, F 122 Nr. 5061: Arbeitskreis Betriebswirtschaft in Brauereien: Produktivitätsvergleich 1978, Tabellen I und IV: Produktionsvergleich 1978 Produktion hl/Beschäftigter, ohne Datum (1979).

[1116] Vgl. ebenda, Tabelle V.

Es ist auch bei Kronen nicht zu erkennen, dass diese Ergebnisse des Branchenvergleichs zu spezifischen gegensteuernden Maßnahmen geführt hätten, abgesehen von der regelmäßig in den Marketingkonzepten geäußerten allgemeinen Zielsetzung der Kostenreduzierung durch Personalabbau.

### 3.6.3.14 Aufbauorganisation sowie Stellung des Geschäftsbereiches II: Marketing und Vertrieb

Der Geschäftsbereich II: „Marketing und Vertrieb" hatte innerhalb des Organisationsgefüges der Kronen-Brauerei spätestens seit Anfang der 1970er Jahre, möglicherweise auch bereits davor, von der Aufbauorganisation her eine bedeutende Stellung. Über das gesamte Jahrzehnt bildete er mit seinen verschiedenen Hauptabteilungen sowie Abteilungen den größten und am tiefsten gegliederten Geschäftsbereich. Der Bereich war dabei – wie die Organisation des Unternehmens insgesamt – funktionsorientiert gestaltet, und zwar in der Kombination einer Linienorganisation sowie ergänzender Stäbe. Grundsätzlich ermöglichten die auf diese Weise klar abgegrenzten Zuständigkeiten eine effiziente Arbeitsteilung und Spezialisierung für ein Unternehmen mit einem vergleichsweise homogenen Leistungsprogramm.

Wie bereits im Abschnitt 3.5.3.8 gezeigt, gab es 1972 einerseits die dem Geschäftsführer unmittelbar zugeordnete Stabsabteilung „Kundenfinanzierung", andererseits die Hauptabteilung „Verkauf Inland" mit den Stabsabteilungen „Verkäuferschulung" sowie „Zentralen" (vermutlich: Zentrale Dienste), sowie fünf nachgelagerte Abteilungen für die jeweiligen fünf regional gegliederten Verkaufsbereiche; außerdem die Hauptabteilung „Verkauf Ausland". Eine weitere Hauptabteilung bildete das „Marketing" mit den nachgelagerten drei Stabsbereichen „Marktforschung", „Öffentlichkeitsarbeit" und Produktentwicklung" sowie den Abteilungen „Verkaufsförderung" und „Werbung". Außerdem gab es als weitere Hauptabteilung die „Pachtvermittlung".

Bis zum Jahr 1982 hat es an dieser Organisationstruktur insoweit Änderungen gegeben, als zum einen die formale Organisation gestrafft worden ist und zum anderen im Vertriebsbereich eine Gliederung nach den strategischen Geschäftsfeldern „Gastronomie", „Handel" sowie „Ausland" vorgenommen worden ist (s. Abbildung 3.44).

Den neu gebildeten Hauptabteilungen „Verkauf Gastronomie" sowie „Verkauf Handel" waren als Untergliederung jeweils die „Verkaufsleitungen" zugeordnet. Innerhalb der Vertriebsorganisation gab es außerdem als vierte Hauptabteilung den „Verkauf Innen" mit den nachgelagerten Abteilungen „Pachtvermittlung", „Recht und Finanzierung", „Verkauf Service", „Training" sowie „Zentrale Dienste".

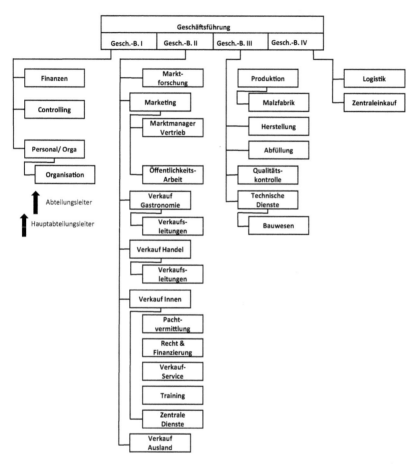

**Abbildung 3.44**   Kronen-Brauerei: Organisationsstruktur 1982[1117]

Die Hauptabteilung „Marketing" rangierte nun in der Gliederung formalorganisatorisch vor dem Vertriebsbereich, was möglicherweise die ablauforganisatorischen Gegebenheiten besser abbilden sollte – zuerst Marketingkonzeptionen, dann vertriebliche Umsetzung. Der Marketingbereich scheint 1982 ebenfalls gestrafft und etwas verändert worden zu sein: Die Abteilung „Marktforschung"

---

[1117] Quelle: WWA, F 33 Nr. 3069: Organisationsstruktur auf der 1. und 2. Führungsebene im Jahr 1982.

war nun unmittelbar an den Geschäftsführer angebunden, und die Hauptabteilung „Marketing" bestand nur noch aus den beiden Abteilungen „Marktmanager Vertrieb" sowie „Öffentlichkeitsarbeit". Die Funktionsbereiche „Verkaufsförderung" und „Werbung" sind nicht mehr separat ausgewiesen worden. Möglicherweise wurden diese Aufgaben unmittelbar im Bereich des Leiters „Marketing" wahrgenommen oder im Bereich des Abteilungsleiters „Marktmanager Vertrieb". Es könnte ein Hinweis sein auf eine stärkere Steuerung und Verzahnung dieser Aufgaben mit vertrieblichen Funktionen und muss nicht auf eine geringere Bedeutung dieser Aufgabenbereiche hindeuten.

Diese Organisationsstruktur hatte nicht lange Bestand. Zum einen gab es zwischen den Jahren 1982 und 1985 einen mehrfachen personellen Wechsel in der Führung des Geschäftsbereichs II: „Marketing und Vertrieb", nachdem der langjährige Geschäftsführer für diesen Bereich das Unternehmen verlassen hatte. Außerdem verließ der Hauptabteilungsleiter „Marketing" Ende 1984 das Unternehmen,[1118] nachdem es auf dieser Position vorher schon einen betriebsinternen Wechsel gegeben hatte. Zum anderen zogen sich die beiden bisherigen geschäftsführenden Gesellschafter aus der Unternehmensspitze zum 31. Dezember 1986 zurück. Im Anschluss daran trat einer dieser Gesellschafter, Dr. Heinrich Brand, in den Beirat des Unternehmens ein. Gleichzeitig fand eine Reduzierung der Geschäftsführerstellen auf zwei Geschäftsführer und einen Verwaltungsdirektor statt, besetzt mit einem Dipl.-Volkswirt bzw. einem Dipl.-Ing., die als Geschäftsführer bereits seit Oktober 1985 bzw. 1982 im Unternehmen tätig waren.[1119] Kurze Zeit später wurde auch eine grundlegende Änderung der Organisationsstruktur vorgenommen. In der Neugestaltung des Geschäftsbereich I zeigte sich die im Strategiepapier vom Juni 1986 (s. Abschnitt 3.6.3.10) formulierte Forderung nach der „Gesamtausrichtung der Brauerei auf den Vertrieb" auch ganz deutlich im aktuellen Organigramm, wie sie die Abbildung 3.45 wiedergibt.

Auf den ersten Blick sieht dies nach einer weiteren Schwächung des Marketingbereichs aus. Nachdem die Hauptabteilung „Marketing" bereits zum 1. Juni 1983 formalorganisatorisch „geschrumpft" war und nur noch eine nachgelagerte Abteilung „Marktmanager Vertrieb" hatte, reduzierte das neue Organigramm diesen Funktionsbereich weiter zu einer (Haupt-)Abteilung „Marketingdienste" ohne weitere Untergliederungen. Tatsächlich spricht aber einiges dafür, dass wesentliche Marketingfunktionen auch weiterhin wahrgenommen wurden und

---

[1118] Vgl. WWA, F 33 Nr. 4006: Protokoll Nr. 44 zur Geschäftsführer-Besprechung am 18.12.1984, S. 4.

[1119] Vgl. WWA, F 33 Nr. 2697: Presseinformation: Neuregelung der Führungsverhältnisse bei Dortmunder Kronen, 6.10.86.

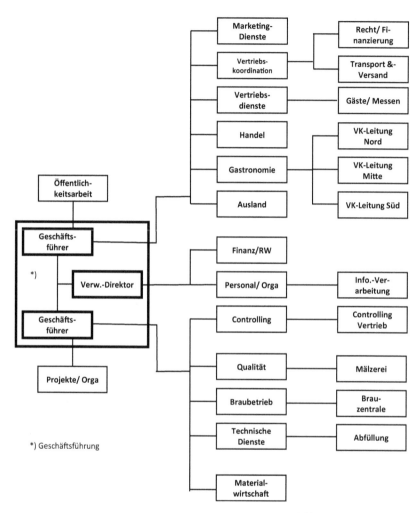

**Abbildung 3.45**  Kronen-Brauerei: Organigramm von Juli 1987[1120]

dass der Marketing- und der Vertriebsbereich besser verzahnt werden sollten. Grundlage für diese Annahme ist eine Ausarbeitung zu den „Funktionsgruppen

---

[1120] Quelle: WWA, F 33 Nr. 2697: Neuordnung der Geschäftsführung und des Beirates, 1987.

des Vertriebes".[1121] Darin wurden die Aufgaben für die beiden beabsichtigten Untergliederungen „1. Marketing Service" sowie „2. Verkaufsorganisation" spezifiziert.

Aufbauorganisatorisch war in dieser Ausarbeitung vorgesehen, den „Marketing Service" in vier Funktionsbereiche zu untergliedern, wobei der erste Bereich „Marketing-Dienste" die nachgelagerten Organisationseinheiten „Marktforschung", „Neue Produkte" sowie „Verkaufstraining" steuern sollte. Der zweite Bereich „Vertriebskoordination" sollte Verantwortung für die Organisationseinheiten „Verkaufsplanung" und „Vertriebserfolgsrechnung, Vertriebssteuerung und Info-systeme" tragen. Die Bereich 3 und 4 sollten für das Lagerwesen und die physische Distribution bzw. für die Produktionsplanung zuständig sein. Für die einzelnen Funktionen folgt dann im Konzept jeweils eine detaillierte Aufgabenbeschreibung. Eine vergleichbare Gliederung gibt es für die „Verkaufsorganisation".

Das oben abgebildete Organigramm folgt grundsätzlich dieser Gliederung und Beschreibung. Entscheidend ist jedoch, dass die nach der zitierten Ausarbeitung jeweils als „obere" Ebene – nämlich „Marketing Service" sowie „Verkaufsorganisation" vorgesehene Einheit im neuen Plan „eingespart" worden ist und ein zusätzlicher Bereich „Vertriebsdienste" gebildet worden ist. Die Steuerungsfunktion könnte danach unmittelbar durch den Geschäftsführer ausgeübt worden sein.

Insgesamt müssen die Marketingfunktionen also nicht tatsächlich eingeschränkt worden sein, wenn auch der Vertriebsbereich dem neuen Postulat der „Gesamtausrichtung auf den Vertrieb" entsprechend den organisatorischen Schwerpunkt bildet. Das vorgelegte Strategiekonzept des zuständigen Geschäftsführers von Juni 1986 (s. Abschnitt 3.6.3.10) ist ein Beleg für eine anspruchsvolle und durchdachte ganzheitliche Unternehmenspolitik. Wichtig ist dabei, dass eine Verzahnung zwischen den Funktionen „Marketing" und „Vertrieb" angestrebt wurde. Dies sowie auch die Abstimmung mit anderen Funktionsgruppen im Unternehmen könnte über die vorgeschlagenen Qualitätszirkel, Strategieteams, die monatlichen Check-up-Gespräche sowie durch die angestrebte „Klimaveränderung" (Änderung des Führungsverhaltens, Entwicklung eines „Wir-Gefühls") beabsichtigt worden sein.

---

[1121] Vgl. WWA, F 33 Nr. 3181: Funktionsgruppen des Vertriebes (Entwurf zu einem ersten Vertriebskonzept), ohne Datum (1986).

Der für den Marketing- und Vertriebsbereich verantwortliche Geschäftsführer hat Ende 1988 nach einer etwas mehr als dreijährigen Tätigkeit das Unternehmen verlassen.[1122] Er folgte damit drei Vorgängergeschäftsführern, die nach dem Weggang des langjährigen Geschäftsleitungsmitglieds „Marketing und Vertrieb" seit 1982 diese Position innehatten.[1123] Nachfolger wurde der bisherige Verwaltungs-Direktor. Seit Juli 1989 gab es dann auch einen neuen Leiter des Gesamtvertriebes.[1124]

### 3.6.3.15 Bilanz der Marktorientierung der Kronen-Brauerei in der „Stagnationsphase" sowie ein erster Vergleich mit den Erkenntnissen der fortgeschrittenen Marketingtheorie

Die Kronen-Brauerei konnte sich zunächst zu Beginn der 1970er Jahre vom Negativtrend der Dortmunder Bierbranche spürbar absetzen und drei Jahre lang Ausstoßzuwächse verbuchen. Dann aber kam auch sie in den Sog schwindender Absatzvolumina, der mit einer kurzen Unterbrechung bis zum Ende der 80er Jahre anhielt.

Bei allem Bemühen, das Unternehmen Kronen durch entsprechende Marketing- und Vertriebsstrategien und -maßnahmen auf die Erfordernisse des aktuellen und künftigen Biermarktes auszurichten und eine Umkehr des negativen Absatztrends zu erreichen, hat die Brauerei eine Trendwende nicht herbeiführen können. Und dies, obwohl die Brauerei ihre Marketingaktivitäten intensiviert und dabei die Budgets ganz erheblich ausgeweitet hatte.

Dabei hat das Management den Marketing-Begriff sogar nicht nur instrumentell verstanden als bloße Anwendung des gängigen Marketinginstrumentariums, sondern hat – soweit es die vorliegenden Konzepte betrifft – die bereits in der Ausreifungsphase gezeigte weitgehende Ausrichtung seines praktizierten Marketings auf das einheitliche Führen des Unternehmens vom Markt her grundsätzlich weiterhin angestrebt. Kronen hat darüber hinaus das Denken in strategischen Kategorien und den damit verbundenen methodischen Ansätzen entwickelt. Dies zeigt sich insbesondere seit Ende der 1970er Jahre bei der durchgeführten Stärken-/Schwächen-Analyse, der dabei sowie auch beim Gutachten einer Unternehmensberatungsgesellschaft angewendeten Portfolio-Analyse sowie in

---

[1122] Vgl. o. V.: „Lerch wirft Handtuch bei Kronen-Brauerei", Ruhr-Nachrichten vom 28.5.1988.

[1123] Vgl. WWA, F 33 Nr. 2697: „DORTMUNDER KRONEN. Dr. Brand: Scheinrückzug", in: inside Nr. 128 vom 22.10.86, S. 8.

[1124] Diese beiden Neubesetzungen lassen sich dem Presseartikel zur Einführung von „Classic light" entnehmen. Vgl. o. V.: „Leichte Welle" bei Kronen. Classic light mit weniger Alkohol und Kalorien/Vorerst nur vom Faß, in Ruhrnachrichten Nr. 231 vom 3. Oktober 1989.

verschiedenen Marketingkonzeptionen zur zielgruppengerechten Positionierung der verschiedenen Kronen-Marken und der dazu passenden Vermarktungsideen. Dies zeigt sich außerdem auch in den einige Jahre später vorgenommenen wettbewerbsstrategischen Überlegungen im Anschluss an Michael E. Porters theoretische Ausführungen und den dafür verwendeten Darstellungstechniken. Allerdings hat die Brauerei verschiedene Analysen – wie etwa die Stärken-/Schwächen-Analyse – nur einmalig erstellt; eine Entwicklung zu einem jährlichen Standardinstrument hätte möglicherweise frühzeitiger zu Anpassungsentscheidungen führen können, insbesondere wenn sie um weitere marketingstrategische Kriterien erweitert worden wäre. Strategisch wichtig hätte auch der Aufbau eines Vertriebs-Controllings in Form eines vertrieblichen Informations- und Steuerungsinstruments sein können, falls der ehemals erarbeitete Entwurf realisiert worden wäre.

Die Brauerei hat also in dieser Zeit nahezu die gesamte Palette der bis dahin von der Marketingtheorie erarbeiteten Analyse- und Strategiekonzepte einmalig oder mehrfach genutzt und in konkrete Marketing- und Verkaufspolitik umgesetzt. Dies geschah z. T. auch unter Zuhilfenahme von externen Beratungsleistungen sowie durch Rückgriff auf Modell-Entwicklungen wie etwa der Portfolio-Matrix von BCG (Boston Consulting Group). Insofern lässt sich sagen, dass Unternehmensberatungsgesellschaften genauso wie Werbeagenturen sowie Marktforschungsinstitute durch ihre Dienstleistungen in dieser Phase eine wichtige „Scharnierfunktion" eingenommen haben bei der Vermittlung und Anwendung der von der deutschen und US-amerikanischen Marketingwissenschaft in der Zwischenzeit erarbeiteten Erkenntnisse.

Allerdings ist der oben erwähnte und in den schriftlichen Konzepten erkennbare Anspruch, ein Unternehmen „vom Markt her zu führen" das eine, die tatsächliche praktische Ausgestaltung dieser Führung ist das andere. Ob dieser Anspruch und die damit verbundene Denkhaltung, z. B. bezüglich der Entwicklung eines „Wir-Gefühls", auch tatsächlich „gelebt" worden ist, angefangen von der Unternehmensspitze bis hin zu den Sachbearbeitern oder Mitarbeitern in der Produktion, lässt sich aus den Archiv-Materialien nicht ersehen. Es gibt aber Hinweise darauf, dass z. B. der unter dem enormen Kostendruck vollzogene kontinuierliche Personalabbau zu Problemen bei der Leistungsmotivation von Führungskräften und Mitarbeitern geführt hat. Diese Probleme dürften sich mit den seit Anfang der 80er Jahre gehäuft auftretenden personellen Wechseln in den Führungspositionen des Geschäftsbereichs „Marketing und Vertrieb" noch verstärkt haben.

Außerdem wurden bei einigen grundlegenden strategischen Aufgabenstellungen auch unter Anwendung des von der Marketingtheorie dafür zur Verfügung gestellten Instrumentariums wohl nicht immer die „richtigen" Entscheidungen getroffen. Unabhängig davon basierten viele Entscheidungen nicht auf Marktforschungserkenntnissen oder sie widersprachen ihnen sogar. Auch fehlte mitunter die konsequente Durchsetzung, und es gab in bestimmten Bereichen auch ein fortgesetztes Lavieren zwischen verschiedenen Alternativen.

Insbesondere wurden die zu Beginn der 1970er Jahre z. T. „halbherzig", z. T. sich später als „unglücklich" erwiesenen produktpolitischen Entscheidungen in dieser Stagnationsphase entweder gar nicht oder zu spät korrigiert.[1125] Besonders augenfällig wurden diese Punkte bezüglich der Umstellung von der Dachmarke auf einzelne Solitärmarken, außerdem bei der Markteinführung und der jahrlangen von nur geringem Erfolg gekrönten Begleitung von „Classic" und schließlich beim zaudernden Verhalten bezüglich der Frage, ob für „Export" weiter Werbung betrieben werden sollte. Bei der Entscheidung zur künftigen Markenkonzeption belegten zwar Marktforschungsergebnisse das positive Image der Institution KRONEN und bestätigten, dass das bestehende institutionelle Vorstellungsbild von Kronen eine tragfähige Basis für werbliche Aktivitäten bilden würde. Dennoch entschieden sich die damaligen Marketing-Manager dafür, einer explizit für die Konzernbrauereien als „Industriebier"-Produzenten geäußerten Empfehlung zu folgen, wonach ein Wechsel von der Dachmarke zu Solitärmarken zu vollziehen sei. So wurden die Marken „Pilskrone" sowie „Classic" kreiert und unter Minimalisierung des Brauereinamens auf den Markt gebracht. Zur Mitte der 1980er Jahre erfolgte dann eine Rückbesinnung auf das Dachmarken-Konzept mit der ergänzenden Namensbildung für die Einzelmarken, etwa „KRONEN Pils".

Die Marke „Classic" litt seit ihrer Einführung 1971 unter der unklaren und wechselhaften Positionierung. Auslöser für die Neueinführung waren die enormen Absatzeinbußen für „Export". Die Überlegung war, durch ein neues Produkt eine Kompensation zu schaffen. Zunächst wurde das Produkt im Jahre 1971 eingeführt im Sinne eines verbesserten Exportbieres mit dem Argument „feinste Exportqualität", später mit Blick auf „Beck's Bier" als sortenneutrales Bier vom „Typ fein-herb", schließlich zur Mitte der 1980er Jahre mit dem Zusatz „gebraut nach Pilsener Art" umworben. Die Markteinführung geschah ohne besondere begleitende Werbung, da erst eine breite Distribution gewährleistet werden sollte. Zudem wurde es einige Jahre lang in Einwegflaschen angeboten. Gleichzeitig bestand auch hier schon die Vorstellung, damit in den Premiumbereich vordringen zu können. Kritische Marktforschungsergebnisse in mehrfachen Untersuchungen während der verschiedenen Marktphasen wurden nicht oder zu wenig beachtet. Insbesondere wurde die Erkenntnis negiert, dass sich „Classic"

---

[1125] Vgl. dazu zusammenfassend auch die Ausführungen im Abschnitt 3.5.3.9.

nicht als Spitzenprodukt der Brauerei im Premiumbereich etablieren ließe, auch aus geschmacklichen Gründen; stattdessen setzte man den Glauben an die „theoretische Erfolgschance" fort. Deshalb wurden auch jahrelang große Anteile des Werbebudgets zur Unterstützung des „Classic"-Absatzes eingesetzt. Es gibt in den Archivunterlagen keine Hinweise darauf, was unter dem Markennamen „Classic" tatsächlich gebraut bzw. „verschnitten" worden ist.

Drittens ist die Frage nach der Rolle der Marke „Export" im Vermarktungskonzept der Brauerei lange Zeit unbeantwortet geblieben. Es konnte keine eindeutige Entscheidung herbeigeführt werden, ob das Produkt weitere Investitionsmittel verdienen würde oder als ausschließliche „Cash Cow" behandelt werden sollte und wie mit der Tatsache umgegangen werden sollte, dass die Kronen-Brauerei mit diesem Produkt nach wie vor sehr stark identifiziert wurde und als Marktführer in den einzelnen Regionen einen Marktanteil von z. T. mehr als 50 % im Exportbiergeschäft hatte. Auch das Problem, dass mit einem etwaigen Rückzug aus dem Exportbiergeschäft bzw. dem beschleunigten Abschmelzen in diesem Bereich auch ein möglicherweise unwiederbringlicher Rückzug aus einigen bedeutenden Regionen des Ruhrgebietes und Westfalens verbunden wäre, ist offensichtlich nicht Bestandteil strategischer Überlegungen gewesen. Erst kurz vor Ende der 80er Jahre hat man sich dann doch noch auf eine „Export-Offensive '90" besonnen.

Beim Pilsgeschäft ist die erst später angestrebte Etablierung der Marke als „Premium-Bier" bis zuletzt nicht gelungen: Hier wurden die Handlungsoptionen ebenfalls durch die „Vergangenheit" der Marke eingeschränkt. „Dortmunder KRONEN Pils" wurde 1966 eingeführt und hatte zunächst starke Zuwachsraten gehabt. Möglicherweise war dies dennoch relativ spät, da der Pils-Trend sich bereits zugunsten der Mono-Brauereien wie König, Bitburger, Warsteiner, Krombacher, Veltins und anderer Anbieter entwickelte. Im Rahmen einer Änderung der Markenstrategie: Weg von der Dach-Marke, hin zur Individual-Marke fand dann vorübergehend eine Umbenennung in „Pilskronen-Pils" statt, bevor dann die Bezeichnung „Pilskrone" kommuniziert wurde. Eine zwischenzeitlich versuchte Durchsetzung einer höheren Preisstellung scheiterte. Schließlich konnte die Marke in der neuerlichen Umbenennung als „KRONEN Pils" aber eine Position im oberen Bereich der Konsumbiere erreichen. Immerhin war sie ausgangs der 1980er Jahre der wichtigste Umsatzträger der Brauerei. Mit einem Ausstoß von rd. 432.000 hl hatte „KRONEN Pils" im Jahre 1989 einen Anteil von rd. 50 % am Gesamtausstoß von rd. 861.000 hl. „KRONEN Export" war zu diesem Zeitpunkt noch mit rd. 300.000 hl bzw. rd. 35 % beteiligt. Der Absatz von „KRONEN Classic" war mittlerweile auf knapp 62.000 hl bzw. rd. 7 % gesunken.[1126]

Am Ende des Beobachtungszeitraums stand die Brauerei mit ihrer Markenpolitik nicht so weit weg von ihrem Analyseergebnis vor mehr als einem Jahrzehnt: Sie hatte mit „KRONEN Export" eine „Cash Cow"', der aber bald das „Ausgemolkensein" drohte. Sie hatte mit „KRONEN Pils" sich zufriedenstellend etabliert, und sie hatte mit „KRONEN Classic" weiterhin ein „Fragezeichen", wenn nicht sogar einen „armen Hund", den man schon längst hätte einschläfern sollen. Sie hatte aber noch immer kein „Star-Produkt" und nicht einmal einen ernsthaften Versuch dazu unternommen, z. B. „KRONEN Pils" zu einem solches Produkt zu entwickeln. Es fehlte an einer eindeutigen, abgrenzbaren Positionierung der Marken und einer „zündenden" Werbeidee sowie einer entwickelten Distribution gerade auch im organisierten Lebensmittelhandel. Stattdessen fand jahrelang eine Schwerpunktsetzung bei den Werbeausgaben für „Classic" statt, ohne dass für dieses Produkt die Akzeptanz beim Verbraucher wie auch bei den verschiedenen Absatzschienen vorhanden war. Insgesamt erscheinen die zur Entwicklung der Kronen-Marken geplanten Marketingmaßnahmen als allzu unspezifisch z. B. im Hinblick auf eine Zielgruppensegmentierung, Produktgestaltung, Nutzenargumentation und den Budgeteinsatz. Auch unter Zuhilfenahme einer Unternehmensberatung ist es nicht gelungen, hier eine erfolgversprechende Strategie zu entwickeln.

Die immer wieder neu formulierten Marketing- und Vertriebskonzepte wechselten mitunter die Perspektive und die Zielgrößen. Sie knüpften dabei kaum an die jeweils vorangegangene Konzeption an, etwa indem ein Soll-/Ist-Vergleich einschließlich einer Abweichungsanalyse durchgeführt wurde. Der in Teilen unstete Strategieverlauf dürfte auch mit dem häufigen Personalwechsel in der Geschäftsleitung, etwas abgeschwächt aber auch im Marketing-Management und in den Leitungspositionen innerhalb des Vertriebs sowie den damit jeweils in Verbindung stehenden organisatorischen Änderungen des letzten Jahrzehnts zusammenhängen.

Inhaltlich lag bei den über die Jahre erarbeiteten i. d. R. mit „Marketing- und Vertriebskonzept" überschriebenen Papieren der Schwerpunkt ganz eindeutig auf den Marketingaspekten. Dagegen wurde kaum etwas dazu ausgeführt, inwieweit bzw. auf welche Art und Weise die entworfenen Strategien und Maßnahmen in der konkreten Vertriebsarbeit umgesetzt werden sollten. Das gilt selbst für das Strategiekonzept vom Juni 1986 mit der Zielsetzung der „kompromißlose[n]

---

[1126] Vgl. WWA, F 33 Nr. 2552: Vorlage zu TOP 8 der Beirats-Sitzung 64/90 vom 9.4.1990: Bericht zum Geschäftsjahr 1990, Tabelle S. 11.

Ausrichtung der ganzen Brauerei auf die Belange des Verkaufs". So wurden Themen, wie etwa die Zielrichtung und Vorgehensweise bei der Bearbeitung der Vertriebsschienen Gastronomie und Handel, und hier insbesondere des organisierten Lebensmittelhandels, *nicht* weiter angesprochen oder etwa vertieft. Hier wurde lediglich ein Argumentations- und Verhandlungstraining für den Außendienst angekündigt. Ansonsten gibt es auch keine Hinweise auf die anzahlmäßige Stärke, Qualifikation und Aufstellung der Außendienstmannschaft, die verstärkt zu bearbeitenden Regionen oder zu geplanten Verkaufsförderungsmaßnahmen in den einzelnen Absatzkanälen. Andererseits könnte die im Organigramm von 1987 sich darstellende vertriebsorganisatorische Schwerpunktsetzung schon ein Hinweis darauf sein, dass hier diese Themen erarbeitet und umgesetzt worden sind. In den Archivunterlagen finden sich zur Vertriebstätigkeit aber vor allem Besprechungsprotokolle, Aktennotizen, Absatz- und Umsatzstatistiken nach Verkaufsgebieten, Sorten und Gebinden, Wochenberichte des Außendienstes, vereinzelt aber auch Konzeptionen z. B. zum Geschäftsfeld Gastronomie sowie Vereinbarungen mit Biergroßhändlern und Verlegern.

Anscheinend haben die Marketing-Verantwortlichen mehr auf ein Pull- und weniger auf ein Push-Marketing gesetzt.

Insgesamt ist es der Kronen-Brauerei in der Stagnationsphase nicht gelungen, die konzipierten Strategien und Maßnahmen in dauerhafte Absatzerfolge umzusetzen, trotz einer vergleichsweise überdurchschnittlich großen Marketingmannschaft, wie der Branchenvergleich unter dem Produktivitäts-Kriterium (hl Bierausstoß/Beschäftigtem) gezeigt hat. Strategisch hat der „große Wurf" gefehlt, etwa zur Kreierung eines „Star-Produktes". Bezogen auf ihre wettbewerbliche Situation am Markt hat sich Kronen nicht aus der Situation des „Stuck in the middle" befreien können.

Möglicherweise sind die Erfolge – neben den beschriebenen Fehlentscheidungen im Marken-Management – auch durch dauerhafte Um- und Durchsetzungsprobleme be- oder sogar verhindert worden. Jedenfalls sind in den Archivunterlagen kaum Belege zu finden, ob und ggf. wie die Planungen umgesetzt worden sind. Das gilt auch für das im Rahmen der „Langfristigen Marketing- und Vertriebsstrategie" von 1981 angekündigte Maßnahmenbündel: „Führung durch Zielvereinbarung", Einführung eines jährlichen Planungszyklus, betriebswirtschaftliche Führung der Geschäftsfelder Handel, Gastronomie und Ausland nach dem Profitcenterprinzip, Einführung einer Vertriebserfolgsrechnung sowie den Aufbau eines Marketing- und Vertriebscontrolling als Frühwarnsystem. Nachweisbar sind dagegen Hinweise auf regelmäßig durchgeführte partielle Erfolgskontrollen, wie etwa die nur bruchstückhaft dokumentierten Auswertungen der beiden Panels von GfK (Handelspanel) und G + I (Verbraucherpanel) sowie

Einzeluntersuchungen, wie z. B. der Oppermann'schen Marktpsychologischen Grundlagenstudie als Überprüfung der bisherigen Markenstrategie.

Dennoch spricht einiges dafür, dass es bei der Kronen-Brauerei in dieser Periode an einem systematisch durchgeführten Prozess ermangelt hat, in dem revolvierend – z. B. im jährlichen Rhythmus – *sämtliche* Planungsschritte wie: Analyse (z. B. Stärken-/Schwächen-Analyse), Zielformulierung, Strategieentwicklung, Maßnahmenplanung und -durchführung sowie vor allem die Kontrolle der Strategie und der Maßnahmen auf ihre Erfolge hin (Soll/Ist-Vergleich mit Abweichungsanalyse) sowie ggf. Anpassungsmaßnahmen realisiert worden wären, und zwar als Standard-Managementleistung unabhängig von der jeweiligen Marktsituation.

## 3.6.4 Vergleich der Marketingmaßnahmen der Dortmunder Brauindustrie, insbesondere der Brauereien Thier und Kronen, mit den anwendungsorientierten Erkenntnissen und Handlungsempfehlungen der Marketingtheorie

In der Marketingtheorie standen in den 1980er Jahren die wissenschaftliche Diskussion sowie die Forschungsarbeit unter dem Zeichen der Weiterentwicklung der entscheidungsorientierten Marketing-Managementlehre, indem Konzepte des Strategischen Managements übernommen und integriert wurden. Im Vordergrund standen dabei insbesondere Analysen zur Beziehung zwischen dem Unternehmen und dem Markt. Als wesentliche Grundlage für die weitere Strategieentwicklung und Unternehmensplanung wurde die Situationsanalyse vorgestellt in Form z. B. einer Stärken-/Schwächen-Analyse sowie einer Chancen-/Risiko-Analyse – im Laufe der Zeit entwickelt zur SWOT-Analyse – sowie einer Produkt-Lebenszyklus-Analyse oder Erfahrungskurven-Analyse.

Außerdem wurden die Arbeiten zur Marktsegmentierung sowie zur Bildung Strategischer Geschäftseinheiten (SGE) vorangetrieben sowie die Ziel- und Strategieformulierung spezifiziert. Zudem wurden einige für die praktische Anwendung in den Unternehmen wichtige Strategiekonzepte noch stärker herausgestellt bzw. in die Marketinglehre integriert, wie die Ansoff'sche Produkt-/Markt-Matrix mit den vier daraus abgeleiteten Strategiekonzepten sowie die von der Unternehmensberatung BCG entworfene Portfolio-Matrix mit vier SGE-Positionierungen und daraus folgenden Normstrategien. Unter konkurrenzstrategischer Perspektive hat Michael E. Porter grundlegende Arbeiten zur Wettbewerbsstrategie mit drei strategischen Optionen zur Erringung von Wettbewerbsvorteilen vorgelegt.

Alle diese Konzepte sind unter dem Blickwinkel der verstärkten Kundenorientierung eines Unternehmens und der daraus resultierenden Konsequenzen formuliert worden.

Die Marketingtheorie hat auch weitere Erkenntnisse zum Einsatz der Marketing-Instrumente hervorgebracht sowie schließlich insbesondere zum Ende der 1980er Jahre auch die Marketing-Kontrolle stärker thematisiert.

Wie bereits in den entsprechenden Kapiteln zur Expansions- sowie zur Ausreifungsphase geschehen (Abschnitt 3.4.4 bzw. 3.5.4), soll auch für die Stagnationsphase zusammenfassend dargestellt werden, inwieweit diese neuen Konzepte bzw. einzelne Erkenntnisse und Strategieempfehlungen von den Dortmunder Brauereien, speziell im Vergleich zwischen der Thier-Brauerei und der Kronen-Brauerei aufgegriffen und umgesetzt worden sind. Basis dafür sind die Analysen in den Fallstudien 4 und 5. Wie schon für die Ausreifungsphase dokumentiert, sollen auch hier die Unterschiede im Marketingdenken sowie in der praktischen Marketingarbeit deutlich werden. Die Struktur der Tabelle 3.28 folgt der tabellarischen Übersicht über die Entwicklung der Marketinglehre in den 1980er Jahren im Abschnitt 2.5.5.6, die wieder im rechten Teil um den Vergleich zwischen den beiden Dortmunder Betrieben erweitert worden ist. Auch hier soll noch einmal darauf hingewiesen werden, dass die Eintragungen in der Tabelle für die einzelnen Themenbereiche abhängig ist vom z. T. unterschiedlichen Informationsgrad über die geübte Praxis in den Unternehmen.

Ergänzend zu den Kurzeintragungen in der Tabelle lassen sich folgende Erläuterungen geben:

- **Situationsanalysen** im Sinne einer Beschreibung ihrer spezifischen Situation am Biermarkt haben wohl alle Dortmunder Betriebe angestellt. Bei Thier ist dies eher in allgemeiner beschreibender Form geschehen. Soweit ersichtlich sind dazu keine speziellen Methoden wie etwa eine Stärken-/Schwächen-Analyse oder eine der anderen genannten Analyse-Instrumente genutzt worden. Bei Kronen sind mit Ausnahme der Chancen-/Risiko-Analyse sowie der Erfahrungskurven-Analyse alle anderen Analyse-Methoden eingesetzt worden. Allerdings ist dies nicht regelmäßig in systematischer Form geschehen, sondern war einzelfallbezogen, z. T. auf Anforderung des Unternehmensbeirates.

- Bezüglich des Einsatzes von **Marketing-Strategiekonzepten** hat die Kronen-Brauerei einige der in der Ansoff'schen Produkt-Markt-Matrix dargestellten Konstellationen für sich erkannt sowie die daraus ableitbaren Strategiekonzepte implizit angewendet: So wurden sowohl Möglichkeiten der Marktfelderweiterung z. B. durch Einführung neuer Produkte und der Entdeckung neuer

**Tabelle 3.28**   Vergleich der Marketingmaßnahmen der Dortmunder Brauindustrie, insbesondere der Brauereien Thier und Kronen mit den anwendungsorientierten Erkenntnissen und Handlungsempfehlungen der Marketingtheorie für die Zeit der „Stagnationsphase" (1974–1990)[1127]

| Themenbereich | Anwendungsorientiere Erkenntnisse/Handlungs-anweisungen | Berücksichtigt von Thier (TH) bzw. Kronen (DK)? | | |
| --- | --- | --- | --- | --- |
| | | TH | DK | Erläuterungen |
| Situationsanalyse | • Stärken-/Schwächen-Analyse<br>• Chancen-/Risiko-Analyse<br>• Lebenszyklus-Analyse<br>• Erfahrungskurven-Analyse<br>• Portfolio-Analyse (gleichzeitig Strategie-Konzept) | eher nein | ja | Bei TH *keine* dieser Analysen durchgeführt. Bei DK (fast) *alle* diese Analysen durchgeführt; überwiegend einmalig – nicht systematisch und regelmäßig |
| Marketing-Strategie-konzepte | • Produkt-/Markt-Matrix von Ansoff mit daraus abgeleiteten Strategiekonzepten:<br>➢ Marktfeldstrategien → „alphabetisch"<br>➢ Marktstimulierungs-strategie → Präferenz- vs. Preis-/Mengen-orientiert<br>➢ Marktparzellierungs-strategie → Massen- vs. differenziertes Marketing<br>➢ Marktarealstrategie → lokal vs. regional vs. über-regional vs. national vs. international | eher nein | ja, impli -zit | Bei TH nur gebiets-strategische Überlegungen. Bei DK Ansätze zu mehreren der Strategie-konzepte erkennbar. |
| | • Portfolio-Konzept von BCG mit 4 SGE-Positionierungen und daraus abgeleiteten Norm-strategien:<br>➢ Question-Marks → Investieren vs. Marktaus-tritt<br>➢ Stars → weiter investieren und wachsen<br>➢ Cash Cows → Abschöpfen der Erträge und investieren in zu entwickelnde Stars bzw. Question Marks<br>➢ Dogs → Vorbereitung eines Marktaustritts | nein | ja | Bei TH wurden *keine* derartigen Analysen durchgeführt. Bei DK sind diese Analysen wiederholt durchge-führt worden; aber nicht immer in eindeutigem Zuschnitt auf DK. |
| | • Wettbewerbsstrategischer Ansatz von Porter mit 3 strate-gischen Optionen:<br>➢ Umfassende Kosten-führerschaft<br>➢ Differenzierung → Qualitätsführerschaft<br>➢ Konzentration auf Schwer-punkte (Nischen-Strategie) als<br>  -  Produkt-Segment-Spezialisierung<br>  -  Niedrigpreisstrategie<br>→ Gefahr: „Stuck in the Middle" | eher nein | ja (ten-denzi ell) | Bei TH nicht nachweis-bar. Bei DK sind Zusammenhänge bei der Strategieentwicklung diskutiert und grafisch dargestellt worden. |

(Fortsetzung)

**Tabelle 3.28**   (Fortsetzung)

| | | | | |
|---|---|---|---|---|
| Handelsorientierte Marketing-Strategien | • Marketingverhalten von Herstellern mit 4 grundsätzlichen Optionen:<br>➢ Anpassung<br>➢ Konflikt<br>➢ Umgehung<br>➢ Kooperation<br>• Zwang zu kooperativem Verhalten → aber: „systemimmanante Ziel*divergenzen*"<br>• Konsequenz: mehrstufiges Marketing:<br>➢ Verbraucherorientiertes Marketing → „Pull"-Konzept<br>➢ Handelsorientiertes Marketing → „Push"-Konzept<br>➢ Integriertes Marketing → „Pull"- und „Push"-Konzept | ja | ja | Sowohl bei TH als auch DK fand Wandel vom dominanten zum kooperativen oder gar anpassenden Verhalten statt.<br>Dabei mehr „Pull"-Marketings als „Push"-Marketing. |
| Marketing-Kontrolle | • Grundform:<br>➢ systematischer und laufend betriebener Vergleich von Ist-Werten zu Planwerten mit Abweichungsanalysen<br>➢ Erforschung der Ursachen<br>➢ Vorschläge für Korrekturmaßnahmen<br>• Kontroll-Inhalte:<br>➢ Marketingstrategien und Maßnahmen<br>➢ Gesamt- und Detail-Ziele<br>➢ Budgets<br>➢ Außendienstleistungen<br>• Erweiterungsform: umfassende Kontrolle des gesamten Unternehmens sowie seiner Aktivitäten:<br>➢ Zielsystem, Organisation, Planung im Marketingbereich<br>➢ Unternehmensleitbild | nein | nein | Sowohl bei TH als auch bei DK ist kein systematischer und regelmäßiger Soll-/Ist-Vergleich zwischen den Plan- und Ergebniswerten nachweisbar. |

Zielgruppen und Marktsegmente genutzt als auch Überlegungen zu Marktstimulierungsstrategien, nämlich der Dichotomie zwischen Präferenzstrategie und Preis-/Mengen-Strategie angestellt und umgesetzt. Auch wurden Markt- und Zielgruppensegmentierungen vorgenommen. Die Dortmunder Brauereien haben auch Überlegungen zu ihren geografischen Absatzmärkten angestellt und Konzepte zu ihrer Ausdehnung entwickelt.

- **Portfolio-Konzepte** sowohl als Analyse-Instrument wie auch zur strategischen Ausrichtung der Unternehmenspolitik sind von der Kronen-Brauerei genutzt bzw. eingesetzt worden. Zumindest in der zweiten Anwendung blieb allerdings die Definition der Strategischen Geschäftseinheiten (SGE) unklar und damit auch der Anwendungsbezug. Eine Umsetzung der Normstrategien ist zumindest unvollständig geblieben.

- Der **wettbewerbsstrategische Ansatz** von Porter dürfte angesichts der sich gerade in den 80er Jahren immer mehr verschärfenden Konkurrenzverhältnisse in der Braubranche immer mehr Unternehmen zur Kenntnis gelangt sein. Bei Thier ist eine Auseinandersetzung mit diesem Themenbereich in der von Porter entworfenen formallogischen Weise nicht nachweisbar. Die Kronen-Brauerei hat sich offensichtlich bereits in der ersten Hälfte der 1980er Jahre mit dem Problem einer Situation des „Stuck in the middle" beschäftigt und eine Entscheidung zur Fortführung der präferenzorientierten Marktstrategie getroffen.

- Was das **Handelsmarketing** der Dortmunder Brauereien betrifft, so haben sie sich immer mehr umstellen müssen von einem ehemals dominierenden Herstellerverhalten („Umgehung") zu einem sich abstimmenden ("Kooperation") sowie akzeptierenden Verhalten („Anpassung"). Der Handel beanspruchte immer stärkeren Einfluss auf die marktgestalterischen Aktivitäten im Biermarkt bis hin zum „Diktat" der Konditionen. Das galt vor allem für das Verhältnis zum organisierten Lebensmittelhandel, z. T. aber auch zum traditionellen Getränkefachgroßhandel und dem Gastronomiegewerbe. Bei den Brauereien Thier und Kronen wurde das Handelsmarketing kaum verstärkt, sondern es gab nach wie vor bei beiden Brauereien ein Übergewicht des „Pull"-Marketings gegenüber dem „Push"-Marketing. Den beiden Brauereien ist es vergleichsweise schwerer gefallen, den Zugang zum organisierten Lebensmittelhandel zu finden.

- Das Konzept der **Marketing-Kontrolle** ist zum Ende der 1980er Jahre von der Marketingtheorie noch etwas verfeinert, und vor allem ausgeweitet worden auf das gesamte Unternehmen: Es sollten auch das Zielsystem, die Organisation, die Planung im Marketingbereich bis hin zum Unternehmensleitbild überprüft werden. Wie schon im Abschnitt 3.5.4 zur Ausreifungsphase für die „Standardinstrumente" der Kontrolle berichtet, ist das Kontrollwesen im Marketingbereich bei beiden Privatbrauereien auch in den 1980er Jahren unterentwickelt geblieben.

Darüber hinaus hat die Analyse Folgendes gezeigt: Auch eine formallogisch und inhaltlich fortgeschrittene – wenn auch nicht vollständige – Orientierung der erarbeiteten Marketing- und Vertriebskonzepte an den methodischen Ansätzen und Empfehlungen der Marketing-Literatur allein gewährleistet noch nicht den unternehmerischen Erfolg. Dazu bedarf es weiterer Bedingungen. Aus den Ausführungen von Roland Berger in seinem bereits zitierten Aufsatz lassen sich mit Blick auf das unternehmerische Führen einer Brauerei folgende Erfolgsfaktoren nochmals wiederholen:[1128]

- eine gesunde Finanzierungstruktur
- ein fähiges Management
- eine bedürfnisgerechte Sortenstruktur
- die Ausrichtung auf den immer bedeutender werdenden organisierten Lebensmittelhandel sowie
- eine Markenpolitik, die Tradition im Sinne von Bewährtheit, Garantie für Echtheit und Reinheit sowie Natürlichkeit einerseits mit Fortschritt in der Technik und
- Dynamik etwa in der Herstellung menschlicher Beziehungen andererseits miteinander verbindet.

Darüber hinaus müssen bei einer Bilanzierung der Marketingpolitik und ihrer Erfolge aber auch die schwierigen gesamtwirtschaftlichen Verhältnisse und industriestrukturellen Probleme gerade in den Kernabsatzgebieten der Dortmunder Brauereien berücksichtigt werden. Hier bestanden gerade in den 1970er und 1980er Jahren erhebliche Schwierigkeiten angesichts steigender und danach dauerhaft hoher Arbeitslosenzahlen, beträchtlicher Inflationsraten und abnehmender Einwohnerzahlen. In der Folge verschlechterte sich die ökonomische Situation der verbliebenen Haushalte. Das bedeutete gleichzeitig auch eine Verringerung des Absatzpotenzials für die Brauereien.

Außerdem war der Biermarkt aufgrund der relativ früh und vor allem abrupt aufgetretenen Marktsättigung, der damit offenbar gewordenen Überkapazitäten im Produktionsbereich, des auch dadurch ausgelösten Preisdrucks sowie des immer intensiver geführten Wettbewerbs nicht nur für mittelständische Betriebe, sondern auch für die erfolgsverwöhnten „Hektoliter-Millionäre" zu einem schwierigen Markt geworden. Die deutschsprachige Marketingtheorie war zu dieser Zeit noch im Aufbau begriffen und befasste sich mit *wachsenden* Märkten, nicht mit stagnierenden oder schrumpfenden.

Die Dortmunder Brauereien haben sich aus dieser schwierigen Marktsituation nicht dauerhaft befreien können.

---

[1128] Vgl. Berger, Roland: Absatzpolitik der Brauereien zwischen Tradition und Wandel, in: „Brauwelt", (Jg. 111), Nr. 44 (23. Juni 1971), S. 906–909.

# Resümee

4

## 4.1 Zentrale Forschungsfragen, Vorgehen sowie erstes grundlegendes Ergebnis

Ausgangspunkt der Untersuchung ist die Feststellung, dass die Marketingdisziplin ihrem Anspruch nach einerseits eine „anwendungsorientierte" Wissenschaft sein will, andererseits aber kaum empirische Ergebnisse dazu vorliegen, inwieweit die Erkenntnisse der Theorie tatsächlich Eingang in das unternehmerische Handeln gefunden haben. Es stellen sich daher zwei Fragen: 1. Inwiefern war die Theorie geeignet, die Unternehmen bei der Lösung ihrer praktischen Probleme im Marketing und in der Unternehmensführung zu unterstützen? 2. Inwiefern und ggf. mit welchem Erfolg wurden die Erkenntnisse der Marketingwissenschaft von der unternehmerischen Praxis tatsächlich aufgenommen und in praktisches Handeln umgesetzt?

Das Ziel dieser Arbeit war, das Verhältnis zwischen Theorie und Praxis im Marketing im Rahmen einer theoretisch-empirischen Analyse zu untersuchen. Dies geschah aus historischer Perspektive am Beispiel der Dortmunder Brauindustrie für den Zeitraum zwischen 1950 und 1990. Die Forschungsleitfragen lauteten zusammengefasst:

- Was konnte die Marketingwissenschaft für die unternehmerische Praxis leisten?
- Sind die Leistungsangebote von der unternehmerischen Praxis aufgegriffen und angewendet worden?
- Welche Bedeutung haben dabei externe Dienstleister als „Transformatoren" des Theorie-Wissens einerseits und der Anforderungen der Praxis an die Theorie andererseits gehabt?

© Der/die Autor(en), exklusiv lizenziert an Springer Fachmedien Wiesbaden GmbH, ein Teil von Springer Nature 2023
H. Fechtner, *Zum Verhältnis von Theorie und Praxis im Marketing aus historischer Perspektive*, https://doi.org/10.1007/978-3-658-41033-9_4

• Welche Wege hat die Praxis jenseits der Theorieempfehlungen beschritten?

Die Arbeit stellt nach Kenntnis des Autors den ersten Beitrag dar,

• der eine inhaltliche Aufarbeitung der wissenschaftlichen Ansätze in der deutschsprachigen Absatzwirtschaft bzw. Marketingtheorie im Detail danach vornimmt, inwieweit sie praxisrelevantes Wissen bzw. praxisnahe Aussagen enthalten und
• der eine Überprüfung der tatsächlichen praktischen Anwendung dieses Wissens am Beispiel eines wesentlichen Ausschnitts einer bedeutenden Branche vornimmt.

Die Aufarbeitung der Theorie erfolgte unter dem Aspekt, hierin Anwendungsmöglichkeiten für die Marketingpraxis, speziell für die Vermarktung von Bier zu identifizieren. Dazu wurde sowohl für die Theorie als auch für die Praxis eine an Paradigmenwechseln bzw. Wendepunkten orientierte Periodisierung vorgenommen mit dem Ergebnis von jeweils drei Phasen, die allerdings zwischen beiden Bereichen zeitlich nicht deckungsgleich waren.

Für die Marketingtheorie wurde auf diese Weise folgende Phaseneinteilung eingangs des Kapitels 2 erarbeitet:

• die „Langen 50er Jahre" (1950 bis 1965 ff.) mit einer schwerpunktmäßigen Produktions- und Kostenorientierung sowie ergänzender Absatzstrategien
• das „Aufblühen des Marketings" (1968 bis 1980) in den 60er und 70er Jahren
• das „Strategische Marketing" (ab den 1980er Jahren).

In den weiteren Unterkapiteln wurde dann für jede der drei Phasen das Wissenschaftsprogramm der Theorie beschrieben sowie die zentralen Sachgebiete und Erkenntnisse benannt und aus dem Literaturstudium so weit wie möglich weiter spezifiziert. Im Hinblick auf die Zielsetzung der Untersuchung wurde dabei das von der Theorie erarbeitete absatzwirtschaftliche bzw. Marketingwissen jeweils anhand einer Unterteilung nach fünf Arten des Marketingwissens untersucht:

• Marketing-Fachbegriffe
• Strukturierung von Marketing-Problemen
• Empirische Generalisierungen
• Strategische Grundsätze sowie
• Empfehlungen für die Forschung.

Ergänzend dazu fand eine Bewertung danach statt, ob es sich um deskriptive, erklärende, prognostische oder sogar technologische Aussagen, letztere als besonders handlungsrelevante Anweisungen, handelt.

Die auf diese Weise qualifizierten Erkenntnisse der absatzwirtschaftlichen Theorie wurden im Anschluss daran in ihren Kernaussagen jeweils in einer Tabelle stichwortartig zusammengefasst. Diese Tabelle war jeweils Basis für den späteren Vergleich mit den tatsächlich von den Dortmunder Brauereien berücksichtigten Erkenntnissen und den daraus abgeleiteten absatzwirtschaftlichen Maßnahmen.

Da sich die historisch-genetische Entwicklung des Marketings in Deutschland in einem interdependenten Prozess im Dreieck oder sogar Fünfeck zwischen makroökonomischen und gesellschaftlichen Gegebenheiten einerseits, der Marketingtheorie andererseits sowie drittens der Marketingpraxis vollzogen hat, wurde die Darstellung der Entwicklung der Marketingtheorie auch in den jeweiligen Kontext eingebettet. Deshalb wurden die Beschreibung der gesamtwirtschaftlichen Situation sowie die Ausrichtung der Unternehmenspraxis auf den Absatzmarkt dem jeweiligen Kapitel zur Marketingtheorie vorangestellt, beides überblickartig, letzteres anhand einiger prägnanter Beispiele. Ergänzt wurden die Darstellungen außerdem um den Einfluss der US-amerikanischen Managementlehre und Praxis unmittelbar nach dem Zweiten Weltkrieg, ferner um z. T. gemeinsame Initiativen aus dem wissenschaftlichen sowie dem Unternehmensbereich sowie um die Tätigkeit von Beratungsunternehmen, Marktforschungsinstituten und Werbeagenturen, die jeweils wichtige Transformationsaufgaben zwischen Wissenschaft und Praxis übernahmen.

Der Auswahl der Dortmunder Brauindustrie als Praxisbeispiel lag in der Konzeptionsphase dieser Arbeit zunächst das Ergebnis einer empirischen Studie zugrunde, nach der der Markenwert von Bier und damit auch die Marketingaktivitäten der Bierbranche im Vergleich von 20 Produktkategorien in einer international angelegten Untersuchung für den Bierabsatz eine sehr hohe Bedeutung hat. Außerdem sollten die Analysen auf der Basis nachweisbarer Fakten, z. B. in Form von Originalunterlagen aus Archiven, vorgenommen werden können. Die Möglichkeit zur Einsichtnahme in den Brauereibestand des Westfälischen Wirtschaftsarchivs (WWA) in Dortmund schaffte dann die Voraussetzung für die empirische Arbeit.

In der Recherchearbeit im WWA zeigte sich, dass das vorhandene Material sich sehr stark auf die beiden Privatbrauereien Dortmunder Thier sowie Dortmunder Kronen konzentriert. In den Beständen beider Brauereien gab es allerdings Dokumente und weiteres Informationsmaterial zu einzelnen anderen Dortmunder Brauereien bzw. zum Dortmunder Biermarkt insgesamt.

Die im Kapitel 3 dieser Arbeit vorgenommene Analyse zu der Anwendung von Erkenntnissen der Marketingtheorie in der Dortmunder Brauwirtschaft beginnt mit einem historischen Überblick zur Entwicklung des hiesigen Biermarktes nach dem Zweiten Weltkrieg. Dazu wurden auf der Grundlage einer Analyse der Absatzzahlen im Zeitablauf und der Entwicklung der Marktanteile der Dortmunder Branche am gesamten NRW- bzw. bundesdeutschen Biermarkt drei Marktphasen identifiziert, nämlich:

- die „Expansionsphase" (von 1950 bis 1964)
- die „Ausreifungsphase" (von 1965 bis 1973) sowie
- die „Stagnationsphase" (ab 1974).

Diese Periodisierung war auch Basis für die weitere vertiefende Untersuchung der besonderen Probleme sowie der absatzwirtschaftlichen bzw. Marketingaktivitäten der Dortmunder Brauindustrie in drei separaten Unterkapiteln. Hier wurde jeweils einleitend die Absatzpolitik der Dortmunder Bierbranche insgesamt dargestellt und anschließend darauf aufbauend in insgesamt fünf Fallstudien der Fokus auf die beiden Brauereien Thier sowie Kronen gelegt.

Zuvor erfolgte aber die Vorstellung der Brauereien und die Charakterisierung ihrer Geschäftspolitik unter Berücksichtigung ihrer unterschiedlichen Größenverhältnisse, finanziellen Potenz und Ertragssituation, ihres unterschiedlichen Erfahrungshintergrunds in Marketingfragen sowie ihrer Verschiedenartigkeit in der operativen und strategischen Ausrichtung. Die Betrachtung der finanziellen Rahmenbedingungen wurde durch eine zeitpunktbezogene und auf einige wenige Kennzahlen konzentrierte Bilanzanalyse unterstützt.

Vergleicht man die drei Perioden der wissenschaftlichen Entwicklung des Marketings mit den drei Marktphasen der Dortmunder Bierbranche, so lässt sich als erstes Kernergebnis dieser Arbeit formulieren: Als die deutsche Marketinglehre noch im Aufbau begriffen war, steckte die Dortmunder Brauindustrie längst schon in der Krise.

## 4.2  Ergebnisse der Analyse der absatzwirtschaftlichen bzw. Marketingliteratur unter Berücksichtigung der ökonomischen Bedingungen und Entwicklungen in der unternehmerischen Praxis

Der Beginn des Marketingzeitalters wird in Deutschland im Allgemeinen mit der Berufung von Heribert Meffert auf den ersten Marketing-Lehrstuhl an der

Universität Münster 1968 verbunden. Die Professur war auf Anregung der Markenartikelindustrie eingerichtet worden. In den Unternehmen wurden in dieser Zeit die ersten Marketingabteilungen errichtet. Parallel dazu bildeten sich immer mehr Marketing-Clubs. Auf gemeinsame Initiative von Unternehmensführern und Universitätsprofessoren wurde 1968 das „Universitätsseminar der Wirtschaft" (USW) gegründet. Bruno Tietz hat diese Entwicklung so beschrieben: „Das Marketingdenken wurde aus der Praxis in die Wissenschaft getragen."[1]

In den Folgejahren wurden die ersten deutschsprachigen Marketing-Lehrbücher veröffentlicht. Diese führten oft von vornherein den Begriff „Marketing" bereits im Titel und befassten sich schwerpunktmäßig zunächst mit dem absatzwirtschaftlichen Instrumentarium bzw. dem Marketing-Mix. Sie versuchten damit eine „Literatur-Lücke" zu füllen.

Allerdings lag in der Zeit der **„Langen 50er Jahre"** (1950 bis zur Mitte der 1960er Jahre) bereits eine Reihe deutschsprachiger Veröffentlichungen zu einzelnen absatzwirtschaftlichen Problemstellungen vor, auf die die unternehmerische Praxis hat prinzipiell zurückgreifen können. Z.T. reichen diese Publikationen bis in die ersten Jahrzehnte des 20. Jahrhunderts zurück. Allerdings stellt sich gerade diese „frühe" Literatur sehr heterogen dar, was Themen, Inhalte, Stil der Darstellung sowie die Anknüpfung an theoretisches Wissen anbelangt. Die spätere Literatur der Nachkriegszeit lässt dagegen sehr viel stärker ein theoretisches Gerüst und eine geschlossene innere Struktur erkennen. Aus dem Literaturstudium[2] lässt sich folgendes erkennen:

Insgesamt handelt es sich bei den Aussagen in dieser Literatur überwiegend um Beschreibungen, z. T. mit ergänzenden Erklärungen sowie um Strukturierungen oder um weitgehend modelltheoretisch gestaltete Ausführungen (Gutenberg). Darüber hinaus gibt es einige Aussagen, die sich als „empirische Generalisierungen" oder gar als „strategische Grundsätze" interpretieren lassen. Allerdings ist es möglich, unter dem in dieser Arbeit verfolgten *pragmatischen* Wissenschaftsziel an vielen Stellen aus den Deskriptionen, Kategorisierungen, Typologiebildungen oder auch aus einzelnen modelltheoretischen Darstellungen technologische Aussagen abzuleiten. Grundsätzlich erhält der Praktiker im Unternehmen mit dieser Literatur bereits eine Reihe gedanklicher Leitlinien als Entscheidungshilfe. Bei den Erkenntnissen der Theorie fehlt allerdings an vielen Stellen der Ausweis von

---

[1] Tietz, Bruno: Die bisherige und künftige Paradigmatik des Marketing in Theorie und Praxis, a.a.O., S. 152.

[2] Analysiert wurden Veröffentlichungen von Mataja, Marbe, Seyffert, Schnutenhaus, Schäfer, Bergler, Findeisen, Gutenberg, Behrens und Hüttner sowie einige Aufsätze im Vertriebshandbuch des VDI. Zu den Quellen im Einzelnen s. die Zitationen im Text der jeweiligen Vorkapitel.

Belegen für eine empirische Prüfung etwa im Rahmen eines wissenschaftlichen Prozesses bzw. die Bewährung der Erkenntnisse in der unternehmerischen Praxis.

Bei einigen Themenbereichen, wie etwa der Marktforschung, ergibt sich die Anwendungsorientierung vergleichsweise stärker unmittelbar aus dem Publikationsgegenstand selbst. Dies zeigt sich bei den Veröffentlichungen zu den Methoden der Marktforschung bereits bei Kapitelüberschriften wie „Praktische Durchführung der demoskopischen Marktforschung" oder „Betriebliche Anwendung der demoskopischen Marktforschung".

Als zentrale Erkenntnisobjekte bzw. Forschungsergebnisse lassen sich für diese frühe Literatur insbesondere folgende nennen: Die **Orientierung am Markt** (Schäfer) wird erstmals als Leitbild für alle Entscheidungen und Maßnahmen eines Unternehmens benannt. Außerdem wird die **Marktforschung** als Teilgebiet der *angewandten* Wirtschaftswissenschaft und Instrument der Unternehmensführung (Schäfer, Behrens) anerkannt. Das gilt auch für die **Absatzplanung** als Teil der betrieblichen Gesamtplanung über alle Funktionsbereiche. Die **Werbeliteratur** (Mataja, Seyffert) stellt eine „Fundgrube" für praktische Hinweise und Anleitungen dar, und dem **Markenartikel** wird der Wert eines eigenen absatzpolitischen Instruments (Findeisen, Bergler) zugesprochen. Die **Preispolitik** hat in ihrem modelltheoretischen Charakter (Gutenberg) ebenfalls einen Erkenntniswert, und die **Vertriebsarbeit und Absatzmethode** hat auf der Basis einer Vielzahl von Gestaltungshinweisen eine überaus große Bedeutung für den unternehmerischen Erfolg (Schnutenhaus, VDI-Vertriebshandbuch).

In der vorliegenden Arbeit wurden die Erkenntnisse gerade der Positionen im vorderen Bereich dieser Auflistung als „strategische Grundsätze" identifiziert. Darüber hinaus haben verschiedene Aussagen z. B. zum Markenartikel oder zur Vertriebsarbeit den Charakter von „empirischen Generalisierungen". Viele Darstellungen in dieser Literatur – vor allem bei den Themen Werbung und Marktforschung – sind stark von der Zielsetzung der „Strukturierung" geprägt und enthalten bereits viele konkrete Handlungsanweisungen bzw. Empfehlungen, oder sie lassen sich aus den Ausführungen ableiten.

Insgesamt haben diese verschiedenen Arbeiten dazu beigetragen, den Weg zu einer ganzheitlichen Absatzlehre und schließlich Marketingtheorie in Deutschland vorzubereiten und zu prägen. Wie die vorliegende Analyse belegt, ist absatzwirtschaftliches Gedankengut am Rande der betriebswirtschaftlichen Theorie in seinen Grundstrukturen, Instrumenten und Handlungsempfehlungen z. T. bereits weit vor der Adaption US-amerikanischen Marketingwissens seit Ende der 1960er Jahre entwickelt worden.

In den **späten 60er und 70er Jahren** verstärkte sich die Ausrichtung der Unternehmen auf das Marketing unter dem Druck der Märkte sowie der geänderten

ökonomischen Bedingungen. Z.T. waren krisenhafte Entwicklungen einer Branche oder eines Unternehmens die Auslöser für die Einführung des Marketings und
die Entwicklung spezifischer Marketingstrategien und -maßnahmen, z. T. wurde
der Marketinggedanke neu belebt.

Das zeigen beispielhaft zwei unternehmenshistorische Fallstudien für die
Automobilindustrie ("Marketing als Krisenstrategie") in der Situation Anfang der
1970er Jahre sowie für NIVEA ("NIVEA-Krise") zu Beginn der 1980er Jahre.

Auf der anderen Seite hatten einige "Marketing-Pioniere", wie z. B. Henkel, Glanzstoff und VW, den transatlantischen Austausch mit Markenartikel-
Unternehmen ihrer Branche bereits unmittelbar nach Kriegende wieder aufgegriffen bzw. gesucht, oder sie profitierten von persönlichen beruflichen
US-Erfahrungen ihrer Führungskräfte aus der Vorkriegszeit. Dass aber diese Neuorientierungen nicht ausschließliche Garanten für den dauerhaften Markterfolg
waren, zeigte sich z. B. für VW in der Krise zu Beginn der 70er Jahre sowie
z. B. für Glanzstoff, das sich seit Anfang der 70er Jahre vom Weltmarktführer
für Kunstfasern im Zuge der "Chemiefaserkrise" (Ölpreiskrise, rasant steigende
Rohstoff- und Energiepreise, globaler Wettbewerb, Rückbesinnung auf Naturpro-
dukte) schließlich zum übernommenen und danach aufgespaltenen Unternehmen
entwickelte.

Diese Beispiele weisen darauf hin, dass die bloße Anwendung von Marketingpraktiken per se den Markterfolg noch nicht gewährleistet und auch – "richtig"
verstandenes und durchgeführtes – Marketing zwar eine notwendige, aber wohl
keine hinreichende Bedingung für den Markterfolg einer Branche oder eines
Unternehmens ist. Marktstrukturelle Entwicklungen, allgemein-ökonomische
Bedingungen, industriestrukturelle Krisen mit ihren sozialen Auswirkungen auch
auf andere Branchen, der globalen Wettbewerb und weitere Faktoren bilden
hier – branchenmäßig und temporär unterschiedlich wirkende – entscheidende
Einflussgrößen.

Immerhin zeigte sich für die Automobilindustrie und auch für NIVEA,
dass wohlüberlegte und konsequent durchgeführte Marketingstrategien diesen
Unternehmen den Weg aus der Krise gewiesen haben.

Während dieser Zeit hat das Marketing-Management-Konzept in der praktischen Anwendung in dieser Branche bzw. diesem Unternehmen einen nachhaltigen Bedeutungszuwachs erfahren. Als Katalysator hat aber wohl weniger
die Einsicht als vielmehr die massiven Krisenerscheinungen und der davon
ausgehende Handlungsdruck gewirkt.

Die Marketingwissenschaft befand sich damals schon auf dem Weg von
einer "verstehenden" zu einer "operationalen" Theorie, deren Aussagen praktisches Handels in den Unternehmen ermöglichte. Die zu Beginn der 70er Jahre

erschienenen ersten deutschsprachigen Lehrbücher unter dem Titel „Marketing"
griffen bereits viel stärker als die älteren fachbezogenen Ansätze der Vorpe-
riode auf Entwicklungen in der allgemeinen Betriebswirtschaftslehre zurück.
Die Erkenntnisse wurden primär auf entscheidungstheoretischer Grundlage formuliert, aber auch unter Berücksichtigung systemtheoretischer, situativer sowie
verhaltenstheoretischer Ansätze.

Die Kernergebnisse der Analyse zu einigen Lehrbüchern[3] aus den 1970er
Jahren auf der Grundlage der Kriterien für den Praxisbezug lauten in ver-
kürzter Form: Ziel der neuen Marketingliteratur ist, ein grundlegend neues
Marketingverständnis zu begründen und zu kommunizieren: Die **Marktorientierung** wird unisono als Leitbild für die gesamten Unternehmensaktivitäten
betont. Konstituierende Elemente eines Managementprozesses sind die Funktionen: **Planung, Organisation, Durchführung und Kontrolle**. Informationen
haben eine zentrale Rolle im Marketingprozess. Die **Marktforschung** hat dabei
eine bedeutende Funktion. Der **Zielbildungsprozess** im Unternehmen beinhaltet Entscheidungen über die grundlegende strategische Ausrichtung sowie die
Ableitung konkreter *strategischer* und o*perativer* Marketingziele und Maßnahmen. Die *operative* Marketingplanung besteht in der **Planung und Kombination
der absatzwirtschaftlichen Instrumente**. Dagegen wird das Thema Markenartikel in dieser Literatur nur „am Rande" erwähnt. Außerdem werden erste
**Marketing-Strategien** dargestellt, z. B. Segmentierungsstrategien sowie ansatzweise die Produkt-Markt-Matrix von Ansoff. Die **Marketing-Kontrolle** gewinnt
als Soll-/Ist-Vergleich mit entsprechenden Anpassungen im Planungs- bzw.
Maßnahmenbereich an Bedeutung.

Insbesondere die Kernaussagen bei den Themenfeldern: Marketingverständnis,
Zielbildungsprozess, Marketing-Strategien (soweit behandelt) und Marketing-
Kontrolle haben grundsätzlich den Charakter „strategischer Grundsätze" mit
ergänzenden technologischen Aussagen. Bei den Themen: Elemente des Managementprozesses, Informationen sowie absatzwirtschaftliche Instrumente zeigt sich
deutlich die „Strukturierung von Marketing-Problemen" mit vor allem beschreibenden, mitunter erklärenden Aussagen. Ergänzend werden verschiedene Methoden und Techniken, etwa im Rahmen der Produktneueinführung, vorgestellt. Bei
den Instrumenten des Marketing-Mix ist eine Reihe von Einzelerkenntnissen

---

[3] Analysiert wurden die Lehrbücher von Nieschlag/Dichtl/Hörschgen, Bidlingmaier, Hill
und Meffert, ergänzt um Einzelveröffentlichungen von Hammel, Bauer und Böcker. Zu den
Quellen im Einzelnen s. die Zitationen im Text der jeweiligen Vorkapitel.

bereits in der Vorgängerliteratur erarbeitet worden; hier sind „empirische Generalisierungen" bzw. „strategische Grundsätze" mit klaren Handlungsanweisungen
nur vereinzelt zu finden.

Die Analyse der ersten Marketing-Lehrbücher aus den 1970er Jahren hat
gezeigt, dass die neuere Literatur sich zunehmend von einem instrumentell
verkürzten Marketingverständnis hin zu einer erweiterten Interpretation des
Marketings entwickelt hat, und zwar in dem Sinne, dass Marketing als Führungsfunktion sowie „Dach" für Marktforschung, Produktentwicklung, Werbung,
Verkauf und weitere Funktionen gesehen wird. Wichtig ist außerdem, dass
dabei auch explizit die Marketing-Managementfunktionen Planung, Organisation,
Durchführung und Kontrolle angesprochen und in separaten Kapiteln behandelt
werden, wenn auch mit einem Schwergewicht auf der Planungsfunktion. Die Fragen der Zielbildung und der Informationsbeschaffung sowie – in Ansätzen – auch
der Strategieentwicklung haben dabei eine hervorgehobene Bedeutung. Allerdings
liegt der inhaltliche Schwerpunkt aller Bücher nach wie vor auf den Instrumenten
des Marketing-Mix.

Die Inhalte der neuen Lehrbücher gehen bei vielen Themen also z. T. weit über
die Vorgängerliteratur hinaus. Allerdings sind ihre Aussagen im konkreten Fall
nicht unbedingt praxisnäher in ihren Empfehlungen und Handlungsanweisungen.
Auch der Ausweis einer empirischen Unterlegung der Aussagen findet sich hier
kaum häufiger. Insgesamt stellen sich diese Werke aber vergleichsweise stärker
als in sich geschlossene Konzeptionen dar.

Die Autoren haben in dieser Zeit auch „Empfehlungen für die weitere
Forschung" ausgesprochen, und zwar insbesondere bezüglich der „weißen Flecken" bei den Themen: (ökonomische) Werbeerfolgskontrolle, optimale Kombination des Marketing-Mix, Bestimmung der Einzelwirkungen der Marketing-
Instrumente sowie zum Themenfeld Marketing-Kontrolle. Darüber hinaus haben
die Marketingwissenschaftler an verschiedenen Stellen ihrer Lehrbücher immer
wieder selbstkritisch auf die noch nicht hinreichende Praktikabilität der theoretischen Ausführungen hingewiesen, z. B. wegen der praxisfernen Annahmen,
Problemen bei der Datenbeschaffung sowie der statischen Ausrichtung im
Hinblick auf die künftige Entwicklung.

Insgesamt kann diese Literatur aber für die unternehmerische Praxis bei der
Lösung ihrer Marketingaufgaben und -probleme wichtige Orientierungen geben
und Hilfestellungen leisten.

Charakteristisch für die Beschreibung der **neuen Herausforderungen der
80er Jahre** war einerseits der Siegeszug der Beratungsbranche in der Praxis, andererseits der Ausbau des strategischen Marketings in der universitären
Marketingforschung.

Gesättigte und zunehmend globalisierte Märkte, die einer starken Dynamik unterlagen, ein wachsender Verdrängungswettbewerb und dazu parallel auftretende gesamt- bzw. einzelwirtschaftliche Krisen stellten erhöhte Anforderungen an die unternehmerischen strategischen und operativen Fähigkeiten. Diese Entwicklungen haben die Hinwendung der westdeutschen Unternehmen zum Marketing weiter verstärkt und gleichzeitig die Nachfrage nach externen Beratungsleistungen seit Beginn der 1980er Jahre entscheidend befördert.

Unternehmensberater nahmen seither eine wichtige Rolle im Verhältnis zwischen Theorie und Praxis ein. Als „Transformatoren" haben sie das theoretische Wissen aus dem universitären Forschungsbereich in die unternehmerische Praxis getragen. Das gilt im Prinzip auch für Werbeagenturen und Marktforschungsinstitute. Auch sie leisteten jeweils auf ihrem Gebiet einen wesentlichen Beitrag dazu, dass theoretisches Werbe- bzw. Marktforschungswissen den Weg in die Unternehmenspraxis gefunden hat und dort erfolgreich umgesetzt werden konnte. Umgekehrt sind auch praktische Problemstellungen aus den Unternehmen via diese externen Dienstleister in den Wissenschaftsbetrieb getragen worden und konnten hier die wissenschaftliche Forschung anregen.

Darüber hinaus haben insbesondere Unternehmensberatungsgesellschaften die Entwicklung von innovativen Analyse- und Strategiekonzepte vorangetrieben. Von hier gingen wesentliche Impulse für die Kreierung, Testung und Bewährung von Marketing-Strategien aus. Das gilt z. B. für die erwähnte strategische Entwicklung der Ansoff'schen Produkt-Markt-Matrix im deutschsprachigen Raum, das gilt noch mehr für das von der Boston Consulting Group (BCG) entwickelte und erprobte strategiebildende Portfolio-Konzept, das zunächst in den USA, später auch in Deutschland in der Praxis angewendet wurde. Aber auch andere Unternehmensberatungsgesellschaften, u. a. auch Roland Berger, wendeten dieses Konzept bereits in den 70er Jahren in ihrer Beratungspraxis an. Die innovative Leistung der Berater sowie ihr Beitrag zur praktischen Durchsetzung gelten auch für andere Analyse- und Strategieinstrumente, wie z. B. die SWOT-Analyse, die Benchmark-Analyse oder die Szenario-Technik.

Eine Initiative zur Pflege und Förderung der Verbindung zwischen Wissenschaft und Beratungspraxis hat Roland Berger seit den 1980er Jahren durch Kooperationen mit einer Reihe von wirtschaftswissenschaftlichen Lehrstühlen und der Gründung dreier Stiftungsprofessuren unternommen.

Ein geeignetes Forum für einen solchen Austausch ist in dieser Zeit auch das „Universitätsseminar der Wirtschaft" (USW) auf Schloss Gracht in Erftstadt-Liblar gewesen mit seiner umfangreichen Seminarreihe für Führungskräfte der Wirtschaft, durchgeführt von renommierten Universitätsprofessoren sowohl aus dem Marketing- als auch aus anderen betriebswirtschaftlichen Bereichen.

Die Marketingwissenschaft hat die vorgenannten strategischen Konzepte dann im Verlauf der 80er Jahre zunehmend in ihre Lehrbücher übernommen, u. a. auch durch ehemalige Unternehmensberater, die in die wissenschaftliche Lehre gewechselt sind.[4] An dieser Stelle ist die Aussage von Bruno Tietz Anfang der 90er Jahre nicht ganz von der Hand zu weisen, die lautet: „Die Marketingwissenschaft ist bisher im Verhältnis zur Marketingpraxis überwiegend eine Nachlaufwissenschaft."[5]

Neben dem Ausbau des Marketing-Management-Konzeptes und der strategischen Ausrichtung stand die Marketingdisziplin in den 1980er Jahren im Zeichen der Ausweitung auf weitere Branchen und Industriezweige. Das betraf insbesondere die Erweiterung vom Konsumgütermarketing und Handelsmarketing auf das Investitionsgüter- sowie das Dienstleistungsmarketing. Es folgten weitere Differenzierungen, so dass diese Zeit später als Phase der „Fragmentierung" und „Ausdifferenzierung" bezeichnet wurde. Allerdings bildeten strategische Überlegungen das Herzstück der Marketingforschung in diesem Jahrzehnt über alle branchenspezifischen Marketingbereiche hinweg. Ergänzt wurden diese durch spezifische wettbewerbsstrategische Konzepte, die z. B. nach der Diskussion im Konsumgüterbereich etwas später auch auf den Investitionsgüterbereich übertragen werden konnten. Darüber hinaus rückte die Marketing-Kontrolle stärker in die wissenschaftliche Betrachtung.

Die wichtigsten praxisbezogenen Erkenntnisse aus der Marketingliteratur der 1980er Jahre[6] lauten in Kürze: Die **Situationsanalyse** ist die Grundlage für die weitere Planung. Unter dem methodischen Aspekt werden nun die Instrumente zur Bestimmung der Ist-Position systematisch aufgearbeitet, insbesondere die Stärken-/Schwächen-Analyse, die Chancen/Risiko-Analyse und die Portfolio-Analyse.

Unter den **Marketing-Strategiekonzepten** ist das *Portfolio-Konzept von BCG* in der Beratungspraxis das wahrscheinlich am häufigsten eingesetzte Instrument

---

[4] Insbesondere Jochen Becker hat sich seit Anfang der 1980er Jahre als Fachhochschul-Professor mit den Grundlagen des strategischen Marketings wissenschaftlich beschäftigt, nachdem er vorher Geschäftsführer bei der Unternehmensberatungsgesellschaft Roland Berger war. Dabei hat er u. a. die Ansoff´sche Produkt-Markt-Matrix in seinen Lehrbüchern hinsichtlich ihrer strategischen Möglichkeiten und Risiken dargestellt, entwickelt und sie in „professionelle" und „nicht-professionelle" Strategiepfade unterschieden.

[5] Tietz, Bruno: Die bisherige und künftige Paradigmatik des Marketing in Theorie und Praxis, a.a.O., S. 151.

[6] Analysiert wurden die Neuauflagen der genannten Marketing-Lehrbücher, zusätzlich Veröffentlichungen von Becker, Porter sowie Böcker.

der strategischen Unternehmensführung. Das Konzept beinhaltet im Analyse-
teil vier mögliche Positionierungen von Strategischen Geschäftseinheiten (SGE),
woraus im Konzeptionsteil vier Normstrategien abgeleitet werden. Ein zweites
wichtiges Strategiekonzept, nämlich die *Produkt-/Markt-Matrix von Ansoff*, ist
ebenfalls weiterentwickelt worden mit jeweils verschiedenen Handlungsmöglichkeiten für „Marktfeldstrategien", „Marktstimulierungsstrategien", „Marktparzellierungsstrategien" sowie „Marktarealstrategien".

Im Zuge des härter gewordenen Verdrängungswettbewerbs ist der
*Wettbewerbsstrategische Ansatz von Porter* in den Fokus der wissenschaftlichen
Betrachtung gerückt worden mit den drei Optionen: umfassende Kostenfüh-
rerschaft, Differenzierung mit dem Ziel der Qualitätsführerschaft sowie der
Konzentration auf Schwerpunkte (Nischen-Strategie). Bei Verpassen einer dieser
Strategien besteht die Gefahr des „Stuck in the Middle".

Beim Thema **Handelsorientierte Marketing-Strategien für Hersteller** werden vier grundsätzliche Optionen vorgestellt: Anpassung, Konflikt, Umgehung
sowie Kooperation. Dabei besteht zunehmend ein Zwang zu kooperativem
Verhalten, das allerdings durch „systemimmanente Ziel*divergenzen*" erschwert
wird. Daraus folgt die Notwendigkeit für den Hersteller zu einem mehrstufigen Marketing, nämlich einem *verbraucherorientierten* Marketing mit einem
„Pull"-Konzept, einem *handelsorientierten* Marketing mit einem „Push"-Konzept
sowie einem *integrierten* Marketing mit sowohl einem „Pull"- als auch einem
„Push"-Konzept.

In seiner Grundform besteht die **Marketing-Kontrolle** aus dem systematischen und regelmäßig betriebenen Vergleich von Ist-Werten zu Planwerten mit
Abweichungsanalysen sowie der Erforschung der Ursachen und der Erarbeitung
von Korrekturmaßnahmen.

Die Marketing-Literatur hat in den 1980er Jahren verstärkt den Charakter
einer praktisch-normativen Managementlehre angenommen und kam auf diese
Weise den Anforderungen der Praxis mehr entgegen als die Vorgängerliteratur. So
beinhalten die Ausführungen zur Situationsanalyse nicht nur „Strukturierungen",
sondern sie präsentieren Methoden und „Werkzeuge" zu ihrer Durchführung. Sie
sind wichtige Hilfsmittel zur Standortbestimmung und stellen damit wesentliche
Grundlagen dar für die darauf aufbauenden strategischen Überlegungen.

So kann die Stärken-/Schwächen-Analyse zusammen mit der Chancen-
/Risiko-Analyse der Ausgangspunkt sein für Überlegungen zum Ausbau der
Stärken bzw. zum Abbau und zur Beseitigung der Schwächen. Die so zusammen-
geführte SWOT-Analyse bildet auf diese Weise eine sehr stark anwendungsorien-
tierte Methode im Rahmen eines z. B. jährlichen Marketing-Planungsprozesses.
Dabei steht die Chancen-/Risiko-Analyse in einem engen Zusammenhang mit

einer Markt- und Absatzprognose. Hier werden die Entwicklungen in der Gesamt-
wirtschaft, auf den Absatzmärkten, außerdem die Wettbewerbssituation bis hin zu
Einzelinformationen zu Konkurrenten sowie besondere Ereignisse bzw. absehbare
Entwicklungen – entweder als Chance oder als Gefahr – einbezogen.

Das Portfolio-Konzept von BCG beinhaltet ebenso wie die weiterführenden
Konzepte zur Ansoff´schen Produkt-Markt-Matrix „strategische Grundsätze", und
zwar sogar als Kausal-Beziehung. Das Ziel der Portfolio-Analyse besteht darin,
eine genaue Beurteilung der Strategischen Geschäftseinheiten (SGE) eines Unternehmens vorzunehmen und auf dieser Grundlage eine ausgewogene Struktur des
Portfolios herzustellen. Allerdings liegen Kritikpunkte insbesondere darin, dass
das Konzept auf wachsende Märkte ausgerichtet ist und erfolgreiche Nischenstrategien ausblendet. Zudem wird eine schlichte Extrapolation gegenwärtiger
Marktbedingungen ohne Berücksichtigung möglicher Chancen und Risiken künftiger Marktsituationen vorgenommen. Andere Schwachstellen bestehen in den
fehlenden Ansatzpunkten für die Ausgestaltung der Marketinginstrumente sowie
in der Gefahr einer mechanischen Anwendung von Normstrategien.

Insgesamt liefert die unter dem Zeichen der Strategieentwicklung stehende
Literatur der 1980er Jahre die bis zu diesem Zeitpunkt am weitesten ausge-
reiften und unter Anwendungsgesichtspunkten für die unternehmerische Praxis
„wertvollsten" Beiträge.

Die vorliegende Arbeit hat belegen können, dass die Marketingdisziplin
im Laufe ihrer Entwicklung immer mehr anwendungsorientierte Aussagen und
Konzepte erarbeitet hat. Angefangen von den absatzwirtschaftlichen Erkenntnissen früher Veröffentlichungen bis hin zur strategischen Ausrichtung der
Marketing-Management-Literatur hat sie sich von einer „verstehenden" zu einer
„operationalen" Theorie und schließlich zu einer praktisch-normativen Managementlehre entwickelt. Ihre handlungsorientierten Aussagen ermöglichen und
unterstützen praktisches Handeln in Unternehmen.

## 4.3  Ergebnisse der Analyse zur Anwendung der Erkenntnisse der Marketingtheorie in der Dortmunder Brauindustrie

Mit der vorliegenden Arbeit wurde in dieser Form erstmalig eine detaillierte
Aufarbeitung der absatzwirtschaftlichen bzw. Marketingmaßnahmen und Strategien für die Dortmunder Braubranche insgesamt und insbesondere für die beiden
Privatbrauereien Dortmund Thier sowie Dortmunder Kronen geleistet. Der Ana-
lysezeitraum erstreckt sich auf die vier Jahrzehnte zwischen 1950 und 1990. Die

Arbeit hat darüber hinaus zum ersten Mal einen Vergleich dieser Aktivitäten und
Denkhaltungen mit den Ergebnissen der wissenschaftlichen Absatz- und Marketingforschung erbracht. Sie hat dabei Erkenntnisse geliefert, die die Ergebnisse
der bisherigen wissenschaftlichen Arbeiten zum Dortmunder Biermarkt[7] ergänzen
und erweitern konnten.

Die Dortmunder Brauindustrie hat sich seit der zweiten Hälfte der 1960er
Jahre zunächst zögerlich und ab dem Beginn der 1970er Jahre dann intensiver gegen den drohenden Absatz-, Marktanteils- und Bedeutungsverlust gewehrt.
Sie hat dabei schrittweise die gesamte Palette des absatzwirtschaftlichen Instrumentariums eingesetzt. Dies geschah nicht immer koordiniert und auch nicht
in hinreichendem Umfang sowie mit der notwendigen Kontinuität. Außerdem
gab es Entscheidungen, die sich als nicht zielführend herausgestellt haben
und später korrigiert worden sind. Es sind auch Führungs- und Motivationsprobleme sichtbar geworden. Die Dortmunder Brauereien haben in dieser
Zeit auch die Leistungen von Werbeagenturen, Marktforschungsinstituten und
Unternehmensberatungsgesellschaften in Anspruch genommen. Dabei sind die
einzelnen Brauereien den aus den Analyseergebnissen abgeleiteten Empfehlungen in unterschiedlichen Maße gefolgt. Die externen Dienstleistungen wie auch
die unternehmensinternen Arbeitsergebnisse schlossen dabei im Einzelfall das
Analyse- und Konzeptionsinstrumentarium des strategischen Marketings, wie
etwa die Stärken-/Schwächen-Analyse, das BCG-Portfolio sowie die wettbewerbsstrategischen Überlegungen Porters explizit ein. In Ansätzen gilt dies auch
für die aus der Produkt-/Markt-Matrix nach Ansoff abgeleiteten Strategiekonzepte. Für das BCG-Portfolio geschah dies bereits zur Dekadenwende 1979/80er,
also einige Jahre vor der Übernahme dieser Konzeption in die deutschsprachigen
Marketing-Lehrbücher.

Die Dortmunder Brauereien befanden sich Ende der 1950er bis etwa zur Mitte
der 1960er Jahre auf dem Höhepunkt ihres wirtschaftlichen Erfolges und ihrer
Marktbedeutung. Mit ihrem einheitlichen Angebot unter dem Namen „Dortmunder Export" mit lediglich ergänzender Nennung der einzelnen Brauerei hatten
sie 1959 einen Marktanteil von exakt 40 % in NRW sowie 10,7 % im gesamten Bundesgebiet erzielt. Vier der acht Brauereien erreichten in den Folgejahren
das Prädikat „Hektoliter-Millionär". Die Dortmunder Kronen-Brauerei war in
dieser Zeit die größte Privatbrauerei Deutschlands. Dortmund wurde als die
„Bierstadt Nr. 1 in Deutschland und Europa" sowie auch als „Bierhauptstadt"
bezeichnet. Auf der Basis dieses ausgeprägten Selbstbewusstsein fiel es dem
Management der Brauereien schwer, die sich bereits in der zweiten Hälfte der

---

[7] Vgl. die Arbeiten von Nancy Bodden, Christian Böse sowie Tanja Besseler-Worbs.

60er Jahre abzeichnenden neuen Realitäten anzuerkennen und die daraus folgenden Konsequenzen zu ziehen. Absatzpolitische Entscheidungen wurden deshalb
hinausgezögert. Gleichzeitig wurde in der Hoffnung auf wieder einsetzendes
Wachstum der weitere Ausbau der Produktionskapazitäten geplant.

Auch vielfältige und teure Marketingmaßnahmen führten nicht zu den
gewünschten Ergebnissen. Die Kosten dafür haben die finanziellen Kapazitäten einzelner Brauereien oftmals überstiegen. In der Konsequenz sind angesichts
anhaltender Absatzschwierigkeiten die Maßnahmen daher häufig wieder zu
schnell zurückgefahren worden. Im kurzen Zeitraum von 1965 bis 1973 verloren die Dortmunder Betriebe rd. 25 % ihres Marktanteils in NRW und rd. 20 %
im Bundesgebiet. Der Trend setzte sich in den Jahren ab 1974 fort. Bis 1989 gingen nochmals rd. 23 % (NRW) bzw. rd. 22 % (Bundesgebiet) verloren. Immerhin
erreichten die Dortmunder Brauereien aber zum Ende des Beobachtungszeitraums
mit einem Ausstoß von knapp 5,9 Mio. hl noch einen Marktanteil von 21,5 %
in NRW sowie 6,3 % im gesamten Inland. Gegenüber dem Jahr 1959 bedeutete
dies aber beinahe jeweils eine Halbierung der Marktanteile. Der Konzentrationsprozess hatte hier schon eingesetzt: Die Brauerei Bergmann war bereits 1971
von der Ritter-Brauerei übernommen worden. Die Ritter- und die Hansa-Brauerei
waren damals schon Tochtergesellschaften der Dortmunder Union- (DUB) bzw.
der Dortmunder Aktien Brauerei (DAB). 1988 hatte die Kronen-Brauerei die
Stifts-Brauerei übernommen; 1992 übernahm sie dann die Thier-Brauerei, bevor
sie selbst vier Jahre später in die DAB integriert wurde. Nach einer zeitweisen
Unterbrechung werden heute die meisten Dortmunder Biermarken wieder auf
dem Markt angeboten, allerdings in einem nochmals reduzierten Volumen. Einzig verbliebener Anbieter ist die Radeberger-Gruppe als Führungsgesellschaft des
Oetker-Konzerns für den deutschen Biermarkt.

Für die einzelnen der drei weiter vorne beschriebenen Phasen des Dortmunder
Biermarktes stellt sich die Situation folgendermaßen dar:

Die **„Expansionsphase"** (1950 bis 1964) war bundesweit einheitlich von
einem starken Wachstum des Bierkonsums geprägt. Entsprechend entwickelten sich die Absatzzahlen in der Branche weitgehend positiv, mit einem sogar
noch stärkeren Wachstum für die Dortmunder Bierindustrie. Letzteres war auch
darin begründet, dass das Ruhrgebiet mit seiner Kohle- und Stahlindustrie als
„Lokomotive des Wiederaufbaus" und „industrielles Herz" Europas galt mit ent-
sprechendem Zuwachs an Arbeitnehmern und Bevölkerung. Als sich dann die
wirtschaftliche Situation der Ruhrregion mit der „Kohlekrise" 1959 und den Problemen der Montanindustrie mit zunehmenden Zechenschließungen in den 1960er
änderte, spürten die Dortmunder Brauereien dies allerdings zunächst kaum.

Die gleichzeitig in Erscheinung tretenden Veränderungen im Verbraucherverhalten wurden möglicherweise von ihnen auch deshalb teilweise ignoriert. Zwar folgte man einerseits in der Produktpolitik dem verstärkten Heimkonsumtrend mit einer Erhöhung des Flaschenbier-Anteils am Gesamtangebot. Jedoch wurde andererseits der Trend zum Pilsbiergenuss zunächst nicht zum Anlass für eine geänderte Angebotspolitik genommen. Hier gab es die ersten grundlegenden Versäumnisse: Den Erfolgen der Privatbrauereien aus dem Sauer- und Siegerland, der Eifel und vom Niederrhein mit ihrem Pilsangebot und dem vermeintlich höherwertigen Biergenuss setzten die Dortmunder Brauereien in dieser Phase noch keine adäquate Produkt- und Vertriebspolitik entgegen. Statt ihr eigenes mit einem Absatzanteil von durchschnittlich 10 bis 14 % vorhandenes Pilsangebot absatzpolitisch zu unterstützen und den Absatzanteil zu erhöhen, setzten sie weiter auf das Hauptprodukt „Dortmunder Export".

In ihrer Verkaufspolitik hatte sich die Dortmunder Brauwirtschaft in den ersten Nachkriegsjahren vor allem darauf konzentriert, die Bevölkerung darüber zu informieren, dass nach der Mangelphase im Zweiten Weltkrieg und den Folgejahren wieder Vollbier angeboten werden konnte. Das Instrument dazu waren Gemeinschaftswerbeaktionen der Dortmunder Branche einerseits sowie aller Brauereien im Bundesgebiet andererseits. Die Gemeinschaftswerbung im Dortmunder Verbandsgebiet stand bis zur Mitte der 60er Jahre im Mittelpunkt der Werbeaktivitäten. Im Fokus der Werbemaßnahmen stand das „Dortmunder Export", Pilswerbung fand nur ergänzend statt. Individualwerbung einzelner Brauereien wurde nur in Form von – kostenintensiver – Gaststättenwerbung vorgenommen. Sinngemäß äußerten sich Unternehmensführer voller Stolz: „Wir brauchen keine Reklame". Weitere absatzpolitische Maßnahmen schienen angesichts immer noch steigender Absatzzahlen im durchschnittlich zweistelligen Bereich nicht notwendig zu sein.

Es herrschte einerseits ein großer Optimismus hinsichtlich der ausschöpfbaren Absatzpotenziale. Andererseits glaubte man, die kartellmäßigen Verhältnisse aus der Vorkriegszeit auch in den 50er Jahren wieder etablieren zu können mit dem Ziel, den Wettbewerb in der Vertriebspolitik gegenüber dem Hauptumsatzträger Gaststättengewerbe für das Fassbiergeschäft begrenzen oder sogar ausschalten zu können. Dies wurde über die Bindung der Gaststätten durch langfristige Liefer und Darlehensverträge, die eine *ausschließliche* Bezugsverpflichtung des Gastwirts beinhalteten, realisiert. Damit wurde in diesem Marktsegment auch der Preiswettbewerb zwischen den Brauereien während der Vertragsdauer weitgehend ausgeschaltet.

Dagegen kam es im Flaschenbiergeschäft, das überwiegend über den freien Handel lief, schon seit den 1950er Jahren zu fortgesetzten Preisunterbietungen, die schließlich in stark fallende Preise mündeten. Die Wettbewerbsbedingungen waren hier ungleich härter, da die Bierpreise in diesem Marktsegment unmittelbar zwischen den Vertragspartnern ausgehandelt wurden. Mit der Verschiebung des Biergeschäfts vom Fassbier auf das Flaschenbier intensivierte sich der Wettbewerb. Außerdem verschoben sich die Relationen zwischen sicherem und ertragreichem Geschäft einerseits und unsicherem und unter Ertragsdruck stehendem Geschäft andererseits. Zusätzlich übte auch der allmählich bedeutsamer werdende organisierte Lebensmittelhandel einen Preisdruck aus, indem er die Brauereien gegeneinander ausspielte. Auch dadurch verschlechterte sich zunehmend die Ertragssituation der Brauereien.

Dieser intensiv geführte Preiswettbewerb zog auch Wirkungen beim Verbraucher nach sich. Gerade bei dem homogen erscheinenden Angebot geriet der Preis für die einzelne Offerte bei der Kaufentscheidung ins Blickfeld. Als Folge litt das Renommee der Dachmarke „Dortmunder Export". Was einst ein Qualitätsbegriff war, entwickelte sich zusehends zum Imageproblem.

Durch das Einheitsangebot „Dortmunder Export" sowie die Konzentration auf die Gemeinschaftswerbung und den weitgehenden Verzicht auf Individualwerbung in der Verbraucheransprache hatte auch eine Markenprofilierung einzelner Brauereimarken *nicht* stattgefunden. Dies erschwerte den Start ins Marketingzeitalter zusätzlich. Dagegen hatten die Pilsbrauereien schon seit Anfang der 50er Jahre begonnen, Verbraucherwerbung für ihr Spitzenprodukt zu betreiben und so ein Markenbewusstsein beim anspruchsvollen Biertrinker aufzubauen. So hatte z. B. die Bitburger Brauerei bereits 1951 ihren Slogan „Bitte ein Bit" kreiert und seither erfolgreich weitergeführt mit dem über die Zeit auch nur wenig veränderten Logo. Die durch vergleichbare Marketingaktivitäten der anderen Pilsbrauereien erzielten zunehmenden Absatzerfolge dieser Konkurrenten – z. T. schon zulasten der Dortmunder Marktführer – wurden noch Mitte der 60er Jahre lediglich als „konkurrenzerschwerende Faktoren" zur Kenntnis genommen. Den Zusammenhang zwischen einem praktizierten präferenzorientierten Marktauftritt der Pilsbrauereien und der damit geschaffenen Möglichkeit zur Hochpreispolitik hatten die Betriebe der westfälischen Biermetropole damals offensichtlich noch nicht realisiert.

Mit den zunehmenden Absatzschwierigkeiten der hiesigen Brauereien gerieten die vorherrschenden Denkstrukturen immer mehr unter Druck. Der „Verband Dortmunder Bierbrauer" (VDB), der lange Zeit die Gemeinschaftswerbung koordiniert hatte und die kartellmäßigen Strukturen im Vertrieb der Dortmunder Brauindustrie verteidigt und damit den Preiswettbewerb im Fassbiergeschäft behindert hatte, verlor mit der Aufkündigung der Gemeinschaftswerbung an Einfluss.

Einige Dortmunder Brauereien hatten aber bereits zu Beginn bzw. zur Mitte der 1960er Jahre mit der Verbraucherwerbung begonnen. Im Einzelfall hat es allerdings einige Jahre gedauert, ehe nach dem Einknicken der Absatzkurve des Unternehmens werbliche Maßnahmen in Richtung einer Verbraucheransprache ergriffen wurden. Wiederholte Versuche zur Bierpreiserhöhung angesichts gestiegener Lohn- und Sachkosten sowie der aufgebauten Überkapazitäten und der geringer gewordenen Erträge waren nur teilweise erfolgreich. Sie scheiterten auch an der mangelnden Einheitlichkeit des Handelns unter den Dortmunder Bierbrauern. Den Ausweg aus dieser Situation sahen einige Brauereien im Lohnbrau, also der Produktion für die jeweiligen Handelsmarken von Edeka, Spar und anderen. Nach Schätzungen betrug der Anteil der Handelsmarken bereits rd. 10 % an der Produktion. Die Konsequenz war, dass damit das Angebot von Billigbier gestärkt wurde und damit der Preiswettbewerb unter den Dortmunder Brauereien zusätzlich intensiviert wurde.

Andererseits kann der Druck auf die Erlöse zu diesem Zeitpunkt – wenigstens für einige Anbieter – noch nicht wirklich gravierend gewesen sein, falls evtl. Ertragseinbußen im Geschäft nicht auf andere Weise kompensiert worden sein sollten, z. B. über außerordentliche Erträge oder Gewinne von Tochterbrauereien: So kündigte der Vorstandsvorsitzende der DUB auf der Hauptversammlung im Juni 1964 eine Dividende von „erneut 18 %" an, was bezogen auf den Ausstoß 3,50 DM/hl bedeutete. Allerdings hielt der Vorstandsvorsitzende gleichzeitig zu diesem Zeitpunkt noch an den überkommenen Denkstrukturen fest: Er äußerte sich weiterhin überzeugt von der Dominanz und höheren Bedeutung des Dortmunder Exportbieres im Vergleich zum Pilsbier – und dies an der unmittelbaren Schwelle zum gravierenden Umbruch auf dem Biermarkt.

Über die Darstellungen für die Dortmunder Gesamtbranche hinaus wurde in dieser Arbeit in fünf Fallstudien für zwei Privatbrauereien die jeweilige Entwicklung in den drei Marktphasen näher untersucht. Es zeigen sich hier deutliche Unterschiede zwischen den beiden Häusern als auch in ihrer Entwicklung insbesondere im Verlauf der 70er und 80er Jahre: Während bei der Thier-Brauerei das Marketingverständnis weitgehend instrumentell geblieben ist und die Marketingfunktionen niemals konsequent in einer selbständigen Abteilung zusammengeführt wurden, bestand bei der Kronen-Brauerei spätestens seit Anfang der 1970er Jahre ein Geschäftsführungsbereich „Marketing und Vertrieb". Hier entwickelte sich auch ein Marketingverständnis im Sinne eines Führens des Unternehmens vom Markt her.

Im Rahmen der **Fallstudie 1** konnte für die **Dortmunder Thier-Brauerei** anhand von bis Anfang der 50er Jahre zurückreichender Statistiken die jährliche Entwicklung beim Absatz, Umsatz, den Durchschnittserlösen sowie einiger

Kosten- und Budgetgrößen nachvollzogen werden. Gleichzeitig erleichterten diese Statistiken den zahlenmäßigen Vergleich mit der Dortmunder Gesamtbranche sowie der NRW- und bundesweiten Branche. Die Thier-Brauerei spürte als erste die sich ändernden Marktverhältnisse. Bereits seit dem Geschäftsjahr 1960/61 flachte – im Unterschied zu den örtlichen wie überregionalen Wettbewerbern – die Wachstumskurve beim Jahresausstoß ab, wenn auch das Unternehmen drei Jahre später die Marke von 500.000 hl verkauften Bieres etwas überschreiten konnte und damit definitionsgemäß zu den „Großbrauereien" zählte. Allerdings war dies für lange Zeit ein singulärer Erfolg, der erst Anfang der 1980er Jahre aufgrund eines kurzfristig wirkenden Sondereffektes (Lohnbrau für Lebensmittelhandel) wiederholt werden konnte. Erst nach dem Absatzeinbruch 1964/65 hat das Unternehmen im Geschäftsjahr 1966/67 eine größer angelegte Verbraucherwerbung durchgeführt, und zwar in dieser Form und Budgethöhe zum ersten Mal in seiner Geschichte.

Aus verschiedenen Statistiken der Thier-Brauerei konnte auch eine tabellarische Zusammenstellung der bis dahin relevanten Werbearten zu drei Werbegruppen für die erste Hälfte der 1960er Jahre vorgenommen werden. Darin zeigt sich, dass die Thier-Brauerei zwar einen eindeutigen Schwerpunkt bei der Gaststättenwerbung hatte (Anteil zwischen 87 % und 90 %), dass es aber außerdem auch Ausgaben für einige kommunikative Aktivitäten – so z. B. Mieten von Werbeflächen, Werbung auf Firmenfahrzeugen, Geschenke an Kunden sowie eine größere Position für sonstige Werbung – gegeben hat, die sich in ihrer Gesamtheit durchaus als Publikumswerbung zusammenfassen lassen (Anteil zwischen 8 % und 11 %). Darüber hinaus lag die Quote für die Gemeinschaftswerbung des VDB bzw. DBB bei etwa 2 %. Insgesamt erreichten die Werbeausgaben im Geschäftsjahr 1963/64 eine Größenordnung von immerhin schon rd. 1,8 Mio. DM.

Im Übrigen hielt die Thier-Brauerei aber produkt- und absatzpolitisch an der Sorte Export fest, obwohl sie auch Pilsbier im Angebot führte. Sie unternahm auch keine Anstrengungen zur eigenen Markenprofilierung. Beim Flaschenbiergeschäft gibt es Hinweise darauf, dass die Brauerei sich aktiv am Preiswettbewerb beteiligt hat. Vertriebspolitisch hielt Thier lange Zeit am traditionellen Absatzwegekonzept über den Getränkefachgroßhandel bzw. in Form von direkten Belieferungen fest.

Insgesamt hat die Thier-Brauerei aber jenseits der eher traditionellen Werbeaktivitäten offensichtlich in den 1960er Jahren die Markttrends in ihren langfristigen Effekten nicht hinreichend berücksichtigt, auch wenn die Unterschiede zu den Wettbewerbsbrauereien aus den sehr gründlich geführten Statistiken herauszulesen waren. Jedenfalls unterblieb ein aktives Gegenlenken bis zum Jahr 1966/67.

Ob dies damals schon an finanzwirtschaftlichen Einschränkungen gelegen hat, muss für diesen Zeitraum offen bleiben.

Bezogen auf die Dortmunder Bierbranche insgesamt lassen sich kaum Hinweise darauf finden, dass diese Unternehmen in der Phase des ökonomischen Erfolges theoretische Erkenntnisse aus der absatzwirtschaftlichen Literatur genutzt haben könnten. Der Vergleich mit den handlungsrelevanten Erkenntnissen der bis dahin vorhandenen absatzwirtschaftlichen Literatur zeigt aber, dass die dort formulierten Handlungsanweisungen und Empfehlungen für die Dortmunder Brauindustrie hätten hilfreich sein können, wenn sie tatsächlich angewandt worden wären. Im Einzelnen gehören folgende Themenbereiche und Aussagen dazu:

Eine **Marktorientierung** im Sinne der Produktentwicklung und Vermarktungsbemühungen an den Bedürfnissen des Verbrauchers fand bei den Dortmunder Betrieben in dieser Phase nicht statt. Dies entsprach der Einschätzung, dass **der Markt vorhanden** sei und **weiter expandieren** würde und das bestehende Angebot ohne Anpassung die Wünsche der Biertrinker treffen würde, wie dies bereits seit Jahrzehnten der Fall war. Entsprechend sah man in der **Produktion den Engpass, nicht in der Nachfrage**.

Der **Aufbau einer funktionierenden Absatzorganisation** als wesentliche Aufgabe einer Geschäftsleitung kann in dieser Zeit als erfüllt gelten. Die Brauereien haben ihre **innerbetriebliche Logistik sowie den Außendienst so organisiert**, dass die Distribution des Bieres unter Kosten- und Zeitgesichtspunkten optimal gestaltet wurde.

Die Installierung einer **Marktforschung** als „unentbehrliche Grundlage" für die Unternehmenspolitik sowie zur „koordinierten Absatzplanung" erschien nicht notwendig. Allerdings wurde von den Brauereien eine **allgemeine Markt- und Konkurrenzbeobachtung** betrieben. Dies gilt insbesondere für die Thier-Brauerei.

Nach der Theorie ist die **Absatzplanung** Bestandteil der Unternehmensplanung und muss mit anderen Teilplänen abgestimmt werden. Es lassen sich keine Hinweise dafür finden, inwieweit über die Produktionsplanung hinaus eine separate Absatzplanung in den Dortmunder Bestrieben bestand.

Zur **Verbraucherwerbung** lagen bereits praxisnahe Erkenntnisse und Umsetzungsvorschläge der Theorie vor, insbesondere zum Prozess der Werbedurchführung und zu den Werbewirkungen. Von den Dortmunder Brauereien wurden aber hauptsächlich **Werbeaktivitäten** als verkaufsunterstützende Maßnahmen **im Gastronomiebereich** durchgeführt und nur in begrenztem Umfang als kommunikative Maßnahmen, die sich der Publikumswerbung zurechnen lassen.

**Preispolitische** Überlegungen, etwa nach dem oligopolistischen Modell, wurden nicht zur Kenntnis genommen. Stattdessen wurde ein **intensiver Preiswettbewerb** betrieben.

In die „**Ausreifungsphase**" (1965 bis 1973) fiel der erste größere Einbruch des Bierabsatzes der Dortmunder Brauereien. Innerhalb von 3 Jahren reduzierten sich die Ausstoßzahlen bis 1968 um 5,5 % und konnten bis 1973 nur allmählich wieder auf das Ausgangsniveau von 1965 angehoben werden. Da die Konkurrenz in NRW wie im Bundesgebiet aber weiterhin Zuwächse verbuchen konnte, waren damit erstmalig erhebliche Marktanteilsverluste verbunden.

Diejenigen Dortmunder Brauereien, die bereits seit der ersten Hälfte der 60er Jahre klassische Verbraucherwerbung betrieben hatten, verstärkten ihre Werbemaßnahmen nach dem Einbruch ganz erheblich. Die anderen Unternehmen folgten bis spätestens 1967. In wenigen Jahren erreichten sie ein Ausgabenniveau, das den Werbebudgets der Pils- und Premiumbrauereien nahe kam. Mit einem Volumen von 12,5 Mio. DM hatten die Dortmunder Brauereien 1973 einen Anteil von 12,1 % am gesamten Werbeaufkommen der inländischen Brauindustrie; wohingegen ihr Marktanteil am Ausstoß damals lediglich 8,2 % betrug. Das ist umso bemerkenswerter, da die Markenwerbung für Bier bundesweit in den letzten Jahren einen so ungewöhnlich starken Auftrieb erhalten hatte, wie in keiner anderen Markenartikelbranche.

In dieser Zeit vollzogen die hiesigen Unternehmen auch einen Wandel von der Einheitsmarke „Dortmunder" hin zu einer stärkeren Profilierung ihrer eigenen Einzelmarken. Dazu gehörte auch, dass fast jede Brauerei in diesen Jahren neue Pils- oder sogar Premiummarken, z. T. auch als „sortenneutrales" Bier nach dem Vorbild von „Beck´s Bier", auf den Markt brachte – und dies z. T. auch mit Erfolg. Überhaupt wurde das Pilsangebot fortan werblich in den Mittelpunkt gestellt, so dass sich der Pilsanteil am Neugeschäft von 11,4 % (1965) auf 39,2 % (1973) erhöhte, und zwar absolut um das 3 ½-fache. Dortmund hätte sich zu dieser Zeit mit dem Hinweis auf das Ausstoßvolumen von knapp 3 Mio. hl auch „Pilshauptstadt" oder „Pilsstadt Nr. 1" in Deutschland nennen können, was allerdings unterblieb. Jedoch fand hier in erster Linie ein Substitutionsprozess statt; der Anteil des Export-Ausstoßes verminderte sich entsprechend.

Bei ihren Vermarktungsbemühungen nahmen verschiedene Brauereien auch bereits Zielgruppensegmentierungen im Hinblick auf Marken und Preise vor. Damit wollte man der traditionellen Positionierung im breiten, unspezifischen Konsumbierbereich entkommen und versuchte gleichzeitig, die Absatzgebiete regional bis hin zum Aufbau einer bundesweiten Präsenz auszuweiten. Dabei konzentrierte man sich aber überwiegend auf den traditionellen Vertriebsweg über den Getränkefachgroßhandel im Unterschied zu den Pilsbierbrauereien, die hier bereits sehr viel stärker den Zugang zu den „neuen" Absatzmittlern im Lebensmittelhandel gefunden hatten.

Im Laufe dieser Jahre nutzen die Dortmunder Anbieter das gesamte absatzwirtschaftliche Instrumentarium und führten jeweils – ihren individuellen Möglichkeiten angepasste – mehr oder weniger umfangreiche und kostenintensive Maßnahmen durch, die allerdings – zumindest zeitweise – bei einzelnen Brauereien an die Grenzen der finanziellen Möglichkeiten stießen. Denn angesichts der damals bereits bestehenden erheblichen Größenunterschiede zwischen den Konzernbrauereien DUB und DAB einerseits und den kleineren Aktienbrauereien sowie den beiden Privatbrauereien andererseits sowie auch bei den Unternehmen der zweiten Gruppe untereinander bestanden hier beträchtliche Unterschiede bei den finanziellen Ressourcen für den Einsatz von Marketingmaßnahmen. Insgesamt zeigt die Analyse aber, dass die Dortmunder Wettbewerber in diesen Jahren erhebliche Anstrengungen unternommen haben, durch den Einsatz der Marketinginstrumente ihre Marktposition wieder zu verbessern.

In der **Fallstudie 2** konnte für die **Dortmunder Thier-Brauerei** gezeigt werden, dass sie im Verhältnis zu den anderen Dortmunder Betrieben – und insbesondere auch in Relation zu ihrem frühzeitigen Absatzeinbruch – relativ spät mit absatzwirtschaftlichen Gegenmaßnahmen auf die Absatzschwierigkeiten begonnen hatte. Das Unternehmen befand sich damals schon nicht mehr in einer „Ausreifungsphase", sondern bereits in einer „Stagnationsphase", aus der es sich bis zur Übernahme durch die Kronen-Brauerei 1992 nicht mehr befreien konnte. Gründe dafür bestanden auch in der finanzwirtschaftlichen Situation, die zeitweise nur Marketingaktivitäten in geringem Ausmaß zuließ. Die Jahresabschlüsse weisen für die Jahre um den Dekadenwechsel der 60er/70er Jahre, später auch zum jeweiligen Ende der 70er sowie der 80er Jahre ein negatives Ergebnis aus.

Mit dem Beginn von verbraucherorientierten Werbekampagnen fand ab 1967 innerhalb kurzer Zeit ein Wissenstransfer durch gleich mehrere Werbeagenturen und Marktforschungsinstitute statt. Eine von Thier beauftragte renommierte Werbeagentur legte einige Konzepte und Empfehlungen zur Vertriebspolitik vor, entwarf Media-Strategien und war außerdem Gesprächspartner und Ratgeber bei der Erstellung eines Marktforschungsprogramms, bei der Auswahl eines geeigneten Marktforschungsinstituts und der anschließenden Interpretation der Forschungsergebnisse. Außerdem hat diese Agentur in dieser ersten Phase eine Verkaufstagung mit Thier-Außendienstmitarbeitern vorbereitet und die wesentlichen Programmpunkte ausgearbeitet und vorgetragen. Diese Veranstaltung sollte der Startschuss zu einer neuen, erfolgreichen Vermarktung von Thier-Bier sein.

Aus den Vorschlägen der Agentur ist deutlich zu erkennen, dass hier nicht nur eine „Pull-Strategie" über Verbraucherwerbung verfolgt werden sollte, sondern ganz pointiert begleitend dazu auch eine „Push-Strategie" gegenüber dem Handel. Tatsächlich hat Thier in dieser Zeit auch eine Reihe von Verkaufsförderungsmaßnahmen durchgeführt, galt damals als „Vorreiter" beim Einsatz dieses Instruments und hat derartige Maßnahmen auch in den Folgejahren fortgesetzt.

Die Thier-Brauerei hat in den nächsten Jahren mit weiteren Werbeagenturen, Marktforschungsinstituten sowie externen Beratern zusammengearbeitet und dabei auf Kontinuität nicht immer Wert gelegt. Diese wurde auch durch Fluktuation im Management des Unternehmens erschwert. So verließ das bisherige Mitglied der Geschäftsleitung, das ganz wesentlich die Marktorientierung und die Zusammenarbeit mit den externen Dienstleistern initiiert hatte, 1972 das Unternehmen, um als Geschäftsführer zur Beck´s-Brauerei nach Bremen zu wechseln.

In ihrer Geschäftspolitik hat Thier stets den Qualitätsaspekt betont und damit auch im Fassbier- im Unterschied zum Flaschenbiermarkt eine etwas höherpreisige Politik betrieben. Nachdem die Brauerei lange Zeit am Exportbier festgehalten hatte, hat sie aber mit dem Beginn der Werbekampagnen das „Thier-Pils" in den Mittelpunkt der Vermarktung gestellt und präsentierte sich in diesem Zusammenhang als die Brauerei mit der längsten Pilstradition im Stadtgebiet mit dem Hinweis auf das bereits 1890 gebraute „Bitterbier". Sie blieb allerdings Sortimentsbrauerei.

Die kurzzeitig im Jahre 1969 angestellten Überlegungen zur Einführung einer Sondersorte sind aber nicht weiterverfolgt worden, möglicherweise angesichts der Misserfolge mit „Pils 2000" bzw. „Prinz-Bräu" von DUB bzw. DAB, wahrscheinlich aber auch, weil die finanziellen Möglichkeiten für den Aufbau einer neuen Marke gefehlt hätten. Allerdings wurde im Rahmen einer Brau-Kooperation mehrerer Privatbrauereien ab 1970 als Franchise-Nehmer der Malzbiermarke „Vitamalz" das Produkt „Thier-Vitamalz" auf den Markt gebracht. Als zentrales Bildmotiv für Verkaufsförderungs- sowie auch für Kommunikationsaktionen bewährte sich in den Folgejahren der „Thier-Bier-Mehrhandhumpen" mit drei Griffen als Symbol für die Beliebtheit von Thier-Bier. Eine „Quasi-Neueinführung" war die 1973 erfolgte etikettenmäßige Ausstattung des Pilsangebotes als „Thier Privat Pils". Allerdings wurde diese Maßnahme nur durch eine geringe werbliche Begleitung unterstützt; der Werbe-Etat war in Erwartung eines niedrigeren Ertragsniveaus erheblich geschrumpft. Immerhin hat die Brauerei in diesen acht Jahren den Pils-Anteil am Gesamtabsatz von 19,7 % auf 55,4 % weitaus überdurchschnittlich zum Markt erhöhen können – allerdings ohne den Abwärtstrend beim Gesamtabsatz stoppen zu können.

Die rückläufigen Biererlöse in den Jahren des Dekadenwechsels der 60er/70er Jahre für die gesamte Branche hatten bei Thier angesichts der parallel dazu rückläufigen Absatzmengen zu erheblichen Umsatzeinbußen geführt. Erst als zum Ausgleich der enormen Kostensteigerungen zu Beginn der 70er Jahre höhere Bierpreise durchgesetzt werden konnten, verbesserte sich die Situation. Nach wie vor bestand aber ein erheblicher Preiswettbewerb unter den hiesigen Betrieben im Flaschenbiergeschäft; zusätzlich wuchs die Marktmacht insbesondere des organisierten Lebensmittelhandels.

Als Fazit lässt sich festhalten: Die Thier-Brauerei hat in dieser „Ausreifungsphase" das Marketing *instrumentell* ins Unternehmen eingeführt. Wichtige Wegbegleiter waren dabei Werbeagenturen sowie Marktforschungsinstitute, die auf Initiative insbesondere einer Führungspersönlichkeit mit ersten grundlegenden Vermarktungskonzepten beauftragt worden sind. Durch diese externen Dienstleister ist theoretisches und praktisch erprobtes Wissen in das Unternehmen getragen worden und traf hier auf Mitarbeiter mit einem werbewirtschaftlichen und vertrieblichen Erfahrungshintergrund. Inwieweit es hier – wenigstens zu Beginn der 70er Jahre und möglicherweise nur vorübergehend – schon theoretisch ausgebildete Marketingfachleute mit evtl. beruflichen Erfahrungen aus anderen Unternehmen gegeben hat, konnte nicht abschließend geklärt werden. Die aus Budgetgründen z. T. diskontinuierlichen Aktivitäten und wechselnden Beauftragungen externer Dienstleister sowie die damit häufig verbundenen neuen Werbekonzepte dürften einem erfolgreichen Aufbau zumindest hinderlich gewesen sein.

Die **Fallstudie 3** befasst sich mit den Marketingaktivitäten der **Dortmunder Kronen-Brauerei** in dieser „Ausreifungsphase". Im Unterschied zu Thier verlief hier die Geschäftsentwicklung in dieser Phase wesentlich erfolgreicher und gleichmäßiger, zeitweise auch gegenläufig zur negativen Entwicklung der Dortmunder Branche insgesamt. Noch stärker als die Wettbewerbs-Brauereien wurde die Kronen-Brauerei mit dem „Dortmunder Export" identifiziert, auch wenn sie traditionell ein Pilsbier im Sortiment führte. Die außergewöhnlich hohe „Exportbierlastigkeit" des Geschäfts stellte für die Brauerei eine ganz besondere Herausforderung bei den Entscheidungen über die künftige Ausrichtung des Unternehmens dar und war auch möglicherweise ein wesentlicher Grund für einige Fehlentscheidungen.

Als Alternative zur beabsichtigten teuren Markteinführung neuer Produkte wurden eine Zeitlang auch Überlegungen zum Ankauf bzw. Beteiligung an anderen Brauereien angestellt sowie auch eine Kooperation mit der inzwischen etwas größeren Privatbrauerei König in Duisburg. Kronen erkannte damals schon, dass sie gegenüber den Konzernbrauereien inzwischen einen deutlichen Wettbewerbsnachteil hatte. Dies lag zum einen daran, dass die DUB und die DAB an den Vermarktungserfahrungen ihrer Muttergesellschaften Reemtsma bzw. Dr. Oetker im Markenartikelgeschäft partizipieren konnten, zum anderen auch, weil es diesen großen Brauereien gelang, über ihre regional weit gestreuten Tochtergesellschaften eine größere Marktabdeckung zu erzielen. Die gravierenden Größenunterschiede der Konzernbrauereien im Verhältnis zu ihren Konkurrenten und die damit zusammenhängenden vertriebsstrategischen Vorteile sowie die Einbindung in noch größere Unternehmensverbünde stellten also erhebliche Wettbewerbsvorteile dar.

Allerdings ist aus dem Studium der Archivmaterialien erkennbar, dass auch die Verantwortlichen bzw. Mitarbeiter in der wahrscheinlich seit dem Ende der 60er Jahre bestehenden Marketingabteilung bei Kronen bereits über ein grundlegendes Wissen über die Marktfaktoren und ihre Wirkungen im Brauereigewerbe verfügten.

Inwieweit ein Wissenstransfer durch externe Dienstleister bereits in den Jahren zuvor geleistet worden ist, geht aus den Archivunterlagen nur lückenhaft hervor. Nachweisen lässt sich die Zusammenarbeit mit einer Werbeagentur und einem Marktforschungsinstitut im Jahr 1967 sowie im Zusammenhang mit der Einführung eines neuen Vertriebssystems mit einer Unternehmensberatung 1969.

Außerdem gab es 1971 Gespräche mit einer anderen damals auch schon bedeutenden deutschen Unternehmensberatung zur Entwicklung und Durchführung einer Marketingkonzeption. Allerdings entschied man sich dazu, diese in Eigenregie zu erarbeiten. Die erste selbst erstellte mittelfristige Marketing-Konzeption ist für das Jahr 1969 nachweisbar. Der Kontakt zu der letztgenannten Unternehmensberatung ist allerdings aufrechterhalten worden. So lassen sich in der Folgezeit verschiedene Analysen auf die Unterstützung der externen Berater zurückführen. Außerdem hat die Beratungsgesellschaft Ende der 1970er Jahre eine grundlegende Analyse zur Position und den Entwicklungsmöglichkeiten von Kronen durchgeführt, in der auch bereits die Methoden der modernen Marketing-Analyse- und Strategiekonzepte, wie etwa das BCG-Portfolio, genutzt wurden.

In der zuvor beschriebenen Situation Anfang der 1970er Jahre entschloss sich die Unternehmensspitze nach Abwägung der verschiedenen genannten geschäftsstrategischen Alternativen einschließlich der Möglichkeit, das Angebot auf eine einzelne Marke zu konzentrieren und künftig als Spezialbier-Brauerei nach dem Vorbild der Premium-Pils-Brauereien aufzutreten, dazu, eine Sortimentsbrauerei zu bleiben und weder andere Brauereien aufzukaufen noch eine Kooperation einzugehen. Es sollten aber die Sorten Export, Pils, Urtyp und Alt um weitere

Marken ergänzt werden und im Rahmen einer Segmentierungsstrategie diese in
unterschiedlichen Preiskategorien verschiedenen Verbraucherzielgruppen angeboten werden. Ein im Hause erarbeitetes dreiteiliges Grundlagenkonzept aus dem
Jahre 1973 war Basis für die künftigen unternehmerischen Entscheidungen.

Einige der daraus resultierenden Entscheidungen haben sich später als fragwürdig erwiesen und wurden z. T. erst viele Jahre später korrigiert. Dazu
gehörte beispielsweise auch der halbherzige Wechsel vom Dachmarkenkonzept
zu eigenständigen Produktmarken.

Mit dem Ansinnen, *eigenständige Produktmarken* zu bilden, wurde möglicherweise eine entscheidende und folgenreiche Weichenstellung vollzogen. Kronen
führte für diese Entscheidung mehrere Gründe an: Der wichtigste war, dass die
Marke „Dortmunder Export" inzwischen ein Imageproblem hatte. Die Marke
hatte sich u. a. aufgrund des ruinösen Preiswettbewerbs und auch aufgrund der
Erfolge der Premium-Pils-Brauereien den Ruf eines „Industriebieres" erworben.
Vom einstigen Qualitätsbegriff schien nichts mehr übrig geblieben zu sein.

Die Kronen-Brauerei führte im Jahr 1971 ihr neues Spitzenbier unter dem
Markennamen „Classic" ein. Im Jahre 1974 wurde die bisherige Pilsstandard-
marke „Dortmunder Kronen Pils" in „Pilskrone" umbenannt im Anschluss an
Marktforschungsstudien zum Vergleich verschiedener Namensalternativen und
einer zwischenzeitlich präferierten Bezeichnung als „Pilskronen-Pils". Mit der
Marke „Classic" wurde die Vorstellung verbunden, mit einem sortenneutralen
Bier à la Beck´s ein hochwertiges Bier der obersten Preisklasse auf dem Markt
platzieren und damit eine Kompensation für den stark rückläufigen Exportbier-
Absatz schaffen zu können. Exportbier wurde aber weiterhin unter der Marke
„Dortmunder Kronen Export" angeboten. Vom Exportbierangebot abgesehen verließ die Brauerei aber mit den Marken-Neubildungen das bewährte Konzept der
Dachmarke „Dortmunder Kronen". Dies ist umso bemerkenswerter, als durch eine
andere Marktforschungsuntersuchung belegt wurde, dass Kronen ein ungleich
besseres Image am Markt hatte als die „Industriebiere" der Konzernbrauereien
und unter den Dortmunder Marken führend war. Das galt auch für das Pilsangebot der Brauerei. Bereits in der Vergangenheit hatte sich der Pilsabsatz sehr
positiv entwickelt: Allein von 1966 bis 1971 verdreifachte er sich beinahe auf rd.
254.000 hl p.a. unter der bisherigen Markenbezeichnung.

Die neue Markenstrategie wurde von Beginn an nicht optimal umgesetzt. Die
werbliche Begleitung der Einführung von „Classic" wurde mit dem Argument
abgelehnt, dass sich Werbung nicht lohne, solange nicht die Distribution „vor
Ort" gewährleistet sei. Außerdem wurde das neue Spitzenprodukt der Brauerei
zunächst in Einwegflaschen und Dosen angeboten. Die Abfüllung in Mehrwegflaschen sowie in 50 l-Fässern erfolgte erst ab 1975. Angesichts mäßiger

Absatzzahlen wandelte sich die konzeptionelle Gedankenführung über die Jahre mehrfach: vom sortenlosen Bier über ein hochwertiges Exportbier und ein Bier vom „Typ feinherb" bis hin zum besonderen Pilsbier in den 1980er Jahren.

Im Gegensatz zur Thier-Brauerei war die finanzwirtschaftliche Situation Ende der 60er Jahre/Anfang der 70er Jahre zufriedenstellend. In den Jahren 1967 und 1968 wurden rd. 12 Mio. DM bzw. rd. 7,2 Mio. DM hauptsächlich in eine neue Flaschenabfüllanlage investiert. „Alle Investitionen konnten aus Eigenmitteln bezahlt werden", hieß es in einer Pressemeldung. Grundlage dafür war ein Eigenkapitalanteil von 70 % an der Bilanzsumme von 76 Mio. DM.

Der Marketinggedanke hatte bei Kronen bereits in der zweiten Hälfte der 60er Jahre Eingang ins Unternehmen gefunden – zu einer Zeit, als Vermarktungsprobleme für die Brauerei noch nicht unmittelbar wirksam wurden. Allerdings waren damals schon die künftigen Probleme insbesondere der Dortmunder Branche absehbar, und die wachsende Marktmacht der Konzernbrauereien wurde immer deutlicher erkennbar. Seit 1965 wurde Publikumswerbung betrieben, zunächst als allgemeine Bierwerbung, später immer stärker auf das Pilsangebot ausgerichtet. Mit Werbebudgets in der Größenordnung von bis zu 3,0 Mio. DM nahm die Brauerei in den Jahren 1972 und 1973 bezogen auf den hl-Ausstoß eine Spitzenstellung ein.

Auch wenn die Zusammenarbeit mit verschiedenen Werbeagenturen und Marktforschungsinstituten dokumentiert ist, so lässt sich dennoch feststellen, dass die eingeleitete Neuausrichtung in der Produkt- und Markenpolitik offensichtlich federführend von den Führungskräften und Marketingmitarbeitern der Brauerei erarbeitet und umgesetzt worden ist. Ein Organigramm, das die Bereiche „Verkauf" und „Marketing" unter einem gemeinsamen „Dach" als einen von vier Geschäftsführungsbereichen ausweist, ist für 1972 nachweisbar.

Aus dem Organigramm wie auch aus den Aktivitäten der Brauerei ist erkennbar, dass in dieser Phase das Marketing zum einen *instrumentell* ins Unternehmen eingeführt wurde, indem schrittweise die gesamte Palette des absatzwirtschaftlichen Instrumentariums eingesetzt worden war. Zum anderen wurde ein modernes Marketingverständnis aufgebaut, das bereits Züge einer *Führungsfunktion im Unternehmen* aufweist. Kronen unterschied sich hier deutlich von der Thier-Brauerei, war aber offensichtlich den Aktienbrauereien ähnlich aufgestellt.

Die dabei erbrachten Leistungen sowohl der unternehmensinternen Marketingfachleute als auch der externen Dienstleister gründeten in dieser Zeit allem Anschein nach primär auf Erfahrungen aus der Praxis, da die wissenschaftliche Marketingforschung in Deutschland sich in etwa zeitgleich entwickelte.

Der Vergleich der absatzwirtschaftlichen Praxis in den Brauereien Thier und Kronen mit den anwendungsorientierten Erkenntnissen und Handlungsempfehlungen der Marketingtheorie zeigt Folgendes:

Die **marktorientierte Unternehmensführung** als Leitbild des modernen Marketingkonzeptes war in den beiden im Fokus stehenden Brauereien in unterschiedlichem Maße ausgeprägt: Auf der einen Seite hatte die Thier-Brauerei ein eher instrumentelles Marketingverständnis entwickelt und baute dieses kaum zu einer marktorientierten Unternehmensführung im Sinne des modernen Marketingverständnisses aus. Die durchgeführten Maßnahmen variierten zudem in ihrer Intensität; z. T. gab es temporäre „Lücken". Dagegen hat die Kronen-Brauerei in dieser Zeit den Vorstellungen der Marketingtheorie schon weitgehend entsprochen.

Die **Managementfunktionen** Planung, Organisation, Durchführung und Kontrolle wurden ebenfalls in unterschiedlicher Weise ausgefüllt: Die Kronen-Brauerei ist dabei der Forderung der Theorie annäherungsweise gefolgt, die Marketingpläne in die gesamte Unternehmensplanung einzubetten, die Marketing-Organisation z. B. funktionsorientiert auszurichten und sie auf Geschäftsleitungsebene anzusiedeln und dabei den Vertriebsbereich zu integrieren. Der Thier-Brauerei dagegen gelang dies nur unter dem Planungsaspekt. Beide Unternehmen haben allerdings niemals Soll-/Ist-Vergleiche vorgenommen, etwa um bei Fehlentwicklungen rechtzeitig gegensteuern zu können. Bei Thier sind verschiedene Marketingfunktionen organisatorisch dem Vertrieb angehängt gewesen, zeitweise aber inhaltlich mit „direktem Zugang" zur Geschäftsleitung.

**Marktforschung** ist von beiden Unternehmen in dieser Zeit einzelfallbezogen betrieben worden. Sie hatte dabei aber primär eine ergänzende Funktion, indem sie die zu treffenden Entscheidungen absichern sollte. Dagegen war sie nicht Ausgangspunkt und zentrale Informationsgrundlage für unternehmerische Entscheidungen.

Der **Zielbildungsprozess** ist in beiden Brauereien durchlaufen worden und hat z. T. Entscheidungen über die grundlegende strategische Ausrichtung beinhaltet. So sind zum Ende der „Ausreifungsphase" bei Thier ergänzend „Leitlinien zur Unternehmenskonzeption" formuliert worden; bei Kronen waren es die „Grundlagen für die Erarbeitung einer Marketingkonzeption". Bei beiden Unternehmen wurde aber noch keine Ziel*erreichungs*-Kontrolle durchgeführt.

**Marketing-Strategien** sind grundsätzlich entwickelt worden, und zwar von ihren Zielsetzungen her sowohl als **Marktdurchdringung** und **Produktentwicklung** als auch als **Marktentwicklung.** Der strategische Aspekt kommt in den Konzeptionen der Kronen-Brauerei sehr viel deutlicher zum Ausdruck als bei der Thier-Brauerei.

Entscheidungen zur innovativen **Produktpolitik** sind in beiden Häusern eher auf der Basis von Erfahrungen der Führungskräfte und im Bewusstsein der eigenen Kompetenz getroffen worden als auf der Grundlage eines systematischen und mehrstufigen Prozesses von Analyse und Testung. Markforschungsergebnisse dienten lediglich ergänzend zu Absicherung von Einzelaspekten. Zu der von den Brauereien betriebenen dezidierten **Markenpolitik** konnten aus den neueren Lehrbüchern keine Anregungen übernommen werden.

Die **Preispolitik** der Dortmunder Brauereien insgesamt bildete nach wie vor einen neuralgischen Punkt in der Vermarktungspolitik, und zwar entgegen der Warnungen der Marketingtheorie vor einem aggressiven bis hin zum ruinösen Preiswettbewerb in der oligopolistischen Angebotsmarktform. Kapazitätsüberhänge, "gelerntes" Verhalten sowie die wachsende Marktmacht der großen Handelsorganisationen waren dafür maßgebend.

Die **Distributionspolitik** stand in dieser Zeit schon im Zeichen einer grundlegenden Umorientierung bezüglich der künftigen Absatzkanäle und der verstärkten Hinwendung zum organisierten Lebensmittelhandel. Die Privatbrauereien mit ihrem traditionellen Schwerpunkt im Getränkefachgroßhandel standen hier vor einer schwierigen Situation. Dabei galt es, sich auch gegenüber den Konzernbrauereien zu behaupten, die zum einen diesen neuen Vertriebsweg bereits früher für sich erschlossen hatten und außerdem über ihre Tochtergesellschaften im Brauereiwesen auch eine überregionale Präsenz und Distribution gewährleisten konnten. Die an dieser Stelle beschreibende Marketingtheorie konnte in dieser Zeit wenig zur Lösung der Probleme beitragen.

Bei der **Werbung** sind die Dortmunder Brauereien weitgehend den Empfehlungen der Marketingtheorie nach einem systematisch angelegten Planungsprozess und der Formulierung von Werbezielen, Zielgruppen, Werbebotschaften, der Bestimmung eines Werbeetats und von Werbeträgern und -mitteln gefolgt. Dagegen haben sie nur ausnahmsweise Pre- oder Post-Tests durchgeführt sowie eine Werbeerfolgskontrolle. Beiden Privatbrauereien ist es nicht gelungen, einen dauerhaft erfolgreichen Werbeslogan oder bestimmte Konstanten zur Wiedererkennung im Werbeauftritt zu kreieren.

Die von der Theorie auch erst recht spät berücksichtigte **Marketing-Kontrolle** wurde von den beiden Brauereien nicht praktiziert, etwa indem Soll-/Ist-Vergleiche als Parallel- oder als Ex-post-Kontrolle mit anschließenden Abweichungsanalysen und Anpassungsentscheidungen durchgeführt worden wären. Zu Beginn einer neuen Planungsperiode wurde stattdessen mit neuen Zahlen geplant.

Insgesamt hat die vorliegende Arbeit nachweisen können, dass von den beiden Privatbrauereien Thier und Kronen im Verlauf der Ausreifungsphase eine ganze

Reihe theoretischer Erkenntnisse und Handlungsempfehlungen der Marketingforschung in ihre Marketingpraxis einbezogen wurden. Dabei sind die Prozesse in
der Theorie und in der Praxis weitgehend parallel verlaufen, wobei über externe
Dienstleistungsunternehmen aber ein zeitnaher Wissenstransfer stattgefunden hat.

Die „**Stagnationsphase**" (ab 1974) bedeutete für die Dortmunder Brauereien
einen sich lange hinziehenden Prozess des „Niedergangs" – im Unterschied
zur Gesamtheit der Branchen in NRW sowie im Bundesgebiet. Während dort
die Absatzvolumina insgesamt zwar auch nicht mehr stiegen, aber immerhin
stabil gehalten werden konnten, verlor die Dortmunder Branche zusehends an
absolutem Neugeschäft, an Marktanteil und an Bedeutung.

Die Dortmunder Braubranche stand an der Schnittstelle zwischen „Ausreifungsphase" und „Stagnationsphase" zur Mitte der 1970er Jahre vor besonderen
Herausforderungen angesichts einer Zusammenballung von unterschiedlichen
Probleme. Gerade in ihren Kernabsatzgebieten zeigten sich gravierende Auswirkungen der aktuellen konjunkturellen Schwäche, dazu Inflation, Strukturkrisen in
der Montan- und Textilindustrie sowie Massen- und Dauerarbeitslosigkeit und die
daraus resultierende Bevölkerungsabwanderung. Außerdem verschärften sich die
Wettbewerbsbedingungen auch unter dem Eindruck der wachsenden Erfolge der
Premiumbieranbieter im Pilsmarkt und besonders unter der weiter stark zunehmenden Marktmacht der großen Handelsorganisationen im Lebensmittelbereich.

Eine ganz besondere Bedeutung hatte in dieser Situation die Finanzkraft der
Dortmunder Betriebe. Mit der im Kapitel 3.3.2 für die Jahre 1972/73 bzw. 1973
durchgeführten Bilanzanalyse konnte belegt werden, dass sich die Dortmunder
Brauereien schon aufgrund ihrer unterschiedlichen Größenordnungen in ihren
finanzwirtschaftlichen Verhältnissen wesentlich unterschieden. So reichte bei den
Größenunterschieden die Spannbreite bezüglich des jährlichen Bierausstoßes von
5,6 Mio. hl (DUB-Schultheiss) bis zu 0,3 Mio. hl (Stifts-Brauerei) und bei der
Bilanzsumme von 543 Mio. DM bis etwa 17 Mio. DM. Diese Unterschiede zeigten sich dann auch bei den absoluten finanzwirtschaftlichen Bilanzpositionen,
etwa beim Jahresüberschuss mit einer Bandbreite von knapp 30 Mio. DM bis
hin zu 0,6 Mio. DM. Dabei fielen die Kennzahlen (als Verhältniszahlen) im Einzelnen damals (noch) recht positiv aus und stellten sich relativ einheitlich dar.
Die Ausnahmen bildeten die DAB und die Thier-Brauerei. Die DAB hatte im
Anschluss an die fast vollständige Übernahme der Hansa-Brauerei die finanzwirtschaftlichen Wirkungen zu bewältigen. Die Thier-Brauerei wies damals bereits
eine vergleichsweise geringere Eigenkapital-Quote, einen entsprechend höheren
Verschuldungskoeffizienten sowie niedrigere Kennzahlen bei der Liquidität und
der Eigenkapital-Rentabilität auf. Es konnte darüber hinaus im weiteren Verlauf
dieser Untersuchung gezeigt werden, dass die Dortmunder Braubetriebe

- untereinander eben wegen ihrer verschiedenen Größenordnungen und finanziellen Ausstattungen divergierende Möglichkeiten in der Geschäftspolitik und der Marktbearbeitung hatten,
- dass sie kurz nach dieser bilanzstrukturellen Standortbestimmung seit Mitte der 70er Jahre teilweise mit gravierenden betriebswirtschaftlichen Problemen konfrontiert waren und Bilanzverluste ausweisen mussten; das gilt selbst für die Konzernbrauereien DUB und DAB,
- dass diese Probleme bei einzelnen Brauereien (DAB) durch die Konzentrationspolitik (Übernahme der Hansa-Brauerei) verstärkt wurden,
- dass sich aus diesen betriebswirtschaftlichen Problemen auch die Diskontinuitäten im Marketingeinsatz einzelner Dortmunder Betriebe auf der Zeitachse erklären lassen,
- dass bei anderen Brauereien eine zu hohe Liquidität als Ausdruck einer wenig dynamischen Geschäftspolitik gewertet werden kann und
- dass sich schließlich damit z. T. auch der verstärkte Konzentrationsprozess gegen Ende der 80er Jahre bis hin in die 2000er Jahre erklären lässt.

Die Dortmunder Brauereien haben im Bewusstsein ihrer schwierigen Ausgangslage in dieser Periode ihre Marketinganstrengungen jeweils im Rahmen ihrer Möglichkeiten fortgesetzt, und zwar mit weiter steigenden Werbeausgaben und Investitionen in den Markt. Sie bauten dabei auf den produkt- und markenpolitischen Entscheidungen der „Ausreifungsphase" auf. Das Ziel war, die Marken weiter zu profilieren. Darüber hinaus wurden bei einigen eingeführten Marken Neupositionierungen vorgenommen, in ersten Linie hinsichtlich der Qualitäten und Sortenbezeichnungen. Allerdings verzichtete man weitgehend auf Produktinnovationen und andere produktpolitische Anpassungen. Die einzige Produktneueinführung war die Marke „Brinkhoff´s No. 1" der DUB im Jahre 1977. Diese Innovation war sehr erfolgreich; sie entwickelte sich in der Folgezeit zum Hauptumsatzträger dieser Brauerei.

Die hiesigen Betriebe widmeten sich in dieser Zeit in unterschiedlicher Stärke und Konsequenz – die Aktien-Brauereien mehr, die Privatbrauereien weniger – auch dem Kampf um den Vorrang auf den Absatzwegen insbesondere im organisierten Lebensmittelhandel. Dabei wurde der intensive Preiswettbewerb fortgesetzt mit der Folge, dass die Probleme, kostendeckende Preise und schließlich dividendentauglicher Erträge zu erzielen, zunahmen.

Bedeutend war auch, dass die Braubranche insgesamt immer mehr die Relevanz strategischer Ansätze im Marketing erkannte und versuchte, diese in ihre Marketingkonzepte zu integrieren. Die sich seit den 1970er Jahren in der Beratungspraxis sowie der Marketingwissenschaft zunehmend entwickelnden strategischen Konzepte der Marktbearbeitung sind vor allem durch Unternehmensberatungsgesellschaften in die Brauereien getragen worden. Einige Dortmunder Brauereien haben dieses Wissen genutzt, andere weniger.

Allerdings hatten diese verschiedenen strategisch wie operativ ausgerichteten Marketingmaßnahmen nur eine begrenzte Wirkung. Abgesehen von einer kurzfristigen Belebung des Geschäftes zu Beginn der 80er Jahre aufgrund von Sondereffekten wie der Produktion für Handelsmarken im Billigbiersegment mündete die weitere Entwicklung der Dortmunder Brauwirtschaft in einen Negativtrend, der bis zum Ende des Beobachtungszeitraums Ende der 1980er Jahre anhielt.

In der **Fallstudie 4** zur **Thier-Brauerei** konnte gezeigt werden, dass nach dem erheblichen Absatzeinbruch in der zweiten Hälfte der 1960er Jahre – im Unterschied zur Dortmunder Branche insgesamt sowie auch zur Kronen Brauerei – keine fortgesetzten Absatzeinbußen mehr hingenommen werden mussten. Der Absatz bewegte sich in diesen Jahren – die Sondereffekte nicht berücksichtigt – auf einem Niveau, das zwischen 10 % und 15 % unterhalb des ehemaligen Spitzenwertes lag.

Die Brauerei hat dabei in diesen Jahren gegenüber der „Ausreifungsphase" wenig in ihren Marketingaktivitäten geändert. Das Marketing ist in den 1970er und 1980er Jahren instrumentell geblieben. Schwerpunkte der Maßnahmen lagen im Bereich der Werbung und Verkaufsförderung, wobei diese aufgrund der unterschiedlichen finanzwirtschaftlichen Situation diskontinuierlich über die Zeit durchgeführt wurden. Die Budgets wurden mitunter relativ abrupt zurückgefahren und wieder erhöht. Im Unterschied zur „Ausreifungsphase" wurden nun nicht mehr größere Werbeagenturen beauftragt, die damals sowohl Werbekonzepte als auch ganzheitliche Vermarktungskonzepte erarbeitet hatten. Stattdessen wurden für eine zeitlich begrenzte Zusammenarbeit kleinere Agenturen beauftragt. In einzelnen Jahren ist die Werbekonzeption ausschließlich durch die Werbeabteilung der Thier-Brauerei erstellt worden. So erscheinen die Werbeaktivitäten in dieser Phase eher als einzelfallbezogene Aktionen und nicht als Fortsetzung einer durchgängigen und längerfristig angelegten Konzeption.

Das hatte zur Folge, dass durch die fehlenden Kontakte zu externen Dienstleistern auch weniger neues wissenschaftliches und in der unternehmerischen Praxis erprobtes Marketing Know-how in die Brauerei getragen wurde. Auf diese Weise blieben auch neue Methoden des strategischen Marketings weitgehend unberücksichtigt. Allerdings hat die Thier-Brauerei 1983 einen intensiven Diskussionsprozess innerhalb ihrer Führungsmannschaft initiiert. Unter Anleitung und Begleitung eines externen Unternehmensberaters wurden zwei Jahre lang in Workshops und Projektgruppen die Probleme des Unternehmens aufgearbeitet und dazu Strategiepapiere verfasst. Eine konkrete Umsetzung dieser Arbeiten ist nur bruchstückhaft dokumentiert. Auch sind danach keine Aufträge an externe Dienstleister dazu erteilt worden. Allerdings könnte die Initiative eine von vornherein mit beabsichtigte Motivationswirkung auf die Beteiligten gehabt haben. Es bleibt aber der Eindruck, dass die Aktivitäten entweder von Beginn an eher den Charakter von „Signalen und Symbolen" hatten oder dass sich dies im Laufe des Prozesses so entwickelt hat. Möglicherweise ist auch von der Geschäftsleitung in dieser Zeit keine spürbare Initialzündung auf die Mitarbeiter ausgegangen, da diese sich seit Ende der 1970er Jahre mit Gedanken zum Verkauf der Brauerei trug.

Auch bezüglich der Vertriebsaufgabe ist eine zielorientierte und strategisch ausgerichtete Vertriebsarbeit in dieser Phase kaum erkennbar. Die Versuche, einen stärkeren Zugang zum Lebensmittelhandel zu erreichen, wurden Mitte der 80er Jahre auch wegen neuer Leitlinien zur Rückbesinnung auf den traditionellen Vertriebsweg über den Getränkefachgroßhandel zumindest eingeschränkt.

Über eine Reihe von Jahren hat sich die Thier-Brauerei an Betriebsvergleichen zwischen bundesdeutschen Brauereien beteiligt. Die Ergebnisse zeigen wiederholt, dass die Produktivität – gemessen in hl Bierausstoß/Beschäftigtem – im Werbe- und im Vertriebsbereich im Branchenvergleich unterdurchschnittlich war und die Kosten – gemessen in DM/hl Bierausstoß – überdurchschnittlich waren. Ein Grund dafür könnte darin liegen, dass die Brauerei auch in dieser Zeit wenig externe Aufträge vergeben hat, sondern die Marketingaufgaben in Eigenregie durchgeführt hat. Gegensteuernde Maßnahmen der Brauerei gegen dieses Kosten-/Leistungs-Ungleichgewicht sind aus den Archivmaterialien nicht erkennbar.

Der Marketinggedanke hat bei der Thier-Brauerei auch bis zum Ende der 1980er Jahre nur eingeschränkt den Weg in den unternehmerischen Entscheidungsprozess gefunden. Bei Thier ist Marketing nie als „Führung des Unternehmens vom Markt" verstanden worden und nie als Leitbild für die gesamten Unternehmensaktivitäten. Die Maßnahmen im Werbe-, Verkaufsförderungs- und Vertriebsbereich waren eher aktionsgetrieben und weniger strategisch angelegt. Insofern hat es in der „Stagnationsphase" gegenüber der „Ausreifungsphase" keine spürbare Weiterentwicklung gegeben.

Die **Kronen-Brauerei** hat dagegen in der „Stagnationsphase" von ihren Aktivitäten her eine ganz andere Dynamik entwickelt, wie in der **Fallstudie 5** herausgearbeitet werden konnte. Dies wird sowohl bei der Betrachtung der durchgeführten Marketing- und Vertriebsstrategien und -maßnahmen und der dabei

weiter gestiegenen Budgetmittel deutlich als auch bei der Untersuchung der
eingesetzten Analyse- und Strategieinstrumente.

Letztlich hatten aber alle Aktivitäten keinen hinreichenden Erfolg: Die rückläufige Absatzentwicklung setzte sich fort; eine Trendwende konnte nicht erzielt
werden. 1989 erreichte der Bierausstoß nur noch rd. zwei Drittel des Spitzenwertes von 1976. Die traditionell sehr starke Ausrichtung auf den Exportbier-Absatz
war eine wesentliche Erschwernis, eine Kompensation konnte über den Pilsabsatz
sowie über die Marke „Classic" niemals erreicht werden. Daran konnte auch die
späte Rückkehr zum Dachmarkenkonzept zur Mitte der 80er Jahre nichts mehr
ändern.

Dabei wurden die Marketinganstrengungen erhöht: Der Werbeetat wuchs
allein im Zeitraum von 1973 bis 1980 um mehr als 60 % auf knapp 12 Mio.
DM; bis 1986 fand eine weitere schrittweise Erhöhung auf 15,7 Mio. DM statt.
Ein durchschlagender Erfolg war damit allerdings nicht verbunden. Die Brauerei hat für ihre drei Hauptmarken „Pils", „Classic" und „Export" immer wieder
modifizierte Zielpositionierungen vorgenommen. Es stellte sich im Laufe der
Zeit immer mehr heraus, dass die Marke „Classic" in der bisherigen Angebotsform sich nicht zur Entwicklung zum „Star"-Produkt im Sinne der BCG-Matrix
eignete; wirkliche Konsequenzen wurden daraus aber bis 1990 nicht gezogen.

Die Kronen-Brauerei hat seit dem Absatzeinbruch in der zweiten Hälfte der
70er Jahre und angesichts drohender negativer Ergebnisse in den Jahresabschlüs-
sen eine Reihe von Analysen vorgenommen und Konzepte zur Entwicklung des
Geschäfts erarbeitet, z. T. auch unter Beteiligung einer Unternehmensberatungsgesellschaft. So wurde z. B. im Jahre 1979 eine Stärken-/Schwächen-Analyse
vorgelegt. Diese beinhaltete einerseits einen Wettbewerbsvergleich zu einer Reihe
von absatz- und betriebswirtschaftlichen Kriterien, andererseits zeigte diese Analyse die Wettbewerbsposition der Kronen-Brauerei im Exportbier- sowie im
Pilsbiermarkt in jeweils einer Matrix-Darstellung nach dem Muster des BCG-
Portfolios. Als Konsequenz daraus wurden Kostenreduzierungen geplant, u. a. im
Personalbereich. Außerdem sollte ein analytisches Plankostensystem eingerichtet werden. Ferner wurden strategische Überlegungen für den Vertriebsbereich
angestellt, auch im Hinblick auf eine differenzierte Unterstützung für die einzelnen Marken sowie auch in Richtung einer vorsichtigen Umgewichtung der
Aktivitäten zugunsten des Lebensmittelhandels. Schließlich wurde eine räumliche Expansionsstrategie ins Auge gefasst. Dabei sollte die Marketingorganisation
gestärkt werden, um diese Aufgaben erfüllen zu können.

Im Anschluss daran hat die Kronen-Brauerei bei einer großen deutschen
Unternehmensberatung die Entwicklung einer Marketingstrategie in Auftrag
gegeben. Auf der Grundlage einer betriebswirtschaftlichen Analyse wurden Vorschläge zu weiteren Kosteneinsparungen unterbreitet sowie auch zu sehr viel

weitergehenden unternehmenspolitischen Möglichkeiten. Kernpunkt der Analyse war allerdings die Darstellung der Ist-Situation des Unternehmens in einer Matrix nach dem BCG-Portfolio. Dies geschah – etwas ungewöhnlich und entgegen der ursprünglichen methodischen Ausrichtung des Verfahrens – für eine ganze Reihe kleinteiliger Geschäftssegmente. Eine wesentliche Schlussfolgerung daraus war, dass es gelingen müsse, ein „Star"-Produkt zu schaffen, um langfristig eine befriedigende Rentabilität zu erzielen, dass dies aber mit „Classic" nicht gelingen werde. Auch wurde das Ansinnen, mit „Pilskrone" ins obere Preissegment vorzudringen, skeptisch beurteilt und die Empfehlung ausgesprochen, sich weiterhin im akzeptierten Preisband am oberen Rand der Konsumbiere zu bewegen.

Diese Analyseergebnisse gingen zusammen mit weiteren betriebsinternen Analysen, etwa zu Zielgruppensegmentierungen bei den verschiedenen Marken, und ergänzenden Zielformulierungen qualitativer und quantitativer Art in die langfristige Marketing- und Vertriebsplanung der Folgejahre ein, ohne dass allerdings die Umsetzung der Erkenntnisse des Gutachtens in konkrete Prognosezahlen für den künftigen Absatz nachvollziehbar wäre. Z.T. widersprechen die Prognosezahlen den Ergebnissen des Gutachtens sogar in ihrer Tendenz (s. Prognosezahlen für die Marke Classic). Auch hier lässt sich fragen, ob in diesem Falle Informationen und Gutachtenresultate lediglich als Symbol für rationale Unternehmensentscheidungen dienten.

Seit Anfang der 80er Jahre wurde auch über eine Rückkehr zur Dachmarken-Strategie nachgedacht, die dann einige Jahre später realisiert wurde. Die Argumente dafür waren die glaubwürdige Braukompetenz der Kronen-Brauerei, die jahrhundertealte Brauerfahrung sowie der hohe Qualitätsstandard. Umgesetzt werden sollte dies durch ein einheitliches Erscheinungsbild und Auftreten der Brauerei mit der Krone in der gesamten Werbung. Dabei sollten alle bisherigen eigenständigen Biermarken unter die Dachmarke „DORTMUNDER KRONEN" gestellt werden, und die Marke „KRONEN EXPORT" der „Markenführer" sein, „KRONEN PILS" der „Mengenführer" und „KRONEN CLASSIC" zum „Aushängeschild" entwickelt werden.

Begleitet wurden die Planungen von einer Neuorientierung im Managementsystem für den Marketing- und Vertriebsbereich. Dazu gehörten u. a. die Einführung des Führungskonzeptes „Führen durch Zielvereinbarungen" sowie einer Vertriebserfolgsrechnung und der Aufbau eines Vertriebs-Informations- und Steuerungssystems. Letzteres war durch die Marktforschungsabteilung konzipiert worden und sollte kleinräumige Marktanalysen zur regionalen Vertriebssteuerung liefern. Ob diese Vorhaben tatsächlich umgesetzt wurden, konnte dem Archivbestand nicht entnommen werden.

Anfang der 1980er Jahre hat sich das Management vertiefend auch mit wettbewerbsstrategischen Überlegungen befasst und dabei auch das Wettbewerbsmodell von Porter berücksichtigt. Die Brauerei sah sich in einem vierfachen Spannungsfeld zwischen (1) den hochpreisig anbietenden Pils-Spezialisten, (2) den Billigbier-Anbietern, (3) den Brauereien, die jeweils einen lokalen oder regionalen Goodwill nutzen konnten sowie (4) anderen hiesigen Brauereien, die mit eigenständigen Marken und Kommunikationskonzepten ihre Stärken nutzten, wie z. B. „Brinkhoff´s No. 1". Im Anschluss an einen Vergleich der Alternativen im Strategiemodell nach Porter – Preis-Mengen-Strategie vs. qualitätsorientierte Präferenzstrategie – entschied man sich dafür, weiterhin die Präferenzstrategie zu verfolgen. Bezüglich der am Markt erzielbaren Endverbraucherpreise war sich die Brauerei mit ihren Konsumbieren der Situation des „Stuck in the middle" bewusst, ohne sich allerdings im Weiteren daraus befreien zu können.

Die Vermarktungsaktivitäten der Brauerei waren in den 80er Jahren von personellen Umbrüchen begleitet. Nach dem Weggang des langjährigen Geschäftsführers für den Geschäftsführungsbereich „Marketing und Vertrieb" übernahmen innerhalb weniger Jahre vier weitere Personen die Verantwortung für diesen Geschäftsbereich. Dieser rasche Management-Wechsel hatte auch wiederholte Änderungen in den Marketing- und Sortenkonzepten zur Folge. Die Geschäftspolitik verlor dadurch zeitweise zusätzlich an Klarheit und Linienführung.

Möglicherweise haben diese schnellen personellen Wechsel im Geschäftsführungsbereich zusammen mit dem unter der Zielsetzung der Kostenreduzierung vorgenommenen Personalabbau auch Motivationsprobleme hervorgerufen. Jedenfalls wurden zur Mitte der 80er Jahre Defizite im Führungsbereich sowie bei der Mitarbeitermotivation wahrgenommen. In einem Maßnahmenplan wurden die erarbeiteten Führungs- und Entscheidungsregeln sowie Verhaltensregeln aufgelistet und eine Dezentralisierung in einem kooperativen Führungssystem vorgeschlagen. Es war ein Versuch, mit einem ganzheitlichen Ansatz die Probleme der Kronen-Brauerei lösen zu wollen und nicht nur auf dem absatz- und betriebswirtschaftlichen Gebiet.

Mitte 1987 wurde den Entscheidungsgremien der Brauerei ein Vorschlag zur Beendigung der Vermarktung von „KRONEN CLASSIC" vorgelegt. Grundlage waren Analysen des Marketing-Bereichs sowie Diskussionen im Führungskreis des Vertriebs. Der Absatz der Marke hatte seit der Einführung im Jahre 1971 die Größenordnung von 100.000 hl p.a. nie erreichen können und befand sich nun in der Abwärtsbewegung. Allerdings ist das Produkt damals tatsächlich noch nicht vom Markt genommen worden, sondern war auch im Fünfjahresplan für 1989 bis 1993 noch Bestandteil des Sortiments.

Auch bei der Kronen-Brauerei veränderte sich die finanzielle Situation im Laufe der „Stagnationsphase": Der Eigenkapitalanteil nahm tendenziell ab, das Fremdkapital zu. Bis etwa zur Mitte der 70er Jahre konnte jeweils ein positives

Betriebs- und Jahresergebnis ausgewiesen werden, z. T. auch nur mit geringen Rentabilitätsraten. Anschließend entwickelten sich entweder eine oder beide Positionen bis Anfang der 80er Jahre und noch einmal zur Mitte der 80er Jahre negativ.

Bei den Betriebsvergleichen erreichte die Brauerei insgesamt branchenübliche Werte, allerdings ebenfalls – wie bei der Thier-Brauerei – z. T. unterdurchschnittliche Werte bei den Funktionsbereichen Marketing/Werbung. Auch hier lassen sich gegensteuernde Maßnahmen aus den Archivunterlagen nicht erkennen.

Was das Marketingverständnis betrifft, so hat das Unternehmen grundsätzlich das bereits in der „Ausreifungsphase" erkennbare Marketingverständnis als „Führen des Unternehmens vom Markt her" auch in dieser Phase weiterhin angestrebt und über weite Strecken auch praktiziert. Das Management hat grundsätzlich in strategischen Kategorien gedacht und damit verbundene methodische Ansätze genutzt. Z.T. geschah dies durch die Hilfestellung externer Dienstleister. Sie haben auch hier eine wichtige „Scharnierfunktion" bei der Vermittlung von theoretischem und/oder praktisch erprobtem Wissen erfüllt.

Allerdings wurden bei Kronen wie auch bei Thier bei einigen grundlegenden strategischen Problemstellungen nicht immer die „richtigen" Entscheidungen getroffen, auch wenn das von der Marketingtheorie zur Verfügung gestellte Instrumentarium angewendet worden ist. Außerdem erfolgten viele Entscheidungen nicht auf der Basis von Marktforschungsergebnissen, z. T. widersprachen sie ihnen sogar. Mitunter fehlte auch die konsequente Durchsetzung, und es gab in bestimmten Bereichen auch eine fortgesetzte Unentschiedenheit bei der Auswahl zwischen verschiedenen Alternativen.

Die insbesondere zu Beginn der 1970er Jahre z. T. nur zögerlich getroffenen produkt- und markenpolitischen Entscheidungen erwiesen sich später im Hinblick auf den Markterfolg als nicht angemessen. Sie wurden auch in der „Stagnationsphase" entweder gar nicht oder zu spät korrigiert. Das betrifft vor allem die Umstellung von der Dachmarke auf einzelne Solitärmarken. Das zeigt sich außerdem beim Festhalten an der erfolglosen Marke „Classic", die auch nach fast zwei Jahrzehnten noch nicht vom Markt genommen wurde, und das zeigt sich schließlich beim zaudernden Verhalten bezüglich Frage, ob für die Marke „Export" weiter Werbung betrieben werden sollte.

Mit ihrer Markenpolitik stand die Kronen-Brauerei am Ende der 80er Jahre nicht weit weg von ihrem Analyseergebnis rd. ein Jahrzehnt zuvor: Die Positionierungen der Einzelmarken befanden sich noch im selben Quadranten des BCG-Portfolios, und noch immer fehlte ein „Star"-Produkt. Es ist nicht gelungen, die konzipierten Strategien und Maßnahmen in dauerhafte Absatzerfolge umzusetzen. Möglicherweise lag dies zeitweise auch an Um- und Durchsetzungsproblemen.

Der neuerliche Vergleich der Marketingpraxis in den Brauereien Thier und
Kronen mit den anwendungsorientierten Erkenntnissen und Handlungsempfehlungen der Marketingtheorie, die schwerpunktmäßig in den 1980er Jahren
entwickelt und in die Neuauflagen die Lehrbücher übernommen worden sind,
zeigt Folgendes:

**Situationsanalysen** im Sinne einer Beschreibung ihrer spezifischen Situation am Biermarkt haben sowohl die Thier- als auch die Kronen-Brauerei
durchgeführt. Thier hat dies eher in allgemeiner beschreibender Form praktiziert, ohne dass spezielle Methoden wie etwa eine Stärken-/Schwächen-Analyse
oder ein anderes Verfahren genutzt worden sind. Kronen war auch hier breiter
aufgestellt: Neben detaillierten Beschreibung wurden auch methodische Verfahren wie die Stärken-/Schwächen-Analyse, die Lebenszyklus-Analyse sowie die
Portfolio-Analyse, letztere wiederholt, angewendet.

Bei der Entwicklung von **Marketing-Strategien** hat die Kronen-Brauerei über
das BCG-Portfolio-Konzept hinaus auch einige der in der Ansoff'schen Produkt-
Markt-Matrix dargestellten Konstellationen für sich erkannt und einige daraus
ableitbare Strategiekonzepte implizit angewendet. So hat sie z. B. Strategien
zur Marktfelderweiterung genutzt sowie Marktstimulierungsstrategien; außerdem wurden Markt- und Zielgruppensegmentierungen vorgenommen. Bei der
Thier-Brauereien waren strategische Überlegungen weniger methodisch begleitet.

Der **wettbewerbsstrategische Ansatz** von Porter ist ebenfalls in der Kronen-
Brauerei im Hinblick auf die Einschätzung ihrer Situation und der daraus
folgenden Konsequenzen diskutiert worden. Das Management hat sich dabei für
die Fortsetzung der präferenzorientierten Marktstrategie entschieden. Dem Problem des „Stuck in the middle" hat die Brauerei – trotze einiger Versuche – nicht
entrinnen können.

Zu den Themenfeldern **Distributions-, Preis- und Handelspolitik** kann auch
die Literatur der 80er Jahre in erster Linie lediglich Grundlagen liefern, so
z. B. die Empfehlung zum „Pull-Marketing" und zum gleichzeitigen „Push-
Marketing". Sie hat darüber hinaus die „Konfliktlinien" zwischen Herstellern
und Handelsorganisationen beschrieben und rät zu einem „Kooperationskonzept".
Die Erkenntnisse der Marketingwissenschaft reichen hier aber nicht von vornherein aus, um im konkreten – häufig komplexen – Fall die aktuellen Probleme,
Handlungszwänge und die für eine erfolgreiche Marketingpolitik notwendigen
Entscheidungen gänzlich aufzuarbeiten und mit entsprechenden Empfehlungen
zu bedienen. So standen insbesondere die beiden Privatbrauereien mit ihrer
begrenzten Marktmacht im Zwiespalt zwischen dem Festhalten am traditionellen und ertragreichen, aber schrumpfenden Fassbiergeschäft und der stärkeren

Hinwendung zu dem quantitatives Mehrgeschäft versprechenden, aber schwieriger zu steuernden und mit Ertragseinbußen verbundenen Geschäft mit den neuen Betriebsformen des Lebensmittelhandels.

Die **Marketing-Kontrolle** ist als Konzept zum Ende der 1980er Jahre von der Marketingtheorie weiter verfeinert und ausgebaut und auf das gesamte Unternehmen ausgeweitet worden einschließlich des Zielsystems, der Organisation, der Planung im Marketingbereich bis hin zum Unternehmensleitbild. Die beiden Privatbrauereien haben allerdings – wie bereits in den beiden vorangegangenen Marktphasen – kaum eine Maßnahme etwa durch einen Soll-/Ist-Vergleich mit anschließender Abweichungsanalyse begleitet. Stattdessen enthielt ein neuer Marketingplan ggf. neue Zahlen.

Die vorliegende Analyse hat aufzeigen können, dass handlungsrelevante Erkenntnisse der Marketingdisziplin in der Dortmunder Brauindustrie angewendet worden sind. Für den Transfer dieses Wissens hatten externe Dienstleister wie Unternehmensberater, Werbeagenturen und Marktforschungsinstitute eine große Bedeutung. Am Beispiel zweier Privatbrauereien konnte außerdem das unterschiedliche Ausmaß dieser Adaption herausgearbeitet werden, das von einem vorwiegend instrumentellen Verständnis bis hin zur weithin praktizierten Führung des Unternehmens vom Markt her reichte.

Die Untersuchung hat darüber hinaus folgende Erkenntnisse erbracht:

Für die Dortmunder Brauereien hätte auch eine formal-logisch und über die Zeit inhaltlich entwickelte Orientierung ihrer Marketing- und Vertriebskonzepte an den methodischen Ansätzen, Aussagen und Handlungsempfehlung der Marketingliteratur *allein* den unternehmerischen Erfolg nicht gewährleisten können. Bereits Erich Gutenberg hat in seinem grundlegenden Werk „Der Absatz" darauf hingewiesen, dass unternehmerische Entscheidungen unter unvollständigen Informationen und bei Unsicherheit zu treffen sind und das Geheimnis richtiger Entscheidungen niemals rational völlig fassbar ist. Das Verdienst der späteren Marketingliteratur ist aber, in ihrer entscheidungs- und verhaltenstheoretischen Ausrichtung bis hin zum Konzept der praktisch-normativen Managementlehre mit ihren handlungsorientierten Aussagen sowie den verschiedenen Analyse-, Strategie- und Maßnahmenvorschlägen praktisches Handeln in den Unternehmen und erfolgreiches Verhalten am Markt unterstützen zu können. Auf dieser Grundlage müssen dann aber die „richtigen" Entscheidungen in der jeweiligen Situation und auf dem jeweiligen Markt für das jeweilige Unternehmen selbst getroffen werden. Das wissenschaftlich bzw. fachspezifisch gebildete Management bringt dazu i. d. R. die notwendigen Kenntnisse sowie außerdem branchenspezifische praktische Erfahrungen mit. Es kann vermutet werden, dass dieses Know-how in den großen Brauereien tendenziell stärker vorhanden und ausgeprägt war

als in manchen kleineren. Unternehmensberater, Werbeagenturen sowie Marktforschungsinstitute können dabei mit spezifischen Angeboten und Expertisen
zusätzliche Hilfestellungen leisten.

In der vorliegenden Arbeit konnte außerdem eine Reihe von Belegen dafür
gefunden werden, dass – bezogen auf die spezifische Situation des Dortmunder
Braugewerbes im Beobachtungszeit – für einen dauerhaften Markterfolg weitere
Bedingungen hätten erfüllt sein müssen, wie sie der Unternehmensberater Roland
Berger bereits Anfang der 1970er Jahre für die Braubranche in ähnlicher Weise
formuliert hat:

- eine gesunde Finanzierungstruktur des Unternehmens
- ein fähiges Management
- eine bedürfnisgerechte Sortenstruktur
- eine dezidiert und umsichtig betriebene Markenpolitik
- eine „glückliche Hand" bei der Auswahl und Steuerung der Vertriebskanäle
  und der Gestaltung von Vertragsverhandlungen mit den Handelspartnern
  besonders aus dem organisierten Lebensmittelbereich sowie
- ein Führungsverhalten, das die fachliche und soziale Kompetenz miteinander
  verbindet.

Außerdem kann sich die Unternehmensgröße als ein wesentlicher Wettbewerbs-
faktor erweisen. Die Vorteile reichen hier von der besseren Kapitalausstattung
und größeren Finanzkraft, den absolut höheren Erträgen, möglicherweise der Einbindung in marketingerfahrene Muttergesellschaften, den Kostenvorteilen nach
dem Erfahrungskurveneffekt, den vertriebsstrategischen Vorteilen aus der regional weitgestreuten Präsenz von Tochtergesellschaften und damit der Möglichkeit,
bei den Zentralen der großen Handelsorganisationen im Lebensmittelbereich als
attraktiver Gesprächspartner aufzutreten bis hin zu der Möglichkeit, gute Mitarbeiter ans Unternehmen zu binden. Dennoch hat sich schließlich auch die Unternehmensgröße als möglicher Erfolgsfaktor allein nicht durchsetzen können, denn
der Dortmunder Biermarkt ist im Beobachtungszeitraum von vier Jahrzehnten
insgesamt stark geschrumpft, und der darüber hinaus fortgesetzte Konzentrationsprozess kulminierte schließlich im Jahre 2004 im Zusammenschluss zu einem
Unternehmen. Der Wille der Muttergesellschaft dieser Konzernbrauerei hat bei
der Aufrechterhaltung der Biermarktaktivitäten eine große Rolle gespielt.

Bei einer Bewertung der Aktivitäten und Ergebnisse der Dortmunder Brauindustrie ist außerdem Folgendes zu berücksichtigen: Es gibt Entwicklungen, die
vom einzelnen Unternehmen oder einer Branche kaum oder nur wenig beeinflussbar sind: So müssen bei der Bilanzierung der Marketingpolitik der Dortmunder

Brauereien und ihrer Resultate auch die langjährigen schwierigen gesamtwirt-schaftlichen Verhältnisse und industriestrukturellen Probleme insbesondere in ihren Kernabsatzgebieten berücksichtigt werden. Allein schon die dadurch aus-gelöste Abwanderung von etwa 250.000 Menschen hat das Absatzpotenzial der Brauereien spürbar verringert.

Die relativ früh und abrupt auftretende Marktsättigung zur Mitte der 60er Jahre, die damit offenbar gewordenen Überkapazitäten im Produktionsbereich und der damit im Zusammenhang stehende Preisdruck hat den Wettbewerb zusätz-lich verschärft, so dass der Biermarkt sich seit der zweiten Hälfte der 60er Jahre zu einem immer schwieriger werdenden Markt entwickelte. Dagegen war die deutschsprachige Marketingwissenschaft zeitgleich noch im Aufbau begriffen und befasste sich primär mit *wachsenden* Märkten, nicht mit stagnierenden oder schrumpfenden.

Den Dortmunder Brauereien ist es nicht gelungen, sich aus dieser schwierigen Marktsituation dauerhaft zu befreien.

## 4.4 Grenzen der Aussagefähigkeit der Untersuchung sowie Ausblick auf weitere mögliche Forschungsarbeiten

Diese Arbeit hat das Verhältnis zwischen Theorie und Praxis im Marketing für einen wesentlichen Ausschnitt einer Konsumgüterbranche analysieren kön-nen. Basis dafür waren Archivmaterialien, anhand derer sich die Sachverhalte objektiv darstellen ließen. Trotz des großen Umfangs des Archivbestandes wird es möglicherweise in den untersuchten Brauereien auch wesentliche Diskussio-nen, Entscheidungen und Entwicklungen gegeben haben, die nicht dokumentiert bzw. nicht im Brauereiarchiv des WWA enthalten sind. Außerdem könnten andere Materialien bei der Recherche übersehen worden sein. So könnte das Bild über die absatzwirtschaftlichen Aktivitäten und die Unternehmenspolitik der analysierten Unternehmen unvollständig geblieben sein.

Ergänzend hätten evtl. auch „Zeitzeugen" hilfreich sein können. Durch struk-turierte Interviews hätte die Chance zu einer noch weitergehenden Erforschung und Interpretation bestimmter Entwicklungen bestanden.[8] Jedoch wäre die Gefahr

---

[8] Es hat zu Beginn der Archivarbeit im WWA ein Gespräch mit einem Familienmitglied einer der ehemaligen Brauerei-Eigentümer gegeben. Diese Person hat allerdings aufgrund ihres damaligen Lebensalters noch nicht im Unternehmen mitgearbeitet.

der Umdeutung von Entscheidungen und Leistungen zu berücksichtigen gewesen, auch weil das Ende des Berichtszeitraums in dieser Studie mehr als 30 Jahre zurück liegt.

Allerdings könnte es sich für *zeitnähere* Studien als sinnvoll erweisen, eine Aktenanalyse im Rahmen einer ähnlichen Untersuchung um persönliche Interviews mit Entscheidungsträgern aus dem Marketingbereich oder der Unternehmensführung zu erweitern, falls es gelingt, die interpretierenden Aussagen entsprechend zu kennzeichnen und zu gewichten.

Im Rahmen weiterer Forschungsarbeiten sind Studien denkbar, die die vorliegende Untersuchung über die Dortmunder Bierbranche zum einen mit der Praxis in *anderen* Branchen, zum anderen mit der *heutigen* Situation im Brauereigewerbe vergleichen. Eine wesentliche Fragestellung könnte dabei sein, ob die Marketingaffinität in den bundesdeutschen Unternehmen seit den 1970er und 1980er Jahren zu- oder abgenommen hat. Hat Thorsten Hennig-Thurau in seinem im Einleitungskapitel zitierten Aufsatz mit dem Titel „Die Krise des Marketings" von 2013 etwa recht, wenn er gleich zu Beginn schreibt: „Das Marketing ist heute in vielen Unternehmen keine treibende Kraft."? Er begründet dies u. a. mit einem Studien-Ergebnis, nach dem nur 10 % der CEOs die Arbeit ihrer Marketingmanager zu schätzen wüssten.

Hennig-Thurau sieht aber auch Defizite auf der Seite der Marketing-Wissenschaft: Die universitäre Forschung und Ausbildung sei im Marketing selbst zunehmend technischer und methodischer geworden. Der Autor spricht von einer „Zerfaserung des Wissens" und fordert die Rückkehr zu einer „ganzheitlichen Choreografierung allen Wirtschaftens mit Blick auf den Kunden."

Vielleicht kann aber die Marketingtheorie darüber hinaus auch wieder durch häufigere Publikationen in praxisnahen deutschen Fachzeitschriften dazu beitragen, diese Defizite aufzuarbeiten. Die unternehmerische Praxis ist hier insbesondere auch an Artikeln zum Thema Vertrieb interessiert.

Schließlich kann diese Arbeit mit den darin enthaltenen *empirischen* Untersuchungsergebnissen möglicherweise darüber hinaus auch einen Beitrag zur Erklärung von Unternehmerverhalten leisten. Im Sinne einer *theoriegestützten* Geschichte von Unternehmen und Unternehmern, wie Ulrich Pfister und Werner Plumpe sie fordern, könnten die Ergebnisse dieser Untersuchung der Ausgangspunkt sein für Untersuchungen zum Verhältnis zwischen Marketingtheorie und Unternehmerverhalten.

# Quellenverzeichnis

---

## Westfälisches Wirtschaftsarchiv (WWA), Dortmund

F 33     Dortmunder Kronen Brauerei GmbH & Co.
F 122    Dortmunder Thier Brauerei GmbH & Co.
F 166    Dortmunder Actien-Brauerei AG
S 7      Geschäftsberichte/Jahresberichte
         •Nr. 135/2: Dortmunder Union-Schultheiss Brauerei AG
         •Nr. 136:   Dortmunder Ritterbrauerei AG
         •Nr. 137:   Dortmunder Hansa-Brauerei AG
         •Nr. 138:   Dortmunder Actien-Brauerei AG
         •Nr. 139:   Dortmunder Stifts-Brauerei AG
         •Nr. 589:   Verband Rheinisch-Westfälischer Brauereien (VRWB)
         •Nr. 590:   Verband Dortmunder Brauereien (VDB)

---

## Weitere Quellen aus Internetrecherchen

http://werbeagentur-muenster.de/wissenswertes.html (abgerufen am 22.1.2019)
   https://www.henkel.de/resource/blob/264388/9dbe482808d2ba085f8383706ac
e145b/data/chronik-140-jahre-henkel.pdf   sowie   https://www.henkel.de/untern
ehmen (abgerufen am 30.3.2020)
   https://www.volkswagen-newsroom.com/de/geschichte-3693  (abgerufen  am
30.3.2020)

---

© Der/die Herausgeber bzw. der/die Autor(en), exklusiv lizenziert an Springer     747
Fachmedien Wiesbaden GmbH, ein Teil von Springer Nature 2023
H. Fechtner, *Zum Verhältnis von Theorie und Praxis im Marketing aus historischer
Perspektive*, https://doi.org/10.1007/978-3-658-41033-9

https://www.welt.de/geschichte/article160307916/Bewegte-Geschichte-einer-Autostadt.html (abgerufen am 30.3.2020)

http://www.rheinischeindustriekultur.com/seiten/objekte/orte/wuppertal/objekte/textil_vereinigte_glanzstoff-fabriken_hauptverwaltung.html (abgerufen am 30.3.2020)

https://history.evonik.com/sites/geschichte/de/gesellschaften/huels/ (abgerufen am 30.3.2020)

https://www.daimler.com/konzern/tradition/geschichte/          (abgerufen          am 30.3.2020)

https://www.bmw.com/de/automotive-life/name-bmw-herkunft-und-geschichte.html (abgerufen am 30.3.2020)

https://www.hsozkult.de/publicationreview/id/reb-6129          (abgerufen          am 29.1.2019)

https://de.wikipedia.org/wiki/Vereinigte_Glanzstoff-Fabriken (abgerufen am 29.1.2019)

https://www.erich-gutenberg-gesellschaft.de/erich-gutenberg/gutenbergs-werk.html (abgerufen am 24.4.2020)

http://www.wirtschaftslexikon24.com/d/vertikale-preisbindung/vertikale-preisbindung.htm (abgerufen am 14.3.2020)

https://www.zeitklicks.de/top-menu/zeitstrahl/navigation/topnav/jahr/1967/konzertierte-aktion-und-stabilitaets-und-wachstumsgesetz/ (abgerufen am 26.5.2020)

https://www.destatis.de/DE/Themen/Branchen-Unternehmen/Unternehmen/Gewerbemeldungen-Insolvenzen/Tabellen/lrins01.html (abgerufen am 31.5.2020)

https://vwpress.files.wordpress.com/2012/01/volkswagen-chronik1.pdf (abgerufen am 10.6.2020)

http://printarchiv.absatzwirtschaft.de/Content/_p=1004040,an=109101068,109101068;printpage (abgerufen am 24.10.2020)

https://esmt.berlin/de/ueber-uns (abgerufen am 23.10.2020)

https://www.nivea.de/marke-unternehmen/markenhistorie-0247#100%20Jahre%20NIVEA (abgerufen am 18.9.2020)

https://brauer-bund.de/wp-content/uploads/2020/07/200721-Bier-Pro-Kopf-Verbrauch-1950-2019.pdf (abgerufen am 25.7.2021)

https://de.wikipedia.org/wiki/Gro%C3%9Fbrauerei (abgerufen am 17.5.2021)

https://de.statista.com/statistik/daten/studie/29616/umfrage/bierproduktion-der-brauereien-in-deutschland-seit-1991/ (abgerufen am 17.5.2021)

https://www.munzinger.de/search/portrait/josef+hattig/0/19988.html (abgerufen am 20.1.2021)

https://de.wikipedia.org/wiki/Dortmunder_Union-Brauerei          (abgerufen          am 23.1.2021)

https://www.brauereierlebnis-dortmund.de/ritter.php (abgerufen am 23.1.2021)
http://www.ruhrpottpedia.de/ritter-brauerei/ (abgerufen am 23.1.2021)
https://www.lokalkompass.de/duisburg/c-kultur/brauereimuseum-dortmund_a23357 (abgerufen am 23.1.2021)
https://hansa-bier.de/historie/ (abgerufen am 23.1.2021)
https://de.wikipedia.org/wiki/Dortmunder_Stifts-Brauerei (abgerufen am 23.1.2021)
https://de.wikipedia.org/wiki/Dortmunder_Bergmann_Brauerei
https://harte-arbeit-ehrlicher-lohn.de/ueber-uns/geschichte/ (abgerufen am 23.1.2021)
https://www.bitburger.de/familienbrauerei/historie/ sowie https://www.design tagebuch.de/cd-manuals/Bitburger_CI_Manual_Logo_2012.pdf (abgerufen am 8.1.2021)
https://www.bitburger.de/familienbrauerei/historie/ (abgerufen am 8.1.2021).
https://www.krombacher.de/die-brauerei/historie (abgerufen am 8.1.2021).
https://dewiki.de/Lexikon/Krombacher_Brauerei (abgerufen am 8.1.2021
https://www.google.com/search?q=Logo+Hansa+Brauerei+Dortmund&client=firefox-b-d&sxsrf=ALeKk022OWf21ZORJe94vLr5g7Tacc0RcQ:1618485919559&source=lnms&tbm=isch&sa=X&ved=2ahUKEwih8oqnn4DwAhUqzIUKHTCWAzYQ_AUoAXoECAEQAw&biw=1920&bih=910#imgrc=54o_J-Kf3kDlcM (abgerufen am 15.4.2021)
https://getraenke-news.de/brauer-bund-trauert-um-josef-hattig/ (abgerufen am 13.3.2021)
https://www.google.com/search?q=werbung+pilskrone&tbm=isch&ved=2ahUKEwiNmtWeoeXvAhUFw7sIHbvMCboQ2-cCegQIABAA&oq=Werbung+Pilskrone&gs_lcp=CgNpbWcQARgAMgQIIxAnUPY_WIxdYLJuaABwAHgAgAFoiAHwBpIBBDEyLjGYAQCgAQGqAQtnd3Mtd2l6LWltZ7ABAQ&sclient=img&ei=1QpqYM3bMoWG7_UPu5mn0As&bih=910&biw=1704&client=firefox-b-d#imgrc=iaT3BQaiHktnSM&imgdii=j-vlAX_eS_pfzM (abgerufen am 4.4.2021)
https://de.statista.com/statistik/daten/studie/4917/umfrage/inflationsrate-in-deutschland-seit-1948/ (abgerufen am 3.5.2021)
https://www.google.com/search?q=werbung+thier+brauerei+dortmund&client=firefox-b-d&sxsrf=ALeKk03yxUkUKEtG7pCoy-Gy-7FKblHeYA:1621670994017&source=lnms&tbm=isch&sa=X&ved=2ahUKEwiZrqmc69zwAhWIyoUKHUHMDmkQ_AUoAnoECAEQBA&biw=1920&bih=910#imgrc=w_R-Q_fPAdNKqM (abgerufen am 22.5.2021)

# Literaturverzeichnis

**Abelshauser, Werner:** Wirtschaft in Westdeutschland 1945–1948, Stuttgart 1975.

**Abelshauser, Werner:** Wirtschaftsgeschichte der Bundesrepublik Deutschland 1945–1980, Frankfurt 1983.

**Abelshauser, Werner:** Die Langen Fünfziger Jahre. Wirtschaft und Gesellschaft der Bundesrepublik Deutschland 1949–1966, Düsseldorf 1987.

**AGVP:** Verbrauchervereine als Form der Selbstorganisation von Verbrauchern in der Bundesrepublik Deutschland. Untersuchung im Auftrag des Ministers für Wirtschaft, Mittelstand und Verkehr des Landes Nordrhein-Westfalen, Düsseldorf 1979.

**Albert, Hans:** Plädoyer für kritischen Rationalismus, München 1971.

**Albert, Hans:** Traktat über rationale Praxis, Tübingen 1978.

**Ansoff, Harry Igor:** Management-Strategie, München 1966.

**Arnold, Uli:** Erich Schäfers Lehre von der Absatzwirtschaft, Rezension zum Buch von Erich Schäfer: Absatzwirtschaft. Gesamtwirtschaftliche Aufgabe – Unternehmerische Gestaltung, 3. Aufl., Stuttgart 1981. Quelle: https://elib.uni-stuttgart.de/bitstream/11682/8349/1/arn25.pdf, S. 303–311. (abgerufen am 22.2.2020)

**Backhaus, Klaus:** Das Märchen vom Marketing, „ … aber wir sind doch alle marktorientiert“, Stuttgart 1990.

**Backhaus, Klaus:** Investitionsgütermarketing, 3. Aufl., München 1992.

**Backhaus, Klaus:** Entwicklungspfade im Investitionsgütermarketing, in: Backhaus, Klaus/Günter, Bernd/Kleinaltenkamp, Michael/Plinke, Wulff/Raffée, Hans (Hg.): Marktleistung und Wettbewerb. Strategische und operative Perspektiven der marktorientierten Leistungsgestaltung, Wiesbaden 1997, S. 33-62.

**Backhaus, Klaus:** Betriebswirtschaftliche Vereinigungen. Ihre Bedeutung für die Verbreitung ökonomischen Gedankenguts, in: Lingenfelder, Michael (Hg.): 100 Jahre Betriebswirtschaftslehre in Deutschland, München 1999, S. 213–229.

**Backhaus, Klaus:** Deutschsprachige Marketingforschung – Anmerkungen eines Beteiligten, in: ders. (Hg.): Deutschsprachige Marketingforschung. Bestandsaufnahme und Perspektiven, Stuttgart 2000, S. S. 3–9.

**Backhaus, Klaus:** Hindernislauf Marketing: Erleuchtung – Ernüchterung – Durchbruch, Wiesbaden 2013.

**Backhaus, Klaus/Voeth, Markus:** Industriegütermarketing, 9. Aufl., München 2010.

**Bader, J.A./Zeidler, F.:** Vertriebshandbuch für industrielle Betriebe, hrsg. von der Fachgruppe ‚Vertriebsingenieure‘ beim Verein deutscher Ingenieure, Berlin 1931.

© Der/die Herausgeber bzw. der/die Autor(en), exklusiv lizenziert an Springer Fachmedien Wiesbaden GmbH, ein Teil von Springer Nature 2023
H. Fechtner, *Zum Verhältnis von Theorie und Praxis im Marketing aus historischer Perspektive*, https://doi.org/10.1007/978-3-658-41033-9

**Bauer, Erich:** Marktsegmentierung als Marketing-Strategie, Berlin 1976.

**Bauer, Erich::** Markt-Segmentierung, Stuttgart 1977.

**Baumann, Hans:** Alarmsignale für Brauer, in: Die Welt vom 17.10.1974.

**BDU:** http://www.zeitstrahl.bdu.de/

**BDU:** Facts & Figures zum Beratermarkt 2019: Unternehmensberatungsmarkt 2018, S. 5, Tabelle 1: https://public.centerdevice.de/db3e6440-5875-4162-8d44-5cf6649a2d9a/ (abgerufen am 19.10.2020).

**Becker, Jochen:** Heutige und zukünftige Marketing-Strategien von Brauereien. Dargestellt am Beispiel der lokalen, regionalen und überregionalen Brauerei sowie sog. Misch-Strategien, in: Brauwelt, Jg. 112 (1972), Nr. 14, 25. Februar, S. 247–252 (Teil 1), Nr. 17, 8. März, S. 319–324 (Teil 2), Nr. 24/25, 5./7. April, S. 507–510 (Teil 3) sowie Nr. 34, 12. Mai, S. 693–696.

**Becker, Jochen:** Grundlagen der Marketing-Konzeption. Marketingziele, Marketingstrategien, Marketingmix, München 1983.

**Becker, Jochen:** Steuerungsleistungen und Einsatzbedingungen von Marketingstrategien, in: Marketing ZFP, Heft 3, August 1986, S. 189–198.

**Behrens, Karl Christian:** Absatzwerbung, Wiesbaden 1963.

**Behrens, Karl Christian:** Demoskopische Marktforschung, 1. u. 2. Aufl., Wiesbaden 1961/66.

**Behrens, Karl Christian (Hg.):** Handbuch der Marktforschung, Bd. 1 und 2, Wiesbaden 1974/77.

**Benedict, W.:** Industrielle Werbung, in: in Bader, J.A./Zeidler, F.: Vertriebshandbuch für industrielle Betriebe, hrsg. von der Fachgruppe ´Vertriebsingenieure´ beim Verein deutscher Ingenieure, Berlin 1931, S. 83–133.

**Berger, Roland:** Absatzpolitik der Brauereien zwischen Tradition und Wandel, in: Brauwelt, Jg. 111 (1971), Nr. 44 vom 23.6.1971, S. 906–909.

**Berger, Roland:** Unternehmen und Beratung im Wandel der Zeit, in: Niedereichholz et al. (Hg.): Handbuch der Unternehmensberatung. Organisationen führen entwickeln, Berlin 2004, Vorwort, S. 1–14. https://www.consultingbay.de/.download/_sid/EOPI-669218-6O6U/125410/hdu_0100.pdf (abgerufen am 19.10.2020).

**Berghoff, Harmut:** Marketing im 20. Jahrhundert, in: ders. (Hg.): Marketinggeschichte. Die Genese einer modernen Sozialtechnik, Frankfurt/New York 2007, S. 11–58.

**Berghoff, Hartmut:** Moderne Unternehmensgeschichte, 2. Aufl., Berlin/Boston 2016.

**Bergler, Georg:** Der chemisch-pharmazeutische Markenartikel. Darstellung des Wesens, der Absatzformen und des Kampfes um den Markt, Stuttgart 1933;

**Bergler, Georg:** Der Markenartikel im Rahmen der industriellen Absatzwirtschaft, in: Bergler, Georg/Erhard, Ludwig (Hg.): Marktwirtschaft und Wirtschaftswissenschaft, Berlin 1939.

**Bergler, Georg:** Beiträge zur Absatz- und Verbrauchsforschung, Nürnberg 1957.

**Bergler, Georg:** Die Entwicklung der Verbrauchsforschung in Deutschland und die Gesellschaft für Konsumforschung bis zum Jahre 1945, Kallmünz 1959.

**Besseler-Worbs, Tanja:** Die Annäherung an den Verbraucher. Werbe- und Marketingkonzeptionen Dortmunder Brauereien von den 1920er bis zu den 1970er Jahren, in: Kleinschmidt, Christian/Triebel, Florian (Hg.): Marketing, a.a.O., S. 135–157.

**Biervert, Bernd/Fischer-Winkelmann, Wolf F./Rock, Reinhard:** Grundlagen der Verbraucherpolitik. Eine gesamt- und einzelwirtschaftliche Analyse, Reinbek bei Hamburg 1977.

**Biervert, Bernd/Fischer-Winkelmann, Wolf F./Rock, Reinhard:** Verbraucherpolitik in der Marktwirtschaft, Reinbek bei Hamburg 1978.

**Biervert, Bernd/Monse, Kurt/Rock, Reinhard:** Organisierte Verbraucherpolitik. Zwischen Ökonomisierung und Bedürfnisorientierung, Frankfurt/New York 1984.

**Bidlingmaier, Johannes:** Unternehmensziele und Unternehmensstrategien, Wiesbaden 1964.

**Bidlingmaier, Johannes** Zielkonflikte und Zielkompromisse im unternehmerischen Entscheidungsprozeß, Wiesbaden 1968.

**Bidlingmaier, Johannes:** Marketing 1 und 2, Reinbek bei Hamburg, 1973.

**Bidlingmaier, Johannes:** Marketingorganisation, in: Die Unternehmung, 27. Jg. 1973, Heft 3, S. 133–154. https://www.jstor.org/stable/24175719?seq=1#metadata_info_tab_contents (abgerufen am 19.11.2020)

**Bierich, Marcus:** Die Aufgaben des Unternehmers in einem geänderten Umfeld. Wandel eines Profils, in: Universitätsseminar der Wirtschaft (Hg.): 25 Jahre Universitätsseminar der Wirtschaft 1968–1993, Brücke zwischen Wissenschaft und Praxis, Stuttgart 1993, S. 43–61.

**Bodden, Nancy:** Business as usual? Die Dortmunder Brauindustrie, der Flaschenbierboom und die Nachfragemacht des Handels 1950 bis 1980, Dortmund 2019, zugl. Dissertation Ruhr Universität Bochum, 2018.

**Bodden, Nancy/Pradler, Klaus:** Das Dortmunder Brauerei-Archiv im Westfälischen Wirtschaftsarchiv, in: Ellerbrock, Karl-Peter Hg.): Zur Geschichte der westfälischen Brauwirtschaft im 19. Und 20. Jahrhundert, Dortmund 2012.

**Böcker, Franz:** Marketing-Kontrolle, Stuttgart u. a. 1988.

**Böse, Christian:** Strukturwandel in der Absatzpolitik der Dortmunder Brauerei-Industrie nach dem Zweiten Weltkrieg, in: Ellerbrock, Karl-Peter (Hg.): Zur Geschichte der westfälischen Brauwirtschaft im 19. Und 20. Jahrhundert, Dortmund 2012.

**Bössenecker, Hermann:** Duell um DUB, in: DIE ZEIT Nr. 05/1971 v. 29.1.1971. https://www.zeit.de/1971/05/duell-um-dub (abgerufen am 25.1.2021)

**Böttger, Christian:** Marketing im Spannungsfeld zwischen wissenschaftlichem Erkenntnisinteresse und praktischer Nutzbarkeit, Fuchsstadt 1993.

**Brockhoff, Klaus:** Beiträge der Marketing-Wissenschaft zur Strategiediskussion, in: Marketing ZFP, Heft 3, August 1985, S. 212–213.

**Bruhn, Manfred:** Marketing. Grundlagen für Studium und Praxis, Wiesbaden 1990.

**Bruhn, Manfred/Meffert, Heribert/Wehrle, Friedrich (Hg.):** Marktorientierte Unternehmensführung im Umbruch. Effizienz und Flexibilität als Herausforderungen des Marketing, Stuttgart 1994.

**Bruhn, Manfred/Steffenhagen, Hartwig (Hg.):** Marktorientierte Unternehmensführung. Reflexionen – Denkanstöße – Perspektiven, Wiesbaden 1997.

**Bruhn, Manfred/Kirchgeorg, Manfred/Meier, Johannes (Hg.):** Marktorientierte Führung im wirtschaftlichen und gesellschaftlichen Wandel, Wiesbaden 2007.

**Bruhn, Manfred/Kirchgeorg, Manfred (Hg.):** Marketing Weiterdenken. Zukunftspfade für eine marktorientierte Unternehmensführung, Wiesbaden 2018.

**Bruhn-Tripp, Jonny:** Beschäftigung, Arbeitslosigkeit und Armut in Dortmund im Spiegel der Dortmunder Beschäftigten- und Sozialstatistik 1980–2012, S. 15. https://www.labour net.de/wp-content/uploads/2013/11/bruhn-tripp2013.pdf (abgerufen am 24.4.2021)

**Bubik, Roland:** Geschichte der Marketing-Theorie. Historische Einführung in die Marketing-Lehre, Frankfurt 1996.

**Busse von Colbe, Walther:** Führungskräfte-Weiterbildung am USW. Gestern – Heute – Morgen. 25 Jahre USW. Gründung und Aufbauphase, in: Universitätsseminar der Wirtschaft (Hg.): 25 Jahre Universitätsseminar der Wirtschaft 1968–1993, Brücke zwischen Wissenschaft und Praxis, Stuttgart 1993, S. 7–17.

**Chmielewicz, Klaus:** Forschungskonzeptionen der Wirtschaftswissenschaft, 2. Aufl., Stuttgart 1979.

**Coenenberg, Adolf G.):** Führungskräfte-Weiterbildung am USW. Gestern – Heute – Morgen. 25 Jahre USW. Das aktuelle Profil, in: Universitätsseminar der Wirtschaft (Hg.): 25 Jahre Universitätsseminar der Wirtschaft 1968–1993, Brücke zwischen Wissenschaft und Praxis, Stuttgart 1993, S. 19–29.

**Cohen, Michael D./March, James G./Olsen, Johan P.:** A Garbage Can Model of Organizational Choice, in: Administrative Science Quarterly, Vol. 17, No. 1 (Mar., 1972), S. 1–25. https://perguntasaopo.files.wordpress.com/2012/02/cohen_olsen_1972_a-garbagecanmodel-of-organizational-choice.pdf (abgerufen am 5.2.2020).

**Conrad, Hans-Gerd:** Werbung und Markenartikel am Beispiel der Markenfirma Dr. Oetker von 1891 bis 1975 in Deutschland, Berlin 2002; zugl. Dissertation an der Philosophischen Fakultät der Georg-August-Universität Göttingen von 2002.

**Cremer, Peter:** Lebenserinnerungen, hrsg. von Ellerbrock, Karl-Peter unter Mitarbeit von Spinnen, Burkhard, Dortmund/Münster 2023.

**Cyert, Richard Michael/March, James:** A behavioral theory oft he firm. Englewood Cliffs, New Jersey, 1963.

**Dehnke, Katharina:** Auf 200 Jahre einzigartigen Geschmack. Chronik der Bitburger Brauerei 1817–2017, Bitburg 2016.

**Deutsches Institut für Marketing (DIM):** https://www.marketinginstitut.biz/blog/portfolioanalyse-als-instrument-im-business-development/ S. 6. (abgerufen am 21.11.2020).

**Dichtl, Erwin:** Marketing auf Abwegen?, in: Zeitschrift für betriebswirtschaftliche Forschung, 35. Jg., 1983, S. 1066–1074.

**Ellerbrock, Karl-Peter:** Das „Dortmunder U". Vom industriellen Zweckbau zu einem Wahrzeichen der westfälischen Industriekultur, Münster 2010.

**Ellerbrock, Karl-Peter:** Karl-Peter (Hg.): Zur Geschichte der westfälischen Brauwirtschaft im 19. und 20. Jahrhundert, Dortmund 2012.

**Ellerbrock, Karl-Peter/Tappe, Heinrich:** Von der „Hektoliterwut" zum Strukturwandel. Entwicklungslinien der Dortmunder Brauereiwirtschaft im 19. Und 20. Jahrhundert, in: Heimat Dortmund 3 (2003).

**Engelhardt, Werner H.:** Versäumnisse der Marketing-Wissenschaft in der Strategiediskussion, in: Marketing ZFP, Heft 3, August 1985, S. 211–212.

**Erker, Paul:** Amerikanisierung der westdeutschen Wirtschaft, in: Jarausch, Konrad/Siegrist, Hannes (Hg.): Amerikanisierung und Sowjetisierung in Deutschland, Frankfurt/New York 1997, S. 137–145.

**Feldenkirchen, Wilfried/Fuchs, Daniela:** Die Stimme des Verbrauchers zum Klingen bringen, München/Zürich 2009.

**Feldman, Martha S./March, James G.:** Information in Organizations as Signal and Symbol, in: Administrative Science Quarterly, Vol. 26, No. 2 (Jun., 1981), S. 171–186. https://www.ics.uci.edu/~corps/phaseii/FeldmanMarch-SignalSymbol-ASQ.pdf (abgerufen am 5.2.2020).

**Findeisen, Franz:** Die Markenartikel im Rahmen der Absatzökonomik der Betriebe, Berlin 1924.

**Fink, Dietmar/Knoblach, Bianka:** Die großen Management Consultants. Ihre Geschichte, ihre Konzepte, ihre Strategien, München 2003.

**Fischer, Marc/Hieronimus, Fabian/Kranz, Marcel:** Markenrelevanz in der Unternehmensführung – Messung, Erklärung und empirische Befunde für B2C-Märkte, Arbeitspapier Nr. 1 des MCM – Marketing Centrum Münster, Herausgeber: Backhaus, Klaus/Meffert, Heribert (MCM), Meffert, Jürgen/Perrey, Jesko/Schröder, Jürgen (McKinsey), 2002.

**Fischer, Marc/Völckner, Franziska/Sattler, Henrik:** How Important Are Brands? A Cross-Category, Cross-Country Study, in: Journal of Marketing Research, Vol. 47, No. 5 (Oct. 2010), S. 823–829.

**Fischer-Winkelmann, Wolf F.:** Marketing. Ideologie oder operable Wissenschaft?, München 1972.

**Fischer-Winkelmann, Wolf F./Rock, Reinhard (Hg.):** Marketing und Gesellschaft, 1977.

**Fischer-Winkelmann, Wolf F./Rock, Reinhard (Hg.):** Markt und Konsument. Zur Kritik der Markt- und Marketingtheorie, Teilband I: Kritik der Markttheorie, Teilband II: Kritik der Marketingtheorie, München 1975/1976.

**Fischer-Winkelmann, Wolf F./Rock, Reinhard:** Konsumerismus, Verbraucherinteressen und Marketinglehre. Zum Stand der deutschen absatzwirtschaftlichen Konsumerismus-diskussion, in: ZfB, 47. Jg. (1977), Heft 3, S. 129–152.

**Franz, Klaus-Peter:** Führungskräfte-Weiterbildung am USW. Gestern – Heute – Morgen. 25 Jahre USW. Ausblick, in: Universitätsseminar der Wirtschaft (Hg.): 25 Jahre Universitätsseminar der Wirtschaft 1968–1993, Brücke zwischen Wissenschaft und Praxis, Stuttgart 1993, S. 31–42.

**Funk, Joachim:** Schlußwort, in: Universitätsseminar der Wirtschaft (Hg.): 25 Jahre Universitätsseminar der Wirtschaft 1968–1993, Brücke zwischen Wissenschaft und Praxis, Stuttgart 1993, S. 63–69.

**Gaugler, Eduard/Köhler, Richard (Hg.):** Entwicklungen der Betriebswirtschaftslehre. 100 Jahre Fachdisziplin – zugleich eine Verlagsgeschichte, Stuttgart 2002.

**Gerstein, Barbara:** Die Dortmunder Brauerfamilie Wenker-Brand, https://www.brauereierlebnis-dortmund.de/dortmunderbrauer_wenker.php (abgerufen am 21.1.2021)

**Gloger, Axel:** 30 Jahre Managerbildung in Schloss Gracht, in: DIE WELT vom 16.9.2006. https://www.welt.de/print-welt/article152800/30-Jahre-Managerbildung-in-Schloss-Gracht.html (abgerufen am 23.10.2020)

**Graudenz, Karlheinz:** Wege von gestern – Schritte von heute – Ziele von morgen. 100 Jahre Dortmunder Union-Brauerei AG, Dortmund o.J. [1973].

**Gutenberg, Erich:** Grundlagen der Betriebswirtschaftslehre, Zweiter Band: Der Absatz, Berlin u. a. 1955.

**Gutenberg, Erich:** Grundlagen der Betriebswirtschaftslehre, Zweiter Band: Der Absatz, 8. Aufl. 1965.

**Hammel, Werner:** Das System des Marketing – dargestellt am Beispiel der Konsumgüterindustrie, Freiburg 1963.

**Hansen, Ursula/Bode, Matthias:** Blinde Flecken der Marketingwissenschaft: Das Problemfeld der 4 Gs, in: Bruhn, Manfred/Steffenhagen, Hartwig (Hg.): Marktorientierte Unternehmensführung. Reflexionen – Denkanstöße – Perspektiven, Wiesbaden 1997, S. 57–83.

**Hansen, Ursula/Bode, Matthias:** Marketing & Konsum, Theorie und Praxis von der Industrialisierung bis ins 21. Jahrhundert, München 1999.

**Hansen, Ursula/Bode, Matthias:** Entwicklungsphasen der deutschen Marketingwissenschaft seit dem Zweiten Weltkrieg, in: Berghoff, Hartmut (Hg.): Marketinggeschichte. Die Genese einer modernen Sozialtechnik, Frankfurt/New York 2007, S. 179–204.

**Hartmann, Franz:** 100 Jahre Brauerei Thier & Co., Dortmund, Dortmund 1954.

**Haustein, Sabine:** Vom Mangel zum Massenkonsum. Deutschland, Frankreich und Großbritannien im Vergleich 1945–1970, Frankfurt 2007.

**Hax, Herbert:** Theorie der Unternehmung – Information, Anreize und Vertragsgestaltung, in: Ordelheide, Dieter/Rudolph, Bernd/Büsselmann, Elke (Hg.): Betriebswirtschaftslehre und Ökonomische Theorie, Stuttgart 1991, S. 51–72.

**Heesen, Bernd:** Basiswissen Bilanzanalyse, 3. Aufl., Wiesbaden 2019.

**Heinen, Edmund:** Das Zielsystem der Unternehmung. Grundlagen betriebswirtschaftlicher Entscheidungen, Wiesbaden 1966.

**Helfrich, Hede:** Wissenschaftstheorie für Betriebswirtschaftler, Wiesbaden 2016.

**Hennig-Thurau, Thorsten:** Die Krise des Marketings, in: Harvard Business Manager, Juni 2013, S. 93–97.

**Hentschel, Volker:** Das westdeutsche Wirtschaftswunder 1948–1955. Kann man aus der Wirtschaftsgeschichte lernen?, in: Feldenkirchen, Wilfried/Schönert-Röhlk, Frauke/Schulz, Günther (Hg.): Wirtschaft – Gesellschaft – Unternehmen. 1. Teilband, Stuttgart 1995, S. 120–134.

**Heyden, Günter:** Strategisches Marketing im deutschen Biermarkt. Eine wettbewerbsorientierte Analyse vor dem Hintergrund des Markteintritts internationaler Großbrauereien, Hamburg 2009, zugl. Dissertation Universität Siegen, 2008.

**Hilger, Susanne:** „Amerikanisierung" deutscher Unternehmen. Wettbewerbsstrategien und Unternehmenspolitik bei Henkel, Siemens und Daimler-Benz (1945/49–1975), Wiesbaden 2004.

**Hilger, Susanne:** Kleine Wirtschaftsgeschichte von Nordrhein-Westfalen. Von Musterknaben und Sorgenkindern, Köln 2012.

**Hill, Wilhelm:** Marketing I und II, 2. Aufl., Bern/Stuttgart 1972.

**Hill, Wilhelm:** Marketing I, 5. Aufl., Bern und Stuttgart 1982.

**Hofmann, Rolf:** Bilanzkennzahlen. Industrielle Bilanzanalyse und Bilanzkritik, 2. Auflage, Opladen 1971.

**Hoffmann, Klaus:** Hopfen und Malz verloren, in: Manager Magazin, 8/1975, S. 22-29.

**Hüttner, Manfred:** Grundzüge der Marktforschung, 1., 2. u. 3. Aufl., Wiesbaden 1965/74/76.

**Kaas, Klaus-Peter:** Alternative Konzepte der Theorieverankerung, in: Backhaus, Klaus (Hg.): Deutschsprachige Marketingforschung. Bestandsaufnahme und Perspektiven, Stuttgart 2000, S. 55–78.

**Katona, George:** Das Verhalten der Verbraucher und Unternehmer. Über die Beziehungen zwischen Nationalökonomie, Psychologie und Sozialpsychologie, Tübingen 1960.

**Kirsch, Werner:** Strategie und Struktur in mittelständischen Unternehmen. Vortrag anläßlich der Gesellschafter-Versammlung der Deutschen Brau-Kooperation in München am 3. Okt. 1980.

**Kirsch, Werner:** Fingerspitzengefühl und Hemdsärmeligkeit bei der Planung im Mittelstand, in: Kirsch, Werner/Rowenta, Peter (Hg.) Bausteine eines Strategischen Managements. Dialoge zwischen Wissenschaft und Praxis, Berlin/New York 1983, S. 399–421.

**Kirsch, Werner:** Betriebswirtschaftslehre. Eine Annäherung aus der Perspektive der Unternehmensführung, 4. Auf., München 1997.

**Kleinschmidt, Christian:** Der produktive Blick. Wahrnehmung amerikanischer und japanischer Management- und Produktionsmethoden durch deutsche Unternehmen 1950–1985, Berlin 2002.

**Kleinschmidt, Christian:** Konsumgesellschaft, Göttingen 2008.

**Kleinschmidt, Christian/Triebel, Florian:** Marketing. Historische Aspekte der Wettbewerbs- und Absatzpolitik, Essen 2004.

**Klump, Rainer:** Wirtschaftsgeschichte der Bundesrepublik Deutschland, Wiesbaden 1985.

**Knapp, Manfred:** Deutschland und der Marshallplan, in: Schröder, Hans-Jürgen: Marshallplan und westdeutscher Wiederaufstieg. Positionen – Kontroversen, Stuttgart 1990, S. 35–59.

**Knoblich, Hans:** Betriebswirtschaftliche Warentypologie,. Grundlagen und Anwendungen, Köln/Opladen 1969.

**Knoblich, Hans:** Produkttypologie, in: Vahlens Großes Marketing Lexikon, hrsg. von Hermann Diller, München 1992, S. 964–967.

**Koch, Matthias:** Praxisrelevanz von Marketingforschung. Eine empirische Analyse der Einflussfaktoren und des Zusammenhangs mit wissenschaftlicher Relevanz, Hamburg 2010.

**Köhler, Ingo:** Marketing als Krisenstrategie. Die deutsche Automobilindustrie und die Herausforderungen der 1970er Jahre, in: Berghoff, Hartmut (Hg.): Marketinggeschichte. Die Genese einer modernen Sozialtechnik, Frankfurt/New York 2007, S. 259–295.

**Köhler, Richard:** Strategisches Marketing: Auf die Entwicklung eines umfassenden Informations- Planungs- und Organisationssystems kommt es an, in: Marketing ZFP, Heft 3, August 1985, S. 213–216.

**Köhler, Richard:** Marketingimplementierung – Was hat die deutschsprachige Marketingforschung an Erkenntniszugewinn erbracht?, in: Backhaus, Klaus (Hg.): Deutschsprachige Marketingforschung. Bestandsaufnahme und Perspektiven, Stuttgart, 2000, S. 253–277.

**Köhler, Richard:** Marketing – Von der Reklame zur Konzeption einer marktorientierten Unternehmensführung, in: Gaugler, Eduard/Köhler, Richard (Hg.): Entwicklungen der Betriebswirtschaftslehre. 100 Jahre Fachdisziplin – zugleich eine Verlagsgeschichte, Stuttgart 2002, S. 355–384.

**Köllmann, Wolfgang:** Die Bevölkerungsentwicklung der Bundesrepublik. In: Conze, Werner/Lepsius, M. Rainer (Hg.): Sozialgeschichte der Bundesrepublik Deutschland. Beiträge zum Kontinuitätsproblem, 2. Aufl., 1985.

**Köster, Lars:** Markenstärkenmessung unter besonderer Berücksichtigung von Konsumentenheterogenität. Das Beispiel der deutschen Brauwirtschaft, Wiesbaden 2006.

**Koppelmann, Udo:** Beiträge zum Produktmarketing, Herne/Berlin, 1973.

**Kotler, Philip:** Marketing-Management: Analysis, Planning, and Control, 9. Aufl., Englewood Cliffs

**Krauthausen, Udo:** Ahnenliste der Familie Cremer aus Dortmund, https://www.lwl.org/wes tfaelische-geschichte/txt/beitrwff-9597.pdf , S. 104 f. (abgerufen am 20.1.2021)

**Kroeber-Riel, Werner:** Marketingtheorie. Verhaltensorientierte Erklärungen von Marktreaktionen, Köln 1972.

**Kroeber-Riel, Werner:** Konsumentenverhalten. München 1975.

**Kuß, Alfred:** Marketing-Theorie. Eine Einführung, 3. Aufl., Wiesbaden 2013.

**Leitherer, Eugen:** Geschichte der handels- und absatzwirtschaftlichen Literatur, Köln/Opladen 1961.

**Leitherer, Eugen:** Absatzlehre, 2. Aufl. 1969.

**Lewin, Kurt:** The Research Center for Group Dynamics at Massachusetts Institute of Technology, in: Sociometry, Vol. 8, 1945, S. 126–135.

**Liedtke, Klaus:** Brauer uneinig: Gemeinsame Werbekampagne geplatzt, in: Westfälische Rundschau vom 25.7.1968.

**Liedke, Klaus:** Brauereien senken Preise für das Bier. Auswirkung der Mehrwertsteuer für Konsumenten noch unklar, in: Westfälische Rundschau vom 10.10. 1967.

**Lingenfelder, Michael (Hg.):** 100 Jahre Betriebswirtschaftslehre in Deutschland (1898–1998), München 1999.

**Lippold, Dirk:** Theoretische Ansätze der Marketingwissenschaft, Wiesbaden 2015.

**Lippold, Dirk:** Grundlagen der Unternehmensberatung. Strukturen – Konzepte – Methoden, Wiesbaden 2016.

**Marbe, Karl:** Psychologie der Werbung, Stuttgart 1927.

**March, James/Simon, Herbert:** Organizations, New York, N.Y. 1958.

**Mataja, Viktor:** Die Reklame, München/Leipzig 1910; vorliegend: 3. Auflage, München/Leipzig 1920.

**McCarthy:** Basic Marketing: A Managerial Approach, Homewood 1960.

**Meffert, Heribert:** Interpretation und Aussagewert des Produktlebenszyklus-Konzeptes, in: Hammann, Peter/Kroeber-Riel, Werner/Meyer, Carl Wilhelm: Neuere Ansätze der Marketingtheorie, Berlin 1974, S. 85–134.

**Meffert, Heribert:** Artikel: Absatztheorie, systemorientierte, in: Tietz, Bruno (Hg.): Handwörterbuch der Absatzwirtschaft, Stuttgart 1974, Sp. 138–158.

**Meffert, Heribert:** Marketing. Einführung in die Absatzpolitik, Wiesbaden 1977.

**Meffert, Heribert:** Marketing. Einführung in die Absatzpolitik, 4. Aufl., Wiesbaden 1979, Fallstudie, S. 595–654.

**Meffert, Heribert:** Marketing. Grundlagen der Absatzpolitik, 7. überarbeitete und erweiterte Aufl., Wiesbaden 1986.

**Meffert, Heribert:** Artikel „Marketing (Grundlagen)", in: Diller, Hermann: Vahlens Großes Marketing- lexikon, München 1992, S. 648–653.

**Meffert, Heribert:** Artikel „Marketing-Geschichte", in: Diller, Hermann: Vahlens Großes Marketing- lexikon, München 1992, S. 662–665.

**Meffert, Heribert:** Artikel „Marketing-Theorie", in: Diller, Hermann: Vahlens Großes Marketinglexikon, München 1992, S. 698–702.

**Meffert, Heribert:** Marketing-Management. Analyse – Strategie – Implementierung, Wiesbaden 1994.

**Meffert, Heribert:** Marktorientierte Unternehmensführung im Umbruch – Entwicklungsperspektiven des Marketing in Wissenschaft und Praxis, in: Bruhn, Manfred/Meffert,

Heribert/Wehrle, Friedrich (Hg.): Marktorientierte Unternehmensführung im Umbruch. Effizienz und Flexibilität als Herausforderungen des Marketing, Stuttgart 1994.

**Meffert, Heribert:** Marketingstrategien in stagnierenden und schrumpfenden Märkten, in: Pack, L./ Börner, D. (Hg.): Betriebswirtschaftliche Entscheidungen bei Stagnation, Festschrift zum 65. Geburtstag von Edmund Heinen, Wiesbaden 1984, S. 37–72; wiederabgedruckt in: Meffert, Heribert: Marktorientierte Unternehmensführung im Wandel. Retrospektive und Perspektiven des Marketing, Wiesbaden 1999, S. 203–245.

**Meffert, Heribert:** Von der Absatzlehre zur Marketingwissenschaft – Was hat die Marktorientierung gebracht? Abschiedsvorlesung von Prof. Dr. Dr. h.c. mult. Heribert Meffert am 12. Juli 2002, in: Meffert, Heribert/Backhaus, Klaus/Becker, Jochen (Hg.): Arbeitspapier 159 der Wissenschaftlichen Gesellschaft für Marketing und Unternehmensführung e.V. Münster 2002.

**Meffert, Heribert:** Betriebswirtschaftslehre in den Siebziger- und Achtzigerjahren, in: Gaugler, Eduard/Köhler, Richard (Hg.): Entwicklungen der Betriebswirtschaftslehre. 100 Jahre Fachdisziplin – zugleich eine Verlagsgeschichte, Stuttgart 2002, S. 135–164.

**Meffert, Heribert:** 50 Jahre Marketingdisziplin. Von den Anfängen bis heute – Ein persönlicher Rückblick, in: Sepehr, Philipp: Die Entwicklung der Marketingdisziplin. Wandel der marktorientierten Unternehmensführung in Wissenschaft und Praxis, Wiesbaden 2014.

**Meffert, Heribert/Burmann, Christoph/Kirchgeorg; Manfred/Eisenbeiß, Maik:** Marketing. Grundlagen marktorientierter Unternehmensführung. Konzepte – Instrumente – Praxisbeispiele, 13. Aufl., Wiesbaden 2019.

**Mellerowicz, Konrad:** Vorwort in: Hammel, Werner: Das System des Marketing – dargestellt am Beispiel der Konsumgüterindustrie, Freiburg 1963.

**Müller-Hagedorn, Lothar:** Theorie und Praxis im Marketing, in: Backhaus, Klaus (Hg.): Deutschsprachige Marketingforschung. Bestandsaufnahme und Perspektiven, Stuttgart 2000, S. 21–39.

**Münkler, Herfried:** Die Deutschen und ihre Mythen, Berlin 2009.

**Nieschlag, Robert:** Was bedeutet die Marketing-Konzeption für die Lehre von der Absatzwirtschaft?, in: Zeitschrift für handelswissenschaftliche Forschung, 15. Jg., Nr. 11/12, 1963, S. 549–559.

**Nieschlag, Robert/Dichtl, Erwin/Hörschgen, Hans:** Einführung in die Lehre von der Absatzwirtschaft, Berlin 1968.

**Nieschlag, Robert/Dichtl, Erwin/Hörschgen, Hans:** Marketing, Berlin 1971.

**Nieschlag, Robert/Dichtl, Erwin/Hörschgen, Hans:** Marketing, 14. völlig neubearbeitete Auflage, Berlin 1985.

**Noelle-Neumann, Elisabeth:** Die Erinnerungen, München 2006.

**Oberparleitner, Karl:** Die Funktionen des Handels, Wien 1918.

**o. V.:** Aus Liebe zum Bier. 100 Jahre Dortmunder Actien-Brauerei, Dortmund 1968.

**o. V.:** Bergbaukrise und RAG-Gründung: https://menschen-im-bergbau.de/themen/der-lange-strukturwandel/bergbaukrise-und-rag-grundung/ (abgerufen am 20.12.2020)

**o. V.:** Bier darf nicht teurer werden, in: Ruhr-Nachrichten o. Datum [1966].

**o. V.:** Bier ist nicht teurer zu verkaufen. Die Dortmunder Union-Brauerei paßt sich der Marktlage an, in: DIE ZEIT vom 5.6.1964, https://www.zeit.de/1964/23/bier-ist-nicht-teurer-zu-verkaufen/komplettansicht?print (abgerufen am 25.1.2021)

**o. V.:** Bierabsatz bei Union und Ritter wächst zweistellig. Export erlebt in den neuen Bundesländern eine Renaissance, in: Ruhr-Nachrichten vom 16.2.1991.

o. V.: Brauerei werden künftig weniger Gewinn zapfen. Berger: Konzentrationsprozeß setzt sich fort, in: Handelsblatt vom 6.11.1974.

o. V.: DAB: Rapide Zunahme des Preisverfalls, in: Ruhr-Nachrichten vom 29.3.1968.

o. V.: DAB machte 1989 ganz schön Plus – aber Dividende ist noch nicht „drin", in: Dortmunder Nord- West-Zeitung vom 13.8.1990.

o. V.: Die DAB läßt die Dividende ausfallen. Absatzrückgang/Ertragsausgleich erst im nächsten Jahr/Kräftige Kostensteigerungen, in: Frankfurter Allgemeine Zeitung vom 11.12.1974.

o. V.: Dortmunder Actien-Brauerei. Investitionen auf Rekordhöhe, in: Der Volkswirt Nr. 18 (3.5.1968), S. 63–65.

o. V.: Dortmunder Bergmann Brauerei: https://de.wikipedia.org/wiki/Dortmunder_Bergmann_Brauerei (abgerufen am 14.12.2020)

o. V.: Dortmunder Brauereien erhöhten Bierpreis, in: Brauwelt Jg. 102 (1962) Nr. 26, 29.März 1962.

o. V.: Dortmunder Kronenbrauerei hat sich behauptet, in: Handelsblatt vom 20.12.1968.

o. V.: Dortmunder Preiserhöhung rückläufig, in: Brauwelt Jg. 102 (1962) Nr. 234, 26.April 1962.

o. V.: Dortmunder Union. Hoffen auf den alten Fritz, in: Wirtschaftswoche Nr. 36 vom 26.8.1977.

o. V.: Ebeling: Substanzriese mit Ertragsschwäche. Brau und Brunnen sucht nach Partner – 1989 brachte hohen Verlust, in: Westfälische Rundschau vom 28. Juni 1990.

o. V.: Exportbier: https://brauen.de/braulexikon/biermarken-sorten/exportbier/ (abgerufen am 31.5.2021)

o. V.: Jeder wirbt allein für sein Bier, in: Ruhr-Nachrichten vom 25.7.1968.

o. V.: Klares Bekenntnis zum Markenbier, in: Die Welt vom 20.12.1968.

o. V.: Kronen investierte ohne Kredite, in: Westfälische Rundschau vom 20.12.1968.

o. V.: Kronenbrauerei ändert Namen und Adresse. Das Jahr 1430 kommt jetzt ins Emblem, in: Ruhr- Nachrichten vom 14.7.1990.

o. V.: „Leichte Welle" bei Kronen. Classic light mit weniger Alkohol und Kalorien/Vorerst nur vom Faß, in Ruhrnachrichten Nr. 231 vom 3. Oktober 1989.

o. V.: „Lerch wirft Handtuch bei Kronen-Brauerei", Ruhr-Nachrichten vom 28.5.1988.

o. V.: NRW bleibt Absatzschwerpunkt, in: Westdeutsche Allgemeine vom 20.12.1968.

o. V.: Pils: https://brauen.de/braulexikon/biermarken-sorten/pils/ (abgerufen am 31.5.2021)

o. V.: Prinz korrigiert den Kurs, in: Lebensmittel-Zeitung Nr. 37 vom 10.2.1971, S. 22.

o. V.: Bier. Schäumender Erfolg, in: Der Spiegel, 44. Jg. (1976) vom 25.10.1976, S. 89. https://www.spiegel.de/spiegel/print/d-41124957.html (abgerufen am 13.2.2021

o. V.: Vereinigung bescherte Bierbrauern im Westen „zwei Ausnahmejahre", in: Westfälische Rundschau vom 17.7.1991.

o. V.: Verpackung, in: absatzwirtschaft vom 1.7.1988. http://printarchiv.absatzwirtschaft.de/Content/_p=1004692,an=078801007 (abgerufen am 2021).

o. V.: Verschärfter Wettbewerb am Biermarkt. Die Preispolitik der Brauereien wird beweglicher/Verstärkte Werbung, Frankfurter Allgemeine Zeitung vom 30.5.1967.

o. V.: Vor Anker, in: Der Spiegel Nr. 36 vom 31.8.1970. https://www.spiegel.de/spiegel/print/d-43788052.html (abgerufen am 25.1.2021)

o. V.: Wird das Bier bald teurer? HV der Actien-Brauerei/„Unliebsame Konsequenzen": Äußerung von Schulte-Stemmerk, Aufsichtsratsvorsitzender der Dortmunder

Actien-Brauerei auf der Jahreshauptversammlung der DUB, in: Ruhr-Nachrichten vom 25.3.1967.

o. V.: 35 Jahre Marketing-Clubs Berlin, Bielefeld, Hamburg, Koeln/Bonn, in: absatzwirtschaft, Nr. 10 vom 1. Oktober 1991. http://printarchiv.absatzwirtschaft.de/Content/_p= 1004040,an=109101068,109101068;printpage (abgerufen am 24.10.2020)

**Pfister, Ulrich/Plumpe, Werner:** Einleitung: Plädoyer für eine theoriegestützte Geschichte von Unternehmen und Unternehmern, in: Unternehmen und Unternehmer. Markt – Organisation – Gesellschaft, in: Westfälische Forschungen. Zeitschrift des Westfälischen Instituts für Regionalgeschichte des Landschaftsverbandes Westfalen-Lippe, 50/2000.

**Pohl, Hans (Hg.):** Absatzstrategien deutscher Unternehmen. Gestern – Heute – Morgen. Referate und Diskussionsbeiträge der 6. öffentlichen Vortragsveranstaltung der Gesellschaft für Unternehmensgeschichte e.V. am 13. Mai 1981 in Fürth, Wiesbaden 1982.

**Popper, Karl:** Logik der Forschung, 11. Aufl., Tübingen 2005.

**Porter, Michael E.:** Competitive Strategies, Englewood Cliffs 1980; in der deutschen Übersetzung erschienen als: Wettbewerbsstrategie, Frankfurt 1983; in der 9. Aufl., Frankfurt 1997.

**Porter, Michael E.:** Competitive Advantage, Creating and Substaining Sperior Performance, Englewood Cliffs 1985; in der deutschen Übersetzung erschienen als: Wettbewerbsvorteile, Frankfurt 1986; in der 4. Aufl., Frankfurt 1996.

**Prollius, Michael:** Deutsche Wirtschaftsgeschichte nach 1945. Göttingen 2006.

**Pschorr, Josef:** Marketing von Markenbieren unter besonderer Berücksichtigung wettbewerbsorientierter und markentechnischer Gesichtspunkte, Krefeld 1992, zugl. Dissertation Philipps-Universität Marburg, 1992.

**Raffée, Hans:** Grundprobleme der Betriebswirtschaftslehre, Göttingen 1974.

**Raffée, Hans:** Grundfragen der Marketingwissenschaft, in: Wirtschaftswissenschaftliches Studium, 9. Jg. 1980, S. 317–324.

**Remmerbach, Klaus-Ulrich:** Literaturwegweiser: Strategisches Marketing, in: Marketing ZFP, Heft 3, August 1985, S. 201–205.

**Rühli, Edwin:** Betriebswirtschaftslehre nach dem Zweiten Weltkrieg (1945 – ca. 1970), in: Gaugler, Eduard/Köhler, Richard (Hg.). Entwicklungen der Betriebswirtschaftslehre. 100 Jahre Fachdisziplin – zugleich eine Verlagsgeschichte, Stuttgart 2002, S.111–133.

**Sabel, Hermann:** Absatzstrategien deutscher Unternehmen seit 1945, in Pohl, Hans (Hg.): Absatz- strategien deutscher Unternehmen. Gestern – Heute – Morgen. Referate und Diskussionsbeiträge der 6. öffentlichen Vortragsveranstaltung der Gesellschaft für Unternehmensgeschichte e.V. am 13. Mai 1981 in Fürth, Wiesbaden 1982 S. 47–66.

**Sabel, Hermann:** Geschichte des Marketing in Deutschland, in: Lingenfelder, Michael (Hg.): 100 Jahre Betriebswirtschaftslehre in Deutschland (1898–1998), München 1999, S. S. 169–180.

**Sandler, Guido G.:** Bierwerbung – ein Erfordernis der Zeit, in: Brauwelt Nr. 74 vom 16.9.1956, S. 1.405–1.409.

**Schäfer, Erich:** Die Wirtschaftsbeobachtung, Bamberg 1925.

**Schäfer, Erich:** Grundlagen der Marktbeobachtung: mit einer Darstellung der Beobachtungspraxis in der deutschen Porzellanindustrie, Nürnberg 1928.

**Schäfer, Erich:** Einführung in die praktische Marktforschung, in: Wagenführ, Horst u. a. (Hg.): Marktanalyse und Marktbeobachtung, Quellenhandbuch für Handel und Industrie, Stuttgart 1933, S. 5–14.

**Schäfer, Erich:** Über die künftige Gestalt der Absatzlehre, in: Bergler, Georg/Schäfer, Erich: Um die Zukunft der deutschen Absatzwirtschaft, Berlin 1936, S. 30–54.

**Schäfer, Erich:** Die Aufgabe der Absatzwirtschaft, Köln/Opladen 1943.

**Schäfer, Erich:** Zur Analyse des Markenwesens, in: ders.: Die Aufgabe der Absatzwirtschaft, 2. Aufl., Köln/Opladen 1950, S. 128–147.

**Schäfer, Erich:** Grundlagen der Marktforschung. Marktuntersuchung und Marktbeobachtung, 3. Aufl., Köln/Opladen 1953/1966

**Schäfer, Erich:** Betriebswirtschaftliche Marktforschung, Essen 1955.

**Schelsky, Helmut:** Wandlungen der deutschen Familie in der Gegenwart. Darstellung und Deutung einer empirisch-soziologischen Tatbestandsaufnahme, Dortmund 1953.

**Schneider, Dieter:** Marketing als Wirtschaftswissenschaft oder Geburt einer Marketingwissenschaft aus dem Geiste des Unternehmerversagens?, in: ZfbF, 35. Jg. (1983), Heft 3, S. 197–223.

**Schnettler, Albert:** Betriebsanalyse, Stuttgart 1958.

**Schnutenhaus, Otto:** Die Absatztechnik der amerikanischen industriellen Unternehmung, Berlin 1927.

**Schröder, Hans-Jürgen:** Einleitung, in: ders. Marshallplan und westdeutscher Wiederaufstieg, Stuttgart 1990, S. 5–8.

**Schröter, Harm G.:** Erfolgsfaktor Marketing: Der Strukturwandel von der Reklame zur Unternehmenssteuerung, in: Feldenkirchen, Wilfried/Schönert-Röhlk, Frauke/Schulz, Günther (Hg.): Wirtschaft, Gesellschaft, Unternehmen, 2. Teilband: Gesellschaft, Unternehmen, Stuttgart 1995, S. 1099–1127.

**Schröter, Harm:** Marketing als angewandte Sozialtechnik und Veränderungen im Konsumverhalten. Nivea als internationale Dachmarke 1960–1994, in: Siegrist, Hannes/Kaelble, Hartmut/Kocka, Jürgen (Hg.): Europäische Konsumgeschichte. Zur Gesellschafts- und Kulturgeschichte des Konsums (18. Bis 20. Jahrhundert), Frankfurt/New York 1997, S. 615–647.

**Schröter, Harm G.:** Die Amerikanisierung der Werbung in der Bundesrepublik Deutschland, in: Jahrbuch für Wirtschaftsgeschichte, 1997/1, S. 93–115.

**Schröter, Harm G.:** Zur Geschichte der Marktforschung in Europa im 20. Jahrhundert, in: Walter, Rolf (Hg.): Geschichte des Konsums. Erträge der 20. Arbeitstagung für Sozial- und Wirtschaftsgeschichte, 23.-26. April 2003 in Greifswald, Stuttgart 2004, S. 319–336.

**Schwarzberg, Ulrike:** ESMT Berlin verkauft Schloss Gracht und treibt internationale Expansion voran: Pressemeldung des ESMT vom 3.5.2018. https://esmt.berlin/de/presse/esmt-berlin-verkauft-schloss-gracht-und-treibt-internationale-expansion-voran (abgerufen am 23.10.2020).

**Seyffert, Rudolf:** Allgemeine Werbelehre, Stuttgart 1929.

**Seyffert, Rudolf:** Werbelehre: Theorie und Praxis der Werbung, Bd. 1 und 2, Stuttgart 1966.

**Sepehr, Philipp:** Die Entwicklung der Marketingdisziplin. Wandel der marktorientierten Unternehmensführung in Wissenschaft und Praxis, Wiesbaden 2014.

**Simon, Hermann:** Herausforderungen an die Marketingwissenschaft, in: Marketing ZFP, Heft 3, August 1986, S. 205–213.

**Simon, Hermann:** Think! Strategische Unternehmensführung statt Kurzfrist-Denke, Frankfurt 2004.

**Simon, Theobald:** Werbung für Bier, Nürnberg 1960.

**socius Organisationsberatung, gemeinnützige GmbH:** Das Garbage Can Modell der „Organisierten Anarchie", http://www.wissen.socius.de/images/stories/organisation sentwicklung/oe-prozesse/garbagecanmodell.pdf (abgerufen am 5.2.2020).

**Spoerer, Mark/Streb, Jochen:** Neue deutsche Wirtschaftsgeschichte des 20. Jahrhunderts, München 2013.

**Statistisches Bundesamt:** https://www.destatis.de/DE/ZahlenFakten/Indikatoren/LangeR eihen/Bevoelkerung/lrbev04.html (abgerufen am 15.1.2019)

**Statistisches Jahrbuch 2011:** Lange Reihen, S. 34 f. https://www.destatis.de/DE/Publik ationen/StatistischesJahrbuch/StatistischesJahrbuch2011.pdf?__blob=publicationFile (abgerufen am 15.1.2019)

https://www.destatis.de/DE/Themen/Wirtschaft/Volkswirtschaftliche-Gesamtrechnungen-Inlandsprodukt/Tabellen/inlandsprodukt-volkseinkommen1925-pdf.pdf?__blob=public ationFile (abgerufen am 6.11.2021)

https://www.destatis.de/DE/Themen/Wirtschaft/Konjunkturindikatoren/Lange-Reihen/Arb eitsmarkt/lrarb003ga.html (abgerufen am 6.11.2021)

Quelle für BIP: https://www.destatis.de/DE/ZahlenFakten/GesamtwirtschaftUmwelt/VGR/ Inlandsprodukt/Tabellen/Volkseinkommen1925_pdf.pdf?__blob=publicationFile (abge-rufen am 15.1.2019)

**Taylor, Frederick W.:** Die Grundsätze wissenschaftlicher Betriebsführung, Paderborn 2011.

**Tietz, Bruno:** Markt und Marketing für Bier. Eine Analyse aus Anlaß des 125jährigen Jubiläums der Privatbrauerei Thier, Dortmund 1979.

**Tietz, Bruno:** Die Haupttendenzen für das Handelsmarketing in den 80er Jahren, in: Meffert, Heribert (Hg.): Marketing im Wandel: Anforderungen an das Marketing-Management der 80er Jahre, Wiesbaden 1979, S. 87–122.

**Tietz, Bruno:** Die bisherige und künftige Paradigmatik des Marketing in Theorie und Praxis, in: Marketing ZFP, Heft 3, 1993, S. 149–163 sowie Heft 4, 1993, S. 221–236.

**Tietz, Bruno:** Binnenhandelspolitik, 2. Aufl., München 1993.

**Tietz, Bruno:** Der Handelsbetrieb, 2. Aufl., München 1993.

**Triebel, Florian:** Marktforschung bei BMW 1957-1961, in: Kleinschmidt, Christian/Triebel, Florian (Hg.): Marketing. Historische Aspekte der Wettbewerbs- und Absatzpolitik, Essen 2004, S. 67–83.

**Ulrich, Hans:** Die Unternehmung als produktives soziales System. Grundlage einer allge-meinen Unternehmenslehre, Bern u. a. 1968.

**Ulrich, Peter/Hill, Wilhelm:** Wissenschaftstheoretische Aspekte ausgewählter betriebswirt-schaftlicher Konzeptionen, in: Raffée, Hans/Abel, Bodo (Hg.): Wissenschaftstheoreti-sche Grundfragen der Wirtschaftswissenschaften, München 1979, S. 161–190.

**Universitätsseminar der Wirtschaft (Hg.):** 25 Jahre Universitätsseminar der Wirtschaft 1968–1993. Brücke zwischen Wissenschaft und Praxis, Stuttgart 1993.

**Volkswagen Chronik.** Der Weg zum Global Player, Wolfsburg 2008.

**Walger, Gerd:** Formen der Unternehmensberatung. Systemische Unternehmensberatung, Organisationsentwicklung, Expertenberatung und gutachterliche Beratungstätigkeit in Theorie und Praxis, Köln 1995; ders.: Wissensmanagement, das Wissen schafft, Witten u. a. 1999.

**Wellhöner, Volker:** „Wirtschaftswunder" – Weltmarkt – westdeutscher Fordismus, Münster 1996.

**WELT**-Report Bier 10/84.

**Wiborg, Klaus:** Ein „ruinöser Überlebenskampf auf dem Biermarkt". Oetker-Bevollmächtigter Sandler: Auch andere Brauereien arbeiten ohne Gewinn/Neue Lebensmittelprodukte. In: Frankfurter Allgemeine Zeitung vom 12. 12. 1974.

**Wiese, Frank:** Der Strukturwandel im deutschen Biermarkt. Eine Analyse unter besonderer Berücksichtigung des Konsumentenverhaltens und der Absatzpolitik der Brauereien, Dissertation Universität Köln 1993.

**Wirtschaftswoche** Nr. 16, 27. Jg. vom 13.4.1973, S. 76 ff.

**Wolff von Amerongen, Otto:** Begrüßung zur Jubiläumsveranstaltung im Jahre 1993, in: Universitätsseminar der Wirtschaft (Hg.): 25 Jahre Universitätsseminar der Wirtschaft 1968–1993. Brücke zwischen Wissenschaft und Praxis, Stuttgart 1993, S. 1–6.

**Wulle, Peter:** Flaschenabfüllung von „Thier-Pils" in Dortmund beendet, in: Der Westen vom 5.8.2015, in: https://www.derwesten.de/staedte/dortmund/flaschenabfuellung-von-thier-pils-in-dortmund-beendet-id10955336.html (abgerufen am 20.1.2021)

**Zapf, Wolfgang:** Sozialstruktur und gesellschaftlicher Wandel in der Bundesrepublik Deutschland, in: Weidenfeld, Werner/Zimmermann, Hartmut (Hg.): Deutschland-Handbuch. Eine doppelte Bilanz 1949–1989, Düsseldorf 1989, S. 99–124.

CPSIA information can be obtained
at www.ICGtesting.com
Printed in the USA
LVHW021107140523
746947LV00003B/114